O observador que apenas descreve as coisas sem qualquer juízo de valor é incapaz de se conectar cognitivamente a algo como a história.
(Karl-Otto Apel)

# PREFÁCIO

O Professor José Adércio Leite Sampaio, membro do Ministério Público Federal, Procurador da República em Minas Gerais, de algum tempo vem revelando os seus profundos conhecimentos jurídicos e a grande capacidade de pesquisador.

Mestre em Direito Constitucional, do Curso de Pós-Graduação em Direito da Universidade Federal de Minas Gerais, obteve este título com o excelente trabalho *Direito à Intimidade e à Vida Privada*, editado pela Livraria Del Rey Editora Ltda., em Belo Horizonte, no ano de 1998. Trata-se de um dos trabalhos doutrinários mais completos, sobre tema tão complexo, escritos no Brasil.

Após esses detidos estudos, surge agora com a tese de doutorado, aprovada, por unanimidade, com distinção, por todos os membros da Comissão Examinadora.

Profundo estudioso da Jurisdição Constitucional e do Processo Constitucional, elabora a magnífica tese *A Constituição Reinventada pela Jurisdição Constitucional*, enfrentando com seriedade e competência praticamente todos os temas sobre um dos assuntos mais importantes para a reelaboração do direito contemporâneo.

Ao apresentar o que singularmente denomina de "pretexto de introdução", indaga se a história da Constituição seria a mesma sem a jurisdição constitucional. Responde que não. A começar pela conversão do texto constitucional em norma, passando pelas metamorfoses semânticas das normas constitucionais realizadas pela jurisdição constitucional. O livro em todas as suas passagens procura justificar essa resposta.

O estudo, escolhendo o método predominantemente empírico-descritivo, sem perder a sua dimensão crítica e propositiva, parte dos quadros constitucional-normativos e do repertório jurisprudencial dos tribunais da jurisdição constitucional de diversos sistemas jurídicos.

A primeira parte do livro encaminha-se para a compreensão da Constituição e da Jurisdição Constitucional. No Capítulo I, dedicado à Constituição, apresenta a variedade de significados de seu conceito ou as "várias concepções", tema nem sempre adequadamente tratado pela doutrina brasileira, inclusive no que se refere à metodologia do constitucionalismo.

As preocupações da literatura política e jurídica revelam que o termo Constituição vem acompanhado de diversos acréscimos e adjetivações como mostra o autor. A análise sobre os conteúdos e as vertentes da Constituição é necessária para a compreensão dos pontos essenciais do livro. Nas reflexões sobre o descritivismo ou a visão positivista, bem como sobre a opção realista de Constituição, revela como o termo pode chegar a diversos horizontes de significado e de compreensão. Nesse sentido, a Constituição pode ser vista apenas no seu aspecto decisório ou como instrumento de engenharia política, destinada a acobertar o bem-estar geral. As preocupações com a norma constitucional, que identificam a Constituição com a estrutura normativa fundamental da sociedade ou do próprio Estado, constitui uma outra forma de leitura, como demonstra o autor, referindo-se a grandes doutrinadores da Teoria da Constituição e do Direito Constitucional. Sob a perspectiva formalista, acentua-se a inspiração do contratualismo lockeano na análise de autores clássicos e nas primeiras manifestações do constitucionalismo.

Diversas perspectivas são apresentadas para a compreensão da Constituição, tanto em seu sentido material quanto em seu sentido normativo. Reconhece, de seu lado, que a Constituição é ordem normativa e ordem real em constante tensão, bem como constitui normas que se projetam num mundo fenomênico. A Constituição é realçada, também, como uma força simbólica, que supera as suas outras dimensões.

As reflexões básicas sobre a Constituição passam a ser vistas no seu relacionamento com a jurisdição constitucional. O conceito de jurisdição é abordado em suas diversas manifestações, onde a contenciosidade ou o contraditório deslocam do núcleo de referência do sentido de jurisdição, em conformidade com a existência de um contencioso não jurisdicional ou arbitral e de uma jurisdição não contenciosa. As diferentes manifestações do poder ou da função jurisdicional voltam-se para a compreensão dos estudos entre jurisdição ordinária e jurisdição constitucional, sendo que a última trata dos conflitos de natureza constitucional, ao passo que a primeira trata dos assuntos conflituosos e residuais.

O livro, em suas diversas perspectivas, procura indicar os pontos essenciais que vão definir matéria de natureza constitucional e que servirá de objeto à jurisdição constitucional. Estará esta questão ligada somente à fiscalização da constitucionalidade ou compreende novos conteúdos definidores do contencioso constitucional? Inclina-se claramente pela segunda alternativa. Na apreciação da doutrina, o autor examina o contencioso da liberdade, na expressão de *Cappelletti*, com o crescimento dos pontos essenciais da noção de jurisdição constitucional da liberdade, necessária para a proteção dos direitos fundamentais. A justiça constitucional procura expandir o prestígio do direito constitucional, ao lado de suas possibilidades processuais, que levam a definir os conflitos de atribuições entre órgãos constitucionais e federativos. O contencioso constitucional leva à compreensão própria de palavras como "litígio" e "processo", que necessitam ser melhor compreendidas para a exata definição dos postulados da jurisdição constitucional.

A jurisdição constitucional muitas vezes é examinada através da compreensão de um órgão especializado, que tem o objetivo de resolver os conflitos constitucionais. Os critérios formais e materiais servem para a identificação da jurisdição constitucional, como uma garantia da constituição, realizada por meio de um órgão jurisdicional de nível superior, integrante ou não da estrutura do judiciário comum. A compreensão adequada da jurisdição constitucional demanda as referências ao órgão jurisdicional e aos processos jurisdicionais.

A origem e a evolução da jurisdição constitucional são expostas pelo autor quando faz uma exposição dos aspectos históricos do controle de constitucionalidade e do princípio da supremacia da Constituição. Merece destaque o papel dado ao *judicial review* nos Estados Unidos, o desenvolvimento do controle político na França, com a difusão inicial pelo mundo, dos dois modelos. Nesta oportunidade, reconhece-se o significado do modelo continental europeu que vai empreender novo significado à jurisdição constitucional, sob a forma dos "Tribunais Constitucionais".

Os antecedentes históricos do controle de constitucionalidade e do princípio da supremacia da Constituição levam o autor ao exame do sistema jurídico constitucional da Grécia, com referências a Atenas e à Constituição de Esparta. Ampliando a sua visão, passa à compreensão do sistema romano-germânico, com a menção de grandes autores como *Grotius, Pufendort, Wolf* e *Kant*. Ao lado dessa compreensão e investigação, o livro ressalta o jusnaturalismo e a idéia de direitos inatos para a formação do constitucionalismo e para a noção de supremacia constitucional. Para demonstrar a proposta inicial do Capítulo II, o autor menciona versões significativas da evolução do tema, com destaque do papel de *Sir Edward Coke*, dos *Parlements franceses* e do *Privy Council*.

Retornando ao conceito de Constituição escrita, formal e rígida, decorrente dos textos jusnaturalistas, refere-se à síntese que esse conceito realiza entre a ordem do *jus positum e jus naturale*. A Constituição jurídica e escrita no entendimento expresso é orientada por determinados princípios, produto do conhecimento teórico científico, que opera na emissão de uma norma, de conformidade com as forças político-constitucionais existentes.

O surgimento do *judicial review* nos Estados Unidos passa a ter um impacto significativo, com referências a pontos essenciais que propiciam em determinado momento o exame de diversas controvérsias oriundas da Constituição e a redefinição do papel do juiz. A compreensão do caso *Marbury* v. *Madison* e a decisão de *Marshall* vai permitir um esclarecimento adequado de aspectos dessa decisão polêmica e de grande significado para o exame da jurisdição constitucional.

A resistência francesa ao controle político de constitucionalidade como garantia da vontade geral é examinada ao lado da compreensão da profunda desconfiança em relação aos juízes, na França. A doutrina francesa é vista em seus aspectos institucionais, políticos e doutrinários quando o autor menciona *Siéyès* e *Rousseau*. Ao mesmo tempo são registradas outras constituições que levam à compreensão das particularidades constatadas pela prática francesa.

A difusão dos dois modelos e o predomínio do *judicial review*, vai apontar as compreensões sobre as posições dos revolucionários franceses e o constitucionalismo europeu continental, com suas particularidades, que geraram o distanciamento do modelo dos Estados Unidos. Para análise dessa parte do seu trabalho, o autor destaca o papel de dois grandes doutrinadores: *Duguit* e *Esmein*.

O modelo de *Marshall* foi sendo adotado por diversos países, destacando-se a projeção em diversos países da América Latina, como a República Dominicana, o México e a Argentina. Ressalta o livro as particularidades advindas da adoção do modelo de controle de constitucionalidade norte-americano.

Na linha de uma metodologia comparatista, procura demonstrar a universalidade do tema, mencionando o Canadá e o surgimento de seu sistema de *judicial review*. Estas comparações vão à Europa, onde o autor cita a Grécia, a Noruega, a Suíça, com a Constituição revisada de 1874, que consagrava o recurso de direito público, para proteger os cidadãos contra os atos administrativos, judiciários ou legislativos dos cantões, bem como contra os atos da administração federal, contrários aos direitos e às garantias da Constituição Federal.

Na minuciosa análise dos diversos pontos da justiça constitucional no mundo, bem como a sua necessidade e legitimidade, o trabalho passa à apreciação da segunda geração de jurisdição constitucional, com destaque para o modelo de tribunal constitucional. A consolidação de um sistema jurisdicional de proteção das liberdades, propiciou o crescimento e o desenvolvimento da justiça administrativa, na defesa de seus direitos contra os atos lesivos da administração. A experiência federalista de certos estados europeus, de outro lado, provocou novas formas de solução jurisdicional de conflitos constitucionais. Para exemplificar e demonstrar a sua fundamentação, o livro destaca a Constituição austro-húngara de 1869 e a alemã de 1871, que previram a Justiça do Estado. A Constituição de Weimar deu um passo maior, atribuindo ao Tribunal Supremo do *Reich* o poder de fiscalização da constitucionalidade das leis dos Länder. Neste momento, abria-se o caminho para uma teoria de uma justiça constitucional. Deve-se a *Hans Kelsen* a doutrinação adequada da concepção de justiça constitucional e as possibilidades do surgimento de um sistema concentrado de jurisdição constitucional, que, como diz o autor, passa originariamente: "a) (...) pela consideração da Constituição como uma norma jurídica portadora dos valores supremos da ordem jurídica e, portanto, fonte de validade das normas inferiores (*norma normarum*); b) cuja supremacia haveria de ser respeitada pela atuação de um tribunal especial, criado para se situar fora da organização jurisdicional ordinária, mediante um sistema de controle de constitucionalidade concentrado; c) composto de juízes com especial conhecimento técnico-jurídico e sensibilidade política aguçada e d) dotado de sentença com efeitos gerais e vinculantes".

Na configuração daquele modelo de tribunal constitucional, defendia-se a sua natureza não jurisdicional, pois não aplicava dispositivo de normas a fatos concretos, limitando-se a controlar abstratamente a compatibilidade entre duas normas. A Constituição austríaca de 1920, com a criação de uma Corte especializada em conflitos constitucionais, é examinada pelo autor, que demonstra como outras constituições seguiram os mesmos traços do modelo denominado de continental europeu. No minucioso exame das diversas formas que decorreram do sistema de controle concentrado, o autor arrola a experiência de vários países que adotaram e vêm adotando, até hoje, o modelo da Constituição da Áustria. Ressalta a quase generalizada adoção do modelo austríaco na Europa, ao lado de países como a Irlanda, Noruega, Suíça, Dinamarca e Suécia, que mantiveram características próprias. Sem falar, claro, das peculiaridades do constitucionalismo inglês.

Convém destacar o momento em que o autor mostra a tendência de aproximação dos diversos modelos, tema que é apreciado em diversos trabalhos que examinam a evolução dos sistemas constitucionais e a aproximação dos modelos políticos e jurisdicionais de controle de constitucionalidade entre as formas difusas e de fiscalização. A tendência mitigadora é apreciada também na Europa, quando o livro enumera diversas constituições que apontam as tendências para o acolhimento de cortes constitucionais com elementos mais ou menos difusos de controle de constitucionalidade. No mesmo sentido relata as experiências da América Latina, onde países como a Guatemala, o Chile, o Equador, o Peru e outros, criaram um Tribunal Constitucional. Também a experiência da jurisdição constitucional nos países da *common law*, mereceu detalhado estudo do livro, sobretudo com as experiências da Austrália e da África do Sul.

Após detida análise de uma teoria geral da jurisdição constitucional, o livro passa a classificação da mesma, destacando as pautas e critérios de classificação. Aponta, incialmente, para o sistema francês e o sistema jurisdicional ou americano-austríaco. Estes dois modelos são examinados pelo autor quando apresenta as características de cada um deles, e arrola, de maneira minuciosa, as diversas experiências que tendem a especialização do contencioso constitucional.

O modelo preventivo francês ou de conselho constitucional é examinado ao lado do modelo sucessivo, americano-austríaco, de Corte Suprema ou constitucional. A existência desses modelos é classificada em conformidade com os fins perseguidos, quando estabelece as características do modelo concentrado na lei e no modelo concentrado na defesa de direitos. Na apresentação de outra classificação, com base no tipo de processo e na natureza e objeto das decisões dos órgãos encarregados de prestação da jurisdição, o livro ressalta o papel no modelo de jurisdição concentrada e no modelo de jurisdição abstrata. Nesse sentido ressalta os critérios orgânicos e processuais inerentes à jurisdição concreta e à jurisdição abstrata. Apreciando o âmbito da jurisdição e o rol de suas competências, menciona a jurisdição constitucional de caráter interno, em que destaca um contencioso de normas, alinhadas em conformidade com a jurisdição constitucional de controle de constitucionalidade ou juiz de constitucionalidade; um contencioso penal, ou quase penal, inerente a uma jurisdição constitucional penal; um contencioso eleitoral, referente à jurisdição constitucional eleitoral; um contencioso de conflitos constitucionais entre entes federativos, entre órgãos constitucionais, inerentes à jurisdição constitucional de conflitos; um contencioso de direitos fundamentais, próprio da jurisdição constitucional da liberdade.

Com a universalização ou a mundialização dos sistemas judiciários constitucionais, o autor aponta o papel da jurisdição constitucional de caráter internacional e comunitário, com detida análise do controle dos atos internos e das normas externas. Esse tema, com o surgimento do direito constitucional comunitário europeu, vem sendo objeto de diversos estudos, onde são destacados também aspectos da Convenção Européia dos Direitos do Homem e a internacionalização desses mesmos direitos. Ainda nesse sentido, examina-se o controle dos atos externos em face das constituições nacionais.

Na ampla apreciação dos aspectos da jurisdição constitucional, o livro dedica-se ao exame de sua natureza. Para tanto, afirma que existem várias correntes que tratam dos tribunais constitucionais ou das supremas cortes, no exercício da jurisdição constitucional, notadamente do controle de constitucionalidade. Para a exata compreensão da natureza dos tribunais de jurisdição constitucional, o autor passa a salientar os aspectos de sua processualidade e as suas divisões setoriais.

A legitimidade da jurisdição constitucional passa então a ser objeto do trabalho que, a partir de *Marbury* v. *Madison*, realça a problemática e peculiaridades da atividade judicial do controle de constitucionalidade das leis. Discussão viva nos Estados Unidos e que ganhou maior profundidade no temário doutrinário europeu à proporção que os tribunais constitucionais foram ganhando feição institucional, com a elaboração de sentenças que desafiavam o suposto equilíbrio de poderes e a primazia dos parlamentos. Nesta exposição, entende-se que um dos pontos mais inquietantes na teoria política e constitucional leva a uma compreensão do reequilíbrio dos poderes constitucionais e da compensação do déficit de legitimidade da prática política. Tal comportamento conduz ao exame das razões do legislador, fundada inclusive no suposto entrelaçamento entre maioria parlamentar e composição dos tribunais. Ao mesmo tempo, são lembradas as funções essenciais da justiça constitucional como garante das regras do jogo democrático e da promoção dos direitos fundamentais. São ainda enumeradas, como doutrinas de justificação, a posição privilegiada do juiz constitucional, a argumentação como legitimidade, a legitimidade extraída do *status quo* e dos efeitos produzidos pelas decisões, bem como as justificativas deontológicas e dogmáticas.

A necessidade de reequilibrar os poderes constitucionais no *Welfare State*, aparece como um tema de grande atualidade e necessidade para o exame da jurisdição constitucional. É assim que se destaca que a forma de tribunais especializados surgiu em decorrência da necessidade de equilibrar as funções dos outros dois poderes, o legislativo e o executivo, tendo em vista o crescimento do papel do Estado. As novas tendências do Estado são examinadas quando o livro entende que o Estado providência, transformou-se em Estado administração. Ao lado de tais perspectivas são examinadas as formas de crescimento do poder legislativo e executivo. Essas compreensões levam a uma definição da importância do judiciário para um desempenho adequado da sua atuação na sociedade contemporânea.

O déficit de legitimidade decorrente da práxis política ocupa lugar de relevo, quando o autor destaca o papel do ativismo judicial. É nesse sentido que o tribunal da jurisdição constitucional passa a ser visto como representante do povo ausente, ou como reserva do autogoverno, pelo que passa a conferir legitimidade ao sistema constitucional, em sua totalidade. As decisões constitucionais, de conformidade com teoria dualista de *Ackeman*, citado pelo autor, sendo tomadas pelo conjunto dos cidadãos em momentos de intensa mobilização e após ampla discussão, ganhando expressão no texto constitucional, vinculam os representantes do povo. O judiciário, principalmente através do tribunal da jurisdição constitucional, tem a legitimidade para realizar a tarefa de controle dessa vinculação.

O reexame das razões do legislador é compreendido através da localização da doutrina da metodologia ótima e da legislação enquanto dever constitucional. Para tal entendimento o autor lembra *Michelman* e *Sunstein*, quando propugna o desenvolvimento de estratégias interpretativas por parte das Cortes.

O entrelaçamento entre a maioria parlamentar e a composição ou tendências do tribunal da jurisdição constitucional e a possibilidade do controle pelo legislativo, surge, para alguns, pela afinidade de idéias e opiniões entre a maioria parlamentar e os membros do Tribunal de Jurisdição Constitucional como resultado previsível em função do processo político de escolha daqueles membros.

O respeito das regras do jogo democrático está vinculado, também a garantia de um processo político adequado à proteção das minorias. É nesse sentido que a existência de uma Constituição pluralista refunda a sociedade em um novo patamar, em termos de um *pactum societatis*. De conformidade com *Zagrebelsky*, no entendimento do autor, uma jurisdição constitucional, com sua imparcialidade, permite o livre desenvolvimento das forças sociais e políticas. A justiça constitucional não é uma garantia primeira, dirigida à defesa das condições fundamentais da existência da Constituição, é uma garantia secundária que deve preocupar com o seu funcionamento. A conciliação do constitucionalismo com a democracia, decorre da adequada distribuição das tarefas entre legislativo e judiciário. A proteção especial no âmbito do *judicial review*, constitui ponto essencial da garantia de participação igualitária dos grupos minoritários no processo político. Através da detida análise da obra de *John Hart Ely* e dos pronunciamentos da juíza *O'Connor,* de *Marshall, Scalia* e *Thomas,* o autor enceta detidas análises sobre a legitimidade e os direitos processuais democráticos. Nesta compreensão, ressalta o papel do juiz constitucional, com referências a outros doutrinadores que tratam de aspectos essenciais da jurisdição constitucional. As declarações de direito e as necessidades de salvaguarda dos direitos fundamentais, para outros pensadores mencionados no livro, são razões suficientes para uma justiça constitucional. Trata-se de um dos temas mais importantes do constitucionalismo contemporâneo, em decorrência das transformações ocorridas nas concepções teórico-práticas de Constituição que ampliaram as noções clássicas sobre os direitos básicos que podem ser rememorados, desde os antigos até a compreensão da linhagem de autores como *Kant, Rawls* e *Dworkin*. O papel ativo da jurisdição constitucional, na revelação de direitos não escritos, e a proteção dos direitos expressamente declarados vêm contribuir para a justificação do juiz constitucional.

Vários estudos têm procurado ressaltar os aspectos referentes à natureza e à projeção do juiz constitucional. É nesse sentido que o livro mostra a posição privilegiada do juiz, com indicativos sobre a imparcialidade e a sabedoria. Lembrando *Dworkin*, mostra que aos juízes está reservado um papel de fundamental importância para a comunidade. Essa exposição aponta a necessidade da "crença" na capacidade especial do juiz constitucional, nas suas diversas maneiras de trabalhar um direito.

A argumentação como legitimidade leva à compreensão de que o juiz constitucional tem uma legitimidade que decorre da *práxis decisional*. A legitimidade está ligada ao processo argumentativo e à promoção ou reforço do consenso, tendo em vista as conseqüências sociais da decisão. A compreensão da legitimidade pelo consenso leva à análise dos graus de sua eficácia, no que se refere a uma teoria forte ou uma teoria fraca. As exigências da argumentação visam internamente a coerência discursiva, guardando-se pertinência com o direito vigente, propiciando-o reforçar a sua certeza. Extremamente sua apresentação está ligada à racionalidade, propícia aceitação dos co-associados.

A interpretação discursiva, no livro, provém, também, da leitura de Habermas. Com essa compreensão destaca-se a importância dos tribunais da jurisdição constitucional que estimulam o debate público sobre questões importantes ou rotineiras. Decorre desse entendimento a criação, por exemplo, das jornadas do Tribunal e a aceitação da possibilidade de oitivas de personalidades políticas e técnicas, antes de serem tomadas certas decisões, no sistema jurídico constitucional alemão. Essa compreensão da Corte visa a aproximação das decisões judiciais com os clamores populares e a influência da opinião pública.

A legitimidade, como mostra o autor, é extraída do *status quo* e dos efeitos produzidos, bem como do pragmatismo e do paternalismo judicial. Muitas das críticas mostram a fragilidade do recurso aos argumentos puramente empíricos e pragmáticos, em busca de outras considerações no plano deontológico de boas raízes justificantes.

A justificativa deontológica e a compreensão da Constituição como norma, leva a uma releitura de *Kelsen*, quando a sua construção doutrinária estruturava em degraus todo o ordenamento jurídico. O problema da justiça constitucional está enraizado em questão de princípio, em que se examina se convém ou não reconhecer a Constituição com o caráter de norma jurídica.

A justificativa dogmática recorre, neste livro, à previsão constitucional expressa, compreensão vinculada às dúvidas que poderiam surgir sobre a competência das Cortes que realizam o controle de constitucionalidade das leis.

Após o exame dos temas centrais da jurisdição constitucional, inclusive na compreensão do processo de evolução da jurisdição constitucional, com o surgimento na Europa dos tribunais constitucionais, o autor passa a aspectos do controle concentrado de legitimidade constitucional de normas, destacando: a) diferenciarem-se os tribunais da jurisdição constitucional dos tribunais ordinários, haja vista não julgarem feitos ou casos concretos, detendo-se exclusivamente na emissão de juízo de constitucionalidade normativa; b) não integrarem, por conseguinte, o Poder Judiciário, a ponto de não serem, de regra, instâncias revisoras, quando muito se limitando a pronunciar a legitimidade ou não de norma, suscitada pelos tribunais inferiores e c) possuírem suas decisões eficácia *erga omnes*, força que lhes marcaria, segundo *Kelsen,* a natureza legislativa, configurando um verdadeiro *legislador negativo.*

Ao examinar a estrutura dos tribunais de jurisdição constitucional, o livro menciona as matérias disciplinadas diretamente pela constituição, ao lado dos acréscimos que são deixados ao legislador infraconstitucional. Para a demonstração e compreensão da organização e da composição dos tribunais, o autor realiza um minucioso exame dos modos de designação dos juízes. Seguindo de maneira detalhada a compreensão da estrutura dos tribunais da jurisdição constitucional, relata, detalhadamente, os requisitos da nomeação e o período de mandato. Após a descrição dos aspectos básicos do próprio órgão, o livro passa a examinar as incompatibilidades, as garantias do cargo, a garantia institucional orgânica, bem como as atribuições e competências. É nesse sentido que completa essa parte do trabalho com exame do contencioso de normas ou de constitucionalidade; controle concreto, controle incidental, controle direto, controle abstrato, controle preventivo, prévio ou *a priori*, controle sucessivo ou posterior, controle de órgãos e poderes.

O exame da tipologia de controles vem acompanhado da mais completa menção às constituições que tratam de jurisdição constitucional em praticamente todos os países do mundo. Ao referir-se ao modelo de Tribunal Constitucional, o autor mostra que o Tribunal tem objetivo de dirimir conflitos de competências e controvérsias entre os poderes públicos ou órgãos constitucionais. Elucida esta parte do trabalho com diversas constituições e leis que fixam os critérios para a estruturação desses órgãos. Em seguida, examina o modelo de Suprema Corte, em que pode haver um procedimento especial para controlar a constitucionalidade ou a legalidade de uma norma geral ou de um ato, no curso de um conflito entre órgãos distintos de uma mesma ordem jurídica. Aprecia nesta oportunidade o contencioso entre órgãos territoriais central e local, mencionando o contencioso federativo. Este contencioso de normas pode resolver um conflito de competência entre órgão territorial central e as entidades locais. Para isso, faz referência ao direito americano, quando se trata, também em outros países do controle preventivo, como em Portugal, quando surgem violações aos direitos constitucionais. Na mesma ocasião, destaca o modelo austríaco do controle sucessivo das leis federais, que pode ter início com a aprovação do Governo de um *Land.*

Voltando ao modelo de Tribunal Constitucional, destaca a competência do Tribunal Constitucional, para resolução de conflitos entre o Governo Central e os governos locais ou regionais, mesmo nos estados unitários. No detalhado exame da jurisdição constitucional, o autor examina os modelos da Bulgária, da Eslovênia e da República Checa, fazendo referência a sistemas consagrados no Peru, na Espanha e na França. Ainda no que se refere ao modelo da Suprema Corte, mostra a competência da Suprema Corte nas contendas entre diversas atividades, sendo que nos Estados Unidos a Suprema Corte tem papel decisivo como árbitro das controvérsias entre a União e os Estados. Aprecia as controvérsias constitucionais no México e onde pode ser identificadas especializações de um procedimento para resolver as disputas entre a Federação e um Estado ou o Distrito Federal. Rememora a Suíça, onde o Tribunal Federal resolve conflitos entre a Federação e os cantões, bem como entre os próprios cantões.

No desdobramento das diversas particularidades referentes ao contencioso, o livro passa a examinar o contencioso penal ou quase penal, de responsabilização constitucional ou de Tribunal de Justiça. Esse contencioso é desdobrado em diversos aspectos, quando na análise do modelo de Tribunal Constitucional, efetua conclusões sobre o contencioso de partido político e a posição que ocupa como guardião da legitimidade dos partidos. A privação dos direitos políticos é exercida no curso de outras demandas do contencioso penal, como na Áustria e no Chile. A Corte Constitucional da Alemanha exerce um particular poder sancionatório contra os atentados contra a ordem constitucional, cabendo-lhe decidir sobre a privação dos direitos fundamentais. O processo contra o Presidente da República é examinado de conformidade com as diversas formas existentes no direito comparado, ocasião em que o autor realiza várias menções a constituições como: da África do Sul, da Áustria, do Chile, da Croácia, da Hungria e muitas outras. O processo contra parlamentares é visto ao se examinar a Corte Constitucional da Lituânia e a Corte sul-africana.

O processo contra outros mandatários parte da análise do sistema da Áustria, em que se reconhece ao Tribunal Constitucional a competência originária para conhecer de acusações ou responsabilidade. Na Alemanha a Corte Constitucional Federal é competente para conhecer da remoção, jubilamento ou demissão de juiz federal.

No modelo de Corte Suprema, em suas diversidades processualística é apreciado, quando o livro trata do processo contra o Presidente da República, do processo contra outros mandatários e do contencioso eleitoral. No que toca ao modelo de Tribunal Constitucional, dedica-se à apreciação do contencioso do Processo Eleitoral para temas relacionados à regularidade da Constituição dos Partidos Políticos, à regularidade dos feitos, ao exame das impugnações de candidaturas e ao controle da ilegibilidade e suas incompatibilidades, com a menção de diversas constituições que tratam da matéria. O contencioso de *referendum* e plebiscito, no que diz respeito à competência do Tribunal Constitucional ocorre quando são suscitadas questões sobre a constitucionalidade da convocatória de um plebiscito. Ainda no que diz respeito ao modelo de Suprema Corte, trata do contencioso eleitoral de países que adotam este sistema, sendo que em muitos países surge uma justiça eleitoral especializada e final, como no México.

Tema de grande importância para os assuntos pertinentes a este livro é o referente à jurisdição constitucional das liberdades, onde diversos sistemas consagram um instrumento processual destinado para proteção dos direitos fundamentais. Os instrumentos processuais constitucionais de proteção dos direitos fundamentais em gênero pressupõem a existência de um instrumento processual de defesa dos direitos fundamentais, que é um traço comum à jurisdição constitucional. Menciona as reclamações constitucionais da Alemanha, o amparo espanhol latino-americano, a ação de tutela colombiana e o mandado de segurança brasileiro, ao lado das ações diretas de inconstitucionalidade, legitimadas pelas pessoas que vêem seus direitos violados ou ameaçados. Para complementar a sua fundamentação, o livro faz referência a diversas constituições, que consagram estes instrumentos processuais. Situam-se aí, detalhado exame das constituições e os diversos aspectos de ordem processual. No elenco dos modelos analisados, ressalta o papel dos *writs* extraordinários, dos *writs of mandamus*, dos *writs of prohibition*, dos *writs of certioriari (common-law certiorari)*, completando esta parte do trabalho com referência a várias constituições, dos diversos sistemas, bem como o rito adotado.

Os instrumentos processuais constitucionais, para proteção de direitos fundamentais específicos, são tratados ao lado dos remédios gerais, no que se refere à competência para conhecer das lesões ao princípio dos direitos fundamentais em gênero. Para complementação dessa parte da exposição, o autor refere-se à existência de instrumentos processuais de defesa dos direitos fundamentais específicos. Lembrando que o Tribunal de arbitragem na Bélgica tem competência para conhecer das lesões ao princípio da igualdade e da não discriminação. Ainda nesta parte do livro trata do *Habeas Corpus*, remédios especializados em proteger a liberdade pessoal e de locomoção e o *Habeas Data* destinado para proteção da intimidade e da identidade pessoal, em decorrência dos sistemas informatizados ou não, bem como de banco de dados. Além desses remédios constitucionais jurisdicionais, o livro faz detalhado exame dos diversos sistemas existentes na Europa e na América Latina, inclusive com referência às figuras do *Ombudsman*.

A jurisdição constitucional sem instrumentos processuais de proteção dos direitos fundamentais é objeto da exposição, quando o autor afirma em sentido estrito que pode não apresentar a jurisdição constitucional recursos processuais específicos de garantias dos direitos fundamentais, que são inseridos apenas no controle de constitucionalidade. A ausência de um remédio constitucional específico não quer dizer que a ordem jurídica careça de instrumentos desse tipo. Na França o Conselho Constitucional não tem competência para conhecer de violações e dos direitos perpetrados, mas existe o contencioso administrativo.

Outras competências são vistas no modelo de Tribunal Constitucional e no modelo da Suprema Corte, onde o autor menciona as demandas possíveis consagradas por constituições que enumeram atribuições específicas da Corte Constitucional, como na Hungria. No modelo norte-americano, são deferidas a este órgão outras competências.

Ao tratar do controle de constitucionalidade como ponto central da jurisdição constitucional, o livro destaca o seu papel de fiscalização de constitucionalidade dos atos normativos. Para cumprir a sua finalidade, o estudo detém-se em alguns traços desse controle. Para a compreensão do sistema de controle de constitucionalidade, examina o seu parâmetro, referência, cânon ou bloco de constitucionalidade. Partindo dessa maneira de encarar o tema, destaca as experiências em vários sistemas de jurisdição constitucional, com referências ao bloco de constitucionalidade. Esta parte do trabalho examina diversas constituições como as da *Bielo-Rússia, Bulgária, Costa Rica, Hungria* e outras constituições. Aponta a expansão do sistema de controle de convencionalidade que utiliza as matérias referentes aos direitos fundamentais da Convenção Européia dos Direitos do Homem. Também o controle da legalidade em objeto de tratamento da matéria, com referências ao Tribunal Constitucional e à Suprema Corte.

O objeto do controle parte da compreensão de que as leis são os objetos de controle, em suas variadas formas e hierarquias. Mostra como na Áustria e na Itália existem diversas leis constitucionais ao lado da Constituição. Também esta parte vem explicitada através da menção de diversas constituições com referências aos atos normativos originários com força de lei, aos regulamentos ou regimentos parlamentares e à tipologia de seu controle. Os efeitos da inconstitucionalidade são vistos à luz do controle preventivo e do controle sucessivo de constitucionalidade. Nesse momento o trabalho examina os efeitos das decisões no âmbito do controle preventivo de constitucionalidade, com exame do veto absoluto e do veto relativo, seguido da transcrição de diversas constituições referentes à matéria. Os efeitos das decisões no âmbito do controle sucessivo de constitucionalidade mostram os impactos da declaração de inconstitucionalidade sobre a norma impugnada, seu alcance subjetivo e sua projeção temporal.

As sentenças normativas, apreciadas pelo trabalho, constituem os pronunciamentos judiciais que importam na criação de norma jurídica de caráter geral e vinculante. Na listagem das mesmas, encontramos a técnica da interpretação, conforme a Constituição, as sentenças aditivas ou construtivas, as sentenças aditivas de princípio de mecanismo ou sentenças de delegação, as sentenças substitutivas, as sentenças transitivas ou transacionais.

A inconstitucionalidade sem efeito ablativo, bem como as sentenças apelativas ou de declaração de inconstitucionalidade provisória, constitui objeto, ao lado de outros pressupostos do alcance objetivo das decisões, ao lado de seu alcance subjetivo. A projeção temporal da decisão tem grande importância nos sistemas que realçam os efeitos da inconstitucionalidade, sendo que o trabalho aponta diversos aspectos das decisões inerentes para a matéria, no que diz respeito às decisões negativas de inconstitucionalidade.

Na segunda parte do trabalho, intitulada "definindo os seus limites", o autor destaca a doutrina dos "espaços vazios de jurisdição", que considera uma das tarefas mais difíceis para as novas tendências do controle judicial. Para a compreensão desse segmento do livro, menciona sistemas latino-americanos, examinando a Argentina, o México e a Venezuela. Na Argentina, procura-se usar como critério definidor da competência judicial a existência da violação de algum direito fundamental ou de excesso da competência constitucionalmente deferida. A Suprema Corte de Justiça do México e da Venezuela são tratadas com apresentação das características desses dois sistemas. O sistema norte-americano, também, é aí apreciado, quando são examinadas as competências originárias da Suprema Corte nos feitos relativos aos embaixadores, outros ministros e cônsules. As expressões *cases* e *controversies* são apreciadas através da compreensão dos modelos teóricos que se impõem como testes de judicialidade: *doctrine of standing*, *doctrine of no advisory opinions*, *doctrine of ripenness*, *doctrine of mootness*, *doctrine of political question*. A questão política tem sido objeto de múltiplos comentários na jurisprudência constitucional nos Estados Unidos, como revela o livro.

A compreensão da temática constitucional decorre do exame do princípio republicano e da legitimidade do governo, ao lado da condução de assuntos externos ou da condução de assuntos militares quando se examina o poder de declarar a guerra. Esses temas são examinados à luz do sistema norte-americano, da competência do Congresso e dos pressupostos constitucionais. Os temas relacionados com a segurança nacional estão aliados a problemas da doutrina das questões políticas em decisões como *Kant* v. *Dulles*.

A política fiscal adotada, bem como as motivações da adoção de políticas administrativas e legislativas, compõe duas novas sessões do livro. Entende-se que o judiciário não pode indagar sobre as razões e os motivos que levam o legislador a adotar uma das diversas alternativas que lhes são apresentadas no momento de aprovação de determinada disposição de lei. O trabalho vem acompanhado, como em outras de suas partes, de um desdobramento jurisprudencial, inclusive com os argumentos de *Laurence Tribe* e *John Hart Ely*. Os casos de requisições do Congresso dirigidas ao executivo são considerados como questões essencialmente políticas, que se entende como não sujeitas a controle judicial.

O controle de *impeachment* e da cassação parlamentar produziu uma variada jurisprudência que é examinada pelo autor ao apreciar-se alguns aspectos do processo de *impeachment*. O poder constituinte derivado, o controle de distribuição de distritos eleitorais e as disputas partidárias internas constituem temas que promoveram decisões da jurisprudência constitucional européia.

O sistema europeu é visto através da compreensão da Corte Constitucional Federal Alemã, do Tribunal Constitucional Espanhol e da Corte Constitucional Italiana, onde são examinados os temas centrais referentes a *interna corporis* e *political question*. A Corte Constitucional Italiana, no que se refere ao limite da *political question* não elaborou uma jurisprudência tão primorosa como a norte-americana, revelando-se prudente no desenho de seus limites. Nessa parte do trabalho, o autor dedica-se à compreensão do Conselho Constitucional Francês e à sua importância no sistema jurisdicional e político daquele País. O sistema brasileiro é tratado através da análise dos atos *interna corporis*, bem como do papel do Supremo Tribunal Federal. Nessa oportunidade, o autor trata dos casos referentes ao *impeachment* e às medidas judiciais tomadas naquela oportunidade.

A discricionariedade administrativa e as questões políticas, como a decretação de estado de sítio e a legitimidade de um governo e de assembléias estaduais, foram objeto de detida análise, com referências a vários episódios ocorridos no país. O governo de fato e o poder constituinte originário foram apreciados à luz de acontecimentos ocorridos no Brasil, com destaque para as violações da legitimidade constitucional. O conflito territorial entre estados e outros casos de questões políticas são objeto do livro, destacando-se a abordagem conclusiva sobre a *political question*. O critério positivo é visto através da compreensão do conceito de política. O critério formal pragmático começa com a referência à elaboração jurisprudencial da Suprema Corte dos Estados Unidos, no que se refere a tipologia da *political question*, estabelecido em *Baker* v. *Carr*. O critério negativo ou conseqüencial é objeto de atenção na oportunidade da determinação do núcleo de afirmação do poder jurisdicional com destaque para a jurisprudência norte-americana.

Na terceira parte do livro, procura-se definir seus pontos de partida, desde a formação do sistema constitucional e a compreensão do poder constituinte, ao lado dos processos de criação da Constituição. O paradoxo moderno do poder constituinte democrático possibilita, como diz o autor, a multiplicação de teorias explicativas sobre a natureza do poder constituinte.

O Supremo Tribunal Federal e o controle do poder constituinte são examinados não apenas no que se refere a seus aspectos doutrinários, mas com as experiências políticas ocorridas na Constituição de 1891, com o caso Floriano, na República Velha e na República de 1930, bem como os acontecimentos políticos de novembro de 1955 e os atos institucionais adotados em 1964.

O livro vem acompanhado do exame dos acontecimentos políticos de novembro de 1955, com referências ao controle jurisdicional do poder constituinte, ao mandado de segurança e à menção da jurisprudência no Supremo Tribunal Federal. Dentro da mesma temática são analisados os atos institucionais e o Supremo Tribunal Federal com referência aos fatos que ocorreram após o golpe militar de 1964, com o fornecimento do entendimento doutrinário do Supremo Tribunal Federal, em *habeas corpus* e *mandado de segurança*. Na complementação dos eventos políticos e as conseqüências dos mesmos, o livro aprecia os casos de liberdade de cátedra e de expressão, bem como os processos contra os governadores de oposição. A Emenda Constitucional n. 26/1985, no que se refere à sua apreciação pelo Supremo Tribunal Federal, promoveu uma reforma tácita, em dois tempos, no texto constitucional de 1967 e 1969, ao prever a reunião unicameral dos membros do Congresso Nacional, em Assembléia Nacional Constituinte, livre e soberana. No acompanhamento da jurisprudência do Supremo Tribunal Federal, que vem enriquecido da menção de Ações Diretas de Inconstitucionalidade, o autor amplia suas investigações, ampliando as reflexões sobre os limites do poder constituinte originário, o impacto de uma nova constituição sobre a ordem jurídica pretérita, com indicativos sobre os processos de mudança constitucional. A "teoria da revogação" foi objeto de reflexões por parte do livro, inclusive trazendo discussões acerca da antinomia, bem como sobre a jurisprudência dos conceitos. O Supremo Tribunal Federal, após efêmera compreensão da inconstitucionalidade superveniente, passou a adotar a teoria da revogação pura e simples

O controle das mudanças constitucionais, com referências à imutabilidade, levou o autor a revisitar o controle de reforma constitucional, destacando as duas formas de controle, uma política e outra jurisdicional. A forma política de controle vem acompanhada da menção de diversas constituições. A forma jurisdicional de controle, na sua vinculação à jurisdição constitucional é acompanhada da menção de diversas constituições. Nesta parte do trabalho, o livro destaca o controle pelo Conselho Constitucional Francês, onde existe uma polêmica sobre o controle das leis constitucionais correntes. As decisões do Conselho Constitucional trouxeram uma grande contribuição para a discussão do assunto.

O controle pela Corte Constitucional Italiana, o controle pelo Supremo Tribunal Federal e o controle jurisprudencial preventivo foram objeto de minucioso e substancioso estudo, acompanhado do exame do controle jurisdicional sucessivo. O enquadramento da revisão constitucional e o sistema vigente de mudanças constitucionais formais no Brasil vêm acompanhados de rica doutrina.

Ao definir os institutos constitucionais o trabalho vincula o exame da jurisdição constitucional com a teoria da divisão dos poderes, com destaque para os aspectos dogmáticos do princípio da divisão de poderes. A teoria de Montesquieu é objeto de averiguações nesta parte, quando o autor aprecia os modelos do princípio da divisão dos poderes.

A legalidade parlamentar é objeto de minucioso exame, quando o autor examina a lei entre o legislativo e o executivo, para encarar o tema da delegação de competência legislativa. O poder legislativo delegado é examinado nos Estados Unidos, ao lado de um exame geral da teoria da delegação de poderes, identificando as finalidades de delegação, os limites de delegação e aplicação da teoria da delegação de poderes às agências independentes.

O poder legislativo delegado é examinado também no Brasil, a partir da exceção constitucional expressa ao princípio da indelegabilidade, abordando-se os tipos de delegação, os limites da delegação legislativa, limites formais e limites materiais, ao lado das formas de controle político e jurisdicional. No Brasil, o controle político é exercido pelo Congresso e o controle jurisdicional é exercido pelo Supremo Tribunal Federal, ressaltando o estudioso o alcance dado pelo STF ao artigo 25 do ADCT.

A lei entre o legislativo e o executivo é compreendida pelo estudo do poder normativo autônomo do Presidente da República, com referências à Argentina, ao México, ao Chile e ao Brasil. O controle jurisdicional dos atos normativos expedidos pelo executivo é examinado em alguns sistemas constitucionais.

O poder regulamentar dá destaque ao estudo sobre a relação da lei entre o legislativo e o executivo, para isso, o livro enfrenta uma série de indagações sobre a lei e o regulamento. As decisões do Supremo Tribunal Federal sobre a matéria são apresentadas, ao lado de referências à discricionariedade técnica e às agências reguladoras.

Para documentar essa parte do trabalho faz referência ao Sistema Financeiro Nacional, à Lei n. 4.595/1964 que atribui poder normativo ao Conselho Monetário Nacional, sendo que este trabalho tece uma série de considerações sobre as agências reguladoras e o seu crescimento no Brasil. Ao lado dessas referências ao direito brasileiro, o livro traça certas características que ocorrem na França, na Espanha e na Itália. O controle legislativo do poder regulamentar é objeto de estudo do trabalho, quando examina os instrumentos e mecanismos de freios e contrapesos.

A apreciação da lei e de outras fontes do direito na jurisprudência do Supremo Tribunal Federal visa mostrar o papel deste órgão em face de outros domínios normativos como: reserva de lei e resolução do Senado, reserva de lei e regimento, reserva de lei e atos internacionais, reserva de lei e interpretação judicial e reserva de lei e sentença normativa da Justiça do Trabalho.

Na elaboração dos aspectos essenciais das normas jurídicas, o livro passa a examinar a lei e o devido processo legislativo, a iniciativa do projeto de lei e as iniciativas reservadas ao Presidente da República. Dedica-se, então, ao trabalho jurisprudencial do Supremo Tribunal Federal sobre o papel do chefe do Executivo na criação, estruturação e atribuições dos ministérios e outros órgãos da administração pública; na criação de cargos, funções, emprego público e na definição do estatuto dos servidores públicos civis e militares, estes são assuntos de destaque no trabalho. E, ainda, como orientador da política nacional e gestor dos recursos financeiro do Estado.

As iniciativas reservadas ao Supremo Tribunal Federal surgem quando o livro menciona a competência deste órgão e as disposições constitucionais do Estado. O poder de emenda parlamentar tem destaque no trabalho, ao lado de referências a limitações procedimentais à aprovação de leis, ao processo legislativo, à vedação relativa de apresentação de novo projeto de lei sob matéria constante de projeto de lei, rejeitado na mesma sessão. Nesta parte a exigência do bicameralismo, a sanção presidencial e o veto presidencial são examinados de maneira detalhada.

A Constituição e as leis entre os poderes, com referência a um poder-dever de resistência à inconstitucionalidade, são examinadas à luz da menção da jurisprudência do Supremo antes e depois da Emenda Constitucional n. 16 de 1965.

O controle jurisdicional das Comissões Parlamentares de Inquérito inicia com uma apreciação de seus aspectos históricos, até chegar ao controle das Comissões Parlamentares pela Suprema Corte dos Estados Unidos e pelo Supremo Tribunal Federal, no Brasil.

O controle jurisdicional do *impeachment* do Presidente da República é visto nas suas diversas etapas: prévio juízo de admissibilidade por parte da Câmara dos Deputados, processo e julgamento do Presidente da República por crime de responsabilidade. Na continuação do trabalho, observa-se a preocupação com a análise do Presidente dos Estados Unidos no Sistema Presidencial Norte-Americano e o papel da Suprema Corte. Nesta parte do trabalho são examinados problemas referentes ao poder presidencial de nomeação e destituição, com destaque para a doutrina dos poderes implícitos e o crescimento do papel do Presidente da República nos Estados Unidos. Ao lado dessa verificação surgem os limites silenciosos, inerentes à competência executiva e ao propósito de controle dos poderes do presidente norte-americano.

O estatuto das minorias políticas como instrumento necessário à proteção do princípio democrático é examinado em suas conseqüências jurisdicionais, quando o livro destaca a jurisdição constitucional e as minorias políticas na França, a jurisdição constitucional e as minorias políticas na Itália e a jurisdição constitucional e as minorias políticas no Brasil. A garantia dos processos de formação da vontade popular, no repertório da jurisprudência do Supremo Tribunal Federal, possibilita o exame dos instrumentos de aperfeiçoamento democrático por meio do controle dos canais de formação livre da vontade popular.

Para completar esta parte do trabalho, busca estabelecer critérios de relacionamento entre maioria e minoria no âmbito do Congresso Nacional.

Como tema essencial da jurisdição constitucional, o livro encara a federação, destacando a legitimidade de o judiciário interferir na definição do perfil do federalismo. O poder constituinte decorrente é visto em sua redefinição pela jurisprudência constitucional. A doutrina brasileira do poder constituinte decorrente é apreciada através da compreensão dos princípios constitucionais sensíveis e dos princípios constitucionais estabelecidos. A jurisprudência do Supremo Tribunal Federal sobre o poder constituinte decorrente é destacada pelo autor na definição do poder executivo estadual e do poder legislativo estadual. Também o poder judiciário estadual mereceu destaque, com a representação de inconstitucionalidade de leis e atos normativos estaduais e municipais em face da Constituição Estadual. No mesmo sentido, o Ministério Público dos Estados, a Advocacia Pública Estadual e a Defensoria Pública Estadual foram apreciadas, bem como a segurança pública.

As regras e princípios da administração pública, ao lado das regras e princípios sobre os servidores militares e o regime orçamentário financeiro, são apresentados ao lado da definição da competência do próprio Estado de interpretação estrita e obediente a procedimentos por formas estipuladas, e precedem ao exame dos órgãos municipais. A projeção das limitações ao poder constituinte decorrente passa então a ser objeto de estudo, sempre com referência à posição do Supremo Tribunal Federal.

A repartição de competências federativas segundo a jurisprudência constitucional faz referência às múltiplas competências denominadas de enumeradas, enunciadas, expressas, elencadas, reservadas, residuais e remanescentes. A teoria dos poderes federais e implícitos é vista através da compreensão da doutrina dos poderes resultantes ou do *resulting or implied powers*. O tema é examinado na doutrina norte-americana e na Corte Federal da Alemanha. As questões específicas relativas à repartição de competências merece detida análise com o estudo da matéria na Suprema Corte dos Estados, na Corte de Justiça da Comunidade Européia, na Corte Constitucional Federal Alemã e no Supremo Tribunal Federal. A repartição de competências entre comunidades e estados é vista, também, pela compreensão do papel da Corte Européia de Justiça, com destaque para a hierarquização das fontes de direito. No tratamento dessa matéria, ressalta o princípio da livre circulação de mercadoria, o princípio da livre circulação de capitais, o princípio da livre circulação de pessoas, a garantia da livre concorrência, a garantia de um meio ambiente saudável e o princípio da proteção social.

A repartição de competência entre Estado Federal e *Länder*, pelo Tribunal Federal Alemão, é vista em conformidade com o entendimento do artigo 30 da Lei Fundamental de Bonn. O livro passa para a compreensão da repartição de competências federativas segundo a jurisprudência do Supremo Tribunal Federal, quando são ressaltados aspectos do confronto de competências comuns e concorrentes com a competência legislativa e privativa da União. Nesta parte do trabalho o autor examina aspectos sobre produção e consumo, floresta, caça, pesca, fauna, defesa da saúde, direito tributário econômico e financeiro e a competência material comum sobre política de educação para a segurança do trânsito, analisando diversos textos da Constituição.

A competência concorrente e a delimitação de normas gerais levam a um aspecto importante da formulação do conceito de normas gerais que tem sido objeto de diversos estudos. A partir desse momento o livro trata da competência concorrente, da competência suplementar, da competência de complementação e da competência de colmatação, com a preocupação de examinar o conceito de peculiaridades locais. A competência estadual remanescente e os poderes legislativos federais enumerados são postos em confronto, de acordo com a jurisprudência do Supremo Tribunal Federal.

No acompanhamento da jurisprudência constitucional que concorre para a compreensão do papel do Supremo Tribunal Federal, o trabalho passa a análise de limitações decorrentes do sistema federativo, colocando a autonomia dos Estados-membros, segundo o Supremo Tribunal Federal. Nesta parte o repertório jurisprudencial observa aspectos de atentados à autonomia estadual, principalmente em relação ao planejamento orçamentário. Esta autonomia dos municípios, segundo o Supremo Tribunal Federal, mostra o papel que o município desempenha na organização do Estado contemporâneo, tanto daqueles que se estruturam de forma federada quanto aos domínios do Estado unitário. Ainda na análise do sistema brasileiro municipal, o trabalho realiza uma incursão pelas diversas constituições, desde a de 1824. Nesta ocasião, no que diz respeito aos fins de competência legislativa, ressalta a posição do constituinte de 1988, no que diz respeito ao peculiar interesse e o interesse local.

Para demonstrar, uma vez mais a importância do significado do trabalho, o autor destaca o papel dos Direitos Fundamentais nos sistemas constitucionais, ocupando-se de sua conceituação, com referências ao trabalho construtivo da jurisdição constitucional na descoberta e afirmação dos direitos fundamentais não escritos, na definição de uma teoria de limitação desses direitos e na promoção dos direitos sociais. Para a compreensão do assunto, inicia pelas aproximações conceituais em torno dos direitos fundamentais, acentuando as suas características. Aponta os diversos critérios utilizados para a classificação dos direitos fundamentais, segundo a sua estrutura, segundo a função, segundo a geração, segundo a eficácia e de conformidade com o valor. Os direitos sociais, entre o juiz e o legislador, são examinados através da compreensão e de aspectos doutrinários, elaborados por diversos autores, com destaque para *Hesse*,

*Häberle* e *Alexy*. Percorrendo a jurisprudência norte-americana (*Dandridge* v. *Williams*), *Griffin* v. *Illinois* e outros, bem como fazendo referências a doutrinadores como *Popper, Berlin, Forsthoff, Nozick* e *Hayek*, o livro faz considerações em torno do Estado de direito e do Estado social.

O papel desempenhado pela jurisdição constitucional é ressaltado através da compreensão da elaboração jurisprudencial do Tribunal de Justiça da Comunidade Européia, dos pronunciamentos do Tribunal Constitucional Federal dos Estados Unidos, da Suprema Corte dos Estados Unidos, onde são analisados em continuação os direitos sociais, os direitos trabalhistas, os direitos previdenciários, os direitos assistenciais, os direitos culturais, a proteção do meio ambiente e a proteção da criação e do adolescente.

O importante tema dos direitos não-escritos ou não-enumerados, leva a compreensão da lista aberta de direitos fundamentais, com destaque para os pronunciamentos da Corte Constitucional Italiana e do Conselho Constitucional Francês. Completando essa análise jurisprudencial, ressalta o papel da Corte Constitucional Federal e da Suprema Corte dos Estados Unidos.

O direito à privacidade, que foi objeto de trabalho anterior do autor, é examinado também, à luz da jurisprudência constitucional, destacando aspectos significativos da elaboração do assunto abrangido. A elaboração de uma teoria dos direitos fundamentais é ressaltada através de sua compreensão doutrinária e do exame da jurisprudência constitucional. Nesta parte do trabalho, ressalta o papel da hierarquia na elaboração doutrinária dos direitos fundamentais. Ao mesmo tempo, mostra outras técnicas ou critérios utilizados na solução de conflitos ou colisões, com embasamento na jurisprudência francesa, alemã, italiana, norte-americana e brasileira. As expectativas de comportamento, como um desses critérios, são objeto de estudo nesta parte do trabalho, com destaque para a cláusula da igual proteção. Os escrutínio jurídico escrito e o modelo dos direitos preferenciais, através dos pronunciamentos da jurisprudência, mostram a pluralidade temática que a mesma vem atingindo nos sistemas jurisdicionais constitucionais.

A posição do Supremo Tribunal Federal, no que toca ao mandado de injunção, preocupou o autor na definição de pontos essenciais desse importante instituto jurídico de proteção dos direitos constitucionais.

Na definição das justificativas das decisões, merece destaque um tema de grande importância no constitucionalismo processual contemporâneo, trata-se da análise teórica das bases e das regras da argumentação jurídica, com as ressalvas inerentes aos pressupostos e pretensões da argumentação jurídica. O discurso da fundamentação das decisões é apreciado em sua justificação interna e externa, onde ressalta os pontos essenciais dos princípios de interpretação, quando o autor ao tratar da hermenêutica analisa aspectos significativos das teorias de *Heidegger*, *Gadamer* e *Esser*.

No exame da principiologia, examina a compreensão sistemática, harmônica e lógica do texto constitucional, que leva à sua unidade. Dentro desses pressupostos mostra o significado do princípio da ponderação, da concordância prática ou balanceamento dos interesses em conflitos. Também essa parte vem acompanhada do exame de diversas decisões do Supremo Tribunal Federal.

Mostra o papel do princípio da razoabilidade, como um critério não escrito de aferição da correção constitucional do legislador, com correta análise da doutrina de *Carlo Lavagna* e de *Zagrebelsky*. O princípio da proporcionalidade é examinado nos termos de sua compreensão pela Corte Constitucional Federal Alemã, com suas repercussões no Direito Tributário, no Direito Administrativo, no Direito Penal, no Direito Processual Penal, no Direito Eleitoral e no Direito Civil.

Coloca, ainda, em destaque, o exame de aspectos da compreensão da Constituição com referências à Corte Constitucional Austríaca, ao Conselho Constitucional Francês, à Corte Constitucional Italiana, ao Tribunal Constitucional Português, à Suprema Corte Norte-Americana e ao Supremo Tribunal Federal do Brasil, com detida análise da interpretação da razoabilidade e da proporcionalidade.

O princípio da interpretação, conforme a Constituição, é visto pela compreensão da doutrina e da jurisprudência alemã, com destaque para a compreensão da natureza das normas constitucionais e das sentenças intermediárias entre a constitucionalidade e a inconstitucionalidade, com destaque para a técnica de interpretação, conforme a Constituição. Nesta parte do trabalho, aponta a jurisprudência de tribunais como o da Corte Constitucional Austríaca, o Conselho Constitucional Francês, a Corte Constitucional Italiana, o Tribunal Constitucional Espanhol, o Tribunal Constitucional Português e o Supremo Tribunal Federal.

Para a compreensão das práticas da jurisprudência constitucional e dos casos de constitucionalidade, o livro aprecia as máximas pragmáticas, bem como a enumeração das mesmas. Os enunciados empíricos são vistos ao lado da argumentação compreensiva e da interpretação finalística ou conseqüencial.

Na construção dessa parte do trabalho são examinados os efeitos econômicos e financeiros das decisões do juiz constitucional, tendo em vista a experiência do sistema austríaco, do sistema alemão, do sistema italiano, do sistema português e as elaborações provenientes da justiça da Comunidade Européia. No segmento dessas perspectivas constitucionais, inerentes à jurisdição constitucional, o livro examina a definição do *periculum in mora* e da conveniência nas decisões sobre medidas cautelares, em ação direta de inconstitucionalidade, pelo Supremo Tribunal Federal. Esta parte vem acompanhada de decisões que explicitam os efeitos da medida cautelar, em diversos julgados.

Os princípios de integração são examinados a partir das dúvidas sobre a distinção entre interpretação e integração, ocasião em que o trabalho é enriquecido através da análise de diversas questões que discutiram aspectos da interpretação.

Os enunciados dogmáticos ou elaborados pela dogmática jurídico-constitucional são vistos em sua relação com a jurisdição constitucional, onde as fontes jurisprudenciais são importantes nos processos de justificação judicial. É nesse sentido que o autor faz referência ao sistema de *stares decisis*, de súmula vinculante ou de simples referência supletiva a precedentes e ao princípio de inércia. A detalhada compreensão da jurisprudência constitucional brasileira é demonstrada pelo exame de vários pronunciamentos do Supremo Tribunal Federal. A relação entre o espaço monocrático sobre medida cautelar e decisão plenária de *referendum*, nas ações diretas de inconstitucionalidade, o livro aponta esta relação em várias decisões que tratam da matéria no momento em que apresenta aspectos da relação entre o fundamento da liminar e do mérito nas ações diretas de inconstitucionalidade. Na fundamentação de aspectos de declarações de inconstitucionalidade, com minúcia e zelo, o autor, no levantamento de toda a temática da jurisdição constitucional, analisa os argumentos práticos gerais e as pautas de elaboração pragmática.

Ao apresentar a sua conclusão, o autor examina, inicialmente, a posição do juiz constitucional e a reinvenção da Constituição. Nesta parte do trabalho, aponta a jurisdição constitucional como elemento sistêmico autoproduzido traçando diversas considerações sobre pontos básicos levantados no trabalho. O estudo vem acompanhado de uma bibliografia, a mais ampla possível, que denota a seriedade e a competência como examinou detalhadamente todos os aspectos da jurisdição constitucional, no direito comparado e na jurisprudência constitucional do Supremo Tribunal Federal.

A publicação deste trabalho é da maior importância para a concretização dos pontos essenciais da jurisdição constitucional no Brasil, desde que além da riqueza doutrinária e teórica, o livro vem acompanhado de uma minuciosa jurisprudência constitucional, necessária para o aprofundamento em um dos temas mais importantes do constitucionalismo processual, bem como seu relacionamento com os demais ramos do direito.

*José Alfredo de Oliveira Baracho*
Professor Titular, Livre Docente em Teoria do Estado,
Direito Constitucional e Direito Político.
Doutor em Direito. Professor dos cursos
de Pós-Graduação da Faculdade de Direito
da UFMG em nível de Mestrado e Doutorado.
Coordenador Didático do
Mestrado da Faculdade de Direito Milton Campos.

# TÁBUA ANALÍTICA DE MATÉRIAS

ABREVIATURAS E SIGLAS .................................................................................. 1

A PRETEXTO DE INTRODUÇÃO ........................................................................ 5

## PRIMEIRA PARTE
## A CONSTITUIÇÃO E A JURISDIÇÃO CONSTITUCIONAL

### CAPÍTULO I
### A CONSTITUIÇÃO ............................................................. 9

**Seção I**
UM CONCEITO E MUITAS CONCEPÇÕES ............................................................. 9

### CAPÍTULO II
### A JURISDIÇÃO CONSTITUCIONAL ................................. 21

**Seção I**
CONCEITO DE JURISDIÇÃO CONSTITUCIONAL ..................................................... 21

**Seção II**
ORIGEM E EVOLUÇÃO DA JURISDIÇÃO CONSTITUCIONAL ..................................... 24
 § 1. Antecedentes históricos do controle de constitucionalidade e do princípio da supremacia da Constituição ................................................................. 24
 § 2. O surgimento do *judicial review* nos Estados Unidos ............................... 29
 § 3. A resistência francesa: o controle político de constitucionalidade como garantia da vontade geral .............................................................................. 32
 § 4. A difusão dos dois modelos e o predomínio do *judicial review* ................. 33
 § 5. A segunda geração de jurisdição constitucional: o modelo de tribunal constitucional ................................................................................................ 36
 § 6. A tendência de aproximação dos diversos modelos de jurisdição constitucional 40

I. A tendência mitigadora na Europa .................................................. 40
II. A tendência mitigadora na América Latina ................................... 41
III. A experiência da jurisdição constitucional nos países da *common law* ..... 42

**Seção III**
CLASSIFICAÇÃO DA JURISDIÇÃO CONSTITUCIONAL ............................................. 43

**Seção IV**
NATUREZA JURÍDICA DA JURISDIÇÃO CONSTITUCIONAL ..................................... 58

**Seção V**
DISCURSOS DE LEGITIMIDADE DA JURISDIÇÃO CONSTITUCIONAL ....................... 60

§ 1. Necessidade de reequilibrar os poderes constitucionais no *Welfare State* ... 62
§ 2. O déficit de legitimidade decorrente da práxis política ................................. 64
§ 3. Reexame das razões do legislador: "a doutrina da metodologia ótima da legislação enquanto dever constitucional" ......................................................... 67
§ 4. O entrelaçamento entre a maioria legislativa e a composição ou tendências do tribunal da jurisdição constitucional e a possibilidade de controle pelo Legislativo ........................................................................................................ 70
§ 5. O respeito às regras do jogo democrático: garantia de um processo político adequado e proteção das minorias ................................................................ 72
§ 6. As declarações de direito e a necessidade de salvaguarda dos direitos fundamentais .................................................................................................... 79
§ 7. A posição privilegiada do juiz: da imparcialidade à sabedoria ..................... 82
§ 8. A argumentação como legitimidade .............................................................. 91
§ 9. A legitimidade extraída do *status quo* e dos efeitos produzidos: do pragmatismo ao paternalismo judicial ...................................................................... 94
§ 10. Justificativa (de)ontológica: constituição como norma .............................. 98
§ 11. Justificativa dogmática: a previsão constitucional expressa ..................... 100

**CAPÍTULO III**
OS TRIBUNAIS DA JURISDIÇÃO CONSTITUCIONAL .............. 103

**Seção I**
A ESTRUTURA DOS TRIBUNAIS DA JURISDIÇÃO CONSTITUCIONAL ..................... 104
§ 1. Número de juízes ........................................................................................... 105
§ 2. Modo de designação ..................................................................................... 106
§ 3. Requisitos para nomeação ........................................................................... 114
§ 4. Período de mandato ..................................................................................... 119
§ 5. Incompatibilidades ....................................................................................... 121
§ 6. Garantias ....................................................................................................... 125
    I. Garantias do cargo ..................................................................................... 125
    II. Garantia institucional ou orgânica ........................................................... 128

## Seção II

ATRIBUIÇÕES E COMPETÊNCIAS .................................................................. 130
§ 1. Contencioso de normas (ou de constitucionalidade) ................................ 130
    I. Controle concreto ........................................................................................ 131
        1. Controle incidental ................................................................................. 131
        2. Controle direto ........................................................................................ 135
    II. Controle abstrato ....................................................................................... 136
        1. Controle preventivo, prévio ou *a priori* ............................................. 136
        2. Controle sucessivo ou posterior ........................................................... 140
§ 2. Contencioso de órgãos e poderes ................................................................ 147
    I. No modelo de Tribunal Constitucional ................................................... 147
    II. No modelo de Suprema Corte ................................................................. 149
§ 3. Contencioso entre órgãos territoriais central e local e contencioso federativo . 150
    I. No modelo de Tribunal Constitucional ................................................... 151
    II. No modelo de Suprema Corte ................................................................. 152
§ 4. Contencioso penal (ou quase penal), de responsabilização constitucional ou de Tribunal de Justiça ............................................................................... 153
    I. No modelo de Tribunal Constitucional ................................................... 153
        1. Contencioso de partido político ............................................................ 153
        2. Privação dos direitos políticos .............................................................. 153
        3. Processo contra o Presidente da República ........................................ 154
        4. Processo contra parlamentares ............................................................. 156
        5. Processo contra outros mandatários .................................................... 156
    II. No modelo de Corte Suprema ................................................................. 157
        1. Processo contra o Presidente da República ........................................ 157
        2. Processo contra outros mandatários de poder ................................... 157
§ 5. Contencioso eleitoral ..................................................................................... 158
    I. No modelo de Tribunal Constitucional ................................................... 159
        1. Contencioso do processo eleitoral ........................................................ 159
        2. Contencioso de *referendum* e plebiscito ............................................ 160
    II. No modelo de Suprema Corte ................................................................. 161
        1. Contencioso do processo eleitoral ........................................................ 161
§ 6. Jurisdição constitucional das liberdades ................................................... 162
    I. Instrumentos processuais constitucionais de proteção dos direitos fundamentais em gênero ........................................................................................... 162
    II. Instrumentos processuais constitucionais para proteção de direitos fundamentais específicos ................................................................................. 171
    III. Jurisdição constitucional sem instrumentos processuais de proteção dos direitos fundamentais ....................................................................................... 174
§ 7. Outras competências ..................................................................................... 177

I. No modelo de Tribunal Constitucional ............................................................. 177
II. No modelo de Suprema Corte ........................................................................ 178

## CAPÍTULO IV
### O CONTROLE DE CONSTITUCIONALIDADE ........................... 181

**Seção I**
PARÂMETRO, REFERÊNCIA, CÂNON OU BLOCO DE CONSTITUCIONALIDADE ......... 181

**Seção II**
OBJETO DE CONTROLE .................................................................................... 191

**Seção III**
EFEITOS DA INCONSTITUCIONALIDADE ............................................................ 203
§ 1. Efeitos das decisões no âmbito do controle preventivo de constitucionalidade 203
   I. Veto absoluto ............................................................................................ 203
   II. Veto relativo ............................................................................................ 205
   III. Vinculação do legislador futuro ............................................................ 205
§ 2. Efeitos das decisões no âmbito do controle sucessivo de constitucionalidade 206
   I. Conseqüência da decisão sobre a norma impugnada ............................ 206
      1. As sentenças normativas ..................................................................... 208
      2. As sentenças transitivas ou transacionais ......................................... 218
   II. Alcance objetivo da decisão ................................................................... 225
   III. Alcance subjetivo da decisão ................................................................ 226
   IV. Projeção temporal da decisão ............................................................... 233
   V. As decisões negativas de inconstitucionalidade .................................... 242

## SEGUNDA PARTE
### DEFININDO OS SEUS LIMITES: A DOUTRINA DOS ESPAÇOS VAZIOS DE JURISDIÇÃO

## CAPÍTULO I
### SISTEMAS LATINO-AMERICANOS ............................... 249

**Seção I**
A CORTE SUPREMA DA NAÇÃO ARGENTINA .................................................... 249

**Seção II**
AS SUPREMAS CORTES DE JUSTIÇA DO MÉXICO E DA VENEZUELA ................ 253
§ 1. Suprema Corte de Justiça mexicana ........................................................... 253
§ 2. Corte Suprema de Justiça venezuelana ...................................................... 253

## CAPÍTULO II
### SISTEMA NORTE-AMERICANO .................................. 255

**Seção I**
O PRINCÍPIO REPUBLICANO E A LEGITIMIDADE DO GOVERNO ............................ 260

**Seção II**
A CONDUÇÃO DE ASSUNTOS EXTERNOS .............................................. 261

**Seção III**
A CONDUÇÃO DE ASSUNTOS MILITARES: O PODER DE DECLARAR GUERRA ........... 263

**Seção IV**
CASOS DE SEGURANÇA NACIONAL ................................................... 265

**Seção V**
POLÍTICA FISCAL ADOTADA ........................................................... 265

**Seção VI**
MOTIVAÇÕES DA ADOÇÃO DE POLÍTICAS ADMINISTRATIVAS E LEGISLATIVAS ...... 267

**Seção VII**
CASOS DE REQUISIÇÕES DO CONGRESSO DIRIGIDAS AO EXECUTIVO ..................... 274

**Seção VIII**
CONTROLE DE *IMPEACHMENT* E DA CASSAÇÃO PARLAMENTAR ........................... 276

**Seção IX**
O PODER CONSTITUINTE DERIVADO ................................................... 281

**Seção X**
O CONTROLE DE DISTRIBUIÇÃO DOS DISTRITOS ELEITORAIS ............................ 282

**Seção XI**
AS DISPUTAS PARTIDÁRIAS INTERNAS ................................................ 285

## CAPÍTULO III
### SISTEMA EUROPEU ............................................ 287

**Seção I**
A CORTE CONSTITUCIONAL FEDERAL ALEMÃ ....................................... 287
§ 1. Limites funcionais ............................................................. 288
§ 2. Limites interpretativos ........................................................ 289

**Seção II**
O TRIBUNAL CONSTITUCIONAL ESPANHOL .......................................... 290
§ 1. Atos parlamentares internos (não legislativos) ............................. 292
§ 2. Atos parlamentares de natureza política ..................................... 292

**Seção III**
A CORTE CONSTITUCIONAL ITALIANA ............................................................. 294
   § 1. *Interna Corporis Acta* ........................................................................... 294
   § 2. A Corte Constitucional Italiana e o limite da *political question* ................ 296

**Seção IV**
CONSELHO CONSTITUCIONAL FRANCÊS ............................................................. 300

## CAPÍTULO IV
### O SISTEMA BRASILEIRO ............................................................. 307

**Seção I**
ATOS *INTERNA CORPORIS* ............................................................................. 309

**Seção II**
A DISCRICIONARIEDADE ADMINISTRATIVA ..................................................... 317

**Seção III**
AS QUESTÕES POLÍTICAS ............................................................................. 319
   § 1. Decretação de estado de sítio ................................................................ 320
   § 2. A legitimidade de um governo ou assembléia estaduais: os casos das duplicatas ........................................................................................ 323
   § 3. O governo de fato ou poder constituinte originário ................................. 326
   § 4. Conflito territorial entre Estados ............................................................ 326
   § 5. Outros casos de questões políticas ........................................................ 327

## CAPÍTULO V
### UMA ABORDAGEM CONCLUSIVA SOBRE *POLITICAL QUESTION* ....... 329

**Seção I**
CRITÉRIO POSITIVO ..................................................................................... 330

**Seção II**
CRITÉRIO FORMAL-PRAGMÁTICO ................................................................. 334

**Seção III**
CRITÉRIO NEGATIVO OU CONSEQÜENCIAL ................................................... 335

## TERCEIRA PARTE
### DEFININDO SEUS PONTOS DE PARTIDA

## CAPÍTULO I
### FORMAÇÃO DO SISTEMA CONSTITUCIONAL:
### O PODER CONSTITUINTE ......................................... 343

## CAPÍTULO II
### O SUPREMO TRIBUNAL FEDERAL E O CONTROLE DO PODER CONSTITUINTE ORIGINÁRIO ........................... 355

**Seção I**
OS ACONTECIMENTOS POLÍTICOS DE NOVEMBRO DE 1955 ............................... 359

**Seção II**
OS ATOS INSTITUCIONAIS E O SUPREMO TRIBUNAL FEDERAL ............................. 361
§ 1. Os casos de liberdade de cátedra e de expressão ........................................ 365
§ 2. Os processos contra governadores de oposição .......................................... 366

**Seção III**
A EMENDA CONSTITUCIONAL N. 26/1985 E O SUPREMO TRIBUNAL FEDERAL ....... 367

**Seção IV**
OS LIMITES DO PODER CONSTITUINTE ORIGINÁRIO ............................................. 369

**Seção V**
O IMPACTO DE UMA NOVA CONSTITUIÇÃO SOBRE A ORDEM JURÍDICA PRETÉRITA .. 370

## CAPÍTULO III
### O CONTROLE DAS MUDANÇAS CONSTITUCIONAIS ................ 385

**Seção I**
CONTROLE DE REFORMA CONSTITUCIONAL ........................................................ 388
§ 1. Forma política de controle .................................................................... 388
§ 2. Forma jurisdicional de controle ............................................................. 388
   I. Controle pelo Conselho Constitucional francês ....................................... 390
   II. Controle pela Corte Constitucional italiana ............................................ 392
   III. Controle pelo Supremo Tribunal Federal ............................................... 394
     1. Controle jurisdicional preventivo ........................................................ 395
     2. Controle jurisdicional sucessivo ......................................................... 401
       A. Enquadramento da revisão constitucional no sistema vigente de mudanças constitucionais formais ..................................................... 403
       B. A definição dos limites do poder de reforma constitucional ................. 403

# QUARTA PARTE
## DEFININDO OS INSTITUTOS CONSTITUCIONAIS

### CAPÍTULO I
JURISDIÇÃO CONSTITUCIONAL E DIVISÃO DOS PODERES ........... 425

**Seção I**
ASPECTOS DOGMÁTICOS DO PRINCÍPIO DA DIVISÃO DOS PODERES ..................... 425
§ 1. Os modelos do princípio da divisão dos poderes ....................................... 430

**Seção II**
A LEGALIDADE PARLAMENTAR ............................................................................ 432
§ 1. A Lei entre o Legislativo e o Executivo: a delegação de competência legislativa ............................................................................................. 434
  I. Poder legislativo delegado nos Estados Unidos ........................................... 435
    1. Teoria da delegação de poderes ................................................................ 435
      A. Finalidade de delegação ...................................................................... 436
      B. Limites da delegação .......................................................................... 437
    2. Aplicação da teoria da delegação de poderes às agências independentes .. 439
  II. Poder legislativo delegado no Brasil ........................................................... 441
    1. Tipos de Delegação ................................................................................... 442
    2. Limites da delegação legislativa ................................................................ 443
    3. Formas de Controle da delegação ............................................................. 444
      A. Controle político ................................................................................. 444
      B. Controle jurisdicional ......................................................................... 445
    4. O artigo 25 do ADCT ................................................................................ 445
§ 2. A Lei entre o Legislativo e o Executivo: o poder normativo autônomo do Chefe do Executivo ............................................................................ 446
  I. Visão geral do controle jurisdicional dos atos normativos autônomos expedidos pelo Executivo ...................................................................... 448
  II. Controle jurisdicional das medidas provisórias no Brasil ........................... 451
    1. Controle jurisdicional dos pressupostos constitucionais da medida provisória ............................................................................................ 451
    2. Legitimidade das reedições e convalidações ............................................. 453
    3. Revogação de medida provisória pelo Presidente da República ............... 454
    4. Limites materiais para edição de medida provisória ................................. 456
§ 3. A Lei entre o Legislativo e o Executivo: o poder regulamentar .................... 458
  I. O Supremo Tribunal Federal em face do poder regulamentar ...................... 459
  II. O poder regulamentar, a discricionariedade técnica e as agências reguladoras .......................................................................................... 467
  III. O controle legislativo do poder regulamentar ............................................ 474
§ 4. A Lei e outras fontes do direito na jurisprudência do Supremo Tribunal Federal ................................................................................................. 478
  I. Reserva de lei e resolução do Senado ........................................................... 478
  II. Reserva de lei e regimento ........................................................................... 478
  III. Reserva de lei e atos internacionais ............................................................ 482
  IV. Reserva de lei e interpretação judicial ........................................................ 484

V. Reserva de lei e sentença normativa da Justiça do Trabalho ............... 486
VI. Reserva de lei e atos administrativos ........................................... 487
§ 5. A Lei e o devido processo legislativo ........................................... 488
   I. Iniciativa de projetos de lei ...................................................... 489
      1. Iniciativas reservadas ao Presidente da República .................. 489
         A. Chefe da Administração Pública ....................................... 490
         B. Como orientador da política nacional e gestor dos recursos financeiros do Estado ............................................................. 498
      2. Iniciativas reservadas ao Supremo Tribunal Federal ............... 502
   II. O poder de emenda parlamentar ............................................. 505
   III. Limitações procedimentais à aprovação de leis: o "devido processo legislativo" ........................................................................ 507
      1. Vedação relativa de apresentação de novo projeto de lei sobre matéria constante de projeto de lei rejeitado na mesma sessão ............... 507
      2. Exigências do bicameralismo .............................................. 508
   IV. Sanção presidencial ............................................................. 509
   V. Veto presidencial .................................................................. 513
§ 6. A Constituição e a lei entre os Poderes: um poder-dever de resistência à inconstitucionalidade? ................................................................. 516

## Seção III
O CONTROLE JURISDICIONAL DAS COMISSÕES PARLAMENTARES DE INQUÉRITO .. 519
   § 1. O controle das comissões parlamentares pela Suprema Corte dos Estados Unidos .................................................................................. 522
   § 2. O controle das comissões parlamentares de inquérito pelo Supremo Tribunal Federal ....................................................................... 527

## Seção IV
O CONTROLE JURISDICIONAL DO *IMPEACHMENT* DO PRESIDENTE DA REPÚBLICA 530
   § 1. Prévio juízo de admissibilidade por parte da Câmara dos Deputados ........... 533
   § 2. Processo e julgamento do Presidente da República por crime de responsabilidade ............................................................................. 534

## Seção V
O PRESIDENTE DOS ESTADOS UNIDOS DA AMÉRICA SEGUNDO A SUPREMA CORTE 542
   § 1. O poder de nomeação e de destituição ....................................... 542
   § 2. A doutrina dos poderes implícitos. O crescimento do papel do Presidente da República nos Estados Unidos ................................................. 547
   § 3. Os limites silenciosos às inerentes competências executivas. A tentativa de conter os poderes do Presidente norte-americano ............................. 548

## Seção VI
O ESTATUTO DAS MINORIAS POLÍTICAS: A PROTEÇÃO DO PRINCÍPIO DEMOCRÁTICO 550

§ 1. Jurisdição constitucional e minorias políticas na França ............................ 551
§ 2. Jurisdição constitucional e minorias políticas na Itália .............................. 553
§ 3. Jurisdição constitucional e minorias políticas no Brasil ............................. 553
  I. A garantia dos processos de formação de vontade popular ...................... 554
  II. Relacionamento entre maioria e minoria no âmbito do Congresso Nacional .. 557

## CAPITULO II
### JURISDIÇÃO CONSTITUCIONAL E FEDERAÇÃO ..................... 563

**Seção I**
LEGITIMIDADE DE O JUDICIÁRIO INTERFERIR NA DEFINIÇÃO DO PERFIL DO FEDERALISMO ............................................................................................. 564

**Seção II**
O PODER CONSTITUINTE DECORRENTE REDEFINIDO PELA JURISPRUDÊNCIA CONSTITUCIONAL ......................................................................................... 567
  § 1. A doutrina brasileira do poder constituinte decorrente ........................... 570
    I. Os princípios constitucionais sensíveis ..................................................... 570
    II. Os princípios constitucionais estabelecidos ........................................... 572
  § 2. A jurisprudência do Supremo Tribunal Federal sobre o poder constituinte decorrente .................................................................................................. 575
    I. O Poder Executivo estadual ..................................................................... 575
    II. O Poder Legislativo estadual .................................................................. 581
    III. O Poder Judiciário estadual ................................................................... 583
    IV. A representação de inconstitucionalidade de leis e atos normativos estaduais e municipais em face da Constituição Estadual ............................. 586
    V. O Ministério Público dos Estados ........................................................... 587
    VI. Advocacia Pública estadual ................................................................... 588
    VII. A Defensoria Pública estadual .............................................................. 589
    VIII. A segurança pública ............................................................................ 589
    IX. Regras e princípios da Administração Pública ...................................... 589
    X. Regras e princípios sobre servidores militares ....................................... 591
    XI. Regime orçamentário-financeiro ........................................................... 592
    XII. Definição da competência do próprio Estado de interpretação estrita e obediente a procedimentos ou formas estipuladas ............................... 594
    XIII. Órgãos municipais ............................................................................... 595
  § 3. Projeção das limitações ao poder constituinte decorrente ....................... 595

**Seção III**
A REPARTIÇÃO DE COMPETÊNCIAS FEDERATIVAS SEGUNDO A JURISPRUDÊNCIA CONSTITUCIONAL ......................................................................................... 597
  § 1. Teoria dos poderes federais implícitos ..................................................... 599

§ 2. Questões específicas relativas à repartição de competências ...................... 605
   I. Repartição de competência entre União e Estados de acordo com a Suprema Corte dos Estados Unidos ........................................................................ 605
   II. Repartição de competência entre Comunidade e Estados de acordo com a Corte Européia de Justiça. A hierarquização das fontes de direito pela Corte Européia de Justiça: a supremacia do direito comunitário .......................... 623
      1. O princípio da livre circulação de mercadorias ..................................... 625
      2. O princípio da livre circulação de capitais ............................................. 627
      3. O princípio da livre circulação de pessoas ............................................. 627
      4. Garantia da livre concorrência ............................................................... 627
      5. Garantia de um meio ambiente saudável .............................................. 627
      6. O princípio da proteção social ................................................................ 628
   III. Repartição de competência entre Estado federal e *Länder* segundo o Tribunal Constitucional Federal alemão ........................................................... 629
   IV. Repartição de competências federativas segundo a jurisprudência do Supremo Tribunal Federal .............................................................................. 631
      1. O confronto de competências comuns e concorrentes com a competência legislativa privativa da União ........................................................... 633
         A. Produção e consumo (art. 24, V) e consumidor (art. 24, VIII) ............... 633
         B. Floresta, caça, pesca, fauna, conservação da natureza, defesa do solo e dos recursos naturais, proteção do meio ambiente e controle da poluição (art. 24, VI) e responsabilidade por dano ao meio ambiente (art. 24, VIII)  634
         C. Proteção e defesa da saúde (art. 24, XII) ................................................. 635
         D. Direito Tributário, econômico e financeiro (art. 24, I) .......................... 636
         E. Competência material comum sobre política de educação para a segurança do trânsito (art. 23, XII) ................................................................ 636
         F. Procedimento em matéria processual (art. 24, XI) ................................. 637
      2. Competência concorrente e delimitação de normas gerais ....................... 639
      3. Competência concorrente e competência suplementar ........................ 641
         A. Competência de complementação ....................................................... 641
         B. Competência de colmatação. O conceito de peculiaridades locais ........ 643
      4. Competência remanescente e poderes legislativos federais enumerados .. 646
         A. Direito comercial, sistema monetário e política de crédito (art. 22, I, VI e VII)  647
         B. Direito Comercial e Direito Civil (art. 22, I) ........................................... 648
         C. Direito do Trabalho (art. 22, I) ................................................................ 649
         D. Direito Penal e Processual ....................................................................... 649
         E. Comércio exterior e interestadual ........................................................... 653
         F. Trânsito e transporte ................................................................................ 653
         G. Populações indígenas .............................................................................. 655
         H. Desapropriação ....................................................................................... 655

  I. Limitação decorrente da Federação .................................................................. 656
 § 3. A autonomia dos Estados-Membros segundo o Supremo Tribunal Federal . 656
 § 4. A autonomia dos Municípios segundo o Supremo Tribunal Federal ........... 658

## CAPÍTULO III
### JURISDIÇÃO CONSTITUCIONAL E DIREITOS FUNDAMENTAIS ........ 669

### Seção I
APROXIMAÇÕES CONCEITUAIS EM TORNO DOS DIREITOS FUNDAMENTAIS .......... 669

### Seção II
OS DIREITOS SOCIAIS ENTRE O JUIZ E O LEGISLADOR ............................................ 677
 § 1. Tribunal Constitucional Federal alemão ................................................. 683
 § 2. Suprema Corte dos Estados Unidos ....................................................... 685
 § 3. A Corte de Justiça da Comunidade Européia ......................................... 688
 § 4. Supremo Tribunal Federal ...................................................................... 691
  I. Direitos trabalhistas ............................................................................. 692
  II. Direitos previdenciários ..................................................................... 697
  III. Direitos assistenciais ......................................................................... 699
  IV. Direito à saúde .................................................................................. 699
  V. Direito à educação ............................................................................. 700
  VI. Direitos culturais .............................................................................. 701
  VII. Direito ao meio ambiente equilibrado: a proteção do meio ambiente ......... 701
  VIII. Proteção da criança e do adolescente ............................................. 703

### Seção III
A DESCOBERTA DOS DIREITOS NÃO ESCRITOS ........................................................ 705
 § 1. A lista aberta de direitos fundamentais .................................................. 706
  I. Corte Constitucional italiana .............................................................. 707
  II. Conselho Constitucional francês ....................................................... 712
  III. Corte Constitucional Federal alemã ................................................. 715
  IV. Suprema Corte dos Estados Unidos ................................................. 716
   1. *Right to privacy*: um direito saído da sombra ............................... 718
  V. Supremo Tribunal Federal ................................................................. 720
  VI. O trabalho construtivo de outros tribunais ...................................... 721

### Seção IV
A ELABORAÇÃO DE UMA TEORIA DOS LIMITES DOS DIREITOS FUNDAMENTAIS ... 722
 § 1. Aproximação conceitual .......................................................................... 722
 § 2. A teoria dos limites dos direitos fundamentais na jurisprudência constitucional 729
  I. Em torno de uma hierarquia de direitos fundamentais ...................... 729

| | |
|---|---:|
| II. Outras técnicas ou critérios utilizados na solução de conflitos ou colisões | 735 |
|     1. Conselho Constitucional francês | 735 |
|     2. Corte Constitucional Federal alemã | 739 |
|     3. Corte Constitucional italiana | 742 |
|     4. Suprema Corte norte-americana | 743 |
|         A. Expectativas de comportamento | 744 |
|         B. Teste de racionalidade da intervenção sob a cláusula da igual proteção: os desafios do interesse público irrenunciável | 747 |
|         C. O modelo dos direitos preferenciais (*preferred rights*) | 750 |
|     5. Supremo Tribunal Federal | 755 |

**Seção V**
O SUPREMO TRIBUNAL FEDERAL E O MANDADO DE INJUNÇÃO ............ 763

## QUINTA PARTE
### DEFININDO AS JUSTIFICATIVAS

### CAPÍTULO I
### A ARGUMENTAÇÃO JURÍDICA ............ 771

**Seção I**

| | |
|---|---:|
| REGRAS DA ARGUMENTAÇÃO JURÍDICA | 773 |
| § 1. Pressupostos ou pretensões de validade da argumentação jurídica | 774 |
| § 2. Justificação interna | 776 |
| § 3. Justificação externa | 777 |
|   I. Princípios de interpretação | 778 |
|     1. Princípio da unidade da Constituição | 785 |
|     2. Princípio da ponderação, concordância prática ou balanceamento dos interesses em conflito | 787 |
|     3. Princípio da razoabilidade | 800 |
|         A. Corte Constitucional Federal alemã | 803 |
|         B. Corte Constitucional austríaca | 806 |
|         C. Conselho Constitucional francês | 808 |
|         D. Corte Constitucional italiana | 811 |
|         E. Tribunal Constitucional português | 814 |
|         F. Suprema Corte norte-americana | 815 |
|         G. Supremo Tribunal Federal | 819 |
|     4. Princípio da interpretação conforme a Constituição | 828 |
|         A. Corte Constitucional Federal alemã | 829 |
|         B. Corte Constitucional austríaca | 830 |

  C. Conselho Constitucional francês .................................................................. 831
  D. Corte Constitucional italiana .................................................................... 832
  E. Tribunal Constitucional espanhol .............................................................. 836
  F. Tribunal Constitucional português ............................................................. 837
  G. Supremo Tribunal Federal ........................................................................ 839
 5. Máximas pragmáticas de apreciação da constitucionalidade .................... 840
II. Enunciados empíricos ........................................................................................ 841
 1. Efeitos econômicos e financeiros das decisões do juiz constitucional ...... 844
  A. Corte Constitucional austríaca ................................................................. 844
  B. Corte Constitucional Federal alemã ......................................................... 845
  C. Corte Constitucional italiana .................................................................... 846
  D. Tribunal Constitucional português .......................................................... 847
  E. Corte de Justiça da Comunidade Européia .............................................. 847
 2. Definição do *periculum in mora* e da conveniência nas decisões sobre medidas cautelares em ação direta de inconstitucionalidade no Supremo Tribunal Federal ......................................................................................... 848
III. Princípios de integração .................................................................................... 858
IV. Enunciados dogmáticos ou elaborados pela Dogmática Jurídico-Constitucional ................................................................................................................ 864
V. Enunciados jurisprudenciais ............................................................................... 865
 1. Relação entre despacho monocrático sobre medida cautelar e decisão plenária de *referendum* desses despachos nas ações diretas de inconstitucionalidade ... 875
 2. Relação entre o fundamento da liminar e do mérito nas ações diretas de inconstitucionalidade .................................................................................. 877
VI. Emprego de "argumentos práticos gerais" ...................................................... 881
VII. Pautas de elaboração pragmáticas .................................................................. 882

## CONCLUSÕES .................................................................................................... 887

## BIBLIOGRAFIA ................................................................................................... 895

## CONSULTA ELETRÔNICA DE JURISPRUDÊNCIA ..................................... 969

## ÍNDICE REMISSIVO ......................................................................................... 971

## TÁBUAS DE DECISÃO ..................................................................................... 987

# SIGLAS E ABREVIATURAS

| | |
|---|---|
| AC | Apelação Cível |
| ACO | Ação Cível Originária |
| ADC | Ação Declaratória de Constitucionalidade |
| ADCT | Ato das Disposições Constitucionais Transitórias |
| ADIn | Ação Direta de Inconstitucionalidade |
| ADInMC | Ação Direta de Inconstitucionalidade – Medida Cautelar |
| ADPF | Argüição de Descumprimento de Preceito Fundamental |
| AG | Agravo |
| AgRg | Agravo Regimental |
| AO | Ação Ordinária |
| AöR | Archiv des öffentlichen Rechts |
| AP | Ação Penal |
| AR | Ação Rescisória |
| ATC | Acórdãos do Tribunal Constitucional (Portugal) |
| BG | Bundesgericht (Tribunal Federal suíço) |
| BJC | Boletín de Jurisprudencia Constitucional (Espanha) |
| BMJ | Boletim do Ministério da Justiça (Portugal) |
| BOC | Boletín Oficial de las Cortes (Espanha) |
| BOE | Boletín Oficial del Estado (Espanha) |
| BverfG | Bundesverfassungsgericht (Corte Constitucional Federal Alemã) |
| BverfGE | Entscheidungen des Bundesverfassungsgerichts (Compilação das decisões da Corte Constitucional Federal Alemã) |
| CAT | Conflito de Atribuições |
| CC | Conselho Constitucional |
| CCO | Conflito de Competência |
| CE | Conselho de Estado |

| | |
|---|---|
| CLT | Consolidação das Leis Trabalhistas |
| CMN | Conselho Monetário Nacional |
| CPB | Código Penal Brasileiro |
| CPC | Código de Processo Civil |
| CPI | Comissão Parlamentar de Inquérito |
| CPP | Código de Processo Penal |
| CR | Carta Rogatória |
| CRFB/CF | Constituição da República Federativa do Brasil/Constituição Federal |
| CTN | Código Tributário Nacional |
| DJ/DJU | Diário de Justiça da União |
| EC | Emenda à Constituição |
| EDCL | Embargos Declaratórios |
| EDIV | Embargos de Divergência |
| EINFR | Embargos Infringentes |
| EXT | Extradição |
| EXV | Exceção da Verdade |
| GG | Grundgesetz (Constituição da República Federal Alemã) |
| HC | *Habeas Corpus* |
| HD | *Habeas Data* |
| IF | Intervenção Federal |
| INQ | Inquérito |
| ISTF | Informativo STF |
| LICC | Lei de Introdução ao Código Civil |
| LOMAN | Lei Orgânica da Magistratura Nacional (Lei Complementar 35, de 14/3/79) |
| LOTC | Lei Orgânica do Tribunal Constitucional |
| LTCF | Lei Orgânica do Tribunal Constitucional Federal alemão |
| MI | Mandado de Injunção |
| MP | Medida Provisória |
| MS | Mandado de Segurança |
| NJW | Neue Juristische Wochenschrift |
| OAB | Ordem dos Advogados do Brasil |
| PET | Petição |
| PGJ | Procurador-Geral da Justiça |
| PGR | Procuradoria-Geral da República |
| QC | Queixa-Crime |

| | |
|---|---|
| QO | Questão de Ordem |
| RCL | Reclamação |
| RCR | Recurso Ordinário Criminal |
| RE | Recurso Extraordinário |
| REL | Relator |
| REsp | Recurso Especial |
| RF | Revista Forense |
| RHC | Recurso Ordinário em *Habeas Corpus* |
| RISTF | Regimento Interno do STF |
| RMS | Recurso Ordinário em Mandado de Segurança |
| Rp. | Representação |
| RT | Revista dos Tribunais |
| RTJ | Revista Trimestral de Jurisprudência |
| RVC | Revisão Criminal |
| SE | Sentença Estrangeira |
| SS | Suspensão de Segurança |
| STC | Sentença del Tribunal Constitucional (Espanha) |
| STF | Supremo Tribunal Federal |
| STJ | Superior Tribunal de Justiça |
| TC | Tribunal Constitucional |
| TCEs | Tribunal de Contas do Estado |
| TCF | Tribunal Constitucional Federal alemão |
| TJ | Tribunal de Justiça |
| TRE | Tribunal Regional Eleitoral |
| TRT | Tribunal Regional do Trabalho |
| TSE | Tribunal Superior Eleitoral |
| TST | Tribunal Superior do Trabalho |
| VerfSlg | Erkenntnisse und Beschlüsse des Verfassungsgerichtshofe (Compilação de sentenças e decisões do Tribunal Constitucional austríaco) |
| VerfGH | Verfassungsgerichtshof (Tribunal Constitucional austríaco) |

# A PRETEXTO DE INTRODUÇÃO

A história da Constituição seria a mesma sem a jurisdição constitucional? A essa pergunta é que nos propomos a responder no curso do presente trabalho. O título pretensioso de "Constituição Reinventada", no entanto, já antecipa a resposta: a invenção moderna foi reinventada por inspiração igualmente moderna. Mas não haverá nisso tudo pura metáfora? Sustentamos que não. A Constituição tenderia a se resumir a um documento de boas intenções ou exortações cívicas de cunho político, ainda que se pudesse atribuir-lhe algum valor jurídico. A verdadeira conversão de seus termos declaratórios só se mostrou possível com o desenvolvimento de uma instância jurisdicional, especializada no código binário jurídico/antijurídico ou legal/ilegal, que recortou as disposições lingüísticas em disposições de normas sob a estrutura imputativa de um descritor e um prescritor. A que preço e sob que circunstâncias é uma das nossas missões investigativas.

A conversão do texto constitucional em norma não foi a única transformação realizada pela jurisdição constitucional: o sentido e mesmo a teleologia das normas constitucionais passaram a sofrer graves interferências, chegando a domínios dificilmente imaginados pelos autores da obra constituinte. Aqui também precisamos identificar as conseqüências geradas para o próprio sistema jurídico em suas conexões com os demais sistemas sociais, sobressaindo, de imediato, a necessidade de contraditar os argumentos impressionantes do caráter pouco democrático da instituição.

II. Desenvolveremos nosso estudo sob um método predominantemente empírico-descritivo, partindo dos quadros constitucional-normativos e do repertório jurisprudencial dos tribunais da jurisdição constitucional de diversos sistemas jurídicos. No entanto, a introdução de cada tópico não prescindirá de uma abordagem analítica que servirá em grande medida para o desenvolvimento normativo e crítico das construções jurisprudenciais analisadas.[1]

III. Nosso trabalho começará com a apresentação descritiva de algumas das várias concepções do termo "Constituição", seguindo-se de um estudo resumido sobre o sentido, origem, evolução, classificação, natureza jurídica e justificativas da jurisdição constitucional. No passo adiante, apresentaremos um esquema geral de configuração dessa jurisdição no Direito Comparado, a apontar as munições que se apresentam hoje em dia para a hercúlea tarefa que se atribui a ele.

A estrutura de apresentação passará à abordagem do refinamento comutador das doutrinas de *self-restraint*, identificadas como definição dos próprios limites ou "espaços vazios de jurisdição". Um passo à frente e já estaremos na dinâmica dos pontos de partida de toda construção jurisprudencial, que envolverá rápida exposição sobre o poder constituinte e os processos de mudanças constitucionais, na tentativa de demarcar as posições dos tribunais da jurisdição já neste instante.

O ingresso no centro do debate vai nos colocar frente às elaborações de "doutrinas" da divisão dos poderes, anotando com destaque a atuação do Supremo Tribunal Federal no desenho das repartições de competências e conformação das estruturas orgânicas de poder. O papel da jurisdição constitucional na afirmação do perfil do federalismo será o destaque imediatamente seguinte, para desbordar na nobre missão de patrono dos direitos fundamentais.

Sobre que fundamentos a jurisdição constitucional realiza tão vastas funções? A resposta nos obrigará a incursões no terreno movediço da argumentação jurídica, para muitos o ponto de legitimidade dos tribunais.

---

[1] A distinção metodológica tem a patente de DREIER. *Was ist und wozu Allgemeine Rechtstheorie*, p. 15.

# PRIMEIRA PARTE

# A CONSTITUIÇÃO E A JURISDIÇÃO CONSTITUCIONAL

# Capítulo I
# A CONSTITUIÇÃO

## SEÇÃO I
## UM CONCEITO E MUITAS CONCEPÇÕES

A palavra "Constituição" apresenta uma variedade de significados, afirmando-se hoje que há um conceito de Constituição em meio a várias concepções[1] ou, em sentido diverso, uma apresentação tipológica mais que conceitual. Assim, nós encontramos na literatura política e jurídica a presença do substantivo "constituição" ligada a adjetivos como "real", "substancial", "material", "histórica", "universal" de um lado, e a "formal", "normativa", "jurídica" de outro, conforme se prefira enfatizar o lado descritivo dos fenômenos sociais constitutivos das relações de poder ou do conjunto de normas fundamentais, que regem ou visam reger essas relações de poder.[2] Esse "descritivismo" já traz em si uma outra polêmica a se refletir, inicialmente, sobre o método e, a seguir, sobre o próprio objeto de estudo. Poderemos adotar uma visão neopositivisma, a distinguir o mundo do *Sollen* do mundo do *Sein*, e afirmar a clivagem entre dois diferentes tipos ou concepções de Constituição – formal

---

[1] COMANDUCCI. Orde ou norme? Quelques idées de constitution au XVIIIe Siècle, p. 23. Para distinção de "conceito" e "concepções", cf. DWORKIN. *Law's Empire*, p. 70-71.

[2] SCHMITT. *Teoría de la Constitución*, p. 29 et seq.

e material –, fazendo a opção, então, de acordo com o que julgamos próprio ao nosso enfoque epistemológico.

Se a opção for realista, seremos seduzidos por visões econômicas ou sociológicas, tendencialmente totalizantes – em linha mais estática: Constituição como *status* de unidade e ordenação do Estado – *institutio* (historicismo),[3] na linha aristotélica de *politeia*[4] e da *constitutio populi* ou *civitatis status* cicereana,[5] como manifestação de domínio (*forma formarum*); ou em linha dinâmica: como produto de uma vontade livre e soberana (Constituição-decisão),[6] elemento de integração social (institucionalismo,[7] concepção sociológica-material[8]) ou fonte de reprodução da vida comunitária ou de autocompreensão ética (republicanismo aristotélico).[9] Ou apenas instrumento de engenharia política destinada a "maximizar" o bem-estar geral, definindo os princípios regulativos da sociedade e organizando os recursos jurídico-políticos em direção ao equilíbrio paretiano ou à eficiência econômica (Constituição utilitarista).[10] Será possí-

---

[3] BURKE. *Selected Writing and Speeches*, p. 330 et seq.; DE MAISTRE. *Considérations sur la France*, p. 130.

[4] ARISTÓTELES. *Tratado da Política*, p.79 et seq. Constituição como forma de governo (Constituição integral) que define de quem o Estado se deve compor e como deve ser governado (p. 79).

[5] CÍCERO. *Las Leys*, III, 2, p. 266. São feitas constantes referências aos Estados hebreu, grego e romano: LOEWENSTEIN. *Teoría de la Constitución*, p. 154 et seq.

[6] SCHMITT. *Teoría de la Constitución*, p. 47 et seq.

[7] Nas suas variadas formas, com a originalidade de HAURIOU: "las ideas llegan a ser el alma de las intituciones políticas e sociales (...) y las instituciones son la forma visible del orden. (...). El procedimiento de la *intitución* se combina com el de las separaciones de poder, desde el momento en que éstas se haven duraderas, por el hecho de que los poderes separados se organizan alrededor de una idea.(...) No hay auto-limitación pura y simples de poder; hay una fundación del poder, que realiza una idea objetiva." Sendo as Constituições escritas "expresión de la creencia en un orden constitucional del Estado": *Princípios de Derecho Público y Constitucional*, p. 13-15, 47, ainda p. 82 et seq.

[8] SMEND. *Constitución y Derecho Constitucional*, p. 129 et seq.

[9] HAINES. *The Revival of Natural Law Concepts*, p. 273 et seq.; FRIEDRICH. *Giustizia e Trascendenza*, p. 139 et seq.; MICHELMAN. *Law's republic*, p. 1.493 et seq., 1.525; PERRY. *The Constitution in the Courts*, p. 3 et seq., p. 202-204; referindo-se a *Peter Häberle*: CERVATI. In *Tema di Interpretazione della Costituzione, Nuove Tecniche Argomentativi e "Bilanciamento" tra Valori Costituzionali*, p. 89-90.

[10] VAN DEN DOEL. *Democracy and Welfare Economics*, p. 6 et seq.; MACKAAY. *Economics of Information and Law*, p. 26 et seq. Seguindo uma orientação privatista dos direitos de propriedade e do assinalamento de competências: POSNER. *Economic Analysis of Law*, p. 29 et seq., p. 189.

vel notar uma modulação que enfatiza a norma constitucional como reflexo da ordem social e política, identificando Constituição ora com a estrutura fundamental da sociedade, ora com o próprio Estado, mas sempre como criação necessária para a competição de grupos de interesses ou de poder, em geral, sob o prisma de um "armistício", de um *instrumentum pacis* ou de "um tratado de paz mais duradouro" ou, a meio tom misto, Constituição como um ordenamento público do bem comum – *salus publica ex constitutione* –, dinâmico e resultado de um confronto dialético entre todos os sujeitos e grupos que atuem na esfera pública (procedimentalismo sociológico).[11] Uma leitura construtivista, por seu turno, situará ambos os termos – norma e ordem concreta – no mesmo lado da equação, como elementos da realidade, do mundo do *Sein*.[12] Uma interpretação sistêmica valorizará a objetividade de uma diferenciação funcional de "competências negativas", de "limites e impedimentos", projetando um centro de direitos como meros reflexos operacionais, a Constituição como um "acoplamento estrutural" especialmente entre o sistema da política, no seu "tratamento seletivo da sociedade" e o sistema do direito ocupado apenas com a redução da complexidade das diversas alternativas de comportamento (institucionalimo sistêmico).[13]

Se nos acudir a perspectiva formalista, seremos lançados ao beco de uma tradicional saída liberal: Constituição como norma fundamental fundadora e reguladora de um novo Estado (*frame or instrument of Government*),[14] limitadora dos poderes e orientada

---

[11] HÄBERLE. *Verfassung als öffentlicher Prozess*, p. 155 et seq.; TROPER. *Le Problème de l'Interprétation et la Théorie de la Supralégalité Constitutionnelle*, p. 144; CANOTILHO. *Direito Constitucional*, p. 87-88, citando SEIFERT e ABENDROTH; ZAGREBELSKY. *La Giustizia Costituzionale*, p. 23; BOBBIO. *O Futuro da Democracia*, p. 132; WHITTINGTON. *Constitutional Construction*: Divided Powers and Constitution Meaning, p. 1 et seq.; HESSE. *Elementos de Direito Constitucional da República Federal da Alemanha*, p. 38 et seq., 41; em certo sentido: RAWLS. *Teoría de la Justicia*, p. 255 et seq.

[12] COMANDUCCI. *Ordre ou Norme? Quelques Idées de Constitution au XVIIIᵉ Siècle*, p. 26.

[13] LUHMANN. *Grundrechte als Institution*, p. 53 et seq.; La Costituzione come Acquisizione Evolutiva, p. 118-119.

[14] A forma escrita de regulação dos poderes registra precedentes: *Agreement of the Free People of England* de 1649 com trinta artigos limitando as prerrogativas dos governantes em nome dos direitos naturais e históricos do homem, além do *Intrument of Government* de *Crommwel*, datado de 1653. O *Agreement* dependia da adesão do povo para entrar em vigor, sobrepondo, assim, a vontade popular à vontade parlamentar e ligando originariamente

para proteção das liberdades e, especialmente, da propriedade, vinculando-se ao pensamento jusnaturalista de direitos inatos sobrepostos ao direito positivo, sobretudo em *Locke*[15] e *Coke*,[16] mas como esquema de limitação de poderes, em *Montesquieu*,[17] como foi desenvolvida por *James Otis*,[18] *Sharp*,[19] *Hamilton*,[20] *Madison*,[21] *Jefferson*[22] e por *Thomas Paine*.[23]

Inspirada no contratualismo lockeano e no originário princípio da autodeterminação comunitária, essa concepção, empiricamente, apareceu de forma clara na Declaração de Independência norte-americana:

> "Quando no curso da história humana, torna-se necessário para um povo dissolver os laços políticos que o unem com um outro e assumir os poderes (...) que as Leis da Natureza e da Natureza de Deus lhe deferem (...). Nós, então, os Representantes dos Estados Unidos da América, reunidos num Congresso Geral (...), em nome e autoridade do bom povo dessas Colônias, solenemente publicamos e

---

a idéia de poder constituinte do povo e leis fundamentais (VATTEL). Na Suécia, são apontados certos textos fundamentais já em 1634, 1719-1720, 1772 e 1789: TURPIN. *Contentieux Constitutionnel*, p. 14; GOUGH. *Fundamental Law in English Constitutional History*, p. 98. "Instrumento de governo" pode assumir, contudo, um signficado mais amplo como ponto de partida de um programa a realizar que marca, *a priori ab ante facto*, a orientação política: XIFRA-HERAS. *La Constitución como Norma y como Ley*, p. 71.

[15] LOCKE. *Two Treatises of Government*, p. 127, 153 et seq.; 163 et seq.

[16] COKE. *First Part of the Institutes of the Laws of England*, p. 100.

[17] MONTESQUIEU. *De l'Esprit des Lois*. Défense de l'Esprit des Lois, t. I, p. 169 et seq.; 174.

[18] Cf. GREEN. *James Otis's Argument Against the Writs of Assistance*, 1761.

[19] SHARP. *A Declaration of the People's Natural Right to a Share in the Legislature* 1774.

[20] HAMILTON, falando da superioridade da Constituição: "Constitution as *supreme law* of the land." (*The Federalist Papers n. 34*, p. 204) ou "fundamental law" (*The Federalist Papers n. 78*, p. 467), como fonte de norma: "The Constitution ought to be the standard of contruction for the laws." (*The Federalist Papers n. 81*, p. 482).

[21] MADISON, defendendo a origem popular da Constituição: "The Constituion is to be founded on the assent and ratification of the people..." (*The Federalist Papers n. 39*, p. 243); sobre a supremacia constitucional (*The Federalist Papers n. 53*, p. 331-332).

[22] JEFFERSON. *Papers of Thomas Jefferson*, v. I, p. 290 et seq.

[23] PAINE. *The Rights of Man*, p. 48: "A Constitution is a thing *antecedent* to a Government (...). It is the body of elements, to which you can refer, and quote article by article; and which contains the principles on which the Government shal be established, the manner in which it shall be organised, the powers it shall have, the mode os elections..."

declaramos que essas Colônias são e devem ser Estados Livres e Independentes."

E se consolidou, ainda que importando traços utilitaristas e dos *levellers*, com o preâmbulo que viria acompanhar a Constituição de 17 de setembro de 1787:

"Nós, o povo dos Estados Unidos, com vistas a formar a mais perfeita União, estabelecer justiça, assegurar a tranqüilidade doméstica, prover a defesa comum, promover o bem-estar geral e assegurar as bênçãos da liberdade sobre nós e nossa posteridade, ordenamos e estabelecemos esta Constituição para os Estados Unidos da América."

Na França revolucionária esse quadro foi também pintado, muito embora reinasse ali uma certa ambigüidade no emprego da palavra *Constitution*, ora assimilada à ordem, ora à norma, assim tanto em *Siéyès*,[24] quanto no próprio artigo 16 da Declaração de Direitos do Homem e do Cidadão, que dispunha no sentido de que as sociedades que não assegurassem a garantia dos direitos, nem a separação de poderes não possuíam uma Constituição – digna desse nome.[25] Mas o legado dos documentos escritos de 1791, 1793, 1795 e mesmo no curso autoritário da era napoleônica, em 1799 e 1804, sublinhou a revolução da razão sobre a vontade e abriu o caminho para uma difusão da idéia por toda Europa, em que pese a pouca valia dispensada inicialmente à parte dogmática, que simplesmente não existia, como na maioria das Constituições francesas e, por sua influência, no Estatuto Real espanhol de 1834, e na Carta alemã de 1871, ou, quando muito, reduzia-se a uma exortação ou a princípios gerais sem aplicabilidade direta ou imediata.[26] Seja como for, a Constituição foi-se impondo, aos poucos, como a instância única de sobera-

---

[24] SIÉYÈS. *Che Cos'È il Terzo Stato*, p. 254 et seq.

[25] COMANDUCCI. *Ordre ou Norme?* Quelques Idées de Constitution au XVIIIe Siècle, p. 40-41. Não se pode esquecer da *Konstytucia*, a "Constituição polaca" de 3 de maio de 1791, surgida mais de quatro meses antes da francesa: STERN. *Derecho del Estado de la República Federal Alemana*, p. 196.

[26] Para *Maurice Hauriou*, as Cartas outorgadas, tanto como as medievais, não apresentavam a forma de leis, ainda que valessem, no fundo, como Constituições, porquanto constituíam o Estatuto do Estado: *Princípios de Derecho Público y Constitucional*, p. 307-308.

nia, acima do Príncipe ou do Povo, graças ao empenho teórico e político, sobretudo, originariamente, de *Vattel*[27] e, a seguir, dos "doutrinadores" franceses da Restauração monárquica e da Monarquia de Julho, como *Royer-Collard*,[28] *Guizot*[29] e *Tocqueville*,[30] de *Benjamín Constant*[31] e da juspublicística alemã, de final do século XIX, que agravou com maior intensidade o sentido formal de *Verfassung* (*Laband*,[32] *Gerber*,[33] *Jellinek*[34]). São notáveis as características que se reuniam sob o rótulo constitucional: um conjunto de normas, editadas pelo ou em nome do povo, que configura, ordena e limita os poderes do Estado, define o âmbito de liberdades e direitos fundamentais, mostra-se, portanto, orientada para uma finalidade comum, assumindo a forma escrita, o caráter rígido, o valor supremo e a pretensão de permanência ou duração (*dauernde Grundordnung* ou Constituição em sentido material).[35]

A concepção tenderá ao refinamento, ora, objetiva e formalmente, como um documento de normas ou esquema de fontes

---

[27] VATTEL. *Le Droit des Gens*, [1758], Cap. III, § 27: escrevendo, antes dos acontecimentos de 1789, que a Constituição é "a regulação básica que determina o modo e a maneira como deve ser exercidada a autoridade pública. Nela fica visível a forma sob a qual a nação atua como corpo político; como e por quem deve ser governado o povo, quais são os direitos e deveres dos governantes. A Constituição não é mais que a determinação da ordem sob a qual uma nação se propõe a alcançar coletivamente os fins e as vantagens da sociedade política".

[28] Cf. reunião em LACOMBE. *Royer-Collard*. Paris: C. Douniol, 1863.

[29] GUIZOT. *Du Gouvernement de la France*. Paris: Ladvocat, 1821. Um debate sobre a importância de *Guizot*, ao lado de *Royer-Collard*, *Tocqueville* e *Constant*, para o pensamento liberal de seu tempo: VALENSISE. *François Guizot et la Culture Politique de son Temps*, p. 1 et seq.

[30] TOCQUEVILLE. *De la démocratie en Amérique*. Bruxelles : L. Hauman et Cie., 1835; *Histoire Philosophique du Regne de Louis XV*. Paris: Amyot, 1847.

[31] CONSTANT. *Collection complete des Ouvrages*. Paris: A París Chez P. Plancher, 1818.

[32] LABAND. *Das Staatsrecht des Deutschen Reiches*. Tübingen: Verlag der H. Laupp'schen Buchhandlung, 1876-1882; *Ueber den verfasser und die handschriften-genealogie des Schwabenspiegels*. Berlin: Gedruckt bei A. W. Schade, 1861.

[33] GERBER. *Ueber öffentliche Rechte*. Tübingen: H. Laupp, 1852; *Grundzüge der deutschen Staatsrechts*. Dresden, 1880.

[34] JELLINEK. *System der subjectiven öffentlichen Rechte*. Freiburg i. B.: Mohr, 1892; *Die Erklärung der Menschen- und Bürgerrechte. Ein Beitrag zur modernen Verfassungsgeschichte*. Leipzig: Duncker & Humblot, 1895; *Allgemeine Staatslehre*. Berlin: O. Häring, 1900.

[35] JELLINEK. *Algemeine Staatlehre*, p. 505 et seq., 521, 534.

normativas de grau elevado, sob a teoria da formação de direito por degraus (*Stufenbautheorie*), como no normologismo kelseniano, sobressaindo-se o caráter constitucional da simples posição sistêmica da norma[36] ou de sua eficácia jurídica *a priori*;[37] ora, funcional e materialmente, como fórmulas sintéticas de normas organizatórias que reproduzem o *statu quo* (liberalismo conservador)[38] ou ou como mero procedimento de tomada de decisões política e juridicamente vinculantes (formalismo procedimentalista);[39] ou, ainda, em um sentido material diverso, como esquema de "ordenamento da dominação e dos valores [posição jurídico-política dos indivíduos] no Estado",[40] e, mais sectariamente, como instrumento precípuo de garantia dos direitos fundamentais, concebidos como "cartas de trunfo" ou "curingas" (*trump cards* ou *rights as trump*)[41] contra as maiorias ocasionais (garantismo ou fundamentalismo),[42] apresentados como "direito de igual respeito e consideração" (fundamentalismo liberal ou deontológico),[43] direito de propriedade (fundamentalismo conservador)[44] ou direitos de grupos sociais desfavorecidos (fundamentalismo coletivista),[45] podendo-se imaginar a visualização normativa

---

[36] KELSEN. *Teoria Geral do Direito e do Estado*, p. 129 et seq.; *Teoria Pura do Direito*, p. 240 et seq.

[37] BADURA. Verfassung und Verfassungsgesetz, p. 22.

[38] FORSTHOFF. Concetto e Natura dello Stato Sociale di Diritto, p. 39; HAYEK. *The Constitution of Liberty*, p. 234 et seq.

[39] ELY. *Democracy and Distrust*, p. 101 et seq.; HENNIS. *Verfassung und Verfassungswirklichkeit*, p. 35.

[40] STERN. *Derecho del Estado de la Republica Federal alemana*, p. 214. Todavia, STERN admite que um conceito amplo de Constituição não pode ficar preso a conteúdos específicos: "se se quer fazer do conceito de constituição um conceito capaz de dizer algo, não se pode abstrair da situação concreta e dos desenvolvimentos históricos no mundo dos Estados. O conceito de constituição e a compreensão da constituição são deferentes no mundo ocidental e no mundo comunista, assim como também em amplas zonas dos países em via de desenvolvimento" (p. 210).

[41] ACKERMAN. *We the People*: Foundation, p. 12. O trocadilho que a palavra "trump" permite, além do significado do "curinga" num jogo de cartas, pode permitir a leitura dos direitos fundamentais como "cartas de triunfo".

[42] Usamos aqui a nomeclatura de ACKERMAN. *We the People*. Foundation, p. 10.

[43] DWORKIN. *Taking Rights Seriously*, p. 131 et seq.; *Law's Empire*, p. 355 et seq.

[44] EPSTEIN. *Takings*: Private Property and the Power of Eminent Domain, p. 1 et seq.

[45] FISS. *A Community of Equals*: The Constitutional Protection of New Americans, p. 5 et seq.; The Supreme Court. 1978 Term. Foreword: the Formas of Justice, p. 1 et seq.

de um programa socialmente impulsionado, a começar pelo estabelecimento de objetivos positivos e de tarefas ou prestações que o poder deve cumprir em benefício da comunidade (Constituição instrumental ou dirigente),[46] congregando elementos do *status quo* e instrumentos jurídico-processuais de transformação da sociedade como estratégias de desenvolvimento social e político nas ações dos públicos poderes,[47] ou um sistema de conexão interna entre autonomia privada e autonomia pública,[48] aproximando os extremos, real e normativo.

Uma terceira perspectiva pode vir entremeada às duas concepções, como um sentido de Constituição "material" ou de Constituição "normativa", conforme o ângulo de visão, mas que não visa descrever a "realidade factual" ou "normativa", senão ser ela mesma "normativa" ou "axiologicamente orientada", no sentido de ser apresentada como uma ordem de valor geradora de normas ou uma ordem de integração espiritual, acentuando-se, assim, a inclusão reciprocamente do processo político na normação fundamental.[49] As fronteiras parecem desabar quando se percebe a necessidade de fusão dialética entre a estrutura de poder realmente existente (Constituição política) e "seu correlato objetivado em direito como Constituição jurídica objetivada", para o qual o sentido de "Constituição jurídica escrita" deixa muito a desejar.[50]

---

[46] CANOTILHO. *Constituição Dirigente e Vinculação do Legislador*, p. 69-70; ENTERRÍA. *La Constitución como Norma y el Tribunal Constitucional*, p. 49; SUNSTEIN. *The Partial Constitution*, p. 3 et seq.; MITCHELL. *The Constitution of Poverty*, p. 5.

[47] HABERMAS. *Morale, Diritto, Política*, p. 90.

[48] HABERMAS. *Fatti e Norme*, p. 333; em que pese seu "procedimentalismo puro" do ponto de vista da democracia em *Die Einbeziehung des Anderen*, p. 119 et seq. a Moral, partindo do zero – tudo é consensuado –, conectaria as éticas individuais com a esfera política, por meio de procedimento discursivo (p. 75-76, 117). Mas esse procedimento discursivo não conteria "pressupostos" ou "pretensões de validade", mostrando-se contaminado pela ética kantiana? RAWLS. Reply to Habermas, p. 170 et seq. Ademais, a insistência de religar as autonomias privadas e públicas chega, ao fim, a uma democracia substancializada, à moda de *Frank Michelman* e não ao formalismo puro a que expressamente se refere: HABERMAS. *Die Einbeziehung...*, p. 70-76, 316.

[49] Na linha do pensamento hegeliano reproduzido do oitocentismo alemão por *Lorenzo Von Stein, Robert Mohl, R. Gneist* e que teve seu apogeu com SMEND. *Constitución y Derecho Constitucional*, p. 129 et seq.

[50] HELLER. *Teoría del Estado*, p. 267 et seq.

Embora seja comum associar uma preferência de enfoque a uma opção ideológica, antes de epistemológica, o que não é de todo equivocado, podemos encontrar em um mesmo lado, desfiando críticas contundentes aos outros enfoques, autores de visões de mundo opostas. Ninguém dirá que *Joseph de Maistre* e *Ferdinand Lassale* comungavam da mesma ideologia; no entanto, todos dois, à sua motivação, demonstravam seu apreço por uma concepção material, sociológica ou histórica de Constituição, identificando no sentido formal "n'est que du papier; (...) n'est que'une toile d'araignée"[51] ou uma "folha de papel".[52] Dirão alguns que a perspectiva desses autores não era descritiva, mas axiológica, e, embora se possa ter por acertado no sentido de pressupor um ideal de Constituição, não será exato se descobrirmos nos seus trabalhos uma preocupação em descrever os processos reais de atuação dos poderes políticos; e, mesmo admitindo que ambos professassem uma perspectiva axiológica, a conclusão seria, no fundo, a mesma: dois autores com inspiração política bem diferente adotando um mesmo enfoque de Constituição.

Essa distinção, por outro lado, nem sempre ocupou o tempo dos estudiosos do tema. O estudo dos autores do século XIX, que defendiam um sentido novo de Constituição, por exemplo, revela um uso indiferente dos diversos sentidos da palavra, falando ora em "ordem concreta", ora em "normas fundamentais", o que pode ser interpretado como uma insuficiência ou falta de um método de análise conceitual mais preciso[53] ou puro descaso com o que lhes pareceria nuança sem maiores conseqüências práticas. E, na verdade, foi apenas com a viragem positivista no campo do Direito Público, e, em especial, do Direito Constitucional, que se desancou a compreensão material-realista, deixada para os sociólogos ou cientistas políticos, pondo em relevo o sentido normativo de Constituição como fonte primária das demais normas jurídicas. A reinserção

---

[51] DE MAISTRE. *Considérations sur la France*, p. 130, 137; é conhecida a seguinte frase de Maistre: "Étant données la population, les moeurs, la religion, la situation géographique, les relations politiques, les richesses, les bonnes et les mauvaises qualités d'une certain nation, trouver les lois Qui lui conviennent" (p. 87); também evocado como o "espírito geral de uma nação" por MONTESQUIEU. *De l'Esprit des Lois*, I, p. 252

[52] LASSALE. *A Essência da Constituição*, p. 19.

[53] COMANDUCCI. *Ordre ou Norme?* Quelques Idées de Constitution au XVIIIe Siècle, p. 41.

da locução "material" passou a se referir a essa particularidade[54] e apenas ao conteúdo de certas normas, àquelas que, contrariamente à tendência constitucionalizante do século XX, diziam respeito ao núcleo da organização dos poderes públicos e, quando muito, aos direitos e liberdades fundamentais.[55]

Nenhuma perspectiva sobre o sentido dessa palavra pode, no entanto, deixar de lado as demais. Constituição é ordem normativa e ordem real em constante tensão, é a realidade que se integra ao campo normativo; são as normas que se projetam sobre o mundo fenomênico, numa interação que reúne componentes simbólicos importantes, diferenciando essa tensão de outras que também se contam no mundo jurídico entre fatos e normas.[56]

A Constituição apresenta uma força simbólica até superior às suas outras dimensões: do ponto de vista da filosofia política e do direito, ela desloca quase todo debate para dentro de seu mundo, reduzindo questões de validade a questões de constitucionalidade. No plano do direito internacional, ela se vai apresentar como atributo simbólico de soberania, semelhante ao hino nacional, uma espécie de "cartão de visita internacional" para os novos Estados ou governos.[57] E, internamente, ela reunirá o sentido de um "contrato" ou "pacto fundador" que tem um papel decisivo como forma de integração total ou de autoconstrução da identidade comunitária.[58] Não será, portanto, mero acaso a identificação das declarações de direito e dos textos constitucionais com a iconografia das "tábuas da lei" ou de "lei gravada sobre a pedra", nem menos reveladora a evocação mítica

---

[54] KELSEN. *Teoria Pura do Direito*, p. 240 et seq.

[55] KELSEN. *Teoria Geral do Direito e do Estado*, p. 130.

[56] HESSE. *Elementos de Direito Constitucional da República Federal da Alemanha*, p. 47 et seq., 49.

[57] KLEIN. *Pourquoi Écrit-on une Constitution?*, p. 91.

[58] A "Constituição simbólica" pode, todavia, ser "apropriada" pelas forças dominantes e reposta como instrumento de dominação mais do que de autoconstituição identitária. BONAVIDES flagra essa apropriação em sociedades periféricas, como a brasileira: "o perfil silencioso de uma *ditadura constitucional* que desampara as instituições, posterga a tradição federativa e republicana, infelicita a Nação (...), conjurando contra a Constituição e o regime, [por um] governo neoliberal [que] cria um Estado vassalo, uma feitoria colonial, uma sociedade de servos do capital.": *Teoria Constitucional da Democracia Participativa*, p. 50-60. Sobre o conceito de "Constituição simbólica" em sentido diverso do texto, mas consentâneo com o registro desta nota: NEVES. *A Constituição Simbólica*, 1994.

dos *founding fathers* inicialmente nos Estados Unidos, repatriada por outras línguas como *Gründen von Vätern, Mütter und Väter des Grundgesetzes, pères fondateurs, padri fondatori*, padres fundadores, pais fundadores.[59]

Sua evocação mítica é apenas mais um efeito da invenção moderna, disposta em fórmula normativa. É significativamente na reunião dos sentidos de pacto – federal ou social – sob a batuta de um programa de normas orientado e realizado pelos atores constitucionais, como fonte e, simultaneamente, como produto das interações cotidianas desses atores. Não pode ser meramente procedimental a dispor sobre as regras de formação da vontade política exclusivamente. Nem é uma ordem dura de valores. Mas uma simbiose que assume as formas jurídicas e se limita às suas contingências, ao seu tempo e ao seu povo. É uma obra inacabada e que tende a se rebelar contra os seus criadores. A tarefa do jurista é pôr em marcha essa tendência dispersiva do texto sem permitir que se esvaia o sentido de norma ou que se destrua a engenharia original dos fundadores. É tentar domar o mito e decodificá-lo juridicamente. E é nessa dimensão que nosso estudo se assenta, na pesquisa do trabalho (re)construtivo da jurisdição constitucional, que é dominado pela ambigüidade de aplicar, criando, o direito. E de resolver, em código jurídico, a tensão diária entre a Constituição-papel e a Constituição-real, sendo, ao mesmo tempo, habitante dos dois mundos.

O milagre dessa segunda invenção tem sido exatamente o reforço da Constituição como norma, e, com isso, ter permitido a sua tradução e reprodução mais fácil nas formas controladas da linguagem jurídica, contendo os embates políticos que poderiam conduzir a crises sistêmicas numa relação lógico-formal entre descritor e prescritor de um enunciado deôntico, impondo-se uma sanção (nulidade-inconstitucionalidade-inaplicabilidade) ao descumprimento de um padrão jurídico qualificado. Não se pense, entretanto, que essa operação é de pura lógica, pois os elementos factuais, as forças pervasivas da política, são inseridos nos quadros da norma de decisão ainda sob a roupagem da combinação entre uma hipótese e uma conseqüência. A jurisdição constitucional pressupõe e reforça, portanto, a Constituição como norma jurídica (dimensão jurídico-formal) e a ordem como pluralismo de forças constitucionais

---

[59] KLEIN. *Pourquoi une Constitution Aujourd'hui?*, p. 94; OLIVECRONA. *Law as Fact*, p. 96 et seq.

(dimensão político-substancial),[60] resultando, ao fim, num produto complexo que remove o texto um passo à distância anterior, reconduz as forças sociais e políticas a um novo equilíbrio instável e mantém – reproduz – aceso o mito ou símbolo da unidade do povo. [61]

---

[60] ZAGREBELSKY. *La Giustizia Costituzionale*, p. 14.

[61] O "mito" de valores comunitários compartilhados ou de unidade nacional é denunciado por nomes como BELL. *The Cultural Contradictions of Capitalism*, p. 252-253.

# Capítulo II
# A JURISDIÇÃO CONSTITUCIONAL

## SEÇÃO I
## CONCEITO DE JURISDIÇÃO CONSTITUCIONAL

Jurisdição, como é sabido desde a teoria geral do processo, é uma das maiores manifestações da soberania de um Estado. Através dela, ele, Estado, conhece, de forma neutra (*Frisenhann*), os conflitos ocorrentes, de interesse ou não, e declara, em seu nome e não em nome das partes,[1] o direito aplicável ao caso, podendo executar o *decisum*, se provocado, na persistência de uma "lide insatisfeita".[2] É freqüente a associação a essa concepção material-operacional de jurisdição do caráter de afirmação ou reconhecimento de conformidade de um ato ou fato com a ordem jurídica, e outro, social, de perfeição (*perfectibilidad*) e inalterabilidade: *res judicata pro veritate habetur*.[3]

---

[1] CHIOVENDA. *Instituições de Direito Processual Civil*, II, p. 9 et seq.; p. 11; FRIESENHAHN. *La Giurisizione Costituzionale Nella Repubblica Federale Tedesca*, p. 5.

[2] ALCALÁ-ZAMORA Y CASTILLHO. *Estudios de Teoría General e Historia del Proceso (1945-1972)*, t. I, p. 57-58.

[3] WINTRICH. Aufgaben, Wesen und Grenzen der Verfassungsgerichtsbarkeit im Vom Bonner Grundgesetz zur gesamtdeutschen Verfassung, p. 203 et seq.; 205.

A contenciosidade ou contraditório de parte descolam do núcleo de referência do sentido de jurisdição, em meio à existência de um contencioso não jurisdicional ou arbitral e de uma jurisdição não contenciosa, por mais que ambas se assimilem a uma atividade administrativa de empenho jurisdicional, carecendo, então, do elemento formal da coisa julgada. Se o conflito, a oposição, o contencioso já não mais ocupa o centro de gravidade do conceito de jurisdição, será mais fácil aceitar uma jurisdição especial que, pelo menos, lança a um outro patamar a noção de contenciosidade e mitiga a idéia de sujeitos ou partes processuais, detentores de interesses concretos e, em regra, patrimoniais, para pôr em seu lugar ou a seu lado um "conflito" de posições ou de interesses de proteção da ordem jurídico-constitucional.

Critérios há de classificação das diferentes manifestações de poder ou da função jurisdicional, quanto à origem, quanto à forma ou quanto à matéria, ressaltando-se nesse último uma distinção, importante ao nosso estudo, entre jurisdição ordinária e jurisdição constitucional, esta cuidando dos conflitos de natureza constitucional; aquela abraçando todos os assuntos conflituosos e residuais, abrigados nos conceitos, formal e material, de jurisdição citados.

Surgem, todavia, dificuldades para precisar exatamente o que seja "matéria de natureza constitucional". Seria mais propriamente a fiscalização da constitucionalidade?[4] Para *Di Ruffia*, sim, embora enalteça também o julgamento de ilícitos praticados por titulares de órgãos constitucionais.[5] Esse conteúdo se enriquece com a compreensão do "contencioso da liberdade" ou, na dicção de *Cappelletti*, com o alvorescer da "jurisdição constitucional da liberdade", própria para a proteção, em gênero, dos direitos fundamentais.[6] O objeto dessa *justiça constitucional* é ainda mais amplo e tende a se expandir com o prestígio do Direito Constitucional, açambarcando hoje os conflitos de atribuição entre órgãos constitucionais e federativos, além do contencioso eleitoral.[7] Não escapa, assim, à observação de *Didier Maus*, a compreensão sob o rótulo de "contencioso constitucional" de todo o conjunto de litígios que podem nascer da ativi-

---

[4] CANOTILHO. *Direito Constitucional*, p. 1042.

[5] DI RUFFIA. *Diritto Costituzionale*, p. 543 et seq.

[6] CAPPELLETTI. *La Giurisdizione Costituzionale Della Libertà*, p. 5 et seq.; *O controle Judicial de Constitucionalidade das Leis no Direito Comparado*, p. 24.

[7] CAPPELLETTI. *O Controle Judicial de Constitucionalidade das Leis no Direito Comparado*, p. 24-26.

dade das instituições constitucionais, assim como os processos que permitem resolvê-los.[8] Se bem que as palavras "contencioso", "litígio" e "processo" demandem uma precisão maior, uma concepção extremamente larga de "jurisdição constitucional" chegaria a reunir todos os mecanismos constitucionais de formação e execução, no plano de sua relevância constitucional, das opções jurídico-políticas, induzidos e disciplinados pelas normas constitucionais, atraindo, pelo menos potencialmente, todos os atores da peça política representada no cotidiano da vida nacional.

Por essa imprecisão de contornos, há quem se atente mais ao lado formal-orgânico da concepção. A jurisdição constitucional seria prestada, então, fundamentalmente por um órgão especializado, encarregado da missão de resolver os conflitos constitucionais que lhe fossem deferidos. *Fix-Zamudio* não tergiversa ao concentrar-se no sentido estrito e, para ele, tecnicamente mais acertado da expressão, a compreender o estudo da atividade de verdadeiros tribunais, formal e materialmente considerados, que conheçam e resolvam as controvérsias de natureza constitucional *de maneira específica*.[9]

A indagação, todavia, pode desafiar duas posições distintas e, de novo, referida a um sentido formal do órgão incumbido da função e em sentido material da função em si mesma considerada. Sob a primeira perspectiva, acertado está o mestre *Fix-Zamudio*. Sob a segunda, não. A jurisdição-função, dentro dos limites competenciais, pode ser exercida tanto de forma concentrada, quanto difusa, por tribunais especializados ou ordinários. A questão se centra em saber sobre que ângulo estamos vendo a resposta.

A conciliação de critérios formais e materiais, a nosso ver, pode ser conseguida com a identificação de jurisdição constitucional como uma garantia da Constituição, realizada por meio de um órgão jurisdicional de nível superior, integrante ou não da estrutura do Judiciário comum, e de processos jurisdicionas, orientados à adequação da atuação dos poderes públicos aos comandos constitucionais, de controle da "atividade do poder do ponto de vista da Constituição",[10] com destaque para a proteção e realização dos direitos fundamentais.[11]

---

[8] MAUS. La Notion de Contentieux Constitutionnel sous la Ve République, 1980. Apud TURPIN. *Contentieux Constitutionnel*, p. 18.

[9] FIX-ZAMUDIO. *Veinticinco Años de Evolución de la Justicia Constitucional*, p. 15.

[10] LLORENTE. Tendencias Actuales de la Jurisdicción Constitucional en Europa, p. 156.

[11] BARACHO. *Processo Constitucional*, p. 99.

A referência a um "órgão jurisdicional" e a "processos jurisdicionais" atrai os elementos conceituais de jurisdição, alinhavados no início da exposição: o parâmetro jurídico da decisão e a sua força *res judicata*. O enriquecimento desse "parâmetro" e o alcance das decisões desafiam considerações mais profundas, que se farão no decorrer desse trabalho. De se antecipar que, em algumas das competências deferidas, a jurisdição constitucional não passará de um órgão incumbido de uma atividade administrativa, de certificação (de vacância, de controle de requisitos ou condições de elegibilidade ou incompatibilidade), mas, na maioria, exercerá uma atividade própria de *jurisdictio*, em todos os seus aspectos, formais e materiais.

# SEÇÃO II
# ORIGEM E EVOLUÇÃO DA JURISDIÇÃO CONSTITUCIONAL

O exame da origem e evolução da jurisdição constitucional passará pela arqueologia dos antecedentes históricos do controle de constitucionalidade e do princípio da supremacia da Constituição (1), pelo surgimento do *judicial review* nos Estados Unidos (2), pelo desenvolvimento do controle político na França (3), pela difusão inicial dos dois modelos pelo mundo (4), pelo aparecimento da segunda geração da jurisdição constitucional com os chamados tribunais constitucionais (5) e, enfim, pela tendência mitigadora dos modelos (6).

§ 1. Antecedentes históricos do controle de constitucionalidade e do princípio da supremacia da Constituição

Intimamente ligada ao que viria ser jurisdição constitucional está a idéia de *lex fundamentalis*, sob a qual todos os compromissos e leis deveriam estar submetidos. Essa regra de superioridade de uma lei ou, conforme o caso, de uma ordem em relação às demais desafiaria, um pouco adiante, um instrumento de garantia de sua eficácia. É o que vamos encontrar em Atenas com a distinção entre *nómos* (lei superior) e o *pséfisma* (aproximadamente hoje a normas infraconstitucionais). De acordo com essa distinção, modificações das *nómoi* só podiam ser feitas seguindo um procedimento extraordinariamente complicado, por meio dos *nomothétes*, corpos legislativos especialmente eleitos para esse fim.[12] O *pséfisma* era produto da Assembléia Popular (*Ekklesia*) que, embora pudesse ser abstrato e geral, haveria de guardar conformidade com os *nómoï*. E se não o fizesse, não poderia ser aplicado pelos juízes, importando, além do mais, sanção penal ao autor da proposta, através de uma ação pública de ilegalidade, denominada *graphé paranómon*, que podia ser ajuizada por qualquer cidadão perante o tribunal popular de *Heliaia*.[13] Também na Grécia são lembrados os *éforos*, representativos das cinco tribos espartanas, que exerciam um poder censor sobre a vida pública e privada, velavam pela educação dos jovens e controlavam os ilotes e os estrangeiros, na salvaguarda da "Constituição" de Esparta.[14]

O estofo filosófico da supremacia dos *nomoï* pode ser encontrado nos sofistas, com a distinção entre *nomos* e *physis*;[15] em *Platão*, com a obrigação de a lei reproduzir uma ordem imutável e divina, nunca os interesses mundanos,[16] e em *Aristóteles*, com a sua exigência de lei justa, produto da razão e não das paixões humanas, contrapondo a ordem natural transcedente à ordem legal, cambiante,[17] bem assim com a sua concepção de *politeia*: leis fundamentais de organização do Estado, superiores às leis ordinárias.[18]

Dos *nomoï* gregos, passando pela *civitatis status* dos romanos,[19] não se pode esquecer da força legitimadora do *jus naturale*, que tinha uma marca ontológica desde a antiguidade, mas que ganhará especial relevância na era medieval como norma superior de inspiração divina, que deveria ser atendida sempre pelo *jus positum*, sob pena de não ter este validade ou ensejar a resistência e o tiranicídio. Sempre lembrada é a seguinte passagem Aquitanense em *Summa*

---

[12] GAUDEMET. *Les Institutions de l'Antiquité*, p. 165.
[13] CAPPELLETTI. *O Controle Judicial de Constitucionalidade...*, p. 49-50.
[14] ZAGREBELSKY. *La Giustizia Costituzionale*, p. 12-13.
[15] WELZEL. *Introduccion a la Filosofia del Derecho*, p. 6 et seq.
[16] PLATÃO. *The Republic*, 477, 484.
[17] ARISTÓTELES. *Ética a Nicômaco*, V, p. 82, 91-92.
[18] ARISTÓTELES. *Tratado da Política*, p. 79.
[19] Registra-se em Roma um controle exercido pelo Senado, pelo censor e pelos tribunais da plebe sobre decisões tomadas pelos magistrados, parecendo mais um recurso judicial do que um controle da lei aplicada: TURPIN. *Contentieux Constitutionnel*, p. 14, n. 3.

*theologica*: "Et ideo si scriptura legis contineat aliquid contra jus naturale, injusta est, *nec habet vim obligandi*."[20] Essa hierarquia entre lei natural e lei humana foi, por intermédio dos escolásticos espanhóis como *Soares*, incorporado pelo pensamento jurídico laico da Modernidade notadamente de *Grotius*,[21] *Pufendorf*,[22] *Wolf*[23] e *Kant*.[24] Do ponto de vista material, o jusnaturalismo transportava a idéia de "direitos inatos" do homem, que determinavam tanto o comportamento dos indivíduos entre si, quanto em face do poder político.[25] Mesmo com seus tons racionalistas, essa idéia de um direito natural magistral e imponente marcará o florescimento do Estado-Nação e se projetará séculos a fio. Em ambas as formas, a distinção carecia de significação prática, sobretudo pela inexistência de um órgão ou de instrumentos destinados a fazer valer a decantada supremacia. Dessa carência institucional, dera-se conta *Spinoza*, com a previsão dos "síndicos" que comporiam um conselho, eleitos, por toda a vida, dentre os homens que tivessem atingido a idade de sessenta anos e exercido as funções de Senador, dispondo de uma parte da força armada e de boa remuneração:

> "Nenhuma instituição, portanto, se examinarmos bem a situação, pode ser mais útil ao bem-estar comum do que um segundo conselho composto por um certo número de patrícios, subordinados à assembléia suprema e cuja função consistiria unicamente em cuidar de que as leis fundamentais do Estado, respeitantes aos conselhos e aos funcionários, permaneçam invioláveis."[26]

A inspiração desse conselho o aproxima, como censor, ao senado romano; como mediador, ao "senado" de *Stephanus Brutus*, como

---

[20] AQUINATIS, S. Thomas. *Summa Theologiae*. Cura Fratrum eiusdem Ordinis. Madrid: La BAC, 1961-1994. 5t.

[21] GROTIUS, Hugo. *De Iure Belli ac Pacis Libri Tres*: in Quibus Ius Naturae & Gentium, Item Juris Publici Praecipua Explicantur. Parisiis: Apud Nicolaum Buon, 1625.

[22] PUFENDORF, Samuel. *De Jure Naturae et Gentium Libri Octo*. Londini Scanorum: Sumtibus Adami Junghans iprimebat Vitus Haberegger, 1672.

[23] WOLF, Christian. *Institutiones Juris Naturae et Gentium*. Leide: Chez E. Luzac, 1772.

[24] KANT, Immanuel. *Kritik der Reinen Vernunf*. Riga: J. F. Hartknoch, 1781; *Kritik der Praktischen Vernunft*. Riga: J. F. Hartknoch, 1788.

[25] STARCK. *La Constitution*: Cadre et Mesure du Droit, p. 9.

[26] ESPINOZA. *Tratado Político*, cap. VIII, § 20, p. 113.

árbitro das disputas entre o princípe e o povo,[27] e, como instrumento de proteção constitucional, aos "colégios de sábios", *Consevators of the Charter* e *Conservators of Liberty*, imaginados por *Harrington* como forma de proteger a República contra a restauração monárquica na Inglaterra de 1656.[28] Ora, nada mais emblemático seria do que o rascunho desse controle a ser realizado por juízes, em três versões mais marcantes na História:

a) *a do Sir Edward Coke* que já na primeira metade do século XVII defendia o poder dos juízes para analisar a conformidade, ou não, e, por conseqüência, a validade, ou não, da *statutory law* com a *common law*.[29] Não se pode, a esse respeito, desconsiderar o tradicional predomínio da *common law* sobre as leis escritas ("the controle of the common law over statutes"), convertido, por *Sir Coke*, em *natural equity*, *iura naturae* e imutável;

b) *a dos Parlements franceses,* puxados a tribunais superiores de justiça, que andaram com estranhas idéias, na virada do século XVII para o XVIII, de examinar os éditos e outras leis reais (*Lois du Roi*) em relação às "leis fundamentais do reino" (*Lois fondamentales du Royaumme*), outrora apresentadas como *leges imperii*, distintas das leis divinas e naturais, inalteráveis pelo rei ou pelos estados gerais;[30]

c) *a do Privy Council* do rei que, ao longo do século XVIII, declarava ou não a legitimidade e eficácia das leis promulgadas pelas colônias inglesas na América (*Plantation*), de acordo com as leis do Reino, leia-se: do Parlamento de *Westminster*.

---

[27] BRUTUS. *Vindiciae Contra Tyrannos Sive de Principiis in Populum, Populoque in Principem, Legitima Potestate*. Edimburgh, 1579, por ZAGREBELSKY. *La Giustizia Costituzionale*, p. 13.

[28] HARRINGTON. *The Political Writing of James Harrington. Representative Selections*, p. 35 et seq.

[29] Vale conferir: "And it appears in our books, that in many cases, the common law will control Act of Parliament, and somethings adjudge them to be utterly void: for when an Act of Parliament is against common right and reason, or repugnant, or impossible to be performed, the common law will control it, and adjuge such Act to be void". Dr. Bonham's case. *English Report*, n. 77, 88 CO-Rep., § 118, *a*), p. 625 (Edimburgo 1907).

[30] GIESEY. *The Juristic Bases of Dysnatic Right to the French Theorie*, p. 5 et seq. *Cappelletti*, com base em *Von Weber* e *Engelhardt*, faz registros de um poder semelhante em outras regiões da Europa, embora mais episódico e menos acentuado: *O Controle Judicial de Constitucionalidade...*, p. 55, n. 32.

Além desse controle, um outro se fazia, o da compatibilidade das leis aprovadas pelos colonos com as disposições das Cartas Coloniais que haviam sido outorgadas pela Coroa britânica. Há registros de que entre 1696 e 1782, o *Privy Council* anulou mais de 600 leis coloniais, tanto em face de controle abstrato (*legislative review*), quanto de controle concreto (*judicial review*).[31]

O conceito de Constituição escrita, formal e rígida, formulado a partir dos textos jusnaturalistas, terminará por absorver as duas ordens de direito, *jus positum* e *jus naturale*, em uma única ordem, sendo a um só tempo um texto de lei, integrante de um sistema positivo, pretendente à unicidade e completude, e um conjunto de disposições, em si mesmas, de conteúdo aberto e poroso a uma ordem de valores, orbitados na atmosfera quase imperceptível de um direito natural evaporado: uma "Constituição jurídica escrita, orientada por determinados princípios", produto do conhecimento teórico-científico (dogmática), "que se realiza na emissão de uma norma por parte de forças político-constitucionais".[32]

Como vimos, esse conceito ganha maior nitidez e perfeição com a nota de superioridade que se lhe prega, na tradição da *lex fundamentalis*, a teoria do direito natural moderno,[33] sobressaindo-se a distinção de *John Locke* entre *lex legum* e *lex inmutable*[34] e na defesa mais concreta dos revolucionários americanos e franceses. *Emer de Vattel* e especialmente *Siéyès* afirmavam a "supreme autorité" da Constituição, fruto do "poder constituinte da nação", superposto ao poder legislativo constituído.[35] Lê-se bem em *Hamilton* a definição da supremacia da Constituição como "supreme law of land"[36] ou "fundamental law",[37] entendida como a que contém certas proibi-

---

[31] CAPPELLETTI. *The Judicial Process in Comparative Perspective*, p. 129; ROTUNDA. *Modern constitutional law*, p. 12.

[32] STERN. *Derecho del Estado de la República Federal Alemana*, p. 194.

[33] BATTAGLINI. *Contributi alla Storia del Controllo di Costituzionalità delle Leggi*, p. 33 et seq.

[34] CORWIN. *The "Higher Law" Background of American Constitutional Law*, p. 2.

[35] VATTEL. *Le droit des Gens ou Principes de la Loi Naturelle Appliquèes a la Conduite et Aux Affaires Des Nations et des Souverains*, livro I, cap. III, § 31, 34; SIÉYÈS. *Che Cos'È il Terzo Stato*.

[36] HAMILTON. *The Federalist Papers n. 34*, p. 204.

[37] HAMILTON. *The Federalist Papers n. 78*, p. 467.

ções expressas aplicáveis à autoridade legislativa.[38] Não será por nada que a Constituição norte-americana expressará de forma clara esse princípio logo em seu artigo VI, § 2: "a Constituição [Federal] e as leis que se fizerem com base nela (...) serão a lei suprema do país; e os juízes dos diversos Estados estarão vinculados a ela, não obstante qualquer disposição em contrário inserta na Constituição e nas leis dos Estados". Um reforço viria no princípio da Constituição como limite do Poder Legislativo, nos termos da Primeira Emenda à Constituição estadunidense: "o Congresso não poderá fazer nenhuma lei que tenha por objeto estabelecer uma religião ou proibir seu livre exercício, limitar a liberdade de palavra ou de imprensa, ou o direito de reunir-se pacificamente, ou de apresentar petições ao governo".

A mesma história se conta na França na leitura do Preâmbulo da Declaração de Direitos do Homem e do Cidadão de 1789 que impõe uma obrigação a todos de obediência à Constituição e à sua preservação, mais ainda na ênfase das palavras do constituinte de 1790: "as leis civis serão revisadas e reformadas pelo legislador e haverá um Código Geral de leis resumidas, claras e ajustadas à Constituição".

As formas de proteção do princípio da supremacia constitucional serão bem distintas nos dois países, confiando-se, em grande escala, essa tarefa ao juiz norte-americano ou deferindo-a a instâncias parlamentares na França.

## § 2. O SURGIMENTO DO *JUDICIAL REVIEW* NOS ESTADOS UNIDOS

A tradição das colônias com o *Privy Council*, o controle da *common law over statutes* em meio as idéias de *Coke* e a inspiração do "Conselho de Censura", órgão popular, encarregado de avaliar periodicamente o funcionamento e respeito da Constituição, previsto pelo texto constitucional da Pensilvânia de 1776, iluminaram uma corrente, na Convenção Federal americana, favorável à instalação de um sistema de controle das leis pelos tribunais. O "plano de Virgínia", como passou a ser chamado, visava controlar possíveis excessos do Legislativo, prevendo, na proposta de *Edmund Randolph*, a criação de um *Council of Revision*, composto por membros do Poder Executivo e do Poder Judiciário, com poderes

---
[38] HAMILTON. *The Federalist Papers n. 78*, p. 466.

para revisão *ex ante* das leis, ao lado de um Poder Judiciário nacional, eleito pela legislatura.[39] Temia-se, contudo, que se formassem alianças entre aqueles dois Poderes, comprometendo o equilíbrio político da Nação. *Madison*, tentando contornar as resistências, passara a defender uma revisão preventiva das leis a cargo do Executivo e de um colégio de juízes, separadamente.[40] O "plano de Nova Jersey", formulado como alternativa, obrigava os juízes locais a aplicar as leis e os tratados nacionais. Mas as tentativas foram vãs. Diz-se que, temendo uma derrota, esses convencionais optaram por não prever expressamente na Constituição o *judicial review*.[41] Restou, ao fim, um artigo meio vago, obrigando o Judiciário a resolver todas as controvérsias oriundas da Constituição (art. III, § 2.º), que, para muitos, não vai além de instituir a prevalência da Lei Magna federal sobre os Estados.[42] De toda sorte, os convencionais pareciam convictos, não das fórmulas propostas, mas do problema suscitado. Dos cinqüenta e cinco membros da Convenção, um terço não tomou partido, apenas dois, *Gunning Bedford* e *John Mercer*, criticaram a idéia, enquanto nada menos que vinte e cinco manifestaram, expressa ou indiretamente, apoio ao controle judicial das leis.[43] A mesma tendência se confirmou nas Convenções estaduais de ratificação.[44]

A indecisão dos constituintes não inibiu *Marshall* a inserir o *judicial review* no contexto histórico das tradições coloniais e na opinião de alguns constituintes, reconhecendo o poder de juízes e tribunais para examinar a constitucionalidade das leis do Congresso.[45] A

---

[39] FARRAND. *The Records of the Federal Convention of 1787*, v. 1, p. 25.

[40] *Levy* denuncia uma posição vacilante de *Madison*, ora a favor, ora contra o controle jurisdicional da Constituição: LEVY. *Judicial Review and the Supreme Court*, p. 4 et seq.

[41] WAGNER. *The Federal States and Their Judiciary*, p. 88.

[42] CORWIN. *The Doctrine of Judicial Review, its Legal and Historical Basis and Others Essays*, p. 4.

[43] BERGER. *Congress v. The Supreme Court*, p. 48.

[44] BERGER. *Government by Judiciary*, p. 374 et seq.

[45] Afirma-se, no entanto, que o Juiz Marshall não se contentara com a doutrina que inaugurara em *Marbury* v. *Madison*, pois logo depois viria a sugerir um recurso de apelação dirigido ao Congresso contra as decisões de inconstitucionalidade prolatadas pela Suprema Corte: FLORES. *Prólogo a la Primera Edición* da obra de HUGHES. *La Suprema Corte de los Estados Unidos*. México: FCE, citado por TREMPS. *Tribunal Constitucional y Poder Judicial*, p. 31.

bem da verdade, em casos anteriores, a Corte já tinha declarado o princípio da supremacia constitucional em face das leis estaduais, aplicando-se o artigo VI, § 2.º, da Constituição, numa memória talvez pouco consciente do princípio britânico da supremacia das leis de *Westminster* sobre as leis coloniais;[46] faltava, contudo, a afirmação da mesma supremacia da Constituição Federal em face das próprias leis federais, algo que lembraria a regra da superioridade das "Cartas Coloniais", o que veio a ocorrer em *Marbury* v. *Madison*.

O caso era politicamente complicado. O Presidente da República, *John Adams*, contrariado com a vitória nas urnas de *Thomas Jefferson*, começara a colocar aliados seus em postos importantes do poder, especialmente no Judiciário. Seu Secretário de Estado, *Marshall*, um militar com rápida passagem por um curso de Direito, fora guindado ao cargo de Presidente da Suprema Corte dos Estados Unidos e, no apagar das luzes de seu mandato presidencial, inúmeros outros concidadãos foram designados para vários cargos judiciais (os *midnight judges*). Tudo tão às pressas que muitos não haviam sido sequer notificados da nomeação. *Jefferson* resolveu não reconhecer essas nomeações, ensejando que um nomeado de nome *Marbury* ingressasse na Suprema Corte com um *writ of mandamus*, exigindo a sua efetivação. *Marshall* resolveu não enfrentar uma possível resistência do novo governo a uma decisão contrária da Suprema Corte e indeferiu o *mandamus*; todavia, lançou as bases de uma doutrina que seria fadada, desde então, a ser repetida dentro e fora dos Estados Unidos:

> "Há apenas duas alternativas – muito claras para serem discutidas: ou a Constituição controla qualquer lei contrária a ela, ou a legislatura pode alterar a Constituição mediante uma lei ordinária. Entre tais alternativas, não há meio termo: ou a Constituição é a lei suprema, inalterável por meios ordinários, ou se encontra no mesmo nível das leis, e, portanto, como qualquer delas, pode reformar-se ou deixar-se sem efeito sempre que o Congresso [assim] entender. Se é certa a primeira alternativa, então uma lei contrária à Constituição não é lei; mas se, ao contrário, é verdadeira a segunda, então as Constituições escritas são intentos absurdos do povo para limitar um poder ilimitável por natureza. (...) [É] princípio, pressuposto, por

---

[46] ESTADOS UNIDOS. *Vanhorne's Lessee* v. *Dorrance*; *Hylton* v. *United States*; *Ware Administrator* v. *Hylton*.

ser essencial a todas as Constituições escritas, que uma lei contrária à Constituição é nula; e que as cortes, assim como os outros departamentos, estão vinculados a este instrumento."[47]

A opção do *Chief Justice* terminou por reinventar a Constituição, pois reconhecia a ela uma densidade normativa até então discutível e abria espaço para uma verdadeira reelaboração ou atualização de seu conteúdo.

## § 3. A RESISTÊNCIA FRANCESA: O CONTROLE POLÍTICO DE CONSTITUCIONALIDADE COMO GARANTIA DA VONTADE GERAL

Na França revolucionária, predominava um clima de profunda desconfiança em relação aos juízes, pois vinham às mentes dos revolucionários os "parlements" ou tribunais superiores que na época dos Luíses tanto contribuíram para a arbitrariedade do *Ancien Régime*. As idéias de poder supremo da vontade geral, expressada unicamente pela Assembléia Nacional, reforçavam esse quadro a ponto de ser editada uma Lei de 16 a 24 de agosto de 1790, vedando aos tribunais tomar parte direta ou indiretamente no exercício do Poder Legislativo, assim como impedir ou suspender a execução dos decretos daquele Poder, sob pena de prevaricação. Pela mesma razão, instituiu-se o *référée* legislativo que perduraria, em seus traços gerais, até 1837: sempre que uma lei despertasse interpretações divergentes, ela deveria ser enviada ao Legislativo, para que fosse emitido um decreto interpretativo ao qual o Judiciário haveria necessariamente de ajustar-se. Sob o apelo ao direito de resistência, os constituintes de 1791, seguidos depois pelos elaboradores da Constituição do ano III, confiaram a vigilância da atuação da Constituição aos cidadãos, "pais de família, esposas, mães, aos jovens e a todos os franceses". Superado o fervor do jacobinismo e o período do "Terror", *Siéyès*, inspirado em *Rousseau*, que, por seu turno, valia-se dos tribunais romanos, do Conselho dos Dez de Veneza e dos Éforos de Esparta, propusera a criação do *Jury Constitutionnel*, com a finalidade principal de pronunciar-se sobre as denúncias de violação da Constituição pelas legislaturas, formuladas pelas próprias Casas Legislativas, o Conselho dos anciãos e o Conselho dos quinhentos, ou pelos cidadãos. O *Jury* também teria a função de

---

[47] ESTADOS UNIDOS. *Marbury* v. *Madison*, 5 U.S. (1 Cranch) 137 (1803).

adaptar a Constituição à nova realidade, tanto que a cada dez anos haveria de apresentar um relatório sobre a necessidade de reformas constitucionais. Pela sua formação e integração ao Legislativo, parecia, para o abade, "um verdadeiro corpo de representantes".[48]

O predomínio da soberania nacional, traduzida na soberania do Parlamento, arquivou todos os projetos iniciais de controle de constitucionalidade na França. Exceções são registradas pela Constituição do ano VIII e pela de 1852 que receberam as idéias de *Siéyès*, atribuindo ao Senado, ou a fração dele, o controle de constitucionalidade das leis. Encarregado de manter ou anular os atos, especialmente projetos de leis, que lhe fossem submetidos como inconstitucionais pelo "tribunat" e pelo governo, o Senado conservador não tinha, na prática, poder diferente da simples ratificação dos atos – inconstitucionais – de Napoleão. A Constituição do Segundo Império instituíra um Senado "guardião do pacto fundamental e das liberdades públicas", com poderes para controlar a conformidade das leis com a Constituição, com a religião, com a moral, com a liberdade de culto, com a liberdade individual, com a igualdade perante a lei, com a inviolabilidade da propriedade, com o princípio da inamovibilidade da magistratura ou daquelas que pudessem comprometer a defesa do território. Expressamente ainda lhe era deferida a competência para completar ou interpretar a Constituição. A repulsa à instituição de um órgão especializado no controle da vontade geral voltou a reafirmar-se com intensidade sob a Terceira República: a vontade da nação não poderia ser controlada por uma vontade superior a ela mesma,[49] senão pela consciência daqueles que exercem o poder legislativo e pela sua responsabilidade, pelo menos moral, em face da nação.[50]

## § 4. A DIFUSÃO DOS DOIS MODELOS E O PREDOMÍNIO DO *JUDICIAL REVIEW*

Os dois modelos inicialmente se espalharam por vários países, com uma certa tendência majoritária a favor do antijusticialismo ou do controle político da Constituição naqueles componentes da chamada família romano-germânica. É curioso notar que, embora a idéia de

---

[48] SIÉYÈS. *Escritos y Discursos de la Revolución*, p. 280.

[49] DUGUIT. *Traité de Droit Constitutionnel*, II, p. 559.

[50] ESMEIN. *Eléments de Droit Constitutionnel Français et Comparé*, t. I, p. 598.

Constituição que alimentava os revolucionários franceses e o constitucionalismo europeu continental daquele tempo não fosse muito diferente da que se fomentava nos Estados Unidos, bastando ver, por exemplo, que o preâmbulo da Declaração de Direitos do Homem e do Cidadão de 1789 estabelecia que a Declaração se fazia "com vistas a que os atos do poder legislativo e do poder executivo, podendo ser comparados a cada instante com o fim de toda instituição política, [fossem] mais respeitados", e "com o fim de que as reclamações dos cidadãos, fundadas a partir de [então] sobre os princípios simples e indiscutíveis, conduz[issem] sempre à manutenção da Constituição", os europeus se mostravam arredios à sua admissão. *García de Enterría* identifica, nesse período, críticas ao modelo norte-americano, advindas da direita e da esquerda. À direita, em face da Restauração do "princípio monárquico por antonomásia", o *monarchisches prinzip* dos alemães, considerava-se o monarca uma fonte pré-constitucional do poder e a Constituição, sob o signo da articulação do monarca com a representação burguesa, "pouco mais que retórica em sua parte dogmática"; à esquerda, especialmente sob a voz de *Lassalle*, reduzia-se a Constituição a uma simples folha de papel, sem interesse algum, senão o de ocultar as relações reais de poder.[51] Nos domínios anglo-saxãos também se punha uma série de resistência, não apenas ao órgão encarregado do controle, mas ao controle em si, na tradição sustentada por *Blackstone* de que "the Power of Parliament is absolute and without control".

Pouco a pouco, no entanto, o desenho de *Marshall* foi conquistando o mundo, dando origem a mimetismo ou a novas e elaboradas soluções.

Muitas nações latino-americanas sofreram a influência de *Marbury* e trataram de prever mecanismos judiciais semelhantes em seus ordenamentos jurídicos, como na República Dominicana em 1844, no México de 1847, na Argentina de 1860 e no Brasil de 1890/1891.[52] Todavia, em muitos desses países, a adoção do siste-

---

[51] ENTERRÍA. *La Constitución como Norma y el Tribunal Constitucional*, p. 130.

[52] O Decreto n. 510, de 22/6/1890 promoveu uma série de alterações no então Supremo Tribunal de Justiça. Mudança maior viria com o Decreto n. 848, de 11/10/1890: o Supremo Tribunal de Justiça foi transformado no Supremo Tribunal Federal, com competência, em única ou última instância, de fiscalizar concretamente a constitucionalidade das leis. A Constituição de 1891 manteve as inovações. Em 28/2/1891, o Supremo Tribunal Federal foi oficialmente instalado com quinze ministros: RODRIGUES. *História do Supremo Tribunal Federal*, I, p. 5

ma de controle de constitucionalidade norte-americano se fez acompanhar de algumas particularidades que merecem destaque. O México, inspirado no *habeas corpus* da *common law*, criou o "recurso de amparo", destinado a proteger direitos constitucionalmente garantidos aos cidadãos contra atos administrativos e jurisdicionais, permitindo a não aplicação de lei reputada inconstitucional. Outros países latino-americanos seguiram os mesmos passos, assim como El Salvador em 1886. A Constituição brasileira de 1891, por seu lado, instituiu o *habeas corpus* para proteger o indivíduo contra violência ou coação, por ilegalidade ou abuso de poder.

Em outros países, as inovações ao sistema norte-americano foram ainda maiores. Ao lado de um controle de constitucionalidade difuso, surgiu um mecanismo de controle concentrado, vale dizer, sem estar atrelado a um caso concreto, legitimando todo cidadão a demandar a Corte Suprema com vistas a anular lei contrária à Constituição (ação popular de inconstitucionalidade). A Constituição da Venezuela, de 1858, e a da Colômbia, de 1910, são bons exemplos. Na realidade, a Colômbia reservaria uma outra surpresa: o controle preventivo de constitucionalidade. O Texto de 1886 autorizava o Presidente a recorrer à Corte Suprema com vistas a impedir a aprovação de lei que fosse contrária à Constituição.

O Canadá inaugurou o seu sistema de *judicial review*, rompendo em parte com a tradição britânica de soberania do Parlamento já em 1880, treze anos após sua instituição, com o caso *Valin c. Langlois*.

A Europa se viu também atingida pela mesma onda, revelando um quadro institucional parecido com o latino-americano. Uma série de países simplesmente transplantou o modelo estadunidense. A Grécia, por exemplo, vem afirmar jurisprudencialmente, entre 1871 e 1879, a possibilidade de controle de constitucionalidade das leis por todos os juízes. Assim também, na Noruega, a partir de 1866 e, pela mesma época, em Portugal, embora aqui só se tenha reconhecido expressamente esse controle com a Constituição de 1911. No início do século XX, foi a vez da Dinamarca conhecer a inovação norte-americana. Na Suíça, a Constituição revisada de 1874 previa o "recurso de direito público", vocacionado a proteger os cidadãos contra os atos administrativos, judiciários ou legislativos dos cantões ou mesmo contra atos da administração federal que atentassem contra os direitos garantidos pela Constituição Federal. O recurso poderia ser interposto perante o Tribunal Federal de Lausanne, após serem esgotados os recursos ordinários. Abria-se, ali, espaço para o controle jurisdicional das leis dos cantões em face da Constituição Federal.

Nessa mesma linha inovadora, o *Reichsgericht* ou Tribunal do Império austríaco fora criado em 1867 com poderes para conhecer de recursos individuais interpostos contra atos do Poder Executivo que violassem os direitos consagrados pela Lei Fundamental. Em ambos, no recurso de direito público suíço e naquele austríaco havia a influência da injunção por inconstitucionalidade do direito norte-americano sob novas feições.[53]

Havia, no entanto, alguns inconvenientes na adoção do modelo pela Europa continental, tendo em conta sobretudo a existência de uma magistratura de carreira, pouca afeita à envergadura de uma missão que exigia muito mais do que "fiéis servidores da lei".[54] Abria-se espaço para uma segunda geração das jurisdições constitucionais, que incorporava a idéia de *Marbury*, tentando aperfeiçoá-la.

## § 5. A SEGUNDA GERAÇÃO DE JURISDIÇÃO CONSTITUCIONAL: O MODELO DE TRIBUNAL CONSTITUCIONAL

Podemos sublinhar, ainda, na linha do que vimos fazendo, outros antecedentes, importantes pela síntese que viria a se dar na Europa no início do século XX: a inspiração da velha idéia anglo-saxã da justiça política, do *impeachment* de órgãos supremos do Estado, por "alta traição" ou "delitos ministeriais"; e a consolidação de um sistema jurisdicional de proteção das liberdades, que fomentaria também, e de reforço, o desenvolvimento da "justiça administrativa", a permitir aos cidadãos a defesa de seus direitos contra atos lesivos da Administração. No entanto, havia ainda espaço para um elemento adicional.

É que a experiência federalista de alguns países europeus havia provocado o aparecimento de novas formas de solução jurisdicional de conflitos constitucionais, na tentativa de harmonizar ou conciliar as ordens centrais e locais de poder. Foi por isso que as Constituições austro-húngara de 1869 e alemã de 1871 previram a "Justiça do Estado" (*Staatsgerichtsbarkeit*), inspiradas em um texto constitucional que não sairia do papel: a Constituição alemã de 1849 com o seu Tribunal do Império. O *Reichsgericht* austríaco era competente para resolver, além do controle dos atos administrativos com base nos recursos individuais, certas categorias de conflitos de atribuição

---

[53] FROMONT. *La Justice Constitutionnelle dans le Monde*, p. 14.

[54] CAPPELLETTI. *Necessidad y Legitimidad de la Justicia Constitucional*, p. 603.

e de litígios sobre incidentes patrimoniais. A Constituição de Weimar dá um passo adiante, atribuindo ao Tribunal Supremo do *Reich* também o poder de fiscalização da constitucionalidade das leis dos *Länder*. O terreno estava preparado para que o intelecto genial de um austríaco desenvolvesse com certo requinte a teoria de uma "justiça constitucional", destinada a dar ao ordenamento jurídico, concebido de forma piramidal e hierárquica, a solidez necessária.

Esse austríaco era ninguém menos do que *Hans Kelsen* que, a mais, tinha nas mãos a incumbência, dada pelo Chanceler *Renner*, de elaborar um projeto de Constituição. Logo, reunia a um só tempo uma teoria recém-elaborada e a possibilidade de colocá-la em prática, o que se fez com a Constituição austríaca de 1920.

Contrariamente à tese schmittiana, que via no Chefe do Executivo, especialmente na Alemanha, no Presidente do *Reich*, a personalidade encarnada do guardião da Constituição (*Hüter der Verfassung*),[55] *Kelsen* mostrava a preocupação de resguardar os valores democráticos através do Direito,[56] vislumbrando um sistema concentrado de jurisdição constitucional: a) que passava pela consideração da Constituição como uma norma jurídica portadora dos valores supremos da ordem jurídica e, portanto, fonte de validade das normas inferiores (*norma normarum*); b) cuja supremacia haveria de ser respeitada pela atuação de um tribunal especial, criado para se situar fora da organização jurisdicional ordinária, mediante um sistema de controle de constitucionalidade concentrado; c) composto de juízes com especial conhecimento técnico-jurídico e sensibilidade política aguçada[57] e d) dotado de sentença com efeitos gerais e vinculantes.[58]

---

[55] SCHMITT. *Hüter der Verfassung*, Tübingen, 1931; *La Defensa de la Constitución*, p. 27 et seq.

[56] KELSEN. *Teoria Geral do Direito e do Estado*, p. 155 et seq.; 273-274, 275; *Teoria Pura do Direito*, p. 240 et seq., 287 et seq. Respondendo especificamente à tese schmittiana, associada à conversão do próprio *Schmitt* ao estado totalitário, *Kelsen* escreveu em 1931, *Wer soll der Hüter der Verfassungs sein?* traduzido para o espanhol: *¿Quién Debe ser el Defensor de la Constitución?*, p. 1 et seq.

[57] Para muitos a existência de uma justiça constitucional fora do Poder Judiciário é sintoma da desconfiança européia, tributária do papel de submissão e conivência dos juízes franceses no *Ancien Régime*: TREMPS. *Tribunal Constitucional y Poder Judicial*, p. 56.

[58] Nesse sentido, CAPPELLETTI. *O Controle Judicial de Constitucionalidade das Leis...*, p. 65 et seq.

Esse Tribunal Constitucional não seria propriamente um Tribunal judiciário, por não aplicar um dispositivo de norma a fatos concretos, limitando-se a controlar abstratamente a compatibilidade de duas normas: uma superior, a Constituição, parâmetro; outra, inferior, a lei, objeto de controle; resultando a anulação desta, em caso de incompatibilidade. Em face da especialidade de suas atribuições, as questões de constitucionalidade deveriam estar afetas exclusivamente a ele, de modo que, se o problema fosse suscitado incidentalmente pelas instâncias ordinárias, o juiz haveria de suspender o processo e submetê-lo à decisão do Tribunal. Tentava-se, dessa forma, estruturar racionalizadamente uma jurisdição constitucional, ao mesmo tempo em que, paradoxalmente, buscava-se refrear a tendência crescente na Europa de um governo dos juízes, patrocinada pelas doutrinas da Escola Livre do Direito e da *Volksgemeinschaft*, em suas diversas variantes.[59] Inusitadamente, pela força revogadora *erga omnes* de suas decisões, haveria de ser visto o Tribunal Constitucional como um legislador negativo. O Poder Legislativo dividia-se, assim, em dois: o Poder do legislador positivo, com a iniciativa de aprovar as leis, e o do legislador negativo, com poderes para anular as leis incompatíveis com a Constituição.

A Constituição austríaca de 1920 trazia, sob inspiração dessa doutrina, duas novidades: a criação de uma Corte especializada em conflitos constitucionais e uma competência, por provocação dos governantes, federais e estaduais, de anulação de atos normativos que violassem a Constituição Federal, com eficácia geral, vale dizer, contra todos e não apenas contra as partes em litígio. Na verdade, o antigo Tribunal do Império havia sofrido sensíveis transformações, mas eram notáveis alguns traços que precederam a essas mudanças e continuaram, apesar delas. Um deles seria o recurso de inconstitucionalidade, previsto contra as decisões administrativas; outro, a competência para dirimir conflitos entre os poderes públicos ou entre agentes políticos.

Esse arquétipo de jurisdição constitucional ganhou a simpatia principalmente de outros países europeus. Além da própria Áustria de 1920, 1925 e 1929, introduzindo-se, nesse ano, o controle concreto, a Constituição da Checoslováquia de 1920, pioneiramente, impunha aos juízes ordinários a obrigação de submeter ao Tribunal Constitucional os casos que aflorasse a questão de inconstitucionalidade

---

[59] ENTERRÍA. *La Constitución como Norma y el Tribunal Constitucional*, p. 132.

de lei. A Constituição romena de 1923 concentrava esses poderes na Corte de Cassação e a Constituição Republicana da Espanha de 1931 viria a instituir o Tribunal de Garantias Constitucionais, com poderes para declarar a inconstitucionalidade de uma lei, por provocação de um juiz ou do ministério público, ou no curso de um amparo, ajuizado por um indivíduo contra atos do poder público que violasse algum direito constitucional.

O término da Segunda Guerra Mundial fará ressurgir essas técnicas, associadas a outras tantas inovações que nos chegam até hoje como uma constelação de possibilidades da jurisdição constitucional. O sistema de controle concentrado e abstrato de constitucionalidade terá expressão e ganhará a simpatia quase generalizada não apenas de países capitalistas mais ricos ou tradicionais, como a Áustria que ressurge das cinzas de 1945 e da supressão do seu original Tribunal Constitucional pelos nazistas em 1938, a Alemanha de 1949, a Itália de 1948/1956, a Espanha de 1978, a Bélgica de 1989 e Luxemburgo de 1996, mas também daqueles de economia periférica na Europa, como o Chipre de 1960, a Turquia de 1961, em Malta de 1964 e a América Latina, a exemplo da Guatemala de 1965 e do Chile de 1970/1980, Bolívia com a Emenda de 1994, Colômbia de 1991 e Peru de 1993, ou de alguns países socialistas, como a Iugoslávia de 1963, a Checoslováquia de 1968 e a Polônia de 1982/1985, e ex-socialistas a partir da queda do muro de Berlim, como a Albânia de 1998, Bulgária de 1991, Bósnia-Herzegóvina de 1995, Croácia de 1990, Eslovênia de 1991, Hungria de 1989, Iugoslávia de 1992, Macedônia de 1991, Polônia de 1997, Romênia de 1991, República Checa de 1993 e República Eslovaca de 1992; além das Repúblicas que se formaram com a desintegração da União Soviética: Armênia de 1995, Azerbaijão de 1995, Bielo-Rússia de 1994, Chechênia de 1992, Estônia de 1992, Letônia de 1991, Lituânia de 1992, a Rússia de 1993 e Uzbequistão. Encontraremos ainda na Ásia a adoção do modelo pela Coréia do Sul, Moldova de 1994, Síria em 1973, Tailândia de 1997 e Taiwan de 1994. Na África, encontramos registros na África do Sul de 1997, Angola de 1992, Madagascar de 1992 e Ruanda de 1991.

Em que pese a tendência quase generalizada de adoção do modelo de Tribunal Constitucional, persistirão ainda na Europa países que seguirão o sistema de controle difuso, como a Irlanda, Noruega e Suíça. A Dinamarca, por construção jurisprudencial, e a Suécia, com base na revisão constitucional de 1975, adotarão esse mesmo modelo. Associados a ele, existirão aqueles sistemas que passaram a prever a instituição de um juiz especializado para resolver possíveis conflitos de jurisdição, como a Corte Especial Superior da Grécia de 1975, ou para controlar as decisões de constitucionalidade dos juízes ordinários, a exemplo do Tribunal Constitucional português de 1976/1982.

Vislumbra-se, assim, um impulso de interpenetração dos modelos de jurisdição que marcará a fase atual.

## § 6. A TENDÊNCIA DE APROXIMAÇÃO DOS DIVERSOS MODELOS DE JURISDIÇÃO CONSTITUCIONAL

A evolução dos sistemas constitucionais conduzirá a uma aproximação dos modelos políticos e jurisdicionais de controle de constitucionalidade, e entre as formas difusas e concentradas de fiscalização, tanto na Europa (I), quanto na América Latina (II) e nos países, fora da Europa, que adotam a *common law* (III).

### I.  A tendência mitigadora na Europa

O controle jurisdicional, na maioria dos sistemas concentrados, ganhava feição especialmente sucessiva, quer dizer, após a aprovação da lei, como na Itália em 1947, com as leis de 1948 e 1953, Alemanha de 1949, Espanha de 1978 e Bélgica de 1989, embora houvesse exemplos de um controle de natureza preventiva, como na França de 1958, com as modificações de 1974, e em Portugal de 1976. Um controle preventivo não era incompatível com um sistema de Corte Suprema, como na Irlanda e na Noruega. Um sistema concentrado, por outro lado, também não seria inconciliável com um controle concreto embora exigisse adaptações. As questões de inconstitucionalidade que fossem suscitadas incidentalmente no curso de ações ordinárias haveriam de ser submetidas à Corte Constitucional, como na Itália de 1953, na Alemanha de 1949, na Áustria de 1943, na Espanha de 1978, na Bélgica de 1989, na Hungria de 1989, na Romênia e na Bulgária de 1991 ou na Polônia de 1997. Um recurso individual direcionado a controlar os poderes públicos e a proteger os direitos fundamentais se espalhará pelos dois sistemas e mitigará as diferenças. Em sistemas concentrados, como o alemão de 1949 e o espanhol de 1978, um tal recurso poderá ser manejado contra todos os atos públicos, inclusive contra atos judiciais, que atentarem contra os direitos fundamentais, fazendo vez as Cortes Constitucionais, nesse último caso, de Corte Suprema ou de revisão das decisões dos tribunais ou juízes inferiores, nos moldes norte-americanos; em outros países, esse recurso individual não poderá ser dirigido contra ato judicial, dando à Corte Constitucional a coloração de uma simples corte administrativa superior, como na Áustria após a reforma de 1929.[60] Lembremos que, em alguns países que seguiram o modelo difuso, também cabia espaço para um instrumento de garantia processual dos direitos constitucionais dessa mesma natureza, como na Suíça com o seu "recurso de direito público".

## II. A tendência mitigadora na América Latina

A mitigação das diferenças entre os modelos concentrados e difusos se torna ainda mais evidente na América Latina. Se é certo que, na quase totalidade dos países, os juízes ordinários detêm competência para conhecer das questões de constitucionalidade, à exceção da Costa Rica, Haiti, Honduras, Panamá, Paraguai e Uruguai, a influência do modelo concentrado europeu se faz sentir com crescente intensidade. Na Guatemala de 1965, seguindo-se em 1985, e no Chile de 1970, instituiu-se o Tribunal Constitucional. Mas o sistema chileno seguia de perto o modelo francês, de certa forma reafirmado pela Constituição de 1980, embora aqui seja reconhecido algum poder de controle sucessivo ao Tribunal Constitucional e se dê competência a um órgão não jurisdicional, a Controladoria Geral da República, para fiscalização da legalidade e constitucionalidade dos decretos presidenciais, ao lado de um amplo poder de controle concreto deferido à Corte Suprema de Justiça. No Equador de 1978/1979 e no Peru de 1979/1980, foi criado o Tribunal de Garantias Constitucionais, substituído por um Tribunal Constitucional em 1998 e 1993, respectivamente. Em El Salvador de 1983, na Costa Rica de 1989 e no Paraguai de 1992, as respectivas Cortes Supremas passaram a deter uma câmara ou sala constitucional, especializada no controle de constitucionalidade. A Assembléia Nacional Constituinte colombiana de 1991 criou a Corte Constitucional e, em 1994, foi a vez da Bolívia ter o seu Tribunal Constitucional. Mesmo nos países que continuam com o modelo de Corte Suprema, os instrumentos processuais têm evoluído na direção do sistema austríaco-alemão, com a instituição de ações diretas de inconstitucionalidade que provocam pronunciamentos dotados de eficácia *erga omnes*. Não se pode esquecer, por igual, do desenvolvimento de

---

[60] FROMONT. *La Justice Constitutionnelle dans le Monde*, p. 22.

garantias processuais de direitos fundamentais, como o amparo mexicano, argentino, venezuelano, guatemalteco, peruano, chileno e de quase toda a América Central; sem falar no *habeas corpus* da Constituição peruana de 1980 e do mandado de segurança, *habeas corpus*, *habeas data* e mandado de injunção brasileiros.

Todavia, a falta de monopólio total, seja no modelo de Suprema Corte, seja no modelo Tribunal Constitucional, ou mesmo a ausência de expresso reconhecimento de efeitos gerais em supostos sistemas concentrados, como no Paraguai e no Uruguai, obriga a entender o regime de tribunais da jurisdição constitucional latino-americanos como um regime misto.

### III. *A experiência da jurisdição constitucional nos países da* common law

A experiência do *Privy Council* não fez desenvolver uma jurisdição constitucional apenas nos Estados Unidos; diversos outros países da *common law* passaram a adotá-la, em maior ou menor intensidade. Em alguns deles, essa adoção teve apoio constitucional expresso, como no Canadá, a partir da Constituição de 1982, com o controle incidental e com a instituição de uma ação individual de proteção dos direitos constitucionais perante todo juiz, ao lado de um processo de consulta do governo federal e provincial sobre questões de constitucionalidade perante respectivamente a Corte Suprema e a Corte de Apelação da Província; e, na Índia, para a Corte Suprema, reconhecendo-se-lhe a competência para solução de conflitos federativos e o conhecimento de um recurso contra interpretação judicial da Constituição; bem assim, também em relação as *High Courts* dos Estados, o poder de conceder *writs* de *habeas corpus*, *mandamus*, *prohibition*, *quo warranto* e *certiorari* para proteção dos direitos fundamentais. Em ambos, o Parlamento detém um amplo poder de excluir certas matérias ou leis da esfera de controle judicial.

Em outros países da *common law*, o controle de constitucionalidade não tem reconhecimento expresso. Na Austrália, do mesmo modo que ocorreu com a Corte Suprema do Canadá, a Alta Corte sucedeu o *Privy Council* na fiscalização do respeito dos atos normativos à Lei constitucional de 1900, que, a exemplo daquela de 1867 em relação ao Canadá, não passava de uma lei britânica, tendo sido "repatriada" apenas em 1986. À diferença do sistema constitucional canadense, contudo, o sistema australiano não dedica qualquer dispositivo à fiscalização de constitucionalidade das leis. De qualquer forma, a Alta Corte tem reivindicado o poder de considerar inconstitucionais leis que atentem contra os direitos que ela, criativamente, consegue extrair daquela Lei Constitucional.[61] Israel é outro exemplo, embora incipiente, de um sistema de controle de constitucionalidade no âmbito da *common law*. Como se sabe, o País não possui propriamente uma Constituição, apenas esparsas leis constitucionais. A Corte Suprema, no entanto, tem deduzido princípios constitucionais não escritos de proteção de certas liberdades, a partir do conjunto daquelas leis, que devem balizar o legislador. Após 1992, uma lei sobre liberdade profissional e outra sobre a dignidade da pessoa humana e liberdade foram aprovadas, passando aquela Corte a admitir o controle da conformidade dos atos normativos também em relação a elas. Na Nova Zelândia, todavia, a Declaração de Direitos continua excluída do controle de constitucionalidade.[62]

Um exemplo de simbiose jurídica pode ser encontrado na África do Sul, onde a organização judiciária obedece aos padrões da *common law*, embora seja nítida a influência romanista, via o direito holandês, em todo o resto do sistema jurídico sul-africano. As questões incidentais de inconstitucionalidade, suscitadas nas cortes inferiores, desafiam recurso a uma das câmaras da Corte Suprema, que pode sobre ela decidir ou encaminhar à Corte Constitucional, se o conflito se der entre uma lei federal e a Constituição Federal; também para a Corte Constitucional seguem os recursos contra decisão da Corte Suprema em matéria constitucional; originariamente, cabe à Corte Constitucional examinar a legitimidade em face da Constituição Federal do texto constitucional das províncias antes de sua entrada em vigor. As decisões da Corte, sob inspiração européia, apresentam eficácia *erga omnes*.

# SEÇÃO III
# CLASSIFICAÇÃO DA JURISDIÇÃO CONSTITUCIONAL

Há diversas pautas e critérios de classificação da justiça constitucional, alguns já citados precedentemente. Fica evidente, pelo

---

[61] FROMONT. *La Justice Constitutionnelle dans le Monde*, p. 35.
[62] CAPPELLETTI. *Necesidad y Legitimidad de la Justicia Constitucional*, p. 601.

exposto, que podemos inicialmente dividir os sistemas que possuem um controle de constitucionalidade mais ou menos desenvolvido, de outros, paradigmaticamente britânicos, mas também o iraquiano, que não reconhecem esse controle. Dentre os primeiros sistemas, podemos também distinguir, pelo menos, entre (1) um sistema político, antijudicial ou "francês" e (2) um sistema jurisdicional ou "americano-austríaco":

1. *Sistema político*: há diversas formas de definir como político o sistema francês de controle de constitucionalidade e, desse modo, mantê-lo fiel à tradição jacobinista-rousseuaniana de supremacia do parlamento, por meio de um controle político de constitucionalidade, nos moldes da Constituição suíça de 1848, com a Emenda de 1874, ou das Constituições francesas do ano VIII, de 1852 e, de certa forma, também de 1946. A insistência atualmente em qualificar o *Conseil Constitutionnel* como órgão político é tributária dessa linha de pensamento. O controle seria político porque exercido por um órgão de orientação política. Para caracterizar um órgão como político se lança mão de várias fórmulas: escolha de seus membros, o modo de atuação, o caráter necessário do controle em relação a certas leis, a falta de um contraditório e de partes em sentido técnico (*ubi non est actio, ibi non est jurisdictio*), bem como o seu caráter preventivo, inserido no processo de formação das leis.[63]

2. *Sistema jurisdicional*: a competência para fiscalizar a constitucionalidade das leis é atribuída a qualquer juiz ou é reservada a um único órgão, que, fazendo uso de parâmetros jurídicos, de forma imparcial, decide com força de coisa julgada.

As diferenças apresentadas, pelo menos na tentativa de distanciar o modelo francês atual, identificado como político, do modelo jurisdicional, são puramente ilusórias e virtuais, pois, em maior ou menor escala, os seus elementos caracterizadores se fazem presentes também nos modelos "jurisdicionais".[64] As formas de composição dos quadros de juízes – com a particularidade dos membros inatos do Conselho constitucional, que são os ex-Presidentes da República, insuficiente para desbordar, por si, o órgão como

---

[63] CAPPELLETTI. *O Controle Judicial de Constitucionalidade das Leis no Direito Comparado*, p. 29; CHENOT. *Le Domaine de la Loi et du Règlement*, p. 178; COLLIARD. *Libertès Publiques*, p. 35 et seq.; VERGOTTINI. *Derecho Constitucional Comparado*, p.193-194.

[64] LUCHAIRE. *Le Conseil Constitutionnel est-Il une Jurisdiction?*, p. 27 et seq.

político, ainda mais por não ter havido uso regular desse direito –, o modo de provocação e atuação são bem parecidos, como teremos oportunidade de analisar na seqüência. Imagina-se que a predominância de um controle preventivo poderia servir de base à distinção, tornando o Conselho uma terceira câmara política e, excepcionalmente, uma jurisdição. Também parece um exagero. O controle *a priori* se faz presente em outros sistemas, talvez com menor ênfase, mas presente de toda forma, sendo inquestionável a qualidade de jurisdição nesses sistemas. Deve-se ter em conta que mesmo no controle posterior de constitucionalidade, a Corte se coloca de certa forma na posição de uma outra câmara de revisão, na continuação muitas vezes dos embates, seja entre Governo e Parlamento, seja entre Governo central e Governo local, seja, enfim, entre grupos parlamentares majoritários e minorias. A distinção só tem algum sentido se identificarmos um modelo de controle exercido por um órgão político em sentido próprio, por exemplo, o Senado, como nas Constituições do ano VIII e de 1852, da França, não bastando, para esse efeito, o papel que naquele País ocupa, por exemplo, o Conselho de Estado, que deve ser ouvido antes de o Governo submeter qualquer projeto de lei ao Parlamento; ou ainda a forma difusa prevista pelas Constituição do ano III, nas pegadas dos constituintes de 1791, com a atribuição a todos os cidadãos, pais de família, mães, esposas e jovens, da proteção da Constituição. Deve ser lembrado ainda o modelo socialista, em que se deferia e, em alguns, ainda se defere ao *Praesidium* da Assembléia legislativa a função de controlar a constitucionalidade dos projetos de lei (Romênia de 1965, Hungria de 1972, Cuba de 1976, União Soviética de 1977 e China de 1978) embora pudesse haver, como naquela Constituição romena de 1965, o reconhecimento da competência de uma comissão parlamentar especializada sobre a matéria.[65] Para esse mesmo efeito, podemos situar certos instrumentos de controle recíprocos dos poderes funcionais do Estado no esquema classificatório, por exemplo, o veto, por inconstitucionalidade, do Presidente da República a projetos de lei aprovados pelo Parlamento. Fora daí, será repetição impensada ou preconceito tolo. O tema terá desenvolvimento nas discussões sobre a natureza jurídica e as justificativas da jurisdição constitucional.

Um segundo critério que salta do exame feito anteriormente indica a existência (1) de um modelo norte-americano ou de Suprema

---

[65] Competência, aliás, difundida por outros sistemas constitucionais: AZEVEDO. *O Controle Legislativo de Constitucionalidade*, p. 13 et seq.

Corte e (2) outro, europeu ou austríaco ou de Tribunal Constitucional, sobrelevando, em ambos, o aspecto jurisdicional da operação:[66]

1. *Modelo de Suprema Corte, norte-americano ou difuso*: no modelo de Suprema Corte, jurisdição constitucional é uma jurisdição como outra qualquer, com a diferença de que a supremacia da Constituição deve ser garantida por qualquer juiz. A Corte se põe seja como terceiro grau de jurisdição federal, seja como juízo de apelo das decisões dos tribunais – distritais nos Estados Unidos, por meio do *certiorari*, na hipótese de estar em questão a validade constitucional de uma lei –, seja originariamente, nos casos constitucionalmente previstos. O controle de constitucionalidade é, por conseguinte, descentralizado, incidental, posterior, tendo um caso concreto como base. São exemplos a Argentina (art. 116), Austrália (art. 71), a Guiana (art. 133.1) e Japão (art. 81).[67]

2. *Modelo de Tribunal Constitucional, europeu, austríaco ou concentrado*: neste segundo modelo, o controle de constitucionalidade passa a ser principal, abstrato, sendo provocado apenas por certas autoridades do Estado ou de representação da sociedade, com destaque da função de garantia do respeito, sobretudo pelos agentes políticos, dos valores constitucionais e, por via de conseqüência, exigindo uma especialização jurisdicional, com a dotação de instrumentos e técnicas processuais específicos e com a criação de órgão único que centraliza todo o controle. Esse órgão se situa fora da hierarquia jurisdicional ou possui um destaque nessa hierarquia e detém seja a especialização,[68] seja o monopólio[69] do contencioso constitucional. Prevêem um Tribunal Constitucional a África do Sul (art. 167), Albânia (art. 125), Alemanha (art. 93), Angola (art. 134), Armênia (art. 99), Áustria (art. 137), Azerbaijão (art. 125), Bielo-Rússia (art. 125), Bolívia (art. 121), Bósnia-Herzegóvina

---

[66] TURPIN. *Contentieux Constitutionnel*, p. 35 et seq.

[67] Para evitar repetições, os artigos sem referência ao diploma normativo a que pertencem são da Constituição do país em estudo.

[68] TURPIN. *Contentieux Constitutionnel*, p. 61. Os artigos indicados sem especificação são da Constituição.

[69] FAVOREU. *Los Tribunales Constitucionales*, p. 28.

(art. VI), Bulgária (art. 147), Chechênia (art. 98), Chile (art. 81), Chipre (art. 133), Colômbia (art. 238), Coréia do Sul (art. 107), Croácia (art. 122), Equador (art. 275), Espanha (art. 159), Eslovênia (art. 160), Estônia (art. 152), Geórgia (art. 83), Guatemala (art. 268), Hungria (art. 32A), Itália (art. 134), Iugoslávia (art. 124), Lituânia (art. 102), Luxemburgo (art. 95ter), Macedônia (art. 108), Madagascar (art. 106), Malta (art. 95.2), Moldova (art. 134), Peru (art. 202), Polônia (art. 140), Romênia (art. 140), República Eslovaca (art. 124), República Checa (art. 83), Ruanda (art. 75), Síria (art. 145), Tailândia (art. 193), Taiwan ("Yuan" – art. 79) e Turquia (art. 146). Prevêem, ainda, um órgão constitucional especializado na fiscalização de constitucionalidade das leis as Constituições do Kwait (art. 173) e Omã (art. 70).

Essa classificação peca pela sua insuficiência, pois se atém exclusiva ou preponderantemente ao controle de constitucionalidade das leis, esquecendo das demais competências dos tribunais da jurisdição constitucional. Além do mais, possibilita o aparecimento de um leque de classes intermediárias, ditas mistas, que apresentam características dos dois modelos. Podemos ter um modelo, por exemplo, de Suprema Corte com controle abstrato, como no Brasil (art. 102, I, *a*), Canadá (art. 53.1, *a*, Lei S-26/1985), México (art. 205.II), Namíbia (art. 79.2) e Nicarágua (art. 164); ou um Tribunal Constitucional com controle concreto, como na Alemanha (arts. 93.1.4, *a*, e 100.1), Áustria (arts. 140.1 e 144.1), Espanha (arts. 53.2, 161.1 e 163.5), Itália (art. 1.º, Lei n. 1/1948), ou com função de corte de apelo, como em Portugal (art. 280) e, em geral, nos sistemas que possuem recursos ou ações individuais contra violações dos direitos fundamentais, pois a Corte funciona aí como uma espécie de "cassação universal". O modelo de Suprema Corte pode assumir a feição de um controle preventivo de constitucionalidade, a exemplo das Bahamas (art. 70.9), de Belize (art. 79), do Canadá (art. 54, Lei S-26/1985), da Finlândia (art. 19.1), da Irlanda (art. 29.1.1), da Noruega (art. 83), do Panamá (art. 165) e Cingapura (art. 100.1); e até monopolizar ou controlar o contencioso, como nas Bahamas (art. 28.2), em Belize (art. 79), no Chile (controle incidental – art. 80), em Granada (arts. 101 e 102), Haiti (art. 183), Honduras (arts. 184 e 185.1), Nepal (art. 88.1) no Panamá (art. 203.1) e no Uruguai (art. 257), abrindo, em outros instantes, salas especializadas, a exemplo da Costa Rica (art. 10), El Salvador (arts. 174 e 185) e Paraguai (art. 132).⁷⁰ Pode, por outro lado, haver Tribunal Constitucional sem monopólio ou detê-lo de forma bem atenuada, como em diversos países latino-americanos. Na Bolívia (art. 228), na Colômbia (art. 4), no Equador (art. 274.1), na Guatemala (arts. 204 e 266) e no Peru (art. 138), por exemplo, os juízes ordinários têm competência para conhecer de questões incidentais de constitucionalidade. Embora na Costa Rica a questão divida a doutrina e inclusive os membros da Sala Constitucional,⁷¹ parece certa no Chile com a divisão que se faz entre o Tribunal Constitucional com função de controle abstrato (art. 82), restando à Corte Suprema o controle concreto (art. 80).

Fora da América Latina também encontraremos esse monopólio relativo, como em Angola (art. 134, *d* e *e*), em Ruanda (art. 95) e em alguns países europeus. Na Estônia, sem embargo da previsão de um controle concentrado na "Corte Nacional" (art. 5.º, Lei de 5/5/1993), as demais cortes podem declarar a inconstitucionalidade de uma lei, devendo informar o fato àquela Corte e ao "Chanceler do Direito" para que se inicie um processo concentrado de fiscalização (art. 5.2). Na Espanha (art. 163)⁷² e na Bulgária (art. 149.1.2), os tribunais ordinários podem pronunciar-se sobre a constitucionalidade de regulamentos e disposições administrativas sem valor de lei. Na Polônia, se um juiz tiver dúvida sobre a constitucionalidade ou a legalidade de um regulamento, ele pode deixar de aplicá-lo, *inter partes*, como pode formular uma consulta ao Tribunal Constitucional (art. 193).⁷³ Pode-se deixar de fora da competência do Tribunal Constitucional também a fiscalização das leis anteriores à Constituição, assim como ocorre na Espanha,⁷⁴

---

⁷⁰ Enquadraremos, no trabalho, esses sistemas como modelo de Tribunal Constitucional, muito embora possa existir, em alguns, a possibilidade de recurso à formação plenária da Corte.

⁷¹ VALLE. *Costa Rica*, p. 90.

⁷² ESPANHA. Tribunal Constitucional. Sentença n. 51/1982 e acórdão n. 69/1983. PUERTO. *Jurisdicción Constitucional y Procesos Constitucionales*, p. 255-256.

⁷³ O artigo 188 que prevê o controle abstrato fala em "leis", o artigo 193, que trata do incidente concentrado, fala em "poder" do juiz submeter ao TC questão de inconstitucionalidade de "ato normativo". No regime anterior à Constituição de 2 de abril de 1997, a afirmação constante do texto era a regra (decisão n. P. 3/87). Pela forma de dicção do novo texto constitucional, a doutrina não consegue antever com segurança mudança de cenário: GARLICK. *Pologne*, p. 96 e 120.

⁷⁴ ESPANHA. Tribunal Constitucional, Sentença n. 11/1981. Jurisprudencia Constitucional, I, p. 184 e 60/1986; REYES. *Derecho Constitucional*, p. 102.

na Bulgária,[75] na Itália[76] e na Romênia,[77] onde o juiz ordinário pode simplesmente declarar revogada a norma muito embora lhe seja facultado enviar a questão ao Tribunal Constitucional para declaração de inconstitucionalidade superveniente. Na Alemanha, essa alternativa é descartada, sobrando para a jurisdição ordinária o reconhecimento da revogação da norma de hierarquia inferior, em situações concretas (art. 100.1). Na Áustria, admite-se que uma lei absolutamente nula, entendida como aquela a que falta um requisito essencial de formação, não fique apenas sob o Controle do Tribunal Constitucional.[78]

Podemos, dentro ainda desse critério, pontuar uma especialização de modelos, de acordo com o tempo do exercício de controle ou, mais precisamente, em função do objeto controlado pelo tribunal da jurisdição constitucional, para falar de um modelo preventivo ou francês e outro, sucessivo, ou americano-austríaco:

1. *Modelo preventivo, francês ou de conselho constitucional*: o sistema de controle objetiva depurar as leis de possíveis vícios de inconstitucionalidade, antes de sua entrada em vigor. Pugna-se pela autoridade da lei e pela sua perfeição. Esse controle se realiza de forma obrigatória e sistemática embora seja previsto também facultativamente. É o modelo adotado pelo Conselho Constitucional francês, além de outros países como a Argélia (art. 163), Camboja (art. 92), Congo (art. 138), Marrocos (art. 76), Mauritânia (art. 81), Senegal (art. 89) e Tunísia (art. 40.3).

2. *Modelo sucessivo, americano-austríaco, de corte suprema ou constitucional*: o controle de constitucionalidade deve ser da lei, não de seu projeto. Ao juiz é dado, tradicionalmente, conhecer do ato normativo pronto, promulgado, sem se imiscuir no centro de um debate legislativo. Cabe, portanto, ao legislador fiscalizar seu próprio trabalho e pautar-se nos lindes impostos pela Constituição, sob pena de ver debilitado o produto ou o império de suas conclusões: Estados Unidos (art. III, seção 2.ª, desde *Marbury*), Alemanha (art. 93), Argentina (art. 117) e Áustria (art. 123).

---

[75] BULGÁRIA. Corte Constitucional. Resolução n. 1/1996; cf. KARAGIOZOVA-FINKOVA. *Bulgarie*, p. 23.

[76] ITÁLIA. Corte Constitucional. Sentença n. 40/1958.

[77] VASILESCU. *Roumanie*, p. 153.

[78] HALLER. *Die Prüfung von Gesetzen*, p. 119.

Essa é outra classificação problemática, pois os mesmos nomes, às vezes, designam coisas distintas. Na França, no Marrocos, na Mauritânia e na Tunísia há, sem margem de dúvida, um sistema baseado no controle preventivo, inclusive obrigatório em alguns casos. Mas, fora a hipótese de controle de atos da Administração pelo Conselho de Estado, na matriz francesa, o controle sucessivo de leis pode aparecer no Conselho Constitucional nas demandas do Executivo em face da invasão legislativa dos domínios do regulamento (França – art. 41; Marrocos – art. 47; Mauritânia – art. 59.2) ou no centro de questões de inconstitucionalidade (Argélia – art. 165; Camboja – art. 92; Congo – arts. 138 e 148.1; e Senegal – art. 89). Da mesma forma, um tribunal pode ser chamado de constitucional, todavia ter um perfil mais voltado para um conselho. Madagascar é um exemplo. O Tribunal Constitucional daquele país adota com predominância um controle preventivo, inclusive oficioso (arts. 110 e 111). Situação análoga se reproduz em Ruanda (art. 75). O Chile pode também ser lembrado, pois o seu TC tem ênfase do controle preventivo, inclusive obrigatório (art. 82.1), adotando o controle sucessivo na delimitação dos domínios da lei (art. 82.12), por declarada inspiração francesa.[79] Na Romênia, também há uma dominância do controle *a priori* sobre o sucessivo (art. 144).[80] Aliás, os paradigmas de Tribunal Constitucional conhecem algum tipo de controle preventivo: Alemanha (tratados – art. 69.2 – e no centro de um conflito de competência – art. 160), Áustria (no âmbito do *Kompetenzfeststellung* – art. 138.2), Espanha (tratados – art. 95.2) e Itália (veto do Governo derrubado pela Região – art. 127.4).

A classificação pode-se deter sobre os fins perseguidos, abrindo-se outra divisão bipartida, de um sistema centrado nas leis (1) e de outro centrado na defesa dos direitos (2):[81]

> *1. Modelo centrado na lei*: objetiva-se, antes de mais nada, a harmonia e coerência da ordem jurídica, por meio de instrumentos e mecanismos de depuração das leis e atos que atentem contra a Constituição. Instaura-se, em regra, por meio de ação direta e concentrada, processo ou processos objetivos em que não aparecem as partes com interesses particulares e concretos, mas detentores de poder constitu-

---

[79] BERNALES. *Chile*, p. 138.
[80] VASILESCU. *Roumanie*, p. 131 et seq.
[81] LLORENTE. *Tendencias Actuales de la Jurisdicción Constitucional en Europa*, p. 159 et seq.

cional para salvaguarda de competências e organizações definidas na Constituição. Apenas indiretamente poderemos ter a proteção dos direitos fundamentais ou constitucionais.

2. *Modelo centrado na defesa de direitos*: um outro modelo da jurisdição constitucional tem por finalidade imediata a preservação dos direitos constitucionalmente consagrados, podendo produzir, por via de conseqüência e apenas incidentalmente, a consistência normativa do ordenamento. Sua forma mais marcante é a do controle difuso ou norte-americano, mas se hão de acrescentar certos instrumentos processuais concentrados de defesa dos direitos fundamentais, como o amparo, o recurso de direito público, dentre outros.

A perspectiva desse critério pode sinalizar a concepção de Constituição que a anima: uma Constituição liberal, destinada a proteger as liberdades ou uma Constituição-ordem, orientada para a "solidariedade" e para o comunitarismo. A forma mista é, assim, inevitável, ao contemplar ações de fiscalização abstrata em meio a processos subjetivos em defesa de interesses concretos, não sendo desprezível a idéia de que, mesmo nos sistemas concentrados, os incidentes de inconstitucionalidade terminam por desempenhar um papel híbrido, de proteção dos direitos e da ordem constitucional.

Uma outra classificação se funda no tipo de processo e sobre a natureza e o objeto das decisões dos órgãos encarregados de prestação da jurisdição constitucional. Pode-se falar, assim, em uma jurisdição concreta (1) e outra abstrata (2):

1. *Modelo de jurisdição concreta*: quando o processo se destina a resolver situações subjetivas concretas de pessoas particulares.

2. *Modelo de jurisdição abstrata*: quando o objeto se contém em um conflito de normas ou de órgãos do Estado, visando principalmente regular uma questão relativa ao bom funcionamento do Estado, posta por uma pessoa com a missão de falar em nome de um interesse geral.[82]

Todavia aqui também surgem as figuras híbridas, abstrata e subjetiva, por exemplo, quando se interpõe um recurso individual dirigido contra uma lei para proteção de direitos fundamentais específicos; objetiva e concreta, no envio, por um juiz, a um tribunal

---

[82] FROMONT. *La Justice Constitutionnelle dans le Monde*, p. 42-43.

da questão de inconstitucionalidade de uma lei aplicável para dirimir um caso concreto. A própria consideração como "objetiva" da "lide" no caso de conflitos interorgânicos é arbitrária, pois se denuncia um interesse, no mínimo, legítimo, ganhando as formas jurídicas de um "direito público subjetivo" de salvaguarda de prerrogativas ou competências constitucionalmente asseguradas, nos casos de usurpação ou atentado.

Podemos combinar, todavia, os critérios orgânicos e processuais, desenhando o seguinte esquema classificatório:

1. *Jurisdição concreta*: distinguindo-se (a) uma jurisdição concreta de Suprema Corte, em que predomina uma jurisdição ordinária, submetida a uma hierarquia judiciária e à possibilidade de apelo ou recurso último, extraordinário ou de cassação, à Corte; não sendo excluída a possibilidade de recursos individuais por violação de um direito constitucionalmente garantido; (b) uma jurisdição concreta de Corte Constitucional, contemplando recursos individuais de defesa dos direitos fundamentais e o reenvio à Corte da questão de inconstitucionalidade. Nas duas hipóteses, a rigor, as Cortes funcionam como Supremas ou de revisão; seja pela hierarquia no primeiro caso, seja pela ligação que se faz necessária no segundo caso.

2. *Jurisdição abstrata*: aqui, os titulares são atores da vida política ou órgãos estatais ou sociais, agindo com vistas a assegurar o funcionamento do Estado nos termos previstos pela Constituição, também se dividindo em (a) jurisdição abstrata de Corte Suprema e (b) jurisdição abstrata de Corte Constitucional, abrangendo conflitos entre poderes públicos (orgânicos ou federativos) e conflito de normas (controle prévio ou posterior).

Não há, na prática, um sistema puramente concreto ou puramente abstrato, nem totalmente concentrado ou difuso. A Suprema Corte dos Estados Unidos, por exemplo, também detém competência para conhecer de conflitos entre os Estados e, pela sua posição institucional, termina dando a última palavra em matéria constitucional, não sendo rara a hipótese de ação declaratória simulada. Nas jurisdições de Corte Constitucional, há sempre uma competência residual para as instâncias ordinárias conhecerem, ainda que indiretamente, de temas constitucionais. À exceção da França, se nos limitarmos apenas ao Conselho Constitucional, não há um sistema exclusivo de jurisdição abstrata e objetiva.[83]

As distinções, como vemos, não são muito precisas, encontrando obstáculos adicionais na tendência de simulação de instituições, a pretexto de conferir ou obter externamente legitimidade, ou de tentativas de imitações e de transplantes de modelos a contextos históricos, políticos e sociais distintos. O modelo adotado pela Constituição de Uganda, datada de 1995, revela um drama que contém essa dupla tendência. Não existe uma Corte Constitucional permanente, mas uma Corte de Apelação que, provocada por uma ação popular de inconstitucionalidade por ação ou omissão (art. 137.3) ou por um incidente de inconstitucionalidade suscitado por Cortes inferiores (art. 137.5), converte-se em uma espécie de "Corte Constitucional intinerante", cujas decisões se submetem à revisão da Suprema Corte (art. 132.3). Em Ruanda, a Corte Constitucional é composta de juízes da Corte de Cassação e do Conselho de Estado (art. 90). Em Granada, admite-se ação popular de inconstitucionalidade por quem tenha interesse afetado por uma lei (art. 101), bem como um incidente concentrado de inconstitucionalidade perante a Suprema Corte (art. 102), todavia a declaração de inconstitucionalidade ou de violação dos direitos fundamentais se submeterão a sucessivos recursos: ao Tribunal de Apelação (art. 103) e, enfim, ao Conselho Privado de Sua Majestade (art. 104). Na Antígua e Barbados (art. 47), assim como na República Dominicana (art. 42), as decisões da Suprema Corte podem ser revogadas pelo Parlamento. Ademais, neste último caso, o modelo de controle de constitucionalidade é semi-concentrado: toda corte, à exceção do Supremo Tribunal, do Tribunal de Apelação e da Corte de Apelação, deverão submeter as questões de inconstitucionalidade ao Supremo Tribunal que decidirá a respeito, cabendo recurso ao Tribunal de Apelação e, seguidamente, ao Comitê Judicial (arts. 104.1 e 106.1). Qualquer cidadão também poderá provocar o Tribunal Supremo, alegando que uma lei viola direito fundamental (art. 103.1).

Uma última classificação, de cunho mais empírico, pode ser adotada, considerando o âmbito da jurisdição e o rol de competências. Assim:

1. *Jurisdição constitucional de caráter interno*: podemos destacar uma tipologia da jurisdição constitucional, assentada no rol de competências que, numa visão geral, indica:

---

[83] FROMONT. *La Justice Constitutionnelle dans le Monde*, p. 77-79.

- um *contencioso de normas* (jurisdição constitucional de controle de constitucionalidade ou juiz de constitucionalidade);
- um *contencioso penal ou quase penal* (jurisdição constitucional penal);
- um *contencioso eleitoral* (jurisdição constitucional eleitoral);
- um *contencioso de "conflitos constitucionais"*: a) entre entes federativos e b) entre órgãos constitucionais (jurisdição constitucional de conflitos);
- um *contencioso de direitos fundamentais* (jurisdição constitucional da liberdade).[84]

2. *Jurisdição constitucional de caráter internacional e comunitário*: a mundialização tornou aguda uma questão que, a partir da Segunda Grande Guerra, impôs-se ao temário da jurisdição constitucional: a possibilidade de instituição de uma jurisdição internacional e comunitária nos moldes da jurisdição constitucional de caráter interno ou assimilando muitas de suas técnicas e experiência. Esse transplante ou alargamento da jurisdição constitucional conta com dificuldades adicionais, pelo cruzamento das duas ordens, a exigir a resolução de conflitos: entre atos e disposições legislativas internas com as normas e princípios internacionais ou comunitários; e entre as normas externas e os preceitos constitucionais.

- *Controle de conformidade dos atos internos com as normas externas*: esse controle coloca duas ordens de questões: (a) a hierarquia existente entre os atos externos e internos e (b) o órgão encarregado de exercer a fiscalização de conformidade. A primeira questão desafia respostas variadas. As Constituições dispensam um tratamento especial ao Direito Internacional, como fazem na Itália, Alemanha e Portugal. Em várias ordens, como a brasileira, os atos internacionais possuem a mesma estatura das leis ordinárias; em outras, defere-se-lhes uma hierarquia superior às leis internas. Há lugares, como na Argentina, França e Costa Rica, que apresentam um valor constitucional, ao menos aqueles sobre direitos humanos. Uma quarta solução é encontrada

---

[84] Adaptamos FAVOREU. *Informe General Introductório*, p. 31 et seq. CAPPELLETTI. *La Giurisdizione Costituzionale della Libertà*, p. 5 et seq.

em países, como a Guatemala, nos quais esses tratados detêm valor supraconstitucional.[85] Nos dois primeiros casos, há possibilidade de um duplo controle de conformidade: por um órgão interno, uma Corte Constitucional ou um Tribunal Supremo, e por um órgão internacional ou supranacional; sendo previsível o controle externo nos demais. Na Europa, os juízes nacionais exercem um controle difuso, incidental e prejudicial dos atos internos em face do Direito Comunitário, podendo deixar de aplicar as normas nacionais que considerem contrárias aos tratados da Comunidade (controle de comunitariedade). Isso não inibe um controle concentrado perante a Corte Européia de Direitos Humanos, sediada em Estrasburgo, que decide sobre recursos individuais fundados na violação dos direitos fundamentais por atos do poder público, legislativo, executivo ou judiciário, de um Estado signatário. No exercício dessa competência a Corte define qual interpretação que deve ser dada às disposições da Convenção Européia de Direitos Humanos, identificada como a "Constituição européia em matéria de liberdade" ou a "verdadeira carta constitucional da Grande Europa"[86] (controle de convencionalidade). As diferenças com o controle de constitucionalidade e, de quebra, entre a Corte Européia e o modelo de Tribunal Constitucional são acentuadas não só por quem nega à Convenção a natureza constitucional, mas também pelo tipo de operação que têm em pauta: enquanto os Tribunais Constitucionais visam a uma conciliação entre interesse público e interesse privado, a Corte Européia procede a uma conciliação entre interesses estatais e interesses individuais. Tem-se em vista, naqueles, uma invalidação de um texto abstrato e impessoal, enquanto na "inconvencionalidade" visa-se a uma situação ou decisão individual.[87] Por isso, o provimento do recurso não gera nulidade ou a anulação do ato impugnado, apenas decreta a responsabilidade internacional do Estado e a reparação de

---

[85] VALLE. *Derecho Procesal Constitucional*, p. 53.

[86] VELU e ERGEC. *La Convention Européenne des Droits de l'Homme*, p. 35; SUDRE. *L'Europe des Droits de l'Homme. L'Europe et le Droit*, p. 105, citados por FLAUSS. *La Cour Européenne des Droits de l'Homme, est-elle une Cour Constitutionnelle?*, p. 75.

[87] FLAUSS. *La Cour Européenne des Droits de l'Homme, est-elle une Cour Constitutionnelle?*, p. 81.

danos que deve ser feita ao recorrente. A distinção merece alguma nota. É que se tem observado uma tendência de objetivação do "contencioso de convencionalidade", não apenas naqueles casos em que é permitido aos Estados a denúncia da inconvencionalidade de atos legislativos nacionais, mas também no próprio âmbito de um recurso individual, não faltando exemplos do exercício de um controle de compatibilidade de uma lei às disposições da Convenção independentemente de sua aplicação concreta ou até na ausência de uma tal aplicação, com o desenvolvimento da noção de "vítima virtual".[88] Se é certo que o efeito imediato da decisão não é a invalidade do ato impugnado, não se pode perder de vista que, no acompanhamento da execução das decisões da Corte pelo Comitê de Ministros do Conselho da Europa, desenvolve-se cada vez mais a tese de que, no quadro das "medidas gerais" que devem ser adotadas pelos Estados, deve ser incluída um obrigação positiva de editar uma norma jurídica compatível com os termos da decisão.[89] A defesa do efeito direto de suas decisões visa, nesse sentido, levar os Estados a ab-rogar aquelas normas reputadas "inconvencionais", não sendo rara a condenação, pelo menos em linha de princípio, do Estado que não adotar providências para alterar sua legislação que foi considerada contrária à Convenção em outro recurso envolvendo outro Estado.[90] Por seu turno, a Corte de Justiça da Comunidade Européia pode ser acionada por diversas formas, por recursos diretos ou indiretos, por um Estado, instituição ou pelo particular contra atos ou omissões das instituições comunitárias ou por atos dos Estados, em face dos princípios comunitários protegidos, postulando anulação, indenização ou preenchimento do vazio legal, conforme o caso, havendo a possibilidade de um tribunal de qualquer Estado-mem-

---

[88] EUROPA. Corte Européia de Direitos Humanos, *Open Door e Dublin Well Woman* c. *Irlanda do Norte*, 29/10/1991; *Modinos* c. *Chypre*, 22/4/1993; *Van der Hurk* c. *Pay-Bas*, de 19/4/1994.

[89] COHEN-JONATHAN. *Considérations sur l'Autorité des Arrêts de la Cour Européenne des Droits de l'Homme*, p. 52.

[90] EUROPA. Corte Européia dos Direitos Humanos, *Dudgeon* c. *Royaume-Uni*, de 22/10/1981.

bro recorrer à Corte para que ela, no exercício monopolista da interpretação dos documentos comunitaristas, decida sobre a compatibilidade das leis nacionais ou de outros atos internos que aplicam o direito comunitário com os tratados europeus (controle de comunitariedade). A interpretação do Direito Comunitário, dada pela Corte, vincula o juiz nacional. De uma forma geral, no entanto, os efeitos do tribunal internacional sobre a ordem interna têm ainda suscitado muita discussão, nem tanto no plano formal, mas do ponto de vista de sua eficácia. A Convenção Americana sobre Direitos Humanos, por exemplo, determina que os países signatários respeitem e executem internamente as sentenças proferidas pela Corte Interamericana de Direitos Humanos. Em linha de princípio, nada há a reparar. Todavia, fica suspensa no ar a pergunta de quais devam ser os instrumentos jurídicos de efetividade àquelas decisões. Acena-se, em face do silêncio quase generalizado dos sistemas jurídicos, com a possibilidade de aplicação por analogia do instituto do *exequatur*.[91]

- *Controle dos atos externos em face das Constituições nacionais*: esse controle é exercido de duas formas básicas: (a) segundo um procedimento preventivo, como na França, Portugal, Espanha e Costa Rica, em que o Tribunal examina a conformidade entre os tratados subscritos pelo Executivo antes de sua aprovação pelo Parlamento, abrindo-se três alternativas em caso de incompatibilidade: reforma da Constituição; aprovação com reservas e renegociação pelo Executivo para eliminar os dispositivos inconstitucionais ou rejeição pura e simples; (b) segundo um procedimento, sucessivo ou posterior, de fiscalização pelo Tribunal da jurisdição constitucional do tratado, depois de sua incorporação na ordem jurídica interna. Em caso de inconstitucionalidade, impõe-se a desaplicação ou nulidade, sugerindo-se, expressa ou implicitamente, a denúncia do ato que, no entanto, permanecerá vinculante, do ponto de vista do Direito Internacional, até que a denúncia se concretize. Segmento expressivo da doutrina internacionalista tem defendido, no entanto, um "Direito

---

[91] VALLE. *Derecho Procesal Constitucional*, p. 54.

Internacional dos Direitos Humanos" que traspassa fronteiras, etnia, raça, cor ou sexo, determinando que todos os tribunais, nacionais, internacionais ou comunitários apliquem a norma mais favorável, sem levar em consideração a fonte da norma de proteção – nacional, internacional ou comunitária.

# SEÇÃO IV
# NATUREZA JURÍDICA DA JURISDIÇÃO CONSTITUCIONAL

Há variadas correntes a respeito da natureza dos Tribunais Constitucionais ou das Supremas Cortes no exercício da jurisdição constitucional, notadamente do controle de constitucionalidade. Para uma corrente, tais cortes, seja pela particularidade de suas decisões, seja porque não realizam operações de subsunção de casos concretos à norma, seja pelo tipo de conflitos que resolvem, seja ainda por inovar a ordem jurídica, são órgãos políticos, especialmente legislativos, "uma segunda Câmara" ou "instância política suprema".[92]

Uma segunda corrente não nega a natureza jurisdicional desses tribunais. *García de Enterría* fala de tribunal que decide conflitos políticos, pois todos os conflitos constitucionais são sempre conflitos políticos (*Triepel*),[93] valendo-se, todavia, de "critérios e métodos jurídicos" para solucioná-los.[94] A bem da verdade, são critérios e métodos que gozam de certa particularidade relativamente aos tribunais ordinários:

> "Por uma parte, a generalidade e a amplitude dos conceitos normativos constitucionais, mais gerais ou concentrados normalmente do que o que é comum nas normas ordinárias ou derivadas; em segundo lugar, a distinta funcionalidade normativa da Constituição em re-

---

[92] SCHMITT. *La Defensa de la Constitución*, p. 245; cf. LEITE SAMPAIO. *Der Hüter der Verfassung*, p. 1 et seq.

[93] STERN. *Das Staatsrecht der Bundesrepublik Deutschland*, II, p. 957.

[94] GARCÍA DE ENTERRÍA. *La Constitución como Norma y el Tribunal Constitucional*, p. 178.

lação às demais normas ordinárias; enfim, a transcendência mesma das decisões (decisões de conflitos e, portanto, em uma certa medida, decisões políticas elas mesmas, sem míngua de seu caráter jurisdicional)."[95]

Em seu trabalho mais citado em relação ao tema, *Kelsen* não parece ter dúvidas: os tribunais constitucionais exercem uma verdadeira jurisdição.[96] Em sua crítica à compreensão schmittiana do *Hüter der Verfassung*, *Kelsen* vacila todavia.[97] Esse quadro é ressaltado em *Teoria geral do direito e do estado* quando assinala que "um tribunal que é competente para abolir leis – de modo individual ou geral – funciona como legislador negativo".[98] *Tremps* chama a atenção para o fato de que, para *Kelsen*, a função de tribunal constitucional não é nem jurisdicional nem legislativa, em sentido clássico, mas é a de aplicação e criação do Direito. Daí porque, em seu julgar, *Kelsen* desenha, em suas linhas, a defesa e o perfil de uma autêntica jurisdição, por mais que o resultado de sua atividade – da atividade do órgão competente – venha a ser "legislativo".[99]

Há um componente importante para a exata compreensão da natureza hoje dos chamados tribunais da jurisdição constitucional e que não pode ser olvidado. É que se diz que o processo levado a efeito em suas turmas, salas, seções, plenário, o que for, tem a nota de um processo objetivo, de garantia da regularidade e harmonia do ordenamento jurídico enquanto tal, o que é verdade em relação ao controle de constitucionalidade abstrato e, em parte, naqueles de conflitos federativos ou de atribuição. No entanto, ainda que implicitamente nesse sistema, há um interesse privado ou individual reflexo, que termina sendo atendido, seja de situações individuais particulares – a sujeição a um tributo indevido, ou a restrição ao acesso ao Judiciário –, seja de um interesse mais difuso – liberdade de expressão e publicidade dos atos governamentais em face de certos órgãos ou entidades responsáveis pela fiscalização do poder público –, seja de simples interesse de ver sanada uma crise (ou quase crise) institucional que poderia mais tarde vir a desabar sobre

---

[95] GARCÍA DE ENTERRÍA. *La Constitución como Norma y el Tribunal Constitucional*, p. 179; BACHOF. *Der Verfassungsgerichter zwischen Recht und Politik*, p. 286-287.
[96] KELSEN. *La Giustizia Costituzionale*, p. 12 et seq.
[97] KELSEN. *¿Quién Debe ser el Defensor de la Constitución?*, p. 239 et seq.
[98] KELSEN. *Teoria Geral do Direto e do Estado*, p. 261.
[99] TREMPS. *Tribunal Constitucional y Poder Judicial*, p. 7-8.

sua cabeça.[100] Mais cadente ainda na chamada jurisdição constitucional da liberdade, em que em jogo estão diretamente os direitos fundamentais.[101]

Acima de tudo, deve-se fugir do preconceito que separa quase em valas, sem qualquer comunicação, o direito e a política. O entrelaçamento entre os dois é império da própria conformação do Estado de Direito[102] e fica difícil, em certos momentos, separar um do outro. Não pode haver redução, todavia, do jurídico em político, como pretendem os institucionalistas, ou de achar que todas as questões da política se resolverão nas formas do Direito, sob pena de se desgastar talvez o mais importante instrumento de integração social.[103] A maior transcendência política das decisões das cortes constitucionais não pode, contudo, reacender aquele preconceito e enunviar as vistas. Nem se pode deixar seduzir pela forma política de indicação de seus membros, pois importa mais a técnica jurídica com que enfrentam os problemas levados à solução. A questão se relaciona com a apresentação de uma justificativa para a existência de uma jurisdição constitucional.

# SEÇÃO V
# DISCURSOS DE LEGITIMIDADE DA JURISDIÇÃO CONSTITUCIONAL

Desde *Marbury* v. *Madison*,[104] a doutrina estadunidense se divide entre aqueles que defendem a atividade judicial de controle

---

[100] *Tremps* fala de um interesse de "partes públicas" envolvidas em conflito federativo: *Tribunal Constitucional y Poder Judicial*, p. 10. Não creio acertado nesse ponto, pois *subjetiviza* em excesso o contencioso de conflitos, como se processo subjetivo fosse.

[101] Para alguns, mesmo aí continuaria a existir um processo objetivo: SCHLAICH. *El Tribunal Constitucional Federal Alemán*, p. 181 et seq.

[102] HABERMAS. *Fatti e Norme*. Contributi a una teoria discorsiva del diritto e della democrazia, p. 160 et seq.

[103] HABERMAS. *Fatti e Norme*. Contributi a una Teoria Discorsiva del Diritto e della Democrazia, p. 182 et seq.

[104] ESTADOS UNIDOS. Suprema Corte. *Marbury* v. *Madison*, 5 U.S. 137 (1803).

de constitucionalidade das leis, com maior ou menor intensidade, e outros que a atacam sob diversas razões: a falta de sustentação constitucional, a sua feição contramajoritária e antipopular, destacadamente por não ser o Judiciário provido de legitimidade democrática para anular um diploma normativo elaborado pelos verdadeiros representantes do povo; e até a inexistência de valores constitucionais substantivos a serem promovidos ou interpretados pela Suprema Corte. Os "interpretativistas",[105] como passaram a ser chamados alguns desses críticos, fulminam inclusive a metodologia da hermenêutica constitucional desenvolvida pelos *justices*.[106] À medida que os tribunais constitucionais europeus foram ganhando feição institucional, com a prolação de sentenças que desafiavam um suposto equilíbrio de poderes e a primazia dos Parlamentos como fórum ideal para os debates de temas políticos mais relevantes para a sociedade, a mesma avalanche crítica despencou sobre eles sem piedade.[107]

Essa talvez seja uma das questões mais inquietantes na teoria política e constitucional de nossos dias, despertando múltiplos desdobramentos, aqui só examinados superficialmente, a partir de onze argumentos recolhidos entre tantos formulados pelos defensores dos tribunais da jurisdição constitucional e de seu papel de garante da Constituição: a necessidade de reequilibrar os poderes constitucionais no *welfare state* (1) e de compensar o déficit de legitimidade da prática política (2), por meio inclusive do reexame das razões do legislador (3); o entrelaçamento entre maioria parlamentar e a competência dos tribunais, para além do seu controle pelo Legislativo (4); o respeito das regras do jogo democrático (5); a promoção dos direitos fundamentais (6); a posição privilegiada do juiz constitucional (7); a argumentação como legitimidade (8); a legitimidade extraída do *status quo* e dos efeitos produzidos pelas decisões (9); as justificativas deontológicas (10) e dogmáticas (11).

---

[105] GREY. *Do We Have an Unwritten Constitution?*, p. 703 et seq.

[106] HAND. *The Bill of Rights*, p. 2 et seq.; WECHSLER. *Toward Neutral Principles of Constitutional Law*, p. 1 et seq.; DEVLIN. *Judges and Lawmakers*, p. 1 et seq.; BORK. *Neutral Principles and Some First Amendment Problems*, p. 40 et seq.; ELY. *A Theory of Judicial Review*, p. 12 et seq. WOLFE. *La Transformacion de la Interpretacion Constitucional*, p. 15 et seq.; 451 et seq.

[107] CAPPELLETTI. *Necesidad y Legitimidad de la Justicia Constitucional*, p. 620 et seq.

## § 1. Necessidade de reequilibrar os poderes constitucionais no *welfare state*

A existência de uma judicatura atuante, sobretudo na forma de tribunais especializados, decorreu, para alguns, da necessidade de equilibrar os incrementos de funções dos outros dois poderes, Legislativo e Executivo, com o crescimento do papel do Estado e, sobretudo, do *welfare state*.

O primeiro engenheiro dessa arquitetura estatal foi o próprio legislador.[108] Mas, a obra ganhou tal contorno e expressão que terminou por exigir a intervenção do Executivo e de sua máquina burocrática como repositório de uma discricionariedade cada vez maior e, ainda mais, como detentor de um poder normativo especial, reservado inicialmente apenas aos Parlamentos.

Na verdade, o Legislativo dava sinais de incapacidade para atender às demandas do Estado-providência. Em primeiro lugar, era cada vez mais flagrante o seu descompasso e lentidão para acompanhar o crescimento dessas demandas – as leis ou surgiam muito atrasadas ou perdiam atualidade com assombrosa velocidade, e quanto mais se imiscuíam nos problemas técnicos ou na tentativa de dar solução a tais problemas, mais chances apresentavam de descompasso e se mostravam confusas e ineficazes. Um outro sinal de declínio vazava da própria dinâmica do poder, a partir do que *Bobbio* chamou de "revanche dos interesses".[109] Os políticos estavam muito mais preocupados com valores ou problemas localizados, de sua *clientela* eleitoral ou de seus grupos de apoio, do que com a solução ou enfrentamento de problemas mais gerais, respeitantes à coletividade como um todo.

O que era para ser Estado-providência transformou-se em Estado-administração, recrudescendo as preocupações com o *big government*, pois, com seu aparato burocrático, poderia não apenas controlar a vida privada dos súditos, como desenvolver – como de fato desenvolveu – uma vontade e interesse próprios, divorciados daqueles a que fora chamado para cumprir: a vontade e o interesse públicos.[110]

---

[108] KOOPMANS. *Legislature and Judiciary Trends*, p. 309.

[109] BOBBIO. *O Futuro da Democracia*, p. 24.

[110] Mesmo antes do *welfare state*, a sabedoria da maioria parlamentar havia sofrido um sério desgaste não apenas com sua visão particularista do processo político, mas sobretudo por possibilitar o desenvolvimento dos regimes totalitários nas décadas de 1920 e 1930.

Era nesse cenário de crescimento dos Poderes Legislativo, inicialmente, e Executivo, logo depois, que se desafiava, até em nome da salvaguarda do princípio da divisão de poderes, uma redefinição de papéis e importância do Judiciário, que escapasse do figurino de mero censor ou árbitro das relações privadas. A mudança de nível de importância resultava na ampliação do próprio conceito de judicatura, de modo a incluir, por um lado, agências ou instituições públicas ou semi-públicas, com a finalidade de proteger os indivíduos e grupos sociais contra os excessos do setor público (ampliação subjetiva); por outro, o controle jurisdicional de constitucionalidade (ampliação objetiva). Um exemplo da primeira ampliação, antes inclusive do desenvolvimento descomunal do Estado do bem-estar social, pode ser encontrado no Conselho de Estado francês, que gradualmente se equipou com um poder todo especial de controlar as ilegalidades ou abusos de poder praticados pela Administração.[111] A ampliação objetiva seria dada com o reconhecimento aos juízes da competência para fiscalizar a constitucionalidade das leis. Curiosamente iniciada em um país da *common law*, essa ampliação ganhou a forma de um controle desconectado de um caso concreto, com a instituição dos chamados tribunais constitucionais por alguns países da Europa continental. Na versão de *Cappelletti*, que poderia bem ser lida com o olhar de um determinismo autopoiético, essa dupla ampliação permitiu o reequilíbrio dos poderes constitucionais sob os moldes do Estado social de direito.[112]

Esse reequilíbrio pode ser visto ainda como uma inter-relação muito acentuada ou mesmo como uma confusão de papéis. É que a plasticidade dos textos constitucionais e o surgimento dos chamados direitos de prestações, fenômenos conaturais ou contemporâneos ao paradigma "social" do Estado, materializaram ou "remoralizaram" a ordem jurídica[113] e, ao mesmo tempo, levaram a pó a distinção qualitativa entre o legislador e o juiz:

> "Ambos os poderes criam o Direito na forma de concretização e entram em concorrência ao fazê-lo. Nesta relação de concorrência,

---

[111] Também na Inglaterra, sobretudo com as reformas judiciais de 1873 e 1875, esse poder foi conferido a *High Court, Court of Appeal* e à *House of Lords*: LOVELAND. *Constitutional Law*, p. 79 et seq.

[112] CAPPELLETTI. *Necesidad y Legitimidad de la Justicia Constitucional*, p. 604 et seq.

[113] HABERMAS. *Fatti e Norme*, p. 293.

o legislador tem a primeira palavra, enquanto a Corte Constitucional tem a palavra que prevalece."[114]

Não se discute, todavia, como esse equilíbrio de poderes ou a eliminação parcial da distinção dos papéis do legislador e do juiz não foram suficientes para impedir o malogro do paradigma social do Estado de Direito. Parece até plausível imaginar que o crescimento da atividade judiciária tenha contribuído para o naufrágio coletivo, pois não passava também de uma forma de tutela ou de intervenção estatal, que importava custos adicionais à já capenga economia pública, acelerando os impactos negativos da própria atuação governamental. Pense-se, por exemplo, nas crises políticas geradas por conflitos entre os poderes; nas dificuldades econômicas decorrentes da impossibilidade de arrecadação de um tributo julgado inconstitucional ou nos transtornos políticos e econômicos resultantes da interrupção de programas ou políticas públicas pela mesma razão. Essa tentativa de legitimidade da jurisdição constitucional importa, na verdade, uma simples explicação de como a transformação do Estado liberal para o Estado social de direito se fez acompanhar da mudança de um Estado parlamentar ou legislativo para um Estado administrativo e, enfim, judicial (*Maus*).

Há uma variante dessa justificativa, no entanto, que procura transcender o próprio paradigma do *welfare state* para se situar precisamente nos desvios do processo político *tout court*.

## § 2. O DÉFICIT DE LEGITIMIDADE DECORRENTE DA PRÁXIS POLÍTICA

Os representantes do povo em vez de exercerem o mandato na direção de interesses gerais, terminam por perseguir o seu próprio ou de grupos de apoio, de modo que a *volonté générale* é com freqüência a vontade mais direta de grupos determinados.[115] Não apenas o processo eleitoral apresenta distorções graves, que passam pela inércia ou apatia do eleitorado, de um lado, e por campanhas marcadas por fortes apelos publicitários, quase sempre desprovidas de conteúdo programático, por outro, como ainda se lança como uma ponte,

---

[114] BÖCKERNFÖRDE. *Grundrechte als Grundsatznorme*, p. 194.

[115] Essa é a crítica mais contundente dos empiristas como SHAPIRO. *Freedom of Speech*: The Supreme Court and Judicial Review, p. 24.

para que os grupos de apoio às candidaturas se convertam em grupos de pressão ou de interesses no curso do mandato. Nesse instante, a fiscalização de constitucionalidade termina sendo um instrumento eficaz de controle do processo legislativo, especialmente para desmascarar a transformação do voto dessa minoria, interessada ou interesseira, na mítica vontade geral da maioria.[116]

O ativismo judicial se impõe assim como uma compensação a essa falta de racionalidade da práxis política, como uma forma de atenuar o hiato existente entre o ideal político e a realidade constitucional, ou para preencher o "vácuo [deixado] pela renúncia do legislador (...) do seu papel político próprio".[117] A Corte Constitucional é vista, sob esse ângulo, como "representante do povo ausente"[118] ou como "reserva do autogoverno",[119] conferindo legitimidade ao sistema constitucional como um todo e à própria atividade governamental em particular.[120]

*Ackerman* distingue dois níveis de decisões fundamentais dentro de uma democracia: as "decisões constitucionais", tomadas pelo conjunto dos cidadãos, em momentos episódicos de intensa mobilização e após uma ampla discussão, que considera todas as soluções apontadas, expressando-se na Constituição ou em suas reformas; e as "outras decisões" que são tomadas pelos representantes do povo ordinariamente e que ganham a forma de leis nacionais ou locais. Todavia estas últimas decisões não podem violar ou tentar revogar aquelas decisões de primeiro nível, fazendo, portanto, necessária a existência de um órgão incumbido de salvaguardar as decisões mais fundamentais do povo frente às investidas cotidianas de seus representantes. Vê no Judiciário, especialmente na Suprema Corte, tal órgão com a legitimidade necessária para realizar essa tarefa de controle. Sua análise do papel da Suprema Corte dos Estados Unidos em face do *New Deal* nos dá conta dessa legitimidade. A oposição da Corte às medidas adotadas pelo Presidente *Roosevelt* que conduzira ao *court-packing plan*, revelara aos cidadãos que uma iniciativa constitucional estava sendo tramada por seus representantes, ao mesmo

---

[116] DAHL. *A Preface to Democratic Theory*, p. 125; DWORKIN. *Taking Rights Seriously*, p. 85.

[117] KUTLER. *Raoul Berger's Fourteenth Amendment*: A History or Ahistorical, p. 523.

[118] ACKERMAN. *The Storrs Lectures:* Discovering the Constitution, p. 1013 et seq.

[119] MICHELMAN. *The Supreme Court 1985 term, Foreword*, p. 65.

[120] BLACK JR. *The Building Work of Judicial Review*, p. 11.

tempo em que exigia desses representantes um esclarecimento adicional da natureza de seus propósitos reformistas.[121]

A teoria ackermaniana não fornece critérios seguros de identificação entre os dois níveis de decisão, deixando, de um lado, a antevisão de níveis intermediários pouco nítidos e, de outro, a delegação ao Judiciário para realizar, discricionariamente, ao fim, as fronteiras entre elas. Apresenta também um sério problema à concepção de rigidez constitucional ao inserir uma nebulosa emenda não escrita da Constituição a qual os tribunais deveriam respeitar e fazer cumprir. Não demonstra, da mesma forma, por que seria o Judiciário a instituição melhor capacitada para fazer importante distinção ou para proteger as decisões constitucionais.[122] Não parece seguro acreditar, como *Ackerman* faz crer, que a rotineira apatia dos cidadãos, rompida apenas por excepcionais movimentos de mobilização, possa vir a ser suprida pela atuação de um tribunal. Esse argumento não atende à necessidade de se justificar tal intervenção, nem sequer tenta buscar as razões da indiferença da cidadania em face da política, denotando um forte apelo a aspectos empíricos como dados de uma realidade imutável.[123] Tampouco se pode ver, na inércia do legislador, uma renúncia de poderes, segundo a velha máxima *delegatus non potest delegare*, como bem assinalou *Gerald Gunther*, citado por *Berger*, ao refutar "a visão de que as cortes estejam autorizadas a agir quando existirem injustiças e quando outras instituições forem inertes. Isto é uma perigosa – e penso ilegítima – prescrição para a atuação judicial".[124]

Há de se considerar a sério o argumento de *Schlaich* de que a análise empirista não se revela um critério de justificação seguro para qualquer situação, pois o regime de compensação não cria competência, senão um "poder de urgência", cuja principal tarefa deve ser exatamente reduzir a pó a sua necessidade. Ademais, a idéia de compensação está associada a um déficit do próprio procedimento legislativo, que se vincula a carências de tradições democráticas e parlamentares. Na tentativa de solucioná-las, corre-se o risco de perenizá-las de forma ainda mais ampliada:

> "Um Tribunal constitucional, inclinado a decidir, pode precipitar ainda mais a fuga do legislador de sua responsabilidade. A compensação de

---

[121] ACKERMAN. *The Storrs Lectures*: Discovering the Constitution, p. 1.054.
[122] GARGARELLA. *La Justicia Frente al Gobierno*, p. 139-141.
[123] WALDRON. *Book Review*, p. 149 et seq.
[124] GUNTHER. *Some Reflections on the Judicial Role*: Distinctions, Roots and Prospects, p. 825, citado por BERGER. *Government by Judiciary*, p. 390.

funções parlamentares por órgãos no parlamentarismo pode impedir a formação das capacidades parlamentares necessárias."[125]

A sua análise se detém no cenário político alemão, mas pode ser, sem embargo, generalizada a outros domínios, pois se fixa no transporte do debate político para o próprio tribunal, quando se deveria estabelecer de forma mais profunda nos corpos legislativos, alimentando, por isso mesmo, os déficits do processo político e legislativo:

> "Se uma decisão do TCF (Tribunal Constitucional Federal alemão) praticamente retira do debate político as possibilidades de modificação dos grandes projetos legislativos, apreensíveis também de maneira plebiscitária através das eleições, o resultado dessas [eleições] perde em grande medida seu caráter decisivo. A oposição pode esperar para fazer fracassar uma lei com a ajuda do TCF (já atualmente esta possibilidade assenta com freqüência seu comportamento durante o procedimento legislativo), logrando com ele compensar sua posição minoritária no *Bundestag* (igual ao que utiliza o *Bundesrat*), sem que esse nível de influência venha avalizado por um pronunciamento do eleitorado para constituí-la em maioria. A maioria eleita, por sua parte, com a declaração de inconstitucionalidade se vê liberada da responsabilidade da causa de suas leis, sem tornar-se intolerável para o eleitor a causa de ditas leis."[126]

Isso ganha contorno especial com a adoção de uma "metodologia ótima da legislação, enquanto dever ou obrigação constitucional".

## § 3. Reexame das razões do legislador: "a doutrina da metodologia ótima da legislação enquanto dever constitucional"

Muitos autores defendem um controle judicial da gênese legislativa muito mais amplo do que a análise formal e estreita dos ritos institucionalizados. A essa compreensão ampliada do papel do

---

[125] SCHLAICH. *El Tribunal Constitucional Federal Alemán*, p. 228.
[126] Ibidem, p. 228-229; HABERMAS. *Fatti e Norme*, p. 332; cf. HALTERN. *Verfassungsgerichtsbarkeit*, Demokratie und Mißtrauen des Bundesverfassungsgericht in einer Verfassungstheorie zwischen Populismus und Progressivismus, p. 21; HASE; LADEUR. *Verfassungsgerichtsbarkeit und politisches System*. Studien zum Rechtsstaatsproblem in Deutschland, p. 5 et seq.; FISHER. *Constitutional Dialogues*, p. 10 et seq.

juiz constitucional, *Schwerdtfeger* chama de "doutrina da metodologia ótima da legislação enquanto dever constitucional".[127] Há um enfoque cognitivista sobre tanto: a Corte Constitucional deve procurar saber se o legislador procurou tomar conhecimento dos dados empíricos disponíveis e levou a sério e a fundo a experiência social, se realizou em "equilíbrio justo" entre os "valores em jogo" e se, ao fim, foi razoável na síntese de todos esses elementos (*Verhältnismässigkeit* ou *reasonableness*), antes de se manifestar pela existência ou não de vícios de procedimento legislativo.

Essa também é a visão de nomes como *Michelman* e *Sunstein* que propugnam o desenvolvimento de estratégias interpretativas, por parte das cortes, para enfrentar a *práxis* política e legislativa distorcida, referida no item anterior, com vistas a saber se uma decisão legislativa foi tomada com base no interesse público ou em razões justificadoras ou apenas em interesses privados, para, se for o caso, reconstruí-la.[128] Essa reconstrução envolve também questões menos políticas: ainda que a gênese legislativa não se tenha contaminado com interesses privados, caberia investigar a "prudência do legislador" na solução legal da "concorrência dos valores" encontrada. Em outros termos, se teria atuado de forma adequada, necessária e proporcional. Em seus domínios, a investigação judicial deve avaliar se a atuação do legislador teria se dado de forma adequada, coerente, racional ou justa, examinando, por exemplo, se as distinções feitas ou o tratamento legal dispensado à matéria disciplinada não teriam sido arbitrários ou sem fundamento objetivo; seja por se mostrarem contra a natureza do direito ou a "natureza da coisa regulada", o direito como um sistema unitário (racionalidade interna), em face, por exemplo, da incongruência dos meios em relação aos fins (juízo de adequação ou pertinência e de necessidade), de fins inconstitucionais (juízo de finalidade) ou da falta de justificativa para uma exceção em relação à regra ou de uma ponderação suficientemente fundamentada (juízo de proporcionalidade estrita); seja pela violação do imperativo de justiça que se extrai da concepção principiológica da Constituição (razoabilidade intrínseca).[129] Há quem se refira, nesses juízos, a bus-

---

[127] SCHWERDTFEGER. *Festschrift für H.P. Ipsen*, p. 173 et seq. Apud SCHLAICH. *El Tribunal Constitucional Federal Alemán*, p. 226.

[128] MICHELMAN. *Law's Republic*, p. 1.529; SUNSTEIN. *After the Rights Revolution*, p. 164.

[129] ZAGREBELSKY. *La Giustizia Costituzionale*, p. 129 et seq.; *Su Tre Aspetti della Ragionevolezza*, p. 179 et seq.

cas necessárias de um sentido extraído da lógica, do senso comum, da experiência, das noções técnicas e da consciência social.[130]

*Schlaich* critica duramente essa assunção metodológica e da própria adjudicação, fixando como objeto único de controle de legitimidade constitucional a "norma como produto legislativo" e não a argumentação ou qualquer outro procedimento do legislador. Ademais, a atuação de um tribunal constitucional não poderia desconsiderar ou fulminar as características próprias da atividade parlamentar e democrática. O juízo de conformidade ou desconformidade de uma lei com a Constituição deve ser feito de forma objetiva:

> "As teses de que a lei enquanto resultado, não a gênese da lei, é o objeto do controle de normas, obriga a uma diferenciação em relação ao procedimento individual perante o TCF: o Tribunal pode naturalmente remontar-se às posições dos participantes no procedimento legislativo, por exemplo para reconhecer qual poderia ser o sentido da lei; sem embargo, isso não se faz para determinar o conteúdo objetivo da lei. O problema de saber se uma lei é proporcional (apropriada, necessária, não excessiva) incita a remontar-se mais além do resultado, à argumentação no curso do procedimento legislativo; sem embargo, finalmente, não se trata – como expressamente pronunciou, em uma ocasião o TCF – da arbitrariedade subjetiva do legislador ou das razões que expôs para justificar uma determinada regulação, senão que se trata 'da impropriedade objetiva, vale dizer, real e clara de uma norma em relação com as situações de fato que deve regular' (Rec. 51, 1, 27)."[131]

Além do mais, dessa perspectiva de "otimização metodológica" para a compreensão do texto constitucional como uma "ordem dura de valores" é um pulo. Se os "conteúdos normativos" da Constituição estiverem à disposição dos juízes para uma avaliação de "preferência de valores", certamente, que estarão em perigo. "Quando uma corte constitucional adota a doutrina de 'ordem de valores'", diz *Habermas*, "pondo-a como fundamento de suas próprias práxis decisórias, o perigo de haver sentenças irracionais cresce, porque argumentos funcionalistas podem prevalecer sobre os normativos".

---

[130] MORTATI. *Istituzioni di Diritto Pubblico*, p. 725; ROUSSEAU. *Droit du Contentieux Constitutionnel*, p. 132 et seq.; cf., no texto, o exame mais profundo do princípio da razoabilidade: V Parte, § 3, 3.

[131] SCHLAICH. *El Tribunal Constitucional Federal Alemán*, p. 227-228.

Refere-se *Habermas* a intromissões, por meio de recursos a certos "princípios" ou "bens coletivos" como o funcionamento do Estado federal ou da magistratura, à "paz reinante em certos setores", sociais e econômicos, à "segurança do Estado", de juízos de conveniência, oportunidade, custo-benefício e até de acordos – não publicados – com o governo em desprestígio à Constituição e à sua normatividade.[132]

Esses contra-argumentos recebem a resposta daqueles que vêem a continuação entre maioria parlamentar e composição da Corte, em vista do sistema de sua escolha.

## § 4. O ENTRELAÇAMENTO ENTRE A MAIORIA LEGISLATIVA E A COMPOSIÇÃO OU TENDÊNCIAS DO TRIBUNAL DA JURISDIÇÃO CONSTITUCIONAL E A POSSIBILIDADE DE CONTROLE PELO LEGISLATIVO

A afinidade de idéias e opiniões entre a maioria parlamentar e os membros do tribunal da jurisdição constitucional parece ser o resultado mais previsível em função do processo político de escolha daqueles membros, permitindo-se falar, pelo menos hipoteticamente, numa reprodução jurisdicional da vontade majoritária, a constituir, assim, uma espécie de "aliança nacional dominante".[133] A subversão ou rompimento dessa aliança, por exemplo, com a adoção de decisões judiciais divorciadas do "sentimento nacional prevalecente", poderá conduzir ao desprestígio do tribunal e, em determinadas circunstâncias, à superação de sua jurisprudência por meio de emenda constitucional ou, em situação de crise institucional mais séria, à reformulação – ou proposta de reformulação – do próprio tribunal. Esse poder de emenda (*amending power*) é apontado como um elemento de "controle do controlador" que confere ao Legislativo a última palavra sobre os assuntos e conflitos constitucionais. Em face dele, a fiscalização jurisdicional de constitucionalidade se resume à análise da irregularidade do procedimento e à indicação da forma, legislativa ou constitucional, que se deve usar na edição de uma norma, deixando à apreciação política a avaliação de seu valor intrínseco.[134]

---

[132] HABERMAS. *Fatti e Norme*, p. 308-309.

[133] DAHL. *Decision-Making in a Democracy*: the Supreme Court as a National Policy-Maker, p. 293.

[134] EISENMANN. *La Justice Constitutionnelle et la Haute Cour Constitutionnelle d'Austriche*, p. 17.

Nos Estados Unidos, ele tem sido usado com relativa freqüência. A Emenda XI, por exemplo, visou limitar a jurisdição dos tribunais federais, sensivelmente ampliada pela sentença proferida em *Chisholm v. Georgia*;[135] a Emenda XIV foi aprovada para impedir a prevalência da decisão tomada em *Dred Scott v. Sanfort*,[136] em que se recusara a cidadania e certos direitos civis aos americanos descendentes de africanos, escravos ou livres, mesmo que nascidos em território norte-americano; a emenda XVI foi dirigida contra a doutrina de *Pollock v. Farmer's Loan and Trust C.*,[137] que havia declarado inconstitucional o imposto sobre renda se não houvesse repartição entre os distintos Estados; e a Emenda XXVI, de 1971, visou anular a sentença de *Oregon v. Mitchell*,[138] que vedara o Congresso de fixar a idade de voto nas eleições estaduais. Nos casos de anulação de algumas leis do *New Deal*, uma vez mais a Corte esteve sob a mira dos outros Poderes, especialmente do Executivo. A apresentação de um projeto de reforma da Corte, denominado de *Court-packing plan*, que restringia a sua competência, ampliava de nove para quinze o número de juízes e previa a jubilação compulsória aos setenta anos de idade, fez com que o posicionamento se invertesse. Em março de 1937, reconheceu constitucional uma lei estadual sobre salários mínimos, similar à que havia anulado nove meses antes; em abril, declarou a constitucionalidade do *National Labor Relation Act*, de natureza análoga a disposições anteriores sobre temas trabalhistas e sindicais, que haviam sido declaradas inconstitucionais por violação do direito de propriedade e da cláusula do devido processo legal. A chamada ala conservadora teve de deixar a Corte ou mudar de opinião.[139]

A tese só é parcialmente aceitável, pois nem todos os países adotam o sistema de investidura vitalícia, nem é universal o sistema de escolha empregado pelos Estados Unidos ou o poder de emenda para a superação da jurisprudência da corte. Não se pode perder de

---

[135] ESTADOS UNIDOS. Suprema Corte. *Chisholm v. Georgia.*

[136] ESTADOS UNIDOS. Suprema Corte. *Dred Scott v. Sanfort,* 60 U.S. 393 (1856).

[137] ESTADOS UNIDOS. Suprema Corte. *Pollock v. Farmer's Loan and Trust Co.*, 157 U.S. 429 (1895).

[138] ESTADOS UNIDOS. Suprema Corte. *Oregon v. Mitchell,* 400 U.S. 112 (1970).

[139] Estimulado por uma lei que aumentava os benefícios da aposentadoria, o Juiz *Van Devanter* deixou logo a Corte, sendo seguido por *McReynolds, Sutherland, Harding, Butler, Owen Robert,* de modo que, em 1941, apenas um juiz pré-Roosevelt permanecia na ativa.

vista, ainda, que a identidade entre posições dos juízes e orientações esperadas por quem os nomeou tem ficado apenas no plano das possibilidades. Conta-se, por exemplo, que *Warren*, político conservador ligado ao Partido Republicano, teria sido nomeado por *Eisenhower* para acentuar o conservadorismo da Suprema Corte. O período em que esteve como *Chief Justice*, no entanto, foi marcado por profundo ativismo judicial, a ponto de se falar em "revolução jurídica" ou "judicial", levando *Eisenhower*, algum tempo depois, a considerar a nomeação o maior erro de sua presidência.[140]

Se não há a garantia desse entrelaçamento ou da correspondência entre o pensamento dominante e a jurisprudência da corte, é mais prudente que se defenda apenas a função judiciária de tutela das regras do jogo democrático.

### § 5. O RESPEITO ÀS REGRAS DO JOGO DEMOCRÁTICO: GARANTIA DE UM PROCESSO POLÍTICO ADEQUADO E PROTEÇÃO DAS MINORIAS

A existência de uma Constituição pluralista, que, de um lado, refunda a sociedade sob um novo patamar em um *pactum societatis* e, de outro, constitui cada potestade política, por meio de um novo *pactum subjetionis*, exige, para *Gustavo Zagrebelsky*, uma jurisdição constitucional que, com sua imparcialidade, permita o livre desenvolvimento das forças sociais e políticas. A inexistência, sob tais condições, de um poder dominante efetivo, como o do monarca ou de uma classe hegemônica ou de um povo "em si unido e concorde", impõe que cada decisão coletiva seja fruto de um contrato ou de um compromisso plurilateral dos vários atores, como é a "Constituição dos estados de partidos", uma "Constituição sem soberano", cujo apelo ao povo não passa de retórica, pois o povo é um grupo de heterogeneidades, um conjunto de diferenças, permeadas por pontos comuns. Ressaltam-se as diferenças para tornar a sociedade um campo não de lutas pela soberania, como nos períodos dualistas, mas

> "para melhorar a própria posição no interior de um contexto marcado pela presença de muitas forças, políticas, econômicas, culturais:

---

[140] ELY. *Democracy and Distrust*, p. 47; *Posner* registra em tom crítico, contudo, que "judgeships normally are rewards for political services": *The Federal Courts:* Crisis and Reforms, p. 31.

tão numerosas que tornam irrealista a pretensão de uma, apenas uma, vencer todo o resto e reconstruir em torno de si um poder soberano como aquele em outros tempos".[141]

A Constituição, repete-se, é "fruto de acordo entre numerosos sujeitos particulares" que visa proteger a própria identidade política da comunidade, nunca, como no Antigo Regime, um resultado de acomodações particulares dos interesses dos corpos sociais. De modo que o Direito Constitucional dá vida a um sistema aberto para a pluralidade de forças, não formando um invólucro fechado, nem instaurando uma "totalitária tirania dos valores", que visa atingir a uma determinada – e única – configuração social e política. Por esse caráter conflitual intrínseco e por uma perspectiva de compromisso de lealdade em torno das regras do jogo, é que a "Constituição (...) realiza a condição histórico-concreta da justiça constitucional", de um órgão imparcial que desempenha o papel neutro de defesa das condições do pluralismo, com vistas "à sobrevivência e à garantia recíproca de cada força". Sobrevivência e garantia que se revelam como armadura contra os riscos de ruptura dentro do sistema de coalizões de forças:

"a justiça constitucional não é então uma garantia, por assim dizer, 'primária', isto é, dirigida à defesa das condições fundamentais de existência da Constituição. É uma garantia 'secundária' que, descontada a existência da Constituição, deve preocupar-se com o seu funcionamento."[142]

Numa linha também procedimental, tem-se afirmado que a conciliação do constitucionalismo com a democracia exige que se distribuam adequadamente as tarefas entre Legislativo e Judiciário, cabendo àquele, pela força de seu poder representativo da maioria, identificar, sopesar e acomodar os valores fundamentais da comunidade e ao Judiciário, a missão de garantir o funcionamento do processo político de maneira a permitir que seus canais estejam sempre abertos a todos. Essa é a linha sustentada por *John Hart Ely*: "melhor do que ditar resultados substantivos, [o juiz] intervém

---

[141] ZAGREBELSKY. *La Giustizia Costituzionale*, p. 26.

[142] No mesmo sentido: DELPÉRÉE. *Crise du Juge et Contentieux Constitutionnel en Droit Belge*, p. 48.

somente quando o 'mercado', no nosso caso o mercado político, estiver sistematicamente funcionando mal".[143] Para *Ely*, esse malfuncionamento poderia ser visto na restrição aos canais de participação política, negando-se a voz ou o voto de alguns grupos ou pessoas, impedindo que haja alternância no poder ou permitindo que sistematicamente uma maioria se sobreponha a uma minoria.

> "Juízes nomeados são (...) *outsiders* em nosso sistema governamental e dificilmente precisam se preocupar com a sua permanência no cargo. Isso não lhes dá o especial canal de comunicação com os genuínos valores do (...) povo. (...). [Mas] os coloca em uma posição objetiva para poder identificar (...) que, por obstruírem os canais de alternância ou por agirem como instrumentos de uma tirania da maioria, nossos representantes eleitos, de fato, não estão representando os interesses daqueles que o sistema pressupõe que eles estejam."[144]

Essa visão procedimental da tarefa judicial – de quebra, também da própria Constituição – denominada por *Ely* de "representation-reinforcing approach", transforma o Judiciário, especialmente o juiz constitucional, num guardião da lisura do processo democrático, a permitir que identifique, pondere e reforce os valores substantivos da comunidade.[145] A sua intervenção torna-se imperiosa para assegurar a ampliação e a efetividade do sufrágio universal, exercendo um fino controle sobre a definição dos distritos eleitorais, distribuição, representatividade e qualificação dos eleitores, levando-se em conta o fato de que o direito ao voto é essencial ao processo democrático e que, por isso, não pode ser deixado "aos nossos representantes eleitos, que têm um óbvio interesse na manutenção do *status quo*".[146]

A transparência do processo eleitoral e legislativo, a afirmação da responsabilidade dos representantes em face dos representados, por meio da doutrina da não delegação, e a efetividade da democracia, ao fim, passam necessariamente pelo reforço da liberdade

---

[143] ELY. *Democracy and distrust*, p. 102-103.

[144] Ibidem, p. 103.

[145] Também *Habermas* (*Fatti e Norme*, p. 312 et seq.), aderindo, interpreta, à sua maneira, a visão procedimentalista de *Ely*. E é muito parecido o entendimento de HÄBERLE. *Verfassungs als öffentlicher Process*. Materialen zu einer Verfassungstheorie der offenen Gesellschaft, p. 93 et seq.

[146] ELY. *Democracy and Distrust*, p. 117.

de expressão e associação, assim como pela garantia dos direitos processuais dos indivíduos: "direitos como esses, expressamente declarados ou não, devem, todavia, ser protegidos, energicamente, porque são críticos para o funcionamento de um processo democrático aberto e efetivo".[147] Embora esta seja uma linha a que *Ely* se filie, pois tem consciência de que "as cortes devem policiar restrições à expressão e a outras atividades políticas, porque nós não podemos confiar em nossos representantes eleitos [inteiramente]",[148] ele levanta uma séria dúvida quanto à efetividade da atuação delas ou quanto à fiança aos parâmetros que utiliza: "as cortes tendem a ser varridas pela mesma sorte de temores que movem os legisladores e as autoridade executivas, e a Primeira Emenda provavelmente resulta um barreira apenas teórica."[149] No entanto, renova as esperanças numa proteção mais efetiva das liberdades de crença e, especialmente, de expressão, como forma de "limpar os canais de mudanças políticas":

> "Talvez nós não estejamos preparados, mas nós [devemos] aumentar as chances, presentes hoje, para construir barreiras de proteção em torno da livre expressão tão seguras quanto as palavras podem indicar."[150]

Um terceiro elemento a requerer proteção especial no âmbito do *judicial review* seria o da garantia de participação igualitária dos grupos minoritários no processo político: "Nós temos visto (...) que o dever de representação que reside no coração de nosso sistema requer mais do que uma voz e um voto". A identificação de grupos sociais total ou parcialmente excluídos deve ser buscada sempre por trás da legislação e das medidas administrativas como forma de afastar os atos da maioria que tendam a discriminá-los ou impedi-los de ativamente participar do processo político, tarefa que complementa o exercício de limpeza dos canais das mudanças políticas.[151] Essa preocupação exposta por *Ely* tem estimulado certas práticas institucionais tendentes a garantir uma participação mínima

---

[147] Ibidem, p. 105; 125 et seq., 172 et seq.

[148] Ibidem, p. 106.

[149] Ibidem, p. 107.

[150] Ibidem, p. 116.

[151] Ibidem, p. 135 et seq.

dos grupos sociais menos favorecidos na composição dos tribunais. Imagina-se que a presença de grupos minoritários permitiria o desenvolvimento de uma sensibilidade mais aguçada e de um empenho muito maior na realização da tarefa de inclusão das minorias nos processos decisórios da sociedade. Lembremos, a propósito, que a Corte Suprema do Canadá reserva um terço de seus lugares para juízes de Quebec, preocupação que se repete na Bélgica, na Suíça e no Chipre; nem devemos esquecer do movimento crescente nos Estados Unidos nesse sentido, que culminou com as designações da Juíza *O'Connor* e *de Marshall*, *Scalia* e *Thomas*.

Ainda que *Ely* não se tenha ocupado mais detidamente da legitimidade de as cortes intervirem no âmbito do próprio processo legislativo, de forma a resguardar os "direitos processuais democráticos" das vozes minoritárias no Congresso, não parece exagero estender as suas conclusões até esse ponto. É duvidoso, contudo, que chegasse a admitir o recurso das minorias politicamente representadas a questionar judicialmente as opções de valores feitas pela maioria, por suposto atentado aos valores substantivos da democracia ou da sociedade. A proteção ou compensação da minoria se limitaria a assegurar-lhe direitos de igual participação, de correção procedimental e não de prevalência de suas opções valorativas. Mas há quem leve a legitimidade de controle judicial até esses domínios. A democracia, para eles, não seria apenas o regime da maioria, mas também o respeito e proteção dos grupos sociais minoritários, tanto daqueles que se apresentassem, como admitia *Ely*, numericamente menos expressivos, quanto daqueles, sob a discórdia do professor de Stanford, que não tivessem chances efetivas de acessar cargos políticos, alcançando, em qualquer de seus sentidos, os que compusessem os corpos legislativos na mesma condição de minoria.

Em diversas situações, ficam evidentes os benefícios que gozam as minorias políticas pela intervenção do juiz constitucional. Do ponto de vista formal, elas tendem a ser tratadas como iguais e possuem iguais oportunidades de debater e defender suas teses e interesses, com maior probabilidade de êxito, em face dos grupos majoritários e do processo legislativo.[152] Os juízes, nesse sentido, estariam muito mais capacitados "a escutar as vozes dos excluídos" e, com isso, a assegurar a presença "das vozes até agora ausentes dos distin-

---

[152] SHAPIRO. *Freedom of Speech*, p. 34 et seq.

tos grupos sociais emergentes".[153] Além do mais, o comportamento da maioria parlamentar tenderia a se pautar pela orientação traçada pelo juiz constitucional; tanto assim que se se exceder em sua atuação e sofrer com isso o "desprestígio" de um reconhecimento da ilegitimidade constitucional de seu proceder, sentir-se-á forçada a recuar embora não se possa negar, por outro lado, que se os seus atos forem confirmados por uma decisão judicial, sua posição estará mais consolidada, restando à minoria, enfim, resignar-se.[154]

Ainda há de se acrescentar, muito além da precariedade de um regime parlamentar, acima discutido, embora dela também produto, a possibilidade de correção dos excessos outros, cometidos pelo legislador. Deve-se perceber que essa intervenção se projeta muito além do umbral de uma fiscalização do procedimento, pois se detém sobre o produto do trabalho legislativo e sobre a revisão da opção valorativa realizada. Sob um tal ângulo, o grau de intervenção será tanto maior quanto menor for o crédito no processo democrático, que tem na formação das leis um desdobramento importante, a permitir a valoração da oportunidade e conveniência da atuação legislativa, avançando sobre domínios muito mais complexos, tanto como instrumento de tutela de uma autonomia pessoal indevassável às investidas de "leis perfeccionistas", destinadas a impor ideais da boa vida ou da virtude pessoal; quanto como proteção da "continuidade de uma prática constitucional moralmente aceitável",[155] que, em qualquer das duas hipóteses, dará *auctoritas* às cortes na ampliação do ato fundacional ao lembrar ao povo de suas origens, informando a compreensão de autogoverno sob o império da lei.[156] Pode, contudo, ser reduzido a um mero juízo de imparcialidade da decisão legislativa tomada, concebido simplesmente como uma verificação da exigência de tratamento igualitário ou de uma igual consideração de todos, que, embora recusando uma interpretação construtiva orientada por princípios aos moldes de *Dworkin*, termina *Ely* reconhecendo como necessária nos seus apelos à igualdade nos procedimentos democráticos.[157] Seja sob a fórmula

---

[153] MICHELMAN. *Law's Republic*, p. 1524 et seq.

[154] BICKEL. *The Least Dangerous Branch*, p. 31.

[155] NINO. *Los Fundamentos del Control Judicial de Constitucionalidad*, p. 128 et seq., 131 et seq.

[156] MICHELMAN. *Law's Republic*, p. 1.508.

[157] HABERMAS. *Fatti e Norme*, p. 315; GARGARELLA. *La Justicia Frente al Gobierno*, p. 157-158.

ativista de uma revisão ampla, seja sob uma aferição de imparcialidade, a doutrina de controle da constitucionalidade material serve, ao menos, para denunciar o reducionismo da concepção procedimentalista do tipo da de *John Hart Ely*. A afirmação de uma "orientação antitruste" para a tarefa judicial, destinada exclusivamente para assegurar as condições de competição política é insuficiente, pois se assenta numa idéia de democracia como barreira das imperfeições humanas ou como forma de evitar os abusos de uns grupos em relação a outros.[158] Considera ainda, de forma equivocada, que as preferências dos vários atores, anônimos ou não, lançadas na "roda viva" do processo político, estão fora do sistema político e, portanto, isentas – ou arbitrariamente isentas – de uma discussão sobre a sua veracidade e correção no espaço de uma discussão pública.[159] Ainda que não se possa afastar totalmente a possibilidade de um "individualismo epistêmico", na base do qual se situa a reflexão individual como forma exclusiva de "conhecimento dos princípios válidos da moralidade social", havendo de lhe reconhecer o papel complementar de uma interação comunicativa socialmente ampliada,[160] a submissão dos pontos de vista formulados a partir da reflexão solitária ao discurso com potencialmente todos os interlocutores sociais passa a ser exigência inafastável para uma pretensão universalizante, não podendo ser, assim, exógena ao processo democrático como pressupõe *Ely*.

Por outro lado, não pode, como já assinalamos, fazer-se do tribunal um outro palanque para a revanche de uma luta política perdida para a maioria no Parlamento. O acerto do presente argumento está no relevo de uma instância que, de certo modo, monitora o processo político, podendo, entre uma e outra consulta ao eleitorado, intervir sempre que a ala majoritária desrespeitar os direitos e prerrogativas da minorias. "Se existe um forte poder judicial", escreve *Wolfe*, "será natural que os 'perdedores' no processo político ordinário (vale dizer, a legislatura) intentem buscar a simpatia do ramo judicial".[161] Jamais, contudo, sub-rogar-se, *per se*, nos interesses e razões da minoria derrotada.

Mas há quem justifique a existência de uma jurisdição constitucional para além da garantia das regras do jogo democrático e

---

[158] SUNSTEIN. *The Partial Constitution*, p. 144.

[159] GARGARELLA. *La Justicia Frente al Gobierno*, p. 156-157; *La Revision Judicial y la Dificil Relacion Democracia-Derechos*, p. 198.

[160] NINO. *Los Fundamentos del Control Judicial de Constitucionalidad*, p. 117 et seq.

[161] WOLFE. *La Transformación de la Interpretación Constitucional*, p. 25.

dos direitos políticos, vendo-a como indispensável à proteção dos direitos fundamentais.

## § 6. AS DECLARAÇÕES DE DIREITO E A NECESSIDADE DE SALVAGUARDA DOS DIREITOS FUNDAMENTAIS

A crescente adoção das declarações de direito e o vertiginoso ganho de seu conteúdo criaram, sobre as jurisdições de quase todo o mundo, uma extraordinária demanda de proteção. Sem falar dos Estados Unidos, que possuem desde 1791 um conjunto de emendas constitutivas do *bill of rights* com valor de direito positivo e de remarcada influência na e da jurisprudência da Suprema Corte, bem como de vários países da *civil law* que, em maior ou menor escala, também vêem o Judiciário como uma instância de promoção e defesa dos direitos fundamentais, alguns países da *Common Law*, mais acostumados com a posição soberana do legislador, passaram a admitir que os juízes realizassem relativo controle sobre os atos legislativos em face de tais direitos. A declaração canadense de direitos de 1960, por exemplo, embora não possua valor constitucional, não pode ser violada por lei ordinária, a menos que o Parlamento expressamente se manifeste nesse sentido; foi como decidiu, em 1969, a Corte Suprema daquele país em *The Queen* v. *Drybones*. Na Austrália, certos direitos fundamentais estão incorporados no texto da Constituição e têm sido aplicados pelos juízes contra os legisladores inclusive. Assim também na Irlanda, embora com uma particularidade: desde 1937, a Constituição criou um sistema de controle de constitucionalidade das leis, inicialmente restrito à Alta Corte e à Suprema Corte irlandesa. Após *Ryan* v. *Attorney General*, esse poder foi reconhecido a todos os tribunais. E mesmo no Reino Unido, houve ensaios dessa tendência, com a sua adesão à Convenção européia dos direitos do homem.[162] O que têm de especial esses direitos para justificar tamanha expansão?

Desde a sua veia jusnaturalista e até em formulações positivistas, passou-se a considerar a proteção de certos direitos ditos "inalienáveis" ou "fundamentais" como índice de legitimidade do sistema constitucional, embora fosse denunciada sempre a imprecisão de seu conceito ou a manifestação de sua fundamentalidade. Na verdade, as con-

---

[162] HEUSTON. *Personal Rights under the Irish Constitution*, p. 205 et seq.; CAPPELLETTI. *Necesidad y Legitimidad de la Justicia Constitucional*, p. 615.

cepções teórico-práticas desses direitos se encontram marcadas pela ideologia ou corrente filosófica a que se filia o pensador, podendo-se, indicativamente, falar de uma linha kantiana, de *Rawls*[163] e *Dworkin*,[164] com os seus "direitos básicos" de igual consideração e respeito"; ao lado de uma linha lockeana, de *Nozick*,[165] e, de certa forma, *Epstein*,[166] com a redução da lista de direitos ao direito de propriedade; entremeadas com outra socialista ou materialista de *Fiss*[167] e *Chopper*,[168] que realça os direitos de grupos desfavorecidos.[169] Essa variedade de concepções se projeta também nas justificativas apresentadas para a realização ou "otimização" desses direitos por atuação do juiz constitucional. Sob uma perspectiva liberal, por exemplo, tais direitos devem ser protegidos como forma de impedir que argumentos de *policy*, de políticas públicas, de "razão do Estado" ou de interesse coletivo se sobreponham à esfera de autonomia dos indivíduos: os direitos individuais, como "cartas de trunfo", devem se protegidos mesmo às custas do interesse geral.[170] Uma leitura jusnaturalista, diria, mais aristotélica, em *Perry*, remete-nos à idéia de direitos que promanam de uma objetividade suprapositiva, quer dizer, de existência independente "do que a maioria [do povo] (...) acredita [ou reconhece], seja no curto prazo, seja no longo prazo", fazendo imperiosa a atuação firme da Corte em sua revelação e afirmação, mesmo em face de decisões parlamentares. Apenas assim se poderiam conciliar as exigências de um compromisso social democrático, fundado no controle do eleitorado sobre as decisões políticas de seus representantes, com a "compreensão religiosa" da comunidade, a desafiar incessantemente a visão prospectiva e superadora das "imperfeições da moral convencional prevalecente": a Corte deve avaliar as escolhas políticas sob o prisma da moral política,

---

[163] RAWLS. *Teoría de la Justicia*, p. 82.

[164] DWORKIN. *Taking Rights Seriously*, p. 131 et seq.

[165] NOZICK. *Anarchy, State and Utopia*, p. 11 et seq.

[166] EPSTEIN. *Takings*: Private Property and the Power of Eminent Domain, 1985.

[167] FISS. *The supreme court*. 1978 Term, p. 1 et seq.; *A Community of Equals*: the Constitutional Protection of New Americans, 1999.

[168] CHOPPER. *Judicial Review in the National Political Process*: a Functional Reconsideration of the Role of the Supreme Court, 1980.

[169] No primeiro sentido: ACKERMAN. *We the People*: Foundation, p. 11.

[170] DWORKIN. *Taking Rights Seriously*, p. 146.

aceitando-as ou rejeitando-as, se houver o atendimento, ou não, das exigências "religiosas" dos direitos humanos.[171]

Essa compreensão dos direitos é apresentada por alguns como um "fundamentalismo equivocado": os direitos não devem ser protegidos por serem resultado de brilhantes reflexões de um filósofo ou juiz, ou por serem apenas "cartas de trunfo", asseguradas pelo Judiciário contra decisões legislativas da maioria, mas porque são a expressão de uma vontade popular de nível superior e, portanto, expressão maior da democracia. Nesse sentido, os direitos não seriam, em si, valores supremos ou substantivos, mas técnicas instrumentais de abertura do sistema constitucional ao tempo e aos valores pluralistas.[172] Mas a quem caberia modular essa abertura? Pelo menos três respostas podem ser dadas: apenas ao juiz constitucional, ao legislador apenas ou a ambos. É difícil a defesa da exclusividade do juiz constitucional na atividade de promoção dos direitos fundamentais, embora não faltem teses que falam do seu melhor preparo ou da sua posição privilegiada para exercer essa tarefa, tema que será tratado mais adiante. *Mathieu* se dá conta de que há um sistema de direitos fundamentais formado por demandas e movimentos supraconstitucionais, que se projetam por meio dos princípios constitucionais abertos, traduzidos e protegidos pelo juiz constitucional contra as interpretações constitucionais do legislador parlamentar.[173] Para muitos autores, a função seria comum a todos os atores constitucionais, embora se encontrem variações de acordo com a resposta que se dê à pergunta: pode o juiz constitucional revelar direitos não escritos? Se, para uns, o sim não se revela tão problemático;[174] para outros, a definição de direitos básicos não expressos estaria a cargo do legislador e não do juiz.[175] E há quem recuse a ligação necessária entre proteção dos direitos e Judiciário. Para *Theodore Becker*, por exemplo, países como Inglaterra e Suíça dão con-

---

[171] PERRY. *Noninterpretive Review in Human Rights Cases:* a Functional Justification, p. 21-22.

[172] HÄBERLE. *Verfassungs als öffentlicher Process*. Materialen zu einer Verfassungstheorie der offenen Gesellschaft, p. 93 et seq.; FISHER. *Constitutional Dialogues*: Interpretation as a Political Process, p. 10 et seq.

[173] MATHIEU. *Reflexões sobre o Papel dos Direitos Fundamentais na Ordem Jurídica Constitucional*, p. 25.

[174] Cf. PANTHOREAU. *La Reconnaissance des Droits Non-Écrits par les Cours Constitutionnelles Italienne et Fançais*. Essai sur le pouvoir créateur du juge constitutionnel, 1994; ROSSINELLI. *Les Libertés non Écrits*. Contribution à l'Étude du Pouvoir Créateur du Juge Constitutionnel, 1987.

[175] GREY. *Do We Have an Unwritten Constitution?*, p. 707.

ta de que "uma cultura pode simultaneamente prescindir do controle judicial e assegurar a seus cidadãos uma importante quota de liberdade individual".[176] Assim também, *Peter Häberle* indaga se o ativismo judicial em matéria de direitos fundamentais não traria como conseqüência certo descuido da "cultura democrática de debate" (*Streitkultur*), indispensável à arena política, inclusive o descuido, por parte do legislador, da própria missão de configuração legislativa desses direitos.[177]

Será mais difícil, sem dúvida, definir um papel ativo da jurisdição constitucional na revelação de direitos não escritos do que na proteção dos direitos expressamente declarados. Mas será que ambas as funções não podem ser justificadas pela privilegiada posição do juiz constitucional?

## § 7. A POSIÇÃO PRIVILEGIADA DO JUIZ: DA IMPARCIALIDADE À SABEDORIA

O distanciamento do juiz das causas políticas, do choque de opiniões, das tendências das facções dão-lhe os atributos necessários para a defesa imparcial das normas constitucionais. Esse era o pensamento de dois grandes teóricos políticos norte-americanos, *Madison* e *Hamilton*.

Ficava patente para *Madison* que um estatuto que conduzisse ao afastamento dos juízes das paixões populares, cultivaria um senso de responsabilidade e a virtude do bom exercício da defesa constitucional: "[os juízes], pela forma como são nomeados, assim como pela natureza e permanência nos cargos, estão muito distantes do povo para compartilhar as suas simpatias".[178] Parecia claro também que nem à minoria nem à maioria poderia ser confiada a missão de definir a liberdade uma da outra, restando o recurso à Suprema Corte a quem caberia desenvolver uma teoria de arbitragem, constitucionalmente fundada. De modo mais expresso, *Hamilton* ressaltava a independência judicial como "necessária para proteger a Constituição e os direitos individuais dos maus humores que as artes do homens calculistas ou a influência de conjunturas especiais disseminam entre o povo...".[179] A "integridade e a moderação do Judiciário" le-

---

[176] BECKER. *Comparative Judicial Politics*, p. 226.
[177] HÄBERLE. *La Jurisprudencia Constitucional de los Derechos Fundamentales*, p. 340-341.
[178] MADISON. *The Federalist Papers n. 49*, p. 316.
[179] HAMILTON. *The Federalist Papers n. 78*, p. 469.

variam a uma defesa mais efetiva contra as leis que violassem direitos, contra as leis injustas e parciais: "Aqui também a firmeza da magistratura judicial é de suma importância para mitigar a severidade e limitar a aplicação de tais leis".[180] Seria racional supor que as cortes fossem concebidas como um "corpo intermediário entre o povo e a legislatura, com vista a, dentre outras coisas, manter esta última dentro dos limites assinalados para a sua autoridade".[181]

Pela natureza de suas funções e pelo fato de o Judiciário não dispor de força para executar os seus comandos ("neither FORCE nor WILL"), seria "sempre o menos perigoso para os direitos políticos [assegurados] pela Constituição".[182] A tarefa judicial, por outro lado, impunha o exercício de controle de constitucionalidade das leis:

> "A interpretação das leis é competência própria e peculiar das cortes. Uma Constituição é, com efeito, e deve ser considerada pelos juízes, uma lei fundamental, pertencendo a eles, portanto, precisar o seu significado tanto quanto o significado de qualquer ato particular advindo do corpo legislativo. Se acontecer de haver um desacordo inconciliável entre eles, aquele que tiver validade e obrigação superior deve, por óbvio, ser preferido; ou, em outras palavras, a Constituição deve ser preferida à lei, a intenção do povo à intenção de seus agentes."[183]

*Hamilton* procurava afastar o argumento de que essa compreensão pressupunha a superioridade do Judiciário sobre o Legislativo, contramajoritariamente: "[ela] pressupõe apenas que o poder do povo é superior a ambos [Legislativo e Judiciário];" ou que os juízes devem ser governados pela Constituição antes que pelas leis, que "devem regular suas decisões pelas leis fundamentais antes do que por aquelas que não são fundamentais". E essa construção não derivava de nenhuma lei positiva, apenas "da natureza e razão das coisas".[184]

Também para o *Ruy Barbosa*, apoiado em *Pomeroy*, o Judiciário seria a fonte indispensável de garantia da Constituição, por permitir, feito árbitro, que os conflitos de competência dos outros poderes não se reproduzissem amiúde e, quando ocorrentes, fossem resolvidos pacificamente:

---

[180] Ibidem, p. 470.
[181] Ibidem, p. 467.
[182] Ibidem, p. 464.
[183] Ibidem, p. 467.
[184] Ibidem, p. 468.

"O papel dessa autoridade é de suprema vantagem para a ordem constitucional, impossível, neste regimen, desde que um poder estranho aos interesses políticos e ás suas influencias dissolventes não constitua o laço de mediação e harmonia jurídica entre as forças que se defrontam no systema, amparando, ao mesmo tempo, com a sua soberania moral o direito, no indivíduo, na União e nos estados, em seus frequentes conflictos."[185]

Mais recentemente, *Alexander Bickel* voltou a falar que os juízes têm ou devem ter o tempo, o treinamento e o isolamento necessários, bem assim a cultura própria e o costume institucional para perseguir mais objetivamente o interesse público: "seu isolamento e o maravilhoso mistério do tempo dão às cortes a capacidade de apelar para a melhor natureza dos homens, para extrair suas aspirações...". Como bastião da moralidade e integridade, da "voz da razão", terminam tendo o papel decisivo de uma instituição de educação para o povo, para o legislador e administradores, para os próprios juízes. A função quase mística dá-lhes, em especial à Suprema Corte, a tarefa indeclinável de "concretizar o símbolo da Constituição", vale dizer, da "nacionalidade, da continuidade, da unidade e do objetivo comum".[186]

Para *Dworkin*, também aos juízes é reservado um papel de fundamental importância para a comunidade. Mas para compreendermos melhor suas afirmações, é preciso indicar o significado de "integridade" de que o consagrado autor fala. Para ele, a integridade seria um pré-requisito da civilização e se expressaria num coerente corpo de princípios que vincularia "agentes morais" e que permitiria a cada um reconhecer nos atos dos outros uma concepção de lealdade ou justiça ou decência, mesmo quando não estivesse de acordo com as suas próprias concepções. Essa demanda de integridade conteria dois princípios práticos: um, denominado de "princípio da integridade da legislação", a exigir do legislador o respeito àquela coerência de conjunto, especialmente aos direitos básicos, morais e políticos, dos indivíduos e ao requerimento de "igual respeito e consideração"; outro, "princípio da integridade da adjudicação", também a requerer do juiz uma decisão que parta daquela coerência, daquele sentido de justiça e igual consideração para reforçá-los

---

[185] BARBOSA. *Commentarios à Constituição Federal Brasileira*, IV, p. 405-406.
[186] BICKEL. *The least dangerous branch*, p. 25-27, 31.

ao final,[187] após uma operação complexa e difícil: "o Direito como integridade (...) requer que um juiz teste a sua interpretação em cada uma parte da imensa rede das decisões e estruturas políticas de sua comunidade, indagando se ela forma parte de uma teoria coerente que justifique aquela rede como um todo". Por essa razão é que ele imagina "um juiz hercúleo com talentos super-humanos e sem limitação de tempo".[188] Embora seja esse um modelo de aproximação, lança para o juiz uma tarefa de extrema delicadeza e o coloca no centro de gravidade daquela rede como uma espécie de filtro ou de oráculo de sua moralidade ou coerência; ainda mais se se tratar de uma questão de natureza constitucional e se, então, subir ao Olimpo da Suprema Corte. Hércules continuará a usar o mesmo procedimento descrito, mas com especial particularidade: a Constituição é o fundamento de outras leis, de modo que a interpretação que Hércules lhe der será igualmente fundamental e tanto mais quanto revisar a atividade legislativa: "quando ele intervém no processo de governo para declarar alguma norma ou ato de governo inconstitucional, ele o faz em um julgamento consciente sobre o que a democracia realmente é e sobre o que a Constituição, mãe e guardiã da democracia, realmente significa".[189] A posição privilegiada do juiz de distanciamento dos interesses políticos concretos e o amparo de uma tradição institucional fornecem as bases da confiança no sucesso de um tal Hércules.[190]

Ao menos no que tange aos dois primeiros autores, podemos, com *Freeman*, identificar naquelas posições um certo tributo ao pensamento elitista que, desde *Platão*, passando por *Locke* e *Burke*, sempre desconfiou da capacidade do povo para escolher o próprio destino. Apenas uma camada ou estrato de sábios, de filósofos para *Platão*, teria pleno discernimento para gerir o destino da coletividade. Assim como parecia para *Locke* que as "verdades primeiras" escapavam da percepção da maioria ou, como em *Burke*, a razão lhes fugisse por inteiro,[191] para *Hamilton* e para *Madison* não

---

[187] DWORKIN. *Law's Empire*, p. 166-167, 219, 221.

[188] Ibidem, p. 245.

[189] Ibidem, p. 399.

[190] A idéia de um juiz árbitro também aparece em ELY. *Democracy and Distrust*, p. 103.

[191] No geral: FREEMAN. *Burke and the Critique of Political Radicalism*, p. 124.

seria o povo capaz de identificar os reais interesses da Nação, tendendo a maioria, bem ao contrário, a se deixar levar pelas "opiniões, sentimentos e interesses" que a desviariam da rota,[192] de modo que quanto mais numerosa fosse a assembléia, mais a paixão sobrepujaria a razão[193] e mais facciosa se tornaria.[194] Certamente se impunha uma proteção da minoria como reclame democrático e um sistema de freios e contrapesos parecia ser a fórmula mais bem bolada para dar conta dessa exigência. É preciso notar que, para os dois, a minoria era identificada com aqueles "ricos e bem nascidos", e que, portanto, o equilíbrio entre as "porções" contra o risco de "opressões mútuas" se deveria dar como uma reconciliação entre "os direitos das pessoas e os direitos de propriedade".[195] Nessa reconciliação, eleições indiretas e distritos eleitorais bastante amplos, aliados a requisitos de idade e uma quantidade mínima de recursos pareciam reservar à Presidência a representação daquela fração minoritária, assim como um corpo de fiéis funcionários públicos, distanciados do calor das ruas e dotados de um virtuosismo implacável, completavam o seu quadro institucional.

Críticas a tal entendimento elitista e antidemocrático se somam à desconfiança em relação ao juiz, com raízes nos processos revolucionários da Era Moderna. Para *Robespierre*, "se os magistrados pudessem substituir a lei pela sua própria vontade, converter-se-iam em legisladores". Fazia-se necessário, então, estabelecer uma vigilância legislativa que mantivesse os tribunais dentro dos princípios da legislação. Nem diferente era a opinião de um constituinte francês de 1789, Deputado *Bergasse*: "o Poder Judiciário estará (...) mal organizado se o juiz gozar do privilégio perigoso de interpretar a lei ou de acrescentar algo a suas disposições."[196] Para *Thomas Jefferson*, o Poder Judiciário não passaria de um poder anti-republicano e de "um bando de escavadores (*sappers*) permanentemente trabalhando para socavar os direitos independentes dos Estados", moldando a Constituição como se fosse um

---

[192] HAMILTON. *The Federalist Papers n. 76*, p. 454 et seq., 456.

[193] MADISON. *The Federalist Papers n. 58*, p. 356 et seq., 360.

[194] Idem. *The Federalist Papers n. 10*, p. 77-78.

[195] FARRAND. *The Records of Federal Convention of 1787*, I, p. 288, 299; GARGARELLA. *La Justicia Frente al Gobierno*, p. 36; DAHL. *A Preface to Democratic Theory*, p. 31; REGAN, JR. *Community and Justice in Constitutional Theory*, p. 1.123 et seq.

[196] Citados por GARGARELLA. *La Justicia Frente al Gobierno*, p. 98-99.

objeto de cera.[197] Em nossas fronteiras, é recorrente a frase de *João Mangabeira* de ter sido o Judiciário, especialmente o Supremo Tribunal Federal, o Poder que mais falhou na República,[198] em grande medida pelo desvio funcional e oportunista de uma "justiça [que] estêve sempre a favor das fôrças dominantes", motivando a "instabilidade política".[199]

Em linhas gerais essas críticas se abatem sobre *Bickel* e *Dworkin*. O juiz super-homem de *Dworkin*, elevado a Hércules no Olimpo, deu ensejo a reparos à sua doutrina, disparados por diversas frentes. *John Hart Ely* vai denunciar a concepção elitista e antidemocrática que tem por detrás dessa teoria, pois o domínio dos princípios conduz ao alargamento do espaço de discricionariedade judicial, permitindo que terminem por prevalecer os valores dos profissionais da classe média alta, a que juízes, advogados e a maioria dos filósofos morais pertencem. "Nossa sociedade não tomou a decisão constitucional de um sufrágio quase universal para (...) serem as decisões populares submetidas a valores dos juristas de primeira classe."[200] Para *Frank Michelman*, em igual sentido, a teoria de *Dworkin* desconhece a idéia de pluralismo e do diálogo:

> "Hércules, o mítico juiz de Dworkin, é um solitário. É demasiado heróico. Suas narrações construtivas são monólogos. Ele não conversa com ninguém, a não ser com os seus livros. Não tem nenhum enfrentamento. Não se encontra com ninguém. Nada o comove. Nenhum interlocutor viola o inevitável isolamento de sua experiência e de sua visão. Hércules é um homem, apesar de tudo. Não é a totalidade da comunidade. Nenhum homem ou mulher pode sê-lo".[201]

A crença numa capacitação especial do juiz, excepcionalmente em *Bickel* e, de maneira arraigada, em *Dworkin* não consegue vencer uma crítica mais profunda sobre a religação entre o trabalho

---

[197] JEFFERSON. *The Writings of Thomas Jefferson*, p. 121-122.

[198] Citado por BOECHAT RODRIGUES. *A História do Supremo Tribunal Federal*, I, p. 5. Não é diferente a posição de JACKSON: "time has proved that [the Court's] judgment was wrong on the most outstanding issues upon which it chose to challenge the popular branches: the struggle for judicial supremacy."

[199] RODRIGUES. *Conciliação e Reforma no Brasil*: um Desafio Histórico-Político, p. 125, 14.

[200] ELY. *Democracy and Distrust*, p. 56 et seq., 59.

[201] MICHELMAN. *The Supreme Court*. Foreword. Traces of self-government, p. 76.

judicial e o princípio democrático que pressupõe um consenso inclusive em torno das premissas do discurso, não somente quando a decisão é tomada por um voto de desempate apenas, mas até se nove, onze, quinze, a unanimidade dos juízes resolvem pensar diferente do Legislativo. Essa "dificuldade contramajoritária" fora reconhecida por *Bickel*,[202] e se não o convencera, não tem sido desconsiderada nem pela direita, nem pela esquerda, em suas versões populistas, jacobinas ou marxistas, lançando do mesmo lado *Jefferson, Washington, Nixon, Reagan, Robespierre, Miterrand, Jospin,* e *Schmitt, Lambert, Vedel, Campos, Berger, Bork* e *Grey*.[203] Nos dois extremos, não se pode esquecer da supremacia do Partido na experiência do socialismo real, que negava a possibilidade de uma "verdadeira jurisdição constitucional";[204] nem da crítica de *Schmitt*, no seu embate com *Kelsen*, à politização dos tribunais, decorrente do reconhecimento de seu poder para controlar a constitucionalidade das leis. Um tal poder transformaria a Constituição em um contrato ou instrumento de compromissos, o suposto processo constitucional em "legislação judicialiforme (*justizförmig*)"[205] e o Tribunal Constitucional, em uma instância legislativa ou numa espécie Câmara Alta, violando-se a constituição política do princípio democrático:

> "Mediante a concentração de todos os litígios constitucionais em um só Tribunal constituído por funcionários profissionais inamovíveis e independentes se criaria uma Segunda Câmara, cujos membros seriam funcionários profissionais. Nenhum formalismo judicial poderia encobrir o fato de que semelhante Tribunal de Justiça Política ou Constitucional viria a ser uma instância política suprema com atribuições

---

[202] BICKEL. *The Least Dangerous Branch*, p. 16 et seq.

[203] JEFFERSON. *The Writings of Thomas Jefferson*, p. 121-122; WASHINGTON. *Writings*, p. 228; LAMBERT. *Le Gouvernement des Juges*. Paris, 1921; DWORKIN. *Taking Rights Seriously*, p. 131 et seq.; GREY. *Do We Have na unwritten Constitution?*, p. 703 et seq.; BORK. *The tempting of America*: the political seduction of the law, p. 1-2; *Neutral Principles and Some First Amendment Problems*, p. 44; BERGER. *Government by Judiciary*, p. 369; TURPIN. *Contentieux Constitutionnel*, p. 24 et seq.; VEDEL. Le Conseil Constitutionnel, Gardien du Droit Positif ou Défenseur de la Transcedance des Droits de l'Homme, p. 149.

[204] GARCÍA DE ENTERRÍA. *La Constitución como Norma y el Tribunal Constitucional*, p. 166-167.

[205] SCHMITT. *La defensa de la Constitución*, p. 88, 121 et seq.; Cf. LEITE SAMPAIO. *Der Hüter der Vergassung*, p. 20 et seq.

para formular preceitos constitucionais. Isso significaria algo apenas inimaginável desde o ponto de vista democrático: trasladar tais funções à aristocracia de toga."[206]

Nessa mesma linha, aparece, entre nós, o pensamento de *Francisco Campos*, direcionado a combater o elitismo e a tendência de preservação do *status quo*, patrocinados pelo controle jurisdicional de constitucionalidade. Ao grande arquiteto jurídico do Estado Novo, esse controle nascia de uma "ideologia conservadora" com a finalidade exclusiva de "proteção dos interêsses criados ou da ordem de coisas estabelecida contra as veleidades de iniciativa dos poderes representativos". Seria, portanto, um artifício, por meio do qual "a política de uma democracia, a qual, como tôda política democrática, é eminentemente ativa e dinâmica, era transferida dos órgãos de delegação popular para um cenáculo de notáveis (...) impermeável às mudanças operadas no sentimento público ou na concepção da vida dos seus contemporâneos"; fazendo uso de um controle "tanto mais obscuro quanto insusceptível de inteligibilidade pública, mercê da aparelhagem técnica e dialética que o torna inaccessível à compreensão comum".[207]

Alguns doutrinadores duvidam até mesmo da tão propalada posição e capacitação privilegiadas dos juízes, que sustenta o Hércules dworkiano. Bem ao contrário, falam de um despreparo judicial, por exemplo, para enfrentar questões de natureza técnica, cuja complexidade escapa ao entendimento de profissionais do Direito, exigindo, portanto, a presença de especialistas e de informações que apenas o legislador ou a burocracia poderiam dispor mais adequadamente nos seus processos decisórios. Não bastasse isso, suspeitam das "virtudes judiciais", decorrentes de sua formação e independência: "não há razões convincentes para acreditar que os juízes são melhores em deliberação moral e política do que são os membros de outros ramos de governo", escreve *Cass Sunstein*.[208] Para o *Justice Brennan*, na linha do pensamento de *Blackstone*,[209] "juízes não são guardiões

---

[206] SCHMITT. *La Defensa de la Constitución*, p. 245.
[207] CAMPOS. *Direito Constitucional*, p. 357-358.
[208] SUNSTEIN. *Legal Reasoning and Political Conflict*, p. 177.
[209] BLACKSTONE. *Commentaries on the Laws of England*, I, p. 269.

platônicos nomeados para exercer a sua competência de acordo com as predileções morais próprias";[210] nem "são oráculos, indiferentes às paixões de seu tempo".[211] Por essa razão é que não se pode esperar nada de previsível na construção jurisprudencial, senão "retórica, sentimento, raiva ou preconceito".[212] Quanto à possibilidade de uma afirmação judicial de valores fundamentais da comunidade, lembremos, não passaria da imposição ou tradução dos valores de uma determinada classe social, especialmente, da classe média branca, ao restante da sociedade.[213]

Mesmo alguns ativistas, como *Owen Fiss*, pelo menos no ponto, concordam com a corrente minimalista ou contrária à jurisdição constitucional, de que "a substituição do sentido individual de justiça (...) poderia pôr fim ao Estado de Direito (*rule of law*)".[214] Não faltam críticas ainda à mitologia do constitucionalismo ou à sua contaminação teológica, dizendo-se, por exemplo, que, nos Estados Unidos, a Constituição é considerada um texto inspirado por Deus, que os "pais fundadores" são os santos e os juízes da Suprema Corte são os sarcedotes que cuidam do culto ao texto sagrado no *Marbel Palace*, extraindo daquele texto pouco menos que a infalibilidade.[215]

*Sunstein* recorre a um dos motivos que levou *Hamilton* a falar em "ramo menos perigoso do governo", para denunciar a falta de efetividade das decisões judiciais, sobretudo em reformas sociais. Analisando a política de integração racial da Suprema Corte dos Estados Unidos, vai afirmar que essa integração só começou "depois de os ramos democráticos – Congresso e o Presidente – se terem envolvido. Talvez o envolvimento dos ramos democráticos tenha sido resultado

---

[210] Citado por BERGER. *Government by Judiciary*, p. 384.

[211] Ibidem.

[212] BICKEL. *The Supreme Court and the Idea of Progress*, p. 87.

[213] REGAN, JR. *Community and Justice in Constitutional Theory*, p. 1.130; ELY. *Democracy and Distrust*, p. 56. Para *Derschowitz*, a Suprema Corte norte-americana era composta por nove homens "who are generally mediocre lawyers, often former politicians (...) almost always selected on the basis of political considerations": *Book Review*, p. 9. Por essa razão *Posner* afirma que "few judge, in our history are thought to have performed with distinction": *The Federal Courts*: Crisis and Reform, p. 42.

[214] CARDOZO. *The Nature of the Judicial Process*, p. 136; FISS. *The Supreme Court*, 1978 Term-Foreword, p. 12-13.

[215] MILLER. *The Supreme Court*: Myth and Reality, p. 14 et seq.

[das decisões da Corte], embora haja pouca evidência disso".[216] Essa assunção, para ele, empírica conduz a uma generalização:

> "Mesmo quando os juízes reconhecem direitos que mereciam ser reconhecidos, e mesmo quando os juízes dispõem que tais direitos devem ser protegidos, a sociedade pode se postar de maneira firme ou rebelde, não podendo, assim, os direitos vir a ser fruídos no mundo real."[217]

Parecem aí residir dois contrapontos, ao menos, para o caráter antidemocrático da jurisdição constitucional: a possibilidade de ser modificada em competência e em número de membros da Corte, por meio de emendas à Constituição, de um lado, e a sua atuação responsável e auto contida, de outro. Nesse sentido é que *McCloskey* analisa a atividade da Suprema Corte norte-americana: "o Estados Unidos têm duas soberanias, mas esse arranjo grotesco tem sido mantido apenas porque cada um dos parceiros tem sabido o significado da *self-restraint*".[218] Do ponto de vista da Corte, isso significaria a adoção de um modelo puramente interpretativista.[219]

Um outro argumento favorável ao papel da jurisdição constitucional pode ser formulado a partir da fundamentação discursiva das sentenças proferidas pelos tribunais.

## § 8. A ARGUMENTAÇÃO COMO LEGITIMIDADE

Embora careça de base eleitoral, o juiz constitucional goza de uma legitimidade obtida de sua própria *práxis decisional*. Podemos obter, assim, uma legitimidade pelo resultado, tanto ligada ao processo argumentativo e à promoção ou ao reforço do consenso, quanto às conseqüências sociais da decisão. Falamos, no primeiro caso, da força simbólica ou de integração, de solidificação do pacto social; enquanto, no segundo, imaginamos o efeito material que ela provoca. Cuidaremos neste tópico apenas daquele primeiro caso, deixando para o seguinte o exame do outro.

Podemos distinguir, sob o ângulo da legitimidade pelo consenso, uma teoria forte e outra fraca, conforme seja, respectivamente, forte

---

[216] SUNSTEIN. *Legal Reasoning and Political Conflict*, p. 176.
[217] Contra BLACK JR. *The Building Work of Judicial Review*, p. 11.
[218] McCLOSKEY. *The American Supreme Court*, p. 14.
[219] GREY. *Do We Have an Unwritten Constitution?*, p.705.

ou fraca a compreensão que dispensamos à palavra consenso. Uma teoria fraca se conforma com os dados estatísticos que indiquem uma aceitação social do resultado da Corte. A questão se resume portanto a um escrutínio que revele a *vontade concreta* da comunidade ou a coincidência entre os valores assegurados pela decisão e aqueles que, de fato, sejam considerados como relevantes para uma dada sociedade em um determinado tempo. Uma teoria forte não se limita a quantificar o acordo, ambicionando a formação de um consenso amplo, de fundo, sobre os pontos discutidos, que envolve um processo decisório "socialmente orientado" e um dispositivo discursivamente fudamentado, que passam por uma dupla exigência de argumentação:

• *internamente*: de coerência discursiva, guardando pertinência com o direito vigente, de modo a reforçar a *certeza* do Direito; e

• *externamente*: de se apresentar racionalmente apta à aceitabilidade dos co-associados, sobretudo se passar em um teste de transcendência do caso concreto.[220]

Na realização dos exigentes pressupostos enunciados, o juiz constitucional deve estar em sintonia com a opinião pública política, não no sentido de uma empírica coincidência, mas de interrelação constante que permita a construção de um consenso informado. Não é por mero acaso que os juízes constitucionais publicam o teor de suas decisões, inclusive as motivações que levaram à convicção firmada, de forma muito mais constante e transparente do que o fazem Executivo e Legislativo, sujeitando-se, de certa forma, ao controle da opinião pública e buscando também ali a base de sua legitimidade.[221]

*Habermas*, no plano de uma interpretação discursiva, insiste "no fato de que a formação democrática da vontade não tira preliminarmente força legitimante da convergência harmônica de convicções éticas herdadas". Antes, estaria firmada, para ele, nos pressupostos

---

[220] "Il problema della razionalità giurisdizionale dipende dunque da come l'applicazione d'un diritto contingentemente formatosi possa essere internamente intrapresa in maniera compatibile ed esternamente motivata in maniera razionale, sì da garantire simultaneamente *certezza giuridica* e *giustezza*." HABERMAS. *Fatti e Norme*, p. 237.

[221] MITCHELL. *Law, Democracy and Political Institutions*, p. 361-362, citado por CAPPELLETTI. *Necesidad y Legitimidad de la Justicia Constitucional*, p. 625; COX. *The Warren Court*. Constitutional decision as an instrument of reform, p. 21-22; ROUSSEAU. *Droit du Contentieux Constitutionnel*, p. 418.

comunicativos e procedimentais que permitiriam o ingresso, nos processos deliberativos, dos melhores argumentos, não reservando aos modos da política deliberativa apenas a um estado de exceção.

> "[A] Corte constitucional não precisa 'superar' o seu crédito de legitimidade. Nem deve mais ultrapassar a normal competência de aplicação jurídica claramente definida sob o plano da lógica da argumentação, uma vez que o processo democrático que deve zelar não seja descrito como uma situação de emergência."[222]

É nessa linha que se aplaude o esforço de alguns tribunais constitucionais no sentido de estimular o debate público sobre questões, importantes ou rotineiras, que são submetidas à sua apreciação. Assim, o Tribunal Constitucional Federal alemão criou "as jornadas do Tribunal", durante as quais vários assuntos são publicamente discutidos ou mais precisamente informados à população.[223]

Além desse apelo um tanto popular, o Tribunal alemão prevê, no curso do processo constitucional, a possibilidade de oitivas de diversas personalidades políticas e técnicas antes de serem tomadas certas decisões, numa nítida preocupação não apenas com o acerto das deliberações, mas sobretudo com uma afinidade maior com a opinião jurídica e política reinante sobre o tema, reduzindo os riscos de ruptura ou desprestígio.[224]

Essa preocupação da Corte, em certa medida, atende a um dos reclames de muitos teoréticos que vêem na sensibilidade dos juízes aos clamores populares e à influência da opinião pública política,[225] de modo a estabelecer um diálogo em torno da Constituição e fomentar uma "sociedade aberta de intérpretes da Constituição",[226] a fonte necessária de legitimidade que lhe faltava.

---

[222] HABERMAS. *Fatti e Norme*, p. 332.
[223] SCHLAICH. *El Tribunal Constitucional Alemán*, p. 190-191.
[224] Ibidem, p. 190.
[225] HABERMAS. *Fatti e Norme*, p. 266 et seq.
[226] HÄBERLE. *Die Offene Gesellschaft der Verfassungsinterpreten*, p. 79 et seq. LEVINSON. *The Audience for Constitutional Meta-Theory (or, Why, and to Whom, do I Write the Things I do?)*, p. 406-407; cf. PERRY. *The Constitution in the Courts*: Law or Politics?, p. 201. Cf. a perspectiva discursivo-procedimentalista em OLIVEIRA. *Devido Processo Legislativo*: uma Justificação Democrática do Controle Jurisdicional de Constitucionalidade das Leis e do Processo Legislativo, p. 69 et seq.; 87 et seq.

Há, por fim, de se registrarem as duras críticas daqueles que vêem no modelo argumentativo um recurso puramente à retórica, como forma de ocultar a prevalência de um especialista judicante, posto em um altar de moderador dos poderes constitucionais, com todas as idiossincrasias e valores pessoais sublimados em um discurso pretensamente legítimo.[227]

Se a simples argumentação parece ser insuficiente para justificar a atuação dos tribunais da jurisdição constitucional, alguns autores recorrem ao resultado prático e social dessa atuação.

## § 9. A LEGITIMIDADE EXTRAÍDA DO *STATUS QUO* E DOS EFEITOS PRODUZIDOS: DO PRAGMATISMO AO PATERNALISMO JUDICIAL

Há uma justificativa da jurisdição constitucional extraída da sua prática na dinâmica constitucional, sem preocupação em fornecer uma total e acabada teoria da adjudicação. Parte-se da observação da atuação das cortes para concluir no sentido de que a jurisdição constitucional se justifica porque tem dado certo ou porque tem contribuído para aperfeiçoamento das instâncias sociais, dos processos de integração e de consenso políticos e sociais ou porque tem permitido, acima das brigas, das tendências ou dos conchavos políticos, uma atualização dos valores fundamentais da comunidade.[228]

Para *Michael Perry*, por exemplo, as cortes, na jurisdição constitucional, representam a comunidade política ao testarem as várias políticas e práticas do governo em face das diretivas morais e políticas fundamentais da comunidade, especificando essas diretivas em contextos nos quais elas não apenas se mostram relevantes, como indeterminadas. Sendo assim, a adjudicação constitucional é uma das "primeiras institucionalizações da racionalidade auto-crítica" da comunidade política, revelando-se um fórum institucional para desenvolvimento de argumentos narrativos sobre como ela deve viver, "isto é, dando a concepção tradicional da virtude humana, seus

---

[227] SAITTA. *Logica e Retorica nella Motivazione delle Decisioni Della Corte Costituzionale*, p. 10 et seq. Também RANCIÈRE. *O Desentendimento*, p. 105 et seq.; BELTRÁN DE FELIPE. *Originalismo e Interpretacion*. Dworkin v. Bork, p. 15 et seq. Confira ainda: DANIELS. *Justice and Justification*: Reflective Equilibrium in Theory and Practice. Cambridge University Press, 1997.

[228] Poderíamos lembrar de *Rosas* ao afirmar que esses tribunais realizam "o progresso racional por meios pacíficos e evolutivos": *A Suprema Corte e a Idéia de Progresso*, p. 72.

compromissos com certo padrão de julgamento político-moral, com certos princípios constitucionais". Não fundamenta suas assertivas, não dá a compreensão do que seja "tradicional virtude humana", nem porque as cortes se mostram como fórum próprio de revelação. Para *Perry*, não seria exato falar em propriedade do fórum, mas de "principal matriz institucional para o desenvolvimento da tradição político-constitucional". A jurisdição constitucional cumpriria dupla função: ajudando a comunidade política a manter fidelidade à tradição política indeterminada, atuaria como uma guardiã das tradições e do conservadorismo; participando do desenvolvimento da tradição, revelaria seu lado criativo e constitutivo.[229]

Esse posicionamento, como parece evidente, muito se aproxima do pensamento elitista, podendo-se até falar de um desdobramento deste.[230] Todavia, as cortes ou os juízes não são bons porque são especialmente dotados de uma hercúlea capacidade de discernimento, mas porque conseguem, com a sua prática, sabe-se lá em razão de que conjunção astral, reafirmar criticamente uma vaga e indeterminada tradição político-constitucional. A polêmica disjunção entre "lei ou política" em torno da atividade da jurisdição constitucional seria um equívoco, por obscurecer "o fato de que a adjudicação constitucional (...) é ambas lei *e* política. É *ambas* autoritária *e* pragmática, *ambas*, visão do passado *e* visão orientada para o presente e para o futuro".[231] É, porque tem sido:

> "A revisão judicial (*judicial review*) atende-nos bem – não perfeitamente, mas bem – como um mecanismo de proteção da Constituição (...); as alternativas óbvias parecem palpavelmente inferiores; e a menos que identifiquemos e estabeleçamos um melhor mecanismo, devemos continuar a apoiar a prática antes de nos opormos a ela".[232]

*Paul Brest*, secundado por *Owen Fiss*, extrai também a legitimidade não do consentimento do povo, "mas da sua *competência*, na especial contribuição que fazem para a qualidade de nossa vida

---

[229] PERRY. *The Constitution in the Courts*: Law or Poltitics?, p. 203-204.

[230] Para *Habermas*, cuida-se de uma perspectiva materialista da Constituição, que confunde norma e valor, reportando-se, em parte, à discussão que fizemos especialmente nos itens II, VI e VII precedentes: *Fatti e Norme*, p. 206.

[231] PERRY. *The Constitution in the Courts*: Law or Politics?, p. 204.

[232] Ibidem, p. 21.

social".[233] Para *Jesse Choper*, os resultados do controle judicial dos direitos individuais e o fomento das metas da democracia, pelo menos nos Estados Unidos, dão a cabal demonstração de sua necessidade e conveniência, considerando que as decisões ruins, como *Dred Scott*, além de episódicas, foram – e terminam sendo – suplantadas pela pressão da história.[234] *García de Enterría* afirma que a jurisdição constitucional já foi julgada pelo "Tribunal da História, perante o qual não apenas foi absolvida de tão graves encargos, como que foi afiançada definitivamente como uma técnica quinta-essenciada do governo humano".[235] Todavia sua legitimidade precisa ser confirmada cotidianamente, numa espécie de "plebiscito diário": "nenhum outro órgão constitucional (...) joga literalmente sua vida dia a dia como este sobre o acerto de sua função e, concretamente, de sua função precisamente judicial."[236] Parece oportuno lembrar as frase de *Bork* ao criticar o povo americano por também ser tentado a ver na Corte Suprema daquele País o centro de decisão política, no lugar de um tribunal judiciário, apenas porque os resultados parecem bons, por lhe ter sido dito não se sabe por quem "que a escolha é entre uma lógica fria e impessoal, de um lado, e, de outro, a moralidade e compaixão".[237] Também quando indaga se "um comitê de nove juristas" poderia ser considerado, inclusive pelos cidadãos comuns, como "o único agente de mudança".[238] Ou pensar com *Berger*, ao infirmar a crença de *Edmond Cahan* de que seria muito tarde para levantar a questão da legitimidade da jurisdição constitucional, "pelo contrário, não é nunca muito tarde para desafiar a usurpação de poder",[239] adotando o seu pensamento, senão *in totum*, pelo tom radical, pelo menos no ponto em que argumenta contra a inércia, como o faz *Leonard Levy*, em relação à afirmação de *Charles Black* de que a *judicial review* tinha sido "legitimada pela aquiescência popular", dada "na única forma

---

[233] BREST. *Misconceived Quest for the Original Understanding*, p. 226; BERGER. *Government by Judiciary*, p. 391.

[234] CHOPPER. *Judicial Review in the National Political Process*: a Functional Reconsideration of the Role of the Supreme Court, p. 127.

[235] GARCÍA DE ENTERRÍA. *La Constitución como Norma y el Tribunal Constitucional*, p. 175.

[236] Ibidem, p. 185.

[237] BORK. *The Tempting of America*: the Political Seduction of the Law, p. 1-2.

[238] Idem. *Neutral Principles and Some First Amendment Problems*, p. 44.

[239] BERGER. *Government by Judiciary*, p. 369.

que [o povo] poderia dar aprovação a uma instituição – deixando-a em paz", pois "o simples fato é que em nenhum momento na (...) história o povo americano fez julgamento, pró ou contra, sobre o mérito da revisão judicial [dos atos] do Congresso".[240] E findar na indagação de *Christopher Wolfe*: os resultados da Corte teriam sido bons para quem? Sob que ponto de vista?[241]

As respostas nos levam, em parte, à privilegiada posição ou capacidade dos juízes, agora remetidas à sua inserção nos contextos sociais e sob o olhar da realidade e de sua prática. Os juízes, nesse sentido, se defrontam em seus afazeres não com problemas abstratos e gerais, como o fazem os legisladores, mas com situações concretas e vivenciadas pelo homem concreto, de carne e osso, ficando bem mais próximos dos problemas reais e agudos do cotidiano dos cidadãos e da sociedade.[242] Muito além dos riscos e dificuldades próprios da profissão (*Pound*) e da lentidão do processo formativo, os juízes são mais sensíveis aos clamores que vêm da rua e, portanto, estão mais habilitados a engendrar um direito mais próximo da realidade, rompendo com "momentos inerciais" de distanciamento entre norma e realidade. É como anota *Cappelletti*:

> "Naturalmente, é certo que a elaboração judicial das leis conduz a um 'desenvolvimento do direito' no que muitas outras pessoas, além das partes do processo, se encontram implicadas. Nesse sentido, a 'legislação judicial' se funda sobre uma 'audiência' incompleta dos interesses em questão. Sem embargo, não é menos certo que, devido precisamente à natureza do procedimento judicial, a elaboração do direto pelos tribunais é gradual, experimental e lenta; a contribuição dos tribunais ao desenvolvimento da lei é, tipicamente, uma contribuição por 'pedaços e fragmentos' e por 'experimentos'. Os interesses aos que hoje não se tem prestado atenção serão escutados amanhã, e um juiz razoável estará em situação de corrigir, melhorar e 'formar' uma 'lei' jamais inteiramente 'acabada'."[243]

Mesmo que admitíssemos uma resposta puramente pragmática à questão de legitimidade da jurisdição constitucional, ainda remanesceriam

---

[240] LEVY. *Judicial Review and the Supreme Court*, p. 30-31.
[241] WOLFE. *La Transformación de la Interpretación Constitucional*, p. 472 et seq.
[242] BICKEL. *The Last Dangerous Branch*, p. 25-26.
[243] CAPPELLETTI. *Necesidad y Legitimidad de la Justicia Constitucional*, p. 630-631.

as críticas da "ética construtivista", que exigem, para fundamentação de sistemas normativos, a reconstrução fática e crítica de sua gênese, de acordo com o princípio da razão e da moral.[244] Não basta que tais sistemas produzam efeitos significativamente positivos para que se tenham por "corretos" do ponto de vista ético. Exige-se sempre que a sua elaboração ou produção se tenha dado sob "condições sociais racionais", segundo uma interpretação crítica do sistema cultural, que leva em conta aqueles princípios.[245]

Essas críticas, portanto, revelam a fragilidade do recurso aos argumentos puramente empíricos e pragmáticos, requisitando a consideração, no plano deontológico, de outras boas razões justificantes.

## § 10. JUSTIFICATIVA (DE)ONTOLÓGICA: CONSTITUIÇÃO COMO NORMA

A construção doutrinária de *Kelsen* pressupunha a Constituição como norma, sob a qual se estruturava todo o ordenamento jurídico. A jurisdição constitucional se mostrava então um instrumento indispensável para garantia dessa dupla pressuposição.[246] Por certo, a supremacia constitucional só teria sentido prático caso se pudessem sancionar possíveis desacertos ou incompatibilidades das normas de escalão hierarquicamente inferior com as normas-parâmetro presentes no texto constitucional. Essa lição de *Kelsen* foi bem reproduzida por *Themístocles Cavalcanti* e por *García de Enterría*.

Apoiado em *Castro Nunes* e *Kelsen*, para *Themístocles Cavalcanti*, a fundamentação da jurisdição constitucional, especialmente do controle judicial da constitucionalidade "há de se encontrar (...) na própria definição de Constituição como norma suprema, colocada na hierarquia das normas como um conjunto de preceitos institucionais que servem de base à organização política, social e econômica do Estado".[247] Sobressaem-se dois princípios essenciais nesse controle: a "necessidade de uma norma constitucional, isto é, a própria existência de uma Constituição"; e, depois, a "idéia de que existe uma hierarquia de atos e normas, a menor na escala hierárquica se subordinando à maior"; restando o exame da inconstitucionalidade, "uma solução técnica para

---

[244] LORENZEN; SCHWENNER. *Konstruktive Logik, Ethik und Wissenschaftstheorie*, p. 193.

[245] Ibidem, p. 212.

[246] KELSEN. *La Giustizia Costituzionale*, p. 12.

[247] CAVALCANTI. *Do Contrôle da Constitucionalidade*, p. 10.

resolver o problema [dessa] supremacia sôbre aquelas normas que transgridem os princípios fundamentais [da Constituição]".[248]

De acordo com *García de Enterría*, todo o problema da justiça constitucional estaria enraizado numa questão de princípio: "se se convém ou não reconhecer à Constituição o caráter de norma jurídica". Uma resposta negativa implicaria uma série de conseqüências:

> "Uma Constituição será concebida como um compromisso ocasional de grupos políticos, substituível em qualquer momento em que o equilíbrio destes chegue a um resultado diverso; o qual se traduz em uma incitação positiva à mudança constitucional, pela via da qual cada grupo tentará melhorar suas posições e, se resulta possível, eliminar seus competidores."[249]

Por outro lado, uma resposta afirmativa importa lançar à norma jurídica constitucional a presidência do processo político e da vida coletiva da comunidade. "A Constituição será considerada não já como um simples mecanismo de articulação mais ou menos ocasional de grupos políticos (...), mas como o estatuto básico da vida comum."[250] Significa dizer que a sua definição de esferas de atuação – pública ou privada; das relações dos poderes constituídos horizontal e verticalmente – como norma jurídica demandará, para ter eficácia, de proteção jurisdicional: "uma Constituição sem um Tribunal Constitucional (...) é uma Constituição ferida de morte, que liga sua sorte à do partido no poder. (...) *A Constituição passa a ser instrumentalizada politicamente por uns grupos ou partidos frente a outros*".[251] Em face desse fundamental papel, o Tribunal pode e deve ser visto como "um verdadeiro comissionado do poder constituinte para proteção de sua obra, a Constituição, e para que mantenha a todos os poderes constitucionais em sua qualidade estrita de poderes constituídos".[252]

Se uma das garantias da normatividade da Constituição é a jurisdição constitucional, não parece acertado, para alguns, que essa ga-

---

[248] Ibidem, p. 10 e 14.

[249] GARCÍA DE ENTERRÍA. *La Constitución como Norma y el Tribunal Constitucional*, p. 175.

[250] Ibidem, p. 175-176.

[251] Ibidem, p. 186.

[252] Ibidem, p. 198.

rantia seja vista como única, sob pena de se levar a sociedade política à condição de refém das instâncias judiciárias, e, para além das críticas do elitismo e do caráter contramajoritário das cortes, de se comprometer a própria rigidez constitucional: "Ou a Constituição (...) é lei, o que significa que seus princípios são conhecidos e controlam os juízes, ou ela não passa de um texto flexível que os juízes podem reescrever."[253] Citando *Graglia*, para quem o ativismo judicial usurparia os direitos dos cidadãos ao autogoverno, *Berger* fala da "arrogância judicial" de a operação do tribunal da jurisdição constitucional funcionar como uma "convenção constitucional permanente".[254]

Sem adentrarmos ao problema da rigidez levantado, podemos questionar: será a Constituição norma, porque existe uma jurisdição constitucional ou existirá uma jurisdição constitucional, porque a Constituição é norma? As duas respostas afirmativas não são incompatíveis e estarão mais isentas de críticas se houver expressa previsão constitucional do controle jurisdicional de constitucionalidade.

### § 11. JUSTIFICATIVA DOGMÁTICA: A PREVISÃO CONSTITUCIONAL EXPRESSA

Em países, como o Brasil, onde o texto constitucional não deixa nenhuma margem a dúvidas sobre a competência de as Cortes realizarem o controle de constitucionalidade das leis, a discussão estabelecida até aqui pareceria uma importação desafortunada. "O argumento jacobino (...) não é só claramente sofístico", assinala *García de Enterría*, "mas também negador do conceito mesmo de Constituição. Esta é a obra do poder constituinte e como tal superior ao poder legislativo ordinário, que só pode organizar-se como tal em virtude da Constituição mesma".[255] A legitimidade da jurisdição constitucional estaria assentada, portanto, na sua instituição pelo poder constituinte, de modo que o amplo debate que se trava sobretudo nos Estados Unidos teria sua explicação na ambigüidade da Constituição norte-americana a esse respeito, sem justificar, portanto, sua presença também no Brasil.

Ainda que sob um olhar positivista, a tese dogmática descrita do parágrafo anterior haveria de sofrer algum remendo. A opção

---

[253] BORK. *The Tempting of America*, p. 2.
[254] BERGER. *Government by Judiciary*, p. 393.
[255] GARCÍA DE ENTERRÍA. *La Constitución como Norma y el Tribunal Constitucional*, p. 189.

constituinte põe-se à crítica da doutrina, pois é uma das suas funções a de fornecer os elementos teóricos necessários ao aperfeiçoamento do sistema jurídico, sendo-lhe mais que apropriado, indispensável avaliar a correção, do ponto de vista dogmático, das opções feitas. E mesmo sob o ângulo do direito constitucional positivo, não podemos esquecer que também aos outros ramos de poder foi atribuído o poder-dever de proteção da Constituição. Quando o artigo 102 fala de uma competência precípua do Supremo Tribunal Federal de guarda da Constituição não está a precluir, antes, pelo contrário, pressupõe a sua defesa pelos demais poderes. De *lege data*, toda a argumentação sobre a legitimação do controle de constitucionalidade se lança, então, para o seu alcance e grau de intervenção do tribunal, exigindo uma renovação cotidiana não da sua legalidade, mas da própria legitimidade da jurisdição constitucional, sob as ressalvas da crítica populista do caráter contramajoritário da Corte e as benesses de uma intervenção equilibrada, que reforce o pacto fundamental da comunidade.

# Capítulo III
# OS TRIBUNAIS DA JURISDIÇÃO CONSTITUCIONAL

Como vimos no processo de evolução da jurisdição constitucional, com o surgimento na Europa de tribunais especializados em fiscalizar a constitucionalidade das leis, operou-se uma verdadeira revolução nos pilares não apenas da processualística, mas sobretudo na configuração do Estado de Direito. Em seu primeiro instante, esses tribunais possuíam exclusivamente a função de controle de legitimidade constitucional de normas e marcadamente se destacavam por:

a) diferençar-se dos tribunais ordinários, haja vista não julgarem feitos ou casos concretos, detendo-se exclusivamente na emissão de juízo de constitucionalidade normativa;

b) não integrarem, por conseguinte, o Poder Judiciário, a ponto de não serem, de regra, instâncias revisoras, quando muito se limitando a pronunciar a legitimidade ou não de norma, suscitada pelos tribunais inferiores; e

c) possuírem suas decisões eficácia *erga omnes*, força que lhes marcaria, segundo *Kelsen*, a natureza legislativa, configurando um verdadeiro *legislador negativo*.[1]

---

[1] Essa é a opinião do Ministro do Supremo Tribunal Federal, Carlos Velloso: "É que a decisão proferida no controle concentrado de constitucionalidade tem a natureza de

Este primeiro desenho, como já anotamos, sofreu muitas modificações desde então, ganhando complexidade, enriquecimento de atribuições e uma reconsideração de sua natureza jurídica, assinalada assim por *Montoro Puerto*:

> "O modelo configurado por KELSEN, o que inicialmente servirá de base, com as matizações e retificações que iremos deduzindo, quando através das concepções de CALAMANDREI e NAWIASKY, Itália e Alemanha, respectivamente, e por imperativo de evitar as seqüelas jurídicas de seus sistemas políticos precedentes, em particular a arbitrariedade do legislativo, voltam à velha idéia de defesa da Constituição, de CARL SCHMITT, se bem que, em última instância, nem a Lei Fundamental de Bonn de 23 de maio de 1949, nem a Constituição italiana de 17 de dezembro de 1947 refletem aquela tese, o modelo kelseniano com uma aproximação mais acentuada ao sistema norte-americano em alguns de seus aspectos, resultando, em suma, o Tribunal Constitucional configurado como uma verdadeira jurisdição, em detrimento daquela posição orientada para a sua consideração como um próprio legislador, sequer negativo. Produz-se, em nosso modo de ver, um certo sincretismo estrutural e competencial que, em definitivo, dará resultados positivos."[2]

Com todas essas variantes, os modelos de Corte Suprema e de Corte Constitucional muito se aproximaram, permitindo um exame conjunto de sua conformação estrutural (I) e de seus espectros de competência (II).

# SEÇÃO I
# A ESTRUTURA DOS TRIBUNAIS DA JURISDIÇÃO CONSTITUCIONAL

A estrutura dos tribunais, bem como o seu funcionamento podem vir disciplinados diretamente pela Constituição, como podem

---

norma, de norma em sentido negativo, porque ela afasta da ordem jurídica a norma incompatível com o ato normativo inicial...": *Supremo Tribunal Federal, Corte Constitucional*, p. 10.

[2] PUERTO. *Jurisdicción Constitucional y Processos Constitucionales*, p. 34.

ser deixados para o legislador infraconstitucional. Essa última opção procura responder à necessidade de rápidas adaptações. A Lei Fundamental de Bonn, por exemplo, dispõe que uma lei federal deve regular a organização e procedimento do Tribunal Constitucional Federal, precisando os casos em que suas decisões terão força de lei (art. 94.2). Esta Lei, promulgada em 1951, tem sofrido uma série de alterações ao longo do tempo, reduzindo o número de magistrados (originariamente 24, para 16), reduzindo os seus mandatos, modificando o regime das incompatibilidades, introduzindo o voto particular, fora mudanças nos procedimentos perante a Corte.[3] Não faltam, para quem não adota esse sistema, modificações no texto constitucional, de forma a promover mudanças na estrutura ou funcionamento dos tribunais. Na Hungria estava previsto inicialmente o número de quinze magistrados; uma reforma constitucional em 1994 reduziu esse número para onze (Lei n. LXXVII/1994 e art. 32A.4 da Constituição). Portanto, o quadro que apresentaremos a seguir é dinâmico e mutável, sem embargo, fundamental para enxergarmos, como um instantâneo fotográfico, a estruturação dos tribunais: o número de juízes (1), o modo de designação (2), requisitos para nomeação (3), período de mandato (4), incompatibilidades (5) e garantias (6). Será uma amostragem pequena, todavia reveladora.

## § 1. Número de juízes

A Sala Constitucional da Corte Suprema paraguaia (art. 1.º da Lei n. 609/1995), a Suprema Corte Constitucional do Chipre (art. 133.1.1) e a Corte Constitucional de Malta possuem três membros (art. 95.2); o Tribunal Constitucional boliviano (art. 121.2), guatemalteco (art. 269.1), sírio (art. 139), o Conselho Constitucional senegalês (art. 89.1), a Suprema Corte uruguaia (art. 234) e a Sala Constitucional da Corte Suprema de Justiça de El Salvador (art. 174.2) são compostos de cinco magistrados; o Conselho Constitucional da Mauritânia (art. 81.1) é composto de seis integrantes; a Sala Constitucional da Corte Suprema de Justiça da Costa Rica (Lei n. 7.135/1989), o Tribunal Constitucional chileno (art. 81.1), iugoslavo (art. 125.1) e peruano são integrados por sete juízes;[4] oito, no Conselho Constitucional do Marrocos (art. 77.1); na Albânia

---

[3] HEYDE. *Das Bundesverfassungsgerichtsgesetz in der Bewährung*, p. 229.

[4] YUPANQUI. *Peru*, p. 310.

(art. 125.1), em Angola (art. 164.1); na Argentina (Lei n. 23.774/ 1990), na Armênia (art. 99), no Azerbaijão (art. 130.1), na Bósnia-Herzegóvina (art. VI, § 1.º), no Camboja (art. 118), no Canadá (Lei n. S-26/1985, art. 4.1), na Colômbia (Lei 5.ª/1992, art. 317), no Congo (art. 139.1), na Coréia do Sul (art. 111.2), no Equador (art. 275.2), na Eslovênia (art. 163.1), nos Estados Unidos (seção 1, do cap. I, Parte I do Título 28 do U.S. Code), na França (art. 56.1), em Honduras (art. 303.2), na Lituânia (art. 103.1), em Luxemburgo (art. 95ter.3), em Madagascar (art. 107.1), na Macedônia (art. 109.1), no Panamá (art. 71 do Código Judiciário), no Paraguai (art. 258), na Romênia (art. 140.1), são nove; dez na República Eslovaca (art. 134.1) e na Tailândia (art. 200.1); onze na África do Sul (art. 167.1), na Bielo-Rússia (art. 126.1), no Brasil (art. 101), na Croácia (art. 122.1), no Egito, no Equador (art. 275), na Hungria (art. 32A .4) e no México (art. 94.2); doze na Bélgica (art. 31, Lei de 6/1/1989), Bulgária (art. 147.1), na Espanha (art. 159.1) e Nicarágua (art. 163); treze em Portugal (art. 224.1); catorze na Áustria (art. 147.1); quinze na Itália (art. 135.1), no Nepal (art. 86.3 – número máximo), na Polônia (art. 194.1), na República Checa (art. 84.1) e na Turquia (art. 146.1); dezesseis na Alemanha (art. 2.º, Lei Orgânica do Tribunal Constitucional Federal alemão – LTCF), dezoito na Ucrânia (art. 148.1), dezenove na Rússia (art. 125.1) e trinta na Suíça (art. 1.1, Lei n. 173.110/1943). Esse número pode variar, dependendo da matéria. Assim, na Grécia, o número normal de juízes da Suprema Corte Especial é onze, elevada a treze, na hipótese de controle de constitucionalidade (art. 100.2).

A Corte de Justiça das Comunidades Européias, de acordo com a normativa vigente, é composta de um representante de cada Estado-membro, além de um juiz suplementar indicado, em sistema de rodízio, pela Alemanha, Espanha, França, Itália e Reino Unido. Atualmente esse número está em quinze. Na Corte Européia de Direitos Humanos, o número de membros, atualmente, deve ser igual ao de membros do Conselho da Europa; pelo Protocolo n. 11 passa a ser igual a número das Altas Partes contratantes.

## § 2. MODO DE DESIGNAÇÃO

Em diversos países, o Legislativo detém a primazia na definição dos nomes que integrarão os tribunais, escolhendo e nomeando-os solitariamente.

Na Alemanha, as duas Casas Parlamentares elegem oito membros cada uma, exigindo-se quórum de dois terços para aprovação do nome (arts. 94.1 da Constituição e 5.5 e 7 da LTCF).[5] Na Bielo-Rússia, também cabe ao Poder Legislativo (Conselho Supremo) escolher os membros da Corte Constitucional (art. 126.1). A mesma exigência se faz presente no Texto Constitucional checheno (art. 98) e hondurenho (art. 303.2). Na Bolívia, os magistrados são nomeados pelo voto de dois terços dos parlamentares do Congresso Nacional (art. 121.2). No Uzbequistão, compete ao Parlamento (*Oliy Majlis*) escolher e nomear os integrantes da Corte Constitucional (art. 78.12). Na Hungria, os juízes constitucionais são eleitos pelo Parlamento, a partir de uma lista de candidatos apresentada por uma comissão de designação, composta por representantes de grupos parlamentares da Assembléia Nacional (art. 32A.4). Na Polônia, os membros do Tribunal são nomeados pela Dieta entre os candidatos indicados por grupo de no mínimo quinze Deputados (art. 194.1). Na Costa Rica, os magistrados da Sala Constitucional são eleitos pelo voto de pelo menos dois terços do total dos membros da Assembléia Legislativa (arts. 121.3, 157 e 158). Semelhantemente, no Peru, o Congresso unicameralmente designa, por maioria de dois terços, os membros do Tribunal Constitucional (art. 201.3). Na Suíça os membros do Tribunal Federal são eleitos pela Assembléia Nacional, devendo representar as três línguas oficiais do País (art. 107.1). Na Croácia, os membros da Corte Constitucional são

---

[5] *Klaus Schlaich*, com apoio em *W. Geiger*, defende a escolha feita pelo Poder Legislativo em quórum qualificado, por se tratar de uma "verdadeira condição de existência para um tribunal em uma democracia que se funda em partidos, já que sua composicão não pode estar à disposição da maioria governamental do momento". Com efeito, esse quórum obriga a realização de um acordo entre oposição e maioria parlamentar. "Os postos de juiz, compreendidos os de presidente e vice-presidente, são repartidos mais ou menos paritariamente entre as duas facções do *Bundestag*. Quando um juiz abandona o tribunal, se pode saber facilmente a que grupo parlamentar se reconhece a prerrogativa de propor um novo candidato, e normalmente os demais grupos acedem a essa proposição". Sem embargo, o princípio da maioria de dois terços pode facilmente degenerar para uma consolidação das duas posiçãos políticas hegemônicas em *Bonn*, pois o público não participa dos debates, devido à obrigação de discrição dos membros do Parlamento e isso, na prática, resulta na indicação de candidatos vinculados a um partido. "[H]á poucos lugares em que um poder seja exercitado de modo tão incontrolado e anônimo como o da eleição dos juízes do TCF". No entanto, "os juízes se têm revelado com freqüência mais independentes do que desejariam os órgãos políticos". Mesmo assim, a reforma do procedimento de escolha dos magistrados constitucionais segue na ordem do dia. *El Tribunal Constitucional Federal Alemán*, p. 145-146.

eleitos pela Câmara de Deputados após indicação da Câmara Alta (art. 122.1). A Assembléia Geral, reunindo as duas Câmaras, é quem nomeia os membros da Suprema Corte uruguaia, pelo voto de dois terços de seus componentes (art. 236). Em Portugal há uma peculiaridade. A Assembléia da República designa, por maioria de dois terços, dez dos treze juízes do Tribunal, cabendo a estes a escolha dos outros três membros (art. 224.1)

Pode haver a participação de outros poderes ou órgãos com a indicação do nome, submetido, todavia, ao crivo do Legislativo.

No Equador, o Congresso Nacional elege três membros que não devem ser legisladores; ao Presidente da República cabem duas vagas, cujos nomes são enviados ao Legislativo; ao Poder Judiciário, também são reservadas duas vagas, encaminhando-se os nomes ao Legislativo; uma vaga é reservada à indicação pelos alcaides do País, outra pelos prefeitos provinciais; às centrais de trabalhadores e às câmaras da produção legalmente constituídas também é assegurada uma indicação, para cada uma (art. 275.5). As indicações dependem da aprovação de dois terços dos membros do Congresso. Na Lituânia, o Parlamento nomeia os juízes da Corte Constitucional, a partir das indicações do Presidente da República, do Presidente do Parlamento e do Presidente da Suprema Corte (art. 103.1). Cabe à Assembléia Parlamentar eleger os membros da Corte Constitucional da Macedônia, sendo dois nomes indicados pelo Presidente da República e dois pelo Conselho Judicial da República (arts. 84, 105 e 109.2). Na Estônia, a nomeação cabe ao Parlamento, por proposta do Presidente da República, no caso do Presidente da Corte Nacional, ou da própria Corte, para os demais membros. Em El Salvador, os magistrados da Sala Constitucional são eleitos pela Assembléia Legislativa, a partir de uma lista de candidatos formada pelo Conselho Nacional da Judicatura, metade da qual deve ser provida por entidades representativas dos advogados (art. 131.9). No Azerbaijão, a nomeação cabe ao Parlamento (*Milli Majlis*), por indicação do Presidente da República (arts. 95.1.10 e 130.2). No Panamá, o Conselho de Gabinete – o Presidente da República, os Vice-Presidentes e os Ministros de Estado – definem o nome a ser indicado à Corte Suprema, que dependerá de aprovação pela Assembléia Legislativa (arts. 155 e 195.2).

Em alguns lugares, podemos identificar uma preocupação de caráter democrático nesse processo. É assim que, para compor a lista de indicados à Corte Suprema de Justiça da Nicarágua, o Poder Executivo e o Poder Legislativo devem consultar as associações civis do País, que apresentam seus candidatos atendendo à experiência e ao prestígio profissional. Os nomes devem ser aprovados pela Assembléia Nacional (arts. 138.7).

Nos Legislativos bicamerais, pode ser deferida a competência à Câmara Alta ou Senado.

Na Colômbia, por exemplo, os magistrados da Corte são eleitos pelo Senado, com base nas indicações feitas pelo Presidente da República, Corte Suprema de Justiça e Conselho de Estado (art. 239.2). Levemente diferente, no Paraguai, os membros da Corte Suprema são eleitos pelo Senado com o acordo do Presidente da República a partir de lista tríplice elaborada pelo conselho da Magistratura (arts. 264.1). Na Argentina (arts. 99.7), no Brasil (art. 101, parágrafo único), nos Estados Unidos, no México (arts. 76.8 e 96), na República Checa (art. 84.2) e na Rússia (art. 83, *f*), os magistrados da Suprema Corte ou os juízes constitucionais são nomeados pelo Presidente da República depois de aprovada pelo Senado a sua indicação.

Pode haver inversão total do modelo, dando-se prevalência ao Executivo.

Na Espanha, o Rei nomeia os doze juízes a partir das indicações feitas: quatro pelo Congresso, quatro pelo Senado, duas pelo Governo e duas pelo Conselho Geral do Poder Judicial. Exige-se, para as indicações do Congresso e Senado, aprovação do nome por três quintos da respectiva Casa (art. 159.1). Na Áustria, todos os membros da Corte Constitucional são nomeados pelo Presidente da República, sendo que o Presidente, o Vice-Presidente, os seis membros e os três suplentes são indicados pelo Governo Federal, outros três membros e dois suplentes são propostos pelo Conselho Nacional, e o restante, três membros e um suplente, pelo Conselho Federal (art. 147.2). Na Bélgica, os juízes são nomeados pelo Rei, por indicação, alternadamente, da Câmara de Deputados e do Senado (art. 31, Lei de 6/1/1989). Na República da Eslováquia, o Presidente da República escolhe os juízes dentre vinte candidatos eleitos em sufrágio secreto pelo Conselho Nacional (art. 134.2). Os membros da Suprema Corte da Namíbia são indicados pela Comissão de Serviço Judiciário e nomeados pelo Presidente da República (art. 32.4, *a*). Na Guiana, o Presidente da República nomeia todos os membros da Corte de Apelação, por consulta aos líderes da minoria, no caso do Presidente da Corte (o "Chanceler") e do *Chief*

*Justice*, e, para os demais, por indicação do Comissão de Serviços Judiciários (arts. 127.1 e 128.1). No Haiti, prevê-se a nomeação pelo Presidente da República a partir de uma lista tríplice submetida pelo Senado (art. 174). Na Turquia, o Presidente da República nomeia os membros da Corte Constitucional, à razão de quatro a partir de uma lista de doze nomes apresentados pela Corte de Cassação, um sobre uma lista de nove apresentada pelo Conselho de Estado, um sobre uma lista tripla enviada pela Corte militar de Cassação, um entre os três candidatos da Corte Militar Administrativa, um entre os três indicados pela Corte de Contas, um entre os três apresentados pelo Comitê de Ensino Superior e quatro escolhidos diretamente entre os altos magistrados, professores de direito e advogados (art. 146.2).

Na Austrália (art. 72, *i*), na Irlanda (art. 35.1), no Senegal (art. 89.3) e em Taiwan (art. 79.2), também é o Presidente da República quem nomeia os juízes constitucionais. No Japão, eles são nomeados pelo Gabinete (art. 79.1), à exceção do seu Presidente que é pelo Gabinete indicado, cabendo a nomeação ao Imperador (art. 6.2). No Chipre, o Presidente e o Vice-Presidente da República elegem os membros da Corte (art. 133.1.2). Em Malta, o Presidente ouve o Primeiro Ministro antes da nomeação (art. 96.1). No Nepal, o Rei nomeia o Presidente da Suprema Corte, por indicação do Conselho Constitucional, que lá tem funções de recomendar nomes para ocupar certos cargos públicos, e os demais membros, por proposta do Conselho Judiciário (art. 87.1). Na Síria, o Presidente da República é quem também nomeia os membros da Suprema Corte Constitucional (art. 193). Os membros do TC da Eslovênia são eleitos pela Assembléia Nacional e nomeados pelo Presidente da República (art. 163.1 e art. 12 da Lei Orgânica da Corte Constitucional). O Presidente da República nomeia os juízes do TC sul-coreano, três indicados pelo Presidente da Suprema Corte e três pela Assembléia Nacional (art. 111.2).

É freqüente o compartilhamento da competência da nomeação.

Na França, o Presidente da República e os presidentes da Assembléia Nacional e do Senado nomeiam, cada um, três membros. Além desses, formam parte do Conselho Constitucional, de direito, os ex-Presidentes da República (art. 56.1). Na Bulgária, um terço dos juízes é eleito pela Assembléia Nacional, um terço é nomeado pelo Presidente da República e um terço pela Corte de Cassação Suprema e Corte Administativa Suprema reunidas (art. 147.1).

Na Romênia, três juízes são nomeados pela Câmara de Deputados, três pelo Senado e três pelo Presidente da República (art. 140.2). Na Bósnia-Herzegóvina, quatro das nove nomeações para a Corte Constitucional cabem à Câmara de Deputados da Federação, duas são reservadas à Assembléia da República do Srpska e três à Presidência da Corte Européia dos Direitos Humanos (art. VI, § 1.º, *a*). Na Armênia, cinco membros do Tribunal Constitucional são nomeados pela Assembléia Nacional e quatro pelo Presidente da República (art. 99). Três dos membros do Tribunal Constitucional chileno são Ministros da Corte Suprema, eleitos em votações sucessivas e secretas; dois são providos pelo Conselho de Segurança Nacional; um, pelo Presidente da República e outro, pelo Senado (art. 81.1). Na Corte Constitucional do Camboja, três vagas são preenchidas pelo Rei, três pela Assembléia Nacional e três pelo Conselho da Magistratura (art. 118.1). Na Guatemala, o pleno da Corte Suprema de Justiça, o Congresso da República, o Presidente da República, o Conselho Superior Universitário da Universidade de São Carlos da Guatemala, a Universidade do Estado e a Assembléia do Colégio de Advogados nomeiam um magistrado cada um (art. 269.2). Em Madagascar, três membros do TC são nomeados pelo Presidente da República, dois pela Assembléia Nacional, um pelo Senado e três pelo Conselho Superior da Magistratura (art. 107.2). O Conselho Constitucional marroquino é composto por quatro membros nomeados pelo Rei e por quatro nomeados pelo Presidente da Câmara de Deputados, após consulta aos grupos parlamentares (art. 77.1). Na Itália, cinco juízes são designados pelo Parlamento, reunido em sessão conjunta, cinco pelo Presidente da República e cinco pelas jurisdições supremas, administrativas e judiciais: Corte de Cassação e Conselho de Estado, dois cada um; restando um para o Tribunal de Contas (art. 135.1). Na Ucrânia o Presidente da República, o "Verkhovna Rada" e o Congresso de Juízes nomeiam seis juízes cada um (art. 148.2).

Na Tailândia, o Presidente da Assembléia Nacional, o Presidente do Senado, o Presidente da Suprema Corte e o Procurador-Geral da República têm assento garantido no Tribunal Constitucional. O Senado e a Câmara de Deputados elegem três nomes para compor o quadro de juízes (art. 200.1).

Importa considerar, ainda que brevemente, a forma de escolha do Presidente do Tribunal.

A escolha pode ser feita externamente: o Presidente e o Vice-Presidente da Corte Constitucional Federal alemã são eleitos por uma comissão de doze membros do *Bundestag* e do *Bundesrat* respectivamente. O Presidente da Áustria nomeia o Presidente e o Vice-Presidente do Tribunal Constitucional (art. 147.2). O Presidente do Conselho Constitucional francês é nomeado pelo Presidente da República, dentre todos os membros, para um período de tempo não delimitado (art. 53.3). Na prática, tem-se admitido a coincidência com a duração do mandato do conselheiro designado.[6] A mesma sistemática é adotada pelos marroquinos (art. 77.2). O Presidente da Assembléia Nacional Tailandesa é também o Presidente do Tribunal Constitucional (art. 200.2). Na Chechênia (art. 61.14) e em Honduras (art. 304), cabe ao Parlamento a eleição do Presidente da Corte. Na Costa Rica, a Suprema Corte de Justiça nomeia, para um período de quatro anos renováveis, o Presidente da Sala Constitucional.[7] Mas pode ser uma atribuição do próprio Tribunal ou Sala Especializada. A Corte Suprema da Argentina escolhe, dentre os seus integrantes, aquele que a presidirá (art. 1.º, Lei n. 23.774/1990). No Chile (art. 5.º, Lei n. 17.997/1980), no Camboja (art. 118.2), na Colômbia (Lei n. 5/1992), em El Salvador (art. 174.2), no Equador (art. 275.7), na Itália (art. 135.5), na Iugoslávia (art. 125.3), na Macedônia (art. 109.3), no México (art. 23, Lei Orgânica do Poder Judiciário da Federação de 26/5/1995), na Nicarágua,[8] em Portugal (art. 224.3), na Romênia (art. 140.3) na Turquia (art. 146.4) e na Ucrânia (art. 148.5), também a escolha do Presidente do Tribunal está afeta a seus membros (art. 146.4). Na Guatemala, a Presidência do tribunal é exercida por todos os magistrados integrantes da Corte em sistema rotativo anual, começando pelo de maior idade (art. 271). O artigo 12, com seus parágrafos, do Regimento

---

[6] Em 1986, *Daniel Mayer*, nomeado Presidente em 1983, renunciou de suas funções de presidente, permitindo a *François Mitterrand* escolher um novo Presidente, *Robert Badinter*. Duverger se pôs contra o que chamou de "fraude à Constituição", um direito de revogação em benefício do Chefe de Estado e desastroso para a independência do Presidente do Conselho Constitucional, exortando um mal menor: que cumprisse apenas o tempo que faltava a seu predecessor, provocando uma resposta contrária de *Luchaire*, que defendia, em nome da independência da Instituição, a duração da presidência igual à de seu mandato como conselheiro: DUVERGER, Maurice. Une fraude à la Constitution? *Le Monde* de 22 de fevereiro de 1989; LUCHAIRE. Réponse à M. Duverger. *Le Monde* de 26 de fevereiro de 1989; ROUSSEAU. *Droit du Contentieux Constitutionnel*, p. 44-45.

[7] VALLE. *Costa Rica*, p. 91.

[8] TÉRAN e CASTILLO. *Nicaragua*, p. 260.

Interno do STF disciplina a eleição do Presidente e do Vice-Presidente do Órgão para um mandato de dois anos, vedada a reeleição para o período imediato. Impõe-se um quórum mínimo de oito Ministros votantes e declara-se vitorioso aquele que, em primeiro escrutínio, obtiver o número de votos superior à metade dos membros do Tribunal. Em segundo escrutínio, se necessário, concorrerão somente os dois Ministros mais votados no primeiro e, se ainda aqui não for atingida aquela maioria, proclamar-se-á eleito, dentre os dois, o mais antigo.

Podemos ainda encontrar um sistema misto. Na Espanha, o Rei nomeia o Presidente do Tribunal Constitucional, entre seus membros e por proposta do próprio Tribunal (art. 160). A escolha haverá de ser feita por votação secreta, sendo indicado aquele que obtiver maioria absoluta dos votos; não sendo alcançado esse quórum, requer-se um segundo escrutínio, bastando agora a maioria simples. Nova eleição poderá tomar lugar, em caso de empate, que, persistindo, levará ao nome do juiz mais antigo ou do mais idoso, tendo os concorrentes mesma antigüidade. O mesmo procedimento se aplica para a eleição do Vice-Presidente. Ambos cumprirão um mandato de três anos (art. 9 da Lei Orgânica n. 2/1979). Na Armênia (art. 83.2) e na República Eslovaca (art. 135), o Presidente é nomeado pelo Presidente da República entre os seus membros. O Presidente da Corte Constitucional lituana é um de seus membros, eleito pelo Parlamento (art. 103.2). Na Coréia do Sul (art. 111.4) e na Suíça (art. 6.1, Lei n. 173.110/1943), a escolha é feita pelo próprio Tribunal, mas com o acordo da Assembléia Nacional.

Não pode ser deixada sem nota a particularidade da "Suprema Corte Especial" grega, que é composta com membros emprestados por outras cortes: Conselho de Estado, Suprema Corte e Conselho de Contas, alguns fixos – os respectivos presidentes –, alguns sorteados, entre os integrantes do Conselho de Estado e da Suprema Corte; bem assim, para o caso de controle de constitucionalidade, dos professores da Faculdade de Direito das universidades gregas (art. 100.2). Situação parecida ocorre em Luxemburgo, onde a Corte é composta pelo Presidente da Suprema Corte de Justiça, pelo Presidente da Corte Administrativa, por dois conselheiros da Corte de Cassação e por cinco magistrados nomeados pelo Grão-Duque, após parecer conjunto da Suprema Corte de Justiça e da Corte Administrativa (art. 85ter.3).

Os juízes da Corte de Justiça da Comunidade Européia são nomeados de comum acordo com os governos dos Estados-membros. Na Corte de Estrasburgo, atualmente, a eleição – secreta – dos juízes é feita pela Assembléia Parlamentar do Conselho da Europa a partir de uma lista tríplice de candidatos encaminhadas pelos Governos dos Estados, contendo pelo menos dois de cada nacionalidade.

## § 3. REQUISITOS PARA NOMEAÇÃO

As constituições exigem, em regra, que os membros dos tribunais sejam nacionais, de reputação ilibada e juristas experientes. No Azerbaijão, a idade mínima é de trinta anos, exigindo cinco anos de experiência em alguma profissão jurídica (art. 126.1). Em Honduras, a idade mínima de trinta e cinco anos deve ser acompanhada de, pelo menos, cinco anos de exercício da judicatura de Letras ou da Corte de Apelação ou de dez anos para o caso de outras profissões legais (art. 307). A Constituição da Zâmbia exige o exercício de "alta função judicial" ou de profissão legal por, no mínimo, sete anos. Na Argentina, os membros devem ser advogados com oito anos de exercício, ter, no mínimo, trinta e cinco anos de idade e deter as outras qualidades requeridas para ser Senador (art. 111). No Canadá a escolha dos juízes da Suprema Corte deve recair sobre os juízes de tribunais superiores provinciais e advogados com dez anos de experiência, reservando a Quebec pelo menos três vagas (arts. 4.1 e 4.7, Lei S-26/1985). No México, exige-se a nacionalidade mexicana originária, idade mínima de trinta e cinco anos, experiência profissional de dez anos, não haver sido condenado por delito com pena superior a um ano, haver residido no país durante os dois anos anteriores ao da designação e não haver ocupado durante o ano anterior à eleição cargo de Secretário de Estado, Procurador-Geral da República ou do Distrito Federal, Senador, Deputado Federal ou Governador de algum Estado (art. 95). Na Nicarágua, para ser juiz da Corte Suprema se requer idade entre trinta e cinco e setenta e cinco anos, formação jurídica, moralidade notória e haver exercido uma judicatura ou a advocacia por dez anos ou ainda ter sido magistrado dos Tribunais de Apelação durante cinco anos. Não pode ter sido suspenso do exercício da advocacia ou do notariado por decisão judicial definitiva, nem ser militar da ativa, a menos que tenha renunciado pelo menos há doze meses antes da eleição (art. 161). No Paraguai, exige-se cidadania paraguaia natural, idade mínima de trinta e cinco anos, título de Doutor em Direito, notória honorabilidade e exercício mínimo de dez anos de advocacia, magistratura judicial ou cátedra universitária em matéria jurídica (art. 258). Na Armênia, exige-se a idade mínima de trinta e cinco anos, reputação ilibada, formação superior e dez anos de experiência jurídica em instituições científicas ou no governo (art. 3.1, Lei Orgânica do Tribunal Constitucional). No Nepal, a indicação do nome para compor a Corte Suprema deve recair sobre juiz da Corte de Apelação ou que ocupe posto equivalente no serviço judicial, com dez anos de atividade, ou sobre advogado com quinze anos de prática, ou sobre juristas renomados (art. 87.3). Na Lituânia, além da cidadania lituana, exige-se formação jurídica, com dez anos de experiência de profissão legal ou educacional no campo do Direito (art. 103.3). No Uruguai é exigida a cidadania natural ou legal com dez anos de exercício e vinte e cinco de residência no país, além da experiência profissional na área jurídica: dez anos de advocacia, judicatura ou de Ministério Público ou Fiscal (art. 235). O requisito de moralidade irreprovável se alia à nacionalidade checa, ao pleno gozo dos direitos políticos, à idade mínima de quarenta anos e à formação jurídica superior, bem como à prática de dez anos, pelo menos, de uma profissão jurídica, aí incluída a de professor (art. 84.3). No Peru, exige-se cidadania peruana, mínimo de quarenta e cinco anos e ter sido magistrado da Corte Suprema, fiscal supremo, magistrado superior ou fiscal superior por dez anos, desde que afastados de suas funções há um ano, ou haver exercido advocacia ou cátedra universitária de matéria jurídica por quinze anos (arts. 147 e 201.2). Na Ucrânia, a idade mínima é de quarenta anos, formação superior em Direito e pelo menos dez anos de experiência profissional, devendo ter residido no País nos últimos vinte anos e ter domínio da língua "ge" (art. 148.3). Na Hungria, além de ter cidadania húngara e quarenta e cinco anos, no mínimo, de idade, requer-se diploma de licenciatura em Direito, tendo sido dada preferência a professores universitários e a doutores em ciência jurídica ou política e entre os juristas, requer-se uma experiência de pelo menos vinte anos (Lei n. XXXII/1989).

Os membros do Tribunal Constitucional espanhol deverão proceder da magistratura, do ministério fiscal, das cátedras universitárias, do funcionalismo público ou da advocacia, todos juristas de renome com, pelo menos, quinze anos de exercício profissional (art. 159.2). Na Guatemala, os magistrados devem ser guatemaltecos de origem, advogados, de reconhecida honorabilidade, com mais de quinze anos de graduação e, preferencialmente, com experiência na função e administração pública, magistraturas, exercício profissional e docência universitária, de acordo com os órgãos que os designem (art. 270.1). A formação jurídica universitária e a experiência prática de quinze anos são exigidas na República da Eslováquia (art. 134.3). No Congo, duas vagas do Conselho Constitucional devem ser preenchidas por magistrados, eleitos pelo Conselho da Magistratura, duas por professores universitários, eleitos pelos seus pares e dois por advogados, igualmente escolhidos pelos pares, exigindo-se, no entanto, quinze anos de experiência (art. 139.1). Na Bulgária, além da cidadania búlgara, exigem-se "altas qualidades profissionais e morais", bem como uma experiência profissional na área jurídica de pelo menos quinze anos (art. 147.3). Esse tempo de experiência é elevado a dezoito anos na Romênia (art. 141). Na Itália, o nomeado deverá ser magistrado da jurisdição superior, ordinária e administrativa, mesmo estando aposentado, ou professor universitário de disciplinas jurídicas ou ainda advogado com mais de vinte anos de vivência profissional (art. 135.2). A formação jurídica e a prática por pelo menos vinte anos também são exigências em Malta (art. 96.2).

No Chile, os requisitos para integrar o Tribunal Constitucional variam de acordo com o órgão encarregado da nomeação. Nas vagas da Corte Suprema, exige-se a função de magistrado; naquelas afetas ao Conselho de Segurança Nacional, os designados devem ser advogados com quinze anos de titulação, com atuação destacada na atividade profissional, universitária ou pública, e não possuir impedimentos ao exercício da magistratura. A esse rol de exigências, para as vagas a serem preenchidas pelo Presidente da República e pelo Senado, acrescenta-se a necessidade de integração à Corte Suprema há, pelo menos, três anos consecutivos (art. 81.2). Em Portugal, seis dos membros devem ser juízes de outros tribunais; os demais devem ser juristas, não se estabelecendo qualquer requisito especial de idade ou exercício anterior de outro cargo público (art. 224.2). Na Alemanha, no mínimo três juízes de cada turma[9] devem proceder dos tribunais supremos da Federação, o restante deve apresentar as condições necessárias para o exercício da carreira judicial. Normalmente provêm do meio político, da Administração, da Federação ou dos *Länder*, e do *Bundestag*. É costume ainda os partidos reservarem uma certa cota para nomeação de

---

[9] O Tribunal Constitucional Federal alemão é composto de duas turmas, cada uma delas integrada por oito juízes (art. 2, LTCF).

professores, sobretudo de Direito Público. Além do mais, devem ter idade mínima de quarenta anos.[10]

A Polônia contenta-se com o "notório saber jurídico" (art. 194.1). As Constituições da Bielo-Rússia (art. 126.1), da Eslovênia (art. 163.2) e da Macedônia (art. 109.4) exigem que a escolha recaia sobre "especialistas do Direito". A Constituição croata exige que os indicados para a Corte Constitucional sejam juristas, especialmente juízes, promotores, advogados e professores das faculdades de Direito (art. 122.1). No Equador, todos os nomeados devem ser cidadãos equatorianos de origem, doutores em jurisprudência ou advogados e devem possuir idade mínima de quarenta anos (art. 275.4). No Chipre, há necessariamente um membro grego e outro turco. O Presidente deve ser neutro, não podendo ser cidadão grego, turco ou do Reino Unido e colônias (art. 133.3). Além do mais, devem ser de reconhecida capacidade jurídica e moral ilibada (art. 133.5)

Na Bósnia-Herzegóvina, a Constituição estabelece como requisito a condição de jurista destacado, com moral incontestável. A escolha que cabe ao Presidente da Corte Européia dos Direitos Humanos, não pode recair, contudo, sobre cidadãos bósnios, herzegóvinos ou de outra Nação vizinha (art. VI, § 1.º, b). Na Bélgica, metade da composição da Corte de Arbitragem deve representar a fração de língua francesa e a outra metade, a fração de língua holandesa (art. 31, § 1.º, Lei de 6/1/1989). Na Suprema Corte do Canadá, seis dos nove juízes são de língua inglesa. Na Suíça as três línguas oficiais do país devem estar representadas no Tribunal Federal (art. 107.1).

A formação jurídica é regra, mas admite exceções. Na Áustria, exige-se que o indicado conte com pelo menos dez anos de experiência profissional, e, em se tratando dos membros nomeados pelo Governo Federal, que seja funcionário administrativo, magistrado ou catedrático de Direito ou de Ciências Políticas (art. 147.2). Na Bélgica, o juiz constitucional deve ter no mímino quarenta anos e pelo menos uma das seguintes condições: ter ocupado na Bélgica, durante cinco anos ou mais, funções de conselheiro, procurador-geral, primeiro advogado-geral ou advogado-geral da Corte de Cassa-

---

[10] SCHLAICH. *El Tribunal Constitucional Federal Alemán*, p. 146. Há um intenso debate na Alemanha sobre mudanças no processo atual de escolha dos membros do TC, com vistas a conferir-lhe maior transparência e legitimidade democrática. O Partido Verde, por exemplo, apresentou proposta (BT-Drucks 11/73, de 20/3/1987) que tornava obrigatória a vivência parlamentar dos candidatos. Cf. SIMON. *La Jurisdicción Constitucional*, p. 844.

ção, conselheiro de Estado, auditor-geral, auditor-geral adjunto, primeiro auditor ou primeiro referendário do Conselho de Estado ou da Corte de Arbitragem e professor; ou ter sido, pelo mesmo prazo, Deputado, Senador, conselheiro comunitário ou regional; de toda sorte, haverá de obedecer à regra de metade dos juízes ser de expressão francesa e outra metade de expressão holandesa (art. 31, § 1.º, Lei de 6/1/1989). No Camboja (art. 119) e na Mauritânia (art. 81.2, 82) também não há reserva para formação jurídica, podendo o magistrado ser formado em Administração, Diplomacia ou Economia, com experiência comprovada. Na França, os ex-Presidentes da República têm cadeira cativa (art. 56.2) ao lado de "juristas" e "políticos", mas a Constituição não estabelece requisito de idade mínima, nem de experiência ou especialidade.[11] No Usbesquistão a escolha deve recair sobre professores de Direito e Política, contendo, pelo menos, um representante da República de Karakalpkstan (art. 108.2). Na Tailândia, como vimos, os membros do TC são o Presidente da Assembléia Legislativa, o Presidente do Senado, o Presidente da Suprema Corte e outras seis pessoas com formação jurídica ou de ciência política (art. 200.1).

Outra vez é de se destacar o modelo grego, pois lá a "Suprema Corte Especial" é composta pelo Presidente do Conselho de Estado e pelos Presidentes da Suprema Corte e do Conselho de Contas, mais quatro conselheiros do Conselho de Estado e quatro juízes da Suprema Corte, escolhidos por sorteio a cada dois anos. No caso de controle de constitucionalidade, dois professores de Direito das universidades gregas são também escolhidos por sorteio (art. 100.2).

A Constituição da República Federativa do Brasil exige apenas que o escolhido para Ministro do Supremo Tribunal seja cidadão com mais de trinta e cinco e menos de sessenta e cinco anos de idade, de notável saber jurídico e reputação ilibada (art. 101).

Os juízes da Corte de Justiça Européia devem ser escolhidos entre aqueles que ofereçam todas as garantias de independência e que reúnam as condições exigidas pelos seus respectivos países para o exercício das altas funções jurisdicionais ou serem juristas de competência reconhecida. Na Corte de Estrasburgo, a seleção atual dos seus membros não pode recair em dois compatriotas simultaneamente. Pelo Protocolo n. 11, essa exigência desaparece, mas há

---

[11] TURPIN. *Contentieux Constitutionnel*, p. 311-312.

a imposição de que os juízes devem apresentar "elevada consideração moral e reunir as condições requeridas para o exercício das altas funções judiciárias ou ser jurisconsultos, possuindo uma competência notória". Além da idade inferior a setenta anos.

## § 4. Período de mandato

O período de mandato varia muito de país para país, sendo de quatro anos, em Honduras (art. 305), no Equador (art. 275.3) e na Síria (art. 141); cinco, na Bósnia-Hezergóvina (art. VI, § 1.º, c), El Salvador (art. 186.2), Guatemala (art. 269.2) e Peru (Lei Orgânica do TC);[12] seis na Argélia (art. 164.3), Coréia do Sul (art. 111.1), Madagascar (art. 107.1), Marrocos (art. 77.1), Moldova (art. 136.1), Portugal (art. 224.3), Suíça (art. 5.1, Lei n. 173.110/1943) e Senegal (art. 89.2); sete na Nicarágua (art. 163.1) e República Eslovaca (art. 134.2); oito anos no Chile (art. 81.3), Colômbia (art. 233 e 239.2), Costa Rica (art. 158), Croácia (art. 122.1); nove anos na Albânia (art. 125.2), Bulgária (art. 147.2), em Cabo Verde, Camboja (art. 118.1), Eslovênia (art. 165.1), Espanha (art. 159.3), França (art. 56.1), Hungria,[13] Iugoslávia (art. 125.2), Itália (art. 135.4), Lituânia (art. 103.1), Macedônia (art. 109.2), Mauritânia (art. 81.1) e Ucrânia (art. 148.4); dez na Bolívia (art. 121.4), Haiti (art. 174), Japão (art. 80.2), Panamá (art. 200), Polônia (art. 194.1), Romênia (art. 140.1), República Checa (art. 84.1) e Uruguai (art. 237); onze anos na Bielo-Rússia (art. 126.1); doze anos na Alemanha (art. 4.º, LTCF) e Áustria; quinze, no México (art. 94.8). No Paraguai, os Ministros da Corte Suprema são designados pelo período de cinco anos e só adquirem a inamovibilidade permanente a partir da segunda confirmação (art. 252 do texto permanente e art. 8.º das disposições transitórias da Constituição e art. 19 da Lei n. 609/1995).

Na Argentina (art. 110), na Austrália (art. 72, *ii* e *iii*), nas Bahamas (art. 96.1), em Belize (art. 81), na Bélgica (art. 32), no Brasil (art. 95, I), no Canadá (art. 9.2, Lei S-26/1985), nos Estados Unidos (art. III, seção 1.ª), na Guiana (art. 197.2), em Luxemburgo (art. 91.1), Malta (art. 97.1 e 3), Nepal (art. 87), Taiwan (art. 81) e na Turquia (art. 147) são vitalícios. No Chipre, apenas o Presidente da Corte tem mandato fixo (seis anos – art. 133.6.1), os demais juízes são

---

[12] YUPANQUI. *Peru*, p. 310.

[13] TRÓCSÁNYI. *Hongrie*, p. 59.

vitalícios (art. 133.7.1). Na França, os ex-Presidentes da República são vitalícios (art. 56.2). Na Grécia, fora os Presidentes do Conselho de Estado, do Conselho de Contas e da Suprema Corte, os demais membros-juízes têm mandato de dois anos (art. 100.2). A fixação de idade limite para afastamento compulsório do juiz é prevista tanto em sistemas que adotam a vitaliciedade, quanto naqueles que preferem o modelo de mandato. Assim, encontramos como limite: sessenta anos na Bielo-Rússia (art. 126.1); sessenta e dois em Belize (art. 81), sessenta e cinco nas Bahamas (art. 96.1) e na Guiana (art. 197.2, *b*, admitida excepcional prorrogação – art. 96.1 e 197.2, *b*, *i* e *ii*), em Cingapura (art. 98.1), em Malta (art. 97.1), no Nepal (art. 87.5), na Turquia (art. 147.1) e em Zâmbia (art. 92); sessenta e oito anos na Alemanha (art. 4, Lei da Corte Constitucional Federal) e no Chipre (art. 133.7.1); setenta, na Austrália (art. 72), Áustria (art. 147.6), Bósnia-Herzegóvina (art. VI, § 1.º, *c*), no Brasil (arts. 93, VI e 40, § 1.º, II), na Grécia (art. 78.5) e no Uruguai (art. 250); setenta e cinco, no Canadá (art. 9.2, Lei S-26/1985), no Chile (arts. 77.2 e 81.4) e no Paraguai (art. 261). Na França, não se impõe idade-limite no entanto.

O mandado dos juízes da Corte de Justiça Européia é de seis anos. Na Corte de Estrasburgo, o mandato é de nove anos, impondo o Protocolo n. 11, além da sua redução a seis anos, a idade máxima é de setenta anos.

Os tribunais constitucionais europeus não admitem recondução ou reeleição de seus membros, salvante, no caso espanhol, se houver ocupado o cargo por um prazo inferior a três anos (art. 16.2 da Lei Orgânica n. 2/1979) ou igualmente, na França, se tiver o conselheiro, nomeado para terminar o mandato de seu predecessor, exercido a função por um período não superior a três anos. Na Hungria admite-se uma só recondução e na República Checa, a possibilidade de reeleição não é formalmente excluída pela Constituição.[14] No Uruguai, exige-se o transcurso de cinco anos do término do último mandato para nova designação (art. 237). A reeleição para o período subseqüente é proibida no México (art. 94.8); na Bolívia (art. 121.4) e Peru (art. 201.1), pode haver a reeleição após o transcurso de tempo igual ao que exercera o mandato; também, sob reservas, é admitida no Marrocos (art. 77.3). Na Argélia, admite-se a recondução para um período de três anos (art. 164.3). É

---

[14] KLÍMA. *République Tchèque*, p. 201.

aceita, sem maiores reservas, no Chile,[15] na Coréia do Sul (art. 111.1), na Costa Rica – Lei n. 7.135/1989, em El Salvador (art. 186.2), Equador (art. 275.3), Guatemala,[16] Honduras (art. 305), Japão (art. 80.2) e Síria (art. 141). No caso costarriquenho, os magistrados da Corte são considerados reeleitos para o período subseqüente, se não houver a negativa de pelo menos dois terços do total de membros da Assembléia Legislativa (art. 158). A vedação é expressa na Albânia (art. 125.2) e no Senegal (art. 89.5).

## § 5. INCOMPATIBILIDADES

A Lei Fundamental de Bonn impede que os juízes do Tribunal Constitucional pertençam ao Parlamento, ao Conselho Federal, ao Governo Federal ou a outros organismos correspondentes nos *Länder* (art. 94.1); a Lei Orgânica do Tribunal vai além, ao declarar que a função de juiz constitucional é incompatível com qualquer outra função, salvo a de professor universitário de Direito (art. 3.). Assim também o artigo 57 da Constituição francesa estabelece que as funções de membro do Conselho Constitucional são incompatíveis com a de membro do Governo, do Parlamento ou do Conselho Econômico e Social; a Lei Orgânica de 20 de janeiro de 1995 estendeu a proibição de acumulação também ao cargo ou mandato eletivo. Mas é interessante registrar que não se impede que conselheiro advenha do Parlamento ou de um ministério e vice-versa, tão-somente o obriga a escolher entre uma ou outra função.[17] Dessa forma, nada proíbe que um conselheiro venha a se candidatar a um determinado cargo eletivo, embora existam diferentes conseqüências se se tratar de membro nomeado ou de membro de direito;[18]

---

[15] BERNALES. *Chile*, p. 129.

[16] LAGUARDIA. *Guatemala*, p. 209.

[17] Ficou famosa também a polêmica gerada por *Schwartzenberg* defendendo a tese de inelegibilidade de um ex-Presidente da República, membro de direito do Conselho, e Vedel, que entendia exatamente o contrário: SCHWARZENBERG, Roger-Gérard. *Deux Scénarios*. *Le Monde* de 6 de maio de 1976 e Le "truc" de 1958. *Le Monde* de 12 de maio de 1976. VEDEL, Georges. Réponse à R.-G. Schwarzenberg. *Le Monde* de 8 e 12 de maio de 1976. Em decisão de 7 de novembro de 1984, o próprio Conselho veio a se manifestar a respeito, adotando a posição defendida por Vedel: Décision n. 83-993. ROUSSEAU. Op. cit., p. 46.

[18] Há, ainda, uma série de outras vedações impostas aos membros do Conselho Constitucional, tais como, não revelar as deliberações e votos, não se manifestar publicamente sobre questões decididas ou que sejam suscetíveis de decisão pelo Conselho, não prestar qualquer tipo de consultoria sobre assuntos relevantes, de competência do órgão,

no primeiro caso, haverá de demitir-se do Conselho; no segundo, é afastado de suas funções pelo tempo de exercício de seu mandato. No Camboja (art. 120), no Canadá (art. 4.7, Lei S-26/1985), no Equador (art. 275.3), na Iugoslávia (art. 125.4), na Lituânia (art. 104.3), na Suíça (art. 107.3) e no Usbesquistão (art. 108.3), proíbem-se a acumulação de outro cargo público, o exercício profissional ou de função diretiva em partido político ou envolver-se nos pleitos eleitorais, vedando-se, ainda, na Lituânia, a ocupação de cargo de Presidente ou Vice-Presidente de Sindicatos. Igualmente assim, no Azerbaijão (art. 126.2) e no Haiti (art. 179), interditando-se o exercício de outras profissões ou atividades remuneradas que não sejam as de criação artística, científica e pedagógica. Na Bélgica é semelhante o regime de interdição, podendo o Rei, a pedido da Corte, autorizar o exercício do magistério, a participação como júri de exame em comissão, conselho ou comitê consultivo, desde que não acumule mais de que duas funções remuneradas, nem seus vencimentos totais superem a décima parte da remuneração bruta anual da principal função da Corte (arts. 44, 45, 46, Lei de 6/1/1989). Em Honduras, permite-se também o exercício da diplomacia *ad hoc* (art. 311.1). Na Bulgária, o juiz da Corte Constitucional não pode deter mandato representativo, exercer uma função pública ou social, profissão liberal ou de comércio ou outra atividade profissional remunerada, nem integrar partido político ou sindicato (art. 147. 5). Interditam-se, na República Checa (art. 86) e na Eslováquia (art. 137), aos juízes constitucionais, mandato representativo, cargo público, toda atividade industrial ou comercial, assim como toda atividade econômica ou remunerada, à exceção da gestão do próprio patrimônio e das atividades científicas, pedagógicas, literárias e artísticas. Na Macedônia, proíbe-se o acúmulo de cargos públicos e a participação em partido político (art. 111.1). Na Armênia, a acumulação remunerada só é permitida para trabalho científico ou educacional,

---

não deixar de mencionar a qualidade de juiz constitucional em todo documento suscetível de vir a ser publicado e relativo a toda atividade pública ou privada. Também se vê impedido de ocupar um posto de responsabilidade ou direção em um partido ou grupo político e, de forma geral, de exercer algum tipo de atividade que seja inconciliável com a independência e dignidade de membro do Conselho. *Dominique Rousseau*, analisando essas interdições, diz que não há extremo rigor quanto a sua aplicação. Um conselheiro pode, assim, dar conselho a um ministro amigo, a um grupo parlamentar próximo ou mesmo a seu partido de origem, apresentar uma análise da constitucionalidade de um projeto de lei, tendo em vista a jurisprudência constitucional e sua evolução possível, desde que de forma oral e gratuita: ROUSSEAU. Op. cit., p. 46-47.

mantendo-se a incompatibilidade com a atividade política e partidária (art. 98). Na Polônia (art. 195.3) e na Romênia (art. 142), proíbe-se a acumulação de funções de juiz constitucional com o mandato de Deputado ou de Senador, com as funções ou empregos no Estado, admitindo-se apenas o trabalho de professor. A filiação a partido político também não é admitida.

Na Grécia, são proibidos a participação no governo e o exercício de outro serviço remunerado ou de outra profissão, exceto a eleição para Academia, a atividade docente em universidades e a participação em tribunais, conselhos ou comitês administrativos, vedando-se cargos de diretoria em empresas públicas e privadas. Outras funções administrativas são admitidas de acordo com a lei, inclusive a instituição de sindicatos de juízes (art. 89)

Nessa matéria, a Constituição espanhola é minudente: há incompatibilidade da condição de membro do Tribunal Constitucional com todo mandato representativo, com os cargos políticos e administrativos, com o desempenho de funções diretivas ou de outros cargos ou emprego em partido político ou sindicato, com o exercício das carreiras judicial ou fiscal ou com qualquer outra atividade profissional ou mercantil (art. 159.4). Os magistrados da Corte Constitucional colombiana não podem acumular outro cargo ou emprego público durante o mandato e até um ano de seu término. No México, já nos referimos à série de limitações que se impõem à nomeação dos juízes da Suprema Corte, incluindo o fato de não haver ocupado no ano anterior à eleição os cargos de Secretário de Estado, Procurador-Geral da República ou do Distrito Federal, Senador, Deputado Federal ou Governador de Estado; essa limitação se estende até dois anos após o término do mandato (arts. 95 e 101.2). Além dessas limitações, ainda são vedados o acúmulo de outro cargo ou emprego, exceto se acadêmicos, docentes, científicos ou beneficentes e não remunerados; bem como a advocacia perante os órgãos do Poder Judiciário da Federação (art. 101.1). Rigoroso também é o regime de incompatibilidade dos magistrados da Corte da Hungria. Além da impossibilidade, já assinalada, de ter sido membro do governo, de partido político, administrador público nos quatro anos imediatamente anteriores à eleição, o membro da Corte não pode exercer funções parlamentares ou em outro órgão do Estado, nem de dirigente de órgão de representação de interesses, não podendo exercer atividade política ou mesmo manifestar opinião política. Mas, atividades científicas, educativas, de magistério superior, literárias e artísticas são autorizadas (art. 32 A.5).

Há quem critique a possibilidade de o juiz constitucional ser professor por suposta violação de imparcialidade e de pré-julgamento de questões de constitucionalidade.[19] Seria de se indagar se o constante aperfeiçoamento não suplantaria, de longe, a mencionada possibilidade. Na Hungria, por exemplo, tem-se dado preferência a professores sob o argumento de que a sua solidez intelectual e independência dão a necessária base de continuidade para enfrentar as alternâncias no poder e mesmo as mudanças de regime político.[20]

Na Bielo-Rússia (art. 126.2), na Croácia (art. 123.1) e no Peru (art. 201.1), exige-se dedicação exclusiva. Excepciona-se o magistério universitário e a pesquisa científica no Peru (art. 146) e na Bielo-Rússia, desde que, neste caso, não envolva a assunção de cargos de direção. Na Eslovênia, a Constituição proíbe o acúmulo de qualquer outro cargo público, a integração a órgão partidário, abrindo espaço para que o legislador crie outras incompatibilidades (art. 166). No Congo (art. 141), na Mauritânia (art. 82) e na Síria (art. 140), considera-se incompatível com o cargo de conselheiro constitucional a participação no Governo e no Parlamento, além de outros casos ou situações que venha a prever a lei (art. 140). Em Portugal, consideram-se incompatíveis, com o exercício do cargo de juiz do Tribunal Constitucional, funções nos órgãos de soberania, aí incluídos os das regiões autônomas e do poder local, cargo ou função de natureza pública ou privada, em órgãos partidários, associações políticas ou de fundações conexas ou quaisquer atividades político-partidárias de caráter público, ficando suspenso durante o período de desempenho da magistratura, a filiação em partidos ou associações políticas (art. 28, Lei n. 28/1982). Podem, no entanto, exercer, sem remuneração, as funções docentes ou de investigação científica de natureza jurídica (art. 218). No Chile, pelo contrário, o regime de incompatibilidade é um tanto frouxo. Não se impede, por exemplo, o simultâneo exercício das atividades profissionais, econômicas e públicas, inclusive de funções de Ministro da Corte Suprema e do Tribunal Constitucional, a não ser a acumulação de dois ou mais empregos ou comissões remunerados pelo Fisco, dos cargos de Deputado, Senador ou membro do Tribunal Qualificador de Eleições (arts. 55 e 56).

---

[19] TRÓCSÁNYI. *Hongrie*, p. 60.

[20] Ibidem.

No Uruguai, o exercício do cargo de juiz da Suprema Corte é incompatível com qualquer outra função pública remunerada, salvo a de professor de universidade pública de matéria jurídica, e com toda outra função pública permanente, exceto se relacionada com a atividade judicial e desde que autorizada pela Corte. Não podem postular, defender e ajuizar demandas judiciais, ou intervir fora de sua obrigação funcional, salvo se se tratar de assuntos pessoais, de cônjuge, filhos ou ascendente (arts. 251.1 e 2, e 252.1).

No quadro geral de incompatibilidade de membros do Judiciário brasileiro, inserem-se as vedações dos Ministros do Supremo Tribunal Federal (art. 16 do RISTF): exercer, ainda que em disponibilidade, outro cargo ou função, salvo uma de magistério; receber, a qualquer título ou pretexto, custas ou participação em processo; dedicar-se à atividade político-partidária (art. 95, parágrafo único, I a III, CRFB). A atual Lei Orgânica da Magistratura, Lei Complementar n. 35, de 14 de março de 1979, veda ainda o exercício do comércio ou a participação em sociedade comercial, inclusive de economia mista, exceto como acionista ou quotista; o exercício de cargo de direção ou técnico de sociedade civil, associação ou fundação de qualquer natureza ou finalidade, salvo de associação de classe, e sem remuneração; a manifestação, por qualquer meio de comunicação, de opinião sobre processo pendente de julgamento, seu ou de outrem, ou juízo depreciativo sobre despachos, votos ou sentenças, de órgãos judiciais, ressalvada a crítica nos autos e em obras técnicas ou no exercício do magistério (art. 36, I a III).

Na Europa, o juiz da Corte de Justiça não pode exercer outra função pública ou administrativa ou qualquer outra atividade profissional, ainda que não remunerada, admitindo-se, contudo, o magistério gratuito.

## § 6. GARANTIAS

Podemos falar de (I) garantias do cargo e (II) garantias do órgão, para reforço de uma atuação jurisdicional independente e imparcial.

### I. Garantias do cargo

A par de uma série de restrições impostas para o exercício do cargo de juiz das Cortes Constitucionais, elencam-se garantias para o seu desempenho imparcial e independente. Em regra, o prazo do mandato não poderá ser interrompido, a menos que tenha atingido, quando for o caso, a idade máxima permitida para o exercício das funções constitucionais, que venha a falecer, seja demitido por incompatibilidade ou descumprimento das obrigações impostas pelo cargo, segundo um processo levado a efeito pelo próprio tribunal, ou ainda na hipótese de pedir exoneração. Lemos, assim, no artigo 159.5 da Constituição espanhola que os membros do Tribunal Constitucional serão independentes e inamovíveis no exercício de seu mandato, sem prejuízo de ocorrerem casos de cessação previstos na Lei Orgânica. O artigo 26 dessa lei, promulgada em 3 de outubro de 1979, n. 2/1979, determina que a responsabilidade criminal dos magistrados do TC somente será exigida perante a Sala Penal do Tribunal Supremo. Em Portugal, os magistrados do TC são independentes, inamovíveis, imparciais e irresponsáveis, cabendo ao próprio Tribunal o exercício do poder disciplinar sobre seus membros (art. 224.5).

Na Argentina, os magistrados do Alto Tribunal são inamovíveis, estáveis e gozam do privilégio da intangibilidade remuneratória (art. 110). Assim também na Grécia (art. 88), na Guiana (art. 197, *b*), na Irlanda (arts. 35.4 e 5), no México (art. 94.8) e no Nepal (87.7 e 11). Inamovíveis são os magistrados da Corte Suprema da Austrália (art. 72, *ii*), das Bahamas (arts. 93.3 e 96.4), do Canadá (art. 9.1, Lei S-26/1985), do Haiti (art. 177), de Honduras (art. 309.1), da Nicarágua (art. 162) e de Cingapura (art. 94.2), bem como da Corte Constitucional do Chipre (art. 133.7.1), de Luxemburgo (art. 91.1), de Malta (art. 97.2) e da República Eslovaca (art. 138.2). São também inamovíveis e gozam de imunidade de jurisdição no curso do mandato os juízes da Corte Européia de Justiça e do Conselho constitucional senegalês (art. 93.1). Os membros do Tribunal Constitucional boliviano não gozam de imunidade, embora respondam por delitos cometidos no exercício de suas funções perante o Senado, após a formação de culpa na Câmara (art. 121.6). Situação semelhante se reproduz na Colômbia (art. 174). No Chile (arts. 41.7.2, 78, 81.3) e no Paraguai (art. 255), os membros do Tribunal gozam de imunidade, inclusive de decisões, decretos e informes sobre as matérias de sua competência, e não podem ser presos sem ordem de Tribunal competente ou em caso de flagrante delito; estão, no Chile, isentos de toda obrigação de serviço pessoal que as leis imponham aos cidadãos e não devem comparecer pessoalmente em face de uma citação judicial.[21]

---

[21] BERNALES. *Chile*, p. 129.

A inamovibilidade, no Paraguai, só se adquire após dez anos, vale dizer, após terem sido confirmados nos cargos por dois períodos seguintes ao de sua eleição (art. 252). No Japão, embora inamovíveis (art. 78.1), a nomeação do juiz constitucional deve ser aprovada pelo povo, na primeira eleição geral dos membros da Câmara de Representantes que se siga à nomeação e a cada dez anos, por ocasião da primeira eleição geral daqueles membros (art. 79.2).

Na Armênia (art. 96 da Constituição e arts. 10 a 12 da Lei Orgânica do Tribunal Constitucional), na Bulgária (art. 147.6), na Croácia (arts. 123.2 e 124), no Equador, na Eslovênia (arts. 165 e 167), na Hungria,[22] na Iugoslávia (art. 125.5), na Lituânia (art. 104.4), na Mauritânia (art. 81.3), no Peru (art. 201.1) e na Romênia (art. 143), além da inamovibilidade, gozam de imunidade análoga à dos parlamentares, só podendo ser presos em flagrante delito, qualificado previamente, no caso equatoriano, como tal pela Corte Suprema de Justiça.[23] Igual ocorre no Panamá (arts. 207, 208 e 213) e Uruguai (art. 84.1, Lei n. 15.750/1985). Na República Checa, os juízes constitucionais só podem ser processados criminalmente com o consentimento do Senado. A perda do cargo, fora da extinção por decurso do prazo de mandato, pode decorrer da perda das condições de elegibilidade para o Senado, por condenação por um um crime doloso ou por decisão disciplinar do Pleno da Corte Constitucional (art. 86). Na Polônia, a imunidade do juiz constitucional chega inclusive perante a justiça ordinária, de modo que, para ser demandado, faz-se necessário o consentimento do Tribunal Constitucional (art. 196). A garantia de irredutibilidade de vencimentos e a paridade, pelo menos aritmética, com o salário do Presidente da República e com o Presidente da Assembléia Nacional, são asseguradas na Bulgária.[24] Na Hungria, o Presidente da Corte Constitucional beneficia-se de um tratamento igual ao do Primeiro Ministro e os demais, ao dos Ministros.[25] O mesmo quadro é previsto na Romênia, inclusive quanto à política remuneratória.[26] A Constituição brasileira, por seu turno, garante a todos os juízes, alcançando, de forma clara e sem as exceções previstas, os Ministros do Supremo Tribunal, além da vitaliciedade, a inamovibilidade e irredutibilidade de vencimentos (art. 95, I a III). O

---

[22] TRÓCSÁNYI. *Hongrie*, p. 61.

[23] PESANTES. *Ecuador*, p. 159.

[24] KARAGIOZOVA-FINKOVA. *Bulgarie*, p. 12.

[25] TRÓCSÁNYI. *Hongrie*.

[26] VASILESCU. *Roumanie*, p. 129.

artigo 102, I, *b*, inclui como competência do próprio Tribunal processar e julgar originariamente, nas infrações penais comuns, seus Ministros. Na linha do constitucionalismo norte-americano, sem embargo, a competência para julgá-los, no caso de crimes de responsabilidade, é deferida privativamente ao Senado Federal (art. 52, II). Em tal circunstância, funcionará como Presidente do Senado o do Supremo Tribunal Federal, se não for ele mesmo o acusado, hipótese em que será substituído pelo Vice-Presidente do Supremo. A condenação, que somente será proferida por dois terços dos votos da Casa, limita-se à perda do cargo, com inabilitação, por oito anos, para o exercício de função pública, sem prejuízo das demais sanções judiciais cabíveis (parágrafo único do art. 52).

É interessante a posição a esse respeito, defendida por *Louis Favoreu*, que vê na garantia de um estatuto do juiz ou conselheiro uma forma de assegurar-se sua independência e "despolitização", muito mais do que as condições de capacidade jurídica impostas para sua designação:

> "Na realidade, é inútil querer encontrar um sistema que garanta uma perfeita imparcialidade e um apoliticismo total, tanto pelas razões de fundo que ja expusemos – a jurisdição constitucional reflexo de lutas políticas – como por razões de procedimento, que têm a dificultade de uma designação 'objetiva'." [27]

## II. *Garantia institucional ou orgânica*

Além das garantias de seus membros, a própria Corte requer, para uma atuação independente, um estatuto de autonomia administrativa, orçamentária e financeira. Mas o direito comparado revela um quadro bastante heterogêneo a esse respeito.

A Suprema Corte da Nação Argentina possui autonomia administrativa para nomear seus servidores e adotar o regulamento inter-

---

[27] FAVOREU. *Informe General Introductorio*, p. 27. Não obstante ele reconhecer a importância do requisito expresso de capacidade jurídica como limite da influência das autoridades políticas, tanto que, na tentativa de reduzir um certo hiato entre o Conselho Constitucional francês para o que não se exige tal capacidade e os tribunais constitucionais europeus que a exigem, afirma: "En cuanto a la composición del Consejo Constitucional es similar a la de los demás tribunales, salvo que hay menos professores de derecho, siendo la presencia de los mismos una característica propia de los Tribunales Constitucionales europeus" (p. 26).

no (art. 113). Não detém, contudo, poder para dispor sobre o seu orçamento, deferido ao Conselho da Magistratura (art. 114.6). Poder para dispor sobre seu regimento interno tem também a Corte Constitucional turca (art. 149.3). A Suprema Corte de Justiça mexicana nomeia e remove seus secretários, funcionários e servidores (art. 97.4). A Corte Constitucional búlgara possui autonomia administrativa e competência exclusiva para apresentar projeto de lei do seu orçamento anual (art. 87.2). O Tribunal Constitucional chileno tem autonomia para nomear seus funcionários e fixar-lhes a remuneração (art. 77, Lei n. 17.997/1980). Também aprova, com a comunicação ao Ministro da Fazenda, o seu orçamento anual, excluída a fixação remuneratória, bem assim a prestação de contas feitas pelo Presidente e Secretário sobre a aplicação dos recursos remanescentes.[28] O Tribunal Constitucional romeno tem um orçamento próprio. Seu projeto é aprovado em assembléia plenária e apresentado ao Governo para inclusão no orçamento do Estado e submissão ao Parlamento (Lei n. 182/1993).[29] Semelhante é o regime orçamentário da Corte armena (art. 7.º, Lei Orgânica do Tribunal Constitucional) e hondurenha (art. 319.13), reservando, ainda, neste último caso, o percentual de 3% das receitas líquidas do Estado (art. 306). A Corte Suprema da Nicarágua (art. 164.6) e o Tribunal Constitucional do Peru (art. 2, Lei n. 26.435/1995) têm poderes para editar o próprio regulamento interno e nomear o seu pessoal. A Corte Suprema panamenha também formula o orçamento do Poder Judiciário, remetendo-o ao Executivo para sua inclusão no orçamento geral do setor público. Garante-se ao Judiciário e ao Ministério Público, em conjunto, no mínimo 2% dos ingressos correntes do governo central (art. 211). O Tribunal Constitucional português é quem elabora seus regimentos internos e aprova a proposta de seu orçamento anual (art. 224.4 da Constituição e Lei n. 28/1982). No Paraguai, o Poder Judiciário tem o seu próprio orçamento, aprovado pelo Congresso, não sendo inferior a 3% do orçamento do governo central (art. 249). Na Guatemala, a Constituição procura assegurar a "independência econômica da Corte de Constitucionalidade", com a reserva de um percentual dos ingressos consignados para o Poder Judiciário (art. 268.2).

No Brasil, assegura-se ao Tribunal o poder de auto-organização (art. 96, II, *a* a *d*) e autonomia administrativa e orçamentária (art. 98, § 2.º, I e II).

---

[28] BERNALES. *Chile*, p. 133.

[29] VASILESCU. *Roumanie*, p. 131.

# SEÇÃO II
# ATRIBUIÇÕES E COMPETÊNCIAS

Embora também aqui se notem particularidades entre os diversos tribunais da jurisdição constitucional, há uma certa ênfase no exercício da função de guardião constitucional, de preservação da "integridade" do ordenamento jurídico-constitucional, nos múltiplos aspectos em que esta se pode apresentar ameaçada. Assim, será o órgão encarregado de efetuar, por excelência e, em muitos casos, com exclusividade, o controle de constitucionalidade das normas, de manter o equilíbrio federal ou quase-federal, de solucionar o *contencioso eleitoral*, ao menos como última instância, e de promover, através de medidas preventivas ou corretivas, a política dos direitos fundamentais. Essas competências podem estar assinaladas diretamente pela Constituição, em maior ou menor grau de detalhamento, como podem estar deferidas à lei, *v. g.*, no México (art. 94.4)

Reunimos, para efeito de estudo comparado, as competências em sete grandes grupos de contencioso: de normas (1), de órgãos e poderes (2), de órgãos central e local ou federativo (3), penal ou de responsabilização constitucional (4), eleitoral (5), ao lado da jurisdição constitucional das liberdades (6), e, indicativamente, outras competências que podem ser atribuídas pelos sistemas constitucionais concretos (7). Exceto para o primeiro e sexto casos, em face de suas peculiaridades, faremos uma distinção entre o modelo de Suprema Corte e o modelo de Tribunal Constitucional, incluindo neste último modelo tanto os sistemas que adotam designadamente um Tribunal Constitucional quanto os que prevêem conselhos constitucionais e até aqueles que especializam uma sala ou sessão da Suprema Corte para as funções de guardião constitucional, com vistas a se registrarem as diferenças e interligações entre os dois modelos.

### § 1. CONTENCIOSO DE NORMAS (OU DE CONSTITUCIONALIDADE)

Há diversas formas de classificação do contencioso de normas. Podemos falar, por exemplo, de um contencioso de constitucionalidade, de legalidade, de convencionalidade e comunitariedade, conforme se tome como parâmetro de controle a Constituição, uma lei, uma convenção internacional ou, especialmente no caso europeu, os tratados da União Européia. Para fins de nosso estudo, vamos preferir o recurso ao critério da finalidade do controle, se destinado à solução de um conflito concreto de interesses (I) ou a um puro exercício de compatibilidade ou conformidade de um ato à norma-parâmetro, objetivando um controle de consistência e prevalência ou supremacia da referida norma (II).

## I. Controle concreto

No curso de uma demanda judicial e, excepcionalmente, administrativa (Áustria – arts. 140.1 e 144.1; Bélgica – art. 1.º, Lei de 6/1/1989; Costa Rica – art. 10; Itália, no exercício da função jurisdicional – art. 113.3 da Constituição, art. 1.º, Lei Constitucional n. 1/1948 e Lei n. 87/1953, art. 23) em torno de interesses concretos, pode ser suscitada a questão de validade da norma aplicável ao caso, desencadeando um controle prejudicial e incidental (1) de normas ou um recurso direto e concentrado (2). De qualquer forma, posterior ou sucessivo.

### 1. Controle incidental

A competência para realizar o controle incidental pode bem ser conferida a todos os juízes, dizendo-se então difuso e, do ponto de vista do Tribunal da Jurisdição Constitucional, preponderantemente recursal (Argentina – art. 117; Austrália – art. 73; Brasil – art. 101, III; Canadá – arts. 35 e 36, Lei S-26/1985; Estados Unidos – art. III, seção 2.ª; Grécia – arts. 93.4 e 100.1, *e* e *f*; Guiana – art. 133.1; Japão – art. 81; Portugal – art. 207 e 208.1), inclusive de subida obrigatória ou de ofício (Canadá, tanto via Corte de Apelo como *per saltum;* Nicarágua – art. 164.2;[30] Peru – art. 14 da Lei Orgânica do Poder Judiciário – todavia o recurso segue para a Suprema Corte e não para o Tribunal Constitucional) ou ser entregue à Suprema Corte (Bahamas – art. 28.2; Belize – art. 79; Chile – art. 80, em que pese a existência ali de um Tribunal Constitucional; Granada – arts. 101 e 102; Haiti – art. 183; Honduras – arts. 185.2 e 3; Nepal – art. 88.1; Panamá – art. 203.1.2; Uruguai – art. 258.2) ou ao Tribunal Constitucional (Áustria – art. 139.1 – regulamento e 140.1-leis; Alemanha – art. 100.1; Bélgica – art. 26, § 2.º, Lei de 6/1/1989; Bolívia – art. 122, *a;* Bósnia-Herzegóvina – art. VI, § 3.º, *c*; Bulgária – art. 150.2; Camboja – art. 120; Chechênia – art. 107; Chipre – art. 144.1;

---

[30] TÉRAN e CASTILLO. *Nicaragua*, p. 263.

Congo – art. 148.2; Coréia do Sul – art. 107.1; Costa Rica: Corte especializada – art. 10; Egito – art. 175.1; Eslovênia – art. 156; Espanha – art. 163; Hungria – art. 1.º, Lei n. XXXII/1994; Itália – art. 1 da Lei Constitucional n. 1/1948 e art. 23 da Lei n. 23/1953); Lituânia – art. 110.2; Madagascar – art. 113; Malta – art. 95.3; Paraguai: Sala Constitucional – art. 260.2; Polônia – art. 193; Romênia – art. 144, *c;* República Eslovaca – art. 130.1; *d* e República Checa – art. 87.1, *a* e *b*; Senegal – art. 92.1; Tailândia – art. 206.1; Turquia – art. 152.1) de forma exclusiva e originária, merecendo o título de controle direto, por ação ou originário. Podemos também encontrar um sistema concentrado relacionado a outros contenciosos, como o contencioso de direitos fundamentais ou de conflito de órgãos, aquele adotando variadas formas: concentrada, difusa e mista; este, difusa apenas. A distinção não pode ser apresentada como rigorosa, se lembrarmos que, na Irlanda, a Alta Corte (*High Court*) concentra a resolução dos incidentes de inconstitucionalidade, suscitados pelos tribunais inferiores, cabendo, todavia, recurso à Suprema Corte (arts. 34.3.2 e 34.4.3). Muito semelhante é o modelo da Namíbia (arts. 79.2 e 80.2). Em alguns sistemas concentrados, são encontrados elementos excepcionais de controle difuso, a exemplo do controle de normas pré-constitucionais na Alemanha,[31] Bulgária,[32] Espanha,[33] Itália;[34] e, ainda na Alemanha, das normas revogadas[35] e das disposições infralegais, se a Constituição do *Land* não prevê controle pelo respectivo Tribunal Constitucional.[36]

No caso do controle concentrado, qualquer juiz pode submeter a questão ao Tribunal, embora, em alguns lugares, exija-se a pronúncia de um tribunal ou jurisdição mais graduados. Assim, na África do Sul, o envio do incidente só pode ser feito pela Suprema Corte de Apelo ou pelos tribunais superiores (art. 167.5); na Áustria, o controle de constitucionalidade das leis – não, todavia, dos regulamentos – pode iniciar-se pelo Alto Tribunal Administrativo,

---

[31] ALEMANHA. Corte Constitucional Federal. *BVerfGE* 2, 124-128.

[32] KARAGIOZOVA-FINKOVA. *Bulgarie*, p. 21-22.

[33] ESPANHA. Tribunal Constitucional, STC n. 4/1981.

[34] "Se il giudice *a quo* há ritenuto invece di rimettere la questione a questa Corte (...) si è evidentemente inteso di non riconoscere l'intercorsa abrogazione della norma": sentença n. 193/1985.

[35] ALEMANHA. Corte Constitucional Federal. *BVerfGE* 10, 124-127.

[36] ALEMANHA. Corte Constitucional Federal. *BVerfGE* 1, 184-187; 10, 124-127.

pelo Tribunal Supremo, por qualquer tribunal que atue na Segunda Instância e pelas salas independentes do contencioso administrativo (*Unabhangige Verwaltungssenate*) (art. 140.1); na Bulgária, apenas os tribunais superiores podem fazer o envio das questões, restando aos demais a notificação a esses tribunais, com vistas ao desencadeamento do processo de envio (art. 150.2). Na Guatemala, se a argüição tiver sido feita perante um juiz inferior, este deve suspender o processo e remeter a questão ao tribunal de hierarquia superior, que conhecerá da inconstitucionalidade em primeira instância, dando ensejo à apelação à Corte de Constitucionalidade (arts. 120 e 123 do Decreto-Lei n. 1/1986, "Lei de Amparo, Exibição Pessoal e de Constitucionalidade").[37] Apenas os tribunais superiores podem suscitar o incidente na Rússia (art. 125.2.4) e no Senegal (art. 92.1). Admite-se, em regra, o conhecimento de ofício e é dada uma certa margem de apreciação prévia ao juiz *a quo*, cercada de vários requisitos, como a "relevância" da questão para a decisão do caso concreto, sua relação prejudicial, e a não revelação de "manifesta falta de fundamento", como existem na Itália (art. 23.2, Lei n. 87/1953) e, sob variados nomes e alcance, em outros sistemas constitucionais (Alemanha,[38] Espanha – arts. 35 e 37.1, Lei n. 2/1979). Isso importa uma obrigação de exame prévio da questão, devendo o juiz manifestar sua convicção acerca da inconstitucionalidade, não sendo suficiente que emita meras dúvidas a respeito. Assim também na Turquia, o juiz deve estar convencido da plausibilidade do vício de inconstitucionalidade para enviar a questão à Corte Constitucional. Se não estiver convencido, não deverá suscitar o incidente, mas deixar para que a instância de apelação decida a respeito (arts. 152.2 e 3). O processo fica suspenso desde o envio, na quase totalidade dos sistemas, ou imediatamente antes da decisão (Paraguai).[39] No caso turco, a suspensão se dá pelo prazo máximo de cinco meses. Se, de toda forma, sobrevier decisão da Corte, antes do trânsito em julgado, a instância originária de julgamento fica vinculada àquela decisão (arts. 152.2 e 3). As partes podem ter (Itália – art. 25.2, Lei n. 87/1953; Romênia – Lei n. 47/1992) ou não (Bulgária – Lei de 30 de julho de 1991; Espanha – art. 37)

---

[37] LAGUARDIA. *Guatemala*, p. 212.

[38] ALEMANHA. Corte Constitucional Federal. *BVerfGE* 47, 146; 49, 89. O Tribunal não pode suscitar a questão quando haja possibilidade de uma interpretação da lei conforme com a Constituição: *BVerfGE* 22, 373.

[39] MENDONÇA e MENDONÇA. *Paraguay*, p. 298.

acesso ao processo que tramita no Tribunal. Em alguns lugares é dada a oportunidade para os órgãos responsáveis pela edição do ato apresentarem manifestação (Espanha – art. 37.2, Lei Orgânica n. 2/1979; Romênia – Lei n. 47/1992. Restrita, todavia, ao Presidente do Conselho de Ministros e do Presidente da Junta regional: Itália – art. 25.3), assim também o Fiscal ou Procurador-Geral (Espanha – art. 37.2, Lei Orgânica n. 2/1979; Romênia – Lei n. 47/1992). Em regra, no entanto, o incidente se extingue se o processo principal chegar ao fim, por algum outro motivo diferente do mérito ou do objeto da prejudicial.

Um paralelo, com as proporções devidas, pode ser dado entre esse incidente concentrado e a "certificação" (*certification*) das Cortes de Apelação norte-americanas. Em qualquer momento, no curso de qualquer questão de direito, em casos civis ou criminais, as Cortes de Apelação podem solicitar à Suprema Corte instruções. De atuação obrigatória e não discricionária, a Suprema Corte pode dar instruções vinculantes ou requerer o expediente completo para decidir a controvérsia de forma total. Todavia, não pode se tratar de questões gerais ou abstratas, nem indefinidas ou com uma amplitude tal que comporte várias respostas diferentes.[40]

No caso brasileiro, há a possibilidade de o parlamentar questionar a constitucionalidade de um projeto de lei ou proposta de emenda constitucional, ganhando a particulariedade de ser um controle preventivo, incidental e ajuizado perante o Supremo Tribunal Federal.[41]

No controle difuso, o juiz *decide* a questão preliminar suscitada tanto por provocação das partes, quanto pelo próprio juiz ou, em alguns sistemas pelo Ministério Público (Portugal – art. 280.5).

Uma nota final deve ser dada aqui para o reenvio que faz o juiz nacional à Corte Européia de Justiça, destinado a uma apreciação da validade ou uma interpretação do direito comunitário necessários à solução do caso concreto que lhe está a ser demandado.

---

[40] STERN, GRESSMAN e SHAPIRO. *Supreme Court Practice*, p. 460.

[41] BRASIL. Supremo Tribunal Federal. Pleno. MS n. 20.257-DF, Rel. Min. Décio Miranda. *RTJ* v. 99, t. 3, p. 1.031; MS n. 22.503-DF, Rel. p/ acórdão Min. Maurício Corrêa. *RTJ* v. 169, t. 2, p. 181-261. É discutível se a Argüição de Descumprimento de Preceito Fundamental, nos moldes da Lei n. 9.882/1999, alcançaria o controle preventivo pelo menos por duas razões: a) a necessidade de mudança constitucional e b) o respeito aos atos *interna corporis*. Cf., a respeito, TAVARES e ROTHENBURG (Orgs.). *Argüição de Descumprimento de Preceito Fundamental*: Análises à Luz da Lei n. 9.882, p. 12 et seq.

Esse reenvio é obrigatório para as jurisdições supremas e facultativo para as instâncias inferiores.[42]

## 2. Controle direto

Em alguns lugares, a pessoa afetada poderá interpor, diretamente, perante o Tribunal, um recurso ou ajuizar uma ação de inconstitucionalidade, mesclando um pouco os sistemas concreto e abstrato. Há, por certo, um interesse concreto a ser tutelado, mas a forma de ajuizamento, o seu objeto e certas características do procedimento nos lançam no terreno fronteiriço entre os dois controles. Um direito fundamental, em regra, está em jogo, atenuando, por outro lado, a distinção entre jurisdição de normas e jurisdição das liberdades. É por isso que o contencioso relativo a esses direitos podem aqui ser lembrados (Alemanha – art. 93.1.4a; Espanha – art. 161; Hungria – Lei n. XXXII/1994; Nepal – art. 88.1; Nicarágua – art. 20 da Lei n. 49/1988, a "Lei de Amparo"; Paraguai – art. 259.4; Polônia – art. 79.1; República Checa – art. 87.1, *d*; República Eslovaca – art. 127). Na Áustria, para que não fique sem registro, existe o recurso individual (*individualantrag*), ajuizado em face de normas que atinjam, de modo atual, imediato e gravoso a esfera jurídica do demandante, que se submete ao princípio da subsidiariedade – somente é admitido se não houver outro meio de levar a questão à Corte Constitucional (arts. 139.1 e 140.1). Na Bélgica, pode disparar um processo de fiscalização de constitucionalidade quem justificar interesse (art. 4.º, Lei de 6/1/1989). Na Bolívia, o controle concreto se refere a recursos interpostos contra tributos e contra resoluções das Câmaras Legislativas, quando afetam os direitos e garantias das pessoas (art. 122, *d* e *e*). Na Costa Rica, os particulares possuem legitimação direta para acionar o controle concreto, quando não se exigir nenhum juízo ou procedimento administrativo prévios, na defesa dos interesses difusos ou da coletividade em seu conjunto e na hipótese de impugnação de leis auto-aplicáveis, enquanto norma e aplicação (art. 75, Lei n. 7.135/1989). Em Honduras, tem legitimidade direta quem se sentir lesionado em seu direito ou interesse por uma lei considerada inconstitucional (art. 185).

Na Iugoslávia, o controle de constitucionalidade depende da iniciativa de "autoridades governamentais" e de pessoas jurídicas

---

[42] BOULOUIS. *Droit Institutionnel de l'Union Européene*, p. 298.

ou associativas, quando entenderem que um dispositivo inconstitucional viola um direito ou interesse (art. 127.2). É possível também seu início *ex officio* (art. 127.3).

Lembremos que, no Brasil, afora a discussão sobre a qualidade de controle concreto da ação direta de inconstitucionalidade por omissão e da representação interventiva, ainda se impõe o debate da natureza e alcance da Argüição de Descumprimento de Preceito Fundamental (art. 102, § 1.º). É que a Lei n. 9.882/1999, em seu artigo 1.º, dispõe que a ADPF "terá por objeto evitar ou reparar lesão a preceito fundamental, resultante de ato do Poder Público". "Ato" não necessariamente normativo. Ainda que o Presidente da República tenha vetado a legitimidade de qualquer pessoa lesada ou ameaçada pelo ato do Poder Público (art. 2.º, II), ainda remanesceu o § 1.º desse dispositivo que faculta ao interessado, mediante representação, solicitar a propositura de argüição ao Procurador-Geral da República. Destaca-se, portanto, a possibilidade de a ADPF vir também a proteger situações concretas.

## II. Controle abstrato

O princípio da supremacia das "normas-de-origem" demanda uma especialização do controle de compatibilidade ou conformidade da "norma originada", a ponto de prescindir da existência de relações jurídicas controvertidas ou situações concretas a serem resolvidas como pretexto ou base do controle, primando-se apenas pela consistência lógico-formal do sistema jurídico. Os processos relacionados com esse controle, por isso mesmo, são ditos "objetivos" ou "sem partes" e estão mais adequadamente inseridos no modelo de Tribunal Constitucional, embora não faltem em alguns sistemas de Suprema Corte ou, para alguns, mais apropriadamente chamados de sistemas mistos. Uma distinção pode ser feita em razão do objeto de controle, conforme seja a norma em projeto, antes de sua promulgação (1) ou após ter sido promulgada (2).

### 1. Controle preventivo, prévio ou *a priori*

A fiscalização de constitucionalidade se pode operar antes de uma norma ser promulgada, evitando os percalços da "existência" de normas contrárias à Constituição. Pode ser prevista tanto em modelo de Tribunal Constitucional (África do Sul, Albânia, Alemanha, Argélia, Armênia, Angola, Áustria, Azerbaijão, Bolívia, Bulgária,

Camboja, Chipre, Colômbia, Congo, Costa Rica, Chile, Croácia, El Salvador, Equador, Eslovênia, Espanha, Estônia, França, Geórgia, Guatemala, Hungria, Itália, Lituânia, Madagascar, Marrocos, Mauritânia, Moldova, Polônia, Portugal, Romênia, Ruanda, Senegal, Síria, Tailândia, Ucrânia), quanto de Suprema Corte (Bahamas, Belize, Canadá, Finlândia, Irlanda, Noruega, Panamá, Cingapura) e até no âmbito do direito comunitário. Pode ter (a) *natureza obrigatória*, geralmente em face de tratados e convenções internacionais (Bulgária – arts. 85.3 e 149.1; Colômbia – art. 241.10, após a promulgação da lei, mas antes da ratificação; Costa Rica – art. 10, *b*; Equador – arts. 162.2 e 276.5; Eslovênia – art. 160.2; Madagascar – art. 82.2; Polônia – 188.2; Portugal em relação às consultas referendárias – arts. 118, 241.3 e 225.2, *f*; Rússia – art. 125.2, *d*; União Européia), de certas espécies de leis, em regra, "reforçadas" (propostas de revisão constitucional mesmo antes de serem apresentadas na Romênia – art. 144, *a*; ou, após, na Costa Rica – art. 10, *b*; no Camboja – art. 124 – e Guatemala – art. 175.2; ainda na Costa Rica, projeto de reformas à Lei da Jurisdição Constitucional – Lei n. 7.135/1989; normas constitucionais estaduais originárias ou derivadas na África do Sul – art. 144; na Colômbia, leis estatutárias – arts. 153.1 e 241.8; leis orgânicas no Chile – art. 82.1; no Congo – art. 147.2; na França – art. 61.1; no Marrocos – art. 79.2; na Mauritânia – art. 86.1 e Senegal – art. 62; leis interpretativas no Chile – art. 82.1; regulamentos das assembléias no Congo – art. 147.1; na França – art. 61.1; no Marrocos – art. 79.2 e Senegal – art. 62), leis em geral, regimentos parlamentares e regulamentos (Madagascar – arts. 83, 110.1 e 112), vetos presidenciais ou executivos, por motivos de inconstitucionalidade, apresentados (Equador – arts. 154 e 276.4; Honduras – art. 216.3; Irlanda – art. 26.1.1; Portugal – art. 278.1; Tailândia – art. 205.2) ou derrubados (África do Sul – arts. 79.4 e 121.3; Colômbia – art. 167.3; Costa Rica – art. 128; El Salvador – art. 138; Mauritânia – art. 62.4; Panamá – art. 165); ou (b) *natureza facultativa*, dependendo de provocação de legitimados (Áustria: Governo Federal ou de um *Land* no processo de declaração de competência (*Kompetenzfeststellung*) legislativa – art. 138.2; Alemanha: Governo Federal dos *Länder* ou um terço dos membros do *Bundestag*; excepcionalmente em relação à lei que ratifica tratado – arts. 59.2 e 93.1.2,[43] também outros órgãos constitucionais podem

---

[43] ALEMANHA. Corte Constitucional Federal. *BVerfGE* 1, 369; 35, 257; 36, 1.

suscitar um controle preventivo no âmbito de um conflito com outro órgão constitucional;[44] Azerbaijão: Presidente da República, Parlamento, Gabinete, Suprema Corte, Procurador-Geral da República e a Assembléia da República autônoma – art. 130.3; Bolívia: Presidente da República, Presidente do Congresso Nacional e o Presidente da Suprema Corte de Justiça – art. 122, *i*; Chipre: Presidente e Vice-Presidente da República – arts. 130.1 e 142.1; Costa Rica: Parlamento ou não menos de dez Deputados – Lei n. 7.135/1989; Eslovênia: Presidente da República, o Governo ou um terço dos Deputados – art. 160.2; na França: o Governo ou o Presidente da Assembléia Nacional, relativamente à invasão do domínio do regulamento ou da delegação legislativa feita, o Presidente da República, o Primeiro-Ministro, o Presidente da Assembléia Nacional, o Presidente do Senado em relação aos tratados, incluindo-se sessenta Deputados e sessenta Senadores, em relação às leis ordinárias – arts. 41.2 e 54; Camboja: Rei, Primeiro-Ministro, Presidente da Assembléia Nacional, um décimo dos Deputados, Presidente do Senado e um quarto de Senadores – art. 121; Chile: Presidente da República, se não concordar com a representação pela inconstitucionalidade, formulada pelo Controlador-Geral em relação ao Decreto com força de lei e nas questões sobre constitucionalidade que se suscitem durante a tramitação dos projetos de lei, de reforma constitucional e dos tratados submetidos à aprovação do Congresso; as Câmaras ou por uma quarta parte de seus membros no exercício, nesta última hipótese – arts. 82.4 e 82.7; Congo: Governo, Presidente da República, Presidente da Assembléia e Presidente do Senado, Presidente da Suprema Corte, Presidente do Conselho de Informação e Comunicação, Presidente do Conselho Local, um terço do número de Deputados ou de Senadores – arts. 146 e 147.2; Espanha: Governo e Câmaras – art. 95.2; Hungria: Presidente da República, Conselho de Ministros, Assembléia Nacional, Comissão Parlamentar Permanente ou cinqüenta Deputados, em face de projetos de lei e regulamentos da Assembléia Nacional votados e ainda não promulgados – art. 26.4 da Constituição e art. 1.º, Lei n. XXXII;[45] Guatemala: qualquer órgão do Estado – art. 272; Irlanda: Presidente da República – art. 26.1.1; Itália: Governo Federal – art. 134;

---

[44] SCHLAICH. *El Tribunal Constitucional Federal Alemán*, p. 160.

[45] HUNGRIA. Corte Constitucional, decisão n. 22/1996 AB e n. 29/1997 AB; cf. TRÓCSÁNYI. *Hongrie*, p. 65.

Madagascar: Presidente da República – art. 110.1; Marrocos: Rei, Primeiro-Ministro, Presidente da Câmara ou um quarto dos Deputados – art. 79.3; Lituânia – Presidente da República ou Parlamento – art. 106.5; Mauritânia: Presidente da República, Presidente da Câmara dos Deputados, Presidente do Senado, um quinto de Deputados ou Senadores – art. 86.2; Portugal: Presidente da República; no caso de leis orgânicas, também o Primeiro-Ministro ou um quinto dos Deputados e em dos diplomas regionais, os Ministros da República – arts. 278.1 e 2; Romênia: Presidente da República, Presidente das Câmaras, Governo, Corte Suprema de Justiça, cinqüenta Deputados ou vinte e cinco Senadores – art. 144, *a*; Cingapura – Presidente da República – art. 100.1; Síria: Presidente da República e um quarto dos membros da Assembléia do Povo – art. 145; Tailândia: Presidente da Assembléia Nacional, do Senado ou da Câmara de Deputados, por representação dos Senadores, dos Deputados ou de um quinto, no mínimo, do total das duas casas – art. 205.1; Ucrânia: Presidente e Gabinete – art. 151.2) e de um conflito de competência entre entidades territoriais de poder (definição de competência entre Federação e os *Länder*: Áustria – art. 138.2; em face de um segundo voto favorável do Conselho regional a uma lei regional reenviada pelo Comissário do Governo, sob o fundamento de superar os limites da competência das Regiões ou por contrariar os interesses nacionais ou de outras regiões: Itália – art. 127.4), de um conflito entre órgãos constitucionais (além da impugnação da recusa de o Presidente ou Governo promulgar uma lei aprovada pelo Parlamento como vimos, ainda ocorre na definição da reserva de regulamento ou de delegação legislativa: França – art. 41.2), normalmente quando se trata de convênios internacionais ou tratados (Alemanha, excepcionalmente – arts. 59.2 e 93.1.2; Chile – art. 82.1.2; Espanha – art. 95.1; Guatemala – art. 272; Hungria – art. 1.º, Lei n. XXXII/1989; Lituânia – art. 105.3.3; Mauritânia – art. 79; Ucrânia – art. 151.1), reformas constitucionais (Chile – art. 82.1.2), de leis orgânicas e regimento interno das casas parlamentares (Costa Rica – Lei n. 7.135/1989; Hungria – art. 1.º, Lei n. XXXII/1989), existindo ainda a previsão de ser desencadeada em face de leis ordinárias (Congo – pelo Governo – art. 146; Camboja – art. 121; Chile – art. 82.1.2; Costa Rica – Lei n. 7.135, França – art. 61.2; Guatemala – art. 272; Hungria – art. 1.º; Lei n. XXXII/1989; Mauritânia – art. 86.2; Marrocos – art. 79.3; Portugal – art. 278.1; Romênia – art. 144, *a*; Síria – art. 145; Tailândia – art. 205.1), decretos do Executivo com força de lei (Chile – art. 82.1.3) ou de acordos interestaduais (Azerbaijão – art. 103.3).

## 2. Controle sucessivo ou posterior

Depois de o ato se ter aperfeiçoado, o Tribunal de jurisdição constitucional pode ser chamado a declarar a sua conformidade ou compatibilidade com a "norma-de-origem". Esse controle é provocado normalmente por órgãos centrais do Estado: Rei (Camboja – art. 122; Nepal – art. 88.5), Presidente da República (Armênia – art. 101.1; Azerbaijão – art. 130.3; Bielo-Rússia – art. 127.1; Bolívia – art. 122, *a;* Brasil – art. 103, I; Bulgária – art. 150.1; Chipre – arts. 137 e 138; Equador – art. 277.1; Lituânia – art. 106.3; Peru – art. 203.1; Polônia – art. 191.1.1; Portugal – art. 281.2, *a;* República Checa – Lei n. 182/1993; República Eslovaca – art. 130.1, *b;* Rússia – art. 125.2; Cingapura – art. 100.1; Turquia – art. 150; Ucrânia – art. 150.1); Vice-Presidente (Chipre – arts. 137 e 138), Governo, Conselho de Ministros ou Primeiro-Ministro (Alemanha – art. 93.1.2; Áustria – arts. 139.1 e 140.1; Azerbaijão – art. 130.3; Bélgica – art. 2.; Lei de 6/1/1989; Bulgária – art. 150.1; Camboja – art. 122; Espanha – art. 162.1, *a*; França – art. 37; Lituânia – art. 196.2; Polônia – art. 191.1.1; Portugal – art. 281.2, *c*; República Checa no controle de outras normas diferentes da lei – Lei n. 182/1993; República Eslovaca – art. 130.1, *c*; Rússia – art. 125.2; Ucrânia – art. 150.1), Ministro de Estado (Áustria – art. 139; Portugal – art. 281.2, *g*), Parlamento ou Casas Legislativas (Azerbaijão – art. 130.3; Bélgica – art. 2.º, por provocação de dois terços dos membros; Bielo-Rússia – art. 127.1; Bolívia – art. 122, *a*; Brasil – art. 103, II e III; Camboja – art. 122; Equador – art. 277.2; Polônia – art. 191.1.1; Portugal – art. 281.2, *b;* Romênia – art. 144, *b*, da Constituição e art. 13.1, *b*; Lei n. 47/1992); parcela de parlamentares (África do Sul: um terço dos parlamentares – art. 80.2, *a*; Alemanha: um terço do *Bundestag* – art. 103.1.2; Armênia: um terço dos Deputados – art. 101.2; Áustria: um terço do *Nationalrat* ou do *Bundesrat* – art. 140.1; Bielo-Rússia: setenta Deputados – art. 127.1; Bulgária – art. 150.1; República Eslovaca: um quinto dos Deputados – art. 130.1, *a*; Camboja: um décimo do número de Deputados e um quarto do número de Senadores – art. 122; Espanha: cinqüenta Deputados ou cinqüenta Senadores – art. 162.1, *a*; Lituânia: um quinto do Parlamento – arts. 106.1, 2 e 3; México: um terço da Câmara de Deputados ou da Câmara de Senadores – art. 105, II, A e B; Peru: um quarto dos congressistas – art. 203.4; Polônia: 50 Deputados ou 50 Senadores – art. 191.1.1; Portugal: um décimo dos Deputados da Assembléia da República, art. 281.2, *f*; República Checa: quarenta e um Deputados e dezessete

Senadores ou vinte e cinco Deputados e dez Senadores, respectivamente para o controle de leis e de outras normas – Lei n. 182/1993; Romênia: grupos parlamentares e cinqüenta Deputados ou vinte e cinco Senadores – art. 144, *b*, da Constituição e art. 13.1, Lei n. 47/1992; Rússia: um quinto do Conselho Federal – art. 125.2; Turquia: grupos parlamentares do partido da situação, principal partido de oposição e um quinto do total de membros da Grande Assembléia – art. 150; Ucrânia: 45 Deputados – art. 150.1), Judiciário (Azerbaijão: Suprema Corte – art. 130.3; Bulgária: Corte de Cassação e Corte Administrativa Suprema – art. 150.1; Bielo-Rússia: Suprema Corte e Suprema Corte Econômica – art. 127.1; Lituânia: Cortes – arts. 106.2 e 3; Equador: Suprema Corte de Justiça – art. 277.3; Polônia: o Primeiro Presidente da Suprema Corte, o Presidente do Tribunal Administrativo – art. 191.1.1 e o Conselho Nacional da Magistratura – arts. 186.2, 191.1.1 e 191.2; Rússia: Suprema Corte da Federação – art. 125.2; Ucrânia – art. 150.1), Procurador-Geral da República (Azerbaijão – art. 130.3; Bielo-Rússia – art. 127.1; Bolívia – art. 122, *a*; Brasil – art. 103, VI; Bulgária – art. 150.1; El Salvador,[46] Guatemala – art. 133 do Decreto-lei n. 1/1986; México – art. 105, II, C; Peru – art. 203.2; Polônia – art. 191.1.1; Portugal – art. 281.2, *e*; República Eslovaca – art. 130.1, *e*); Defensor do Povo (Áustria – art. 139.1; Bolívia – art. 122, *a*; Espanha – art. 162.1, *a*; Peru – art. 203.3; Polônia – art. 191.1.1); Provedor de Justiça (Portugal: art. 281.2, *d*); Procurador de Defesa dos Direitos Humanos (El Salvador,[47] Guatemala – art. 133 do Decreto-Lei n. 1/1986; Ucrânia – art. 150.1); Controlador-Geral da República (Costa Rica – Lei n. 7.135/1989), Presidente da Câmara Suprema de Controle (Polônia: art. 191.1.1), Defensor dos Habitantes (Costa Rica – Lei n. 7.135/1989), por órgãos territoriais de poder (África do Sul: 20% dos membros das assembléias provinciais – art. 122.2, *a*; Alemanha: Governo de apenas um *Land* – art. 93.1.2; Áustria: em relação aos *Länder*, Governo, um terço dos membros do Parlamento no controle de leis – art. 140.1, o Defensor do Povo e os Municípios no controle de regulamento – art. 139.1; Azerbaijão: República Autônoma de *Nakhichevan* – art. 130.3; Bélgica: Governo comunal ou regional – art. 2.º; Brasil: Governador de Estado e Mesa de Assembléia Legislativa – art. 103, IV e V; Itália: Regiões – art. 134; Espanha: órgãos executivos de caráter colegiado das Comunidades

---

[46] TINETTI. *El Salvador*, p. 181.

[47] Ibidem.

autônomas (e eventualmente suas assembléias) – art. 162.1, *a*; Equador: Conselhos provinciais e municipais – art. 277.4; México: um terço das legislaturas dos Estados ou da Assembléia de Representantes do Distrito Federal – art. 105, II, D; Peru: presidentes de Região com acordo do Conselho de Coordenação Regional dos alcaides provinciais – art. 203.6; República Checa: Conselho de representantes de unidades territoriais superiores à comuna e o Presidente do Conselho departamental – Lei n. 182/1993; Assembléia Legislativa regionais, por seu Presidente ou por um décimo dos Deputados e os Presidentes dos Governos regionais: Portugal, art. 281.2, *g*; Polônia: órgãos constitutivos de autonomias locais, art. 191.3; Rússia: Duma Estadual ou um quinto de seus Deputados – art. 125.2; Ucrânia: Parlamento da Criméia – art. 150.1), por partido político (Brasil – art. 103, VIII; México – 105, II, E), por organismos ou entidades da sociedade civil (Brasil: Conselho Federal da Ordem dos Advogados do Brasil,[48] confederações sindicais e entidades de classe de âmbito nacional – art. 103, VII a IX; Guatemala: Junta Diretiva do colégio de Advogados – art. 133 do Decreto-Lei n. 1/1986; Peru: colégios profissionais – art. 203.7; Polônia sindicatos patronais e de empregados, igrejas e organizações religiosas – arts. 191.4 e 5), pelo cidadão (Camboja – arts. 122.2; Colômbia – arts. 241.1, 4 e 5; Congo – art. 148.1; Equador: mil cidadãos ou um apenas, se tiver parecer favorável do Defensor do Povo – art. 277.5; El Salvador – art. 183; Guatemala – art. 133 do Decreto-lei n. 1/1986; Hungria – art. 32A.3; Nicarágua – art. 187; Panamá – art. 203; Peru: individual em relação ao controle de legalidade ou cinco mil, no controle de constitucionalidade – art. 200.4 – ou, revestindo-se da forma de "ação popular", por qualquer cidadão perante a Sala da Corte Superior de turno, recorrível à Corte Suprema – art. 200.5 da Constituição e arts. 10-21 da Lei n. 24.968). Pode ter um início oficioso se uma norma tiver sido julgada inconstitucional ou ilegal pelo TC em três casos concretos (Portugal – art. 281.3)

Essa legitimação pode ser genérica, para todos os casos ou específica, condicionada a certos aspectos ou características. Assim se dá na Áustria, no âmbito do controle de constitucionalidade das leis, em que o Governo Federal somente pode impugnar leis estaduais, enquanto os Governos estaduais só questionam leis federais;

---

[48] Abstraímo-nos da discussão da natureza jurídica da Ordem, inserindo-a, para além da sua forma, no centro da sociedade civil organizada.

também um terço dos parlamentares apenas tem legitimidade de contrapor-se à lei federal, enquanto seus colegas estaduais podem fazer o mesmo às leis dos Estados, se assim estiver previsto na respectiva Constituição estadual (art. 140.1). No controle de legalidade dos regulamentos, a limitação também se faz presente: o Governo Federal tem legitimidade para impugnar regulamento estadual em face da lei federal; o Ministro Federal de Finanças somente pode recorrer contra determinados tipos de regulamentos dos Municípios no âmbito financeiro e os próprios Municípios só recorrem dos decretos de autoridade de tutela que anulam suas normas. O defensor do povo (federal e estaduais) tem legitimidade restrita por igual (art. 139.1). Igualmente, nos casos dos Ministros de Estado, de Governadores e das Assembléias Legislativas regionais, seus presidentes e um décimo de Deputados em Portugal (art. 281.2, g) ou do Controlador-Geral, do Procurador-Geral e do Defensor dos Habitantes da Costa Rica que só podem ajuizar ação em matérias próprias de sua competência (Lei n. 7.135/1989). Na França, o Primeiro-Ministro tem legitimidade para impugnar, pela única via de controle sucessivo existente,[49] a constitucionalidade formal de norma do Parlamento, por suposta invasão de competência do domínio do regulamento (art. 37). Na Itália, as regiões impugnam leis do Estado ou de outra Região (art. 134). No México, a legitimação dos Senadores está presa à lei federal e aos tratados, enquanto a da Câmara limita-se, além da lei federal, à lei distrital, editada pelo Congresso da União; os integrantes das legislaturas estaduais têm legitimação em relação às leis estaduais, e os membros da Assembléia de Representantes do Distrito Federal em relação às leis distritais da própria Assembléia; já os partidos políticos só podem impugnar, se de caráter nacional, as leis eleitorais federais ou locais, estas últimas apenas, se de caráter local. O Procurador-Geral da República é quem detém competência mais alargada: contra leis federais, estaduais e distritais, assim como tratados internacionais celebrados (art. 105, II, A a E). No Equador, é ampla a competência do Con-

---

[49] Sem embargo da possibilidade de *ex officio* conhecer, pela mesma razão, de lei já aprovada, por ocasião do exame da constitucionalidade do projeto que visa alterá-la; e da aceitação de controle de uma lei posterior a um tratado pelo Conselho de Estado, enfraquecendo a doutrina da "lei-tela" (*théorie de la loi-écran*), que não permitia o controle de constitucionalidade de uma lei por violar um tratado, em face do artigo 55 da Constituição que estabelece a prevalência dos tratados sobre a lei ("Arrêt Nicolo"): ROSSEAU. *Droit du Contentieux Constitutionnel*, p. 193 et seq.

gresso, da Suprema Corte e dos cidadãos e restrita a legitimidade do Presidente e das Câmaras provinciais e municipais (arts. 277.1 a 5). Na Polônia, a legitimidade do Conselho Nacional da Magistratura está vinculada a violações da independência do Judiciário (art. 186.2). Na Lituânia, a legitimidade de um quinto dos Deputados é genérica, enquanto a competência do Presidente se circunscreve a atos adotados pelo Governo, e o Governo a atos do Presidente e leis (arts. 106.1 a 3). Na República Checa, o Conselho de Representantes de unidades territoriais superiores à comuna e o Presidente do Conselho Departamental podem impugnar tão-somente normas adotadas por uma comuna (Lei n. 182/1993). Há um caso francês que poderíamos falar de legitimação oficiosa, embora alguns a situem na esfera de competência que tem o Conselho Constitucional para conhecer da questão constitucional. Trata-se do controle sucessivo de lei, por ocasião do exame de constitucionalidade de projeto que visa alterá-la. Fica o registro todavia.

O Supremo tem exigido para ajuizamento de ação direta de inconstitucionalidade, em casos particulares, pelos Governadores dos Estados ou do Distrito Federal, pelas Mesas das Assembléias Legislativas estaduais ou da Câmara Legislativa distrital, e, em geral, pelas confederações sindicais e entidades de classe de âmbito nacional, a "pertinência temática", traduzida no vínculo que deve existir entre os objetivos institucionais do autor e a matéria normativa dos atos impugnados.[50] Relativamente aos órgãos estatais, Governadores e Mesas, o requisito só se faz presente se a impugnação estiver direcionada para ato normativo federal ou de Estado diverso, que fira "interesse" ou direito constitucional próprio, admitindo-se excepcionalmente o combate a disposições do próprio Estado em face do princípio da autonomia dos municípios. Reconheceu-se presente esse requisito, por exemplo, no questionamento feito pelo Governador do Paraná da constitucionalidade do Decreto do Estado de São Paulo que intoduzira dispositivos no regulamento do ICMS relacionados com o diferimento nas operações realizadas com componentes de equipamentos do sistema eletrônico de processamento de dados.[51] Ou na previsão, em lei do próprio Estado, do exercício da atividade reguladora de uma agência estadual de

---

[50] BRASIL. Supremo Tribunal Federal. Pleno. ADIn n. 1.480-DF. Rel Min. Celso de Melo. *DJ* de 1/8/96, p. 25.792.

[51] BRASIL. Supremo Tribunal Federal. Pleno. ADInMC n. 902-SP. Rel. Min. Marco Aurélio. *RTJ* v. 151, t. 2, p. 444-447.

regulação dos serviços públicos supostamente extensível aos serviços públicos municipais.[52] Negou-se a pertinência, todavia, no combate a norma disciplinadora do crédito rural, por não haver vínculo objetivo entre o conteúdo material das normas impugnadas – crédito rural – e a competência ou os interesses da Assembléia Legislativa do Estado do Mato Grosso do Sul.[53]

No que se refere às confederações e entidades de classe de âmbito nacional, esse exame de pertinência será sempre realizado, levando-se em conta a especial natureza dessas entidades que, ao contrário das demais pessoas e órgãos legitimados para o controle abstrato de constitucionalidade, são entes privados embora representem interesses coletivos.[54]

O ajuizamento das ações de fiscalização da constitucionalidade pode estar sujeito a prazo prescricional ou decadencial dos mais exíguos, como trinta dias na África do Sul (arts. 80.2, *b* e 122.2, *b*) e no México (art. 105, II), dez dias, no caso de vício formal, e sessenta, nos demais, na Turquia (arts. 148.2 e 151), sessenta dias na Nicarágua (Lei n. 49/1988); seis meses, para os casos em geral ou sessenta dias para os tratados na Bélgica (art. 3.º, Lei de 6/1/1989); ou três meses na Espanha (art. 33, Lei Orgânica n. 2/1979), até prazos mais dilatados: seis anos no Peru.[55] Sob inspiração norte-americana, é comum reputar imprescritível o vício de inconstitucionalidade.

Na França (art. 37) e na Mauritânia (art. 59.2), o Conselho Constitucional pode ser chamado a se pronunciar sucessivamente, por provocação do Primeiro Ministro, com vistas a decidir se o legislador invadiu a área de competência do regulamento.

São conhecidos de alguns sistemas certos instrumentos processuais destinados precipuamente à interpretação da Constituição. Assim, encontramos na Bulgária um "recurso de interpretação" que deve atender a três condições básicas: deve ter uma significação própria e individualizada; deve atender a um interesse geral; e deve ser

---

[52] BRASIL. Supremo Tribunal Federal. Pleno. ADInMC n. 2.095-RS. Rel. Min. Octavio Gallotti. *ISTF* n. 182.

[53] BRASIL. Supremo Tribunal Federal. Pleno. ADInMC n. 1.307-MS. Rel. Min. Francisco Rezek. *RTJ* v. 159, t.3, p. 771.

[54] BRASIL. Supremo Tribunal Federal. Pleno. ADInMC n. 1.114-DF. Rel. Min. Ilmar Galvão. *RTJ* v. 159, t.3, p. 756.

[55] YUPANQUI. *Peru*, p. 315.

ajuizado pelo Presidente da República, pelo Conselho de Ministros, pela Corte de Cassação Suprema, pela Corte Administrativa Suprema ou pelo Procurador-Geral da República. A interpretação dada pela Corte obriga a todos, é *erga omnes* (art. 149.1.1 da Constituição e Lei de 30/6/1991).[56] O mesmo quadro se reproduz no Azerbaijão (art. 130.3), na Hungria (Lei n. XXXII/1989), na República Eslovaca (art. 128.1), na Ucrânia (arts. 147.2 e 150.2), na Rússia (art. 125.5) e no Uzbequistão (art. 109.3), modulando-se apenas pela legitimação. No Chipre, a Constituição determina que, no caso de ambigüidade, a Suprema Corte Constitucional deverá dar a interpretação vinculante da Constituição, de acordo com a "letra e o espírito" dos Acordos de Zurique e de Londres, ambos de 1959 (art. 159, *b*). Outra vez, lembramos aqui da Argüição de Descumprimento de Preceito Fundamental de que trata o § 1.º do artigo 102 da Constituição brasileira. Como o seu objeto de controle é ato do poder público que ameace ou viole "preceito fundamental", a atuação corretiva do Supremo Tribunal pode-se dar por meio de uma interpretação vinculante. Pelo menos é uma exegese a que se pode chegar a partir da leitura do artigo 10 da Lei n. 9.882/1999, pois cabe ao Tribunal fixar "as condições e o modo de interpretação e aplicação do preceito fundamental".

Deve-se prevenir, no entanto, para o fato de que esse campo também comporta um incidente concreto de constitucionalidade.[57]

Há uma série de atribuições em que se torna difícil precisar se o terreno é próprio do controle abstrato ou, antes, diz respeito ao controle concreto. Conflitos entre órgãos constitucionais ou mesmo hipóteses de omissões inconstitucionais cabem bem dentro dessa indefinição. Na Áustria, é da competência do Tribunal, a pedido do Governo Federal ou dos *Länder*, determinar se a disciplina de certa matéria é atribuição federal ou estadual, antes de o ato normativo ser editado. No curso desse procedimento, de caráter preventivo, todavia, o Tribunal pode interpretar certas normas da Constituição, emitindo um "preceito" (*Rechtssatz*), com caráter geral e dimensão constitucional. Reputa-se essa interpretação autêntica, com força normativa geral (art. 138.2). O quadro é nebuloso, pois temos um conflito de competências (*Kompetenzfeststellung*), que se faz por um controle prévio de normas, associado a uma interpretação autêntica da Constituição.[58] No

---

[56] KARAGIOZOVA-FINKOVA. *Bulgarie*, p. 48.

[57] VERDUSSEN. *Essai de Syntèse*, p. 239.

[58] SCHÄFFER. *Austria*, p. 2.

Chile, o controle sucessivo vem acompanhado dessa particularidade, com uns ingredientes a mais, pois há variação da legitimidade conforme o objeto de controle: as Câmaras ou uma quarta parte delas são competentes para iniciar um controle contra Decretos com força de lei ou Decretos "inconstitucionais" em geral; qualquer das Câmaras contra Decreto que convoca plebiscito e contra Decreto que invada o domínio da lei; também lhe é reconhecida a legitimidade para impugnar a promulgação e publicação de lei pelo Presidente diferente do projeto aprovado. Nesse último caso, pode-se até falar em "vício formal" ou "de procedimento". Assim também, no combate a Decretos-leis ou gerais, por inconstitucionalidade, fica ainda mais evidente a marca de um controle abstrato; mas, nas demais hipóteses, pode-se duvidar de um "interesse objetivo" de perfeição do sistema jurídico, substituído, antes, por um interesse subjetivo próprio, legítimo, de preservação de competências constitucionais (arts. 82.6, 7, 11 e 16). Algo assim como a representação interventiva e ação de inconstitucionalidade por omissão no Brasil, por exemplo.

Lembremos, por fim, das ações diretas ajuizadas pelos Estados-membros, pelo Conselho, pela Comissão, pelo Parlamento e Banco Central europeus, perante a Corte Européia de Justiça, nas formas, sobretudo, do recurso de anulação de atos comunitários e da ação por omissão dos órgãos da Comunidade, tendo como parâmetro os Tratados da União. Não se pode esquecer também das ações por violação estadual do direito comunitário (*action en manquement*), que apresentam um relativo índice de abstração, pois não se vêem condicionadas pela existência de um interesse concreto atingido.

## § 2. CONTENCIOSO DE ÓRGÃOS E PODERES

### I.  *No modelo de Tribunal Constitucional*

O Tribunal pode dirimir conflitos de competências e controvérsias entre os Poderes Públicos ou órgãos constitucionais (Azerbaijão – art. 130.3; Bélgica – art. 1.º, Lei de 6/1/1989; Chipre – art. 139.1; Costa Rica – art. 10, *a*; Croácia – art. 125.1; Equador – art. 276.6; Macedônia – art. 110; Madagascar – art. 106.1; Peru – art. 202.3; Rússia – art. 125.3), notadamente entre Poder Legislativo e Executivo (Bolívia – art. 122, *c*), entre a Assembléia Nacional, o Presidente da República e o Conselho de Ministros (Eslovênia – art. 160.1.8; Bulgária – art. 149.1.3) e no concernente, como vimos, à repartição de competência entre Poder Legislativo e Poder Regulamentar

(França – art. 37; Mauritânia – art. 59.2), embora possa envolver o Judiciário e outros órgãos como o Conselho Nacional da Magistratura e o Jurado Nacional das Eleições (Peru – art. 202.3). Ou menos, ainda, entre o Presidente da República e a Controladoria Geral (Chile – arts. 82.1.3 e 7). Na Itália, os litígios podem envolver órgãos *superiorem non recognoscent*, como o Parlamento e o Governo, o Chefe de Estado e o Parlamento, a autoridade judiciária e o Parlamento, mas também o Presidente do Conselho de Ministros ou de um Ministro determinado na defesa de atribuição própria do órgão que encabeça e não já do Governo em sua totalidade; assim como o Conselho Superior da Magistratura, a Corte Constitucional e o Ministério Público (art. 134). Igualmente na Espanha, pode surgir um conflito sobre a competência, definida pela Constituição ou pelas leis orgânicas, entre o Senado, o Congresso dos Deputados, o Governo e o Conselho Geral do Poder Judiciário, solucionado pelo Tribunal, eventualmente anulando o ato impugnado, se houver um recurso por parte do órgão que supõe ter sua competência usurpada e, assim mesmo, após não ter obtido êxito em suas tratativas com o órgão responsável pela usurpação (art. 161.1,*c*).[59] A solução de conflito de órgãos (*Organstreitverfahren*) também é prevista para o Tribunal Constitucional austríaco, tanto em torno dos poderes do Tribunal de Contas ou do Defensor do Povo (*Volksanwalt*), quanto, no âmbito da jurisdição de competência (*Kompetenzgerichtsbarkeit*), fazendo vez de um verdadeiro "Tribunal de Conflitos", para resolver os choques entre tribunais e autoridades administrativas, entre o Alto Tribunal Administrativo e os demais tribunais (arts. 126, *a*, 138.1 e 148, *f*). Essa última competência, destacadamente o papel de árbitro dos conflitos de competência entre jurisdições, é reconhecida ao Tribunal Constitucional egípcio (art. 175.1). Na Alemanha, sob a expressão "órgãos constitucionais" estão o Presidente da Federação, o Governo Federal, as Câmaras e, em certos casos, os grupos parlamentares, os Deputados e partidos políticos. O conflito ocorre quando dois órgãos, assim entendidos, apresentam diferentes interpretações a um dispositivo constitucional, especialmente na sua aplicação a um caso determinado, dando ensejo a um recurso à Corte Constitucional (art. 93.1.1). Há um especial conflito que pode dar lugar a um controle de constitucionalidade *a priori* de lei. É o caso de o Presidente da República se negar a promulgar uma lei, desafiando um recurso à Corte por parte de outro órgão. Insta-

---

[59] PUERTO. *Jurisdicción Constitucional y Procesos Constitucionales*, t. I, p. 323 et seq.

do, então, o *Verfassungsgericht* analisar a constitucionalidade da lei antes de enfrentar o mérito da recusa presidencial em si.[60] Também ao Tribunal Constitucional da Coréia do Sul é deferida a competência de um tribunal de conflitos entre órgãos do Estado (art. 111.4). Assim também com a Corte Constitucional chechena, a quem cabe resolver os conflitos entre os corpos estatais e entre estes e as associações públicas (art. 99.1). Na República da Eslováquia, a Constituição defere à Corte Constitucional essa competência embora admita que a lei venha a transferi-la a outro órgão nacional (art. 126).

## II. No modelo de Suprema Corte

Pode haver um procedimento especial para controlar a constitucionalidade ou a legalidade de uma norma geral ou de um ato, suscitadas no curso de um conflito entre órgãos distintos de uma mesma ordem jurídica, é dizer, entre o Poder Executivo e o Congresso da União, ou entre os poderes de um mesmo Estado, de um Estado e um de seus Municípios ou dois órgãos distritais, como ocorrem nas chamadas "controvérsias constitucionais" da Suprema Corte mexicana. A delimitação de competências entre o Poder Executivo e o Legislativo é tarefa que aparece em diversos casos decididos pela Suprema Corte dos Estados Unidos. No Brasil, o Supremo Tribunal não detém monopólio do rol de atribuições que se inserem no contecioso de conflitos interorgânico. Com inspiração parlamentar inegável, a Constituição atribui ao Congresso Nacional competência exclusiva para, além do controle geral sobre o Executivo, sustar os atos normativos deste Poder que exorbitem do poder regulamentar ou dos limites de delegação legislativa, bem como zelar pela preservação da competência legislativa em face da atribuição normativa de outros Poderes (art. 49, V e XI); assim também ao Superior Tribunal de Justiça é deferida a competência para dirimir conflitos de atribuição entre autoridades administrativas e judiciárias da União ou entre autoridades judiciárias de um Estado e administrativas de outro ou do Distrito Federal, ou entre as deste e da União; bem como os conflitos de competência entre quaisquer tribunais, ressalvada a competência do Supremo Tribunal, e entre tribunal e juízes a ele não vinculados ou entre juízes vinculados a tribunais diversos (art. 105, I, *d* e *g*). Sobram para o STF os conflitos de competência entre o Superior Tribunal de Justiça

---

[60] SCHLAICH. *El Tribunal Constitucional Federal Alemán*, p. 154.

e quaisquer tribunais, entre Tribunais Superiores, ou entre estes e qualquer outro tribunal (art. 102, I, *o*). No entanto, aquelas competências atribuídas ao Congresso e ao Superior Tribunal não têm sido consideradas como definitivas ou últimas, pois poderão sofrer um controle por parte do Supremo Tribunal, dando-lhes, assim, a palavra derradeira sobre o assunto.

## § 3. CONTENCIOSO ENTRE ÓRGÃOS TERRITORIAIS CENTRAL E LOCAL E CONTENCIOSO FEDERATIVO

O contencioso de normas pode dar cabo de um conflito de competência entre órgão territorial central e as entidades locais e, no caso de Estados federais, atenuar ou resolver, por via menos traumática, as relações entre a União ou Estado Federal e os Estados. Fica evidente essa ocorrência quando se percebe a legitimidade reconhecida para ativar o controle de constitucionalidade. Lembremos que, em Portugal, no controle preventivo, o Ministro da República pode questionar os decretos legislativos regionais; assim como, na via sucessiva, as assembléias regionais ou os presidentes dos governos regionais estão autorizados a provocar o Tribunal em face de violação de seus "direitos constitucionais" (art. 281.2, *g*). Igualmente no centro do controle de legalidade, essa "competência cruzada" destaca a função de arbitragem do Tribunal. Na Itália, da mesma forma, o controle principal ou direto, *a priori*, contra as leis regionais, depois que tiverem sido devolvidas ao Conselho Regional para reexame e tiverem sido aprovadas novamente por maioria absoluta, pode ser desencadeado pelo Governo; e a fiscalização posterior, contra leis do Estado ou leis regionais, pode ser iniciada pelas Regiões, sob o fundamento de violação de sua competência (art. 134). Na Áustria, o controle sucessivo das leis federais pode ter início com a provocação do Governo de um *Land* e as leis do *Land* podem ainda desafiar um recurso do Governo Federal (art. 140.1). Assim também no Chipre, o conflito entre a Câmara dos Deputados e a Câmara Comunal pode desencadear um processo de fiscalização abstrata da constitucionalidade das leis (art. 139.5). No Brasil, a ação direta de inconstitucionalidade pode ser ajuizada por órgãos federais e estaduais, Governador e Assembléia, exigindo-se, em relação a estes, a pertinência temática que mais revela o "interesse federativo" presente na demanda. Sem embargo disso, podem existir processos próprios e específicos de solução desses conflitos.

## I. No modelo de Tribunal Constitucional

É assinalada, via de regra, a competência do Tribunal Constitucional para resolução de conflitos de competências entre o Governo central e os Governos locais ou regionais, mesmo em Estados Unitários. Essa atribuição pode ser limitada, como no caso da Bulgária (art. 149.1.3), em que é situada apenas nos conflitos entre autoridades locais e o Poder Executivo central; mas pode ser ampla, ao admitir o conflito entre um órgão do Estado e as autoridades locais, como na Eslovênia (art. 160.1.7), na Hungria (Lei n. XXXII/1989), Macedônia (art. 110) e na República Checa (art. 87.1, *c*), ou na Bolívia, onde é reconhecida para solução dos conflitos e controvérsias entre os Poderes Públicos, a Corte Nacional Eleitoral, os Departamentos e Municípios, bem como as impugnações do Poder Executivo às resoluções prefeiturais e municipais (art. 122, *b* e *c*). Competências análogas são reconhecidas ao Tribunal Constitucional do Peru (art. 202.3). Os conflitos entre o Estado e as Regiões ou destas entre si devem ser solucionados pela Corte Constitucional italiana, tendo por fundamento uma suposta "invasão de competência" e, por objeto, qualquer ato, à exceção daqueles de natureza legislativa (art. 134). Uma especial atuação da Corte é feita no âmbito do controle preventivo da constitucionalidade das leis regionais, por provocação do Governo ou de outras Regiões e das leis do Estado, por recursos das Regiões, tendo ao centro a repartição de competências (art. 127.4). Ao Tribunal Constitucional espanhol é atribuída a resolução dos conflitos positivos e negativos de competência entre o Estado e as Comunidades Autônomas, segundo as pautas constitucionais e as disposições dos Estatutos de Autonomias e pelas leis, sendo reconhecido o efeito suspensivo do ato na hipótese de recursos do Governo central (art. 161.2). Também na França, o Conselho Constitucional detém a função especial de fazer respeitar o equilíbrio e a divisão de competências entre o Estado e as coletividades que o compõem.[61] O mesmo ocorre na Bélgica (arts. 141 e 142.2). Na Bósnia-Herzegóvina, compete exclusivamente à Corte Constitucional dirimir disputas entre a Bósnia e a Herzegóvina (art. VI, § 3.º, *a*). Cabe ao Tribunal Constitucional austríaco, em sede da *Kompetenzgerichtsbarkeit* ou Procedimento-K, a solução dos conflitos entre um *Land* e a Federação ou entre diver-

---

[61] Várias decisões do Conselho afirmam o conteúdo do princípio da livre administração local: 85-196, 90-280, 93-331, 94-341, além da afirmação dos princípios de organização de além-mar: 84-174; 83-160. ROSSEAU. *Droit du Contentiex Constitutionnel*, p. 206 et seq.

sos *Länder* (art. 138.2). Também lhe é reconhecido o controle de convênios firmados entre a Federação e os *Länder* ou entre os *Länder*, se, neste caso, houver previsão expressa (art. 138, *a*). A função de Tribunal Federal também tem destaque na Alemanha, pois cabe à Corte Constitucional Federal resolver conflitos entre a Federação e os *Länder*, assim como dos *Länder* entre si (art. 93.1.4). Lembra-se ainda aqui a competência, nesse campo, do Tribunal Constitucional da África do Sul (art. 167.4, *a*), da Coréia do Sul (art. 111.4), Madagascar (art. 106.1), Polônia (art. 189) e da Rússia (art. 125.3).

## II. *No modelo de Suprema Corte*

Embora sem a mesma freqüência e tradição do modelo de Tribunal Constitucional, não é estranho à competência das Supremas Cortes o poder arbitral nas contendas entre os diversos órgãos ou entidades territoriais dotados de poder e autonomia, segundo a forma de Estado adotada. Assim, ocorre nos Estados Unidos, onde a Suprema Corte tem papel decisivo como árbitro das controvérsias entre a União e os Estados (art. III, seção 2.ª), no Canadá, sobretudo na repartição de competências entre a Federação e as Províncias, e na Suíça (art. 116; art. 83, Lei n. 173.110/1943).

Podemos identificar especializações de um procedimento destinado a resolver tais disputas, a exemplo do México, com as citadas "controvérsias constitucionais", entre a Federação e um Estado ou o Distrito Federal, a Federação e um Município; um Estado e outro; um Estado e o Distrito Federal; o Distrito Federal e um Município ou entre dois Municípios de diversos Estados (art. 105, I). Na Suíça, também é dado ao Tribunal Federal resolver conflitos entre a Federação e os Cantões e entre os Cantões (arts. 110 e 113). No Uruguai, estão previstas as "contendas de competência" ou "diferenças entre o Poder Executivo e os Governos Departamentais", fundadas na Constituição (arts. 313.1 e 2), e as "reclamações por violação da autonomia dos Departamentos" (art. 283). No Brasil, a Constituição defere ao Supremo Tribunal Federal a competência para processar e julgar originariamente as causas e os conflitos entre a União e os Estados, entre a União e o Distrito Federal, ou entre uns e outros, inclusive as respectivas entidades da administração indireta (art. 102, I, *f*). Na Nicarágua, a Constituição prevê a competência da Suprema Corte para dirimir conflitos surgidos entre os Municípios, ou entre estes e os organismos de Governo central ou entre o Governo central e os Governos municipais e das Regiões Autônomas da Costa Atlântica (arts. 164.11 e 13)

Possui competência originária para conhecer de conflitos entre províncias, mas se situa no âmbito das "questões políticas" e, por conseguinte, não judiciáveis, as questões atinentes aos conflitos interjurisdicionais: a Suprema Corte da Nação argentina.[62]

## § 4. CONTENCIOSO PENAL (OU QUASE PENAL), DE RESPONSABILIZAÇÃO CONSTITUCIONAL OU DE TRIBUNAL DE JUSTIÇA

Desdobraremos esse contencioso em múltiplos aspectos: contencioso de partido político, de privação de direitos políticos, de processo contra o Presidente da República, contra parlamentares e contra outros altos cargos ou órgãos constitucionais, sob a constante divisão entre o modelo de Suprema Corte e o de Tribunal Constitucional.

### I. No modelo de Tribunal Constitucional

### 1. Contencioso de partido político

O TC desempenha um papel de guardião da legitimidade dos partidos, movimentos ou outras formas de organização política, excluindo a juridicidade daqueles que atentem contra os princípios básicos do regime constitucional (Armênia – art. 100.9; Azerbaijão – art. 103.3; Bulgária – art. 149.1.5; Coréia do Sul – art. 111.1.3; Iugoslávia – art. 124.1.8; Macedônia – art. 110; Portugal – art. 225.2, *e*; Polônia – art. 188.4; Romênia – art. 144, *j*; República Checa – art. 87.1, *j*), por exemplo, incitando a violência ou dela fazendo uso, ou propugnando o fim do sistema vigente (Chile – art. 19.15.5). Na Alemanha, por provocação do *Bundestag*, do *Bundesrat* e do Governo Federal, a Corte Constitucional pode determinar a proibição de um partido político por violação dos princípios da Lei Fundamental (art. 21.2).

### 2. Privação dos direitos políticos

Essa competência, via de regra, é exercida no curso de outras demandas do contencioso penal (Áustria, Chile). Na Alemanha, a Corte Constitucional se apresenta com um particular poder sancio-

---

[62] ARGENTINA. Corte Suprema, *Cullen* c. *Llerena, Fallos* 53:420.

natório contra atentados à ordem constitucional, cabendo-lhe decidir sobre a privação dos direitos fundamentais, à demanda do Governo Federal, do *Bundestag* ou do governo de um *Land*, em face de qualquer um que faça mal uso da liberdade de expressão, especialmente da liberdade de imprensa, de ensino, reunião ou associação, do segredo da correspondência, de correios e telecomunicações, da propriedade ou do direito de asilo, contra a liberdade e a democracia (art. 18).

## 3. Processo contra o Presidente da República

O processo de acusação do Presidente da República pode assumir variadas formas no Direito Comparado:

(a) *processo político*: via de regra, o afastamento do Presidente da República por atentado à Constituição ou alta traição, enfim, por "delito político" se acha entregue ao Poder Legislativo, cabendo à Câmara Baixa a acusação e à Alta o julgamento, embora possam as Cortes, em alguns sistemas, controlar a regularidade do processo ou, por vezes, sobre ele emitir parecer ou opinião (Armênia – art. 59; Lituânia – art. 86.6; Romênia – arts. 95.1 e 144, *f*; Ucrânia – art. 151.2). Esse modelo pode sofrer modulações, como na França, em que o juízo de acusação é resultado de voto idêntico e por maioria absoluta nas duas Câmaras, ficando o julgamento entregue a uma "Alta Corte de Justiça", formada por doze Deputados e doze Senadores, eleitos pelos seus pares. A decisão tomada é insuscetível de recurso, exceto perante o Tribunal da História.[63] Ou, na Polônia, onde um "Tribunal do Estado", presidido pelo Presidente da Suprema Corte e composto de membros escolhidos pelo *Sejm*, metade dos quais com formação jurídica, e nenhum podendo ser Deputado ou Senador, é quem julga o Presidente (art. 198). Em muitos casos, há uma intervenção mais direta da Corte. Podemos lembrar aqui da África do Sul (art. 167.4), da Áustria (art. 142.2, *a*), do Azerbaijão (art. 107.1), da Bielo-Rússia (art. 104.2), da Bósnia-Herzegóvina (art. 74), do Chile (art. 82.1.7), Coréia do Sul (art. 111.1.2), da Croácia (art. 105.3), da Hungria

---

[63] GICQUEL. *Droit Constitutionnel et Institutions Politiques*, p. 583.

(art. 31A.5 e 6: crime político; e art. 32: crime comum), da Macedônia (art. 87.3), da República Eslovaca (art. 107). Na Bielo-Rússia, a Corte é quem conduz o processo de formação de culpa por violação da Constituição (art. 104.2). Na Chechênia, o Parlamento autoriza a instauração do processo perante a Corte Constitucional, cuja decisão se submete ao Parlamento (art. 74). No Azerbaijão, a Corte, além de representar ao Parlamento, após receber as conclusões da Suprema Corte, deve estar de acordo com a decisão condenatória do Parlamento para que a destituição do Presidente ocorra (arts. 95.1.12 e 107.1). No caso austríaco, no âmbito da *Staatsgerichtsbarkeit* ou Procedimento-E, o Presidente Federal poderá responder perante o Tribunal Constitucional por violação da Constituição Federal, podendo vir a perder o cargo. Essa também é a linha da Corte Constitucional italiana que, para esse fim, converte-se em Alto Tribunal, composto por dezesseis juízes eleitos pelo Parlamento, para um período de nove anos, entre os cidadãos inscritos em uma lista preestabelecida, atendendo às mesmas condições dos juízes da Corte, que continua ter à frente o Presidente titular. Competência similar é também deferida ao Tribunal Constitucional turco e búlgaro. Na Geórgia, por igual, cabe à Corte Constitucional a confirmação da condenação do Presidente por violação à Constituição, mas também se prevê à Suprema Corte a competência para julgá-lo por crime capital ou de traição (art. 75.2, *a* e *b*). No Chile, por provocação da Câmara de Deputados ou de um quarto de seus membros, o Tribunal Constitucional, em conexão com o processo de exclusão de partido político, pode vir a declarar a inconstitucionalidade da conduta presidencial, em suas ligações com o partido excluído, havendo necessidade, contudo, do acordo do Senado (art. 82.1.7); também no Chile o TC detém papel consultivo sobre a inabilitação ou renúncia do Presidente a pedidos formulados pelo Senado (art. 49.9.7). Mesmo assim, o Senado chileno é quem julga o Presidente (art. 49.1). Na Rússia, a Corte Constitucional deve confirmar a regularidade do processo de *impeachment* (art. 93.1);

(b) *processo penal*: ao Tribunal da Jurisdição Constitucional pode restar o julgamento do Presidente da República apenas por crime, seja de forma autônoma, seja como resíduo do delito político. Há casos em que a competência do Tribunal envolve os dois delitos, como é o caso austríaco. E ainda há hipóteses de o julgamento ser realizado por outro tribunal judiciário (Bolívia – art. 188, *e*; Costa Rica – competência não afeta à Sala Constitucional – art. 121.9; Portugal – art. 133), mesmo se tratando de "resíduo" criminal (Colômbia – arts. 175.1.2 e 3).

### 4. Processo contra parlamentares

Cabe à Corte Constitucional da Lituânia conclusão sobre a violação à Constituição perpetrada por atos concretos de parlamentar contra o qual tenha sido instaurado um processo de *impeachment*, que pode ou não ser aceita pelo Parlamento (art. 105.4). A Corte sul-africana também é competente nessa matéria (art. 167.4).

Essa competência pode ser deferida a outros tribunais que não o Constitucional: Corte de Apelação (Bélgica, Grécia), Tribunal Supremo (Espanha) e Tribunal de Alçada (Chile).

### 5. Processo contra outros mandatários

Na Áustria, é reconhecida ao TC a competência originária para conhecer de acusações por responsabilidade constitucional apresentadas contra órgãos superiores da Federação por violação da lei – membros do Governo Federal e autoridades a eles equiparados, pelo voto da Câmara de Representantes (art. 142.2, *b*) – e contra diversos órgãos dos *Länder* – membros do Governo Estadual e autoridades equiparadas, por violação à lei, pelo voto do respectivo Parlamento estadual (art. 142.2, *c*); Presidente de Estado e seu Vice ou membro do Governo Estadual por contravenção à lei ou por descumprimento de regulamentos e instruções da Federação em matérias pertinentes à administração federal indireta e, no caso de membro do Governo Estadual, também em relação a instruções do Presidente estadual sobre o mesmo assunto, após o voto do Governo Federal (art. 142.2, *d*); autoridades da capital federal, Viena, no exercício de funções do Executivo Federal, por violação da lei, por voto do Governo Federal (art. 142.2, *e*); o Presidente Estadual, pelo descumprimento de instruções atinentes à educação ou pela criação de obstáculos à atuação do Governo Federal em relação a provas de impacto ambiental (art. 142.2, *f*) e, enfim, o presidente ou diretor de uma escola pública, por violação da lei ou descumprimento de regulamento ou instruções da Federação, pelo voto do Governo Federal (art. 142.2, *g*).

Na Alemanha, a Corte Constitucional Federal é competente para conhecer da remoção, jubilamento ou demissão de um juiz federal (art. 98.2). Na Turquia, acham-se sob jurisdição do Tribunal os processos de responsabilidade contra os Ministros, o Chefe e Subchefe do Ministério Público, os membros do próprio Tribunal, das jurisdições supremas, do Conselho da Magistratura e do Ministério Público, bem como do Tribunal de Contas (art. 140.3). Na Coréia do Sul, o Tribunal Constitucional tem atribuição análoga, pois lhe compete julgar os Ministros, os juízes e os altos funcionários (art. 111.1.2). Na Hungria, cabe à própria Corte Constitucional fornecer o consentimento para a prisão, a instauração de uma ação penal ou a aplicação de medidas coercitivas policiais contra os seus membros, assim como a constatação de sua incompatibilidade e cessação da qualidade de juiz constitucional (art. 1.º, Lei n. XXXII/1989).

## II. *No modelo de Corte Suprema*

### 1. Processo contra o Presidente da República

Como falamos anteriormente, o processo de *impeachment* do Presidente da República é de competência, em geral, do Legislativo, cabendo aos tribunais um controle da regularidade constitucional do processo, quando muito. Não é raro, todavia, ser-lhes deferida a competência para conhecer do "resíduo penal" da conduta que tenha motivado a sua destituição pelo tribunal político ou de *impeachment*, como se dá no Uruguai (art. 239.1). No Brasil, cabe ao Supremo Tribunal Federal processar e julgar originariamente o Presidente da República nas infrações comuns (art. 102, I, *b*).

### 2. Processo contra outros mandatários de poder

Tramitam nas Cortes Supremas, originariamente, as ações penais contra parlamentares (Brasil – art. 102, I, *b*; Panamá – arts. 154.1 e 2), contra Ministros de Estado (Brasil – art. 102, I, *c*; Panamá – arts. 154.1 e 2), Vice-Presidente (Brasil – art. 102, I, *b*), Procurador-Geral da República ou da Nação (Brasil – art. 102, *b*; Panamá – arts. 154.1 e 2), Procurador da Administração, Controlador-Geral da República (Panamá – arts. 154.1 e 2), membros da própria

Corte (Brasil – art. 102, I, *b*). Em Honduras, a Suprema Corte é competente para processar e julgar altos funcionários da República (art. 319.2). Na Suíça, também ao Tribunal Federal é atribuída a competência para julgamento por crimes de traição ou contra a Nação (art. 112).

É peculiar a competência da Suprema Corte mexicana para realizar investigações sobre a conduta de juiz ou magistrado federal, sobre fato ou fatos que constituam violação de garantia individual, sobre violação de voto e de algum outro delito previsto em lei federal, *moto próprio* ou a pedido do Executivo ou do Legislativo federais ou do Governo de alguma unidade federativa. No exercício dessa competência, que supera em muito a possibilidade de os tribunais norte-americanos nomearem promotores independentes para apuração de irregularidades do Executivo,[64] a Corte pode nomear seus próprios membros, juiz distrital, magistrado de circuito ou comissionados especiais. Os resultados dos trabalhos investigativos são endereçados, em caso de violação de garantia individual e de crime previsto em lei federal, à Câmara de Deputados, se o investigado gozar de foro constitucional, e ao respectivo Ministério Público, em caso contrário. Na hipótese de conduta de magistrado, a Corte pode aplicar apenas as sanções disciplinares cabíveis, enviando cópia do processo ao Ministério Público, se houver indícios de conduta delituosa. Por fim, nos casos de violação do voto, o envio é feito à respectiva Câmara Legislativa federal ou à correspondente Câmara Legislativa local e ao Ministério Público. Essa última competência nos lança já a um outro espectro de competência: o contencioso eleitoral (art. 97).

## § 5. Contencioso eleitoral

Encontramos, em muitos sistemas constitucionais, especialização de um órgão para conhecer especificamente do contencioso eleitoral, afastando a competência do Tribunal Constitucional: Bolívia (art. 225); Chile (arts. 82.1.4 e 84); Equador (art. 107) ou da Suprema Corte: Brasil (art. 118); Haiti (art. 191); Honduras (art. 51); Panamá (art. 136); Uruguai (art. 322).[65] Mesmo existindo essa jus-

---

[64] ESTADOS UNIDOS. Suprema Corte, *Morrison* v. *Olson*, 487 U.S. 654 (1988).

[65] No Paraguai, onde, como sabemos, existe Sala Constitucional e o Pleno funciona como última corte de apelação. Lá também há uma Justiça Eleitoral específica (art. 273).

tiça especializada, muitas atribuições, originárias ou recursais, concernentes ao processo de eleição, são deferidas aos tribunais da jurisdição constitucional, pondo em relevo o seu papel na promoção dos valores político-constitucionais, especialmente do princípio democrático. No entanto, é preciso notar que muitas dessas atribuições não têm natureza precisamente jurisdicional, antes são de cunho administrativo e puramente certificatório.

## I. No modelo de Tribunal Constitucional

### 1. Contencioso do processo eleitoral

Analisaremos esse contencioso sob as seguintes perspectivas:

a) regularidade da constituição dos partidos políticos, de suas coalizões (Alemanha – art. 21.2), apreciando a legalidade de suas denominações, siglas, símbolos e de sua prestação de contas ou dissolução (Armênia – art. 100.9; Azerbaijão – 130.3; Bulgária – art. 149.1.5; Coréia do Sul – art. 111.1.3; Croácia – art. 125.1; Eslovênia – art. 160.1.9; Iugoslávia – arts. 124.1.5 e 124.1.8; Macedônia – art. 100; Portugal – art. 225.2; Polônia – art. 188.4; Romênia – art. 144, *j*, da Constituição e art. 13.1.A, *d*, Lei n. 47/1992; República Checa – art. 87.1, *j*; República Eslovaca – art. 129.4; Turquia – arts. 69.4 e 6);

b) regularidade dos pleitos: que pode passar pela admissão da candidatura a certos postos ou para todas as eleições políticas, administrativas e profissionais (Áustria – art. 141.1, *a*), examinando e resolvendo as impugnações às candidaturas; pela verificação dos casos de vacância de certos cargos, assim, para Presidente da República na Armênia (art. 100.3), Azerbaijão (arts. 104.2 e 3), Bulgária (arts. 87.1 e 2), Chipre (art. 147), Congo (arts. 69.5, 6 e 7), Croácia (art. 97.1), França (art. 7.4), Lituânia (art. 105.3.2), Madagascar (arts. 50, 51.1 e 2), Mauritânia (art. 40.1), Portugal (art. 225.2, *a* e *b*), Romênia (art. 95.1 da Constituição e 13.1.B, *a*, Lei n. 47/1992), Senegal (arts. 31.2 e 34.4) e do conhecimento de diversas outras questões relativas à regularidade e validade do processo eleitoral, tanto em sede originária, quanto recursal – eleições presidenciais (Áustria – art. 141.1, *a*; Azerbaijão – art. 86; Bulgária – art. 93.6; Chipre – art. 145; Congo – art. 143; Croácia: art. 125.1; El Salvador – Sala Constitucional;[66] França – art. 58.1; Malta – arts. 56.4 e 63; Madagascar – arts. 106.2 e 109.1; Mauritânia – art. 26.7; Portugal – art. 225.2; Senegal – arts. 29.1 e 2), parlamentares nacionais, regionais, locais ou, conforme o caso, comunitárias (Áustria – art. 141.1, *b*; Azerbaijão – art. 102; Alemanha: recurso de decisões do *Bundestag* – art. 22.2; Armênia – art. 100.3; Bulgária – art. 66; Camboja – art. 117.2, Chipre – art. 145; Congo – art. 144; Croácia: art. 125.1; El Salvador – Sala Constitucional;[67] França – art. 59; Grécia – art. 58; Lituânia: caráter opinativo – art. 106.5; Madagascar – art. 106.2; Malta – arts. 56.4 e 5; Marrocos – art. 79.1; Mauritânia – art. 83.1; Portugal – art. 225.2, *c*; República da Eslováquia – art. 129.2; República Checa – Lei n.182/1993), políticas, administrativas e profissionais (Áustria – art. 141, *a*). Por curioso, deve-se notar que, na Polônia, essas atribuições são deferidas à Suprema Corte (art. 129.1). Na África do Sul a direção do processo eleitoral para a Presidência da República está entregue ao Presidente do Tribunal Constitucional (art. 86.2);

c) controle da elegibilidade e das incompatibilidades parlamentares: preventiva e sucessiva – contencioso de mandato (Bulgária – art. 77.3; Chile – art. 82.1.11; Grécia – art. 100.1, *c*; França – art. 59; República Checa – art. 87.1, *f*; Turquia – art. 85).

## 2. Contencioso de *referendum* e plebiscito

Compete ao Tribunal Constitucional resolver as questões que se suscitem sobre a constitucionalidade da convocatória de um plebiscito, sem prejuízo às atribuições da Justiça Eleitoral especializada (Chile – art. 82.1.4); bem assim, a constitucionalidade e a legalidade de referendos sobre leis, consultas populares e plebiscitos (Áustria – art. 141.3; Armênia – art. 100.3; Colômbia – arts. 241.2 e 3; Congo – art. 145; Grécia – art. 100.2, *b*; Hungria;[68] Itália: referendo ab-rogativo do art. 75 da Constituição – art. 2, Lei Constitucional n. 1/1953;

---

[66] TINETTI. *El Salvador*, p. 186.

[67] Ibidem.

[68] ZLINSKY e SIK. *La Justice Constitutionnelle et la Démocratie Référendaire en Hongrie*, p. 109.

Madagascar – art. 109.1; Marrocos – art. 79.1; Mauritânia – art. 85; Portugal – art. 225.2, *f*; República Eslovaca – art. 129.3; Romênia – art. 144, *g*, da Constituição e 13.1.B, *c*, Lei n. 47/1992). Na França, o controle se faz sobre a campanha e o escrutínio do processo referendário (art. 60).

Na Colômbia é possível o controle sobre a convocatória de um referendo, inclusive de uma assembléia constituinte para reforma da Constituição, limitando-se ao exame da regularidade do procedimento de formação (art. 241.2).

## *II. No modelo de Suprema Corte*

### 1. Contencioso do processo eleitoral

Nos países que adotam o modelo de Suprema Corte é mais freqüente a existência de uma justiça eleitoral especializada e final, como se dá no México (art. 99) e no Panamá (art. 137.3), a não ser em relação à ação de inconstitucionalidade das leis. Em outros sistemas, prevêem-se recursos em caráter extraordinário. É o que ocorre no Brasil (arts. 102, II, *a*, III e 121, § 3.º).[69] A decisão final sobre a incapacidade física ou mental do Presidente é competência da Suprema Corte na Irlanda (art. 12.3.1). Em outros sistemas, simplesmente a legislação não estabelece mecanismos de controle do caráter constitucional de partidos políticos ou do processo eleitoral, como se dá na Nicarágua.[70]

O controle de eleição é entregue, todavia, à Suprema Corte de uma maneira direta em outros lugares. Na Guiana, o controle da elegibilidade de candidatos e a regularidade das eleições parlamentares são deferidos à Corte Superior, com recurso à Corte de Apelação (art. 163, *a* e *b*). À Corte de Apelação é dado originariamente fiscalizar o procedimento das eleições presidenciais (art. 177.4).

Embora o México possua uma justiça eleitoral especializada, compete à Suprema Corte de Justiça realizar de ofício a averiguação de algum fato ou de fatos que constituam violação do voto público, sempre que duvide da legalidade do processo eleitoral de todo um poder da União (art. 97.3). Também a Suprema Corte da

---

[69] Embora o Paraguai tenha sala especializada em matéria constitucional, cabe ao Pleno da Suprema Corte conhecer dos recursos em última instância (art. 259.6).

[70] TERÁN e CASTILLO. *Nicaragua*, p. 274.

Nação argentina, após um longo período em que não conhecia de questões eleitorais, por considerar a sua natureza política, passou a realizar um controle da regularidade dos pleitos.[71] A Suprema Corte de Cingapura supervisiona e controla as eleições presidenciais (art. 93a).

## § 6. JURISDIÇÃO CONSTITUCIONAL DAS LIBERDADES

Em diversos sistemas, existem um ou mais instrumentos processuais destinados à proteção dos direitos fundamentais. As formas e o alcance são vários, embora possamos distinguir aqueles que objetivam a proteção dos direitos fundamentais em gênero (I), de outros, vocacionados à garantia de direitos fundamentais específicos (II). Há outros sistemas de jurisdição constitucional que, no âmbito do TC ou da Corte Suprema, conforme o modelo, em caráter originário ou recursal, desconhecem processos especializados de proteção desses direitos (III).

### I. Instrumentos processuais constitucionais de proteção dos direitos fundamentais em gênero

A existência de um instrumento processual de defesa dos direitos fundamentais é um traço comum à jurisdição constitucional, embora haja diferenças quanto à legitimação, ao alcance dos atos de violação, aos efeitos, ao rito e ao nome que recebe. Vamos tentar sistematizar alguns desses aspectos, aproximando o *Verfassungsbeschwerde* alemão ao *Bescheidbeschwerde* austríaco, às "reclamações constitucionais" da Europa central e oriental, ao amparo espanhol e latino-americano, à ação de tutela colombiana e ao mandado de segurança brasileiro, bem como às ações diretas de inconstitucionalidade, legitimadas pelas pessoas que tiveram seus direitos violados ou ameaçados.

Em sua quase totalidade, esses instrumentos processuais podem ser ajuizados por quem tenha ameaçados ou violados os seus direitos fundamentais, direitos de valor jurídico igual aos direitos fundamentais (*Grundrechtsähnliches Recht*, Alemanha – art. 93.1.4, Colômbia, por meio da ação de tutela – art. 86.1; Eslovênia – art. 160.1.6; Espanha – art. 161.1, *b*; Iugoslávia – art. 124.1.6; Macedônia –

---

[71] ARGENTINA. Corte Suprema de Justiça da Nação, *Fallos* 284: 446, de 26/12/1972 e 285: 410, de 14/5/1973. DALLA VÍA. *Argentina*, p. 48.

art. 100; Guiana – art. 153; Honduras – art. 183; Hungria: Lei n. XXXII/1989; Malta – art. 46; Namíbia – art. 25; Nicarágua – arts. 187 e 188; Polônia – art. 79.1; República Checa – art. 87.1, *d*; Suíça – arts. 113.1.3 e 189) ou também legais (Argentina – art. 43.1; Áustria, por via do *Individualantrag* – art. 140.1 –, e *Bescheidbeschwerde* – art. 144.1; Bolívia – art. 19.1; Brasil – mandado de segurança – art. 5.º, LXIX e LXX; Chipre – art. 146.1; Guatemala – art. 10 do Decreto-lei n. 1/1986), ainda que possam excepcionar, na prática, os direitos sociais, econômicos e culturais, que não gerem direitos subjetivos imediatos (Brasil; Equador;[72] Espanha – art. 53.2); seja pessoalmente ou por representante legal (Áustria – art. 144.1; Bolívia – art. 19.1; Colômbia – art. 86.1; Equador – art. 146; Espanha – art. 46, Lei Orgânica n. 2/1979; Chipre – art. 146.2; Nicarágua;[73] Panamá – art. 50; Paraguai – art. 134), seja por terceiros em nome do prejudicado (Colômbia – art. 86.1; Costa Rica – Lei n. 7.135/1989;[74] Paraguai – art. 134.1; Peru[75]), seja individual ou coletivamente (Argentina – art. 43.2; Brasil – art. 5.º, LXX; Chipre – art. 146.2; Equador – art. 95), por certos órgãos estatais, como o Defensor do Povo (Argentina – art. 43.2; Colômbia – art. 282.3; Equador – art. 96; Espanha – art. 46 da Lei Orgânica n. 2/1979; Peru – art. 162), o Procurador para a Defesa dos Direitos Humanos (El Salvador),[76] e o Ministério Fiscal (Espanha – art. 46 da Lei Orgânica n. 2/1979) ou Público (Bolívia – art. 19.1), por partido político com representação no Congresso Nacional (Brasil – art. 5.º, LXX, *a*), por associações que tenham entre seus objetivos a defesa dos direitos coletivos (Argentina – art. 43.2, Peru[77]), ou que, a exemplo de organização sindical e entidade de classe, postulem interesses de seus membros ou associados (Brasil – art. 5.º, LXX, *b*) e inclusive por pessoas jurídicas de direito público para defesa de seus interesses patrimoniais (México), de suas competências e direito constitucional (Brasil) ou quando visem à proteção de um direito fundamental relacionado com a sua atividade, assim, as universidades e faculdades em relação à liberdade de arte, ciência, investigação e ensino, os

---

[72] PESANTES. *Ecuador*, p. 168.
[73] TERÁN e CASTILLO. *Nicaragua*, p. 266.
[74] VALLE. *Costa Rica*, p. 111-112.
[75] YUPANQUI. *Peru*, p. 319.
[76] TINETTI. *El Salvador*, p. 185.
[77] YUPANQUI. *Peru*, p. 319-320.

estabelecimentos de radiodifusão em relação à liberdade de expressão ou a Igreja, no respeitante à liberdade religiosa, bem como para salvaguarda de suas competências ou "direitos processuais fundamentais" (*Prozessgrundrechte*), por exemplo, na Alemanha, de os partidos políticos tomarem parte na vida constitucional[78] ou dos municípios, na proteção de sua autonomia administrativa (arts. 28 e 93.1.4b).[79] Impugnam-se atos administrativos (República Eslovaca – art. 127) e também eleitorais (Áustria, com o *Bescheidbeschwerde* – art. 144.1[80]), leis geralmente auto-aplicáveis (Áustria, no caso do *Individualantrag* – art. 140.1; Honduras – art. 185; Hungria, apenas por sua, inconstitucionalidade, Lei n. XXXII/1989;[81] Nepal – art. 88.1; Polônia – art. 79.1), regulamentos e decisões administrativas ou contra toda gama de atos jurídicos ou mero fato, praticado pelos poderes públicos (Alemanha – art. 93.1.4 e art. 90 da Lei da Corte Constitucional Federal; Colômbia – art. 86.1; Costa Rica – Lei n. 7.135/1989; Equador – art. 95.1; El Salvador – art. 247.1; Espanha – arts. 43 e 44, Lei Orgânica n. 2/1979; México – art. 103; Panamá – art. 50; Paraguai – art. 134.1; República Checa – art. 87.1), ainda que se possam excepcionar certas matérias, como questões eleitorais, resoluções das Câmaras de Deputados e de Senadores em juízo político, atos da Suprema Corte, pronúncias em outros juízos de amparo, resoluções das legislaturas dos Estados em eleição, suspensão ou remoção de funcionários, decisões do Conselho da Magistratura Federal (México – arts. 33, 41, 60, 74.I, 100, 110 e 111 da Constituição e art. 73 da Lei de Amparo de 1936), o procedimento legislativo (Paraguai – art. 134.4) e as decisões judiciais (Costa Rica – Lei n. 7.135/1989; Equador – art. 95.2; Paraguai – art. 134.4; Peru – art. 200.2), as normas legais (Costa Rica, salvo se há impugnação também de atos de aplicação individual ou quando se tratar de normas de ação automática, de maneira que seus preceitos resultem obrigatórios desde a sua promulgação – art. 30, Lei n. 7.135/1989; Peru – art. 200.2); direito de asilo e atribuição do estatuto de refugiado (Polônia – art. 79.1); ato de organização internacional,[82] regulamentos parlamentares, Estatuto de pessoal das Câmaras e resolu-

---

[78] ALEMANHA. Corte Constitucional Federal. *BVerfGE* 4, 27.
[79] SCHLAICH. *El Tribunal Constitucional Alemán*, p. 171-172.
[80] *Bescheid* compreende toda decisão de órgão administrativo: Corte Constitucional, 11.590.
[81] HUNGRIA. Corte Constitucional. Decisão n. 22/1991 AB; cf. TRÓCSÁNYI. *Hongrie*, p. 69.
[82] ESPANHA. Tribunal Constitucional. Sentença n. 64/1991. REYES. *Derecho Constitucional*, p. 102.

ções de caráter geral da Presidência das Casas Legislativas ditadas para interpretar e integrar os regulamentos parlamentares;[83] podendo, por outro lado, alcançar as omissões em geral (Argentina – art. 43.1; Bolívia – art. 19.1; Colômbia – art. 86.1; Equador – art. 95.1; Guatemala – art. 10 do Decreto-lei n. 1/1986; Nicarágua – art. 200.2), legislativa (Brasil, no caso do mandado de injunção – art. 5.º, LXXI; Hungria – Lei n. XXXII/1989), jurisdicional (Espanha – art. 44.1) ou administrativa (Brasil, em matéria regulamentar – mandado de injunção – art. 5.º, LXXI; Costa Rica – art. 29 da Lei n. 7.135/1989), em particular.

No Brasil, exclui-se o mandado de segurança para combater lei em tese (Súmula n. 266 do STF) e decisão judicial passível de recurso ou correição (art. 5.º, II, Lei n. 1.533/1951 e Súmula n. 267 do STF), a menos que seja "teratológica" a decisão ou, sob reservas, o recurso, contra ela interposto, careça de efeito suspensivo, para obtenção desse fim específico. O trânsito em julgado da decisão, contudo, sepulta essa possibilidade (Súmula n. 268 do STF). Também se colocam sob censura e, na prática, não têm sido observadas as limitações impostas por lei: contra ato ou decisão de procedimento administrativo, quando houver recurso com efeito suspensivo, independente de caução e contra ato disciplinar, exceto daquele praticado por autoridade incompetente ou com inobservância de formalidade essencial (art. 5.º, I e III, Lei n. 1.533/1951). No Nepal, ficam de fora as decisões tomadas por Cortes Militares e as penalidades impostas pelo Parlamento a seus membros (art. 88.2). Nos lugares onde existem remédios próprios da defesa de direitos específicos, como o *habeas data* e o *habeas corpus*, por óbvio, esses direitos não estão incluídos. Na Alemanha, admite-se contra omissão do legislador sempre que existirem mandados constitucionais explícitos no sentido da edição da lei, *v. g.*, equiparação dos filhos extramatrimoniais com os matrimoniais (art. 6.5)[84] e a criação de órgãos jurisdicionais em determinadas áreas jurídicas (art. 101.1.2).[85] Em outros cantos, o recurso ou ação se direciona também contra atos de particulares (Peru – art. 200.2), no exercício de uma função ou atribuição do Poder Público (Costa Rica – Lei n. 7.135/1989; Brasil – art. 5.º,

---

[83] ESPANHA. Tribunal Constitucional. Sentença n. 118/1988 e 139/1988. REYES. *Derecho Constitucional*, p. 103.

[84] ALEMANHA. Corte Constitucional. *BVerfGE* 8, 210.

[85] ALEMANHA. Corte Constitucional. *BVerfGE* 19, 52.

LXIX) ou que se ponham no pólo mais forte de uma relação de dominação, de monopólio ou subordinação (Argentina – art. 43.1; Bolívia – art. 19.1; Colômbia – art. 86.4; Costa Rica – Lei n. 7.135/ 1989) ou contra entidades de caráter ou relevância pública, como os partidos políticos (Brasil – art. 1.º, § 1.º, Lei n. 1.533/1951; El Salvador[86]), associações, sociedades, sindicatos, cooperativas e assemelhadas (Guatemala – art. 9 do Decreto-lei n. 1/1986). Podem, ainda, contemplar atos de particulares que violem "interesse comunitário, coletivo ou um direito difuso" como no Equador (art. 95.3). Na Espanha, todavia, as violações de direitos fundamentais por particulares são tratadas, por meio indireto, como violações por órgãos jurisdicionais, conquanto não tenham conferido a devida proteção àqueles direitos, em que pese já se ter admitido processo.[87] É preciso assinalar a amplitude do juízo de amparo mexicano (art. 107) que se direciona para a tutela da liberdade pessoal (amparo-*habeas corpus* ou amparo da liberdade) contra atos de autoridades não judiciais, vale dizer, administrativas, de polícia e do Ministério Público; para combater as disposições materialmente legislativas – leis formais, tratados e regulamentos – inconstitucionais (amparo contra leis); para impugnar sentenças judicias, especialmente trânsitas em julgado (amparo judicial ou amparo-cassação); para reclamar contra atos e resoluções da administração (amparo do contencioso administrativo) e para proteger os direitos sociais dos campesinos, submetidos ao regime da reforma agrária (amparo social agrário).[88] Ainda se prevê, no caso mexicano, como vimos, a possibilidade de a Corte Suprema de ofício nomear determinadas autoridades para averiguar fatos que constituam violação a garantia individual (97.2). Na Bolívia, além dos recursos de amparo constitucional e *habeas corpus*, conhecidos em grau de recurso pelo Tribunal Constitucional, ainda há um mecanismo específico de proteção de direitos e garantias contra resoluções do Poder Legislativo ou de uma de suas Câmaras, que é de competência originária do Tribunal (art. 122, *e*). No Nepal, a Constituição defere à Suprema Corte a competência extraordinária para conceder ordens e *writs* de *habeas corpus, mandamus, certiorari, prohibition* e *quo*

---

[86] TINETTI. *El Salvador*, p. 184.

[87] ESPANHA. Corte Constitucional. Sentença n. 265/1988. PUERTO. *Jurisdicción Constitucional y Procesos Constitucionales*, t. II, p. 106.

[88] FIX-ZAMUDIO. *El Juicio de Amparo Mexicano y el Recurso Constitucional Federal Alemán (breves reflexiones comparativas)*, p. 467-469.

*warranto*, ou de qualquer outra ordem que assegure direitos fundamentais, se não existir outro remédio adequado ou eficaz (art. 88.2).

Destacaria, pela aproximação, o repertório de *writs* extraordinários, deferidos a todos os tribunais norte-americanos, desde que "necessários e apropriados para o emprego de sua jurisdição e que estejam de acordo com os usos e princípios do direito" (Seção 1.651, Título 28, USC). Especificamente em relação à Suprema Corte, eles são destinados a corrigir algum erro ou intervir em problema suscitado nos tribunais inferiores, não sendo, todavia, sucedâneos das vias normais de revisão, pois exigem circunstâncias excepcionais que tornem esses meios ordinários ineficazes. Embora haja uma superposição na prática, teoricamente é possível distinguir as funções de cada um deles:

a) *writ of mandamus* – destinado a ordenar que um tribunal inferior cumpra um mandado, especialmente o que foi estabelecido em uma sentença da Suprema Corte;

b) *writ of prohibition* – ajuizado para que seja expedida uma ordem que proíba ou impeça um tribunal inferior de realizar uma ação determinada, que possa causar dano irreparável ao requerente; e

c) *writ of certiorari (common-law certiorari)* – que é uma ordem a um tribunal para que certifique a existência de uma causa e a remeta à Corte Suprema. Um exemplo de seu uso se deu num caso em que se havia ordenada a imediata execução de um condenado. A interposição de uma apelação normal demandaria um tempo de tramitação que não evitaria o cumprimento da sentença, ensejando o ajuizamento do *writ of certiorari*.[89] Esses *writs* não são de jurisdição obrigatória para a Corte, que os pode considerar sob a forma de uma petição de *certiorari* ordinário e recusá-los discricionariamente.

Exige-se em alguns sistemas, para utilização do "remédio constitucional", que não exista outro meio jurisdicional mais idôneo (Argentina – art. 43.1; Colômbia – art. 86.2; Iugoslávia – art. 128; Paraguai – art. 134.1) ou o esgotamento das vias ordinárias (Alemanha, exceto quando está em jogo um interesse geral ou na hipó-

---

[89] ESTADOS UNIDOS. Suprema Corte, *Maxwell* v. *Bishop*, 385 U.S. 650 (1967).

tese de prejuízo considerável e inevitável para o recorrente – art. 90.2 da Lei da Corte Constitucional Federal; Áustria, em relação à via administrativa;[90] Brasil, instâncias jurisdicionais, excluídas as decisões flagrantemente ilegais ou absurdas; Espanha, fora o exercício abusivo das prerrogativas parlamentares de imunidade e inviolabilidade – art. 43.1 e 44.1, a;[91] Hungria;[92] Polônia – art. 79.1; República Checa – art. 87.1, d; República Eslovaca[93]), especialmente se tem por objetivo impugnar uma resolução judicial (Panamá – art. 2.606 do Código Judicial). Por outro lado, o ajuizamento deve-se dar dentro de prazos prescricionais ou decadenciais (seis meses da decisão administrativa, na Áustria – art. 82.1 da Lei do Tribunal Constitucional n. 85/1953; se contra a lei, até um ano da sua entrada em vigor, no caso alemão – art. 93.2 da Lei da Corte Constitucional federal; sessenta e cinco dias, no caso cipriota – art. 146.3; cento e vinte dias, no mandado de segurança brasileiro – art. 18, Lei n. 1.533/1951; sessenta dias na República Checa – Lei n. 47/1992; vinte dias da notificação de sentença judicial de improcedência de ação movida contra atos jurídicos ou simples vias de fato do Governo, de suas autoridades ou funcionários, de órgãos executivos colegiados das Comunidades Autônomas ou de suas autoridades ou funcionários, ou contra ato ou omissão judicial – arts. 43.2 e 44.2, Lei Orgânica n. 2/1979). Também é possível o seu uso como mecanismo de proteção transitória, em face de um prejuízo irremediável, do direito violado ou ameaçado (Colômbia – art. 86.1; Iugoslávia – art. 132). O Tribunal pode conhecer diretamente da ação (Costa Rica – art. 48; Espanha – art. 161.1, b; Honduras – art. 319.8; Hungria – Lei n. XXXII/1989; Nicarágua – art. 164.3; Polônia – art. 79.1; República Checa – art. 87.1, d; República Eslovaca – art. 127), como pode só vir a decidi-la em revisão ou recurso (Bolívia – art. 122, f; Colômbia – art. 86.2; Equador – art. 276.3; Guiana – art. 153; Malta – art. 46.4; México – arts. 103, II e III, e 107, IX; Namíbia – art. 79.2; Paraguai – art. 566, Lei n. 1.337/1988, com recurso à suprema Corte e não à Sala Constitucional – art. 250.3; Peru – art. 202.2), não sendo raro que haja casos de conhecimento

---

[90] ÁUSTRIA. Corte Constitucional. VfSlg 5.353.

[91] ESPANHA. Tribunal Constitucional, acórdão n. 8/1980. Sentença n. 71/1989. PUERTO. Jurisdicción Constitucional y Procesos Constitucionales, t. II, p. 98-99.

[92] TRÓCSÁNYI. Hongrie, p. 69-70.

[93] OGURCÁK. République Slovaque, p. 184.

originário contra atos de certas autoridades – Poder Legislativo ou uma de suas Câmaras (Bolívia – art. 122, *e*), autoridades ou funcionários com mando e jurisdição em toda a República ou em duas ou mais Províncias (Panamá – art. 2.607, Código Judicial), Congresso da República, Corte Suprema de Justiça, o Presidente e o Vice-Presidente da República (Guatemala – art. 272, *b*), Presidente da República, Vice-Presidente, os membros do Congresso Nacional, o Procurador-Geral da República e os próprios Ministros do Tribunal (Brasil – art. 102, I, *d*) ou em meio a uma competência recursal mais ou menos ampla (Bolívia – art. 122, *f*; Panamá[94]). Como medida automática (Costa Rica – Lei n. 7.135/1989; Panamá – art. 2.612, Código Judicial) ou cautelar (Brasil – art. 7.º, II, Lei n. 1.533/1951; Colômbia – Decreto-lei n. 2.591/1991; El Salvador;[95] Espanha; Nicarágua),[96] pode ser deferida a suspensão do ato impugnado até decisão final da ação.

O rito é sumaríssimo, contemplando prazos exíguos e preferências de trâmite, além de serem gratuitos, em regra. Exceção feita ao Equador.[97] As sentenças visam garantir à vítima o pleno gozo de seus direitos e o *statu quo ante*, se for o caso, fulminando de nulidade o ato impugnado. No Peru, embora as sentenças se limitem às partes em conflito, a lei reconhece-lhes, todavia, força vinculante à jurisprudência quando veicular princípios de alcance geral (art. 9, Lei n. 23.506/1982). Não se pode deixar de falar, mesmo na ausência de eficácia *erga omnes* da decisão, de um "efeito geral de educação" (*Zweigert*), de preservação, interpretação e aperfeiçoamento do direito constitucional objetivo.[98] No Equador, contudo, a sentença formula apenas "observações" à autoridade, solicitando que seja retificado o ato. Em caso de omissões, onde existir previsão, é deferido um prazo razoável para realização do ato. Uma declaração de inconstitucionalidade pode aparecer de forma incidental ou direta, possuindo, em regra, efeito *inter partes*, embora possa vir a ter alcance contra todos (Alemanha – art. 31.2, Lei da Corte Constitucional Federal; Chipre – art. 146.5; Hungria;[99] Polônia –

---

[94] MONTENEGRO. *Panamá*, p. 289.
[95] TINETTI. *El Salvador*, p. 183-184.
[96] TÉRAN e CASTILLO. *Nicaragua*, p. 267.
[97] PESANTES. *Ecuador*, p. 167-168.
[98] ALEMANHA. Corte Constitucional Federal Alemã. *BVerfGE* 33, 247 (258).
[99] TRÓCSÁNYI. *Hongrie*, p. 69 e 84.

art. 190.1). Na Costa Rica, há, a esse respeito, uma particularidade, pois quando o amparo é interposto diretamente contra uma lei, o Presidente da Sala Constitucional suspende o trâmite do recurso e outorga ao recorrente um prazo de quinze dias para converter o amparo em uma ação de inconstitucionalidade (Lei n. 7.135/1989). Por igual na Espanha, o amparo pode dar lugar a uma "autoquestão de inconstitucionalidade";[100] e, na Áustria, o Tribunal interrompe o processo e abre um novo, para realizar o controle das normas impugnadas.[101] De regra também, a sentença que julga inadmissível ou improcedente o pedido se reveste apenas da força de coisa julgada formal, excepcionando-se o Panamá (art. 203).[102]

No sistema europeu, há a previsão de um recurso individual, endereçado à Comissão Européia de Direitos Humanos, por violação de algum direito reconhecido pela Convenção Européia de Direitos Humanos por parte de algum Estado signatário. Um exame prévio de admissibilidade é feito pela Comissão, dando lugar a um relatório ao Comitê de Ministros e, no caso de juízo positivo, o recurso é endereçado à Corte Européia de Direitos Humanos. A decisão dessa Corte impõe aos Estados uma obrigação de conformidade, fixando-se prazo para que adote as medidas impostas pela decisão. A reparação pecuniária pela violação é conseqüência comum do pronunciamento da Corte. Uma segunda forma de provocação da Corte é feita por meio dos Estados, no apontamento de violação dos direitos consagrados pela Convenção, perpetrada por outro Estado. No âmbito do controle das instituições comunitárias, exercido pela Corte de Justiça, podemos encontrar recursos diretos de particulares (recursos de anulação, ação por omissão e por indenização) que combatem atos comunitários violadores dos princípios protetores de "direitos fundamentais", muito embora fiquem de fora do recurso os atos regulamentares, à diferença dos recursos interpostos pelos Estados e instituições que podem questionar inclusive esses atos. Resta aos particulares, nessa hipótese, utilizar a via da exceção de ilegalidade, atacando as medidas de aplicação dos atos gerais, pondo em cheque, indiretamente, a sua legalidade. Podem,

---

[100] ESPANHA. Tribunal Constitucional. Sentença n. 25/1981. REYES. *Derecho Constitucional*, p. 102.

[101] ÁUSTRIA. Corte Constitucional. *VfSlg* 9144, 9300.

[102] Cf. ROBLES. *El Proceso de Inconstitucionalidad en el Ordenamiento Juridico Panameño*, p. 112.

também no caso da aplicação dos atos pelas autoridades nacionais, invocar a ilegalidade dos atos comunitários aplicados, podendo desencadear um incidente de "comunitariedade" ao Tribunal das comunidades. Esses atos podem ainda ser impugnados por meio de um recurso de indenização dos danos causados, perante o juiz nacional, por sua aplicação pelas autoridades nacionais, dando ensejo também a um reenvio. O mesmo destino possui o controle dos atos estatais que, de uma forma geral, não comportam recursos diretos dos particulares. Em demandas diretas, cabe ainda uma ação dirigida contra os Estados-membros (*action en manquement*), destinada a constatar a existência de uma violação estatal ao direito comunitário que, embora tenha um caráter mais objetivo e não esteja previsto o seu uso pelos particulares, não é raro que o processo seja desencadeado por meio de reclamações endereçadas à Comissão por violação de direitos comunitários dos particulares.[103]

## II. Instrumentos processuais constitucionais para proteção de direitos fundamentais específicos

Os remédios constitucionais específicos podem existir ao lado dos remédios gerais. Todavia, podem vir isolados para salvaguardar certos direitos ou liberdades. É como ocorre na Bélgica, onde o Tribunal de Arbitragem tem competência para conhecer das lesões ao princípio da igualdade e da não discriminação, bem assim da liberdade de ensino, embora haja previsão de essa competência vir a ser ampliada pelo legislador.

O *habeas corpus* é o remédio especializado em proteger a liberdade pessoal e de locomoção, podendo, em regra, ser preventivo e sucessivo ou reparador. A titularidade é ampla, a informalidade do pedido é dominante e é oponível ao Poder Público (Brasil – art. 5.º, LXVIII; Colômbia – art. 30; Equador – art. 93; Guatemala – arts. 9 e 10 do Decreto-lei n. 1/1986;[104] Honduras – art. 182) ou particular, em certas situações ou em geral (El Salvador;[105] Nicarágua;[106] Peru – art. 200.1). O rito é preferencial a todas as ações ou processos. O Tribunal da

---

[103] MANIN. *Les Communautes Européennes*. L'Union Européenne, p. 324.
[104] LAGUARDIA. *Guatemala*, p. 215-217.
[105] TINETTI. *El Salvador*, p. 183.
[106] TÉRAN e CASTILLO. *Nicaragua*, p. 269.

Jurisdição Constitucional pode conhecer, originariamente, do *habeas corpus* (Costa Rica – art. 48; El Salvador – art. 247.1), como o pode fazer apenas de maneira recursal (Bolívia – art. 122, *f*; Equador – art. 276.3; Honduras – arts. 182, 319.3 e 7; Nicarágua – art. 164.2; Peru – Lei n. 26.248, art. 2) ou de ambas as formas (Brasil – art. 102, I, *d* e *i*; Estados Unidos – Título 28, Capítulo 153, Seção 2241, USC; Panamá – art. 2.602, Código Judicial; Paraguai – arts. 259.5 e 133). Pode não haver previsão de seu conhecimento pelo Tribunal da Jurisdição Constitucional nem em caráter originário, nem como instância recursal, deixando-o para os juízos ordinários (Colômbia – arts. 30 e 235.1). Há uma variedade muito grande de tipos de *habeas corpus*, valendo-nos aqui, por emblemático, do modelo norte-americano, no qual existem o *habeas corpus ad sujeciendum*, "reparador", destinado à liberação de uma pessoa presa ilegalmente; o *habeas corpus ad deliberandum et recipiendum*, que permite a transferência de um preso do lugar onde se encontra para o lugar onde o crime foi cometido, para ali ser julgado; *habeas corpus ad faciendum et recipiendum*, utilizado para submeter a causa e o preso a um tribunal superior para decidir sobre sua liberdade; *habeas corpus ad prosequendum*, que objetiva levar a um tribunal uma pessoa que esteja presa por outro motivo; *habeas corpus ad respondenmdum*, orientado para transferir um preso da jurisdição de um tribunal e submetê-lo a outro para responder a uma ação civil; *habeas corpus ad testificandum*, empregado para conduzir o preso a um tribunal para prestar depoimento. Citaria ainda, embora assuma alguma das formas anteriores, o *habeas corpus* preventivo, destinado a evitar que uma ameaça à liberdade pessoal se efetive. Na Áustria, desde janeiro de 1993, existe um processo semelhante ao *habeas corpus*, destinado à proteção do "direito fundamental à liberdade pessoal" em face de sentença ou decisão judicial penal, sendo de competência, todavia, das instâncias ordinárias.[107]

O *habeas data* é destinado à proteção da intimidade e identidade pessoal em face dos sistemas, informatizados ou não, de bancos de dados. Em diversos países, seu exercício se deve dar no âmbito administrativo, por meio de procedimentos desenvolvidos pelos centros de tratamento de dados administrativos (Alemanha – *Bundesdatenschutzgesetz* de 1977; Espanha – art. 14, Lei Orgânica n. 5/1992; Estados Unidos – *Privacy Act* de 1974; França – art. 34, Lei de

---

[107] SCHÄFFER. *Austria*, p. 6.

Informática e Liberdades de 1978; Suécia – Seção 10, *Datalagen* de 1973). As Constituições da era da informática, no entanto, trataram de conferi-lo um *status* de remédio constitucional.[108] Vamos encontrá-lo, assim, na Argentina, após reforma de 1994 (art. 43.5), no Brasil (art. 5.º, LXXII), na Colômbia (art. 15.1), no Equador (art. 94), no Paraguai (art. 135) e no Peru (art. 200.3). No caso brasileiro, ele pode ser usado para assegurar o conhecimento de informações relativas à pessoa do impetrante, constantes de registros ou bancos de dados de entidades governamentais ou de caráter público e para retificação de dados, quando não se prefira fazê-lo por processo sigiloso, judicial ou administrativo. No Paraguai, é assegurado também o respeito aos princípios da transparência, de forma a se saber como a informação está sendo usada e para quais fins; da limitação de conservação dos dados e da boa-fé, podendo objetivar a atualização das informações cadastradas ou mesmo a sua destruição, por equivocadas, ou se estiverem vulnerando direitos.[109] A competência para conhecer do *writ* pode ser concentrada ou difusa (Peru),[110] não sendo incomum a existência de uma competência larga, deferida a todos os juízes, em meio a uma competência originária do Tribunal *ex ratione personae* (Brasil – art. 102, I, *d*; Paraguai[111]).

Outros remédios constitucionais jurisdicionais ainda são encontrados nos diversos sistemas analisados. Assim, na Colômbia, existe uma ação popular para proteção dos direitos coletivos e ambientais (art. 88) . No Peru, há a previsão da ação de cumprimento destinada a fazer com que autoridade ou funcionário renitente acate, cumpra e faça cumprir uma norma legal ou um ato administrativo (art. 200.6). No Brasil, encontramos a ação popular, legitimada a todo cidadão e destinada a anular ato lesivo ao patrimônio público ou de entidade de que o Estado participe, à moralidade administrativa, ao meio ambiente e ao patrimônio histórico e cultural (art. 5.º, LXXIII); bem como a ação civil pública para proteção do patrimônio público e social, do meio ambiente e de outros interesses difusos e coletivos, podendo ajuizá-la o Ministério Público (art. 129, III), as

---

[108] Cf. para maiores detalhes LEITE SAMPAIO. *Direito à Intimidade e à Vida Privada*, p. 528 et seq.

[109] Sobre os princípios elencados, ibidem, p. 509 et seq.

[110] YUPANQUI. *Peru*, p. 319.

[111] MENDONÇA e MENDONÇA. *Paraguay*, p. 299.

associações e órgãos ou empresas estatais (art. 5.º, Lei n. 7.347/1985). Mas, via de regra, essas demandas não estão situadas na esfera originária de competência do Tribunal da jurisdição constitucional, somente a ele chegando no centro de um contencioso constitucional, incidentalmente, ou, no exercício próprio das Cortes Supremas, como último tribunal de apelação. Assim também, na Alemanha, existem instrumentos processuais, referidos a direitos fundamentais, espalhados pelos diversos *Länder*, com base em leis de proteção a certos interesses coletivos, especialmente ao meio ambiente, deferindo-se a grupos e organizações a legitimidade para ingressar em juízo com demandas orientadas a essa proteção. Em âmbito federal, também é reconhecida a grupos e organizações a legitimidade para ajuizar ação destinada à promoção de interesses empresariais ou setoriais (de artesanato, indústria e comércio), à proteção do meio ambiente e dos consumidores;[112] não se podendo esquecer das *class actions* norte-americanas com finalidade análoga.

### III. Jurisdição constitucional sem instrumentos processuais de proteção dos direitos fundamentais

A jurisdição constitucional, pelo menos em sentido estrito, pode não apresentar recursos processuais específicos de garantias dos direitos fundamentais, inserindo-as apenas no controle de constitucionalidade. Em muitos lugares, tem-se discutido se um sistema de jurisdição constitucional assim concebido, não passaria de uma "jurisdição de direito objetivo" ou "jurisdição centrada na lei".[113] Tais observações têm a sua pertinência na Itália, por exemplo, onde, sem conhecer de processo específico de proteção dos direitos fundamentais, deixa-se ao critério do juiz *a quo*, inclusive de ofício, o exame dos pressupostos das questões incidentais de inconstitucionalidade,

---

[112] Encontramos reconhecimento de legitimidade de grupos ou organizações em relação ao meio ambiente: Lei Federal de proteção ao meio ambiente de 12/3/1987 (BGbl. I S 889): § 29.2 e dos Länder de Hess (§ 36 HesseNathSchG de 19/9/1980), Bremen (§ 44 BremNatSchG de 17/9/1979), de outros; também em relação aos direitos consumeristas (§ 13.1), e no âmbito do Direito privado (§ 13.2 AGB-Gesetz). A Lei de organizações artesanais (§§ 8.4 e 12): HÄBERLE. *La Jurisprudencia Constitucional de los Derechos Fundamentales*, p. 337.

[113] PIZZETTI e ZAGREBELSKY. *"Non Manifesta Infondatezza" e "Rilefanza" nell'Instaurazione Incidentale del Giudizio sulle Leggi*, p. 128 et seq.; PIZZORUSSO. *El Tribunal Constitucional Italiano*, p. 239.

de sua relevância e fundamento a permitir o seu envio à Corte Constitucional, atraindo para si o papel de verdadeiro ator do processo constitucional concreto, ainda mais se considerarmos que o controle abstrato limita a legitimidade a um punhado de órgãos políticos. Mesmo no caso italiano, todavia, são apresentados contrapontos importantes a esse pensamento, argumentando-se com a possibilidade de o incidente ser provocado por formulação de um litígio fictício, apenas visando disparar o controle de constitucionalidade, ou ainda ajuizar uma causa que, a título de teste, seja promovida com o único propósito de proteger os interesses de uma coletividade inteira.[114]

A ausência de um "remédio processual" específico, no âmbito da jurisdição constitucional, pode não significar, no entanto, que a ordem jurídica careça de instrumentos desse tipo. Na França, por exemplo, o Conselho Constitucional não tem competência para conhecer de violações a direitos perpetrados pela Administração ou por ato normativo legal ou regulamentar. No entanto, ela existe em outras jurisdições. Assim são os recursos por excesso de poder perante o juiz administrativo, a exceção de ilegalidade que pode ser suscitada perante qualquer jurisdição, muito embora os tribunais judiciais, exceto em matéria penal, remetam-na para o juiz administrativo e, enfim, a teoria da via de fato que reconhece competência muito ampla aos tribunais judiciais, sempre que haja uma violação material e manifestamente ilegal de um direito ou de uma liberdade. A legitimidade para fazer valer tais recursos alcança os cidadãos e não-cidadãos, bem como as pessoas jurídicas de Direito Privado ou de Direito Público, em defesa tanto de seus direitos patrimoniais, quanto dos interesses individuais, coletivos ou públicos que defendam. Certamente que há limites a essa atuação, pois não se poderá alegar a inconstitucionalidade de uma lei, tão-somente de um decreto.[115] Em Portugal, ao lado do acesso amplo à justiça administrativa para tutela dos direitos e interesses protegidos dos administrados e da responsabilidade civil da Administração, por atos lícitos e ilícitos, ainda há o *habeas corpus* (art. 31), o *habeas data* (art. 35) e a ação popular; esta, com dupla função: para defesa do interesse público, reagindo contra a lesão de bens

---

[114] PIZZORUSSO. *El Tribunal Constitucional Italiano*, p. 240-241.

[115] TURPIN. *Contentieux Constitutionnel*, p. 471 et seq.

ou direitos das autarquias locais ou contra deliberações ilegais, com reflexos na salvaguarda de direitos individuais, manejável por qualquer um do povo; e para defesa de um interesse do público em geral ou de categorias ou classe com grande número de pessoas (interesses difusos), como a saúde pública, o ambiente, a qualidade de vida, o patrimônio cultural, ou de seus próprios direitos subjetivos, nesse âmbito, direito ao ambiente, à qualidade de vida, à saúde, sendo legitimado o cidadão, individualmente ou por meio de associações de defesa (art. 52.3).[116] Esses "remédios" podem conduzir a recursos ao Superior Tribunal de Justiça (art. 212.1).

Diria, ainda, que mesmo nos sistemas jurídicos que não adotam a jurisdição constitucional podem existir instrumentos de proteção de direitos fundamentais, sendo destaque o *habeas corpus* inglês, com todas as variantes anteriormente citadas e ainda com o *ad satisfaciendum*, destinado a pôr o preso sob a autoridade de um tribunal superior para que se execute a sentença prolatada.

Embora não seja o propósito desse trabalho, ainda se deve anotar que, além da especialização de certos processos em que existe uma justiça administrativa, são encontrados outros tantos instrumentos ou mecanismos não jurisdicionais ou quase-jurisdicionais de proteção das liberdades ou da "política dos direitos fundamentais", sendo destacadas as figuras do *ombudsman* nórdico (*v. g.*, § 6, capítulo12 da Constituição sueca), austríaco (art. 148, *e* e *f*) e português (art. 23), dos "comissários" de defesa dos direitos em geral ou de alguns em particular, na Alemanha (Defensor para assuntos militares – art. 45, *b*; proteção de dados pessoais – art. 77 da Constituição da Renania setentrional-Westfalia), do "defensor do povo" na Espanha (art. 54 da Constituição e Lei Orgânica n. 3/1981) e em diversos países latino-americanos, do "procurador para os direitos humanos" na Guatemala (art. 274) ou do Ministério Público no Brasil (art. 129, II e III). Não raro, a atuação desses organismos termina por desembocar nos tribunais ou juízes constitucionais, como expressamente prevê a Constituição austríaca, em relação a ações de ilegalidade contra autoridades federais ou a conflitos de interpretação de leis entre o Conselho de *Ombudsmen* e o Governo Federal, ajuizadas por este, neste último caso, ou por aquele, em ambas hipóteses.

---

[116] CANOTILHO. *Direito Constitucional*, p. 675-676; MIRANDA. *Portugal*, p. 353.

## § 7. Outras competências

### I. No modelo de Tribunal Constitucional

Na Áustria, há a previsão das demandas patrimoniais (*Kausalgerichtbarkeit*) ou Procedimento-A, por meio do qual o Tribunal resolve demandas sobre a execução ou a declaração de existência de responsabilidade patrimonial de um ente territorial, quando não existir outro órgão administrativo ou judicial competente (art. 137). É deferida ao Tribunal Constitucional bielo-russo (art. 130), ao equatoriano (art. 281) e ao guatemalteco (art. 277, *c*) legitimidade para propor emenda à Constituição. O Tribunal português detém poderes de controle da riqueza e dos rendimentos dos titulares de cargos políticos (Lei n. 4/1983). Ainda em Portugal (art. 225.2, *a* e *d*) e também no Chile (art. 82.1.10), o Tribunal Constitucional exerce o Controle das incompatibilidades e das causas de cessação do exercício do cargo e inabilitações dos Ministros. Na Hungria, a Constituição enumera algumas atribuições especiais à Corte Constitucional, como a sua manifestação sobre a dissolução de corpos legislativos locais, cujas ações tenham sido reputadas inconstitucionais (art. 19.3, *l*) e a participação de seu Presidente, juntamente com o Presidente do Parlamento e com o Primeiro-Ministro, na decisão sobre a obstrução do Parlamento e sobre a justificativa da declaração de estado de guerra, de crise nacional ou de emergência (art. 19A.3). O legislador ordinário pode prever outras competências. Nesse sentido, a Lei sobre ensino superior deu-lhe poder para proteger a autonomia das instituições de ensino superior (decisão n. 40/1995 AB). Na República Checa, a Corte Constitucional é, por seu turno, competente para a adoção de medidas necessárias à execução de uma decisão de um Tribunal Internacional à condição de que a decisão obrigue a República e que não possa ser executada de outro modo (art. 87.1, *i*). Na Colômbia, cabe-lhe resolver sobre escusas de particulares para depor em comissão parlamentar (art. 137). O Conselho Constitucional marroquino é ouvido pelo Rei antes da dissolução do Parlamento (art. 70). No Chipre, compete à Suprema Corte Constitucional solucionar, em sede recursal, questões relativas às competências da Comissão de Serviço Público, como criação e alocação de cargos, remuneração de servidores e controle disciplinar (art. 125.2, *a*), bem como sobre a duração do mandato da Câmara de Deputados (art. 125.2).

## II. No modelo de Suprema Corte

Por ser Corte Suprema e órgão máximo do Poder Judiciário, as Constituições tendem a deferir a esse órgão de jurisdição constitucional outras competências que não se relacionam ou que o fazem indiretamente com o contencioso constitucional propriamente dito. Na Nicarágua, por exemplo, compete-lhe organizar e dirigir a administração de justiça, ser a instância revisora final das decisões judiciais, nomear magistrados dos tribunais de apelação, decidir os casos de extradição, nomear ou destituir os juízes, médicos forenses e registradores públicos da propriedade imóvel e mercantil de todo o país, conceder autorização para o exercício das profissões de advogado e notário, bem como suspendê-los e reabilitá-los, além de conceder autorização para execução de sentenças estrangeiras e resolver conflitos administrativos entre os organismos da administração pública ou entre estes e os particulares (arts. 164.1, 2, 5 a 10). Em Honduras, prevê-se, dentre outras funções, a conferência de título de advocacia e notário a quem atender às exigências legais, além dos processos de extradição (arts. 319.4 e 6). No México, destaca-se a nomeação de seus próprios membros ou de algum juiz de circuito ou de distrito, de comissionado especial, de ofício ou a pedido das Câmaras ou de um Governador de um Estado para averiguar algum fato ou fatos que constituam uma grave violação de uma garantia individual; solicitar ao Conselho da Judicatura Federal a averiguação da conduta de algum juiz ou magistrado federal (art. 97.2); revisar as decisões desse Conselho em matéria de designação e remoção de magistrados e juízes; resolver conflitos trabalhistas entre a própria Corte e seus trabalhadores. Cabe à Suprema Corte paraguaia – não à Sala Constitucional – manifestar-se em processo de destituição de parlamentar por insanidade física ou mental (art. 190). No Brasil, há uma variada gama de atribuições diferentes das já assinaladas.[117]

Compete-lhe processar e julgar litígio entre Estado estrangeiro ou organismo internacional e a União, o Estado, o Distrito Federal ou o Território (art. 102, I, *e*);[118] a extradição solicitada por

---

[117] Cf. ROSAS. *Direito Processual Constitucional*, p. 114 et seq.

[118] Vale refletir com o Ministro Velloso: "Na verdade, a competência da alínea *e* é determinada em razão da pessoa. O mesmo deve ser dito em relação à competência do STJ, competência recursal ordinária, inscrita no art. 105, II, *c*. A matéria, portanto, pode ser a mesma, o Tratado pode ser o mesmo. Divergindo as Cortes, no âmbito puramente do direito

Estado estrangeiro (art. 102, I, *g*);[119] a homologação das sentenças estrangeiras e a concessão de *exequatur* às cartas rogatórias, que podem ser conferidas pelo regimento interno a seu Presidente (art. 102, I, *h*);[120] a ação rescisória de seus julgados (art. 102, I, *j*); a reclamação para a preservação de sua competência e garantia da autoridade de suas decisões (art. 102, I, *l*); a execução de sentença nas causas de sua competência originária, facultada a delegação de atribuições para a prática de atos processuais (art. 102, I, *m*); a ação em que todos os membros da magistratura sejam direta ou indiretamente interessados,[121] e aquela em que mais da metade dos membros do tribunal de origem estejam impedidos[122] ou sejam direta ou indiretamente interessados (art. 102, I, *n*); bem como conhecer do recurso ordinário em crime político (art. 102, II, *b*).

---

federal, a divergência poderá ser irremediável, dado que, se a questão não comportar o contencioso constitucional, não haverá recurso extraordinário. Principalmente por isso, penso que a competência da alínea *e* deve ser do Superior Tribunal de Justiça." *O Supremo Tribunal Federal, Corte Constitucional*, p. 25.

[119] Embora devesse estar, esta também, mais acomodada no STJ, vez que é este e não o STF o tribunal do contencioso federal comum. Nesse sentido, VELLOSO. *O Supremo Tribunal Federal, Corte Constitucional*, p. 25.

[120] Não se enquadra perfeitamente na jurisdição constitucional, melhor assimilável, aqui também, às competências do Superior Tribunal de Justiça. "A Constituição atribui ao Supremo Tribunal Federal competência para 'a homologação de sentenças estrangeiras', art. 102, I, *h*, ou seja, de atos jurisdicionais irrecorríveis de outros países, ou ainda de atos administrativos que sejam a eles equiparados, como é o caso, por exemplo, do divórcio consensual em países cujo sistema jurídico tem esta previsão. O Casamento não é ato jurisdicional ou a ele equivalente..." Supremo Tribunal Federal. SEC 4.966-1/ República Portuguesa. Rel. Min. Paulo Brossard. Tribunal Pleno. *DJ* 1 de 30/9/94, p. 26.165. V. Súmulas 381 e 420.

[121] "EMENTA: 1 – Ação originária. Constituição, art. 102, I, *n*. 2 – Mandado de segurança ajuizado por servidor público federal pleiteando o pagamento do percentual de 28, 86%, em face das Leis 8.622 e 8.627, ambas de 1992. 3 – Não se enquadra a hipótese no art. 102, I, *n*, da Constituição, porque não se cuida, aí, de pretensão de interesse privativo da magistratura. O simples reflexo da pretensão aforada sobre a situação de magistrados federais não basta para acarretar a competência do Supremo Tribunal Federal, de acordo com o art. 102, I, *n*, da Constituição...": Supremo Tribunal Federal. AO 207-9/DF. Rel. Min. Néri da Silveira. Tribunal Pleno. *DJ* 1 de 2/12/94, p. 33.196. Não é interesse de "toda magistratura nacional" se limitar a atender a situações restritas aos magistrados da União e de primeiro grau: Supremo Tribunal Federal. AO 192-7/RS. Rel. Min. Sydney Sanches. Tribunal Pleno. *DJ* 1 de 27/10/95, p. 36.330.

[122] Deve todavia atender-se aos seguintes requisitos: a) possuir natureza jurisdicional, não podendo ser suscitada contra ato de Tribunal de Justiça que preencheu, por eleição,

quebrando a regra de antigüidade, prevista no art. 102, LOMAN, o cargo de Vice-Presidente: Supremo Tribunal Federal. AO 176/MS. Rel. Min. Carlos Velloso. Tribunal Pleno. *DJ* 1 de 18/6/93, p. 12.108: "... II – Os pressupostos do impedimento e da suspeição (...) que gerariam a competência do Supremo Tribunal Federal, na forma da alínea *n* do inciso I do art. 102 da Constituição, devem ser apreciados pelo Tribunal competente, em princípio, para o julgamento da causa. Precedentes do STF. III – A regra de competência inscrita no art. 102, I, *n*, da Constituição pressupõe, ademais, um prodecimento de natureza jurisdicional do Tribunal de origem...". V. AOR n. 1, AOE n. 8, AOR (QO) n. 8: *RTJ* v. 138, p. 3; b) apreciação pelo Tribunal de origem da "possiblidade de o julgamento realizar-se com a substituição, no forma regimental, dos impedidos e suspeitos, inclusive, se a tanto necessário, mediante convocação de Juiz de instância inferior". AO 106-4/MS. Rel. Min. Néri da Silveira. Tribunal Pleno. *DJ* 1de 18/3/94, p. 5.149.

# Capítulo IV
# O CONTROLE DE CONSTITUCIONALIDADE

Um ponto central da jurisdição constitucional, como vimos, é o da fiscalização de constitucionalidade dos atos normativos. Por isso mesmo, nosso estudo se deterá um pouco mais em alguns traços característicos desse controle, analisando, de maneira comparada, os parâmetros usados (I), os objetos controlados (II) e os efeitos das decisões tomadas pelos tribunais da jurisdição constitucional (III).

## SEÇÃO I
## PARÂMETRO, REFERÊNCIA, CÂNON OU BLOCO DE CONSTITUCIONALIDADE

A Constituição é o ponto de partida do controle de constitucionalidade. Mas se deve ficar atento às variações desse ponto de partida, pois esconde diversos problemas. Em primeiro lugar, deve-se analisar o efeito do tempo sobre ele e indagar se uma Constituição passada pode ser usada como parâmetro; ou, assim, trechos da Constituição revogados. Às duas perguntas, a resposta, em geral, é negativa. Mas há exceções. Na Costa Rica e no Panamá a Constituição pretérita compõe o bloco de constitucionalidade.[1] No Brasil, a via incidental permite que se exerça a fiscalização de norma editada à época da vigência da Constituição ou do trecho constitucional revogado.[2] A via de ação ou direta, não.[3] Não se pode deixar de notar também que o alcance objetivo do parâmetro é muito função do processo que se usa e da própria teoria da Constituição que domina em cada País. Por certo que o controle de constitucionalidade das leis exige a Constituição inteira como parâmetro, porém os conflitos de competência ou os *writs* constitucionais vão exigir uma passagem apenas de seu texto. Assim como uma concepção de Constituição material, todavia normativa, permite a ampliação do cânon de constitucionalidade, enquanto uma concepção puramente formal conduz à direção oposta. Lembremos, para esse efeito, a extensão do parâmetro de constitucionalidade na Itália, movida pela teoria de "Constituição material" dominante naquele País, e a escassa aplicação dos princípios constitucionais gerais como cânon de controle, até bem recentemente na Áustria.[4] Na maioria das vezes, é a Constituição abstratamente considerada, passada e presente; outras vezes – e, na prática, em muitas vezes – é a Constituição que resulta aplicada pelo órgão de jurisdição constitucional (Panamá) ou segundo uma jurisprudência constante ou "direito vivente" (Itália).[5]

A análise das experiências dos vários sistemas de jurisdição constitucional nos pode fornecer uma idéia mais precisa de que setor da Constituição tem servido mais a pôr em funcionamento o processo de fiscalização. Veremos que a parte material da Consti-

---

[1] HOYO. *El Control Judicial y el Bloque de Constitucionalidad en Panamá*, p. 797, 801.

[2] De tantos exemplos, citem-se alguns poucos: Pleno. RE n. 118.585-SP. Rel. Min. Ilmar Galvão; todavia em recurso extraordinário, não: Acórdão que julga não recebida pela Constituição norma editada antes do início de sua vigência. Ausência, no caso, de declaração de inconstitucionalidade de tratado ou lei federal. RE n. 210.912. Rel. Min. Sepúlveda Pertence.

[3] BRASIL. Supremo Tribunal Federal. Pleno. ADInMC n. 74-RN. Rel. Min. Celso de Mello. *RTJ* v. 143, t. 2, p. 355-385. Por óbvio que não cabe, no âmbito de controle concentrado perante o Supremo, contrastar lei local em face da Constituição estadual: ADInMC n. 717-AC. Rel. Min. Ilmar Galvão. *RTJ* v. 143, t. 2, p. 504-506.

[4] ZAGREBELSKY. *La Giustizia Costituzionale*, p. 147 et seq.; CERRI. *Corso di Giustizia Costituzionale*, p. 63, 147 et seq.; AJA e BEILFUSS. *Conclusiones Generales*, p. 267.

[5] ITÁLIA. Corte Constitucional. Sentença n. 202/1985; ZAGREBELSKY. *La Dotrinna Costituzionale del Diritto Vivente*, p. 1148 et seq.

tuição, em que se declaram e garantem os direitos fundamentais, é, de longe, o trecho constitucional mais acionado. Com intensidade menor, mais nem por isso desprezível, vamos encontrar as normas definidoras de competências, tanto na distribuição horizontal, quanto na repartição vertical de poderes. Não será surpresa, todavia, se nos depararmos com um uso menos constante dos chamados princípios fundamentais ou estruturais, como Estado de Direito ou variantes e Democracia, dada a fluidez de sentidos que expressam; nem gerará perplexidade maior a conclusão de que os Preâmbulos, cuja positividade era dúvida até bem pouco tempo, não são empregados como parâmetro. Na verdade, um e outro são recursos, quase sempre retóricos, de interpretação ou reforço de convencimento, embora se destaquem algumas exceções. Em Portugal, é a Constituição que remete os princípios a cânones de constitucionalidade (art. 277.1), induzindo o Tribunal Constitucional a uma elaboração mais detalhada de princípios como Estado de Direito democrático, a separação de poderes, a reserva ou a prevalência da lei ou mesmo o postulado de justiça, que já levou, por exemplo, a se considerar inconstitucional a exclusão de indenização de trabalhadores demitidos de uma empresa que fora fechada por força de um Decreto-lei (sentença n. 162/1995). Também na Espanha, vez ou outra, aparecem como parâmetro a liberdade, a justiça, a igualdade e o pluralismo político, pela inspiração do seu artigo primeiro que estatui ser a Espanha um Estado social e democrático de Direito, propugnando como valores superiores de seu ordenamento jurídico tais princípios.[6] Na França, o Conselho Constitucional, em decisão histórica datada de 16 de julho de 1971,[7] baseando-se no valor jurídico do Preâmbulo da Constituição de 1958 e de suas remissões às declarações de direitos de 1789 e de 1946, terminou por ampliar significativamente o parâmetro de controle, introduzindo o conceito de bloco de constitucionalidade, a congregar o próprio texto da Constituição de 1958, a Declaração de Direitos do Homem e do Cidadão, de 26 de agosto de 1789, os "princípios políticos, econômicos e sociais particularmente necessários em nosso tempo", presentes no Preâmbulo da Constituição de 1946, "os princípios fundamentais reconhecidos pelas leis da República", vale dizer, nas legislações das I, II e III

---

[6] ESPANHA. Tribunal Constitucional. Sentença n. 53/1985. PUERTO. *Jurisdicción Constitucional y Procesos Constitucionales*, I, p. 193.

[7] FRANÇA. Conselho Constitucional. Decisão n. 71-44. *Recueil des Décision du Conseil Constitutionnel*, p. 244.

Repúblicas, que não tenham uma exceção na tradição instaurada pelas diversas leis aprovadas, de caráter geral e não contingente, resumidos, por enquanto, a sete: a liberdade de associação, os direitos de defesa, a liberdade de cátedra, a independência dos professores da universidade, a competência exclusiva da jurisdição administrativa em matéria de anulação e modificação das decisões administrativas e a importância das atribuições conferidas à jurisdição administrativa em matéria de proteção da propriedade privada imobiliária. Na Costa Rica, estão incluídos os princípios constitucionais de definição da estrutura fundamental da ordem jurídica, como os princípios de rigidez constitucional, de certeza do direito, de responsabilidade do Estado e o de "liberdade de contrato" privado ou autonomia da vontade.[8] Na Bulgária, com uma certa constância, a Corte Constitucional faz referência não apenas a um dispositivo literal do texto, mas ao "sentido e ao espírito" da Constituição, valendo-se de "princípios gerais" e do próprio Preâmbulo como referência de controle.[9] O mesmo se pode dizer da Corte Constitucional romena que, em diversas situações, recorre aos "princípios gerais", com destaque para o princípio da divisão de poderes, que não vem expresso no texto constitucional, e para o princípio de igualdade de oportunidades entre os partidos políticos participantes de campanha eleitoral parlamentar.[10] Nos Estados Unidos, a referência a "cláusulas" que apresentam conteúdo geral e indeterminado tem servido para desenvolver uma ampla doutrina de inconstitucionalidade, especialmente em matéria de proteção aos direitos fundamentais, que chega a agredir a sensibilidade da corrente de pensadores que defende uma perspectiva "textualista" ou "originalista" da Constituição. São emblemáticas as cláusulas do "devido processo legal", de que se extraem direitos como a *privacy*, o aborto, a organização da própria morte; e a de "igual proteção" que se projeta, muito além da igualdade formal, na definição de obrigações ou tarefas do Estado em favor de classes social e economicamente menos favorecidas.[11]

---

[8] HOYO. *El Control Judicial y el Bloque de Constitucionalidad en Panamá*, p. 797.

[9] BULGÁRIA. Corte Constitucional. Decisões n. 5/1993, n. 18/1993, n. 3/1994 e n. 6/1994. KARAGIOZOVA-FINKOVA. *Bulgarie*, p. 27-28.

[10] ROMÊNIA. Corte Constitucional. Decisões n. 2/1992 e n. 64/1994. VASILESCU. *Roumanie*, p. 138.

[11] Cf. adiante, o Capítulo III da Parte III deste trabalho.

Não se pode deixar também de falar dos cânones invisíveis que passaram a ser desenvolvidos a partir do "sistema da Constituição" ou de "disposições abertas de sentido", sem encontrar base precisa no texto constitucional. Assim, o princípio da precisão ou determinabilidade das leis – sobretudo em matéria de delegação de poderes e de limitação dos direitos fundamentais –, o princípio da proteção de confiança – relacionado à segurança jurídica – e, especialmente, o princípio da razoabilidade e da proporcionalidade, associado, com certa freqüência, ao princípio da igualdade ou à restrição dos direitos fundamentais.

Mas nem só do texto constitucional vive o parâmetro de controle. A rica idéia francesa do bloco de constitucionalidade prenuncia que outros expedientes normativos podem servir de cânon de constitucionalidade. O Chipre inclui entre os cânones o projeto de Constituição, assinado em Nicósia em 6 de abril de 1960, pela "Comissão Constitucional Conjunta", e as emendas firmadas pelos representantes da Grécia, Turquia e das comunidades cipriotas, gregas e turcas, além da "letra e espírito" do Acordo de Zurique de 11 de fevereiro 1959 e do Acordo de Londres de 19 de fevereiro do mesmo ano (art. 159, *a* e *b*). Em certos países, os tratados internacionais podem compor seu repertório. Na Bielo-Rússia (art. 127.1), na Bulgária (art. 149.1.4), na Eslovênia (art. 160.1.2), na Costa Rica (art. 7.º), na Hungria (art. 1.º, Lei n. XXXII/1989), na Romênia (art. 11.2 e 20)[12] e na República Eslovaca (art. 125, *e*), os tratados internacionais integrantes da ordem interna são usados como parâmetro, bem como, nos casos búlgaro (art. 149.1.4), esloveno (art. 160.1.2), húngaro (art. 7.1 da Constituição e Lei n. XXXII/1989) e romeno,[13] as "normas universalmente consagradas" ou "geralmente reconhecidas pelo Direito Internacional", aí incluídos os instrumentos internacionais de proteção dos direitos do homem, sendo freqüente a referência à jurisprudência da Corte Européia de Direitos do Homem e dos órgãos de Estrasburgo. Na Bósnia-Herzegóvina, a Constituição inclui expressamente a Convenção Européia de Direitos Humanos e Liberdades Fundamentais e seus protocolos (art. VI,

---

[12] ROMÊNIA. Corte Constitucional. Decisões n. 63/1993 e n. 69/1993; VASILESCU. *Roumanie*, p. 137.

[13] ROMÊNIA. Corte Constitucional. Decisão n. 6/1992; VASILESCU. *Roumanie*, p. 137; cf. POPESCU. *L'Application des Normes de Droit International Relatives aux Droits de l'Homme en Droit Roumain*, p. 351 et seq.

§ 3.º, *c*). Na Áustria, apenas os tratados de valor constitucional são usados com esse fim;[14] no Panamá e na República Checa (art. 87.1, *a* e *b*), os tratados de proteção aos direitos do Homem e das liberdades fundamentais ratificados; na Argentina, diversas declarações internacionais de direitos são enumeradas, dentre elas a Declaração Americana dos Direitos e Deveres do Homem e a Convenção Americana sobre Direitos Humanos, que, ao lado de outros tratados sobre direitos humanos, de "hierarquia constitucional", compõem o "bloco de constitucionalidade federal";[15] na Espanha, essas declarações também desempenham papel importante, pelo menos como parâmetro de interpretação dos direitos fundamentais, sendo destacada também a doutrina da Corte Européia de Direitos Humanos.[16] Na Alemanha, no âmbito do controle concreto, podem ser usados como cânones de constitucionalidade os princípios gerais do Direito internacional Público (art. 25). Em Portugal, é expressa a competência do Tribunal Constitucional para conhecer dos recursos formulados contra decisões de outros tribunais que tenham deixado de aplicar uma disposição de lei, fundando-se em sua contrariedade a um convênio ou tratado internacional ou que a aplique, violando jurisprudência anterior do Tribunal (art. 280.2). Desafia-se unicamente saber se o convênio ou tratado está ou não vigente dentro do ordenamento jurídico e em que hierarquia, algo semelhante ao que ocorre na Alemanha no curso de um processo de "qualificação de norma" (arts. 25 e 100.2).

Na Europa, está em franca expansão o sistema de "controle de convencionalidade", que faz uso, não mais da Constituição do País, mas, em matéria de direitos fundamentais, da Convenção Européia de Direitos Humanos e, em geral, dos Tratados – ou da Constituição – da União Européia. Via de regra, os Tribunais Constitucionais se têm recusado a exercer esse controle, em face do alegado monopólio detido pelo Tribunal de Justiça das Comunidades Européias, por força do artigo 177 do Tratado da Comunidade, mas, aqui e ali, são encontradas exceções, como na Itália.[17] Aqui

---

[14] AJA e BEILFUSS. *Conclusiones Generales*, p. 271.

[15] CAMPOS. *Tratado Elemental de Derecho Constitucional Argentino*, VI, p. 555.

[16] ESPANHA. Tribunal Constitucional. Sentença n. 11/1981; PUERTO. *Jurisdicción Constitucional y Procesos Constitucionales*, II, p. 49; AJA e BEILFUSS. *Conclusiones Generales*, p. 271-272.

[17] AJA e BEILFUSS. *Conclusiones Generales*, p. 271-272.

há uma distinção que precisa ser feita; as normas de execução dos Tratados institutivos da Comunidade Européia e das demais fontes comunitárias operam como parâmetro, considerando-se que a violação que lhe faça uma lei ordinária constitui violação mediata do artigo 11 da Constituição. No entanto, violações às disposições comunitárias diretamente aplicáveis são enfrentadas pelos juízes ordinários, sem desafiar um juízo de via incidental, por faltar-lhes o requisito da relevância.[18] Na França, há uma divisão de tarefas: cabe ao Conselho Constitucional realizar o controle de constitucionalidade das leis, enquanto a jurisdição ordinária se ocupa do controle de convencionalidade.[19]

As normas interpostas, assim entendidas aquelas que, por exigência constitucional, condicionam a aprovação de leis, também são usadas como parâmetro em alguns lugares, embora sejam recusadas em outros (Bulgária).[20] Os regulamentos ou regimentos parlamentares são exemplos mais bem acabados. É freqüente o seu emprego quando estabelecem requisitos derivados da Constituição; no ponto em que são definidos de forma autônoma, contudo, a aceitação é menor: são usados ocasionalmente na Costa Rica,[21] na Espanha[22] e no Panamá[23] ou não são usados na Alemanha[24] e França.[25] Com certa freqüência, a aceitação desse controle se faz não em nome da constitucionalidade, mas antes da legalidade ou de "inconstitucionalidade indireta", como expressamente prevê a Constituição portuguesa, quando estão em jogo as leis de valor reforçado, os estatutos político-administrativos das Regiões Autônomas e as leis gerais da República (art. 281.1, *b*, *c* e *d*) e a *BundesVerfassungsgesetz* austríaca em relação aos regulamentos (art. 139). Existem demandas de anulação de normas jurídicas diferentes da lei e das disposições legislativas particula-

---

[18] ITÁLIA. Corte Constitucional. Sentença n. 170/1984.

[19] ROUSSEAU. *Droit du Contentieux Constitutionnel*, p. 198-199.

[20] KARAGIOZOVA-FINKOVA. *Bulgarie*, p. 27.

[21] HOYO. *El Control Judicial y el Bloque de Constitucionalidad en Panamá*, p. 798.

[22] Pelo alargamento do bloco de constitucionalidade espanhol: ESPANHA. Tribunal Constitucional, sentença n. 76/1983 e 66/1985. REYES. *Derecho Constitucional*, p. 102; PUERTO. *Jurisdicción Constitucional y Procesos Constitucionales*, I, p. 193-194.

[23] HOYO. *El Control Judicial y el Bloque de Constitucionalidad en Panamá*, p. 801.

[24] ALEMANHA. Corte Constitucional Federal. *BVerfGE* 2, 380; 12, 205.

[25] FRANÇA. Conselho Constitucional. Decisão n. 80-117. *DC* de 22/7/1980, p. 42.

res, que são fundadas na violação de uma lei ordinária. Na França, há quem pretenda incluir no bloco de constitucionalidade todas as leis orgânicas (G. VEDEL) embora a jurisprudência do Conselho só tenha, até o momento, incluído a lei orgânica sobre as leis de finanças de 1959[26] e a lei orgânica relativa às leis de financiamento da seguridade social de 1996.[27]

Na Itália, são consideradas normas interpostas: a lei de delegação, os "acordos" entre Estado e os representantes de várias confissões religiosas não católicas; as normas e os tratados internacionais, em conformidade com os quais a Constituição, em seu artigo 10.2, determina que a lei ordinária discipline a condição jurídica do estrangeiro; os Pactos Lateranenses, que não podem ser modificados por lei ordinária sem a concordância da Igreja católica; as normas de execução dos Tratados da Comunidade Européia; os princípios fundamentais estabelecidos pelas leis do Estado em seu confronto com as leis das Regiões de Estatuto ordinário; os "princípios gerais do ordenamento jurídico" em relação às leis tanto das Regiões de Estatuto ordinário quanto de Estatuto especial; os acordos internacionais do Estado em relação às leis dessas Regiões; as "normas fundamentais de reformas econômico-sociais" que vinculam todas a leis regionais e, pelas conseqüências que lhes tem atribuído a Corte, as próprias sentenças declaratórias de inconstitucionalidade e o *referendum* ab-rogativo, considerando-se a vedação que se impõe ao legislador ordinário de repristinar a norma inconstitucional ou derrogar aquela que foi produto direta da vontade popular.[28] Na Espanha, encontramos os Estatutos de Autonomia em relação às leis das Comunidades Autônomas e mesmo ao legislador estatal que incida sobre o sistema de delimitação de competências entre Estado e Comunidades Autônomas; leis orgânicas em face de modificações ou revogações por leis ordinárias e a Lei Orgânica do Regime Eleitoral Geral (art. 28.1, Lei Orgânica n. 2/1979).[29] Na Alemanha, compõe esse parâmetro o direito federal para efeito de

---

[26] FRANÇA. Conselho Constitucional. Decisão n. 60-8. *DC* de 11/8/1960. *Recueil des Décision du Conseil Constitutionnel*, p. 25.

[27] FRANÇA. Conselho Constitucional. Decisão n. 96-384. *DC* de 19/12/1996.

[28] ZAGREBELSKY. *La Giustizia Costitucionale*, p. 138; CERRI. *Corso di Giustizia Costitucionale*, p. 63, 148 et seq.

[29] ESPANHA. Tribunal Constitucional. Sentenças n. 76/1983 e n. 154/1988. PUERTO. *Jurisdicción constitucional y procesos constitucionales*, I, p. 194.

compatibilidade do direito dos *Länder* (art. 93.1.2). Em Portugal, estão presentes as leis de delegação ou de autorização em face dos decretos-leis autorizados; as leis de base ou de enquadramento para os decretos-leis de desenvolvimento; as leis estatutárias regionais para as leis da República e aos decretos legislativos regionais, as leis gerais da República para os decretos legislativos regionais e as leis especiais definidoras de limites de outras leis, notadamente lei de enquadramento do orçamento e lei anual do orçamento do Estado e, de forma problemática, as normas de direito internacional e os regimentos das Câmaras.[30] No Brasil, recusa-se o controle de constitucionalidade por violação reflexa ou indireta da Constituição, seja por meio de ação,[31] seja de exceção no âmbito do recurso extraordinário.[32] No entanto, o aparecimento de uma norma interposta, como filtro de constitucionalidade, não é de todo estranha. Basta citar o caso da Lei Orgânica da Magistratura que, recepcionada como disciplina do estatuto dos magistrados judiciais, impõe seus comandos às tentativas, notadamente estaduais, de desenvolvimento das regras e princípios enumerados pelo artigo 93 da Constituição Federal. [33]

O controle de legalidade fica patente, ainda, na República Eslovaca, "outras leis" do Parlamento são colocadas como parâmetro de controle dos decretos governamentais, das regras jurídicas gerais dos ministérios e de outros órgãos centrais da administração do Estado, das decisões de caráter geral dos órgãos da administração territorial autônoma, das normas jurídicas gerais dos órgãos locais da administração gerais e, também em relação a essas, "outras regras jurídicas gerais" (art. 125, *b*, *c* e *d*). A Corte Constitucional da Bielo-Rússia controla a conformidade de disposições gerais editadas por corpos estatais e associações públicas, bem assim, os instrumentos normativos interestaduais em face das leis e dos instrumentos de Direito Internacional ratificados (art. 127.1). Esse "con-

---

[30] CANOTILHO. *Direito Constitucional*, p. 1001-1002; ALMEIDA. *Las Tensiones entre el Tribunal Constitucional y el Legislador en la Europa actual*, p. 223-224.

[31] BRASIL. Supremo Tribunal Federal. Pleno. ADIn n. 252-PR. Rel. Min. Moreira Alves. *DJ* de 2/12/1997.

[32] BRASIL. Supremo Tribunal Federal. 1.ª Turma. Ag. (AgRg) n. 186.287-RS. Rel. Min. Sydney Sanches. *DJ* de 15/5/1998, p. 1.910.

[33] BRASIL. Supremo Tribunal Federal. Pleno. ADIn 202-BA. Rel. Min. Octavio Gallotti. *RTJ* v. 163, t. 3, p. 809; ADInMC 1.503-RJ. Rel. Min. Maurício Corrêa. *RTJ* v. 166, t. 3, p. 917.

trole de legalidade" também é deferido à Corte Constitucional azerbaijana (art. 130.3), croata (art. 125.1), eslovena (art. 160.1.3) e macedônica (art. 110), dentre outras.

A lei ordinária não encontra no parâmetro estrito de constitucionalidade seu lugar próprio, mas nem por isso deixa de se fazer presente, de forma escamoteada ou não, por meio, por exemplo, de um exercício pouco recomendável – e, às vezes, sub-reptício – de interpretação da Constituição conforme a lei.[34]

Existem sérias dúvidas sobre a possibilidade de as normas constitucionais costumeiras também serem usadas como parâmetro, sobretudo se considerarmos a própria concepção de Constituição escrita e adicionarmos a tradição da família de sistemas jurídicos de origem romano-germânica. Seu uso mais comum se dá como reforço de tese de inconstitucionalidade, como regra estrutural ou técnica de revelação de vícios de ilegitimidade constitucional, imersa em conceitos gerais como "tradição" constitucional ou "experiência histórica" de determinado povo ou nação. *Arturo Hoyo*, no entanto, não tergiversa em incluir no bloco de constitucionalidade costarriquenho e panamenho os costumes *praeter* e *secundum constitutionem*.[35] O tema é demasiadamente polêmico e complexo para ser tratado num rápido quadro comparativo como estamos fazendo. Mas não se pode deixar de notar que o fenômeno da mutação constitucional, ao transformar o significado, sem mexer no significante constitucional, termina por introduzir no repertório do controle de constitucionalidade normas constitucionais consuetudinárias, geralmente de forma oblíqua e, às vezes, *contra constitutionem*. Isso parece tanto mais verdadeiro, quanto mais se haja institucionalizado nos discursos constitucionais, quer dizer, quanto mais se tenha aplicado, consciente ou inconscientemente, pelos tribunais, notadamente pelo juiz constitucional.

A fonte jurídica da jurisprudência constitucional também pode integrar o bloco de constitucionalidade. Nesse sentido, tem sido usada como referência de controle a interpretação consolidada no Supremo Tribunal Federal sobre determinado preceito ou garantia constitucional.[36]

---

[34] AJA e BEILFUSS. *Conclusiones Generales*, p. 272.

[35] HOYO. *El Control Judicial y el Bloque de Constitucionalidade en Panamá*, p. 797, 801.

[36] O STF considerou relevante a argüição de inconstitucionalidade fundada na Súmula 618 – "Na desapropriação, direta ou indireta, a taxa dos juros compensatórios é de 12% (doze por cento) ao ano" –, extraída da garantia constitucional da prévia e justa indeni-

Deve ainda ser lembrado que o Tribunal Constitucional ou a Corte Suprema no exame de constitucionalidade não se prendem ao alegado parâmetro de constitucionalidade, podendo verificar de ofício a existência da contradição do dispositivo impugnado com normas e princípios constitucionais distintos dos que foram invocados, algo que, na jurisprudência do Supremo Tribunal Federal, tem sido qualificado de "causa de pedir aberta".[37]

Por fim, deve-se lembrar, no plano comunitário europeu, a aproximação com a Constituição nacional, da Convenção Européia de Direitos Humanos no âmbito do "controle concentrado de convencionalidade" da Corte de Estrasburgo e dos tratados da União Européia, no "controle de comunitariedade" pelo Tribunal de Justiça da Comunidade.

# SEÇÃO II
# OBJETO DE CONTROLE

As leis são, por excelência, objetos de controle, em suas variadas formas e hierarquias. Em países, como Áustria e Itália, onde existem diversas leis constitucionais junto à Constituição, fica fácil concluir a favor de sua inclusão como objeto de controle. Mais problemáticas são as leis de reforma constitucional. São admitidas na África do Sul (art. 167.3, *d*), na Alemanha,[38] no Brasil,[39] no Chile – tanto no controle preventivo pelo TC (art. 81.1.1), quanto sucessivo

---

zação, para suspender dispositivo que limitava os juros compensatórios na desapropriação a 6% aa: ADInMC n. 2.332-DF. Rel. Min. Moreira Alves. *ISTF* 240.

[37] BRASIL. Supremo Tribunal Federal. Pleno. ADInMC n. 1.967-DF. Rel. Min. Octavio Gallotti. *RTJ* v. 170, t. 2, p. 126-130.

[38] ALEMANHA. Corte Constitucional Federal. 1, 14, 32; 30, 1.

[39] BRASIL. Supremo Tribunal Federal. Pleno. ADIn n. 829-DF. Rel. Min. Moreira Alves. *RTJ* v. 156, p. 451; ADInMC n. 926-PR. Rel. Min. Sydney Sanches. *RTJ* v. 152, p. 85-112; ADIn n. 939-DF. Rel. Min. Sydney Sanches. *RTJ* v. 151, p. 755-841; ADInMC n. 1.805-DF. Rel. Min. Néri da Silveira. Obviamente que ao Supremo Tribunal, através da ação direta, não é dado exercer o papel de "fiscal do poder constituinte originário, a fim de verificar se este teria, ou não, violado os princípios de direito suprapositivo que ele próprio havia incluído no texto da mesma Constituição". ADIn n. 815-DF. Rel. Min. Moreira Alves. *DJ 1* de 10/5/1996, p. 15.131.

pela suprema Corte[40] –, na Itália,[41] em Portugal,[42] na Romênia, preventivamente – art. 144, *a*. Apenas em seu aspecto formal, na Áustria,[43] Bolívia – art. 122, *j*, Colômbia – art. 241.1, Costa Rica – art. 75, Lei n. 7.135/1989, em El Salvador,[44] México[45] e Turquia – art. 148.1. E recusadas na Argentina,[46] nos Estados Unidos[47] e na Polônia – art. 188.1.[48] Assim também, tanto as leis federais, quanto as leis locais – dos *Länder* –, inclusive suas Constituições (Alemanha;[49] Áustria;[50] Azerbaijão – art. 130.3; Iugoslávia – art. 124.1.1; Rússia – art. 125.2, *b*), das Províncias (Argentina;[51] México[52]), dos Estados (Brasil – art. 102, I, *a*; Iugoslávia – art. 124.1.2; Ucrânia – art. 150.1; Uzbequistão – art. 109.2), dos Municípios (Argentina;[53] Brasil apenas em relação à Constituição estadual pelos Tribunais de Justiça estaduais – art. 125, § 2.º – e no centro da argüição de descumprimento de preceito federal – art. 1.º, parágrafo único, I, Lei n. 9.882/1999; Uzbequistão – art. 109.1), das Comunidades Autônomas (Espanha – art. 27.2, *a*, Lei Orgânica n. 2/1979), das Regiões (Itália – art. 134; Portugal – arts. 225.1 e 277.1), inclusive Estatutos; da administração

---

[40] VERDUGO, NOGUEIRA e PFEFFER. *Derecho Constitucional*, I, p. 233; ANDRADE G. *Elementos de Derecho Constitucional*, p. 633-634.

[41] ITÁLIA. Corte constitucional. Sentença n. 1.146/1988; ROMBOLI. *Italia*, p. 95.

[42] Adotando sobre os "objetos de controle" em Portugal, em geral, o conteúdo das lições de CANOTILHO e MOREIRA. *Constituição da República Portuguesa Anotada*, p. 985-986; ALMEIDA. *Las Tensiones entre el Tribunal Constitucional y el Legislador en Europa Actual*, p. 219-222.

[43] ÁUSTRIA. Corte Constitucional. *VfSlg* 2.455; WALTER e MAYER. *Grundriss des österreichischen Bundesverfassungsrechtes*, n. 1.153.

[44] TINETTI. *El Salvador*, p. 177.

[45] COSSÍO. *Mexico*, p. 238.

[46] ARGENTINA. Corte Suprema da Nação. *Soria de Gerrero c. Bodega y Viñedo Pulenta Hunos. Fallos* 23:266.

[47] ESTADOS UNIDOS. Suprema Corte. *Luther* v. *Borden*, 7 How. (48 U.S. 1 (1849); *White* v. *Hart* 13 Wall. (80 U.S.) 646 (1871); *Dodge* v. *Woolsey*, 18 How. (59 U.S.) 331 (1885).

[48] GARLICKI. *Pologne*, p. 98.

[49] ALEMANHA. Corte Constitucional Federal. *BVerfGE* 10, 20-54.

[50] ÁUSTRIA. Corte Constitucional. *VfSlg* 5.676 e 11.669.

[51] VÍA. *Argentina*, 38. Não em relação às Constituições estaduais: *Siganevich, Pablo s/ Infracción a La Lei 2313 de Santa Fe, Fallos* 177:390.

[52] COSSÍO. *Mexico*, p. 238.

[53] VÍA. *Argentina*, p. 38.

territorial autônoma e dos órgãos locais de administração (Azerbaijão – art. 130.3; Bélgica – art. 142.2; Bolívia – art. 122, *a*; Equador – art. 276.1 e 2; Paraguai – art. 132 e art. 260 da Lei n. 1.337/1988; Peru – art. 200.4; Portugal – arts. 225.1 e 277.1; República Eslovaca – art. 125, *c*; Uruguai[54]). Na Colômbia, no entanto, os regulamentos das assembléias departamentais, os acordos dos Conselhos Municipais e Distritais e os decretos das Administrações Departamentais, Municipais e Distritais se acham entregues ao contencioso administrativo (art. 237.1 e 2). Pode-se, contudo, resumir ao controle de leis locais, dos cantões, subtraindo-se a possibilidade de controle de leis federais (Suíça – art. 116). Um sentido mais elástico de objeto de controle normativo em sede abstrata aparece na Alemanha a contemplar as leis orçamentárias,[55] estatutos e regulamentos autônomos das corporações, instituições e fundações de direito público, dos municípios e dos distritos, regulamentos internos dos órgãos constitucionais[56] e o direito consuetudinário.[57] Essa lista é bem mais reduzida no âmbito do controle concreto, ficando de fora as leis de finanças[58] e os regulamentos.[59] Em Portugal, o Tribunal Constitucional também alargou o significado da palavra "norma", postulada inicialmente pela doutrina como ato legislativo com certo índice de abstração e generalidade, para incluir, além das convenções coletivas de trabalho que possuem valor normativo, os assentos e estatutos das associações públicas, as chamadas "leis-medida", as "leis-providência", enfim, os preceitos legais de conteúdo concreto e individual (sentenças n. 26/1985 e 80/1986). Igual situação se reproduz na Itália[60] e no Uruguai.[61] Na Argentina (art. 31 da Constituição e Lei n. 48/1863),[62] Panamá (art. 203) e Paraguai (art. 132), as decisões judiciais podem ser submetidas também ao controle de constitucionalidade, se forem, no caso argentino, "arbitrárias" ou por gravidade institucional.

---

[54] GALLICCHIO. *Uruguay*, p. 365.

[55] ALEMANHA. Corte Constitucional Federal. *BVerfGE* 20, 56-98.

[56] ALEMANHA. Corte Constitucional Federal. *BVerfGE* 10, 20-54.

[57] SCHLAICH. *Das Bundesverfassungsgericht*, p. 84; SCHÄFFER. *Alemania*, p. 63.

[58] ALEMANHA. Corte Constitucional Federal. *BVerfGE* 38, 121-125.

[59] SCHLAICH. *Das Bundesverfassungsgericht*, p. 92-93.

[60] ZAGREBVELSKY. *La Giustizia Costituzionale*, p. 116 et seq.

[61] GALLICCHIO. *Uruguay*, p. 365.

[62] VÍA. *Argentina*, p. 38.

Em outros países, contudo, não se conhece de normas de caráter individual ou de efeito concreto (Brasil,[63] Romênia[64]).

O próprio texto originário da Constituição pode estar sujeito ao controle de constitucionalidade. Pelo menos é o que prevê a Constituição do Chipre, colocando como parâmetro o texto do projeto de Constituição assinado em Nicósia em 6 de abril de 1960, pela Comissão Constitucional Conjunta, e suas emendas, firmadas pelos representantes da Grécia, da Turquia e das comunidades turco e grego-cipriotas, e o Acordo de Zurique e o de Londres, datados de fevereiro de 1959 (art. 149, *a*)

Os atos normativos originários ou com força de lei, expedidos pelo Executivo, normalmente atendendo a requisitos excepcionais e de urgência, tendem a ser controlados jurisdicionalmente. Embora a doutrina italiana ainda debata sobre o critério que deve ser usado para definir "força de lei", lembrando aqui os nomes de *Mortati*, *Crisafulli* e *Esposito*, a Corte Constitucional daquele País tem reconhecido sob esse rótulo os decretos legislativos, que são expedidos pelo Governo por delegação do Parlamento, os decretos legislativos previstos nos Estatutos regionais especiais, destinados ao desdobramento desses Estatutos, e os decretos-leis, editados nas hipóteses extraordinárias de necessidade e urgência – decretos do Presidente da República que concedem anistia e indulto. Esse quadro também pode ser visto na Espanha (art. 27.2, *b*, Lei Orgânica n. 2/1979), na Bulgária (art. 149.1.2) e, em relação à lei delegada, na Romênia.[65] Em Portugal, admite-se o controle dos decretos do Presidente da República – decreto-lei, decreto de declaração de estado-de-sítio ou de emergência (art. 115).[66] Também na Argentina (art. 31 da Constituição e Lei n. 48/1863), Chile (no controle preventivo do TC – art. 82.1.3 – e sucessivo, pelo TC – art. 81.1.3 e 12 – e pela Suprema Corte – art. 80) e Paraguai (art. 132), os decretos do Poder Executivo ou, na Colômbia, os decretos com força de lei, ditados como faculdade extraordinária, como plano

---

[63] BRASIL. Supremo Tribunal Federal. Pleno. ADIn n. 513-DF. Rel. Min. Célio Borja. *RTJ* v. 141, p. 739; ADIn (QO) n. 58[7] – MG. Rel. Min. Celso de Mello. *RTJ* v. 138, p. 436; ADIn n. 643-SP. Rel. Min. Celso de Mello. *RTJ* v. 139, p. 73; ADInMC n. 1.638-UF. Rel. Min. Celso de Mello. *DJ I* de 12/8/1987, p. 36.203; ADIn 1.669-MS. Rel. Min. Néri da Silveira. *ISTF* n.84.

[64] VASILESCU. *Roumanie*, p. 133.

[65] Ibidem.

[66] MIRANDA. *Portugal*, p. 337.

nacional de investimento público, e os decretos legislativos, editados com fundamento no estado de guerra, de comoção e de emergência, acham-se submetidos à fiscalização (art. 241.5 e 7). Diga-se o mesmo, na Costa Rica, para os atos com valor de lei, aí incluídos os decretos de fato, ditados pela Junta Fundadora da II República entre 1948 e 1949, os decretos de urgência, em situações de emergência, em que estão suspensas as garantias constitucionais e em recesso a Assembléia Legislativa;[67] no Equador, os Decretos-leis aprovados pelo Presidente, por decurso de prazo do projeto de lei sobre matéria econômica com caráter urgente (art. 276.1); em El Salvador, o decreto que põe em vigência o regime de exceção, originário tanto do Legislativo, quanto do Executivo e os decretos-leis, editados por poderes de fato;[68] o decreto de suspensão de garantias e as leis editadas no uso de faculdades especiais, no México (art. 29 e 105, II); no Peru (art. 200.4), os decretos de urgência, os decretos-leis, ditados por um governo de fato, e os decretos legislativos; no Uruguai se incluem os decretos-leis expedidos por governos de fato, que foram validados por leis ordinárias ou pelas disposições constitucionais transitórias, bem assim os atos institucionais editados pelo último governo de fato, dispondo sobre seguridade social, que foram ratificados com hierarquia de lei em 1985.[69] Especialmente em relação aos decretos-leis italianos e às nossas medidas provisórias, muito se discutiu sobre a possibilidade de esse controle se deter sobre os requisitos autorizadores e sobre as reedições que se tornaram freqüentes, por exemplo, nos dois Países. Inicialmente, recusavam-se ambos os controles. Mais recentemente, no entanto, passaram a ser admitidas em um e outro País.[70] Na Turquia, admite-se o controle de decretos do Presidente da República embora se recuse o controle de matérias de competência privativa do Presidente (art. 105.2) e seja suspensa a fiscalização durante os estados de emergência, de sítio e de guerra (art. 148.1). Na Armênia (art. 100.1), na Chechênia (art. 99.2) e na Ucrânia (art. 150.1), os

---

[67] VALLE. *Costa Rica*, p. 93.
[68] TINETTI. *El Salvador*, p. 177.
[69] GALLICCHIO. *Uruguay*, p. 365.
[70] BRASIL. Supremo Tribunal Federal. Pleno. ADInMC n. 1397-1. Rel. Min. Carlos Velloso. ADIn n. 1.647-PA. Rel. Min. Carlos Velloso. *RTJ* v. 168, p. 774-787; ADInMC n. 1.753-DF. Rel. Min. Sepúlveda Pertence; ADInMC n. 1.910-DF. Rel. Min. Sepúlveda Pertence. ITÁLIA. Corte Constitucional, sentença n. 29/1995; sentença n. 360/1996.

atos do Presidente da República também se submetem ao controle. Na Lituânia (art. 105.2) e na Rússia (art. 125.2, *a*), além dos atos normativos do Presidente, os atos normativos do Governo estão sob fiscalização de constitucionalidade.

Os regulamentos ou regimentos parlamentares são controlados em alguns países (Bolívia – art. 122, *a*; Bulgária – inclusive suas decisões – art. 149.1.2;[71] Costa Rica – art. 73, *a*, Lei n. 7.135/1989; Espanha – art. 27.2, *f*, Lei Orgânica n. 2/1979; França no controle preventivo – art. 61.1; Paraguai – art. 132; Peru – art. 200.4; Portugal;[72] Romênia – art. 144, *b*; Turquia – art. 148.1); em outros, não (Áustria – nas formas de simples acordos ou *Beschlüsse*;[73] Itália[74]). Leis referendárias estão fora do controle de constitucionalidade na França (nem sucessiva, nem preventivamente controla-se o conteúdo das leis adotadas pelo referendo)[75] e Portugal (já que o referendo tem um controle prévio, limitando-se o controle sucessivo a verificar a legalidade do ato nos termos das respectivas leis – art. 225.2, *f* e *g*), não, assim, na Síria (art. 146), nem na Itália, onde o referendo ab-rogatório é detentor de "força de lei".[76] Os tratados internacionais são objeto de controle prévio (Alemanha – excepcionalmente – arts. 59.2 e 93.1.2;[77] Armênia – art. 100.2; Bulgária – art. 149.1.4; Equador – art. 276.6; Espanha – art. 95; França – art. 54; Geórgia – art. 65.4; Hungria – art. 1.º, Lei n. XXXII/1989; Lituânia – art. 106.5; Polônia, quando a lei exigir – art. 188.2; Ucrânia – art. 151.1) e sucessivo (Alemanha – art. 93.1.2; Bélgica – art. 142.2 da Constituição e art. 3.º, Lei de 6/1/1989; Bielo-Rússia – art. 127.1; Bolívia – art. 122, *a*; Brasil;[78] Colômbia – art. 241.10; Congo – art. 146; Costa Rica – art. 73, *a*, Lei n. 7.135/1989; El

---

[71] BULGÁRIA. Corte Constitucional. Decisões n. 2/1993 e n. 16/1995; cf. KARAGIOZOVA-FINKOVA. *Bulgarie*, p. 24.

[72] MIRANDA. *Portugal*, p. 337.

[73] ÁUSTRIA. Corte Constitucional. *VfSlg* 6.277.

[74] ITÁLIA. Corte Constitucional. Sentença n. 154/1985; 444 e 445/1995; 379/1996.

[75] FRANÇA. Conselho Constitucional. Decisão n. 92-313. TURPIN. *Contentieux Constitutionnel*, p. 439.

[76] SORRENTINO. *Lezioni sulla Giustizia Costituzionale*, p. 31.

[77] ALEMANHA. Corte Constitucional Federal. *BVerfGE* 36, 1-15.

[78] BRASIL. Supremo Tribunal Federal *RTJ* v. 58, p. 70; *RTJ* v. 83, p. 809; ADIn n. 1 480-DF. Rel. Min. Celso de Mello; RHC n. 79 785-RJ. Rel. Min. Sepúlveda Pertence. *ISTF* n. 183.

Salvador;[79] Espanha – art. 27.2, *d* e *f*, Lei Orgânica n. 2/1979; Lituânia – art. 105.3.3; México – art. 105;[80] Nicarágua – arts. 164.4 e 187; Peru – art. 200.4; Polônia – art. 188.1 e 3; Uruguai[81]), em si mesmos (Espanha) ou através da lei de conversão (Alemanha – controle abstrato).[82] Na Argentina, é discutível a possibilidade dos tratados de hierarquia constitucional, vale dizer, daqueles relativos à proteção dos direitos humanos, serem submetidos a controle, embora, em relação aos demais atos internacionais, a discussão seja desanuviada em favor da sua possibilidade.[83] Na Áustria, o Tribunal, primeiramente, deve apreciar o *status* que o tratado apresenta no direito interno – se lei ou regulamento – para se lhe aplicarem os princípios correspondentes, podendo dar o prazo de dois anos para entrada em vigor de sua sentença declaratória de inconstitucionalidade (art. 140a). O controle de constitucionalidade dos regulamentos comunitários é refutado na Itália,[84] mas é admitido na Alemanha nos casos de extralimitações de competências dos órgãos comunitários ou de violações dos direitos fundamentais.[85]

As normas devem estar vigentes à data de realização do controle embora as normas revogadas possam ocasionalmente sofrer uma fiscalização ou por uma questão de relevância ou do tipo de controle empregado. Na Áustria (art. 140a) e na Itália,[86] são admissíveis, embora, no caso austríaco, restrinjam-se ao controle concreto e os efeitos da sentença sejam meramente declaratórios, e não de anulação, como ocorre no geral. Na Alemanha, também é admitido o controle abstrato de norma revogada com vistas à preservação da ordem jurídica, considerando-se sobretudo os efeitos residuais da norma.[87] Na Argentina, exige-se que a questão seja atual, de modo que a derrogação da norma impugnada torna prejudi-

---

[79] TINETTI. *El Salvador*, p. 177.
[80] COSSÍO. *México*, p. 238.
[81] GALLICCHIO. *Uruguay*, p. 365.
[82] SCHLAICH. *Das Bundesverfassungsgericht*, p. 94.
[83] COLAUTTI. *Derecho Constitucional*, p. 61-62.
[84] ITÁLIA. Corte Constitucional. Sentenças n. 183/1973 e n. 170/1984.
[85] ALEMANHA. Corte Constitucional Federal. *BVerfGE* 89, 155.
[86] ITÁLIA. Corte Constitucional. Sentença n. 40/1958.
[87] ALEMANHA. Corte Constitucional Federal. *BVerfGE* 2, 124 (131).

cada a ação.[88] Na Iugoslávia, entre o término da validade da norma e o início do processo de fiscalização não deve haver mais de um ano (art. 125.2). No Brasil, apenas o controle concreto permite que uma lei revogada seja contrastada com a Constituição ou com o texto constitucional vigente à época de sua edição ou até com a Constituição ou texto vigentes. Aqui, ingressamos na questão das normas preexistentes à Constituição. Na Áustria[89] e na Hungria[90] também somente ao controle concreto é dado conhecer sobre a constitucionalidade dessas normas. Na Espanha,[91] na Bulgária,[92] na Itália[93] e na Romênia,[94] contudo, o juiz ordinário pode simplesmente declarar revogada a norma ou, se quiser, submeter a questão ao Tribunal Constitucional para declaração de inconstitucionalidade superveniente. Exatamente o oposto se dá na Alemanha: o direito pré-constitucional ou as normas promulgadas antes da aprovação das normas de maior hierarquia que lhes servem de parâmetro não se submetem a um controle incidental submetido à Corte Constitucional federal, mas a um processo de "qualificação de normas" para determinar se elas continuam sendo aplicadas como normas de direito federal ou como normas de direito do *Land* (art. 126),[95] podendo ainda serem conhecidas e controladas por todos os juízes, na apuração de uma possível revogação ou permanência.[96] Por essa razão, o antigo direito de ocupação dos aliados e da República Democrática da Alemanha, que não tenha sido recebido pelo Tratado de unificação, não se sujeita nem ao controle concreto incidental, nem ao controle abstrato de constitucionalidade.[97] Mas em outros sistemas, tanto o controle abstrato quanto o controle concreto podem ser exercidos sobre normas pré-constitucionais (El Salvador).[98]

---

[88] ARGENTINA. *Corte Suprema de Justiça da Nação, Fallos* 297:108; 299:368; 302:1.013.
[89] SCHÄFFER. *Austria*, p. 15.
[90] HUNGRIA. Corte Constitucional. Decisão n. 34/1991 AB; cf. TRÓCSÁNYI. *Hongrie*, p. 68.
[91] ESPANHA. Tribunal Constitucional. Sentença n. 11/1981. *Jurisprudencia Constitucional*, I, p. 184 e 60/1986; REYES. *Derecho Constitucional*, p. 102.
[92] BULGÁRIA. Corte Constitucional. Resolução n. 1/1996; cf. KARAGIOZOVA-FINKOVA. *Bulgarie*, p. 23.
[93] ITÁLIA. Corte Constitucional. Sentença n. 40/1958.
[94] VASILESCU. *Roumanie*, p. 153.
[95] SCHLAICH. *Das Bundesverfassungsgericht*, p. 93, 126.
[96] ALEMANHA. Corte Constitucional federal. *BVerfGE* 2, 124 (131).
[97] SCHÄFFER. *Alemania*, p. 63.
[98] TINETTI. *El Salvador*, p. 177.

Os regulamentos e os atos infralegais ficam de fora do controle de constitucionalidade (Brasil;[99] Romênia;[100] Uruguai[101]), embora se possam sujeitar a um controle de legalidade, deferido à Corte (Áustria – arts. 139 e 139a; Croácia – arts. 125.1 e 126.2; Iugoslávia – art. 124.1. 3 e 4; Macedônia – art. 110; República Eslovaca – art. 125, *b* a *e*; República Checa – art. 87.1, *a* e *b*). O confronto direto com a Constituição não é, todavia, desconhecido pelos sistemas. Assim, na Áustria, os "regulamentos vinculados imediatamente à Constituição" (*Verfassungsunmittelbare Verordnungen*) e os "textos refundidos" (*Wiederverlautbaurungen*), que são normas gerais adotadas pelos órgãos administrativos superiores da Federação e *Länder*, os últimos são regulamentos que aprovam textos consolidados de leis, não se sujeitando a um controle material, mas apenas de verificação se a nova publicação superou os limites de habilitação acordados (art. 139a).[102] Na Rússia, estão submetidos ao controle os acordos interestaduais (art. 125.2, *c*). Na Alemanha, os convênios salariais de caráter geral,[103] assim como os regulamentos federais e dos *Länder*, independentemente da necessidade sua ratificação por parte das Câmaras Legislativas e de sua habilitação constitucional ou legal também se sujeitam ao controle abstrato de constitucionalidade, ficando de fora os atos, como regulamentos organizatórios,

---

[99] BRASIL. Supremo Tribunal Federal. Pleno. Rp n. 1.266-DF. Rel. Min. Carlos Madeira; ADIn n. 264-DF. Rel. Min. Celso de Mello. *DJ 1* de 8/4/1994, p. 7.222; ADInMC n. 360-DF. Rel. Min. Moreira Alves. *RTJ* v. 144, t. 3, p. 702; ADIn n n. 365-DF. Rel. Min. Celso de Mello. *DJ 1* de 5/10/1990, p. 10.717; ADInMC n. 418-DF. Rel. Min. Moreira Alves. *DJ 1* de 22/3/1991, p. 3.055; ADInMC n. 432-DF. Rel. Min. Celso de Mello. *RTJ* v. 136, t. 2, p. 494-501; ADInMC n. 485-DF. Rel. Min. Célio borja. *RTJ* v. 137, t. 2, p. 87; ADIn n. 531-DF. Rel. Min. Celso de Mello. *DJ 1* de 25/9/1991, p. 13.178; ADInMC n. 536-DF. Rel. Min. Carlos Velloso. *RTJ* v. 137, t. 2, p. 580; ADInMC n. 566-SP. Rel. Min. Célio Broja. *RTJ* v. 138, t. 2, p. 429; ADInMC n. 589-DF. Rel. Min. Carlos Velloso. *RTJ* v. 137, t. 3, p. 1.100; ADIn n. 590-DF. Rel. Min. Carlos Velloso. *DJ 1* de 30/9/1991, p. 13.440; ADInMC n. 673-DF. Rel. Min. Paulo Brossard. *DJ 1* de 26/2/1992, p. 1.981; ADInMC n. 708-DF. Rel. Min. Moreira Alves. *RTJ* v. 142, t. 3, p. 718; ADInMC n. 763-SP. Rel. Min. Moreira Alves. *RTJ* v. 145, t. 2, p. 136; ADInMC n. 940-RJ. Rel. Min. Carlos Velloso. *DJ 1* de 23/9/1994, p. 25.313; ADInMC n. 1.253-DF. Rel. Min. Carlos Velloso. *RTJ* v. 160, t. 3, p. 806-812.

[100] VASILESCU. *Toumanie*, p. 133.

[101] GALLICCHIO. *Uruguay*, p. 364-365.

[102] ÁUSTRIA. Corte Constitucional. *VfSlg* 10.739.

[103] SCHLAICH. *Das Bundesverfassungsgericht*, p. 84; SCHÄFFER. *Alemania*, p. 63.

circulares e instruções sem efeitos externos.[104] Já no âmbito da fiscalização concreta, por objetivar a proteção da autoridade do legislador parlamentar,[105] não se pode incluir os regulamentos e demais atos normativos infralegais no rol de normas controláveis. Inversamente, no Peru, os atos infralegais se sujeitam apenas ao controle difuso e à ação popular (art. 200.4).[106] Na Argentina (art. 31 da Constituição e Lei n. 48/1863), Bolívia (art. 122, *a*), El Salvador (art. 183), Guatemala (art. 272, *a*), México (art. 105, II),[107] Nicarágua (arts. 164.4 e 187), Panamá (art. 203) e Paraguai (art. 132), o controle alcança os decretos e atos do Executivo. Em Portugal, admite-se o controle de atos normativos da administração do Estado das Regiões Autônomas e das Autarquias locais, tanto atos regulamentares típicos quanto atos para-regulamentares, como resoluções, instruções e despachos, se detiverem um certo índice de normatividade.[108] Na Bielo-Rússia, estão submetidas à fiscalização de constitucionalidade as disposições gerais editadas por corpos estatuais ou associações públicas, bem assim instrumentos normativos interestaduais (art. 127.1). Esses últimos também estão sob controle da Corte Constitucional do Azerbaijão (art. 130.3). Na República Eslovaca, sujeitam-se ao controle os decretos governamentais, as regras jurídicas gerais dos ministérios e de outros órgãos centrais da administração do Estado e dos órgãos locais e as decisões de caráter geral dos órgãos da administração territorial autônoma (art. 125, *b*). Na Macedônia, incluem-se os acordos coletivos (art. 110).

É preciso registrar a particularidade do controle de constitucionalidade húngaro, não só porque a legitimidade para disparar um controle abstrato é deferida a qualquer cidadão, mas também porque pode ser dirigido contra qualquer outro instrumento de gestão do Estado, além de uma norma jurídica, no centro de uma fiscalização tanto abstrata, quanto concreta.[109] Assemelha-se, em amplitude, ao sistema panamenho, pois aqui, em sede de controle abstrato, estão todos os atos provenientes de qualquer autoridade, enquanto

---

[104] ALEMANHA. Corte Constitucional Federal. *BVerfGE* 12, 180.

[105] ALEMANHA. Corte Constitucional Federal. *BVerfGE* 1, 184 (189).

[106] YUPANQUI. *Peru*, p. 313.

[107] COSSÍO. *Mexico*, p. 238.

[108] MIRANDA. *Portugal*, p. 338.

[109] TRÓCSÁNYI. *Hongrie*, p. 67.

a consulta, ou objeção de inconstitucionalidade, só controla disposições normativas, legais ou regulamentárias (art. 203).

As omissões do legislador são conhecidas tanto se forem totais, vale dizer, se não ele tiver cumprido uma obrigação constitucional de legislar (Brasil – art. 103, § 2.º; Costa Rica – art. 73, *a*, Lei n. 7.135/1989; Hungria;[110] Itália;[111] Portugal – art. 283), quanto parciais, quando atuou de forma incompleta, insuficiente ou parcial e, via de regra, discriminatória (Alemanha,[112] Áustria[113]) embora não sejam conhecidas em outros sistemas (Bulgária,[114] Romênia[115]). A inércia de outras autoridades públicas, políticas ou administrativas, não desperta igual consideração (Portugal – art. 283.2). Na Argentina (art. 43.1) e na Nicarágua (art. 20, Lei n. 49/1988),[116] no curso da ação de amparo, o juiz poderá declarar a inconstitucionalidade decorrente de omissões, das autoridades, nos dois casos e dos particulares, no caso argentino. No Brasil, a omissão pode ser conhecida também incidentalmente[117] e contempla as inércias administrativas (art. 103, § 2.º).

Na Costa Rica, controlam-se as disposições gerais emanadas de certos sujeitos privados, como os estatutos de associações, sindicatos, cooperativas, sociedades mercantis, regulamentos de concessionárias de serviço público, dentre outros, desde que se qualifiquem como "atos sujeitos ao Direito Público" (art. 10).

Deve-se perceber, por necessidade, que a prática da jurisprudência constitucional tem distinguido entre o preceito, enunciado ou dispositivo da norma e a norma mesma.[118] É certo que a referência formal de um pedido de declaração de inconstitucionalidade ou de constitucionalidade será sempre um preceito determinado, mas a pro-

---

[110] HUNGRIA. Corte Constitucional. Decisões n. 37/1992 AB, 17/1993; cf. TRÓCSÁNYI. *Hongrie*, p. 71.

[111] ITÁLIA. Corte Constitucional. Sentença n. 40, 47, 55 e 416/1996.

[112] ALEMANHA. Corte Constitucional Federal. *BVerfGE* 81, 363 (375).

[113] ÁUSTRIA. Corte Constitucional. *VfSlg* 8.017; SCHÄFFER. *Austria*, p. 17-18.

[114] BULGÁRIA. Corte Constitucional. Decisões n. 2/1994, n. 15/1995 e n. 17/1995; cf. KARAGIOZOVA-FINKOVA. *Bulgarie*, p. 25.

[115] VASILESCU. *Roumanie*, p. 134-135.

[116] TERÁN e CASTILLO. *Nicaragua*, p. 262.

[117] BRASIL. Supremo Tribunal Federal. RMS n. 22.307-DF. Rel. Min. Marco Aurélio. *RTJ* v. 163, p. 132-175, 136-141.

[118] HALLER. *Die Prüfung von Gesetzen*, p. 88.

núncia do Tribunal poderá recair apenas sobre a norma ou algumas das normas que se extraem daquele preceito. Assim ocorre, por exemplo, com as chamadas sentenças intermediárias, especialmente com as sentenças interpretativas, de que o texto resulta inalterado embora o seu significado ou algumas de suas normas, não.

Também é de ser lembrado aqui o particular alcance no processo constitucional do princípio da congruência entre o pronunciamento e o pedido ou da proibição de *ultra petitum*. Os sistemas tendem a afirmá-los, mas a prática os desmente. Não precisamos ir muito longe, pois, em regra, as leis orgânicas dos tribunais já tratam de apresentar alguma exceção: a extensão dos efeitos, na Itália, pode ser feita quando "deriva como conseqüência da declaração da Corte" (art. 27 da Lei n. 87/1953); na Espanha, "por conexão ou conseqüência" (art. 39, Lei Orgânica n. 2/1979); na Alemanha, quando se aplicam as mesmas razões (art. 78 da Lei da Corte Constitucional Federal). Na Áustria, a extensão é possível quando a norma declarada inconstitucional atinge a distribuição de competência ou se a lei tiver sido publicada de forma inconstitucional.[119] Em Portugal, o impedimento se dirige ao conhecimento de outra "norma" não impugnada, vale dizer, de um "conteúdo" específico, não impedindo que a "norma" questionada seja extraída de um ou de vários preceitos. Em todas há uma limitação à lei apresentada a controle, mas, na realidade, outras leis terminam sendo atingidas.[120] Uma liberdade maior é deixada aos conselheiros franceses, pois não se exige conexão alguma.[121]

Deve ser registrado, por fim, que no sistema comunitário europeu, na aproximação anteriormente feita, o "controle concentrado de convencionalidade" da Corte Européia de Direitos Humanos se exerce sobre uma situação ou decisão individual, no recurso individual, havendo possibilidade de se deter sobre "medidas legislativas", inclusive de natureza constitucional, aprovadas pelos parlamentos nacionais, nos recursos dos Estados. No "controle de comunitariedade" pelo Tribunal de Justiça da Comunidade, põe-se sobre a mesa tanto o direito dos Estados membros, na limitada ação por violação (*action en manquement*), quanto os atos comunitários: "atos jurídicos em geral", nos recursos de anulação, os regulamentos e atos de efeitos análogos,

---

[119] AJA e BEILFUSS. *Conclusiones Generales*, p. 266.
[120] ALMEIDA. *Portugal*, p. 220 et seq.
[121] TURPIN. *Contentieux Constitutionnel*, p. 335 et seq.

nos incidentes ou exceção de ilegalidade, decisões comunitárias que apliquem sanções, no "contencioso de sanções", os atos internacionais, no controle preventivo, e as omissões, nas ações por omissão.

# SEÇÃO III
# EFEITOS DA INCONSTITUCIONALIDADE

Podemos distinguir, para efeito de estudos, as conseqüências da decisão sobre a norma impugnada, considerando (1) o controle preventivo e (2) sucessivo de constitucionalidade.

## § 1. Efeitos das decisões no âmbito do controle preventivo de constitucionalidade

Cabe identificar (I) o veto absoluto e o veto relativo (II), tendo-se em conta a força das decisões proferidas; bem assim a vinculação (III) do Poder Legislativo para futuro:

### I. Veto absoluto

A pronúncia do Tribunal no sentido da inconstitucionalidade do dispositivo impugnado tem a força de impedir a tramitação ou a promulgação do projeto de lei e, se for apenas parcial, impede a sua aprovação sem a parte inquinada de inconstitucional (Camboja – art. 123.1; Chipre – arts. 140.3 e 142.3; Costa Rica – art. 128; Colômbia – art. 167.3; Congo – art. 1459; El Salvador – art. 138; Equador – art. 154; Hungria – art. 26.5; Irlanda – art. 26.3.1; Marrocos – art. 79.7; Panamá – art. 165; Polônia – art. 122.3; Senegal – art. 92.2; Tailândia – art. 205.2). Na Colômbia, alcança também decreto legislativo expedido pelo Governo sob estado de exceção (art. 241.7) e a ratificação de tratados (art. 241.10). O mesmo se dando nas Comunidades européias. No mesmo sentido, a declaração de constitucionalidade, seja no curso de um veto do Executivo apresentado (Equador – arts. 154 e 276.5; Hungria – art. 26.4 e 5; Polônia – art. 122.2 e 4) ou rejeitado pelo Legislativo (África do Sul – arts. 79.5 e 121.3; Costa Rica – art. 128; Colômbia – art. 167.3; El Salvador – art. 138; Mauritânia – art. 62.4; Panamá – art. 165), tanto nas consultas obrigatórias, quanto nas facultativas (Azerbaijão –

art. 130.7; Bolívia – art. 122, *i*;¹²² Bulgária – arts. 85.3 e 149.1.4; Camboja – art. 123.1; Congo – art. 149; Equador – arts. 162.2 e 276.4; Eslovênia – art. 160.2; Espanha – arts. 78.1 e 95.2 da Lei Orgânica n. 2/1979; França – art. 62.2; Marrocos – art. 79.7; Polônia – 188.2; Senegal – art. 92.2; Cingapura – art. 100.4) obriga a sanção e a promulgação presidencial ou detém força vinculante, conforme o caso. Na França, a possibilidade de declaração de não conformidade parcial pode ainda dar ensejo a que o Presidente da República encaminhe o projeto ao Parlamento a fim de que seja corrigido o dispositivo considerado inconstitucional, após o que o projeto será outra vez submetido ao Conselho Constitucional para que manifeste a conformidade ou não do novo texto no exercício de um "controle de dupla volta" (*contrôle à double détente*).¹²³ Não se descarta, contudo, que esse controle dobrado venha a se fazer em relação a um novo projeto de lei que trate de matéria reputada anteriormente não conforme integralmente, sanando-se os vícios apontados na decisão.¹²⁴ Além disso, o Conselho vem desenvolvendo um variado catálogo de decisões, que passa pela (1) "não conformidade total", (2) "não conformidade parcial" ou "sob reserva", ou "na medida indicada na motivação",¹²⁵ (3) "conformidade total" e (4) "conformidade sob reserva", em que declara que toda interpretação do texto diferente daquela apresentada pelo Conselho, "será contrária à Constituição" ou que esta interpretação "é a condição imperativa da constitucionalidade". Essas reservas ganham as seguintes conformações alternativamente: (i) técnica de conformidade sob reserva de interpretação neutralizante, em que impõe sua interpretação de um determinado dispositivo, "esvaziando-a de seu veneno"; (ii) técnica de conformidade sob reserva de interpretação construtiva, completando a lei com adições que permitem considerá-la constitucional; (iii) técnica de conformidade sob reserva de interpretação diretiva, dirigindo exortações aos aplicadores da lei e ao próprio legislador. A vinculação das decisões, inclusive as motivações

---

[122] HARB. *Bolívia*, p. 52.

[123] FRANÇA. Conselho Constitucional. Decisão n. 85-196. *DC* de 8/8/1995. *Recueil des Décision du Conseil Constitutionnel*, p. 63.

[124] FRANÇA. Conselho Constitucional. Decisão n. 81-132. *DC* de 16/1/1982. *Recueil des Décision du Conseil Constitutionnel*, p. 18 e Decisão n. 82-139. *DC* de 11 de fevereiro de 1982. *Recueil...*, p. 31.

[125] FRANÇA. Conselho Constitucional. Decisão n. 82-137. *DC* de 25/2/1981. *Recueil...*, p. 38.

que se reputem "necessárias e constitutivas de seu fundamento",[126] não resume apenas ao legislador, mas se impõe também aos poderes públicos e a todas as autoridades administrativas e jurisdicionais, com "autoridade de coisa julgada".[127] Limita-se, contudo, à lei submetida ao controle e não àquelas outras que tenham sido aprovadas com os mesmos vícios de inconstitucionalidade.[128]

## II. Veto relativo

A decisão do Tribunal pode importar apenas o reenvio do caso para novo exame pelo Legislativo, sem que haja vinculação à decisão proferida ou, como é comum, que possam as objeções levantadas ser superadas por maioria parlamentar qualificada (Lituânia, em relação aos tratados internacionais – art. 107.3; Portugal – art. 279; Romênia – art. 145.1) embora possa estar prevista a obrigatoriedade da declaração de constitucionalidade, forçando, por conseguinte, a promulgação da lei (Romênia – art. 145.1). Também reunimos sob esse rótulo aqueles sistemas em que a pronúncia do Tribunal pode se tornar inútil em face do poder de veto reconhecido ao Executivo, como é o caso chileno.[129] As consultas legislativas de constitucionalidade na Costa Rica igualmente podem ser lembradas nesse tópico. É que o parecer da Sala Constitucional da Corte Suprema daquele País só é vinculante em relação aos vícios procedimentais identificados nos projetos consultados (lei n. 7.135/1989). Não há previsão constitucional expressa sobre os efeitos das consultas formuladas pelo Presidente e Governo ucranianos em torno da constitucionalidade de tratados (art. 151.2).

Há uma forma de "relativização" dos efeitos do veto, que ocorre na Mauritânia (art. 79), em Madagascar (art. 82.2, *in fine*) e no Senegal (art. 97) em relação ao controle prévio dos tratados. Na hipótese de ser reconhecida a sua inconstitucionalidade, o constituinte impõe efeito vinculante até que sobrevenha revisão ou emenda constitucional.

## III. Vinculação do legislador futuro

Em certos sistemas constitucionais, a declaração de inconstitucionalidade de um determinado dispositivo proposto impede que, de

---

[126] FRANÇA. Conselho Constitucional. Decisão n. 61-18 L, de 16/1/1962. *Recueil...*, p. 31.
[127] FRANÇA. Conselho Constitucional. Decisão n. 88-244. *DC* de 20/7/1988. *Recueil...*, p. 119.
[128] FRANÇA. Conselho Constitucional. Decisão n. 88-244. *DC* de 20/7/1988. *Recueil...*, p. 119.
[129] BERNALES. *Chile*, p. 142.

futuro, o legislador volte a discuti-lo ou adotar uma disposição que, embora redigida em uma forma diversa, mantenha a disciplina análoga à que foi considerada inconstitucional (Colômbia – art. 242.2; França[130]).

Em outros sistemas, no entanto, é reconhecida ao legislador futuro a liberdade de dispor sobre a mesma matéria que fora refutada em decisão anterior do Tribunal (Chile).[131]

## § 2. Efeitos das decisões no âmbito do controle sucessivo de constitucionalidade

Podemos diferençar as conseqüências da decisão de inconstitucionalidade sobre a norma impugnada (I), os seus alcances objetivo (II) e subjetivo (III), (IV) sua projeção temporal e as decisões negativas de inconstitucionalidade (V).

### I. Conseqüência da decisão sobre a norma impugnada

Podemos ter o simples reenvio ao Parlamento para que esse, de forma vinculada, proceda às alterações no texto normativo (Romênia em relação aos regulamentos parlamentares – art. 144, *b*), ensejando o não atendimento, no precedente das Constituições da Romênia de 1963 e da Checoslováquia de 1968, a declaração de nulidade; ou, diretamente, a inaplicabilidade (Argentina;[132] Bolívia – art. 123.2; Namíbia – art. 25.1, *a*; Nicarágua;[133] Uruguai – arts. 258.1 e 2 e 259), a anulação (Áustria – art. 140.5; Bélgica – art. 8.º, Lei de 6/1/1989; Bulgária – art. 151.2; Chechênia – art. 99.2; Hungria – Lei n. XXXII/1989; Iugoslávia – art. 130.2; Lituânia – art. 107.1; Panamá – art. 2.564, Código Judicial; Polônia;[134] Romênia;[135] República

---

[130] FRANÇA. Conselho Constitucional. Decisão n. 89-258. *DC* de 8/7/1989. *Recueil des Décision du Conseil Constitutionnel*, p. 48.

[131] Por todos: BERNALES. *Chile*, p. 142-143.

[132] ARGENTINA. Corte Suprema de Justiça da Nação. *Rubén Malincky, Fallos* 264:364; ALBERTI. *Sistema Económico y Rentístico de la Confederación Argentina, Según su Constitución de 1853*, p. 111.

[133] TÉRAN e CASTILLO. *Nicaragua*, p. 265.

[134] GARLICKI. *Pologne*, p. 119.

[135] VASILESCU. *Roumaine*, p. 151.

Eslovaca[136] e República Checa – art. 89; Tailândia – art. 206.2), a inexistência (Portugal, se faltarem requisitos essenciais de formação – promulgação, assinatura e referenda – arts. 8.2 e 137, *b*)[137] ou nulidade do ato (Alemanha – *Nichtigkeit*: arts. 78, 82.1, 95.3, Lei da Corte Constitucional federal; Espanha – art. 164.1;[138] Estados Unidos;[139] Kweit – art. 173.1). Ou uma gama de combinações de efeitos, variando, conforme o tipo de controle: nulidade no controle concreto e anulação no controle abstrato (Itália – art. 136 da Constituição e Lei n. 87/1953);[140] inaplicabilidade no controle incidental e declaração de nulidade ou anulação do ato impugnado no controle abstrato (Bélgica; Chile, respectivamente nas decisões da Corte Suprema e do Tribunal Constitucional em se tratando de decretos do Executivo e de falta de promulgação ou promulgação de texto diverso;[141] Costa Rica – Lei n. 7.135/1989; El Salvador – art. 183; Guatemala – art. 140 do Decreto-Lei n. 1/1986; México – art. 42, Lei de 11/5/1995; Peru – Lei n. 23.435/1995[142]).[143] Em outros países, como no Paraguai, a jurisprudência é vacilante falando ora em *inaplicabilidade*, ora em *nulidade* da lei.[144]

Pela variedade de instrumentos de controle no Brasil, os efeitos normais da inconstitucionalidade são de variada espécie: inapli-

---

[136] OGURCÁK. *République Slovaque*, p. 190 et seq.

[137] CANOTILHO. *Direito Constitucional e Teoria da Constituição*, p. 915.

[138] ESPANHA. Tribunal Constitucional. Sentença n. 45/1989. REYES. *Derecho Constitucional*, p. 106.

[139] ESTADOS UNIDOS. *Marbury v. Madison*, 5 U.S. (1 Cranch) 137 (1803).

[140] O tema não é pacífico. O artigo 136.1 fala em "cessação de eficácia" no dia sucessivo à publicação da decisão, o que autoriza pensar em anulação. O art. 30.3 da Lei n. 87/1953 vem em sentido da "nulidade", ao estabelecer que "a norma declarada inconstitucional não pode ser aplicada no dia sucessivo à publicação da decisão". A Lei Constitucional n. 1/1948, por seu turno, criou o incidente de inconstitucionalidade, obrigando a compreensão de um efeito retrospectivo. A Corte Constitucional tem admitido esse efeito *ex tunc*, todavia reconhecendo para si o poder de modular sua aplicação: sentenças n. 266/1988, n. 50/1989 e n. 124/1991. SORRENTINO. *Lezioni sulla Giustizia Costituzionale*, p. 65.

[141] BERNALES. *Chile*, p. 142-143.

[142] YUPANQUI. *Peru*, p. 317.

[143] Sobre o valor do ato inconstitucional – inexistência, invalidade, nulidade, irregularidade, ineficácia: SOUSA. *O Valor Jurídico do Acto Inconstitucional*, I, p. 103 et seq.

[144] MENDONÇA e MENDONÇA. *Paraguay*, p. 299.

cabilidade no controle incidental, nulidade na ação direta de inconstitucionalidade,[145] na declaratória de constitucionalidade (art. 23, Lei n. 9.868/1999) e na argüição de descumprimento de preceito fundamental (art. 11, Lei n. 9.882/1999); inconstitucionalidade sem nulidade ou certificativas da omissão (art. 103, § 2.º) e na representação interventiva (arts. 34, VII, 36, III e § 3.º).

A resposta do tribunal da jurisdição constitucional pode envolver também a declaração da conformidade da norma controlada à Constituição, como veremos à frente. Mas, pode se situar a meio caminho entre a inconstitucionalidade e a legitimidade constitucional, ainda que a dicção do direito positivo fale em um ou outro, com as "sentenças intermediárias", usando a terminologia empregada na VII Conferência dos Tribunais Constitucionais europeus.[146] Podemos, para fins didáticos apenas, catalogar essas sentenças em dois grupos diferentes: (1) das sentenças normativas e (2) das sentenças transitivas ou transacionais, conforme criem ou não normas gerais e contenham ou não o caráter transitório de seu pronunciamento, importando, ou não, uma relativa transação com o princípio da supremacia constitucional.

## 1. As sentenças normativas

Denominamos "sentenças normativas" aqueles pronunciamentos judiciais que importam a criação de norma jurídica de caráter geral e vinculante. São elas: (a) as sentenças interpretativas ou de interpretação conforme a Constituição, (b) as aditivas, (c) as aditivas de princípio e (d) as substitutivas.

a) interpretação conforme à Constituição

A técnica de "interpretação conforme" importa a exclusão de interpretações inconstitucionais da norma impugnada e a sua redução ao único significado conforme a Constituição. Exige-se primeiramente que os "meios tradicionais" ou outros instrumentos de concretização revelem ou explicitem os vários sentidos da disposi-

---

[145] BRASIL. Supremo Tribunal Federal. Pleno. Rp n. 971-RJ. Rel. Min. Djaci Falcão. *RTJ* v. 87, p. 758; *RTJ* v. 127, p. 789.

[146] SCHÄFFER. *Áustria*, p. 35.

ção, para, em seguida, haver a opção pela interpretação conforme.[147] Essa técnica encontra aplicação em diversos sistemas constitucionais (Alemanha,[148] Áustria,[149] Brasil, Bulgária,[150] Colômbia,[151] Portugal,[152] Romênia).[153] Na França, como vimos, fala-se de "conformidade sob reserva de interpretação neutralizante", que visa extrair o "veneno" ("[elles] vident de leur venin") das disposições potencialmente perigosas de uma lei (decisão n. 68-50).[154]

Somente depois da identificação dos vários sentidos, para usar a metáfora francesa, é preciso retirar o veneno da disposição de norma, fazendo-se uso quase sempre de uma interpretação restritiva ou de uma redução teleológica que diminui o âmbito de incidência da norma ou, por outra, revela uma norma subjetiva ou objetivamente menos ampla ou genérica do que parecia indicar a sua disposição textual.[155] O repertório da jurisprudência do Supremo Tribunal Federal é repleto de exemplos. Iremos aproveitar, nessa oportunidade e para fins indicativos apenas, pronunciamentos também manifestados em sede cautelar: dispositivo que previa a destinação dos recursos auferidos com a cobrança de emolumentos judiciais para cobertura de despesas de capital, investimento, treinamento de pessoal, conservação, reforma e aquisição de bens móveis e imóveis do poder judiciário não poderia englobar os emolumentos cobrados pelos serviços notarial e de registro devidos aos delegados do poder público que o realizassem;[156] artigo de lei que excluía aplicação das modificações e novidades legais aos processos penais cuja instrução já

---

[147] MÜLLER. *Discours de la Méthode Juridique*, p. 121.

[148] ALEMANHA. Corte Constitucional Federal. *BVerfGE* 54, 277; 69, 1 (4); dentre várias.

[149] SCHÄFFER. *Austria*, p. 36.

[150] BULGÁRIA. Corte Constitucional. Decisões n. 13/1995 e n. 21/1996. KARAGIOZOVA-FINKOVA. *Bulgarie*, p. 51.

[151] COLÔMBIA. Corte Constitucional. Sentença C-496. *M.P. Alejandro Martínez Caballero*; cf. MUÑOZ. *Colombia*, p. 81.

[152] PORTUGAL. Tribunal Constitucional. Sentenças n. 468/1996, 349/1991; 13/1995; cf. ALMEIDA. *Portugal*, p. 227-230.

[153] VASILESCU. *Roumanie*, p. 154.

[154] FRANÇA. Conselho Constitucional. Decisão n. 68-50. *DC* de 30/1/1968. *Recueil des Décision du Conseil Constitutionnel*, p. 23.

[155] LARENZ. *Metodologia da Ciência do Direito*, p. 481.

[156] BRASIL. Supremo Tribunal Federal. Pleno. ADInMC n. 1.556-PE. Rel. Min. Moreira Alves. *DJ 1* de 22/8/1997, p. 38.759.

tivesse sido iniciada, havia de conter ressalva da incidência imediata das normas de conteúdo penal que fossem mais favoráveis aos réus;[157] dispositivo que permitia à assembléia legislativa a convocação dos presidentes dos tribunais de contas do Estado e dos Municípios comportaria a exclusão das convocações destinadas à obtenção de esclarecimentos sobre atos de julgamento de competência do tribunal;[158] previsão de transferência da execução dos serviços do Detran aos agentes privados teria de apresentar uma cláusula de exceção para as atividades do poder de polícia;[159] determinação legal de que os honorários de sucumbência seriam devidos aos advogados empregados transportaria a ressalva implícita da possibilidade de estipulação em contrário;[160] disposição que previa o cálculo de adicionais por tempo de serviço sobre a remuneração do cargo conteria a exceção dos adicionais anteriores por tempo de serviço.[161] Lei que, sem menção expressa à retroatividade, gerava dúvidas sobre o seu alcance retrospectivo, apresentaria exceção implícita de não incidência a ato jurídico perfeito,[162] direito adquirido e coisa julgada.[163] Previsão da incidência do imposto de renda sobre rendimentos auferidos em aplicações financeiras "inclusive por pessoa jurídica imune" mantinha implícita a ressalva das que gozassem da imunidade recíproca.[164] Em lugar da exceção, podemos nos deparar com a introdução de uma cláusula de especificação, que, da mesma forma, termina compri-

---

[157] BRASIL. Supremo Tribunal Federal. Pleno. ADInMC n. 1.719-UF. Rel. Min. Moreira Alves. *DJ 1* de 27/2/1998, p. 1; Inq. n. 1.055-AM. Rel. Min Celso de Mello. *DJ 1* de 24/5/1996, p. 17.412.

[158] BRASIL. Supremo Tribunal Federal. Pleno. ADInMC n. 1.170-AM. Rel. Min. Néri da Silveira. *DJ 1* de 28/11/1997, p. 62.216.

[159] BRASIL. Supremo Tribunal Federal. Pleno. ADInMC n. 1.666-RS. Rel. Min. Carlos Velloso. *DJ* de 22/6/1999.

[160] BRASIL. Supremo Tribunal Federal. Pleno. ADInMC n. 1.194-DF. Rel. Min. Maurício Corrêa. *RTJ* v. 162, t. 3, p. 857-867, 862-863.

[161] BRASIL. Supremo Tribunal Federal. Pleno. ADInMC n. 1.586-PA. Rel. Min. Sydney Sanches. *DJ 1* de 19/8/1997, p. 40.215.

[162] BRASIL. Supremo Tribunal Federal. Pleno. ADInMC n. 1.236-DF. Rel. Min. Ilmar Galvão. *DJ* de 26/4/1996.

[163] BRASIL. Supremo Tribunal Federal. Pleno. ADIn (QO) n. 319-DF. Rel. Min. Moreira Alves. *DJ 1* de 30/4/1993, p. 7.563.

[164] BRASIL. Supremo Tribunal Federal. Pleno. ADInMC n. 1.758-DF. Rel. Min. Marco Aurélio. *DJ* de 22/5/1998; ADInMC n. 1946-DF. Rel. Min. Sydney Sanches. *DJ* de 15/5/1999: limite dos benefícios do regime geral da previdência não se aplica à licença maternidade; normas de proteção da saúde do trabalhador não envolvia os celetistas.

mindo o âmbito de incidência normativa: a atribuição de competência à defensoria pública estadual para patrocinar ação civil pública em favor de associações destinadas à proteção de interesses coletivos e de direitos e interesses do consumidor lesado exigiria reduzir o sentido de "consumidor" às entidades civis desprovidas de meio para o custeio do processo;[165] dispositivo regimental que dava poderes ao presidente do tribunal de justiça para resolver todas as questões relativas ao cumprimento dos precatórios, inclusive para requisitar das entidades devedoras a complementação de depósitos insuficientes haveria de portar duas especificações: primeira, esse poder resolutivo recairia sobre todas as questões de *natureza administrativa*; depois a insuficiência seria resultante apenas de erros materiais ou aritméticos ou de inexatidões dos cálculos dos precatórios, "não podendo, porém, dizer respeito ao critério adotado para a elaboração do cálculo ou a índices de atualização diversos dos que foram utilizados em primeira instância".[166] A competência deferida à assembléia legislativa estadual para fixar a remuneração dos servidores públicos militares haveria de ser entendida em conjunto com a iniciativa exclusiva do chefe do Executivo para apresentar respectivo projeto de lei;[167] assim como a que lhe reconhecia poderes para aprovar previamente os presidentes de entidades de administração pública indireta, presidentes e diretores do sistema financeiro estadual se limitaria às autarquias e fundações públicas.[168] Dispositivo que permitia a filiação partidária de membro do ministério público continha implicitamente a especificação da necessidade de afastamento das funções institucionais mediante licença e nos termos da lei; do mesmo modo, a autorização do exercício de cargo ou função de confiança na administração superior referia-se apenas à administração do próprio ministério público.[169]

---

[165] BRASIL. Supremo Tribunal Federal. Pleno. ADInMC n. 558-RJ. Rel. Min. Sepúlveda Pertence. *RTJ* v. 146, t. 2, p. 434.

[166] BRASIL. Supremo Tribunal Federal. Pleno. ADInMC n. 1.098-SP. Rel. Min. Marco Aurélio. *RTJ* v. 158, t. 2, p. 458.

[167] BRASIL. Supremo Tribunal Federal. Pleno. ADIn n. 120-AM. Rel. Min. Moreira Alves. *RTJ* 163, t. 2, p. 421-439.

[168] BRASIL. Supremo Tribunal Federal. Pleno. ADInMC n. 1.642-MG. Rel. Min. Nélson Jobim. *DJ 1* de 4/2/1999.

[169] BRASIL. Supremo Tribunal Federal. Pleno. ADInMC n. 1.371-DF. Rel. Min. Néri da Silveira. *DJ 1* 5/6/1998; ADInMC n. 1.377-DF. Rel. p/acórdão Min Nelson Jobim. *DJ* de 15/6/1998; ADInMC n. 2.084-SP. Rel. Min. Ilmar Galvão. *DJ* de 23/6/2000.

Essas observações importam uma equivalência nem sempre aceita, do ponto de vista teórico, e que pode ter conseqüência prática, entre interpretação conforme e declaração de inconstitucionalidade parcial sem redução do texto ou, como dizem os portugueses, "inconstitucionalidade parcial vertical ou qualitativa" (sentença n. 12/84). Diz-se comumente que a primeira conduziria à inconstitucionalidade de uma ou mais normas (interpretações de dispositivos de normas), enquanto a segunda se reporta a aplicações ilegítimas a certas situações ou categorias.[170] Ou ainda que a interpretação conforme se debate com significados alternativos para a disposição, para indicar aquele que é conforme com a Constituição, enquanto a inconstitucionalidade parcial sem redução de texto corresponde não a uma visão alternativa dos significados da norma, mas a uma perspectiva progressiva, vale dizer, declara a inconstitucionalidade daquilo que avança sobre os limites ou "na parte em que" foge dos trilhos definidos pela Constituição.[171] A distinção pode aparecer na forma como vem expressa uma e outra, sobretudo no alcance e efeitos da decisão. Pode-se extremar, assim, a improcedência da ação, na primeira hipótese, da procedência dela, na segunda. Como os efeitos entre a procedência e a improcedência nem sempre são equivalentes, por exemplo, na Itália e em Portugal,[172] apenas a primeira teria eficácia vinculante ou *erga omnes*,[173] restando à outra, um valor persuasivo ou de "força de fato", a distinção pode passar a ter relevância prática. Diferenciam-se, entre os italianos, as sentenças interpretativas de rejeição, das decisões interpretativas de acolhimento; aquelas não consideram fundada a questão de inconstitucionalidade e, geralmente diante da inexistência de uma interpretação consolidada sobre a norma, apresentam uma "proposta de interpretação" considerada conforme à Constituição; as interpretativas de acolhimento, por sua vez, declaram inconstitucional a interpretação pretendida pelo autor ou recorrente, geralmente em presença de uma consistente orientação jurisprudencial prevalecente ("direito vivente"), para reafirmá-la, em ge-

---

[170] SCHLAICH. *Das Bundesverfassungsgericht*, p. 224.

[171] ZAGREBELSKY. *La Giustizia Costituzionale*, p. 297.

[172] O Tribunal Constitucional português, todavia, tanto emite sentenças interpretativas (de improcedência) quanto declara a inconstitucionalidade da disposição quando dotada de uma determinada interpretação (ALMEIDA. *Portugal*, p. 232-233). Também na França é intercorrente a "conformidade com reservas", nos termos da interpretação dada (decisão n. 59-2, 68-35), e a "não conformidade sob reserva" (decisão n. 82-137); cf. TURPIN. *Contentieux Constitutionnel*, p. 344, n.1.

[173] CERRI. *Corso di Giustizia Costituzionale*, p. 113.

ral, ou refutá-la, ocasionalmente. Na prática, fazia-se a diferença: jurisprudência não consolidada: interpretativa de rejeição; jurisprudência consolidada ou desrespeito a uma interpretação dada em interpretativa de rejeição: interpretativa de acolhimento, ainda que a doutrina do "direito vivente" tenha quase eliminado este último tipo de pronunciamento da Corte.[174] Mesmo antes, já havia quem defendesse uma indefinição entre a inconstitucionalidade parcial (*accoglimento parziale*) sem redução do texto e a decisão interpretativa de acolhimento, visto que ambas importariam anulação de normas, não sendo raro, para os adeptos da distinção conceitual, que a pronúncia de acolhimento interpretativo viesse mascarada na forma de "acolhimento parcial".[175] Além do mais, parece que a distinção pode ganhar ares ainda mais rarefeitos se deixarmos de olhar para o dispositivo e prestarmos atenção ao âmbito ou conteúdo normativos, visto que em ambos os casos haverá uma redução de sua substância prescritiva.[176] Na linguagem do Supremo Tribunal Federal, talvez por influência da Corte Constitucional federal alemã,[177] conjugam-se as duas expressões, tanto em sede de medida cautelar ("suspensão cautelar sem redução de texto para dar a interpretação conforme",[178] "suspensão da eficácia parcial do texto sem redução de sua expressão literal por interpretação conforme",[179] "emprestar interpretação conforme e sem redução de texto no sentido de")[180] quanto nas pronúncias de mérito ("procedência em parte para, sem redução de texto, excluir interpretações que",[181] "por inconstitucionalidade parcial quanto a todas as interpretações que não sejam").[182]

---

[174] Ibidem, p. 118.

[175] ZAGREBELSKY. *La Giustizia Costituzionale*, p. 296.

[176] SCHLAICH. *Das Bundesverfassungsgericht*, p. 225.

[177] MENDES. *Controle de Constitucionalidade*, p. 287. Sobre a assimilação das duas técnicas na Alemanha: SCHLAICH. *Das Bundesverfassungsgericht*, p. 254 et seq.

[178] BRASIL. Supremo Tribunal Federal. Pleno. ADInMC n. 1.668-DF. Rel. Min. Marco Aurélio. *DJ* de 31/8/1998.

[179] BRASIL. Supremo Tribunal Federal. Pleno. ADInMC n. 1.344-ES. Rel. Min. Moreira Alves. *DJ 1* de 19/4/1996, p. 12.212.

[180] BRASIL. Supremo Tribunal Federal. Pleno. ADInMC n. 2.325-DF. Rel. Min. Marco Aurélio. *DJ* de 11/12/2000; ainda que haja uma ocorrência de "indeferimento com interpretação conforme": ADInMC n. 565-SP. Rel. Min. Neri da Silveira. *DJ 1* de 18/12/1998, p. 48.

[181] BRASIL. Supremo Tribunal Federal. Pleno. ADIn n. 1.098-SP. Rel. Min. Marco Aurélio. *RTJ* v. 158, t. 2, p. 458.

[182] BRASIL. Supremo Tribunal Federal. Pleno. ADIn n. 234-RJ. Rel. Min. Néri da Silveira. *DJ 1* de 15/9/1995, p. 29.628. No passado, já falou também em "improcedência, desde que

b) sentenças aditivas ou construtivas

As sentenças aditivas importam declarar inconstitucional um certo dispositivo por ter deixado de dizer algo ("na parte em que não previu..."), desde que a disposição omitida seja imposta pela lógica do sistema legislativo e constitucional ou, em outros termos, resulte "a rime obbligate",[183] segundo uma operação de integração analógica ou de interpretação extensiva. Emite-se, por essa forma, uma decisão que alarga o âmbito de incidência de uma certa disposição de norma, de modo a alcançar situações não previstas originariamente. Assim, para a Corte Constitucional italiana, o princípio do contraditório ou da "paridade de armas" obrigava o reconhecimento da inconstitucionalidade de um dispositivo que previa apenas a presença do Ministério Público no interrogatório do acusado, sem dispor igualmente sobre a presença do defensor, importando, por via de conseqüência, a obrigatoriedade desta presença.[184] Em outra oportunidade, declarou inconstitucional um dispositivo que condicionava a procedibilidade da ação penal de certos crimes contra menores apenas à representação do pai, "na parte em que não previa também a representação da mãe".[185] O Tribunal Constitucional espanhol considerou inconstitucional, mas não nula, uma disposição de lei autonômica "enquanto omitia" determinações contidas na norma básica do Estado.[186] Em Portugal, ainda que o Tribunal não se refira expressamente a esse tipo de sentença, preferindo falar em inconstitucionalidade parcial, não é raro o seu emprego com a emissão de uma norma que modifica a aplicação de certa disciplina, de modo a contemplar casos ou situações não reguladas; assim, na ampliação de exceções a direitos, *v. g.*, da incompatibilidade do exercício da advocacia com o magistério em geral e não apenas, como previa a lei, com o ensino do Direito;[187] ou na sua

---

dada interpretação conforme": Rp n. 1.389-RJ. Rel. Min. Oscar Correa. *DJ 1* de 12/8/1988, p. 19.510.

[183] CRISAFULLI. *Lezioni di Diritto Costituzionale*, II, p. 408.

[184] ITÁLIA. Corte Constitucional. Sentença n. 190/1970. ZAGREBELSKY. *La Giustizia Costituzionale*, p. 298.

[185] ITÁLIA. Corte Constitucional. Sentença n. 9/1964. CERRI. *Corso di Giustizia Costituzionale*, p. 120.

[186] ESPANHA. Tribunal Constitucional. Sentença n. 73/1997; CAMPO. *España*, p. 183.

[187] PORTUGAL. Tribunal Constitucional. Sentença n. 143/1995; ALMEIDA. *Portugal*, p. 239.

eliminação – inconstitucionalidade da disposição que excluía o direito de os agentes militares da polícia de segurança pública formularem queixas perante o Provedor de Justiça por ação ou omissão dos poderes públicos dessa força de segurança, se não tivessem por objeto violação de direitos, liberdades, garantias ou prejuízo próprios, de modo a reconhecê-lo fora dessa hipótese;[188] com reparo a discriminação injustificada, mediante a equiparação, para fins de pensionamento, do viúvo e da viúva, em face da disciplina legal mais onerosa àquele (sentença n. 181/1987);[189] sendo ainda mais evidente a inclusão de cláusula não expressa, por exemplo, com a previsão da oportunidade de defesa do réu nas hipóteses legais de *reformatio en pejus* [190] ou de apoio judicial, sob a forma de representação letrada a estrangeiros e apátridas, na impugnação a ato denegatório de asilo.[191] Na Áustria, por meio dessa técnica, transmuda-se o estatuto da lei ordinária ao completá-la com normas derivadas diretamente da Constituição, convertendo-a, por conseguinte, em lei constitucional.[192] A falta de proibição legal da candidatura do partido nacional-socialista não impediu que o Tribunal Constitucional a extraísse do artigo 3.º da *Verbogesetz*, que vedada a qualquer pessoa defender aquele partido ou sua ideologia.[193] Mesmo na França, a conformidade sob reserva pode ser acompanhada de uma interpretação construtiva, com a complementação ou adição de norma à disciplina reputada incompleta ou insuficiente. O conselho, por exemplo, acrescentou a obrigação de o magistrado que autorizasse a prorrogação por 24 horas de prisão provisória (*garde à vue*), autorizada sem mais pela lei, examinar o dossiê da pessoa detida.[194]

c) sentenças aditivas de princípio, "de mecanismo", ou "sentenças-delegação"

As "aditivas de princípio" também se destinam a "corrigir" as omissões deixadas pelo legislador, sendo freqüente o seu emprego

---

[188] PORTUGAL. Tribunal Constitucional. Sentença n. 103/1987; ALMEIDA. *Portugal*, p. 240.

[189] PORTUGAL. Tribunal Constitucional. Sentença n. 181/1987; ALMEIDA. *Portugal*, p. 240.

[190] PORTUGAL. Tribunal Constitucional. Sentença n. 173/1992; ALMEIDA. *Portugal*, p. 240.

[191] PORTUGAL. Tribunal Constitucional. Sentença n. 962/1996; ALMEIDA. *Portugal*, p. 241.

[192] SCHÄFFER. *Austria*, p. 36.

[193] ÁUSTRIA. Tribunal Constitucional. *VfSlg* 10.705.

[194] FAVOREU e PHILIPP. *Les Grandes Décisions du Conseil Constitutionnel*, p. 461.

pela Corte Constitucional italiana. Por elas, declara-se inconstitucional a disciplina legislativa denunciada, individualizando apenas a diretriz da norma que deve ser introduzida em sua substituição e assinalando ao legislador a tarefa de aprovar a nova disciplina, via de regra, dentro de um tempo prefixado, embora possa o juiz, em algumas hipóteses, fazer referência àquela diretriz na solução de alguns casos concretos. A doutrina não reconhece essa possibilidade de aplicação dos princípios diretamente pelo juiz quando a extensão da norma puder comportar um significativo aumento da despesa pública, mas a admite com certa freqüência na ocorrência de "microconflitualidade" (*microconflitualità*), vale dizer, questões repetidas que demandam uma nova extensão, análoga à precedente, todavia dela distinta.[195] Uma norma que prevê uma certa atividade do Estado em matéria de competência regional, sem dispor sobre um "mecanismo de colaboração" que implique alguma participação regional na realização dessa atividade, é, por isso, inconstitucional e demanda uma correção de princípios que definam essa colaboração;[196] assim também são inconstitucionais as disposições que não prevêem provas sanitárias do vírus HIV como condição prévia para o exercício de atividades que comportam riscos para a saúde de terceiros, segundo o princípio de que essas provas devem ser subjetivamente circunscritas e funcionalmente relacionadas à verificação da idoneidade do exercício de determinadas atividades e aplicadas a quem está infectado.[197] É inconstitucional dispositivo que define o ordenamento policial e a respectiva tabela de vencimentos, na parte em que não inclui os inspetores de polícia e em que não individualiza a correspondência entre as funções conexas aos graus de suboficialato das armas dos carabineiros.[198] A disciplina pertinente aos subsídios dos trabalhadores agrícolas desempregados é, por seu turno, inadequada e inconstitucional, devendo vigorar o princípio de que a congruência de uma prestação assistencial de-

---

[195] AGRÒ. *Corte Costituzionale e Microconflitualità*. 1993; cf. CERRI. *Corso di Giustizia Costituzionale*, p. 123.

[196] ITÁLIA. Corte Constitucional. Sentença n. 109/1993; CERRI. *Corso di Giustizia Costituzionale*, p. 123.

[197] ITÁLIA. Corte Constitucional. Sentença n. 218/1994. *Giurisprudenza Costituzionale*, 1994, p. 1.812.

[198] ITÁLIA. Corte Constitucional. Sentença n. 277/1991; CERRI. *Corso de Giustizia Costituzionale*, p. 123.

terminada em função das necessidades cotidianas elementares, como o auxílio-desemprego, não pode ser valorada em função das necessidades passadas de maior consistência, mas de um modo que permita ao trabalhador a sua subsistência;[199] a falta de previsão de adequada indenização do proprietário de imóveis afetados por servidão militar é inconstitucional embora se reconheça a discricionariedade do legislador para adotar os critérios de fixação do *quantum* indenizatório, comparando, por exemplo, o valor cadastral do imóvel ou a média entre o valor de venda com a renda dominial revalorizada, desde que produzam um resultado que, comparado com aquele parâmetro e tendo em conta os interesses gerais da expropriação, se mostre eqüitativo.[200] Não é raro que se siga a uma sentença que tenha exortado inutilmente o legislador para aperfeiçoar um determinado sistema normativo ou a suprir determinada lacuna, definindo, então, os parâmetros da intervenção legislativa ou, conforme o caso, da aplicação judicial (*v. g.* sentenças n. 103/1995 e n. 361/1996).

d) sentenças substitutivas

Com as sentenças substitutivas, a Corte não se resume a censurar uma disposição "na parte em que não prevê" uma certa hipótese, mas "na parte em que prevê uma certa conseqüência ao invés de outra", de acordo com a "lógica intrínseca do sistema"; numa primeira parte, portanto, anula o conteúdo da disposição impugnada, para depois reconstruir a mesma disposição com um conteúdo diferente. Também é usual no repertório da jurisprudência da Corte Constitucional italiana. Assim, já se censurou norma que atribuía ao Ministro certa competência em matéria relacionada com a "liberdade pessoal", ao invés de atribuí-la à autoridade judiciária, em face da "reserva de jurisdição" em tema de liberdade pessoal imposta pela Constituição.[201] Também já se fez substituir, para certos crimes, a pena de reclusão de cinco a dez anos pela reclusão de um a cinco anos.[202]

---

[199] ITÁLIA. Corte Constitucional. Sentença n. 288/1994.

[200] ITÁLIA. Corte Constitucional. Sentença n. 138/1993.

[201] ITÁLIA. Corte Constitucional. Sentença n. 204/1974. *Giurisprudenza Costituzionale*, 1974, p. 1.707.

[202] ITÁLIA. Corte Constitucional. Sentença n. 298/1995. *Giurisprudenza Costituzionale*, 1995, p. 2.321.

## 2. As sentenças transitivas ou transacionais

Ao lado das sentenças normativas, encontramos um rol de decisões que apresentam um pronunciamento sobre a constitucionalidade ou a ilegitimidade constitucional segundo um parâmetro transitório, anunciando um processo em transformação, com relativa transigência ou transação com o princípio da supremacia constitucional. São elas: (a) as sentenças de inconstitucionalidade sem efeito ablativo, (b) de inconstitucionalidade com ablação diferida, (c) as sentenças apelativas e (d) as de aviso.

a) inconstitucionalidade sem efeito ablativo

O reconhecimento da inconstitucionalidade pode não ser seguido da expulsão da norma do ordenamento jurídico, se a declaração de nulidade produzir uma situação jurídica insuportável ou um grave perigo ao orçamento do Estado, estando assimilada, pela Corte Constitucional Federal alemã, a: (i) declaração de inconstitucionalidade em relação ao direito transitório, *v. g.*, quando o legislador não tinha nenhuma alternativa de regulação, levando-se em conta a situação histórica;[203] (ii) vícios procedimentais não evidentes;[204] (iii) maior proximidade constitucional, quando a ausência da norma inconstitucional torna ainda mais gravosa a situação constitucional apresentada;[205] (iv) conseqüências econômicas danosas, assim quando uma declaração de nulidade de um exação parafiscal provocasse a perda de fundamento do pretendido fomento da produção de energia elétrica à base de carbono, a exigir um trânsito pacífico entre a situação de inconstitucionalidade apresentada e a situação constitucional, ordenada a vigência transitória da norma inconstitucional;[206] (v) regulações discriminatórias, que importem concessão de benefícios a determinados grupos e a exclusão tácita de outros, a menos que exista uma única possibilidade para eliminar a discriminação, vale dizer, quando o legislador houver escolhido um caminho determinado[207] ou quando o sistema de regulação só admitir uma so-

---

[203] ALEMANHA. Corte Constitucional. *BVerfGE* 4, 157 (159); 9, 63 (72); 90, 133.

[204] ALEMANHA. Corte Constitucional. *BVerfGE* 16, 130 (142); 145, 154.

[205] ALEMANHA. Corte Constitucional. *BVerfGE* 8, 19; 35, 79.

[206] ALEMANHA. Corte Constitucional. *NJW* 1995, 381/383; WEBER. *Alemania*, p. 78.

[207] ALEMANHA. Corte Constitucional. *BVerfGE* 6, 246.

lução apenas[208] ou quando a liberdade de configuração do legislador se reduzir a uma única alternativa constitucional.[209] A esse propósito, fala-se de "obstáculos políticos" que impedem, no mínimo, uma declaração retroativa de nulidade. No entanto, a simples inconstitucionalidade sem nulidade será inútil se não vier acompanhada de efeitos processuais ou materiais relevantes: apelo ao legislador para substituição da lei reputada inconstitucional e a proibição de aplicação da lei, importando tríplice conseqüência – suspensão dos processos que a tenham em pauta, a autorização de emprego da analogia ou a disciplina provisória da matéria. A Corte Constitucional federal alemã tem freqüentemente feito acompanhar suas decisões com uma proibição de aplicação (*Anwendungssperre*), retroativa ao momento de colisão de normas,[210] o que gera a suspensão de processos em que se tenha interposto um recurso individual de inconstitucionalidade (*Verfassungsbeschwerde*)[211] ou em que haja sido instaurada uma questão de constitucionalidade;[212] bem como de uma "obrigação do legislador de aprovar uma regulação que seja constitucional",[213] a ser cumprida dentro de um prazo razoável ou dentro do que for, por ela, determinado.[214] Não raro também, tanto na inconstitucionalidade seguida de nulidade, quanto gerando a simples inconstitucionalidade, mas acrescida da proibição de aplicação da norma inconstitucional, termina por estabelecer um regime jurídico provisório até a edição da nova disciplina, fundando-se em dispositivo de sua Lei Orgânica que lhe dá poderes para determinar a forma de execução das sentenças, se é que essa atividade se pode enquadrar perfeitamente no conceito de execução. Também na Itália fala-se de "inconstitucionalidade acertada mas não declarada", de "rejeição ou inadmissibilidade com constatação de inconstitucionalidade" e de "inadmissibilidade por excesso de fundamentação" para aqueles casos em que a Corte, embora concluindo o pro-

---

[208] ALEMANHA. Corte Constitucional. *BVerfGE* 27, 220 (230).

[209] ALEMANHA. Corte Constitucional. *BVerfGE* 16, 94.

[210] ALEMANHA. Corte Constitucional. *BVerfGE* 37, 217 (261).

[211] ALEMANHA. Corte Constitucional. *BVerfGE* 22, 349 (363).

[212] ALEMANHA. Corte Constitucional. *BVerfGE* 317, 217 (261).

[213] ALEMANHA. Corte Constitucional. *BVerfGE* 55, 100 (110); 81, 363 (384).

[214] ALEMANHA. Corte Constitucional. *BVerfGE* 33, 303 (348); 61, 319 (321).

cesso com uma decisão de falta de fundamento ou de inadmissibilidade, reconheça explicitamente que a norma impugnada "não está em sintonia" com os princípios constitucionais.[215] Na Espanha, mesmo diante da previsão expressa do efeito nulificante da declaração de inconstitucionalidade (arts. 164.1 da Constituição e 39.1, Lei n. 2/1979), o Tribunal Constitucional tem feito uso das declarações de ilegitimidade constitucional sem nulidade, sobretudo em matéria orçamentária,[216] com efeito de suspensão dos processos judiciais até que uma nova lei, requerida pela decisão, venha a ser aprovada pelo legislador.[217] Vê-se que essa declaração é seguida de uma exortação ao legislador para que modifique a situação inconstitucional "dentro de um tempo razoável",[218] embora o Tribunal não tenha ousado a fixação desse prazo. Argumenta-se que a nulidade é um instrumento reparador que só pode ser utilizado quando a expulsão da norma da ordem jurídica resultar meio idôneo para a restauração da juridicidade (STC n. 45/1989/11). Ainda que tecnicamente sejam reputadas distintas, as sentenças de inconstitucionalidade por omissão no Brasil e em Portugal (art. 283.2) podem ser qualificadas como "sentenças meramente declaratórias, verificativas" ou de "mero reconhecimento".[219]

b) inconstitucionalidade com ablação diferida ou datada

Embora esse tipo de sentença não seja considerada intermediária em seu sentido próprio, não se pode deixar de tratar de sua ocorrência, pelo menos em um sentido lato dessa categoria de sentença, em face da modulação que permite à combinação do vício de ilegitimidade constitucional com o seu efeito ablativo. O seu exame será feito no estudo da projeção temporal dos efeitos

---

[215] ITÁLIA. Corte Constitucional. Sentença n. 247/1993. *Giurisprudenza Costituzionale*, 1993, p. 1.825; n. 378/1993. *Giurisprudenza Costituzionale*, 1993, p. 3.100; n. 235/1996. *Giurisprudenza Costituzionale*, 1996, p. 3.429.

[216] ESPANHA. Tribunal Constitucional. Sentenças n. 16/1996 e n. 69/1996. CAMPO. *España*, p. 198.

[217] ESPANHA. Tribunal Constitucional. Sentenças n. 45/1989/11, n. 36/1991/6 e n. 68/1996; CAMPO. *España*, p. 194, 197.

[218] ESPANHA. Tribunal Constitucional. Sentença n. 96/1996/23; CAMPO. *España*, p. 197.

[219] COSTA. *A Jurisdição Constitucional em Portugal*, p. 62.

c) sentenças apelativas ou de declaração da constitucionalidade provisória ou de declaração de "todavia constitucionalidade"

Pode-se declarar a constitucionalidade de uma norma no momento da prolação da sentença, antevendo-se, no entanto, sua inconstitucionalidade futura e, por isso, motivando um apelo ao legislador para que adote as providências cabíveis destinadas a impedir que essa situação venha a se constituir, como ocorre na Alemanha.[220] Essa técnica também é empregada pela Corte Constitucional italiana, embora lá se distinga uma "exortação ao legislador", no sentido de remover as condições que geram a desvalia constitucional, da "admoestação ao legislador" (*monito al legislatore*), na hipótese em que o "deságio constitucional" se alia a fatores históricos, econômicos, sociais e a um contexto complexo e cambiante a demandar uma intervenção mais incisiva e eloqüente, a ponto de anunciar futura decisão de inconstitucionalidade; nestas, as admoestações são específicas ou pontuais, indicando, via de regra, prazos de cumprimento, dada a sua natureza "urgente", "necessária", "não mais reenviável"; naquelas, os chamamentos são mais genéricos e flexíveis.[221] Na Romênia também são conhecidas as "sentenças-de-apelo", por meio da qual se convida o Parlamento a adotar certas modificações na legislação, podendo ou não ser fixado um prazo.[222] Deve-se lembrar aqui, embora não se possa situar propriamente em sede de controle de constitucionalidade, que na Alemanha e na Espanha, a omissão do legislador que importe em obstáculo para o exercício de direitos fundamentais poder ser colmatada, por meio do recurso individual ou de amparo, aplicando-se diretamente a Constituição, mesmo que isso importe uma chamada do legislador para suprir a sua omissão; algo, como parece cristalino, semelhante ao nosso frustrado mandado de injunção. Não é incomum que, mesmo em sistemas que não adotem esse modelo de decisão, façam uso nos fundamentos ou nos votos, como *obiter dicta*, de exortações ou apelo ao legislador para que intervenha com vistas a evitar uma inconstitucionalidade futura: Áustria[223] e Portugal.[224]

---

[220] ALEMANHA. Corte Constitucional. *BVerfGE* 7, 282; 25, 167; 33, 1; 41, 251; 23, 242.
[221] CERRI. *Corso di Giustizia Costituzionale*, p. 126.
[222] ROMÊNIA. Corte Constitucional. Decisão n. 1/1993. VASILESCU. *Roumanie*, p. 154.
[223] ÁUSTRIA. Tribunal Constitucional. *VfSlg* 8.871.
[224] PORTUGAL. Tribunal Constitucional. Sentença n. 810/1993; ALMEIDA. *Portugal*, p. 239.

d) sentenças de aviso (*prospective overuling, Warn- und Ankündigungsentscheidungen*)

As "sentenças de aviso" prenunciam uma mudança de orientação jurisprudencial, deixando de ser aplicada ao caso ou ação no curso do qual é proferida. São encontradas com relativa freqüência na Alemanha[225] embora nem sempre a Corte Constitucional federal faça uso dela em tal hipótese.[226] Nos Estados Unidos, a adoção de efeitos prospectivos está, em regra, associada à mudança de orientação jurisprudencial (*prospective overulling*).

A classificação apresentada, tanto da divisão dos grupos, quanto do desdobramento dos vários tipos dentro de cada grupo, nem sempre se mostra muito nítida. Para muitos autores, as sentenças normativas violam o princípio da divisão dos poderes, criando normas em lugar do legislador, e, dessa forma, terminam também por transigir com o princípio da supremacia constitucional, pois lançam nas mãos do tribunal da jurisdição constitucional um poder de constituinte originário que não possuem nem podem possuir. A distinção entre sentenças de aviso, sentenças apelativas e de inconstitucionalidade com ablação diferida é, por seu turno, demasiadamente frágil, pois encontramos em todas elas um recado ou uma *determinação* dirigidos ao legislador, não sendo raro, por exemplo, nos Estados Unidos, que o "aviso" importe deferimento de efeitos a partir da pronúncia de inconstitucionalidade, evaporando, assim, os limites entre este tipo de sentença e a de ablação diferida. Também a tipologia das sentenças normativas nem sempre é muito precisa, pois vários são os registros da consideração, por exemplo, da sentença aditiva ou substitutiva como decisão de inconstitucionalidade sem redução de texto ou interpretação conforme a Constituição. Basta lembrarmos do Brasil e da Alemanha, onde não há, na dicção dos seus respectivos tribunais da jurisdição constitucional, uma identificação de sentenças interpretativas manipulativas, falando-se apenas em interpretação conforme ou inconstitucionalidade parcial sem redução de texto. Teoricamente, a distinção parece fora de dúvidas: a inconstitucionalidade parcial reduz o âmbito subjetivo, objetivo, temporal ou espacial do dispositivo de norma, mediante a inclusão de uma cláusula

---

[225] ALEMANHA. Corte Constitucional. *BVerfGE* 22, 358 (359).
[226] ALEMANHA. Corte Constitucional. *BVerfGE* 44, 125 (181).

restritiva de exceção ou de especificação; enquanto a sentença aditiva realiza exatamente a operação inversa: amplia esses âmbitos, incluindo sujeito ou situações, retirando restrições ou especificações. Analisemos o que fez o Supremo Tribunal Federal ao dar interpretação conforme para dispositivo que autorizava a fixação pela assembléia legislativa estadual da remuneração de servidores públicos militares no sentido de exigir a iniciativa reservada do chefe do Executivo. Não se trata propriamente de interpretação conforme, pois se torna duvidoso afirmar que uma vontade legislativa, ainda que maximamente residual,[227] dê pistas de ter pressuposto essa cláusula de inclusão. Mas poderíamos falar em inconstitucionalidade parcial sem redução de texto, admitindo-se a redução do âmbito normativo, pelo condicionamento do poder conferido à assembléia, antes de forma alargada. Seria inconstitucional a norma (conteúdo da disposição) que se limitasse a declarar a competência legislativa sem mais, tornando necessária a "integração vertical" da norma constitucional atributiva da competência exclusiva ao chefe do Executivo para apresentar projetos de lei sobre o tema, o que, para alguns, marca a essência interpretativa da interpretação conforme.[228] Sob uma outra perspectiva, pode-se ver, pelo contrário, a inclusão de um sujeito não previsto, mas que era exigido constitucionalmente. Essa inclusão, como afirmamos, não parece ter estado na intenção do legislador, mas a formulação do texto da norma abria a possibilidade de um conteúdo implícito que alargava – e não restringia – o âmbito subjetivo da norma, constituindo-se, portanto, uma "adição" operada judicialmente. Dois outros pronunciamentos do Supremo Tribunal revelam, nesse mesmo sentido, uma figura pelo menos híbrida de interpretativa-substitutiva. O artigo 69 da Constituição do Rio de Janeiro proibia a qualquer título a alienação de ações de sociedades de economia mista sem autorização legislativa, vedando, em seu parágrafo único, a perda do seu controle acionário. O Supremo declarou a inconstitucionalidade do parágrafo e deu interpretação conforme ao *caput* no sentido de considerar exigível a autorização legislativa somente para alienação de ações que importasse a perda de seu controle acionário.[229] Não parece exagero dizer que houve, no caso, uma sentença substitutiva.

---

[227] HESSE. *Elementos de Direito Constitucional da República Federal da Alemanha*, p. 72.

[228] MÜLLER. *Discours de la Méthode Juridique*, p. 123-124.

[229] BRASIL. Supremo Tribunal Federal. Pleno. ADIn n. 234-RJ.

Na ação direta n. 1.649-DF, o Tribunal, ressalvou as restrições à demissibilidade pelo governador, sem justo motivo, de conselheiros investidos a termo em seus cargos. Não houve aqui também a edição de uma "norma substitutiva"?[230]

A repristinação das normas anteriores à que foi anulada é reconhecida como efeito automático da sentença na Áustria (art. 140.6) e Portugal (art. 282.1), aqui, na inconstitucionalidade originária apenas embora seja admitido um controle dessa revivescência para proteger certas situações consolidadas ou para evitar a aplicação de disposições que resultem mais desfavoráveis ao réu em processo penal. O caso de norma repristinada inconstitucional pode dar ensejo à negativa dos efeitos repristinatórios (Portugal – art. 282.4) ou a declaração de sua inconstitucionalidade. Na Alemanha, cabe à Corte decidir a respeito da repristinação (art. 35, Lei da Corte Constitucional federal). Na Itália, a repristinação é aceita, de forma mais ou menos tranqüila, como efeito da declaração de nulidade da norma, discutindo-se mais quanto ao órgão jurisdicional a quem caberia fazer a avaliação de sua ocorrência, se seria a própria Corte, como parece dominar e estar presente na sua jurisprudência, ou aos juízes ordinários, por meio de seu poder de interpretação.[231]

Se considerarmos o controle de convencionalidade, deve-se considerar efeito imediato tão-somente a indenização da parte, ao lado da obrigação de aperfeiçoamento do sistema jurídico nacional nos termos da decisão proferida. As decisões da Corte Européia de Justiça, nas ações dirigidas contra a comunidade e seus órgãos, podem importar na anulação do ato impugnado, na imputação de uma reparação, numa interpretação dos atos comunitários ou na declaração de invalidade. No caso, todavia, de ações dirigidas contra os Estados membros, a decisão se limita a constatar a violação do direito comunitário, não podendo pronunciar uma condenação, nem impor uma obrigação de fazer ao Estado. Sua execução depende, portanto, da boa vontade do próprio Estado demandado.[232]

Pela sua peculiaridade, a sanção do controle de constitucionalidade de uma lei que tenha invadido a reserva de regulamento,

---

[230] BRASIL. Supremo Tribunal Federal. Pleno. ADIn n. 1.649-DF.

[231] CAPOTOSTI. *Reviviscenza di Norme Abrogate e Dichiarazione di Illegittimità Constitucionale*, p. 1403 et seq.

[232] MANIN. *Les Communautes Européennes*. L'Union Européenne, p. 329.

na França, não importa ablação da norma, mas apenas lhe retira "valor legislativo", falando-se, então, em deslegalização.[233]

## II. Alcance objetivo da decisão

Em regra, o alcance obrigatório da decisão não contempla a *ratio decidendi*. Todavia, essas razões podem ser impostas aos órgãos jurisdicionais federais ou locais, no México, se forem aprovadas por, pelo menos, oito Ministros da Corte Suprema (art. 43, Lei de 11/5/1995). Na Alemanha, a força de lei tem alcançado, sob severas críticas, a *ratio decidendi*, tendo a Corte Constitucional federal, por vezes, ampliado sensivelmente a concepção do que, no corpo dos fundamentos jurídicos, houvesse de ser considerado essencial ou "interpretação da Constituição" e, portanto, vinculante.[234] A inconstitucionalidade parcial horizontal e a vertical da jurisprudência constitucional portuguesa induzem, por igual, a incursão nos fundamentos da sentença para que se divise o alcance de seu comando. Os motivos "relevantes e essenciais" também apresentam, na Bulgária, efeito obrigatório contra todos.[235] Considera-se também na Áustria que os fundamentos jurídicos das sentenças que julgam improcedentes as questões de inconstitucionalidade propostas produzem efeitos vinculantes, por excluírem, de acordo com o princípio *ne bis in idem*, um novo controle da norma, baseado exclusivamente nas mesmas considerações.[236] No Brasil, a jurisprudência constitucional ainda é incerta sobre o exato alcance objetivo da "vinculação" da declaratória de constitucionalidade, tendente a não incluir os motivos determinantes,[237] mas parte da doutrina entende indispensável estender o efeito vinculante à norma abstrata extraída da parte dispositiva da decisão, transcendendo o caso concreto.[238]

---

[233] ROUSSEAU. *Droit du Contentieux Constitutionnel*, p. 191.

[234] ALEMANHA. Corte Constitucional. *BVerfGE*, 1, 14 (36); 36, 1 (36).

[235] KARAGIOZOVA-FINKOVA. *Bulgarie*, p. 50.

[236] SCHÄFFER. *Austria*, p. 35.

[237] BRASIL. Supremo Tribunal Federal. Pleno. ADC n. 1-DF. Rel. Min. Moreira Alves. ADC (QO) n. 1-DF. Rel. Min. Moreira alves. *RTJ* v. 157, p. 371-411. Voto do Relator.

[238] MENDES. *A Ação Declaratória de Constitucionalidade*: A Inovação da Emenda Constitucional n. 3, 1993, p. 104.

## III. Alcance subjetivo da decisão

A decisão é sempre *inter partes* (Argentina;[239] Chile – Suprema Corte, art. 80; Uruguai – arts. 258.1 e 2 e 259); sempre *erga omnes* (Áustria – arts. 139.6 e 140.7; Bulgária – Lei de 30/6/1991; Congo – art. 150; Costa Rica – Lei n. 7.135/1989; Egito – art. 178; Hungria – Lei n. XXXII/1989; Itália – art. 136.1; Iugoslávia – art. 129.2; Panamá – art. 203; Polônia – art. 190.1; República Checa – art. 89.2; Romênia – art. 145; Senegal – art. 92.2; Tailândia – art. 206.2); variável de acordo com o processo em que for proferida: *erga omnes*, no âmbito do controle abstrato, e *inter partes*, se for concreto e incidental o controle (Bolívia – art. 123.2; Brasil – art. 102, § 2.º da Constituição, art. 28, parágrafo único, Lei n. 9.868/1999 e art. 10, § 3.º, Lei n. 9.882/1999; Chipre – arts. 144.3 e 148; El Salvador;[240] Equador – art. 274.2 e 3; Guatemala;[241] México – art. 42 e 42, Lei de 11/5/1995; Nicarágua – se a declaração for de outro tribunal, após o trânsito em julgado, para obtenção do efeito, haverá necessidade de ratificação da Corte Suprema de Justiça;[242] Peru – art. 14, Decreto Supremo 017-93-JUS/1993 e Lei n. 26.435; Portugal – arts. 207 e 281.1 e 3); ou seguindo a uma jurisprudência errática, como no Paraguai: *inter partes* (art. 260. 1 da Constituição), se o caso for de inaplicabilidade da lei; ou *erga omnes*, se de nulidade se tratar.[243] Nos Estados Unidos, as pronúncias de inconstitucionalidade em sede de apelação ou de *certiorari* se impõem com a força vinculante do precedente. Cabe anotar que há sistemas que prevêem um efeito especial da sentença de inconstitucionalidade revogatória que transcende o caso concreto que a ensejou (*Anlassfall* dos austríacos). Em situações como essas, os demandantes em todos os feitos nos quais se tenham suscitado um procedimento concreto de controle e em todos os outros casos equivalentes, que estejam pendentes perante o Tribunal, pelo princípio da vista oral, recebem o "prêmio do recorrente" (*Ergreiferprämie*), significa dizer, serão contemplados pelo regime jurídico aplicado na sentença padrão, se lhes for favorável.

---

[239] ARGENTINA. Corte Suprema de Justiça da Nação, *Rubén Malencky, Fallos* 264:364.

[240] TINETTI. *El Salvador*, p. 182.

[241] LAGUARDIA. *Guatemala*, p. 212.

[242] TERÁN e CASTILLO. *Nicaragua*, p. 263.

[243] MENDONÇA e MENDONÇA. *Paraguay*, p. 299.

No Brasil, é particularmente interessante a competência do Senado Federal para conferir eficácia geral às "decisões definitivas" de inconstitucionalidade de lei, proferidas pelo Supremo Tribunal Federal (art. 52, X), que teve origem na Constituição de 1934 (art. 91, IV), sendo repetida nos textos de 1946 (art. 64), de 1967 (art. 45, IV) e de 1967/1969 (art. 42, VII).[244] Cuida-se, como vemos, de uma forma de o controle incidental chegar a produzir efeitos gerais. É certo que a interpretação desse dispositivo gera muitas dúvidas: será obrigatória ou facultativa a atuação do Senado Federal? Poderá o Senado suspender apenas parte das normas declaradas inconstitucionais pelo Supremo ou haverá de suspender *in totum*? A suspensão importa revogação, com efeitos *ex nunc*, ou nulidade, *ex tunc*? Não nos propomos a enfrentar detidamente essas indagações. Basta que lembremos, quanto à primeira, a posição de *Buzaid*,[245] *Bittencourt*[246] e, mais recentemente, de *Bastos*[247] e *Ferreira Filho*,[248] a favor da obrigatoriedade da atuação do Senado, ao que se opõem nomes como *Themístocles Cavalcanti*,[249] *Mario Guimarães*,[250] *Anhaia Melo*,[251] *Pontes de Miranda*,[252] *Pereira Viana*,[253] *Josaphat Marinho*[254] e *Paulo Brossard*.[255] Os entendimentos variam inclusive sobre a possibilidade de o Senado revisar, pelo menos formalmente, a decisão do Supremo Tribunal. *Buzaid*[256] e *Bittencourt*[257] entendiam que a obrigato-

---

[244] Lúcio Bittencourt, firme defensor da inexistência jurídica *erga omnes* das declarações de inconstitucionalidade das normas pelo Supremo, vislumbrava na hipótese apenas uma forma de publicidade da decisão, "levando-a ao conhecimento de todos os cidadãos": *O Controle Jurisdicional da Constitucionalidade das Leis*, p. 145.

[245] BUZAID. *Da Ação Direta de Declaração de Inconstitucionalidade no Direito Brasileiro*, p. 89.

[246] BITTENCOURT. *O Controle Jurisdicional da Constitucionalidade das Leis*, p. 145.

[247] BASTOS. *Curso de Direito Constitucional*, p. 85.

[248] FERREIRA FILHO. *Comentários à Constituição brasileira de 1988*, 2, p. 41.

[249] CAVALCANTI. *Do Contrôle de Constitucionalidade*, p. 163-164.

[250] GUIMARÃES. *O Juiz e a Função Jurisdicional*, p. 264.

[251] MELO. *Da Separação dos Poderes à Guarda da Constituição*.

[252] MIRANDA. *Comentários à Constituição de 1946*, II, p. 283-284.

[253] VIANA. *Relações entre os Poderes do Estado*, p. 307.

[254] MARINHO. *O Art. 64 da Constituição e o Papel do Senado*, p. 5 et seq.

[255] BROSSARD. *O Senado e as Leis Inconstitucionais*, p. 53 et seq.

[256] BUZAID. *Da Ação Direta de Declaração de Inconstitucionalidade no Direito Brasileiro*, p. 89.

[257] BITTENCOURT. *O Controle Jurisdicional da Constitucionalidade das Leis*, p. 145-146.

riedade da atuação senatorial, para retirar sua feição puramente cartorial, dependia de um prévio exame de seus pressupostos formais. Essa orientação é seguida por autores como *Bastos*[258] e *Ferreira Filho*.[259] Os "discricionaristas", a exemplo de *Marinho*[260] e *Pontes de Miranda*,[261] admitem um exame de conveniência política e oportunidade. Outros, como *Themístocles Cavalcanti*,[262] aceitando por igual o juízo discricionário do Senado, são contrários ao exame dos requisitos formais da decisão, reputando-os questão *interna corporis*, deferida apenas ao próprio Tribunal.

O STF já teve oportunidade de se manifestar sobre o tema, afirmando a competência discricionária ou política do Senado e marcando a sua "natureza quase legislativa"[263] ou, mais peremptoriamente, de "ato complementar de decisão judicial".[264] Todavia, entendeu que, no exercício dessa competência, não cabia à Casa Alta rever, em sua substância, a decisão tomada pelo Supremo Tribunal,[265] para interpretá-la, ampliá-la ou restringi-la;[266] tampouco revogar resolução anterior adotada para suspender efeitos de lei declarada inconstitucional pelo Supremo.[267]

---

[258] BASTOS. *Curso de Direito Constitucional*, p. 85.

[259] FERREIRA FILHO. *Comentários à Constituição Brasileira de 1988*, 2, p. 41.

[260] MARINHO. *O Art. 64 da Constituição e o Papel do Senado*, p. 11.

[261] MIRANDA. *Comentários à Constituição de 1946*, II, p. 283-284.

[262] CAVALCANTI. *Do Contrôle de Constitucionalidade*, p. 163. Pensamento similar é formulado por ROSAS. *Inconstitucionalidade – Representação – Resolução do Senado*, p. 37.

[263] BRASIL. Supremo Tribunal Federal. Pleno. MS n. 16.512. Rel. Min. Oswaldo Trigueiro. *RTJ* v. 38, t. 2, p. 5, 61 (Ministro Relator).

[264] BRASIL. Supremo Tribunal Federal. Pleno. RMS n. 16.519. Rel. Min. Luiz Gallotti. *RTJ* v. 38, t. 3, p. 569. Para o Ministro Prado Kelly, tratava-se de ato político de alcance normativo: BRASIL. Supremo Tribunal Federal. Pleno. MS n. 16.512. Rel. Min. Oswaldo Trigueiro. *RTJ* v. 38, t. 2, p. 5, 19. Sobre a competência do Senado, ainda: RMS n. 939-PA. Rel. Min. Victor Nunes; RMS n. 11.958-AM. Rel. Antonio Villas Boas; RE n. 72.999-RJ. Rel. Min. Thompson Flores. *DJ* de 3/3/1972.

[265] BRASIL. Supremo Tribunal Federal. Pleno. RMS n. 16.519. Rel. Min. Luiz Gallotti. *RTJ* v. 38, t. 3, p. 569.

[266] BRASIL. Supremo Tribunal Federal. Pleno. MS n. 16.512. Rel. Min. Oswaldo Trigueiro. *RTJ* v. 38, t. 2, p. 5, 12 (Ministro Pedro Chaves).

[267] BRASIL. Supremo Tribunal Federal. Pleno. MS n. 16.512. Rel. Min. Oswaldo Trigueiro. *RTJ* v. 38, t. 2.

A dicção dos "efeitos gerais" das sentenças pode variar de País para País, ora falando-se em efeitos *erga omnes*, "contra todos" ou "efeitos gerais" (Brasil – art. 102, § 2.º, CRFB, art. 28, parágrafo único, Lei n. 9.868/1999 e art. 10, § 3.º, Lei n. 9.882/ 1999; Espanha – art. 164.1 da Constituição e art. 38.1, Lei Orgânica n. 2/1979), ora em "força vinculante" (Áustria – arts. 139.6 e 140.7;[268] Brasil – art. 102, § 2.º, CRFB, art. 28, parágrafo único, Lei n. 9.868/1999 e art. 10, § 3.º, Lei n. 9.882/1999; Espanha – art. 38.1, Lei Orgânica n. 2/1979) ou em "força de lei" (Alemanha – arts. 31.2 e 95.3, Lei da Corte Constitucional federal) ora em "força obrigatória" (Portugal – art. 281.1) e, conquanto possa haver distinção teórica, as conseqüências que produzem, assim como os problemas que suscitam, são quase sempre homogêneos.[269] Mas quase não é sempre. A "força de lei" das decisões da Corte Constitucional federal alemã indica a extensão da obrigatoriedade da decisão a todos os cidadãos e não apenas aos órgãos constitucionais da Federação e dos *Länder*, a todos os tribunais e autoridades, como impõe a norma de vinculação do artigo 31 da Lei Orgânica do Tribunal, dando-lhes, desse modo, um alcance "erga omnes"[270] embora exista quem a identifique com a "imutabilidade da posição do Tribunal", a impossibilidade de pronunciar-se futuramente de maneira diferente[271] ou até o efeito próprio de lei material.[272] A distinção aparece mais nítida em parcela da doutrina, segundo a qual a eficácia geral faz com que o dispositivo da sentença atinja a todos, impedindo, do ponto de vista processual, que a mesma questão seja outra vez submetida ao Tribunal. O efeito vinculante, por seu turno, alcança os fundamentos determinantes da decisão e importa: a) uma obrigação para os órgãos estatais que emitiram o ato inconstitucional e para os demais órgãos constitucionais de restabelecerem o quadro de legitimidade, adotando todas as providências necessárias; b) um imperativo "de revogação e anulação", a obrigar que outros órgãos constitucionais que possuírem normas de conteúdo idêntico ao do ato que foi anulado, procedam à sua modifica-

---

[268] A doutrina se refere também a efeitos *erga omnes*: SCHÄFFER. *Austria*, p. 34-35.

[269] AJA e BEILFUSS. *Conclusiones Generales*, p. 283.

[270] SCHLAICH. *El Tribunal Constitucional Federal Aleman*, p. 215.

[271] LANGE. *Rechtskraft, Bindungswirkung und Gestzeskraft der Entscheidung des Bundesverfassungsgericht*, p. 6 et seq.

[272] VOGEL. *Rechtskraft und Gesetzkraft*, p. 568.

ção ou revogação (vinculação paralela); e c) uma proibição de reiteração, dirigida aos órgãos constitucionais.[273] Na Espanha, os efeitos vinculantes se aplicam tanto à improcedência quanto à declaração da inconstitucionalidade requerida; enquanto os efeitos *erga omnes* se restringem apenas ao segundo caso e a diferença aparece de forma evidente ao se afirmar que as sentenças que negam procedência ao pedido, em sede abstrata, impedem a renovação do pedido pela mesma via processual, deixando abertos outros caminhos, como a sua discussão no centro de uma questão incidental; além do mais, nesse tipo de sentença, ao se resolver o mérito da pretensão, supõe-se sempre que o TC não apreciou inconstitucionalidade alguma, resultando daí que o ordenamento jurídico não sofreu nenhuma alteração, nem recebeu a norma, sequer, um "plus" de validade. Nos casos de declaração da inconstitucionalidade, as coisas mudam. Além do valor de coisa julgada e da força vinculante, a sentença gera a expulsão da norma do ordenamento jurídico, impedindo que, em qualquer outra via, venha a questão ser de novo suscitada.[274]

O efeito geral ou vinculante é reconhecido nas sentenças proferidas em ações de inconstitucionalidade, normalmente perante os órgãos aplicadores do direito: órgãos jurisdicionais, incluindo (Áustria – art. 140.7; Espanha – art. 38.1, Lei Orgânica n. 2/1979;[275] Itália – art. 136.1)[276] ou não (Alemanha;[277] Brasil – art. 102, § 2.º, da Constituição, 28, parágrafo único, Lei n. 9.868/1999 e art. 10, § 3.º, Lei n. 9.882/1999; Singapura – art. 100.3; Namíbia – art. 81) o Tribunal de jurisdição constitucional, além das autoridades administrativas. Há quem sustente que a distinção é mais formal do que prática, no quadro de uma declaração de constitucionalidade, pois modificações das circunstâncias, seja pela mudança do conteúdo da Constituição ou da norma controlada, seja das relações

---

[273] PESTALOZZA. *Verfassungsprozessrech*; die Verfassugsgerichtsbarkeit des Bundes und der Länder, p. 170-171; WEBER. *Alemania*, p. 73.

[274] ESPANHA. Tribunal Constitucional. ATC n. 275/1987, de 5/3/1987; PUERTO. *Jurisdicción Constitucional y Procesos Constitucionales*, I, p. 226-227. Esse autor, contudo, assimila o conceito de *erga omnes* à expulsão da norma do sistema jurídico.

[275] ESPANHA. Tribunal Constitucional. Sentença n. 45/1989. PUERTO. *Jurisdicción Constitucional y Procesos Constitucionales*, I, p. 233.

[276] CERRI. *Corso di Giustizia Costituzionale*, p. 134.

[277] ALEMANHA. Corte Constitucional Federal. *BVerfGE* 52, 187; SCHLAICH. *Das Bundesverfassungsgericht*, p. 259.

fáticas (*Lebensverhältnisse*) ou da concepção jurídica, geral ou constitucional, podem produzir novos motivos de inconstitucionalidade (inconstitucionalidade superveniente) e, por conseqüência, dar ensejo a um novo controle de constitucionalidade.[278] Parece indiscutível que a eliminação de uma norma inconstitucional impeça ulteriores questionamentos, mas o Tribunal pode ser chamado a se pronunciar sobre uma outra norma de disciplina jurídica equivalente, exigindo que se averigúe se os efeitos da decisão recairiam apenas sobre a norma impugnada ou atingiriam outra qualquer de mesmo sentido. Uma resposta favorável à segunda parte da alternativa, que prenderia o Tribunal à sua própria jurisprudência muito além do simples efeito processual da decisão, deve também dar conta das sentenças intermediárias, sobretudo daquelas que mais se aproximam de uma declaração de inconstitucionalidade, se por ela não se expressarem, pois a força do precedente haveria de se abater sobre ela. Mas tanto nestes casos, como na declaração de constitucionalidade, a vinculação é *rebus sic stantibus*, sob pena da petrificação de todo o trabalho jurisprudencial, sepultando a indispensável dinâmica do processo constitucional. É curiosa a solução turca a esse respeito: no caso de declaração de constitucionalidade, nova ação só poderá ser ajuizada após dez anos da publicação do *decisum* declaratório (art. 152.4).

O legislador pode (Alemanha;[279] Namíbia – art. 81) ou não (Bulgária;[280] Itália;[281] Senegal – art. 92.2) ser deixado de fora dessa vinculação.[282] Mesmo nesse último caso, excluem-se os casos de vícios formais apenas. E nem sempre é fácil conciliar o princípio da divisão dos poderes, a cláusula *rebus sic stantibus*, a que nos referimos precedentemente, e a vinculação do legislador futu-

---

[278] BROX. *Zur Zulässigkeit der erneuten Überprüfung einer Norm durch das Bundesverfassungsgericht*, p. 826; BRASIL. RE n. 105. 012. Rel. Min. Néri da Silveira. *DJ* 1/7/1988.

[279] O tema é discutível na Alemanha. No sentido de que o legislador não pode reiterar a mesma norma: SCHÄFFER. *Alemania*, p. 72-73.

[280] BULGÁRIA. Corte Constitucional. Decisão n. 22/1995 KARAGIOZOVA-FINKOVA. *Bulgarie*, p. 50.

[281] ITÁLIA. Corte Constitucional. Sentença n. 77/1963; 545/1990; MODUGNO. *Ancora sui Controversi Rapporti tra Corte Costituzionale e Potere Legislativo*, p. 16.

[282] Em sentido contrário, sobre o Direito alemão, é a interpretação do Ministro Moreira Alves: ADInMC n. 864-RS. Rel. Min. Moreira Alves. *RTJ* v. 151, p. 416-323, 422.

ro. A dicção literal tanto da Constituição espanhola, no sentido de que as sentenças de inconstitucionalidade "têm plenos efeitos frente a todos" (art. 164.1), quanto da Lei Orgânica n. 2/1979 ("as sentenças proferidas em procedimentos de inconstitucionalidade terão valor de coisa julgada, vincularão todos os Poderes Públicos e produzirão efeitos gerais desde a data de sua publicação no 'Boletim Oficial do Estado'" – art. 38.1) não parecem deixar o legislador de fora. Todavia, a desatenção do legislador, diante de uma sentença de inconstitucionalidade, pode exigir nova manifestação do Tribunal. A Jurisprudência do TC até admite esse descumprimento, afirmando que a exceção de coisa julgada material não pode ser colocada como fundamento para impedir o trâmite de uma segunda questão, se se tratar de outra lei, ainda que os preceitos impugnados sejam idênticos aos anteriormente declarados inconstitucionais.[283] Não é incomum, também, a tentativa do legislador de se esquivar do alcance da decisão por meio da "constitucionalização da matéria", com "leis formalmente corretas, mas materialmente inconstitucionais", como ocorre na Áustria.[284]

Põe-se assim em relevo a necessidade de instrumentos processuais de garantia jurisdicional da decisão, embora surjam críticas de natureza dogmática à possibilidade de um comando proferido em processo objetivo, como é o caso da fiscalização abstrata de constitucionalidade, gerar efeitos que desafiem execução. Não será, portanto, menos problemática para o próprio respeito da competência do Tribunal a falta de previsão dessas garantias, como ocorre na Áustria, na Itália e em Portugal e nem terá sido por puro capricho dos seus ministros, que o Supremo Tribunal Federal modificou seu posicionamento em relação à possibilidade de reclamação, menos, claro, por rigor teórico do que por necessidade prática.

Uma nota ainda deve ser feita em relação à diferença entre eficácia *erga omnes*, reconhecida aos pronunciamentos em ação direta de inconstitucionalidade, e o efeito vinculante, inicialmente previsto apenas para as declaratórias de constitucionalidade, no Brasil. Aquela se impõe como uma eficácia geral da coisa julgada, inclusive para o Supremo Tribunal Federal, bloqueando a renovação proces-

---

[283] ESPANHA. Tribunal Constitucional. Sentença n. 6/191. REYES. *Derecho Constitucional*, p. 107.

[284] LOEBENSTEIN. *Nochmals: Von der Verfassungskultur zur Verfassungsunkulltur*, p. 363, citado por SCHÄFFER. *Austria*, p. 414.

sual da matéria, adstrita à nulificação por inconstitucionalidade ou à afirmação de validade da norma. Este, ainda sem os contornos precisos do direito alemão, pode ser visto, no caso de inconstitucionalidade, como mandado de revogação e anulação, de desfazimento da situação de inconstitucionalidade, direcionado aos órgãos do Poder Judiciário, excluído o Supremo Tribunal, e do Poder Executivo, alcançando os atos normativos, editados pelo Judiciário e pelo Executivo de igual conteúdo daquele que sofreu o controle. É preciso também anotar a evolução da jurisprudência do Supremo Tribunal, na linha precedentemente registrada, a extrair do efeito "erga omnes" da declaração de inconstitucionalidade em ação direta a impossibilidade dos tribunais e juízes inferiores continuarem a julgar em sentido contrário, sob pena de ajuizamento de reclamação perante o Tribunal; quando antes se tinha de esperar um possível recurso extraordinário para que a decisão proferida fosse, enfim, respeitada.

No controle de convencionalidade, a eficácia é apenas relativa e *inter partes*, não faltando, todavia, a censura ao Estado que deixa subsistir em seu direito interno dispositivos de norma de conteúdo semelhante aos que foram considerados "inconvencionais" em outro recurso e com outras partes.

Na "comunitariedade", as decisões interpretativas ou de invalidade dos atos comunitários, tomadas pela Corte de Justiça, apresentam efeitos gerais.[285]

## IV. *Projeção temporal da decisão*

Há dois modelos que podem ser distinguidos pela repercussão temporal dos efeitos da inconstitucionalidade: um, que podemos chamar de retrospectivo, em que a ablação da norma se projeta para o passado, via de regra, até o seu nascedouro; outro, denominado prospectivo, em que tais efeitos se orientam para o futuro. Em ambos os modelos, podemos encontrar uma diferenciação de acordo com o poder do tribunal da jurisdição para modular essa projeção. Por facilidade didática, chamaremos de sistema rígido aquele em que não é reconhecido ao tribunal esse poder, e de sistema flexível aquele em que esse poder, em maior ou menor grau, vem sendo a ele conferido. Assim, no modelo retrospectivo rígido, não cabe ao tribunal, na hipótese de declarar a inconstitucionalidade

---

[285] BOULOUIS. *Droit Institutionnel de l'Union Européene*, p. 315.

do ato impugnado, senão disparar os efeitos ablativos ou nulificantes retrospectivamente. É o que ocorre na Síria (art. 145.3); da mesma forma, no modelo prospectivo rígido, a ablação se projetará apenas para futuro, sendo exemplos a Bulgária (art. 151.2), o Equador (art. 278) e a Guatemala (art. 140 do Decreto-Lei n. 1/1986) no controle abstrato; e, na via de ação, o Uruguai, ainda que, diferentemente da opinião doutrinária dominante, a Corte se tenha pronunciado a favor da constitutividade da sentença, retroativa exclusivamente até o dia da demanda.[286] Embora não se possa falar propriamente de flexibilização dos efeitos das decisões, em alguns sistemas prospectivos, a rigidez vem temperada com a ressalva de sua excepcional e limitada aplicação retrospectiva. Assim ocorre na Nicarágua, onde, tanto em controle abstrato, quanto em controle concreto, se, neste caso, houver ratificação pela Corte Suprema de Justiça, opera-se a "inaplicabilidade" do ato normativo inconstitucional a partir da sentença, resguardando-se, de toda forma, os direitos adquiridos por terceiro em virtude desses atos.[287] Como pode vir excepcionada para situações particulares. Assim ocorre na Iugoslávia em relação à declaração de inconstitucionalidade de norma constitucional estadual, que só produz seus efeitos após seis meses (art. 130.1).

No sistema flexível, diferenciam-se as regras de modulação dos efeitos. No modelo prospectivo, as pronúncias podem ter efeitos *ex nunc*, imediatos (Bolívia – art. 123.2) embora possam vir a se projetar para o passado (Colômbia;[288] Itália – art. 30 da Lei Constitucional n.1/1948[289]) ou de acordo com a data determinada (Áustria – art. 140.5; Azerbaijão – art. 130.7; Bélgica – art. 8.º, Lei de 6/1/1989; Bielo-Rússia – art. 128.2 e 3; Eslovênia – art. 161.1; Grécia – art. 100.4; Hungria – Lei n. XXXII/1989; Iugoslá-

---

[286] URUGUAI. Tribunal Constitucional. Sentença n. 43/1992. Segundo *Gallicchio*, fora da via de ação, a Corte tem relativa autonomia para declarar os efeitos *ex nunc* ou *ex tunc* da sentença, de acordo com as peculiaridades do caso concreto: *Uruguay*, p. 371.

[287] TERÁN e CASTILLO. *Nicarágua*, p. 265. Deixamos de incluir o modelo adotado pela República eslovaca, que cria apenas o dever de "regularização" do ato normativo considerado inconstitucional pela Corte, no prazo de seis meses, sob pena de perda de eficácia (art. 132.1 da Constituição).

[288] MUÑOZ. *Colombia*, p. 79-80.

[289] Especificamente para o caso concreto que seja objeto do incidente de inconstitucionalidade, se for o caso. No controle abstrato, os efeitos serão apenas *ex nunc*: ZAGREBELSKY. *La Giustizia Costituzionale*, p. 263 et seq.

via – arts. 124.2 e 130.2;[290] México – art. 105.I da Constituição e art. 45 de sua Lei Regulamentar; Peru – Lei n. 26.435/1995; Polônia – art. 190.3; República Checa – art. 89.1 e Lei n. 182/1993; Turquia – art. 153.3), tanto para o futuro, quanto para o passado, como ocorre na Hungria, podendo ainda regular as conseqüências da inconstitucionalidade de certas e concretas relações jurídicas (Lei n. XXXII/1989)[291] e com o *Anlassfall* austríaco, sob apoio do artigo 140.7 da Constituição que atribui ao Tribunal a possibilidade de estabelecer "outra coisa" em relação aos efeitos temporais de suas sentenças. Normalmente se define um limite para essa projeção de efeitos. Assim, na Áustria, são seis meses para os regulamentos (art. 139.5), um ano para as leis (art. 140.5) e dois anos para os tratados (140a.1); na Polônia, até dezoito meses para as leis e doze meses para os outros atos normativos. No caso de lei orçamentária, a data será fixada pelo Tribunal, ouvido o Conselho de Ministros (art. 190.3). Um ano é o prazo máximo na Eslovênia (art. 161.1) e um ano também é o prazo na Turquia, devendo a Grande Assembléia Nacional dar prioridade a projetos de lei que disciplinem a matéria (art. 153.3 e 4).

Essa modulação de efeitos está freqüentemente associada com a proteção de alguma situação ou princípio constitucional. No México (art. 105.I e arts. 45 e 73 da sua Lei Regulamentar), ressalva-se dos efeitos das decisões proferidas no controle abstrato e nas "controvérsias judiciais" o respeito à coisa julgada, com a exceção da retroatividade da lei penal mais benigna. No Peru, a Constituição estabelece que as sentenças, proferidas em controle abstrato, não apresentam efeito retroativo (art. 204.2), todavia a Lei Orgânica do Tribunal Constitucional reconhece poderes ao Tribunal para definir os efeitos temporais de sua decisão, quando se tratar de inconstitucionalidade de normas tributárias, vedando, além do mais, a revivescência dos processos definitivamente julgados, salvo em matéria penal ou que tratem da limitação constitucional ao exercício do poder de tributar.[292] No Panamá, o artigo 2.564 do Código Judiciário veda efeitos retroativos às decisões na Corte Suprema de Justiça; todavia, como podem ser declarados inconstitucionais tan-

---

[290] Na hipótese de inconstitucionalidade de Constituição estadual é dado um prazo de seis meses para compatibilização da norma (art. 130.1).

[291] TRÓCSÁNYE. *Hongrie*, p. 85.

[292] YUPANQUI. *Peru*, p. 316-317.

to atos de caráter geral, quanto de caráter individual, é possível que algumas declarações de inconstitucionalidade de atos individuais gerem conseqüências retrospectivas.[293] Na Bélgica, admite-se a retroatividade em relação à coisa julgada penal que tenha tomado a lei inconstitucional como fundamento (art. 9.º, Lei de 6/1/1989). A mesma previsão existe na Romênia;[294] na Hungria se reconhece à Corte Constitucional o poder para disciplinar as conseqüências de uma inconstitucionalidade no quadro de certas relações jurídicas, desde que justificada em uma exigência do Estado de Direito ou no princípio da segurança jurídica;[295] na República Eslovaca, a inconstitucionalidade permite a revisão de condenações criminais definitivas embora não atinja a coisa julgada em matéria civil ou administrativa;[296] recordando-se a peculiaridade do sistema bielo-russo que admite efeitos retrospectivos para as hipóteses de violação de direitos fundamentais, deixando a fixação da data de início dos efeitos da inconstitucionalidade a critério da Corte Constitucional nos demais casos. O deferimento de efeitos retro-operantes, todavia, deve-se conter dentro de certos limites, para não violar a sua própria razão de ser.[297] Assim é que na Itália a inconstitucionalidade, proferida num incidente, só pode produzir efeitos retroativos em relação a situações e relações pendentes, não atingindo, até por não ser possível a instauração do processo, os casos de coisa julgada, de prescrição de direitos privados, decadência do exercício de um poder público e de preclusão processual.[298] A Corte Constitucional daquele país tem reconhecido também outras barreiras à retroatividade, tanto na declaração de inconstitucionalidade superveniente, referida não à alteração do parâmetro constitucional, mas à modificação das situações fáticas que transformem uma lei antes legítima constitucionalmente em um ato normativo inconstitucional, quanto na consideração de outros valores e interesses que demandam proteção. No primeiro caso, o efeito da inconstitucionalidade só começa a produzir-se a partir do instante em que essa modificação se tornou

---

[293] MONTENEGRO. *Panamá*, p. 287; MOLA. *La Jurisdicción Constitucional en Panamá*, p. 256.

[294] VASILESCU. *Rumania*, p. 151-153.

[295] TRÓCSÁNYE. *Hongrie*, p. 85.

[296] OGURCÁK. *République Slovaque*, p. 191-192.

[297] GARBAGNATI. *Sull'Efficacia delle Decisioni della Corte Costutizionale*, p. 423.

[298] ITÁLIA. Corte Constitucional. Sentença n. 501/1988; ZAGREBELSKY. *La Giustizia Costituzionale*, p. 267.

efetiva, não podendo, com essa limitação, ser aplicada no juízo *a quo* ou em nem nenhum dos processos pendentes.[299] No segundo caso, a Corte considera os efeitos negativos de sua decisão sobre outros valores ou interesses constitucionais, *v. g.*, elevação das despesas públicas, diferindo a eficácia de sua decisão de forma a reduzir ou eliminar tais efeitos.[300] Tem-se afirmado, todavia, que o legislador ordinário não pode modificar ou reduzir o rigor do princípio da retroatividade da declaração de inconstitucionalidade nesses casos, exceto na hipótese de sentença aditiva de princípio ou de sentença de acolhimento datada.[301] Particularmente destacado é o modelo da Namíbia em que o Tribunal não declara inválida a lei, mas confere um prazo para que o órgão responsável pela sua edição opere as correções nos desvios apontados, sem que se expresse a efetividade da decisão pelo seu descumprimento, bem ao contrário, admitindo a adoção pelo legislador de disposição análoga (art. 25.1, *a* e 81).

No modelo retrospectivo flexível, ao contrário, operam-se os efeitos *ex tunc*, com a possibilidade de limitação, em maior ou menor escala, da sua retroprojeção (Alemanha – art. 79.2 da LOTC; Brasil – art. 27 da Lei n. 9.868/1999;[302] Canadá;[303] Espanha – art. 40 da LOTC e Portugal – art. 282.2 e 4 da Constituição), desenhada já na experiência norte-americana da *prospective overruling*. Na Espanha, por exemplo, resguardam-se as sentenças judiciais protegidas pela coisa julgada, salvo se para beneficiar o réu ou argüido em processo penal ou contencioso administrativo, e as relações jurídicas extintas por caducidade ou prescrição ou por consunção dos fatos, na hipótese de serem material ou tecnicamente irreversíveis (art. 40.1, Lei Orgânica n. 2/1979)[304] ou ainda quando a reversão afetar direitos adquiridos de boa fé, como ocorre ainda que de for-

---

[299] ITÁLIA. Corte Constitucional. Sentença n. 501/1988 e 288/1994.

[300] ITÁLIA. Corte Constitucional. Sentença n. 266/1988 e 416/1992.

[301] ITÁLIA. Corte Constitucional. Sentença n. 139/1984. *Giurisprudenza Costituzionale*, 1984, p. 77; CERRI. *Corso di Giustizia Costituzionale*, p. 130.

[302] Esse dispositivo está sendo impugnado em sede de ação direta de inconstitucionalidade: ADIn n. 2.154-DF e ADIn n. 2.258-DF. Rel. Min. Sepúlveda Pertence, sob a alegação de que a matéria estaria sujeita à reserva de Constituição.

[303] *Reference re Manitoba Language Rights*. *The Supreme Court of Canada Review*, n. 2, p. 347, 1985.

[304] ESPANHA. Tribunal Constitucional. Sentença n. 45/1989.

ma errática em El Salvador.[305] Em Portugal, a Constituição salvaguarda dos efeitos retroativos da decisão proferida, em controle abstrato, a coisa julgada, salvo decisão em contrário do Tribunal em relação à matéria penal, disciplinar ou de ilícito de mera ordenação social, que seja de conteúdo menos favorável ao argüido (art. 282.3); ainda é permitido ao Tribunal restringir, naquela mesma modalidade de controle, os efeitos normais da declaração de inconstitucionalidade quando exigirem razões de segurança jurídica, eqüidade ou o interesse público de especial relevância, o qual deverá ser devidamente provado e fundamentado (art. 282.4). Pode, assim, emanar sentenças declarativas de inconstitucionalidade sem efeitos *ex tunc*, tendo como "limite absoluto" a publicação oficial da decisão, pois se considera incompatível com a idéia da declaração de inconstitucionalidade que uma norma continue a gerar efeitos após a publicação oficial de decisão.[306] Também são conhecidas as declarações de inconstitucionalidade parcial *ratione temporis*, nas quais se declara a inconstitucionalidade da aplicação de uma lei apenas em um determinado período de tempo. Disposições legais, de iniciativa parlamentar, que elevem as despesas públicas, violam a proibição constitucional de iniciativas legislativas de parlamentares que importem aumento dos gastos previstos no orçamento estatal em curso são inconstitucionais em relação somente à sua aplicação ao exercício em que apresentado, não para os posteriores (acórdãos n. 297/1986 e n. 317/1986). Há ainda o reconhecimento da inconstitucionalidade que aparece algum tempo depois da promulgação da lei por alterações de situações ou contextos.[307] Na Alemanha, onde também a nulidade se projeta *ex tunc*, é a Lei Orgânica da Corte Constitucional que trata de atenuar os efeitos da nulidade, de modo a também deixar de fora a coisa julgada (art. 79.2), exceto para as sentenças penais condenatórias transitadas em julgado com base na norma declarada inconstitucional (art. 79.2). Lembremos da possibilidade de declaração de inconstitucionalidade sem nulidade[308] e de algumas sentenças intemediárias que deixam para o futuro a incidência de seus efeitos, no primeiro caso, abrindo espaço para permanência de aplicação da "lei inconstitucional" ou "incompatí-

---

[305] TINNETTI. *El Salvador*, p. 182.

[306] CANOTILHO e MOREIRA. *Constituição da República Portuguesa Anotada*, p. 1042.

[307] ALMEIDA. *Portugal*, p. 231.

[308] ALEMANHA. Corte Constitucional Federal. *BVerfGE* 6, 246; 16, 94; 55, 100.

vel" (*Unvereinbarkeit*) ou daquela estabelecida pela Corte até que, geralmente dentro de um tempo prefixado, o legislador venha a aperfeiçoar a lei (*Nachbesserungspflicht*); ou, enfim, nos casos em que prenuncia futura manifestação de inconstitucionalidade.[309] É de lá que surgiu a expressão "*Prozess des Verfassungswidrigwerdens*" para qualificar a inconstitucionalização de normas que, na sua origem, eram legítimas constitucionalmente, mas que, por mudanças de contexto social ou econômico, tornaram-se inconstitucionais. Mesmo nesse modelo, podemos encontrar o deferimento relativamente amplo para a Corte graduar e dimensionar no espaço, no tempo e na matéria o efeito retroativo de seu pronunciamento, bem assim ditar as regras necessárias para evitar graves prejuízos à segurança, à justiça ou à paz.[310]

No Brasil, a jurisprudência do Supremo tem entendido, como regra, que em ação direta, a inconstitucionalidade da lei produz efeitos restrospectivos, de modo a alcançá-la em seu nascedouro.[311] Essa nulidade *ab initio* não decorre propriamente do meio processual usado, vale dizer, não é tributária da força do controle concentrado, mas da própria natureza da inconstitucionalidade, ainda que, na hipótese de seu pronunciamento incidental, seja tecnicamente mais correto falar de inaplicabilidade do que nulidade, em face do alcance restrito ao caso concreto.[312] Em votos vencidos já se assanhava, no entanto, uma doutrina geral de mitigação desses efeitos, atentos às peculiaridades dos casos e às lições do direito comparado,[313] e que, em alguns momentos, a tese terminou por triunfar pelo

---

[309] ALEMANHA. Corte Constitucional Federal. *BVerfGE* 7, 282; 25, 167.

[310] VALLE. *Costa Rica*, p. 101.

[311] BRASIL. Supremo Tribunal Federal. Pleno. Rp n. 971-RJ. Rel. Min. Djaci Falcão. *RTJ* v. 87, t. 3, p. 758-768.

[312] "Lei anulada por inconstitucionalidade. Efeitos *ex tunc*." RE n. 49.735. Rel. Min. Pedro Chaves. *RTJ* v. 37, t. 2, p. 165.

[313] Confira, por exemplo, o voto do Ministro Maurício Corrêa, que se mostrara sensível aos problemas que adviriam dos efeitos retrooperantes da declaração de inconstitucionalidade de lei previdenciária: "Creio não constituir-se afronta ao ordenamento constitucional exercer a Corte política judicial de conveniência, se viesse a adotar sistemática, caso por caso, para aplicação de quais os efeitos que deveriam ser impostos, quando, como nesta hipótese, defluísse situação tal a refomendar, na salvaguarda dos superiores interesses do Estado e em razão da calamidade dos cofres da Previdência Social, se buscasse o *dis a quo*, para a eficácia dos efeitos da declaração de inconstitucionalidade, a data do deferimento cautelar." ADIn n. 1.116-DF. Rel. Min. Maurício Corrêa. *RTJ* v. 160, t. 3, p. 798-805, 805.

império inelutável dos fatos consolidados ou pela exigência premente do primado da justiça; como inspira e requer a "tutela da boa-fé" – o estabelecimento de relações entre o particular e o poder público manda que se apure

> "prudencialmente até que ponto a retroatividade da decisão, que decreta a inconstitucionalidade, pode atingir, prejudicando-o, o agente que teve por legítimo o ato e, fundado nele, operou na presunção de que estava procedendo sob o amparo do direito objetivo".[314]

Na ADIn n. 513-DF, o Tribunal houve de reconhecer que situações anormais que possam advir da simples declaração de nulidade do ato inconstitucional exigem uma atenuação ou mesmo supressão de seus efeitos próprios, inclusive retrospectivos. Tais situações se revelariam na ameaça iminente da solvência do Tesouro, na continuidade dos serviços públicos, na geração de lacuna jurídica gravosa ao equilíbrio do sistema normativo (*bedrohliche Rechtslucke*) ou a algum outro bem política ou socialmente relevante.[315] Esse enunciado de princípios, embora tenha importado uma certa evolução na doutrina de inconstitucionalidade da Corte, não conheceu aplicação prática, a não ser, de modo esporádico, nas decisões sobre a medida cautelar de suspensão da eficácia de dispositivo de norma. Permanecia sobranceira a tese oposta:

> "A declaração de inconstitucionalidade de uma lei alcança, inclusive, os atos pretéritos com base nela praticados, eis que o reconhecimento desse supremo vício jurídico, que inquina de total nulidade os atos emanados do Poder Público, desampara as situações constituídas sob sua égide e inibe – ante a sua inaptidão para produzir efeitos jurídicos válidos – a possibilidade de invocação de qualquer direito. A declaração de inconstitucionalidade em tese encerra um juízo de exclusão."[316]

---

[314] BRASIL. Supremo Tribunal Federal. 2.ª Turma. RE n. 79.343-BA. Rel. Min. Leitão de Abreu. *RTJ* v. 82, t. 3, p. 791-796, 793.

[315] BRASIL. Supremo Tribunal Federal. Pleno. ADIn n. 513-DF. Rel. Min. Célio Borja. *RTJ* v. 141, t. 3, p. 739; cf. *RTJ* v. 55, p. 744; *RTJ* v. 71, p. 570; *RTJ* v. 82, p. 795.

[316] BRASIL. Supremo Tribunal Federal. Pleno. ADIn (QO) n. 652 – Rel. Min. Celso de Mello. *RTJ* v. 146, t. 2, p. 461-467.

A Lei n. 9.868/1999 deu poderes à maioria de dois terços dos membros do Supremo para restringir os efeitos da declaração de inconstitucionalidade ou decidir que ela só tenha eficácia a partir de seu trânsito em julgado ou de outro momento que venha a ser fixado, sob fundamento de segurança jurídica ou de excepcional interesse social (art. 27). As dúvidas sobre a legitimidade constitucional dessa norma, tanto de natureza formal (invasão de reserva de Constituição ou de regimento), quanto material (desprestígio do princípio da supremacia constitucional) são impressionantes. Mas há quem pense de maneira diferente. As fronteiras de uma reserva de Constituição ou de regimento seriam, no Brasil, demasiadamente imprecisas e não haveria razão suficiente para as ressalvas da ilegitimidade material. Para *Zagrebelsky*, por exemplo, a continuidade ordenada no tempo seria um aspecto diacrônico da exigência de coerência do sistema jurídico e da racionalidade da lei, demandando formas de equilíbrio e de coordenação entre a atividade de expulsão das normas inconstitucionais *tour court* e a necessidade de preservação do próprio direito contra os riscos de descontinuidade normativa e de insegurança jurídica.[317] *Weber*, por seu turno, fala de conciliação entre interesses ou valores constitucionais concorrentes com a declaração de inconstitucionalidade ablativa, recusando, por isso mesmo, a tese de "flexibilização da supremacia constitucional".[318]

Independente desse poder expresso de modular os efeitos da inconstitucionalidade, o Supremo Tribunal já vinha, para além dos casos anunciados, considerando formas de diferentes impactos do tempo sobre o fenômeno da inconstitucionalização. Em uma oportunidade pelo menos se valeu do *Prozess des Verfassungswidrigwerdens*: o julgamento da liminar na ADIn n. 1.504-RS, que tinha por objeto leis criadoras de diversos municípios gaúchos. Tais leis previam, em conformidade com o artigo 29, III, da Constituição Federal, que os novos municípios se instalariam em 1.º de janeiro de 1997, partindo da premissa de que os prefeitos, vice-prefeitos e vereadores seriam eleitos no pleito de 1996. Todavia, isso não veio a ocorrer em decorrência de decisão do Tribunal Regional Eleitoral daquele Estado, que terminou por vir a ser reformada pelo Tribunal Superior Eleitoral só que a destempo para ultimação de providências necessárias à sua realização. Considerou-se assim que essa previ-

---

[317] ZAGREBELSKY. *La Giustizia Costituzionale*, p. 307.

[318] WEBER. *Alemania*, p. 83.

são legal passou a ser inconstitucional a partir do momento em que não fora possível a eleição daquele ano. Deve ser lembrada, por igual, a declaração de constitucionalidade *ratione temporis* em matéria orçamentária. E, enfim, merece destaque o impacto da resolução do Senado Federal que suspende a vigência da lei julgada inconstitucional pelo Supremo, em controle incidental, pois, sem embargo das posições favoráveis à eficácia *ex nunc*,[319] tem se assanhado orientação contrária, do efeito retrospectivo.[320]

No âmbito do controle "da comunitariedade", semelhantemente é reconhecido à Corte de Justiça um relativo poder para disciplinar os efeitos de suas decisões interpretativas ou de invalidade, podendo, inclusive, dispor sobre o direito que provisoriamente deva regrar as relações que ficarem sem uma disciplina normativa, em face da declaração de invalidade ou da restrição do âmbito de incidência do ato normativo.[321]

## V. As decisões negativas de inconstitucionalidade

Nas ações de inconstitucionalidade, a improcedência do pedido pode gerar o efeito de uma verdadeira declaração de constitucionalidade, oponível a todos, como na Áustria;[322] na Bélgica – art. 9.2, Lei de 6/1/1989; no Brasil – art. 24, Lei n. 9.868/1999; na Bulgária – Lei de 30/6/1991; em El Salvador;[323] na Hungria (Lei n. XXXII/1989); detendo força de lei, como na Alemanha (art. 31.2), ninguém podendo colocar mais em dúvida, no processo constitucional, a

---

[319] CAVALCANTI. *Do Contrôle da Constitucionalidade*, p. 164; BUZAID. *Da Ação Direta de Declaração de Inconstitucionalidade*, p. 132; BITTENCOURT. *O Controle Jurisdicional da Constitucionalidade das Leis*, p. 136; ARANHA BANDEIRA DE MELLO. *Teoria das Constituições Rígidas*, p. 211; PONTES DE MIRANDA. *Comentários à Constituição de 1967 com a Emenda n. 1 de 1969*, III, p. 621; SILVA. *Curso de Direito Constitucional Positivo*, p. 54; NOGUEIRA DA SILVA. *A Evolução do Controle de Constitucionalidade e a Competência do Senado Federal*, p. 88.

[320] FERREIRA FILHO. *Comentários à Constituição Brasileira de 1988*, 2, p. 42; MENDES. *Controle de Constitucionalidade*, p. 211 et seq. Cf., a esse propósito, 3.ª Turma. RMS n. 17.976-SP. Rel. Min. Amaral Santos. *RTJ* v. 55, t. 3, p. 744.

[321] BOULOUIS. *Droit Institutionnel de l'Union Européene*, p. 316.

[322] SCHÄFFER. *Austria*, p. 33. Todavia, como não se declara a inexistência de objeções relativas à norma em todos os sentidos, é sempre possível "que una parte de una ley que ya há sido objeto de control vulva a ser impugnada desde una perspectiva distinta. A ello no se puede oponer la excepción procesal de la *res iudicata*" (p. 33).

[323] TINETTI. *El Salvador*, p. 182.

validade da norma (coisa julgada com eficácia geral);[324] a menos que se operem profundas mudanças das circunstâncias fáticas ou alteração das concepções constitucionais dominantes (coisa julgada com eficácia geral *rebus sic stantibus*); ou produzir tão-somente coisa julgada formal, não precluindo questionamentos futuros (Costa Rica,[325] Itália,[326] Portugal[327]). Na Espanha, o artigo 164.1 atribui força de coisa julgada a todas as decisões do Tribunal, com o reforço do artigo 38.1 da Lei Orgânica n. 2/1979 de vinculação a todos os poderes públicos. O parágrafo segundo deste dispositivo traz uma norma especial, ao prever que "as sentenças de improcedências (desestimatorias) ditadas em recursos de inconstitucionalidade impedirão qualquer ajuizamento ulterior da questão na mesma via, fundado em infração de idêntico preceito constitucional". Vale dizer, poderá ser recolocada perante o Tribunal por outro instrumento processual, por exemplo, uma "questão de inconstitucionalidade". Da mesma forma, uma reafirmação da constitucionalidade, no âmbito de uma questão incidental, não impede que haja novo questionamento futuro.[328]

Na Itália, há também uma tipologia de sentenças de rejeição da inconstitucionalidade postulada: a) decisão de rito: pode conter um conteúdo decisório, assim as decisões de inadmissibilidade declarando que o ato impugnado não possui força de lei, que a autoridade remetente não é um juiz, que carece de um parâmetro válido para o juízo de legitimidade constitucional; que a questão adentra a um exame da "política legislativa" ou revela sobranceiramente um caráter político ou não decisório, de caráter interlocutório, expressa em ordenança, como a de restituição dos atos ao juiz *a quo* para reexame do requisito da relevância;[329] b) decisões de mérito: declara não fundada a dúvida de legitimidade constitucional levantada, sem, contudo, afirmar a "constitucionalidade" da norma impugna-

---

[324] Embora parte da doutrina entenda que apenas a declaração de inconstitucionalidade gera efeito geral: VOGEL. *Rechtskraft und Gesetzeskraft der Entscheidungen des Bundesverfassugsgerichts*, p. 613-614.

[325] VALLE. *Costa Rica*, p. 101-102.

[326] MODUGNO. *Ancora sui Controversi Rapporti tra Corte Costituzionale e Potere Legislativo*, p. 16; CERRI. *Corso de Giustizia Costitucionale*, p. 134 et seq.

[327] PORTUGAL. Tribunal Constitucional. Sentença n. 85/1985; cf. ALMEIDA. *Portugal*, p. 245.

[328] ESPANHA. Tribunal Constitucional. Sentença n. 20/1988; PUERTO. *Jurisdicción Constitucional y Procesos Constitucionales*, I, p. 226.

[329] SORRENTINO. *Lezioni sulla Giustizia Costituzionale*, p. 62.

da, por meio de uma "decisão corretiva": quando a interpretação da lei dada pelo juiz *a quo* resulte implausível; de uma "decisão adequadora", quando interpreta diversamente a norma da lei ordinária em face dos princípios constitucionais e de uma "decisão interpretativa de rejeição": a Corte declara não fundada a questão, porque a disposição impugnada, interpretada de forma diversa daquela pretendida, não merece a censura de ilegitimidade constitucional, assumindo uma relevância formal ao dispositivo, sob uma fórmula do tipo "declara infundada a questão no sentido e limites constantes da motivação".[330] Há de se pontuar, no caso norte-americano, que as decisões da Suprema Corte nem sempre apresentam a força vinculante do precedente; é o que ocorre com a recusa do *certiorari*. No entanto, a denegação de uma apelação produz, na prática, efeitos gerais vinculantes.[331]

---

[330] CERRI. *Corso di Giustizia Costituzionale*, p. 111 et seq.
[331] CHEMERINSKY. *Federal Jurisdiction*, p. 505-506.

# SEGUNDA PARTE

# DEFININDO OS SEUS LIMITES: A DOUTRINA DOS ESPAÇOS VAZIOS DE JURISDIÇÃO

# OS ESPAÇOS JURISDICIONAIS VAZIOS

A definição de espaços jurisdicionais vazios não é tarefa das mais fáceis, sobretudo se considerarmos a crescente tendência de controle judicial em todo o mundo e em campo antes reservado apenas aos atores políticos, nomeadamente ao Executivo e ao Legislativo. Em regra, esse trabalho de definição vem associado a argumentos que sustentam uma delimitação constitucional de competências, inspirada pelo princípio da separação de poderes, além de outros, já examinados anteriormente, que se destacam, sobretudo, no assinalamento do caráter antidemocrático do Poder Judiciário e no melhor preparo das instâncias políticas para enfrentamento das questões que são alçadas, normalmente, àqueles espaços.

Ao lado da variação de perspectiva no tempo, há ainda a variável espacial, que impede ou, ao menos, dificulta uma consideração global do que se possa, em uma certa época, definir como "não jurisdicionável", ainda que sejam, praticamente, as mesmas questões que se enfrentem tanto no Brasil como nos Estados Unidos ou na Itália. A delimitação, portanto, só tem sentido se marcada no tempo e no espaço, a menos que se pretenda apenas uma visão comparada e pontualmente generalizante. Num primeiro esforço de síntese, podemos vislumbrar três soluções positivas para o problema: uma constitucional, outra, legal e, enfim, uma outra jurisprudencial. Pela primeira, o próprio constituinte trata de excluir expressamente do âmbito judicial certos temas. Na Irlanda, por exemplo, o artigo 45 (0) dispõe que "os princípios [constitucionais] de política social são estabelecidos como diretrizes para o Parlamento. A aplicação desses princípios na aprovação das leis é de competência exclusiva do Parlamento, não podendo ser conhecidos por qualquer Corte (...)". A parte IV da Constituição da Índia segue o mesmo sentido. A Constituição brasileira de 1934, em seu artigo 68, vedava ao Judiciário "conhecer de questões exclusivamente políticas". A proibição também era prevista pelo artigo 94 da Carta de 1937. O legislador, em regra, autorizado pelo constituinte ou nas vestes de um poder de fato, pode também excluir a jurisdição sobre certas matérias.[1] A delimitação jurisprudencial do conceito de "questão não jurisdicionável" ou a autodemarcação da competência jurisdicional domina, contudo, no cenário mundial.

É o que resumidamente pretendemos fazer, considerando os sistemas latino-americanos (I), norte-americano (II), europeu (III) e, destacadamente, o brasileiro (IV).

---

[1] Sobretudo em regimes autoritários, a exclusão de jurisdição pode ser prevista em atos de exceções, como os nossos AIs ou por simples lei ordinária. Assim, a Lei peruana n. 26.492 tornou "não revisável em sede judicial" a lei de anistia dos membros das Forças Armadas, policiais ou civis envolvidos em violação dos direitos humanos.

# Capítulo I
# SISTEMAS LATINO-AMERICANOS

A nossa análise se resumirá à Argentina (I), ao México e à Venezuela (II).

## SEÇÃO I
## A CORTE SUPREMA DA NAÇÃO ARGENTINA

Na Argentina, tem-se procurado usar como critério definidor da competência judicial a existência de violação de algum direito fundamental ou de excesso da competência constitucionalmente deferida, muito embora a jurisprudência da Corte Suprema de Justiça não seja muito coerente a esse respeito.[1] De uma forma geral, estão fora do controle jurisdicional, sob o argumento de "cuestiones políticas o no justiciables": a) competências constitucionais privativas: (i) do Congresso – a legalidade ou ilegalidade de sua composição, eleições, direitos e títulos de seus membros;[2] limites da revisão constitu-

---

[1] LAVIÉ. *Derecho Constitucional*, p. 483 e 505.
[2] ARGENTINA. Corte Suprema. *Caso Sojo. Fallos* 32: 120, *Caso Varela. Fallos* 23: 266.

cional,³ a declaração de "utilidade pública" de um bem para fins expropriatórios,⁴ pressupostos de intervenção federal,⁵ declaração de vacância dos cargos de Presidente e Vice-Presidente da Nação.⁶ Inclui-se aí a competência recursal da Corte Suprema. Também já firmou a jurisprudência de que não competiria à Corte examinar a interpretação que as Câmaras do Congresso haviam dado ao dispositivo constitucional que trata do processo legislativo,⁷ a menos que existisse dúvida sobre a promulgação parcial de uma lei, causada por um veto presidencial que alterasse a unidade do projeto sancionado;⁸ (ii) do Executivo – poderes militares, necessidade da guerra, os meios escolhidos e sua oportunidade,⁹ a celebração da paz, a concessão de indulto, a comutação de penas, acordos de concessões de privilégios para fomentar a construção de ferrovias, nomeações e remoções de empregados da administração, organização do exército, imposição de sanções disciplinares aos militares, a expulsão de estrangeiros, além dos atos gerais das relações internacionais, como o reconhecimento de governos estrangeiros; e (iii) do Executivo e Legislativo – a declaração do estado de sítio ou de guerra interna.¹⁰ São lembrados ainda a declaração de emergência para determinação de alguns impostos federais, a criação de recursos e o seu destino, a outorga de pensões; b) questões federativas – compatibilidade das instituições provinciais com a forma republicana de governo, com a divisão de poderes e delegação,¹¹ o exercício do Poder Constituinte estadual,¹² envolvendo ainda os conflitos em torno de limites interprovinciais e a organização do regime municipal da Capital Federal.

De se notar que esse rol de matérias não exclui a intervenção dos juízes em relação aos atos concretos de aplicação, não apenas

---

[3] ARGENTINA. Corte Suprema. *Soria de Gerrero* c. *Bodega y Viñedo Pulenta Hunos*. *Fallos* 256: 556.

[4] ARGENTINA. Corte Suprema. *Fallos* 4: 311.

[5] ARGENTINA. Corte Suprema. *Cullen* c. *Llerena. Fallos*, 53: 420, 1893.

[6] ARGENTINA. Corte Suprema. *Fallos* 252: 178.

[7] ARGENTINA. Corte Suprema. *Cullen* c. *Llerena. Fallos*, 53: 420, 1893; *Caso Petrus*. *L.L.* 51-27.

[8] ARGENTINA. Corte Suprema. *Caso Colella. Fallos*, 268: 352.

[9] ARGENTINA. Corte Suprema. *Fallos* 211: 162.

[10] ARGENTINA. Corte Suprema. *Fallos* 223: 206; 243: 504.

[11] ARGENTINA. Corte Suprema. *Antonio Cortés* c. *Anrés Prado. Fallos* 187: 79.

[12] ARGENTINA. Corte Suprema. *Siganevich, Pablo, s/ infracción a la ley 2313 de Santa Fe. Fallos* 177: 390.

quanto à competência de atuação, mas sobretudo levando em conta a "causalidade" e a "razoabilidade" de tais atos em face dos fins visados pelas disposições constitucionais que os autorizam, especialmente se considerada a exigência de "casos" ou "causas" que denunciem violação dos direitos individuais. Essa é uma posição apregoada por segmentos expressivos da doutrina,[13] que encontra, na Corte Suprema, apoios ocasionais. Quatro exemplos denotam com sobras esse apoio cambiante. Primeiro, o da declaração de utilidade pública para fins de expropriação; após uma posição inicial que excluía toda intervenção judicial no processo declaratório,[14] a Corte passou a revisá-lo desde que, em virtude da expropriação, prejudicasse o proprietário para beneficiar um terceiro, ainda que pessoa jurídica de direito público.[15] Em relação ao estado de sítio, os juízes não analisam se os fatos pressupostos para sua declaração ocorreram na realidade,[16] no entanto, admitem o controle da aplicação concreta dos poderes de exceção do Presidente sobre todos,[17] envolvendo inclusive a razoabilidade da prisão das pessoas;[18] e da denegação da autorização para sair do país.[19] É também merecedora de registro a declaração de legitimidade das diversas rupturas constitucionais e dos governos de fato.[20] Nesse mesmo sentido, a Corte Suprema demorou a admitir a sua competência para conhecer das questões eleitorais, em que pese a incorporação da "Justiça Eleitoral" no âmbito do Judiciário já em 1963.[21] Embora houvesse

---

[13] VANOSSI. *Teoría Constitucional*, II, p. 153 et seq., 162-163, 204, pregando apenas o controle dos efeitos materiais do ato, contra a interpretação mais ampla, de Bidart Campos, a autorizar a revisão judicial dos próprios requisitos – ou do juízo de seus reconhecimentos – ensejadores dos atos políticos (p. 204).

[14] ARGENTINA. Corte Suprema. *Ferrocarril Central Argentino (Caso Hué)*. *Fallos* 4: 311, 1867.

[15] ARGENTINA. Corte Suprema. *Municipalidad de Buenos Aires c. Elortondo*. *Fallos* 33: 162, 1888; *Caso Ferrario*. *Fallos* 251: 246, 1958.

[16] ARGENTINA. Corte Suprema. *Paz, Francisco c. Estado nacional*. L.L. 1990-A, p. 452.

[17] ARGENTINA. Corte Suprema. *Caso Sofía*. *Fallos* 243: 504.

[18] ARGENTINA. Corte Suprema. *Caso Zamorano*. L.L. 1978-A, p. 472.

[19] ARGENTINA. Corte Suprema. *Caso Moya*. L.L. 1981-C, p. 108.

[20] ARGENTINA. Corte Suprema. *Fallos* 158: 290; 196: 5; 252: 8.

[21] "Llevado tal avance de la magistratura al campo político-electoral, la politización de la función judicial que trae aparejada la decisión por aquélla de puntos esencialmente injusticiables, puede engendrar, además, una grave desviación de la justicia." *Fallos*, 1965, 263-267; VANOSSI. *Teoría Constitucional*, II, p. 153 et seq., 162-163.

precedentes que excepcionavam a exclusão, como as causas sobre penas por infrações eleitorais[22] e sobre distritos eleitorais,[23] mas recentemente é que se deu a viragem definitiva de orientação. Assim, no caso "UCR-CFI-FREJUPO", terminou-se por conhecer a sua competência de revisão das decisões dos tribunais eleitorais,[24] pronunciando-se, no caso "Nicosia", também sobre a constitucionalidade do procedimento seguido em processo eleitoral, por ter a parte invocado violação ao devido processo.[25] Lembremos, finalmente, que não podem os juízes realizar a análise da eficácia dos meios definidos pelos poderes políticos para alcançar determinados fins, limitando-se apenas a decidir sobre a razoabilidade das restrições que aportam sobre a esfera privada: "A regulamentação deve ser razoável e não infundada ou arbitrária e a análise da eficácia dos meios eleitos para alcançar tais fins é alheia à competência do Poder Judicial."[26]

Em matéria administrativa, tanto quanto legislativa, vigora o respeito à discricionariedade ou ao juízo de conveniência e oportunidade deferidos, nos seus respectivos campos, ao legislador e ao administrador; assim já se decidiu que a declaração de nulidade de um concurso de professores de uma universidade pública importaria "substituição de seu critério de conveniência e eficácia pelo dos juízes, violando o princípio de divisão dos poderes do Estado".[27] Em outra ocasião, cassou a decisão de um tribunal inferior que, por reputar excessiva, havia invalidado uma sanção de prisão: "A sentença apelada se sustenta parcialmente em considerações de política legislativa alheias à tarefa judicial (...). A determinação por um juiz de métodos mais eficazes ou convenientes em lugar dos já existentes importa uma clara intromissão no âmbito de outros ra-

---

[22] ARGENTINA. Corte Suprema. *Juan Lagraña y otros s/ infracción a la ley electoral de 1870. Fallos* 9: 314.

[23] ARGENTINA. Corte Suprema. *Fallos* 147: 286.

[24] ARGENTINA. Corte Suprema. *L.L.* 1990-B, p. 18.

[25] ARGENTINA. Corte Suprema. *CS*, dezembro 9-993; cf. *Caso Berenstein. Fallos*, 1963, 257-105.

[26] ARGENTINA. Corte Suprema. *Corporación Vitícola, Industrial y Comercial, Cavic. L.L.* 139-527.

[27] ARGENTINA. Corte Suprema. *Orías c/ Universidad Nacional de Río Cuarto. L.L.*, 1994-C-237.

mos do governo com sério menosprezo à divisão de funções exigida pelo regime republicano."[28]

# SEÇÃO II
# AS SUPREMAS CORTES DE JUSTIÇA DO MÉXICO E DA VENEZUELA

A análise do sistema mexicano (1) aponta para uma direção oposta a que trilha a Corte Suprema de Justiça da Venezuela (2).

### § 1. SUPREMA CORTE DE JUSTIÇA MEXICANA

No México, a Suprema Corte de Justiça se tem declarado incompetente para conhecer ou controlar os atos políticos, embora pontualmente e por razões de conveniência tenha enfrentado alguns deles.[29] Até 1977, ela não conhecia as questões eleitorais, por exemplo, mesmo quando envolvessem a violação do voto público, passando desde então, e por força da criação de um recurso de reclamação contra as resoluções do Colégio Eleitoral da Câmara dos Deputados, a emitir uma opinião que poderá, ou não, ser ratificada por aquela Casa Legislativa.[30]

### § 2. CORTE SUPREMA DE JUSTIÇA VENEZUELANA

Na Venezuela, sustentava-se que os atos de natureza política não estavam imunes ao controle da Corte Suprema de Justiça, no âmbito da fiscalização de constitucionalidade.[31] Essa amplitude de jurisdição pode ter contribuído para a fraqueza do sistema venezuelano!

---

[28] ARGENTINA. Corte Suprema. *Buombicci. L.L.* 1994-A-341.
[29] AVELAR. *La Suprema Corte y la Política*, p. 28-29, 155 et seq.
[30] CARPIZO. *Estudios Constitucionales*, p. 553.
[31] CARÍAS. *La Defensa de la Constitución*, p. 155 et seq.

# Capítulo II
# SISTEMA
# NORTE-AMERICANO

O artigo III da Constituição estadunidense estabelece duas ordens de delimitação à competência da Justiça Federal. A primeira, ao limitar sua jurisdição aos casos que envolvam certas matérias ou sujeitos. Ao lado das competências originárias da Suprema Corte nos feitos relativos a embaixadores, outros ministros, cônsules e naqueles em que um Estado for parte, esse artigo prevê que, para as demais causas mencionadas, o legislador defina a competência dos tribunais inferiores, bem como as hipóteses de apelação para aquela Corte Suprema.

Uma segunda ordem de limitação é vista no uso das expressões *cases* e *controversies*. O significado dessas expressões termina repercutindo na dimensão daquelas competências, como bem observara a própria Corte Suprema:

> "Nas palavras 'cases' e 'controversies' estão duas limitações que, embora distintas, são complementares. Em parte, essas duas palavras limitam o trabalho das cortes federais a questões que se apresentam como um conflito de interesses e em uma forma historicamente reconhecida como capaz de ser resolvida em um processo judicial. E, em parte, essas palavras definem o papel assinalado ao Judiciário na divisão tripartida de poderes para assegurar que aquelas cortes federais não invadam áreas afetas aos outros ramos do governo. Judicialidade (*Justiciability*) é o termo empregado para

dar expressão a essa dual limitação imposta às cortes federais pela doutrina do *case-and-controversy*."[1]

Essa "judicialidade" exige, portanto, que se verifique "uma real e substantiva controvérsia que inequivocamente reclame uma adjudicação dos direitos reclamados".[2] No exercício dessa verificação, a jurisprudência vem construindo diversos modelos teóricos que se impõem como "testes de judicialidade". São eles: a) *doctrine of standing*: o pedido formulado deve revelar um conflito de interesses ou indicar que o autor sofreu uma lesão ou prejuízo que demanda uma atuação judicial corretiva;[3] b) *doctrine of no advisory opinions*: as cortes não podem ser usadas com a finalidade consultiva de quem expede um parecer ou uma opinião sobre um determinado assunto;[4] c) *doctrine of ripeness*: os conflitos levados à decisão devem existir de fato, não podendo ser produto de mera especulação ou de expectativas contingenciais;[5] d) *doctrine of mootness*: além do mais, esses conflitos devem ser atuais e, ainda que remontem a fatos

---

[1] ESTADOS UNIDOS. Suprema Corte. *Flast* v. *Cohen*, 392 U.S. 83, 94-95 (1968).

[2] ESTADOS UNIDOS. Suprema Corte. *Poe* v. *Ullmann*, 357 U.S. 497, 509 (1961): voto do Juiz Brennan.

[3] "[Standing primary focus is] on the party seeking to get his complaint before a federal court, [and only secondarily] on the issues he wishes to have adjudicated": *Flast* v. *Cohen*, 392 U.S. 83, 99 (1968). A Suprema Corte, em *Valley Forge Christian College* v. *Americans United for Separation of Church and State*, 454 U.S. 464, 472 (1982), reuniu as condições mínimas para o exercício de um direito de ação, segundo a *doctrine of standing*: (1) "that [the litigant] personally has suffered some actual or threatened injury as a result of the putatively illegal conduct of the defendant" (*injury in fact*); (2) "that the injury 'fairly can be traced to the challenged action'" (*causation*); (3) "that the injury "is likely to be redressed by a favorable decision" (*redressabily*): TRIBE. *American Constitutional Law*, p. 108.

[4] "[Courts] not give opinions in the nature of advice concerning legislative [or executive] action": *Muskrat* v. *United States*, 219 U.S. 346, 362 (1911). A doutrina tem raiz na resposta que deu o *Chief Justice* Jay ao Presidente Jefferson sobre o poder de o Executivo firmar tratados internationais.

[5] "The question of ripeness turns on 'the fitness of the issues for judicial decision' and 'the hardship of the parties of withholding court consideration'": *Pacific Gas & Elec.Co.* v. *State Energy Resources Conservation and Development Comm'n*, 461 U.S. 190, 201, (1983); "ripeness is peculiarly a question of timing": *Regional Rail Reoganization Act cases*, 419 U.S. 102, 140 (1974); "its basic rationale is to prevent the courts, through premature adjudication from entangling themselves in abstract disagreements": *Abbot Laboratories* v. *Gardner*, 387 U.S. 136, 148 (1967).

ocorridos no passado, não podem ter perdido a sua atualidade de demandar pronta e útil resposta judicial;[6] e, por fim, e) *doctrine of political question*: os conflitos ou disputas não podem versar sobre temas que estejam afetos à competência de outros ramos de Poder. Esta última doutrina é que, pelos objetivos do trabalho, será enfocada nesse tópico.

A análise dos precedentes da Corte não permite que se apresente um conceito exato do que seja questão política, sendo necessário que se recorra a uma tipologia ou à descrição dos elementos factuais de cada caso em que se lhe imputou a natureza política. Num esforço de síntese, além das hipóteses de atribuição de competência expressa e exclusiva de resolução da matéria a um outro órgão ou Poder Constitucional (*contitutional commitment*) e da inexistência de parâmetro jurídico para solução do problema (*no judicially manageable standards*),[7] outros elementos ou aspectos podem revelar a presença de uma questão política; assim, quando a decisão judicial não puder ser decidida sem que implique a adoção de uma política legislativa determinada ou do exame de sua discricionariedade; ou quando desrespeitar a necessária independência de outros ramos do Governo; ou quando se estiver diante de uma "inusitada necessidade de adesão inquestionável a uma decisão política já tomada"; ou quando seja provável que a decisão judicial leve a dificuldades, "diante de uma diversidade de posicionamentos ou de soluções dos outros poderes sobre uma mesma questão".[8] Esses diferentes elementos ou aspectos da *political question* não são dissociados uns dos outros. A falta de parâmetro jurídico pode reforçar, por exemplo, a conclusão de que existe uma atribuição de competência exclusiva e expressa a um ramo de Governo. Além do mais, pode-se extrair um denominador comum de todos esses casos na preocupação básica de respeito ao princípio da separação de poderes, que inspira aos juízes da Corte uma atitude prudente de não fazer "interferência indevida nos assuntos de outros ramos do Governo".[9] Ou, como assinalou *Tribe*,

---

[6] "The requisite personal interest that must exist at the commencement of the litigation (standing) must continue throughout its existence (mootness)": *United States Parole Comm'n* v. *Geraghty*, 445 U.S. 388, 397 (1980).

[7] ESTADOS UNIDOS. Suprema Corte. *Baker* v. *Carr*, 369 U.S. 186, 217 (1962).

[8] ESTADOS UNIDOS. Suprema Corte. *Baker* v.*Carr*, 369 U.S. 186, 217 (1962).

[9] ESTADOS UNIDOS. Suprema Corte. *United States* v. *Muñoz-Flores*, 495 U.S. 385, 394 (1990); *Goldwater* v. *Carter*, 444 U.S. 996, 1.000 (1979).

essa doutrina reflete uma mistura de interpretação constitucional e discricionariedade judicial, como resultado inevitável do esforço das cortes federais em definir as suas próprias limitações.[10]

De acordo com o Juiz *White*, a doutrina da questão política não se firma apenas na verificação da atribuição de uma competência expressa e exclusiva de uma função particular de governo para um dos ramos políticos, pois há numerosos exemplos desse tipo de atribuição, *e. g.*, artigo I, 8 (competência do Congresso para criar e arrecadar tributos, de tomar dinheiro emprestado sobre o crédito dos Estados Unidos, de definir e punir crimes...) e nem por isso se acham imunes a uma intervenção judicial. A doutrina exige que a Constituição tenha dado a um ramo político a competência final para interpretar a finalidade e a natureza de um tal poder.[11] Mesmo que haja possibilidade de preservação da competência própria por um dos poderes, em face de invasão de outros ramos, não se opera a preclusão do controle judicial. Assim, por exemplo, o controle da *original clause*, que confere à Casa dos Representantes atribuição exclusiva para início de tramitação de projetos de lei sobre certos assuntos, que pode ser realizado pela Casa com a simples rejeição do projeto, não inibe a ação das cortes para fazê-la respeitar, ainda que aquela Casa tenha aprovado o projeto formalmente constitucional: "o fato de uma instituição do Governo deter mecanismos aptos à proteção contra incursões em suas competências por parte das outras instituições governamentais não impõe que o Judiciário se furte à solução da controvérsia, alegando *political question*".[12]

A existência de "expressões abertas semanticamente" nas normas supostamente desrespeitadas pode, em certas circunstâncias, atenuar a barreira imposta por essa causa de exclusão jurisdicional, embora exija um esforço hermenêutico muito maior e, paralelamente, um exercício discricionário igualmente ampliado. O filtro, por exemplo, do "parâmetro judicial" para análise das questões pode ser mais ou menos rigoroso, segundo os elementos apresentados pelo

---

[10] TRIBE. *American Constitutional Law*, p. 107; BICKEL. *The Least Dangerous Branch*, p. 183 et seq.

[11] ESTADOS UNIDOS. Suprema Corte. *Nixon* v. *United States*, 506 U.S. 224, 240 (1993).

[12] ESTADOS UNIDOS. Suprema Corte. *United States* v. *Muñoz Flores*, 495 U.S. 895, 393 (1990); *Morrison* v. *Olson*, 487 U.S. 654 (1988): O fato de o Presidente poder vetar não impede o exame da questão pelo Judiciário.

caso concreto. Em *United States* v. *Muñoz Flores*,[13] há pouco referido, discutia-se a tese de inconstitucionalidade formal de uma lei que, supostamente, aumentava as receitas do Tesouro, por violação da *Original Clause*, em vista de a iniciativa não ter sido parlamentar. Sustentava-se a inexistência de parâmetro judicial próprio para aferir se um determinado projeto de lei criava ou não, aumentava ou não, receitas. A maioria dos juízes não acolheu a tese, pois, em diversas outras situações a Corte se havia valido de critérios jurídicos para saber se uma pena era "cruel ou inusual", se era "excessiva", para distinguir uma busca razoável de outra desarrazoada ou para identificar a "necessidade e propriedade" da ação do Congresso no exercício de seus poderes enumerados, o que tornava mais prosaico enfrentar a tese de violação à *Original Clause*.[14] Nesse mesmo caso, afastou-se a desvinculação das questões de competência ou das "questões políticas", em geral, com os direitos individuais, para alguns, elemento indispensável para dar suporte ao interesse jurídico em causa.[15] No entanto, reconheceu-se a limitação da perspectiva que reduzia os direitos individuais a meras pretensões de natureza privada. Em primeiro lugar, não se poderia retirar das pretensões ou interesses individuais a integridade do sistema constitucional de separação de poderes. Depois, a própria jurisprudência da Suprema Corte, em vários momentos, enfatizara que "os poderes constitucionais difusos eram a melhor forma de se garantir as liberdades".[16]

Uma análise da casuística norte-americana nos indicará, contudo, certa oscilação dessa doutrina, notando-se uma resistência para conhecer de questões que imponham a definição do princípio republicano e da legitimidade do Governo constituído (I), à condu-

---

[13] ESTADOS UNIDOS. Suprema Corte. *United States* v. *Muñoz Flores*, 495 U.S. 385, (1990).

[14] ESTADOS UNIDOS. Suprema Corte. *United States* v. *Muñoz Flores*, 495 U.S. 385, 396 (1990).

[15] Na dicção anterior da própria Corte: *Forsyth* v. *Hammon*, 166 U.S. 506 (1897); *Attorney General ex rel. Kies* v. *Lowery*, 199 U.S. 233 (1905); *Pacific States Tel. & Tel. Co.* v. *Oregon*, 223 U.S. 118, 142 (1912). Cf. os tópicos seguintes sobre política fiscal e motivos das leis e dos atos administrativos.

[16] ESTADOS UNIDOS. Suprema Corte. *Morrison* v. *Olson*, 487 U.S. 654, 694 (1988) e o voto do Juiz *Scalia*: "The Framers of the Federal Constitution ... viewed the principle of separation of powers as the absolutely central guarantee of a just Government" (p. 697); *Youngstown Sheet & Tube Co.* v. *Sawyer*, 343 U.S. 579, 635 (1952). ESTADOS UNIDOS. Suprema Corte. *United States* v. *Muñoz Flores*, 495 U.S. 385, 394 (1990).

ção dos assuntos externos (II), admitindo uma série de exceções, todavia, naquelas relativas à condução de assuntos militares (III), à segurança nacional (IV), à adoção de política fiscal determinada (V), aos motivos das políticas legislativas e administrativas (VI); conotando uma certa indefinição no pertinente às requisições do Congresso endereçadas ao Executivo (VII), uma flagrante contradição em matéria de *impeachment* e cassação do mandato de um parlamentar (VIII); uma tendência de conversão de sindicabilidade dos limites do poder constituinte derivado (IX), em meio a casos em que simplesmente a Corte resolveu controlar assuntos antes deferidos à órbita de outros Poderes, como a distribuição de distritos eleitorais (X) e as disputas partidárias internas (XI).

## SEÇÃO I
## O PRINCÍPIO REPUBLICANO E A LEGITIMIDADE DO GOVERNO

Em Rhode Island, do século XIX, a população se rebelara contra o Governo estadual, exigindo que fosse adotada uma nova Constituição para o Estado, tendo em vista que vigia ainda a Carta Colonial. A situação foi precipitada com a decretação de estado de sítio e, especialmente, com a invasão policial do domicílio de *Luther*. Os rebeldes declararam um novo Governo e proclamaram uma nova Constituição. A Suprema Corte foi então acionada e teve de enfrentar duas grandes questões postas. A primeira, definir qual governo era, afinal, legítimo; a segunda, se o estado de sítio feria ou não a Constituição dos Estados Unidos. Para a primeira questão, a resposta ficou pelo caminho. Não caberia à Corte definir qual seria o governo legítimo, pois a Constituição tinha deferido essa competência ao Congresso que, no caso, delegara ao Executivo, tendo este inclusive a exercido. Nesse ponto, origem da definição de um dos tipos da doutrina da questão política (*a textually demonstrable constitutional commitment to a coordinate political department*), pode-se colocar sob suspeita a correção da exegese usada pela Corte. É que a cláusula de garantia, prevista no artigo IV, § 4, dispõe de forma bem geral que "os Estados Unidos garantirão a todos os Estados da União a forma republicana de Governo (...)". Há atribuição de poder apenas para o Congresso? A ausência de jurisdição pode ser justificada, contudo, na eventualidade de uma decisão judicial que entrasse em conflito com a posição adotada pelo Congresso ou, no caso, pelo Executivo. Em relação à segunda questão, a Suprema Corte foi mais afirmativa. Uma corte federal poderia, sim, decidir se um Governo estadual havia ou não violado a cláusula de garantia por meio da decretação do estado de sítio, embora não tivesse reconhecido a inconstitucionalidade de sua adoção pelo Governo de Rhode Island.[17] Essa doutrina se aplicaria, assim, à admissão de um Estado à União ou ao restabelecimento das relações constitucionais de um Estado que se tinha rebelado.[18]

Mais de sessenta anos depois, a Corte voltou ao tema, sustentando de forma peremptória que a questão de se saber se um Governo estadual era republicano, tanto como a de se definir qual governo em disputa era o legítimo, fugia à competência das cortes federais, exatamente por não se poderem extrair da cláusula de garantia direitos privados.[19] A violação de um direito individual se poderia dar por um comportamento particular do Governo e não, em geral, pelo Governo em si mesmo.[20]

# SEÇÃO II
# A CONDUÇÃO DE ASSUNTOS EXTERNOS

Nos Estados Unidos, o Presidente tem a competência exclusiva para negociar, manter e denunciar tratados ou acordos internacionais, para manter ou romper relações com governos estrangeiros e, em geral, para conduzir a política externa norte-americana. Certo que, no caso da firmação de tratados, a Constituição exige a aprovação, por dois terços, do Senado. Mas, em regra, aquelas competências ficam imunes não apenas à regulação pelo Legislativo, mas

---

[17] ESTADOS UNIDOS. Suprema Corte. *Luther* v. *Borden*, 48 U.S. (7 How.) 1 (1849).
[18] ESTADOS UNIDOS. Suprema Corte. *Georgia* v. *Stanton*, 6 Wall. 50.
[19] ESTADOS UNIDOS. *Pacific States Tel. & Tel. Co.* v. *Oregon*, 223 U.S. 118 (1912).
[20] ESTADOS UNIDOS. *Pacific States Tel. & Tel. Co.* v. *Oregon*, 223 U.S. 118, 142 (1912). A presença de um direito individual atrairia a competência judicial: *Attorney General ex rel. Kies* v. *Lowery*, 199 U.S. 233 (1905); *Forsyth* v. *Hammon*, 166 U.S. 506 (1897).

também ao controle jurisdicional. Pelo fato de o Presidente *J. Carter*, em 1979, ter rompido unilateralmente o tratado de defesa com Taiwan com vistas a intensificar as relações com a República Popular da China, diversos senadores ajuizaram uma ação, alegando que aquela atitude havia desrespeitado o poder constitucional deferido ao Senado relativamente aos tratados internacionais. Após uma decisão de mérito no Tribunal de Apelação, a Suprema Corte concedeu *certiorari*, sustentando que a competência do Senado, se existisse, na ab-rogação de um tratado se situava no campo das questões políticas, não dirimíveis judicialmente, tendo em vista o silêncio da Constituição a respeito e ainda considerando que o processo apropriado de denúncia de um tratado variaria de caso para caso no campo das relações internacionais.[21] Assim também, os atos administrativos destinados a cumprir ordens presidenciais relativas à definição de rotas aéreas internacionais estariam fora da intervenção jurisdicional:

> "A natureza de muitas decisões do Executivo, como as relacionadas com a política externa, é política e não judicial. Tais decisões (...) são delicadas, complexas e envolvem uma certa dose de profecia (...). São decisões sobre as quais o Judiciário não tem nem aptidão, nem facilidades, tampouco responsabilidade".[22]

Tem-se aqui, ainda, incluído o reconhecimento do Governo de outro país[23] e da autoridade dos embaixadores estrangeiros.[24]

Embora não enquadrada propriamente como "political question", a doutrina do ato de Estado (*Act of State Doctrine*) mostra a posição da Suprema Corte em matérias relacionadas às relações exteriores. De acordo com essa doutrina, "as cortes de uma nação não deverão julgar atos de outra nação, tomados em seu respectivo território".[25] A afirmação dessa doutrina não poderia levar, reflexamente, a uma

---

[21] ESTADOS UNIDOS. Suprema Corte. *Goldwater* v. *Carter*, 444 U.S. 996 (1979).

[22] ESTADOS UNIDOS. Suprema Corte. *Chicago & S. AirLines* v. *Water S.S.Corp*, 333 U.S. 103, 111 (1948).

[23] ESTADOS UNIDOS. *The Hornet*, 2 Abb U.S. 35; *Gelston* v. *Hoyt*, 3 Wheat 246.

[24] ESTADOS UNIDOS. Suprema Corte. *Foster* v. *Neilson*, 27 U.S. 253 (1829); o reconhecimento dos direitos dos índios também fora tratado como questão política: *United States* v. *Holliday*, 3 Wall 407.

[25] ESTADOS UNIDOS. Suprema Corte. *Banco Nacional de Cuba* v. *Sabbatino*, 376 U.S. 398, 416 (1964).

interferência judicial na condução pelo Executivo dos assuntos externos? A questão foi formulada pelo próprio Executivo a pretexto de salvaguardar os interesses e o patrimônio de cidadãos norte-americanos em Cuba após a tomada do poder por Fidel Castro. A Corte respondeu que sim:

> "Nossa conclusão é a de que se o Poder Executivo, a quem cabe a responsabilidade pela condução dos assuntos externos, afirma expressamente que a aplicação da "doutrina do ato de estado" não atende aos interesses da política externa americana, aquela doutrina não deve ser aplicada pelas Cortes."[26]

# SEÇÃO III
# A CONDUÇÃO DE ASSUNTOS MILITARES: O PODER DE DECLARAR GUERRA

A Constituição dos Estados Unidos define o Presidente da República como Comandante-em-Chefe das Forças Armadas (art. II, seção 2, 1). Se, inicialmente, declarou-se que essa particular posição do Presidente dos Estados Unidos se restringia ao comando das forças durante as campanhas militares,[27] atualmente ela tem sido usada como base de justificação de toda sorte de autoridade marcial que se vislumbre inerente ao Executivo. Importa observar, no entanto, que esse poder vem associado à declaração de guerra que, segundo o sistema norte-americano, está afeta à competência do Congresso (art. I, seção 8, 11). E é aqui que começam os problemas, pois têm sido comum na história daquele País operações militares no exterior desencadeadas sem prévia autorização legislativa. Uma intervenção judicial nesses casos vem sendo recusada sob alegação de se tratar de assunto de natureza política já que envolve disputas entre os dois ramos do Governo;[28] assim também em rela-

---

[26] ESTADOS UNIDOS. Suprema Corte. *First National City Bank* v. *Banco Nacional de Cuba*, 406 U.S. 759, 768 (1972).

[27] ESTADOS UNIDOS. Suprema Corte. *Ex parte Milligan*, 71 U.S. (Wall) 2 (1866).

[28] ESTADOS UNIDOS. Suprema Corte. 389 U.S. 934 (1967); *McArthur* v. *Clifford*, 393 U.S. 1.002 (1968); *Velvel* v. *Nixon*, 396 U.S. 1.042 (1970); *Holtzman* v. *Schlesinger,* 414 U.S. 1.304 (1973).

ção ao julgamento sobre a legitimidade de uma guerra ou sobre as táticas militares adotadas.[29] Tem-se afirmado, contudo, que o poder inerente ao Executivo autoriza o uso das forças armadas, mesmo sem prévia manifestação do Congresso, se houver necessidade de preservar a soberania do País ou de algum aliado importante,[30] diante de uma invasão externa ou de insurreição, ou mesmo antecipadamente a um ataque iminente. No entanto, como se poderia divisar um exercício legítimo desse poder, de outro ilegítimo? Quando é que estaria configurada a iminência de um ataque? Como avaliar a necessidade das medidas adotadas? A assinatura de um tratado com países aliados para defesa conjunta daria respaldo ao uso presidencial das forças armadas até que o Congresso tivesse tempo de deliberar a respeito? Poderia, com fundamento constitucional, o Congresso delegar ao Presidente poderes amplos e discricionários para o emprego das forças militares, como, aliás, fez em 1964 em relação ao Sudeste Asiático? Essas questões ficam sem uma resposta judicial mais autorizada, deixando que a interpretação e aplicação das cláusulas constitucionais se dêem no jogo político e nas relações entre Executivo e Legislativo. Todavia, há alguns casos no repertório jurisprudencial norte-americano envolvendo outros aspectos dessa matéria. A Suprema Corte, por exemplo, já invalidou a ordem do Presidente *Truman* de seqüestro de uma fábrica de aço durante a guerra da Coréia, fundamentando-se na desaprovação congressual de uma intervenção militar iniciada sem autorização.[31] Argumentou, em outra oportunidade, que se o poder de fazer guerra pode ser usado em dias de paz para fazer frente aos estragos causados pela guerra, não autoriza o desprezo de todos os demais poderes do Congresso.[32] No entanto, é a ele reconhecido o poder, independentemente de disposição legal expressa ou mesmo em parcial divergência de regra existente, de convocar cortes marciais ou de revisar-lhes as decisões.[33] Em *Ex parte Milligan*, sustentou-se que

---

[29] ESTADOS UNIDOS. Tribunal do Segundo Circuito. *DaCosta* v. *Laird*, 471 F.2d 1.146 (1973), *certiorari* denegado: 405 U.S. 979 (1972); *United States* v. *Anderson*, 9 Wall 56.

[30] ESTADOS UNIDOS. Suprema Corte. *United States* v. *Curtiss-Wright Export Corp.*, 299 U.S. 304 (1936).

[31] ESTADOS UNIDOS. Suprema Corte. *Youngstown Sheet & Tube Co.* v. *Sawyers*, 343 U.S. 579 (1952).

[32] ESTADOS UNIDOS. Suprema Corte. *Woods* v. *Cloyd W. Miller Co.*, 333 U.S. 138 (1948).

[33] ESTADOS UNIDOS. Suprema Corte. *Swaim* v. *United States*, 165 U.S. 553 (1897); *Ex parte Quirin*, 317 U.S. 1 (1942).

a lei marcial, durante a guerra civil, não poderia ser aplicada aos cidadãos dos Estados onde não se questionava a autoridade do governo e onde as cortes estivessem funcionando normalmente.[34] Com o mesmo fundamento, a Corte declarou inconstitucional a declaração de estado de sítio no Havaí após os ataques a Pearl Harbor.[35]

## SEÇÃO IV
## CASOS DE SEGURANÇA NACIONAL

Certos assuntos relacionados com a segurança nacional se colocam também sob o véu da doutrina das questões políticas, embora nem sempre a Suprema Corte o tenha reconhecido expressamente, falando mais em "doutrina dos poderes inerentes ao Executivo". Em *Kent* v. *Dulles*, curiosamente decidido no auge de caça às bruxas, o Tribunal não reconheceu a autoridade do Secretário de Estado para negar a expedição de passaportes, sob o fundamento de os requerentes pertencerem ao Partido Comunista, por não haver expressa delegação do Congresso nesse sentido. "O silêncio não gera permissão."[36] Mais de vinte anos depois, a conclusão foi inversa: o silêncio legislativo poderia ser visto com a aprovação implícita ao Poder Executivo para negar ou cassar passaportes: "Nas áreas de política externa e de segurança nacional (...) o silêncio do Congresso não pode ser interpretado como sua desaprovação."[37]

## SEÇÃO V
## POLÍTICA FISCAL ADOTADA

O exercício de poder geral de tributação, como uma matéria prática, não é susceptível de controle judicial, por se situar no âmbito

---

[34] ESTADOS UNIDOS. 71 U.S. (4 Wall) 2 (1866).

[35] ESTADOS UNIDOS. Suprema Corte. *Duncan* v. *Kahanamoku*, 327 U.S. 304 (1946).

[36] ESTADOS UNIDOS. Suprema Corte. 357 U.S. 116 (1958).

[37] ESTADOS UNIDOS. Suprema Corte. *Haig* v. *Agee*, 453 U.S. 280 (1981).

de discricionariedade legislativa, a menos que sua cobrança se revele desarrazoada, seja por ferir o princípio da igualdade,[38] seja por atentar contra as liberdades garantidas pela Primeira Emenda, importando, no fundo, uma discriminação contra particulares idéias ou manifestações;[39] ou ainda quando se mostrar extravagante em relação à competência tributante.[40]

Também em relação à realização de gastos públicos a mesma doutrina se aplica. O artigo I, § 8, dispõe que "o Congresso tem competência (...) para pagar as dívidas da nação e dispor sobre a defesa comum e o bem-estar geral dos Estados Unidos (...)". Ora essa competência há de ser exercida, seguindo às finalidades definidas pelo próprio artigo,[41] não podendo gerar despesa que exceda aos limites constitucionais impostos.[42] Em princípio, cabe exclusivamente ao Congresso avaliar e definir as políticas prioritárias que absorverão as rendas públicas, de acordo com a linha que, no seu entender, melhor realize o bem-estar nacional. Em *United States* v. *Butler*,[43] no entanto, a Suprema Corte afirmou que o poder do Congresso para dispor sobre o bem-estar se resumia ao "poder de gastar", não incluindo a competência de regulamentar. O bem-estar geral também não poderia ser interpretado como o bem-estar de uma certa localidade;[44] mas e se esse interesse local acabasse por repercutir no interesse geral? A falência, por exemplo, de um município que pudesse gerar conseqüências na economia nacional auto-

---

[38] ESTADOS UNIDOS. Suprema Corte. *Leathers* v. *Medlock*, 499 U.S. 439 (1991): tributação pela prestação das operadoras a cabo, embora houvesse isenção na venda de revistas e jornais e nos serviços de TV por satélite, não violava a cláusula de igual proteção.

[39] ESTADOS UNIDOS. Suprema Corte. *Grosjean* v. *American Press Co.*, 297 U.S. 233; *Minneapolis Star & Tribune Co.* v. *Minnesota Comm'r of Revenue*, 460 U.S. 575; *Arkansas Writers' Project, Inc.* v. *Ragland*, 481 U.S. 221. Mas *Regan* v. *Taxation with Representation of Washington*, 461 U.S. 540; *Mabee* v. *White Plains Publishing Co.*, 327 U.S. 178; *Oklahoma Press Publishing Co.* v. *Walling*, 327 U.S. 186; estabelecendo tributação diferente para oradores, mesmo que membros da imprensa, não implicava atentado à Primeira Emenda, a menos que atingisse diretamente certas idéias ou as pusesse em risco de supressão.

[40] ESTADOS UNIDOS. Suprema Corte. *United States* v. *Doremus*, 249 U.S. 86 (1919); *United States* v. *Kahriger*, 345 U.S. 22 (1953). Cf. Princípio da razoabilidade.

[41] ESTADOS UNIDOS. Suprema Corte. *United States* v. *Butler*, 297 U.S. 1 (1936).

[42] ESTADOS UNIDOS. Suprema Corte. *Flast* v. *Cohen*, 392 U.S. 83 (1968).

[43] ESTADOS UNIDOS. Suprema Corte. *United States* v. *Butler*, 297 U.S. 1 (1936).

[44] ESTADOS UNIDOS. Suprema Corte. *United States* v. *Gerlach Live Stock Co.*, 339 U.S. 725, 738 (1950).

rizaria uma ação do Congresso com vistas a evitá-la?[45] A quem caberia, em caso afirmativo, fazer a avaliação dessa relação ou impacto? A Suprema Corte respondeu: "[essa] discricionariedade pertence ao Congresso, a menos que a escolha seja claramente equivocada, [ou que revele] uma demonstração de poder arbitrário muito mais do que resultado de um julgamento".[46]

Essa limitação do poder, ao indicar aparentemente a possibilidade de fiscalização jurisdicional do mérito da política de gastos, tem sido interpretada como um enunciado de princípios de valência mais retórica do que prática. Outros limites jurídicos, para além dos políticos, são um pouco mais visíveis. O respeito à autonomia dos Estados é um deles, embora já se tenha afirmado que essa autonomia não impede que o Congresso condicione a utilização de fundos destinados à construção e melhoria das estradas federais à proibição estadual de venda de bebidas alcoólicas a menores de 21 anos de idade.[47] Lembre-se também dos direitos e garantias constitucionais assegurados pelo *Bill of Rights*. Isso nos leva a aprofundar a questão, estendendo-a a toda motivação da adoção de políticas legislativas e administrativas.

# SEÇÃO VI
# MOTIVAÇÕES DA ADOÇÃO
# DE POLÍTICAS ADMINISTRATIVAS
# E LEGISLATIVAS

O Judiciário não pode indagar sobre as razões ou os motivos que conduzem o legislador a adotar uma das diversas alternativas que lhe são apresentadas na hora de aprovar uma determinada disposição de lei.[48] Essa exclusão se fundamenta no princípio da divisão

---

[45] ESTADOS UNIDOS. Suprema Corte. *Cincinati Soap Co.* v. *United States*, 301 U.S. 308 (1937).
[46] ESTADOS UNIDOS. Suprema Corte. *Helvering* v. *Davis*, 301 U.S. 619 (1937).
[47] ESTADOS UNIDOS. Suprema Corte. *South Dakota* v. *Dole*, 107 S. Ct. 2793 (1987).
[48] ESTADOS UNIDOS. Suprema Corte. *Fletcher* v. *Peck*, 6 Cranch 87 (1910); *McCray* v. *United States*, 195 U.S. 27, 56 (1904).

de poderes que atribui com exclusividade ao Legislativo a competência para decidir sobre a conveniência e oportunidade de adoção de uma determinada legislação, cabendo às cortes apenas o controle de sua constitucionalidade:

> "O motivo e a finalidade de uma regulamentação do comércio interestadual são questões afetas ao julgamento legislativo, às quais a Constituição não impõe qualquer restrição, nem às Cortes cabe controlar".[49]

Além do mais, a segurança jurídica ficaria tremendamente abalada, pois "se se fizer a [validade] da lei depender dos motivos [públicos ou pessoais, honestos ou corruptos] todas as leis se tornam incertas".[50] Uma questão de ordem prática também é levantada para obstaculizar esse controle: "o que motiva um legislador a adotar uma determinada lei não é necessariamente o que motiva os demais".[51] Seguem-se ainda notas da futilidade de se declarar inconstitucional uma lei, por motivos impróprios ou precipitados, que poderia ser validada por uma reedição inspirada em motivos nobres ou apenas adequados.[52]

Pode, sob esses termos, um tribunal identificar falhas na política legislativa, por exemplo, apontando incoerências teleológicas entre as disposições aprovadas ou apontando indícios de que o legislador cometera um erro de avaliação ou não detivera todas as informações relevantes para adoção da solução mais apropriada ou, enfim, sempre que se der conta de uma "lacuna subjetiva" involuntária? A Suprema Corte respondeu não à pergunta. Os fatos reais e as razões que levaram à adoção de uma determinada lei são constitucionalmente irrelevantes: "apenas a linguagem da lei marca o início e o fim de nossa indagação", escrevera, pela maioria, o Juiz *Rehnquist*.[53] Se a Corte tivesse que fazer a pesquisa das verdadeiras ou reais motivações das leis, haveria de perquirir cada membro do Congresso e, ao final, "poucas leis sobrariam".[54]

---

[49] ESTADOS UNIDOS. Suprema Corte. *United States* v. *Darby*, 312 U.S. 100, 115 (1941).

[50] COOLLEY. *Principles of Constitutional Law*, p. 160-161.

[51] ESTADOS UNIDOS. Suprema Corte. *United States* v. *O'Brien*, 391 U.S. 367, 383-384 (1968).

[52] ESTADOS UNIDOS. Suprema Corte. *Wallace* v. *Jaffree*, 472 U.S. 38 (1985).

[53] ESTADOS UNIDOS. Suprema Corte. *United States Railroad Retirement Bd.* v. *Fritz*, 449 U.S. 166, 176 (1980).

[54] ESTADOS UNIDOS. Suprema Corte. *United States Railroad Retirement Bd.* v. *Fritz*, 449 U.S. 166, 179 (1980); *Flemming* v. *Nestor*, 363 U.S. 603 (1960); declarou-se não serem ques-

No entanto, pode haver um controle judicial, não propriamente dos motivos, mas da coerência ou razoabilidade da lei, de sua adequação aos fins, de sua "justiça interna e externa", afirmada por um conteúdo que não importe arbitrariedade ou discriminação injustificada.[55] Ou dos propósitos legislativos mesmos, se ficar evidenciado flagrantemente o atentado aos direitos garantidos.[56] Foi declarada, assim, a inconstitucionalidade de uma lei que proibia o ensino da teoria darwiniana da evolução em escolas públicas estaduais, porque escondia, em seus motivos, o intento de estabelecer um determinado ponto de vista religioso,[57] reafirmando-se, três anos depois, que toda lei deve ter "uma inspiração ou propósito secular".[58] Também inconstitucional se revelou uma lei que, por estar motivada por intentos discriminatórios, sobretudo por gerar conseqüências que importavam tratamentos diferenciados injustificados, patrocinava "insidiosa discriminação", como aquela que excluía, das eleições, a maioria dos eleitores negros e nenhum eleitor branco, a evidenciar a motivação puramente racial.[59]

Em linhas gerais, as mesmas conclusões e, em parte, os mesmos limites se aplicam às políticas ou práticas administrativas. Não cabe ao Judiciário realizar uma ponderação sobre a oportunidade ou conveniência da ação administrativa que se sobreponha à da Administração, ou perquirir-lhe os reais motivos que desencadearam aquela ação, a menos que se revelem violações a direitos constitu-

---

tionáveis os motivos que levaram o Congresso a pôr fim aos benefícios da seguridade social para os membros deportados do Partido Comunista; *Arizona* v. *Califorina*, 283 U.S. 423 (1931).

[55] Cf. Princípio da razoabilidade.

[56] Não é essa, contudo, a opinião do Juiz *Scalia*: "Perhaps there are contexts in which determination of legislative motive must be undertaken. See, e.g., *United States* v. *Lovett*, 328 U.S. 303 (1946). But I do not think that is true of analysis under the First Amendment (or the Fourteenth, to the extent it incorporates the First). See Edwards v. Aguillard, supra, at 639 (SCALIA, J., dissenting). The First Amendment does not refer to the purposes for which legislators enact laws, but to the effects of the laws enacted: "Congress shall make no law ... prohibiting the free exercise [of religion] ..." This does not put us in the business of invalidating laws by reason of the evil motives of their authors": *Church of Lukumi Babalu Aye* v. *City of Hialeah*, 508 U.S. 520, 558-559 (1993).

[57] ESTADOS UNIDOS. Suprema Corte. *Epperson* v. *Arkansas*, 393 U.S. 97 (1968).

[58] ESTADOS UNIDOS. Suprema Corte. *Lemon* v. *Kurtzman*, 403 U.S. 602, 612 (1971).

[59] ESTADOS UNIDOS. Suprema Corte. *Gomillion* v. *Lightfoot*, 364 U.S. 339 (1960); *Mobile* v. *Volden*, 446 U.S. 55 (1980).

cionais ou atentado ao princípio da razoabilidade.[60] A Corte, no entanto, sente-se muito mais à vontade para indagar sobre as razões do administrador do que sobre os propósitos, silenciosos ou não, dos legisladores.[61] O curioso é que mesmo nessas situações, de repercussão sobre direitos e garantias, envolvendo legisladores ou agentes administrativos, a "doutrina da inquestionabilidade dos motivos determinantes" termina, às vezes, por prevalecer, como se tem dado em relação à cláusula de igual proteção.

A Corte fora provocada em face do fechamento das piscinas públicas da cidade de Jackson, Mississippi, alegando-se que aquela atitude importava discriminação racial, pois eram os negros que mais usavam as piscinas. A Corte, aceitando os argumentos da defesa, de que o fechamento das piscinas se tinha dado por questões de natureza econômica, concluíra que não havia prova suficiente de que a ação municipal afetaria os negros diferentemente dos brancos e que a decisão da cidade não podia ser invalidada pelo argumento de que os motivos que, de fato, conduziram ao fechamento fossem "ideologicamente opostos à integração racial".[62] Exige-se, em regra, que o propósito discriminatório seja evidente a ponto de justificar a excepcional intervenção das cortes, não bastando apenas indícios ou certa plausibilidade dos argumentos levados à consideração,[63] como expressara a Juíza *O'Connor*, em voto concorrente em *Wallace v. Jaffree*: "a investigação dos propósitos do legislador ao aprovar uma (...) lei deve ser prudente e limitada. (...) [A] corte não possui licença para analisar psicologicamente os legisladores...".[64]

---

[60] ESTADOS UNIDOS. Suprema Corte. *White* v. *Regester*, 412 U.S. 755 (1973); *Jefferson* v. *Hackney*, 406 U.S. 535 (1972); *City of Memphis* v. *Greene*, 451 U.S. 100 (1981).

[61] BICKEL. The Least Dangerous Branch, p. 214; cf. *City of Boerne* v. *P.F. Flores, Archbishop of San Antonio, and United States* (1997).

[62] ESTADOS UNIDOS. Suprema Corte. *Palmer* v. *Thompson*, 403 U.S. 217, 224 (1971); cf. *Selective Service System* v. *Minnesota Public Interest Reseachr Group*, 468 U.S. 841 (1984).

[63] ESTADOS UNIDOS. *Village of Arlington Heights* v. *Metropolitan Housing Development Corp.*, 429 U.S. 252 (1977); *Davis* v. *Bandemer*, 106 S.Ct. 2797 (1986). A Corte reconheceu evidentes os motivos reais – e não os alegados: área que fora reconhecida como de valor histórico – que levaram à negativa de autorização para construção de uma igreja em *City of Boerne* v. *P.F. Flores, Archbishop of San Antonio, and United States* (1997): "If a state law disproportionately burdened a particular class of religious observers, this circumstance might be evidence of an impermissible legislative motive".

[64] ESTADOS UNIDOS. Suprema Corte. *Wallace* v. *Jaffree*, 472 U.S., 74-75; a impossibilidade de psicoanálise já tinha sido levantada por Cardozo em *United States* v. *Constantine*, 296 U.S. 287, 298-299 (1935).

Essa vedação de psicanálise legislativa se aplica também aos casos de violação às liberdades constitucionais. Em *United States v. O'Brien*,[65] manteve-se a condenação de um cidadão que havia queimado o seu cartão de convocação para a guerra, embora parecesse de todo evidente que o Congresso ao criar a lei prevendo aquela figura penal tinha por objetivo coibir manifestações contrárias à guerra no Vietnã. Mas às cortes não era dado o poder de cogitar senão da conformidade do produto legislativo com a Constituição, não lhes competindo indagar dos bons ou maus motivos que inspiraram os legisladores. Ademais, *O'Brien* não havia provado o motivo impróprio ou não permitido que alegara.[66]

A coerência desse entendimento da Suprema Corte tem sido questionada por muitos doutrinadores.[67] Ela não se sustentaria se fossem analisados os fundamentos, por exemplo, que levaram à invalidação das leis que permitiam a segregação racial nas escolas públicas,[68] das redistribuições dos distritos eleitorais[69] ou de tantas outras decisões estudadas nesse trabalho.[70] Nenhum recurso aos "casos evidentes" ou "excepcionais" esconde o casuísmo e a inconsistência. A partir dos anos 80, esse descompasso ficou ainda mais acentuado, com a elaboração de doutrinas que passaram a exigir a pesquisa do intento do legislador ou do administrador para categorização dos fóruns em públicos, semi-públicos e de propriedade pública, com especial relevância para definição das atividades, sobretudo relacionadas à liberdade de expressão, que poderiam ser em cada um deles permitidas.

---

[65] ESTADOS UNIDOS. Suprema Corte. 391 U.S. 367 (1968).

[66] ESTADOS UNIDOS. Suprema Corte. 391 U.S. 367, 385-388 (1968); cf. também: *Boos et al. v. Barry, Mayor of the District of Columbia, et al.*, 485 U.S. 312 (1988): "The Renton analysis, in contrast, plunges courts into the morass of legislative motive, a notoriously hazardous and indeterminate inquiry, particularly where, as under the Renton approach, the posited purpose flies in the face of plain statutory language" (p. 337); *Leathers v. Medlock*, 499 U.S. 439 (1991); *Turner Broadcasting System, Inc. v. FCC* (1994).

[67] BICKEL. *The Least Dangerous Branch*, p. 208 et seq.; TRIBE. *American Constitutional Law*, p. 820 et seq.

[68] ESTADOS UNIDOS. Suprema Corte. *Brown v. Board of Education*, 347 U.S. 483 (1954).

[69] Discutir se a distribuição ou redistribuição dos distritos se faz por questão racial exige uma análise dos motivos que, em última instância, levaram à aprovação da lei, como salientou o Juiz Stevens em *Shaw et al. v. Hunt, governor of North Carolina et al.* (1995).

[70] Cf. ainda *Califano v. Goldfard*, 430 U.S. 199 (1977): declaração de inconstitucionalidade de uma lei que patrocinava discriminação sexual porque a história legislativa revelava motivos fundados em uma visão estereotipada do sexo.

Públicos seriam os fóruns tradicionais de reunião e encontro, como as ruas e os parques;[71] fóruns semipúblicos seriam aqueles espaços criados para o uso do público com fins precisos, como as universidades; e os fóruns de propriedade pública seriam todos os outros que nem seriam tradicionalmente abertos ao público, nem propositadamente, ainda que sob certa finalidade, a ele franqueados.[72] A determinação da qualidade de um fórum ou da possibilidade de seu uso por todos em iguais condições vai depender, portanto, da indagação do propósito do legislador ou do administrador, por exemplo, de transformar um local não aberto tradicionalmente a reuniões e debates em um fórum público.[73] Essa doutrina, na realidade, é subsidiária de uma outra, que exige, previamente, a perquirição da vontade legislativa de proteger uma certa e particular mensagem. Apenas quando a lei não especificar o conteúdo das mensagens que devem receber essa proteção incondicional e quando faltarem elementos que autorizem identificar algum motivo governamental para facilitar ou restringir um determinado ponto de vista, é que a Corte passa à análise sobre a "natureza" do espaço em questão e seu conseqüente impacto sobre a liberdade de expressão.[74]

---

[71] ESTADOS UNIDOS. Suprema Corte. *Perry Education Association* v. *Perry Local Educators' Association*, 460 U.S. 37, 45-46 (1983).

[72] ESTADOS UNIDOS. Suprema Corte. *Perry Education Association* v. *Perry Local Educators' Association*, 460 U.S. 37, 46 (1983).

[73] ESTADOS UNIDOS. Suprema Corte. *Cornelius* v. *NAACP Legal Defense and Educational Fund*, 473 U.S. 788 (1985).

[74] ESTADOS UNIDOS. Suprema Corte. *Cornelius* v. *NAACP Legal Defense and Educational Fund*, 473 U.S. 788, 811 (1985): "[R]easonable grounds for limiting access to a nonpublic forum (...) not save a regulation that is in reality a facade for viewpoint-based discrimination". No mesmo sentido: *Denver Area Educational Telecommunications Consortium, Inc. et al.* v. *Federal Communications Commission et al.* (1996): "It is unnecessary and unwise to decide whether or how to apply the public forum doctrine to leased access channels. First, it is not clear whether that doctrine should be imported wholesale into common carriage regulation of such a new and changing area. Second, although limited public forums are permissible, the Court has not yet determined whether the decision to limit a forum is necessarily subject to the highest level of scrutiny, and these cases do not require that it do so now. Finally, and most important, the features that make Section(s) 10(a) an acceptable constraint on speech also make it an acceptable limitation on access to the claimed public forum." Cf., ainda, *United States* v. *Kokinda*, 497 U.S. 720 (1990): "where the property is

A inconsistência é revelada não só pelos desencontros das decisões da Corte, mas também pelo mérito da doutrina em si. *Laurence Tribe* é um dos ferrenhos críticos da tese que impossibilita o controle judicial dos motivos do legislador. Após rebater o argumento de *John Hart Ely* de que uma lei pode ser constitucional ainda que seja expressão de motivos impróprios,[75] aduzindo, com escólio na própria Corte, que se uma razão ilícita tiver um papel importante nas deliberações legislativas deve, razoavelmente, ser dito que o cálculo de custo-benefício, pressuposto a toda lei, foi inexato, *Tribe* refuta também a tese da inutilidade de se invalidar uma lei que pode ser validada, pela simples troca de motivos: "O prestígio da invalidação pela corte pode ser enorme para dissuadir o legislador, (...) para chamar-lhe às honras."[76]

Não seria de se indagar a cada um dos parlamentares sobre os reais motivos de sua aprovação à lei, mas antes observar o contexto em que se deu a aprovação, os elementos históricos que indicam com certa segurança e clareza as razões que a moveram, ou exigir que o autor faça prova de que a lei foi motivada em substancial parte por um propósito ilícito. Ao final, as dificuldades de se saber quando são impróprios os motivos do legislador, tanto quanto na avaliação dos fins da construção legal, não devem ser usadas para fugir da tarefa de revisão judicial.

> "Mesmo quando o efeito da investigação judicial sobre os motivos do legislador for reduzido, [pois] o jogo, deve ser lembrado, é jogado não apenas pela Corte, mas também pelos cidadãos, com um salutar declínio da retórica política antitética em favor dos valores constitutionais."[77]

---

not a traditional public forum and the Government has not dedicated its property to First Amendment activity, such regulation is examined only for reasonableness" (p. 721); *International Soc. For Krishna Consciousness* v. *Lee*, 505 U.S. 672 (1992): "Neither by tradition nor purpose can the airport terminals be described as public fora (...)." (p. 673).

[75] ELY. *Legislative and Administrative Motivation in Constitutional Law*, p. 1205 et seq.

[76] TRIBE. *American Constitutional Law*, p. 822.

[77] Ibidem, p. 823.

# SEÇÃO VII
# CASOS DE REQUISIÇÕES
# DO CONGRESSO DIRIGIDAS
# AO EXECUTIVO

As negativas formuladas pelo Executivo a requisições feitas pelo Congresso têm sido consideradas como questões essencialmente políticas e, por isso mesmo, não sujeitas a controle judicial. Esse entendimento foi expresso pela Suprema Corte nos raros casos em que se viu forçada a se manifestar a respeito.[78]

Há decisões, no entanto, que reconhecem expressamente a possibilidade de haver intervenção judicial no curso das relações entre Executivo e Legislativo. Em 1974, uma corte distrital sustentou que uma requisição congressual de informações dirigida ao Presidente, formulada no contexto de uma investigação sobre supostos atos criminosos, sujeitava-se ao controle judicial tanto quanto requisições ou ordens da espécie, expedidas no curso de processos judiciais, embora se tenha recusado, naquela ocasião, determinar o cumprimento da ordem, em razão da necessidade de salvaguardar o processo penal em andamento, instaurado pelo promotor especial para o caso *Watergate*, do prejulgamento que poderia advir de sua publicidade.[79]

A Suprema Corte tem afirmado sua autoridade para examinar se um ato oficial do Presidente se pautou de acordo com a Constituição e as leis, ou não.[80] E essa afirmação termina percutindo nos conflitos que se estabelecem entre Legislativo e Executivo. É de se recordar, ainda em relação ao caso *Watergate*, que a Corte declarou a obrigatoriedade de o Presidente *Nixon* cumprir a requisição congressual que lhe exigia a entrega de fitas que registraram suas conversas com seus auxiliares, sustentando que

> "nem a doutrina da separação de poderes, nem a necessidade de
> confidência das comunicações do alto escalão, sem mais, poderiam

---

[78] ESTADOS UNIDOS. Suprema Corte. *United States* v. *Nixon*, 418 U.S. 683 (1974).

[79] ESTADOS UNIDOS. D.D.C. *Senate Select Comm* v. *Nixon (II)*, 370 F. Supp. 521 (1974).

[80] ESTADOS UNIDOS. Suprema Corte. *United States* v. *Burr*, 25 F. Cas. 30 (1807).

sustentar uma absoluta e não qualificada imunidade processual do Presidente sob todas as circunstâncias."[81]

Além de casos como esses serem raros, nem sempre a intervenção judicial se tem mostrado o meio mais eficaz para resolver as contendas entre Executivo e Legislativo, notadamente em face da demora da prestação jurisdicional.

A prática constitucional daquele país, contudo, tem revelado que os poderes deferidos ao Congresso, especialmente ao Senado, de controle ou de complemento dos atos presidenciais, terminam sendo usados como instrumentos de persuasão para que se evitem as negativas ou como sanções contra as recusas.[82] O próprio recurso ao Judiciário pode servir também de forte incentivo para que as coisas se resolvam entre os dois poderes. Em 1983, um comitê parlamentar, encarregado de acompanhar a execução de um programa de tratamento de resíduos tóxicos pela Agência de Proteção Ambiental (*Environmental Protection Agency*), teve negado um requerimento de informações sobre a administração de um fundo criado para fazer frente aos gastos do programa, sob a alegação de que a responsabilidade de gerenciamento dos recursos e a documentação a ele relativa estariam restritas apenas ao Executivo, em face da doutrina do "privilégio do Executivo". A Casa dos Representantes indiciou o administrador da Agência por desobediência (*contempt*) e encaminhou o assunto ao Procurador-Geral dos Estados Unidos para instauração do devido processo criminal. Em vez de assim proceder, o Departamento de Justiça acionou a Casa dos Representantes em uma corte federal, postulando uma ordem injuntiva e declaratória contra a deli-

---

[81] ESTADOS UNIDOS. Suprema Corte. *United States* v. *Nixon*, 418 U.S. 683, 706 (1974). Parte da doutrina critica não o resultado em si da decisão, mas a intempestividade do pronunciamento da Corte que concedera *certiorari* antes do julgamento pela corte de apelação, num "appetite for the judicial *dex ex machina*" que influenciou decisivamente o desfecho de um processo que tinha matiz eminentemente político: GUNTHER. *Judicial Hegemony and Legislative Autonomy:* the Nixon Case and the Impeachment Process, p. 251; cf., também, NAGEL. *The Legislative Veto, the Constitution, and the Courts*, p. 237-238.

[82] Condicionamentos, por exemplo, de aprovação de nomes indicados pelo Presidente para ocupar certos cargos, ao atendimento de pedidos de informação e de testemunho sobre fatos apurados pelas Casas Legislativas. Citemos a nomeação do Procurador-Geral Richard Kleindienst e a confirmação de L. Patrick Gray como Diretor do FBI. A ratificação de tratados tem sido outra moeda de troca importante: TRIBE. *American Constitutional Law*, p. 286, n. 8.

beração parlamentar. O desfecho da manobra executiva lhe foi desfavorável, tendo sido declarado, na oportunidade, que a matéria só poderia ser apreciada no curso da ação penal própria.[83] O certo é que, após longas negociações, finalmente, o Executivo se viu convencido a fornecer os documentos requisitados.

Em *AT&T* v. *FCC*,[84] uma corte distrital havia concedido uma ordem para que o Departamento de Justiça fizesse a AT&T cumprir requisição endereçada por um subcomitê parlamentar do teor das gravações obtidas por meio de interceptações telefônicas, realizadas sem mandado por versarem sobre segurança nacional. A efetivação da ordem se deu, na realidade, no contexto de negociações entabuladas pelas partes, com suspensão do processo inclusive.

# SEÇÃO VIII
# CONTROLE DE *IMPEACHMENT* E DA CASSAÇÃO PARLAMENTAR

De acordo com o artigo II, § 4, o Presidente, Vice-Presidente e todos os agentes civis dos Estados Unidos serão destituídos dos respectivos cargos, se, em conseqüência de *impeachment*, forem condenados por traição, corrupção ou por outros graves crimes e delitos.[85] A seção terceira define o crime de traição: pegar em armas contra os Estados Unidos, aderir a seus inimigos, prestando auxílio e assistência. Corrupção, embora não venha definida, não traz tanta dúvida sobre o seu alcance; mas a expressão "outros graves crimes e delitos" tem despertado grande polêmica. Há quem, como o então congressista e depois Presidente norte-americano, *Gerald Ford*, considere corrupta qualquer conduta que a maioria da Casa dos Representantes entenda que seja;[86] outros vão identificá-la com o sentido de "great offence" desenvolvido pela *common law* inglesa, embora não faltem esforços para uma tipificação mais pre-

---

[83] ESTADOS UNIDOS. D.D.C. *United States v. House of Representatives*, 556 F. Supp. 150 (1983).

[84] ESTADOS UNIDOS. District of Columbia Circuit. 539 F. 2d 767 (1976).

[85] Para o Judiciário a previsão está no art. III, § 1.

[86] ESTADOS UNIDOS. Casa dos Representantes. 116 Congress Record 11913 (1970).

cisa. *Berger*, por exemplo, inclui condutas como malversação ou desvio de dinheiro público, abuso de poder, negligência, usurpação das prerrogativas legislativas e o descumprimento de atos emanados no exercício dessas prerrogativas no rol desses outros crimes e delitos.[87] Não há um conceito desenvolvido pelo Judiciário, por ser o processo de *impeachment* inserido na doutrina das "questões políticas".

A previsão do processo de *impeachment* aparece no artigo I, § 2, 5, definindo a competência da Casa dos Representantes como órgão de acusação: "A Casa dos Representantes (...) tem o poder exclusivo de *impeachment*"; e, a seguir, no artigo I, § 3, 6, atribuindo ao Senado o papel de órgão julgador: "O Senado tem o poder exclusivo de processar todos os *impeachments*..."; estabelecendo, ainda, o mesmo dispositivo, algumas condicionantes a serem observadas: o juramento, a deliberação por dois terços e a presidência do Senado pelo Presidente da Suprema Corte, na hipótese de *impeachment* do Presidente da República. O artigo I, § 3, 7, prevê, em caso de condenação, as penas de destituição do cargo e incapacitação para o exercício de qualquer função de honra, confiança ou remuneração do Governo dos Estados Unidos, sem prejuízo de sua responsabilidade ordinária de natureza civil e criminal: "Judgement in Cases of Impeachment shall not extend further than removal from Office, and disqualification to hold and enjoy any Office of Honor, Trust, or Profit under the United States; but the Party convicted shall nevertheless be laiable and subject to Indictment, Trial, Judgement, and Punishment, acording to Law."

Em *Ritter* v. *United States*, não se conheceu de uma ação movida por um juiz que alegava não haver base legal no processo que corria contra ele no Senado. A Corte não titubeou: "O Senado é o único tribunal que possui jurisdição para aplicar os artigos do *impeachment* e sua decisão é final."[88] A interpretação se baseava na literalidade do dispositivo constitucional: "The Senate shall have the sole Power to try all Impeachments." Como escrevera, quase sessenta anos depois de *Ritter*, o *Chief Justice Rehnquist*, em nome da Corte: "a palavra 'sole' indica que aquela autoridade repousa no

---

[87] BERGER. *Impeachment:* The Constitutional Problems, p. 70-71.
[88] ESTADOS UNIDOS. Suprema Corte. 84 Ct. Cl. 293 (1936), *certiorari* denegado: 300 U.S. 668 (1937).

Senado e em mais ninguém".[89] Essa ampla discricionariedade do Senado vem reforçada pela falta de precisão semântica da expressão "try", que não permite que se firme um *standard* jurídico capaz de permitir o exame judicial do procedimento adotado.[90] Essas duas características dão ao *impeachment* a natureza de questão política que afasta a possibilidade de revisão judicial.[91]

Ainda segundo *Rehnquist*, havia duas razões adicionais que justificavam a opção dos constituintes de não preverem a interferência do Judiciário, e da Suprema Corte em particular, no processo de *impeachment*. Em primeiro lugar, foram previstos dois diferentes processos a serem instaurados contra os indivíduos que cometessem ofensas constitucionais graves: um processo de *impeachment* e um autônomo processo criminal (art. I, §3, 7). A intenção de distinguir os dois foros fora de assegurar a independência dos dois julgamentos, o que ficava ainda mais evidente com a leitura de *O Federalista* n. 65:

> "Seria apropriado que as pessoas que se vissem privadas de sua honra e dos mais valiosos direitos de cidadão em um processo, fossem, em um outro, pelas mesmas ofensas, também privados de sua vida e fortuna? Não haveria maior razão para perceber que um erro na primeira sentença seria a raiz do erro da segunda sentença? Que a forte influência de uma decisão anularia a influência de outras novas luzes, que poderiam ser lançadas para mudar o destino da outra decisão?"[92]

---

[89] ESTADOS UNIDOS. Suprema Corte. *Nixon* v. *United States*, 506 U.S. 224 (1993).

[90] ESTADOS UNIDOS. Suprema Corte. *Nixon* v. *United States*, 506 U.S. 224, 229-236 (1993).

[91] ESTADOS UNIDOS. Suprema Corte. *Nixon* v. *United States*, 506 U.S. 224, 229-236 (1993). No voto proferido, nesse caso, o Juiz Souter chamava a atenção para a possibilidade de haver controle pelo Judiciário se o *impeahcment* fosse usado como desvio de finalidade ou abuso de poder: "One can, nevertheless, envision differente and unusual circumstances that might justify a more searching review of impeachment proceedings. If the Senate were to act in a manner seriously threatening the integrity of its results, convicting, say, upon a cointoss, or upon a summary determination that an officer of the United States was simply "a bad guy" (...), ante (...) judicial interference might well be appropriate. In such circumstances, the Senate's action might be so far beyon the scope of its constitucional authority, and the consequent impact on the Republic so great, as to merit a judicial response despite the prudential concerns that would ordinarily counsel silence."

[92] HAMILTON. *The Federalist Papers n.65*, p. 399.

Concluía-se que a revisão judicial do julgamento pelo Senado introduziria o mesmo risco de influência que se tentara evitar com a distinção dos dois processos e dos dois foros.

Uma segunda razão pode ser encontrada na inconsistência dessa revisão judicial com o sistema de freios e contrapesos, considerando-se que, no sistema norte-americano, o *impeachment* era o único sistema de controle do Poder Judiciário pelo Poder Legislativo. Outra vez as lições dos federalistas eram lembradas:

> "A precaução para a responsabilidade [dos Juízes] prevista no artigo que trata do *impeachment*. Eles serão acusados por má conduta pela Casa dos Representantes e julgados pelo Senado, e se condenados, podem ser destituídos de seu cargo e desqualificados para assumir qualquer outro. Esse é o único dispositivo que é consistente com a necessária independência da atividade judicial e é o único que nós encontramos em nossa Constituição relativamente aos nossos juízes."[93]

Essas lições autorizavam ao *Chief Justice* afirmar:

> "O envolvimento judicial no processo de *impeachment*, mesmo que para os fins apenas de revisão judicial, é contra-intuitivo, porque dilacera o 'importante freio constitucional' imposto ao Judiciário pelos constituintes."[94]

Contra o argumento de que a atividade solitária do Senado nessa matéria poderia induzir a abusos, aduziu-se que os próprios constituintes já se haviam antecipado a essa objeção, criando duas salvaguardas constitucionais. A primeira estaria na separação do juízo de acusação, afeto à Casa dos Representantes, do juízo de mérito, próprio do Senado, evitando o inconveniente de uma mesma pessoa acusar e julgar. A segunda estaria no quórum qualificado de dois terços para prolação de um decreto condenatório.

A Corte ainda reconhece, adicionalmente ao argumento de "atribuição textual", literal de competência, que a ausência de finalidade e a dificuldade de uma defesa convencional advogariam con-

---

[93] ESTADOS UNIDOS. Suprema Corte. *Powell v. McCormack*, 395 U.S. 486 (1969).
[94] ESTADOS UNIDOS. Suprema Corte. *Nixon v. United States*, 506 U.S. 224 (1993).

tra o controle judicial, sobretudo se fosse levado em conta que a abertura da porta para o exercício desse tipo de expediente, permitiria que os processos de *impeachment* expusessem a vida política do país, durante meses e talvez anos, ao caos.

Esses critérios, contudo, não são aplicados a juízos parlamentares de cassação do mandato de seus próprios membros.

Os membros do Congresso não são considerados "agentes civis" (*civil officers*) para fins de *impeachment*. No entanto eles podem ser destituídos de seus cargos. O artigo I, § 5, dispõe: "Cada Câmara será juiz das eleições, dos votos e da qualificação dos seus próprios membros. (...) Cada Casa (...) pode punir os respectivos membros em caso de conduta desonrosa e, pelo voto de dois terços, expulsar um deles."

Nos Estados Unidos, a Suprema Corte anulou a decisão da "Casa dos Representantes", que cassara o mandato do Republicano *Adam Powell* por "conduta incompatível" (*misconduct*)[95] com a sua condição de Deputado. A decisão tivera que enfrentar diversos argumentos contrários ao reconhecimento do poder de controle judicial de atos praticados pela Casa Legislativa contra seus próprios integrantes. Em nenhuma passagem, por exemplo, a Constituição norte-americana reconhecia expressamente esse poder ao Judiciário. Bem ao contrário, o artigo I, § 5 (1) determinava que cada Casa seria o Juiz da qualificação de seus próprios membros. Mas a literalidade haveria de ceder diante do contexto. De acordo com a Constituição, a Suprema Corte haveria de condenar todo exercício arbitrário de poder. E seria arbitrário a Casa dos Representantes cassar o mandato de um parlamentar por motivo não previsto na Constituição. Ora, a Constituição só reconhecia essa competência em relação aos requisitos de idade, cidadania e residência (art. I, 2), não tratando de "serious misconduct". Havia uma disposição constitucional especificando quais os requisitos ou qualificações que deveriam ser impostos aos Deputados, de forma precisa e limitada, e não uma cláusula geral sobre a qual pudesse a própria Casa Legislativa usar de discricionariedade em sua aplicação.[96]

---

[95] ESTADOS UNIDOS. Suprema Corte. *Powell* v. *McCormack*, 395 U.S. 486 (1969).

[96] Cf. decisão mais recente que analisa a jurisprudência da Corte: *Clinton* v. *Jones*, 520 U.S. 681 (1998).

# SEÇÃO IX
# O PODER CONSTITUINTE DERIVADO

De acordo com o artigo V da Constituição estadunidense, o procedimento de emenda à Constituição se opera em duas fases, cada uma delas podendo adotar duas formas. A primeira fase, de proposição, pode-se dar ou por meio de proposta de dois terços das duas Câmaras ou de uma convenção, convocada por decisão das legislaturas de dois terços dos Estados. A segunda fase, de ratificação, deliberará sobre as propostas, segundo o modo indicado pelo Congresso, ou por aprovação das legislaturas de três quartos dos diversos Estados ou da convenção que represente três quartos deles.

A Suprema Corte, nos passos da doutrina majoritária,[97] após posição inicial contrária,[98] passou a entender que esse procedimento de emendas constitucionais estava cometido exclusivamente ao controle do Congresso, de forma que a sua legitimidade constitucional não podia ser aferida judicialmente.[99] Os casos decididos no início do século XX, versando sobre a eficácia, o modo e o prazo de ratificação das emendas, pareciam indicar uma retomada da posição original.

Em 1920, no caso *Hawke* v. *Smith*, decidira que os Estados não podiam restringir o poder de ratificação das emendas, condicionando-a a um *referendum* popular.[100] Ficaram famosos, na mesma linha, os *National Prohibition Cases*, decididos também naquele ano, tendo a Corte declarado a validade da Emenda XVIII contra a tese de que seu conteúdo seria inconstitucional e de que havia sido incorreto o procedimento adotado.[101] Um ano depois, em *Dillon* v. *Goss*, sustentou-se que o Congresso podia limitar o tempo para

---

[97] FRIERSON. *Amending the Constitution of the United States*: a reply to Mr. Marbury, p. 659 et seq.

[98] ESTADOS UNIDOS. Suprema Corte. *Hollingsworth* v. *Virginia*, 3 Dall., 3 U.S. 378 (1798): validade formal de uma reforma.

[99] ESTADOS UNIDOS. Suprema Corte. *Luther* v. *Borden*, 7 How. 48 U.S. 1 (1849); *White* v. *Hart*, 13 Wall. (80 U.S.) 646 (1871); *Dodge* v. *Woolsey*, 18 How. (59 U.S.) 331 (1885).

[100] ESTADOS UNIDOS. Suprema Corte. *Hawke* v. *Smith*, 253 U.S. 221 (1920).

[101] ESTADOS UNIDOS. Suprema Corte. 253 U.S. 350 (1920).

ratificação da Oitava Emenda em sete anos: "a ratificação há de se dar dentro de um tempo razoável depois de sua proposição".[102] Em *United States* v. *Sprague*, a Corte refutou a tese de que a Oitava Emenda, por conferir aos Estados Unidos novos poderes diretos sobre os indivíduos, deveria ser ratificada apenas pelas convenções estaduais: "A escolha (...) do modo de ratificação está adstrita apenas à discricionariedade do Congresso."[103]

Em *Coleman* v. *Miller*, afirmou-se que a eficácia da ratificação de uma emenda pela legislatura de um Estado que a havia antes rejeitado, por possuir a natureza política, submetia-se ao controle do Congresso e não ao da Corte.[104] Em que pese o posicionamento uniforme em todos esses casos indicados, a doutrina tem vislumbrado, sobretudo a partir de *Dillon*, a possibilidade de haver algum tipo de controle sobre determinações congressuais de menor importância ou, ao menos, de ser possível a previsão de uma atuação ativa da Suprema Corte sobre os processos ou ações tendentes à alteração constitucional como forma de se lhes conferir maior legitimidade e imparcialidade, especialmente em relação às formas de convenção ainda não testadas pelos americanos.[105]

# SEÇÃO X
# O CONTROLE DE DISTRIBUIÇÃO DOS DISTRITOS ELEITORAIS

O conceito e o alcance das chamadas "questões políticas" variaram no tempo, ao sabor de mudanças de contextos políticos ou por influxo de uma doutrina que termine por revelar ângulos escondidos na compreensão anterior, autorizando o controle judicial sobre certas matérias até então imunizadas de tal controle. O problema da distribuição ou redistribuição do número de representantes dos distritos eleitorais, segundo a sua população, exemplifica bem isso.

---

[102] ESTADOS UNIDOS. Suprema Corte. 256 U.S. 368 (1921).

[103] ESTADOS UNIDOS. Suprema Corte. 282 U.S. 716, 730 (1931).

[104] ESTADOS UNIDOS. Suprema Corte. 307 U.S. 433 (1939); *Chandler* v. *Wise*, 307 U.S. 474 (1939).

[105] TRIBE. *American Constitutional Law*, p. 65, n. 9.

Em um primeiro caso, decidido em 1946, combateu-se o sistema de representação distrital do Estado de Illinois, sob o argumento de que os eleitores dos distritos mais populosos tiveram desrespeitado seu direito à igualdade perante a lei ou, na dicção mais exata do direito norte-americano, seu direito à igual proteção das leis, assegurado pela XIV Emenda. A Corte, no entanto, denegou o pedido. O Juiz *Frankfurter*, em nome da maioria situou a questão no campo da política, que fugia do controle judicial: "É atentatório ao sistema democrático envolver o Judiciário nas políticas do povo (*politics of people*)". Tanto mais quanto se vislumbrar na matéria uma competência reservada ao Legislativo:

> "A Constituição conferiu ao Congresso a competência exclusiva para garantir nas Assembléias dos Estados uma representação popular justa, atribuindo-lhe o poder de examinar se os Estados cumpriram fielmente com essa sua responsabilidade. Se o Congresso falhou no exercício desse poder, deixando que o padrão de justiça fosse ofendido, o remédio, em última instância, fica nas mãos do povo."[106]

A decisão se fundava em disposição expressa do texto constitucional norte-americano, que confere ao Congresso o dever de fazer uma distribuição de suas cadeiras proporcionalmente à população de cada Estado e de ser "the Judge of the Elections, Returns and Qualifications of its own Member".

O tempo, contudo, convenceria o Tribunal do contrário. Desde o início do século XX, o Estado do Tenessee não havia feito a redistribuição de seus distritos eleitorais, em descompasso não apenas com as alterações demográficas havidas em quase um século, mas também da exigência de fazê-lo imposta pela Constituição estadual. Certo era que o voto dos eleitores urbanos, agora em imensa maioria, valia bem menos do que o voto dos residentes nas zonas rurais do Estado. Foram longas as passagens do *decisum* que tentaram situar a doutrina das questões políticas no quadro do princípio de separação de poderes e de afastar aquele caso das balizas de *Colegrove* v. *Green*. Não se estava diante de uma ação realizada por outros ramos do Poder ou que dizia respeito à garantia republicana, mas de uma conduta ilegítima, de um não fazer inconstitucional, imputado ao Governo estadual, por violação da cláusula de igual pro-

---

[106] ESTADOS UNIDOS. Suprema Corte. *Colegrove* v. *Green*, 328 U.S. 549 (1946).

teção e manifestamente do princípio "um homem, um voto". O Juiz *Brennan*, escrevendo pela maioria, sintetizara a retirada do tema do manto de intangibilidade à jurisdição:

> "Foi possibilitado às cortes, desde a promulgação da XIV Emenda, reconhecer (...) que uma discriminação não reflete política, mas simplesmente uma ação arbitrária e caprichosa."[107]

No ano seguinte a *Baker* v. *Carr*, o Tribunal veio a derrogar o sistema de unidade por condado do Estado da Geórgia. De acordo com o Juiz *Douglas*, "o conceito da igualdade política desde a Declaração de Independência à Alocução de *Lincoln* em Gettysburg, às Emendas XV, XVII e XIX, só pode significar uma coisa: uma pessoa, um voto".[108] Naquele mesmo ano, o Juiz *Black* manifestou a desaprovação ao sistema por distritos também da Geórgia para escolha de seus representantes no Congresso, igualando distritos com o número de habitantes bem diferente: havia violação ao artigo 1.º, seção 2 da Constituição, dispondo que os representantes devem ser eleitos "pela população de vários Estados".[109] A cláusula de igual proteção foi outra vez usada, naquele mesmo ano, contra o esquema de repartição da legislatura do Estado do Alabama. O Juiz *Warren* reafirmou o princípio de "um homem, um voto", como base da representação democrática, comparando a discriminação do peso do voto fundada na residência à discriminação racial.[110]

---

[107] O voto vencido do Juiz Frankfurter negava a pertinência da questão com a cláusula de igual proteção: "Manifestly, the Equal Protection Clause supplies no clearer guide for judicial examination of appartionment methods. (...) Apportionment, by its character, is a subject of extraordinary complexity, involving (...) considerations of geography, demography, electoral convenience, economic and social cohesions or divergencies among particular local goups, communications, the practical effects of political institutions like the lobby and the city machine, ancient traditions and tie of settles usage, respect for proven incumbents of long experience and senior status, mathematical mechanics, censures compiling relevant data, and a host of others". ESTADOS UNIDOS. Suprema Corte. *Baker* v. *Carr*, 369 U.S. 186, 323 (1962).

[108] ESTADOS UNIDOS. Suprema Corte. *Gray* v. *Sanders*, 372 U.S. 368, 381 (1964).

[109] ESTADOS UNIDOS. Suprema Corte. *Wesberry* v. *Sanders*, 276 U.S. 1 (1964).

[110] ESTADOS UNIDOS. Suprema Corte. *Reynolds* v. *Sims*, 377 U.S. 533 (1964); cf. ainda *Maryland Committee for Fair Representation* v. *Tawes*, 377 U.S. 656 (1964); *Lucas* v. *44th General Assembly*, 377 U.S. 713 (1964): os eleitores do Colorado haviam aprovado um plano de redistribuição que previa uma câmara baixa baseada na população e uma câmara

Nenhum sistema de repartição de competência poderia suplantar o dever do Judiciário de proteger os direitos individuais constitucionalmente consagrados.[111]

## SEÇÃO XI
## AS DISPUTAS PARTIDÁRIAS INTERNAS

A mudança de perspectiva do alcance das questões políticas também se fez presente nos casos de disputas partidárias internas. Em *O'Brien* v. *Brown*, discutia-se se teria sido legítima a decisão tomada pela convenção democrática da Califórnia, de 1972, no sentido de afastar alguns dos delegados do Senador *McGovern*, eleitos nas primárias daquele Estado, dando lugar aos delegados favoráveis ao Senador *Humphrey*, de modo a melhor refletir a distribuição dos votos naquelas eleições. A Suprema Corte, reformando decisão do Tribunal de Apelação do Distrito de Colúmbia, declarou-se incompetente para resolver a questão, dada a sua natureza política, pois caberia não às cortes, mas, historicamente, à Convenção resolver controvérsias da espécie.[112]

Alguns anos depois, voltou atrás. Em *Cousins* v. *Wigoda*, a Corte não se viu obstada pelo precedente, pois, embora se tratasse de uma disputa por credenciais análoga à anterior, examinou o mérito da questão posta pelo autor, acolhendo o seu pedido.[113] Diver-

---

alta baseada em outros fatores; *Davis* v. *Bandemer*, 106 S.Ct. 2.797 (1986): suposta inconstitucionalidade da legislação estadual em Indiana que redefinira os distritos legislativos do Estado após o censo de 1980, objetivando reduzir a probabilidade de vitória dos candidatos democratas. A despeito da equivalência da população de cada distrito, o plano de redistribuição diluía a força dos votos democratas como um grupo. A Corte não viu bases para a tese de um direito coletivo de igual poder político sob a XIV Emenda: aquela manobra política só poderia ser invalidada se levasse a "consistently degrade a voter's or a group of voters' influence on the political process as a whole" (p. 2810).

[111] BICKEL. *The Least Dangerous Branch*, p. 189 et seq.; TRIBE. *American Constitutional Law*, p. 1.063 et seq.

[112] ESTADOS UNIDOS. Suprema Corte. 409 U.S. 1 (1972).

[113] ESTADOS UNIDOS. Suprema Corte. 419 U.S. 477 (1975).

sos outros casos se seguiram, envolvendo o mesmo tema, sem que a prejudicial de falta de jurisdição fosse acolhida.[114]

---

[114] ESTADOS UNIDOS. Suprema Corte. *Marchioro* v. *Chaney*, 442 U.S. 191 (1979); *Democratic Party of United States* v. *Wisconsin*, 450 U.S. 107 (1981).

# Capítulo III
# SISTEMA EUROPEU

Podemos analisar a atuação das Cortes Constitucionais da Alemanha (I), da Espanha (II) e da Itália (III), além do Conselho Constitucional (IV) no desenho de sua própria competência.

## SEÇÃO I
## A CORTE CONSTITUCIONAL FEDERAL ALEMÃ

A doutrina germânica, sem perder de vista a importância da Corte Constitucional Federal para estrutura e desenvolvimento da ordem jurídica alemã, tem-se limitado a fazer recomendações de que a Corte exerça uma auto-restrição de suas atividades, de forma a permitir a realização plena das competências dos outros órgãos e Poderes e, conseqüentemente, o respeito do postulado constitucional da divisão de poderes. A própria Corte, por mais de uma vez, tem afirmado a necessidade de sua autocontenção, sem prejuízo, contudo, de seu papel de guardiã constitucional e de cooperadora da construção do Estado democrático de Direito.[1] A grande dificuldade encontrada no atendimento dessa necessidade está na sua própria

---

[1] ALEMANHA. Corte Constitucional Federal. *BVerfGE* 36, 1 (14).

formulação, como pauta aberta que contém uma máxima, mas não apresenta nenhum critério de densificação, reduzindo-se, quase sempre, à mera exortação, declaração de princípio ou a uma "figura de retórica" ambígua.[2] A imprecisão e até a contradição dessa doutrina parecem evidentes quando se considera que todas as questões constitucionais envolvem questões essencialmente políticas em seu significado,[3] resultando em uma "Sesam-öffne-Dich-Wort".[4]

Sob o nome genérico que receba, têm-se destacado duas ordens de limites: (1) funcionais e (2) interpretativas.[5]

## § 1. Limites funcionais

Os limites funcionais decorrem da divisão de poderes que atribuem ao Parlamento, ao Governo, à Administração e à Jurisdição Ordinária, âmbitos próprios de ação e decisão autônomas. O Parlamento, por exemplo, é livre no uso de suas faculdades legislativas, na determinação de prioridades e no recurso a meios orçamentários, tendo, a propósito, a Corte limitado ao essencial a obrigação que tem o legislador de regular[6] e sido tolerante com as margens de experimentação, desde que mantida a obrigação de ser seguida no futuro.[7] O Governo também é livre em sua política interior e exterior,[8] assim como a Jurisdição Ordinária é livre para interpretar e aplicar o direito infraconstitucional, não podendo a Corte fazer juízo de funcionalidade ou justiça quanto à solução a que chegaram no exercício daquelas competências.[9]

Especificamente no tocante à Administração, tem-se reconhecido aos tribunais a legitimidade para controlar a legalidade, alargada pela exigência de proporcionalidade, das decisões administrativas,

---

[2] DOLZER. *Verfassungskonkretisierung durch das Bundesverfassungsgericht und durch politische Verfassungsorgane*, p. 23.

[3] LIMBACH. *Das Bundesverfassungsgericht als politischer Machtfaktor*, p. 2b.

[4] Ibidem.

[5] HESSE. *Funkionelle Grenzen der Verfassungsgerichtsbarkeit*, p. 261 et seq.; SIMON. *La Jurisdicción Constitucional*, p. 850 et seq.

[6] ALEMANHA. Corte Constitucional Federal. *BVerfGE* 47, 46 (78).

[7] ALEMANHA. Corte Constitucional Federal. *BVerfGE* 43, 291 (321); 83, 1 (21 ss).

[8] ALEMANHA. Corte Constitucional Federal. *BVerfGE* 4, 157 (16); 40, 141 (177).

[9] SIMON. *La Jurisdicción Constitucional*, p. 851.

podendo anulá-las, mas nunca impor uma outra em substituição. Discute-se muito, naquele País, essa revisibilidade ampla sobre a administração, falando-se em "deslizamento do Estado de direito para um Estado judicial". É comum encontrar ali uma classificação dos atos administrativos não controláveis pelo Judiciário: por impossibilidade fática de julgá-los (atos ou juízos administrativos de valor); por falta de competência dos tribunais (qualificação de um edifício como monumento histórico ou artístico) e por constituir decisões de prognósticos ou atribuições deferidas pela lei à administração e não à justiça. O respeito à *Zweckmäbigkeit* não impede a obrigação de respeito ao princípio da proporcionalidade entre meios e fins pela administração pública mesmo "no exercício de um poder autorizado";[10] exigindo, nos casos de tratamento excepcional ou de exceções, um rigor imposto pela cláusula de dureza (*Härteklauseln*), de forma que o "tipo e medida de controle estatal devam ser adequados à situação para a qual foram previstos".[11]

A atuação do *Bundesverfassugsgericht* se contém dentro das fronteiras traçadas constitucionalmente, que não lhe reconhecem poder normativo ou de iniciativa, nem o inserem entre as instâncias políticas responsáveis pela "conformação ativa da comunidade e de seu futuro", limitando-se apenas a declarar inconstitucional, ou não, um ato dos outros poderes públicos.[12] O respeito às competências alheias e o reconhecimento de que as respostas a certas demandas não podem ser dadas pelo trabalho de natureza jurisdicional, controlada, em princípio, pelas pautas legais e, ao fim, pela própria Constituição, por exigirem tarefas afetas à "livre decisão" de outros órgãos constitucionais, ainda que sob outra roupagem e alcance, fazem lembrar a *judicial self-restraint* e a *political question doctrine* norte-americanas.

## § 2. LIMITES INTERPRETATIVOS

A exigência também do princípio de divisão dos poderes e o princípio democrático[13] não se coadunam com uma interpretação sem limites, que perpasse a distinção entre o poder normativo e o

---

[10] ALEMANHA. Corte Constitucional Federal. *BVerfGE* 8, 274.

[11] ALEMANHA. Corte Constitucional Federal. *BVerfGE* 20, 150.

[12] ALEMANHA. Corte Constitucional Federal. *BVerfGE*, 50, 1 sub 2.

[13] ALEMANHA. Corte Constitucional Federal. *BVerfGE* 50, 290 (337).

poder de intérprete. Essa limitação exige um especial cuidado com as chamadas "cláusulas abertas" ou "indeterminadas", tanto quanto as que definem tarefas estatais, reconhecendo-se no legislador o "protagonista central" na formação da comunidade política,[14] não sendo acertadas as investidas ativistas tendentes a prefixar o sentido dessas cláusulas, dificultando soluções consensuais futuras.

No intento de se autoconter ou de respeitar essa ordem de limitações, a Corte tem elaborado diversas técnicas, como o juízo de funcionalidade de uma lei,[15] interpretação conforme à Constituição ou a negativa de julgar as leis segundo o critério de "conformidade ao sistema".[16]

# SEÇÃO II
# O TRIBUNAL CONSTITUCIONAL ESPANHOL

Na Espanha, o artigo 2.º da Lei Reguladora da Jurisdição do contencioso administrativo de 1956 exclui da esfera de competência daquela jurisdição os chamados atos de governo, sem prejuízo das ações de indenizações por perdas e danos decorrentes da prática daqueles atos. De acordo com esse dispositivo, são atos políticos do governo aqueles que afetam a defesa do território nacional, as relações internacionais, a segurança interna do estado e organização militar. A jurisprudência espanhola tem reputado essa enumeração como de caráter meramente exemplificativo (STS de 20/3/1962; STS de 2/10/1964), embora venha restringindo seu alcance, sobretudo em relação à segurança interna e à ordem pública. Os atos de execução dos convênios internacionais não são considerados políticos e se tem exigido uma repercussão nacional das questões de mando e organização militar para receberem a mesma qualificação. Ao lado desse elemento descritivo-material, a lei traz um outro, de natureza subjetiva, ao reputar políticos os atos ditados pelo Conse-

---

[14] ALEMANHA. Corte Constitucional Federal. *BVerfGE* 89, 155.

[15] ALEMANHA. Corte Constitucional Federal. *BVerfGE* 30, 250.

[16] ALEMANHA. Corte Constitucional Federal. *BVerfGE* 59, 36 (49); 61, 138 (148).

lho de Ministros. O intento do legislador, como expressa a própria Exposição de Motivo, foi claramente distinguir dos atos administrativos discricionários os atos políticos, sujeitando aqueles e não estes ao controle judicial, segundo decisão bem fundada de denegação da justiça. De acordo com *Carlos Balbin*, aquela lei criou três categorias diferentes de atos administrativos: a) os submetidos ao direito administrativo e que são conhecidos pela jurisdição contenciosa; b) os não submetidos ao direito administrativo, nem à jurisdição contenciosa e por fim c) os atos políticos que também se subtraem àquela jurisdição.[17] A dupla exigência legal para definição dos atos políticos foi acolhida e aplicada pela jurisprudência do Tribunal Supremo (STS n. 10/1962).

A superveniência da Constituição de 1978, sobretudo do direito à tutela judicial efetiva, assegurado pelo artigo 24.1, colocou sob suspeita a legitimidade constitucional da exclusão determinada pelo referido artigo 2.º. O Tribunal Constitucional, contudo, considerou válido tal dispositivo, argumentando que a tutela judicial efetiva haveria de ser interpretada como garantia de controle jurisdicional dos atos administrativos e da utilidade da decisão judicial (STC de 8/6/1981).

O Tribunal Supremo continuou, então, a perfilhar a sua linha jurisprudencial, elaborada anteriormente, mas é importante registrar que seu desenvolvimento ulterior permitiu divisar uma distinção dos chamados atos parlamentares não legislativos, próximos aos *interna corporis* italianos (I), e os atos parlamentares políticos (II), que vieram se somar aos anteriores atos políticos do governo e aos atos administrativos discricionários. Um ponto de viragem decisivo se deu com a sentença de 9 de junho de 1987. Um Deputado basco havia formulado ao Executivo um pedido de informações sobre as pessoas que haviam recebido pensão após o término de seus mandatos políticos. O Executivo negou-se a fornecer os nomes e o Parlamento considerou injustificada a negativa, levando o Deputado a ajuizar um recurso perante a Audiência Territorial de Bilbao, alegando violação ao direito fundamental previsto no artigo 23 da Constituição Espanhola. A Audiência deu seguida ao pedido, mas o Tribunal Supremo não o acolheu, alegando tratar-se de um ato de governo, segundo a fundamentação de que: (a) existia uma atividade individual de um Deputado que havia tramitada pela Câ-

---

[17] BALBIN. *El Control de los Actos Políticos*, p. 44.

mara e que, portanto, tinha natureza parlamentária; (b) o ato pelo qual o Parlamento deu conhecimento ao governo da iniciativa do Deputado era também de natureza parlamentária; e (c) o ato de contestação do governo à Câmara não era um ato parlamentário, mas sim de natureza política, especificamente institucional ou de relações institucionais.[18]

## § 1. Atos parlamentares internos (não legislativos)

De acordo com o Tribunal Supremo, em decisão proferida em 16 de janeiro de 1985 e reiterada em setembro daquele ano, as resoluções que impedem ou põem fim à tramitação de um projeto de lei não são recorríveis. Os regulamentos das Câmaras são suscetíveis de declaração de inconstitucionalidade, embora as resoluções interpretativas não o sejam, exceto por meio de recurso indireto em face de atos de aplicação. Essa é a senha do controle judicial. Prevê o artigo 42 da Lei Orgânica do Tribunal Constitucional – LOTC que as decisões ou atos sem valor de lei, emanados das Cortes ou de quaisquer de seus órgãos, ou das Assembléias legislativas das Comunidades Autônomas, ou de seus órgãos, que violem os direitos e liberdades susceptíveis de amparo constitucional, poderão ser recorridos dentro do prazo de três meses, desde que, com base nas normas internas das Câmaras ou Assembléias, sejam "firmes". Tratando-se de matéria de pessoal de administração, a Lei Orgânica do Poder Judiciário prevê recurso contencioso-administrativo à sala respectiva do Tribunal Supremo (art. 58.1). Discute-se se em relação aos atos parlamentares sem valor de lei se deve esgotar a via judicial para a interposição do amparo, como se exige para os atos de administração ou nas resoluções em matéria de pessoal (art. 43.1 da LOTC); mas é certo, todavia, que "somente quando lesionem um direito fundamental reconhecido na Constituição e não por infração pura e simples de um preceito do regulamento da Câmara, são recorríveis em amparo tais atos internos, em virtude do disposto no art. 42 LOTC" (STC n. 12/1986).

## § 2. Atos parlamentares de natureza política

A jurisprudência do Tribunal Supremo é mais restritiva do que a do Tribunal Constitucional, à admissibilidade do controle ju-

---

[18] BALBIN. *El Control de los Actos Políticos*, p. 49.

dicial. O TS não conheceu do amparo ajuizado contra uma informe do Ministro da Defesa, lido no plenário da Câmara dos Deputados (STS n. 60/1981), nem por violação ao direito à honra contra uma pergunta parlamentar (STS n. 147/1982); sequer admitiu os recursos interpostos por parlamentares suspensos em seus direitos e prerrogativas por não terem acatado a Constituição (STS n. 101/1983, 122/1983). Na sentença n. 16/1984, não admitiu também o amparo contra a proposta da designação do Presidente da Deputação Foral Navarra em um membro de um partido minoritário. O Tribunal Constitucional, no entanto, acatou o recurso e se pronunciou pela designação do candidato do partido majoritário. Na sentença n. 90/1985, caso Barral, o TC considerou-se competente para conhecer de um recurso interposto contra decisão do Senado de não conceder o pedido de julgamento de um Senador, por entender que mesmo os atos internos às Câmaras seriam objeto de controle judicial, desde que interessassem à coletividade:

> "Qualquer ato do Parlamento com relevância jurídica externa, isto é, que afete situações que excedam ao âmbito estritamente próprio do funcionamento interno das Câmaras, fica sujeito, começando pelos de natureza legislativa, não só às normas de procedimento que, para o caso, estabeleça a Constituição Espanhola, mas também ao conjunto de normas materiais que, na mesma Constituição, se contêm (...)".

A seguir, o Tribunal lançou as bases ou as pautas do controle:

> "A denegação do pedido há de ser considerada correta desde a perspectiva do artigo 24.1 da CE [tutela judicial efetiva] unicamente no caso em que dita denegação seja conforme com a finalidade que a instituição da imunidade parlamentar persegue (...)".

Concluiu pela desvinculação da finalidade do ato que produziu uma violação de um direito fundamental, declarando nula a decisão do Senado. A chave da fiscalização dos atos políticos, portanto, está na vulneração de um direito fundamental. Todavia, mesmo aqui, há temperamentos favoráveis à política. Essa proteção aos direitos e liberdades das pessoas não pode desvirtuar a essência de um sistema político. Revisando sua jurisprudência, o Tribunal Supremo também passou a reconhecer a possibilidade de revisão judicial dos atos de natureza política, desde que algum direito fundamental fosse violado, com a condição de que a via judicial do contencioso-administrativo seja esgotada e de que a tutela das liberdades não interfira na "ordem constitucional democrática", gerando desvirtuamento do sistema político (STS de 9/6/1987).[19]

# SEÇÃO III
# A CORTE CONSTITUCIONAL ITALIANA

O âmbito de controle jurisdicional da constitucionalidade, na Itália, encontra-se limitado por duas grandes áreas, a dos *interna coporis* (1) e a da *political question* (2).

## § 1. *INTERNA CORPORIS ACTA*

Por *interna corporis* se entendem os atos e atividades realizados no interior das Casas Legislativas.[20] A doutrina dos atos *interna corporis* na Itália sempre apregoou a irrevisibilidade judicial dos atos parlamentares, tanto daqueles do procedimento legislativo, quanto dos atos administrativos parlamentares e dos atos de execução orçamentária. O respeito ao princípio da divisão de poderes era a preocupação fundamental dos doutrinadores que viam na possibilidade de fiscalização daqueles atos a submissão do Parlamento ao Judiciário, com o esvaziamento da eficácia, por exemplo, da mensagem dos presidentes das duas Câmaras e da Câmara revisora ao Presidente da República, no curso de tramitação dos projetos de lei.[21] Tinha-se assim, por tradição, a plena autonomia normativa e organizatória das Casas Legislativas, o que veio a receber o reconhecimento expresso pelo texto constitucional de 1946, em seu artigo 72: "cada Câmara adota o próprio regulamento".

A Corte Constitucional, na sentença n. 9/1959, restringiu essa doutrina, ao reconhecer sua competência para julgar a constitucionalidade da formação das leis, sempre que estivesse presente um parâmetro constitucional e não apenas normas regimentais. O Presidente de

---

[19] BALBIN. *El Control de los Actos Políticos*, p. 53.
[20] MARTINES. *Diritto Costituzionale*, p. 341.
[21] BARILE. *Instituzioni di Diritto Pubblico*, p. 155.

uma Comissão da Câmara de Deputados havia modificado o projeto de lei aprovado, encaminhando-o à outra Casa, obedecendo a uma velha prática da Câmara que permitia ao seu Presidente ou ao Presidente de uma de suas comissões enviar ao Senado um texto distinto daquele que havia sido aprovado. Questionada sobre o assunto, a Corte reconheceu que tais práticas eram próprias do funcionamento dos corpos colegiados, não contrariando o texto constitucional, e, por conseqüência, não poderiam sofrer reparo jurisdicional.[22] A admissibilidade, em tese, da possibilidade de fiscalização dos atos de formação das leis, consoante às normas constitucionais, significou um grande avanço do poder de controle jurisdicional desses atos, anteriormente deixados ao puro juízo e arbítrio dos órgãos legislativos. Em tema de inconstitucionalidade, portanto, passou-se a admitir o controle dos vícios formais ou procedimentais, ao lado do controle dos vícios materiais.

No entanto, a interpretação razoável da Constituição dada pelos regimentos legislativos, tanto quanto aqueles dispositivos regimentais que não tenham paralelo na Constituição, mas antes estabeleçam as normas de organização e funcionamento interno e até a interpretação que a própria Casa der a essas normas continuam de fora do controle jurisdicional, dada a sua qualidade de atos *interna corporis*. Não pode, por isso, haver um controle sobre a regularidade regimental ou a modalidade das votações de uma Câmara.[23] Nem se admite que se possam fiscalizar disposições sobre a formação de grupos parlamentares,[24] o modo de convocação do órgão ou o modo como é determinada a maioria.[25] Na sentença n. 78/1984, discutia-se a violação do artigo 64 da Constituição, que determina que as decisões de cada uma das Casas sejam aprovadas pela maioria dos presentes, pelo regulamento interno da Câmara dos Deputados. A Corte negou a inconstitucionalidade, argumentando que o artigo 64 deixava uma ampla margem à interpretação do legislador e que a interpretação que lhe dera a Câmara não podia ser fiscalizada judicialmente, por ser de sua alçada exclusiva. Também se tem reconhecido a autonomia contábil das Câmaras, inclusive em rela-

---

[22] Cf. crítica de BARILE. *Instituzioni di Diritto Pubblico*, p. 156.

[23] ITÁLIA. Corte Constitucional. Sentença n. 379/1996, já antes preconizado por BARILE. *Instituzioni di Diritto Pubblico*, p. 263.

[24] CUOCOLO. *Principi di Diritto Costituzionale*, p. 498.

[25] MARTINES. *Diritto Costituzionale*, p. 34.

ção à Corte de Contas, restringindo-se o controle da gestão do dinheiro público ao âmbito interno da própria Casa, segundo a disciplina prevista nos respectivos regimentos.[26] As condutas parlamentares, realizadas dentro das Casas, acham-se regidas pelo regimento, com exclusão de outras normas jurídicas (civis ou penais), de modo que a conseqüência da substituição de um Deputado por outro, no momento do voto, deve ser avaliada e sancionada, se for o caso, de acordo com a norma interna e pela própria Casa.[27]

Também o artigo 66 da Constituição atribui exclusivamente a cada Câmara o poder-dever de julgar os títulos de admissão de seus componentes e as causas supervenientes de inelegibilidade e de incompatibilidade. Cabe, na prática, à Junta Eleitoral, a pedido ou de ofício, avaliar a regularidade do pleito, bem como a ocorrência de inelegibilidade ou incompatibilidade, endereçando suas conclusões à Assembléia a quem cabe deliberar. Segmentos da doutrina têm reputado anacrônica essa norma por dar um amplo poder discricionário às Câmaras, a ponto de se registrarem alguns casos de candidatos que, mesmo tendo obtido um maior número de votos, não conseguiram ser declarados eleitos.[28] Curiosa, no entanto, é a possibilidade de controle pela Corte da regularidade da deliberação das Câmaras relativamente à avaliação da conduta de seus membros,[29] de modo a evitar a aplicação arbitrária dos respectivos poderes, por exemplo, consentindo que Deputados ou Senadores, enquanto tais, ajam sem qualquer cuidado ou consideração com a honra e reputação dos cidadãos em geral.[30]

## § 2. A CORTE CONSTITUCIONAL ITALIANA E O LIMITE DA *POLITICAL QUESTION*

Embora não se possa encontrar na jurisprudência constitucional italiana uma doutrina de *political question* tão elaborada como aquela norte-americana, não faltam elementos que revelam, no mínimo, um exercício prudente da Corte Constitucional em desenhar

---

[26] ITÁLIA. Corte Constitucional. Sentença n. 129/1981; PALADIN. *Diritto Costituzionale*, p. 315.

[27] ITÁLIA. Corte Constitucional. Sentença n. 379/1996.

[28] PALADIN. *Diritto Costituzionale*, p. 316.

[29] ITÁLIA. Corte Constitucional. Sentença n. 289/1998.

[30] ITÁLIA. Corte Constitucional. Sentença n. 129/1996.

seus próprios limites. Na realidade, a Corte hoje já ocupa um lugar de destaque no cenário constitucional italiano, atraindo muito mais aplausos do que críticas. Inicialmente, no entanto, essa platéia era bem mais hostil. Era imperiosa a sua afirmação prático-pragmática, vale dizer, de legitimação pelos seus resultados, como assinala *Cheli*:

> "A Corte necessitava acumular muito rapidamente sua própria 'força política' para compensar e suprir a ausência daquela envergadura e tradição histórica que os outros órgãos chamados a operar internamente na forma de governo, eram, ao invés, detentores em larga escala. Nessa operação de autolegitimação e de acumulação veloz de poder, a Corte usou com grande perspicácia e flexibilidade os instrumentos formais a sua disposição, embora tenha também podido utilizar os vazios consistentes deixados pelas disfunções e pelas dificuldades que, naqueles anos, caracterizaram a vida política e institucional italiana."[31]

Passados esses nebulosos anos, a Corte já não mais respirava um ar rarefeito, embora continuasse a se valer sobretudo de expedientes formais ou processuais para ir construindo as fronteiras de seu próprio poder.

O artigo 28 da Lei n. 87/1953 excluía do controle de constitucionalidade da lei toda avaliação de natureza política e todo tipo de fiscalização sobre o exercício do poder discricionário do Parlamento.[32] Sem embargo, o desenvolvimento da jurisprudência da Corte, sobretudo com a elaboração de uma verdadeira tipologia de sentenças de inconstitucionalidade, tem revelado um caráter muito mais ativo do que outras cortes constitucionais européias, ao adentrar em muitos casos na análise da própria discricionariedade legislativa. Mas não faltam esforços para sua limitação. A própria Corte já pôs em relevo a inadequação das decisões aditivas ou manipulativas "não como uma solução unívoca e constitucionalmente obrigatória, mas, ao contrário, como uma possibilidade abstrata de uma nova produção legislativa".[33] Mais recentemente, ainda, passou a adotar

---

[31] CHELI. *Introduzione a Corte Costituzionale e Sviluppo della Forma de Governo in Italia*, p. 15.

[32] ZAGREBELSKY. *La Giustizia Costituzionale*, p. 323.

[33] ITÁLIA. Corte Constitucional. Sentença n. 8/1987. *Giurisprudenza Costituzionale*, 1987, p. 59.

as sentenças aditivas de princípios que, diferentemente das aditivas tradicionais, possuidoras de norma imediatamente aplicável, limitam-se a apresentar "princípios gerais" que devem informar a intervenção do legislador.[34]

A doutrina italiana, ao falar dos limites da jurisdição da Corte, é obrigada a se deter em dois tipos de pronunciamento que ela profere: a rejeição do pedido por falta de fundamento manifesto (*decisioni di manifesta infondatezza*) e por inadmissibilidade (*decisioni d'inammissibilità*). Do ponto de vista processual, há uma grande diferença entre elas. A primeira é de exame do mérito; a segunda, detém-se a aspectos de ordem processual.[35] Essa diferença importa outra: para discutir o mérito, a Corte tem de apresentar uma ampla justificação, enquanto as sentenças de inadmissibilidade são "secas", não trazendo qualquer tipo de sugestão ou indicação ao legislador, seja em sentido positivo, seja em sentido negativo;[36] e aqui surge uma terceira diferença: a *infondatezza* se dirige mais aos protagonistas processuais e tem forte, em muitos casos, o apelo ao legislador; a *inammissibilità* se dirige mais aos juízes, numa espécie de "pedagogia da questão de inconstitucionalidade".[37]

Como então se articula essa distinção com o problema ora tratado? Em princípio, os pronunciamentos de mérito não seriam próprios para se revelarem as áreas não jurisdicionáveis, se considerarmos que o pressuposto da competência da Corte terá exigido um exame prejudicial. Será, portanto, a inadmissibilidade o resultado esperado do enfrentamento de questões que não suscitem eficazmente uma resposta judicial. Em tese, isso é verdadeiro. Na prática, a Corte se tem valido das duas técnicas indistintamente, embora dando prevalência, por óbvio, à extinção sem julgamento do mérito.[38]

---

[34] ITÁLIA. Corte Constitucional. Sentença n. 215/1987. *Giurisprudenza Costituzionale*, 1987, p. 1613; n. 421/1991. *Giurisprudenza Costituzionale*, 1991, p. 3597; n. 232/1992. *Giurisprudenza Costituzionale*, 1992, p. 1799; n. 143/1993. *Giurisprudenza Costituzionale*, 1993, p. 1120.

[35] PIPERNO. *Corte Costituzionale e il Limite di Political Question*, p. 159-160.

[36] CERVATI. *Tipi di Sentenze e Tipi di Motivazioni nel Giudizio Incidentale di Costituzionalità delle Leggi*. Apud PIPERNO. *Corte Costituzionale e il Limite di Political Question*, p. 162.

[37] CERRI. *Inammissilità "assoluta" e Infondatezza*, p. 1219.

[38] PIPERNO. *Corte Costituzionale e il Limite di Political Question*, p. 161.

Seja por decisão de mérito, seja por inadmissibilidade, o que, afinal, significará para o ordenamento italiano uma questão não jurisdicionável? Para *Cerri*, são todas aquelas questões que, em tese, integram o âmbito da jurisdição constitucional, mas que excepcionalmente se subtraem, por uma relevância política particular, por razões extraordinárias (*extra ordinem*) dos problemas tratados, como hipóteses de competência da Corte.[39]

A grande preocupação que ocupa os juízes na definição do que seja não jurisdicionável está centrada no princípio da separação dos poderes, especialmente na especialização de certos órgãos para tomada de determinadas decisões, que não cabem ser avaliadas por sua oportunidade ou por sua conveniência, enfim, por seu mérito. A discricionariedade de segundo grau da Corte se localiza assim em evitar a sobreposição da discricionariedade do legislador ou da administração. Isso fica bem evidente nas questões de igualdade (a) e de lacunas (b):

(a) Questões de igualdade: em regra, a Corte se tem recusado a examinar tratamentos diferenciados dispensados pelo legislador a certas situações, sob a inspiração de parâmetros objetivos, postos à sua disposição. Tem-se argumentado que uma intervenção judicial em casos assim, além de ferir a discricionariedade legislativa, pode gerar situações ainda mais gravosas, "não bastando uma adequação mais favorável pelos riscos de se criarem outras desigualdades".[40]

(b) Questões de lacunas: a autolimitação normalmente impede o Tribunal a colmatar a lacuna denunciada no ordenamento jurídico, a menos que seja a única solução constitucional possível.[41] Um caso paradigmático pode ser encontrado na sentença n. 11/1998, em que se declarou não fundada a questão de se poder deduzir da renda do contribuinte os gastos despendidos com a hospitalização de enfermos po-

---

[39] CERRI. *Inammissilità "assoluta" e Infondatezza*, p. 1219.

[40] ITÁLIA. Corte Constitucional. Sentença n. 205/1983. *Giurisprudenza Costituzionale*, 1983, p. 1214; n. 393/1987. *Giurisprudenza Costituzionale*, 1987, p. 882.

[41] ITÁLIA. Corte Constitucional. Sentença n. 230/1985. *Giurisprudenza Costituzionale*, 1985, p. 1873; n. 350/1985. *Giurisprudenza Costituzionale*, 1985, p. 2429; n. 39/1986. *Giurisprudenza Costituzionale*, 1986, p. 317.

bres, sob o argumento de que somente ao legislador cabia fazer tal previsão.[42]

# SEÇÃO IV
# CONSELHO CONSTITUCIONAL FRANCÊS

A França merece um destaque à parte no cenário europeu. É que, em tese, o Conselho Constitucional francês pode examinar, em seu controle, o mérito da lei antes de sua promulgação, mas em face da tradição daquele País, hostil à idéia de fiscalização de constitucionalidade das leis, ao seu caráter essencialmente preventivo e a aspectos de natureza processual, não se pode concluir no sentido de ser o Conselho o mais ativo dos órgãos da jurisdição constitucional daquele continente. Isso, no entanto, não diminui o interesse em examinar aqui a contribuição que a experiência francesa tem a oferecer ao debate, sobretudo se considerarmos que a teoria dos atos de governo teve grande aceitação naquele País, importando saber qual o significado hoje desses atos.

Diante de conflitos entre direitos fundamentais ou entre esses e os "objetivos de valor constitucional" (interesse geral, ordem pública, respeito às liberdades dos outros, preservação do caráter pluralista), o Conselho opera em vista de uma conciliação ou arbitragem dos interesses contrapostos. Esse controle, no entanto, não exclui sequer a discricionariedade do legislador, estendendo-se até à apreciação da oportunidade das medidas legislativas tomadas. Certo é que, embora não disponha de um poder geral de apreciação e decisão idêntico ao do Parlamento, ele pode sancionar um "erro manifesto da apreciação", feita pelo legislador, por exemplo, da necessidade de nacionalizar um empresa[43] ou de criar uma restrição a uma situação ou posição decorrente de uma liberdade.[44]

---

[42] ITÁLIA. Corte Constitucional. Sentença n. 11/1998.

[43] FRANÇA. Conselho Constitucional. *DC* de 16/1/1982.

[44] FRANÇA. Conselho Constitucional. *DC* de 10-11/10/1984; decisão n. 93-325. *DC* de 13/10/1993. TURPIN. *Contentieux Constitutionnel*, p. 143; HABIB. *La Notion d'Erreur Manifeste d'Appréciation dans la Jurisprudence du Conseil Constitucionnel*, p. 712; PANTHOREAU. *La Reconnaissance des Droits non-Écrits par les Cours Consntitutionnelles*, p. 77.

Mas é preciso anotar que mesmo nesse limite de exercício discricionário da discricionariedade legislativa, a política se revela apenas pelo conteúdo que desperta o exame pelo Conselho ou que, disfarçadamente, pode interferir numa decisão em um ou outro. O código do debate será, todavia, jurídico. Quando o conflito em torno das nacionalizações foi transferido para o Conselho, os discursos políticos foram substituídos apenas por argumentos aceitáveis e aceitos no campo jurídico: a interpretação dos textos constitucionais, a conciliação de princípios jurídicos contraditórios, a definição e controle das características da prévia e justa indenização. Não se vai argumentar que a nacionalização é a via correta, por se adequar a um modelo político socialista mais justo, ou que é incorreta, por ferir o sistema de mercado muito mais eficiente. Da mesma forma, quando o Presidente da República transmite ao Conselho a questão do protocolo da Convenção Européia dos Direitos dos Homens, relativa à abolição da pena de morte, o debate não é mais formulado em linguagem política, a favor ou contra a pena de morte, mas estritamente jurídica: o protocolo atenta contra o artigo 3.º da Constituição, no pertinente às condições essenciais do exercício da soberania nacional?[45]

Também em relação aos atos *interna corporis* o campo de jurisdição do Conselho é bem maior do que o dos outros órgãos da jurisdição constitucional europeus, pelo poder que tem de examinar os regulamentos das Assembléias. Essa competência se exerce sobre as resoluções adotadas por cada Assembléia e que tratam da organização de suas funções internas, dos processos de deliberação e da disciplina de seus membros. Ficam de fora do controle todos os outros aspectos da vida interna das Assembléias, que não forem disciplinados pelo regulamento. Mas o bloco de constitucionalidade que servirá de parâmetro à fiscalização será bem amplo: a própria Constituição, as leis orgânicas e as medidas legislativas necessárias a efetivar a instituição criadas em virtude do artigo 92.1, aí incluída a lei ordinária.[46]

A interferência na economia interna das Assembléias é flagrante. Se a Assembléia Nacional ou o Senado tentarem reconhecer a si, pela via oblíqua de seu regulamento, poderes que a Constituição não

---

[45] ROUSSEAU. *Droit du Contentieux Constitutionnel*, p. 382.
[46] FRANÇA. Conselho Constitucional. Decisão n. 69-37. *DC* de 20/11/1969. *Recueil des Décision du Conseil Constitutionnel*, p. 15.

lhes tenha atribuído ou atribuído em menor escala, a reprovação do Conselho é certa. Assim já invalidou disposições que previam a possibilidade de um voto parlamentar após um debate sobre uma questão oral sob o argumento de que eles constituíam um processo de controle da atividade governamental não previsto pela Constituição;[47] de normas que previam a extensão dos poderes das comissões de inquérito e de controle;[48] igualmente já foram recusadas disposições que impunham obrigações novas ao governo,[49] que limitavam seu tempo de fala,[50] o seu direito de exigir um voto bloqueado,[51] de designar o ministro que responderia a uma questão parlamentar,[52] de determinar a ordem do dia prioritária;[53] daí se concluir que o Conselho salvaguarda as prerrogativas do governo.[54] Mas também se ocupa em preservar os direitos dos parlamentares, reconhecendo a liberdade de os parlamentares constituírem grupos,[55] o caráter pessoal do voto,[56] bem como o direito de depositar subemendas.[57] Em caso de dúvida ou de uma contestação sobre a compatibilidade de uma atividade exercida por um parlamentar com

---

[47] FRANÇA. Conselho Constitucional. Decisão n. 58-2. *DC* de 17, 18 e 24/6/1959. *Recueil des Décision du Conseil Constitutionnel*, p. 58, 61.

[48] FRANÇA. Conselho Constitucional. Decisão n. 66-28. *DC* 8/7/1966. *Recueil des Décision du Conseil Constitutionnel*, p. 15; 72-48. *DC* de 28/6/1972. *Recueil des Décision du Conseil Constitutionnel*, p. 17.

[49] FRANÇA. Conselho Constitucional. Decisão n. 69-37. *DC* de 20/11/1969. *Recueil des Décision du Conseil Constitutionnel*, p. 15.

[50] FRANÇA. Conselho Constitucional. Decisão n. 72-48. *DC* de 28/6/1972. *Recueil des Décision du Conseil Constitutionnel*, p. 17.

[51] FRANÇA. Conselho Constitucional. Decisão n. 59-5. *DC* de 15/1/1960. *Recueil des Décision du Conseil Constitutionnel*, p. 15.

[52] FRANÇA. Conselho Constitucional. Decisão n. 63-25. *DC* de 21/1/1964. *Recueil des Décision du Conseil Constitutionnel*, p. 23.

[53] FRANÇA. Conselho Constitucional. Decisão n. 69-37. *DC* de 20/11/1969. *Recueil des Décision du Conseil Constitutionnel*, p. 15.

[54] ROUSSEAU. *Droit du Contentieux Constitutionnel*, p. 167.

[55] FRANÇA. Conselho Constitucional. Decisão n. 71-42. *DC* 18/5/1971. *Recueil des Décision du Conseil Constitutionnel*, p. 19.

[56] FRANÇA. Conselho Constitucional. Decisão n. 69-37. *DC* de 20/11/1969. *Recueil des Décision du Conseil Constitutionnel*, p. 15.

[57] FRANÇA. Conselho Constitucional. Decisão n. 73-49. *DC* de 17/5/1973. *Recueil des Décision du Conseil Constitutionnel*, p. 15.

seu mandato, surgida por ocasião de sua eleição ou posteriormente a ela, o CC deve ser demandado, a fim de se pronunciar sobre a demissão de ofício, pela Mesa da Assembléia respectiva,[58] pelo Ministro da Justiça ou pelo próprio parlamentar,[59] após prévio exame do caso pela Mesa.[60] Também já se declarou não conforme ao artigo 25 da Constituição, que delega à lei orgânica a definição do prazo do mandato, o nome de seus membros, o valor de seus subsídios, as condições de legibilidade, o regime de inelegibilidades e incompatibilidades, disposição que pretendia, por compromisso entre as duas Assembléias, deixar a cada uma delas o poder de escolher em seu regimento interno a disciplina sobre as demandas de autorização do exercício das atividades apresentadas por seus membros ou de o confiar ao Conselho Constitucional, de forma que não seriam mais os parlamentares quem julgariam a validade de seus mandatos.[61] No interior de cada Câmara, as comissões, a mesa e os próprios Presidentes das Casas devem tomar posição sobre qualquer incidente de processo levantado, sem poder consultar o CC, cuja intervenção se opera posteriormente. A preservação das funções parlamentares é ainda indicada na admissibilidade de ser dado publicidade às audiências das comissões especiais e permanentes que preparam a discussão legislativa,[62] na valorização dos trabalhos preparatórios dessas comissões,[63] em não lhes ser imposta pelo Primeiro Ministro a instalação "de direito" de um comitê secreto, dado o seu poder constitucional de recusar,[64] dentre outras. No entanto, já refutou a possibilidade de o Senado transferir para as comissões o poder de aprovar um projeto de lei, de permitir que o Presidente

---

[58] FRANÇA. Conselho Constitucional. Decisão n. 66-1, *DC* de 8/7/1966. *Recueil des Décision du Conseil Constitutionnel*, p. 43.

[59] FRANÇA. Conselho Constitucional. Decisão n. 76-2, *I* de 15/7/1976. *Recueil des Décision du Conseil Constitutionnel*, p. 71; 77-5, *I* de 18/10/1977. *Recueil...*, p. 8187-6, I, de 24/11/1987. *Recueil*, p. 56, 89-9, *I* de 6/3/1990. *Recueil des Décision du Conseil Constitutionnel*, p. 50.

[60] FRANÇA. Conselho Constitucional. Decisão n. 76-3, *I* de 20/12/1976. *Recueil des Décision du Conseil Constitutionnel*, p. 73.

[61] TURPIN. *Contentieux Constitutionnel*, p. 237.

[62] FRANÇA. Conselho Constitucional. Decisão n. 88-245. *DC* de 18/10/1988. *Recueil des Décision du Conseil Constitutionnel*, p. 153.

[63] FRANÇA. Conselho Constitucional. Decisão n. 94-338. *DC* de 10/3/1994. *Recueil des Décision du Conseil Constitutionnel,* p. 71.

[64] TURPIN. *Contentieux Constitutionnel*, p. 160.

da sessão ponha em votação o conjunto de um texto, incluindo as emendas apresentadas pela comissão, por instituir um inconstitucional "voto sem debate" e impedir o exercício do direito de emenda conferido a cada parlamentar pelo artigo 44 da Constituição.[65] Também refutou um dispositivo do regulamento do Senado que fixava o prazo mínimo de um mês para examinar as proposições dos atos comunitários, argumentando que "o governo tem o direito de demandar à Assembléia seu pronunciamento dentro de um prazo que, em razão das tratativas internacionais, possa ter, em certos casos, uma duração inferior a um mês".[66]

Esse poder ímpar do Conselho, na intimidade do próprio funcionamento parlamentar, fez corrente a visão de que seria "un canon branqué contre le Parlament". Será assim tão grave? Deve-se observar, primeiro, que os regimentos, por não possuírem valor constitucional, não podem ser objeto de ações fundadas sobre a violação de seus dispositivos, permitindo assim à maioria fugir do controle do Conselho; além do mais, as disposições regimentais podem cair em desuso e ser modificadas de forma costumeira, fora de toda fiscalização jurisdicional. Uma incursão, ainda, nos chamados atos de governo há de atenuar a força retórica daquela afirmação.

Certo, a teoria dos atos de governo, desenvolvida no seio da doutrina e jurisprudência francesas, excluía do controle jurisdicional uma série de atos pertinentes às relações entre o Executivo e o Legislativo: participação do Executivo no processo legislativo; aos "atos parlamentares não legislativos" (resoluções, atos materiais e gestão, regulamentos internos), os litígios envolvendo seus membros e pessoal, além do contencioso das operações preliminares às eleições. De toda sorte, essa teoria vinha perdendo espaço desde uma decisão do Conselho de Estado, datada de 1875, com o abandono na noção de "motivo político", dando espaço aos chamados "atos mistos".[67]

Seria portanto de se esperar que tais atos passassem de qualquer forma ao controle do Conselho. As coisas não se deram bem assim. Em face de sua competência de natureza estrita e excepcional, o CC não pode intervir sem que haja expressa permissão e, para muitos daqueles atos, esse poder não vem definido. De seu

---

[65] FRANÇA. Conselho Constitucional. Decisão n. 99-278. *DC* de 7/11/1990. *Recueil...*, p. 79.

[66] FRANÇA. Conselho Constitucional. Decisão n. 92-314. *DC* de 17/12/1992. *Recueil des Décision du Conseil Constitutionnel*, p. 126.

[67] FRANÇA. Conselho de Estado. 19/2/1875. *Prince Napoleón. D.* 1875, 3, 18.

lado, todavia, é nítida a tendência de o Conselho de Estado, que também detém, em muitos casos, um papel concorrente ao do Conselho Constitucional, na guarda da Constituição, se bem que situada no âmbito da jurisdição administrativa,[68] de intensificação do controle sobre os "atos parlamentares individuais", que possam levar à responsabilidade do Estado, embora não possam importar apreciação da regularidade desses atos. Mas também em relação a este Conselho, resta ainda uma ampla zona de indenidade governamental e legislativa.

Escapam, assim, a todo controle, os atos preparatórios que são as deliberações do Conselho de Ministro,[69] os comunicados oficiais do primeiro ministro, simples declarações de intenção do governo, sem efeito jurídico[70] decisões que aprovam ou recusam uma derrogação,[71] suprimindo ou modificando uma corporação de funcionários,[72] escolhendo um concessionário ou um arrematante,[73] atos relativos às relações entre Estado e coletividades locais, como a escolha da sede de uma circunscrição administrativa (*arrondissement*),[74] a transferência da sede de um departamento,[75] definição dos limites geográficos de uma região;[76] também ficam de fora as condições de eleição do Presidente da Assembléia Nacional[77] ou aquelas de substituição pelo suplente de um Senador falecido,[78] decisões concernentes à apresentação, recusa ou retirada dos projetos de lei, à velocidade da tramitação, à recusa de imprimir diligências necessárias para sua adoção

---

[68] Aplicação direta do bloco de constitucionalidade, controle da existência e da aplicação das leis (conflito de legalidade), do respeito a muitos princípios constitucionais como o da não retroatividade penal, da legalidade, do interesse geral, da nomeação dos conselheiros econômicos e sociais. TURPIN. *Contentieux Constitutionnel*, p. 252 et seq.

[69] FRANÇA. Conselho de Estado. 25/11/1977. *Leb.*, p. 463.

[70] FRANÇA. Conselho de Estado. 9/12/198. *Leb.*, p. 557.

[71] FRANÇA. Conselho de Estado. 10/11/1986. *Leb.*, p. 100.

[72] FRANÇA. Conselho de Estado. 2/3/1988. *Leb.*, p. 105.

[73] FRANÇA. Conselho de Estado. 17/12/1986. *Leb.*, p. 676.

[74] FRANÇA. Conselho de Estado. sect. 18/10/1988. *Leb.*, p. 496.

[75] FRANÇA. Conselho de Estado. *Leb.*, p. 508.

[76] FRANÇA. Conselho de Estado. 9/11/1984. *Leb.*, p. 354.

[77] FRANÇA. Conselho Constitucional. 16/4/1986. *Recueil des Décision du Conseil Constitutionnel*, p. 41.

[78] FRANÇA. Conselho Constitucional. 29/7/1986. *Recueil...*, p. 116.

mais rápida, à recusa de promulgação de uma lei e, quanto aos depósitos relativos a certos atos, houve um desenvolvimento expressivo até o surgimento do Conselho Constitucional.

Diversos atos do Presidente da República também escapam de todo controle jurisdicional. Assim, suas declarações televisivas dadas às vésperas das eleições,[79] o decreto de dissolução da Assembléia Nacional,[80] as decisões relativas à apresentação, recusa de apresentação ou retirada de projetos de lei, ou sua promulgação, à nomeação de altos funcionários, salvo quanto à formalidade,[81] inclusive dos membros do Conselho Constitucional e o exercício do direito de graça ou de anistia.[82]

---

[79] FRANÇA. Conselho Constitucional. *DC* 8/6/1967.

[80] FRANÇA. Conselho Constitucional. *DC* 4/6/1988. *Recueil des Décision du Conseil Constitutionnel*, p. 79.

[81] FRANÇA. Conselho de Estado. 10/2/1965. *Leb.*, p. 92.

[82] FRANÇA. Conselho de Estado. 30/6/1893. Gugel, S., 1895, 3, 4; 27/5/1991. *Leb.*, p. 232.

# Capítulo IV
# O SISTEMA BRASILEIRO

No Brasil, também se reconhece um espaço de indenidade legislativa e administrativa, circunscrito ao juízo de conveniência e oportunidade parlamentar ou da Administração para o exercício de suas competências constitucionais ou legais. Esse "espaço de indenidade" se identifica com a discricionariedade que se matiza nos campos político e administrativo, dando margem à adoção de um ato político, inserido no âmbito de uma questão política, de um ato discricionário ou de um ato *interna corporis*. Uma distinção se faz necessária entre esses três atos. Socorre, em parte e para início de conversa, a lição do Ministro *Moreira Alves*, exposta em voto proferido no MS n. 22.503-DF. Ato discricionário é aquele em que o Judiciário não pode interferir para analisar a sua conveniência, oportunidade, utilidade ou justiça. Questão exclusivamente política situa-se no âmbito da discricionariedade política, das opções políticas tomadas segundo uma certa linha programática, fundada em juízo também de conveniência e oportunidade, além de adequação e utilidade, evidentemente no campo de competência constitucional reservada; enquanto atos *interna corporis* dizem respeito à economia interna do órgão ou Poder, no exercício de sua competência própria, sem atentar contra direitos subjetivos individuais de terceiros ou de seus próprios membros. Seja a pura discricionariedade, na órbita da Administração, seja a questão política, na sede do Governo, seja os *interna corporis*, sobretudo no campo legislativo, levanta-se um escudo de proteção a investidas de controle judicial. Não poderia ser diferente, sob pena de não haver sentido a afirmação do princípio de divisão tripartida de poderes. Por mais que se admita não haver um modelo paradigmático e decisivo desse princípio, a sua conformação concreta a impedir o livre exercício da discricionariedade legislativa nos remeteria a um "sistema judicial de poder" (*Schmitt*) de difícil compatibilidade com o regime democrático e mesmo com o Estado de direito. Contraponha-se uma ordem de idéias, favoráveis ao rompimento das zonas livres de jurisdição, que não podem ser esquecidas neste contexto. A primeira rebate, de certo modo, a identidade dessas zonas com a atribuição privativa de competência. Em sistemas constitucionais, como o nosso, em que não se prevê apelo necessário ao eleitorado, nem tampouco é manifesta a prevalência obrigatória da vontade parlamentar, a ocorrência de conflito institucional, de competência ou de atribuição, entre os órgãos governamentais não pode ficar sem solução, pois a falta de solução, em casos tais, muito mais do que uma denegação de justiça, importa risco sistêmico para a própria Constituição. A assimilação de competência exclusiva ao espaço de indenidade legislativa ou da Administração impõe uma grave fratura no texto constitucional, pois cria uma série de dispositivos submetidos ao controle jurisdicional, e outros tantos fora desse controle. Ademais, a afirmação peremptória da prevalência do princípio da divisão de poderes, nessas hipóteses, leva à manifesta ab-rogação de todos os outros postulados constitucionais, inclusive daqueles que atribuem as competências que serviram de base àquela indenidade.[1]

A questão que se levanta, como no caso brasileiro, é o de achar o justo equilíbrio entre esses espaços de liberdade e o papel do Supremo Tribunal Federal como guardião constitucional, atento ao fato de que a nossa Lei Básica foi detalhista e, até certo ponto, pródiga ao estabelecer o procedimento legislativo, fixando competências, ritos, prazos e proibições. Não seria de estranhar a polêmica em torno do que se passou a chamar de ato *interna corporis*, a escudar aquela zona de discricionariedade do Legislativo.

---

[1] VANOSSI. *Teoría Constitucional*, p. 166. Defende, entre nós, COMPARATO que caberia ao Judiciário, no juízo concentrado de constitucionalidade, o controle das políticas governamentais, não só de suas finalidades, mas também dos meios empregados: *Ensaio sobre o Juízo de Constitucionalidade de Políticas Públicas*, p. 46.

# SEÇÃO I
## ATOS *INTERNA CORPORIS*

É mais fácil apresentar uma tipologia de atos *interna corporis* do que ensaiar um conceito. Em sede legislativa, por exemplo, podemos incluir como *interna corporis* o mérito das decisões ou deliberações da Mesa, das Comissões ou do Plenário, em matéria de organização e funcionamento, como a eleição dos integrantes da Mesa e comissões, a elaboração de Regimento, a organização dos trabalhos parlamentares e dos serviços auxiliares; de exame de prerrogativas, poderes e incompatibilidades de seus membros, a exemplo de concessão de licença para serem processados ou para afastamento por interesse particular e da cassação de mandato; as opções políticas que levaram à aprovação ou rejeição de determinado projeto de lei ou de veto, ou que integrarem "a formação ideológica da lei",[2] além de outros assuntos de conteúdo político, situados na estrita economia interna do Congresso Nacional.[3] Essas "questões políticas" são inseridas no rol *interna corporis*, mas, como já salientamos e será a seguir melhor desenvolvido, não se podem com eles confundir; por ora nos interessa extrair um denominador comum do que chamamos *interna corporis*, num rascunho conceitual impreciso: atos *interna corporis* são aqueles adotados por quem tenha competência, nos limites definidos pela Constituição ou pelas leis, destinados a produzir efeitos no âmbito do órgão, entidade ou setor de onde emanado.

O Supremo Tribunal Federal vem insistentemente sendo chamado a definir os contornos precisos e concretos desses atos. Seu entendimento não se distancia muito do elenco de pontos assinalados no parágrafo anterior. Assim, atos legislativos *interna corporis* podem dizer respeito, por exemplo, à continuidade e disciplina dos trabalhos parlamentares, como as deliberações do Presidente da Câmara dos Deputados, relativas à composição de comissões e à distribuição de tempo para comunicações em plenários, atendendo

---

[2] MEIRELLES. *Direito Administrativo Brasileiro*, p. 583; CAMPOS. *Direito Constitucional*, p. 83.

[3] BRASIL. Supremo Tribunal Federal. Pleno. MS n. 22.183-DF. Rel. p/ acórdão Min. Maurício Corrêa. *RTJ* v. 168, t. 2, p. 443-473.

a parlamentares fundadores de partido político ainda não registrado;[4] ou à organização e funcionamento de comissão parlamentar de inquérito, à nomeação, afastamento ou substituição de seus membros;[5] ao arquivamento de requerimento de sua instauração, sob alegação de ter descumprido artigo regimental que exigia indicação do limite das despesas a serem realizadas pela comissão;[6] pode ser visto no processo de perda de mandato, normalmente regido por normas *interna corporis*,[7] contanto que não firam as garantias e direitos constitucionalmente consagrados;[8] reiterando-se posição de que o Judiciário não pode substituir a deliberação do plenário, a ponderação dos fatos e a valoração das provas ali apresentadas;[9] assim como se referir à atividade legislativa,[10] notadamente à tramitação de projeto de lei, *e.g.* deliberação do Presidente da Casa, em torno do instante em que um projeto de lei deva ser submetido à votação, colocado sob seu juízo de oportunidade ou segundo acordo de lideranças, nos termos regimentais,[11] não podendo, por isso, ser compelido a colher requerimento de urgência-urgentíssima[12] ou a submetê-lo incontinenti a discussão e votação,[13] ato do Presidente do Congres-

---

[4] BRASIL. Supremo Tribunal Federal. Pleno. MS n. 20.509-DF. Rel. Min. Octavio Gallotti. *DJ* 1 14/11/1985, p. 20.567.

[5] BRASIL. Supremo Tribunal Federal. Pleno. MS n. 20.415-DF. Rel. Min. Aldir Passarinho. *RTJ* v. 114, t. 2, p. 537.

[6] BRASIL. Supremo Tribunal Federal. Pleno. MS n. 22.494-DF. Rel. Min. Maurício Corrêa. *DJ* 1 de 27/6/1997, p. 30.238.

[7] BRASIL. Supremo Tribunal Federal. Pleno. MS n. 21.360-DF. Rel. p/ acórdão Marco Aurélio. *RTJ* v. 146, t. 1, p. 153.

[8] BRASIL. Supremo Tribunal Federal. Pleno. MS n. 20.992-DF. Rel. p/ acórdão Min. Carlos Velloso. *RTJ* v. 146, t. 1, p. 77; MS n. 21.136-DF. Rel. Min. Carlos Velloso. *RTJ* v. 139, t. 2, p. 483.; MS n. 21.443-DF. Rel. Min. Octavio Gallotti. *RTJ* v. 142, t.3, p. 791.

[9] BRASIL. Supremo Tribunal Federal. 2ª Turma. RE n. 86.797-RJ. Rel. Min. Cordeiro Guerra. *RTJ* v. 90, t. 2, p. 570; RE n. 113.314-MG. Rel. Aldir Passarinho. *DJ* 1 de 21/10/1988, p. 27.317.

[10] BRASIL. Supremo Tribunal Federal. RE n. 57.684-SP. Rel. Min. Hermes Lima. *DJ* 1 de 24/6/1966.

[11] BRASIL. Supremo Tribunal Federal. Pleno. MS n. 20.217-DF. Rel. Min. Moreira Alves. *RTJ* v. 102, t. 1, p. 27; SS (AgRg) n. 327-DF. Rel. Min. Sydney Sanches. *RTJ* v. 137, t. 3, p. 1.053.

[12] BRASIL. Supremo Tribunal Federal. Pleno. MS n. 21.374-DF. Rel. Min. Moreira Alves. *RTJ* v. 144, t. 2, p. 488.

[13] BRASIL. Supremo Tribunal Federal. Pleno. MS n. 20.464-DF. Rel. Min. Soares Muñoz. *RTJ* v. 112, t. 2, p. 598.

so que indefere requerimento de anexação de projeto de emenda constitucional por entender inexistir, no caso, analogia ou conexão entre o que seria submetido a plenário e o objeto do requerimento;[14] ato do Presidente da Câmara dos Deputados que submete à discussão e votação emenda aglutinativa, impugnado por ofender o Regimento Interno da Casa em sua exigência de expressa indicação das emendas que foram fundidas (§ 3.º, art. 118), da distinção entre a autoria e relatoria do projeto (art. 43, parágrafo único), supostamente lesivo ao direito de terem os Deputados assegurados os princípios da legalidade e moralidade durante o processo de elaboração legislativa, se as informações do Presidente da Casa apresentarem a interpretação dada ao Regimento para cada ponto questionado e negarem a coincidência entre o autor e o relator do projeto;[15] ou interpretação do Presidente da Câmara de que para obtenção do quórum, exigido para determinada votação, poderiam também somar-se as presenças notórias em plenários, que não haviam acionado o mecanismo de registro eletrônico, em que pesem os protestos no sentido de que teria de ser verificado exclusivamente pelo painel eletrônico da Câmara;[16] descumprimento de norma re-

---

[14] BRASIL. Supremo Tribunal Federal. Pleno. MS n. 20.247-DF. Rel. Min. Moreira Alves. *RTJ* v. 102, t. 1, p. 27.

[15] BRASIL. Supremo Tribunal Federal. Pleno. MS n. 22.503-DF. Rel. p/ acórdão Min. Maurício Corrêa. *RTJ* v. 169, t. 1, p. 181-261. O Ministro Carlos Velloso, acompanhado do Ministro Octavio Gallotti, recusara-se a vislumbrar direito subjetivo dos impetrantes, senão meros interesses legítimos, refutando, no âmbito da suscetibilidade do controle judicial, os argumentos por eles apresentados, inclusive no respeitante à ofensa do art. 60, § 5.º da Constituição: sobre a inserção de matéria rejeitada e inovação da emenda: "O Supremo Tribunal Federal, pois, para conhecer do pedido, nesta parte [saber se a emenda é meramente aglutinativa, realizando fusão de outras emendas, ou se inova], teria que comparar textos, exercer, portanto, tarefa própria do Poder Legislativo, vale dizer, interferir no *interna corporis,* sem que haja, no caso, alegação de ofensa a direito subjetivo individual." Sobre a coincidência entre autoria e relatoria do projeto: "A autoria, pois, não foi confessada pelo Deputado Michel Temer. Tudo está na interpretação do que fez o Deputado frente ao Regimento Interno da Câmara. Isto é outra questão que é própria da Casa Legislativa, assim outro *interna corporis*. Não há, também aqui, alegação no sentido de que o *interna corporis* teria violado direito subjetivo individual."

[16] BRASIL. Supremo Tribunal Federal. MS (AgRg) n. 21.754-DF. Rel. p/ acórdão Francisco Rezek. *DJ* 1 de 21/2/97, p. 2.829. "Saber se o número de parlamentares, regimentalmente previsto, para a abertura da sessão, era suficiente, ou não, quando isso sucedeu, não é matéria a ser, aqui, conhecida. As discussões sobre o cumprimento dos horários de abertura de sessão, especialmente de sessão em que nada se delibera, não devem constituir objeto de apreciação pelo Judiciário". Pleno. MS n. 22.503-DF. Rel. P/ acórdão Min. Maurício Corrêa. *RTJ* v. 169, t. 2, p. 181-261, 237 (voto do Ministro Néri da Silveira).

gimental que impunha, durante a tramitação de certos projetos de lei, a passagem obrigatória por um comissão temática.[17] Enfim, examinar a interpretação dispensada ao Regimento Interno pela respectiva Casa, especialmente por seu Presidente.[18] Daí alguns restringirem o conceito de *interna corporis* a atos que "dizem respeito a questões relativas à aplicação de normas regimentais, quando não violam direitos subjetivos individuais, quer de terceiros (...), quer dos próprios membros do Congresso".[19] Antes de se chegar a esse ponto, convém desvendarmos melhor as fronteiras desses atos.

A baliza da constitucionalidade e da legalidade, tanto na verificação do esquadro de competências e legitimidade ali traçadas aos poderes dos corpos legislativos, quanto nos procedimentos a serem seguidos no exercício de suas funções e a sua repercussão sobre direitos não podem ser relegadas a pretexto de ato *interna corporis*.[20]

---

[17] BRASIL. Supremo Tribunal Federal. Pleno. ADInMC n. 2.038-BA.Rel. p/ acórdão Min. Nelson Jobim. *DJ* 1 de 25/1/2000, p. 51.

[18] Em matéria de tramitação de projetos de lei, não há "direito público subjetivo, direito pessoal, direito individual a que prevaleça esta ou aquela interpretação de normas regimentais. (...) O interesse, que possa existir, é geral, como de qualquer cidadão, a que se cumpram normas jurídicas" MS n. 22.503-DF. Rel. p/acórdão Min. Maurício Corrêa. *RTJ* v. 169, t. 2, p. 181-261, 229 (voto do Ministro Sydney Sanches). A questão não é pacífica entre os ministros do Supremo, opondo-se insistentemente às recusas do Tribunal a reexaminar a interpretação regimental, vez que o regimento está sob a Constituição e que a interpretação pode gerar situação de inconstitucionalidade: Marco Aurélio, Ilmar Galvão, Celso de Mello. Como salientado no texto, em linha de princípio, somente as interpretações regimentais que importem violação a direitos despertam a censura judicial: Pleno. MS n. 20.509. Rel. Min. *RTJ* v. 116, t. 1, p. 67; MS n. 20.471. Rel. Min. *RTJ* v. 112, t.3, p. 1.023; MS n. 20.247-DF. Rel. Min. Moreira Alves. *RTJ* v. 102, t. 1, p. 27; MS n. 20.464-DF. Rel. Min. Soares Muñoz. *RTJ* v. 112, t. 2, p. 598; MS n. 20.471-DF. Rel. Min. Francisco Rezek. *RTJ* v. 112, t.3, p. 1.023; SS n. 3.275-DF. Rel. Min. Néri da Silveira; MS n. 20.509-DF. Rel. Min. Octavio Gallotti. *RTJ* v. 116, t. 1, p. 67.

[19] BRASIL. Supremo Tribunal Federal. Pleno. MS n. 22.503-DF. Rel. p/ acórdão Min. Maurício Corrêa. *RTJ* v. 169, p. 181-261, 239 (voto do Ministro Moreira Alves).

[20] Cf. CAMPOS. *Pareceres*, p.19 et seq.; CASTRO NUNES. *Mandado de Segurança*, p. 205; MIRANDA. *Comentários à Constituição de 1967 com a Emenda n. 1 de 1969*, III, p. 644; MEIRELLES. *Direito Administrativo Brasileiro*, p. 582 et seq. 584: "o Judiciário nada poderá dizer, se, atendidas todas as prescrições constitucionais, legais e regimentais, a votação não satisfizer os partidos, ou não consultar ao interesse dos cidadãos ou à pretensão da minoria". Também, como vimos, esse é o pensamento do Supremo Tribunal Federal, desde o MS n. 1.959-DF. Rel. Min. Luiz Gallotti; COSTA. *Os Grandes Julgamentos do Supremo Tribunal Federal*, III, p. 204-253; MS n. 3.557-DF. Rel. Min. Hahnemann Guimarães; COSTA. *Os Grandes Julgamentos do Supremo Tribunal Federal*, III, p. 362-420.

Isso ficou patente em vários instantes: na admissibilidade de mandado de segurança contra a remessa ao Poder Executivo, para sanção, de projeto de lei ainda não aprovado pelo Congresso Nacional, reconhecendo-se lesão a direito público subjetivo de votar regularmente a matéria[21] e, ao menos em tese, contra a deliberação de proposta de lei ou de emenda constitucional violadora de norma constitucional;[22] na aplicação de dispositivo regimental que não admite comissão parlamentar de inquérito sobre matérias pertinentes às atribuições do Poder Judiciário, decorrente do princípio constitucional da separação e independência dos Poderes;[23] nas hipóteses de abuso de prerrogativas ou de falta de moralidade administrativa em casos de cassação de mandato de parlamentar;[24] e, mais especialmente, no processo de *impeachment* do Presidente da República.[25]

No *impeachment* de *Fernando Collor de Mello*, a Corte superou o debate que havia sobre a possibilidade de o Supremo Tribunal vir a exercer um controle do processo. A bem da verdade, já no *impeachment* do Presidente *José Sarney* prevalecera o entendimento da maioria, conduzida pelo voto do Ministro *Sepúlveda Pertence*, favorável ao controle judicial da regularidade do processo de *impeachment*, embora se reconhecesse a indenidade da decisão de mérito sobre a autorização prévia para a sua instauração e, enfim, sobre o julgamento final.[26] Mas no "Caso Collor", essa doutrina ganhou mais evidência.

Em questão de ordem suscitada no Mandado de Segurança n. 21.564-DF, impetrado pelo então Presidente *Fernando Collor de*

---

[21] BRASIL. Supremo Tribunal Federal. Pleno. MS n. 21.131-DF. Rel. Min. Célio Borja.

[22] BRASIL. Supremo Tribunal Federal. Pleno. MS n. 20.257-DF. Rel. Min. Décio Miranda. *RTJ* v. 99, t.3, p. 1.031; MS n. 22.503-DF. Rel. p/ acórdão Min. Maurício Corrêa. *RTJ* v. 169, p. 181-261.

[23] BRASIL. Supremo Tribunal Federal. Pleno. HC n. 79.441-DF. Rel. Min. Octavio Gallotti. *ISTF* n. 172.

[24] BRASIL. Supremo Tribunal Federal. Pleno. MS n. 21.443-DF. Rel. Min. Octavio Gallotti. *RTJ* v. 142, t.3, p. 791; MS n. 20.962-DF.

[25] BRASIL. Supremo Tribunal Federal. Pleno. MS n. 21.564-DF. Rel. p/ acórdão Min. Carlos Velloso. *DJ* 1 de 27/8/1993, p. 17.019 – adaptação do regimento interno da Câmara à garantia constitucional da ampla defesa; 21.623-DF. Rel. Min. Carlos Velloso. *DJ* 1 de 28/5/1993, p. 10.383 – análise da ocorrência de cerceamento de defesa e de impedimento de Senadores no processo de *impeachment*.

[26] BRASIL. Supremo Tribunal. Pleno. MS n. 20.941-DF. Rel. p/ acórdão Min. Sepúlveda Pertence. *RTJ* v. 142, t. 1, p. 88.

*Mello*, a Corte reiterou o mesmo entendimento, ficando vencido apenas o Ministro *Paulo Brossard*.[27] Importa salientar, não obstante, que, no exame do mérito desse *writ*, o Tribunal fez uma correção da integração regimental realizada pelo Presidente da Câmara. É que a Lei n. 1.079/1950, com base na Constituição de 1946, previa dois diferentes juízos a serem realizados pela Câmara dos Deputados: um, primeiro, de simples admissibilidade da denúncia e outro, final, de procedência da denúncia, também chamado de juízo de pronúncia (*judicium accusationis*). Para o primeiro, não dispensava maiores cuidados com a abertura de oportunidade de defesa da autoridade acusada na denúncia, pois seria, após a simples delibação ou admissibilidade, que se formalizaria o processo e com ele, tecnicamente, a condição de acusado, abrindo-se prazo para defesa. A Constituição de 1988, todavia, suprimiu a segunda fase do processo. A lacuna superveniente foi desmascarada. Por mais que o juízo sobre a denúncia a ser feito pelos Deputados não mais importasse a deliberação ou a pronúncia, ainda tinha o efeito drástico de autorizar o processo de *impeachment* contra a autoridade, atraindo a necessidade de atendimento da garantia inscrita no artigo 5.º, LV, da Constituição. O Presidente da Câmara dos Deputados, atento também a isso, aplicou por analogia o disposto no artigo 52, II, do Regimento Interno, que previa o prazo de cinco sessões para exame e decisões das proposições, versadas em regime de prioridade, por parte das Comissões. O Tribunal anotou o desacerto. O artigo 52, II, não tratava de prazo para defesa, nem para as partes, mas para as Comissões Parlamentares no âmbito da Câmara, não atendendo nem ao requisito da semelhança que deve haver entre as situações em comparação, reguladas e não reguladas, nem ao da idêntica razão à disciplina para autorizar o emprego da analogia. A análise do Regimento iria apontar outro dispositivo mais apropriado ao caso: o artigo 217, § 1.º, I que estipulava o prazo de dez sessões para o acusado ou seu defensor apresentar defesa escrita e indicar provas perante a Comissão processante, nos casos de crimes comuns. As situações eram assemelhadas pela própria Constituição, nos artigos 51, I, e 86, *caput*. Além do mais, "em ambas as hipóteses persegu[ia]-se pronunciamento discricionário da Casa Legis-

---

[27] BRASIL. Supremo Tribunal. Pleno. MS n. 21.564-DF. Rel. Min. Octavio Gallotti. *DJ* 1 de 27/8/1993; MS n. 21.623-DF. Rel. Min. Carlos Velloso. *RDA* v. 192, p. 211-284; MS n. 21.689-DF. Rel. Min. Carlos Velloso. *RTJ* v. 167, t.3, p. 792-917.

lativa, que t[inha] o caráter de pressuposto de procedibilidade contra o Presidente da República".[28] O notável dessa decisão é que a aplicação do regimento fora controlada pelo Supremo Tribunal, contrariamente às posições que se formaram em torno dos atos *interna corporis*. Pode-se dizer que o Tribunal nunca se recusara a analisar esses atos desde que importassem violação de direitos públicos ou privados; mas não se pode deixar de observar que o Presidente da Câmara não havia desprestigiado a garantia de defesa do denunciado, como fora por este alegado, pois fizera uso do expediente analógico de dispositivo regimental, autorizado pelo artigo 38 da Lei n. 1.079/50, exatamente para deferir prazo para contestação da peça inicial e isso fora notado pelo Ministro *Celso de Mello* em seu voto.[29] O prazo haveria de ser maior, talvez para a garantia ser mais ampla, ainda que se reconhecessem os estreitos limites da deliberação da Câmara, vinculados ao juízo de simples admissibilidade da peça de acusação, o que acabaria por restringir o próprio alcance dos argumentos da defesa. Afinal, descobriu-se o equívoco na técnica de colmatação da lacuna empregada pelo Presidente da Câmara, ampliando-se o prazo de defesa, e, simultaneamente, reduzindo os espaços da doutrina dos atos *interna corporis*.[30]

No caso "Humberto Lucena", questionava-se a possibilidade de a Justiça Eleitoral adentrar ao portal do Senado para impor uma conduta que, em princípio, situava-se no âmbito restrito da Casa: o uso da gráfica pelos Senadores. Concluiu-se que o acórdão da Justiça Eleitoral não anulara ato algum do Senado Federal, referente à organização e funcionamento da gráfica do Senado, nem quanto a quotas anuais utilizáveis pelos parlamentares, de acordo com normas internas daquela Casa, apenas considerara, à luz da lei eleitoral, abuso de poder de autoridade e uso indevido de recursos públicos, criando situação de desigualdade em relação aos demais can-

---

[28] BRASIL. Supremo Tribunal Federal. Pleno. MS n.21.564-DF. Rel. Min. Octavio Gallotti. *RTJ* v. 169, t. 1, p. 45-80, 102 (voto do Ministro Ilmar Galvão).

[29] BRASIL. Supremo Tribunal Federal. Pleno. MS n.21.564-DF. Rel. p/ acórdão Min. Carlos Velloso *RTJ* v. 169, t. 1, p. 80-181, 119-120.

[30] O Ministro Paulo Brossard sustentara: "Tenho para mim, Senhor Presidente, que o Presidente da Câmara há de joeirar as normas aplicáveis, e não o Supremo Tribunal." Pleno. MS n. 21.564-DF. Rel. p/ acórdão Min. Carlos Velloso *RTJ* v. 169, t. 1, p. 80-181, 143. O Ministro Sydney Sanches, atento ao juízo de mera admissibilidade a ser realizado pela Câmara, recusava a necessidade de procedimento instrutório (179-180).

didatos, ao ter o ex-Senador *Humberto Lucena* distribuído aos eleitores calendários com sua fotografia, impressos naquela gráfica.[31]

As comissões parlamentares de inquérito também estão sujeitas a um controle judicial sempre que houver excesso de poder ou violação de direitos fundamentais, como destacam diversas decisões do Tribunal.[32]

Parece indiscutível que, no tocante ao andamento do processo legislativo, os parâmetros de correção de atividade legislativa estejam tanto na Constituição, quanto nos Regimentos Internos.[33] Fica difícil, contudo, saber quando, na hipótese de alegação de atentado ao Regimento, remanescerá algum espaço para a censura judicial, diante da doutrina de *interna corporis* à interpretação do texto regimental. Essa conclusão nos remete ao conceito apresentado pelo Ministro *Moreira Alves*, já antes antecipado, de atos *interna corporis* como sendo todos aqueles que digam respeito a questões de aplicação de normas regimentais, que não violem direitos subjetivos alheios ou dos próprios membros congressistas; e aceitar uma afirmação ainda mais restritiva, todavia adequada à prática do Tribunal, com a inclusão necessária no rol desses atos das normas regimentais que disciplinam o processo legislativo ou atos ordinatórios da Casa, sem reproduzir o texto constitucional, que, por isso mesmo, não chegam a afetar direitos de ninguém.[34]

Embora o estudo desses atos se faça mais propriamente em relação ao Poder Legislativo, há de se reconhecer como corolário da autonomia dos demais órgãos e Poderes a existência também dos atos internos, que fogem do controle judicial. São atos de efeitos restritos – organização interna, gestão dos recursos humanos e

---

[31] BRASIL. Supremo Tribunal Federal. Pleno. RE n. 186.088-DF. Rel. Min. Néri da Silveira. *RTJ* v. 154, t. 1, p. 295-348.

[32] BRASIL. Supremo Tribunal Federal. Pleno. MS n. 23.452-DF. Rel. Min. Celso de Mello. *ISTF* n. 176; MS n. 23.446-DF. Rel. Min. Ilmar Galvão. *DJ* de 25/8/1999. MS n. 23.454-DF. Rel. Min. Marco Aurélio. *DJ* 1 de 30/8/1999; HC n. 71.421-DF. Rel. Min. Celso de Mello. *RDA* v. 196, p. 195-203; HC n. 71 039-DF. Rel. Min. Paulo Brossard. *RDA* v. 199, p. 205-226.

[33] BRASIL. Supremo Tribunal Federal. 2166 Turma. Rel. Min. Thompson Flores. *RDA* v. 126, p. 117; MS n. 22.503-DF. Rel. p/ acórdão Min. Maurício Corrêa. *RTJ* v. 169, p. 181-261; lembrando o voto ainda mais restritivo do Ministro Carlos Velloso (213-227).

[34] BRASIL. Supremo Tribunal Federal. Pleno. MS n. 22.503-DF. Rel. p/ acórdão Min. Maurício Corrêa. *RTJ* v. 169, p. 181-261. Voto do Ministro Moreira Alves (239); 22.494-DF. Rel. Min. Maurício Corrêa. *DJ* 1 de 27/6/1997, p. 30.238.

logísticos, definição de prioridades orçamentárias[35] – embora alguns se possam projetar para além dos muros do órgão ou Poder. Trata-se aqui especificamente da elaboração, pelos tribunais, dos seus regimentos internos, dispondo, com observância das normas de processo e das garantias processuais das partes, sobre a competência e o funcionamento dos respectivos órgãos jurisdicionais e administrativos (art. 96, I, *a*, CRFB). A esse propósito, o Supremo Tribunal já fez uso da doutrina dos atos *interna corporis*, para declarar a inconstitucionalidade de uma lei que dava nova redação ao artigo 875 do Código de Processo Civil de 1939, prevendo a fala do advogado depois do voto do relator. A Corte havia entendido que a referida lei contrariava a tradição dos julgamentos coletivos e a própria autonomia interna dos tribunais.

A tese, reservando um campo próprio para os regimentos internos dos tribunais, socorreu-se dos argumentos do Ministro *Costa Manso* de que as leis processuais não deveriam cuidar dos atos da "economia interna dos tribunais, análogos aos que as Câmaras do Parlamento regula[va]m nos seus respectivos regimentos".[36]

# SEÇÃO II
# A DISCRICIONARIEDADE ADMINISTRATIVA

A margem de liberdade do administrador, deferida pela lei ou decorrente da imprecisão semântica das expressões legais, para eleger um dentre dois ou mais comportamentos cabíveis no caso concreto[37] não pode ser invadida pelo Judiciário a perscrutar o juízo de conveniência e oportunidade, de justiça ou utilidade de que se valeu o administrador naquela escolha. Essa doutrina tem assento na tradicional jurisprudência do Supremo Tribunal Federal que vem desde os seus

---

[35] É de se repetir que em seu mérito não são revisáveis, não quanto à sua legalidade ou constitucionalidade. Assim, Resolução da Câmara que consagra forma de provimento derivado a seus servidores merece suspensão constitucional: ADInMC n. 806-DF. Rel. Min. Carlos Velloso. *RTJ* v. 157, t. 3, p. 801-813.

[36] MELLO. *O Processo no STF*, I, p. 157-159.

[37] BANDEIRA DE MELLO. *Curso de Direito Administrativo*, p. 482.

primeiros pronunciamentos[38] e é repetida até hoje: o Judiciário não pode determinar a um Ministro da Administração Federal e Reforma do Estado que atualize monetariamente os valores-tetos de auxílios creche e pré-escolar, previstos em Portaria.[39] Isso não equivale dizer que não se possam examinar os motivos do ato – seus pressupostos de fato –, a sua finalidade – presença de um interesse público que se contém na regra de competência – e a sua causa – adequação entre os pressupostos do ato e o seu objeto, em vista da sua finalidade.[40] A inexistência de motivos, a retirada de conseqüências incompatíveis com a norma aplicável, a persecução de finalidades incompatíveis com a regra de competência, o desajuste entre os pressupostos do ato e o seu conteúdo, a desproporcionalidade entre meios e fins ensejam a fiscalização e revisão judicial.

Não parece muito duvidosa essa lição nos dias atuais, mas o simples rascunho por meio da afirmação do controle jurisdicional dos atos administrativos era supreendemente inovadora nos idos de 1890. Já em 1894, o Supremo Tribunal restringia a competência de o Executivo deportar livremente um estrangeiro como simples medida administrativa ou política.[41] Em 1895, declarava inconstitucionais desapropriações mediante indenização apenas das benfeitoriais[42] e anulava ato do Poder Executivo que reformara forçadamente um oficial militar, fora dos casos previstos em lei.[43] Contra o argumento de invasão da competência do Executivo, o Tribunal retrucara:

> "O Poder Judiciário não exerce funções próprias do executivo, como nomear, demitir ou reintegrar empregados públicos; sòmente lhe compete, nos termos da lei, verificada a ilegalidade do ato arguído, anulá-lo, no todo ou em parte, para o fim de assegurar os direitos do autor."[44]

---

[38] BRASIL. Supremo Tribunal Federal. Ag n. 90. *Jurisprudência*, 1895, p. 78-79.

[39] BRASIL. Supremo Tribunal Federal. 1ª Turma. RMS 23.438-DF. Rel. Min. Ilmar Galvão. *DJ* 1 de 24/10/1999, p. 29.

[40] BANDEIRA DE MELLO. *Curso de Direito Administrativo*, p. 489.

[41] BRASIL. Supremo Tribunal Federal. Pleno. HC n. 523 e 524. *Jurisprudência*, 1894, p. 41-43.

[42] BRASIL. Supremo Tribunal Federal. Pleno. RE n. 29. *Jurisprudência*, 1895, p. 140-132.

[43] BRASIL. Supremo Tribunal Federal. Pleno. Ap. Cível n. 112, cfe. BOECHAT. *História do Supremo Tribunal Federal*, I, p. 61.

[44] BRASIL. Supremo Tribunal Federal. Pleno. Ap. Cível n. 175. *Jurisprudência*, 1896, p. 185-189.

Passados quase cem anos, o Tribunal continuou a aprofundar essa doutrina, admitindo a impugnação judicial de ato disciplinar nos casos de incompetência da autoridade, de inobservância das formalidades essenciais e de ilegalidade da sanção aplicada, especialmente da existência, ou não, da causa legítima que autoriza a sua imposição.

> "O que os juízes e tribunais somente não podem examinar nesse tema, até mesmo como natural decorrência do princípio da separação de poderes, são a conveniência, a utilidade, a oportunidade e a necessidade da punição (...) por tratar-se de elemento temático inerente ao poder discricionário da Administração Pública."[45]

# SEÇÃO III
# AS QUESTÕES POLÍTICAS

Embora sem os tantos requintes da Suprema Corte dos Estados Unidos, o Supremo Tribunal Federal também apresenta uma doutrina das questões políticas, excluindo-as de um controle jurisdicional em linha de princípio. Essa doutrina teve especial impulso durante a Primeira República em meio às ameaças e crises institucionais. De grande valia foram os trabalhos de *Rui Barbosa*,[46] *Pedro Lessa*[47] e de *Mário Guimarães*,[48] que tentaram, por influência estadunidense, elaborar uma lista dessas questões.

Mas o próprio *Rui* denunciava a dificuldade de se precisar, abstratamente, um conceito de *political question*, no Brasil ou nos Estados Unidos, pois a atribuição de declarar inconstitucionais os atos da legislatura envolvia inevitavelmente a justiça em questões

---

[45] BRASIL. Supremo Tribunal Federal. Pleno. MS n. 20.999-DF. Rel. Min. Celso de Mello. *DJ* 1 de 25/5/1990, p. 4605.

[46] BARBOSA. *Direito do Amazonas ao Acre*; cf. também na ação originária ajuizada pelo Amazonas, reivindicando o Território do Acre. BALEEIRO. *O Supremo Tribunal Federal*: Êsse Outro Desconhecido, p. 108-109.

[47] LESSA. *Do Poder Judiciário*, p. 118 et seq.

[48] GUIMARÃES. *O Juiz e a Função Jurisdicional*, p. 116 et seq.

políticas, entregando, afinal, aos próprios juízes a missão de identificar um caso como político e, assim, deixar de pronunciar-se:

> "O Supremo Tribunal Federal, logo, sendo o juiz supremo e sem apêlo na questão de saber se qualquer dos outros dois Podêres excede à sua competência, é o último juiz, o juiz sem recurso, na questão de saber se é, ou não, político o caso controverso."[49]

Em que pese essa dificuldade, seria possível identificarmos quatro grandes critérios definidores da "questão política", extraídos da jurisprudência do Supremo Tribunal: o critério da competência privativa, associado à falta de parâmetros jurídicos preestabelecidos, o da transcendência do interesse perseguido e o critério da não violação de direitos individuais. Uma questão será política, portanto, se estiver afeta, constitucional e privativamente, a um outro Poder (questão meramente ou exclusivamente política),[50] não havendo uma prefixação jurídica de seu conteúdo, conveniência e oportunidade, e se não violar direitos individuais. Como vimos no estudo dos atos internos ou *interna corporis*, matérias regimentais das Casas Legislativas não geram direitos ou pretensões, o que poderia ser estendido para os atos de competência "final" ou "privativa". Mas a extensão seria imprópria, como veremos no exame dos casos de decretação de estado de sítio (1), do exame da legitimidade de um governo ou assembléia estaduais (2), da fiscalização dos governos de fato (3), da solução de conflitos territoriais entre os Estados da Federação (4) e em outros tantos casos em que se vale da doutrina (5).

## § 1. Decretação de estado de sítio

É bem verdade que na primeira década de sua existência o Supremo Tribunal Federal se tenha declarado incompetente para conhecer de *habeas corpus*, impetrado por *Rui Barbosa* em favor de várias autoridades, inclusive parlamentares no gozo das imunidades constitucionais, versando sobre prisões em face do estado de sítio decretado por *Floriano Peixoto*, alegando a índole política da matéria:

---

[49] RUI BARBOSA em discurso proferido, em 1914, no Instituto dos Advogados: BALEEIRO. *O Supremo Tribunal Federal*: Êsse Outro Desconhecido, p. 107. Também em *Commentarios à Constituição Federal Brasileira*, IV, p. 22.

[50] CASTRO. *A Constituição de 1937*, p. 220; CAMPOS. *Direito Constitucional*, p. 64.

> "[A]inda quando na situação criada pelo estado de sítio, estejam ou possam estar envolvidos alguns direitos individuais, esta circunstância não habilita o Poder Judicial a intervir para nulificar as medidas de segurança decretas pelo Presidente da República, visto ser impossível isolar êsses direitos da questão política, que os envolve e compreende."[51]

Em vários *habeas corpus*, decididos em 1894, essa doutrina dava sinais de enfraquecimento, pois se afirmava que o Executivo não tinha "o direito de deportar estrangeiros em tempo de paz por simples medida política e mera fórmula administrativa".[52] Sinais apenas. Em 1897, ocorreu o atentado contra o Presidente *Prudente de Morais*, do qual resultou vitimado o seu Ministro da Guerra, Marechal *Carlos Bittencourt*. A decretação de novo estado de sítio dera guarida à prisão dos suspeitos, dentre os quais vários parlamentares. O Habeas Corpus n. 1.063, impetrado em favor dos presos, terminou sendo denegado em acórdão de 26 de março de 1898, na linha de que somente ao Congresso competiria o exame das providências tomadas pelo chefe do Poder Executivo durante o estado de sítio.[53] Conta-se que a persistência dessa doutrina devia-se ao temor de o Presidente da República não cumprir o acórdão que ordenasse a libertação dos pacientes, pois, em face da notícia de que o temor era vão, o Tribunal, passados justos vinte dias, mudaria de orientação:[54]

> "É concedida a impetrada ordem de *habeas-corpus*, para que cesse o constrangimento ilegal em que se acham os pacientes. As imunidades parlamentares não se suspendem com o estado de sítio. Cessam com o estado de sítio tôdas as medidas de repressão durante êle tomadas pelo Executivo. A atribuição judiciária de conhecer de tais medidas, findo o sítio, não é excluída pela do Congresso para o julgamento político dos agentes do Executivo."[55]

---

[51] BRASIL. Supremo Tribunal Federal. Pleno. HC n. 300. Rel. Min. Barradas. *Jurisprudência*, 1892, p. 60-64; BOECHAT. *História do Supremo Tribunal Federal*, I, p. 22-23.

[52] BRASIL. Supremo Tribunal Federal. Pleno. HC n. 520, 523, 524, 525, 529. *Jurisprudência*, 1894, p. 41-47.

[53] BRASIL. Supremo Tribunal Federal. Pleno. HC n. 1.063. Rel. Min. Bernardino Ferreira. *Jurisprudência*, 1898, p. 11-16.

[54] RODRIGUES. *História do Supremo Tribunal Federal*, I, p. 111.

[55] BRASIL. Supremo Tribunal Federal. Pleno. HC n. 1.073. Rel. p/ acórdão Lúcio de Mendonça. *Jurisprudência*, 1898, p. 19-28.

No Habeas Corpus n. 3.527, o Tribunal resumiria sua doutrina em matéria de controle do estado de sítio. Os impetrantes alegavam a inconstitucionalidade da decretação, por não estar de acordo com os fatos e condições rigorosas que a autorizavam constitucionalmente. O Tribunal negou a ordem, pois os impetrantes questionavam os motivos ou razões adotados e não os efeitos ou fatos decorrentes de atos lesivos a direitos individuais:

> "[E]m vista da própria Constituição, (...), resulta (...) a exclusão manifesta do judiciário para julgar do caso sujeito; porquanto, se o tribunal interviesse, a conseqüência desse seu ato seria: *a)* arrogar-se ele uma atribuição que é *privativamente* conferida a outro poder, o Congresso Nacional; *b)* desconhecer a independência do poder executivo para decretar o estado de sítio, inquirindo e julgado dos *motivos* que teve esse poder para fazê-lo; *c)* anular virtualmente o próprio estado de sítio, fazendo cessar, pelo *habeas corpus*, a medida resultante dele, isto é, a detenção dos indivíduos, mesmo quando feita de acordo com a Constituição."[56]

Parecia previsível esperar a concessão de ordem de *habeas corpus* contra a proibição de serem publicados pela imprensa, durante o estado de sítio, os debates do Congresso Nacional,[57] embora se tenha afirmado também que a livre manifestação de pensamento pela imprensa é uma das garantias constitucionais suspensas em virtude do estado de sítio,[58] declarando-se, sob a égide da Constituição de 1934, a intangibilidade das imunidades parlamentares mesmo em estado de sítio no estado de guerra ("estado de sítio agravado"), a menos que

---

[56] BRASIL. Supremo Tribunal Federal. Pleno. HC n. 3.527. Rel. Min. Amaro Cavalcanti. *Revista do STF* v. 1, 1914, p. 287-293. É interessante a posição crítica do Ministro Pedro Lessa à posição de falta de competência do Judiciário para discutir e julgar atos da competência dos outros dois poderes, os motivos ou razão dos atos praticados nesse campo: HC n. 3.528. Rel. Pedro Lessa. COSTA. *Os Grandes Julgamentos do Supremo Tribunal Federal*, I, p. 182-185.

[57] BRASIL. Supremo Tribunal Federal. Pleno. HC n. 3.635. Rel. Min. Oliveira Ribeiro. COSTA. *Os Grandes Julgamentos do Supremo Tribunal Federal*, I, p. 190-203.

[58] BRASIL. Supremo Tribunal Federal. Pleno. HC n. 3.539. Rel. p/ acórdão Enéas Galvão. COSTA. *Os Grandes Julgamentos do Supremo Tribunal Federal*, I, p. 215-227; HC n. 14 583. Rel. Min. Muniz Barreto. COSTA. *Os Grandes Julgamentos do Supremo Tribunal Federal*, I, p. 394-421.

houvesse autorização da respectiva Casa Legislativa.[59] Sob 1946, reconheceu-se a legitimidade de a lei que declarava estado de sítio determinar a suspensão de *habeas corpus* e mandado de segurança contra atos emanados do Presidente da República, dos Ministros de Estado, do Congresso Nacional e do executor do estado de sítio.[60]

## § 2. A LEGITIMIDADE DE UM GOVERNO OU ASSEMBLÉIA ESTADUAIS: OS CASOS DAS DUPLICATAS

Nos primórdios de nossa conturbada República, não faltaram casos de disputas em torno da legitimidade de um governo ou de assembléias legislativas, não sendo raras as hipóteses de duplicatas de assembléias ou de governos estaduais que se auto-intitulavam eleitos. Vários *habeas corpus*, tendo por objeto a apuração da eleição e o reconhecimento do Governador da Bahia foram apreciados pelo Supremo Tribunal em março de 1907. Em 1910, outra disputa entre grupos que se diziam eleitos ao Conselho Municipal do Distrito Federal desafiaria o Tribunal;[61] naquele mesmo ano, diversos indivíduos, dizendo-se diplomados como Deputados do Rio de Janeiro, pediram e levaram ordem de *habeas corpus* para se reunirem em sessões preparatórias a fim de procederem à apuração da eleição e o reconhecimento de seus poderes;[62] em 1911, uma ordem fora concedida em favor do Governador do Amazonas, que havia sido deposto do cargo pelas forças federais da União[63] e outra em favor de um grupos de Deputados que se viram excluídos da Assembléia Legislativa do Rio de Janeiro; em 1912, foi a vez de o Governador da Bahia se dizer vítima de constrangimento ilegal em vista do bombardeio de tropas federais, requisitadas por um juiz federal em atendimento a pedido de facção minoritária da Assembléia que se opunha à determinação do Governador de mudança temporária da sede

---

[59] BRASIL. Supremo Tribunal Federal. Pleno. HC n. 26.178. Rel. Min. Carvalho Mourão. COSTA. *Os Grandes Julgamentos do Supremo Tribunal Federal*, II, p. 68-90.

[60] BRASIL. Supremo Tribunal Federal. Pleno. MS n. 3.557. Rel. Min. Hahnemann Guimarães. COSTA. *Os Grandes Julgamentos do Supremo Tribunal Federal*, III, p. 362-420.

[61] BRASIL. Supremo Tribunal Federal. Pleno. HC n. 1.793, 2.794. Rel. Min. Godofredo Cunha. *RF* v. 13, p. 148-153; 2.797. Rel. Min. Oliveira Ribeiro. *O Direito* v. 112, p. 392-393.

[62] BRASIL. Supremo Tribunal Federal. Pleno. HC n. 2.905. COSTA. *Os Grandes Julgamentos do Supremo Tribunal Federal*, I, p. 160.

[63] BRASIL. Supremo Tribunal Federal. Pleno. HC n. 2.950. Idem.

do Legislativo.[64] No caso da duplicata distrital, o Supremo Tribunal Federal afastou a natureza política da contenda, estabelecendo, à moda norte-americana, uma tipologia daquelas questões:

> "Não se trata de atos cometidos pela Constituição à discrição do Poder Legislativo ou do Executivo da União; de modificações sociais, feitas por qualquer dêsses podêres em benefício da coletividade, ou com êsse intuito; de assuntos em que se cogite da utilidade, ou necessidade nacional, e que devam ser apreciados com certa amplitude por uma autoridade mais ou menos arbitrária. O caso é de todo regido por disposições constitucionais e por leis secundárias."[65]

Na duplicata fluminense de 1911, o Tribunal reiterou posição assumida em 1907 de que mesmo quando os atos argüidos tenham caráter político não ficava o Judiciário excluído de conhecer da causa se deles decorressem lesões a direitos individuais.[66] Repetindo-se, em 1914, que as "questões políticas envolvidas na causa em que se debatem direitos sujeitos à apreciação da justiça não podem excluir o julgamento desta".[67] A causa dizia respeito a uma disputa entre *Nilo Peçanha* e *Feliciano Sodré*, que se proclamavam ambos presidentes eleitos do Rio de Janeiro. *Astolfo de Resende* ingressara no Supremo com um *habeas corpus* em favor de *Nilo Peçanha* e conseguira a ordem:

> "O *habeas corpus* concede-se preventivamente a todo aquêle que, eleito e proclamado presidente de um Estado pelo poder competente, se considerar ameaçado de penetrar no edifício destinado à residência do presidente do Estado para exercer as funções dêsse cargo, porque as expressões do texto constitucional (art. 72, § 22) compreendem quaisquer coações, e não sòmente a violência do encarceramento ou do só estôrvo à faculdade de 'ir e vir'."[68]

---

[64] BRASIL. Supremo Tribunal Federal. Pleno. HC n. 3.137. Rel. Epitácio Pessoa; HC n. 3.145. Rel. Min. Oliveira Figueiredo; HC n. 3.148. Rel. Min. André Cavalcanti. COSTA. *Os Grandes Julgamentos do Supremo Tribunal Federal*, I, p.150-161.

[65] COSTA. *Os Grandes Julgamentos do Supremo Tribunal Federal*, I, p. 98.

[66] COSTA. *Os Grandes Julgamentos do Supremo Tribunal Federal*, I, p. 110.

[67] BRASIL. Supremo Tribunal Federal. Pleno. HC n. 3.697. *Revista do STF* v. 4, p. 3.

[68] BRASIL. Supremo Tribunal Federal. Pleno. HC n. 3.697. *Revista do STF* v. 4, p. 3.

Ainda em 1914, foi concedida a ordem para permitir que Deputados da Assembléia do Estado do Rio pudessem realizar as sessões em qualquer local, em face do impedimento de sua entrada no edifício daquela Câmara.[69] Dois anos depois, haveria retrocesso nessa jurisprudência. *Rui Barbosa* e *Clóvis Bevilaqua* ajuizaram *habeas corpus* preventivo em favor do General *Taumaturgo de Azevedo* e do Coronel *Francisco Bacuri*, para assegurar-lhes o direito de prestar o juramento constitucional e de exercer as funções de Governador e Vice-Governador do Estado do Amazonas, respectivamente, para cujos cargos haviam sido eleitos e reconhecidos pelo Congresso Legislativo estadual, diante da superveniência de emenda à Constituição do Estado, que não atentara para exigência da limitação temporal de só sofrer emenda após vinte anos de sua promulgação, suprimindo os cargos de Vice-Governador e Senador. A bem da verdade o Supremo já havia declarado "ato nenhum" o que extinguira os cargos em novembro de 1913[70] e, em 1916, funcionavam dois governadores e dois Congressos Legislativos naquele Estado. O Tribunal situou a questão no âmbito político, alegando que a dualidade só poderia ser resolvida pelo Congresso Federal, em face inclusive de disposição constitucional que deferia ao Governo Federal a faculdade de intervir nos Estados para manter a forma republicana federativa.[71] Quatro anos depois, o Tribunal voltava a afirmar que a dualidade de governo, a pretensão de exercê-lo manifestada por dois candidatos que se diziam legalmente eleitos e reconhecidos importava num caso de intervenção federal, cuja deliberação estava afeta à competência exclusiva do Congresso.[72] Em 1922, contudo, retomou a posição anterior, afastando a exclusão de sua competência para conhecer e deferir *habeas corpus* contra a inação do Governo Federal que punha sob dúvida a legitimidade do mandato de presidente e vice-presidente do Estado do Rio de Janeiro outrorgado a *Raul Fernandes* e *Artur Costa*.[73]

---

[69] BRASIL. Supremo Tribunal Federal. Pleno. HC n. 3.584. *Revista do STF*, v. 3, p. 6.

[70] BRASIL. Supremo Tribunal Federal. Pleno. HC n. 3.451. Rel. Min. Oliveira Ribeiro. COSTA. *Os Grandes Julgamentos do Supremo Tribunal Federal*, I, p. 249-250 n. 1.

[71] BRASIL. Supremo Tribunal Federal. Pleno. HC n. 4.104. Rel. Min. Oliveira Ribeiro. COSTA. *Os Grandes Julgamentos do Supremo Tribunal Federal*, I, p. 243-251.

[72] BRASIL. Supremo Tribunal Federal. Pleno. HC n. 6.008. COSTA. *Os Grandes Julgamentos do Supremo Tribunal Federal*, I, p. 305.

[73] BRASIL. Supremo Tribunal Federal. Pleno. HC n. 8.800. Rel. Min. Guimarães Natal. COSTA. *Os Grandes Julgamentos do Supremo Tribunal Federal*, I, p. 303-317.

## § 3. O GOVERNO DE FATO OU PODER CONSTITUINTE ORIGINÁRIO

Embora dispensaremos um tópico a esse ponto, não podemos deixar de anotar que o controle de constitucionalidade da existência de governos de fato ou de violações da legitimidade constitucional por forças vitoriosas escapa da competência do Tribunal, como declarara o Ministro *Afrânio da Costa*, em mandado de segurança que questionava a inconstitucionalidade da medida congressual que impediu o exercício da Presidência a *Café Filho*:

> "Não há jeito, por mais especioso, de considerá-la uma situação que possa ser apreciada e resolvida de *jure* por esta Côrte. É uma situação de fato criada e mantida pela fôrça das armas, contra a qual seria, òbviamente, inexeqüível qualquer decisão do Supremo Tribunal."[74]

## § 4. CONFLITO TERRITORIAL ENTRE ESTADOS

O critério da competência exclusiva avultara em 1895 em um conflito entre Minas Gerais e Goiás sobre limites territoriais:

> "Sejam quais forem, fundadas ou não, as questões de limites entre as duas Províncias outrora e Estados hoje, jamais foram decididas pelo Poder Legislativo, o único competente para solvê-las. E não sendo cumulativa com o S.T.F., essa atribuição do Congresso Nacional, àquele só incumbe manter o *statu quo* e respeitar a posse em que se acham as autoridades em conflito, até que pelos meios legais se dirimam semelhantes controvérsias."[75]

Essa orientação durou meses apenas, pois logo o Tribunal reconheceu a sua competência originária para resolver disputas territoriais entre os Estados.[76]

---

[74] BRASIL. Supremo Tribunal Federal. Pleno. MS n. 3.557. Rel. Min. Hahnemann Guimarães. COSTA. *Os Grandes Julgamentos do Supremo Tribunal Federal*, III, p. 362-420.

[75] BRASIL. Supremo Tribunal Federal. Pleno. CJ n. 42. Rel. Min. Macedo Soares. *Jurisprudência*, 1895, p. 67.

[76] BRASIL. Supremo Tribunal Federal. Pleno. AO n. 4. *Jurisprudência*, 1897, p. 345-348; AO n. 1. *Jurisprudência*, 1897, p. 348-352.

## § 5. Outros casos de questões políticas

Em outros tantos assuntos, encontramos uma posição cambiante do Tribunal, tendencialmente propensa, contudo, a conhecer de matérias que, ou em linha de argumentação do próprio Tribunal ou por afirmação da doutrina, estariam afetas exclusivamente ao Executivo, ao Legislativo ou a ambos. Na Apelação Cível n. 216, julgada em 1896, o Tribunal não reconheceu ofensa a direitos individuais para declarar a inconstitucionalidade de um decreto legislativo que anistiara com restrições os envolvidos em movimentos revolucionários ocorridos, por a anistia ser medida essencialmente política, consistindo em insustentável "veto judiciário oposto à vontade das duas câmaras" o seu controle judicial.[77] Mas a decretação de expulsão de um estrangeiro pode ser controlada, segundo parâmetros jurídicos: "a expulsão é ato discricionário do Poder Executivo. Não se admite, no entanto, ofensa à lei e falta de fundamentação. [O Judiciário] não examina a conveniência e a oportunidade da medida, circunscrevendo-se na matéria de direito: observância dos preceitos constitucionais e legais";[78] da mesma forma, a concessão de indulto pode ser examinada em face do princípio da igualdade;[79] a escolha pelo Presidente do Ministro do Supremo Tribunal Federal, e de Ministro ou juiz constante em lista tríplice para compor tribunal, pode dar ensejo à revisão judicial por vício atinente à fase anterior do respectivo procedimento.[80] Assim também o controle que o Legislativo pode exercer sobre o poder regulamentar se submete à fiscalização, de forma e até de mérito. No entanto, o veto presidencial continua sendo um ato político incontrastável, mesmo que não tenha sido fundamentado.[81]

---

[77] BRASIL. Supremo Tribunal Federal. Pleno. Rel. Min. José Higino. BOECHAT. *História do Supremo Tribunal Federal*, I, p. 69-72.

[78] BRASIL. Supremo Tribunal Federal. Pleno. HC n. 72.082-RJ. Rel. Min. Francisco Rezek. *RTJ* v. 158, t. 2, p. 547-552; HC n. 58.926. Rel. Min. Rafael Mayer. *RTJ* v. 98, t. 3, p. 1.045; HC n. 61.738. Rel. Min. *RTJ* v. 110, t. 2, p. 650; HC n. 78.946-RJ. Rel. Min. Ilmar Galvão. *RTJ* v. 170, t. 2, p. 609-612.

[79] BRASIL. Supremo Tribunal Federal. Pleno. HC n. 71.262. Rel. Min. Francisco Rezek. *DJ* 1 de 21/6/1994; HC n. 74.132-SP. Rel. Min. Sydney Sanches. *RTJ* v. 166, p. 242-246

[80] BRASIL. Supremo Tribunal Federal. Pleno. MS n. 21.168-DF. Rel. Min. Sepúlveda Pertence. *RTJ* v. 156, t. 1, p. 50-55.

[81] BRASIL. Supremo Tribunal Federal. Pleno. ADPF (QO) n. 1-RJ. Rel. Min. Néri da Silveira. *ISTF*, n. 176.

Nos casos de "intervenção federal discricionária", como o da invasão territorial de um Estado por outro, o Presidente age "mediante estrita avaliação discricionária da situação que se lhe apresenta, que se submete ao seu exclusivo juízo político", não sendo suscetível, portanto, de controle judicial.[82] Os requisitos de relevância e urgência das medidas provisórias, editadas pelo Presidente da República, podem ser aferidos pelo Tribunal, em caráter excepcional, sempre que a falta deles ou o abuso de edição forem objetivamente evidenciados, não, contudo, quando dependerem "de uma avaliação subjetiva, estritamente política, mediante critérios de oportunidade e conveniência", confiados ao Executivo e ao Legislativo.[83]

Podemos concluir que a concepção de *political question* é volátil e tende a perder significado prático na jurisprudência do Tribunal, a não ser como um expediente tático de fuga de um enfrentamento político desgastante. Mais recentemente, por exemplo, o Tribunal se vinha valendo do critério de atribuição privativa para não conhecer dos requisitos de relevância e urgência das medidas provisórias. Essa orientação foi, contudo, interrompida, passando-se então ao controle daqueles requisitos. Por trás da mudança, do ponto de vista político e sociológico, podem estar muitas coisas, como o próprio inconformismo dos Ministros com a enxurrada de Medidas Provisórias ou o enfraquecimento do Executivo; mas, do ponto de vista jurídico, desenha-se a figura do "excesso" ou "desvio de poder", que defere ao próprio Tribunal a última palavra para definir não só quando uma competência é final ou privativa, como permite identificar os excessos ou desvios praticados no exercício dessa mesma competência.[84] E, nesse jogo, a existência de direitos individuais violados desempenha um papel fundamental e decisivo para atrair a jurisdição da Corte. Mas quando, então, eles existirão?

---

[82] BRASIL. Supremo Tribunal Federal. Pleno. MS n. 21.041-RO. Rel. Min. Celso de Melo. *RTJ* v. 137, p. 177.

[83] BRASIL. Supremo Tribunal Federal. Pleno. ADInMC n. 1 717-DF. Rel. Min. Sydney Sanches. *DJ* 1 de 22/2/2000, p. 50.

[84] Como já antevia RUI BARBOSA em seus *Commentarios à Constituição Federal Brasileira*, IV, p. 22, 44.

# Capítulo V
# UMA ABORDAGEM CONCLUSIVA SOBRE *POLITICAL QUESTION*

As questões políticas, por princípio, devem ficar de fora do julgamento judicial. Esse enunciado se impõe como uma limitação externa e interna ao próprio labor judicante. O princípio da separação dos poderes, deduzido em seus contornos mínimos do postulado do Estado de Direito, e reforçado pelo princípio da legitimidade democrática, projeta-se como um limite externo que não pode ser esquecido pelo juiz.[1] Não faltam também exemplos de vedações expressas, sobretudo em textos constitucionais, às incursões judiciais no campo reservado à política. No Brasil, as Constituições de 1934 e de 1937 afastavam expressamente a possibilidade de o Poder Judiciário conhecer de "questões exclusiva ou meramente políticas". Mas, no mais das vezes, a definição da natureza política de uma determinada questão se vai fazer pelo próprio juiz, o que leva a um círculo vicioso. A solução desse impasse pode ser dada, num clima de normalidade institucional, pela imposição de autolimites, de contenção da atividade judicial no fino equilíbrio entre a prestação jurisdicional efetiva e o respeito à esfera da política.[2]

---

[1] FAGUNDES. *O Controle dos Atos Administrativos pelo Poder Judiciário*, p. 182.
[2] LOEWENSTEIN. *Teoría de la Constitución*, p. 313; SCHWARTZ. *Direito Constitucional Americano*, p. 193.

A doutrina e a jurisprudência se têm esforçado na revelação dos conceitos fronteiriços entre a jurisdição e a política, embora o horizonte do consenso pareça ainda distante. Podemos, em um exercício didático, apresentar um conjunto de critérios delimitadores, a partir da definição positiva de "política" (1) ou dos aspectos formal-pragmáticos de todas as questões qualificadas de políticas (2) e outro, negativo, atento apenas às conseqüências dos atos, sem se importar com a natureza deles (3).

# SEÇÃO I
# CRITÉRIO POSITIVO

O critério positivo parte do conceito de política, pelo menos em sua feição externa voltada para o Direito, como "mérito do ato", que se identifica com o juízo de oportunidade e conveniência de adoção, dentre as alternativas apresentadas, do ato determinado, bem assim do "uso do poder discricionário pelo Parlamento e Governo".[3] "Quando à função de um poder, governativo ou legislativo", escreveu *Rui Barbosa*,

> "não corresponde, fronteiramente, um direito constitucional da entidade, natural ou moral, que a ação desse poder interessa e poderá ferir, um tal poder está confinado, pela sua natureza, ao arbítrio da autoridade em quem reside. É um poder discricionário, e, como poder discricionário, seria palpável contradição nos termos que sofresse restrição pela interferência coibitiva de outro. De sorte que a noção abstrata de poder meramente político se define praticamente pela noção concreta dos poderes discricionários".[4]

Pressupõe-se, como isso, uma competência constitucional própria e definitiva. Fica, em aberto, contudo, o próprio conceito de "discricionariedade" e a possibilidade de existirem pautas que, dentro de certos limites, possam conceber aquele conceito de forma mais ou

---

[3] CANOTILHO. *Direito Constitucional*, p. 1116.

[4] BARBOSA. *Commentarios à Constituição Federal Brasileira*, IV, p. 215. No mesmo sentido: LEAL. *Problemas de Direito Público*, p. 252 et seq.

menos ampla. Lembremos que, mesmo em situações extremas, como uma declaração de guerra, existem condicionamentos formais: ao Congresso Nacional compete exclusivamente autorizar o Presidente da República a declará-la (art. 49, II, CRFB); a intervenção federal depende de um decreto presidencial. Certos requisitos são exigidos para a decretação da intervenção federal, do estado de defesa e de sítio ou para o veto. Se não é possível substituir a valoração sobre a gravidade das circunstâncias concretas que poderiam dar ensejo a todas essas medidas, entregue aos respectivos órgãos políticos, no mínimo, um juízo pode ser firmado sobre a existência ou subsistência dessas circunstâncias. A absoluta inexistência de comoção grave de repercussão nacional tornaria, ainda assim, a decretação do estado de sítio imune ao controle judicial? Até a valoração já padece de certas bitolas. Não precisamos ir às raias da exigência, segundo um vago princípio da economicidade ou eficácia, da escolha da única alternativa certa ou da melhor solução, se nos lembrarmos dos constantes usos pela jurisprudência constitucional dos princípios da razoabilidade ou da proporcionalidade para aferir a correção da decisão tomada. Além do mais, em plano genérico, esse critério, sem outra observação de acréscimo, leva a uma confusão entre duas espécies de discricionariedade: a política e a administrativa, que, embora comunguem de elementos comuns, tanto estruturais (espaço residual de livre atuação e escolha dentre as alternativas existentes, segundo juízo próprio de conveniência, oportunidade, justiça ou utilidade do ato), quanto funcionais (impossibilidade de revisão judicial), não se confundem, considerando-se o caráter inaugural daquela, seu espectro de alternativas, ao menos teoricamente, muito mais amplo do que sua co-irmã administrativa, carregado por todas as diferenças que existem entre política e administração. A "definitividade" da atribuição apresenta um significado impreciso: por que o veto por inconstitucionalidade é competência definitiva do Presidente da República e a sustação, pelo Congresso Nacional, dos atos normativos do Poder Executivo que exorbitarem o poder regulamentar, não? Não tratam ambos de matéria, velha conhecida do Tribunal? Pode-se superar essa objeção, reduzindo-se o critério apenas às funções políticas dos órgãos Legislativos e Executivos. Caímos, então, na tentação de procurar um conceito mais exato de "ato político" e nessa tarefa nos vamos dar conta de uma variedade de critérios e subcritérios que podemos enumerar, de maneira indicativa, como (a) *critérios subjetivos*, divididos, ainda, em *finalista-voluntaristas*: que se atêm à vontade do agente de defender a sociedade tomada em si ou personificada no governo, contra seus inimigos interiores e exteriores, reconhecidos ou ocultos, presentes ou futuros (*Dufour*); ou que vislumbram o caráter político nos fatos e ações sociais que se exteriorizam com intenção e vontade em relação ao poder; e em *hierárquico-atributivos*, que usam como critério único a estatura constitucional do órgão responsável pelo ato. Assim, a Lei Reguladora da Jurisdição do Contencioso administrativo de 1956 da Espanha, que só reconhece como questões políticas aquelas que se suscitem em relação com os atos do governo ou "pelos órgãos superiores do Estado", definidos, pela Lei de Regime Jurídico da Administração do Estado de 1952 e pela Lei de 26 de julho de 1957, como sendo o Chefe do Estado, o Conselho de Ministro, as Comissões Delegadas, o Presidente do Governo e os Ministros. Todos esses são insuficientes, pois o primeiro eleva as razões de estado ao *status* de teoria jurídica; o segundo desconhece que o ato administrativo também é manifestação de poder e o terceiro não diferencia atos de condução ou direção política de simples medida ou atos de execução que, mesmo em escala menor, também podem realizar aqueles órgãos; (b) *critérios objetivo-finalistas*: as decisões serão políticas se forem ditadas com a finalidade de defesa da segurança do Estado, interna e externa, do funcionamento do poder público, das relações internacionais, da preservação das instituições e da Constituição; quando se destinarem a solucionar os assuntos excepcionais e velar pelos grandes interesses nacionais ou quando tenham finalidade de direção ou impulso.[5] Há quem distinga entre ato institucional e ato político, afirmando que este tem por meta fins superiores para o funcionamento do Estado, enquanto o institucional visa à organização ou à subsistência do Estado, não afetando a esfera dos direitos subjetivos ou interesses legítimos dos particulares (*Marienhoff*); (c) *critérios causais*: semelhantemente ao último, aqui a atenção se concentra na causa de adoção do ato; sempre que considerar os interesses gerais em sua unidade ou se tiver um fundamento político, será político (*Ranelletti*);[6] (d) *critérios formais*: podendo aqui se pensar na afirmação de que serão políticos os atos que se situem fora do controle judicial (*Waline*) ou (e) *critério material*: da definição casuística dos sistemas de listas, seja pela enumeração legislativa, como na caso espanhol, seja

---

[5] CAMPOS. *Direito Constitucional*, p. 369.

[6] MEIRELLES. *Direito Administrativo Brasileiro*, p. 580.

pela construção jurisprudencial, no caso francês, seja, ainda, pela elaboração doutrinária. É possível lembrarmos dos esforços de *Pedro Lessa*[7] e de *Mário Guimarães*[8] para estabelecerem o rol das questões políticas, identificando-as, dentre várias, com a declaração de guerra e a celebração da paz; a manutenção e direção das relações diplomáticas; a celebração e a denúncia de tratados; o reconhecimento de governos estrangeiros; a decretação do estado de sítio (ou de defesa) e a decretação da intervenção federal; a fixação das fronteiras nacionais; o comando das Forças Armadas; a decretação de expulsão,[9] a instituição e majoração de tributos; a concessão de indulto,[10] a distribuição orçamentária das despesas; o provimento de cargos federais; a nomeação de Ministros, o exercício da sanção e do veto presidencial em projetos de lei, advindos do Congresso Nacional; a iniciativa de leis; a derrubada do veto presidencial pelo Congresso; a aprovação das contas do Presidente da República; a suspensão, pelo Senado, de ato normativo declarado em decisão definitiva inconstitucional pelo Supremo Tribunal Federal; a escolha pelo Judiciário do nome do advogado e membro do Ministério Público, dentre os indicados nas listas sêxtuplas, para compor o quinto constitucional; escolha pelo Presidente do Ministro do Supremo Tribunal Federal e de Ministro ou Juiz constante em lista tríplice para compor tribunal.[11] O primeiro anunciado é tautológico, pois será político porquanto *nonjusticiable*, e *nonjusticiable* porque político. Os sistemas de listas têm seu mérito, mas suas limitações. A começar pela possibilidade de exame concreto dos requisi-

---

[7] LESSA. *Do Poder Judiciário*, p. 118 et seq.

[8] GUIMARÃES. *O Juiz e a Função Jurisdicional*, p. 116 et seq.

[9] BRASIL. Supremo Tribunal Federal. Pleno. HC n. 72.082-RJ. Rel. Min. Francisco Rezek. *RTJ* v. 158, t. 2, p. 547-552: "A expulsão é ato discricionário do Poder Executivo. Não se admite, no entanto, ofensa à lei e falta de fundamentação. [O Judiciário] não examina a conveniência e a oportunidade da medida, circunscrevendo-se na matéria de direito: observância dos preceitos constitucionais e legais." HC n. 58.926. Rel. Min. Rafael Mayer. *RTJ* v. 98, t. 3, p. 1.045; HC n. 61.738. Rel. Min. Djaci Falcão. *RTJ* v. 110, t. 2, p. 650.

[10] Exame pelo Supremo da violação do princípio da igualdade pelos Decretos com benefícios de indulto: Pleno. HC n. 71.262. Rel. Min. Francisco Rezek. *DJ* 1 de 21/6/1994; HC n. 74.132-SP. Rel. Min. Sydney Sanches. *RTJ* v. 166, t. 2, p. 242-246.

[11] Sobre a revisibilidade de o ato ser maculado por vício atinente à fase anterior do respectivo procedimento: Pleno. MS n. 21.168-DF. Rel. Min. Sepúlveda Pertence. *RTJ* v. 156, t.1, p. 50-55.

tos, competência e procedimentos previstos para adoção de qualquer dos atos enumerados, dando oportunidade ao controle de legalidade ou da adequação do agir estatal ao devido processo legal.[12]

Por outro lado, não será o legislador, a menos que constituinte originário e assim mesmo sempre sob o risco posterior de uma interpretação judicial restritiva ou ampliadora, que poderá subtrair da apreciação judicial certos temas, presente a garantia constitucional de acesso ao Judiciário, por quem se sinta ameaçado ou violado em seu direito (art. 5.º, XXXV, CRFB ), como assinalara *Rui Barbosa*:

> "Não pode haver nada mais contradictorio e absurdo que entronizar a Constituição acima das leis como soberana, a todas ellas sobrepostas, e, ao mesmo tempo, reconhecer ás leis autoridade, para limitar os casos, em que seja, ou não seja invocavel essa Constituição; estabelecer uma justiça, a cuja supremacia se entregasse a guarda estricta da Constituição contra os legisladores e, juntamente, consentir aos legisladores o arbítrio de, quando lhes apraza, trancarem a essa constituição os tribunaes."[13]

# SEÇÃO II
# CRITÉRIO FORMAL-PRAGMÁTICO

A elaboração jurisprudencial da Suprema Corte norte-americana, como visto, abre uma tipologia das *political questions*, segundo os esquemas estabelecidos em *Baker* v. *Carr*,[14] que reúne aspectos positivos do critério anterior, ao lado de considerações de ordem pragmática da atuação jurisdicional, sob um ângulo também externo, todavia mais formal do que o apresentado antes. Consideram-se, assim, questões políticas quando houver: a) atribuição constitucional de competência exclusiva e final do assunto a um dos poderes políticos coordenados; b) manifesta falta de parâmetro judicial para resolvê-lo; c) impossibilidade de proferir sentença sobre uma decisão política

---

[12] CASTRO. *O Devido Processo Legal e a Razoabilidade das Leis na Nova Constituição do Brasil*, p. 255.

[13] BARBOSA. *Commentarios à Constituição Federal Brasileira*, IV, p. 451.

[14] ESTADOS UNIDOS. Suprema Corte, *Baker* v. *Carr*, 369 U.S.186 (1962).

inicial que escapa claramente à discricionariedade judicial; d) impossibilidade de o tribunal se encarregar de uma resolução independente sem proporcionar uma desconsideração em relação aos outros poderes; e) necessidade extrema de não questionar a adesão a uma decisão política já tomada; e f) possibilidade de estorvar os diversos pronunciamentos dos vários departamentos sobre aquela mesma questão. Vimos que esses elementos não são independentes uns dos outros, antes havendo entre eles uma relação de complementaridade. Embora se possa reconhecer um esforço de "objetivar" a noção ou os elementos tipológicos das questões políticas, muitas sombras ainda ficam para serem solucionadas. Recorrem as idéias de discricionariedade e o alcance de cada um dos tipos. Assim, por exemplo, quando é que estaremos diante de uma questão que não possua parâmetro ou *standard* jurídico que permita a prolação de uma sentença? Quando é que, com um mínimo de convicção, poderemos falar de "necessidade extrema de não questionar uma decisão política já tomada"? Quando houver risco para o próprio tribunal?! Em caso de conflito entre os outros poderes, a arbitragem em favor de um não indicará o desprestígio ou a desconsideração do outro? A declaração de inconstitucionalidade de uma lei, aprovada pelo Congresso e sancionada pelo Presidente da República, não importará desprestígio dos outros poderes? Não indica desautorização dos pronunciamentos, sobre a questão, dos outros ramos do Governo? As interrogações nos fazem ver que será sempre o Juiz quem as responderá, tornando incerta toda previsão sobre seu exato alcance.

## SEÇÃO III
## CRITÉRIO NEGATIVO
## OU CONSEQÜENCIAL

A atenção pode estar voltada antes para a determinação do núcleo de afirmação do poder jurisdicional, seja por renúncia à conceituação da política, seja por considerá-la irrelevante para a solução do problema, e assim se deter sobre as conseqüências do ato, político ou não, na esfera dos direitos e liberdades, de forma que se houver ameaça ou violação de direitos, a competência do Judiciário se afirma e se impõe:

"A violação de garantias individuais, perpetrada à sombra de funções políticas, não é imune à ação dos tribunais. A estes compete sempre verificar se a atribuição política (...) abrange em seus limites a faculdade exercida."[15]

Ora, essa perspectiva amplia demasiadamente o espaço livre de jurisdição, pois à semelhança da vedação estadunidense de solução de "casos abstratos" (*moot cases*), reduz sensivelmente o arsenal de normas constitucionais que gozam da proteção jurisdicional, criando duas Constituições em uma só: uma protegida pela tutela da jurisdição – em sua parte material, de normas definidoras de direitos fundamentais, com sua projeção irradiante às relações privadas; outra, largada à sorte das contendas e arranjos políticos – em sua parte orgânica, estabelecedora de normas de organização e competência. Há de ser lembrado, a propósito, o caso *Morrison* v. *Olson*,[16] em que a Suprema Corte dos Estados Unidos não concordou com a redução dos direitos individuais a meras pretensões de natureza privada, antes alcançando aspectos objetivos do sistema como a integridade do princípio constitucional da separação de poderes, quando menos, pela força da garantia que esse postulado patrocinava mesmo àqueles direitos de cunho mais individualista.[17] Esse entendimento, por certo, é meritório, sobretudo se considerarmos que o modelo jurídico daquele país utiliza como critério definidor de competência jurisdicional a existência de um "caso" ou "controvérsia".

---

[15] BARBOSA. *Obras Seletas de Rui Barbosa*, p. 108. *Commentarios à Constituição Federal Brasileira*, IV, p. 43; Cf. "Violação das garantias constitucionais, perpetrada à sombra de funções políticas não é imune à ação dos tribunais": LESSA. *Do Poder Judiciário*, p. 65; Ainda: PONTES DE MIRANDA. *Comentários à Constituição de 1946*, II, p. 473 com certa modulação: "Onde a 'questão política' se liga a atos que violaram direitos, a ação leva-a à Justiça e a Justiça pode dela conhecer. Já não é exclusivamente política." CASTRO. *A Constituição de 1937*, p. 220; GUIMARÃES. *O Juiz e a Função Jurisdicional*, p. 53; BUZAID. *Da Ação Direta de Declaração de Inconstitucionalidade no Direito Brasileiro*, p. 53; NUNES. *Do Mandado de Segurança*, p. 223; MEIRELLES. *Direito Administrativo Brasileiro*, p. 580-581; CASTRO. *O Devido Processo Legal e a Razoabilidade das Leis na Nova Constituição do Brasil*, p. 261; VANOSSI. *Teoría Constitucional*, II, p. 193, 203; QUINTANA. *Derecho Constitucional e Instituciones Políticas*, I, p. 632.

[16] ESTADOS UNIDOS. Suprema Corte. *Morrison* v. *Olson*, 487 U.S. 654 (1988).

[17] ESTADOS UNIDOS. Suprema Corte. *Morrison* v. *Olson*, 487 U.S. 654, 694 (1988); *Youngstown Sheet & Tube Co.* v. *Sawyer*, 343 U.S. 579, 635 (1952); *United States* v. *Muñoz Flores*, 495 U.S. 385, 394 (1990).

Uma solução mais avançada para o ordenamento jurídico brasileiro faz ver em direitos constitucionais um sentido bem mais amplo, a permitir a sua extensão às normas secundárias relativamente a seus destinatários diretos: os órgãos constitucionais. Seriam eles titulares de "direitos públicos subjetivos" ou de "interesses legítimos", coletivos ou difusos, a viabilizar a intervenção do Judiciário para fazer valer a letra ou o espírito da Constituição. Esse recurso ao Supremo Tribunal, via de regra, vai decorrer de um atentado a tais direitos ou interesses, por usurpação ou abusos perpetrados por outro poder.

No início do Século XX, *Rui Barbosa* já falava que mesmo nas questões meramente políticas ou totalmente discricionárias, haveria lugar para a intervenção judicial "se a autoridade *invoca[sse] uma attribuição inexistente,* ou *exorbita[sse] de uma attribuição existente*".[18] Tanto os órgãos colegiadamente considerados, quanto seus integrantes, sempre que houver, nesse caso, a intercessão daquelas competências institucionais com uma pretensão jurídica destes, decorrente de seu *status* constitucional ou como puro efeito reflexo da atribuição de competência sobre o exercício do *munus* que lhes cabe.[19] Em tais situações, abrir-se-iam, portanto, duas alternativas ao órgão que se viu atingido: a composição política ou a via jurisdicional. Tudo isso sem prejuízo de que um particular, atingido em seu direito por um ato exorbitante ou formalmente inconstitucional, viesse a se valer das barras dos tribunais para ver respeitado ou reparado o seu direito.

Qualquer que seja o caminho a se seguir, haverá uma zona cinzenta lançada à necessidade da luz do caso concreto e da avaliação prudente do juiz, embora se possa indicar, a título de síntese das distinções feitas, dois certeiros critérios que informam aquela discricionariedade e prudência, todos passando por uma situação estabelecida de crise ou de conflito entre órgãos constitucionais. Um, menos preciso e mais precário, ante à proibição de *non liquet*, que decorre da inexistência de norma jurídico-constitucional para solucionar o impasse, retomando a idéia norte-americana da carência de *standard jurídico*. À falta de um parâmetro jurídico para resolução do problema, não haverá possibilidade de uma resposta

---

[18] BARBOSA. *Commentarios à Constituição Federal Brasileira*, IV, p. 43-44.

[19] Um parlamentar não pode ver seu direito subjetivo, direito-função, de não participar de uma votação que a Constituição proibiu, por exemplo, de uma emenda que fira cláusula pétrea, violado: Pleno. MS n. 20.247-DF. Rel. Min. Moreira Alves. *RTJ* v. 102, t.1, p. 27.

judicial pronta. O caráter lacunoso do texto constitucional, ou seja, a existência de "espaços vazios de Direito Constitucional", pode abrir fendas nas relações institucionais que não são fechadas por ausência absoluta de matéria-prima jurídica. Os recursos a regras de colmatação das lacunas, diferentemente do direito ordinário, exigirão, antes, a concordância das partes em conflito à submissão da nova norma que será criada ou achada na burilação metodológica do Tribunal. Essa tendência conciliatória e de reconhecimento da autoridade de um terceiro imparcial para arbitrar a solução nos lança no campo minado do segundo critério que já não fala de lacunas, mas da simples recusa de um ou dos dois poderes em confronto à solução que viesse a ser arbitrada pelo Tribunal mesmo em face de norma prévia e expressa.

Em momentos tormentosos da vida político-constitucional, em que o primado do pluralismo político é destronado por uma situação de descolamento da legitimidade da Corte perante a opinião pública ou pela alta concentração de poder, assentada, por exemplo, em um amplo acordo entre as forças políticas no Parlamento e o Presidente da República ou em torno deste apenas, quando, autoritariamente, houver uma "revogação da autorização para arbitragem",[20] para que não lhe cortem os dedos, a Corte há de deixar que levem os anéis na tentativa de salvaguarda da própria existência e tentativa de garantir a integridade o mais possível da ordem constitucional. Em instantes, assim, vizinhos à ruptura, quando as intimidações não param e o golpe sobre sua autoridade parece iminente, o Tribunal deve "retirar-se e decidir não decidir".[21] O produto dessa autocontenção é uma questão política e a decisão, política, estratégica. No caso *Dred Scott*, de 1857, sobrou para a Suprema Corte dos Estados Unidos uma lição que teve que reaprender por ocasião do *New Deal* e com as suas propostas de mudança na composição e competência da Corte. Algo assemelhado se deu no Brasil e foi assimilado pelo Supremo Tribunal Federal no enfrentamento da conturbada vida de nossa República e, mais proximamente, o regime de exceção dos anos 60 a 80, com suas extravagantes emendas à Constituição e os atos institucionais. Mas há de se observar que a simples inércia, o temor reverencial ou a resignação não são os atributos próprios da dignidade de uma Corte, guardiã precípua

---

[20] ZAGREBELSKY. *La Giustizia Costituzionale*, p. 65.

[21] Ibidem.

da Constituição, nem será qualquer palavra ou jogo de cena política que deverá desestabilizá-la ou subtraí-la de sua tarefa constitucional. Isso nos lembra *Jorge Vanossi*, ao analisar mais de cinqüenta anos da Corte Suprema de Justiça da Nação argentina:

> "seu único valor exemplar está na dedicação ao trabalho que têm tido seus membros, no maior silêncio e sem estrépitos, como se desse modo resultassem satisfeitas as exigências de uma comunidade aparentemente resignada a não consumar a continuidade institucional, nem alcançar a vigência plena de seus direitos civis e políticos (...). E, para pior, essa abstenção do Judiciário não lhe valeu eximir-se do juízo condenatório ou da destituição sumária, como ocorreu em 1947, em 1955 e em 1966, com uma persistência que senta jurisprudência e cria precedentes."[22]

Bem ao contrário, a força política da Corte e seu vigor em enfrentar as situações-limite vão residir na capacidade de sua atuação firme e destemida, na catálise da multiplicidade de expressões da vida política e social, na intermediação presente na tensão entre a norma e a realidade, na sua legitimação e afirmação por esse resultado que fomenta o consenso, evita a ruptura e medo de fugirem os dedos além dos anéis.

---

[22] VANOSSI. *Teoría Constitucional*, II, p. 181-182.

# TERCEIRA PARTE
# DEFININDO SEUS PONTOS DE PARTIDA

# Capítulo I
# FORMAÇÃO DO SISTEMA CONSTITUCIONAL: O PODER CONSTITUINTE

Os processos de criação da Constituição sempre ocorreram na história, como forma de expressão mais ou menos difusa de normas fundamentais de uma comunidade ou de sua organização concreta. No Medievo, as doutrinas teológicas já indicavam um poder constituinte divino para as leis terrenas: *Non est enim potestas nisi a Deo*, assim como a teoria do pacto (*convenant*) eclesiástico, por meio do qual se obrigavam os crentes, também inspirava uma distinção entre criador e criatura. Não podemos esquecer do trabalho fronteiriço de *Johannes Althusius* com a sua teoria de um poder orgânico do povo de fundar a própria Constituição.[1] Recorrente tem sido a leitura de que a doutrina do poder constituinte está intimamente associada com a necessidade de conciliação entre o poder político e liberdade, que se resolve apenas com a idéia ou mito da República: os comandados participam do poder que os dirige, criando-o e mantendo-o.[2] Mas o isolamento prático e teórico desses processos de criação jurídica do produto criado só vai surgir

---

[1] ALTHUSIUS. *Politica Methodice Digesta*: Exemplis Sacris e Profanis Illustrata. Herborn, 1614, cf. VERDÚ. *Curso de Derecho Politico*, II, p. 433.

[2] SINGER. *O Contra-império Ataca*, p. 11.

com o movimento de formalização constitucional. Apenas nesse instante, em que a consciência jurídica destaca a Constituição como centro normativo-formal de fundação da comunidade jurídica, é que se impõe a necessidade de se problematizar o seu processo formativo. Num primeiro momento, será a prática que despertará a separação entre os atos de constituição e os atos constituídos, embora ainda faltasse uma base teórica mais firme. Assim, no *Agreement of the People* de *Crommwell*, com a afirmação da existência de um pacto do povo que se colocava acima do Parlamento; e, de forma mais exposta, nas Cartas Constitucionais das colônias inglesas na América do Norte. A Constituição de Massachussetts de 1780 é emblemática a esse respeito. As Assembléias dos colonos (*Town Meetings*) enviaram seus representantes à Convenção do Estado para elaboração de um projeto de Constituição que foi submetido, de volta, àquelas assembléias para sua aprovação. Esse procedimento foi seguido por New Hampshire e pela própria Constituição Federal. A experiência norte-americana influenciou a distinção entre o poder constituinte e os poderes constituídos, desenvolvida pelos revolucionários franceses, especialmente pelo abade *Emmanuel Siéyès*.[3] De acordo com *Siéyès*, a Nação tinha um poder constituinte distinto dos poderes constituídos, cujo exercício haveria de ser feito por seus representantes comissionados para elaboração das leis fundamentais. Essa distinção vinculava ao poder constituinte o ato de soberania, *de legibus solutus*, ao tempo em que preservava essa soberania, una, indivisível e inalienável contra a usurpação pelos poderes constituídos que haveriam de ser divididos e limitados. Desde então se fala em poder constituinte como aquele poder de originariamente elaborar uma Constituição.[4]

Essa teoria constituinte, denominada hoje de clássica, tinha a necessidade imperiosa de se contrapor à teoria do direito divino dos reis, o que lhe imprimiu uma feição radical e absoluta como revelam suas notas características de um poder originário, por dar origem à Constituição; extraordinário, por se operar apenas para esse fim; soberano, por ser expressão da vontade soberana do povo;[5]

---

[3] SIÉYÈS. *Che cos'è il Terzo Stato?*, p. 255; *Préliminaire da la Constitution*. Reconnoissance et Exposition Raisonnée des Droits de l'Homme & du Citoyen, p. 10 et seq.

[4] Cf. em *Vanossi* uma variedade de concepções de poder constituinte: racional-ideal (clássica, de *Siéyès*), fundacional-revolucionária (de *Hauriou*), existencial-decisionista (de *Schmitt*), materialista (do marxismo), dialética-plenária (de *Heller*): *Teoría Constitucional*, I, p. 5 et seq.

[5] Para *Schmitt* era a própria vontade política: *Teoría de la Constitución*, p. 93.

ilimitado e incondicionado, por não estar vinculado a formas ou procedimentos jurídicos, estando sempre "em estado de natureza";[6] unitário e indivisível, por reunir todos os outros poderes; e democrático, por apresentar como titular o povo (teoria da soberania popular) ou a nação (teoria da soberania nacional).[7]

Mas o alcance desse poder despertara amplo debate. *Carl Schmitt* falava em adoção da concreta decisão de conjunto sobre modo e forma da própria existência política, pressupondo uma prévia organização política.[8] Na mesma linha, *Antonio Armoth* afirmava que o poder constituinte não criava, mas apenas ordenava os poderes constituídos, de sorte que não fundava o Estado, apenas definia-lhe a forma e a estrutura.[9] A identidade de Estado e Direito, por seu turno, fomentara as idéias de que a Constituição fundava ou criava o próprio Estado.[10] A formação do Estado Federal parece ser a hipótese mais convincente dessa última compreensão.[11] A prática constitucional, contudo, tanto pôde revelar casos de fundação do Estado anteriormente à adoção de uma Constituição escrita, como pôde dar conta da existência de uma Constituição escrita, antes da existência de um Estado soberano. A primeira hipótese é comprovada nos processos de mudança de regime político, em que se preserva a unidade do Estado e do povo, podendo ser promovidas, no entanto, alterações estruturais significativas como na inversão radical do sistema de dominação, ou mera acomodação das estruturas existentes, com a modificação do grupo hegemônico ou reequilíbrio de forças entre vários segmentos sociais ou entre grupos dominantes e grupos dominados. É indiscutível a permanência existencial e orgânica do Estado, sobretudo no segundo caso, embora os juspositivistas se esforcem para afirmar que essa continuidade seria apenas histórica ou

---

[6] SCHMITT. *Teoría de la Constitución*, p. 97. Para os jusnaturalistas, melhor seria falar em poder autônomo, por ser ilimitado pelo direito positivo, mas sujeitar-se ao direito natural: FERREIRA FILHO. *Curso de Direito Constitucional*, p. 23.

[7] OTTO. *Derecho Constitucional*, p. 53. Para alguns, a noção de soberania nacional que surge para fundamentar os Estados Nacionais europeus é substituída, nos Estados Unidos, pela idéia de poder constituinte: SINGER. *O Contra-império Ataca*, p. 11.

[8] SCHMITT. *Teoría de la Constitución*, p. 93-94.

[9] ARMOTH. *Essenza e Funzioni della Costituente*, p. 164.

[10] TEMER. *Elementos de Direito Constitucional*, p. 29.

[11] KLEIN. *Pourquoi une Constitution aujourd'hui?*, p. 92-93.

política, mas nunca jurídica.[12] Ora, mas o que dizer quando uma Constituição anterior for simplesmente revigorada, após um período de interrupção, para denotar a continuidade do mesmo Estado? Não foi esse o caso da Áustria de 1945 ao retomar a Constituição de primeiro de outubro de 1920, cuja aplicação havia sido interrompida, em 1938, pelo *Aschluss*?[13]

As evidências se acumulam ao considerarmos a ocorrência de "procedimentos constituintes externos"[14] que levam à adoção de "heteroconstituições".[15] Nesses casos, o procedimento de formação da Constituição decorre de atos de soberania – constituinte – de um Estado ou organização internacional distintos daquele que será regulado pela nova Constituição, tanto em face de uma temporária crise de soberania de um Estado antigo, provocada, por exemplo, por uma ocupação estrangeira ou por movimentos de secessão que modifiquem radicalmente a sua estrutura; quanto pelo surgimento de um Estado novo. A primeira hipótese pode ser exemplificada com a Constituição japonesa de 1946. O governo militar aliado, no Japão, impôs um texto constitucional que introduziu, naquele País, o sistema de democracia parlamentarista com a conseqüente redução dos poderes do imperador.[16] A segunda hipótese pode ser verificada nas Constituições de Estados que haviam sido possessões inglesas e que, segundo o "Estatuto de Westminster", foram ditadas pelo Parlamento Britânico: como a do Canadá em 1867,[17] a da Austrália em 1901 e a da África do Sul em 1909; ou por atos do Governo (*Orders in Council*),

---

[12] CHANTEBOUT. *Droit Constitutionnel et Science Politique*, p. 39; PORTELLI. *Droit Constitutionnel*, p. 22; TEMER. *Elementos de Direito Constitucional*, p. 29. A "teoria do desaparecimento do Estado" traz dificuldades adicionais para o Direito Internacional Público, sobretudo no que tange aos negócios e interesses contratados com o Estado "caduco". Em alguns casos, o reconhecimento do fim do Estado anterior foi declarado pelos líderes do movimento revolucionário, como na Rússia de 1917, em que se negou validade à dívida externa contraída pelos Czares.

[13] PACTET. *Intitutions Politiques, Droit Constitutionnel*, p. 69.

[14] VERGOTTINI. *Derecho Constitucional Comparado*, p. 146 et seq.

[15] Na locução de *Miguel Galvão Teles* repetida por *Jorge Miranda*: *Manual de Direito Constitucional*, II, p. 80.

[16] Ainda as Constituições das Repúblicas Helvética e Bátava no período revolucionário francês; a Constituição espanhola de 1808 e as Constituições das democracias populares do leste europeu entre 1940 e 1950.

[17] Até 1981, contudo, esse sistema continuou parcialmente conservado no Canadá: O Parlamento inglês devia aprovar as emendas constitucionais.

como a da Nigéria em 1946, a da Jamaica em 1962, a das Bermudas de 1962, a da Anguila de 1967, a das Ilhas Maurício de 1968 e a de Fiji de 1970. A primeira Constituição albanesa foi resultado de uma conferência internacional em 1913. A Constituição da Bósnia-Herzegóvina foi produto de um acordo internacional (Anexo 4 do Acordo de Paz de Daytona). Dir-se-á que nessas situações opera-se uma novação do ato constituinte ou o deslocamento da regra de reconhecimento, pois desde a formação, o novo Estado é quem funda em si a sua validade.[18] Afirma, a esse propósito, *Herbert L. A. Hart* que o

> "(...) sistema jurídico na antiga colónia tem agora uma 'raiz local', no sentido de que a regra de reconhecimento especificando os critérios últimos da validade jurídica já não se refere a actos legislativos de uma assembleia legislativa de outro território".[19]

Mesmo que se admita assim, não se poderá deixar de reconhecer a prévia decisão constituinte firmada antes da formação soberana dos Estados ou do fim de seu estatuto colonial, tomada fora dos seus domínios.

Com a teoria do poder constituinte pretendia-se fechar o debate sobre o fundamento de validade da Constituição: ela seria válida incondicionalmente porque procedente de quem tinha o poder de instituí-la de forma absoluta. E sendo esse alguém o povo ou a nação, ficaria também solucionada para a Dogmática Constitucional o princípio da legitimidade democrática que se clamava nos tempos revolucionários. No entanto, a teoria, em si, já revelava seus pontos nebulosos e se tornou insustentável em face da prática constitucional dos séculos XIX e XX. O processo constituinte, por um lado, revelou que não era de forma alguma absoluto ou incondicionado, mas antes atendia a uma certa ordem de valores e, enfim, possuía também as suas regras, sobretudo pelas normas que disciplinavam a convocação de eleições ou de referendo, bem assim do procedimento de elaboração constitucional. Muitos autores tentaram superar esse obstáculo, no entanto, introduzindo a diferença entre o poder constituinte material, de "autoconformação do Estado segundo certa idéia de Direito" e poder constituinte formal, de formulação jurídica des-

---

[18] *Jorge Miranda* com apoio em *Santi Romano* e *Hart: Manual de Direito Constitucional*, II, p. 80-81.

[19] HART. *O Conceito de Direito*, p. 132.

sas idéias,[20] mas a originalidade constituinte não poderia ser incontrastável ou sem limites, impondo-se para a chancela de sua legitimidade o atendimento de um certo rito mais ou menos previsível (legitimidade pelo procedimento) e a um conteúdo mínimo de normas (legitimidade pelo resultado). A contradição, decorrente da diferença entre poder constituinte e constituído, ainda tinha mais a dizer. Por que a Constituição valia? Sem discutir a fundo os problemas da validade última, em suas múltiplas vertentes, podia-se apenas dizer que ela valia por ser o produto da vontade popular exteriorizada no processo de fundação constitucional. O paradoxo vai estar na afirmação de que essa vontade se autolimitava para ser exercida, desde então, segundo as normas que ela mesma produzira.

Ora, um poder soberano não se pode autolimitar. Os doutrinadores do século XIX revelaram esse paradoxo em relação ao princípio monárquico. Se o Rei tinha um poder absoluto, a Constituição ditada pelo Rei, autolimitando-se, não poderia nele se fundar, pois o negava. "Se afirmamos que a Constituição vale em virtude do poder absoluto do Monarca, estamos reconhecendo tal poder e, portanto, que o Monarca não está sujeito à Constituição", escrevera *Ignacio de Otto*.[21] Mas para afirmar que a Constituição vinculava o Monarca, não havia outra forma que afirmar a derrogação da norma básica que atribuía ao Rei o poder absoluto, que, por conseguinte, já não mais servia como norma fundante da Constituição. Não será difícil concluir, portanto, que a teoria do poder constituinte não fundamenta a natureza jurídica da Constituição. Não há, sob esse olhar, um poder prévio ao Direito, a menos que tenhamos de assumir que tal poder é fático e sem compromissos jurídicos. Para os revolucionários esse era um ponto incontroverso e a vontade fundacional do povo ou da nação, manifesta no poder constituinte, um dogma. Era mais uma ficção moderna, pois, para que fosse democrático, haveria de atender às regras de iguais direitos e da liberdade dos participantes, o que demandaria necessariamente um quadro institucional que só o direito asseguraria.[22]

---

[20] MIRANDA. *Manual de Direito Constitucional*, II, p. 71 et seq., p. 74.

[21] OTTO. *Derecho Constitucional*, p. 54.

[22] Contra *Schmitt*, para quem "a vontade do povo de dar-se uma Constituição pode somente demonstrar-se mediante o fato e não mediante a observação de um procedimento normativamente regulado (...). A vontade constituinte do povo é imediata. É anterior e superior a todo procedimento de legislação constitucional". *Teoría de la Constitución*, p. 100-101.

O paradoxo moderno do poder constituinte democrático dá margem à multiplicação de teorias explicativas da natureza desse poder, ora como fato,[23] às vezes reduzido a uma vontade política;[24] ora como direito e, portanto, sendo uma emanação do direito natural[25] ou encontrando amparo, por exemplo, nas exigências do bem comum,[26] de um governo justo e honesto, numa intencionalidade jurídico-valorativa;[27] numa contradição frustrante, decorrente da afirmação de uma Constituição com ato jurídico dotado de certa perfeição decorrer de um *no man's land* jurídico[28] ou no reconhecimento internacional da autodeterminação dos povos.[29] A questão pode parecer mais simples, contudo, se for adotada a ótica do observador. Terá havido uma modificação instantânea do padrão de legalidade, dando lugar ao padrão de efetividade. E essa efetividade pode decorrer tanto da força pura de quem dita uma Constituição e impõe o seu cumprimento, na versão austiniana da validade, quanto pela reparação do divórcio entre a realidade e a norma ou entre a Constituição e a consciência jurídica, fazendo desabar a antiga ordem.[30] Se pudermos a isso chamar de Direito, será mais por uma metáfora ou por uma ampliação funcional do sentido daquela palavra, a incorporar as crises dentro do próprio

---

[23] SICHES. *Vida Humana. Sociedade y Derecho*, p. 305 et seq.; KELSEN. *Teoria Geral do Direito e do Estado*, p. 121 et seq.; CARRÉ DE MALBERG. *Teoría General del Estado*, p. 1161; ROSS. *Sobre el Derecho y la Justicia*, p. 79: "puro fato sociopsicológico"; embora se referindo ao direito natural não é estranha a interpretação de que também para Siéyès o poder constituinte seria de natureza política; cf. *Préliminaire de la Constitution. Reconnoissance et Exposition Raisonnée des Droits de l'Homme & du Citoyen*, p. 13.

[24] SCHMITT. *Teoría de la Constitución*, p. 93-94.

[25] FERREIRA FILHO. *Curso de Direito Constitucional*, p. 20.

[26] MESSINEO. *Fonte del Potere Constituente*, p. 200 et seq.

[27] GREWE; FABRI. *Droits Constitutionnels Européenes*, p. 51; MESSINEO. *Il Potere Costituente*, p. 11-12; HELLER. *Teoría del Estado*, p. 268, 298.

[28] GREWE; FABRI. *Droits Constitutionnels Européenes*, p. 51.

[29] Só para ficarmos em um exemplo, lembra-se aqui o artigo 1.º do Pacto Internacional de Direitos Civis e Político e do Pacto de Direitos Econômicos, Sociais e Culturais que expressam o mesmo conteúdo: "Todos os povos têm o direito de livre determinação. Em virtude desse direito, estabelecem livremente sua condição políticas e provêm assim também o seus desenvolvimento econômico, social e cultural."

[30] Daí *Schmitt* definir poder constituinte como a vontade política cuja força (*potestas*) ou a autoridade (*auctoritas*, "prestígio social", "ampliador da fundação", "símbolo da continuidade") seja capaz de adotar a concreta decisão de conjunto sobre modo e forma da própria existência política": *Teoría de la Constitución*, p. 93-94.

sistema, mediante recursos a padrões extrajurídicos ou derivados de outros sistemas sociais. Para o participante, haverá a fratura que pode ser exposta por exemplo, pelo caráter elitista de um golpe de Estado ou consolidada pelo atendimento de anseios que ele reproduz como se fossem da coletividade. Em qualquer caso, o poder constituinte aparece como uma violação da lógica dos antecedentes, como uma descontinuidade dos processos regulares de atuação das fontes do direito, segundo regras preestabelecidas;[31] uma descontinuidade que se revela evidente nas revoluções e, às vezes, encoberta nas transições, mas que sempre estará presente. Por seu turno, a teoria do poder constituinte se apresentará sempre como discurso legitimador, deixando sem resposta muitas das questões que ela própria formula. Para a dinâmica do sistema constitucional, na confluência de seus elementos normativos, fáticos e simbólicos, revela-se um processo de sistematização de extrema importância, por reduzir a onerosidade de amplos debates sobre a legitimação das rupturas constitucionais.

Deixemos o plano discursivo e retornemos à vida real. Os Modernos não imaginavam um poder constituinte que não fosse revolucionário. A imagem do Estado ou de sua legitimidade estava associada a uma sociedade estamental e de privilégios, que só seria alterada por processos violentos, por rupturas e por descontinuidade que produzissem modificações não apenas na realidade, na modificação do regime ou de seus titulares, mas sobretudo no imaginário ou no mundo simbólico da população que se projetava na instauração de um novo Estado, na promulgação de uma Constituição. A Constituição era assim, para os vencidos, a bandeira da violência e da usurpação dos títulos de legitimidade; enquanto para os vencedores era o fim da tirania ou despotismo, o selo de uma nova era. No entanto, a força simbólica de um texto escrito como uma espécie de contrato ou fundamento social logo foi apropriada pela restauração, com o triunfo das dinastias sobre Napoleão, transformando-se em fonte de restabelecimento do poder daqueles que haviam sido anteriormente derrotados.[32] A necessidade

---

[31] VANOSSI. *Teoría Constitucional*, I, p. 144, fazendo uma referência ao conceito sociológico e econômico de revolução, como "cambios estructurales", e ao conceito político, como "transformaciones institucionales" (p. 143).

[32] Se é certo que os contra-revolucionários como *Burke, Maistre* e *Bonald*, na teoria, criticavam uma Constituição escrita, em nome de uma Constituição histórica, não é menos verdade que a retomada do poder pelos realeza que havia sido deposta por Napoleão foi selada com um texto constitucional, é bem verdade outorgado, que incorporava muitas das novidades dos revolucionários. GENGEMBRE. *La Contre-révolution et le Refus de la Constitution*, p. 55 et seq.; GICQUEL. *Droit Constitutionnel et Institutions Politiques*, p. 177.

de se promulgar a Constituição passou a ser moeda corrente desde então, mas cada vez mais foi perdendo a sua identificação com a guilhotina ou com outros métodos violentos de tomada de poder, deslizando-se para formas negociadas de transição.[33]

A França, por exemplo, estava imersa em uma grande crise no final dos anos cinqüenta. A seguir a tradição, desabaria um movimento revolucionário que culminaria provavelmente em um novo texto constitucional. Mas o tempo havia ensinado seus truques e a lei já então parecia muito mais eficaz e aceitável que o derramento de sangue. *Charles de Gaulle*, Presidente do Conselho de Ministros, conseguiu convencer a Assembléia Nacional e o Conselho da República da necessidade de os franceses terem uma nova Constituição, obtendo a aprovação da Lei Constitucional de 3 de junho de 1958 que modificava o processo de revisão previsto pela Constituição de 1946 e deferia ao Governo poderes para elaboração de um Projeto de Constituição. Contando com a ajuda de uma comissão consultiva formada por membros do Parlamento e do Conselho de Estado, o projeto foi elaborado e, a seguir, submetido a referendo popular, convertendo-se na Constituição de 4 de outubro de 1958. Sob o olhar moderno, certamente, nem constituinte seria esse poder, considerada a forma de sua manifestação e a obediência a certos passos, no mínimo, procedimentais. Sob o olhar retrospectivo de nosso tempo, as mudanças constitucionais, mesmo aquelas mais profundas, podem e devem prescindir de sangue e de vidas. Os processos mais recentes de transição da Espanha e do Brasil são um exemplo dessa diferença de perspectiva.[34]

Nos dois exemplos, as Constituições foram elaboradas e promulgadas de acordo com emendas constitucionais feitas às próprias normas reguladoras de emendas às Constituições anteriores, dispondo inversamente às limitações que aquelas normas impunham. Uma primeira questão surge em saber se houve continuidade constitucional ou se irrompeu uma nova ordem jurídica. Em outras palavras, se as alterações foram produto de um poder constituinte originário

---

[33] KLEIN. *Pourquoi une Constitution aujourd'hui?*, p. 91.

[34] De acordo com o sentido do texto, a transição pressupõe a mudança material e forma da Constituição, diferente, assim, do sentido apresentado por *Jorge Miranda*, que a define como mudança da Constituição material, permanecendo a instrumental e, eventualmente, a formal: *Manual de Direito Constitucional*, II, p. 139; ou *Gomes Canotilho*, identificando-a com o conceito de mutação constitucional: revisão informal da Constituição sem alteração do texto: *Direito Constitucional*, p. 237.

ou de um poder reformador ou revisor. A distinção não tem natureza puramente acadêmica, nem revela filigrana jurídica. Certo que, nesse terreno, tem lá sua importância. A julgar-se pela continuidade, aparece a questão clara da inconstitucionalidade da emenda que reforma as normas da reforma. Diferentemente será se considerarmos que houve novação constitucional, pois os vícios passados são superados pela afirmação de uma nova ordem. Mas nem por isso todas as respostas são satisfatórias. Em sistemas de controle de constitucionalidade que admita o uso da Constituição anterior como parâmetro, a questão pode ser posta e, sob a lógica do processo de constitucionalidade, não haverá outra conclusão diversa do reconhecimento da ilegitimidade constitucional. A depender dos efeitos dessa declaração, o problema poderá ser ainda maior: a nulidade *ab initio* importará o fim do começo ou a insustentabilidade jurídica da nova Constituição? No Brasil, onde esse tipo de controle pode ser feito de forma difusa, a questão é menos grave em face da circunscrição dos efeitos da decisão ao caso concreto e *inter partes*. A não ser que o próprio Supremo Tribunal viesse a declarar a inconstitucionalidade de forma definitiva e o Senado Federal, em seguida, fizesse uso da competência deferida pelo artigo 52, X, conferindo eficácia *erga omnes* àquela decisão; ou que recusasse o novel constitucional. Mas a hipótese, ainda que formulada em termos jurídicos, demandará uma resposta política, deslocando o tema para seu domínio próprio.

A doutrina espanhola tem debatido esse problema. A Constituição de 1978 foi elaborada de acordo com a Lei de Reforma Política de 15 de dezembro de 1876, que era uma lei reguladora da reforma constitucional. Ocorreu que a Constituição não se contentou em reformar todo o resto do ordenamento constitucional anterior, mas ainda alterou também o próprio procedimento de reforma previsto naquela Lei de Reforma Política. É necessário dizer que essa Lei havia ela mesma alterado o disposto na Lei de Sucessão de 26 de julho de 1947, que, até então, cuidava da modificação ou derrogação das leis fundamentais. Por sua vez, a Lei de Sucessão aplicara e também reformara as Leis de 30 de janeiro de 1938 e de 8 de janeiro de 1939, especialmente no tocante às faculdades do Chefe de Estado para ditar normas fundamentais. Nessa cadeia de leis, percebem-se, portanto, três rupturas normativas sucessivas: a da Lei de Sucessão, a da Lei de Reforma Política e a da Constituição de 1978. Haveria, então, uma "tripla inconstitucionalidade"?

*Ignacio de Otto* não enfoca a questão sob esse ângulo. A Constituição espanhola, para ele, mesmo que aparentemente tenha nascido de uma reforma do ordenamento das Leis Fundamentais, não deriva delas a sua validade, mas da manifestação típica "de um poder constituinte de fato":

> "A diferença do que ocorre nos processos constituintes de 'ruptura', nos que o processo como tal já está formado e o único puramente fático é a prévia tomada de poder, no caso da Constituição Espanhola, a tese de que uma norma não pode aplicar-se a si mesma conduz a afirmar que as eleições e o *referendum* constituintes, assim como o próprio referendum da Lei para Reforma Política supuseram a presença do eleitorado em processos fáticos que *só aparentemente* recebiam cobertura do ordenamento jurídico precedente."[35]

*Ataliba* comungava dessa tese, denunciando o erro dos que viam continuidade jurídica entre a Constituição brasileira de 1988 e a anterior, pela ponte da EC n. 26/1985:

> "Não é difícil mostrar que só *um fato político inegável dá plena legitimidade à Constituinte: o voto popular*. Do mesmo modo, só uma circunstância fará que o produto seja uma verdadeira Constituição: sua eficácia. (...) Uma Constituinte pode ser convocada por decreto executivo, por lei, por emenda constitucional, por proclamação ou pregação revolucionária etc. Enfim, *por qualquer ato de qualquer órgão ou pessoa*. (...), onde houver processo de ruptura jurídica, quebra da ordem jurídica existente."[36]

Ora, posta assim a questão, não haveria diferença em relação a uma Constituição derivada de uma revolução. *Lester Orfield* nos oferece então o panorama que se apresentaria nessa situação. Quando um poder constituinte adota uma nova Constituição, seria, em princípio, logicamente possível para os tribunais antigos declará-la inconstitucional.[37] No entanto, se os tribunais, tanto quanto os outros órgãos de governo, estiverem atuando sob a nova Constituição,

---

[35] OTTO. *Derecho Constitucional*, p. 68.
[36] ATALIBA. *Fonte de Legitimidade da Constituinte*, p. 99-101.
[37] GENEVOIS. *Le Limites d'Ordre Juridique à l'Intervention du Poouvoir Constituant*, p. 909 et seq.

essa lógica se esfumaça, pois será, então, inconcebível, a menos que se admita a autodestruição, que pudessem considerar sem validade o próprio instrumento que os criou.[38] Essas observações nos exige considerar o papel do Supremo Tribunal Federal na fiscalização da constitucionalidade dos processos de ruptura constitucional.

---

[38] ORFIELD. *The Amending of the Federal Constitution*, p. 9.

# Capítulo II
# O SUPREMO TRIBUNAL FEDERAL E O CONTROLE DO PODER CONSTITUINTE ORIGINÁRIO

Vimos que a oposição de um tribunal aos processos de ruptura constitucional, tanto provocada por atos revolucionários, quanto por transição, pode apresentar um duplo aspecto. Primeiro, a lealdade ao sistema constitucional caduco pode ser justificada pela confiança que lhe era depositada por aquele sistema na guarda e promoção de seus valores e integridade. Segundo, a sua atuação pode-se pautar já não mais sob as bases jurídicas anteriores, mas na "re-novação" de sua legitimidade – ou legalidade – constitucional pela nova ordem, exigindo dele um trabalho de reconstrução dos novos princípios e institutos consagrados. Os dois aspectos revelam a sua lógica. A permanência da lealdade à ordem anterior pode-se fundar numa compreensão eminentemente jurídico-positiva da Constituição que afasta qualquer tentativa expressa ou implícita de fraude aos seus comandos. Essa atitude, por certo, dificulta a fixação do novo sistema, pois as suas regras de reconhecimento não têm operatividade plena, seja no plano da validade, para quem a examina internamente, seja no plano da eficácia, para o simples observador. Caso essa resistência seja, ao final, vencida, importando na substituição total ou parcial, orgânica ou subjetiva do tribunal, poderá haver dificuldade em se identificar o exato instante em que se operou a mudança de regime. Nada mais. Por outro lado, a afirmação dos novos valores consagrados pela revolução, ainda que pelo mesmo órgão, na hipótese de permanecer orgânica ou subjetivamente inalterado, pode também ter fundamento jurídico-positivo estrito, associado a um argumento democrático. Se o poder constituinte é um problema de fato e manifestação da soberania popular *extra ordinem*, não comportaria a um tribunal controlar a sua expressão, senão a ela se submeter, segundo o postulado democrático daquela soberania.[1] Embora na aparência fática o tribunal pudesse ser o mesmo, política e juridicamente já não o era, pois outro seria agora o seu fundamento: a nova Constituição; e negar esse novo estatuto, como vimos com *Orfield*, equivaleria a declarar a sua própria extinção. A consideração do poder constituinte como jurídico somente reforçaria essas conclusões, centrando a ênfase ainda mais sobre o deslocamento da "regra de reconhecimento". O que parece decisivo na opção por uma dessas alternativas é menos a tese jurídica e mais o instinto de sobrevivência institucional, segundo o cenário político desenhado no curso do movimento de ruptura.

Essas anotações nos poderiam estimular o estudo do papel assumido pelo Supremo Tribunal Federal no tumultuado curso da nossa história. Poderíamos começar pelas vacilações dos seus primeiros juízes diante do golpe de Estado de *Deodoro da Fonseca* e da ditadura de *Floriano Peixoto*, assim como pela atitude corajosa que se seguiu, com o desenvolvimento da "doutrina brasileira do *habeas corpus*" em favor de políticos e contra o desejo ilimitado de poder do Executivo da Primeira República, sob as ameaças de dissolução e de *impeachment* de Ministros, prenunciadas por comportamentos desrespeitosos em relação ao Tribunal.

*Floriano* foi um desses protagonistas que de tudo fizeram para intimidar os membros do Supremo Tribunal. Conta-se que, após tomar conhecimento de um daqueles *habeas corpus* concedidos, teria afirmado: "eles concedam a ordem, mas depois procurem saber quem dará *habeas corpus* aos ministros do Supremo Tribunal Federal."[2] As suas *pilhérias* não pararam por aí. A Constituição de 1891 não exigia expressamente que os membros do Supremo fossem juristas ou tivessem formação jurídica, falando apenas em "notável

---

[1] Cf. FAVOREU. *Souveraineté et Supra-constitutionnalité*, p. 71 et seq.; especialmente em *Supra-constitutionnalité et Jurisprudence de la Juridiction Constitutionnelle en Droit Privé et en Droit Public Français*, p. 461-471.

[2] BALEEIRO. *O Supremo Tribunal Federal*: Êsse Outro Desconhecido, p. 24-25.

saber e reputação". Era o bastante. *Floriano* nomeou um médico, *Barata Ribeiro*, que integrou o Tribunal por vários meses, até que o Senado lhe desaprovasse a nomeação, como o fez também em relação a dois Generais, indicados igualmente por *Floriano, Inocêncio Galvão de Queirós* e *Raimundo Ewerton Quadros*. O ressentimento era tamanho ou a carência das qualidades de um estadista tão evidente, que deixou de prover sete vagas do Supremo e não designou o Procurador-Geral da República, inviabilizando o funcionamento do Tribunal por meses.

A República Velha, com as suas crises, intervenções, estado de sítio, foi palco de redobradas cenas de excessos e arroubos autoritários do Presidente da República. *Hermes da Fonseca*, por exemplo, teria declarado que não cumpriria o julgamento do Supremo, numa ordem concedida no *habeas corpus* dos intendentes de 1911, porque o Tribunal havia se excedido no exercício de suas atribuições.

A Revolução de 1930 daria também a sua contribuição nessa história de desrespeito institucional, decretando a aposentadoria do Procurador-Geral da República, *Pires de Albuquerque*, que denunciara alguns integrantes da "Coluna Prestes", e dos Ministros, *Edmundo Muniz Barreto, P. Mibielli, Godofredo Cunha, Geminiano Franca* e *Pedro Santos*, que votaram contra os revoltosos, reduzindo o número de integrantes da Corte a onze. O Estado Novo também foi o centro explícito da intolerância aos dissidentes e de investidas constantes contra o Tribunal. Basta lembrar que um acórdão do Tribunal foi anulado por um Decreto-Lei do Presidente da República (DL n. 1.564/1939).

Tanta insensibilidade política, tanta intimidação, tantas crises institucionais haveriam de ter repercussão sobre uma jurisprudência do poder constituinte originário. A bem da verdade, talvez a própria expressão "jurisprudência do poder constituinte" já revele um contra-senso, pois "diante das armas, cala-se o Direito". De toda forma, há uma exposição rica em detalhes de *Leda Boechat Rodrigues*,[3] assim como nos trabalhos e coletâneas jurisprudenciais de *Edgar Costa*,[4] *Jardel Noronha Oliveira* e *Odiléa Martins*,[5] que nos con-

---

[3] RODRIGUES. *História do Supremo Tribunal Federal*. Rio de Janeiro: Civilização Brasileira, 1965-1968. 2t.

[4] COSTA. *Os Grandes Julgamentos do Supremo Tribunal Federal*. Rio de Janeiro: Civilização Brasileira, 1967. 5v.

[5] OLIVEIRA; MARTINS. *Os Grandes Julgamentos do Supremo Tribunal Federal*: Os IPMs e o "habeas-corpus" no STF. São Paulo: Sugestões Literárias, 1967.

tam um pouco das aventuras de um Tribunal em meio às armas e aos destemperos políticos, fornecendo importantes elementos, se não para uma teoria sobre o controle jurisdicional do poder constituinte, pelo menos para o estudo dos reflexos desse poder sobre a ordem jurídica brasileira e, em especial, sobre o próprio Supremo Tribunal Federal. Deve-se atentar para os limites do Direito e o império irracional da força nos momentos de crise aguda. Aqui, como em outros cantos, uma decisão judicial ordenando a um chefe rebelde a devolução do poder tomado de seu rival soa ingênuo, insensato ou inútil. Em nossa história, não localizamos registros de recursos à Justiça contra a proclamação da República, nem em face do golpe do Marechal *Floriano* ou diante da vitória armada de *Getúlio Vargas* sobre o Presidente *Washington Luís* a quinze dias do término do mandato ou na instalação do Estado Novo. Ou ainda com a deposição de *Getúlio* pelas Forças Armadas em 1945. Pode-se afirmar, de todo modo, que a mesma sorte não tiveram os conspiradores fracassados e os insurreitos vencidos, como demonstram os diversos casos decididos pelo Tribunal, sobretudo nos complicados anos 20 e 30.[6]

Menos pretensiosos, cuidaremos sucintamente da atuação do Tribunal em relação (I) aos acontecimentos políticos de novembro de 1955 que impediram a posse do Presidente *João Café Filho*, (II) aos atos institucionais adotados pelo movimento de 1964, (III) à Emenda Constitucional n. 26/1985 que alterou o processo de reforma constitucional, previsto pela Constituição de 1967/1969 e (IV) à existência de limites suprapositivos ao constituinte originário. Divisaremos ainda o impacto que uma nova Constituição exerce sobre a ordem jurídica pretérita, com ênfase para o entendimento exposto pelo Supremo Tribunal Federal (V).

---

[6] Notadamente os movimentos revolucionários de 5 de julho de 1922: HC n. 11.942-DF. Rel. Min. Guimarães Natal. "Livro de Acórdão" – matéria criminal, 1924, v. 42; o movimento revolucionário de julho de 1924 em São Paulo (Caso "Isidoro Dias Lopes") e o plano de conspiração de outubro de 1924 (Caso "Protógenes"). *Archivo Judiciário* v. 88, p. 6-48; assim também o caso "Aliança Nacional Libertadora": BRASIL. Supremo Tribunal Federal. Pleno. MS n. 111-DF. Rel. Min. Artur Ribeiro. COSTA. *Os Grandes Julgamentos do Supremo Tribunal Federal*, II, p. 48-66.

## OS ACONTECIMENTOS POLÍTICOS DE NOVEMBRO DE 1955

Um dos raros momentos em que o Supremo Tribunal se pôs a discutir sobre a possibilidade do controle jurisdicional de um poder constituinte ou golpista nos é dado pelo mandado de segurança n. 3.557, impetrado por *Café Filho*, para que lhe fosse assegurado o pleno exercício de suas funções e atribuições constitucionais de Presidente da República, em face das resoluções da Câmara dos Deputados e do Senado Federal que declararam o seu impedimento e empossaram o Vice-Presidente do Senado, *Nereu Ramos*. Na realidade, *Café Filho* havia se afastado da presidência por razões médicas, sendo substituído pelo seu Vice, *Carlos Luz*, que, por desentendimentos com os militares, havia sido obrigado a renunciar, assumindo o Governo *Nereu Ramos*. Restabelecido de seu problema de saúde, *Café Filho* se viu impedido de assumir o poder. Sequer de casa podia sair, pois tropas do exército cercavam a sua residência. Sem maior amparo constitucional, a Câmara e o Senado haviam baixado uma resolução em que alegavam força maior para declararem a continuação do impedimento do Presidente *Café Filho*. Em seguida, o Congresso veio aprovar uma lei que decretava o estado de sítio, restringindo o uso de mandado de segurança e de *habeas corpus* contra atos do Presidente da República, dos Ministros, do executor do estado de sítio e atos das Mesas do Parlamento. *Café Filho* alegava a dupla inconstitucionalidade: de uma exorbitância de poder perpetrada pelo Legislativo ao declarar seu impedimento e, por via de conseqüência, da própria lei do estado de sítio, que havia sido sancionada por um Presidente ilegítimo. O Tribunal saiu pela tangente, ao conhecer do *writ*, sobrestando-o em seguida, no entanto, em face daquela lei. Nos votos, alguns Ministros analisaram os dramas jurídicos de um golpe de Estado como parecia estar ocorrendo aos olhos da maioria.

A voz mais exaltada fora de *Ribeiro da Costa*, que denunciava o abuso cometido pelo Parlamento, pois os casos de impedimento eram *numerus clausus*, cabendo, fora deles, ao próprio Presidente a senhoria da conveniência de seu afastamento ou do seu retorno ao exercício do cargo: "O Sr. Nereu Ramos, a meu ver, é um funcionário de fato, nada mais do que isso", escreveu. Seu voto era, portanto, favorável à concessão da ordem, terminando com uma expressão mista de orgulho e frustração:

> "Qual a função do juiz? A maior, a mais elevada, a mais pura. É aplicar a Constituição. Talvez após 40 anos de serviços à causa pública, dos quais 32 à magistratura, também eu tenha de dizer, com melancolia como o grande escritor: 'Perdi o meu ofício'. Arrebataram meu instrumento de trabalho, meu gládio e meu escudo: a Constituição."[7]

O Ministro *Nélson Hungria* seria demorado em suas reflexões: ao declarar o impedimento do Presidente *Café Filho*, o Congresso havia apenas reconhecido uma situação de fato, irremovível dentro dos quadros constitucionais, "criada pelo imperativo dos canhões e metralhadoras insurrecionais que barravam e continuam barrando o caminho do Senhor João Café Filho até o Catete". Era uma situação de fato criada e mantida pela força das armas, contra a qual a decisão do Tribunal seria inexeqüível: "a insurreição é um crime político, mas, quando vitoriosa, passa a ser um título de glória, e os insurretos estarão cavaleiros do regime legal que infrigiram". Não havia remédio jurídico portanto:

> "Contra uma insurreição pelas armas, coroada de êxito, sòmente valerá uma contra-insurreição com maior fôrça. E esta, positivamente, não pode ser feita pelo Supremo Tribunal, pôsto que êste não iria cometer a ingenuidade de, numa inócua declaração de princípios, expedir mandado para cessar a insurreição."[8]

O Ministro *Mário Guimarães* se valia das lições de *Zamora* e *Gonzalez Calderón* para definir a natureza dos acontecimentos que se desenrolavam no País: desse o nome que fosse, golpe ou ato preventivo da defesa das instituições, "juridicamente foi ato de revolução". Um Governo de fato, *gratia argumentandi*, era a hipótese mais desfavorável para *Nereu Ramos*, e, como todo governo de fato, padecia do pecado originário, mas qual deveria ser a atitude do Judi-

---

[7] BRASIL. Supremo Tribunal Federal. Pleno. MS n. 3.557. Rel. Min. Hahnemann Guimarães. COSTA. *Os Grandes Julgamentos do Supremo Tribunal Federal*, III, p. 384 e 386.

[8] BRASIL. Supremo Tribunal Federal. Pleno. MS n. 3.557. Rel. Min. Hahnemann Guimarães. COSTA. *Os Grandes Julgamentos do Supremo Tribunal Federal*, III, p. 395-397.

ciário em face dos governos de fatos? O Ministro respondia:

> "De absoluto respeito. De acatamento às suas deliberações. A Magistratura, no Brasil ou alhures, não entra na apreciação da origem do Govêrno. Do contrário, teríamos o Poder Judiciário a ordenar a contra-revolução, o que jamais se viu em qualquer país do mundo. (...) a Ascensão ao poder máximo é assunto de natureza estritamente política."[9]

O Ministro *Orosimbo Nonato* compartilhava de concepção semelhante: o acatamento de governos de fato se daria por necessidade vital da ordem e para fugir ao flagelo maior da desordem permanente, da subversão, da anarquia, enquanto a sua legitimação se daria por um processo histórico, estranho ao direito:

> "Se se abstrai do estado de sítio e se se reconhece a prevalência de um govêrno de fato, sua outorga avultaria como verdadeiro contrasenso. Se o govêrno é de fato, mas de podêres autolimitados, com a prevalência do sítio, suspensa estará a segurança."[10]

# SEÇÃO II
# OS ATOS INSTITUCIONAIS
# E O SUPREMO TRIBUNAL FEDERAL

O Golpe Militar de 1964 adotou o primeiro de uma série de Atos Institucionais em 9 de abril daquele ano, contendo um preâmbulo extenso, que começava por conceituar a revolução: "A revolução se distingue de outros movimentos armados, pelo fato de que nela se traduz, não o interesse e a vontade de um grupo, mas o interesse e a vontade da Nação". Para a seguir, investir-se do Poder Constituinte: "A revolução vitoriosa se investe no exercício do Poder Constituinte.

---

[9] BRASIL. Supremo Tribunal Federal. Pleno. MS n. 3.557. Rel. Min. Hahnemann Guimarães. COSTA. *Os Grandes Julgamentos do Supremo Tribunal Federal*, III, p. 403-404.

[10] BRASIL. Supremo Tribunal Federal. Pleno. MS n. 3.557. Rel. Min. Hahnemann Guimarães. COSTA. *Os Grandes Julgamentos do Supremo Tribunal Federal*, III, p. 418-419.

Este se manifesta pela eleição popular ou pela revolução. (...). A revolução vitoriosa, como Poder Constituinte, se legitima por si mesma." É interessante essa autoproclamação constituinte que se via reforçada pelo impulso ideológico de romper a pretensa "escalada comunista":

> "Para demonstrar que não pretendemos radicalizar o processo revolucionário, decidimos manter a Constituição de 1946, limitando-nos a modificá-la, apenas, na parte relativa aos poderes do Presidente da República, a fim de que este possa cumprir a missão de restaurar no Brasil a ordem econômica e financeira e tomar as urgentes medidas destinadas a drenar o bolsão comunista, cuja purulência já se havia infiltrado não só na cúpula do governo como nas suas dependências administrativas."

O artigo 3.º desse Ato conferia ao Presidente poderes para remeter ao Congresso Nacional projetos de emenda da Constituição, mas, naquele preâmbulo, já se alertara que a revolução não procurava legitimar-se através do Congresso. "Este é que recebe deste Ato Institucional, resultante do Poder Constituinte, inerente a todas as revoluções, a sua legitimação." Diversas emendas se seguiram até surgir o Ato Institucional n. 2 que modificava, entre outros pontos, o processo de emenda constitucional. Após o terceiro Ato, adveio o Ato n. 4 que convocava o Congresso, mutilado por diversas cassações e já em fim de mandato, para reunir-se extraordinariamente, com vistas à discussão, votação e promulgação do projeto de Constituição, elaborado por *Carlos Medeiros* e apresentado pelo Presidente da República (art. 1.º, § 1.º).

A promulgação da Carta de 24 de janeiro de 1967 não cessara, contudo, a competência legiferante do "Poder Revolucionário", que voltou a editar atos institucionais e complementares, sendo o mais lembrado o Ato Institucional n. 5, de 13 de dezembro de 1968, detonando, para muitos, o segundo golpe no processo golpista iniciado em 1964. Um terceiro golpe fora desferido em 31 de agosto de 1969, quando um triunvirato militar sucedeu ao Presidente *Costa e Silva* em lugar do Vice-Presidente da República, violando as normas constitucionais pertinentes. Não tardou 17 de outubro daquele ano e o triunvirato, composto pelos Ministros de Guerra, do Exército e da Aeronáutica Militar, outorgou, à sombra de um recesso parlamentar, a Emenda Constitucional n. 1/1969. O casuísmo "constitucional-revolucionário" parecia ter-se arrefecido, se o Presidente da República não fizesse uso das atribuições excepcionais do artigo 2.º do AI n. 5 para outorgar a Emenda Constitucional n. 8 em 14 de abril de 1977, alterando significativa o processo eleitoral dos Estados, instituindo o Senador biônico.

A persistência do chamado poder revolucionário de 1964 manifestada na eclosão de sucessivos golpes dentro do golpe sob as formas dos atos institucionais desgastara a legitimidade do processo, aniquilando as bases jurídicas do próprio poder constituinte originário que o movimento reivindicava para si. De fato, a natureza daquele poder lhe exigia a excepcionalidade e o fim exclusivo de instituição da nova ordem, sem se pretender paralelo e contínuo aos poderes constituídos, ao talante de seus chefes. "Fazê-lo permanente ou ativá-lo a cada passo", escrevera *Paulo Bonavides*,

> "equivale[ria] a institucionalizar na Sociedade o arbítrio, a insegurança das instituições, criando com estas, em termos de absolutismo, aquilo que se cria com o governo ou os três poderes, quando estes se concentram na pessoa de um só titular para compor a expressão mais atroz da tirania."[11]

Esse entendimento doutrinário não obteve ressonância no Supremo Tribunal Federal. Diga-se que, a partir do AI n. 3, de 5 de fevereiro de 1966, todos os Atos passaram a prever um artigo excluindo da apreciação judicial os atos praticados com fundamento nos Atos Institucionais e Complementares (art. 6.º), bem como os respectivos efeitos (art. 13 do AI n. 5/1968), que se incorporaram ao texto constitucional de 1967 (art. 173, I a IV) e de 1969 (art. 181, I a III). As decisões proferidas por aquele Tribunal, tanto aquelas tomadas em formação plenária,[12] quanto pelas suas turmas,[13] limitaram-se a respeitar essas normas de exclusão, sem fazer qualquer incursão na legitimidade do processo, chegando-se mesmo a conferir uma hierarquia superior aos atos institucionais.[14]

Esse posicionamento do Tribunal parece emblemático no *habeas*

---

[11] BONAVIDES. *Curso de Direito Constitucional*, p. 143.

[12] BRASIL. Supremo Tribunal Federal. Pleno. MS n. 14.938-DF. Rel. Min. Adaucto Cardoso. *DJ* de 10/5/1967; MS n. 20.194. *RTJ* v. 92, t. 2, p. 561.

[13] BRASIL. Supremo Tribunal Federal. 2.ª Turma. RE n. 62.468-GB. Rel. Min. Evandro Lins. *DJ* de 28/6/1968; RE n. 63.378-GB. Rel. Min. Aliomar Baleeiro. *DJ* de 28/6/1968; RE n. 90.578-SP. Rel. Min. Leitão de Abreu. *RTJ* v. 97, t. 3, p. 1.216.

[14] BRASIL. Supremo Tribunal Federal. 1.ª Turma. RE n. 75.430. Rel. Min. Rodrigues Alckmin. *DJ* de 26/10/1973.

*corpus* que cuidava de questionar a legitimidade das cassações dos direitos políticos, fundadas nos atos institucionais:

> "HABEAS CORPUS. Aplicação da Medida de Segurança Prevista no Art. 16, IV, Letra C, do A.I. n.2, de 27.10.1966. Vigência da norma condicionada à existência das pessoas aí mencionadas, com os seus direitos políticos suspensos por dez anos, por força do art. 173 da Constituição Federal de 1967, que reconheceu como válidos, e os aprovou, excluindo sua apreciação do Poder Judiciário, os atos de suspensão dos direitos políticos e os de natureza legislativa, baixados com base nos Atos Institucionais e Complementares. Precedentes do Supremo Tribunal Federal. Ordem indeferida."[15]

Uma decisão que se reproduziria anos a fio, até mesmo quando, no final dos anos 70, o regime militar parecia extremamente desgastado. Um exemplo marca esse quadro de resignação. A Emenda Constitucional n. 11, de 13 de outubro de 1978, havia revogado os Atos Institucionais e Complementares no que contrariassem à Constituição Federal, ressalvando os efeitos dos atos praticados com base neles, os quais estariam excluídos da apreciação judicial. A legitimidade dessa emenda não seria desafiada pelo Supremo Tribunal:

> "MANDADO DE SEGURANÇA CONTRA ATO DE CONFISCO FUNDADO NO ATO COMPLEMENTAR N. 42, RATIFICADOS PELOS AI NS. 6 E 14. A identidade exclui de apreciação os atos praticados com fundamento nos Atos Institucionais ou Complementares, quer sejam eles conformes, quer sejam desconformes a esses mesmos atos, pois, em qualquer das hipóteses, haveria apreciação judicial vedada pela norma constitucional. MS não conhecido de conformidade com o art. 3 da EC n. 11/78."[16]

Mas havia razões sérias para tamanha contenção do Tribunal. A Constituição de 1946 havia sobrevivido, quase íntegra, ao AI n.1, assim como a Constituição de 1967/1969, depois, passara a servir de *norma normarum* da nova ordem, todavia na atmosfera gravitavam

---

[15] BRASIL. Supremo Tribunal Federal. Pleno. HC n.46.118-DF. Rel. Min. Barros Monteiros. *DJ* de 27/2/1970.

[16] BRASIL. Supremo Tribunal Federal. Pleno. MS n. 20.194-DF. Rel. Min. Cordeiro Guerra. *RTJ* v. 92, t. 2, p. 561.

as ameaças e as pressões. Estava em transe o "paradoxo jurídico-militar",[17] como notara o Ministro *Pedro Chaves*:

> "Há nesta revolução, no momento em que estamos vivendo, uma evidente contradição; alguma coisa positivamente errada, porque se há idéias que se repelem, que 'hourlent de se trouver ensemble', são estas de 'revolução' e de 'Constituição'."[18]

Uma legalidade remanescente, suporte de legitimidade do golpismo, haveria de conduzir a conflitos entre o Supremo Tribunal e os líderes do Movimento de 1964, inevitavelmente.

Dois grandes grupos de casos podem ser apresentados nessa linha: os casos de liberdade de cátedra e liberdade de expressão (1) e os processos contra governadores (2).

### § 1. Os casos de liberdade de cátedra e de expressão

As universidades foram centros de oposição ao Movimento de 1964 e inúmeros foram os casos de professores que se viram privados da cátedra e ameaçados em sua liberdade. O Professor *Sérgio Cidade de Rezende* havia sido denunciado por crime contra o Estado e a Ordem Política e Social, previsto na Lei n. 1.802/1953, por ter distribuído em aula, aos seus alunos, manifesto que criticava a situação vigente, concitando os estudantes a assumirem uma parcela de responsabilidade e de decisão nos destinos da sociedade, em defesa da democracia e da liberdade. Ajuizado, no Supremo Tribunal, um *habeas corpus* em favor do Professor, a ordem foi concedida por unanimidade, por absoluta atipicidade da conduta. O Ministro *Evandro Lins*, citando o juiz da Suprema Corte dos Estados Unidos, *William Douglas*, exaltava a necessidade de uma livre expressão acadêmica para a formação de um povo:

> "O Governo não pode privar os cidadãos de qualquer ramo do conhecimento, nem impedir qualquer caminho para a pesquisa, nem qualquer tipo de debate. (...) Aos professores se deve permitir a busca de idéias em todos os domínios. (...) As universidades não

---

[17] VALE. *O Supremo Tribunal Federal e a Instabilidade Político-institucional*, p. 47.
[18] OLIVEIRA; MARTINS. *Os Grandes Julgamentos do Supremo Tribunal Federal*: Os IPMs e o "Habeas-Corpus" no STF, I, p. 132.

devem ser transformadas, como na alemanha Nazista, em repetidoras de homens que detêm o poder político. (...) [D]eve-se fazer o possível para garantir a tais homens a liberdade de pensar e de expressar-se."[19]

## § 2. OS PROCESSOS CONTRA GOVERNADORES DE OPOSIÇÃO

Os dispositivos constitucionais que asseguravam aos Governadores foro por prerrogativa de função haviam sobrevivido ao AI n.1. No entanto, vários governadores, dentre eles *Mauro Borges*, de Goiás, *Miguel Arraes*, de Pernambuco, *Plínio Coelho*, do Amazonas, e *Seixas Dória*, de Sergipe, foram depostos de seus cargos ou estavam na iminência de ser, respondendo a inquéritos ou processos perante a Justiça Militar. Em face da impetração de *habeas corpus*, outro sobrevivente até então, o Supremo concedeu, por unanimidade, ordens para que os acusados fossem julgados no foro especial, constitucionalmente previsto. Esses casos apresentam uma particularidade, pois o STF considerou como autoridade coatora o Presidente da República e não o Chefe de Polícia, que presidia os inquéritos ou que era responsável pela prisão, atraindo, por esse entendimento, a competência para si.

No caso "Mauro Borges", os Ministros afastaram a possibilidade de o Governador vir a ser preso e posto fora de seu cargo por ordem de um juiz de primeira instância ou antes do prévio pronunciamento da Assembléia Legislativa Estadual:

> "Negar ao governador de um Estado o foro a que tem direito pela prerrogativa da função que exerce e a que foi levado pelo voto do povo, é sujeitá-lo a um processo segundo forma diferente daquela que é a forma legal do foro a que está sujeito, é violar um direito individual e atentar contra a autonomia do Estado."[20]

A ordem seria concedida unanimemente, a intervenção em Goiás seria decretada no dia seguinte e não tardaria a represália ao Supremo. O AI n. 2, de 27 de outubro de 1965, ampliava o número de Ministros de onze para dezesseis, na tentativa de o Tribunal com-

---

[19] COSTA. *Os Grandes Julgamentos do Supremo Tribunal Federal*, 5, p. 10.

[20] Voto do Ministro Pedro Chaves: COSTA. *Os Grandes Julgamentos do Supremo Tribunal Federal*, 5, p. 66.

preender e assimilar os objetivos da Revolução.[21] Surgiam as exclusões de jurisdição expressas. O AI n. 5, de 13 de dezembro de 1968, acabava com a garantia de vitaliciedade e inamovibilidade, podendo o Presidente da República, por decreto, demitir, remover, aposentar ou pôr em disponibilidade um Ministro do Supremo Tribunal, como o fez com três deles; o *habeas corpus* fora suspenso nos casos de crimes políticos, contra a segurança nacional, a ordem econômica e social e a economia popular. O AI n. 6, de 1.º de fevereiro de 1969, retornava o número de Ministro para onze, mas restringia aquela garantia, que havia se revelado o instrumento de persistência das liberdades e o refúgio da força política e institucional do Supremo Tribunal em meio à crise, o *habeas corpus*. "Desde então", escreve o Professor *Osvaldo Trigueiro do Vale* em 1976, "cessaram os conflitos, e o Poder-Executivo-Revolucionário passou a ter no Supremo um órgão administrativamente saudável, tecnicamente ágil (...), mas politicamente morto".[22]

## SEÇÃO III
## A EMENDA CONSTITUCIONAL N. 26/1985 E O SUPREMO TRIBUNAL FEDERAL

A Emenda Constitucional n. 26/1985 promoveu uma reforma tácita em dois tempos no texto constitucional de 1967/1969, ao prever a reunião unicameral dos membros do Congresso Nacional, em Assembléia Nacional Constituinte, livre e soberana. Essa afirmação, de certa maneira, encontra apoio na opinião do Ministro *Sepúlveda Pertence*, externada em voto proferido na Ação Direta de Inconstitucionalidade n. 74-RN:

> "Ainda que de grau mínimo, a Constituição de 1988 é fruto de uma ruptura do ordenamento anterior, substantivada na EC 26/85, que, alterando o processo de revisão constitucional da Carta de 69, in-

---

[21] De acordo com o Ministro da Guerra, General Costa e Silva, "os militares deixaram o Supremo Tribunal Federal funcionar na esperança de que ele saberia compreender a Revolução. Esperança, aliás, ilusória". Cf. VALE. *O Supremo Tribunal Federal e a Instabilidade Político-institucional*, p. 95.

[22] Ibidem, p. 166.

vestiu o Congresso Nacional em poderes de assembléia constituinte para votar uma nova Constituição, que dificilmente se poderia reduzir juridicamente a uma simples reforma da anterior."[23]

Seria de se indagar, aqui também, sobre a legitimidade constitucional de referido expediente, por tudo analisado precedentemente. Do repertório de jurisprudência do Tribunal, no entanto, não encontramos manifestação contrária a essa legitimidade, senão, ao contrário, uma certa aquiescência derivada dos votos de muitos de seus Ministros, a exemplo do que acima reportamos. Tem-se de registrar, por outro lado, que as provocações do Tribunal havidas, além de muito reduzidas, ou tratavam indiretamente da questão ou intentavam aperfeiçoar o processo constituinte, por exemplo, com o afastamento dos Senadores biônicos.[24] Isso, de certa forma, comprova o anseio quase generalizado de que se instaurasse uma nova ordem constitucional mais ligada ao estádio de desenvolvimento da sociedade brasileira, cansada das legislações *ad hoc* e dos arroubos do arbítrio, e esperançosa por respirar dias melhores em ares democráticos.[25]

Uma última nota deve ser dada sobre a solução a que chegou o Supremo Tribunal Federal sobre a antinomia existente entre uma norma regimental da assembléia constituinte, que assegurava a inviolabilidade do constituinte, sem fazer qualquer ressalva, e a norma constitucional, em vias de revogação, que excepcionava da inviolabilidade os crimes contra a honra. Atentando-se a regras da técnica jurídica, o Tribunal fez valer a disposição constitucional, considerando o dispositivo regimental "regra *interna corporis*", destinada a proteger o constituinte apenas em seu âmbito e no exercício do respectivo man-

---

[23] BRASIL. Supremo Tribunal Federal. Pleno. ADInMC n. 74-RN. Rel. Min. Celso de Mello. *RTJ* v. 143, t. 2, p. 355-385, 376.

[24] BRASIL. Supremo Tribunal Federal. Pleno. MS n. 20.692-DF. Rel. Min. Aldir Passarinho. *DJ* 1 de 16/9/1988, p. 23.313: Segurança não conhecida pela ilegitimidade ativa *ad causam* dos impetrantes, um grupo de jornalistas, por "ausência de direito individual próprio".

[25] Dentre vários trabalhos doutrinários contemporâneos, citem-se: ATALIBA. *Fonte de Legitimidade da Constituinte*, p. 99 et seq.; HORTA. *Reflexões sobre a Constituinte*, p. 5 et seq.; MARANHÃO. *Constituinte e Constituição*, p. 57 et seq.; LOPES. *Mudança Social e Mudança Legal*: Os Limites do Congresso Constituinte de 87, p. 45 et seq.; PELLEGRINO. *Compromisso Constituinte*, p. 31 et seq.; BARACHO. *Assembléia Constituinte e seu Temário*, p. 63 et seq.; *Legitimidade do Poder*, p. 13 et seq.; JARDIM. *Mas Qual Constituição*, p. 41 et seq.

dato.[26]

## SEÇÃO IV
## OS LIMITES DO PODER CONSTITUINTE ORIGINÁRIO

Mesmo diante de tamanha dificuldade, podemos fazer referência a uma jurisprudência sobre os limites do poder constituinte originário, desenvolvida pelo Supremo Tribunal. O Ministro *Moreira Alves*, em voto condutor na Ação Direta de Inconstitucionalidade n. 815, afastou a natureza suprapositiva ou de grau mais elevado das normas postas fora do poder constituinte derivado, defendida por *Otto Bachoff*, com a sua teoria sobre as normas constitucionais inconstitucionais. Escrevera o alemão: "se uma norma constitucional infringir uma outra norma da Constituição, positivadora de direito supralegal, tal norma será, em qualquer caso, contrária ao direito natural."[27] Equivale dizer que mesmo o constituinte originário se acharia vinculado a uma ordem superior de normas (de direito natural), da qual haveria de extrair um mínimo de valor que pudesse garantir à ordem normativa que pretendia inaugurar a qualidade de ordem jurídica. Esse conteúdo normativo mínimo reconhecido teria uma ascendência sobre as demais normas constitucionais, de modo que a incompatibilidade destas em relação àquele geraria um quadro de inconstitucionalidade. A identificação desse conteúdo normativo mínimo com as cláusulas pétreas é imediata, todavia com a rejeição de sua natureza de *jus naturale* ou de direito supralegal

---

[26] BRASIL. Supremo Tribunal Federal. Pleno. Inq. n. 273. Rel. Min. Sydney Sanches. *RTJ* v. 134, t. 2, p. 499; Inq. n. 307-DF. Rel. Min. Djaci Falcão. *DJ* 1 de 27/10/1988, p. 27.926.

[27] BACHOF. *Normas Constitucionais Inconstitucionais?*, p. 62-63. A defesa de uma hierarquia de normas, sem apelo a teses jusnaturalistas, mas à "essência da Constituição" é encontrada em SAMPAIO. *Hierarquia entre Normas Constitucionais*, p. 5 et seq. Sobre o tema: ARNÉ. *Existe-t-il des Normes Supraconstitutionnelles*, p. 459 et seq.; DRAGO. *La Supra-constitutionnalité*: Présentations et Problématique Génerales, p. 313 et seq.; FAVOREU. *Souveraineté et Supra-constitutionnalité*, p. 71 et seq.; TROPER. *La Notion de Principes Supra-constitutionnels*, p. 337 et seq.; VEDEL. Souveraineté et Supra-Constitutionnalité, p. 79 et seq., 81.

sobreposto às demais normas da Constituição:

> "As cláusulas pétreas não podem ser invocadas para a sustentação da tese da inconstitucionalidade de normas constitucionais inferiores ... [como] normas cuja observância se imponha ao próprio Poder Constituinte originário com relação às outras que não sejam consideradas como cláusulas pétreas."[28]

## SEÇÃO V
## O IMPACTO DE UMA NOVA CONSTITUIÇÃO SOBRE A ORDEM JURÍDICA PRETÉRITA

De acordo com o paradigma positivista, a validade jurídica se reduz a um enquadramento sistêmico de uma norma por atender a procedimentos de formação normativa (condição formal de validade) e seu conteúdo não contrariar norma de hierarquia superior (condição material de validade). Em geral, essa concepção de validade é a que basta para o jurista, servindo tanto para revelar a incompatibilidade de um ato infralegal com a lei (conflito de legalidade), como desta com a Constituição (conflito de constitucionalidade).

Logicamente, esse conceito de validade pressupõe um ordenamento jurídico escalonado hierarquicamente, de modo que uma norma do escalão inferior tem o seu fundamento de validade na norma de escalão superior.[29] Esse postulado, como esquadrinhamos há pouco, deixa a dever argumentos a uma aceitação geral pela Dogmática Jurídico-Constitucional. Mas, na dinâmica dos sistemas jurídicos, sobretudo naqueles que adotam algum modelo de controle de constitucionalidade, impõe-se como uma idealidade que garante a sobrevivência do princípio da supremacia constitucional. Certo é que o sistema jurídico trabalha com um número de normas de duvidosa constitucionalidade que, em

---

[28] BRASIL. Supremo Tribunal Federal. Pleno. ADIn n. 815-DF. Rel. Min. Moreira Alves. *RTJ* v. 163, t. 3, p. 872-881, 880. É de se notar que o relator impôs os limites materiais tanto à revisão, quanto à reforma.

[29] KELSEN. *Teoria Pura do Direito*, p. 240.

razão da inflação legislativa ou de mecanismos processuais seletivos na fiscalização da legitimidade constitucional, estão a produzir efeitos indefinidamente, gerando, na prática, um deslocamento do padrão de constitucionalidade-legalidade para outro, de efetividade. Entretanto, aquela idealidade que expressa o papel simbólico da Constituição como "pacto" ou "contrato social" e fonte de justiça – mais que de legitimidade – intra-sistemática mantém as expectativas comportamentais, de certa forma, estabilizadas em torno sempre da possibilidade de se vir a assegurar a supremacia daquele contrato ou da expressão do sentido de justiça que ele inspira e positiva, ao mesmo tempo em que mantém dentro de espaços controlados os tais "atos apócrifos de poder".[30] Tanto mais é simbólico e, todavia, importante esse papel, quanto mais os debates sobre a constitucionalidade se desviem de questões de natureza material, filosófico-valorativa, para se situarem no plano de questões eminentemente técnicas e formais, dilucidadas por um discurso de difícil alcance ao homem comum – e mortal. Em que instante esse simbolismo se rompe e quais serão os atores que levarão ao seu fim são pontos de extremo interesse a quem se dedique ao estudo dos fluxos de poder dentro da sociedade e aos mecanismos de escamoteamento de suas formas de dominação. Seja como for, o rompimento de uma certa ordem constitucional não deixa órfão o apelo à legitimidade constitucional do movimento transgressor, pois procurará imediatamente instalar uma nova força simbólica que aplacará o descaso total com a ordem anterior, por meio dessa invenção fantástica dos modernos: a Constituição. O simbolismo e o instrumento continuam os mesmos, mas o poder, não.

Os processos de mudança constitucional levam à crise de validade das normas pré-constitucionais, exigindo certo trabalho reconstrutivo para evitar que o vazio legislativo se instale. A rigor, no instante em que a velha Constituição deixa de existir, leva consigo as normas que retiraram dela a validade.[31] Para impedir a sucumbência da ordem infraconstitucional por inteiro, e com ela, a anomia gene-

---

[30] SCHMITT. *Teoría de la Constitución*, p. 123; BRASIL. Supremo Tribunal Federal. Pleno. ADInMC n. 74-RN. Rel. Min. Celso de Mello. *RTJ* v. 143, t. 2, p. 355-385, 359.

[31] Embora essa conseqüência derive da própria natureza da sucessão constitucional, algumas constituições dedicam cláusula expressa à revogação. Assim o artigo 123 da Lei Fundamental de Bonn: "O Direito em vigor antes da reunião do Parlamento Federal [constituinte] continua regendo sempre que não estiver em contradição com a presente Lei Fundamental." A Constituição espanhola, por seu turno, abre espaço para uma

ralizada, desenvolveu-se a técnica da recepção constitucional, que se resume a um teste de verificação da compatibilidade material das normas antigas com a Constituição nova, operando a reconstrução do ordenamento jurídico com o que sobreviver ao teste. Essa doutrina é tributária da genialidade de *Hans Kelsen*, no rigor de sua lógica formalista:

> "A 'recepção' é um procedimento abreviado de criação jurídica. As leis que, na linguagem comum, inexata, continuam sendo válidas são, a partir de uma perspectiva jurídica, leis novas cuja significação coincide com a das velhas leis. Elas não são idênticas às velhas leis, porque seu fundamento de validade é diferente."[32]

Do ponto de vista técnico-jurídico, a questão não parece problemática em relação às normas sobreviventes: são "revalidadas" ou "novadas".[33] Essa novação importa, contudo, conseqüências importantes ao Direito: as "velhas" normas têm de ser reinterpretadas em face da nova Constituição, considerando o novo quadro de princípios consagrados e a remontagem do arsenal técnico-estrutural da própria Dogmática. A discussão se instala muito mais seriamente em torno dos efeitos da Constituição sobre as normas anteriores que não passaram no teste da recepção.

As soluções são variadas: opera-se revogação, caducidade, ineficácia, inconstitucionalidade da norma anterior. Desenvolveu-se na Alemanha e na Itália uma fórmula intermediária: dar-se-ia ab-

---

"disposición derogatoria", que declara derrogadas a Lei n. 1/1977 da Reforma Política, que serviu de instrumento da transição política do franquismo ao Estado constitucional, além de vários outros diplomas que especifica, terminando com uma previsão geral: "Asimismo quedan derogadas cuantas disposiciones se opongan a lo establecido en esta Constitución." Mesmo no caso de surgimento de novos Estados o mesmo se dá; *v. g.*, expressamente, artigo 84 da Constituição de Angola e artigo 93 da Constituição de Cabo Verde.

[32] KELSEN. *Teoria Geral do Direito e do Estado*, p. 122. *Jorge Miranda*, embora aceitando a tese kelseniana, tenta fazer uma pequena modulação: "enquanto que as normas constitucionais que subsistam são *recebidas* pelas novas normas constitucionais, as normas ordinárias são simplesmente *novadas*": *Manual de Direito Constitucional*, II, p. 276.

[33] MIRANDA. *Manual de Direito Constitucional*, II, p. 275-276. Esse autor sustenta a tese de que na hipótese de revisão constitucional não se dá novação. "A revisão só tem efeitos negativos – sobre as normas ordinárias anteriores contrárias – não positivos – sobre as não desconformes." Tanto as normas da revisão, quanto as normas da lei ordinária extrairiam validade diretamente da Constituição (p. 277). A doutrina é aceita, entre nós, por BASTOS. *Curso de Direito Constitucional*, p. 115.

rogação nos casos de contradições pontuais entre as duas ordens normativas, a constitucional e a legal, decorrentes da "homogeneidade prescritiva" entre elas, vale dizer, sempre que uma norma constitucional fosse capaz de ser aplicada diretamente, substituindo uma norma legislativa ordinária, sem prejuízo de normatividade. A hipótese seria de inconstitucionalidade, quando as fontes fossem heterogêneas, carecendo, então, a norma constitucional da possibilidade de aplicação direta, como ocorreria com as normas programáticas ou de princípios.[34] No Brasil, divisaram-se três posições: a da inconstitucionalidade superveniente com nulidade, a da inconstitucionalidade superveniente com revogação e a da simples e pura revogação. A questão pode parecer apenas terminológica, pois, de qualquer forma, há uma invalidade da norma que se opera supervenientemente pela promulgação de um novo texto constitucional. E essa invalidade, segundo a teoria constitucional, é sinônimo de inconstitucionalidade. Mas a distinção é reclamada rigorosamente.

No sistema europeu de controle de constitucionalidade, predomina o entendimento de que a norma antiga sofre de inconstitucionalidade superveniente, reparável no âmbito da fiscalização abstrata. Podemos lembrar aqui a Corte Constitucional Federal alemã,[35] a Corte Constitucional italiana,[36] a Corte Constitucional espanhola[37] e a Corte Constitucional portuguesa.[38] É importante observar que

---

[34] MODUGNO. *L'Invalidità della Legge*, II, p. 14 et seq.

[35] ALEMANHA. Corte Constitucional Federal. *BVerfGE* 2, 124 (129). Reconheceu-se a todos os juízes o poder-dever de examinar a constitucionalidade das leis e de afirmar a sua compatibilidade constitucional, sem distinguir se foram emanadas antes ou depois da entrada em vigor da Lei Fundamental. O monopólio se dá, por força do artigo 100 da Lei Fundamental, para os casos de leis posteriores, hipótese em que, se o juiz ordinário entendê-las inconstitucionais, haverá de suspender o processo, e suscitar o incidente perante o *Bundesverfassungsgericht*; as leis anteriores ficam, ao contrário, difusa e inteiramente, submetidas a todos os juízes, sem se poder suscitar o mesmo incidente perante a Corte. No entanto, no âmbito do controle abstrato, a jurisdição exclusiva daquela Corte volta a se impor, sem distingüir entre leis anteriores ou posteriores à Lei Fundamental.

[36] ITÁLIA. Corte Constitucional. Sentença n. 1/1956. *Giurisprudenza della Corte Costituzionale Italiana*, 1985, p. 3. Posição reiterada recentemente na sentença n. 193/1985. A jurisprudência da Corte passou a indicar a sua jurisdição plena em matéria de declaração da inconstitucionalidade superveniente, sem excluir a eventualidade do recurso à tese da ab-rogação pelos juízes comuns: "Si il giudice *a quo* há ritenuto invece di rimettere la questione a questa Corte (...) si è evidentemente inteso di no riconoscere l'intercorsa abrogazione della norma." ZAGREBELSKY. *La Giustizia Costituzionale*, p. 141.

o alcance dessa inconstitucionalidade pode excluir o próprio conceito de revogação, como, inicialmente, afirmou-se na Itália,[39] tanto quanto o pode incluir, como o faz a Corte espanhola.[40]

O Supremo Tribunal Federal, depois de um tempo em que reconhecia a existência da inconstitucionalidade superveniente com efeito revogatório,[41] passou a refutá-la reiteradamente, adotando a teoria da revogação pura e simples. Já não mais se fala de inconstitu-

---

[37] ESPANHA. Corte Constitucional. STC n.4/1981. Também aqui se admite que juízes e tribunais deixem de aplicar a norma pré-constitucional que entenderem revogadas pela Constituição, podendo submetê-la em caso de dúvida ao Tribunal Constitucional por via da questão de inconstitucionalidade. LLORENTE; CAMPO. *Estudios sobre Jurisdicción Constitucional*, p. 10.

[38] Se antes da revisão constitucional de 1982 havia alguma dúvida, embora a Comissão Constitucional se posicionasse pelo conhecimento das impugnações do direito anterior em face da nova Constituição (Acórdão n. 40/1977. Apêndice ao *Diário da República* de 30/12/1977, p. 71 et seq.; Acórdão n. 149/1979. Apêndice ao *Diário da República* de 31/12/1979, p. 46), após, o artigo 282.2 apagou-as, com a previsão de efeitos da declaração a partir da promulgação da Constituição. CANOTILHO; MOREIRA. *Constituição da República Portuguesa Antodada*, p. 1.040.

[39] O princípio foi afirmado na sentença n. 1/1956 pela Corte italiana:"I due istituti giuridici dell'abrogazione e della illegittimità costituzionale delle leggi non son identici fra loro, si muovono su piani diversi, com effetti diversi e com competenze diverse." Houve reiteração desse posicionamento na sentença n. 40/1958 e mais recentemente no pronunciamento n. 193/1985, todavia, sem excluir também o efeito da ab-rogação. A diferença ia estar no juiz que enfrentasse a questão: se fosse a Corte, haveria o tratamento como inconstitucionalidade, se fosse um juiz comum, como ab-rogação: ZAGREBELSKY. *La Giustizia Costituzionale*, p. 141; CERRI. *Corso de Giustizia Costituzionale*, p. 60.

[40] "La peculiaridad de las leys preconstitucionales consiste (...) en que la Constitución es una ley superior – criterio jerárquico – y posterior – criterio temporal – y la coincidencia de este doble criterio da lugar – de una parta – a la inconstitucionalidad sobrevenida y consiguiente invalidez de las que se opongan a la Constitución, y – de outra – a su pérdida de vigencia a partir de la misma para regular situaciones futuras, es decir, a su derogación (...)" (STC n. 4/1981). Ou "Hay que señalar que no existe una auténtica contradicción entre el problema vigencia-derogación y el problema constitucionalidad-inconstitucionalidad". STC n. 11/1981. REYES; ECHAVARRÍA. *Drecho Constitucional*, p. 112; ENTERRÍA. *La Constitución como Norma e el Tribunal Constitucional*, p. 88-90.

[41] BITTENCOURT. *O Controle Jurisdicional da Constitucionalidade das Leis*, p. 131. No âmbito do controle abstrato, reconhecia-se a possibilidade de fiscalização do direito pré-constitucional, julgando-se, ao fim, improcedente a ação, embora se declarasse a incompatibilidade: Rp. n. 946. Rel. Min. Xavier de Albuquerque. *RTJ* v. 82, t. 1, p. 44; Rp. n. 969. Rel. Min. Antonio Neder. *RTJ* v. 99, t. 2, p. 544. Em votos proferidos no STF, no entanto, o Ministro Paulo Brossard fala apenas de uma nota discrepante à orientação de o Tribunal reconhecer a revogação e não a inconstitucionalidade: 2.ª Turma. RE n. 17.961-SP. Rel. Min. Orozimbo Nonato. *DJ* de 11/12/1952, p. 14.029; ADIn n. 2-DF. Rel. Min. Paulo Brossard. *RTJ* v. 169, t. 3, p. 763-825, 767.

cionalidade superveniente, mas de "incompatibilidade vertical superveniente", geradora da revogação.[42] A atenção foi deslocada para o efeito drástico que acarretaria a admissão da tese de inconstitucionalidade sobre a segurança jurídica, considerando-se a nulidade das situações constituídas com base no ato inconstitucional (inconstitucionalidade superveniente com nulidade):

> "Admitir a inconstitucionalidade superveniente significa generalizar, em caráter ordinário, a possibilidade de nulificação, também superveniente, de todos os atos estatais anteriores a uma nova Constituição, inobstante a sua plena e originária conformidade com a Lei Fundamental vigente à época de sua formação (...), desconstitu[indo], ainda que com eficácia *ex nunc*, situações jurídicas definitivamente estabelecidas."[43]

*Castro Nunes* firmava-se na crítica à teoria da revogação, em favor da inconstitucionalidade superveniente:

> "A teoria da ab-rogação das leis supõe normas da mesma autoridade. (...) Mas se a questão está em saber se uma norma deve continuar a viger em face das regras ou princípios de uma Constituição, a solução negativa só é revogação por efeito daquela anterioridade. Mas tem uma designação peculiar a esse desnível de normas, chama-se declaração de inconstitucionalidade."[44]

Há uma ressalva que se tem feito a esse ponto. A solução de antinomia se dá não apenas seguindo-se ao critério cronológico ou da especialidade, dentro de um mesmo nível hierárquico, mas também

---

[42] BRASIL. Supremo Tribunal Federal. Pleno. Ap. n. 39.646-SP. Rel. Min. Mario Masagão. *RT* v. 179, p. 922; Rp. n. 1.016-SP. Rel. Min. Moreira Alves. *RTJ* v. 95, t. 3, p. 993; Rp. n. 1.012-SP. Rel. Min. Moreira Alves. *RTJ* v. 95, t. 3, p. 980; *RTJ* v. 99, p. 544; sobre a expressão: ADInMC n. 74-RN. Rel. Min. Celso de Mello. *RTJ* v. 143, t. 2, p. 355-385, 359. A doutrina também tem majoritariamente se posicionado nessa linha: BASTOS. *Curso de Direito Constitucional*, p. 116; NEVES. *Teoria da Inconstitucionalidade das Leis*, p. 96; PONTES DE MIRANDA. *Comentários à Constituição de 1946*, VI, p. 395. No Direito sul-americano, a doutrina e a jurisprudência uruguaias também falam em revogação: GALLICCHIO. *La Justicia Constitucional en Uruguay*, p. 360-361.

[43] BRASIL. Supremo Tribunal Federal. Pleno. ADInMC n. 74-RN. Rel. Min. Celso de Mello. *RTJ* v. 143, t. 2, p. 355-385, 359 (voto do Ministro Celso de Mello).

[44] NUNES. *Teoria e Prática do Poder Judiciário*, p. 600.

ao da hierarquia de níveis diferentes: *lex superior derogat inferiori*. De acordo com esse critério, a norma situada em mais alto grau hierárquico no ordenamento jurídico ab-roga norma inferior, não podendo ser por ela revogada. "A inferioridade de uma norma em relação a uma outra", escreve *Bobbio*, "consiste na menor força de seu poder normativo; essa menor força se manifesta na incapacidade de estabelecer uma regulamentação que seja contrária à regulamentação de uma norma hierarquicamente superior".[45] Pode-se negar, com *Hans Kelsen*, a possibilidade de conflito entre a norma superior e a norma inferior,[46] mas o que é que se dá, então, com o surgimento de um novo dispositivo constitucional em relação a norma inferior pretérita? Não haverá conflito, mas tão-somente a invalidade da norma inferior. Em razão de quê? Da inconstitucionalidade superveniente. Giramos em círculo, pois a sinonímia revela o argumento tautológico. É como pensa o Supremo Tribunal:

> "Pelo fato de ser superior, a Constituição não deixa de produzir efeitos revogatórios. Seria ilógico que a lei fundamental, por ser suprema, não revogasse, ao ser promulgada, leis ordinárias. A lei maior valeria menos que a lei ordinária."[47]

Todavia, antinomia pressupõe coexistência das normas no mesmo ordenamento jurídico. Essa coexistência só será possível após o teste da recepção, equivalendo dizer que, antes, a norma impugnada integrava uma ordem jurídica que não era aquela inaugurada pelo novo texto constitucional. Por impossibilidade lógica e cronológica. Acrescente-se ainda uma dificuldade técnica decorrente do exercício de confronto, que autorize concluir, de pronto, em favor de uma revogação, entre uma norma constitucional, normalmente dotada de concisão e de conceitos abertos, informadora do ordenamento jurídico total, e as normas ordinárias precedentes, em regra, detalhistas e relativamente pontuais em sua disciplina.[48] Parece óbvio que o segundo argumento não infirma a tese e melhor serve a orientar um sis-

---

[45] BOBBIO. *Teoria Generale del Diritto*, p. 219.

[46] KELSEN. *Teoria Pura do Direito*, p. 287.

[47] BRASIL. Supremo Tribunal Federal. Pleno. ADInMC n. 415-GO. Rel. Min. Paulo Brossard. *DJ* 1 de 29/5/1992, p. 7.833. NASCIMENTO; SILVA. *Efeito Ab-rogativo das Constituições*, p. 63 et seq. DINIZ. *Norma Constitucional e seus Efeitos*, p. 42 et seq.

[48] ENTERRÍA. *La Constitución como Norma y el Tribunal Constitucional*, p. 92-93.

tema que defira o monopólio de constitucionalidade a um só órgão. Todavia, a doutrina italiana tem insistido nesse ponto, reafirmando que o grau de exigência imposto, nesse confronto, para verificação de uma ab-rogação é significativamente maior se comparado à determinação da inconstitucionalidade.[49]

Suscita-se uma questão que desafia a lógica da inconstitucionalidade superveniente: como poderia o legislador observar as disposições de uma Constituição ainda inexistente? A resposta era dada pelo Tribunal na voz do Ministro *Paulo Brossard*: "Lei anterior não pode ser inconstitucional em relação à Constituição superveniente; nem o legislador poderia infringir a Constituição futura."[50] No entanto, a questão não é de vidência como ironizara o ex-Ministro, mas também de lógica. Vale aqui a lembrança da posição adotada pelo Tribunal Constitucional Federal alemão, muito embora estivesse direcionada a superar a tese de que o juiz ordinário, ao poder conhecer integralmente da questão da incompatibilidade constitucional subseqüente, violaria o monopólio da Corte para infirmar a vontade do legislador que se desviasse dos parâmetros constitucionais. A declaração de incompatibilidade entre a lei velha e a Constituição nova, para aquele Tribunal Constitucional, não diminuiria a autoridade do legislador anterior, que permaneceria intocada sob o quadro jurídico-constitucional em que foi exercida, mas apenas afirmaria objetivamente que "a vontade do legislador posterior vale mais do que a vontade contrária do legislador passado", porque atual e emanada de fonte suprema.[51] Talvez o problema não devesse nem orbitar na *voluntas legislatoris*, mas na *voluntas legis* ou na *mens legis*, no confronto objetivo entre um ato normativo passado e a Constituição presente, sem o apelo fantasmagórico a uma vontade de um legislador "previdente".

Levanta-se, ainda na linha hoje predominante, um argumento processual complicado, trazido pelo artigo 97 da Constituição, de quórum qualificado para declaração incidental de inconstitucionalidade pelos tribunais, de modo que a adoção da inconstitucionalidade su-

---

[49] MODUGNO. *L'Invalidità della Legge*, I, p. 32; PIZZORUSSO. *Lecciones de Derecho Constitucional*, II, p. 22.

[50] BRASIL. Supremo Tribunal Federal. Pleno. ADInMC n. 415-GO. Rel. Min. Paulo Brossard. *DJ* 1 de 29/5/1992, p. 7.833, exposta também na ADIn n. 2-DF, de que foi relator: *RTJ* v. 169, t. 3, p. 764-825, 777. É a posição de *Kelsen* em *La Giustizia Costituzionale*, 1981.

[51] ALEMANHA. Corte Constitucional Federal. *BVerfGE* 2, 124 (129).

perveniente em lugar da simples e pura revogação impunha, na prática, um valor menor à Constituição se comparada à lei ordinária posterior, relativamente à lei pré-constitucional. O Ministro *Sepúlveda Pertence*, embora reconhecendo o peso da objeção, firmou o entendimento de que nada impediria a Corte de adotar uma interpretação restritiva ou redução teleológica do artigo 97 da Constituição, de forma a dispensar o quórum qualificado em situações de inconstitucionalidade superveniente, sob o argumento de que "à lei anterior à Constituição não favorece a presunção de constitucionalidade" que inspira a *ratio* do referido artigo. Esse tratamento exegético ou integrativo não seria estranho à prática do Tribunal, se lembrarmos da restrição da exigência de suspensão *erga omnes*, pelo Senado, da execução de normas declaradas inconstitucionais por decisão definitiva do Supremo Tribunal (art. 42, VII da Constituição de 1967/1969 e art. 52, X, da atual) apenas às declarações incidentais, como, mais recentemente, também fez com o próprio artigo 97, para subtrair a sua incidência dos casos em que o Supremo Tribunal já tivesse, ainda que incidentemente, reconhecido a inconstitucionalidade da norma questionada.[52] Esse problema era solucionado por *Paulo Brossard*, negando a presunção de constitucionalidade à lei pré-constitucional.[53]

Nem o rigor de uma Jurisprudência dos Conceitos haveria de excluir terminantemente inconstitucionalidade e revogação. Notou-o com acerto *Lúcio Bittencourt*: as duas situações não seriam paralelas, mas interligadas por uma relação de "causalidade" ou de precedência: "A inconstitucionalidade é um estado – estado de conflito entre uma lei e a Constituição – e a revogação é o *efeito* deste estado. O Tribunal declara a inconstitucionalidade e, em conseqüência desta, reconhece a *revogação* da lei."[54] Não se sabe bem, a essa altura, se revogação ou caducidade, tendo em vista que a incompatibilidade com o novo texto constitucional revela a inexistência de uma condição intrínseca de validade da norma, sem perquirir uma vonta-

---

[52] BRASIL. Supremo Tribunal Federal. 1.ª Turma. RE n. 191.905-SC. Rel. Min. Sepúlveda Pertence. *DJ* de 29/8/1997; RE n. 192.205-SC. Rel. Min. Sepúlveda Pertence. *DJ* de 19/6/1998.

[53] BRASIL. Supremo Tribunal Federal. ADIn n. 2-DF. Rel. Min. Paulo Brossard. *RTJ* v. 169, t. 3, p. 764-825, 776.

[54] BITTENCOURT. *O Controle Jurisdicional da Constitucionalidade das Leis*, p. 132; também: CANOTILHO. *Direito Constitucional*, p. 1114.

de revogatória específica.⁵⁵ Por outro lado, a caducidade pode ser forma de auto-revogação. No plano do direito positivo brasileiro, haveria a objeção de que o simples reconhecimento desse efeito, além de ser redundante, deixaria em aberto o problema decorrente da retroação da nulidade que importaria necessariamente a declaração da inconstitucionalidade. A objeção, no fundo, nega o efeito revogatório da inconstitucionalidade e, quando muito, admite a inconstitucionalidade acompanhada de nulidade.

A questão não passou despercebida ao Ministro *Sepúlveda Pertence*. Em seu argumento, valeu-se da lição de *Kelsen*, acima transcrita, de que a norma recepcionada seria uma norma diferente da anterior, havendo de ser analisada a sua invalidade a partir do instante em que fosse incorporada ao ordenamento jurídico e não antes:

> "[A] verdade é que, também a inconstitucionalidade sucessiva pode ser interpretada como nulidade *ab origine*, suceptível de ser declarada com efeitos *ex tunc*, se se tem na devida conta que, sob o prisma do ordenamento superveniente, à luz do qual se lhe afere a invalidez, a norma repelida, a exemplo da norma recebida, há de considerar-se como se fora datada da promulgação da Constituição nova."⁵⁶

Teríamos, então, uma lei e duas validades: uma, anterior à Constituição: "a lei preexistente, se for o caso, continuará a ser tida por aplicável aos fatos anteriores sobre os quais haja incidido validamente na vigência do ordenamento caduco"; outra – posterior: válida ou inválida, conforme resulte o juízo de constitucionalidade.⁵⁷ A tese pode parecer assim demasiadamente artificial, se não tivermos em consideração que também no caso de revogação estaremos diante do mesmo quadro: uma lei produzindo seus efeitos antes da Constituição e paralisada por revogação, depois. Poder-se-ia no-

---

⁵⁵ MIRANDA. *Manual de Direito Constitucional*, II, p. 288.

⁵⁶ BRASIL. Supremo Tribunal Federal. Pleno. ADInMC n. 74-RN. Rel. Min. Celso de Mello. *RTJ* v. 143, t. 2, p. 355-385, 377.

⁵⁷ BRASIL. Supremo Tribunal Federal. Pleno. ADInMC n. 74-RN. Rel. Min. Celso de Mello. *RTJ* v. 143, t. 2, p. 355-385, 378. *Victor Nunes Leal* combatia a compreensão exposta no texto: "Como é possível considerar que uma lei seja válida até o momento da promulgação do novo texto constitucional e daí por diante se considere nula ou inexistente? Se nulidade houvesse, essa nulidade atingiria a lei desde o seu nascimento, e conseqüentemente deveriam ser desfeitas todas as relações jurídicas constituídas sob a sua égide." *Leis Complementares da Constituição*, p. 390.

tar ainda que essa doutrina admite a recepção de todas as normas infraconstitucionais do ordenamento pretérito para só depois vir a refugar a parte inconciliável com a nova ordem.[58] No entanto, se nos fixarmos na tese kelseniana da recepção como "procedimento abreviado de criação jurídica", veremos nesse fenômeno, especificamente na norma de recepção, uma qualidade legiferante extraordinária que pode produzir os mesmos refugos que o legislador ordinário posterior à promulgação da nova Carta. Até essas linhas, a doutrina da inconstitucionalidade superveniente seja com revogação, seja com nulidade datada à promulgação da nova ordem,[59] parece importar mais trabalho e, não se nega, demanda uma justificação muito mais demorada e minunciosa. Todavia, esse aparente desgaste prático se compensa com sobras, se então considerarmos tais normas como objeto do controle abstrato de constitucionalidade, pois os efeitos de uma possível declaração de ilegitimidade, nesse caso, abreviariam o lento e indeterminado desfalecer de uma norma no périplo de muitas varas e processos.[60]

Não param por aí os problemas. Se a "incompatibilidade constitucional superveniente" decorrer de aspectos puramente formais, por exemplo, uma lei ordinária disciplinando matéria reservada, pelo novo texto constitucional, à lei complementar, não haverá obstáculos à sua recepção, que se fará dando à antiga lei o *status* ou a força formal da fonte de direito, agora, exigida. Seguindo os passos da doutrina e jurisprudência constitucional italiana, tem-se recorrido ao princípio *tempus regit actum* para distribuir no tempo os distintos efeitos. A aprovação da lei se deu em conformidade com a ordem jurídico-constitucional vigente à época; enquanto a aplicação da lei deve respeitar os princípios constitucionais vigentes no momento mesmo da aplicação; mas nem assim responde a todas as perguntas formuladas pela Dogmática.

---

[58] Cf. A crítica de ONIDA. *L'Attuazione della Costituzione tra Magistratura e Corte Costituzionale*, p. 516.

[59] Dogmaticamente não parece assim tão problemática a conciliação: CANOTILHO. *Direito Constitucional*, p. 1114.

[60] Foram preocupações da espécie que levaram a Corte constitucional italiana à opção entre inconstitucionalidade e revogação: ZAGREBELSKY. *La Giustizia Costituzionale*, p. 143. *Cerri* é mais explícito: a Corte buscou assegurar a efetividade dos "novos" valores constitucionais em um sistema no qual a grande parte da magistratura era composta de pessoas formadas em outro contexto histórico e cultural: *Corso de Giustizia Costituzionale*, p. 61. No sentido de que, em último termo, é no Direito positivo do País que se deve fazer a opção entre a revogação e a inconstitucionalidade: MIRANDA. *Manual de Direito Constitucional*, II, p. 286.

Costuma-se sobrelevar o valor lógico do princípio que se funda na premissa de que os preceitos legislativos ganhariam vida própria, autônoma, tão logo fossem produzidos pela sua fonte. Há quem duvide da correção desse pensamento: cada mudança da norma sobre a produção das fontes exprime um juízo de exclusiva idoneidade geradora do direito, carreando implicitamente um juízo negativo de invalidade de qualquer norma, do passado, do presente ou do futuro, que tenha sido ou venha a ser produzida por um procedimento diverso.[61] Não obstante, ainda que admitido aquele valor, a questão não se poderia resolver pura e simplesmente sob o plano da lógica. Haveria de se buscar um fundamento constitucional plausível. E ele poderia estar, por exemplo, na conseqüência drástica da situação contrária. A possibilidade de fiscalização da regularidade de formação das normas, segundo as novas exigências constitucionais, levaria à derrocada de parte significativa do ordenamento jurídico anterior, criando uma "radical descontinuidade jurídica", incompatível com uma situação constitucional material, orientada no sentido da continuidade.[62] Ainda assim remanescem pontos sem solução. Que se dirá se existirem no ordenamento anterior requisitos formais ou procedimentais que materializem verdadeiras garantias constitucionais, igualmente asseguradas pela nova ordem? Tomem-se, por exemplo, os esquemas de repartição de poderes e competências ou a reserva de lei para instituição de tributos. Teríamos de fazer tábua rasa de possíveis descumprimentos desses esquemas ou processos pelo legislador passado e dos conseqüentes desrespeitos às garantias, outra vez, protegidas? Em outras tantas situações, no presente, seremos obrigados a buscar em normas constitucionais antigas o critério de identificação das fontes, até para podermos saber de que espécie normativa estamos a tratar.[63]

Pode-se advogar a tese geral da capacidade sanatória dos vícios de constitucionalidade passados por meio da mudança do texto da Constituição.[64] Essa "convalidação" especial[65] já foi reconhecida pelo Supremo Tribunal, na linha do voto vencedor do Ministro *Moreira Alves*:

---

[61] ZAGREBELSKY. *La Giustizia Costituzionale*, p. 145-146.

[62] Ibidem, p. 146.

[63] TELES. *Inconstitucionalidade Pretérita*, p. 273 et seq., 304.

[64] MEDEIROS. *Valores Jurídicos Negativos da Lei Inconstitucional*, p. 522 et seq.

[65] A expressão é empregada em conta do efeito sanatório da nova Constituição sobre o direito anterior, originariamente inconstitucional, convalida-se pela novação. Para *Jorge*

"A lei ordinária anterior, ainda que em choque com a Constituição vigorante quando de sua promulgação, ou está em conformidade com a Constituição atual, e, portanto, não está em desarmonia com a ordem jurídica vigente, ou se encontra revogada pela Constituição em vigor, se com ela é também incompatível."[66]

A solução vale tanto para o caso de uma nova Constituição, quanto para a hipótese de novo texto, introduzido por um processo formal de mudança constitucional. O argumento pode revelar problemas. Que ocorreu durante o período em que a norma desafiou a Constituição então vigente? Por certo, houve atentado ao princípio da supremacia constitucional. Mas é o mesmo princípio da superioridade da Constituição, aliado, é verdade, à economia legislativa, que, por outro lado, dá apoio à convalidação. Do ponto de vista teórico, a contradição é inevitável e a sua solução pode até descambar para um voluntarismo perigoso.

Na prática, a saída, de acordo com o atual direito constitucional positivo brasileiro, se dá em função do instrumento processual de fiscalização da constitucionalidade e da contemporaneidade do problema suscitado. Em outras palavras, em sede de controle abstrato, conforme entende o Supremo Tribunal Federal, não há espaço para o seu desate, pois esse controle usa como parâmetro a Constituição vigente e como objeto normas posteriores à Constituição. Na via incidental, o desfecho vai depender do tempo em que a norma produziu os seus efeitos: se ao tempo da Constituição passada, será esta o parâmetro de constitucionalidade; se já sob a nova disciplina constitucional, são deixados à sombra possíveis vícios de origem para se concentrar na sua compatibilidade com a nova ordem. Olhando sob esse ângulo, as coisas ficam menos dramáticas e a obviedade prática parece apagar qualquer dúvida mais inflamada. No plano da Dogmática, no entanto, aquele interregno de desvalia constitucional fica ainda a demandar resposta mais satisfatória.[67]

Seja como revolução, seja como transição, não há razão para se

---

*Miranda*, é incorreto falar em "convalidação": "A Constituição não convalida, nem deixa de convalidar; simplesmente dispõe *ex novo.*" *Manual de Direito Constitucional*, II, p. 280.

[66] BRASIL. Supremo Tribunal Federal. *RTJ* v. 95, p. 999. É essa também a posição do Tribunal Constitucional Português: Acórdão n. 408/1989. *Diário da República*, 2.ª série, de 31/1/1990.

crer que o movimento cíclico do constitucionalismo vá parar algum dia. E aí parecem exatas as palavras tensas de *Ivo Duchacek*:

> "Os revolucionários sublinham a necessidade de mudança; as constituições sublinham a estabilidade e a preservação das vitórias; e ambas refletem a busca contínua do homem da melhor ordem que convenha às suas necessidades e valores em contínua mudança."[68]

Para impedir que os revolucionários triunfem sobre as Constituições, desenvolveram-se as técnicas de mudanças constitucionais controladas.

---

[67] *Jorge Miranda* apenas vê problema na hipótese de revisão: como não se pode falar em "novação" das normas anteriores, não há convalidação: "ferida de raiz, não pode apresentar-se agora como se fosse uma nova norma, sob pena de se diminuir a função essencial da Constituição." *Manual de Direito Constitucional*, II, p. 277.

[68] DUCHACEK. *Mapas del Poder*: Política Constitucional Comparada, p. 397.

# Capítulo III
# O CONTROLE DAS MUDANÇAS CONSTITUCIONAIS

O otimismo legalista dos revolucionários modernos inspirara a idéia de uma Constituição como a super-lei imutável de toda comunidade política que desejasse garantir, a si e às gerações futuras, o estatuto das liberdades. Uma Constituição como idéia parecia, aos seus olhos, uma conquista irreversível. No entanto, a imutabilidade não poderia implicar a sua petrificação, reconhecendo-se ao povo ou à nação o direito de não apenas adotar uma Constituição, mas também de mantê-la e aperfeiçoá-la conforme a sua conveniência e necessidade. *Jean-Jacques Rousseau* escrevera que seria

> "contrário à natureza do corpo político imporem-se leis que não pudesse revogar; não sendo nem contra a natureza nem contra a razão que não possa revogar essas leis senão com a mesma solenidade com a que as estabeleceu".[1]

O abade *Siéyès* falava de uma vontade do povo como um querer sempre vivo, de modo que "uma nação não pode nem alie-

---

[1] ROUSSEAU. *Considération sur le Gouvernment de Pologne et sur Réformation Projetée en Avril 1772*, p. 278.

nar, nem proibir o direito de querer; e qualquer que seja a sua vontade, não pode perder o direito de mudá-la no momento em que seu interesse o exija".[2] E para não ficarmos apenas na Europa, lembremos das lições de *Hamilton*, segundo as quais "toda emenda à Constituição, uma vez estabelecida esta, formará uma só proposição e poderá ser proposta isoladamente. (...). A vontade do número requerido decidirá imediatamente o problema".[3]

A Constituição norte-americana consagrou essa doutrina em seu artigo V:

> "O Congresso poderá propor emendas a esta Constituição, sempre que as duas terceiras partes de ambas câmaras as julguem necessárias; ou, a pedido das legislaturas das duas terceiras partes dos estados, convocará uma convenção para propor emendas, as quais, em quaisquer dos dois casos, serão válidas para todos os fins e propósitos, como parte desta Constituição, quando as ratifiquem as legislaturas das três quartas partes de todos os estados, ou por convenções celebradas nas três quartas partes dos mesmos, pois o Congresso poderá propor um ou outro modo de ratificação."

Os revolucionários franceses também prestaram suas homenagens à vontade soberana do povo, com a afirmação pelo artigo 1.º, § 1.º, do Título VII da Constituição de 1791 de que "a Assembléia Nacional Constituinte declara que a nação tem o direito imprescritível de mudar sua Constituição". No entanto, prescrevia um processo muito complicado para se proceder à mudança. O artigo 2.º dizia que "se três legislaturas consecutivas emit[ir]em um voto uniforme em favor da modificação de algum artigo constitucional, haverá lugar para a revisão solicitada". As exigências não paravam por aí. A quarta legislatura deveria integrar-se com o dobro do número de membros das legislaturas ordinárias, não podendo contar com Deputados da legislatura anterior. Essa Assembléia teria por função exclusiva a reforma da Constituição, de forma que, concluída esta, os membros adicionais cessariam em suas funções, retornando a Assembléia à sua atividade legislativa. No mesmo passo, a Constituição de 1795 previa a possibilidade de eleição de uma Assembléia especial e exclusiva de

---

[2] SIÉYÈS. *Che cos'è il Terzo Stato?*, p. 257.
[3] HAMILTON. *The Federalist Papers n. 85*, p. 525.

Revisão nove anos após a aprovação da proposta, que deveria ser instalada em lugar distante da sede dos Corpos Legislativos, vedada a participação dos membros desses Corpos, e cujos trabalhos haveriam de ser concluídos em três meses, durante os quais seus membros não poderiam sequer participar de qualquer cerimônia pública (arts. 336 a 350). Esse procedimento gravoso, com a exigência de mais de uma legislatura para aprovar a reforma pretendida do texto constitucional originário, foi também seguido pela Constituição espanhola de 1812. Os suíços, à diferença dos norte-americanos, franceses e espanhóis, ocuparam-se em dar especial ênfase ao princípio da soberania do povo, reconhecendo a iniciativa popular para apresentação de proposta de emenda, bem como da necessidade de um *referendum* decisório ao final.

A nossa primeira Constituição continha uma parte rígida – limites e atribuições dos Poderes Políticos e os direitos políticos e individuais dos cidadãos – e outra flexível, que podia ser alterada pelas legislaturas ordinárias (art. 178). Relativamente à primeira parte, impunham-se vários passos. A começar pelo interregno de quatro anos, depois de jurada a Constituição, para apresentação de proposição de emenda pela terça parte dos membros da Câmara dos Deputados. Essa proposição teria de ser lida por três vezes, com intervalos de seis dias uma da outra, após o que a Câmara deliberaria se poderia ser admitida à discussão. Em caso afirmativo, seria expedida a lei em forma ordinária, convocando os eleitores para a seguinte legislatura com faculdade especial para promover as alterações ou reformas. Nesta legislatura e na primeira sessão, seria a matéria proposta e discutida e, em sendo aprovada, juntar-se-ia à Constituição (arts. 174 a 177). Todo esse rigor tinha como finalidade assegurar o valor supremo da Constituição, fixando-lhe a indispensável "rigidez". Todavia, o que significaria essa rigidez?

Correntemente, tem-se caracterizado a rigidez constitucional pela impossibilidade de revogação de uma norma constitucional por uma simples lei ordinária, exigindo-se, bem ao contrário, um procedimento legislativo muito mais agravado e complexo. Não basta, contudo, a simples previsão desse procedimento, impõe-se que todas as transformações constitucionais atendam ao seu roteiro. Essas prescrições permitem que, ao um só tempo, as Constituições sejam perenes, enquanto as suas normas sejam transitórias. Por isso se diz que o sistema de rigidez deve equilibrar tanto a garantia de estabilidade da ordem constitucional, quanto a realização das mudanças indispensáveis.[4]

Mas, haverá alguma possibilidade de controle dessas mudanças?

# SEÇÃO I
# CONTROLE DE REFORMA CONSTITUCIONAL

Podem ser pensadas duas formas de controle das reformas constitucionais: uma, política (1); outra, jurisdicional (2).

## § 1. Forma política de controle

A forma política pode-se operar por meio de uma consulta ao povo, como ocorre na Colômbia (arts. 376, 377 e 378), Cuba (art. 137), Dinamarca (seção 88), Equador (art. 283), Eslovênia (art. 170.2), Espanha (art. 168.2), França (art. 89.2) Japão (arts. 96.1 e 2), Paraguai (art. 290), Peru (art. 206), Suíça (art. 123.1) e Uruguai (art. 331); ou aos Estados ou unidades territoriais, como nos Estados Unidos (art. V), no México (art. 135) e na Suíça (art. 123.1). Ainda, no âmbito desse controle, registra-se a possibilidade de veto presidencial, superável por deliberação do Congresso e, se entender necessário, o Presidente da República após ter seu veto derrubado, por consulta popular, no Chile (art. 117.4). Na França, como alternativa à ratificação popular, o Presidente da República pode submeter o projeto de revisão ao Parlamento convocado em Congresso, exigindo-se uma maioria de três quintos para aprovação (art. 89.3). A forma jurisdicional, demanda uma fiscalização por parte de órgãos da jurisdição constitucional, especializados ou não.

## § 2. Forma jurisdicional de controle

Como vimos precedentemente, o controle de reformas constitucionais pode estar deferido à jurisdição constitucional, tanto em

---

[4] VIRGA. *Diritto Costituzionale*, p. 263.

seu aspecto formal, quanto material, como ocorre na África do Sul (art. 167.3, *d*), na Alemanha,[5] no Brasil,[6] na Itália[7] e em Portugal.[8] Em alguns sistemas, admite-se apenas um controle de formalidades, como na Áustria;[9] Bolívia – art. 122, *j*; Colômbia – art. 241.1; Costa Rica – art. 75; Lei n. 7.135/1989, El Salvador;[10] México;[11] Turquia (art. 148.1). Esse controle pode ser preventivo, a exemplo da França, inclusive de forma automática, como na Romênia, onde a Corte Constitucional examina de ofício toda iniciativa de revisão da Constituição, mesmo antes de ela ser apresentada ao Parlamento (art. 144, *a*), havendo possibilidade ainda de ser exercido tanto sucessiva quanto preventivamente, como no Chile (controle prévio pelo Tribunal Constitucional e controle sucessivo pela Suprema Corte – art. 81.1.1)[12] e na Costa Rica (art. 73, *c*, *h*, Lei n. 7.135/1989). Em outros sistemas, é negada a fiscalização: assim, na Argentina,[13] nos Estados Unidos,[14] na Polônia – art. 188.1.[15]

---

[5] ALEMANHA. Corte Constitucional Federal. 1, 14, 32; 30, 1.

[6] BRASIL. Supremo Tribunal Federal. Pleno. ADIn n. 829-DF. Rel. Min. Moreira Alves. *RTJ* v. 156, t. 2, p. 451; ADInMC n. 926-PR. Rel. Min. Sydney Sanches. *RTJ* v. 152, t. 1, p. 85-112; ADIn n. 939-DF. Rel. Min. Sydney Sanches. *RTJ* v. 151, t. 3, p. 755-841; ADInMC n. 1.805-DF. Rel. Min. Néri da Silveira. *DJ* de 6/4/1998. Obviamente que ao Supremo Tribunal, através da ação direta, não é dado exercer o papel de "fiscal do poder constituinte originário, a fim de verificar se este teria, ou não, violado os princípios de direito suprapositivo que ele próprio havia incluído no texto da mesma Constituição." ADIn n. 815-DF. Rel. Min. Moreira Alves. *DJ* 1 de 10/5/1996, p. 15.131.

[7] ITÁLIA. Corte Constitucional. Sentença n. 1.146/1988; ROMBOLI. *Itália*, p. 95.

[8] Adotando sobre os "objetos de controle" em Portugal, em geral, o conteúdo das lições de CANOTILHO; MOREIRA. *Constituição da República Portuguesa Anotada*, p. 985-986; ALMEIDA. *Las Tensiones entre el Tribunal Constitucional y el Legislador en Europa Actual*, p. 219-222.

[9] ÁUSTRIA. Corte Constitucional. *VfSlg* 2.455; WALTER; MAYER. *Grundriss des Österreichischen Bundesverfassungsrechtes*, n. 1.153.

[10] TINETTI. *El Salvador*, p. 177.

[11] COSSÍO. *Mexico*, p. 238.

[12] VERDUGO M.; NOGUEIRA A.; PFEFFER U. *Derecho Constitucional*, I, p. 233; ANDRADE G. *Elementos de Derecho Constitucional*, p. 633-634.

[13] ARGENTINA. Corte Suprema da Nação. *Soria de Gerrero* c. *Bodega y Viñedo Pulenta Hnos. Fallos* 23:266.

[14] ESTADOS UNIDOS. Suprema Corte. *Luther* v. *Borden*, 7 How. (48 U.S.) 1 (1849); *White* v. *Hart* 13 Wall. (80 U.S.) 646 (1871); *Dodge* v. *Woolsey*, 18 How. (59 U.S.) 331 (1885).

[15] GARLICKI. *Pologne*, p. 98.

Esse é um quadro dinâmico. Na Áustria, havia uma resistência a submeter a reforma ao controle do *Verfassungsgerichtshof*,[16] porém, mais recentemente, passou-se a admitir um relativo controle do procedimento, pois a Corte Constitucional já faz a distinção entre reforma parcial e reforma total, identificando nesta uma alteração de natureza essencial dos princípios fundamentais ou estruturais (*Baugesetze*) do ordenamento constitucional, como a modificação dos próprios institutos da jurisdição constitucional ou o esvaziamento dos direitos fundamentais, a exigir, nesses casos, o *referendum*.[17]

Em nosso estudo, limitaremos a examinar o controle exercido na França (I), na Itália (II) e no Brasil (III).

## I. Controle pelo Conselho Constitucional francês

Na França, havia uma intensa polêmica a respeito da possibilidade de haver um controle do Conselho Constitucional sobre as leis constitucionais, correntes a favor, correntes contra. A discussão também girava – e ainda gira – em torno da existência ou não de limites, pois somente com a identificação das "cláusulas de barreiras", poder-se-ia pensar na existência daquela fiscalização. Para *Joseph-Barthélémy*, essas seriam apenas "barreiras de papel" e *Georges Vedel* parecia convicto de que "o poder constituinte, como poder supremo do Estado, não pode[ria] ser obrigado nem por ele mesmo", a menos que se recorresse à idéia equivocada de princípios supraconstitucionais.[18]

Um segmento expressivo da doutrina registra, no entanto, um "núcleo duro" de normas relativas aos direitos e liberdades intangíveis, que não podem ser derrogadas nem mesmo em tempo de crise, assim como de um "bloco de constitucionalidade" referido a certos valores (separação de poderes, pluralismo, forma republicana de governo, igualdade, objetivos relativos à ordem pública, à

---

[16] ÁUSTRIA. Corte Constitucional. *VerfGH*. 2.455; CERRI. *I Modi Argomentative del Giudizio di Ragionevolezza*: Cenni di Diritto Comparato, p. 160.

[17] ÁUSTRIA. Corte Constitucional. B 1994/744; B 987/19887, B 1025/1987, B 1233/1987. SCHÄFFER. *Austria*. La Relación entre el Tribunal Constitucional y el Legislador, p. 19, 41. PFERSMANN. *La Révision Constitutionnelle en Autriche et en Allemagne Fédérale*: Théorie, Pratique, Limites, p. 7 et seq., 40.

[18] VEDEL. Souveraineté et Supra-Constitutionnalité, p. 79 et seq., 81; GICQUEL. *Droit Constitutionnel et Institutions Politiques*, p. 182.

proteção da saúde, à continuidade do serviço público, ao respeito à dignidade humana, dentre outros), que se põem fora do poder constituinte de revisão.[19] Tem-se afirmado, como *Arné*, que "toda Constituição é revisável, mas nem tudo, na Constituição, o é, ou, pelo menos, não deveria ser".[20]

O Conselho, em decisão de 2 de setembro de 1992, tomou uma posição dúbia a esse respeito. Naquela ocasião, ele afirmou que "o poder constituinte é soberano (...) nada se opõe a que introduza, no texto da Constituição, disposições novas que (...) derroguem uma regra ou um princípio de valor constitucional". Seria soberano e absoluto por essas linhas. Mas, em seguida, ele veio a falar em "soberania com reserva". Havia limitações formais impostas pelo artigo 89 que não poderiam ser desrespeitadas: a proposta do Presidente da República, por requerimento do Primeiro Ministro (projeto de revisão), e dos membros do Parlamento (proposição de revisão), precisa ser votada pelas duas assembléias de forma idêntica, tornando-se definitiva somente após ter sido ratificada por *referendum*; no caso de iniciativa do Executivo, o Presidente da República pode optar por submeter o projeto ao Parlamento, convocado em Congresso, que demandará, para aprovação, maioria de três quintos, dispensando-se, então, *referendum*. Circunstâncias excepcionais como a interinidade presidencial (art. 7, *in fine*, *c*), o exercício de poderes excepcionais pelo Presidente da República (art. 16) ou a ocorrência de atentado à integridade territorial interditam toda revisão. Como restrição de fundo, as prescrições contidas no artigo 89.5 impossibilitam a alteração da forma republicana de governo.[21] Ainda ficou de se esclarecer qual o sentido exato dessa vedação material. República tem um sentido estrito, de forma de governo contrária à Monarquia, de modo que o Conselho deteria um poder circunscrito à invalidação de leis constitucionais que restabelecessem a Monarquia ou o Império; mas República pode significar algo mais, ao exigir respeito a certos valores – laicização, igualdade, solidariedade – e a alguns princípios – separação de poderes,

---

[19] RIALS. *Supra-constitutionnalité et Systematicité du Droit*, p. 57 et seq.; TURPIN. *Contentieux Constitutionnel*, p. 145; TERNEYRE. *Les Adaptations aus Circonstances du Principe de Constitutionalité*: Contribution du CC à un Droit Constitutionnel de la Necessité, p. 1.489.

[20] ARNÉ. *Cours de Droit Constitutionnel*, IV, p. 239; citado por TURPIN. *Contentieux Constitutionnel*, p. 145.

[21] FRANÇA. Conselho Constitucional. Decisão n. 93-312, 2/9/1992, *Recueil des Décision du Conseil Constitutionnel*, p. 76.

independência da autoridade judiciária, a responsabilidade governamental – o que abre um imenso campo de atribuição para o Conselho.[22] Postula-se a existência ainda de limites materiais implícitos, como a soberania nacional, a nacionalidade, a unidade do Estado, referidos não tanto à esfera constitucional, mas a uma supraconstitucionalidade.[23]

Há um outro ponto de perplexidade nesse tema. É que o artigo 11 da Constituição ao dispor que o Presidente da República, por proposta do Governo, pendente a duração das sessões ou por proposição conjunta das duas assembléias, publicadas no *Jornal Oficial*, pode submeter a *referendum* todo projeto de lei que verse sobre a organização dos poderes públicos, sobre as reformas relativas à política econômica ou social da nação e aos serviços públicos ou, ainda, tendente a autorizar a ratificação de um tratado que, sem ser contrário à Constituição, tenha influência sobre o funcionamento das intituições. Estar-se-ia diante de um "processo concorrente de revisão", como sustentara o General *de Gaulle* em 1962, a propósito da eleição do Chefe de Estado e, implicitamente, a seguir, o Conselho Constitucional, com a declinação de sua competência para enfrentar a matéria, sob o argumento de que o *referendum* era uma expressão direta da soberania nacional (art. 3 da Constituição): se, em sua origem, o processo pudesse ser contestável, a adesão popular lhe conferia o caráter irrecusável.[24]

## II. Controle pela Corte Constitucional italiana

Na Itália, tem-se admitido o controle da legitimidade constitucional das leis constitucionais,[25] discutindo-se, nesse âmbito, a existência

---

[22] ROUSSEAU. *Droit du Contentieux Constitutionnel*, p. 184.

[23] VEDEL. Souveraineté et Supra-Constitutionnalité, p. 79 et seq.

[24] GICQUEL. *Droit constitutionnel et Institutions Politiques*, p. 524-525. O tema é controverso entre os juristas e entre os políticos. *G. Pompidou* via no expediente uma forma de restabelecer o equilíbrio dos poderes, enquanto *Giscard d'Estaing* refutava essa possibilidade. *François Mitterrand*, enquanto da oposição, criticava a alternativa; no governo, defendeu-a, embora tenha examinado a possibilidade de acrescentar ao artigo 89 a vedação de se proceder a uma revisão com fundamento no artigo 11. Há de se dizer que domina a opinião da inconstitucionalidade do uso do artigo 11 para fins de revisão, dele não tendo se valido nenhum Presidente da República depois de De Gaulle. ASTIÉ. *La Constitution du 4 Octobre 1958 et le Système Politique de la Ve. République*, p. 208 et seq.; PACTET. *Intitutions Politiques Droit Constitutionnel*, p. 509 et. seq.

[25] ITÁLIA. Corte Constitucional. Sentença n. 30/1971. *Foro Italiano*, 1971, I, 525. Sentença n. 12/1972. *Foro Italiano*, 1972, I, 580; MODUGNO. *Appunti per una Teoria Generale del Diritto*, p. 66-67.

de limites materiais implícitos, identificados num núcleo de princípios que dão fundamento ao sistema constitucional como um todo, ou, para alguns, constitutivos da chamada "Constituição material,"[26] variando, no entanto, o rol de essencialidade entre os diversos autores; poderiam resumir-se às garantias jurisdicionais da Constituição, especialmente dos mecanismos de controle da constitucionalidade das leis (*Crisafulli, Sandulli, Zagrebelsky*),[27] ou ao próprio procedimento agravado de revisão constitucional, por constituir uma das características fundamentais e também uma garantia da rigidez constitucional;[28] mas pode, assim, ir mais longe, de forma a contemplar o princípio democrático (art. 1.º) que caracterizaria toda organização constitucional italiana; o princípio que toma o trabalho como fundamento do Estado; o princípio da inviolabilidade da pessoa humana; o princípio da igualdade formal e substancial; o princípio da unicidade e indivisibilidade da República; o princípio da liberdade, que se desdobraria em vários direitos civis e políticos reconhecidos e garantidos aos cidadãos; o princípio da tutela e do respeito às minorias políticas, econômicas, religiosas, lingüísticas e sociais, em geral; tanto que a mudança dessas disposições importaria um "novo modo de entender as relações sociais, de uma nova organização, e de afirmarem-se novos *fins políticos* no seio da sociedade estatal", enfim, "uma nova Constituição".[29]

A Corte Constitucional já teve oportunidade de se pronunciar sobre o tema e não destoou do posicionamento da maioria dos doutrinadores, ao adotar uma visão mais larga no pertinente à restrição material de mudança na forma republicana de governo, apontada textualmente como única barreira imutável pelo artigo 139 da Constituição daquele País. Ateve-se, antes, aos "princípios supremos" do sistema constitucional italiano que deveriam também ficar imunes ao empenho revisor:

> "[A] Constituição italiana contém alguns princípios supremos que não podem ser subvertidos ou modificados em seu conteúdo essencial. Tais são tanto os princípios que a própria Constituição expli-

---

[26] MORTATI. *Istituzioni di Diritto Pubblico*, p. 221.

[27] PALADIN. *Diritto Costituzionale*, n. 42, p. 160.

[28] MORTATI. *Istituzioni di Diritto Pubblico*, p. 221.

[29] MARTINES. *Diritto Costituzionale*, p. 374-375.

citamente prevê como limites absolutos ao poder de revisão constitucional, qual a forma republicana (art. 139 Const.), quanto os princípios que, mesmo não sendo expressamente mencionados entre aqueles não sujeitos ao procedimento de revisão constitucional, pertencem à essência dos valores supremos sobre os quais se funda a Constituição italiana."[30]

Na definição desses princípios, referiu-se ao "direito à tutela jurisdicional" e, mais particularmente, ao "direito de agir e resistir em juízo".[31]

Discute-se se o poder revisor poderia acrescentar matérias, em princípio, deixadas à competência do legislador ordinário, constituzionalizando-as.[32] A esse respeito, a Corte afirmou que a matéria constitucional deve ter um sentido positivo e não ideal, de forma que terá essa natureza toda "norma que o Parlamento, por finalidade de caráter político, desejar atribuir eficácia de lei constitucional".[33]

## III. Controle pelo Supremo Tribunal Federal

A possibilidade de o Supremo fiscalizar a constitucionalidade do processo de emenda à Constituição fora reconhecida já nos conturbados anos 20, por ocasião da Reforma Constitucional de 1926, com o conhecimento do *habeas corpus*, impetrado contra a emenda, ainda que, no mérito, a ordem não tivesse sido concedida, por não se reconhecer vício "na tramitação parlamentar da Reforma".[34] Tema importante num país de muitas reformas, suas aparições nos repertórios de jurisprudência do Supremo Tribunal são episódicas,[35] havendo avultado mais após a Constituição de 1988, pela recorrência do mesmo afã reformista, que põe em dúvida ou a sabedoria dos constituintes ou

---

[30] ITÁLIA. Corte Constitucional. Sentença n. 1.146/1988 e n. 366/1991.

[31] ITÁLIA. Corte Constitucional. Sentença n. 18/1982. *Foro Italiano*, I, 936.

[32] MORTATI. *Istituzioni di diritto pubblico*, p. 220.

[33] ITÁLIA. Corte Constitucional. Sentença n. 168/1963.

[34] BRASIL. Supremo Tribunal Federal. HC n. 18.178. Rel. Min. Hermenegildo de Barros. *RF* v. 47, p. 748-827.

[35] BRASIL. Supremo Tribunal Federal. Pleno. MS n. 20.257-DF. Rel. Min. Moreira Alves. *RTJ* v. 99, t. 3, p. 1.031-1.041.

a ganância das maiorias de plantão, em qualquer hipótese, sempre em prejuízo da permanência e do sentimento constitucional.

A experiência jurisprudencial brasileira nos permite falar de um controle jurisdicional preventivo das emendas constitucionais (1), aliado a outro, posterior (2).

## 1. Controle jurisdicional preventivo

Pode ser impetrado, por parlamentares, mandado de segurança contra ato do Presidente da Câmara ou do Senado que determine o processamento de proposta de emenda constitucional em alegada violação a normas do Regimento Interno ou a algum dos limites constitucionais ao poder de reforma, reconhecendo-se a existência, em tese, de poder-dever dos membros do Congresso Nacional de participação do correto e regular processo de formação das leis. [36]

Esse "poder-dever", identificado como direito público subjetivo ou interesse legítimo à devida observância das normas de regência da elaboração legislativa, obsta que os parlamentares sejam compelidos a participar de processos que se tenham por contrários à Constituição e ao próprio Regimento Interno da Casa.

> "Os participantes dos trabalhos legislativos, porque representantes do povo, quer de segmentos majoritários, quer de minoritários, têm o direito público subjetivo de ver respeitadas na tramitação de projetos, de proposições, as regras normativas em vigor, tenham estas, ou não, estatura constitucional. Mais do que isso, é possível dizer-se serem destinatários do dever de buscarem, em qualquer campo, a predominância de tanto quanto esteja compreendido na ordem jurídico-constitucional."[37]

---

[36] BRASIL. Supremo Tribunal Federal. Pleno. MS n. 20.257-DF. Rel. Min. Moreira Alves. *RTJ* v. 99, t. 3, p. 1.031-1.041, 1.040 – emenda constitucional tendente a extinção da República; MS (AgRg) n. 21.754-DF. Rel. p/ acórdão Min. Francisco Rezek. *DJ* 1 de 21/2/1997, p. 2.829 – *quorum* para abertura da sessão inaugural da revisão constitucional de 1993; MS n. 21.648-DF. Rel. p/ acórdão Min. Ilmar Galvão. *DJ* 1 de 19/9/1997, p. 45.529 – inconstitucionalidade material do projeto de emenda que criava o IPMF, por violação ao princípio da anterioridade tributária; MS n. 22.503-DF. Rel. p/ acórdão Min. Maurício Corrêa, 8/5/1996 – projeto de emenda veiculando matéria rejeitada na mesma sessão (art. 60, § 5.º); MS n. 21.648-DF. Rel. p/ acórdão Min. Ilmar Galvão. *RTJ* v. 165, t. 2, p. 540-560, 557.

[37] BRASIL. Supremo Tribunal Federal. Pleno. MS n. 22.503-DF. Rel. p/ acórdão Min. Maurício Corrêa (Voto do Ministro Marco Aurélio).

Essa tese, no entanto, não é imune à crítica, dentro do próprio Tribunal, dirigida, preliminarmente, à sua falta de competência, para conhecer de assunto deferido de forma privativa à deliberação discricionária do Congresso Nacional, como assinalara o Ministro *Soarez Muñoz*, no início dos anos oitenta:

> "a pretendida intervenção do Supremo Tribunal Federal no processo legislativo, de forma a impedir que o Congresso Nacional pratique ato de ofício, que lhe é privativo, vale dizer, discuta, aprove, ou não, e promulgue emenda constitucional, exorbita do controle que a Constituição Federal atribui ao Poder Judiciário".[38]

Para o Ministro *Paulo Brossard*, além de não ter cabida o controle judicial preventivo do processo legislativo, faleceria o suposto direito público subjetivo ao parlamentar:

> "não tem sentido pedir ao Poder Judiciário lhe conceda mandado de segurança para abster de votar. O parlamentar não querendo votar não vota, independente de mandado de segurança".[39]

A corrente majoritária ressalva, contudo, que a interpretação do regimento interno da Casa Legislativa, o que pode importar a aplicação de toda norma regimental, sem paralelo no texto constitucional, e segundo *qualquer* interpretação dispensada pelo Órgão de direção da Casa, má ou incorreta, refoge desse controle por se constituir matéria *interna corporis*.[40] Essa tese ficou bem delineada no MS n. 22.503, em que se negou a possibilidade de o Supremo Tribunal fiscalizar o processo legislativo, tomando apenas o regimento

---

[38] BRASIL. Supremo Tribunal Federal. Pleno. MS n. 20.257-DF. Rel. Min. Moreira Alves. *RTJ* v. 99, t. 3, p. 1.031-1.041, 1.043.

[39] BRASIL. Supremo Tribunal Federal. Pleno. MS n. 21.648-DF. Rel. p/ acórdão Min. Ilmar Galvão. *RTJ* v. 165, t. 2, p. 540-560, 557.

[40] BRASIL. Supremo Tribunal Federal. Pleno. MS n. 20.257-DF. Rel. p/ acórdão Min. Moreira Alves. *RTJ* v. 99, t. 3, p. 1.031-1.041; MS n. 20.471-DF. Rel. Min. Francisco Rezek. *RTJ* v. 112, t. 3, p. 1.023; MS n. 20.509-DF. *RTJ* v. 116, t. 1, p. 67; MS (AgRg) n. 21.754-DF. Rel. p/ acórdão Min. Francisco Rezek. *DJ* 1 de 21/2/1997, p. 2.829 ; MS n. 21.648-DF. Rel. p/ acórdão Min. Ilmar Galvão. *DJ* 1 de 19/9/1997, p. 45.529. ; MS n. 22.183-DF . Rel. Min. Marco Aurélio. *DJ* 1 de 12/12/1997, p. 65.569. MS n. 22.503-DF. Rel. p/ acórdão Min. Maurício Corrêa. *RTJ* v. 169, p. 181; MS n. 22.494-DF. Rel. Min. Maurício Corrêa. *DJ* 1 de 27/6/1997, p. 30.238.

interno das Casas Legislativas, como parâmetro: "o mandado de segurança", escrevera o Ministro *Carlos Velloso*,

> "visa a garantir aos impetrantes o direito de verem respeitado o regimento interno, que regula o processo legislativo quando da atuação conjunta das duas Casas. Repito: não há, no caso, alegação de ofensa a direito subjetivo, a direito individual (...). Admito que haja, no caso, interesse legítimo. (...). Acontece – sabemos todos – que o mero interesse, o chamado interesse legítimo não é protegido pelo mandado de segurança individual."

Posição idêntica à do Ministro *Velloso* foi defendida pelos Ministros *Sydney Sanches*, *Moreira Alves*, *Octavio Gallotti*, *Francisco Rezek* e, sucintamente, pelo Ministro *Maurício Corrêa*. A julgar pelos precedentes do Tribunal, as disposições constitucionais gerariam direito público subjetivo; o regimento, não. A oposição à corrente vencedora foi veemente por parte do Ministro *Sepúlveda Pertence*, embora ele também só viesse a conhecer o *writ* por seu fundamento constitucional:

> "Entendo que não é a natureza da norma aplicável, no processo legislativo ou na deliberação da Câmara, que faz da deliberação matéria *interna corporis* ou não. O problema para excluir-se o controle jurisdicional é saber se a deliberação, seja ela fundada diretamente na Constituição ou no regimento interno, pode, em tese, violar direito subjetivo dos próprios congressistas ou de terceiro."[41]

Esse mecanismo jurisdicional, ainda que não se tenha o direcionamento exato de fiscalização da constitucionalidade, pode vir a resultar em um juízo de constitucionalidade, na hipótese de haver a concessão ou denegação do *writ*, respectivamente por reconhecer ou negar algum atentado à Constituição na proposta de emenda constitucional. E esse juízo pode-se dar tanto por se vislumbrar vício de forma ou procedimento, quanto por violação material a dispositivo da Lei Magna, revelando uma faceta inusitada ao constitucionalismo brasileiro: de controle jurisdicional de constitucionalidade prévio, pois anterior à validade da lei; concentrado, ainda que de forma oblíqua,

---

[41] BRASIL. Supremo Tribunal Federal. Pleno. MS n. 22.503-DF. Rel. p/ acórdão Min. Maurício Corrêa. *RTJ* v. 169, p. 181.

vez que só poderá ser ajuizado perante o Supremo Tribunal Federal em face da categoria das autoridades impetradas;[42] incidental, porque se constitui numa questão prejudicial à decisão de mérito; e concreto, por se achar imbricado com um direito concretamente ameaçado. Certamente que aquela primeira tese, de controle de constitucionalidade material, desperta intensa polêmica, afirmando-se que, nessa tarefa, o Tribunal se limita a examinar o "devido processo legislativo", sem discutir o mérito ou conteúdo da proposição. No Julgamento do Mandado de Segurança n. 20.257, o Ministro *Moreira Alves* recusou expressamente a possibilidade de o ajuizamento visar ao impedimento da tramitação da proposta, fundado em sua inconstitucionalidade material.

> "Não admito Mandado de Segurança para impedir tramitação de projeto de lei ou proposta de emenda constitucional com base na alegação de que seu conteúdo entra em choque com algum princípio constitucional. E não admito porque, nesse caso, a violação à Constituição só ocorrerá depois de o projeto se transformar em lei ou de a proposta de emenda vir a ser aprovada. Antes disso, nem o Presidente de cada Casa do Congresso, ou deste, nem a Mesa, nem o Poder Legislativo estão praticando qualquer inconstitucionalidade, mas estão, sim, exercitando seus poderes constitucionais referentes ao processamento da lei em geral. A inconstitucionalidade, nesse caso, não será quanto ao processo da lei ou da emenda, mas, ao contrário, será da própria lei ou da própria emenda, razão por que só poderá ser atacada depois da existência de uma ou de outra."[43]

Naquele caso, discutia-se a validade de emenda constitucional que prorrogara, por dois anos, os mandatos de Prefeitos, Vice-Prefeitos e Vereadores para fazê-los coincidir com os mandatos federais, alegando-se afronta ao princípio republicano, então listado como cláusula pétrea (art. 46, § 1.º, da Constituição de 1967/1969). A questão posta não seria de vício material, mas de vício procedimental, decorrente da tramitação de uma proposta de emenda vedada pela Constituição.

---

[42] Para o Ministro Celso de Mello o controle seria preventivo, incidental, concreto e *difuso*, talvez numa assimilação dos critérios de classificação da autonomia (ação ou incidente) e órgão de controle (concentrado ou difuso). Cf., dentre outros, voto no MS n. 23.565-DF. Rel. Min. Celso de Mello. *ISTF* v. 170.

[43] BRASIL. Supremo Tribunal Federal. Pleno. MS n. 20.257-DF. Rel. p/acórdão Min. Moreira Alves. *RTJ* v. 99, t. 3, p. 1.031-1.041, 1.040.

"[A] vedação constitucional se dirige ao próprio processamento da lei ou da emenda, vedando a sua apresentação (como é o caso previsto no parágrafo único do artigo 57) ou a sua deliberação (como na espécie). Aqui a inconstitucionalidade diz respeito ao próprio andamento do processo legislativo, e isso porque a Constituição não quer – em face da gravidade dessas deliberações, se consumadas – que sequer se chegue à deliberação, proibindo-a taxativamente. A inconstitucionalidade, neste caso, já existe antes de o projeto ou de a proposta se transformarem em lei ou em emenda constitucional, porque o próprio processamento já desrespeita, frontalmente, a Constituição."[44]

Certamente a limitação ao poder derivado, imposta pelas cláusulas pétreas, é de tal gravidade que há de paralisar a iniciativa, a tramitação ou a deliberação de propostas de emendas constitucionais que tendam a desrespeitá-las. Todavia, para se definir a existência ou não de um atentado ou desrespeito a algumas daquelas cláusulas será preciso o exame do conteúdo da norma proposta com o núcleo de princípios, institutos e conceitos que se acham abrangidos no manto da intangibilidade. E esse exame por não se situar no plano dos ritos e das iniciativas, nem cogitar de impedimentos circunstanciais, mas no confronto semiológico da norma *in fieri* com a norma constitucional, terá a natureza material. Talvez se diga que a angulação correta de ver a questão seria a interna, do participante e, nesse sentido, o processamento é que seria vetado. Tenho por certo que mesmo sob esse ângulo e mais ainda sob a ótica do observador, duplo papel que o Supremo Tribunal termina por exercer como guardião constitucional, a vedação do processamento passa, em situações como essas, necessariamente por uma fiscalização da constitucionalidade material do preceito. Tanto assim que, no caso em comento, o Ministro

---

[44] BRASIL. Supremo Tribunal Federal. Pleno. MS n. 20.257-DF. Rel. p/acórdão Min. Moreira Alves. *RTJ* v. 99, t. 3, p. 1.031-1.041. Do ponto de vista processual, essa decisão do Supremo Tribunal reconheceu a possibilidade de o *writ* ser ajuizado, com caráter preventivo, antes de o Presidente do Congresso colocar em votação a proposta de emenda. Com as mudanças procedimentais introduzidas pela Constituição de 1988, isso equivale a admitir que o Deputado ou o Senador poderão ajuizar o *mandamus* até o instante em que o Presidente de sua respectiva Casa Legislativa submeta à deliberação (votação) a proposta. Na linha de haver apenas inconstitucionalidade formal no caso, cf. também o MS n. 21.648-DF. Rel. p/ acórdão Min. Ilmar Galvão. *RTJ* v. 165, t. 2, p. 540-560, 552 (Moreira Alves), 553 (Octavio Gallotti) – talvez nesse caso, de mandado de segurança impetrado contra proposta de emenda que veio a ser aprovada, a declaração de inconstitucionalidade, se possível fosse, seria formal e não material, pois o projeto se processara irregularmente.

*Moreira Alves* concluiu que a emenda constitucional questionada, ainda que relacionada com o aspecto da temporariedade dos mandatos eletivos, não violava a República em seu núcleo essencial: "prorrogar mandatos de dois para quatro anos (...) não implica introdução do princípio de que os mandatos não mais são temporários".[45]

A dificuldade de enquadramento do mandando de segurança, em situações da espécie, como modalidade de controle de constitucionalidade preventivo se mostra ainda mais grave, se considerarmos que o objeto do *mandamus* se prende apenas ao reconhecimento do direito do parlamentar de não ter de se manifestar sobre o projeto que considera violador de algum princípio constitucional. Esse direcionamento faz com que se possa dar a superveniente perda do objeto processual ou da legitimidade ativa do impetrante, se vier o projeto a ser remetido a outra Casa Legislativa ou, pior, se for, afinal, aprovado.

No Mandado de Segurança n. 21.648, um Deputado Federal combatia ato do Presidente da Câmara dos Deputados, que remetera ao Senado Federal proposta de emenda constitucional que permitia à União criar o imposto sobre movimentação ou transmissão de valores e de créditos e de direitos de natureza financeira – IPMF, no mesmo exercício financeiro em que foi publicada a lei institutiva, e contra o Presidente do Senado Federal para que não encaminhasse a referida proposta à deliberação dos Senadores. Ocorreu que, no curso da impetração, a proposta veio a ser convertida em lei e travou-se um debate sobre a permanência da idoneidade do *mandamus*. O parecer da Procuradoria-Geral da República era favorável ao conhecimento da Segurança, pois "o eventual deferimento (...) importa[ria] em nulidade das normas impugnadas da Emenda, por inconstitucionalidade formal relativa à deliberação sobre matéria vetada no poder de reforma constitucional".[46] No mesmo sentido se posicionou o Ministro *Octavio Galloti*.[47] Todavia, os demais integrantes da Corte, na linha do posicionamento do Ministro *Moreira Alves*, vieram a não conhecer da impetração em face da perda de legitimidade superveniente do impetrante.

---

[45] BRASIL. Supremo Tribunal Federal. Pleno. MS n. 20.257-DF. Rel. p/acórdão Min. Moreira Alves. *RTJ* v. 99, t. 3, p. 1.031-1.041, 1.040-1.041.

[46] BRASIL. Supremo Tribunal Federal. Pleno. MS n. 21.648-DF. Rel. p/ acórdão Min. Ilmar Galvão. *RTJ* v. 165, t. 2, p. 540-560, 546-547.

[47] BRASIL. Supremo Tribunal Federal. Pleno. MS n. 21.648-DF. Rel. p/ acórdão Min. Ilmar Galvão. *RTJ* v. 165, t. 2, p. 540-560, 552.

"Sobrevinda a promulgação da emenda em causa, desapareceu essa legitimação ativa, pois, caso contrário, o presente mandado de segurança não se converteria, na realidade, de preventivo em repressivo, mas, sim, em instrumento processual – quase, por assim dizer, como sucedâneo da ação direta de inconstitucionalidade – para o impetrante poder vir a obter uma declaração de inconstitucionalidade em abstrato."[48]

O controle prévio de constitucionalidade das emendas constitucionais, portanto, é restrito em seu alcance e na legitimidade à sua ativação. Diferente se mostra, no entanto, o controle que se faz após a conversão da proposta em emenda à Constituição.

## 2. Controle jurisdicional sucessivo

Como todo resultado do processo legislativo, também a emenda constitucional pode-se sujeitar ao controle de constitucionalidade posterior ou sucessivo, de maneira concentrada ou difusa. Qualquer juiz, assim, está autorizado a examinar a conformidade ou não da norma constitucional superveniente com alguns parâmetros constitucionais originários, marcando-se aqui a grande diferença do controle que sobre ela se exerce. Sabemos que para outros objetos de controle, serão todas as normas constitucionais que servirão de "baliza" de conformidade ou compatibilidade, enquanto para as emendas essas normas se concentram em alguns poucos dispositivos, denominados de limites ou barreiras à emenda. De forma expressa, a Constituição trata delas no artigo 60, o que aparentemente dissiparia discussão maior. No entanto, as imprecisões se redobram tanto em relação à vinculação de outros dispositivos constitucionais, sobretudo às normas de limitação material (art. 60, § 4.º), de modo a ampliar o parâmetro da fiscalização, quanto ao significado dessas cláusulas ou a existência de outras tantas implícitas

As graves e amplas mudanças que vêm sendo operadas no texto constitucional brasileiro lançam um certo desafio sobre o equilíbrio que deve haver entre o "sentimento constitucional", nutrido na idéia de um pacto social permanente ou, ao menos, estável e a necessidade de adaptá-la à realidade, por meios e formas previstos em seu

---

[48] BRASIL. Supremo Tribunal Federal. Pleno. MS n. 21.648-DF. Rel. p/ acórdão Min. Ilmar Galvão. *RTJ* v. 165, t. 2, p. 540-560, 552.

próprio corpo de normas.[49] A tese de que os únicos limites impostos à sanha reformista estariam declarados no texto, resumidos a impedimentos circunstanciais, formais e materiais e, quando muito, admitindo um limite implícito, decorrente da impossibilidade de alteração dos próprios limites expressos,[50] não responde a todas as inquietações da teoria constitucional. Uma Constituição que sofre mudanças significativas em seu texto em pouco mais de 10 anos de vida, com a mudança do papel do Estado, das relações econômicas e tributárias, do perfil da Administração pública, de parte de suas instituições ou poderes, continua a ser, em essência, a mesma Constituição? Talvez essa pergunta não tenha qualquer sentido no plano estritamente político ou para quem professa uma concepção material-sociológica de Constituição, mas é persistente nas reflexões de uma teoria da Constituição normativa. Uma saída talvez seja descoberta na distinção entre reforma e revisão, como se deu conta o Ministro *Marco Aurélio*, em maio de 1996, por ocasião de seu voto na relatoria do Mandado de Segurança n. 22.503-DF, ajuizado contra ato do Presidente da Mesa da Câmara dos Deputados, que encaminhara para discussão e votação proposta de emenda constitucional sobre o sistema de previdência social, rejeitada na mesma sessão, o que, segundo os impetrantes, violava um limite circunstancial previsto no artigo 60, § 5.º, da Constituição Federal.

> "Este caso, não tenho dúvida alguma, é um divisor de águas. Resultará em tomada de posição, definindo-se, até mesmo em relação às reformas que se avizinham, administrativa, tributária e do Judiciário – e mais parece que vivemos de revisão e não de reforma constitucional, se os trabalhos a serem desenvolvidos devem, ou não, obediência aos princípios maiores, aos princípios expressos e implícitos de nossa Carta."[51]

Mas se poderia falar então em processo de revisão constitucional que se repetisse no tempo ou estaria, antes, circunscrita à previsão de ocorrer uma única vez "após cinco anos, contados da promulgação da Constituição"? Poderia ser global? O poder de emenda, no

---

[49] PIMENTA BUENO. *Direito Público e Análise da Constituição do Império*, p. 476.

[50] SCHMITT. *Teoría de la Constitución*, p. 119.

[51] BRASIL. Supremo Tribunal Federal. Pleno. MS n. 22.503-DF. Rel. p/ acórdão Min. Maurício Corrêa. *DJ* 1 de 6/6/1997, p. 24.872.

mesmo passo, seria amplo a ponto de contemplar todas essas reformas de que falara o Ministro *Marco Aurélio*? As questões despertam um exame do alcance do poder de revisão (A), bem assim da delimitação dos limites que se impõem às duas manifestações do poder de reforma no Brasil (B).

*A. Enquadramento da revisão constitucional no sistema vigente de mudanças constitucionais formais*

O artigo 3.º do ADCT prescreve: "A revisão constitucional será realizada após cinco anos, contados da promulgação da Constituição, pelo voto da maioria absoluta dos membros do Congresso Nacional, em sessão unicameral". Essa disposição terá criado uma segunda forma de alteração formal da Constituição? Certamente que sim. Mas qual será a sua grande nota distintiva do processo de reforma previsto no artigo 60 da parte permanente do texto constitucional? A Constituição não dá essa resposta de pronto; não lhe reserva certas matérias, como fizera a Constituição de 1934. É impressionantemente sintética.

A leitura daquele dispositivo constitucional nos revela apenas a existência de limites à revisão, que serão analisados no tópico seguinte.

*B. A definição dos limites do poder de reforma constitucional*

Podemos examinar a definição desses limites, segundo uma classificação comumente aceita de (a) limites temporais, (b) limites formais, (c) limites circunstanciais e (d) limites materiais.

a. Limites temporais

Apenas o poder de revisão veio contido pelo estabelecimento do decurso de um prazo para sua realização: "A revisão constitucional será realizada após cinco anos, contados da promulgação da Constituição (...)" (art. 3.º do ADCT). Qual o significado desse limite? Seria, por exemplo, possível falar-se de um poder revisor permanente, como alternativa àquele poder reformador disciplinado pelo artigo 60 da Constituição, em face da literalidade da redação do artigo 3.º? "A revisão", genericamente, poderia indicar várias revisões? "após" poderia significar "a partir de"? Um certo número de doutrinadores tinha uma posição contrária à possibilidade de haver mais de uma revisão, limitando-a, ademais, ao fim único de adaptar o texto constitucional às mudanças que poderiam advir com o resultado do plebiscito, previsto pelo artigo 2.º do ADCT, para escolha da forma e do sistema de governo (*Geraldo Ataliba*, *Celso Antônio Bandeira de Mello* e *Adilson Abreu Dallari*, dentre outros). Embora a tese tenha convencido apenas ao Ministro *Marco Aurélio*, a Corte terminou por afirmar que "[a]pós 5 de outubro de 1993, cabia ao Congresso Nacional deliberar no sentido da oportunidade ou necessidade de proceder à aludida revisão constitucional, a ser feita 'uma só vez'."[52]

b. Limites formais

Cumpre distinguir entre os limites impostos ao poder de emenda (a) e ao poder de revisão (b):

ba. Limites formais ao poder de emenda

Estão presentes na listagem restrita daqueles que são legitimados a apresentar propostas de emendas: um terço, no mínimo, dos membros da Câmara dos Deputados ou do Senado Federal, o Presidente da República e mais da metade das Assembléias Legislativas das unidades da Federação, manifestando-se, cada uma delas, pela maioria relativa de seus membros (art. 60, I a III). De natureza procedimental, vemos no § 2.º do artigo 60 a necessidade de a proposta ser discutida e votada em cada Casa do Congresso Nacional, em dois turnos, considerando-se aprovada se obtiver, em ambos, três quintos dos votos dos respectivos membros. Uma condição de validade e eficácia, mais do que limitação propriamente, tem-se que a emenda deve ser promulgada pelas Mesas da Câmara dos Deputados e do Senado Federal, com o respectivo número de ordem (art. 60, § 3.º).

bb. Limites formais ao poder de revisão

Referem-se a restrições de ordem procedimental: deliberação por maioria absoluta e observância do princípio da unicameralidade (sessão unicameral). Esse princípio poderia ser interpretado como deliberação em único turno do Congresso reunido? A Resolução

---

[52] BRASIL. Supremo Tribunal Federal. Pleno. ADInMC n. 981-PR. Rel. Min. Néri da Silveira. *RTJ* v. 153, t. 2, p. 773-790, 781-782 (voto do Ministro Marco Aurélio).

n. 1/1993 do Congresso Nacional assim previu e o Supremo Tribunal Federal não identificou aí qualquer irregularidade.[53]

c. Limites circunstanciais

A vigência da intervenção federal, do estado de defesa ou do estado de sítio impede a realização seja de reforma, seja de revisão à Constituição.[54] Uma outra circunstância também não permite que se processe a emenda da Constituição: matéria constante de proposta de emenda rejeitada ou havida por prejudicada não pode ser objeto de nova proposta na mesma sessão legislativa (art. 60, § 5.º). É preciso ter presente que a incidência dessa limitação se dá quando o processamento da proposta de emenda constitucional já houver sido concluído, não bastando a simples rejeição de substitutivo, apresentado por Parlamentar, pois, nessa hipótese, retoma-se o processamento da proposta original da emenda.[55]

d. Limites materiais

A Constituição subtrai uma série de matérias, princípios e regras da possibilidade de alteração constitucional: a forma federativa de Estado; o voto direto, secreto, universal e periódico; a separação dos Poderes e os direitos e garantias individuais (art. 60, § 4.º, I a IV). Ao largo de uma ampla discussão sobre a natureza dessas cláusulas e de sua hierarquia no texto da própria Constituição, tem-se colocado em discussão também o significado e alcance de cada uma delas, de modo a se identificarem incursões reformistas inconstitucionais de outras mais legítimas, precisando, por exemplo, se uma reforma do Judiciário, que importe a criação de um controle externo ou a extinção de um tribunal superior, atenta contra o princípio da separação de poderes ou se uma reforma fiscal que leve à extinção

---

[53] BRASIL. Supremo Tribunal Federal. Pleno. ADInMC n. 981-PR. Rel. Min. Néri da Silveira. *RTJ* v. 153, t. 3, p. 773-790.

[54] Ibidem.

[55] BRASIL. Supremo Tribunal Federal. MS 20.257-DF. Rel. p/ acórdão Min. Moreira Alves. *RTJ* v. 99, t. 3, p. 1031-1041; MS (AgRg) n. 21.754-DF. Rel. p/ acórdão Min. Francisco Rezek. *DJ* 1 de 21/2/1997, p. 2829; MS 21.648-DF. Rel. p/ acórdão Min. Ilmar Galvão. *RTJ* v. 165, t. 2, p. 540-560; MS n. 22.183-DF. Rel. Min. Marco Aurélio. *DJ* 1 de 12/12/1997, p. 65569; MS n. 22.503-DF. Rel. p/ acórdão Min. Maurício Corrêa. *RTJ* v. 169, p. 181.

de tributos estaduais ou que altere o sistema de distribuição de receitas entre os Estados, Distrito Federal, Municípios e União afronta o princípio federativo.

O Supremo Tribunal Federal, ao recusar a existência de hierarquias entre normas constitucionais originárias, pôs à luz alguns desses pontos. Como vimos precedentemente, o Ministro *Moreira Alves* foi buscar nas lições primeiras de *Francisco Campos* o fermento doutrinário do princípio que se passou a chamar de unidade da Constituição, negadora de hierarquia dentro do texto das Constituições rígidas. Escrevera aquele autor:

> "(...) repugna, absolutamente, ao regime de constituição escrita ou rígida a distinção entre leis constitucionais em sentido material e formal; em tal regime, são indistintamente constitucionais, todas as cláusulas constantes da Constituição, seja qual for o seu conteúdo ou natureza".[56]

Essa doutrina recheou-se, na voz do Ministro, ainda mais de uma pitada de positivismo jurídico, com o afastamento da natureza suprapositiva e hierarquicamente superior das normas limitadoras do Poder Constituinte derivado. O pensamento de *Bachof* da existência de normas constitucionais inconstitucionais foi usado como contraponto, para, enfim, afirmar-se:

> "As cláusulas pétreas não podem ser invocadas para a sustentação da tese da inconstitucionalidade de normas constitucionais inferiores em face de normas constitucionais superiores, porquanto a Constituição as prevê apenas como limites ao Poder Constituinte derivado ao rever ou ao emendar a Constituição elaborada pelo Poder Constituinte originário, e não como abarcando normas cuja observância se imponha ao próprio Poder Constituinte originário com relação às outras que não sejam consideradas como cláusulas pétreas."[57]

---

[56] CAMPOS. *Direito Constitucional*, I, p. 392. Curiosa, no entanto, a negativa de *Campos* a reconhecer a Constituição como uma unidade conceptual ou lógica, senão como "uma pluralidade de normas, reunidas por nexos remotos de afinidade, de coordenação ou de subordinação, em um texto único". *Direito Constitucional*, p. 281.

[57] BRASIL. Supremo Tribunal Federal. Pleno. ADIn n. 815-DF. Rel. Min. Moreira Alves. *RTJ* v. 163, t. 3, p. 872-881, 880. É de se notar que o relator impôs tanto à revisão, quanto à reforma os limites materiais.

O que possam significar essas cláusulas para a Dogmática Constitucional talvez não seja tão simples, mesmo se adotarmos a visão positivista expressa no voto anteriormente indicado. A sua origem na doutrina schmittiana da Constituição em sentido absoluto e positivo,[58] identificada com as decisões políticas fundamentais, além de inexata,[59] apenas revela o equívoco formalista dos juristas, denunciado pelo próprio *Schmitt*, de intentar a conformação legal de todo suspiro de vida política. Sem perder de vista os objetivos da crítica do autor weimariano, deve-se reter a idéia da intangibilidade da Constituição, contra a mutabilidade das leis constitucionais, da permanência de uma "identidade e continuidade" da Constituição como um todo, que se contém apenas na tentativa de emoldurar três ou quatro princípios básicos como elementos constitucionais inalteráveis. "Se por uma expressa prescrição legal-constitucional se proíbe uma certa reforma da Constituição", escreve *Schmitt*, "isto não é mais que confirmar tal diferença entre revisão e supressão da Constituição".[60] Para *Schmitt*, a supressão importa o fim da Constituição e a permanência do Poder Constituinte. Reforma ou revisão constitucional indica tão-somente as mudanças no texto constitucional, com a supressão de prescrições legal-constitucionais isoladas, restando intocáveis as decisões políticas fundamentais.[61]

A positivação de cláusulas pétreas dá a entender que, na linha do pensamento do autor alemão, só elas comporiam a Constituição, transformando todo o resto em leis constitucionais. Assim, alterações profundas do papel do Estado e de suas instrumentalidades não prejudicariam a "identidade constitucional", porquanto deixaram incólume o repertório daquelas cláusulas. Mesmo *Pontes de Miranda*, ao comentar a Constituição de 1946, fora seduzido pela tese: "Tôda revisão é emenda. Modificação que *sòmente* deixasse de pé a república e o laço federal [únicas limitações materiais ao poder de emendas àquela Constituição] seria emenda."[62] Mas essa doutrina termina sendo demasiadamente formalista. Se a idéia de Constituição deve ser tomada a sério e levada até as últimas conseqüências, devemos enxergar nos limites

---

[58] SCHMITT. *Teoría de la Constitución*, p. 30 et seq.; 47 et seq.

[59] A teoria de limitações ao poder de reforma da Constituição precede Schmitt. LAMBERT. *Le Gouvernement des Juges*, p. 112 et seq.

[60] SCHMITT. *Teoría de la Constitución*, p. 121.

[61] Ibidem, p. 115.

[62] PONTES DE MIRANDA. *Comentários à Constituição de 1946*, VI, p. 473.

materiais de reforma um mínimo de assuntos inalteráveis, cabendo ao intérprete e, sobretudo, ao Supremo Tribunal, como principal guardião da Constituição, o descortinar de outros tantos pontos sensíveis à configuração jurídico-constitucional, impossibilitados de sofrer mudanças.[63] Essa tese pode assustar a certos constitucionalistas, teóricos e práticos, pois parece induzir, dizem eles, a conclusões opostas às suas premissas: a amarração das opções políticas em formas jurídicas. Não é assim todavia. O que se está a defender é a existência de um núcleo de imutabilidade constitucional que deriva do conjunto de suas normas ou de "seu espírito", como elementos político-constitucionais nucleares, não redutíveis à enumeração taxativa do constituinte. Seria aquele centro de gravidade de todo o sistema constitucional, seu "centro comum de imputação",[64] a reunir "meta-meta-normas reforçadas",[65] "normas básicas do ordenamento"[66] ou "regras últimas de reconhecimento",[67] identificado pelos italianos como uma "superconstituição".[68]

---

[63] São ainda de *Schmitt* as seguintes palavras: "Incluso cuando se habla de una revisión total de la Constitución, hay que observar la distinción antes expuesta y atenerse a los límites de la facultad de revisar que de ella resulta. Considerando rigurosamente las prescripciones legal-constitucionales donde se permite semejante revisión total, cabe advertirlo así, pese a la palabra 'total', aun en el próprio texto de las leys constitucionales" (p. 120). Advogam a tese dos limites implícitos: HAURIOU. *Principios de Derecho Público y Constitucional*, p. 323-324; MORTATI. *Istituzioni di Diritto Pubblico*, p. 221. Ainda que se preveja expressamente na Constituição a possibilidade de revisão total: NEF. *Die Fortbildung der Schweizerischen Bundesverfassung in der Jahren 1929 bis 1953*, p. 355 et seq.; OTTO. *Derecho Constitucional*, p. 63 et seq.; ROUSSEAU. *Droit du Contentieux Constitutionnel*, p. 185; a conclusão era idêntica para *Carré de Malberg* e *Esmein* analisando as leis constitucionais de 1875 que davam amplos poderes à Assembléia Nacional: *Teoria General del Estado*, p. 1247 et seq.; ESMEIN. *Éléments de Droit Constitutionnel Français et Comparé*, II, p. 495, 502; BONAVIDES. *Curso de Direito Constitucional*, p. 178 et seq.; p. 184-185.

[64] CAMPOS. *Direito Constitucional*, II, p. 80.

[65] GUASTINI. *Sur la Validité de la Constitution*, p. 223.

[66] Para *Ross* essas normas não seriam logicamente parte da Constituição, sendo pressupostas e situadas em um plano mais alto, encarnando o mais alto pressuposto ideológico da ordem jurídica: *Sobre el Derecho y la Justicia*, p. 80; *El Concepto de Validez y Otros Ensayos*, especialmente no artigo intitulado "Sobre la Autorreferencia y un Dificil Problema de Derecho Constitucional", p. 52.

[67] HART. *O Conceito de Direito*, p. 118.

[68] BARILE. *La Costituzione come Norme Giuridica. Profilo Sistematico*, p. 79 et seq.; MORTATI. *Istituzioni di Diritto Pubblico*, p. 221; MARTINES. *Diritto Costituzionale*, p. 374-375; PALADIN. *Diritto Costituzionale*, p. 160, citando *Sandulli*, *Zagrebelsky* e *Crisafulli*; VERGOTINI. *Derecho Constitucional Comparado*, p. 166 et seq.

*Lucas Verdú* fala que sempre existirá em toda Constituição uma "fórmula política" inexpugnável às reformas, a menos que estejamos diante de uma transição a outro regime ou a outra Constituição. Essa fórmula se comporia de um elemento ideológico (liberal, democrático, autoritário, socialista, laico etc.), ajustando-se a alguns pressupostos econômico-sociais (capitalismo, socialismo, planificação etc.) e influenciando vários princípios de organização política (federalismo, república, monarquia, bicameralismo, o que for).[69] *Haines* cita *Story*,[70] *Cooley*[71] e *Abbot*,[72] para concluir a favor da existência de limitações inerentes ao poder de reforma, somente derrubadas pela força física de uma revolução.[73] E essas limitações, derivadas do espírito ou substância da Constituição, estariam nos princípios gerais do governo republicano livre, nos direitos à vida e à liberdade, ao devido processo legal, além dos direitos fundamentais da Nação e dos Estados.[74] Alguém poderá retrucar contra as remissões espectrais desse argumento[75] e com a sua imediata lembrança das chamadas limitações imanentes do Poder Reformador, de todo inadequadas à técnica constitucional brasileira, pródiga em reconhecer à exaustão tais limites, a ponto de convertê-los em "pilhéria constitucional".

É impressionante essa tese. Certamente a imprecisão dos conceitos de "federação", "direitos e garantias individuais" ou "separação de poderes" torna frágil e igualmente imprecisa a garantia da intangibilidade, pois se se duvida que o legislador constituinte tenha a desfaçatez ou a coragem para abertamente revogá-los, será, todavia, difícil saber se não está a desgastá-los impunemente um pouco a cada dia. Mesmo a dúvida da impetuosidade da política se pode amesquinhar ou desfazer com as bravatas e as grandiloqüências que se inspiram em tempos de crises para pôr abaixo todo o edifício constitucional, em face desse ou daquele artigo que torna constitucionalmente ilegítima uma investida revisionista a camuflar golpes

---

[69] VERDÚ. *Curso de Derecho Politico*, II, p. 651.

[70] STORY. *Story on Constitution*, I, p. 223.

[71] COOLEY. Power to Amend the Federal Constitution. *Michigan Law Journal* 1893.

[72] ABBOT. *Inalienable Rights and the Eighteenth Amendment*, p. 183.

[73] HAINES. *The Revival of Natural Law Concepts*, p. 337.

[74] Ibidem.

[75] Especialmente WILLOUGHBY. *Constitutional Law of the United Sates*, I, p. 598 et seq.

de Estado ou até revoluções. Há, então, de repetir com *Loewenstein* "quien mucho abarca, poco aprieta".[76]

Ora, a Constituição não é a panacéia para os vícios históricos de um povo, nem pode servir, por outro lado, como mordaça das transformações de sua vida, inclusive política. Mas a Constituição também não pode ser vista como "pedaços de papel varridos pelos ventos políticos". Bem pelo contrário, deve refletir um consenso amplo, modificável com a conjuntura, girando em torno de um consenso central, inexpugnável aos interesses de maiorias ocasionais.[77] E se puder ser reduzida a uma idéia, será a de possibilitar as transformações sociais por vias pacíficas – ainda que conflituais, mas sempre regradas, é dizer, constitucionalmente controladas. Daí a importância de um amplo debate em torno das mudanças que se deve dar não apenas nos espaços formais, mas igualmente nos fóruns informais da esfera pública, a considerar e, ao mesmo tempo, formar a opinião pública. Esse, aliás, é um limite que se há sempre de considerar, mesmo em um sistema representativo como o nosso. Não se pode perder de vista que, embora a opinião pública informada, em parte, escape às dimensões jurídicas, trata-se de um fator de integração social que deve ser tomado em consideração nos processos de mudança constitucional e que será decisivo, por exemplo, para sustentar e distinguir as rupturas legítimas das reformas inconstitucionais.[78] Para *Maurice Hauriou*, as mudanças formais da Constituição não deveriam ser realizadas sem que a opinião política se interessasse por ela:

> "Uma revisão realizada à margem de toda crise política e por um poder constituinte governamental, em condições em que a opinião pública se desinteresse dela, corre um grave risco de ser fictícia, dando satisfação apenas a pequenos interesses políticos e sendo, por conseqüência, pouco vantajosa."[79]

---

[76] LOEWENSTEIN. *Teoría de la Constitución*, p. 192.

[77] É de *Loewenstein* as seguintes palavras: "Una reforma constitucional obtenida por la fuerza o impuesta a una minoría, importante tanto numéricamente como por su peso politico, no solamente daña a esa minoría, sino al sentimiento constitucional" (p. 205).

[78] VERDÚ. *Curso de Derecho Político*, II, p. 658-659.

[79] HAURIOU. *Principios de Derecho Público y Constitucional*, p. 323.

O mestre francês ainda acrescenta uma nota peculiar a esses processos que escapa, quase sempre, à compreensão doutrinária das fronteiras do Poder Reformador:

> "a revisão regular da Constituição não é mais que um meio de evitar o rompimento e não deve empregar-se senão em casos extremos, quando uma grave crise política demonstra a urgência da forma".[80]

Essas lições estão a indicar o caráter limitado e necessariamente informado dos processos de mudança formal da Constituição, que se deve cercar de uma ampla discussão no seio da sociedade, mesmo que a Constituição não se valha de métodos referendários ou plebiscitários para conferir validade ou eficácia aos trabalhos reformistas. Uma exigência que, por certo, se impõe antes na seara política, mas que não deixa de mostrar a sua face jurídica diante dos abusos repetidos das reformas que, na prática, transformam o texto originário em uma grande colcha de retalhos. São incursões múltiplas, constantes e extensas que dilatam o sentido positivado na ordem constitucional brasileira do "poder de emenda".

Todavia não faltam argumentos que pregam a inexistência de qualquer limite implícito e a eficácia puramente relativa, ou nula, das limitações expressas. Sustenta-se que os órgãos de revisão não seriam órgãos constituídos no sentido exato, estando, por conseguinte, autorizados a inovar substancialmente o texto da Constituição.[81] Ora, se ambos são poderes de soberania do Estado, não se pode imaginar que exista diferença de peso ou densidade entre as normas originárias e as normas supervenientes, nem que seja delegado aos agentes constituintes o poder de retirar da livre apreciação da soberania popular ou de seus representantes no futuro certos assuntos,[82] aplicando-se, por conseguinte, a regra de que a lei posterior revoga a lei anterior de mesma eficácia. Sob a lógica eminentemente jurídica, portanto, a imutabilidade, por ser positivamente estabelecida, seria sempre constituída e condicionada, nunca consti-

---

[80] HAURIOU. *Principios de Derecho Público y Constitucional*, p. 322.

[81] DI RUFFIA. *Diritto Costituzionale*, p. 232.

[82] *Esmein* faz uso do discurso do Deputado Frochot na Assembléia de 1791: *Éléments de Droit Constitutionnel Français et Comparé*, I, p. 573; também DUGUIT. *Traité de Droit Constitutionnel*, IV, p. 530 et seq.

tuinte e condicionante.[83] Não se pode esquecer, no mesmo passo, do apelo retórico do artigo 28 da Constituição francesa de 1793, proibindo a autolimitação constituinte, sob o signo de que "cada geração deve ser artífice de seu próprio destino", da defesa neocontratualista da "Constituição como pacto entre gerações" (Häberle) ou da evocação de *Thomas Jefferson* de que "nosso criador fez a Terra para uso dos vivos e não dos mortos, [de forma que] nenhuma sociedade pode fazer uma Constituição e uma lei perpétua", propugnando-se a revisão periódica a cada trinta e quatro anos.[84]

A flexibilidade, de acordo com o pensamento de *Jorge Miranda*, tanto quanto a rigidez constitucional, deriva do espírito da Constituição em concreto, servindo também como garantia de subsistência do sistema frente ao Poder Legislativo ao impedir que a maioria de certo momento, depois de ter fixado em normas o seu projeto, venha a impedir, por meio da dificultação do processo de reforma, modificações subseqüentes por idêntica maioria.[85] Diferente não é o entendimento de *Quiroga Lavié* quando diz que toda pretensão de fixar o Poder Constituinte por meio de cláusulas pétreas é um esforço ideológico para dele se apoderar, refutando essa investida; afinal, o espírito constitucional – porque é vida em movimento – pertence aos vivos e não aos mortos.[86] A mais, a prevalência de certas normas sobre todas as outras não passaria de um eco jusnaturalista que propaga a superintendência de certos valores apriorísticos.[87] Outras tantas razões de natureza prática, na verdade pragmática, assanham esses pensadores, seja em relação à necessidade dos ordenamentos jurídicos se adaptarem às modificações sociais, seja pelo resultado da *práxis* constitucional, que tanto mostra a inutilidade dessas limitações, diante das rupturas institucionais que caso algum fizeram de vedações da espécie, quanto revela, por outro lado, o desenvolvimento sem turbulências maiores em sistemas que ou não as possuem, como o inglês, ou que

---

[83] MODUGNO. *L'Invalidità della Legge*, I, p. 76. Para *Rousseau*, seria contra a natureza do corpo social impor leis que ele não pudesse revogar: *Considération sur le Gouvernment de Pologne et sur as Réformation Projetée en Avril 1772*, p. 278.

[84] VERDÚ. *Curso de Derecho Politico*, II, p. 369. Todo apelo à "vontade de cada geração de um povo" parece pouco elucidativo hoje, se pensarmos nos processos de mudança da Constituição dos países comunitários e nas "reformas heterônomas", como foram impostas à Iugoslávia em relação à autonomia de Kosovo.

[85] MIRANDA. *Manual de Direito Constitucional*, II, p. 205.

[86] LAVIÉ. *Derecho Constitucional*, p. 52-53.

[87] VANOSSI. *Teoria Constitucional*, II, p. 181.

deixam a sua interpretação à dinâmica da vida política, sem interferência de controle jurisdicional, como o norte-americano.[88] O "efeito paradoxal" daquelas limitações é lembrado por diversos autores, anotando que, ao invés de prevenirem emendas, terminam por induzir reformas informais, às vezes, a alto custo ("teorema de Coase")[89] ou, mais drasticamente, podem precipitar revoluções, tamanha a camisa-de-força que vestem nos processos políticos.[90] Resulta, ao fim, que essas declarações de imutabilidade não passam de exortações políticas, sem força jurídica vinculante a proibir uma revisão global[91] ou, quando muito, apresentam um valor meramente relativo, que autoriza a realização de uma prévia emenda ab-rogatória da limitação, de modo a se operar, em seguida, a mudança até então vedada.[92]

Há quem professe uma doutrina intermediária, cindindo as limitações materiais em duas ordens de graus diferentes: limites de primeiro grau, próprios ou *strictissimo sensu* e limites de segundo grau ou impróprios. Os primeiros se identificariam direta e imediatamente com os princípios fundamentais da Constituição, com a idéia de Direito, com o regime ou fórmula política, com a essência da Constituição material, enfim. Ainda que os dispositivos constitucionais que os consagrem venham a ser revogados, a limitação, enquanto norma negativa de competência, permanece, revelando-se, portanto, absoluta e impostergável. Os outros só gozariam do *status* de limites materiais, mas, por carecerem daquela identidade, poderiam ser alterados, substituídos ou derrogados pelo constituinte derivado, abrindo espaço para uma reforma sem as suas contenções.[93] A nuança fica por conta no descolamento entre o texto e o sentido do texto, patrocinado pela prodigalidade do constituinte originário em prefixar o destino das gerações vindouras. Sob um ângulo menos rigoroso, o raciocínio da dupla reforma não é de todo descabido.

---

[88] WILLOUGHBY. *The Constitutional Law of the United States*, I, p. 589 et seq.; WEAVER. *Constitutional Law and its Administration*, p. 48 et seq.

[89] FARBER. *Our (Almost) Perfect Constitution*, p. 40 et seq.; GRIFFIN. *The Nominee is... Article V*, p. 51-53; TUSHNET. *The Whole Thing*, p. 103-105.

[90] DUVERGER. *Instituciones Políticas e Derecho Constitucional*, p. 228; VANOSSI. *Teoría Constitucional*, II, p. 188.

[91] DUGUIT. *Traité de Droit Constitutionnel*, IV, p. 539 et seq.

[92] RIGAUX. *La Théorie des Limites Materielles à l'Exercice de la Fonction Constituante*, p. 254, 256; VANOSSI. *Teoría Constitucional*, I, p. 234, 242 et seq.

[93] MIRANDA. *Manual de Direito Constitucional*, II, p. 202 et seq. VERDÚ. *Curso de Derecho Político*, II, p. 650 et seq.

Admitir, no entanto, o revisionismo total, seja expressamente,[94] seja mascarado na soma de reformas pontuais,[95] ou a possibilidade de "emenda em dois tempos" é o mesmo que estilhaçar o sentido de Constituição elaborado ao longo do tempo ou admitir o seu suicídio em forma legal,[96] permitindo que se processem alterações nos fundamentos político-jurídicos do regime e, por via de conseqüência, promovendo a corrosão do princípio da legitimidade e da continuidade do próprio Estado.[97] Não há reverberações jusnaturalistas por trás desse entendimento, senão um certo sentido político-jurídico de Constituição que se desloca do plano meramente instrumental, como um jogo cujas regras ficam nas mãos das maiorias, para se situar no centro do equilíbrio de um consenso refletido, que põe fora da discussão certas regras, também anteriormente consensuadas, mas que dão identidade ao próprio jogo, para permitir que se persigam fins comunitários, quando menos, de autocompreensão coletiva. A tese da emenda em dois tempos, além de atentar contra a positividade das vedações expressas e de se constituir em uma "fraude constitucional" ou em uma "argúcia que repugna à dignidade jurídica",[98] ainda encontra um obstáculo lógico-jurídico de difícil transposição. É que as normas disciplinadoras da reforma, enquanto fonte sobre produção legislativa, apresentam eficácia superior da fonte elaborada a partir do procedimento por elas prescrito, tanto em vista do princípio lógico da impossibilidade de que proposições jurídicas sejam reflexivas ou auto-referentes,[99] quanto

---

[94] Mesmo havendo previsão expressa de revisão total, haveria limites implícitos; assim, na Suíça: NEF. *Die Fortbildung der Schweizerischen Bundesverfassung in der Jahren 1929 bis 1953*, p. 355 et seq. Na Espanha: OTTO. *Derecho Constitucional*, p. 63 et seq.; na França sob as leis constitucionais de 1875. CARRÉ DE MALBERG. *Teoría General del Estado*, p. 1247 et seq.; ESMEIN. *Éléments de Droit Constitutionnel Français et Comparé*, II, p. 495, 502.

[95] BONAVIDES. *Curso de Direito Constitucional*, p. 179.

[96] HESSE. *Elementos de Direito Constitucional da República Federal da Alemanha*, p. 511-512.

[97] SCHMITT. *Teoría de la Constitución*, p. 119; HAURIOU. *Principios de Derecho Público y Constitucional*, p. 324; BURDEAU. *Traité de Science Politique*, IV, p. 247 et seq.

[98] DE LA CUEVA. *Teoría de la Constitución*, p. 166.

[99] ROSS. *Sobre el Derecho y la Justicia*, p. 77 et seq. Um novo artigo que reformasse as normas de vedação de reforma não poderia ser tido como derivado daquelas normas: "Una derivación tal, presupone la validez de la norma superior y com ello la existencia continuada de la misma, y mediante derivación no puede establecerse una nueva norma que contraríe la que le sirve de fuente". *Sobre el Derecho...*, p. 80; também em *El Concepto de Validez y Otros Ensayos*, p. 47 et seq.

em decorrência da autolimitação das fontes, de modo que nenhuma possa dispor do próprio regime jurídico.[100] Essa impossibilidade decorre do princípio geral de que uma norma não pode aplicar-se a si mesma, de modo que se uma norma é reformável é porque outra logicamente distinta estabelece e regula essa possibilidade.[101] Daí ser autorizado pensar que uma reforma constitucional não poderia mudar o titular do poder que cria o próprio Poder Reformador, nem o legislador ordinário se poderia arrogar o poder de indicar novo titular de um poder que deriva do constituinte originário.[102] Enfaticamente os autores afirmam que o órgão reformador deve atuar dentro dos marcos estabelecidos pela Constituição, não podendo propor a si mesmo um fim diverso daquele para o qual foi estabelecido, que não é – não pode ser – outro senão o de aperfeiçoar, completar e adaptar à vida a essência constitucional, pois como poderia um ente criado identificar-se com o seu criador?[103] Parece fora de propósito supor que uma Constituição, como a brasileira, tenha-se detido a regrar a sua própria reforma, não para lhe conferir estabilidade por meio de adaptação a contextos variáveis, mas antes para facilitar a sua extinção.[104] Deve-se, por isso mesmo, assegurar a possibilidade de as Constituições realizarem as tarefas que lhes foram confiadas, sem o risco de se verem cotidianamente à disposição das maiorias parlamentares, ainda que de três quintos.[105] Além do mais, ao se admitirem poderes ilimitados para as reformas estar-se-ia rompendo com o princípio da segurança jurídi-

---

[100] MORTATI. *Istituzioni di Diritto Pubblico*, p. 221; CUOCOLO. *Principi di Diritto Costituzionale*, p. 134; ZAGREBELSKY. *Manuale di Diritto Costituzionale*, I, p. 102; PRATA. *A Tutela Constitucional da Autonomia Privada*, p. 66 et seq.; CANOTILHO. *Direito Constitucional*, p. 1137-1138.

[101] OTTO. *Derecho Constitucional*, p. 66.

[102] SAMPAIO. *O Poder de Reforma Constitucional*, p. 93 et seq.; SILVA. *Curso de Direito Constitucional*, p. 62; BASTOS. *Curso de Direito Constitucional*, p. 35-36; TEMER. *Elementos de Direito Constitucional*, p. 36; FERREIRA. *Limites à Revisão Constitucional de 1993*, p. 38; CANOTILHO. *Direito Constitucional*, p. 1138.

[103] BARACHO. *Teoria Geral do Poder Constituinte*, p. 40-41, 50, 57; PONTES DE MIRANDA. *Comentários à Constituição da República dos Estados Unidos do Brasil*, II, p. 253; HORTA. *Direito Constitucional*, p. 111-112; BRITO. *Limites da Revisão Constitucional*, p. 80-81, 92.

[104] MARBURY. *The Limitation upon the Amending Power*, p. 223 et seq. Segundo *Franco Modugno*, "Il limite alla revisione di um texto costituzionale rigido è implicito nello stesso sviluppo del concetto di revisione che supone permanere del *quid* revisionato...". *Appunti per una Teoria Generale del Diritto*, p. 67.

[105] CANOTILHO. *Direito Constitucional*, p. 1135.

ca e até mesmo com o sistema de controle da constitucionalidade dos atos dos poderes públicos e das demais garantias da supremacia da Constituição.[106] Enfim, a teoria dos poderes ilimitados de revisão transforma o texto constitucional em uma mera intenção normativa, em uma *Blanko-Verfassung*.[107]

Essas limitações podem dizer respeito a um dispositivo concreto, por exemplo, a imutabilidade do artigo 5.º, IV, como a uma *idéia reitora* que rege um *princípio*, v. g., a obrigação estatal de realização dos direitos fundamentais ou a necessária cooperação e repartição de competências e recursos entre as entidades federativas. Aqui, portanto, já se percebe uma distinção entre limitações absolutas – de inteira imunidade à reforma – e limitações relativas – impondo uma diretriz que não pode ser revogada ou esquecida embora se possam admitir alterações nas formas de sua expressão. Retenhamos um exemplo. As seções III, IV e V definem os tributos de competência de cada uma das unidades da Federação, enquanto a seção VI trata da repartição das receitas tributárias entre elas. Os artigos que compõem essas seções poderiam ser alterados? A resposta é afirmativa, desde que não se venha com isso a anular ou a comprometer a autonomia de qualquer um deles, seja de sua auto-organização, seja de sua sustentação financeira, seja de suas competências materiais e legislativas.[108]

É preciso dizer, no entanto, que a jurisprudência do Supremo Tribunal não nos dá conta de todas essas questões, mas indica, ao menos, uma orientação em relação a muitos pontos. Parece fora de dúvida que, em matéria da extensão do parâmetro de constitucionalidade, a maioria dos Ministros segue o atalho da concepção formal, circunscrevendo a sua fiscalização do constituinte derivado às pautas restritas das cláusulas pétreas expressas.[109] Deve-se registrar, contudo, que alguns deles já expuseram, no corpo de seus votos, a existência de cláusulas limitadoras implícitas e a impossibilidade de "revisão total" da Constituição.

---

[106] DE LA CUEVA. *Teoría de la Constitución*, p. 157, 172 e 173.

[107] CICCONETI. *La Revisione della Costituzione*, p. 253.

[108] ATALIBA. *Competência Legislativa Supletiva Estadual*, p. 86; Admitindo a possibilidade de emenda para alteração da partilha de competências: BASTOS. *Curso de Direito Constitucional*, p. 246.

[109] BRASIL. Supremo Tribunal Federal. Pleno. ADIn n. 939-DF. *RTJ* v. 151, t. 3, p. 755-841; ADInMC n. 1.805-DF. Rel. Min. Néri da Silveira. *DJ* de 6/4/1998.

Sobre o primeiro ponto, o Ministro *Néri da Silveira* afirmara que, por força dos resultados do plebiscito de 21 de abril de 1993, "os princípios republicano e presidencialista tornaram-se definitivos na caracterização da forma e sistema de governo do Estado Federal brasileiro".[110] Já o Ministro *Carlos Velloso* se referira à existência de "outras limitações que decorre[ria]m da teoria geral da Constituição".[111] A impossibilidade de se proceder a uma alteração global do texto da Constituição fora taxativamente afirmada pelo Ministro *Sepúlveda Pertence*. Falando de uma "Constituição com suicídio a tempo certo", mostrava toda sua perplexidade com a tese contrária:

> "(...) não consigo imaginar como (...) o Parlamento que fez uma Constituição ambiciosa, ousada, tivesse encomendado a sua revisão global, não a uma Assembléia especial, jamais, não a um Congresso em início de mandato, mas a um melancólico Congresso na antevéspera do fim do seu mandato."[112]

Vê-se que não descartava essa hipótese no âmbito da Teoria da Constituição, apenas a afastava do sistema constitucional vigente no país. O Ministro *Marco Aurélio* mostrava-se convicto do erro da tese do revisionismo total: "Por mais que tente, não consigo admitir que uma Lei Básica, uma Constituição Federal, (...) seja um diploma provisório, lançado ao mundo jurídico para viger por período determinado (...)".[113] E o Ministro *Celso de Mello* havia sido ainda mais enfático:

> "O poder de rever a Constituição (...) não confere ao Congresso Nacional atribuições ilimitadas e, *muito menos*, o poder de destruir a ordem normativa positivada no texto da Lei Fundamental do Estado."[114]

---

[110] BRASIL. Supremo Tribunal Federal. Pleno. ADInMC n. 981-PR. Rel. Min. Néri da Silveira. *RTJ* v. 153, t. 3, p. 773-790, 780.

[111] BRASIL. Supremo Tribunal Federal. Pleno. ADInMC n. 981-PR. Rel. Min. Néri da Silveira. *RTJ* v. 153, t. 3, p. 773-790, 782.

[112] BRASIL. Supremo Tribunal Federal. Pleno. ADInMC n. 981-PR. Rel. Min. Néri da Silveira. *RTJ* v. 153, t. 3, p. 773-790, 787.

[113] BRASIL. Supremo Tribunal Federal. Pleno. ADInMC n. 981-PR. Rel. Min. Néri da Silveira. *RTJ* v. 153, t. 3, p. 773-790, 781.

[114] BRASIL. Supremo Tribunal Federal. Pleno. ADInMC n. 981-PR. Rel. Min. Néri da Silveira. *RTJ* v. 153, t. 3, p. 773-790, 785.

Mas a existência desses limites, expressos ou implícitos, não poderiam necessariamente conduzir à vedação do revisionismo total, pois além de conterem um elevado índice de indeterminação semântica, ainda poderiam ser superados, como vimos, pela emenda em dois tempos.

No primeiro sentido, tem-se afirmado que a imprecisão do conceito de tais cláusulas se alia à falta de um padrão ou paradigma universal a muitas delas. Sobre a forma federativa, por exemplo, *João Mangabeira* escrevia sem sotaque: "A Federação não é o metro de irídio conservado em Paris, como padrão da décima millionésima parte do quarto do meridiano terrestre. A Federação é uma fórma de Estado."[115] É forma de Estado que admite mil e uma mutações, mil e uma variações, decorrentes da experiência de cada povo ou das necessidades nacionais, arrematara o ex-Ministro *Paulo Brossard*.[116] Não haveria esquadro para identificar quando uma emenda tendesse à sua abolição.[117] Tanto quanto, a separação de poderes não possuía um parâmetro mundial que se pudessem aferir as tentativas ou tendências de abolição. Todavia, é reiterado no Supremo Tribunal o entendimento de que não se pode subtrair da disciplina do legislador ordinário matéria cujo poder de iniciativa tenha sido atribuído, com exclusividade, ao Poder Executivo, nem mesmo por emenda à Constituição, pois a admitir-se, sobretudo nesta última hipótese, estar-se-ia possibilitando que o órgão legislativo contornasse uma competência reservada ao Executivo, "assumindo o caminho da emenda".[118] A preocupação com o respeito a esse princípio tem sido de tal ordem que mesmo as propostas apresentadas pelo próprio Chefe do Executivo não fugiriam da mácula de inconstitucionalidade formal.[119] Esse entendimento, que repousa no

---

[115] MANGABEIRA. *Em Torno da Constituição*, p. 21.

[116] BRASIL. Supremo Tribunal Federal. Pleno. ADIn n. 833-DF. Rel. Min. Moreira Alves. *RTJ* v. 155, t. 3, p. 727-771, 763.

[117] Logo, a emenda constitucional que prevê o regime geral de previdência social para o servidor ocupante exclusivamente de cargo em comissão de livre nomeação e exoneração, de cargo temporário ou emprego público (art. 40, § 13, na redação da EC n. 20/1998) não ofende o princípio federativo: ADInMC n. 2.040-MS. Rel. Min. Sepúlveda Pertence. *ISTF* 168.

[118] BRASIL. Supremo Tribunal Federal. Pleno. Rp n. 1.196-RS. Rel. Min. Francisco Rezek. *RTJ* v. 111, t. 3, p. 940.

[119] BRASIL. Supremo Tribunal Federal. Pleno. Rp n. 1.061-SP. Rel. Min. Clóvis Ramalhete. *RTJ* v. 102, t. 2, p. 474; Rp n. 1.107-SE. Rel. Min. Moreira Alves. *RTJ* v. 115, t. 1, p. 18; Rp. n. 1.318-SP. Rel. Min. Carlos Madeira. *DJ* 1 de 27/2/1987, p. 2.952; ADIn n. 245-RJ. Rel. Min. Moreira Alves. *RTJ* v. 143, t. 2, p. 391-425.

princípio da independência e harmonia dos Poderes, permitirá a extensão para as hipóteses de outras competências legislativas reservadas? O tempo poderá responder a pergunta. Também poderá o tempo ser desafiado a apresentar uma concepção de "direitos e garantias individuais" mais precisa. O mesmo *Paulo Brossard* não via proibição de emendas à declaração dos direitos e ao elenco de garantias, desde que não viessem a ser abolidas.[120] O que se deve entender por direitos e garantias individuais? Apenas o elenco do artigo 5.º?

É imperioso registrar que, escudado nas lições de *Karl Stern*,[121] o Ministro *Moreira Alves* sustentara que, por serem princípios excepcionais, as cláusulas pétreas seriam normas de interpretação restrita.[122] E, a mais, não haveria impedimento de alteração de princípios que implicasse sua parcial derrogação, no caminho da afirmação de uma forma mais pura ou ideal de separação de poderes, como anotara o Ministro *Sepúlveda Pertence*,[123] na contramão de uma tendência à abolição proibida ao constituinte derivado. Seria o caso, por exemplo, de emenda à Constituição que revogasse a permissão de delegação de competência de um Poder a outro; ou que alterasse norma que outorgava ao Poder Judiciário competência legislativa, como fazia originariamente o artigo 2.º do ADCT, levando essa competência de volta para o Parlamento.

Não há um indicativo seguro sobre a posição do Tribunal em relação à reforma em dois tempos. Os Ministros *Marco Aurélio, Carlos Velloso* e *Sepúlveda Pertence*, contudo, já identificaram na hipótese uma espécie de fraude à própria Constituição.[124] Esses votos foram dados na decisão de ação direta que questionava a legitimidade de uma emenda à Constituição que antecipava o plebiscito para escolha da forma e do sistema de governo, previsto pelo artigo 2.º do ADCT, alegando-se, dentre outros ataques, a impossibilidade de os representantes do povo disporem sobre qualquer aspecto atinente ao plebiscito, re-

---

[120] BRASIL. Supremo Tribunal Federal. Pleno. ADIn n. 833-DF. Rel. Min. Moreira Alves. *RTJ* v. 155, t. 3, p. 727-771, 764.

[121] STERN. *Derecho del Estado de la República Federal Alemana*, p. 345.

[122] BRASIL. Supremo Tribunal Federal. Pleno. ADIn n. 833-DF. Rel. Min. Moreira Alves. *RTJ* v. 155, t. 3, p. 727-771, 742.

[123] BRASIL. Supremo Tribunal Federal. Pleno. ADIn n. 833-DF. Rel. Min. Moreira Alves. *RTJ* v. 155, t. 3, p. 727-771, 758.

[124] BRASIL. Supremo Tribunal Federal. Pleno. ADIn n. 833-DF. Rel. Min. Moreira Alves. *RTJ* v. 155, t. 3, p. 727-771, 745-746, 750, 758.

servado pelo constituinte originário, ao próprio povo, atentando contra cláusula implícita de imutabilidade das próprias cláusulas imutáveis. Os ataques foram rechaçados não tanto quanto ao mérito, mas em razão da irrelevância da alteração promovida.[125] Em outra ocasião, o Ministro *Paulo Brossard* se mostrara pouco sensível ao requisito da "legitimidade pelo consenso" como limitador aos processos de mudanças constitucionais, em face das distorções de representatividade no Parlamento.

> "[P]ela forma como hoje se apresenta, na Câmara e no Senado, a sociedade brasileira, temos que na Câmara a maioria é eleita pela minoria da população brasileira e no Senado uma terça parte que tem voto decisivo numa reforma, numa série de deliberações, representa uma minoria ínfima da sociedade. (...). Nove Estados, que representam, talvez, uma décima parte da nação, têm o poder de impedir qualquer alteração constitucional."

Esse "dado da realidade", recolhido e patrocinado pela norma, por mais que não se pudesse concordar com ele, "ainda que a sua sabedoria seja questionada", não autorizaria, *per se*, um juízo de inconstitucionalidade dos processos de mudança.[126] Se o tema em si já é problemático, não se pode perder de vista um outro complicador, agora, de ordem processual. A ação direta de inconstitucionalidade não pode ser ajuizada, tomando como parâmetro norma constitucional revogada. O que se dará, então, se o Congresso Nacional revogar o § 4.º do artigo 60 da Constituição? Qual será a referência de controle dessa emenda? Sabemos, para agravar nosso dilema, que a jurisprudência do Tribunal rejeita uma alegação genérica de inconstitucionalidade ou a indicação de ilegitimidade em face do sistema constitucional como um todo. A ação não poderá, então, ser conhecida? Só nos resta apelar para uma exceção a essa jurisprudência, tomando-se em consideração a importância dessas cláusulas e o sentido ou idéia de Constituição. A menos que estejamos sob o padrão da efetividade em meio a uma transição constitucional.

---

[125] BRASIL. Supremo Tribunal Federal. Pleno. ADIn n. 833-DF. Rel. Min. Moreira Alves. *RTJ* v. 155, t. 3, p. 727-771.

[126] BRASIL. Supremo Tribunal Federal. Pleno. ADInMC n. 981-PR. Rel. Min. Néri da Silveira. *RTJ* v. 153, t. 3, p. 773-790, 788-789.

A revisão constitucional estaria sujeita a essa ordem de contingência? O Supremo Tribunal Federal entendeu que sim:

> "(...) cuidando de manifestação de poder constituinte instituído, as mudanças estarão sujeitas aos limites materiais e circunstanciais previstos no art. 60, parágrafos 4.º e 1.º, da Constituição."[127]

---

[127] BRASIL. Supremo Tribunal Federal. Pleno. ADInMC n. 981-PR. Rel. Min. Néri da Silveira. *RTJ* v. 153, t. 3, p. 773-790, 780.

# QUARTA PARTE
# DEFININDO OS INSTITUTOS CONSTITUCIONAIS

# Capítulo I
# JURISDIÇÃO CONSTITUCIONAL E DIVISÃO DOS PODERES

## SEÇÃO I
## ASPECTOS DOGMÁTICOS DO PRINCÍPIO DA DIVISÃO DOS PODERES

A teoria da separação dos poderes resume uma ordem de idéias de organização do poder, que passa por *Aristóteles*,[1] *Políbio*,[2] *Marcílio de Pádua*,[3] *Harrington*,[4] *Locke*,[5] *Swift*[6] e *Bolingbroke*,[7] mas que

---

[1] Com a teoria da constituição mista, em que cada classe deve participar dos órgãos constitucionais, como forma de equilíbrio das classes sociais, distinguindo as várias funções da *polis* – senado, tribunal popular e outras autoridades: *Política*, p. 81, 99, 111.

[2] Ainda é recorrente a idéia aristotélica de constituição mista, associada a uma especialização de órgão político a cada classe e a um controle recíproco, pois um poder de uma classe neutraliza a dos outros, fazendo com que haja equilíbrio político. Todos temem o controle dos outros. POLÍBIO. *Historia*, Livro VI, p. 10 e 18.

[3] MARSILIUS DE PADUA. *Defensor Pacis*. Bergamo: Minerva Italica, 1976: reúne a teoria da constituição mista aristotélica com elementos da democracia liberal.

[4] HARRINGTON. *The Commonwealth of Oceana*. London, 1656: distingue a função legislativa da função de aplicação das leis.

teve em *Montesquieu* sua fórmula mais acabada e, também, a que ficou mais conhecida. Em seu livro "Espírito das Leis", *Montesquieu*, interpretando de modo particular a Constituição inglesa, introduz o vocábulo "separação de poderes", que, para alguns já era empregada nos debates britânicos,[8] na distinção que faz entre um Poder Legislativo, um Poder Executivo das Coisas que dependem do Direito das Gentes – adiante chamado de Poder Executivo do Estado – e um Poder Executivo das Coisas que dependem do Direito Civil – cuja denominação passará a ser Poder de Julgar. Sua originalidade, em face das doutrinas anteriores, estava exatamente em distinguir, em um só corpo doutrinário, o poder de julgar, antes identificado como um poder executivo, do poder legislativo e simultaneamente do poder governamental ou executivo da administração.[9] A essa divisão de poderes, achava-se associada a independência de cada um dos ra-

---

[5] Identificação de quatro funções: legislativas, executivas (de aplicação das leis), federativas (de guerrear ou fazer a paz, de celebrar tratados e alianças) e de "prerrogativa" ou de "realização do interesse público sem uma regra" (*power of doing public good without a rule*) para situações excepcionais e de emergência. As três últimas funções deveriam ser atribuídas a uma só pessoa – ao pincípe LOCKE. *Two Treatises of Government*, p. 163 et seq.; 183 et seq.; p. 197.

[6] Cf. VERDÚ. *Curso de Derecho Político*, II, p. 134-135.

[7] O equilíbrio do poder depende de órgãos constitucionais separados, mas havendo controle de uns sobre os outros. BOLINGBROKE. *The Craftsman*, VII, p. 85 et seq. No geral, sobre as bases inglesas de divisão de funções estatais executivas e legislativas, entendidas aquelas como poder dos tribunais e de polícia: GWIN. *The Meaning of Separation of Powers*, p. 8 et seq.; 26 et seq., 75; VILE. *Constitutionalism and Separation of Powers*, p. 28, 37 et seq.; sob a perspectiva francesa: TROPER. *La Séparation des Pouvoirs et l'Histoire Constitutionelle Française*, p. 15 et seq., 109, 124; sobre uma visão histórica dos diversos contributos: PIÇARRA. *A Separação dos Poderes como Doutrina e Princípio Constituticional*, p. 11 et seq.

[8] PIÇARRA. *A Separação dos Poderes como Doutrina e Princípio Constituticonal*, p. 18, n. 14.

[9] GWYN. *The Meaning of Separation of Powers*, p. 9. Na Inglaterra, o poder judiciário já se distinguia do poder governamental ou real, ainda que o seu reconhecimento definitivo só se tenha dado com o Ato de Estabelecimento de 1701. *Bracton*, escrevendo no século XIII distinguia o *gubernaculum* do Rei, inquestionável e absoluto, ao lado da *jurisdictio*, a administração da justiça que, embora fosse delegação real, impunha aos juízes a determinação dos direitos dos súditos não de acordo com a vontade do monarca, mas sim, da lei (*Selected Passages. Folio* n. 55b et seq.). O *Common Law*, no início do século XVII, servia de resistências ao absolutismo real, delimitando competências entre o Parlamento e o Rei, sendo lembrado o "Case of Proclamation", em que se proibiu o Rei de exercer competência legislativa em matéria de crimes. A mais, em casos como *Dr.*

mos, vista como a faculdade de ordenar por si mesmo (*faculté de statuer*) e de exercer controles recíprocos ou faculdade de impedir as determinações adotadas pelos outros poderes (*faculté d'empêcher*).[10] Claramente, o seu objetivo era o de limitar o absolutismo monárquico: o legislativo faria as leis e limitaria o campo de atuação do Executivo, restrito já a dar execução às leis adotadas; um Judiciário independente estaria apto a conter as tentativas de desvio ou autoprogramação do Executivo. Essa contraposição se assentava, ainda sob inspiração do modelo de "constituição mista", nas diferentes forças sociais e políticas existentes. Através da divisão de funções, assegurava-se a essas diferentes forças, representatividade política. O princípio, assim, ao equilibrar os poderes institucionalmente, assegurava a pacificação social e permitia a gestão do Estado.

Seu significado jurídico-operacional exigia, portanto, que: a) a competência de um órgão ou poder fosse determinada de acordo com o conteúdo "material" do ato a ser cumprido (especialização funcional); b) a atribuição da função ao órgão se fizesse conforme a idoneidade para desenvolvê-la, segundo a sua composição (especialização orgânica); c) cada poder fosse independente do outro, a fim de garantir uma autonomia real (independência orgânico-funcional);

---

*Bonham*, decidido em 1610, *Day* v. *Savadge*, de 1614 e *R* v. *Love*, de 1653, alguns juízes, no primeiro, *Coke*, no segundo, *Hobart* e *Keble*, no terceiro, falavam de um "direito natural" ou "divino" que se impunha aos atos do Parlamento e do Rei, atraindo para o Judiciário a "mais alta fonte de direito". O próprio Parlamento inglês fora originado da *Curia Regis*, que detinha função jurisdicional, apresentando à lei função meramente declaratória, segundo o seu reconhecimento pelos tribunais como integrante do *Common Law*. A autonomia da lei como fonte de direito só surgirá no século XVII. Sobressaía-se a característica de constituição mista tradicional, notadamente após o Ato de Supremacia de 1533, em que se atribui ao Parlamento, composto pelo Rei (*King-in-Parliament*), pela Câmara dos Lordes (reduto da nobreza) e a Câmara dos Comuns (âmbito do povo), a função legislativa, ao lado de tribunais atuantes. As disputas, desde então, entre Rei e Parlamento, entremeadas com a intervenção dos tribunais dão a medida da antecipação inglesa em relação ao continente em matéria de organização constitucional e a sua dinâmica existencial própria. Ao fim, como sabemos, a soberania do Parlamento se impôs, seguindo a teoria de *Dicey* do duplo aspecto dessa soberania: como *positive limb*: o Parlamento pode aprovar ou revogar qualquer lei; e como *negative limb*: nenhuma Corte pode desafiar a lei do Parlamento. Cf. VILE. *Constitutionalism and Separation of Powers*, p. 24; LOVELAND. *Constitutional Law*, p. 29 et seq., 31; McILWAIN. *Constitucionalismo Antiguo y Moderno*, p. 91 et seq.

[10] MONTESQUIEU. *De l'Esprit des Lois*: Défense de l'Esprit des Lois, I, p. 169 et seq.; 174.

e d) os atos de cada função tivessem particular eficácia relacionada ao fim perseguido (eficácia funcional).[11]

As primeiras manifestações concretas do postulado seguiram uma linha de separação rígida e tripartida, na Constituição Francesa de 1791 ou uma separação ainda tripartida, todavia atenuada por um sistema de freios e contrapesos e, sobretudo, pela prática constitucional, na Constituição norte-americana de 1787, que iria evoluir para um sistema de interferências limitadas e a uma "separação flexível de poderes".[12] Os sistemas de governo também apresentarão diferentes alcances ao postulado, exigindo uma compreensão conjunta do princípio e dos sistemas, pois certamente o presidencialismo dar-lhe-ia uma feição particular, mais estrita, diferente do parlamentarismo, que, por seu turno, guardaria diferenças para o sistema de diretório, como aquele desenvolvido pela Suíça.

A teoria de *Montesquieu* tem recebido inumeráveis críticas, que, seguindo *Verdú*,[13] poderiam ser condensadas nas seguintes: a) cuida-se de uma teoria artificial e equivocada, pois partiu de uma interpretação da Constituição inglesa, distorcida da realidade, criando uma doutrina irreal, impraticável e esquemática;[14] b) que fere a indivisibilidade da soberania, por não identificar o titular da soberania;[15] c) rompe com a unidade orgânica do Estado; e d) é produto da ideologia burguesa e liberal, pois *Montesquieu* procurou descrever a forma de funcionamento do poder na Inglaterra. De se notar que o liberalismo burguês, sempre que quis, fugiu do esquema de independência e harmonia dos poderes, para adotar formas autoritárias e totalitárias. Além do mais, e) ela gera instabilidade política; f) é contrariada pelos fatos, levando-se em conta que, em diversos sistemas constitucionais, ocorre, na prática, uma concordância de poderes e não a sua divisão; tal é o caso do Gabinete na Grã-Bretanha. Sua importância se reduziria à exigência de independência do Judiciário;[16] g) desconsidera o papel dos Partidos Políticos, os

---

[11] VERGOTTINI. *Derecho Constitucional Comparado*, p. 254.

[12] CHANTEBOUT. *Droit Constitutionnel et Cience Politique*, p. 112 et seq.

[13] VERDÚ. *Curso de Derecho Político*, II, p. 139 et seq.

[14] CARRÉ DE MALBERG. *Teoría General de Estado*, p. 742 et seq.; SCHMITT. *Teoría de la Constitución*, p. 189 et seq.

[15] D'ENTREVES. *La Noción del Estado*, p. 138.

[16] PACTET. *Institutions Politiques, Droit Constitutionnel*, p. 112.

debates e os controles recíprocos que se estabelecem entre a maioria e a minoria parlamentar e não entre os órgãos constitucionais. A divisão de poderes não está assim em fazer e executar leis, mas nesse jogo entre o poder da maioria, no governo, de decidir e executar e o poder da minoria (no parlamento) de criticar e controlar;[17] e, enfim, h) não leva em conta uma quarta função, a governamental, que especifica, define e determina fins políticos que servem de pauta a toda atuação do Estado.[18]

Essas críticas todas, associadas à inquestionabilidade de um esquema tripartido que obscurece o sentido funcional de uma teoria que visa, a um só tempo, promover a ascensão de uma nova classe ao poder, garantir a eficiência, técnica e política, do governo, a limitação de seus poderes e, com isso, proteger a liberdade dos cidadãos, notadamente a salvaguarda da esfera de autonomia privada ou do livre desenvolvimento de sua personalidade, revelam bem o lado mítico do princípio da divisão de poderes.[19] Sem embargo, releituras desse princípio apontam para o acerto de suas linhas programáticas, sobretudo na diferenciação funcional e orgânica que exige. *Habermas*, por exemplo, busca fundamento para a distinção funcional na divisão lógico-argumentativa de trabalho entre os *discursos de justificação* nos processos de elaboração das leis, que têm acesso ilimitado às razões normativas, morais, éticas e pragmáticas, segundo regras procedimentais que se enraizam nas pretensões de validade comunicativa; os *discursos de aplicação* do direito, que partem das normas presumivelmente válidas para exercer com imparcialidade o seu papel, expondo os fundamentos de suas decisões, de forma a atender tanto à exigência de coerência interna do sistema, em prol da certeza do direito e de sua função estabilizadora, quanto à sua aceitabilidade racional no centro de uma esfera pública ilimitada, permitindo o acesso limitado – e reconstrutivo – das razões normativas nas linhas de sua fundamentação; e os *discursos pragmáticos* de precisão e eficácia, deixados para o executivo no processamento dos conteúdos teleológicos do direito em contextos de escassez e contingências (*Mashaw*).[20] Já

---

[17] PACTET. *Institutions Politeques, Droit Constitutionel*, p. 112, p. 120.

[18] VIRGA. *La Separación de Poderes*, 91; citado por VERDÚ. *Curso de Derecho Político*, II, p. 136.

[19] ALTHUSSER. *Montesquieu, la Politique et l'Histoire*, p. 98 et seq.

[20] HABERMAS. *Fatti e Norme*, p. 227 et seq.

a diferenciação institucional tem o fim de vincular o uso do poder administrativo, inclusive pelo judiciário, ao direito democraticamente promulgado.[21]

## § 1. Os modelos do princípio da divisão dos poderes

A idéia original de três diferentes ramos do Governo independentes entre si a quem competiam exclusivamente as três diferentes funções governamentais foi, em um primeiro momento, e por exigência prática, superada por uma concepção que se baseava na interdependência dos poderes com atribuições precípuas. Semelhantes exigências práticas vieram a embaralhar mesmo este esquema já mitigado de divisão dos poderes. Nos dias atuais, pode-se falar de múltiplas interpretações do princípio da divisão dos poderes, de acordo com a organização do sistema de governo, sem que se possa indicar um modelo paradigmático desse princípio, que venha a servir de referência necessária a modelos concretos adotados pelos sistemas constitucionais. Antes, há uma idéia – de separação de poderes, guiada por um fim – de evitar tiranias e garantir o funcionamento equilibrado do governo, que assume diversas formas em diferentes contextos sociopolíticos. Vale dizer que não há um modelo de divisão de poderes, senão uma variedade de conformações que vem a assumir na prática. Sem embargo dessa diversidade e observando apenas um interesse didático, podemos reunir os elementos comuns dos diversos sistemas em três grandes e gerais modelos: o clássico ou estrutural-mecanicista (a), o teleológico (b) e o funcionalista (c):

   a) *modelo de "separação de poderes" (clássico ou estrutural-mecanicista)*: supõe a separação rígida das funções legislativa, executiva e judiciária e sua atribuição exclusiva aos três diferentes órgãos de governo, sem possibilidade de haver qualquer tipo de confusão ou concentração de uma ou de algumas delas, como forma única de evitar governos tirânicos;

   b) *modelo guiado pela idéia de equilíbrio funcional (teleológico ou relacional)*: opera-se uma atenuação dos rigores do primeiro modelo. A distinção orgânica continua sendo importante, embora se flexibilize a atribuição das diferentes funções de

---

[21] HABERMAS. *Fatti e Norme*, p. 229.

governo. Fala-se de "independência orgânica" e "interdependência de funções", com a atribuição precípua e não mais exclusiva de uma função a um órgão especializado. Tudo há de se resolver numa série de relações e de interconexões – funcionais, sobretudo, mas também estruturais – entre os ramos de governo que impeça a concentração de poder ou a sobreposição de um deles sobre os demais (separação de poderes como *checks and balance*);[22]

c) *modelo de "divisão de poderes" (funcionalista, procedimentalista, garantista ou objetivista)*: sob uma ótica mais radical do que o anterior, este modelo admite a concentração funcional, se houver procedimentos de controle que assegurem o exercício regular do poder, evitando a sua autoprogramação. Foge-se dos esquemas estruturais e se vai preocupar com a definição de procedimentos de controle que confiram razoável segurança contra os excessos ou as ilegalidades sistêmicas. Não se veda, de plano, a possibilidade de acumulação de poderes, mas visa-se atribuir a todos os indivíduos que se encontrem envolvidos com os diferentes ramos de governo um processo devido que pressuponha uma série de medidas destinadas a conferir objetividade e imparcialidade na tomada de decisão.[23]

Essas linhas já bastam para nos lançar na aventura de descobrir os contornos de uma elaboração jurisprudencial do princípio. Essa aventura poderia seguir diversos mapas. Para os objetivos desse trabalho, no entanto, alguns tesouros apenas são suficientes: o princípio da legalidade, o controle jurisdicional das Comissões Parlamentares de Inquérito e do processo de *impeachment* do Presidente da República. Daremos ênfase ainda à "reconstrução" pela Suprema Corte norte-americana do papel de Presidente dos Estados Unidos e ao estatuto das minorias políticas.

---

[22] *Ann Anderson* distingue a separação de poderes da teoria dos "checks and balance" e ainda os *checks* do *balance*. A teoria dos *checks* se destina a prevenir desigualdades entre os Poderes e possíveis impasses decorrentes da resistência de um em relação a ato ou decisão de outro, gerando a racionalização e a moderação ou contenção no exercício das funções estatais. *Balance* existiria no bicameralismo: *A 1787 Perspective on Separation of Powers*, p. 138.

[23] STRAUSS. *The Place of Agencies in Government*: Separation of Powers and the Fourth Branch, p. 187.

# SEÇÃO II
# A LEGALIDADE PARLAMENTAR

O ideário jacobino e as influências rousseaunianas faziam ecos na Europa Continental, que há muito eram ouvidos na Inglaterra. O princípio da supremacia do Parlamento, como verdadeira expressão da vontade geral, viria a ser reforçado com uma certa noção de lei: ato normativo dotado dos atributos de generalidade e abstração, como conseqüência do primado da racionalidade, seguindo a tradição ocidental que ligava *Aristóteles* (com seu Governo das leis) à distinção romana entre *leges* e *privilegia*, a *Ulpiano* (e sua sentença *Jura non in singulas personas, sed generaliter constituntur*) a *Santo Tomás de Aquino* (da *lex* como *rationis ordinatio*, orientada para o bem comum), a *John Locke* (com a identificação da lei como a medida de proteção das liberdades contra as intempéries dos tiranos), a *Kant* (com sua oposição entre *máxima*, vontade de um sujeito apenas, e *lei*, determinação válida universalmente) e a *Hegel* (na sua assimilação universal – particular a ato legislativo – ato executivo). Tentava-se, por essa forma, sepultar as idéias absolutistas de Estado, que se assentavam numa concepção hobbesiana: *auctoritas, non veritas facit legem*, da lei como mandato ou *voluntas*. A burguesia, a um só tempo, definia um padrão objetivo de interferência estatal na esfera privada e, especialmente, na propriedade, como se cercava de garantias de participação ou influência nos atos constitutivos de uma "vontade geral", que não era propriamente *vontade*, nem tampouco era geral.[24]

Nos discursos político-constitucionais dos Modernos não faltaria apelo a essa conjugação perfeita, com o enaltecimento das qualidades da instância política de representatividade popular. *Franklin* e *Madison*, por exemplo, viam no Legislativo um poderoso instrumento de proteção dos interesses do povo: "those who feel, can best judge."[25] *Hamilton*, atento à natureza democrática de escolha e das deliberações das assembléias, também entendia dessa mesma forma: "Vários legisladores (...) estão melhores adaptados para de-

---

[24] SCHMITT. *Teoría de la Constitución*, p. 157.
[25] CURRIE. *The Distribution of Powers After Browsher*, p. 180.

cidir com sabedoria e para respeitar a confiança do povo e para assegurar seus direitos e interesses."[26]

O exagero positivista do século XIX transformará ainda mais radicalmente esse quadro com a hipertrofia do legislador e, por outro lado, com o desgaste até de um sentido de lei material, com aquelas propriedades, supostamente igualitárias, de generalidade e abstração, para dar lugar a um sentido formal, de todo ato emanado do Parlamento. Juridicamente, fazia-se uso de um critério de identificação da lei que se atinha a um parâmetro, identicamente formal, mas, como é próprio do direito, escamoteando o significado político do novo alcance que atribuía à palavra. À lei, passou-se a conferir uma força formal (*force de la loi, Gesetzeskraft*), de dupla natureza: ativa – de inovação da ordem, de maneira inaugural ou substitutiva, conforme acrescentasse disciplina inexistente ou alterasse, suprimisse a disciplina prevista por outras fontes; e passiva – de resistência a inovações, modificações ou revogações intentadas por aquelas fontes. Era dado, de antemão, que apenas a lei do Parlamento detinha essas qualidades.

As mudanças estruturais do século XX embotariam as premissas da legalidade, atraindo aquela força também para certos expedientes normativos, oriundos do Poder Executivo. Não bastasse isso, surgiram as chamadas leis-medida (*Massnahmegesetze*) ou de utilidades, orientadas a fins concretos, deferidas, originariamente, apenas ao Executivo (art. 48.2 de Weimar), para depois ser estendida também à produção dos Parlamentos. Mais e mais se divorciava a lei de um sentido de justiça, racionalidade, abstração e generalidade, para se ocupar de grupos específicos de casos ou pessoas, de programas concretos. O cenário ainda se tornaria mais complexo e cheio de perplexidade com a multiplicação das fontes normativas, como resoluções, decretos e regimentos parlamentares, regimentos judiciários, ou da diferenciação de *status* da própria lei tradicional, em leis constitucionais, leis orgânicas, leis complementares e leis comuns ou ordinárias. Mais e mais se combinavam e se misturavam os significados, material e formal, de lei.

O princípio da separação dos poderes que já via desgastada a vedação de acumulabilidade de funções, teria, ainda, que se conformar com a erosão da indelegabilidade, pelos inúmeros expedientes que surgiram: nas leis-quadro ou leis-programa e nas leis de delega-

---

[26] HAMILTON. *The Federalist Papers* n. 70, p. 424.

ção. Não se pode esquecer dos estragos causados pela perda dos atributos objetivos da lei sobre a lógica da subsunção ínsita à própria teoria da separação de poderes. O escalonamento do sistema jurídico se assentava em uma relação de inclusão particular-geral, que perdia seu centro com as mutações da lei e das fontes jurídicas em geral.

O princípio da legalidade continuava meio mítico, como mítico parecia o seu correlato princípio da supremacia do Parlamento. No entanto, os sistemas constitucionais não perderão oportunidade em estabelecer uma "reserva geral" de legalidade em favor do Parlamento, ao lado de um conjunto de salvaguardas do próprio Parlamento, de seu autogoverno e independência, e de imunidades aos parlamentares. Em nossos domínios, o Supremo Tribunal Federal desenvolverá um papel importante na reprodução dessa idéia-mito e, como outros tribunais da Constituição, será flagrado em construções, no mínimo, problemáticas.

## § 1. A LEI ENTRE O LEGISLATIVO E O EXECUTIVO: A DELEGAÇÃO DE COMPETÊNCIA LEGISLATIVA

O crescimento do papel do Estado, a partir do segundo quartel do século XX, fez-se acompanhar de uma intensificação da burocracia estatal e de uma progressiva tendência de ser delegado ao Poder Executivo ou a órgãos ou agências autônomos importante papel normativo. Muitas dessas delegações se faziam por meio das leis-quadro, definidoras tão-somente de linhas mestras de atuação, abrindo um enorme espaço de discricionariedade ao Executivo; outras vezes seguiam os moldes de uma expressa transferência de competência legislativa jamais imaginada pelos primeiros constitucionalistas modernos e até, em alguns casos, renegada terminantemente mesmo em suas feições mais tímidas. Mas a história não espera que as reflexões conduzam a reposicionamentos doutrinários, antes atropela com voracidade as teorias que se petrificam, indiferentes à sucessão dos fatos e ao curso da vida.

Nosso estudo se deterá no exame do instituto da delegação nos Estados Unidos (I) e no Brasil (II).[27]

---

[27] Sobre o princípio da divisão dos poderes de acordo com o Conselho Constitucional francês: FROMONT. *La Séparation des Pouvoirs Selon la Jurisprudence du Conseil Constitutionnel*, p. 589 et seq.; KNAUB. *Le Conseil Constitutionnel et la Régulation des Rapports entre les Organes de l'État*, p. 1149 et seq.

## I. *Poder legislativo delegado nos Estados Unidos*

Nos Estados Unidos, durante a terceira e quarta décadas do século XX, a Suprema Corte reputou constitucional a delegação de poderes ao Executivo para fixar preços máximos, para nomear administradores de bancos nacionais e para reaver excessivos lucros obtidos por empreiteiras em obras governamentais.[28] Aqueles agitados anos melhor explicam essa concessão da Corte sem autorizar uma conclusão de que o princípio da indelegabilidade de poder estava definitivamente superado.[29] A sua construção jurisprudencial, bem ao contrário, permite-nos vislumbrar uma doutrina da delegação dos poderes em geral (1), desmembrada nas peculiaridades de um arranjo institucional que desafia a clássica divisão tripartida de poderes (2).[30]

### 1. Teoria da delegação de poderes

A atribuição de poderes legislativos primordialmente ao Poder Legislativo parecia não despertar, para os Modernos, maiores indagações além da justificativa, hoje igualmente válida, do papel mais democrático e legítimo dos corpos legislativos como agentes de expressão da vontade do povo, não fossem as intempéries políticas e as crescentes, e cada vez mais complexas, demandas sociais e econômicas, que foram corroendo lentamente o prestígio dos parlamentos. Uma certa conspiração dos interesses corporativos sobre os interesses gerais, aliada sobretudo a discussões infindáveis, não permitiam que as instâncias legislativas respondessem com rapidez e eficiência a todo aquele conjunto de demandas. A grave crise econômica que assolou o mundo a partir do final dos anos 20 e todos os anos 30 jogava uma pá de cal sobre os últimos estertores democráticos e projetava o Poder Executivo como o ramo governamental mais apto a enfrentar a situação, com suas respostas técnicas e rápidas, em lugar das filigranas políticas e pachorrentas. Certamente que não faltaram explicações jurídico-políticas para re-

---

[28] ESTADOS UNIDOS. Suprema Corte. *Yakus* v. *United States*, 321 U.S. 414 (1944); *Fahey* v. *Mallonee*, 332 U.S. 245 (1947); *Lichter* v. *United States*, 334 U.S. 742 (1948).

[29] CURRIE. *The Distribution of Powers After Browsher*, p. 183.

[30] DOERNBERG; WINGATE. *Federal Courts*: Federalism, and Separation of Powers: Cases and Materials, p. 105 et seq.; FISHER. *American Constitutional Law*: Constitutional Structures, Separated Powers and Federalism, p. 100 et seq.

futar a premissa não democrática do Poder Executivo, sobretudo em lugares em que o seu Chefe gozava de legitimidade eleitoral. Não importa aqui adentrarmos a essa questão, a não ser para situá-la na esteira de uma tendência de acelerada transferência de poder legiferante do Legislativo para o Executivo, tanto em sentido autônomo, quanto na direção de um reconhecimento expresso ou por meio de declarações jurisprudenciais. Nos Estados Unidos, operou-se apenas o segundo movimento, de validação dos instrumentos de delegação de poder legislativo segundo uma doutrina que se foi firmando, com o divisar das finalidades e dos limites que se impunham (A), para que todo o esquema constitucional não ruísse desde as suas bases (B).

## A. Finalidades de delegação

Três são as finalidades, reconhecidamente legítimas, da delegação legislativa: (1) para adoção de "medidas administrativas intersticiais", traçando o Congresso as linhas gerais que devem ser especificadas pelo agente delegado em áreas previamente definidas. Esse agente tanto pode ser do Poder Executivo, quanto do Poder Judiciário. Em *Wayman* v. *Southard*,[31] por exemplo, a Suprema Corte reputou constitucional o poder a ela própria conferido pelo Congresso para modificar certas normas processuais que deveriam ser seguidas pelas cortes federais; (2) para aprovação de "legislação contingente", autorizando a edição de normas pelo poder delegado, desde que estejam presentes certas circunstâncias ou situações, como em *The Big Aurora*,[32] em que se reconheceu legítima a delegação ao Presidente da competência para suspensão de embargo comercial, condicionada a certas condutas de nações estrangeiras; e (3) mista, em que se fazem presentes os dois elementos anteriores. Assim, já se considerou constitucional uma lei que autorizava o Secretário de Agricultura, em determinadas circunstâncias, criar áreas de mercado leiteiro (legislação contingente) e de fixar o preço do leite nessas mesmas áreas, desde que em concordância com a política traçada pelo Congresso (medida administrativa intersticial);[33] e, identicamente, não foi identi-

---

[31] ESTADOS UNIDOS. Suprema Corte. 23 U.S. (10 Wheat.) 1 (1825).

[32] ESTADOS UNIDOS. Suprema Corte. 11 U.S. (7 Cranch) 382 (1813).

[33] ESTADOS UNIDOS. Suprema Corte. *United States* v. *Rock Royal Co-op., Inc.* 307 U.S. 533 (1939).

ficado vício algum na atribuição de competência ao Presidente da República para restringir, ainda que por meio da instituição de tarifas ou taxas aduaneiras, a importação de produtos que atentassem contra a segurança nacional.[34]

## B. Limites da delegação

Embora a própria finalidade já se imponha como um limite ao poder de delegação, a jurisprudência da Suprema Corte veio a aportar outros condicionantes àquele poder, identificados ora como requisitos, ora tão-somente como restrição ao exercício da delegação: (1) em primeiro lugar, a matéria objeto da delegação haverá de estar na competência do próprio Congresso;[35] (2) depois, não poderá dizer respeito à competência específica do Congresso Nacional, como a competência do Senado para aprovar a nomeação de certos cargos ou para o processo de *impeachment*;[36] (3) essa delegação não poderá ser plena, havendo o Congresso de estabelecer as diretrizes que deverão nortear a ação dos agentes delegados:

> "A formulação de políticas é uma responsabilidade primária do Legislativo, que lhe foi confiada pelo eleitorado, de modo que a delegação de poderes em termos indefinidos termina passando essa função para os agentes delegados, que freqüentemente não são responsáveis, pelo menos na mesma escala, perante o povo."[37]

Inconstitucionais seriam, assim, as delegações amplas, como a que autorizava o Presidente, sem a prefixação de "standard or rule", a regular o transporte interestadual de óleo.[38] É preciso ressaltar, no entanto, que sobretudo nos anos 30 e 40, a Suprema Corte se mostrou bem tolerante com esse tipo de delegação, desde que seu exercício não interferisse diretamente com os direitos indi-

---

[34] ESTADOS UNIDOS. Suprema Corte. *FEA* v. *Algonquin SNG, INC*, 426 U.S. 548 (1976).

[35] ESTADOS UNIDOS. Suprema Corte. *Lichter* v. *United States*, 334 U.S. 742 (1948).

[36] Restrição derivada de *In re Garnett*, 141 U.S. 1 (1891) e *Zscherning* v. *Miller*, 389 U.S. 429 (1968); TRIBE. *American Constitutional Law*, p. 363.

[37] ESTADOS UNIDOS. Suprema Corte. *United States* v. *Robel*, 389 U.S. 258, 276 (1967) (juiz Brennan em voto concorrente).

[38] ESTADOS UNIDOS. Suprema Corte. *Panama Refining Co.* v. *Ryan*, 293 U.S. 388 (1935); *Cotton Mills, Inc.* v. *Administrator*, 312 U.S. 126 (1941).

viduais ou privados contitucionalmente garantidos. Lembremos que se considerou, nessa época, a autorização dada ao Executivo para recuperar parcela dos valores pagos a empreiteiras que houvessem obtido, nas transações com o Governo, "excessivo lucro", legítima pois "estava de acordo com a política legislativa";[39] assim também a atribuição ao Presidente da República de ampla discricionariedade no estabelecimento das relações internacionais gozava de validade por se tratar de uma atribuição inerente à soberania nacional, pouco afeita a restrições de natureza legal.[40] Todavia, a delegação de competência ao Secretário de Estado para negar passaportes a pessoas que se recusassem a revelar seu envolvimento com o Partido Comunista era inconstitucional, pois em

> "(...) atividades naturais e normalmente necessárias ao bem-estar dos cidadãos americanos, como é viajar, (...) devemos adotar uma posição restritiva às delegações de poderes que importem sua diminuição ou diluição."[41]

Há duas notas a serem feitas aqui. Uma que diz respeito à técnica adotada pela Corte, em relação às leis que delegam amplos poderes; para evitar o mérito de considerá-las injustificadas constitucionalmente, a Corte passou a interpretá-las restritivamente, de modo a conter o exercício do poder delegado dentro de certos limites, fora dos quais se reputaria desautorizado. Assim fez em *National Cable Television Assn. Inc.* v. *United States*.[42] A lei que permitia a Agência Federal de Comunicação (FCC) a instituir taxa não foi reputada inconstitucional embora tocasse a garantia de "no taxation without representation", mas a Corte restringiu a cobrança apenas ao valor correspondente aos benefícios recebidos pelos operadores a cabo em face da regulamentação federal. A segunda nota faz lembrar a preocupação que tem a Corte em examinar, nos casos de delegação, se o processo decisório da agência delegada obedece a

---

[39] ESTADOS UNIDOS. Suprema Corte. *Lichter* v. *United States*, 334 U.S. 742, 783 (1948).

[40] ESTADOS UNIDOS. Suprema Corte. *United States* v. *Curtiss-Wright Export Corp*, 299 U.S. 304 (1936).

[41] ESTADOS UNIDOS. Suprema Corte. *Kent* v. *Dulles*, 357 U.S. 116 (1958); *Greene* v. *McElroy*, 360 U.S. 474 (1959).

[42] ESTADOS UNIDOS. Suprema Corte. 415 U.S. 336 (1974).

um conjunto de regras procedimentais que previnam contra o uso arbitrário dos poderes delegados, resguardando não apenas os direitos individuais, mas permitindo um controle judicial mais efetivo;[43] finalmente (4) impõe-se que os agentes delegados sejam constitucionalmente aptos a receber a delegação, não sendo reconhecida a aptidão de grupos ou associações particulares receberem, por exemplo, poder normativo originário;[44] ou para organizações religiosas serem dotadas de algum poder governamental.[45]

## 2. Aplicação da teoria da delegação de poderes às agências independentes

O pragmatismo norte-americano favoreceu o desenvolvimento de uma fórmula intrincada para se transferirem poderes do Legislativo para o Executivo, inicialmente, e, depois, para órgãos ou agências independentes, sem incrementar consideravelmente o poder do Presidente e, no mesmo sentido, sem levar à total perda de controle parlamentar da agenda política. De acordo com essa fórmula, as delegações – de poder normativo e não normativo – passaram a ser feitas sob condições, que tanto podiam ser suspensivas, quanto resolutórias. Essa técnica, denominada, em seguida, de "veto legislativo", começou a ser usada em 1932 e se tornou cada vez mais freqüente. Por ela, o Congresso delegava uma série de poderes ao Executivo ou a agências autônomas, deixando, contudo, às duas Casas ou só a uma ou até a uma de suas comissões, o poder de rever ou de revogar as ações realizadas com base naquela delegação. A fórmula apresentava grande flexibilidade, pois retirava dos rigores de um procedimento legislativo parcela significativa de assuntos, muitos dos quais rebeldes a uma prefixação normativa de critérios e, ao mesmo tempo, deixava nas mãos do Congresso o poder de fiscalizar as atividades desenvolvidas e até de revogá-las se as-

---

[43] ESTADOS UNIDOS. Suprema Corte. *United States* v. *Rock Royal Co-op.*, *Inc.*, 307 U.S. 533 (1939); *American Power & Light Co* v. *SEC*, 329 U.S. 90 (1946).

[44] ESTADOS UNIDOS. Suprema Corte. *Carter* v. *Carter Coal Co*, 298 U.S. 238 (1936); *A L.A Schechter Poultry Corp.* v. *United States*, 295 U.S. 495 (1935); *Eubank* v. *Richmond*, 226 U.S. 137 (1912).

[45] ESTADOS UNIDOS. Suprema Corte. *Larkin* v. *Grendel's Den, Inc*, 459 U.S. 116 (1982). Contudo, essa restrição não se aplica aos índios dentro de seu território: *United States* v. *Mazurie*, 419 U.S. 544 (1975).

sim entendesse.[46] Mas não tardaram os conflitos entre os dois poderes e a questão chegou à Suprema Corte.

Em *I.N.S.* v. *Chadha*,[47] a Suprema Corte prendeu-se a uma questão procedimental embora se tenha falado em "essência" de um ato. Discutia-se a constitucionalidade de a Casa dos Representantes poder vetar a suspensão da deportação de um estrangeiro, determinada pelo Serviço de Imigração e Naturalização, consoante legislação em vigor. A Corte negou esse poder, afirmando que o veto, como fora proferido, não condizia com a característica que todo ato legislativo deveria ter, pois não fora tomado seguindo os passos precisos e bem demarcados pela Constituição, faltando-lhe a necessária tramitação pelas duas Casas parlamentares e a submissão ao veto presidencial, posto que "tivesse finalidade e efeito de alterar direitos, deveres e relações jurídicas das pessoas (...) fora do ramo legislativo".[48] Para que o princípio da separação de poderes não passasse de "uma abstrata generalização", a Corte haveria de examinar a essência de um ato legislativo e não admitir como tal todo e qualquer ato que o próprio Congresso considerasse legislativo.[49] A Corte deixou intocada a questão da legitimidade do veto em si ou, ao menos, largou sem resposta a indagação de correção de um poder amplo de revisão legislativa de atos praticados de acordo com a delegação feita, nem apresentou um conceito mais exato do que seriam um ato executivo e um legislativo "em essência", tendo-se valido apenas de uma solução formal.[50] A perplexidade deixada se

---

[46] Para uma análise econômica negativa do processo, no sentido de que o baixo custo do processo decisório se faz acompanhar de um enorme crescimento das externalidades: BRUFF. *Legislative Formality, Administrative Rationality*, p. 231 et seq.

[47] ESTADOS UNIDOS. Suprema Corte. *I.N.S.* v. *Chadha*, 462 U.S. 919 (1983).

[48] ESTADOS UNIDOS. Suprema Corte. 462 U.S. 919, 952 (1983).

[49] ESTADOS UNIDOS. Suprema Corte. 462 U.S. 919, 946, 952 (1983).

[50] TRIBE. *Constitutional Choices*, p. 66 et seq.; Idem. *The Legislative Veto Decision*: A Law by any Other Name?, p. 228 et seq. *Tribe* critica essa decisão pela inconsistência ou incoerência de sua fundamentação. Definir aquele veto como ato essencialmente legislativo não tinha sentido nem dentro do próprio discurso constitucional que justificou a decisão, tampouco com os precedentes da Corte, *v. g.*, *Currin* v. *Wallace*, 306 U.S. 1 (1939) e *United States* v. *Rock Royal Co-Operative*, 307 U.S. 533 (1939), que atribuíam poder de veto de certos indivíduos – fazendeiros e produtores afetados – a medidas tomadas pelo Executivo, pois estes não seriam, nem poderiam ser considerados servidores públicos federais, como entendeu que seria o caso em *Chadha*. Além do mais, como sustentara o próprio Juiz White, em seu voto discordante, a impossibilidade de "delegação interna"

tornou ainda maior quando, naquele mesmo ano, a Corte veio a invalidar um veto que havia sido dado pelas duas Casas.[51] O requisito do bicameralismo havia sido cumprindo e não havia motivo de a matéria se sujeitar ao veto presidencial. É que, no caso, a delegação havia sido feita à Comissão Federal de Comércio, órgão autônomo, com poder normativo originário – regulamentos com força de lei –, sem qualquer ingerência do Executivo, o que implicava dizer que o veto legislativo não havia usurpado qualquer prerrogativa presidencial.[52] Essa é uma outra peculiaridade interessante naquele País. O Congresso aprova delegações a uma agência autônoma ou a órgão do Executivo do poder de editar normas com força de lei. As Leis Federais sobre Provas e sobre Processo Civil, por exemplo, autorizaram mudanças das normas processuais em vigor, condicionando a validade dessa mudança à sua apresentação pelo Procurador Geral ao Congresso.

## II. O poder legislativo delegado no Brasil

O princípio da indelegabilidade não veio mais expresso como viera antes, levando alguns autores a questionar, como já assinalamos, se a sua flexibilização se limitaria ou não a ressalvas textuais feitas pela Constituição.[53] Parece indubitável, porém, que a omissão constituinte não alterou o sentido e alcance do princípio, dada a sua consolidação doutrinária, a imanência do princípio da divisão de poderes ou decorrência dos princípios de legalidade e do Estado

---

para uma das Casas ou para uma Comissão legislativa – parecia contrastar com o reconhecimento de delegação externa. "[T]reating *all* legislative vetoes – or even all vetoes in situations analogous to that in *Chadha* – as a threat to the Constitution's choice of a presidential over a parliamentary system seems altogether implausible, particularly in na era when presidential politics may be no less sectional than congressional politics often is" (p. 230). Robert Nagel, defendendo o mecanismo do veto legislativo, vê na decisão uma investida do Judiciário em campo constitucionalmente deferido aos corpos políticos apenas e para concluir, escreve "*Chadha* is justifiable, if at all, only on the ground that the judiciary, not the legislature, is the appropriate forum for deciding the practical questions that arise in the difficult, complicated effort to make the modern regulatory state democratically accountable": *The legislative veto, the constitution, and the courts*, p. 240.

[51] ESTADOS UNIDOS. Suprema Corte. *United States Senate v. Federal Trade Comm'n*, 463 U.S. 1.216 (1983).

[52] Alegando violação à Constituição que não permite a criação de uma agência executiva independente do controle do Presidente da República.

[53] FERRAZ. *Conflito entre Poderes*, p. 45 et seq.

de Direito, cuja derrogação exigiria cláusula expressa; valorização desse princípio pelo constituinte que, inovadoramente, lançou-o no rol das cláusulas pétreas (art. 60, III); a revogação de dispositivos legais que atribuíam ou delegavam a órgão do Poder Executivo competência normativa assinalada pela Constituição ao Congresso Nacional (art. 25 do ADCT), dentre vários.[54] De modo que a indagação só pode ter direção restritiva: as únicas exceções são aquelas veiculadas literalmente pelo texto constitucional. Dentro desse quadro reside a possibilidade de delegação de poderes legislativos ao executivo. Atente-se, no entanto, para os tipos de delegação (1), os limites constitucionalmente a ela impostos (2) e as formas de controle de seu exercício (3).

## 1. Tipos de Delegação

Cabe distinguir os diversos critérios que se aplicam à diferenciação dos tipos de delegação: (a) quanto à propriedade do meio de delegação; (b), quanto à forma de delegação e (c) quanto ao seu destinatário.

a) Tipos de delegação quanto á propriedade do meio de delegação: (1) *delegação própria*: transfere-se ao Executivo, a seu pedido, poderes legislativos determinados. O Presidente da República encaminha ao Congresso Nacional mensagem solicitando a delegação. Os congressistas examinam o pleito e, em caso de aprovação, expedem resolução, especificando o conteúdo da matéria delegada e os termos de seu exercício. O Presidente então elabora a Lei Delegada. Pode ocorrer, no entanto, que a resolução determine a apreciação do projeto pelo Congresso, hipótese em que não poderá haver emenda parlamentar, sendo a votação realizada em turno único; (2) *delegação imprópria*: diz-se daquela delegação realizada de forma sutil ou mascarada, por meio de dois mecanismos es-

---

[54] PINTO FERREIRA. *Comentários à Constituição Brasileira*, III, p. 554; FERREIRA FILHO. *Comentários à Constituição Brasileira de 1988*, II, p. 154; TEMER. *Elementos de Direito Constitucional*, p. 159. *Anna Cândida Ferraz* defende tese oposta: a omissão constituinte foi intencional não podendo ser colmata pelo intérprete; a inexistência de um arranjo institucional expresso para o nível estadual e municipal; a possibilidade de alteração do sistema de governo como resultado do plebiscito previsto no art. 2.º do ADCT; a restrição teleológica do art. 25 do ADCT aos casos de delegação disfarçada, a necessidade de expresso reconhecimento do princípio: *Conflitos entre Poderes*, p. 45 et seq.

pecíficos: pela aprovação de leis-quadro ou lei-de-princípios, leis que se limitam a traçar diretrizes ou programas, deixando um amplo campo para o desenvolvimento regulamentar; e por remissões ou reenvios legislativos, sempre que o legislador remeter a matéria à regulamentação executiva, seja fazendo referência a diplomas infralegais já existentes à época da promulgação da lei, seja dando poderes ao Executivo para disciplinar um ponto determinado. As motivações para esses procedimentos estão quase sempre associadas a questões de natureza técnica ou a assuntos de extrema complexidade e mutabilidade, que exijam refinamentos legislativos e constantes adaptações normativas.

b) Tipos de delegação quanto à forma: (1) *delegação não condicionada*: a delegação é feita por resolução que especifica o conteúdo da matéria e termos de seu exercício; (2) *delegação condicionada*: a resolução exige prévio exame do projeto pelo Congresso;

c) Tipos de delegação quanto ao destinatário: (1) *delegação interna*: certas leis podem ser aprovadas pelas comissões legislativas, sem necessitar de ir a plenário. Diz-se que não se submetem a "reserva de plenário" e que se opera, em tais casos, uma delegação interna; (2) *delegação Externa*: refere-se à transferência de parcela da função legislativa ao Poder Executivo. Coincide com o que chamamos acima de delegação própria.

## 2. Limites da delegação legislativa

Distinguem-se os limites à delegação legislativa em formais (a), materiais (b) e temporais (c)

a) *Limites formais*: não são propriamente limites, senão condicionamentos. Tem-se, assim: o pedido do Presidente da República, a resolução do Congresso e a lei delegada. Na hipótese de delegação sujeita a controle do Congresso, impõem-se a proibição de emenda e votação única pelo Legislativo;

b) *Limites materiais*: são veiculados pelo texto constitucional direta e expressamente, além dos que devem ser explicitados pelo ato delegante.

*Limites materiais expressos*: a Constituição elenca uma série de matérias que não se sujeitam à delegação. São elas: atos de competência exclusiva do Congresso Nacional, os de competência privativa das Casas Parlamentares, assuntos reservados à lei complementar e relativos à organização do Poder Judiciário e do Ministério Público, a carreira e garantia de seus membros, à nacionalidade, cidadania, direitos individuais, políticos e eleitorais, além dos planos plurianuais, diretrizes orçamentárias e orçamentos. Diga-se ainda que a delegação deverá sempre ser limitada, o que nos leva ao estudo dos limites materias impostos pelo Poder delegante.

*Limites materiais impostos pelo Poder delegante*: a resolução delegante não pode passar um "cheque em branco" para o Executivo, antes, há de especificar o conteúdo da matéria, por meio de "padrões ou *standards* que orientem e balizem o exercício do poder delegado".[55]

c) *Limites temporais*: a resolução deve fixar os "termos do exercício" da delegação, vale dizer, o prazo de duração da delegação, que, para alguns, não deverá ultrapassar a legislatura na qual foi deferida.[56] Há quem entenda minoritariamente que a expressão "termos do exercício" é mero reforço ao limite material imposto pelo ato de delegação.[57]

## 3. Formas de Controle da delegação

Divisam-se o controle político (A) e o jurisdicional (B).

### A. Controle político

O controle político é exercido pelo Congresso, assumindo várias formas: pode ser prévio, quando se exige exame do projeto de lei delegada ou mesmo quando se revoga a resolução, antes de a lei delegada vir a ser editada; e posterior, seja por meio de simples revogação do ato de delegação, que torna insubsistente a lei delegada, seja mediante a sustação dos atos que exorbitaram os limites da delegação autorizada.

---

[55] FERREIRA FILHO. *Comentários à Constituição de 1988*, II, p. 122.

[56] FERRAZ. *Conflitos entre Poderes*, p. 133 et seq.

[57] FERREIRA. *Comentários à Constituição Brasileira*, III, p. 372; FERREIRA FILHO. *Comentários à Constituição de 1988*, II, p. 123.

Cabe explicitar os elementos da última modalidade de controle: (1) instrumento de controle: decreto-legislativo; (2) objeto de controle: lei delegada; e (3) efeitos do controle: a interpretação literal do texto da Constituição leva a concluir pela sustação da lei delegada. Há, contudo, que se diferençar a exorbitância de toda a lei delegada e de parte dela. No primeiro caso, poder-se-ia revogar a resolução delegatória ou, diretamente, suspender a eficácia da lei delegada. No último caso, julgada a conveniência de revogação do ato totalmente, poder-se-ia valer de um dos instrumentos indicados; em caso negativo, suspender-se-ia a parte da lei que houvesse extrapolado os limites de delegação. Em qualquer dos casos, os efeitos seriam prospectivos ou *ex nunc*.

B. *Controle jurisdicional*

O controle jurisdicional é exercido pelo Supremo Tribunal Federal, podendo incidir: (1) sobre o ato de delegação, desde que descumprida alguma das condições constitucionalmente impostas, inclusive por ter sido genérico demais; ou por estabelecer limites que não encontrem guarida na Constituição; (2) sobre a lei delegada: por excessos ou desvios praticados. Um tipo de controle paralelo ao político, exercido sobre a mesma matéria, propiciando um controle por outros órgãos constitucionais e pela própria sociedade contra ações de conluio entre Executivo e Legislativo; e (3) sobre o controle político: coloca-se o Supremo como árbitro da contenda de Poderes, examinando possível excesso agora praticado pelo Legislativo. Dada a peculiaridade da "habilitação com reservas", o papel da Corte haveria de ser cumprido com redobrada cautela, para não substituir a conveniência do Congresso pela sua própria.

## 4. O artigo 25 do ADCT

A aplicação do disposto no artigo 25 do ADCT, no sentido de que toda norma anterior à Constituição, delegando direta ou indiretamente à Administração poderes legislativos inaugurais haveria de ser considerada revogada, tem merecido um tratamento diferenciado. A Primeira Turma do Tribunal considerou recepcionado o Decreto-lei n. 395/1938, mediante o qual a União Federal delegava ao Conselho Nacional do Petróleo – CNP. a disciplina do fornecimento de derivados de petróleo no território nacional, podendo, no exercício dessa competência, proibir a comercialização de gasolina, gás líquido de petróleo e álcool pelos transportadores, revendedores e retalhistas, até a edição da lei referida pelos artigos 177, § 2.º, II e 238 da Constituição.[58] Também o Plenário considerou recepcionado o Decreto-lei instituidor de contribuição de intervenção no domínio econômico, inclusive da alíquota fixada anteriormente à Constituição por ato do Executivo, não se admitindo, desde então, apenas a alteração dessa alíquota por ato infralegal.[59]

## § 2. A LEI ENTRE O LEGISLATIVO E O EXECUTIVO: O PODER NORMATIVO AUTÔNOMO DO CHEFE DO EXECUTIVO

A admissibilidade de atribuição ao Executivo de um poder normativo autônomo, no parlamentarismo, tem fundamento na responsabilidade política do governo perante o Parlamento ou, em certo sentido, na continuidade programática deste naquele. Assim, na França, houve uma distinção de domínios, tratando o artigo 34 de listar as matérias reservadas à lei, deixando um campo residual para o regulamento autônomo (art. 37). Na Itália, ao lado dos atos governamentais com força de lei, por delegação legislativa (lei delegada), existem os "decretos-leis", previstos pelo artigo 77 da Constituição: em casos extraordinários de necessidade e urgência, o Governo pode editar, sob a sua responsabilidade, disposições provisórias (*provvedimenti provvisori*) com força de lei, devendo, no mesmo dia, apresentá-los para conversão ao Parlamento. Se não houver a conversão em lei dentro de sessenta dias da sua publicação, o decreto perderá eficácia *ex tunc*, cabendo, então, ao Parlamento regular por lei as relações jurídicas estabelecidas com base naquele ato. Quadro semelhante é encontrado na Espanha (art. 86) e em Portugal (art. 198.1).

Nos sistemas presidencialistas, essa faculdade desperta mais dúvidas que aplausos, ainda que se ressalte a necessidade de instrumentos normativos primários à disposição do Executivo para fazer frente, em caráter de excepcionalidade, às demandas econômicas, sociais e até políticas que irrompem de forma inesperada e sem controle.

Na Argentina, a faculdade de o Executivo adotar ato normativo com força de lei, sobretudo durante os períodos de "emergência

---

[58] BRASIL. Supremo Tribunal Federal. 1.ª Turma. RE n. 229.440-RN. Rel. Min. Ilmar Galvão. *DJ* 1 de 5/11/1999, p. 29.

[59] BRASIL. Supremo Tribunal Federal. Pleno. RE n. 214.206-AL. Rel. p/acórdão Min. Nelson Jobim. *DJ* 1 de 29/5/1998, p. 16.

econômica", fora exercida até com certa freqüência, embora fosse discutível sua base constitucional. Com a reforma constitucional de 1994, essa faculdade foi reconhecida por meio dos chamados "decretos de necessidade e urgência", contanto que as circunstâncias excepcionais tornem impossível seguir os trâmites ordinários para o procedimento legislativo, nem disciplinem matéria penal, tributária, eleitoral ou o regime dos partidos políticos (art. 99.3).

No México, ao lado de atuações legislativas delegadas – nas situações de emergência ou em matéria econômica – compete ao Presidente da República adotar as medidas, normativas ou não, que se fizerem necessárias para a proteção à saúde (*medidas de salubridad*). De acordo com o artigo 73, XVI, da Constituição mexicana, o Conselho de Saúde Geral, vinculado ao Presidente, pode impor uma série de medidas, destinadas a combater o alcoolismo e a venda de substâncias tóxicas, a prevenir e combater a contaminação ambiental, sujeitas ao controle posterior pelo Congresso. O mesmo dispositivo constitucional autoriza à Secretaria de Saúde e Assistência, em casos de epidemias graves ou de perigo de invasão de enfermidades exóticas, ditar as medidas preventivas indispensáveis ao combate, que deverão ser sancionadas pelo Presidente da República. Não se pode deixar de registrar também a qualidade que lhe confere o artigo 27 da Constituição de "suprema autoridade agrária", a autorizar um amplo poder, inclusive de regulamentação nesse campo, por exemplo, quando exija o interesse público ou sejam afetados o aproveitamento, a extração e utilização das águas de subsolo, podendo, ademais, estabelecer as zonas proibidas à exploração.

No Chile, à moda francesa, existe uma reserva de poder normativo autônomo ao Presidente da República ou, como é lá chamado, "decreto supremo", para todas as matérias que não sejam próprias e enumeradas pela Constituição para a lei parlamentar (art. 32.8). Na Colômbia, além do decreto com força de lei que adota o plano nacional de investimento público na hipótese de o Congresso não aprovar o projeto enviado pelo Presidente em três meses (art. 341.3), existem os decretos legislativos, editados com fundamento no estado de guerra, de comoção e de emergência (arts. 212, 213 e 215); na Costa Rica, há os atos com valor de lei, os decretos de urgência, para situações de emergência, em que estão suspensas as garantias constitucionais e em recesso a Assembléia Legislativa (art. 140.4); no Equador, os Decretos-leis aprovados pelo Presidente, por decurso de prazo, de projeto de lei sobre matéria econômica com caráter urgente (art. 66.4); em El Salvador, o decreto que põe em vigência o regime de exceção;[60] no Peru, os decretos de urgência com força de lei, em matéria econômica e financeira, quando assim o requeira o interesse nacional (art. 118.19).

No Brasil, existem, além dos decretos de estado de defesa (art. 136) e de sítio (arts. 137 a 139), as medidas provisórias que são atos com força de lei, editadas pelo Presidente da República, em caso de relevância e urgência, devendo submetê-las de imediato ao Congresso Nacional (art. 62). Na redação original do dispositivo, tais medidas provisórias perderiam eficácia, desde a edição, se não fossem convertidas em lei no prazo de sessenta dias, a partir de sua publicação, cabendo ao Congresso disciplinar as relações jurídicas delas decorrentes (art. 62, parágrafo único). O caráter excepcional parecia assim evidente, mas a enxurrada de medidas e as sucessivas reedições com cláusula expressa de convalidação dos atos praticados sob as medidas anteriores despertaram, de um lado, a defesa de um controle judicial tanto dos requisitos da edição, quanto do expediente reiterativo, com múltiplas usurpações de competência do Poder Legislativo; e, de outro, esforços no sentido de ser disciplinado o seu uso, que culminaram com a EC n. 32/2001.

É interessante acompanharmos a posição adotada pelo Supremo Tribunal a esse respeito, analisada, topicamente, a partir (I) de uma visão comparada do controle desses atos pelo juiz constitucional e, no caso brasileiro, do exame de perto (II) do exercício desse controle pelo Supremo Tribunal Federal.

## I. *Visão geral do controle jurisdicional dos atos normativos autônomos expedidos pelo Executivo*

A Corte Suprema da Nação argentina chegou a reconhecer o fundamento do excepcional e, até então, não previsto ato normativo com força de lei, editado pelo Presidente, sobretudo durante os períodos de "emergência econômica", na "garantia de sobrevivência da sociedade argentina", desde que houvesse uma situação de grave risco social e o Congresso não viesse a adotar decisões diferentes daquelas veiculadas nos decretos presidenciais.[61] A reforma

---

[60] TINETTI. *El Salvador*, p. 177-178.

[61] ARGENTINA. Corte Suprema. Caso Peralta. Diciembre 27-990; também no caso Porcelli em que se discutiam as medidas adotadas pelo Plano Austral em 1985.

constitucional de 1994 introduziu, no entanto, os chamados "decretos de necessidade e urgência", passando-se a discutir, então, sobre a possibilidade de o Judiciário controlar as suas edições. Considerou-se, na linha do pensamento que embasava os anteriores "decretos de emergência", a incesurabilidade jurisdicional dos pressupostos, dada a sua natureza política e não de *dever ser*,[62] a menos, apregoou-se, que fosse flagrante a sua falta de razoabilidade.[63] A questão, do ponto de vista judicial, não está resolvida.

Como vimos precedentemente, admite-se o controle de constitucionalidade dos decretos do Presidente da República em Portugal (decreto-lei, decreto de declaração de estado de sítio ou de emergência), no Chile, na Colômbia, na Costa Rica, no Equador, em El Salvador, no México, no Peru e no Paraguai.

Especialmente em relação aos decretos-leis italianos, muito se discutiu sobre a possibilidade de esse controle se deter sobre os requisitos autorizadores e sobre as reedições que se tornaram freqüentes. Inicialmente, recusavam-se ambos os controles. Mais recentemente, no entanto, passaram a ser admitidos. A jurisprudência se orientou no sentido de somente exercer a fiscalização dos requisitos de necessidade e urgência no caso de uma "evidente mancanza".[64] Na Sentença n. 360/1996, a Corte excluiu a possibilidade de o Governo, em caso de não haver conversão do decreto, reproduzir, com um novo decreto, o conteúdo normativo anterior, inteira ou parcialmente, por reputar violada a natureza provisória da decretação de urgência, com a procrastinação, de fato, do termo de validade previsto na Constituição para a conversão em lei; por tolher o caráter extraordinário dos requisitos de necessidade e urgência, desde o momento em que a reiteração vem estabilizar e a prolongar no tempo os motivos que serviram de fundamento ao primeiro decreto e por atenuar a sanção de perda retroativa de eficácia do decreto não convertido.[65] Em casos excepcionais, no entanto, admite a superação desse limite, quando o novo ato apresentar

---

[62] ARGENTINA. Corte Suprema. Caso Cavic. *Fallos*, 277: 147; Caso Rodríguez. Diciembre 17-997.

[63] COLAUTTI. *Derecho Constitucional*, p. 289.

[64] ITÁLIA. Corte Constitucional. Sentença n. 90/1997.

[65] ITÁLIA. Corte Constitucional. Sentença n. 360/1996.

um conteúdo normativo substancialmente diverso, sob pressupostos justificadores novos.[66]

É ilustrativa também a construção jurisprudencial do Conselho Constitucional francês, que reduziu de modo significativo as distâncias entre lei e regulamento autônomo em favor do legislador parlamentar. Essa operação se deu por múltiplas formas. Em primeiro lugar, foram buscados outros fundamentos constitucionais para a atuação legislativa, fora do artigo 34; assim nos artigos 72, 73, 74 e 76 da Constituição.[67] Considerou submetida à reserva de lei formal a garantia da legalidade penal,[68] a definição das condições de cidadania ativa, de elegibilidade, os modos de escrutínio, a previsão de recursos contra as eleições e os efeitos das decisões jurisdicionais nessa área;[69] declaração de guerra autorizada pelo Parlamento, assim como a prorrogação do estado de sítio ou de emergência por mais de doze dias;[70] as leis financeiras; a ratificação ou aprovação de certos tratados; atentados à liberdade individual, livre administração das coletividades locais e todas as matérias reservadas às leis orgânicas. Não bastasse uma certa cumplicidade entre Governo e Parlamento, o próprio Conselho passou a recorrer menos à letra das disposições e mais ao "espírito da Constituição" para ir construindo a ponte para a expansão do legislador. Tanto assim que, na mesma direção, foi vedando disposições assaz genéricas, que deixavam ao Executivo um largo poder de configuração, levando à unidade do poder regulamentar.[71]

---

[66] SORRENTINO; CICCONETTI. *La Reiterazione nei Decreti-legge di Fonte alla Corte Costituzionale*, p. 3157 et seq.; CELOTTO. *Spunti Riconstruttivi sulla Morfologia del Vizio da Reiterazione di Decreti-legge*, p. 1562.

[67] FRANÇA. Conselho Constitucional. Decisão n. 65-34 *L* de 2/7/1965. *Recueil des Décision du Conseil Constitutionnel*, p. 75.

[68] FRANÇA. Conselho Constitucional. Decisão n. 73-80 *L* de 28/11/1973. TURPIN. *Contentieux Constitutionnel*, p. 389.

[69] FRANÇA. Conselho Constitucional. Decisão n. 62-20 *L* de 4/12/1962. *Recueil des Décision du Conseil Constitutionnel*, p. 34; 62-10 de 4/1982. *Recueil des Décision du Conseil Constitutionnel*, p. 109; 82-146. *DC* de 18/11/1982. *Recueil des Décision du Conseil Constitutionnel*, p. 66.

[70] FRANÇA. Conselho Constitucional. Decisão n. 85-187. *DC* de 25/1/1985.

[71] FRANÇA. Conselho Constitucional. Decisão n. 67-31 *DC* de 26/1/1967. *Recueil des Décision du Conseil Constitutionnel*, p. 19; 71-46. *DC* de 20/1/1972. *Recueil des Décision du Conseil Constitutionnel*, p. 21.

## II. Controle jurisdicional das medidas provisórias no Brasil

O exame do caso brasileiro nos remete à possibilidade de controle jurisdicional dos pressupostos constitucionais (1); à legitimidade das reedições e convalidações das MPs (2); à ab-rogação pelo Presidente (3) e (4) à existência de limitações materiais à edição.

### 1. Controle jurisdicional dos pressupostos constitucionais da medida provisória

O Tribunal, na linha de sua jurisprudência sobre as edições de Decretos-leis,[72] afastou inicialmente a possibilidade de censura judicial à ocorrência dos pressupostos de relevância e urgência para edição de medidas provisórias, sob argumento de reserva do Legislativo, dada a natureza política do controle. No entanto, após seguidas provocações e diante da avalanche daquelas medidas, os Ministros começaram a modificar o entendimento, em direção à possibilidade do controle jurisdicional dos pressupostos constitucionais, todavia, em caráter de excepcionalidade, marcada pelo flagrante desrespeito aos comandos constitucionais[73] ou por "excesso de poder de legislar",[74] que haveria de apresentar uma "evidência objetiva", ensejadora de uma constatação de plano.[75] Essa evidência não existia,

---

[72] BRASIL. Supremo Tribunal Federal. Pleno. RE n. 62.739-SP. Rel. Min. Aliomar Baleeiro. *RTJ* v. 44, t. 1, p. 54.

[73] BRASIL. Supremo Tribunal Federal. Pleno. ADInMC n. 1397-DF. Rel. Min. Carlos Velloso. *DJ* 1 de 27/6/1997, p. 30.224.

[74] BRASIL. Supremo Tribunal Federal. Pleno. ADIn n. 1.647-PA. Rel. Min. Carlos Velloso. *RTJ* v. 168, t. 3, p. 774-787, 779.

[75] BRASIL. Supremo Tribunal Federal. Pleno. ADInMC n. 1.516-UF. Rel. Min. Sydney Sanches. *DJ* 1 de 13/8/1999, p. 4. Não seria o caso da Medida Provisória que criava incompatibilidade entre certos cargos e o exercício da advocacia: "Em face das informações presidenciais, ficaram abalados os fundamentos jurídicos da inicial, sendo, ademais, pacífica a jurisprudência da Corte, no sentido de lhe descaber o exame da relevância e da urgência, como requisitos da Medida Provisória(art. 62 da CF), quando dependam de avaliação subjetiva – e não meramente objetiva – como ocorre no caso presente. De resto, o autor admite a relevância e a urgência da Medida Provisória, quando cria e amplia vantagens para os Advogados, tanto que não impugna os artigos que as instituem. Só não vê urgência e relevância na Medida Provisória, no único artigo em que traz para os Advogados o ônus da dedicação exclusiva, o que revela, ao menos, não estar convicto da ausência de tais requisitos na Medida Provisória." ADInMC n. 1.754-DF. Rel. Min. Sydney Sanches. *RTJ* v. 170, t. 1, p. 81-103.

por exemplo, apenas com reedições sucessivas de medida não rejeitada[76] ou pelo simples fato de haver, no Congresso, projeto de lei sobre a matéria tratada pela medida provisória.[77]

Sob essa imensa reserva, ainda não se reconhecia a propriedade, na fase de julgamento cautelar, da aferição daqueles pressupostos, por envolver "a afirmação de abuso de poder discricionário, na sua edição" em última análise.[78]

Mas na ação direta n. 1.753, deu-se efetivamente a primeira guinada na orientação do Tribunal, suspendendo, em sede cautelar e por ausência dos pressupostos constitucionais, a norma editada:

> "Raia (...) pela irrisão a afirmação de urgência para as alterações questionadas à disciplina legal da ação rescisória, quando, segundo a doutrina e a jurisprudência, sua aplicação à rescisão de sentenças já transitadas em julgado, quanto a uma delas – a criação de novo caso de rescindibilidade – é pacificamente inadmissível e quanto à outra – a ampliação do prazo de decadência – é pelo menos duvidosa."[79]

Idêntica situação voltou a se repetir algum tempo depois e outra vez ligada à mudança na disciplina de ação rescisória: a alteração no CPC, ampliando o prazo para ajuizamento dessa ação para o Ministério Público ou entidade de Direito Público carece dos requisitos de relevância e urgência, faltando, além do mais, razoabilidade de se propor, através de medida provisória com prazo de vigência de trinta dias, novos casos de ação rescisória, mesmo a pretexto de defender a moralidae e o erário, como fizera a MP n. 1.703/1998, reeditada na MP n. 1.798-03/1999, ao inserir o inciso X no artigo 485 do CPC, prevendo o cabimento dessa ação contra sentença em ação de

---

[76] BRASIL. Supremo Tribunal Federal. Pleno. ADInMC n. 1.397-DF. Rel. Min. Carlos Velloso. *RTJ* v. 165, t. 1, p. 173; ADIn n. 1.647-PA. Rel. Min. Carlos Velloso. *RTJ* v. 168, t. 3, p. 774-787, 779.

[77] BRASIL. Supremo Tribunal Federal. Pleno. ADInMC n. 526-DF. Rel. Min. Sepúlveda Pertence. *RTJ* v. 145, t. 1, p. 101.

[78] BRASIL. Supremo Tribunal Federal. Pleno. ADInMC n. 1.417-0. Rel. Min. Octavio Gallotti. *RTJ* v. 162, t. 2, p. 502.

[79] BRASIL. Supremo Tribunal Federal. Pleno. ADInMC n. 1.753-DF. Rel. Min. Sepúlveda Pertence. *DJ* 1 de 12/6/1998, p. 51.

indenização por desapropriação, quando o valor indenizatório fosse manifestamente superior ao do mercado.[80]

Portanto, hoje, a jurisprudência do Tribunal considera que os conceitos de relevância e urgência decorrem em princípio do juízo discricionário de oportunidade e de valor do Presidente da República, mas admitem o controle judiciário quando o excesso do poder de legislar se mostrar evidente e puderem ser aferidos pelos Ministros de forma objetiva, não, contudo, quando dependerem "de uma avaliação subjetiva, estritamente política, mediante critérios de oportunidade e conveniência", confiados ao Executivo e ao Legislativo.[81] De toda sorte, a posição majoritária do Tribunal continua firme no sentido de que a conversão em lei da medida provisória supera as alegações de insubsistência de seus pressupostos constitucionais.[82]

## 2. Legitimidade das reedições e convalidações

Medida Provisória não apreciada pelo Congresso Nacional podia ser reeditada dentro de seu prazo de validade de trinta dias, mantendo a eficácia de lei desde sua primeira edição.[83] "Até porque o poder de editar Medida Provisória subsist[ia], enquanto não rejeitada."[84] A EC n. 32/2001 alargou o prazo de vigência para sessenta dias, admitindo uma única reedição (art. 62, §§ 3.º e 7.º). Vedou-se, todavia, a reedição, na mesma sessão legislativa, de medida provisória que tenha sido rejeitada ou que tenha perdido sua eficácia por decurso de prazo (§ 10). Por outro lado, ampliou-se extraordinariamente o tempo de eficácia da Medida, pois, de acordo com o parágrafo 12.º, uma vez tenha sido aprovado projeto de lei de conversão

---

[80] BRASIL. Supremo Tribunal Federal. Pleno. ADInMC n. 1 910-DF. Rel. Min. Sepúlveda Pertence. *DJ* 1 de 3/5/1999, p. 27.

[81] BRASIL. Supremo Tribunal Federal. Pleno. ADInMC n. 1 717-UF. Rel. Min. Sydney Sanches. *DJ* 1 de 25/2/2000, p. 50.

[82] BRASIL. Supremo Tribunal Federal. Pleno. ADIn n. 1.417-DF. Rel. Min. Octavio Gallotti. *DJ* 1 de 24/5/1996, p. 17.412.

[83] BRASIL. Supremo Tribunal Federal. Pleno. ADIn n. 1.610-DF. Rel. Min. *DJ* 1 de 5/12/1997, p. 63.948; ADIn n. 1.647-PA. Rel. Min. Carlos Velloso. *RTJ* v. 168, t. 3, p. 774-787; ADIn n. 1.660-SE. Rel. p/acórdão Min. Nelson Jobim. *DJ* 1 de 18/9/1997, p. 45.174; ADIn n. 1.614-MG. Rel. p/acórdão Min. Nelson Jobim *DJ* 1 de 23/3/19998, p. 2.

[84] BRASIL. Supremo Tribunal Federal. Pleno. ADInMC n. 1.610-DF. Rel. Min. Sydney Sanches. *DJ* 1 de 5/12/19997, p. 63.948.

alterando o texto original da medida provisória, esta manter-se-á integralmente em vigor até que seja sancionado ou vetado o projeto.

A Corte não admitia – como deverá continuar não admitindo – reedição de Medida Provisória, quando o Congresso a tiver rejeitado.[85] Mas se não houver rejeição, poderá a nova medida provisória convalidar os atos praticados com base em medida provisória reeditada? A jurisprudência do Tribunal acenava de maneira negativa, mas, em 9 de dezembro de 1996, por unanimidade de votos, houve o indeferimento da medida cautelar de suspensão do artigo 6.º da MP n. 1.523-1, de 12/11/1996, que previa essa convalidação. Na oportunidade, salientou o voto do Relator, Ministro *Octavio Gallotti*, que o expediente não podia ser usado no caso de Medida Provisória rejeitada pelo Congresso; fora dessa hipótese, caminhava-se na pressuposição da

> "preservação de eficácia do provimento com força de lei, sem solução de continuidade, até que adviesse sua rejeiçao ou conversão em lei pelo Congresso Nacional, inclusive em relação ao dispositivo de convalidação, ou, antes, a perda de eficácia sem reedição."

A EC n. 32/2001 criou uma convalidação por inércia: "não editado o decreto legislativo (...) até sessenta dias após a rejeição ou perda de eficácia de medida provisória, as relações jurídicas constituídas e decorrentes de atos praticados durante sua vigência conservar-se-ão por ela regidas" (art. 62, § 11).

## 3. Revogação de medida provisória pelo Presidente da República

O Presidente da República pode expedir medida provisória revogando (ab-rogando) outra medida provisória, ainda em curso no Congresso Nacional. A medida provisória revogada fica, entretanto, com sua eficácia suspensa, até que haja pronunciamento do Poder Legislativo sobre a medida provisória ab-rogante. Se for acolhida pelo Congresso Nacional a medida provisória ab-rogante, e transformada em lei, a revogação da medida anterior torna-se definitiva;

---

[85] BRASIL. Supremo Tribunal Federal. Pleno. ADInMC n. 293-DF . Rel. Min. Celso de Mello. *RTJ* v. 146, t. 3, p. 707.

se for, porém, rejeitada, retomam seu curso os efeitos da medida provisória ab-rogada, que há de ser apreciada, pelo Congresso Nacional, no prazo restante à sua vigência.[86]

A derrogação de Medida Provisória pode-se dar pela reedição apenas parcial de Medida anterior. Também aqui, a revogação será provisória, pois será submetida ao crivo do Legislativo:

> "A subtração de uma norma da medida provisória anterior no conteúdo da que a reeditou corresponde à sua revogação, não, à sua rejeição ou não conversão pelo Congresso Nacional. (...).[No entanto], a revogação de uma medida provisória por outra não gera efeitos definitivos, porque fica condicionada à conversão em lei dessa última ou, pelo menos, da norma revogatória dela constante."[87]

Mas se o Congresso converter a MP em lei, os atos praticados sob a égide das normas revogadas terão validade? Tudo vai depender da forma como o Congresso fará a conversão. Se houver conversão *tollitur quaestio*, ficam desconstituídos definitiva e retroativamente à edição da norma revogada todos os seus efeitos, pois a aprovação de norma revogatória importa rejeição parlamentar da norma revogada. Não é possível sequer falar em retroatividade ou ultra-atividade da lei penal mais benéfica, pois tais qualidades da norma pressupõem sua "vigência incondicionada, ainda que de curta duração". Se, de outra forma, o Congresso não se limitar à conversão da medida provisória nos termos em que vigente ao tempo da votação, declarando válidos, no mesmo ato, os efeitos da norma revogada, anteriores à sua revogação, por exemplo, com a aprovação da cláusula de convalidação dos atos praticados sob a MP anterior, "a perda retroativa *ab initio* da mesma norma revogada se reduz no tempo aos efeitos *ex nunc* da sua revogação pela medida provisória convertida em lei, contados desde a publicação desta última".[88]

---

[86] BRASIL. Supremo Tribunal Federal. Pleno. ADInMC n. 221. Rel. Min. Moreira Alves. *RTJ* v. 151, t. 1, p. 331; ADInMC n. 1.204-DF. Rel. Min. Néri da Silveira. *RTJ* v. 157, t. 3, p. 856; ADInMC n. 1.679. Rel. Min. Moreira Alves. *RTJ* v. 167, p. 778.

[87] BRASIL. Supremo Tribunal Federal. RE n. 254.818-PR. Rel. Min. Sepúlveda Pertence. *ISTF* 220.

[88] BRASIL. Supremo Tribunal Federal. RE n. 254.818-PR. Rel. Min. Sepúlveda Pertence. *ISTF* 220.

## 4. Limites materiais para edição de medida provisória

Havia uma longa discussão sobre o âmbito de incidência das medidas provisórias e, via de conseqüência, sobre a existência de uma reserva formal no sistema constitucional brasileiro. Como a Constituição não fazia qualquer ressalva à disciplina de matérias por meio daquelas medidas, o Supremo Tribunal perfilhava uma linha interpretativa mais larga da competência presidencial, admitindo, por exemplo, a criação ou majoração de tributos por via daquele expediente normativo.[89] Algumas perplexidades pontuais ficavam evidentes. Poderia a medida provisória criar figuras penais, dispor sobre orçamento ou sobre matéria reservada à lei complementar?

Em relação à primeira parte da pergunta, o Tribunal viu relevância jurídica na argüição de inconstitucionalidade da criação de delito por medida provisória, mas, no caso examinado (art. 4.º da MP n. 111/1989, convertida na Lei n. 7.960/1989) afastou a ocorrência, pois o dispositivo impugnado apenas se destinava a coibir abuso de autoridade contra a liberdade individual.[90] Em outra ação foi um pouco mais longe ao admitir a previsão, por intermédio de MP, de prisão temporária para certos tipos de delito.[91]

As questões orçamentárias deveriam submeter-se à reserva de legislativo, à lei formal. Essa enunciação terminou ficando, no entanto, restrita a *obiter dictum*, como fez o Ministro *Sepúlveda Pertence*, antes de não conhecer de ação direta que questionava a legitimidade de medida provisória que destinava a uma só despesa – amortização da dívida pública federal – disponibilidades financeiras existentes ou esperadas da União, seus fundos especiais, autarquias e fundações quase no fim do exercício financeiro, alterando as previsões do orçamento fiscal e do orçamento de seguridade social, sem prévia autorização legislativa (art. 167, VI, CRFB). Muito embora a Constituição não tivesse delimitado explicitamente a área de abrangência das medidas provisórias, afirmara o Ministro que não se poderia admitir

---

[89] BRASIL. Supremo Tribunal Federal. Pleno. ADIn n. 1.417-DF. Rel. Min. Octavio Gallotti. *DJ* 1 de 24/5/19996, p. 17.412; 2.ª Turma. RE n. 168.421-PR. Rel. Min. Marco Aurélio. *DJ* 1 de 27/3/19995, p. 18.

[90] BRASIL. Supremo Tribunal Federal. Pleno. ADInMC n. 162-DF. Rel. Min. Moreira Alves. *DJ* 1 de 19/9/1997, p. 45.525.

[91] BRASIL. Supremo Tribunal Federal. Pleno. ADInMC n. 162-DF. Rel. Moreira Alves. *DJ* 1 de 29/9/1997, p. 45.525.

"a possibilidade de suprir por medida provisória as autorizações legislativas que a Constituição impõe à prática de atos políticos ou administrativos do Poder Executivo e, de modo especial, as que dizem (...) com o orçamento da despesa e suas alterações no curso do exercício financeiro".

Salvo, por certo, os créditos extraordinários.[92] Todavia, como faltava à MP necessário índice de generalidade e abstração, a ação terminou não sendo conhecida.

Não era menos equívoca a resposta à terceira parte da pergunta, pois se reputara válido o argumento de que a medida provisória não podia tratar de matéria submetida pela Constituição Federal a Lei Complementar,[93] a doutrina não chegou, na prática, a ir muito adiante. A Medida Provisória n. 1.179/1995, reeditada sob o n. 1.214/1995, que dispôs sobre o fortalecimento do Sistema Financeiro Nacional, não importou para o STF inconstitucionalidade formal, por ofensa ao artigo 192, *caput*, da Constituição, embora tivesse disciplinado aspecto concernente ao sistema financeiro.[94]

A EC n. 6/1995 aportou uma limitação à edição dessas medidas todavia, pois impediu que elas fossem adotadas na regulamentação de artigo da Constituição cuja redação tivesse sido alterada por meio de emenda promulgada a partir de 1995, o que se abateria sobre fatia expressiva de Direito Administrativo, Econômico e Tributário.

Na mesma linha, a EC n. 32/2001 veio a proibir expressamente a edição de medidas provisórias sobre matéria reservada à lei complementar e a relacionada à nacionalidade, à cidadania, aos direitos políticos, aos partidos políticos e ao direito eleitoral; ao direito penal, processual penal e processual civil; à organização do Poder Judiciário e do Ministério Público, à carreira e à garantia de seus membros; aos planos plurianuais, às diretrizes orçamentárias, ao orçamento e aos créditos adicionais e suplementares, ressalvado o previsto no artigo 167, § 3.º; bem como daquelas que visem à detenção ou ao seqüestro de bens, de poupança popular ou qual-

---

[92] BRASIL. Supremo Tribunal Federal. Pleno. ADInMC n. 1.716-DF. Rel. Min. Sepúlveda Pertence. *RTJ* v. 170, t. 2, p. 438-445, 442.

[93] BRASIL. Supremo Tribunal Federal. Pleno. ADInMC n. 1.516-UF. Rel. Min. Sydney Sanches. *DJ* 1 de 19/3/1997, p. 8.011.

[94] BRASIL. Supremo Tribunal Federal. Pleno. ADInMC 1.376-DF. Rel. Min. Ilmar Galvão. *DJ* 1 de 19/12/1995, p. 44.930.

quer outro ativo financeiro ou que disciplinem assuntos já tratados em projeto de lei aprovado pelo Congresso Nacional e pendente de sanção ou veto presidencial (art. 62, § 1.º, I a IV).

## § 3. A LEI ENTRE O LEGISLATIVO E O EXECUTIVO: O PODER REGULAMENTAR

O poder regulamentar, na linha da doutrina tradicional, não emana do princípio de separação dos poderes, mas da coordenação e colaboração em seu exercício.[95] A Constituição norte-americana, seguindo os passos do constitucionalismo britânico, que recusava um tal poder ao Executivo,[96] não o previu expressamente, mas a dinâmica da vida constitucional daquele País terminou por reconhecer "the power of ordinance". As Constituições francesas de 1791 e do ano VIII trouxeram explicitamente a possibilidade das "ordenanças" (*arrêtés*) e decretos de regulamentação executiva, influenciando a Constituição Imperial do Brasil.[97]

Em face da variedade de formas que assume hoje nos diversos sistemas constitucionais, o regulamento desafia qualquer um que intente apresentar-lhe um conceito ontológico ou no âmbito de uma teoria que valha em geral para todos os domínios. Via de regra, os esforços se fazem sempre na linha distintiva do conceito de lei, com resultados bem diversos, como seria de se esperar. Diante dessas dificuldades dogmáticas, podemos distinguir (a) uma postura negativa, daqueles que negam qualquer critério definitório de terreno entre os dois atos normativos, sucumbindo àquelas dificuldades; (b) uma postura afirmativo-formal, que propugna a existência apenas de elementos formais de distinção; e (c) uma postura afirmativo-material, de quem vislumbra, além de traços formais, aspectos materiais de definição. Não é aqui o local próprio para desenvolvermos cuidadosamente cada uma dessas correntes, senão para marcar-lhes as características fundamentais para o seguimento de nossa exposição.

Lei e regulamento não apresentam elementos distintivos próprios que permitam a construção de conceitos excludentes. São

---

[95] COLAUTTI. *Derecho Constitucional*, p. 281.

[96] A distinção entre lei e regulamento, para os britânicos, poderia levar à violação da supremacia do Parlamento: DICEY. *Introduction to the Study of the Law of the Constitution*. 1893, p. 39.

[97] MAXIMILIANO. *Comentários à Constituição Brasileira*, II, p. 226.

atos de mesma natureza, comportando o mesmo conteúdo. Eis os argumentos levantados pelos que se alinham à primeira postura.[98]

Uma distinção meramente formal está presente naqueles que distinguem os dois atos de acordo com a autoridade ou o órgão de sua emanação, de modo que todo ato normativo expedido pelo Legislativo seria lei, enquanto seria regulamento ato originário do Executivo. Para esses autores, o regulamento seria materialmente idêntico à lei.[99] Também sob essa perspectiva estão aqueles que advogam em favor de um critério "formal objetivo", revelado pelo regime jurídico dispensado pela ordem jurídico-positiva ao regulamento e à lei.[100]

A distinção formal se alia às diferenças substanciais ou materiais para outra gama de estudiosos. Nessa linha se aponta o caráter de "manifestação de vontade constitutiva objetivando a organização e a polícia do Estado", cuja obrigatoriedade decorreria exclusivamente de um *jussus* governamental, tendente, ademais, a criar restrições ou, ao menos, regulações às liberdades. Diversamente, a lei nem seria um ato de manifestação de vontade, nem tampouco extrairia a sua força imperativa da autoridade do governo ou da Administração, mas da própria natureza das coisas ou do consenso da nação, expressado pela assembléia representativa do povo; e, por fim, a lei seria orientada para proteção das liberdades.[101] Também se poderiam apontar os seus efeitos sobre o ordenamento jurídico como elemento material de diferenciação. Apenas a lei inova a ordem jurídica, criando direitos e obrigações, enquanto o regulamento não apresenta esse poder inovador, limitando-se a determinar, no máximo, a forma de exercício dos direitos ou de realização das obrigações, instituídos pela lei (*Jellinek*).

## I. *O Supremo Tribunal Federal em face do poder regulamentar*

Há, no Brasil, um pensamento majoritário no sentido de que só existe um tipo de regulamento: o executivo.[102] Preside-lhe quan-

---

[98] DUGUIT. *Traité de Droit Constitutionnel*, II, p. 222.

[99] Ibidem, II, p. 209 et seq.

[100] BANDEIRA DE MELLO. *Curso de Direito Administrativo*, p. 168 et seq.

[101] HAURIOU. *Princípios de Derecho Publico y Constitucional*, p. 451 et seq.

[102] De acordo com *Ataliba*, "é até ridículo que um brasileiro, tratando da faculdade regulamentar, à luz do nosso direito, abra um tópico sob tal designação [regulamento autônomo]: *Liberdade e poder regulamentar*, p. 61.

do muito, a idéia de proposta de interpretação[103] ou de desenvolvimento da lei, sem lhe poder alterar nem a letra nem o espírito (*Esmein*). Não quer isso dizer que o regulamento se limite a repetir o texto da lei. Sua função precípua está em fornecer detalhamentos que tornem a lei mais facilmente exeqüível, operativa, integrando-a com um residual poder de colmatação de suas lacunas de natureza técnica.[104] Ficam de fora de sua atribuição normativa, portanto, as modificações de disposições normativas primárias ou, simplesmente, a criação no ordenamento jurídico de direitos ou de obrigações jurídicas destinadas a vincular fora dos círculos da própria Administração.[105] Não pode, assim, facultar o que a lei proíbe, nem ordenar o que a lei não obriga; tampouco limitar, modificar ou ampliar direitos, deveres, ações ou exceções, tornar exemplificativo o que é taxativo ou suspender ou adiar a execução da lei, instituir tribunais ou criar autoridades públicas, nem tampouco estabelecer formas de exteriorização de um ato diferentes daquelas determinadas pela lei.[106] Do ponto de vista técnico, argumenta-se em favor desse poder, em face das dificuldades de se aprovarem leis minunciosas, por um lado, e pela experiência acumulada do aparato burocrático para resolver numerosas questões de ordem prática, por outro.[107]

Já tratamos do princípio da legalidade. Lembremos que há autores que defendem uma espécie de reserva geral de lei, de forma a afastar qualquer possibilidade de o regulamento afetar originalmente a esfera jurídica do cidadão, sobretudo em ordens constitucionais que apresentem uma "regra geral excludente" como aquela constante do artigo 5.º, II, da Constituição brasileira. O sentido da palavra "lei" ali é estrito, formal, ou amplo, material? Engloba o regulamento? A existência de regras técnicas ou estruturais, inclusivas, do tipo daquela presente no artigo 4.º da Lei de Introdução ao Código Civil (LICC) e no artigo 126 do CPC, que determina o recurso à analogia, aos costumes e aos princípios gerais de direito no caso de omissão da lei embaralha,

---

[103] PONTES DE MIRANDA. *Comentários à Constituição de 1946*, III, p. 120.

[104] Todavia: "Onde a lei oferecer dúvida, não é o Poder Executivo que toca varrê-la". PONTES DE MIRANDA. *Comentários à Constituição de 1946*, p. 121.

[105] CAVALCANTI. *Princípios Gerais de Direito Público*, p. 175; MASAGÃO. *Curso de Direito Administrativo*, p. 156.

[106] DUGUIT. *Traité de Droit Constitutionnel*, II, p. 214.

[107] MAXIMILIANO. *Comentários à Constituição Brasileira*, II, p. 228.

contudo, conclusões apressadas, favoráveis ao uso do regulamento para colmatar possíveis lacunas.[108] Parte da doutrina italiana, levando em conta a garantia da tutela jurisdicional dos cidadãos contra atos de administração pública (art. 113, I, *c*), tem refutado com veemência essa tese. A tutela garantida constitucionalmente só teria efetividade se fosse possível um controle do conteúdo dos atos da Administração, de qualquer ato, inclusive normativo, sendo que esse controle dependeria da existência de um parâmetro legal.[109] Esse argumento pode ser aplicado sem maiores dificuldades ao Direito brasileiro, considerando a garantia de acesso ao Judiciário (art. 5.º, XXXV) e o princípio da legalidade administrativa (art. 37, caput) dentre outros. Também se pode apelar para o princípio do Estado democrático de direito, que reparte as competências legislativas, segundo o grau de legitimidade ou representatividade de cada órgão constitucional, cabendo ao Legislativo, como representante do povo e tradutor ou manifestante de sua vontade, a função normativa primária, e ao Executivo, como "agente do povo", ou Poder historicamente mais propenso a interferir nas liberdades, o papel coadjuvante de fonte secundária de direito.[110] Essa tese pode ser vista como a permanência do fetiche legalista, esquecendo que também o legislador pode ser instrumento de opressão e de atentado aos direitos fundamentais, mas não deixa de ter o mérito de religar a democracia e sua exigência de legitimidade, com o Estado de direito e seu império da lei. É verdade, por outro lado, que sofre atenuações em países como o Brasil, onde o Presidente da República é eleito diretamente.

A análise do Texto Constitucional brasileiro não vai destoar dessas notas. A competência atribuída pelo artigo 48 ao Congresso Nacional para dispor sobre todas as matérias de competência da União se delimita com o poder do Presidente da República para expedir decretos e regulamentos para o fiel cumprimento das leis (art. 84, IV, *in fine*), controlado pelo próprio Congresso e sujeito a

---

[108] Contra: *Ricardo Guastini* ao se referir ao art. 12, II *c*, das Disposições Preliminares do Código Civil italiano que dispõe em sentido análogo: "La disposizione (...), letteralmente intesa, vieta di colmare le lacune del diritto facendo ricorso a norme extra-giuridiche (o comunque a norme non positive), mas non vieta di colmare le lacune della legge facendo ricorso a norme extra-legislative (regolamentari)" *Il Giudice e la Legge*, p. 60.

[109] CARLASSARE. *Regolamenti dell'Executivo e Principio di Legalità*, p. 152 et seq.

[110] HABERMAS. *Fatti e Norme*, p. 202, 221-222, 325; Cf., na Espanha, Decisão do Tribunal Constitucional n. 83/1984, apoiada por ROYO. *Derecho Constitucional*, p. 617.

sustação por excessos (art. 49, V). As exceções da edição de ato normativo com força de lei (art. 62) e da possibilidade de delegação legislativa (art. 68) apenas confirmam a regra de que a criação de direitos e obrigações exige lei ou ato com força de lei[111] embora se venha admitido, na prática constitucional brasileira, uma certa disposição do conteúdo desses direitos e obrigações por norma infralegal, como a seguir veremos. Seja como for, a interferência inovadora na esfera dos particulares fica posta sempre sob uma reserva ao menos relativa de lei.[112] Da jurisprudência do Supremo, sobressai um outro argumento. A regra geral inclusiva, presente na LICC, fala de lei existente e omissa, não tratando dos casos de lei inexistente.[113] Desse argumento, já se pode adivinhar que o Tribunal afasta a tese de regulamento independente ou *praeter legem*. Decidiu-se, por exemplo, que a Emenda Constitucional n. 8/1995 – que alterara o inciso XI e alínea *a* do inciso XII do artigo 21 da Constituição – era expressa ao dizer que competia à União explorar, diretamente ou mediante autorização, concessão ou permissão, os serviços de telecomunicações, nos termos da lei. Não havendo lei anterior que pudesse ser regulamentada, qualquer disposição sobre o assunto exigiria lei formal. "O decreto seria nulo, não por ilegalidade, mas por inconstitucionalidade, já que supriu a lei onde a Constituição a exige." Mesmo a promulgação superveniente da lei requisitada pelo dispositivo constitucional, no caso a de n. 9.295/1996, não sanaria a deficiência do decreto.[114]

Não se admite, por igual, a possibilidade de delegação legal de disciplina inovadora ao regulamento (regulamento delegado ou autorizado). Embora a Constituição vigente não reconheça expressamente como fizera a Constituição anterior em seu artigo 6.º, como dissemos antes, é dominante a aceitação do princípio da indelegabilidade de atribuições, sob variada argumentação, interessando frisar, no caso específico, que a Constitutição somente previu a delegação

---

[111] BRASIL. Supremo Tribunal Federal. Pleno. Pet (AgRg) n. 1140-7. Rel. Min. Sydney Sanches.

[112] PACE. *I Ridotti Limiti della Potestà Normativa del Governo nella Legge n. 400 del 1988*, p. 1492. Contra: ZAGREBELSKY. *Manuale di Diritto Costituzionale*, I, p. 53-54.

[113] BRASIL. Supremo Tribunal Federal. Pleno. Pet (AgRg) n. 1.140-TO. Rel. Min. Sydney Sanches. *DJ* 1 de 31/5/1996, p. 18.803.

[114] BRASIL. Supremo Tribunal Federal. Pleno. ADInMC n. 1.435-DF. Rel. Min. Francisco Rezek. *RTJ* v. 170, t. 2, p. 415-423.

sob as formas de lei delegada e não de regulamento (art. 68, § 1.º). Essa orientação genérica é perfilhada pelo Supremo Tribunal, que já suspendeu lei conferindo ao Chefe do Executivo a prerrogativa extraordinária de dispor sobre matéria tributária, especialmente para outorga de subsídio, isenção, crédito presumido, redutor da base de cálculo, concessão de anistia ou remissão de ICMS, em atentado a "reserva absoluta de lei em sentido formal (art. 150, § 6.º, CRFB)";[115] bem assim, daquela deixava a critérios determinados pelo regulamento certos aspectos da base de cálculo do ICMS por substituição tributária, bem assim a forma de comprovação da incorrência do fato gerador para efeito da restituição do valor cobrado.[116] Ou, pelo mesmo motivo, de lei que permitia a definição, por meio de decreto, do valor, forma e condições de percepção de adicional de produtividade de servidores, criado por lei.[117] Igualmente se reconheceu relevante o mesmo argumento em relação à delegação, feita em lei orçamentária, de competência ao Executivo para, por decreto, alterar o valor do orçamento, mediante adoção de índices de inflação, fornecidos por entidade não oficial;[118] assim como em lei municipal que delegara ao Poder Executivo a competência para alterar índices urbanísticos e características de uso e ocupação de solo[119] e em decreto legislativo da Assembléia Legislativa do Estado de Santa Catarina que, em vez de fixar a remuneração dos Secretários de Estado – obedecendo ao disposto nos incisos XI e XII do artigo 37 da Constituição –, limitou-se a prever o teto dessa remuneração, delegando implicitamente ao Executivo a competência para estabelecer-lhe o *quantum*.[120] No entanto, afastou-se

---

[115] BRASIL. Supremo Tribunal Federal. Pleno. ADInMC n. 1.247-PA. Rel. Min. Celso de Mello. *RTJ* v. 168, t. 3, p. 754-772, 762.

[116] BRASIL. Supremo Tribunal Federal. Pleno. ADInMC n. 1.945-MT. Rel. Min. Octavio Gallotti. *ISTF* 146.

[117] BRASIL. Supremo Tribunal Federal. Pleno. ADInMC n. 1.644-PI. Rel. Min. Sepúlveda Pertence. *DJ* 1 de 31/10/1997, p. 55.541.

[118] Não houve, contudo, deferimento da liminar por ausência do *periculum in mora*: ADInMC n. 1.287-MT. Rel. Min. Sydney Sanches. *DJ* 1 de 15/9/1995, p. 29.508.

[119] BRASIL. Supremo Tribunal Federal. Pleno. Pet. n. 1.543-SP. Rel. Min. Carlos Velloso. *ISTF* 203 (referência).

[120] BRASIL. Supremo Tribunal Federal. Pleno. ADIn 1.469-SC. Rel. Min. Octavio Gallott. *DJ* 1 13/10/2000, p. 8.

a alegação de inconstitucionalidade do artigo 6.º da Lei n. 8.629/1993 – que delegava ao Poder Executivo a fixação de índices para aferir a produtividade do imóvel – com vistas à desapropriação para fins de reforma agrária[121] e dos enunciadoos da MP que transferiam para um órgão administrativo – a Câmara de Gestão da Crise de Energia Elétrica – poder para dispor sobre prazos e procedimentos para suspensão do fornecimento da energia elétrica dos usuários que descumprissem as metas de consumo fixadas.[122] Do mesmo modo, reputara-se legítima a autorização legal de o Executivo municipal fixar, por decreto, os horários de funcionamento e plantão das farmácias e drogarias instaladas no Município:

> "A fixação concreta de horário de funcionamento do comércio (...) é matéria que, por não implicar por si mesma diretamente a imposição de obrigação, não está adstrita ao terreno da competência exclusiva da lei, (...) [podendo o legislador] deixar ao Poder executivo que fixe os limites deste, por estar mais apto para, com flexibilidade, aferir as necessidades da população e a situação fática do momento."[123]

Também não se vislumbrou atentado à reserva legal ou delegação mascarada em dispositivos da Lei Geral de Telecomunicações que dava ao Executivo, observadas as disposições daquela lei, poder de, por meio de decreto, aprovar o plano geral de outorgas de serviço prestado no regime público e o plano geral de metas para a progressiva universalização de serviço prestado no regime público; bem como a instituição ou eliminação da prestação de modalidade de serviço no regime público, concomitantemente ou não com sua prestação no regime privado e, particularmente, à Agência Nacional de Telecomunicações, a definição das modalidades de serviço em função de sua finalidade, âmbito de prestação, forma, meio de transmissão, tecnologia empregada ou de outros atributos.[124]

---

[121] BRASIL. Supremo Tribunal Federal. Pleno. MS n. 22.302-PR. Rel. Min. Octavio Gallotti. *DJ* 1 de 19/12/1996, p. 51.769.

[122] BRASIL. Supremo Tribunal Federal. ADInMC n. 2.468-DF. Rel. Min. Néri da Silveira. *ISTF* 234.

[123] BRASIL. Supremo Tribunal Federal. 1.ª Turma. RE n. 175.901-SP. Rel. Min. Moreira Alves. *RTJ* v. 167, t. 3, p. 1.104-1.018, 1.017.

[124] BRASIL. Supremo Tribunal Federal. Pleno. ADInMC n. 1.668-DF. Rel. Min. Marco Aurélio. *ISTF* 119.

A natureza jurídica do poder normativo conferido ao Executivo, especificamente ao Ministro da Fazenda, pelo artigo 237 da Constituição, a partir da interpretação que lhe foi dada pelo Supremo Tribunal Federal, tem gerado certa perplexidade. Referido artigo dispõe que a fiscalização e o controle sobre o comércio exterior, essenciais à defesa dos interesses fazendários nacionais, serão exercidos pelo Ministério da Fazenda. Com base nesse poder, foi baixado portaria proibindo importação de bens usados. Cogitou-se, de imediato, da invasão de espaço reservado à lei em sentido formal e material pela instituição de uma proibição ou de uma obrigação de não fazer. O Tribunal não acolheu esse entendimento embora sob fundamentos variados. Para o Ministro *Maurício Corrêa*, por exemplo, a Portaria possuía estatuto de norma tributária, incluindo-se, por conseguinte, no conceito de "legislação tributária" dos artigos 2.º e 96 do CTN, expedida por autoridade administrativa competente, como permitido pelo artigo 100 do CTN e veiculando matéria não reservada à lei pelo artigo 97 do mesmo Código.[125] Já o Ministro *Carlos Velloso* foi buscar em dispositivos de lei, anteriores a 1988, fundamento para expedição da Portaria, cuja recepção se fizera por força do artigo 237 da Constituição, lembrando sobretudo do artigo 5.º do Decreto-lei n. 1.427/1975, que autorizava o Ministério da Fazenda a indeferir pedidos de Guias de Importação nas hipóteses de importações que pudessem causar danos à economia nacional.[126] Em outra ocasião, havia sido mais enfático: não seria necessária, para o estabelecimento da restrição, a existência de lei formal, "pois, ao Poder Executivo, e não ao Legislativo, foi claramente conferida pela Constituição, no art. 237, a competência para

---

[125] A competência da autoridade era extraída em primeiro lugar do artigo 237 da Constituição; depois, da Lei n. 8.028/1990 que dispôs sobre a organização dos Ministérios, fixando o comércio como área afeta ao Ministério da Economia, Fazenda e Planejamento (art. 19, V), criando a Secretaria Nacional de Economia (art. 23, IV) e dando ao Poder Executivo atribuição para dispor sobre a organização e funcionamento dos Ministérios e órgãos (art. 57); seguida do Decreto n. 99.244/1990, que instituiu o Departamento de Comércio Exterior – DECEX (art. 164), atribuindo-lhe poder de emissão de guias de importação, fiscalização do comércio exterior e de baixar normas necessárias à implementação da política de comércio exterior, bem assim orientar e coordenar a sua expansão: Pleno. RE n. 203.954-CE. Rel. Min. Ilmar Galvão. *RTJ* v. 164, t. 3, p. 1.129-1.143, 1.134.

[126] BRASIL. Supremo Tribunal Federal. Pleno. RE n. 203.954-CE. Rel. Min. Ilmar Galvão. *RTJ* v. 164, t. 3, p. 1.129-1.143, 1.138.

a fiscalização e o controle do comércio exterior".[127] Essa mesma fundamentação convenceu o Ministro *Marco Aurélio*:

> "O princípio da razoabilidade constitucional é conducente a ter-se como válida a regência da proibição via Portaria, não sendo de se exigir lei, em sentido formal e material, especificadora, de forma exaustiva, de bens passíveis, ou não, de importação."[128]

A Portaria transmitiria, assim, escolha fundada em discricionariedade tanto técnica, quanto político-administrativa, permeando-se entre os confins de um poder regulamentar executivo e autônomo. O princípio da legalidade também não teria sido ferido, para o Ministro *Celso de Mello*, pois a Portaria havia extraído autoridade e eficácia de "norma revestida do mais elevado grau de positividade jurídica em nosso sistema normativo: *o próprio texto da Constituição da República*".[129] Reconheceu-se uma atenuação do rigor do postulado da reserva de lei, com a possibilidade de o Poder Executivo da União – e não do Legislativo – exercer de imediato as prerrogativas jurídicas inerentes à fiscalização e ao controle sobre o comércio exterior, inclusive de índole normativa.[130] Estaríamos, então, diante de um poder normativo autônomo, em vista da criação de impedimentos ou obrigação por norma emanada do próprio Executivo, com base direta na Constituição. E mais, deferido a um Ministro de Estado. De acordo com a tradição constitucional brasileira e com a própria jurisprudência do Supremo Tribunal, por essas duas características, não poderíamos falar de poder regulamentar. Qual seria, então, a natureza desse poder? Não faltaria sugestão para enquadrá-lo como um poder normativo *sui generis*, decorren-

---

[127] BRASIL. Supremo Tribunal Federal. Pleno. RE n. 202.313-CE. Rel. Min. Carlos Velloso. *RTJ* v. 162, t. 2, p. 388-399, 392.

[128] BRASIL. Supremo Tribunal Federal. 2.ª Turma. RE n. 205.148-DF. Rel. Min. Marco Aurélio. *DJ* 1 de 29/8/1997.

[129] BRASIL. Supremo Tribunal Federal. Pleno. RE n. 203.954-CE. Rel. Min. Ilmar Galvão. *RTJ* v. 164, t. 3, p. 1.129-1.143, 1.140. Na mesma linha fora o voto do relator, Ministro Ilmar Galvão (1130). 1.ª Turma. RE n. 205.550-CE. Rel. Min. Celso de Mello. *RTJ* v. 163, t. 3, p. 1.165-1.172, 1.168.

[130] BRASIL. Supremo Tribunal Federal. Pleno. RE n. 203.954-CE. Rel. Min. Ilmar Galvão. *RTJ* v. 164, t. 3, p. 1.129-1.143, 1.140-1.141; SS (AgRg) n. 621-PE. Rel. Min. Octavio Gallotti. *RTJ* v. 152, t. 3, p. 753-756.

te da atribuição fiscalizatória e de controle conferida pelo constituinte; tanto que, a exemplo dos decretos de estado de defesa e de sítio (art. 84, IX), de intervenção federal (art. 84, X), de indulto e comutação de penas (art. 84, XII) e de mobilização nacional (art. 84, XIX, *in fine*), não fugiria do "plexo de atividade administrativa".[131] Mas, nas linhas argumentativas do Ministro, espelha-se a figura de uma regulamentação autônoma.

## II. *O poder regulamentar, a discricionariedade técnica e as agências reguladoras*

As reflexões feitas até aqui apenas nos lançam no portal das dificuldades de delimitação do alcance do poder regulamentar do Executivo em matérias que envolvam questões de natureza técnica e que, via de regra, são tratadas pelo legislador de forma genérica e com emprego de expressões indeterminadas, deixando um amplo espaço para tomada de decisões por parte do Executivo. A dinâmica ou a complexidade de tais matérias são normalmente indicadas como justificativa dessa atribuição, cujo exercício haverá de se fazer segundo regras técnico-científicas ou de acordo com a discricionariedade técnica[132] e jamais seguindo um juízo de oportunidade e conveniência ou de discricionariedade político-administrativa. É necessário registrar, contudo, a dificuldade de se estabelecerem precisamente as fronteiras entre a lei ou fonte primária de direito e o regulamento ou fonte secundária de direito, em função do potencial inovador que acompanha a discrição técnica.

Uma corrente mais radical propugna a necessidade de normas "mais flexíveis" e técnicas fora dos esquadros rígidos da legalidade parlamentar. Ou se admite uma deslegalização, transferindo para órgãos ou agências descentralizadas ou independentes um conteúdo inovador da ordem jurídica relativamente grande; ou se defende uma delegação implícita por meio de lei de diretrizes, *standards* ou quadro, de conseqüências idênticas. Uma legislação, assim, moldável acarretaria custos econômicos tremendamente inferiores aos do modelo da legalidade parlamentar.[133] Certamente que um direito flexivo,

---

[131] LAUBÉ. *O Regulamento no Sistema Jurídico Brasileiro*, p. 160; cf. também o pensamento de GASPARINI. *Poder Regulamentar*, p. 132 et seq.

[132] IRELLI. *Corso di Diritto Amministrativo*, p. 414 et seq.

[133] POSNER; EHRLICH. *Economic Analysis of Legal Rulemaking*, p. 280.

premial e incitativo, mediado por *soft laws* (resoluções, orientações, programas de ações, normas-objetivo), parece corroer as bases do imperativismo com suas leis "duras" e acompanhadas de sanções punitivas,[134] sendo assim as agências reguladoras o centro principal dessas normas, por receberem delegação dos representantes do povo (justificação política) e por contarem em seus quadros com experientes técnicos mais preparados para lidar com os problemas complexos de nossos dias (justificação técnica).[135]

No Brasil, esse debate está apenas começando, em que pese a existência de formas mais ou menos definidas desse processo já datar de quase quatro décadas. O Sistema Financeiro Nacional pode ser aqui lembrado. A Lei n. 4.595/1964 atribui um amplo poder normativo ao Conselho Monetário Nacional – CMN: o de fixar as diretrizes e normas da política cambial (art. 4.º, V), de disciplinar o crédito em todas as suas modalidades (art. 4.º, VI), regular a constituição, funcionamento e fiscalização dos que exercerem atividades subordinadas àquela Lei, bem como a aplicação de penalidades previstas (art. 4.º, VIII), limitar as taxas de juros, descontos, comissões e qualquer outra forma de remuneração de operações e serviços bancários ou financeiros (art. 4.º, IX), regulamentar, fixando limites, prazos e outras condições, as operações de redescontos e de empréstimos, efetuadas com quaisquer instituições financeiras públicas e privadas de natureza bancária (art. 4.º, XVII), disciplinar as atividades das bolsas de valores e dos corretores de fundos públicos (art. 4.º, XXI), baixar normas que regulem as operações de câmbio, inclusive *swaps*, fixando limites, taxas, prazos e outras condições (art. 4.º, XXXI), dentre outros. A Lei n. 6.385/1976 dá competência à Comissão de Valores Mobiliários para regulamentar as matérias relativas ao mercado de valores mobiliários, previstas na lei, e aquelas disciplinadas pela Lei de Sociedades por Ações (art. 8.º). Também o Banco Central do Brasil, a pretexto de dar execução às políticas de crédito e câmbio fixadas pelo CMN, gravita no espaço relativamente amplo de discricionariedade, técnica e política.

Certo é que a autorização normativa dada a esses órgãos termina, na prática, indo além, muito além, de um poder "meramente regulador e de polícia", permitindo que verdadeiras obrigações e

---

[134] CARBONIER. *Flexible Droit*, p. 116.

[135] GELHORM; LEVIN. *Administrative Law and Process*, p. 2.

direitos sejam criados ou substancialmente alterados por meio de Portarias ou Circulares. Mas não foi esse o entendimento dos Ministros do Supremo, que indeferiram liminar suspensiva de norma que atribuía ao Banco Central do Brasil o poder de normatizar as condições de remuneração e de atualização monetária, bem como a fixação de prazos mínimos, das operações realizadas no mercado financeiro. Assim se expressou o relator:

> "Articula-se com a transgressão ao sistema representativo democrático, à independência e harmonia dos poderes, ao princípio da legalidade, alfim, à soberania legislativa reservada ao Congresso Nacional, mas não são indicados de forma concreta os atos que teriam implicado o distanciamento do que se contém na Carta." [136]

Fora do Sistema Financeiro Nacional, o sistema jurídico brasileiro, anterior à atual Constituição, conhecia também outras formas de descentralização administrativa, carregada com relativo poder normativo em áreas específicas. A mais emblemática, por certo, era o Conselho Administrativo de Defesa Econômica – CADE, instituído pela Lei n. 4.137/1962. O debate em torno da natureza jurídica desse Conselho, centrado especialmente no poder que detinha, seria encerrado pela Lei n. 8.884/1994, em favor dos autonomistas, com o reconhecimento expresso de sua natureza autárquica e com aumento de seu poder de normação.[137]

Vivenciamos, nos dias atuais, uma inflação de agências reguladoras, que se acelerou com o movimento de privatização dos serviços públicos e das atividades econômicas até então desenvolvidas diretamente pelo Estado. Certamente as reformas constitucionais que passaram a remodelar o perfil político-ideológico da Constituição de 1988, a par do encolhimento das formas de atuação direta do Estado na economia, introduziram a "subsidiariedade normativa", lançando a órgãos reguladores independentes um poder normativo próprio. Lembremos, por exemplo, da previsão de criação de um órgão regulador autônomo para exercer funções normativas sobre os serviços de telecomunicações (art. 21, XI), pela EC n. 8/1995; e

---

[136] BRASIL. Supremo Tribunal Federal. Pleno. ADInMC n. 886-DF. Rel. Min. Marco Aurélio. *DJ* 1 de 1/7/1993, p. 13.142.

[137] SOUZA. *Primeiras Linhas de Direito Econômico*, p. 213 et seq.

sobre o monopólio do petróleo da União (art. 177, § 2.º, III), pela EC n. 9/1995. Essas normas constitucionais tiveram desenvolvimento concretizante por meio das Leis n. 9.472/1997 e 9.478/1997, respectivamente, nas quais foram especificados os poderes normativos da então denominada Agência Nacional de Telecomunicações – ANATEL e da Agência Nacional de Petróleo – ANP. A conferência desse poder também veio em sede infraconstitucional, como no caso da criação da Agência Nacional de Energia Elétrica – ANEEL como autarquia especial com a finalidade de regular a produção, transmissão, distribuição e comercialização de energia elétrica, pela Lei n. 9.427/1996; e da Agência Nacional de Vigilância Sanitária com o poder de estabelecer normas sobre produtos, substâncias e serviços de interesse da saúde, das políticas, diretrizes e ações de vigilância sanitária; e sobre os limites de contaminação, de resíduos tóxicos, desinfetantes, metais pesados e de outros produtos que envolvam riscos à saúde, pela Lei n. 9.782/1999, conversão da Medida Provisória n. 1.791/1998. Isso para não falarmos da "privatização" dos conselhos federais das profissões, por meio da Medida Provisória n. 1.549, convertida na Lei n. 9.649/1998. Lembremos que o Supremo afastou a suspeita de ilegitimidade constitucional do poder conferido à ANATEL para definição das modalidades de serviço em função de sua finalidade, âmbito de prestação, forma, meio de transmissão, tecnologia empregada ou de outros atributos.[138]

Indiscutivelmente, esse é um poder regulamentar com uma explosiva tendência de inovar a ordem jurídica. Dir-se-á que o poder de polícia sempre trouxe ínsita essa tendência. Agora, no entanto, a descentralização e diferenciação das fontes de poder normativo parecem agravá-la ainda mais.

Já salientamos que, nos Estados Unidos, o surgimento das chamadas "agências independentes" deveu-se, em parte, a tentativas de limitação ou neutralização do poder do Presidente da República por parte do Congresso, iniciando-se em 1889 com a Comissão sobre Comércio Interestadual ou *Interstate Commerce Commission – ICC*. O farto debate travado até nossos dias cinge-se mais a poderes de nomeação e ao enquadramento constitucional daqueles organismos do que propriamente sobre a natureza de sua função regulamentar. Admite-se, sem muita discussão, a possibilidade de o Congresso

---

[138] BRASIL. Supremo Tribunal Federal. Pleno. ADInMC n. 1.668-DF. Rel. Min. Marco Aurélio. *ISTF* 119.

delegar a tais agências um poder normativo com força de lei, embora, quase sempre, isso se faça condicionado a uma aprovação legislativa. Também na Grã-Bretanha, a tradição de poderes administrativos descentralizados levou ao desenvolvimento dos *Quango – quasi autonomes non governmental organisations*, com poder regulamentar igualmente reconhecido sobre certos setores da vida social e econômica dos britânicos. O mesmo se diga em relação às diversas "autoridades administrativas independentes" da Suécia. Na Finlândia existem disposições constitucionais expressas sobre essas agências, prevendo sua instituição e definição de atribuições por lei do Parlamento – Seção 65 (1).

Em outros países da Europa continental o aparecimento desses órgãos autônomos foi, de certa forma, facilitado em face da relativização do princípio da legalidade em seu sentido clássico, sobretudo na França, com o reconhecimento de um poder regulamentar autônomo capaz de provocar, por recurso ao Conselho Constitucional, a "deslegalização" de matéria disciplinada pelo legislador, usurpando competência executiva.[139] Fora desse terreno, há a afirmação da discricionariedade técnica, que não é pouca, no esquadro normativo imposto pelo legislador parlamentar.

Na França ainda, como registrado anteriormente, a jurisprudência do Conselho de Estado levou à separação entre os domínios da lei e os domínios do regulamento, ambos com a força jurígena primária. A Constituição de 1958 acolheu a distinção, admitindo além do regulamento executivo (art. 21), o regulamento independente ou autônomo (art. 37). Na trilha da diferenciação das jurisdições da Corte de Contas e do Conselho de Estado, seguiram os órgãos e autoridades administrativas independentes, dotados de um amplo poder de regulamentação. Todavia, o artigo 21 da Constituição atribuía ao Primeiro-Ministro o poder regulamentar, sob a reserva dos poderes reconhecidos ao Presidente da República de assinar os decretos do Conselho de Ministro e os regulamentos. Colocou-se, então, a questão da constitucionalidade de o Poder Legislativo confiar tal poder a outra autoridade.[140] O Conselho Consti-

---

[139] CANS. *La Délégalisation*: Un Encouragement au Désordre, p. 419 et seq.

[140] O Senador de Tinguy du Pouët se opôs com sucesso a projeto de lei tendente a estender o poder regulamentar a certas autoridades locais: "La Constitution dans son article 21 confie au Premier ministre (...) le soin d'exercer le pouvoir réglementaire à quelqu'un d'autre". GENTOT. *Les Autorités Administratives Indépendantes*, p. 75.

tucional foi chamado a se pronunciar a respeito do projeto de lei que instituía a Comissão Nacional da Comunicação e das Liberdades – CNCL e recusou uma interpretação restritiva daquele artigo 21. Não havia impedimento à atribuição a outra autoridade estatal do "poder de fixar, em um domínio determinado e dentro do quadro definido pelas leis e regulamentos, normas de execução da lei".[141] Em outra decisão tomada em 1989, a Corte reiterou a natureza daquele "poder regulamentar especial" ao declarar não conformes com a Constituição dispositivos de projeto de lei que confiavam ao Conselho Superior do Audiovisual – CSA a competência para fixar regras relativas à publicidade e à comunicação institucional. O motivo não fora a conferência daquele poder ao CSA, mas a extensão do poder conferido. A habilitação legal deveria ser necessariamente "limitada, tanto em seu campo de aplicação, quanto em seu conteúdo", valia dizer, não podia ser muito amplo, nem sobre questões muito importantes.[142] A jurisprudência do Conselho Constitucional desautoriza, assim, falar em deslegalização ao submeter a normativa daqueles órgãos ou autoridades independentes aos comandos da lei e do regulamento, procurando restringi-lo à necessidade e adequação do campo específico que visa disciplinar, subtraindo atribuições demasiadamente genéricas. Na prática, contudo, vê-se o exercício de um poder inovador, quase sempre sob as notas justificativas de uma decisão técnica.[143]

Na Espanha, admite-se que, em certos casos, órgãos administrativos, que não se situem na cúpula governamental, possam receber autorização legislativa para regulamentar campos de atividade específicos, mas dentro do espaço de delimitação da lei.[144]

Na Itália, diversas autoridades administrativas independentes foram criadas para fiscalizar e regular âmbitos específicos da vida econômico-social. A Autoridade para a Informática – AIPA, pelo Decreto-Legislativo n. 39/1993, a Autoridade Garantidora da Concorrência e do Mercado – AGCM, pela Lei n. 287/1990, além da Autoridade para Energia Elétrica e Gás, da Autoridade para a *Privacy*

---

[141] FRANÇA. Conselho Constitucional. Decisão n. 86-217. *DC* de 18/9/1986.

[142] FRANÇA. Conselho Constitucional. Decisão n. 88-248. *DC* de 17/1/1989.

[143] GENTOT. *Les Autorités Administratives Indépendantes*, p. 77.

[144] GUERRA; ESPIN; MORILLHO; TREMPS; SATRUSTEGUI. *Derecho Constitucional*, I, p. 97.

e Autoridade para Garantia das Comunicações. Em todas, há uma preocupação em se enfatizar a contenção do poder regulador na seara técnica apenas, sem desbordar para uma fonte primária de normas jurídicas.[145]

No Brasil, a solução pára na impossibilidade de o regulamento ou qualquer ato normativo infralegal inovar. Assim, em tese, todo regramento editado por agências ou outro órgão autônomo não pode ir além do previsto em lei, não cabendo qualquer tipo de delegação legislativa ou de deslegalização em sentido próprio. A atribuição do poder regulador, seja em sede constitucional, seja legal, diz respeito a questões de natureza técnica, restrita e pontual, podendo ser desafiada por uma contestação judicial das medidas ou disciplinas adotadas em face das disposições legais pertinentes e do fundamento técnico apresentado. Isso nos autoriza duas conclusões: a) as normas reguladoras não podem derrogar as leis formais ou os atos com força de lei – Medidas Provisórias, nem os regulamentos expedidos pelo Presidente da República no detalhamento de disposições legais expressas;[146] e b) esses atos normativos se sujeitarão a um duplo juízo: de racionalidade, adstrito tão só à subsistência de motivação técnica, sem adentrar ao mérito de sua correção, e de razoabilidade ou de proporcionalidade, com suas exigências de adequação, necessidade e justa medida.[147]

Essas questões deverão ocupar boa parte das reflexões e dos trabalhos dos Ministros do Supremo Tribunal Federal nos próximos anos, dada a multiplicação dessas agências e, certamente, do volume de normas que serão por elas editadas, inflacionando o já desmedido paiol jurídico brasileiro. Pelo posicionamento já adotado em relação aos agentes reguladores e de fiscalização do Sistema Financeiro, não parece açodamento prever que as balizas infralegais dos regulamentos serão reconhecidas e explicitadas, assim como a submissão daquelas normas a um teste de razoabilidade. Dois pontos, contudo,

---

[145] Para uma leitura mais detida, cf. GRIFFI. *Tipi di Autorità Indipendenti*, 1996.

[146] A atribuição, ao menos constitucional, de poder regulador aos órgãos ou agências independentes, no campo de discricionariedade técnica, deve afastar inclusive a atuação do Presidente da República a propósito de disciplinar a solução técnica mais ajustada ao caso. Essa observação lança projeções sobre o próprio conceito de poder regulamentar no Brasil, sobretudo quanto à sua titularidade.

[147] Sobre a submissão ao duplo juízo: MOREIRA NETO. *Natureza Jurídica, Competência Normativa:* Limites de Atuação, p. 82.

permanecem em aberto: a possibilidade de controle judicial da racionalidade nos termos acima expostos, diante da jurisprudência consolidada da impossibilidade de o Judiciário perquirir as motivações da lei,[148] conquanto estejamos em um campo de discricionariedade técnica e não política; e, sobretudo, do enquadramento desse poder normativo no âmbito do poder regulamentar do Executivo.[149]

### III. O controle legislativo do poder regulamentar

A Constituição brasileira deferiu ao Poder Legislativo a competência de sustar os atos normativos do Poder Executivo que exorbitarem do poder regulamentar (art. 49, V), numa revivescência da Carta de 1934, que reconhecia o mesmo poder ao Senado Federal (art. 91, II). A aparente extravagância do dispositivo em um sistema presidencialista pode ter uma explicação, no texto constitucional vigente, na tentativa, levada a efeito por parcela significativa de membros da Assembléia Nacional Constituinte, de adoção do parlamentarismo. A frustração dessa iniciativa pela força inercial da tradição constitucional brasileira não impediu que certos mecanismos de controle parlamentar, divorciados dos *checks and balance* característicos do presidencialismo, acabassem por remanescer no texto final da Constituição, ao lado da cláusula dilatória do plebiscito sobre sistema de governo, previsto para 7 de setembro de 1993. Todavia não explica a sua presença na Carta de 1934. Uma justificativa às vezes apresentada para o inusitado do fato não chega a convencer. Diz-se que tal previsão constitucional visava atenuar os inconvenientes de um controle puramente técnico-jurídico, levado a efeito pelo Judiciário, com um controle político, exercido por um órgão político – o Senado Federal –, seguindo critérios puramente políticos.[150] Parece mais acertada a compreensão de que o Senado Federal em 1934 estava fora do Legislativo, assumindo

---

[148] BRASIL. Supremo Tribunal Federal. Pleno. Rp. n. 1.319-RJ. Rel. p/o acórdão Moreira Alves. *RTJ* v. 136, t. 2, p. 559-575; ADInMC n. 432-DF. Rel. Min. Celso de Mello. *RTJ* v. 136, t. 2, p. 494-501; ADIn n. 836-PE. Rel. Min. Marco Aurélio. *DJ* 1 de 20/9/1993, p. 19.120.

[149] Cf., no geral, SUNDFELD. *Introdução às Agências Reguladoras*, p. 17 et seq.; MARQUES NETO. *A Nova Regulação Estatal e as Agências Independentes*, p. 72 et seq.; MENDES. *Reforma do Estado e Agências Reguladoras*: Estabelecendo os Parâmetros de Discussão, p. 99 et seq.; MUÑOZ. *Os Entes Reguladores como Instrumento de Controle dos Serviços Públicos no Direito Comparado*, p. 140 et seq.

[150] GASPARINI. *Poder Regulamentar*, p. 92.

um papel de um quase poder moderador, como bem confirma o título do Capítulo V que o previa ("Da Coordenação entre os Poderes"), atrelado à sua função de suspender a lei declarada inconstitucional pelo Supremo Tribunal Federal.[151]

Os instrumentos e mecanismos de freios e contrapesos do sistema presidencialista visam, fundamentalmente, conter os excessos do outro Poder, mas sempre em vista de um equilíbrio jurídico e institucional da ordem política. É por essa razão que alguns autores falam antes em meios de interação e cooperação interorgânicos, relegando a função de controle a um plano secundário. A engenharia constitucional será tanto mais eficaz, quanto mais prevenir e minimizar as situações de crises e quanto mais soluções ágeis fornecer àquelas que vençam seus bloqueios e precauções. Essa deve ser a teleologia que há de inspirar a exegese do dispositivo em análise, sem termos que falar propriamente em "cláusula derrogatória do princípio da divisão funcional do poder", inconciliável com o sistema presidencialista,[152] tampouco de "ingerência de um Poder na ambiência e no espaço de atuação institucional de outro",[153] pois, como temos salientado no curso desse trabalho, não existe uma teoria paradigmática e inflexível da divisão dos poderes, havendo de se falar em modelo constitucionalmente adotado.

A teleologia imanente à própria idéia de Constituição anima a tese de que, mesmo sendo atribuída a um órgão político, agora, o Congresso Nacional, esse controle deve limitar-se ao que prevê a Constituição Federal, sob pena, aí sim, de interferência de um Poder sobre o outro.[154] No exercício desse poder fiscalizatório e na dilucidação das pautas de sua contenção, o Legislativo atua como intérprete da própria Constituição e das leis.[155] Mas não pode avaliar

---

[151] SILVA. *Evolução do Controle de Constitucionalidade Brasileiro e a Competência do Senado Federal*, p. 80.

[152] BASTOS; GANDRA. *Comentários à Constituição Brasileira*, v. 4, t. I, p. 108.

[153] BRASIL. Supremo Tribunal Federal. Pleno. ADInMC n. 748-RS. Rel. Min. Celso de Mello. *RTJ* v. 143, t. 2, p. 510-529, 514.

[154] MEIRELLES. *Direito Administrativo Brasileiro*, p. 598. "Tal prerrogativa do Poder Legislativo há de ser interpretada e compreendida, entretanto, em limites que tornem viável a permanência e execução desse princípio, que é fundamental em nosso sistema constitucional (CF, art. 2.º)": ADInMC n. 748-RS. Rel. Min. Celso de Mello. *RTJ* v. 143, t. 2, p. 510-529, 528.

[155] PONTES DE MIRANDA. *Comentários à Constituição da República dos Estados Unidos do Brasil*, I, p. 770.

o mérito em si do ato normativo, não pode aquilatar o seu acerto utilitário, de conveniência ou de oportunidade, se, por exemplo, espaços para adoção de alternativas tiverem sido deixados, expressa ou implicitamente, pelo legislador; tampouco há de adentrar no exercício das funções discricionárias da Administração, nem se deter sobre atos administrativos de efeitos concretos.[156] O confronto entre lei e regulamento se faz, assim, sob critérios jurídicos e, por ser exercido por um órgão político, revela-se de natureza jurídico-política.

Essas anotações não impedem que surjam dificuldades, no caso concreto, para definição de um ato como administrativo, concreto ou normativo e, definindo-se por este, a partir de que ponto podemos identificar excessos regulamentares. A delimitação dessas fronteiras, contudo, pode terminar por deflagrar conflitos entre o Executivo e o Legislativo, impondo ao Supremo Tribunal resolvê-los. Nesse caso, a Corte limita-se à análise dos pressupostos legitimadores do exercício excepcional da competência deferida à Instituição Parlamentar, o que implica considerar se os atos normativos emanados do Executivos se ajustaram ou não aos limites do poder regulamentar.

Um exemplo pode bem indicar isso. A Assembléia Legislativa do Rio Grande do Sul suspendera um artigo de um Decreto do Governador que instituíra um "calendário rotativo" para as escolas públicas estaduais, baseando-se em um dispositivo da Lei do Plano Plurianual gaúcho que previa a ampliação da rede escolar e a utilização do espaço das escolas com três grupos alternados de alunos de forma a ter três inícios de anos letivos diferentes. Alegou-se atuação *ultra vires* do Governador, pois a Lei do PPA estava direcionada ao legislador e não ao Executivo. Ora, enquanto não viesse a lei exigida, não poderia um Decreto disciplinar a matéria; como o fez, a Assembléia sustou o ato. O Supremo Tribunal foi, então, acionado pelo Governador gaúcho. A questão fora formulada nos seguintes termos: o Decreto do Governador detivera-se no plano meramente administrativo ou inovara a ordem jurídica? Os Ministros *Celso de Mello* e *Francisco Rezek* ficaram com a segunda alternativa. Não poderia o Chefe do Executivo, invocando tão-somente diretrizes setoriais na área da educação, instituídas pelo Plano Plurianual, dispor, mediante decreto, sobre matéria cujo tratamento exigiria expressa regulação legislativa. O Ministro *Celso de*

---

[156] BRASIL. Supremo Tribunal Federal. Pleno. ADInMC n. 748-RS. Rel. Min. Celso de Mello. *RTJ* v. 143, t. 2, p. 510-529; PONTES DE MIRANDA. *Comentários à Constituição da República dos Estados Unidos do Brasil*, I, p. 771.

*Mello*, relator da ação direta ajuizada, firmou-se na natureza orçamentária e programática da Lei do PPA: "O Plano Plurianual não dispõe de operatividade, motivo pelo qual sua atuação (...) reclama complementação normativa, a ser alcançada mediante lei, e não mediante a edição de simples decreto."[157] Para a maioria dos Ministros, contudo, o ato do Governador não estava regulamentando uma lei, antes mostrava-se meramente administrativo,[158] por regular um serviço da Administração, no setor da educação.[159] Admitiu-se que o PPA dependeria de leis posteriores de integração.

> "Mas (...) a previsão de uma diretriz, nesta lei de planejamento, não retira[ria] da administração aquilo que ela já tinha, independente dessa previsão. Ao contrário, reforça[va] a legitimidade da ação administrativa que, naquilo em que a operacionalização do plano não depende[sse] de legislação orçamentária conseqüente e, por isso, a administração já pude[sse] caminhar no sentido da concretização do plano aprovado."[160]

Também em sede cautelar, o Tribunal suspendeu parcialmente Decreto Legislativo que suspendera regulamento de lei distrital fixadora do teto remuneratório dos servidores civis do Distrito Federal, deixando-o intacto no ponto em que suspendia dois dispositivos regulamentares; um que indicava, de forma incompleta em face da jurisprudência do Tribunal, quais seriam "as vantagens de caráter pessoal de qualquer natureza" que a lei, de forma genérica, excluía do teto e outro que tratava de tema não disciplinado pela lei regulamentada.[161] É de se registrar que, nessa tarefa de controle, o Supremo Tribunal termina por exercer uma fiscalização, em sede de controle abstrato, da ilegalidade do regulamento.

---

[157] BRASIL. Supremo Tribunal Federal. Pleno. ADInMC n. 748-RS. Rel. Min. Celso de Mello. *RTJ* v. 143, t. 2, p. 510-529, 519.

[158] BRASIL. Supremo Tribunal Federal. Pleno. ADInMC n. 748-RS. Rel. Min. Celso de Mello. *RTJ* v. 143, t. 2, p. 510-529, 525 (Marco Aurélio).

[159] BRASIL. Supremo Tribunal Federal. Pleno. ADInMC n. 748-RS. Rel. Min. Celso de Mello. *RTJ* v. 143, t. 2, p. 510-529, 529 (Sydney Sanches).

[160] BRASIL. Supremo Tribunal Federal. Pleno. ADInMC n. 748-RS. Rel. Min. Celso de Mello. *RTJ* v. 143, t. 2, p. 510-529, 527 (Sepúlveda Pertence).

[161] BRASIL. Supremo Tribunal Federal. Pleno. ADInMC n. 1.553-DF. Rel. Min. Marco Aurélio. *RTJ* v. 164, t. 2, p. 532-543.

Inclua-se aí também o controle exercido sobre atos do Executivo, tendentes a não cumprir leis promulgadas pelo Legislativo, sob argumento de sua inconstitucionalidade. O tema será discutido no § 6.º seguinte.

## § 4. A LEI E OUTRAS FONTES DO DIREITO NA JURISPRUDÊNCIA DO SUPREMO TRIBUNAL FEDERAL

Para continuarmos a explorar o sentido de legalidade atribuído pelo Supremo Tribunal Federal, é importante considerarmos a lei em face de outros domínios normativos, notadamente (I) a Resolução do Senado, (II) o Regimento, (III) os atos internacionais, (IV) a interpretação judicial, com destaque para (V) a sentença normativa da Justiça do Trabalho, e (VI) os atos administrativos.

### I. *Reserva de lei e resolução do Senado*

Para o Tribunal, não se vislumbra usurpação da competência do Senado Federal, no que concerne ao controle exclusivo do endividamento das entidades públicas interessadas, na promulgação de lei federal que estabelece diretrizes para que a União possa realizar a consolidação e reescalonamento de dívidas das administrações direta e indireta dos Estados, do Distrito Federal e do Município.[162]

### II. *Reserva de lei e regimento*

O regimento é ato normativo com força de lei, destinado a produzir efeitos no âmbito do órgão ou poder que o editou.[163] Não pode, por certo, atentar contra a Constituição, seja formalmente, dispondo sobre matéria reservada à lei, seja materialmente, veiculando conteúdo normativo contrário a dispositivo constitucional. Não se apresse a conclusão de que o regimento é ato inferior à lei, ato subordinado ou secundário.[164] Para a maioria dos Ministros, não é.

---

[162] BRASIL. Supremo Tribunal Federal. Pleno. ADInMC n. 688-DF. Rel. Min. Ilmar Galvão. *RTJ* v. 147, t. 1, p. 72.

[163] BARBOSA. *Comentários à Constituição Brasileira*, II, p. 32-33; MAXIMILIANO. *Comentários à Constituição de 1946*, I, p. 25.

[164] Cf.: "O regimento interno dos tribunais é lei material. Na taxinomia das normas jurídicas o regimento interno dos tribunais se equipara à lei. A prevalência de uma ou de outro depende de matéria regulada, pois são normas de igual categoria. Em matéria processual

Sua fonte de validade imediata é a Constituição e encontra na ordem jurídica um campo reservado próprio e inconfundível com o campo da lei.[165] Pode-se, então, falar tanto de uma "reserva da lei", quanto de uma "reserva de regimento". Algumas decisões do Supremo Tribunal Federal ilustram bem a questão. Na ação direta n. 1.105, a Corte suspendeu cautelarmente os efeitos do inciso IX, artigo 7.º, do Estatuto da Ordem, Lei n. 8.906/1994, que facultava aos advogados sustentar oralmente as razões de qualquer recurso ou processo após o voto do relator. Entendeu-se que o dispositivo legal disciplinava matéria intimamente ligada à marcha do trabalho interno dos tribunais e à ordem dos julgamentos e das sessões, afeta exclusivamente ao regimento.[166] Pelo mesmo motivo, afirmou-se que o artigo 181, I, *b*, do Regimento Interno do Tribunal de Justiça do Estado de São Paulo, deferindo a competência para o julgamento de pedido de revisão criminal formulado perante aquela Corte a um de seus Grupos de Câmaras Criminais, prevalecia sobre o art. 101, § 3.º, *e*, da LOMAN, que atribui essa competência às seções especializadas dos tribunais.[167] Também já se decidiu pela inaplicabilidade, no âmbito do próprio Supremo Tribunal, em se tratando de medida cautelar relacionada com recurso extraordinário, o procedimento cautelar previsto nos artigos 796 e seguintes do CPC, tendo em vista que, a propósito, existia norma especial de natureza processual no Regimento do Tribunal (art. 21, IV), recebido com força de lei pela Constituição de 1988.[168] Por igual, não se aplicaria a disciplina procedimental prevista pela Lei n. 1.079/1950, aos processos de *impeachment* instaurado

---

prevalece a lei, no que tange ao funcionamento dos tribunais o regimento interno prepondera." ADInMC n. 1.105-DF. Rel. Min. Paulo Brossard. *DJ* 1 de 27/4/2001, p. 57. Opinião diversa tem o Ministro Carlos Velloso: Pleno. MS n. 21.564-DF. Rel. p/acórdão Min. Carlos Velloso. *RTJ* v. 169, t. 1, p. 80-181, 106.

[165] ZAGREBELSKY. *La Giustizia Costituzionale*, p. 116. Posição de *Rui Barbosa* em protesto lido na sessão do Senado de 28 de outubro de 1912, cf. BARACHO. *Teoria Geral dos Atos Parlamentares*, p. 311-312.

[166] BRASIL. Supremo Tribunal Federal. Pleno. ADInMC n. 1.105-DF. Rel. Min. Paulo Brossard. *DJ* 1 de 27/4/2001, p. 57.

[167] BRASIL. Supremo Tribunal Federal. 1.ª Turma. HC n. 73.917-MG. Rel. Min. Celso de Mello. *DJ* 1 de 5/12/1997, p. 63.904; 2.ª Turma. HC n. 73.232-GO. Rel. Min. Maurício Corrêa. *RTJ* v. 157, t. 1, p. 223.

[168] BRASIL. Supremo Tribunal Federal. 1.ª Turma. Pet (QO) n. 1.414-MG. Rel. Min. Moreira Alves. *RTJ* v. 167, t. 1, p. 51-53.

perante aquele Tribunal, em face da prevalência dos dispositivos regimentais sobre a matéria.[169]

A distinção entre matéria processual e procedimental ou, correlativamente, entre matéria reservada à lei e matéria afeta ao regimento, nem sempre é muito fácil ou previsível. No Mandado de Segurança n. 22.314, por exemplo, negou-se prevalência a dispositivo regimental do Tribunal de Contas da União que não permitia ao advogado vistas, fora da repartição, dos autos de tomada de contas especial, durante o prazo da defesa, aplicando-se ao caso o disposto no artigo 7.º, XV daquele mesmo Estatuto: "cuida-se de norma de garantia processual extreme ao âmago do ato colegiado de julgamento".[170]

Outra área de indefinição é encontrada na afirmação dos poderes administrativos de auto-gestão, deferidos aos tribunais. Vários pronunciamentos do Supremo Tribunal indicam invasão dos domínios da lei: disposição, de forma divergente da Lei Orgânica da Magistratura Nacional, sobre a eleição, estipulação dos requisitos de elegibilidade e a duração do mandato dos cargos de direção do tribunal,[171] seu preenchimento,[172] escolha do desembargador substituto para os casos de gozo de licença, com preterição do colegiado.[173] Todavia, não se reconheceu usurpação dos espaços de reserva da lei com a edição de Resolução, por Tribunal de Justiça, disciplinando a promoção de juízes togados, por apenas explicitar normas constitucionais de natureza objetiva, com eficácia plena e aplicabilidade imediata, traduzindo mais diretrizes de observância compulsória

---

[169] BRASIL. Supremo Tribunal Federal. Pleno. Pet. n. 85-DF. Rel. p/acórdão Min. Moreira Alves. *DJ* 1 de 13/2/1981, p. 751; Rel. Min. Francisco Rezek. *RTJ* v. 111, p. 202, 206, em sentido oposto, em despacho, Min. Celso de Mello: Inq. n. 1.350-DF. *ISTF* 177.

[170] BRASIL. Supremo Tribunal Federal. Pleno. MS n. 22.314-MS. Rel. Min. Octavio Gallotti. *RTJ* v. 165, t. 3, p. 849-854, 853.

[171] BRASIL. Supremo Tribunal Federal. Pleno. ADIn (QO) n. 841-RJ. Rel. Min. Carlos Velloso. *DJ* 1 de 24/3/1995, p. 6.804; ADInMC n. 1.168-AM. Rel. Min. Sydney Sanches. *DJ* 1 de 7/12/1994, p. 33.910; ADInMC n. 1.503-RJ. Rel. Min. *RTJ* v. 166, t. 3, p. 917; ADInMC n. 1.152-RJ. Rel. Min. Celso de Mello. *RTJ* v. 154, t. 3, p. 810-817; ADInMC n. 1.985-PE. Rel. Min. Nelson Jobim. *ISTF* 146.

[172] BRASIL. Supremo Tribunal Federal. Pleno. ADInMC n. 1.385-PE. Rel. Min. Néri da Silveira. *DJ* 1 de 16/2/1996, p. 3.023.

[173] BRASIL. Supremo Tribunal Federal. Pleno. ADInMC n. 1.481-ES. Rel. Min. Marco Aurélio. *DJ* 1 de 14/11/1996, p. 44.467.

pelo legislador do que regras dependentes de providência legislativa para produção de plenos efeitos.[174]

Para a criação de órgão especial, prevista pela Constituição para os tribunais que contam com mais de vinte e cinco membros (art. 93, XI), haverá necessidade de ser aprovada lei ou bastará a sua disposição por meio de artigo regimental? O artigo 83, II da Constituição dá poderes ao Tribunal de Justiça para elaborar seu regimento interno, com observância das normas de processo e das garantias processuais das partes dispondo sobre a competência e o funcionamento dos respectivos órgãos jurisdicionais e administrativos. A dicção literal estaria a autorizar a interpretação de que o funcionamento e a definição de competência seria objeto de norma regimental, pressupondo a instituição por lei. Pelo menos pensaram assim o legislador gaúcho (Lei n. 7.356/1980, art. 10) e paranaense (Lei n. 7.297/1980, art. 14). O Supremo Tribunal, todavia, não deu acolhida a tal entendimento. Argumentou-se que a cisão entre instituição por meio de lei e atribuição de competência por regimento seria demasiadamente formal, impondo-se, na linha dos trabalhos constituintes, distinguir entre a criação de órgãos dos tribunais, submetida à reserva de lei, e a instituição ou constituição de órgãos dos tribunais, afetas à competência meramente regimental: "A interpretação que ora emprestamos ao art. 96, I, *a*, concorre, ao que pensamos, para a efetivação do que deseja a Constituição, a autonomia e o autogoverno do Judiciário", escreveu o Ministro *Carlos Velloso*.[175]

Também em sede legislativa, o regimento exige um espaço próprio para a sua disciplina. Já se declarou, nesse sentido, que a exclusão da reserva de plenário para discussão, apreciação e votação de projetos de lei só poderia ser operada por meio de norma regimental, como prevê o artigo 18, § 2.º, I, da Constituição Fede-

---

[174] BRASIL. Supremo Tribunal Federal. Pleno. ADInMC n. 189-RJ. Rel. Min. Celso de Mello. *DJ* 1 de 18/5/1990, p. 4.342. A Resolução ou o Regimento do tribunal podem diretamente ferir o texto constitucional: impondo o voto secreto para recusa de promoções por antigüidade: ADInMC n. 1.303-SC. Rel. Min. Maurício Correa. *DJ* 1 de 1/2/1996, p. 215; determinando que o presidente da OAB indique lista sêxtupla para escolha de seu representante na comissão de concurso: ADInMC n. 1.684-BA. Rel. Min. Moreira Alves. *DJ* 1 de 19/12/1997, p. 41.

[175] BRASIL. Supremo Tribunal Federal. Pleno. ADInMC n. 410-SC. Rel. Min. Celso de Mello. *RTJ* v. 153, t. 2, p. 437-450, 443. Ficaram vencidos os Ministros Celso de Mello, Marco Aurélio e Sepúlveda Pertence.

ral e não por meio de outro ato normativo qualquer.[176] Mas aqui também habitam as mesmas incertezas. Por exemplo, não se reconheceu invasão da competência da Assembléia Legislativa para dispor sobre seu regimento interno na lei que regulava o funcionamento dos partidos políticos, nas Casas Legislativas, prevendo a intermediação de uma bancada, constituída por suas lideranças de acordo com o estatuto partidário, as disposições regimentais das respectivas Casas e as normas da lei.[177] Assim também, no pedido de reconsideração, formulado pelo Presidente da CPI do Narcotráfico, de despacho do relator que autorizara a intervenção oral (direito de tribuna) de advogado no curso da investigação legislativa, alegando não existir previsão regimental daquela intervenção, o Supremo Tribunal fez aplicar dispositivos do Estatuto da Advocacia, que asseguravam várias prerrogativas profissionais, dentre as quais a de manifestar-se verbalmente, perante qualquer autoridade, contra a inobservância de preceito de lei, regulamento ou regimento.[178]

### III. Reserva de lei e atos internacionais

A incorporação de normas internacionais à ordem jurídica brasileira é ato subjetivamente complexo, que envolve quatro fases. Na primeira fase, dá-se a celebração pelo Presidente da República (art. 84, VIII); na segunda, opera-se a sua aprovação pelo Congresso Nacional, mediante decreto legislativo (art. 49, I); na terceira, ocorre a "ratificação", mediante o depósito dos documentos junto ao organismo internacional; e na quarta fase, enfim, há a sua promulgação ou ratificação por decreto do Presidente da República.[179] Os tratados ou convenções internacionais, uma vez regularmente incorporados ao direito interno, situam-se, no sistema jurídico brasileiro, no mesmo plano de validade, de eficácia e de autoridade em que se posicionam as leis ordinárias, havendo, em conse-

---

[176] BRASIL. Supremo Tribunal Federal. Pleno. ADInMC n. 652-MA. Rel. Min. Celso de Mello. *RTJ* v. 145, t. 3, p. 763.

[177] BRASIL. Supremo Tribunal Federal. ADIn n. 1 363-BA. Rel. Min. Marco Aurélio. *ISTF* 177.

[178] BRASIL. Supremo Tribunal Federal. Pleno MS (pedido de reconsideração) n. 23 576-DF. Rel. Min. Celso de Mello. *ISTF* 176.

[179] BRASIL. Supremo Tribunal Federal. Pleno. ADInMC n. 1.480-DF. Rel. Min. Celso de Melllo. *ISTF* 196.

qüência, entre estas e os atos de direito internacional público, mera relação de paridade normativa.[180]

Dessa posição hierárquica derivam várias conseqüências. A primeira e mais evidente: o ato internacional não pode violar a Constituição, havendo de guardar necessária compatibilidade ou conformidade.[181] Uma segunda conseqüência indica que a eventual precedência dos tratados ou convenções internacionais sobre as regras infraconstitucionais de direito interno somente se justificará quando a situação de antinomia com o ordenamento doméstico impuser, para a solução do conflito, a aplicação alternativa do critério cronológico (*lex posterior derogat priori*) ou, quando cabível, do critério da especialidade.[182]

Uma terceira conseqüência nos obriga a afirmar que os tratados internacionais celebrados pelo Brasil, ou aos quais o País venha a aderir, não podem versar sob matéria reservada à lei complementar. Essa prevalência da reserva de lei reforçada aparece de forma clara à visão do Ministro *Celso de Mello*:

> "A própria Carta Política subordina o tratamento legislativo de determinado tema ao exclusivo domínio normativo da lei complementar, que não pode ser substituída por qualquer outra espécie normativa infraconstitucional, inclusive pelos atos internacionais já incorporados ao direito positivo interno."[183]

---

[180] BRASIL. Supremo Tribunal Federal. Pleno. RE n. 71.154-PR. Rel. Min. Oswaldo Tribueiro. *RTJ* v. 58, t. 1, p. 70; RE n. 80.004-SE. Rel. Min. Cunha Peixoto. *RTJ* v. 83, p. 809; ADIn n. 1.480-DF. Rel. Min. Celso de Mello. *ISTF* 82; RHC n. 79.785-RJ. Rel. Min. Sepúlveda Pertence. *ISTF* 187; Ext. n. 662-PU. Rel. Min. Celso de Mello. *DJ* 1 de 30/5/1997, p. 23.176; CR (AgRg) n. 8.279-AT. Rel. Min. Celso de Mello. *DJ* 1 de 10/8/2000, p. 6; ADIn n. 1 480-DF. Rel. Min. Celso de Mello. *ISTF* 196; RHC n. 79.785-RJ. Rel. Min. Sepúlveda Pertence. *ISTF* 183.

[181] Assim, "o fato de a Convenção de Varsóvia revelar, como regra, a indenização tarifada por danos materiais não exclui a relativa aos danos morais. Configurados esses pelo sentimento de desconforto, de contrangimento, aborrecimento e humilhação decorrentes do extravio de mala, cumpre observar a Carta Política da República – incisos V e X do artigo 5.º, no que se sobrepõe a tratados e convenções ratificados pelo Brasil": 2.ª Turma. RE n. 172.720-RJ. Rel. Min. Marco Aurélio. *RTJ* v. 162, t. 3, p. 1.093-1.100.

[182] BRASIL. Supremo Tribunal Federal. Pleno. ADInMC n. 1.480-DF. Rel. Min. Celso de Melllo. *ISTF* 196.

[183] BRASIL. Supremo Tribunal Federal. Pleno. ADInMC n. 1.480-DF. Rel. Min. Celso de Melllo. *ISTF* 196.

## IV. Reserva de lei e interpretação judicial

A interpretação judicial, desenvolvida sob técnica institucionalizada, não pode ser apontada como ilegal ou atentatória ao princípio da reserva legal, por mais que desafie a crítica dogmática. O Supremo Tribunal tem afirmado, nesse sentido, que uma interpretação desfavorável das leis não pode ser invocada pela parte sucumbente como ato caracterizador de ofensa ao postulado constitucional da legalidade.[184]

Diferente é a hipótese de o juiz se exceder no exercício de sua atividade judicante, inovando, ativa e passivamente, a ordem jurídica, seja pela criação de normas inexistentes, para além de toda atividade criadora envolvida na exegese dos textos legais, seja se valendo de regras ou métodos proibidos para os domínios em que está a atuar.

Do mesmo modo, a "liberdade" de decisão do juiz não chega às raias do arbítrio judicial ou da imposição de uma moral própria em substituição ao legislador:

> "O regime de estrita legalidade que rege o Direito Penal não admite que, à categoria legal dos crimes hediondos, o juiz acrescente, segundo a sua avaliação subjetiva ditada por seus preconceitos, a categoria dos crimes repugnantes, de modo a negar ao condenado o que lhe assegura a lei."[185]

Ainda no Direito Penal, o princípio da legalidade proíbe o recurso a métodos analógicos ou de interpretação extensiva.[186]

Aqui se deve recordar a doutrina kelseniana do legislador negativo, assumida pelo Supremo Tribunal Federal, como já frisamos em passagem anterior dessa trabalho. A jurisprudência do Tribunal tem reiteradas vezes afirmado que o princípio constitucional da separação de poderes impede que os Juízes e Tribunais, por não disporem de função legislativa, estendam, a categorias funcionais não beneficiadas

---

[184] BRASIL. Supremo Tribunal Federal. 1.ª Turma. Ag (AgRg) n. 159.081-SP. Rel. Min. Celso de Mello. *DJ* 1 de 29/8/1997.

[185] BRASIL. Supremo Tribunal Federal. 1.ª Turma. HC n. 75.695-SP. Rel. Min. Sepúlveda Pertence. *DJ* 1 de 20/3/1998.

[186] BRASIL. Supremo Tribunal Federal. 2.ª Turma. HC n. 73.257-RJ. Rel. Min. Maurício Corrêa. *DJ* 1 de 3/5/1996, p. 139.902.

por um ato estatal impugnado, as vantagens que somente foram concedidas a determinados estratos do serviço público,[187] ou que equiparem remuneração de servidores de diferentes carreiras.[188] A matéria, de tão freqüente, gerou, nos anos sessenta, uma súmula, que levou o número 399, de seguinte teor: "não cabe ao Poder Judiciário, que não tem função legislativa, aumentar vencimentos de servidores públicos, sob fundamento de isonomia". Por razões iguais, tem afirmado que, no exercício do controle de constitucionalidade, não se podem gerar benefícios não objetivados pelo diploma legal, sob pena de o Judiciário se converter em legislador positivo, "papel que lhe é vedado desempenhar nas ações da espécie".[189]

Essa ordem de limitação parece ser traçada como uma linha principiológica da atividade judicante no controle abstrato, tendo-se reiterado que o Supremo Tribunal não pode assumir a posição de legislador positivo, nem mesmo de maneira reflexa, como sucederia se declarasse a inconstitucionalidade parcial de determinada norma jurídica, fazendo resultar um outro regramento virtualmente distinto, nos planos subjetivo e objetivo, do original.[190] Essa impossibilidade decorre, em regra, da impugnação de apenas alguns dos preceitos que integram um determinado sistema normativo, deixando de questionar a validade de outros dispositivos com eles relacionados.[191] O produto da declaração de inconstitucionalidade

---

[187] BRASIL. Supremo Tribunal Federal. 1.ª Turma. RE n. 165.864-MS. Rel. Min. Celso de Mello. *DJ* 1 de 10/5/1996.

[188] BRASIL. Supremo Tribunal Federal. 1.ª Turma. RE 160.850-MA. Rel. Min. Ilmar Galvão. *DJ* 1 de 14/6/1996, p. 21.078.

[189] BRASIL. Supremo Tribunal Federal. Pleno. ADInMC n. 1.502-DF. Rel. Min. Ilmar Galvão. *DJ* 1 de 14/11/1996, p. 44.467.

[190] BRASIL. Supremo Tribunal Federal. Pleno. ADInMC n. 896-DF. Rel. Min. Moreira Alves. *RTJ* v. 159, t. 1, p. 111.

[191] BRASIL. Supremo Tribunal Federal. Pleno. ADInMC n. 1.502-DF. Rel. Min. Ilmar Galvão. *DJ* 1 de 14/11/1996, p. 44 467: ação direta que impugnava convênio firmado pelos Estados nos termos da LC n. 24/1975, que concedia redução da base de cálculo do ICMS incidente sobre prestação de serviços de transporte, mas vedava ao contribuinte que optasse pelo benefício a utilização de créditos fiscais relativos a entradas tributadas. Entendeu o Tribunal que a suspensão apenas do dispositivo que vedava a utilização de créditos, como pretendido, alteraria a finalidade visada pelo convênio; ADInMC n. 1.822-DF. Rel. Min. Moreira Alves. *DJ* 1 de 10/12/1999, p. 3; ADInMC n. 1.747-SC. Rel. Min. Sepúlveda Pertence. *DJ* 1 de 2/10/1998, p. 2; ADInMC n. 1.822-DF. Rel. Min. Moreira Alves. *DJ* 1 de 10/12/1999, p. 3.

também deverá se mostrar inteligível, claro e sistemático, não podendo ser acolhida a impugnação de algumas disposições que, em função de seu vínculo indissolúvel com outras do mesmo diploma, importe num texto legal de difícil compreensão e de conseqüências prático-jurídicas imponderáveis,[192] o que não impede, entretanto, que o Tribunal venha a incluir normas relacionadas com o dispositivo impugnado, que ficariam isoladamente sem sentido apenas com a declaração de ilegitimidade desse dispositivo.[193] Não precisamos lembrar da reconstrução que, nesse âmbito, o Tribunal opera sobre o ato controlado e, conseqüentemente, sobre o sistema jurídico, especialmente com as sentenças intermediárias tratadas precedentemente. O que nos obriga a afirmar que aquela linha principiológica deve ser seguida tanto que possível.

## V. Reserva de lei e sentença normativa da Justiça do Trabalho

A jurisprudência do Supremo Tribunal Federal tem atribuído às sentenças normativas da Justiça do Trabalho valor infralegal ou de atuação *praeter legem*, se a matéria não estiver sujeita ao princípio da legalidade, não podendo sobrepor-se à legislação em vigor, nem contrariar norma constitucional. Sob essa orientação, a Segunda Turma declarou a invalidade de diversas cláusulas estabelecidas, *v. g.*, piso salarial nunca inferior ao salário mínimo acrescido de 20%, por vinculação ao salário mínimo, vedada pelo artigo 7.º, IV, da Constituição; garantia de emprego por 90 dias a partir da data de publicação da decisão proferida no dissídio, por ofensa do artigo 7.º, I e III, da Constituição, cuja interpretação autoriza a pensar que a estabilidade no emprego, para os trabalhadores urbanos e rurais, está restrita, desde a entrada em vigor da Carta de 1988, às hipóteses previstas no artigo 10, II, do ADCT; 60 dias de aviso-prévio para todos os demitidos sem justa causa, por violação da reserva de "lei formal", *ex vi* do artigo 7.º, XXI, da Constituição; e antecipação para o mês de junho do pagamento da primeira parcela do 13.º salário, por violação ao disposto na Lei n. 4.749/1965, que

---

[192] BRASIL. Supremo Tribunal Federal. Pleno. ADIn n. 1.187-DF. Rel. Maurício Corrêa. *DJ* 1 de 30/5/1997, p. 23.175.

[193] BRASIL. Supremo Tribunal Federal. Pleno. ADIn n. 574-DF. Rel. Min. Ilmar Galvão. *RTJ* v. 152, t. 1, p. 43-52.

faculta ao empregador o pagamento dessa parcela até o mês de novembro. Foram mantidas, no entanto, as cláusulas relativas à construção de abrigos para proteção e refeição dos trabalhadores, à remessa anual ao sindicato da relação dos empregados pertencentes à categoria e à criação de quadro para afixação de avisos de interesse dos trabalhadores, afastando-se, quanto a essas cláusulas, a alegação de contrariedade ao artigo 114, § 2.º, da Constituição.[194]

O caráter subordinado ou de fonte secundária de direito importa duas ordens de conseqüência. Em primeiro lugar, é nula, de pleno direito, disposição de convenção ou acordo coletivo que contrarie dispositivo de lei vigente; depois, a lei editada supervenientemente se sobrepõe à convenção, ao acordo ou à sentença normativa. Como exemplo daquela primeira ordem de conseqüência deve ser lembrado o caso citado no parágrafo anterior, com a antinomia existente entre dispositivo da sentença e a Lei n. 4.749/1965. Em relação à segunda ordem de conseqüência, podemos recordar uma decisão da Segunda Turma, afirmando que a sentença normativa firmada ante os pressupostos legais então vigentes pode ser derrogada por normas posteriores que venham a imprimir nova política econômico-monetária, por ser de ordem pública, de aplicação imediata e geral, sendo demasiado extremismo afirmar-se a existência de ofensa ao ato jurídico perfeito, ao direito adquirido e à coisa julgada, em face de a decisão recorrida haver adequado os reajustes salariais da categoria, emergentes de acordo em dissídio coletivo, ao plano de estabilização econômica.[195] Todavia, a mesma Turma excepcionou a hipótese de a convenção expressamente afastar a aplicação de lei menos favorável.[196]

## VI. *Reserva de lei e atos administrativos*

O Supremo Tribunal, em decisões recentes, passou a falar em "princípio da reserva da Administração" para reunir uma série de atribuições afetas com exclusividade à Administração Pública. Te-

---

[194] BRASIL. Supremo Tribunal Federal. 1.ª Turma. RE n. 197.911-PE. Rel. Min. Octavio Gallotti. *DJ* 1 de 7/11/1997, p. 7.253.

[195] BRASIL. Supremo Tribunal Federal. 2.ª Turma. Ag (AgRg) n. 159.725-RJ. Rel. Min. Maurício Corrêa. *DJ* de 1/7/1996.

[196] BRASIL. Supremo Tribunal Federal. 2.ª Turma. RE n. 194.662-BA. Rel. Min. Marco Aurélio. *ISTF* 242.

ríamos, na linguagem do Tribunal, uma "reserva de lei", uma "reserva de Parlamento", uma "reserva de jurisdição" e uma "reserva de administração", dentre outras tantas reservas que paulatinamente os Ministros vêm descortinando.

Podíamos, sob esse rótulo, pensar nas competências exclusivas para iniciar o processo legislativo sobre certos temas, como veremos adiante, na reserva de regulamento, analisada há pouco e em todas as atribuições que a Constituição confere ao Chefe do Executivo de maneira reservada. Limitemo-nos, para os fins de um elenco meramente indicativo, à impossibilidade reconhecida pelo Tribunal de o legislador desconstituir por lei atos administrativos do Poder Executivo.[197]

## § 5. A LEI E O DEVIDO PROCESSO LEGISLATIVO

Algumas observações finais devem ser anotadas no perfil que estamos a fazer da legalidade parlamentar segundo o Supremo Tribunal Federal. Já acentuamos, páginas atrás, a importância que o Tribunal confere à regularidade do procedimento, elevado, para além de um princípio objetivo da ordem jurídico-constitucional, à posição de direito público subjetivo do parlamentar.[198] Pois bem, é hora de investigarmos aspectos importantes desse procedimento sob o ângulo do Tribunal.[199] Para não estendermos longamente sobre o tema, centralizaremos nosso estudo à (I) iniciativa de projetos de lei, (II) o poder de emenda parlamentar, (III) as limitações procedimentais à aprovação de leis, (IV) sanção e (V) veto presidenciais.[200]

---

[197] BRASIL. Supremo Tribunal Federal. ADInMC n. 2.364-AL. Rel. Min. Celso de Mello. *ISTF* 235. Seria também de analisarmos os contornos do princípio da legalidade administrativa. O tema encontra, no entanto, tratamento esparso no texto. Lembremos aqui a necessidade de lei formal para reajuste ou recomposição salarial (ADInMC (Ag) n. 475-AL. Rel. Min. Moreira Alves. *RTJ* v. 138, p. 730; ADInMC n. 1.801-PE. Rel. Min. Maurício Corrêa. *DJ* 1 de 22/5/1998, p. 2;) e para fixação da jornada de trabalho, mesmo no âmbito do Poder Judiciário: ADInMC n. 2.308-SC. Rel. Min . Moreira Alves. *ISTF* 225

[198] BRASIL. Supremo Tribunal Federal. Pleno. MS n. 22.503-DF. Rel. p/acórdão Min. Maurício Corrêa. *RTJ* v. 169, t. 1, p. 181 (Voto do Ministro Marco Aurélio).

[199] Segundo *Carvalho Neto*, o formalismo jurídico, inclusive da interpretação do STF, tem reduzido o processo legislativo a simples exercício de legitimação de decisões tomadas pela burocracia do Executivo: *A Sanção no Procedimento Legislativo*, p. 289-290.

[200] Além dos aspectos examinados, gizamos uma passagem interessante na jurisprudência do STF, que diz respeito à publicidade dos atos do legislativo: "A votação pública e

## I. Iniciativa de projetos de lei

Qualquer membro ou comissão da Câmara dos Deputados, do Senado Federal ou do Congresso Nacional (art. 61, *caput*) e o povo, representado por um por cento do eleitorado nacional, distribuído em pelo menos cinco Estados, com não menos de três décimos por cento dos eleitores de cada um deles (art. 61, § 2.º) detêm competência de iniciativa de leis complementares e ordinárias, salvante as hipóteses de competência privativa deferida a outros órgãos e poderes (de forma conjunta, dos Presidentes da República, da Câmara dos Deputados, do Senado Federal e do Supremo Tribunal Federal – art. 48, XIV; ou separada: Presidente da República – art. 61, § 1.º; Supremo Tribunal Federal – arts. 93, 96, II; aos Tribunais Superiores – art. 96, I, *d* e II; ao Procurador-Geral da República – art. 128, § 5.º).

Essa linha de divisão de competências pode gerar problemas práticos, desafiando a intervenção do Supremo Tribunal Federal. Para fins meramente indicativos, cuidaremos de apresentar essa intervenção (1) em face da reserva de competência presidencial e (2) judiciária.

### 1. Iniciativas reservadas ao Presidente da República

O presidencialismo puro refuta o poder de iniciativa legislativa do Presidente da República. Parte-se da premissa de que a divisão dos poderes não se concilia com uma tal competência do Executivo e que a sua admissão propiciaria vertigens ou surtos autoritários do sistema de governo. Certo é que as Constituições presidencialistas passaram a reconhecê-la e, em muitos casos, a reputá-la exclusiva em relação a certas matérias; assim, o orçamento (Bolívia – art. 200.4; Costa Rica – art. 140.10; Equador – art. 171.17; Paraguai – art. 238.14; República Dominicana – art. 55.21 e Uruguai – art. 168.19), a exoneração de tributos e a fixação de salário mínimo e preços de produtos e serviços (Uruguai – art. 133.2).

A Constituição brasileira, além de reconhecer o poder geral de o Presidente apresentar à Câmara dos Deputados projetos de lei

---

ostensiva nas Casas Legislativas constitui um dos instrumentos mais significativos de controle do poder estatal pela Sociedade civil." ADInMC n. 1.057-BA. Rel. Min. Celso de Mello. *ISTF* 223. Para uma tipologia do processo legislativo e seu desenvolvimento no constitucionalismo brasileiro: HORTA. *O Processo Legislativo nas Constituições Federais Brasileiras*, p. 5 et seq.

(art. 61), ressalvadas outras competências privativas, reservou-lhe a iniciativa de leis relacionadas com o seu papel de Chefe da Administração Pública (A), como orientador da política nacional e gestor dos recursos financeiros do Estado (B). O estudo tópico envolverá a extensão desse poder, promovida pela jurisprudência constitucional, à chefia do Executivo estadual.

## A. Chefe da Administração Pública

Devemos examinar a jurisprudência firmada em torno da criação, estruturação e atribuições dos ministérios e de outros órgãos da administração pública (a), da criação de cargos, funções e empregos públicos e estatuto (regime jurídico) dos servidores públicos civis e militares (b).

### a. Criação, estruturação e atribuições dos Ministérios e de outros órgãos da administração pública

Não se admite que venha o Legislativo a prever a criação de diversos órgãos, fundos e entidades públicos, como centrais de abastecimento para armazenagem, conservação e comercialização de produtos agrícolas, empresa de administração portuária, conselho de transporte, delegacias especializadas de atendimento à mulher ou estabelecimento ambulatório, mesmo considerando que a efetividade desse tipo de norma dependa sempre de lei ou providência de iniciativa do próprio Governador;[201] tampouco instituir um conselho destinado ao controle e à fiscalização do sangue.[202] Assim também se mostra inconstitucional estipular a criação de conselho, dotado de diversificada composição e representatividade, destinado a orientar os órgãos de comunicação social do Estado, suas fundações e entidades sujeitas ao seu controle;[203] tanto quanto dispor sobre a organização, funcionamento de certas entidades ou estatuto de seus servidores.[204] Não pode criar, tampouco extinguir: infeliz

---

[201] BRASIL. Supremo Tribunal Federal. Pleno. ADInMC n. 827-AP. Rel. Min. Paulo Brossard. *RTJ* v. 148, t. 3, p. 693; ADInMC n. 1.275-SP. Rel. Min. Marco Aurélio. *RTJ* v. 162, t. 3, p. 868; ADInMC n. 1.391-SP. Rel. Min. Celso de Mello. *DJ* 1 de 28/11/1997, p. 62.216.

[202] BRASIL. Supremo Tribunal Federal. Pleno. ADInMC n. 1.275-SP. Rel. Min. Marco Aurélio. *RTJ* v. 162, t. 3, p. 868-870.

[203] BRASIL. Supremo Tribunal Federal. Pleno. ADInMC n. 821-RS. Rel. Min. Octavio Gallotti. *DJ* 1 de 7/5/1993, p. 8.327.

[204] BRASIL. Supremo Tribunal Federal. Pleno. ADInMC n. 282-MT. Rel. Sydney Sanches. *RTJ* v. 161, t. 2, p. 384-402; atribuindo à Defensoria Pública autonomia administrativa,

assim a tentativa de pôr fim ao Corpo de Bombeiros com a transferência de suas atribuições para a Polícia Militar.[205] Não pode, da mesma forma, definir o papel empresarial do Estado, proibindo, por exemplo, a venda de ações de empresas públicas e sociedades de economia mista, além das instituições pertencentes ao sistema financeiro público do Estado;[206] criar ou transformar órgãos da administração indireta ou lhes transformar forma ou estatuto jurídico.[207]

b. Criação de cargos, funções e emprego públicos e estatuto (regime jurídico) dos servidores públicos civis e militares

Não cabe ao Poder Legislativo, por iniciativa própria, mesmo que a pretexto do exercício do poder constituinte derivado,[208] definir o regime jurídico dos servidores públicos, assim entendido "o conjunto de normas que disciplinam os diversos aspectos das relações, estatutárias ou contratuais, mantidas pelo Estado com os seus agentes",[209]

---

além de outras garantias ADInMC n. 575-PI. Rel. Min. Celso de Mello. *RTJ* v. 153, t. 2, p. 457; mérito: *RTJ* v. 169, t. 3, p. 834-842. Violação do art. 61, § 1.º, II, *d*; embora aqui não tivesse reconhecido o *periculum in mora* exatamente pela necessidade dessa integração normativa; por conferir à Procuradoria do Estado "autonomia funcional, administrativa e financeira": ADInMC n. 217-PB. Rel. Min. Sydney Sanches. *DJ* 1 de 2/4/1990, p. 2.506; ADInMC n. 291-MT. Rel. Min. Moreira Alves. *RTJ* v. 133, t. 1, p. 66; ADInMC n. 568-AM. Rel. Min. Celso de Mello. *RTJ* v. 138, t. 1, p. 64; ADInMC n. 637-MA. Rel. Min. Celso de Mello. *RTJ* v. 151, t. 3, p. 762-768.

[205] BRASIL. Supremo Tribunal Federal. Pleno. ADInMC n. 1.554-MA. Rel. Min. Sydney Sanches. *DJ* de 3/2/1997, p. 510. Interessante saber se o rol de órgãos de segurança pública, previsto na Constituição Federal, seria ou não taxativo. Inicialmente, a Corte entendeu que sim, tanto que não aceitou a inclusão, dentre eles, de uma polícia penitenciária, como prentendera o Estado do Rio de Janeiro (ADInMC n. 236-RJ. Rel. Min. Octaviao Galloti. *RTJ* v. 139, t. 3, p. 711). Depois, passou a admitir: diretor do Detran. (ADInMC n. 1.182-DF. Rel. Min. Francisco Rezek. *RTJ* v. 156, t. 1, p. 32); polícia rodoviária (ADInMC n. 1.413-DF. Rel. Min. Marco Aurélio. *DJ* 1 de 31/5/1996, p. 18.799).

[206] BRASIL. Supremo Tribunal Federal. Pleno. ADInMC n. 1.703-SC. Rel. Min. Ilmar Galvão. *DJ* 1 de 10/12/1997, p. 65.253.

[207] BRASIL. Supremo Tribunal Federal. Pleno. ADIn n. 348-MG. Rel. Min. Ilmar Galvão. *RTJ* v. 155, t. 1, p. 22-34.

[208] BRASIL. Supremo Tribunal Federal. Pleno. Rp. n. 1.061-SP. Rel. Min. Clóvis Ramalhete. *RTJ* v. 102, t. 2, p. 474; Rp. n. 1.107-SE. Rel. Min. Moreira Alves. *RTJ* v. 115, p. 18; Rp. n. 1.318-SP. Rel. Min. Carlos Madeira. *DJ* 1 de 27/2/1987, p. 2.952; ADIn n. 245-RJ. Rel. Min. Moreira Alves. *RTJ* v. 143, t. 2, p. 391-425.

[209] BRASIL. Supremo Tribunal Federal. Pleno. ADInMC n. 766-RS. Rel. Min. Celso de Mello. *RTJ* v. 157, t. 2, p. 460-465.

seus direitos e vantagens, para além do enunciado geral constante do Texto da República,[210] editando, por exemplo, regras sobre formas de provimento,[211] situação funcional,[212] jornada de trabalho,[213] promoção,[214] adaptação,[215] anistia,[216] critérios de aposentadoria ou transferência para reserva[217] e contagem de tempo de serviço,[218] bem como

---

[210] BRASIL. Supremo Tribunal Federal. Pleno. ADInMC n. 464-GO. Rel. Min. Francisco Rezek. *RTJ* v. 141, t. 1, p. 14. A limitação se impõe ao Judiciário: resolução de Tribunal de Justiça, que fixara o expediente da Secretaria do mesmo Tribunal das treze às dezenove horas, reduzindo, em conseqüência, para seis horas, em turno único, a jornada de trabalho dos servidores, viola a competência de provocação legislativa do Governador: ADInMC n. 2.308-SC. Rel. Min. Moreira Alves. *ISTF* 225.

[211] BRASIL. Supremo Tribunal Federal. Pleno. ADInMC n. 665-DF. Rel. Min. Octavio Gallotti. *RTJ* v. 141, t. 2, p. 413; ADInMC n. 980-DF. Rel. Min. Celso de Mello. *RTJ* v. 156, t. 3, p. 777; ADInMC n. 1.963-PR. Rel. Min. Maurício Corrêa. *RTJ* v. 169, t. 2, p. 486.

[212] BRASIL. Supremo Tribunal Federal. Pleno. ADInMC n. 1.381-AL. Rel. Min. Celso de Mello. *DJ* de 14/12/1995; ou criando verdadeira inamovibilidade de certos cargos, com a concessão do direito ao servidor para optar relativamente ao local do exercício de suas funções, afastando o juízo de conveniência e oportunidade administrativa de forma injustificada: ADInMC n. 656-RS. Rel. Min. Marco Aurélio. *DJ* 1 de 18/9/1992, p. 15.408; ADInMC n. 1.246-PR. Rel. Min. Moreia Alves. *DJ* 1 de 6/10/1995, p. 33.127.

[213] BRASIL. Supremo Tribunal Federal. Pleno. ADInMC n. 2.115-RS. Rel. Min. Ilmar Galvão. *ISTF* 179.

[214] BRASIL. Supremo Tribunal Federal. Pleno. ADInMC n. 665-DF. Rel. Min. Octavio Gallotti. *RTJ* v. 141, t. 2, p. 413; ADInMC n. 749-CE. Rel. Min. Marco Aurélio. *DJ* 1 de 11/9/1992, p. 14.713.

[215] BRASIL. Supremo Tribunal Federal. Pleno. ADInMC n. 1.731-ES. Rel. Min. Ilmar Galvão. *DJ* 1 de 12/12/1998, p. 1.

[216] BRASIL. Supremo Tribunal Federal. Pleno. ADIn n. 233-RJ. Rel. p/acórdão Min. Ilmar Galvão. *RTJ* v. 155, t. 2, p. 685-692.

[217] BRASIL. Supremo Tribunal Federal. Pleno. ADInMC n. 749-CE. Rel. Min. Marco Aurélio. *DJ* 1 de 11/9/1992, p. 13.713.

[218] BRASIL. Supremo Tribunal Federal. Pleno. ADInMC n. 522-PR. Rel. Min. Marco Aurélio. *DJ* 1 de 1/8/1991, p. 9.735; atribuindo aposentadoria voluntária dos procuradores do Estado aos 30 anos de serviço com proventos integrais: ADInMC n. 572-PB. Rel. Min. Francisco Rezek. *RTJ* v. 141, t. 2, p. 404; assegurando aos membros da Defensoria Pública as mesmas condições previstas para aposentadoria dos membros do Ministério Público e da Procuradoria do Estado: ADInMC n. 749-CE. Rel. Min. Marco Aurélio. *DJ* 1 de 11/9/1992, p. 14.713; extensão de regra da aposentadoria voluntária do magistério àqueles que tivessem exercido funções de administração, orientação, supervisão, planejamento e inspeção escolar: ADIn n. 122-SC. Rel. Min. Paulo Brossard. *DJ* 1 de 16/6/1992, p. 9.349; ADIn n. 152-MG. Rel. Min. Sydney Sanches. *DJ* 1 de 15/6/1990, p. 5.499; ADInMC n. 739-AM.

de pensionamento.[219] Pelo mesmo motivo, não deve imiscuir-se na programação financeira da Administração Pública, através da definição de política remuneratória do pessoal,[220] da obrigação de se proceder à atualização de proventos[221] ou vencimentos dos servidores, elegendo o índice a ser utilizado[222] ou corrigindo tabelas existentes,[223] definindo data-base,[224] estendendo aumento de uma categoria

---

Rel. Min. Marco Aurélio. *DJ* 1 de 14/8/1992, p. 12.224; permitindo a contagem de tempo de serviço para efeito de aposentadoria, de modo a levar-se em conta, proporcionalmente, o período em que o servidor prestou serviços sob o regime de aposentadoria especial: ADInMC n. 755-SP. Rel. Min. Maurício Corrêa. *RDA* v. 191, p. 133; mérito: 6/12/1996, p. 48.707; ADInMC n. 1.380-AL. Rel. Min. Francisco Rezek. *DJ* 1 de 20/2/1998, p. 1; ADInMC n. 1.421-DF. Rel. Min. Francisco Rezek. *RTJ* v. 161, p. 835; ADInMC n. 1.160-AM. Rel. Min. Sepúlveda Pertence. *DJ* 1 de 19/5/1995, p. 13.992; ADInMC n. 1.200-ES. Rel. Min. Néri da Silveira. *DJ* 1 de 12/5/1995, p. 12.988; ADInMC n. 1.223-AM. Rel. Min. Sydney Sanches. *RTJ* v. 159, t. 2, p. 429-435; ADInMC n. 1.730-RN. Rel. Min. Moreira Alves. *DJ* 1 de 18/9/1998, p. 2; do direito de aposentadoria do ocupante de cargo em comissão em igualdade de condições com os demais servidores: ADInMC n. 582-SP. Rel. Min. Néri da Silveira. *RTJ* v. 138, t. 1, p. 76; da contagem do tempo de serviço prestado à iniciativa privada para efeitos de disponibilidade e aposentadoria, silenciando quanto a esta última, sobre a compensação financeira dos sistemas de previdência social envolvidos; e quanto aquele, fugindo do modelo federal previsto no § 2.º do art. 202 da Constituição: ADInMC n. 680-GO. Rel. Min. Marco Aurélio. *RTJ* v. 141, t. 2, p. 416; ADInMC n. 665-DF. Rel. Min. Octavio Gallotti. *RTJ* v. 141, t. 2, p. 413; não viola norma da Carta Estadual que, exceto para fins de aposentadoria e disponibilidade, permite o cômputo do tempo de serviço prestado ao Estado para os demais efeitos legais: ADInMC n. 1.695-PR. Rel. Min. Maurício Corrêa. *DJ* 1 de 7/8/12998, p. 19.

[219] BRASIL. Supremo Tribunal Federal. Pleno. ADIn n. 240-RJ. Rel. Min. Octavio Gallotti. *DJ* 1 de 13/10/2000, p. 8.

[220] BRASIL. Supremo Tribunal Federal. Pleno. ADInMC n. 1.381-AL. Rel. Min. Celso de Mello. *ISTF* 16.

[221] BRASIL. Supremo Tribunal Federal. Pleno. ADInMC n. 1.478-SC. Rel. Min. Sydney Sanches. *DJ* 1 de 22/11/1996, p. 45.686.

[222] BRASIL. Supremo Tribunal Federal. Pleno. ADInMC n. 541-PB. Rel. Min. Marco Aurélio. *RTJ* v. 140, t. 1, p. 26; ADInMC n. 840-AM. Rel. Min. Paulo Brossard. *RTJ* v. 146, p. 487; ADInMC n. 1.475-DF. Rel. Min. Octavio Gallotti. *RTJ* v. 161, t. 2, p. 457.

[223] BRASIL. Supremo Tribunal Federal. Pleno. ADInMC n. 973-AP. Rel. Min. Celso de Mello. *DJ* 1 de 1/2/1994, p. 395; ADInMC n. 1.304-SC. Rel. Min. Maurício Corrêa. *RTJ* v. 158, t. 3, p. 795.

[224] Não pode lei ordinária vincular a iniciativa do Presidente da República, para proposição do reajuste, "pois, neste caso, estaria contornando aquela prerrogativa que a Constituição Federal, no art. 61, § 1.º, II, *a*, outorgou exclusivamente ao Chefe do Poder Executivo": Pleno. MS n. 22.689-CE. Rel. Min. Octavio Gallotti. *RTJ* v. 164, t. 2, p. 591-593. "A lei que instituiu a *data-base* (Lei n. 7.706/88) e as outras que a repetem não são normas autoaplicáveis no sentido de que obriguem o Chefe do Poder Executivo Federal a expedir

a outras;[225] reconhecendo isonomia[226] e equiparação,[227] garantindo o pagamento do valor de um vencimento integral aos ocupantes de cargos em comissão, quando exonerados, se não forem titulares de outro cargo ou função pública,[228] ou a incorporação de suas vantagens pecuniárias[229] e sua definição como vantagem individual;[230] fixando o salário mínimo como piso de parcelas remuneratórias,[231] embora não haja mácula alguma na estipulação de que a percepção do vencimento básico do funcionalismo não seja inferior ao salário mínimo.[232]

proposta legislativa de revisão de vencimentos, face ao princípio constitucional que lhe reserva a privatividade da iniciativa (CF, artigo 61, § 1.º, II, *a*). Depende a iniciativa da vontade política do Presidente da República e das conveniências subjetivas de sua avaliação": Pleno. MS n. 22.451-DF. Rel. Min. Maurício Corrêa. *DJ* 1 de 15/7/1997, p. 37.038.

[225] BRASIL. Supremo Tribunal Federal. Pleno. ADInMC n. 1.127-RN. Rel. Min. Francisco Rezek. *RTJ* v. 155, t. 3, p. 771; ADInMC n. 1.196-RO. Rel. Min. Sepúlveda Pertence. *DJ* 1 de 24/3/1995, p. 6.804. Também na equiparação feita pelo Tribunal de Contas estadual de seus auditores aos do Tribunal de Contas do Município: ADInMC n. 1.249-AM. *RTJ* v. 155, t. 2, p. 477; e mérito: *DJ* 1 de 20/2/1998, p. 13.

[226] Pelo Tribunal de Contas do Estado do Amazonas, que assegurara aos auditores assistentes do referido Tribunal a isonomia de vencimentos com os ocupantes do mesmo cargo no Tribunal de Contas dos Municípios, por afronta ao art. 61, § 1.º, II, *a*, da CF, que confere ao Presidente da República e, por força do disposto no art. 25, *caput*, da CF, também aos Governadores de Estado a iniciativa privativa das leis que disponham sobre "criação de cargos, funções ou empregos públicos na administração direta e autárquica ou aumento de sua remuneração". ADIn n. 1.249-AM. Rel. Min. Maurício Corrêa. *DJ* 1 de 20/2/1998, p. 13.

[227] Equiparando procurador do Estado e procurador de autarquias: ADInMC n. 1.434-SP. Rel. Min. Celso de Mello. *DJ* 22/11/1996, p. 45.684.

[228] BRASIL. Supremo Tribunal Federal. Pleno. ADInMC n. 182-RS. Rel. Min. Sydney Sanches. *DJ* 1 de 14/12/1990, p. 15.108; ADInMC n. 199-PE. Rel. Min. Paulo Brossard. *DJ* 1 de 30/3/1990, p. 2.339; aqui também se suspendeu a eficácia de normas que asseguravam conversão em dinheiro de parte das férias e licença-prêmio. Mérito: *DJ* 1 de 7/8/1998, p. 19.

[229] BRASIL. Supremo Tribunal Federal. Pleno. ADInMC n. 843-MS. Rel. Min. Ilmar Galvão. *DJ* 1 de 28/4/1993, p. 7.378.

[230] BRASIL. Supremo Tribunal Federal. Pleno. ADInMC n. 1.353-RN. Rel. Min. Maurício Corrêa. *DJ* 1 de 22/8/1997, p. 38.759.

[231] BRASIL. Supremo Tribunal Federal. Pleno. ADInMC n. 290-SC. Rel. Min. Celso de Mello. *RTJ* v. 138, t. 2, p. 396; ADInMC n. 668-AL. Rel. Min. Celso de Mello. *RTJ* v. 141, t. 1, p. 77; ADInMC n. 1.064-MS. Rel. Min. Ilmar Galvão. *RTJ* v. 156, t. 3, p. 788-791; e mérito: *DJ* 1 de 26/9/1997, p. 47.475.

[232] BRASIL. Supremo Tribunal Federal. Pleno. ADInMC n. 751-GO. Rel. Min. Octavio Gallotti. *RTJ* v. 142, t. 1, p. 86.

Continua-se na série de inconstitucionalidade, perpetrada pelo Legislativo, por desatender à iniciativa reservada do Chefe do Executivo, a previsão de diversas gratificações, gerais ou específicas para certos cargos ou funções, de adicionais,[233] de verbas como auxílio-moradia, auxílio-alimentação;[234] vale-transporte;[235] a determinação do pagamento em dobro de férias acumuladas e não gozadas;[236] a fixação do "abono de férias" dos servidores em 50%[237] ou a concessão de um abono mensal no valor de um salário mínimo por qüinqüênio de efetivo exercício, para servidores públicos estaduais aposentados por invalidez permanente;[238] também a obrigação do ressarcimento de diferenças pecuniárias resultantes do não cumprimento da legislação trabalhista, ocorridas a partir de fevereiro de 1987, aos servidores e empregados públicos da administração indireta[239] e a previsão

---

[233] Definindo remuneração especial de trabalho que exceda 40 horas semanais e trabalho noturno aos servidores da política civil e aos servidores militares do Estado: ADInMC n. 766-RS. Rel. Min. Sepúlveda Pertence. *RTJ* v. 157, t. 2, p. 460; mérito: *DJ* 1 de 11/12/1998, p. 1; adicional de produtividade de servidores do fisco, com valores, forma e condições de percepção fixados pelo Governador através de Decreto: ADInMC n. 1644-PI. Rel. Min. Sepúlveda Pertence. *DJ* 1 de 31/10/1997, p. 55.541; ainda: ADIn n. 1.396-SC. Rel. Min. Marco Aurélio. *RTJ* v. 167, t. 2, p. 397.

[234] BRASIL. Supremo Tribunal Federal. Pleno. ADInMC n. 1.701-SC. Rel. Min. Carlos Velloso. *DJ* 1 de 12/12/1997, p. 65.564.

[235] BRASIL. Supremo Tribunal Federal. Pleno. ADInMC n. 1.809-SC. Rel. Min. Carlos Velloso. *DJ* 22/5/1998, p. 2; também: ADInMC n. 844-MS. Rel. Min. Marco Aurélio. *DJ* 1 de 2/4/1993, p. 5.617; ADInMC n. 856-RS. Rel. Min. Celso de Mello. *DJ* 1 de 22/4/1993, p. 6.829; ADInMC n. 858-RJ. Rel. Min. Marco Aurélio. *DJ* 1 de 18/6/1993, p. 12.110; ADInMC n. 872-RS. Rel. Min. Sepúlveda Pertence. *RTJ* v. 151, t. 2, p. 425-428; ADInMC n. 919-PR. Rel. Min. Ilmar Galvão. *RTJ* v. 150, t. 3, p. 732; ADInMC n. 1.201-RO. Rel. Min. Moreira Alves. *DJ* de 9/6/1995, p. 17.227; ADInMC n. 1.448-RJ. Rel. Min. Maurício Corrêa. *RTJ* v. 162, t. 3, p. 875-877.

[236] BRASIL. Supremo Tribunal Federal. Pleno. ADInMC n. 380-RO. Rel. Min. Carlos Velloso. *DJ* 1 de 27/5/1991, p. 6.905; ADInMC n. 376-RO. Rel. Min. Néri da Silveira. *RTJ* v. 134, p. 1.039; licença-prêmio não gozada: ADInMC n. 1.197-RO. Rel. Min. Carlos Velloso. *DJ* 1 de 31/3/1995, p. 7.773.

[237] BRASIL. Supremo Tribunal Federal. Pleno. ADInMC n. 757-MS. Rel. Min. Ilmar Galvão. *RTJ* v. 145, t. 2, p. 498.

[238] BRASIL. Supremo Tribunal Federal. Pleno. ADInMC n. 711-AM. Rel. Min. Néri da Silveira. *DJ* 1 de 7/5/1993, p. 8.327; ADInMC n. 1.955-RO. Rel. Min. Néri da Silveira. *DJ* 1 de 6/4/1999, p. 2.

[239] BRASIL. Supremo Tribunal Federal. Pleno. ADInMC n. 270-MG. Rel. Min. Paulo Brossard. *RTJ* v. 139, t. 2, p. 415.

de conversão em pecúnia de licença especial,[240] embora não incorra no mesmo vício norma que fixe data de pagamento do funcionalismo[241] ou estabeleça correção monetária dos vencimentos dos servidores públicos, quando pagos com atraso,[242] mas não poderá impor, por isso, multa por representar "penalidade imposta ao Estado e redunda[r] em aumento na remuneração do servidor público sempre ocorrer atraso na folha de pagamento".[243]

A redação do artigo 39 da Constituição, anterior à EC n. 19/1998, garantia aos servidores públicos civis da União, dos Estados, do Distrito Federal e dos Municípios, lei, editada em cada unidade federativa, que viesse dispondo sobre o seu regime jurídico. Com base nesse dispositivo, o legislador federal aprovou a Lei n. 8.112/1990. Em face da autonomia dos Poderes e de certos órgãos autônomos para organizarem e administrarem seus próprios serviços e pessoal, começou-se a indagar sobre a viabilidade de uma lei, de iniciativa do Executivo, ou que viera a ser sucessivamente alterada

---

[240] BRASIL. Supremo Tribunal Federal. Pleno. ADInMC n. 276-AL. Rel. Celso de Mello. *RTJ* v. 132, t. 3, p. 1.057; mérito: *RTJ* v. 170, t. 2, p. 383-387; ADInMC n. 376-RO. Rel. Min. Néri da Silveira. *RTJ* v. 134, t. 3, p. 1.039; Rp. n. 1.078-RS. Rel. Min. Cunha Peixoto. *RTJ* v. 101, p. 929; ADIn n. 227-RJ. Rel. Min. Maurício Corrêa. *DJ* 1 de 28/11/1997, p. 62.202.

[241] Na realidade, o assunto é polêmico no âmbito do Tribunal, divisando-se uma jurisprudência casuística: a favor, inicialmente: ADInMC n. 247-RJ. Rel. Min. Ilmar Galvão. *RTJ* v. 141, t. 2, p. 394; ADInMC n. 282-MT. Rel. Min. Sydney Sanches. *RTJ* v. 161, t. 2, p. 384-402; ADInMC n. 1.448-RJ. Rel. Min. Maurício Corrêa. *RTJ* v. 162, t. 3, p. 875-877. Contra: reconhecendo-se legítimo artigo da Constituição potiguar que dispunha sobre a data de pagamento de servidor público estadual da administração direta, autárquica e fundacional, deferindo-se cautelar para suspender, todavia, a extensão feita aos servidores do Município, bem como às empresas públicas e sociedades de economia mista: ADInMC n. 144-2-RN. Rel. Min. Octavio Gallotti. *DJ* 1 de 26/3/1993, p. 5.001. assim também a Constituição catarinense, determinando pagamento até o último dia útil do mês: ADInMC n. 544-SC. Rel. Min. Marco Aurélio. *RTJ* v. 141, t. 1, p. 58; a mesma previsão continha a constituição gaúcha, que ainda fixava a data de pagamento da gratificação natalina até o dia 20 de dezembro: ADInMC n. 657-RS. Rel. Min. Néri da Silveira. *DJ* 1 de 3/6/1996, p. 19.141. Idêntico posicionamento foi tomado, definitivamente, em relação à Constituição do Mato Grosso, que assinava prazo para o pagamento de vencimentos a servidores, fazendo-o em consideração a limite revelado pelo décimo dia subseqüente ao mês vencido, sob pena de reposição do poder aquisitivo mediante incidência da correção monetária: ADIn n. 176-MT. Rel. Min. Marco Aurélio. *DJ* 1 9/10/1992, p. 17.481.

[242] BRASIL. Supremo Tribunal Federal. Pleno. ADInMC n. 278-MS. Rel. Min. Maurício Corrêa. *RTJ* v. 142, t. 1, p. 11.

[243] BRASIL. Supremo Tribunal Federal. Pleno. ADInMC n. 2.050-RO. Rel. Min. Maurício Corrêa. *ISTF* 164.

por Medida Provisória, aplicar-se a todos os servidores, independentemente do Poder ou órgão de lotação. O parecer da Procuradoria-Geral da República, acolhido na ADIn n. 449, dera a resposta às indagações: fora das hipóteses em que a Constituição previa estatutos próprios para carreiras especiais, o regime jurídico único incidiria sem nenhuma limitação, alcançando todos os servidores da administração direta, das autarquias e das fundações públicas.[244] Mas se assentou também que a fixação da data do pagamento dos servidores públicos federais se situava no âmbito da autonomia dos Poderes da República, não podendo ser restringida por norma legal decorrente da iniciativa de outro desses poderes.[245]

O juízo de conveniência e de oportunidade do Chefe do Executivo para envio de projetos de lei, versando sobre organização dos serviços públicos e estatuto dos servidores estatais, não pode ser controlado também pelo Judiciário. Não cabe, assim, ao Supremo Tribunal Federal estabelecer prazos, *v. g.*, para apresentação de projeto lei de recomposição do valor dos vencimentos dos servidores ou, na ausência dessa lei, reajustá-los;[246] tampouco lhe é dado resolver as disparidades remuneratórias existentes no serviço público. Nessa linha, o Supremo Tribunal chegou, de tanto reiterar sua doutrina, a sumular o assunto: "não cabe ao Poder Judiciário, que não tem função legislativa, aumentar vencimentos de servidores públicos sob o fundamento de isonomia". (Súmula n. 339).

Tem-se ainda de discutir se, em relação a matérias atinentes à estrutura e à organização administrativa, como também àquelas que,

---

[244] BRASIL. Supremo Tribunal Federal. Pleno. ADIn n. 449-DF; ADInMC n. 1.620-DF. Rel. Min. Sepúlveda Pertence. *RTJ* v. 164, t. 2, p. 548-552, 551.

[245] BRASIL. Supremo Tribunal Federal. Pleno. ADInMC n. 1.250-DF. Rel. Min. Moreira Alves. *RTJ* v. 163, t. 3, p. 936-942. A relação entre o devido processo legal e a razoabilidade também está presente na voz do Ministro Celso de Mello: "A essência do *substantive due process of law* reside na necessidade de proteger os direitos e as liberdades das pessoas contra qualquer modalidade de legislação que se revele opressiva ou destituída do necessário coeficiente de razoabilidade. Isso significa, *dentro da perspectiva da extensão da teoria do desvio de poder ao plano das atividades legislativas do Estado,* que este não dispõe da competência para legislar ilimitadamente, de forma imoderada e irresponsável, gerando, com o seu comportamento institucional, situações normativas de absoluta distorção e, até mesmo, de subversão dos fins que regem o desempenho da função estatal". ADInMC n. 1.063-DF. Rel. Min. Celso de Mello. *ISTF* 225.

[246] BRASIL. Supremo Tribunal Federal. Pleno. MS n. 22.689-CE. Rel. Min. Octavio Gallotti. *RTJ* v. 164, t. 2, p. 591-593; MS n. 22.451-DF. Rel. Min. Maurício Corrêa. *DJ* 1 de 15/8/1997, p. 37.038.

em geral, importem despesas, estaria o Executivo obrigado a se apoiar em estudos que revelem a necessidade do cargo, do órgão, da medida, enfim, adotada, como corolário do princípio constitucional da economicidade. O Tribunal respondeu negativamente a essa questão, considerando-a dentro do âmbito da conveniência e oportunidade administrativa.[247]

### B. Como orientador da política nacional e gestor dos recursos financeiros do Estado

As atividades de promoção e orientação das políticas nacionais, de definição de prioridades e de alocação de recursos, destinadas ao desenvolvimento do País e à constituição de uma "sociedade justa e solidária" são compartilhadas por todos os ramos do Governo, em suas diferentes esferas e com as suas limitações intrínsecas. Ao Executivo, cabe um papel discricionário na elaboração dos planos de desenvolvimento e das estratégias de enfrentamento dos problemas que acometem o País que, em grande medida, serão encaminhados ao Congresso para aprovação, seguindo-se-lhes todas as contingências de serem postas em prática medidas efetivas destinadas a dar cumprimento aos planos e estratégias aprovadas. Ao Congresso, ao lado do poder de também dar início a projetos de lei que versem sobre políticas públicas em geral e todo seu repertório de variantes: econômica, cambial e financeira, ainda lhe cabe discutir, emendar, aprovar ou rejeitar os projetos endereçados pelo Presidente da República. Ao Judiciário, cabe apenas examinar a constitucionalidade ou legalidade dos atos aprovados ou adotados, sobrelevando o tema da competência, do atendimento aos ritos preestabelecidos e o respeito aos direitos fundamentais. Um certo exame principiológico das diretrizes constitucionais traçadas nesse campo, como a definição dos objetivos fundamentais da República Federativa do Brasil (art. 3.º), os princípios da administração pública (art. 37), da ordem econômica (art. 170) e social (art. 193) podem estimular juízos menos formais sobre as políticas adotadas, mas nunca no sentido de se substituir a avaliação da conveniência, oportunidade e mesmo utilidade dos atos e medidas tomados.[248] Como nesse

---

[247] BRASIL. Supremo Tribunal Federal. Pleno. ADInMC n. 1.935-RO. Rel. Min. Marco Aurélio. *DJ* 1 de 11/6/1999, p. 8.

[248] Para *Comparato*, o Judiciário poderia controlar as políticas governamentais, não só de suas finalidades, mas também dos meios empregados: *Ensaio sobre o Juízo de Constitucionalidade de Políticas Públicas*, p. 46.

campo o Direito e a política se entrelaçam mais do que em outros, pode-se dizer que o Executivo e o Legislativo realizam, sobre esses assuntos, ponderações político-jurídicas, enquanto o Judiciário se detém na avaliação jurídico-política.

Na prática, sobressai o Executivo como o maior gestor de políticas públicas e isso, para além dos motivos históricos, bons ou maus, muito se deve ao poder de iniciativa legislativa reservado ao Presidente da República em matéria orçamentária (art. 165, I a III). A começar pelo plano plurianual que define as linhas gerais e prioritárias de ação do governo, seguido da Lei de Diretrizes Orçamentárias e Lei Orçamentária Anual.

Empenha-se-lhe, em primeiro plano, o papel de coordenador e articulador das propostas orçamentárias, inclusive daquelas enviadas pelos outros Poderes e órgãos autônomos, dentro dos limites da lei de diretrizes orçamentárias, bem como de garantidor de sua compatibilidade com os princípios constitucionais financeiros, por meio do reconhecimento da exclusividade de envio do projeto de lei orçamentária ao Legislativo. Sob tais delineamentos, não pode o constituinte estadual permitir aos outros dois Poderes ou instituição que goze de autonomia financeira e orçamentária a apresentação de sua proposta de orçamento diretamente ao Legislativo,[249] nem é admissível que vincule, a título de dotação orçamentária, parte da receita arrecadada pelo Estado, em percentuais fixos, a determinados ou aos três Poderes.[250] Sem sentido, também, lei de iniciativa parlamentar que revogue lei orçamentária.[251]

Por trás desse poder, que reflete a tradição e histórica constitucional, está a viabilização do Executivo como primeiro e supremo definidor das políticas ou programas de ação que serão desenvolvidos pelo Estado, que ganha especial reforço da vedação constitucional de vinculação de receita de impostos a órgão, fundo ou despesa, ressalvados, como

---

[249] BRASIL. Supremo Tribunal Federal. Pleno. ADInMC n. 514-PI. Rel. Min. Celso de Mello. *RTJ* v. 152, t. 2, p. 676-692. É interessante perceber que quando a Constituição atribui a determinados órgãos o poder de criar seus próprios cargos, está deferindo-lhes também o poder de fixar os vencimentos de seus integrantes: ADInMC n. 595-ES. Rel. Min. Carlos Velloso. *RTJ* v. 138, t. 1, p. 84.

[250] BRASIL. Supremo Tribunal Federal. Pleno. ADInMC n. 463-BA. Rel. Min. Marco Aurélio. *RTJ* v. 137, t. 2, p. 559; ADInMC n. 468-PR. Rel. Min. Carlos Velloso. *RTJ* v. 147, t. 3, p. 889; ADInMC n. 659-GO. Rel. Min. Carlos Velloso. *RTJ* v. 142, t. 3, p. 715.

[251] BRASIL. Supremo Tribunal Federal. Pleno. ADInMC n. 411-RO. Rel. Min. Sydney Sanches. *DJ* 1 de 2/4/1993, p. 5.613.

não poderiam deixar de ser, os repasses dos produtos da arrecadação a outras entidades federativas e a programas de financiamento do setor produtivo das Regiões Norte, Nordeste e Centro-Oeste (3% do IPI e IR), as importâncias aplicadas na manutenção e desenvolvimento do ensino (no mínimo anual de 18% do total de impostos arrecadados, menos os repasses compulsórios, pela União e 25% do apurado pelos Estados, Distrito Federal e Municípios, compreendido o valor advindo de transferências), a prestação de garantias às operações de crédito por antecipação de receita, bem como a afetação de receitas dos impostos estaduais e municipais, além dos valores repassados, para constituição de garantia ou contragarantia em favor da União e para pagamento de débitos a ela devidos.

Esse itinerário todo para dizer que o Legislativo, no exercício de sua competência ordinária, não pode impor um determinado programa de governo, que venha a consumir tanto ou quanto do valor arrecadado, por exemplo, com a destinação de percentual da receita corrente do Estado, através de dotação orçamentária, aos programas de desenvolvimento da agricultura, pecuária e abastecimento[252] ou para os programas de assistência integral a crianças e adolescentes,[253] à promoção do esporte[254] ou para produção de alimentos básicos,[255] para aplicação e investimento através de convênios com os municípios[256] ou que seja determinada a isenção do pagamento de empréstimo realizado a pequenos produtores.[257] Admite-se, contudo, a obrigatoriedade de aplicação, na área de educação, de percentual de imposto superior ao mínimo definido na Constituição Federal,[258] desde que não se determine especificamente em que deverão ser

---

[252] BRASIL. Supremo Tribunal Federal. Pleno. ADInMC n. 1.759-SC. Rel. Min. Néri da Silveira. *DJ* 1 de 24/3/1998, p. 13.

[253] BRASIL. Supremo Tribunal Federal. Pleno. ADInMC n. 1.689-PE. Rel. Min. Sydney Sanches. *DJ* 1 de 28/11/1997, p. 62.217.

[254] BRASIL. Supremo Tribunal Federal. Pleno. ADInMC n. 1 750-DF. Rel. Min. Nelson Jobim. *DJ* 1 de 7/8/1996, p. 6.

[255] BRASIL. Supremo Tribunal Federal. Pleno. ADInMC n. 1.374-MA. Rel. Min. Carlos Velloso. *DJ* 1 de 1/3/1996, p. 5.009.

[256] BRASIL. Supremo Tribunal Federal. Pleno. ADIn n. 103-RO. Rel. Min. Octavio Gallotti. *DJ* 1 de 8/9/1995, p. 28.354.

[257] BRASIL. Supremo Tribunal Federal. Pleno. ADInMC n. 2.072-RS. Rel. Min. Octavio Gallotti. *ISTF* 171.

[258] BRASIL. Supremo Tribunal Federal. Pleno. ADInMC n. 282-MT. Rel. Sydney Sanches. *RTJ* v. 161, t. 2, p. 384-402; contra: ADInMC n. 780-RJ. Rel. Min. Carlos Velloso. *RTJ* v. 152, t. 1, p. 65-71.

usados esses recursos.[259] Também já se considerou legítima a previsão pelo constituinte decorrente de um percentual das receitas para a instituição de fundação de amparo à pesquisa[260] e para projetos de desenvolvimento científico e tecnológico.[261]

É ilegítima a autorização de gastos que excedam os créditos orçamentários ou adicionais, ou omitir-lhes a correspondente fonte de custeio, com a necessária indicação dos recursos existentes, como ocorre na hipótese de assegurar-se aos dependentes dos associados do instituto de previdência estadual, pensão por morte e a definição da quota previdenciária devida pelo Estado, prefeituras e outras entidades filiadas ao sistema estadual de previdência[262] ou mesmo na instituição de vantagens ou atualização dos vencimentos de servidores públicos,[263] obrigando ao Poder Executivo formalizar à conta da reserva de contingência as alterações orçamentárias exigidas por essas medidas.

A norma inscrita no artigo 168 da Constituição, assegurando o repasse das dotações orçamentárias aos órgãos do Legislativo, do Judiciário e do Ministério Público até o dia 20 de cada mês, por conferir a esses órgãos o efetivo exercício do autogoverno e da independência, não pode ser restringida em sede estadual, mesmo pelo constituinte decorrente,[264] cumprindo ao Poder Executivo proceder ao repasse, tempestivamente. "Razões ligadas quer à situação de equilíbrio das finanças do Estado, quer à arrecadação não justificam a postergação da estrita observância ao mandamento consti-

---

[259] E. g., na manutenção e conservação das escolas públicas estaduais, através de transferências trimestrais de verbas às unidades escolares ADInMC n. 820-RS. Rel. Min. Paulo Brossard. DJ 1 de 22/11/1996, p. 45.684; para a manutenção de universidade estadual, educação especial: ADInMC n. 780-RJ. Rel. Min. Carlos Velloso. RTJ v. 152, t. 1, p. 65-71.

[260] BRASIL. Supremo Tribunal Federal. Pleno. ADInMC n. 550-MT. Rel. Min. Ilmar Galvão. RTJ v. 140, t. 3, p. 761; ADInMC n. 780-RJ. Rel. Min. Carlos Velloso. RTJ v. 152, t. 1, p. 65-71, recusando-se essa possibilidade por meio do legislador ordinário.

[261] BRASIL. Supremo Tribunal Federal. Pleno. ADIn n. 422-ES. Rel. Min. Célio Borja. RTJ v. 135, t. 3, p. 929.

[262] BRASIL. Supremo Tribunal Federal. Pleno. ADInMC n. 352-SC. Rel. Min. Sepúlveda Pertence. RTJ v. 133, t. 3, p. 1.044.

[263] BRASIL. Supremo Tribunal Federal. Pleno. ADInMC n. 541-PB. Rel. Min. Marco Aurélio. RTJ v. 140, t. 1, p. 26.

[264] BRASIL. Supremo Tribunal Federal. Pleno. ADInMC n. 732-RJ. Rel. Min. Celso de Mello. RTJ v. 143, t. 1, p. 57.

tucional."²⁶⁵ Isso não autoriza, por outro lado, a obrigatoriedade de que esse repasse se faça mediante crédito automático em conta própria de cada órgão pela instituição financeira centralizadora do Estado²⁶⁶ ou obediente à prévia fixação de percentual.²⁶⁷

No entanto, como não foi atribuída ao Chefe do Executivo a exclusividade para iniciar o processo legislativo em matéria tributária, nada impede que uma lei, originária do Legislativo, reduza o valor da alíquota de Imposto.²⁶⁸

## 2. Iniciativas reservadas ao Supremo Tribunal Federal

Invadem a competência do Supremo Tribunal Federal, disposições constitucionais do Estado que vedem férias coletivas ao Judiciário local²⁶⁹ ou que definam critérios de promoção e remoção da magistratura,²⁷⁰ de aposentadoria,²⁷¹ que regulem concurso público para preenchimento de cargos da magistratura.²⁷² Essa violação pode ser perpetrada por lei, cuja iniciativa partiu do tribunal competente, mas que desatendeu alguma das garantias ou prerrogativas deferidas ao magistrado.²⁷³ Assim, entendeu-se que a Lei

---

[265] BRASIL. Supremo Tribunal Federal. Pleno. MS n. 21.450-MT. Rel. Min. Octavio Gallotti. *RTJ* v. 140, t. 3, p. 818 ; MS (AgRg-QO) n. 21.291-DF. Rel. Min. Celso de Mello. *DJ* 1 de 27/10/1995, p. 36.331.

[266] BRASIL. Supremo Tribunal Federal. Pleno. ADInMC n. 1.901-MG. Rel. Min. Ilmar Galvão. *DJ* 1 de 24/11/1998, p. 3; ADInMC n. 1.914-RO. Rel. Min. Sydney Sanches. *DJ* 1 de 2/12/1998, p. 14.

[267] BRASIL. Supremo Tribunal Federal. Pleno. ADInMC n. 2.108-PE. Rel. Min. Marco Aurélio. *ISTF* 175.

[268] BRASIL. Supremo Tribunal Federal. Pleno. ADInMC n. 2.392-ES. Rel. Min. Moreira Alves. *ISTF* 222.

[269] BRASIL. Supremo Tribunal Federal. Pleno. ADInMC n. 202-BA. Rel. Min. Octavio Gallotti. *DJ* 1 de 2/4/1993, p. 5.612.

[270] BRASIL. Supremo Tribunal Federal. Pleno. ADInMC n. 468-PR. Rel. Min. Carlos Velloso. *RTJ* v. 147, p. 889; ADInMC n. 1.970-TO. Rel. Min. Nelson Jobim. *ISTF* 155.

[271] BRASIL. Supremo Tribunal Federal. Pleno. ADIn n. 98-MT. Rel. Min. Sepúlveda Pertence. *DJ* 1 de 31/10/1997, p. 55.539.

[272] BRASIL. Supremo Tribunal Federal. Pleno. ADInMC n. 1.080-PR. Rel. Min. Celso de Mello. *DJ* 1 de 1/8/1994, p. 18.462, cf. contra: ADIn n. 585-AM. Rel. Min. Ilmar Galvão. *RTJ* v. 144, t. 1, p. 43-59.

[273] BRASIL. Supremo Tribunal Federal. Pleno. ADInMC n. 1.481-ES. Rel. Min. Marco Aurélio. *DJ* 1 de 14/11/1996, p. 44.467.

de Organização Judiciária do Estado do Piauí, que previa um escalonamento percentual entre os vencimentos da magistratura estadual em índice superior ao previsto no artigo 93, V, da Carta Política, ou seja, 10%, incorria em vício de inconstitucionalidade, pois o único espaço de liberdade decisória reservado ao legislador ordinário nessa matéria, institutiva de garantia subjetiva de carreira em favor dos magistrados, especialmente a tutela e resguardo de sua situação financeira, seria a que lhe permitia reduzir essa diferença percentual, conferindo maior intensidade ao postulado da Constituição.[274] No entanto, o Tribunal já decidiu que as vantagens, pecuniárias ou não, previstas na Lei Orgânica da Magistratura Nacional (LC n. 35/1979) eram exaustivas, não podendo ser ampliadas ou reduzidas pelos Estados, sendo, assim também, inaplicável aos magistrados a licença-especial prevista na Constituição do Estado para os servidores públicos em geral.[275]

Reconheceu-se, no mesmo passo, a usurpação da competência do Supremo pelo Código de Organização Judiciária do Estado do Rio de Janeiro, no ponto em que disciplinava a forma de escolha do presidente, dos vice-presidentes e do corregedor-geral da justiça. Aqui se sobressaiu a natureza da matéria, própria do estatuto da magistratura, que fora reservada à lei complementar federal, de iniciativa do Supremo Tribunal, havendo por recepcionada a referida Lei Orgânica da Magistratura Nacional.[276] O exercício do poder de autogoverno do Judiciário estadual não pode ser desviado dos parâmetros estabelecidos na Carta da República, de modo que não se admite que ato normativo primário ou secundário privilegie a antigüidade, na promoção por merecimento do magistrado, mais do que fez o constituinte originário. Também a antigüidade e merecimento, para promoção ao Tribunal de Justiça, devem ser apurados apenas no Tribunal de Alçada onde houver, não sendo possível ressalvar a posição de antigüidade dos juízes na entrância, em face

---

[274] BRASIL. Supremo Tribunal Federal. Pleno. ADInMC n. 764-PI. Rel. Min. Celso de Mello. *RTJ* v. 153, t. 3, p. 756-760.

[275] BRASIL. Supremo Tribunal Federal. Pleno. AO n. 155-RS. Rel. Min. Octavio Gallotti. *DJ* 1 de 10/11/1995, p. 38.310.

[276] BRASIL. Supremo Tribunal Federal. Pleno. ADIn (QO) n. 841-RJ. Rel. Min. Carlos Velloso. *DJ* 1 de 24/3/1995, p. 6.804; ADInMC n. 1.422-RJ. Rel. Min. Ilmar Galvão. *DJ* 1 de 31/5/1996, p. 18.800.

do teor contido no artigo 93 da Constituição da República.[277] Em mesmo sentido, firmou-se entendimento de que onde houver Tribunal de Alçada, não haverá lista sêxtupla para o Tribunal de Justiça, dado que o ingresso neste, pelo quinto constitucional, ocorrerá por meio do Tribunal de Alçada.[278] Legislador estadual não pode prever promoção automática à entrância especial de juízes em exercício nas varas do juizado especial, sem observância ao princípio da alternância, na promoção por antigüidade e merecimento (art. 93, II).[279]

A invasão também pode ocorrer por ato normativo expedido por um tribunal. Assim, em relação ao Supremo Tribunal, Regimento Interno de Tribunal de Justiça que discipline de forma divergente da Lei Orgânica da Magistratura Nacional sobre a eleição, estipulação dos requisitos de elegibilidade e a duração do mandato dos cargos de direção do tribunal;[280] seu preenchimento[281] e a escolha do desembargador substituto para os casos de gozo de licença, com preterição do colegiado.[282] Mas, como vimos, não há usurpação das atribuições do Supremo ou do Congresso Nacional, com a edição de Resolução, por Tribunal de Justiça, disciplinando a promoção de juízes togados, por apenas explicitar normas constitucionais de natureza objetiva, com eficácia plena e aplicabilidade imediata, traduzindo mais diretrizes de observância compulsória pelo legislador do que regras dependentes de providência legislativa para produção de plenos efeitos.[283]

---

[277] BRASIL. Supremo Tribunal Federal. Pleno. ADIn n. 654-PR. Rel. Min. Carlos Velloso. *RTJ* v. 152, t. 3, p. 768-779.

[278] BRASIL. Supremo Tribunal Federal. Pleno. ADIn n. 813-SP. Rel. Min. Carlos Velloso. *DJ* 25/4/1997, p. 15.197.

[279] BRASIL. Supremo Tribunal Federal. Pleno. ADInMC n. 1.837-CE. Rel. Min. Sydney Sanches. *DJ* 1 de 11/9/1998, p. 3.

[280] BRASIL. Supremo Tribunal Federal. Pleno. ADIn (QO) n. 841-RJ. Rel. Min. Carlos Velloso. *DJ* 1 de 24/3/1995, p. 6.804; ADInMC n. 1.168-AM. Rel. Min. Sydney Sanches. *DJ* 1 de 7/12/1994, p. 33.910; ADInMC n. 1.503-RJ. Rel. Min. *RTJ* v. 166, t. 3, p. 917; ADInMC n. 1.152-RJ. Rel. Min. Celso de Mello. *RTJ* v. 154, t. 3, p. 810-817; ADInMC n. 1.985-PE. Rel. Min. Nelson Jobim. *ISTF* 146.

[281] BRASIL. Supremo Tribunal Federal. Pleno. ADInMC n. 1.385-PE. Rel. Min. Néri da Silveira. *DJ* 1 de 16/2/1996, p. 3.023.

[282] BRASIL. Supremo Tribunal Federal. Pleno. ADInMC n. 1.481-ES. Rel. Min. Marco Aurélio. *DJ* 1 de 14/11/1996, p. 44.467.

[283] BRASIL. Supremo Tribunal Federal. Pleno. ADInMC n. 189-RJ. Rel. Min. Celso de Mello. *DJ* 1 de 18/5/1990, p. 4.342. A Resolução ou o Regimento do tribunal podem diretamente

## II. O poder de emenda parlamentar

O poder de emenda é um consectário do próprio poder de legislar e, segundo o sistema adotado, pode ser concebido sem limites, de forma limitada ou vinculada ao poder de iniciativa.[284] Pelo primeiro, seria inerente à função legislativa, impossibilitando sua contenção; pelo último, o poder de emenda só poderia ser exercido em relação às matérias que a Constituição não entregasse o impulso legislativo a outros órgãos ou Poderes.[285] A posição intermediária reconhece, em princípio, o poder de emenda inclusive aos casos de iniciativa reservada, porém com certas limitações. O sistema brasileiro adota o último modelo em relação ao projeto de lei delegada submetido à apreciação do Poder Legislativo: se a resolução determinar a apreciação do projeto pelo Congresso Nacional, este a fará em votação única, vedada qualquer emenda (art. 68, § 3.º). E adota o modelo intermediário relativamente às matérias de iniciativa legislativa reservada.

O Supremo Tribunal Federal, no entanto, apresentou entendimentos diversos sobre esse assunto no correr do tempo. Já foi negado peremptoriamente,[286] e já foi afirmado de forma indubitável:

> "A atribuição conferida aos Tribunais, de proporem ao Legislativo competente a criação ou extinção de cargos em seus serviços e a fixação dos respectivos vencimentos (...) importa em 'poder de iniciativa' que não exclui nem o 'poder de emenda' inerente às funções da legislatura."[287]

---

ferir o texto constitucional: impondo o voto secreto para recusa de promoções por antigüidade: ADInMC n. 1.303-SC. Rel. Min. Maurício Correa. *DJ* 1 de 1/2/1996, p. 215; determinando que o presidente da OAB indique lista sêxtupla para escolha de seu representante na comissão de concurso: ADInMC n. 1.684-BA. Rel. Min. Moreira Alves. *DJ* 1 de 19/12/1997, p. 41.

[284] CAVALCANTI. *Princípios Gerais de Direito Público*, p. 213; *A Constituição Federal Comentada*, p. 145.

[285] BRASIL. Supremo Tribunal Federal. Pleno. Rp. n. 196. Rel. Min. Lafayette de Andrade. *RF* v. 165, p. 155-156.

[286] BRASIL. Supremo Tribunal Federal. Pleno. Rp. n. 196. Rel. Min. Lafayette de Andrade. *RF* v. 165, p. 155-156.

[287] BRASIL. Supremo Tribunal Federal. 3.ª Turma. RMS n. 9.315-RJ. Rel. Min. Prado Kelly. *RTJ* v. 37, p. 113-115.

De acordo com a posição atual, as restrições ao poder de emenda nos casos de projetos de lei de iniciativa exclusiva ficam reduzidas à proibição de aumento de despesa e à hipótese de impertinência da emenda ao tema do projeto.[288]

A falta de pertinência temática é denunciada pela ausência de conexão lógico-sistemática entre o texto encaminhado ao Congresso e o teor do dispositivo inserido pelos parlamentares ou sempre que vier a desfigurar, a mudar a substância, a estabelecer "incompatibilidade entre o sentido geral do projeto e as disposições a ele acrescidas".[289]

É preciso ter presente que a proibição de a emenda parlamentar não importar aumento de despesa é ampla em relação às iniciativas exclusivas do Presidente da República, com as particularidades das leis financeiras previstas no artigo 166, §§ 3.º e 4.º, mas restringe-se aos projetos sobre organização dos serviços administrativos das Casas Legislativas, do Judiciário e do Ministério Público.

No primeiro caso, há uma distinção a ser feita entre a lei orçamentária anual, a lei de diretrizes orçamentárias e as demais leis. Para que se possam aprovar emendas à lei orçamentária, exige-se a compatibilidade com o plano plurianual e com a lei de diretrizes orçamentárias, a indicação dos recursos necessários, admitidos apenas os provenientes de anulação de despesa, excluindo-se as emendas sobre dotação para pessoal e seus encargos, serviço da dívida e transferências tributárias constitucionais para Estados, Municípios e Distrito Federal; e a relação com a correção de erros ou omissões, ou com os dispositivos do texto do projeto de lei. Emendas à lei de diretrizes orçamentárias requerem a compatibilidade com o plano plurianual e para o restante das leis, reverbera a limitação do aumento das despesas. Com uma ressalva, no entanto: se o aumento advier da aplicação direta da Constituição, como na hipótese de imposição da extensão aos inativos do aumento de vencimentos concedidos, segundo o projeto inicial, aos servidores da ativa.[290]

---

[288] BRASIL. Supremo Tribunal Federal. Pleno. ADIn n. 574-DF. Rel. Min. Ilmar Galvão. *RTJ* v. 152, t. 1, p. 43-52; ADInMC n. 805-RS. Rel. Min. Celso de Mello. *RTJ* v. 152, p. 71-73; ADInMC n. 865-MA. Rel. Min. Celso de Mello. *DJ* 1 de 8/4/1994, p. 7.225; RE n. 140.542-RJ. Rel. Min. Ilmar Galvão; 2.ª Turma. RE n. 120.331-CE. Rel. Min. Célio Borja. *DJ* 1 de 14/12/1990, p. 15.111; RE n. 191.191-PR. Rel. Min. Carlos Velloso. *DJ* 1 de 20/2/1998, p. 46.

[289] BRASIL. Supremo Tribunal Federal. Pleno. RMS n. 15.015-SP. Rel. p/acórdão Min. Evandro Lins e Silva. *RTJ* v. 36, p. 382-387, 385 (Ministro Victor Nunes Leal).

[290] BRASIL. Supremo Tribunal Federal. Pleno. ADInMC n. 1.835. Rel. Min. Sepúlveda Pertence. *DJ* 1 de 24/8/1998, p. 64.

Nos demais casos, a vedação de aumento de despesas cinge-se à organização dos serviços administrativos. Portanto, em relação às proposições dos tribunais, essa proibição apenas alcança os projetos que tratem da organização dos serviços administrativos estruturados em suas respectivas secretarias, de modo que um projeto de lei sobre organização judiciária estadual, *v. g.*, a criação, o provimento e a instalação de serventias extrajudiciais, de serviços notariais e registrais, cuja iniciativa é reservada ao Tribunal de Justiça, pode sofrer emendas parlamentares de que resulte aumento da despesa prevista.[291]

Fora dos casos de iniciativa reservada, nada impede que seja inserida na lei matéria estranha àquela indicada na sua ementa. Essa tese só teria sentido se existisse norma igual àquela do artigo 49 da Constituição de 1934 que expressamente vedava a possibilidade de a lei conter matéria estranha ao enunciado na respectiva ementa.[292]

### III. Limitações procedimentais à aprovação de leis: o "devido processo legislativo"

Para além da prefixação das competências reservadas, concorrentes e especiais, a Constituição estabelece as linhas gerais do procedimento legislativo, definindo os passos gerais do rito, condições de urgência, quórum de instalação e deliberação. Não daremos conta da multiplicidade dos aspectos previstos, apenas será apresentada uma visão superficial da complexidade que pode assumir o tema, destacando-se (1) a vedação relativa de apresentação de novo projeto de lei sobre matéria constante de projeto de lei rejeitado na mesma sessão; (2) a exigência do bicameralismo da casa iniciadora e da casa revisora.

### 1. Vedação relativa de apresentação de novo projeto de lei sobre matéria constante de projeto de lei rejeitado na mesma sessão

A matéria constante de projeto de lei rejeitado somente poderá constituir objeto de novo projeto, na mesma sessão legislativa, median-

---

[291] BRASIL. Supremo Tribunal Federal. Pleno. ADInMC n. 865-MA. Rel. Min. Celso de Mello. *RTJ* v. 157, t. 2, p. 465-472.

[292] BRASIL. Supremo Tribunal Federal. Pleno. ADInMC n. 1.096-RS. Rel. Min. Celso de Mello. *RTJ* v. 158, t. 2, p. 441-479.

te proposta da maioria absoluta dos membros de qualquer das Casas do Congresso (art. 67, CRFB). Para as propostas de emenda constitucional essa vedação é absoluta, incluindo, além do mais, os assuntos que tenham constado de proposta havida por prejudicada (art. 60, § 5.º, CRFB). A questão vai estar na definição do que seja "mesma sessão legislativa", sobretudo diante da existência de sessão extraordinária ou mais concretamente em face da indagação: a sessão extraordinária convocada para janeiro de um determinado ano integra a sessão deste ano ou será mera continuação da sessão do ano anterior?

Na Ação Direta n. 2.010, o Tribunal concluiu que a sessão extraordinária pertenceria a outra sessão legislativa, fugindo-se da limitação portanto.[293]

## 2. Exigências do bicameralismo

De ordem procedimental, o princípio do bicameralismo brasileiro exige, no caso de emenda a projeto de lei na Casa revisora, o retorno à Casa iniciadora (art. 65, parágrafo único), que poderá acatar a alteração ou simplesmente manter o texto originalmente encaminhado, submetendo o projeto à sanção presidencial.[294] Para que haja obrigatoriedade do retorno, a alteração de texto deve importar "mudança do sentido da proposição legislativa", por exemplo, incluindo "filhas solteiras" na ordem de prioridade dos beneficiários da pensão militar, que incluía apenas a viúva ou viúvo, companheira ou companheiro, filhos menores de 21 anos ou, quando estudantes, menores de 24 anos,[295] não sendo o caso, por outro lado, de emenda no Senado Federal que substitui a expressão "folha de salário" por "total de remuneração pagas ou creditadas, a qualquer título" no dispositivo que instituía a base de cálculo da contribuição social do salário-educação.[296]

---

[293] BRASIL. Supremo Tribunal Federal. Pleno. ADInMC n. 2.010-DF. Rel. Min. Celso de Mello. *ISTF* 164.

[294] PINTO FERREIRA. *Comentários à Constituição Brasileira*, III, p. 312. Contra: FERREIRA FILHO. *Comentários à Constituição Brasileira*, II, p. 110: "Deprende-se do texto [constitucional] que o projeto e não apenas as emendas, segundo dizia o art. 58 da Emenda n. 1/69, voltará à apreciação da Casa iniciadora, pressupondo-se que, se esta não o aprovar nos mesmos termos que o fez a Casa revisora, o texto volverá a esta."

[295] BRASIL. Supremo Tribunal Federal. Pleno. ADIn n. 574-DF. Rel. Min. Ilmar Galvão. *RTJ* v. 152, t. 1, p. 43-52.

[296] BRASIL. Supremo Tribunal Federal. Pleno. ADC n. 3-DF. Rel. Min. Nelson Jobim. *ISTF* 173; em que pese a jurisprudência anterior que distinguia claramente as duas expressões.

A proposta de emenda constitucional segue, em face das modificações nas propostas advindas da outra Casa, o rito geral embora não haja aquela prevalência da Casa iniciadora, de forma que resulte na adoção de um texto idêntico, seguindo de perto o que os franceses chamam de *la navette*.[297] A desatenção a essas regras gera a inconstitucionalidade formal, como já reconheceu o Supremo Tribunal Federal diante da ocorrência de supressão de parte de dispositivo de uma proposta de emenda durante a sua apreciação pela Câmara dos Deputados, sem que, após, tivesse sido novamente apreciado pelo Senado.[298]

## IV. Sanção presidencial

A sanção é definida, comumente, como a "operação integradora da feitura da lei",[299] embora haja uma séria divergência em torno da sua natureza jurídica, se seria ato legislativo, decorrente da "faculdade de estatuir", por meio do qual o Chefe do Executivo se converteria em parte integrante de órgão legislativo;[300] ou ato executivo, que significaria a aquiescência, tão-somente, ao projeto advindo do Legislativo,

---

[297] AVRIL; GICQUEL. *Droit Parlamentaire*, p. 164. As soluções de conflito entre as Casas Legislativas são variadas. Nos Estados Unidos e na França, há a previsão de uma comissão mista. O art. 45 da Constituição francesa permite ao Primeiro Ministro provocar a reunião de uma comissão paritária para examinar os pontos discordantes e propor um texto conciliador a ser submetido para aprovação das duas Assembléias, não sendo permitida emenda alguma, a menos que o Governo concorde. Se o texto não for adotado ou aceito, o Governo pode, após uma nova leitura pela Assembléia e pelo Senado, demandar àquela que decida definitivamente a respeito. Nos Estados Unidos, a Casa iniciadora pode pedir a formação de uma *Conference Committe*, organizada por comitês formados em cada uma das Câmaras, que discutirá sobre os pontos conflitantes, emitindo parecer a respeito. Na Alemanha, uma Comissão mediadora, formada paritariamente, pode ser requerida pelo *Bundesrat*, se não se tratar de lei que requeira sua conformidade, ou, no caso contrário, pelo *Bundestag* ou pelo Governo para reduzir os riscos do veto, nos caso das leis que requerem a conformidade do *Bundesrat*, ou de protelações, para as hipóteses de leis que possam vir a sofrer objeções pelo *Bundesrat*. De toda sorte, o *Bundestag* pode derrubar as objeções feitas pelo *Bundesrat* por maioria simples, em geral, ou de dois terços, se a objeção tiver levado a assinatura de pelo menos dois terços dos membros da Câmara Alta.

[298] BRASIL. Supremo Tribunal Federal. Pleno. ADInMC n. 2.031-DF. Rel. Min. Octavio Gallotti. *ISTF* 164.

[299] FIGUEIRÊDO. *Processo Legislativo*, p. 102.

[300] CARRÉ DE MALBERG. *Teoría General del Estado*, p. 373; TRIGUEIRO. *Direito Constitucional Estadual*, p. 182.

sem importar em "colaboração" ou "participação" legislativa.[301] Costuma-se pontuar o seu significado, em relação à promulgação, dando-lhe o efeito conversor do projeto em lei,[302] diferente da promulgação, ato próprio da fase de integração de eficácia, que se destinaria apenas a autenticar o texto, constatar a sua existência regular e perfeita, declararando a sua executoriedade.[303] É preciso anotar que não se pode extrair efeito jurídico algum de uma lei sancionada antes da promulgação: não pode ser revogada, nem declarada inconstitucional.[304] É já, de toda forma, lei. Também a simples promulgação não importa a vigência ou exibilidade ou o seu termo inicial, fazendo-se necessária a sua publicação. A esta, o Presidente se acha obrigado, ainda que a Constituição não fixe prazo. A melhor exegese, na linha dos costumes constitucionais brasileiros, indica uma identidade espacial e temporal dos dois atos ou, em outras palavras, a publicação deve ser feita dentro do prazo de promulgação.[305]

Em vários sistemas constitucionais, a sanção pode não estar prevista, havendo apenas a possibilidade de o Executivo promulgar a lei aprovada pelo Parlamento.[306] Mesmo assim o significado da "promulgação" pode continuar a ser meramente executivo, como atestou o Conselho de Estado francês, ao defini-lo como "ato pelo qual o Chefe de Estado atesta a existência da lei e dar ordem às autoridades públicas para observá-la e fazer cumpri-la" (CE de 8/2/1974, *Commune*

---

[301] AURELINO LEAL. *Teoria e Prática da Constituição Federal Brasileira*, p. 845-846; para uma leitura mais detida sobre a natureza da sanção: CARVALHO NETO. *A Sanção no Procedimento Legislativo*, p. 150 et seq.

[302] FIGUEIRÊDO. *Processo Legislativo*, p. 102; FERREIRA FILHO. *Comentários à Constituição Brasileira de 1988*, II, p. 110; BASTOS; MARTINS. *Comentários à Constituição do Brasil*, v. 4, t. 2, p. 278; PINTO FERREIRA. *Comentários à Constituição Brasileira*, III, p. 320.

[303] PONTES DE MIRANDA. *Comentários à Constituição de 1946*, III, p. 97; RUSSOMANO. *Lições de Direito Constitucional*, p. 238; FERREIRA FILHO. *Comentários à Constituição Brasileira de 1988*, II, p. 117; TEMER. *Elementos de Direito Constitucional*, p. 142-143; SILVA. *Princípios do Processo de Formação das Leis no Direito Constitucional*, p. 223.

[304] BASTOS. *Curso de Direito Constitucional*, p. 314.

[305] SILVA. *Princípios do Processo de Formação das Leis no Direito Constitucional*, p. 229. Contra: FERREIRA FILHO. *Comentários à Constituição Brasileira de 1988*, II, p. 118, todavia considerando a omissão como atentado contra o cumprimento das leis e assim como crime de responsabilidade (p. 154).

[306] Lembremos que a Constituição francesa de 1793 não previa nenhum ato do Executivo para o processo de formação das leis (art. 59).

*de Montory*).³⁰⁷ Também para os italianos, a promulgação guarda boa diferença da sanção que era prevista pelo Estatuto Albertino, pois se atém à fase de integração da eficácia, certificatória de que a lei foi aprovada pelas duas Câmaras, ao tempo em que ordena a publicação e apõe a cláusula executiva: "È fato obbligo a chiunque spetti di osservarla e di farla osservare come legge dello Stato."³⁰⁸ Na Argentina, onde cabe ao Congresso a sanção das leis, tende-se a confundir a promulgação com a sua publicação ou divulgação,³⁰⁹ embora haja esforços para diferençar, atribuindo ao ato promulgatório a atestação da existência da lei e a ordenação de seu cumprimento.³¹⁰ Para os portugueses, por outro lado, a promulgação desempenha um papel importante à fase de controle e não apenas de integração de eficácia da lei, pois apresenta uma dupla dimensão: a) garante a autenticidade do diploma aprovado e ordena a sua publicação, com a sua conseqüente introdução no ordenamento jurídico; e b) exprime e pressupõe o direito de controle material exercido pelo Presidente da República.³¹¹ Também para os alemães, a promulgação exige um triplo controle: a) de identidade entre o texto remetido para promulgação e o que foi aprovado pelo *Bundestag* e *Bundesrat*; b) de legalidade ou formal, destinado a verificar se os pressupostos formais ou procedimentais de formação da lei foram cumpridos; e c) de constitucionalidade material, de correspondência ou compatibilidade com a Constituição.³¹² Nos sistemas em que há a previsão da sanção, ela pode-se resumir a mero ato formal, podendo deixar para a promulgação uma certa margem para o controle do processo legislativo. Os espanhóis, por exemplo, reduzem ambas as figuras à mesma fase de integração de eficácia, compondo a sanção uma reminiscência histórica, hoje reduzida a simples ato formal vinculado que se produz automaticamente com o transcurso do prazo de quinze dias

---

[307] AVRIL; GICQUEL. *Droit Parlamentaire*, p. 130.

[308] MARTINES. *Diritto Costituzionale*, p. 360-361. A distinção ali é entre o plano e significado da promulgação: se do mesmo plano da publicação, "mero ato de integração da eficácia" (*Di Ruffia, Galeotti*) ou documentação da vontade expressa das duas Câmaras para resultar numa "lei formalmente perfeita" (*Bartholini, Modugno*): PALADIN. *Diritto Costituzionale*, p. 347-348.

[309] VIAMONTE. *Curso de Derecho Constitucional*, p. 607.

[310] LUNA. *Formación y Sanción de Las Leys*, p. 357; COLAUTTI. *Derecho Constitucional*, p. 179.

[311] CANOTILHO; MOREIRA. *Constituição da República Portuguesa Anotada*, p. 597.

[312] BÜLOW. *La legislación*, p. 759.

(art. 91, CE), enquanto a promulgação consiste em uma declaração solene de incorporação da lei de maneira definitiva ao ordenamento jurídico,[313] muito embora se admita que o Rei possa recursar-se a promulgar a lei, mas apenas por razões formais (controle externo).[314]

No Direito Constitucional brasileiro existe a sanção expressa, quando o Presidente assina o projeto de lei, e sanção tácita, quando deixar escoar os quinze dias úteis, que a Constituição lhe dá para apor a sanção ou o veto, sem qualquer manifestação. Total, se a aquiescência for plena; parcial, se concordar apenas com uma parte do texto que veio do Legislativo. Não se exige a sanção, no entanto, em relação à lei de conversão de medida provisória, se não houver alteração, supressão ou acréscimo dos dispositivos originários.[315]

A adesão subseqüente da vontade executiva, por meio da sanção, a projetos de lei iniciados, sem o exigido impulso inicial do Chefe do Executivo, torna escorreito o processo de formação legislativa? Uma visão estritamente pragmática responderia que sim. O Supremo Tribunal inicialmente também,[316] a partir da interpretação dispensada ao parágrafo único do artigo 57 da Emenda Constitucional n. 1/1969, mudou de posição. Segundo essa nova doutrina, a sanção a projetos de lei, de reservada competência do Executivo, mas que tiverem sido apresentados ou emendados pelos parlamentares, com aumento, na última hipótese, da despesa originariamente prevista, salvo os casos de leis orçamentárias, não convalida o vício formal de origem ou procedimento.[317]

---

[313] ROYO. *Curso de Derecho Constitucional*, p. 559-560.

[314] GUERRA; ESPIN; MORILLO; TREMPS; SATRUSTEGUI. *Derecho Constitucional*, II, p. 110.

[315] BRASIL. Supremo Tribunal Federal. 2.ª Turma. RE n. 217.194-PR. Rel. Min. Maurício Corrêa. *ISTF* 224.

[316] BRASIL. Supremo Tribunal Federal. Pleno. RMS n. 9.828. Rel. Min. Ari Franco. *RTJ* v. 24, t. 2, p. 401; RMS n. 9.619-SP. Rel. Min. Victor Nunes. *DJ* 1 de 18/10/1962; RMS n. 10.806. Rel. Min. Antônio Villas Boas. *DJ* 1 de 16/5/1963, p. 259. Súmula n. 5: "A sanção do projeto de lei supre a falta de iniciativa do Poder Executivo."

[317] BRASIL. Supremo Tribunal Federal. Pleno. Rp. n. 890-GB. Rel. Min. Oswaldo Trigueiro. *RTJ* v. 69, t. 2, p. 625; Rp. n. 1.051-GO. Rel. Min. Moreira Alves. *DJ* 1 de 15/5/1981, p. 4.428; Rp. n. 1.278-SP. Rel. Min. Djaci Falcão. *DJ* 1 de 9/10/1987, p. 27.775; ADInMC n. 1.070-MS. Rel. Min. Celso de Mello. *DJ* 1 de 15/9/1995, p. 29.507; ADIn n. 1.963-PR. Rel. Min. Maurício Corrêa. *DJ* 1 de 7/5/1999, p. 1; ADInMC n. 2 079-0. Rel. Min. Maurício Corrêa. *ISTF* 183.

## V. Veto presidencial

O veto presidencial é forma de participação do Executivo no processo de formação das leis, ao tempo em que exerce um controle sobre o próprio Poder Legislativo, contrabalançando possíveis influências partidárias, regionais setoriais que tenham prevalecido no Congresso, por meio de um juízo mais isento e descolado desses interesses.[318] Considera-se como garantia dessa atitude o caráter legitimador do Presidente por seu vínculo representativo com toda a Nação e não apenas com um certo Estado da Federação ou com o interesse de um particular segmento social ou econômico.[319]

O Direito Comparado nos revela, além do veto do Executivo, uma multiplicidade de tipos, segundo a sua origem: o veto parlamentar, imposto, no âmbito do bicameralismo, geralmente pela Câmara Alta, *v. g.*, na Inglaterra e na Alemanha; o veto popular, por meio do qual o corpo eleitoral opõe-se à entrada em vigor de um texto aprovado pelo Parlamento, como ocorre na Suíça, e veto da jurisdição constitucional na fiscalização preventiva da constitucionalidade, de forma provocada ou obrigatória, como examinamos precedentemente.[320] Quanto a seus efeitos, o veto pode ser absoluto ou limitado. No primeiro caso, o projeto advindo do Congresso é sepultado (*Liberum* ou *plenum voto* polonês que vigeu entre 1652 e 1691; o *pocket veto* norte-americano;[321] o veto do Presidente e Vice-Presidente da República no Chipre em relação a assuntos externos, exceto pactos de aliança com a Grécia e a Turquia, defesa e segurança pública – art. 50.1, *a* e *b*). No segundo, também chamado de veto suspensivo, o Chefe do Executivo de-

---

[318] CASASANTA. *O Poder de Veto*, p. 91: "(...) quando é parcial (...) BARBALHO chega a considerá-lo uma verdadeira emenda surpessiva." Contra: AURELINO LEAL. *Teoria e Prática da Constituição Brasileira*, p. 22, 224, 845-846: repetindo o que vimos em relação à sanção: o veto tem função executiva; identicamente CARRÉ DE MALBERG. *Teoría General del Estado*, p. 373: veto como faculdade de impedir, de resistir. Cf. também CARVALHO NETO. *A Sanção no Procedimento Legislativo*, p. 88 et seq.

[319] BRUFF. *Legislative Formality, Administrative Rationality*, p. 235-236. Para um apanhado histórico: BARACHO. *Teoria Geral do Veto*, p. 168 et seq.; CASASANTA. *O Poder de Veto*, p. 125 et seq.: veto dos tribunos da plebe em Roma, passando pelo *royal assent* britânico surgido no século XV, pelo *liberum veto* polonês de 1776, pela Constituição francesa de 1791 e desenvolvido no presidencialismo norte-americano.

[320] Cf. Parte 1, Cap. 3, Seç. III, § 1.

[321] *Pocket veto* é o expediente, por meio do qual o Presidente norte-americano não assina o Projeto enviado pelo Congresso, vencendo-se o prazo para fazê-lo durante o recesso parlamentar e, diferentemente dos demais casos, não havendo a sua conversão em lei.

termina nova deliberação do corpo legislativo, ambos podendo ser total ou parcial, conforme atinja todo o texto ou apenas parte dele. No caso de veto limitado, a doutrina distingue, conforme o tempo de deliberação congressual, entre veto suspensivo estrito: a nova deliberação deve ser feita na legislatura seguinte; e reenvio: a segunda deliberação deve ocorrer logo após recebida a mensagem de devolução (Bolívia – art. 77.1; Bulgária – art. 101.3; Chile – art. 70; França – art. 10.2; Itália – art. 74; Portugal – art. 139); ou conforme o *quorum* congressual, entre veto qualificado: exigindo-se *quorum* qualificado para derrubada do veto ou reexame da matéria encaminhada pelo Executivo (África do Sul – art. 79.4; Bolívia – art. 77.2; Bulgária – art. 101.3; Estados Unidos – art. I, seção 7.2; Honduras – art. 216.2; Iraque – art. 51.2; República Checa – art. 50.2; Tunísia – art. 52.2; Uruguai – arts. 137 e 138), e veto simples, dispensando *quorum* qualificado (França – art. 10.2; Hungria – art. 26.3; Itália – art. 74); ou ambos, conforme a matéria (Portugal – art. 139.3). Anotam-se ainda as formas de veto translativo popular e oligárquico, para as hipóteses de o Executivo submeter à deliberação popular ou à instância não representativa, o destino dos projetos.[322] Neste último caso, envolto em argumento de inconstitucionalidade pelos tribunais da jurisdição constitucional, o "veto" pode ser dado, como vimos, antecipadamente à manifestação executiva de aquiescência ou repúdio (Áustria, Alemanha, Bolívia, Camboja, Chipre, Congo, França, Espanha, Guatemala, Hungria, Honduras, Irlanda, Itália, Madagascar, Marrocos, Mauritânia, Polônia, Portugal, Romênia e Síria); ou posteriormente, para solucionar um conflito surgido pela derrubada do veto (África do Sul, Colômbia, Costa Rica, El Salvador e Panamá); ou em todas essas hipóteses. Pode ser inclusive decorrência necessária do veto ou objeção presidencial (Equador); prevendo-se também vias alternativas: de consulta ao tribunal da jurisdição constitucional ou de reenvio ao Parlamento, como ocorre na Polônia (arts. 121.2 e 4) e Chipre (art. 52). Em qualquer caso, a decisão será para ele vinculante. Mas pode ser previsto veto presidencial mesmo que haja decisão do tribunal. Em Portugal, por exemplo, o Presidente da República pode desencadear a fiscalização preventiva de constitucionalidade antes de exercer propriamente seu direito de veto, ficando com a obrigação de vetar, se a pronúncia for por inconstitucionalidade, ou com a faculdade de o fazer por motivo político, em caso contrário. Pode ainda provocar a fiscalização

---

[322] ROSA. *O Veto nos Estados Presidencialistas*, p. 150 et seq.; BRITO. *O Veto Legislativo*: Estudo Comparado, p. 58.

preventiva de constitucionalidade para o caso de a Assembléia da República confirmar o dispositivo que vetou, sendo esta mais precisamente a hipótese do "veto translatício oligárquico". A nossa Constituição imperial combinara as duas técnicas, de veto absoluto e limitado (arts. 65 e 68). A Constituição de 1988 seguiu a linha adotada desde 1891, reconhecendo apenas o veto limitado qualificado. Há ainda a distinção entre veto total – de todo projeto de lei – e veto parcial – de parte do projeto. Após a Revisão Constitucional de 1925-1926, colocou-se à disposição do Presidente as duas possibilidades.

Algumas questões relacionadas ao exercício dessa competência presidencial podem suscitar dúvidas. Se em uma lei, o Presidente revogar um determinado dispositivo, não se dando conta que havia, em outra parte, norma dispondo no mesmo sentido, haveremos de considerar essa outra parte vetada? Para *Pontes de Miranda*, cumpriria verificar se a frase ou frases não referidas teriam o mesmo vício da que fora vetada e, no caso afirmativo, deveriam ser reputadas igualmente vetadas.[323] No entanto, deve-se dar interpretação restritiva às manifestações presidenciais, de sorte que o veto só recaia sobre a parte expressamente indicada, cabendo ao Presidente a diligência para impedir a inutilidade de seu ato, de modo a suspender todos os dispositivos que veiculem a disciplina julgada inconstitucional ou contrária aos interesses nacionais. Pode o Presidente vetar dispositivos de projeto de lei de iniciativa reservada? O Supremo Tribunal tem respondido que sim.

> "A atribuição conferida aos Tribunais, de proporem ao Legislativo competente a criação ou extinção de cargos em seus serviços e a fixação dos respectivos vencimentos (...) importa em 'poder de iniciativa' que não exclui (...) o 'poder de veto', essencial à dinâmica do regime presidencial."[324]

Pode o Legislativo, após ter remetido ao Presidente da República o autógrafo, pedir-lhe a devolução? Ou, por outra, pode o Presidente arrepender-se do veto? Ou, ainda, após ter confirmado o veto, pode o Legislativo vir a considerá-lo intempestivo e declarar tacitamente sancionados os preceitos vetados? A todas as perguntas, a resposta é não, considerando-se a irreversibilidade dos

---

[323] PONTES DE MIRANDA. *Comentários à Constituição de 1946*, III, p. 99.

[324] BRASIL. Supremo Tribunal Federal. Pleno. RMS n. 9.315-RJ. Rel. Min. Prado Kelly. *RTJ* v. 37, p. 113.

trâmites de elaboração da lei.[325] Enfim, é regular Decreto Legislativo que, declarando o veto intempestivo a projeto de lei, promulgada há vários anos, retifique a manutenção de tais vetos pela Assembléia? A resposta aqui também é negativa.[326]

## § 6. A CONSTITUIÇÃO E A LEI ENTRE OS PODERES: UM PODER-DEVER DE RESISTÊNCIA À INCONSTITUCIONALIDADE?

A jurisprudência do Supremo, antes da EC n. 16/1965, era francamente favorável à tese que reconhecia ao Executivo a opção entre provocar a manifestação do Judiciário ou não dar execução à lei que reputasse inconstitucional, e ao Legislativo a de anular leis violadoras da Constituição.[327] Com a promulgação daquela Emenda, ocorreram acirrados debates entre os ministros, provocando, inicialmente, divisão da Corte. No Mandado de Segurança n. 16.003-DF, impetrado contra ato do então Presidente da República *Castelo Branco*, por maioria, o Plenário continuou a admitir o descumprimento de lei pelo Poder Executivo sob o argumento de inconstitucionalidade.[328] Os Ministros *Nunes Leal, Carlos Medeiros,*[329] *Evandro Lins,*[330] *Vilas Boas*[331] e *Gonçalves de Oliveira*[332] entendiam que o cenário havia mudado completamente, aperfeiçoando-se o regime de divisão, coordenação e harmonia dos poderes, laçando-se para o Judiciário a tarefa de guardião do equilíbrio de suas relações, através do pronunciamento do Supremo Tribunal no julgamento da representação de inconstitucionalidade.

---

[325] PONTES DE MIRANDA.*Comentários à Constituição de 1946*, III, p. 98; ADInMC n. 1.254-RJ. Rel. Min. Celso de Mello. *DJ* 1 de 18/8/1995, p. 24.849. *RDA* n. 70, p. 308.

[326] BRASIL. Supremo Tribunal Federal. ADIn n. 1 254-RJ. Rel. Min. Sepúveda Pertence. *ISTF* 174.

[327] Decisões tomadas no ano de 1957: Rp. n. 332. *RTJ* v. 3, t. 3, p. 760 e RMS n. 4.211. *RTJ* v. 2, t. 2, p. 386; no ano de 1958: RMS n. 5.860; no ano de 1960: MS n. 7.243. Rel. Min. Luiz Gallotti. *RDA* v. 59, p. 338-353; em 1962: Rp. n. 512. *DJ* de 26/9/1963, p. 910; em 1964: RE n. 55.718-SP. Rel. Min. Hermes Lima. *RTJ* v. 32, t. 1. 134 e 1965: RMS n. 14.557-SP. Rel. Min. Cândido Mota. *RTJ* v. 33, t. 2, p. 336.

[328] BRASIL. Supremo Tribunal Federal. Pleno. MS n. 16.003-DF. Rel. Min. Prado Kelly. *RDP* v. 5, p. 234-248.

[329] BRASIL. Supremo Tribunal Federal. Pleno. MS n. 15.886. Rel. Min. Victor Nunes Leal. *RTJ* v. 41, t. 2, p. 677.

[330] Ibidem, p. 668.

[331] Ibidem, p. 691.

[332] Ibidem, p. 690.

"Se é conclusiva, nessa matéria, a decisão do Supremo Tribunal, o lógico é que essa decisão seja provocada antes de se descumprir a lei. Anteriormente à EC 16/65, não podíamos chegar a essa conclusão por via interpretativa, porque não havia um meio processual singelo e rápido que ensejasse o julgamento prévio do Supremo Tribunal. Mas esse obstáculo está arredado, porque o meio processual foi agora instituído no próprio texto da Constituição."[333]

No entanto, os Ministros *Cândido Motta Filho*,[334] *Aliomar Baleeiro*,[335] *Pedro Chaves*,[336] *Adalício Nogueira*[337] e *Luiz Gallotti*,[338] recorrendo aos ensinamentos de *Rui Barbosa* e reafirmando a supremacia da Constituição, a nulidade ou inexistência do ato inconstitucional e o princípio da divisão dos poderes, defendiam a continuidade dos precedentes da Corte. Quatro Ministros estiveram ausentes naquela oportunidade. Nos anos que se seguiram os debates foram à míngua, ressurgindo no apagar dos anos 70, embora a essa altura concluíssem pelo poder de o Chefe do Poder Executivo negar cumprimento a lei, por ele considerada inconstitucional:

"Não tenho dúvida em filiar-me à corrente que sustenta que pode o Chefe do Poder Executivo deixar de cumprir – assumindo os riscos daí decorrentes – lei que se afigure inconstitucional. A opção entre cumprir a Constituição ou desrespeitá-la para dar cumprimento a lei inconstitucional é concedida ao particular para a defesa do seu interesse privado. Não será ao Chefe de um dos Poderes do Estado para a defesa não do seu interesse particular, mas da supremacia da Constituição que estrutura o próprio Estado?"[339]

Quatro anos depois, em 1983, reconheceu-se a um tribunal, através da adoção de ato administrativo de natureza normativa, o

---

[333] Ibidem, p. 677 (voto do relator).

[334] Ibidem, p. 681.

[335] Ibidem, p. 682.

[336] Ibidem, p. 689.

[337] Ibidem, p. 688.

[338] Ibidem, p. 690.

[339] BRASIL. Supremo Tribunal Federal. Pleno. Rp. n. 980. Rel. Min. Moreira Alves. *RTJ* v. 96, t. 2, p. 508 (voto do relator).

mesmo poder.[340] Imagina-se, com essa solução, que a independência e autonomia de cada Poder, reforçadas pelo sistema de freios e contrapesos, permitem decisões acerca da legitimidade dos atos que pratica, aferida não em função da lei, se reputada inconstitucional, mas em face da Constituição diretamente. A própria aceitação da tese da nulidade da lei inconstitucional vem reforçar essa conclusão. Apenas a extração equivocada de conseqüências da teoria do ordenamento jurídico escalonado hierarquicamente poderia balizar a compreensão contrária. As normas individuais ou os atos de execução, administrativos ou judiciais, por estarem abaixo das leis, não terão de estar a elas subordinados direta e imediatamente, se se vislumbrar um divórcio entre essas leis e os seus fundamentos de validade. Foi tal linha de pensamento que levou o Ministro *Moreira Alves*, apoiado ainda na doutrina de *Adolf Merkel*, a afirmar:

> "Do fato de situar-se o ato administrativo, de alcance individual ou regulamentar, em grau inferior ao da lei ordinária, não se segue a existência de um vínculo de subordinação entre o administrador e o órgão legislativo, que induzisse à obediência incondicional da lei."[341]

Na Ação Direta de Inconstitucionalidade n. 221, ajuizada no início de 1990, a questão veio à tona. Tratava-se de discutir a validade de uma medida provisória declarar nula outra medida provisória que já se encontrava sob o crivo do Supremo Tribunal em fiscalização abstrata e em apreciação no Congresso Nacional. Por unanimidade os Ministros negaram esse poder: "em nosso sistema jurídico, não se admite a declaração de inconstitucionalidade de lei ou de ato normativo com força de lei por lei ou ato normativo com força de lei posteriores" constara da ementa. Os Poderes Executivo e Legislativo podiam apenas determinar aos seus órgãos subordinados que deixassem de aplicar administrativamente as leis ou os atos com força de lei que considerassem inconstitucionais; "e quando declaram a nulidade desses atos administrativos" escrevera o Ministro *Moreira Alves*, relator, "ficam sujeitos ao controle do Poder Judiciário, e poderão ser responsabilizados pelos prejuízos advenientes dessa declaração se este entender que inexiste a pretendida ilegalidade". Restara so-

---

[340] BRASIL. Supremo Tribunal Federal. Pleno. Rcl. n. 141. Rel. Min. Moreira Alves. *RTJ* v. 108, t. 3, p. 923.

[341] BRASIL. Supremo Tribunal Federal. Pleno. Rp. n. 1.319-RJ. Rel. Min. Moreira Alves. *RTJ* v. 136, t. 2, p. 69; essas conclusões foram seguidas pelo Ministro Francisco Rezek (572-573).

mente, por meio de interpretação conforme à Constituição, entender a "nulidade" como ab-rogação, o que foi feito.[342]

Já se afirmou também que o Governador não pode opor resistência ao cumprimento de leis estaduais, versando matéria atacada, sem êxito, em ações diretas cujo pedido de cautelar fora indeferido pelo Supremo, embora pudesse fazê-lo em relação ao conteúdo que sofrera suspensão cautelar.[343]

Para o que nos interessa aqui, permanece afiada a tese de que ao Supremo Tribunal caberia a última e definitiva palavra, aos demais órgãos e Poderes, um poder-dever de zelar pela Constituição e de se sujeitar, em face de decisões equivocadas, às conseqüências de seus erros.[344]

# SEÇÃO III
# O CONTROLE JURISDICIONAL DAS COMISSÕES PARLAMENTARES DE INQUÉRITO

As origens das comissões parlamentares de inquérito são encontradas na velha Inglaterra, com o estabelecimento de um corpo legislativo que passou a desafiar o poder absoluto do monarca, definindo as suas prerrogativas (*privilegies*) e os seus poderes de punição por "desobediência" ou "desacato ao Parlamento" (*Contempt of Parliament*). Apenas o Parlamento podia declarar quais eram essas prerrogativas e julgar as condutas que as violassem. Todo esse poder compunha um corpo de lei (*lex parliamenti*), independente da *lex terrae* e da *law of land*. Não se admitia qualquer controle judicial.

---

[342] BRASIL. Supremo Tribunal Federal. Pleno. ADInMC n. 221-DF. Rel. Min. Moreira Alves. *RTJ* v. 151, t. 1, p. 331-355, 342.

[343] BRASIL. Supremo Tribunal Federal. Pleno. ADInMC n. 801-RJ. Rel. Min. Sydney Sanches. *RTJ* v. 147, t. 2, p. 535.

[344] CASTRO. *O Devido Processo Legal e a Razoabilidade das Leis na Nova Constituição do Brasil*, p. 261.

O século XVII talvez deva ser indicado como o marco inicial desse poder do Parlamento, com a afirmação peremptória da impossibilidade de haver controle judicial das decisões parlamentares tomadas, sob pena inclusive de prisão do juiz renitente.[345] Não seria de estranhar que, naqueles tempos conturbados, excessos fossem praticados e a história inglesa nos dá vários exemplos dos abusos cometidos, inclusive contra as liberdades individuais. A Inglaterra dos *Stuarts* estava tomada por revoltas políticas e religiosas. Coincidiam a Reforma, o estabelecimento do Anglicanismo e a proclamação do absolutismo real. O Parlamento passou a reprimir e condenar os defensores das duas revoltas. Conta-se que clérigos foram presos em função de seus sermões e *Floyd*, um católico, que havia expressado, numa conversa particular, seu contentamento com os infortúnios da filha e do genro protestante do Rei, sofreu um castigo humilhante e cruel por desacato. A Casa dos Lordes interveio, reprovando a extensão da prerrogativa parlamentar de processamento e julgamento a pessoas que não compunham seus quadros, nem tinham qualquer relação com a Casa dos Comuns. A reprovação foi aceita e os processos foram transferidos para a Casa dos Lordes, que, sem embargo, imputou substancialmente as mesmas penalidades.

Durante o reinado de *Charles II*, havia grande desassossego pelo fato de o herdeiro à Coroa, *James*, ter abraçado o catolicismo. Os protestantes se sentindo ameaçados conspiravam em silêncio e fizeram correr rumores de que o Papa tramava assassinar o Rei. Um comitê do Parlamento foi designado para descobrir de onde tinha partido aqueles rumores e quem era o autor de um panfleto apócrifo que circulava em Londres. Um ano e três meses de investigação depois, chegou-se ao Doutor *Carey*, que admitiu saber quem havia escrito o panfleto, mas se recusava a divulgar o nome, o que lhe custou uma multa de œ 1,000 e a prisão. Cem anos depois, *George III* tinha conseguido cooptar os palamentares, passando a controlar os ministros pela constante ameaça de *contempt*. A manobra foi revelada pela oposição, tendo à frente *John Wilkes*, precipitando uma luta que terminaria com a vitória de *Wilkes*. "Tinha sido a vitória da liberdade de imprensa e a revelação do caráter não representativo da Câmara dos Comuns." Escrevera um autor. "Além do mais, tinha mostrado como facilmente uma reivindicação de privilégio podia ser usada para sancionar os procedimentos arbitrários de ministros e do Parlamento."[346]

---

[345] INGLATERRA. Casa dos Comuns. *Jay* v. *Topham*, 12 How. St. Tr. 822 (1688-1693).

[346] WITTKE. *The History of English Parlamentary Privilege*, p. 122-123.

Várias outras comissões se seguiram para apurar a existência de conspiradores ou para investigar a origem, a natureza e as tendências de certas instituições sociais desde então. As técnicas de investigação se foram aprimorando, o recurso a especialistas se tornou cada vez mais freqüente, muito embora se tenha mantido o poder de prender qualquer pessoa que desatender a uma ordem da Casa, que se negar a testemunhar ou que violar os privilégios parlamentares, se bem que esse poder não vem sendo exercido desde 1880. Atualmente as Cortes têm jurisdição para decidir sobre a existência e a extensão das prerrogativas da Casa, mas a definição do que constitui um desrespeito ou uma desobediência à Casa é de exclusiva competência dos parlamentares. Se a decisão disser respeito a procedimentos internos do Parlamento, as Cortes não podem interferir em qualquer aspecto.[347]

A idéia inglesa ganhou aceitação geral, embora tenha adotado formas diversas e particulares. Na França, por exemplo, a Constituição prevê a criação de comissões de investigação e controle (art. 43), distinguindo-se umas das outras: as comissões de inquérito são formadas para recolher informações sobre fatos determinados e submeter as suas conclusões à assembléia que as criou; enquanto as comissões de controle são formadas para examinar a gestão administrativa, financeira e técnica dos serviços públicos ou das empresas nacionais, com vistas a informar à assembléia que as criou o resultado de seus trabalhos.

Os poderes investigatórios são amplos. Na Áustria, as cortes e todas as autoridades estão obrigadas a atender às suas requisições (art. 53 (3) da Constituição). Na França, toda pessoa chamada a depor em uma comissão não pode se recursar a comparecer, nem deixar de prestar juramento ou depor, sob pena de multa de 600 a 8.000 francos. Também são reconhecidos às comissões amplos poderes de requisição de "documentos de serviços". Em contrapartida, a obrigação de segredo é imposta a todos os membros, importando crime a sua violação.[348]

Nosso estudo da atividade da jurisdição constitucional sobre essa atividade parlamentar, será resumido aos Estados Unidos (1) e ao Brasil (2).

---

[347] BRADLEY; EWING. *Constitutional and Administrative Law*, p. 243.

[348] AVRIL; GICQUEL. *Droit Parlementaire*, p. 235.

## § 1. O CONTROLE DAS COMISSÕES PARLAMENTARES PELA SUPREMA CORTE DOS ESTADOS UNIDOS

A competência do Congresso para proceder a investigações, instaurar comissões de inquérito e mesmo obrigar alguém a testemunhar não é expressamente reconhecida pela Constituição norte-americana, mas a Suprema Corte terminou por reconhecê-la presente implicitamente no artigo I, § 1º, por reputá-la "uma [atribuição] essencial e apropriada à função legislativa".[349]

Desde muito cedo também se afirmou a possibilidade de controle judicial daquelas atividades,[350] sem embargo de a análise do repertório de jurisprudência da Suprema Corte sobre o assunto revelar um número muito pequeno de casos em que o Judiciário teve de intervir para conter os excessos daquelas comissões. Em *Kilbourn* v. *Thompson*, decidido em 1881, uma comissão de Deputados foi instaurada para apurar as circunstâncias em que se dera a falência de uma instituição, na qual os Estados Unidos haviam depositado alguns valores. Os trabalhos se direcionaram mais no sentido de saber que patrimônios privados faziam parte da estrutura financeira da companhia. A Corte considerou que a comissão havia passado dos limites, pois aquele tipo de investigação "detinha natureza claramente judicial, não possibilitando que nenhuma legislação válida pudesse dela cuidar".[351] Alguns outros casos foram, tempos depois, enfrentados pela Corte.[352] Em *McGrain* v. *Daugherty*[353] e *Sinclair* v. *United States*,[354] reafirmou-se a autoridade do Congresso para levar a termo investigações sobre corrupção dentro do Executivo. Após a Segunda Guerra Mundial, houve uma avalanche de comissões parlamentares, instauradas com o objetivo de apurar atividades subversivas, normalmente associadas a simpatizantes da doutrina comunista, desencadeando inúmeros recursos, à Corte Suprema, de cidadãos que alegavam violações de seus direitos constitucionais. O privilégio contra a auto-incriminação, garantido pela Quinta Emenda, foi mais freqüentemente invocado e re-

---

[349] ESTADOS UNIDOS. Suprema Corte. *McGrain* v. *Daugherty*, 273 U.S. 135, 174 (1927).

[350] ESTADOS UNIDOS. Suprema Corte. *Anderson* v. *Dunn*, 6 Wheat. 204.

[351] ESTADOS UNIDOS. Suprema Corte. 103 U.S. 168 (1881).

[352] ESTADOS UNIDOS. Suprema Corte. *In re Chapman*, 166 U.S. 661 (1897): mantendo a condenação do peticionário por ter recusado a responder a perguntas formuladas por uma comissão que investigava corrupção entre alguns Senadores para aprovação de um projeto de lei sobre tarifa do açúcar; *Marshall* v. *Gordon*, 243 U.S. 521 (1917).

[353] ESTADOS UNIDOS. Suprema Corte. *McGrain* v. *Daugherty* 273 U.S. 135 (1927).

[354] ESTADOS UNIDOS. Suprema Corte. *Sinclair* v. *United States*, 279 U.S. 263 (1929).

conhecido como um limite à autoridade das comissões na oitiva de suas testemunhas.³⁵⁵ As liberdades asseguradas pela Primeira Emenda também se elevaram à condição de barreira às investidas parlamentares.³⁵⁶ Era indiscutível que "o poder do Congresso para conduzir investigações era inerente ao processo legislativo", amplo o bastante para analisar a execução das leis como também para propor ou indicar a necessidade de novos diplomas legais. E ainda mais: "ele inclui um exame dos defeitos de nosso sistema social, econômico e político de modo a permitir a sua correção pelo Congresso. Ele compreende a investigação dos vários departamentos do Governo Federal para se verificar a ocorrência de corrupção, ineficiência e desperdício". Todavia, esse poder não seria sem limites.

> "Não está autorizado a expor a vida privada dos indivíduos sem uma justificação que esteja relacionada com as funções do Congresso (...). Nem é o Congresso um órgão de execução ou de aplicação da lei, que são funções dos ramos executivos e judiciários. Nenhuma investigação (...) pode conduzir, por si só, à punição dos investigados de forma indefensável."³⁵⁷

O rol de direitos e garantias assegurado no *Bill of Rights* também se impunha como uma contenção daqueles poderes:

> "testemunhas não podem ser obrigadas a fornecer provas contra elas mesmas. Elas não podem ser vítimas de buscas e apreensões sem um fundamento razoável. Nem podem ver desrespeitadas sua liberdade de expressão, de imprensa, de religião, de convicção política ou de reunião".³⁵⁸

---

[355] ESTADOS UNIDOS. Suprema Corte. *Quinn* v. *United States*, 349 U.S. 155 (1955); *Emspak* v. *United States*, 349 U.S. 190 (1955).

[356] ESTADOS UNIDOS. Suprema Corte. *United States* v. *Rumely*, 345 U.S. 41, 43 (1953).

[357] ESTADOS UNIDOS. Suprema Corte. *Watkins* v. *United States*, 354 U.S 178, 187 (1957).

[358] ESTADOS UNIDOS. Suprema Corte. *Watkins* v. *United States*, 354 U.S 178, 188 (1957). Além dessas notas a Corte concluiu: (a) "No inquiry is an end in itself; it must be related to, and in furtherance of, a legitimate task of Congress" (187); (b) " When First Amendment rights are threatened, the delegation of power to a congressional committee must be clearly revealed in its charter. *United States* v. *Rumely*, 345 U.S. 41" (198); (c) "A congressional investigation into individual affairs is invalid if unrelated to any legislative purpose, because it is beyond the powers conferred upon Congress by the Constitution. Kilbourn v. Thompson, 103 U.S. 168" (198); (d) "It cannot simply be assumed that every congressional investigation is justified by a public need that overbalances any private rights affected, since to do so would be to abdicate the responsibility placed by the Constitution upon the judiciary to insure that Congress does not unjustifiably encroach upon an individual's

A Corte, no entanto, não levou essas conclusões mais a fundo nos anos seguintes.

---

right of privacy nor abridge his liberty of speech, press, religion or assembly" (198-199); (e) "There is no congressional power to expose for the sake of exposure where the predominant result can be only an invasion of the private rights of individuals" (200); (f) "In authorizing an investigation by a committee, it is essential that the Senate or House should spell out the committee's jurisdiction and purpose with sufficient particularity to insure that compulsory process is used only in furtherance of a legislative purpose" (201); (g) "The resolution authorizing the Un-American Activities Committee does not satisfy this requirement, especially when read in the light of the practices of the Committee and subsequent actions of the House of Representatives extending the life of the Committee" (201-205); (h) "Every reasonable indulgence of legality must be accorded to the actions of a coordinate branch of our Government; but such deference cannot yield to an unnecessary and unreasonable dissipation of precious constitutional freedoms" (204); (i) "Protected freedoms should not be placed in danger in the absence of a clear determination by the House or Senate that a particular inquiry is justified by specific legislative need" (205); (j) "Congressional investigating committees are restricted to the missions delegated to them – to acquire certain data to be used by the House or Senate in coping with a problem that falls within its legislative sphere – and no witness can be compelled to make disclosures on matters outside that area" (P. 206); (l) "When the definition of jurisdictional pertinency is as uncertain and wavering as in the case of the Un-American Activities Committee, it becomes extremely difficult for the Committee to limit its inquiries to statutory pertinency" (206); (m) "The courts must accord to a defendant indicted under 2 U.S.C. 192 every right which is guaranteed to defendants in all other criminal cases, including the right to have available information revealing the standard of criminality before the commission of the alleged offense" (207-208); (n) "Since the statute defines the crime as refusal to answer "any question pertinent to the question under inquiry," part of the standard of criminality is the pertinency of the questions propounded to the witness" (208); (o) "Due process requires that a witness before a congressional investigating committee should not be compelled to decide, at peril of criminal prosecution, whether to answer questions propounded to him without first knowing the "question under inquiry" with the same degree of explicitness and clarity that the Due Process Clause requires in the expression of any element of a criminal offense. Sinclair v. United States, 279 U.S. 263".(208-209); (p) "The authorizing resolution, the remarks of the chairman or members of the committee, or even the nature of the proceedings themselves, might make the "question under inquiry" sufficiently clear to avoid the "vice of vagueness"; but these sources often leave the matter in grave doubt" (209); (q) "In this case, it is not necessary to pass on the question whether the authorizing resolution defines the "question under inquiry" with sufficient clarity, since the Government does not contend that it could serve that purpose" (209); (r)"The opening statement of the Chairman at the outset of the hearings here involved is insufficient to serve that purpose, since it merely paraphrased the authorizing resolution and gave a very general sketch of the past efforts of the Committee" (209-210); (s) "Nor was that purpose served by the action of the full Committee in authorizing the creation of the Subcommittee before which petitioner appeared, since it merely authorized the Chairman to appoint subcommittees "for the purpose of performing any and all acts which the Committee as a whole is authorized to do." (211-212); (t) "On the record in this case, especially in view of the precise questions petitioner was charged with refusing to answer, it cannot [354 U.S. 178, 181] be said that the "question under inquiry" was Communist infiltration into labor unions" (212-214). (u) "Unless

Um professor, chamado a testemunhar perante uma Subcomissão da Casa de Representantes que investigava a infiltração comunista nas escolas americanas, recusou-se a responder a perguntas sobre seu envolvimento com o Partido Comunista, alegando a impossibilidade de a Subcomissão perquirir sobre suas convicções políticas e religiosas ou sobre qualquer "outro assunto pessoal ou privado" ou sobre suas "atividades associativas", sem violação da Primeira, Nona e Décima Emendas, além de atentar contra a doutrina de separação de poderes, por se tratar de assunto ligado à educação. Essa recusa lhe valeu uma pena de multa e de encarceramento por seis meses, motivando recurso à Suprema Corte. A Corte iniciou o julgamento com um enunciado de princípios no sentido da limitação dos poderes investigatórios do Congresso e de seu controle pelo Judiciário.

> "Uma vez mais a Corte é chamada para resolver um conflito entre o poder de investigação parlamentar e o direito de uma pessoa resistir ao seu exercício (...). O poder de investigação tem sido empregado pelo Congresso ao longo de nossa história, sobre toda sorte de interesses nacionais afetos à sua competência para legislar ou investigar (...). O âmbito do poder de investigação, em resumo, é muito intenso e amplo.(...). Mas não é ilimitado. O Congresso só pode investigar em áreas nas quais pode legislar ou dispor, não podendo investigar assuntos que estejam dentro da esfera de competência exclusiva de um dos outros ramos do Governo. Faltando-lhe poder jurisdicional atribuído apenas ao Judiciário, não pode investigar assuntos que estejam exclusivamente afetos ao Judiciário. Também não pode suplantar o Executivo naquilo que só ao Executivo diz respeito. Além do mais, o Congresso, como os demais ramos do Governo, há de exercer seus poderes sujeitando-se às limitações impostas pela Constituição às ações de todos os poderes, mais particularmente no contexto deste caso às limitações pertinentes do *Bill of Rights.*"[359]

---

the subject matter of the inquiry has been made to appear with undisputable clarity, it is the duty of the investigative body, upon objection of the witness on grounds of pertinency, to state for the record the subject under inquiry at that time and the manner in which the propounded questions are pertinent thereto" (214-215); (x) "The Chairman's response, when petitioner objected to the questions on grounds of pertinency, was inadequate to convey sufficient information as to the pertinency of the questions to the "question under inquiry" (214-215).

[359] ESTADOS UNIDOS. Suprema Corte. *Baranblatt* v. *United States*, 360 U.S. 109, 111 112, 113 (1959).

Mas não via na hipótese violação a qualquer dos direitos alegados que pudesse infirmar o dever de responder às perguntas formuladas pelos Deputados:

> "A proteção da Primeira Emenda, diferentemente do fundamento do privilégio contra auto-incriminação da Quinta Emenda, não assegura a uma testemunha o direito de não responder às perguntas em qualquer circunstância. Para os direitos garantidos por aquela Emenda barrarem o poder interrogatório do Governo há de superar, no caso concreto, o interesse público em questão."

Ora, a Corte estava disposta a ver no objeto de investigação um interesse público relevante, capaz também de suplantar os outros direitos alegados pelo autor, inclusive aqueles de natureza associativa: "Esta Corte, em suas decisões constitucionais, há reiteradamente recusado ver no Partido Comunista um partido político comum", sobretudo por "reconhecer o nexo entre [esse] Partido e as formas violentas de tomada de poder". A invasão de área não sujeita ao controle parlamentar também fora afastada, pois não se estava questionando sobre o método, conteúdo ou discussão acadêmica, mas sobre até que ponto o Partido Comunista se havia infiltrando nas instituições de ensino.[360]

Em síntese, as comissões detêm poderes investigatórios sobre todas as matérias afetas à competência legislativa do Congresso, e, para cumprirem essa finalidade, podem conduzir coercitivamente testemunhas renitentes,[361] punir por desobediência quem descumpra suas requisições[362] ou determinar a realização de buscas e apreensões.[363] Sem embargo, estão limitadas pela separação de poderes, de forma que não podem usurpar a competência própria do Executivo ou do Judiciário, a menos, por certo, que esteja igualmente situada no cam-

---

[360] ESTADOS UNIDOS. Suprema Corte. *Baranblatt* v. *United States*, 360 U.S. 109, 129-132 (1959); identicamente: *Wilkinson* v. *United States*, 365 U.S. 399 (1961); *Braden* v. *United States*, 365 U.S. 431 (1961): investigando a infiltração comunista na indústria de base no Sul do País.

[361] ESTADOS UNIDOS. Suprema Corte. *In re Chapman*, 166 U.S. 661 (1897); *Barry* v. *United States ex rel. Cunningham*, 279 U.S. 597 (1929).

[362] ESTADOS UNIDOS. Suprema Corte. *McGrain* v. *Daugherty*, 273 U.S. 135 (1927). Embora em tese esse poder independa do Judiciário, o Congresso se tem valido do Executivo para ajuizamento das ações competentes contra quem descumpre suas ordens.

[363] ESTADOS UNIDOS. Suprema Corte. *McPhaul* v. *United Sates*, 364 U.S. 372 (1960).

po de suas atribuições legislativas;[364] pelo *Bill of Rights*,[365] especialmente pela IV Emenda – razoabilidade das buscas e apreensões[366] e pela garantia contra auto-incriminação da V Emenda.[367] Por fim, a atividade deve ser regrada, impondo-se, por exemplo, que o Congresso defina qual é o fim preciso das atividades investigatórias[368] e, no geral, respeite à cláusula do devido processo legal.[369]

## § 2. O CONTROLE DAS COMISSÕES PARLAMENTARES DE INQUÉRITO PELO SUPREMO TRIBUNAL FEDERAL

No Brasil dos anos 90, o papel desempenhado pelas comissões parlamentares de inquérito foi, sem sombra de dúvida, muito importante, chegando até mesmo a paralisar a atividade legislativa, em busca do esclarecimento de muitas questões que, durante anos ou toda a nossa história, ficaram escondidas sob o tapete: as relações promíscuas de grupos privados e de autoridades públicas, os descasos ou as ignonímias de um Estado devastado pela apropriação privada e secular de seus recursos, a impunidade, o contrabando e o tráfico de drogas. O País assistiu a quase toda roupa suja vir a ser lavada em público.

Nessa função essencial à cidadania e à vida política nacional, contudo, foram cometidos alguns excessos, entre arroubos iconoclastas e vedetismos isolados, e o Supremo Tribunal Federal foi chamado a intervir.

A admissibilidade do controle judicial das atividades das comissões parlamentares de inquérito se assentara no dever constitucionalmente imposto ao Judiciário de assegurar "as franquias constitucionais (...) e a integridade e a supremacia da Constituição", sem se poder falar em violação ao princípio da divisão de poderes: *"não se revela lícito afirmar, na hipótese de desvios jurídico-constitucionais* nas quais incida uma Comissão Parlamentar de Inquérito",

---

[364] Pendência concomitante dos trabalhos de uma comissão de inquérito e de ações judiciais sobre o mesmo ou correlato assunto: ESTADOS UNIDOS. Suprema Corte. *Sinclair* v. *United States*, 279 U.S.263 (1929); *Hutcheson* v. *United States*, 369 U.S. 599 (1962).

[365] ESTADOS UNIDOS. Suprema Corte. *Baranblatt* v. *United States*, 360 U.S. 109 (1959); *Watkins* v. *United Sates*, 354 U.S. 178 (1957).

[366] ESTADOS UNIDOS. Suprema Corte. *Mcphaul* v. *United States*, 364 U.S. 372 (1960).

[367] ESTADOS UNIDOS. Suprema Corte. *Quinn* v. *United States*, 349 U.S. 155 (1955); *Emsak* v. *United States*, 349 U.S. 190 (1955); *Hutcheson* v. *United States*, 369 U.S. 599 (1962).

[368] ESTADOS UNIDOS. Suprema Corte. *Watkins* v. *United States*, 354 U.S. 178 (1957).

[369] ESTADOS UNIDOS. Suprema Corte. *Gojack* v. *United States*, 384 U.S. 702 (1966); *Flaxer* v. *United Sates*, 358 U.S. 147 (1958).

escrevera o Ministro *Celso de Mello*, "que o exercício da atividade de controle jurisdicional possa traduzir situação de interferência na esfera de *outro* Poder da República".[370]

A jurisprudência do Supremo Tribunal, no exercício desse controle, tem reconhecido que aquelas comissões parlamentares detêm poderes de investigação vinculados à produção de elementos de prova para apurar fatos certos, sujeitando-se, no entanto, a uma série de limitações, ora relativas à existência dos próprios poderes (a), ora à forma ou requisito de seu exercício (b):

a) *Poderes investigatórios inexistentes*: de duas ordens, (i) *por violação ao princípio da divisão dos poderes*: magistrado não pode ser chamado a prestar esclarecimentos sobre ato jurisdicional praticado, mesmo que para justificar demora no julgamento de processos;[371] e (ii) *por reserva de jurisdição*: certos atos, por imperativo constitucional expresso, só podem ser realizados pelo juiz, excluindo a sua prática, na dicção do Tribunal, até mesmo por aqueles que receberam da Constituição poderes de investigação próprios das autoridades judiciárias, como é o caso das comissões parlamentares de inquérito. De acordo com a nossa jurisprudência constitucional, estão deferidas a essa reserva de jurisdição: a decretação de medidas assecuratórias, a exemplo da indisponibilidade de bens, para garantir a eficácia de eventual sentença condenatória (CPP, art. 125), uma vez que o poder geral de cautela de sentenças judiciais só pode ser exercido por juízes;[372] a decretação da prisão de qualquer pessoa, ressalvada a hipótese de flagrância;[373] a punição de delitos;[374] a interceptação telefônica;[375] e

---

[370] BRASIL. Supremo Tribunal Federal. Pleno. MS n. 23.452-RJ. Rel. Min. Celso de Mello. *DJ* 1 de 12/4/2000, p. 20.

[371] BRASIL. Supremo Tribunal Federal. Pleno. HC n. 80.539-PA. Rel. Min. Maurício Corrêa. *ISTF* 221.

[372] BRASIL. Supremo Tribunal Federal. Pleno. MS n. 23.452-DF. Rel. Min. Celso de Mello. *DJ* 1 de 12/4/2000, p. 20; MS n. 23.446-DF. Rel. Min. Ilmar Galvão. *ISTF* 158. Para os Ministros Marco Aurélio, Celso de Mello e Carlos Velloso, inclui-se na reserva de jurisdição o instituto da busca e apreensão: MS n. 23.454-DF. Rel. Min. Marco Aurélio. *ISTF* 162.

[373] BRASIL. Supremo Tribunal Federal. Pleno. HC n. 71.421-DF. Rel. Min. Celso de Mello. *RDA* v. 196, p. 195-203; HC n. 71.039-DF. Rel. Min. Paulo Brossard. *RDA* v. 199, p. 205-226.

[374] BRASIL. Supremo Tribunal Federal. Pleno. HC n. 71.039-DF. Rel. Min. Paulo Brossard. *RDA* v. 199, p. 205-226.

[375] BRASIL. Supremo Tribunal Federal. Pleno. MS n. 23.452-RJ. Rel. Min. Celso de Mello. *ISTF* 163.

b) *limitações de poderes reconhecidos*: deve ser respeitado o privilégio contra a auto-incriminação, deferido a todo indiciado ou testemunha;[376] não deve ser dispensado à testemunha ou ao investigado tratamento como se culpados fossem;[377] deve ser garantida a assistência técnica do advogado aos depoentes, não se podendo obstar a comunicação pessoal e direta entre eles, a advertência do direito de permanecer calado ou as prerrogativas jurídicas asseguradas pelo Estatuto da Advocacia, dentre as quais, as de reclamar verbalmente ou por escrito, perante qualquer autoridade contra a inobservância de preceito de lei, regulamento ou regimento, *v. g.*, contra a exibição de prova de origem ilícita; ou a de falar, sentado ou em pé perante a comissão;[378] a expedição de mandado de busca e apreensão de documentos deve especificar a diligência a ser efetuada, não podendo deixar para a autoridade policial o poder de selecionar os documentos a serem apreendidos;[379] as ordens de quebra de sigilo bancário, fiscal e telefônico se devem mostrar necessárias e limitadas às finalidades da investigação, não podendo, por exemplo, ser expedidas de forma ampla em relação a todos os aspectos da vida do investigado, senão para aquelas situações envolvidas no inquérito;[380] todas as decisões que importem limitação das liberdades devem ser fundamentadas, justificando-se a necessidade e o objetivo das medidas decretadas,[381] com a indicação do fato concreto em que se baseiem as suspeitas de suposto envolvimento do investigado, não bastando a apresentação de razões *a posteriori* ou de forma tardia.[382]

---

[376] BRASIL. Supremo Tribunal Federal. Pleno. HC n. 79.244-DF. Rel. Min. Sepúlveda Pertence. *DJ* 1 de 24/3/2000, p. 38; HC n. 71.421-DF. Rel. Min. Celso de Mello. *RDA* 196, p. 197-203.

[377] BRASIL. Supremo Tribunal Federal. Pleno. MS (pedido de reconsideração) n. 23.576-DF. Rel. Min. Celso de Mello. *ISTF* 176.

[378] Ibidem, 176.

[379] BRASIL. Supremo Tribunal Federal. Pleno. MS n. 23.454-DF. Rel. Min. Marco Aurélio. *ISTF* 152.

[380] BRASIL. Supremo Tribunal Federal. Pleno. MS n. 23.448-DF. Rel. Min. Sydney Sanches. *ISTF* 163.

[381] BRASIL. Supremo Tribunal Federal. Pleno. MS n. 23.851-DF. Rel. Min. Celso de Mello. *ISTF* 243.

[382] BRASIL. Supremo Tribunal Federal. Pleno. MS n. 23.448-DF. Rel. Min. Sydney Sanches. *ISTF* 163; MS n. 23.454-DF. Rel. Min. Marco Aurélio. *ISTF* 152.

Por outro lado, impõe-se à comissão parlamentar o dever de preservação dos registros sigilosos, constituindo conduta censurável, inclusive na esfera penal, a indevida publicidade aos dados e elementos informativos cobertos pela cláusula de reserva. Haveria hipótese em que se afigurasse legítima essa divulgação? O Ministro *Celso de Mello*, redigindo ementa do Mandado de Segurança n. 23.452-RJ,[383] excepcionou certas situações, legitimadas pelos fins que a motivarem, e, assim, constitutivas de justa causa: a necessidade de revelação, seja no relatório final dos trabalhos da comissão, seja para efeito das comunicações destinadas ao Ministério Público ou a outros órgãos do Poder Público, para os propósitos do artigo 58, § 3.º, da Constituição, seja, enfim, "por razões imperiosas ditadas pelo interesse social".

Para além do respeito devido aos direitos fundamentais, o poder investigatório das comissões não se pode fazer em desprestígio de garantias organizatórias do Estado brasileiro, como a de divisão dos poderes, havendo, por isso, o Tribunal aplicado dispositivo do Regimento Interno do Senado Federal, que não admite CPI, sobre matérias pertinentes às atribuições do Poder Judiciário, concedendo, então, *habeas corpus* para que um desembargador não fosse submetido à obrigação de prestar depoimento sobre decisões judiciais do magistrado e não sobre os atos administrativos por ele praticados.[384]

# SEÇÃO IV
# O CONTROLE JURISDICIONAL DO *IMPEACHMENT* DO PRESIDENTE DA REPÚBLICA

É admissível o controle judicial da regularidade do processo de *impeachment* contra o Presidente da República, tendo por objeto alegações de cerceamento de defesa, desrespeito ao devido processo legal, de lesão ou ameaça de outros direitos constitucionais ou legais,

---

[383] BRASIL. Supremo Tribunal Federal. Pleno. MS n. 23.452-DF. Rel. Min. Celso de Mello. *ISTF* 163.

[384] BRASIL. Supremo Tribunal Federal. Pleno. HC n. 79 441-DF. Rel. Min. Octavio Gallotti. *ISTF* 172.

bem como sobre matéria de competência de órgão do Congresso Nacional para prática de ato impugnado, todavia não pode haver alteração da decisão tomada seja em juízo de admissibilidade proferido pela Câmara, seja no curso do processo e julgamento pelo Senado Federal. Vale dizer, o Supremo Tribunal Federal não pode discutir o mérito das deliberações tomadas, desde a autorização prévia para a instauração do processo até a sua decisão final, em função da sua natureza predominantemente política. O Tribunal de *Impeachment* é o órgão soberano nessa questão, não se abrindo espaço para qualquer recurso, nem para rescisória.[385] Essa orientação não se firmou sem deixar sem resposta algumas indagações inquietantes: a garantia de acesso ao Judiciário (art. 5.º, XXXV) chega ao ponto de autorizar a revisão de decisões que, em face da gramática do texto constitucional, caberiam apenas ao Senado Federal? No Direito Comparado são encontrados exemplos de imunidade de jurisdição no domínio de deliberações tomadas por órgãos constitucionais ou de cúpula. Na França a Lei n. 59-1/1959 é expressa em proibir recursos contra arestos da Alta Corte de Justiça em processos de crimes de alta traição. Nos Estados Unidos, embora atualmente se tenham levantado dúvidas sobre a revisibilidade de decisões tomadas no curso do *impeachment*, admitindo-se, para alguns, essa possibilidade no caso de ausência de jurisdição ou de excesso de poder constitucional, a tradição constitucional sinaliza em sentido exatamente oposto.[386] E até no Brasil a tendência dominante, desde quando o instituto tinha feições criminais, sempre se fez em tal direção.[387] Essas notas despertaram o voto dissidente do Ministro *Paulo Brossard*:

---

[385] BRASIL. Supremo Tribunal Federal. Pleno. MS n. 20.941-DF. Rel. p/acórdão Min. Sepúlveda Pertence. *RTJ* v. 142, t. 1, p. 88; MS n. 21.564-DF. Rel. p/acórdão Min. Carlos Velloso. *DJ* 1 de 27/8/1993, p. 17.019; MS (QO) n. 21.564-DF. Rel. Min. Octavio Gallotti. *RTJ* v. 169, t. 1, p. 45-80; MS n. 21.623-DF. Rel. Min. Carlos Velloso. *RDA* v. 192, p. 211-284; MS n. 21.869-DF. Rel. Min. Carlos Velloso. *RTJ* v. 167, t. 3, p. 792-917.

[386] TUCKER. *The Constitution of the United States*, p. 425; WILLOUGHBY. *Principles of the Constitutional Law*, p. 611; CORWIN. *The Constitution and What it Means Today*, p. 11; TRIBE. *American Constitutional Law*, p. 289; cf. resumo da doutrina em *Clinton v. Jones*, 520 U.S. 681 (1998).

[387] No Império, não se admitia recurso ao Supremo Tribunal de Justiça das decisões tomadas pelo Senado na aplicação de penas criminais: BUENO. *Direito Público Brasileiro e Análise da Constituição do Império*; na República: BARBOSA. *Comentários à Constituição*, III, p. 176; BARBALHO. *Constituição Federal Brasileira*, p. 100 e 240; LACERDA. *Princípios do Direito Constitucional*, II, p. 470. No mesmo sentido as decisões tomadas pelo Supremo Tribunal Federal, nas Revisões n. 104-PI e n. 343-SE, de 1895 e 1899, respec-

"Se o STF quiser abandonar a jurisprudência, firmada de 1895 a 1937 (...), assim como a lição dos nossos maiores constitucionalistas (...); se o Supremo Tribunal Federal, na sua sabedoria, quiser repudiar sua antiga jurisprudência, mantida durante quarenta anos, e desquitar-se da lição dos maiores constitucionalistas nacionais (e estrangeiros), que o faça, mas faça por sua autoridade, sem arrimar-se a uma suposta jurisprudência alienígena, que não existe."[388]

O Ministro se referia à citação da jurisprudência norte-americana como fonte da orientação sustentada, sobretudo em *Powell* v. *McCormack*:

"O caso *Powell* não se refere a *impeachment* nem à Jurisdição Constitucional do Senado. (...). [A] jurisprudência norte-americana está longe de abonar a assertiva segundo a qual a revisão judicial, em matéria de *impeachment*, vem sendo admitida. (...). A minha conclusão não decorre do fato de tratar-se de questão política, como por vezes se diz, ou *interna corporis* (...). O meu entendimento se funda no fato de a Constituição haver reservado ao Senado toda a jurisdição a respeito da matéria."[389]

Na verdade, esse precedente da jurisprudência estadunidense fora usado por alguns Ministros que compuseram a maioria. Não se pode deixar de ver, no entanto, que o argumento maior foi extraído mesmo da cláusula de acesso ao Judiciário, contida no artigo 5.º, XXXV, da Constituição: "a lei não excluirá da apreciação do Poder Judiciário lesão ou ameaça a direito". "A lei não pode", afirmara o Ministro *Brossard*, "mas a Constituição pode".[390] Para a

---

tivamente. Todavia, em 1918, deferiu o Habeas Corpus n. 4.116-MT, contra ato da Assembléia Legislativa do Mato Grosso que, sem observar as garantias constitucionais de defesas, dava curso a um processo de responsabilidade do Presidente do Estado.

[388] BRASIL. Supremo Tribunal Federal. Pleno. MS n. 21.869-DF. Rel. Min. Carlos Velloso. *RTJ* v. 167, t. 3, p. 792-917, 841. Manifestou-se também contra esse controle o Ministro Ilmar Galvão: 844-850.

[389] BRASIL. Supremo Tribunal Federal. Pleno. MS n. 21.869-DF. Rel. Min. Carlos Velloso. *RTJ* v. 167, t. 3, p. 792-917, 835, 838, 866. O Ministro colocou também em dúvida a legitimidade do Supremo Tribunal revisar decisão tomada pelo Senado por quórum bem superior ao exigido pela Constituição.

[390] BRASIL. Supremo Tribunal Federal. Pleno. MS n. 21.443-DF. Rel. Min. Octavio Gallotti. *RTJ* v. 142, t. 3, p. 791.

corrente majoritária, contudo, a expressão "lei" abrangeria o sentido formal e o material. "Ora, a Constituição, posto não ser lei em sentido formal, é entretanto, lei em sentido material. Ademais, não seria razoável admitir que a Constituição pudesse ficar em contradição com ela mesma."[391] Essa tese do Ministro *Carlos Velloso* revela um princípio hermenêutico problemático, da existência de antinomias constitucionais e, mais ainda, de uma solução, *a contrario sensu*, que não neutralizaria a tese oposta, da falta de jurisdição do Supremo Tribunal Federal para o exercício do controle do processo de *impeachment*. O silêncio da Constituição em assinalar, em todas as letras, essa competência judicial poderia ser interpretado, sem ferimento à razoabilidade e ainda com respeito à divisão dos Poderes, como falta de jurisdição da Corte.[392] Todavia, outro silêncio, o da exceção à garantia do acesso ao Judiciário, é que fora decisivo. A Constituição poderia até excluir lesão ou ameaça ao direito da apreciação judicial, mas haveria de fazer de forma expressa, "de modo a não deixar dúvida". Essa linha argumentativa não deixa tantos flancos à crítica. Em um sistema liberal-democrático, os direitos vêm antes das competências, prevalecendo o postulado *in dubio pro libertatis*.

É interessante analisarmos o processo de *impeachment* no Brasil, menos com o objetivo de apresentá-lo em suas particularidades e passos, senão deixar transparecer o papel desempenhado pelo Supremo Tribunal Federal no desenho desse complicado e traumático instituto constitucional.

## § 1. Prévio juízo de admissibilidade por parte da Câmara dos Deputados

Qualquer cidadão pode representar à Câmara dos Deputados por crime de responsabilidade cometido pelo Presidente da República. Dá-se inicialmente, pelo Presidente da Câmara, um primeiro juízo de admissibilidade da deliberação da denúncia formulada, atento à gravidade dos fatos alegados e ao valor das provas oferecidas. Resultando desse exame perfunctório, porém vinculado, a admissibilidade para deliberação, a denúncia é lida no expediente da sessão seguinte

---

[391] BRASIL. Supremo Tribunal Federal. Pleno. MS (QO) n. 21.564-DF. Rel. Min. Octavio Gallotti. *RTJ* v. 169, t. 1, p. 45-80, 51.

[392] Ibidem, p. 45-80, 68-69 (voto do Ministro Brossard).

e despachada a uma comissão especial eleita, de que participam os Deputados, guardando a representatividade proporcional dos partidos na Casa. Essa Comissão se reunirá dentro de 48 horas para eleger seu presidente e relator, e para dar início ao exame da denúncia, abrindo o prazo de dez sessões para o oferecimento de defesa,[393] que se limitará a aspectos de forma, *v.g.*, a legitimidade dos denunciantes ou do denunciado, a falta de observância de pressupostos de instauração e desenvolvimento do procedimento de admissibilidade e a inépcia da peça inicial. Findo o prazo de defesa, a comissão terá sete sessões para concluir os seus trabalhos, com a emissão do parecer pela admissibilidade ou não da denúncia. Esse parecer será levado à apreciação do Plenário, que, em uma única sessão, discutirá as suas conclusões e votará, de forma aberta e nominal, se o aprova ou não;[394] considerando-se admitida a acusação por deliberação tomada por dois terços dos membros da Casa Baixa, cuidando-se não de um *judicium accusationis*, mas tão-somente de um juízo de procedibilidade. Qualifica-se esse juízo de "político"[395] ou "discricionário",[396] por poder levar em conta não o "imperativo da lei", mas a "conveniência aos interesses da nação, a oportunidade da deposição, ainda que merecida".[397] Dessa admissiblidade resulta a autorização ou licença para instauração do processo no Senado; da rejeição, o arquivamento.

## § 2. Processo e julgamento do Presidente da República por crime de responsabilidade

Os crimes de responsabilidade são infrações político-administrativas cometidas pelo Presidente da República no desempenho da função, que atentem contra a Constituição Federal e, especialmente, contra a existência da União, o livre exercício dos Poderes do Estado, a segurança interna do País (crimes políticos), a probidade da Administração, a lei orçamentária, o exercício dos direitos políticos, indivi-

---

[393] Esse prazo de defesa na Câmara não era previsto. No entanto, o Supremo Tribunal Federal aplicou analogicamente o disposto no art. 217 do Regimento Interno da Câmara dos Deputados, que confere idêntico prazo para o caso de crime comum: Pleno. MS n. 21.654-DF. Rel. p/acórdão Min. Carlos Velloso. *RTJ* v. 169, t. 1, p. 80-181.

[394] BRASIL. Supremo Tribunal Federal. Pleno. MS n. 21.654-DF. Rel. p/acórdão Min. Carlos Velloso. *RTJ* v. 169, t. 1, p. 80-181.

[395] Ibidem, p. 80-181.

[396] DÓRIA. *Comentários à Constituição de 1946*, p. 389.

[397] Ibidem.

duais e sociais, e o cumprimento das leis e das decisões judiciais (crimes funcionais). A definição desses crimes é deferida a lei especial, que deve estabelecer também as normas de processo e julgamento.

Essa previsão constitucional tem firme raízes no constitucionalismo brasileiro. Já a Carta Imperial definia os delitos de responsabilidade dos Ministros de Estado, remetendo à "lei particular" a especificação de sua natureza e a maneira de proceder contra eles (arts. 133 e 134). O Artigo 54 da Constituição de 1891 indicava os objetos jurídico-constitucionais que deveriam ser protegidos na definição de "crimes de responsabilidade" do Presidente da República, que uma lei especial haveria de fazer (art. 54, *caput*, § 1.º). A mesma técnica fora usada pelo constituinte de 1934 (art. 57) e 1937 (art. 85). A Constituição de 1946 adotou expressamente a indicação exemplificativa desses objetos com uma forma redacional mais aberta, semelhantemente ao que viria a ser usado pela EC n. 4/1961 (art. 5.º), pela Carta de 1967 (art. 84), pela EC n. 1/1969 (art. 82) e pela atual Constituição (art. 85), em todas mantendo-se a remissão à "lei especial" (arts. 82, parágrafo único, 84, parágrafo único, 85, parágrafo único, e 89, parágrafo único), exceção feita à EC n. 4/1961 que instituiu o sistema parlamentar do Governo.[398] A doutrina buscou sempre na lista de crimes de responsabilidade, prefixada pelas Constituições, um caráter meramente indicativo, abrindo espaço para o legislador ordinário a possibilidade de ampliar as hipóteses de tipificações.[399] Atualmente vige a Lei n. 1.079/1950 descrevendo a conduta típica de tais infrações e, em parte significativa, disciplinando o rito do *impeachment*.[400]

Cabe ao Senado Federal o juízo de pronúncia (*judicium accusationis*) e, ao final, o julgamento do Presidente da República (*judicium causae*). No juízo de pronúncia fica o Senado vinculado à admissibilidade decidida pela Câmara,[401] elegendo, na sessão seguinte à do recebimento da autorização da Câmara, uma comissão

---

[398] Em Parecer emitido nos autos do MS n. 21.654-DF, a Procuradoria-Geral da República defende a tese de sobrevivência, à EC n. 4/61, do parágrafo único do artigo 89 da Constituição de 1946 e com ele, da Lei n. 1.079/50, inclusive na definição dos tipos de crimes de responsabilidade não indicados naquela Emenda Constitucional, tendo recebido acolhida pelos votos dos Ministros Octavio Gallotti, Celso de Mello, Néri da Silveira (160-161).

[399] BROSSARD. *O Impeachment*, p. 55.

[400] Estão revogados por inconstitucionalidade superveniente, por exemplo, o prazo de inabilitação previsto nos artigos 2.º, 22, 23 §§ 1.º a 3.º e 5.º, 81, 82.

[401] SILVA. *Curso de Direito Constitucional Positivo*, p. 479; BROSSARD. *O Impeachment*, p. 7, 10; MUNRO. *The Government of the United States*, p. 299.

processante, composta por um quarto dos Senadores, obedecida a proporcionalidade partidária da Casa. O Senado converte-se, desde então, em Tribunal Político,[402] presidido pelo Presidente do Supremo Tribunal Federal. Com a instauração do processo, o Presidente fica suspenso de suas funções pelo prazo de 180 dias, findo o qual ainda sem julgamento, cessará o afastamento, sem prejuízo do regular prosseguimento do processo. O julgamento do Presidente será "político"? Sim e não. Terá cores políticas em face do objeto do processo: atos funcionais e também pelo juízo de condenação que não se firma nas bases mais rigorosas de um silogismo jurídico, exigidas para uma condenação criminal.[403] Mas não será puramente político, pois não se pode dar "fora das normas legais",[404] o que se impõe não apenas ao procedimento a ser fielmente seguido, mas também à própria discricionariedade do juízo de condenação: não poderá haver procedência da denúncia, se as provas colhidas indicarem a inocência do acusado ou se o ato praticado não configurar crime de responsabilidade ou, enfim, aplicar pena fora dos limites cominados ao crime de responsabilidade.

A comissão processante realizará todas as diligências que reputar necessárias ao esclarecimento dos fatos, garantido sempre o contraditório e a ampla defesa. No fim de seus trabalhos, elaborará

---

[402] "O Senado, posto investido da função de julgar o Presidente da Republica, não se transforma, as inteiras, num tribunal judiciário submetido às rígidas regras a que estão sujeitos os órgãos do Poder Judiciário, já que o Senado é um órgão político. Quando a Câmara Legislativa – o Senado Federal – se investe de "função judicialiforme", a fim de processar e julgar a acusação, ela se submete, é certo, a regras jurídicas, regras, entretanto, próprias, que o legislador previamente fixou e que compõem o processo político-penal". Com base nesse entendimento, recusou aplicação subsidiária das normas de impedimento e suspeição constantes do Código de Processo Penal (art. 252), de modo a conferir uma "interpretação extensiva ou compreensiva ao artigo 36 da Lei n. 1.079/50, para fazer compreendido, nas suas alineas 'a' e 'b', o alegado impedimento dos Senadores". MS n. 21.623-DF. Rel. Min. Carlos Velloso. DJ 1 de 28/5/1993, p. 10.383. O Ministro Sepúlveda Pertence vê na atividade julgadora do Senado uma verdadeira jurisdição. Pleno. MS (QO) n. 21.564-DF. Rel. Min. Octavio Gallotti. RTJ v. 169, t. 1, p. 45-80, 58. Para *Pontes de Miranda*, sob a Constituição de 1934, considerava o Tribunal do *Impeachment* como tribunal de justiça: *Comentários à Constituição da República dos E.U. do Brasil*, I, p. 595.

[403] "[O]s critérios de julgamento no *impeachment*, embora não sejam arbitrários, não são rigorosamente os mesmos dos tribunais. Não é fácil dizer onde eles divergem ou, melhor, em que medida eles podem discrepar". Pleno. MS (QO) n. 21.564-DF. Rel. Min. Octavio Gallotti. RTJ v. 169, t. 1, p. 45-80, 67 (voto do Ministro Paulo Brossard).

[404] PONTES DE MIRANDA. *Comentários à Constituição da República dos E.U. do Brasil*, I, p. 595.

o libelo acusatório que, juntamente com os autos, será entregue ao Presidente do Senado, para envio ao Presidente do Supremo Tribunal Federal, com a designação do dia de julgamento. Segue-se a intimação do réu para contestação do libelo (contrariedade) e apresentação de provas. Ao Presidente do Supremo Tribunal Federal, como Presidente do Processo de *impeachment*, cabe resolver as questões relativas ao procedimento, habilitando o Tribunal à decisão escorreita,[405] não podendo discutir, votar ou julgar o Presidente da República.

Na sessão plenária, o Presidente do Supremo Tribunal determinará a leitura do processo preparatório, do libelo e dos artigos de defesa, inquirirá as testemunhas, franqueando perguntas a qualquer membro do Senado, ao acusado e aos advogados. Seguem-se debates orais, pelo prazo máximo de duas horas para cada parte, e, sucessivamente, discussão dos Senadores.

Tudo pronto, o Presidente do Processo fará relatório da denúncia e das provas apresentadas e submeterá o julgamento à votação nominal e aberta dos Senadores,[406] que resultará na condenação do Presidente da República, por dois terços dos votos, à perda do cargo, com inabilitação, por oito anos, para o exercício de função pública, sem prejuízo das demais sanções judiciais cabíveis, ou, em caso contrário, à sua absolvição. A sentença, em qualquer caso, ganhará a forma de uma resolução senatorial. Se à infração político-administrativa também corresponder crime comum, o Presidente da República, responsabilizado politicamente perante o Legislativo, deverá ser processado pelo crime comum. Mas perante qual Juiz? Até o cancelamento da Súmula n. 394, entendia o Supremo Tribunal ser ele próprio o juiz natural; desde então, já não mais prevalece o foro especial.[407] Se o Presidente for absolvido, não mais pode ser processado pelo mesmo fato em outra jurisdição, escrevera *Pontes de Miranda*.[408] No entanto, havendo previsão também de figura delituosa

---

[405] LEAL. *Theoria e Prática da Constituição Brasileira*, p. 473-474.

[406] BRASIL. Supremo Tribunal Federal. Pleno. MS n. 21.564-DF. Rel. Min. Octavio Gallotti. *DJ* 1 de 27/8/1993, p. 17.019.

[407] BRASIL. Supremo Tribunal Federal. Pleno Inq (QO) n. 687-SP. Rel. Min. Sydney Sanches. *DJ* de 9/9/1999; Inq (QO) n. 881-MT. Rel. Min. Sydney Sanches. *DJ* de 22/4/1994, p. 8.941; Inq (QO) n. 656-AC. Rel. Min. Moreira Alves. *DJ* de 9/9/1999. Aliás essa era a doutrina de PONTES DE MIRANDA. *Comentários à Constituição de 1946*, III, p. 140.

[408] Ibidem, p. 149.

comum para o mesmo fato e havendo a autorização da Câmara, mais acertada é a tese de admissibilidade de um processo tramitar no Supremo Tribunal Federal.

Que sucederá se o Presidente da República renunciar ao cargo? Seria um obstáculo ao processo de *impeachment*? Seria uma espécie de "condição de procedibilidade" ou de "prosseguibilidade"? Em outras palavras, impediria apenas o início de seu *iter* procedimental, seja ainda na instauração do juízo de admissibilidade pela Câmara, seja de sua formalização no Senado; ou cairia sempre como um raio fulminante em qualquer fase do processo? Seria, afinal, uma "causa anômala de extinção de punibilidade"? O longo debate travado nos últimos anos no Brasil permite antecipar uma resposta: se a renúncia tiver havido antes do recebimento da denúncia, o processo não terá início (art. 15 da Lei n. 1.079/1950). Acontecendo após isso, não impede o seguimento do processo até as suas conseqüências últimas. Foi assim que se posicionaram o Senado Federal[409] e o Supremo Tribunal Federal[410] no caso "Collor". A doutrina, contudo, não é uníssona a esse respeito. Atentos à finalidade estritamente política do processo no sentido de impedir que a pessoa investida de funções públicas continue a exercê-la, e não ter por objeto propriamente a punição do culpado, vários estudiosos brasileiros, de antes e de depois da referida lei, escudados em lições estadunidenses,[411] não admitem o seu seguimento se o acusado deixar em definitivo o cargo,[412] embora, pelo mesmo motivo,

---

[409] BRASIL. Senado Federal. Resolução n. 101. *DCN* de 30/12/1992, p. 2.727.

[410] BRASIL. Supremo Tribunal Federal. Pleno. MS n. 21.689-DF. Rel. Min. Carlos Velloso. *RTJ* v. 167, t. 3, p. 792-917. O placar da decisão esteve empatado entre os Ministros do Supremo: quatro a quatro. Em face dos impedimentos e da necessidade do quórum de onze Ministros desimpedidos para decidir a questão, de acordo com o art. 40 do RISTF, participaram da votação os Ministros do Superior Tribunal de Justiça José Dantas, Torreão Braz e William Patterson, que, ao final, conferiram a maioria à tese exposta no texto.

[411] Nos Estados Unidos, o Senado chegou a entender que sua jurisdição não ficava suprimida pela renúncia de um servidor civil acusado em processo de *impeachment* (Caso Belknap). Mas a prática tem revelado outra coisa: Em 1839, o processo, movido contra o Juiz Federal P. K. Lawrence, foi suspenso após a sua renúncia; o mesmo ocorrendo em 1860 (Caso "Watrous") e 1874 (Casos "Durell" e "Busteed").

[412] LESSA. *O Impeachment no Direito Brasileiro*, p. 47, citando *Gabriel Ferreira*; MIRANDA. *Comentários à Constituição de 1946*, III, p. 127; MAXIMILIANO. *Comentários à Constituição Brasileira*, II; ACCIOLI. *Instituições do Direito Constitucional*, p. 425-426; BROSSARD. *O Impeachment*, p. 133-134; cf. Também o discurso do Senador Josaphat

possa alcançar o reconduzido.[413] Sob a disciplina da Lei n. 27/1892, o pensamento majoritário não precisava de grande esforço intelectual para defender a tese. Dispunha o seu artigo 3.º: "O processo de que trata esta lei só poderá ser intentado durante o período presidencial, e cessará quando o Presidente, por qualquer motivo, deixar definitivamente o exercício do cargo." "Qualquer motivo" seria elástico o bastante para englobar a renúncia.[414] Com o advento da Lei n. 1.079/1950 esse dispositivo foi revogado pelo artigo 15 que dispunha: "a denúncia só poderá ser recebida enquanto o denunciado não tiver, por qualquer motivo, deixado definitivamente o cargo". O pensamento majoritário mudou, então, de lado e o Supremo Tribunal não destoou:[415] "doutrina e jurisprudência brasileiras, [diferentemente da norte-americana],[416] não reconhecem no

---

Marinho proferido no Plenário do Senado por ocasião dos debates sobre o prosseguimento do processo de *impeachment* após a renúncia do Presidente Fernando Collor, em parte reproduzido na *RTJ* v. 167, t. 3, p. 889-890.

[413] A hipótese é de *Carlos Maximiliano*, escorado na experiência americana: *Comentários à Constituição Brasileira*, II, p. 110-111.

[414] BARBALHO. *Constituição Federal Brasileira*, p. 100; BARBOSA. *Obras Completas*, v. XX, t. II, p. 72, especificamente em relação à tentativa de *impeachment do marechal Deodoro da Fonseca*: "Ao Senado, portanto, não podia ter sido proposta a denúncia contra o marechal, nem sequer poderia ser considerada como objeto de deliberação na Câmara dos Deputados: porque a tentativa dessa espécie de processo contra um presidente destituído, representando a mais extravagante disformidade jurídica, ofenderia disposições expressas da lei e da Constituição republicana". Tentou-se mudar essa redação, de modo a manter a jurisdição do Senado mesmo no caso de o Presidente ter deixado definitivamente o cargo. Um projeto de emenda foi apresentada pelo Deputado Epitácio Pessoa, mas foi rejeitado. O projeto de Lei sofreu veto presidencial, mas também o veto foi derrubado, permanecendo o texto originariamente elaborado pela Comissão mista de Senadores e Deputados. Levantaram-se argumentos contra a constitucionalidade da lei: a restrição ao poder do Senado e a possibilidade de, por meio da renúncia, vir o Presidente que cometera "os mais graves delitos" subtrair-se ao julgamento. Não se pode esquecer que essa lei foi aprovada em um clima de embates entre o Congresso Nacional e o Presidente Deodoro da Fonseca, sendo, por alguns, vista como um meio de apanhar o Presidente em uma de suas previsões. Cf. FONSECA. *O Poder Executivo na República Brasileira*, p. 86-87.

[415] Frise-se, contudo, que mesmo após a Lei n. 1.079/50, o Ministro Oswaldo Tribueiro continuou a defender a natureza política do processo de *impeachment*, "que deixa de ter cabimento quando o acusado já não esteja no exercício da função: Ap. n. 212-SP. Rel. Min. Oswaldo Trigueiro. *RTJ* v. 59, t. 2, p. 630.

[416] Mesmo nos Estados Unidos a tese da impossibilidade de seguimento do *Impeachment* em virtude da renúncia do servidor acusado perdeu força: Cf. TRIBE. *American Constitutional Law*, p. 290.

*impeachment* natureza puramente política" acentuara o Ministro Carlos Velloso.[417] A própria previsão de dupla pena – perda do cargo e inabilitação – colabora com a conclusão de que a renúncia, *per se* e por óbvio, inviabiliza apenas a perda do cargo, mas não dá proteção a expedientes astuciosos que visam fugir da inabilitação.[418] A admissibilidade da renúncia como causa extintiva do processo privilegiaria os princípios "da pessoalidade e da voluntariedade"

---

[417] BRASIL. Supremo Tribunal Federal. Pleno MS n. 21.689-DF. Rel. Min. Carlos Velloso. *RTJ* v. 167, t. 3, p. 792-917, 819.

[418] PACHECO. *Tratado das Constituições Brasileiras*, v. V, p. 414-415; TEMER. *Elementos de Direito Constitucional*, p. 154-155. O Ministro Carlos Velloso se valeu da literalidade da redação do artigo 52, parágrafo único da atual Constituição, comparada à do artigo 33, § 3.°, da Constituição de 1891 para chegar a mesma conclusão: "A preposição *com*, utilizada no parágrafo único do art. 52, acima transcrito, ao contrário do conectivo e, do § 3.°, art. 33, da CF/1891, não autoriza a interpretação no sentido de que se tem, apenas, enumeração das penas que poderiam ser aplicadas": Pleno MS n. 21.689-DF. Rel. Min. Carlos Velloso. *RTJ* v. 167, t. 3, p. 792-917, 824. Curiosamente, o Ministro Ilmar Galvão extraiu dessa mudança de redação exegese oposta: ficou patente que a inabilitação era pena acessória, não fazendo sentido a continuidade do processo se não se visava à pena principal (p. 848). No mesmo sentido o Ministro Celso de Mello: "não vislumbro a existência de sanções político-jurídicas de caráter autônomo. Entendo que, ao contrário, há uma única sanção constitucionalmente estabelecida: a de desqualificação funcional, que compreende, na abrangência do seu conteúdo, a destituição do cargo com a inabilitação temporária. A unidade constitucional da sanção prevista torna-a indecomponível..." (p. 857). E o Ministro Moreira Alves: "se a Constituição de 1946 – e o mesmo ocorre com a atual Constituição – aludiu expressamente, como pena, à perda do cargo, que já estava abrangida pela inabilitação para o exercício de qualquer função pública, é porque seria necessário que o Presidente fosse Presidente quando da condenação...." A Lei n. 1.079/1950, a seguir a opinião da maioria, seria inconstitucional tanto por haver invertido a ordem estabelecida constitucionalmente, como por ter considerado como pena somente a inabilitação para o exercício de qualquer função pública, e como efeito da sentença condenatória a destituição; e, ainda, por ter estabelecido restrição à jurisdição do Senado, com a impossibilidade de instauração do processo com a renúncia anterior à denúncia. Curiosamente, o primeiro argumento se esvai na seqüência do voto ao indicar que também a Lei n. 1.079/1950 considera que a pena é somente a perda do cargo, sendo a inabilitação simples conseqüência da condenação. De toda sorte, ele conclui adiante: "Quer se considere *a perda do cargo com inabilitação para o exercício da função pública* como pena única a que se atrela um efeito da sentença condenatória, ou como duas penas, em que a primeira é a principal e a segunda é a acessória, o que me parece manifesto, Sr. Presidente, é que elas não podem ser autônomas, pois, além de a preposição *com* indicar acompanhamento (e não há acompanhamento sem acompanhado), teriam de vir ligadas pela disjuntiva *ou*..." (p. 884, 886). No mesmo sentido foi o voto do Ministro Octavio Gallotti (p. 887).

sobre o interesse público,[419] especialmente sobre o princípio da moralidade administrativa,[420] sem contar que, sendo matéria de direito estrito, teria de decorrer de texto expresso, constitucional ou infraconstitucional, ou derivar da impossibilidade de aplicação da pena cominada.[421] A fórmula gramatical do artigo 15 não deveria deixar espaço a tanta discussão, "a denúncia somente poderá ser recebida enquanto o denunciado não tiver, por qualquer motivo, deixado definitivamente o cargo". Se antes a renúncia podia ser vista como uma barreira intransponível para a instauração do processo ou mesmo para o seu prosseguimento, já agora se impunha como vedação tão-somente antes da denúncia, de sorte que instaurado o processo no Senado, após a deliberação autorizadora da Câmara, não haverá espaço para interrupção do processo.

---

[419] LÚCIA ROCHA. *Processo de Responsabilidade do Presidente da República.* Renúncia do Presidente após o recebimento da denúncia pelo Senado Federal. Ininterruptibilidade do Processo. Eficácia da decisão condenatória do Presidente renunciante, citada pelo Ministro Carlos Velloso: Pleno MS n. 21.689-DF. Rel. Min. Carlos Velloso. *RTJ* v. 167, t. 3, p. 792-917, 826.

[420] O Ministro Néri da Silveira inspirou-se em Paulo de Lacerda que via o objetivo principal do *impeachment* não tanto na punição do acusado, "senão antes na tutela das coisas públicas mediante a remoção do mau ocupante do ofício, que o exerce em prejuízo da nação", para afirmar que os mesmos valores que estariam a justificar o afastamento, motivariam a interdição temporário do acesso a funções públicas de que for responsabilizado por meio do *impeachment*. Pleno MS n. 21.689-DF. Rel. Min. Carlos Velloso. *RTJ* v. 167, t. 3, p. 792-917, 876

[421] Pleno MS n. 21.689-DF. Rel. Min. Carlos Velloso. *RTJ* v. 167, t. 3, p. 792-917, 858-864: contra a tese de integração de lacuna, existente em função do silêncio da lei sobre a eficácia paralisante da renúncia, o Ministro Sepúlveda Pertence trouxe o princípio dogmático da vedação da analogia em matéria de direito estrito. Mesmo admitindo, a conclusão não mudaria: "...é manifesto que, houvesse lacuna a suprir por analogia, o modelo normativo adequado, por sua clara similaridade com o caso, não seria jamais o das referidas hipóteses excepcionais de extinção da punibilidade por ato posterior do agente [art. 107, VI a VIII, e art. 312, § 3.° do CPB, leis extravagantes e Súmula n. 554 do STF], mas, sim, pelo contrário, a regra, já tradicional, e hoje reiterada no art. 172 da Lei do Regime Único dos Servidores Públicos (L. 8.112/90), que veda, na pendência do processo disciplinar, a exoneração a pedido do funcionário que a ele responda." Tudo em função do próprio contexto e da teleologia constitucional que sobressaem da imputação à improbidade administrativa, cumultaiva e não alternativamente, da suspensão de direitos políticos, da perda da função pública, da indisponibilidade dos bens e do ressarcimento do erário (art. 37, § 4.°): "não é razoável supor que, no mesmo contexto constitucional, aos mais altos dignatários do País, os agentes políticos sujeitos ao *impeachment*, é que se reservasse o privilégio de determinar, mediante a renúncia, a minimização da condenação antevista" (p. 864).

# SEÇÃO V
# O PRESIDENTE DOS ESTADOS UNIDOS DA AMÉRICA SEGUNDO A SUPREMA CORTE

A Suprema Corte norte-americana tem contribuído significativamente para a definição de poderes do Presidente dos Estados Unidos. Em nosso exame, situaremos o tema especificamente (1) no seu poder de nomeação e destituição de servidores, (2) na doutrina dos poderes implícitos e (3) nos limites silenciosos às competências executivas inerentes.

### § 1. O PODER DE NOMEAÇÃO E DE DESTITUIÇÃO

A Suprema Corte dos Estados Unidos, de há muito tempo, reconheceu que a nomeação de servidores públicos era de competência exclusiva do Executivo.[422] Em 1974, a pretexto de melhor salvaguardar a lisura do processo eleitoral, foi aprovado um dispositivo legal que criava a Comissão Federal Eleitoral, composta de oito membros, e incumbida de administrar e aplicar a Lei eleitoral, expedindo regulamentos, adotando ações civis contra seus violadores, desqualificando temporariamente candidatos que descumprissem os requisitos de inscrição. A Corte julgou-o inconstitucional.[423] Os poderes de execução e de adjudicação conferidos àquela Comissão não podiam ser considerados como de mero auxílio às funções legislativas do Congresso, devendo ser exercidos apenas por agentes públicos dos Estados Unidos. Como a Constituição atribuía apenas ao Presidente, após a confirmação do nome pelo Senado, a nomeação dos ocupantes dos altos cargos, e, no caso de servidores de escalão inferior, conferia esse poder, de acordo com a determinação da lei, ao Presidente, aos chefes dos Departamentos Executivos e ao Judiciário,[424] e aquele dispositivo previa que quatro dos membros da

---

[422] ESTADOS UNIDOS. Suprema Corte. *United States* v. *Ferreira*, 13 How. 40 (1852); *Hayburn's Case*, 2 Dall. 409 (1792); *Springer* v. *Government of the Philippine Islands*, 277 U.S. 189 (1928).

[423] ESTADOS UNIDOS. Suprema Corte. *Buckley* v. *Valeo*, 424 U.S. 1 (1976).

[424] ESTADOS UNIDOS. Suprema Corte. *United States* v. *Germaine*, 99 U.S. 508 (1879).

Comissão seriam nomeados *pro tempore* pelo Presidente do Senado e pelo Presidente da Casa dos Representantes, havia um claro vício de inconstitucionalidade:

> "O Congresso não podia, só porque entendia que aquela medida era 'necessária e própria' para o cumprimento de sua competência legislativa (...) atribuir a si mesmo ou aos seus agentes a competência de nomear servidores dos Estados Unidos".[425]

Podia, era certo, "nomear seus próprios agentes para o exercício de poderes de natureza investigativa ou informativa".[426] O Legislativo, não; o Judiciário, sim.

O Título VI da Lei de Ética no Governo permite a nomeação de um "promotor independente" (*independent counsel*) para investigar e, se necessário, processar civil e criminalmente certos agentes públicos mais graduados. De acordo com o procedimento estabelecido, o Procurador-Geral, após receber informação ou representação que revelem indícios de que algum agente público do escalão superior da hierarquia do Governo cometeu algum ilícito criminal, deve proceder a investigações preliminares. Após noventa dias, ele deve apresentar as suas conclusões para uma Corte especial (*the Special Division*), criada por aquela Lei. Se as suas diligências indicarem a dispensa de prosseguimento das investigações, por não haver base razoável na representação ou informação recebida, o caso é encerrado. Se, ao contrário, concluir pela continuidade do procedimento investigatório, aquela Corte nomeará um promotor independente e lhe definirá o campo de atuação. A Lei prevê, de antemão, uma gama considerável de atribuições, incluindo o ajuizamento das ações criminais e cíveis cabíveis, a promoção de toda sorte de diligência para coligir informações, além do poder de nomear servidores para seu auxílio ou de requisitar a assistência do Departamento de Justiça. Periodicamente, o promotor deverá endereçar ao Congresso um relatório de suas atividades, sendo que a sua investidura só terminará quando ele apresentar ao Procurador-Geral as conclusões de seu trabalho ou, antes, por decisão do Procurador-Geral, se houver justa causa para isso, ou por determinação da Corte que o nomeou. Suscitou-se a ilegitimidade constitucional dessa lei, mas

---

[425] ESTADOS UNIDOS. Suprema Corte. *Buckley* v. *Valeo*, 424 U.S. 1, 135 (1976).

[426] ESTADOS UNIDOS. Suprema Corte. *Buckley* v. *Valeo*, 424 U.S. 1, 137 (1976).

a Suprema Corte não reconheceu qualquer vício. O Poder de nomeação dos servidores públicos podia ser deferido, discricionariamente, pelo Legislativo ao Presidente, aos Ministros ou aos tribunais:

> "Não há dúvida que a nomeação de servidores públicos inferiores seja atribuída a algum departamento do governo, executivo ou judicial. (...). Mas não há a exigência absoluta de que as coisas sejam assim; e, mesmo que fossem, seria difícil em muitos casos, determinar a que departamento o servidor pertenceria".[427]

Em casos anteriores, a Suprema Corte já havia reconhecido aos tribunais a competência para nomear procuradores privados para agir como promotores em certas demandas judiciais.[428] Em *Go-Bart Importing Co. v. United States*,[429] já havia aprovado o poder de nomeação judicial de comissionários dos Estados Unidos com poderes de perseguibilidade limitados. Nenhuma dúvida, portanto, sobre o poder de o Congresso prever uma nomeação interpoderes. Mas esse não era um poder ilimitado. A decisão legislativa de investir as cortes do poder de nomeação seria inadequada sempre que se revelasse a incongruência entre as funções normalmente exercidas pelas cortes e o cumprimento de seu dever de nomear.[430] No caso, não havia incongruência, senão razoabilidade em se prever que um promotor independente fosse nomeado para investigar certas autoridades que, do contrário, poderiam exercer algum tipo de influência sobre ele: "we do not think that appointment of the independent counsel by the court runs afoul of the constitutional limitation on 'incongruous' interbranch appointments".[431] Reconhecia-se que a jurisprudência da Suprema Corte proibia a atribuição ao Judiciário de tarefas executivas ou administrativas,[432] mas sempre com o objetivo de manter a separação entre o Judiciário e os outros ramos do Governo Federal, de forma a assegurar que os juízes não

---

[427] ESTADOS UNIDOS. Suprema Corte. *Morrison* v. *Olson*, 487 U.S. 654, 674 (1988).

[428] ESTADOS UNIDOS. Suprema Corte. *Young* v. *United States ex rel. Vuitton et Fils S. A.*, 481 U.S. 787 (1987).

[429] ESTADOS UNIDOS. Suprema Corte. 282 U.S. 344 (1931).

[430] Conforme o precedente *In Ex parte Siebold*, 100 U.S. 371 (1880).

[431] ESTADOS UNIDOS. Suprema Corte. *Morrison* v. *Olson*, 487 U.S. 654, 677 (1988).

[432] ESTADOS UNIDOS. Suprema Corte. *Buckley* v. *Valeo*, 424 U.S. 1, 123 (1976).

invadissem os espaços de competência reservados ao Executivo e ao Legislativo. Não era esse o caso todavia:

> "O poder misto [conferido à corte] não invadia a competência do Poder Executivo. Muitos dos poderes alegadamente de supervisão conferidos a ela eram passivos: a Divisão apenas 'recebia' relatórios do promotor ou do Procurador-Geral (...). A Lei simplesmente não atribuía à Divisão o poder de supervisionar o promotor independente em suas atividades de investigação e persecução. E as funções em que se achava investida não eram inerentemente 'executivas'; na realidade, eram diretamente análogas às funções que os juízes federais exerciam em outros contextos, como o de permitir a revelação de matérias surgidas antes do grande júri (...) ou de decidir sobre a extensão das investigações do grande júri."[433]

Em relação ao poder de destituição, a Constituição estadunidense, contudo, não é expressa. Não tardou, porém, em 1839 para a Suprema Corte considerar que "o poder de destituir é decorrente do poder de nomear".[434] Esse entendimento levou a Corte a julgar inconstitucional um dispositivo legal que condicionava a destituição de Chefe do Correio à aprovação do Senado: "o Presidente tem o poder exclusivo de destituir servidos executivos dos Estados Unidos, que ele tenha nomeado, mesmo nos casos em que [seja previsto para a nomeação] o consentimento do Senado". Não podia assim uma lei sujeitar a destituição de um servidor à concordância do Congresso, pois, se assim fosse, não se poderia exigir do Presidente a plena realização de seu dever de zelar pelo fiel cumprimento das leis.[435] Todavia, a Corte fez uma distinção em *Humphrey's Executor* v. *United States*: essa regra só se aplicava aos casos de destituição de "servidores executivos propriamente".[436] É

---

[433] ESTADOS UNIDOS. Suprema Corte. *Morrison* v. *Olson*, 487 U.S. 654, 681-682 (1988).

[434] ESTADOS UNIDOS. Suprema Corte. *In re Hennen*, 38 U.S. (13 Pet.) 230, 259 (1839). É interessante se examinar como o primeiro Congresso norte-americano se dividiu nesse assunto, havendo diversas posições, ora a reconhecer o poder de destituição ao Congresso – uns restringindo-lhe ao processo de *impeachment*, outros, àqueles casos em que o Senado era chamado a intervir na nomeção e outros ainda, reconhecendo-lhe tal poder sempre que viesse a criar um órgão ou departamento; ora a recusá-lo, defendendo, como Madison, a competência exclusiva do Presidente como "um incidente do poder executivo". FISHER. *Theory in a Crucible the Removal Power*, p. 221 et seq.

[435] ESTADOS UNIDOS. Suprema Corte. *Myers* v. *United States*, 272 U.S. 52, 164 (1926).

[436] ESTADOS UNIDOS. Suprema Corte. 295 U.S. 602, 632 (1935).

que a complexidade da vida social e econômica havia demandado o surgimento de órgãos de natureza híbrida, não meramente executiva, mas quase legislativa ou quase judicial, em que se podia, e se devia, restringir o poder de o Presidente nomear.[437] Era por isso que o Presidente não podia, a seu bel prazer ou fora das condições impostas pela lei, destituir um membro da Comissão Federal do Comércio, antes do término do prazo fixado legalmente. Essa garantia era necessária para que a Comissão desenvolvesse seus trabalhos com independência e firmeza.[438] Mas qual seria o critério a indicar uma função que demandaria absoluta independência do Executivo e qual não? A Corte não soube antecipar, exigindo o exame de cada caso concretamente.[439]

A doutrina de *Humphrey's*, contudo, não permitia concluir que ao Legislativo fosse atribuído algum poder para interferir na destituição, pois, a prazo ou não, estaria na órbita do Presidente, apenas.[440] A Lei de Controle Emergencial do Déficit e de Equilíbrio Orçamentário de 1985 (*Gramm-Rudman Act*) atribuía ao Contador-Geral o poder de fazer previsões sobre o déficit orçamentário do Governo Federal e de determinar quais os cortes haveriam de ser feitos e quais os programas que seriam atingidos, levando em conta a programação legal de redução do rombo das contas públicas. A lei também previa que o Contador-Geral não podia ser destituído pelo Presidente, sujeitando-o apenas a um processo de *impeachment* perante o Congresso. E aqui é que se declarou o vício de inconstitucionalidade: "permitir que a execução das leis seja atribuída a um servidor responsável apenas perante o Congresso, na prática, reserva ao Congresso o controle sobre a execução das leis".[441] Resultado: aquela participação do Congresso na destituição do Contador-

---

[437] ESTADOS UNIDOS. Suprema Corte. *Morrison* v. *Olson*, 487 U.S. 654, 691 (1988). Para *Strauss* a Corte havia situado a FTC em ambos os ramos de governo, Legislativo e Judicial. *The Place of Agencies in Government*. Separation of Powers and the Fourth Branch, p. 194.

[438] ESTADOS UNIDOS. Suprema Corte. *Humphrey's Executor* v. *United States*, 295 U.S. 602, 629 (1935). "[A] diferença de funções entre aqueles que integram o Executivo e aqueles outros cuja atividade requer absoluta liberdade contra a interferência do Executivo": *Wiener* v. *United States*, 357 U.S. 349, 353 (1958).

[439] "(...) [T]here shall remain a field of doubt, we leave such cases as may fall within it for future consideration and determination as they may arise" (639).

[440] ESTADOS UNIDOS. Suprema Corte. *Bowsher* v. *Synar*, 106 S. Ct. 3.181 (1986).

[441] ESTADOS UNIDOS. Suprema Corte. *Bowsher* v. *Synar*, 106 S. Ct. 3.181, 3.188 (1986).

Geral era inconstitucional. Para o nosso interesse, a leitura que a doutrina norte-americana passou a fazer das conclusões da Corte neste caso interessa no ponto em que considera que a norma constitucional estabelecedora do poder-dever presidencial de zelar pelo fiel cumprimento das leis, deve ser lida com um princípio negativo: requer que os servidores do Executivo tenham independência em relação ao Congresso e não necessariamente em relação ao Presidente.[442] E volta-se aqui a outro aspecto constitucional importante na criação das agências independentes: o isolamento de certos agentes públicos da influência direta do Presidente da República não implica derrogação daquele poder-dever presidencial.[443] Nem do princípio da separação dos poderes. É como, enfim, conclui *Tribe*: "O que o esquema de separação de poderes proíbe é uma agência que é dependente de um ramo de governo exerça os poderes de outro."[444]

## § 2. A DOUTRINA DOS PODERES IMPLÍCITOS. O CRESCIMENTO DO PAPEL DO PRESIDENTE DA REPÚBLICA NOS ESTADOS UNIDOS

Além dos poderes expressamente enumerados na Constituição, existem outros que se possam definir como inerentes ao Presidente da República? A pergunta nos faz retomar, de certa forma, a discussão iniciada em torno do poder regulamentar, formulada, naquela oportunidade, nos termos de uma "reserva de regulamento". A questão aqui é mais grave, pois vai em busca da regra geral de uma "reserva do Executivo" que não tem uma dimensão textual ou expressa na Lei Magna. O exemplo americano aqui, uma vez mais, não pode ser esquecido.

*Hamilton* advogava a existência de um poder executivo residual que derivava da forma como o texto constitucional estava redigido ao definir o Poder Legislativo e o Poder Executivo. De acordo com o artigo II, § 1, "o poder executivo será investido em um Presidente dos Estados Unidos", seguindo-se nas seções 2 e 3 o rol de suas atribuições. Ao tratar do Legislativo, havia uma modulação na linguagem ao dizer o artigo I, § 1, que "todos os poderes legislativos outorgados por

---

[442] TRIBE. *American Constitutional Law*, p. 253.

[443] ESTADOS UNIDOS. Suprema Corte. *Bowsher* v. *Synar*, 106 S. Ct. 3.181, 3.207 (1986).

[444] TRIBE. *American Constitutional Law*, p. 253; cf. FARBER; ESKRIDGE JR.; FRICKEY. *Constitutional Law*, p. 994 et seq.

esta Constituição serão investidos num Congresso dos Estados Unidos". A Constituição parecia exaustiva em relação ao Congresso, mas era meramente enunciativa em relação ao Presidente.[445] Essa idéia foi reproduzida pela Suprema Corte em *Myers* v. *United States*:

> "O poder executivo é definido em termos gerais, reforçados por termos específicos, cuja ênfase fora considerada como apropriada, e limitados por expressões claras sempre que tal limitação se faça necessária."[446]

Essa orientação foi levada às suas conseqüências em relação à condução dos assuntos externos, mas no que tange aos assuntos domésticos, não. Uma contenção que se fez presente a par de uma farta construção jurisprudencial, tanto quanto aquela afirmação em matéria de política exterior, como bem demonstram os casos que enfrentaram a tese dos limites às competências executivas, impostos pela inércia do Legislativo.

### § 3. OS LIMITES SILENCIOSOS ÀS INERENTES COMPETÊNCIAS EXECUTIVAS. A TENTATIVA DE CONTER OS PODERES DO PRESIDENTE NORTE-AMERICANO

O silêncio ou a falta de autorização legislativa pode ser interpretado como limites aos poderes do Executivo? Um exame dessa questão sob o ângulo do princípio da divisão de poderes pode responder que não. E essa resposta se fundamenta tanto numa visão interna, quanto externa do princípio. Sob a perspectiva interna, o sistema de *cheks and balance* termina sendo frustrado, pois o silêncio legislativo não pode ser objeto do veto presidencial; e externamente, o controle político também fica prejudicado, tendo-se em conta que o eleitorado não pode julgar os congressistas por leis "promulgadas pelo silêncio". [447]

A jurisprudência da Suprema Corte já respondeu à pergunta nos dois sentidos. O Presidente *Truman* havia feito uma intervenção nas indústrias de aço como forma de evitar uma greve durante a Guerra da Coréia. A Suprema Corte reputou inconstitucional tal

---

[445] HAMILTON. *Works of Alexander Hamilton*, p. 80-81.
[446] ESTADOS UNIDOS. Suprema Corte. 272 U.S. 52, 118 (1926).
[447] TRIBE. *Constitutional Choices*, p. 29 et seq.

ato, pois dependia de autorização do Congresso para tanto. De acordo com o Juiz *Jackson*, a competência inerente ao Executivo consistiria em seus próprios poderes constitucionais "*minus* any constitutional powers of Congress over the matter".[448] Nesses termos, se a Constituição atribuía ao Congresso determinada competência, como condição necessária para atuação do Executivo, a ausência de manifestação haveria de ser interpretada como uma desautorização. Seis anos depois, a Corte reiterou os fundamentos da decisão, negando ao Secretário de Estado poder para indeferir expedição de passaportes, pois o silêncio do Congresso não poderia ser interpretado como uma permissão.[449] Esse posicionamento não desafiou o tempo. Curiosamente em casos versando sobre assunto semelhante a esses dois precedentes.

Por ocasião da crise entre os Estados Unidos e o Irã, em 1979, o Presidente *Jimmy Carter*, sem autorização expressa do Congresso, expediu uma ordem anulando ordem anterior que congelara os ativos iranianos e os vinculara como garantia às demandas judiciais contra aquele País, suspendendo o curso dessas ações. A nova ordem fazia parte de uma negociação que resultou na liberação dos norte-americanos que eram mantidos como reféns em Teerã. *Dames & Moore* considerou, sob o precedente de *Youngstown*, que aquela suspensão constituía uma desapropriação sem a devida compensação e inconstitucional, ademais, por não existir manifestação legislativa de autorização. O argumento, contudo, não foi aceito. A Corte conseguiu enxergar uma autorização indireta, a partir de uma série de dispositivos não aplicados especificamente ao caso, "que indicavam a aceitação [do Congresso] com uma finalidade geral que dava suporte à ação executiva em circunstâncias como aquelas".[450] Em 1981, estava em discussão se, sem expressa autorização legislativa, o Executivo poderia cancelar passaportes; segundo *Kent*, não. A Corte julgou que sim: "Nas áreas de política externa e segurança nacional (...), o silêncio do Congresso não pode ser interpretado como desaprovação."[451]

---

[448] ESTADOS UNIDOS. Suprema Corte. *Youngstown Sheet & Tube Co* v. *Sawyer*, 343 U.S. 579, 637 (1952).

[449] ESTADOS UNIDOS. Suprema Corte. *Kent* v. *Dulles*, 357 U.S. 116 (1958).

[450] ESTADOS UNIDOS. Suprema Corte. *Dames & Moore* v. *Regan*, 453 U.S. 654, 677 (1981).

[451] ESTADOS UNIDOS. Suprema Corte. *Haig* v. *Agee*, 453 U.S. 280, 291 (1981).

# SEÇÃO VI
# O ESTATUTO DAS MINORIAS POLÍTICAS: A PROTEÇÃO DO PRINCÍPIO DEMOCRÁTICO

A minoria política desempenha um papel importante no esquema de divisão de poderes, religando, na estrutura do Estado de Direito, a dimensão liberal desse princípio com os reclames do postulado democrático.

O conceito de democracia não se reduz a meros procedimentos de seleção de dirigentes, nem à identidade necessária entre vontade da maioria ou da opinião pública com a vontade de todos. A vitória eleitoral não importa a escravidão silenciosa dos derrotados, nem se pode confundir com a apuração momentânea e circunstancial de uma opinião pública, sem apoio em reflexões e debates suficientemente informados. Essas notas registram que as tentativas de se reduzir a democracia a meros procedimentos, culminados com a regra da maioria, padecem de males congênitos. Tem-se de recorrer ao princípio de inclusão do outro que mereceu diferentes versões ao longo da história.[452] Em matéria política, reforça-se a necessidade de criação de um estatuto de garantias da oposição, de forma a possibilitar sua atuação efetiva nos controles e críticas aos programas de governo, viabilizando-lhe sempre o espaço para o sucesso de suas teses e a vitória eleitoral por fim. Isso vai além da simples manutenção das regras formais do jogo eleitoral, impondo-se sobre o próprio conteúdo dessas mesmas regras, de forma a serem asseguradas a existência, a voz e a participação da minoria parlamentar na vida política do País.

Torna-se importante, por isso, um exame ainda que geral da tarefa imposta à jurisdição constitucional nessa área. Começaremos nosso estudo pela França (1), depois passaremos à Itália (2) e, enfim, analisaremos o quadro no Brasil (3), remetendo o leitor ao estudo feito sobre a definição dos limites da competência da Suprema Corte norte-americana, realizada em outro ponto deste trabalho, em que se aborda o tema.

---

[452] HABERMAS. *Die Einbeziehung des Anderen*, p. 154 et seq.

## § 1. JURISDIÇÃO CONSTITUCIONAL E MINORIAS POLÍTICAS NA FRANÇA

A subida da esquerda ao poder francês em 1981, com a eleição de *François Mitterrand* para Presidência da República e a formação da maioria socialista na Assembléia Nacional, deu início a um período de incidentes políticos e jurídicos que desaguaram no Conselho Constitucional. A posição do Conselho não era das mais fáceis; acusado, pela esquerda, de dificultar as reformas que as urnas exigiam dos socialistas,[453] era visto, pela direita, como um órgão tímido na defesa das instituições e tradições francesas. A leitura retrospectiva daqueles anos levou à conclusão bem diversa. Segundo *Favoreu*, ao impor a sua autoridade contra as investidas de uma maioria absoluta, contra toda sorte de alteração constitucional, o Conselho terminou por conceder "um certificado de conformidade constitucional, dando assim sua caução jurídica às medidas adotadas".[454] Mesmo os partidos políticos, à exceção do Partido Comunista, terminaram por reconhecer o relevante papel de amortecedor político nas alternâncias sucessivas de que dá conta a história francesa mais recente.[455] Não quer isso dizer que os papéis dos atores políticos tenham sido alterados, com a devoção geral à autoridade do Conselho. O governo, de direita ou de esquerda, lança sobre ele sempre o mesmo tom crítico de empecilho às transformações, enquanto a oposição, de *gauche* ou de *droite*, adota a posição de defensor das instituições da V República.[456]

Todavia, tem-se notado uma outra particularidade na vida política daquele País, resultado não apenas da existência, mas, sobretudo, da atuação do Conselho. Trata-se da "juridificação" dos debates parlamentares, em primeiro lugar como "direito na política", pelo uso corrente na sede legislativa de argumentos jurídicos como motivo expresso para apoiar ou rejeitar uma certa idéia, levantando, em um segundo momento, a oposição à exceção de inadmissibilidade dos projetos de lei, sob o argumento de sua inconstitucionalidade, como forma de suspender os debates e conseqüentemente conse-

---

[453] KEELER. *Confrontations Juridico-politiques, le Conseil Constitutionnel face au Gouvernement Socialiste Comparé à la Cour Suprême face au New Deal*, p. 133 et seq.

[454] FAVOREU. *La Politique Saisie par le Droit*, p. 30, 111; ROUSSEAU. *Droit du Contentieux Constitutionnel*, p. 71 et seq.

[455] FAVOREU. *Le Conseil Constitutionnel et les Partis Politiques*, p. 3 et seq.

[456] PANTHOREAU. *La Reconnaissance des Droits Non-écrits par les Cours Constitutionnelles*, p. 76.

guir, ao menos, retardar a sua aprovação, servindo, ademais, como forma de demonstrar ao eleitorado a determinação de suas posições frente à proposta majoritária (política no direito).[457] Dessa maneira, o Conselho passou a ser usado como campo de batalha na tentativa da oposição de reverter juridicamente o que de forma política perdeu.[458] É de ser salientado, no entanto, que esse transporte do debate parlamentar para a sede jurisdicional não importa o uso do mesmo código e regras da política. Põe em relevo essa tese *Dominique Rousseau* ao assinalar que quando o conflito em torno das nacionalizações foi transferido para o Conselho, a argumentação política, tanto de seu conteúdo, socialismo ou liberalismo, quanto de sua forma, violência dos debates, deu lugar apenas a argumentos aceitáveis e aceitos pelo campo jurídico: interpretação dos textos constitucionais de referência, conciliação de princípios jurídicos contraditórios, definição e controle das características da prévia e justa indenização. Assim também, quando o Presidente da República transmite ao Conselho a questão do protocolo da Convenção Européia dos Direitos dos Homens relativos à abolição da pena de morte, o debate não é mais formulado em linguagem política, a favor ou contra a pena de morte, mas estritamente jurídica: o protocolo atenta contra o artigo 3.º da Constituição, no pertinente às condições essenciais do exercício da soberania nacional?

De qualquer forma, não se pode negar que a ação política foi afetada sensivelmente desde que o Conselho passou a exercer sua autoridade e não será exagero afirmar que, por sua sanção, ele termina conduzindo diretamente a uma modificação da política da maioria governamental. Em 1984, a esquerda desejava criar um colégio eleitoral único composto de professores para designação dos responsáveis universitários; mas teve que desistir da idéia e manter os colégios separados em função de uma censura do Conselho.[459] Em 1986, a direita tentou adotar uma política que facilitasse a concentração das empresas de imprensa, de forma a criar grupos mais competitivos no cenário europeu; mas teve que recuar em vista da negativa do Conselho.[460] E aí está a razão clara que leva o grupo minoritário, de

---

[457] ROUSSEAU. *Droit du Contentieux Constitutionnel*, p. 385.

[458] PANTHOREAU. *La Reconnaissance des Droits Non-écrits par les Cours Constitutionnelles*, p. 76.

[459] FRANÇA. Conselho Constitucional. Decisão n. 83-165. *DC* de 20/1/1984. *Recueil des Décision du Conseil Constitutionnel*, p. 30.

[460] FRANÇA. Conselho Constitucional. Decisão n. 86-217. *DC* 19/9/1986. *Recueil...*, p. 141.

direita ou de esquerda, a cada vez mais se valer do recurso jurisdicional. Esse expediente político levou o Conselho a desenvolver uma série de expedientes de natureza processual, destinados a evitar a sua transformação em uma outra câmara legislativa e o consectário conflito político-institucional, como o erro manifesto, a conformidade com reservas ou a declaração de invalidade parcial.[461]

## § 2. JURISDIÇÃO CONSTITUCIONAL E MINORIAS POLÍTICAS NA ITÁLIA

Na Itália, também a Corte Constitucional tem sido apresentada como uma espécie de árbitro dos conflitos sociais, e não será precipitado afirmar que, em certa medida, tem substituído os canais parlamentares tradicionais dos partidos, especialmente os de oposição, e até mesmo dos sindicatos, embora ela própria venha se esforçando para não ser a substituta de intermediários sociais e políticos imprescindíveis a toda sociedade democrática.[462]

## § 3. JURISDIÇÃO CONSTITUCIONAL E MINORIAS POLÍTICAS NO BRASIL

Na linha das Constituições democráticas contemporâneas e assimilando parcialmente essa doutrina, a Lei Básica brasileira reservou, ainda que minimamente, um estatuto de garantias da oposição, permitindo-lhe não só o direito de fiscalizar os atos do grupo majoritário, mas interferir nos processos decisórios. A par disso, atribuiu ao Supremo Tribunal Federal o papel de árbitro de certas cizânias internas do Poder Legislativo, especificamente na direção de um protetor da "reserva constitucional da oposição". Essa atribuição vem expressa, por exemplo, com o reconhecimento da legitimidade ativa dos partidos políticos com representação no Congresso Nacional para ajuizamento da Ação Direta de Inconstitucionalidade (art. 103, VIII)[463] e do mandado de segurança coletivo (art. 5.º, LXX), e implícita, na instituição do mandado de segurança individual (art. 5.º, LXIX). Os limites se divisam nas questões políticas e *interna corporis*. Aqui

---

[461] HABIB. *La Notion d'Erreur Manifeste d'Appréciation Dans la Jurisprudence du Conseil Constitucionnel*, p. 712.

[462] ELIA. *Relazione di Sintesi*, p. 116 et seq.

[463] BRASIL. Supremo Tribunal Federal. ADInMC n. 1.096-RS. Rel. Min. Celso de Mello. *RTJ* v. 158, t. 2, p. 441-479, 456.

podemos indicar uma linha de estudo que passa pela atuação do Supremo Tribunal como elemento purificador dos canais de formação da vontade popular, sobretudo em relação à liberdade de expressão e de imprensa (I), e do relacionamento entre maioria e minoria no âmbito do próprio Congresso Nacional (II).

## I. *A garantia dos processos de formação de vontade popular*

O repertório da jurisprudência do Supremo Tribunal Federal nos dá exemplos contra e a favor de seu papel como instrumento de aperfeiçoamento democrático, por meio do controle dos canais de formação livre da vontade popular, notadamente da garantia das liberdades de pensamento, de expressão, de imprensa, de reunião e de associação.

Na I República, a doutrina do *habeas corpus* serviu para afirmar a liberdade de reunião e manifestação do pensamento em praças, ruas, teatros ou qualquer recinto público,[464] inclusive durante os inumeráveis estados de sítio.[465] O golpe de 1964 ensejaria alguns pronunciamentos do Tribunal nesse mesmo sentido.[466]

No caso "João Cabral de Melo Neto", decidido em setembro de 1954, o Tribunal dá um atestado de proteção da liberdade de pensamento, consciência e crença. O Presidente da República havia decretado disponibilidade inativa não remunerada ao Cônsul *João Cabral*, motivando o ajuizamento de um mandado de segurança para corrigir aquele ato, que se reputava ilegal. O parecer do Conselho de Segurança Nacional, que servia de fundamento ao ato impugnado, afirmara que o impetrante professava a ideologia comunista, tendo compartilhado de planos de atividades subversivas ligados ao Partido Comunista. Todavia, as razões alegadas não inibiram os Ministros a deferirem unanimemente a segurança, a fim de anular a disponibilidade, "que o direito [então] vigente não autoriza[va]".[467]

---

[464] BRASIL. Supremo Tribunal Federal. Pleno. HC n. 4.781. Rel. Min. Edmundo Lins. *RF* v. XXXI, p. 212-216.

[465] BRASIL. Supremo Tribunal Federal. Pleno. HC n. 3.635. Rel. Min. Oliveira Ribeiro. COSTA. *Os Grandes Julgamentos do Supremo Tribunal Federal*, I, p. 190-203. Contra: HC n. 3.539. Rel. p/acórdão Enéas Galvão. COSTA. Ibidem, p. 215-227; HC n. 14.583. Rel. Min. Muniz Barreto. COSTA. Ibidem, p. 394-421.

[466] Ibidem, 5, p. 10.

[467] BRASIL. Supremo Tribunal Federal. Pleno. MS n. 2 264-DF. Rel. Min. Luiz Gallotti. *Archivo Judiciário* v. 112, p. 467-472.

Posicionamentos a favor da legitimidade de processos eleitorais e contrários a investidas fraudulentas à vontade das urnas compõem, por igual, o repertório de jurisprudência do Tribunal,[468] afirmando-se, no mínimo, a garantia das prerrogativas constitucionais de parlamentares,[469] de governadores afastados de seus cargos por intempéries políticas,[470] bem como de ex-Presidente da República (Caso *João Goulart*).[471]

Em outros instantes, no entanto, a atuação do Tribunal deixou muito a desejar.

A configuração da liberdade de reunião e associação sempre teve por presente a necessidade da licitude dos fins, reconhecendo-se ao legislador o poder de vedar a existência de associações ou reuniões, se for ilícito o seu objeto. Essa linha de idéias levou a reputar legítimo um decreto que determinara, em 1935, o fechamento da Assembléia Nacional Libertadora, por considerar a atividade subversiva da ordem política e social que vinha desenvolvendo.[472] O Tribunal também sucumbiu a um decreto, de 1936, que restringia o uso do *habeas corpus*, a ponto de não tomar conhecimento de pedido formulado em favor de *Maria Prestes*, que se encontrava recolhida em uma casa de detenção, com vistas a ser expulsa do território nacional, por ter sido considerada "perigosa à ordem pública e nociva aos interesses do País". Indeferiu-se inclusive a requisição dos

---

[468] BRASIL. Supremo Tribunal Federal. Pleno. HC n. 1.793, n. 2.794 e n. 2.797; HC n. 2.950; n. 3.137. Rel. Epitácio Pessoa; HC n. 3.145. Rel. Min. Oliveira Figueiredo; HC n. 3.148. Rel. Min. André Cavalcanti. COSTA. *Os Grandes Julgamentos do Supremo Tribunal Federal*, I, p. 150-161.

[469] BRASIL. Supremo Tribunal Federal. Pleno. HC n. 1.073. Rel. p/acórdão Lúcio de Mendonça. *Jurisprudência*, 1898, p. 19-28.

[470] COSTA. *Os Grandes Julgamentos do Supremo Tribunal Federal*, 5, p. 66.

[471] BRASIL. Supremo Tribunal Federal. Pleno. Inq. n. 2-DF. Rel. p/o acórdão Min. Djaci Falcão. *RTJ* v. 46, p. 490-515. Afirmou-se, quanto às deliberações legislativas que "a votação pública e ostensiva nas Casas Legislativas constitui um dos instrumentos mais significativos de controle do poder estatal pela Sociedade civil". ADInMC n. 1.057-BA. Rel. Min. Celso de Mello. *ISTF* 223. No entanto a concessão de anistia a multas de natureza eleitoral, não se mostrava inconstitucional em face da regularidade do procedimento legislativo, mas porque se dava "em detrimento do patrimônio dos partidos políticos – pessoas jurídicas de direito privado – aos quais é automaticamente transferível, segundo critérios objetivos, o produto das multas alcançadas pelo benefício". ADInMC n. 2.306-DF. Rel. Min. Octavio Gallotti *ISTF* 224.

[472] BRASIL. Supremo Tribunal Federal. Pleno. MS n. 111-DF. Rel. Min. Artur Ribeiro. COSTA. *Os Grandes Julgamentos do Supremo Tribunal Federal*, II, p. 48-66.

autos do respectivo processo administrativo, que poderiam revelar os excessos praticados, bem como a realização de perícia médica, requerida para que se constatasse o seu estado de gravidez.[473] A deportação foi realizada e o resto da história todo mundo conhece.

A mesma sorte teve o Partido Comunista. Não havia reparo à decisão do Tribunal Superior Eleitoral que determinara o cancelamento do registro do PCB, em face de seu vínculo com o comunismo marxista-leninista soviético, por suas práticas de insuflar a luta de classe e a greve. O Tribunal valeu-se do artigo 141, § 13, da Constituição de 1946 que vedava a existência de agremiações políticas com programa ou ação contrários ao regime democrático e aos direitos fundamentais. Essas notas foram lançadas em *obiter dictum*, pois o recurso interposto contra a decisão do TSE não fora conhecido por falta de pressuposto de admissibilidade.[474] Outros dois *writs* sobre o mesmo tema foram apreciados pelo Tribunal.

O *habeas corpus*, impetrado em nome do Senador *Luís Carlos Prestes* e dos Deputados *Maurício Grabois* e *João Amazonas*, visava garantir o funcionamento de associação civil, não mais do Partido, bem como o acesso à sua sede pelos seus membros. Considerou-se a via eleita inidônea aos fins almejados.[475]

Mais curiosos foram os mandados de segurança interpostos contra a cassação dos mandatos de representantes do Partido Comunista na Câmara dos Deputados. Por unanimidade, as ordens foram denegadas, argumentando-se que o Congresso Nacional representava concretamente a vontade dos partidos e não a do povo. Assim dissera o Ministro relator, *Hahnemann Guymarães*:

> "A Constituição vigente adotou a concepção de que democracia é um Estado de partidos. (...).Os defensores dessa política sustentam que ela evita, quer o inconveniente do mandato livre, que reduz a vontade do povo a uma ficção, pois as deliberações do Parlamento não dependem juridicamente daquela vontade, quer o do mandato

---

[473] BRASIL. Supremo Tribunal Federal. Pleno. HC n. 26.255-DF. Rel. Min. Bento de Faria. Ficaram vencidos os Ministros Carlos Maximiliano, Carvalho Mourão e Eduardo Espínola.

[474] BRASIL. Supremo Tribunal Federal. Pleno. RE n. 12.369-DF. Rel. Laudo de Camargo. COSTA. *Os Grandes Julgamentos do Supremo Tribunal Federal*, III, p. 25-44.

[475] BRASIL. Supremo Tribunal Federal. Pleno. HC n. 29.763-DF. Rel. Min. Castro Nunes. COSTA. *Os Grandes Julgamentos do Supremo Tribunal Federal*, III, p. 9-25.

imperativo, que anularia a Assembléia Legislativa. No Estado de partidos, os eleitores (...) votam, principalmente, em uma política, em um programa, em um partido."[476]

Essa premissa conduziria à conclusão de que os mandatos pertenciam aos partidos. Ora, tendo o Partido Comunista perdido o seu registro eleitoral, não havia como os Deputados a ele filiados permanecerem com seus mandatos.[477]

Como já examinamos no âmbito da doutrina das questões políticas, a Corte não foi uma eficaz guardiã da Constituição, quando as armas exigiam exitosamente mudanças, ainda que não tenha sido benevolente com os insurreitos que viram seus movimentos fracassarem.[478]

## II. Relacionamento entre maioria e minoria no âmbito do Congresso Nacional

O princípio e seus limites são quase sempre ventilados e reciprocamente definidos nas incursões feitas pela Oposição, contra processos de formação das leis, supostamente divorciados da Constituição e das normas regimentais, através do ajuizamento de mandado de segurança perante o Supremo Tribunal Federal. Como vimos, a maioria dos Ministros tem reconhecido, em casos da espécie, o exercício do poder-dever de fiscalização parlamentar ou de direito público subjetivo à estrita observância do "devido processo legislativo".[479] O fundamento jurídico-político parece ter sido bem lançado pelo do Tribunal de Justiça do Estado do Paraná, com acolhida total por parte do Ministro *Celso de Mello*:

> "O fato de a maioria não necessitar dos votos da minoria para lograr sucesso em todas as suas iniciativas não significa possa ela, só por

---

[476] BRASIL. Supremo Tribunal Federal. Pleno. MS n. 900-DF. Rel. Min. Hahnemann Guimarães. COSTA. Ibidem, p. 44-77.

[477] V. também o MS n. 895-DF. Rel. Min. Edmundo Guimarães. COSTA. Ibidem, p. 77-96.

[478] Especialmente os movimentos revolucionários de 5 de julho de 1922: HC n. 11.942-DF. Rel. Min. Guimarães Natal. "Livro de Acórdão"– matéria criminal, 1924 v. 42; o movimento revolucionário de julho de 1924 em S. Paulo (Caso "Isidoro Dias Lopes") e o plano de conspiração de outubro de 1924 (Caso "Protógenes"). *Archivo Judiciário* v. 88, p. 6-48.

[479] BRASIL. Supremo Tribunal Federal. Pleno. MS n. 1.959-DF. Rel. Min. Luiz Gallotti. Cf. neste trabalho a doutrina do *interna corporis*.

isso violentar normas constitucionais e regimentais para abreviar a consumação de atos de seu interesse. A minoria, face à lei, está colocada em pé de igualdade com ela e todos têm obrigação indeclinável de se subordinarem às normas que se impuseram através de regimento e às que lhes impôs a Constituição."[480]

Não se admite assim o desrespeito às formalidades previstas na Constituição e nas normas regimentais para o processo legislativo, de modo que

> "as *interpretações que frustem* os direitos essenciais dos grupos parlamentares minoritários e os *comportamentos institucionais* que concretize ofensa aos atos de elaboração parlamentar das normas jurídicas *qualificam-se* como procedimentos intoleráveis (...) ainda que buscando justificação para esses desvios arbitrários na prevalência da vontade da maioria, cujo predomínio, no âmbito do processo formativo das leis, há de resultar, no entanto, do incondicional respeito aos direitos e às prerrogativas dos *grupos minoritários*".[481]

No Brasil do regime militar, ficaram famosas as mudanças das regras do jogo eleitoral às vésperas de pleitos, de forma a impedir vitórias da oposição. Em que pese o princípio da anualidade da lei modificadora do processo eleitoral, reconhecido expressamente pela Constituição em seu artigo 16, o tique autoritário se tem mostrado resistente à terapia democrática. E aí o Supremo é chamado à responsabilidade da cura. Para as eleições municipais de outubro de 1996, o Congresso Nacional aprovara a Lei n. 9.100/1995, que fixava o número máximo de candidatos à Câmara de Vereadores em cento e vinte por cento do número de lugares a preencher, prevendo um acréscimo na proporção correspondente ao número de Deputados federais. Esse dispositivo foi questionado por usar um critério subjetivo, fundado em dados concretos e preexistentes – o número de Deputados federais –, beneficiando, casuisticamente, os partidos com maior número de parlamentares, que, por isso mesmo, tinham-no aprovado. Claramente a norma violava os interesses da

---

[480] BRASIL. Supremo Tribunal Federal. Pleno. MS n. 22.503-DF. Rel. p/acórdão Min. Maurício Corrêa. *RTJ* v. 169, p. 181-261.

[481] BRASIL. Supremo Tribunal Federal. Pleno. MS n. 22.503-DF. Rel. p/acórdão Min. Maurício Corrêa. *RTJ* v. 169, p. 181-261 (voto do Ministro Celso de Mello).

minoria e estava a demandar a suspensão de sua eficácia, o que terminou acontecendo.[482]

O dispositivo constante do artigo 58, § 1.º, da Constituição Federal que assegura, tanto quanto possível, a representação proporcional dos partidos ou dos blocos parlamentares na composição das Mesas e comissões legislativas, no julgar do Supremo Tribunal, tem por objetivo a "necessidade de preservação das minorias parlamentares", garantido-lhes a "participação ativa no processo de direção e de administração das Casas legislativas".[483] Todavia, impera uma interrogação grave: que se deve entender pela expressão "tanto quanto possível"? Deve ser interpretada à luz do princípio da razoabilidade, "buscando-se a máxima eficácia do preceito constitucional, ou seja, a realização do fim visado", projetando-se sobre a dimensão ou o tamanho da proporcionalidade, sem importar supressão ou exclusão de partido ou bloco parlamentar?[484] Ou demanda um detalhamento regimental, fazendo-se, na medida do possível, o estabelecimento de "padrões aritméticos de proporcionalidade"?[485] A resposta exigirá o enfrentamento prévio da questão de saber se, em um caso concreto, teria sido exorbitante ou não o ato do Presidente da Câmara que, em vista da impossibilidade, pelo critério proporcional, do preenchimento de dois cargos da Mesa pelo mesmo partido, defere, para fins de registro, a candidatura para o cargo de Presidente e indefere, após a derrota da primeira indicação, a pretensão do mesmo partido para participar da eleição de Terceiro Secretário da Mesa.

---

[482] BRASIL. Supremo Tribunal Federal. ADInMC n. 1.355-DF. Rel. Min. Ilmar Galvão. *DJ* 1 de 23/2/1996, p. 3.623. A Lei n. 9.504/1997, que regulou as eleições de 1998 usou o mesmo critério percentual do número de vagas a preencher, excluindo o acréscimo feito pela Lei n. 9.100/1995e foi considerada, em juízo cautelar, constitucional: "o fator de discriminação não se mostra merecedor de glosa, pois surge no campo próprio aos princípios da razoabilidade e da proporcionalidade". A lei se havia inspirado, "na definição dos candidatos e sem distinguir este ou aquele partido político": ADInMC n. 1.813-DF. Rel. Min. Marco Aurélio. *RTJ* v. 167, t. 1, p. 92-95.

[483] BRASIL. Supremo Tribunal Federal. Pleno. MS n. 22.183-DF. Rel. p/acórdão Min. Maurício Corrêa. *RTJ* v. 168, t. 2, p. 443-473, 449 (voto do Ministro Marco Aurélio) e 462 (voto do Ministro Celso de Mello).

[484] BRASIL. Supremo Tribunal Federal. Pleno. MS n. 22.183-DF. Rel. p/acórdão Min. Maurício Corrêa. *RTJ* v. 168, t. 2, p. 443-473, 449 (voto do Ministro Marco Aurélio).

[485] Posição enfileirada pelos Ministros Maurício Corrêa, Francisco Rezek, Carlos Velloso, Octavio Gallotti e Sydney Sanches.

O Partido dos Trabalhadores, pela distribuição proporcional, tinha direito a um cargo na Mesa da Câmara. Candidatou-se a dois. O Presidente da Casa, para evitar atentado ao princípio da proporcionalidade, pela possibilidade de o PT vir a lograr êxito com seus dois candidatos, resolveu indeferir uma das candidaturas, optando por manter a de Presidente, por ser mais representativa. Fundamentou sua decisão no artigo 8.º do Regimento Interno que preceitua:

"Na composição da Mesa será assegurada, tanto quanto possível, a representação proporcional dos partidos ou blocos parlamentares que participem da Câmara, os quais escolherão os respectivos candidatos aos cargos que, de acordo com o mesmo princípio, lhes caiba prover, sem prejuízo de candidaturas avulsas oriundas das mesmas bancadas."

Duas teses se puseram em debate: uma de que o indeferimento violara a norma constitucional, sujeitando-se à censura judicial; outra, de que o Presidente da Câmara atuara na esfera *interna corporis*, imune a controle pelo Judiciário. Os limites do conceito de *interna corporis* foram testados pelos diversos Ministros. Questões situadas no âmbito da economia interna do Legislativo, revestidas de matiz político, não podiam sofrer controle judicial. A tese derrotada, assinada pelos Ministros *Marco Aurélio*, *Celso de Mello*, *Sepúlveda Pertence* e *Néri da Silveira*, não denunciava essa premissa, mas via, no caso, violação de direito público subjetivo, desbordando o tema político para o terreno jurídico, próprio para ação judicial. A corrente majoritária, encabeçada pelo Ministro *Maurício Corrêa*, enquadrava a questão inteiramente na sede política, sob três diferentes perspectivas.

A primeira recusava o título de direito subjetivo público ao Partido dos Trabalhadores, porque o princípio da proporcionalidade seria de organização, sobrando para exame uma disputa política que deveria ser resolvida no âmago do próprio Legislativo;[486] a segunda afirmava o direito subjetivo, todavia reconhecia a sua renúncia pelo PT ao ter indicado dois candidatos, quando era sabedor de que só lhe cabia uma vaga, deixando ao Presidente da Casa o critério discricionário e político de optar pelo deferimento de, ape-

---

[486] BRASIL. Supremo Tribunal Federal. Pleno. MS n. 22.183-DF. Rel. p/acórdão Min. Maurício Corrêa. *RTJ* v. 168, t. 2, p. 443-473, 473 (voto do Ministro Moreira Alves).

nas, uma das candidaturas;[487] e, por fim, a terceira que insistia em ver mera interpretação do Regimento da Câmara, situada na consolidada jurisprudência do Tribunal da seara *interna corporis*.[488]

A doutrina de *interna corporis acta*, apresentada em outro ponto desse trabalho, funciona como uma espécie de comutador a permitir que o Tribunal opere como um mediador de contendas legislativas ou de instância corretiva aos abusos da maioria, quando desvenda atentado ao parâmetro constitucional, ou não interfira nas questões "puramente" parlamentares, tomadas na economia interna do Congresso e segundo as previsões dos regimentos que os próprios parlamentares elaboraram. Teoricamente essa doutrina tem furos colossais e, na prática, esses furos deixam aberta sempre uma válvula para decisões de conveniência e oportunidade.[489]

---

[487] BRASIL. Supremo Tribunal Federal. Pleno. MS n. 22.183-DF. Rel. p/acórdão Min. Maurício Corrêa. *RTJ* v. 168, t. 2, p. 443-473, 459 (voto do Ministro Ilmar Galvão).

[488] BRASIL. Supremo Tribunal Federal. Pleno. MS n. 22.183-DF. Rel. p/acórdão Min. Maurício Corrêa. *RTJ* v. 168, t. 2, p. 443-473. Voto dos Ministros Maurício Corrêa, Francisco Rezek, Carlos Velloso, Octavio Gallotti e Sydney Sanches. Este último Ministro reconhecia que o Presidente da Câmara não deveria ter escolhido a candidatura que haveria de prevalecer, deixando para que o fizesse o Partido. De qualquer forma, havia, no seu entender, interpretação e aplicação do Regimento e não da Constituição: 470.

[489] Todavia, a Corte Constitucional pode contribuir para negação do pluralismo ou minorias em contextos específico. Assim, na Turquia em que negou a qualidade de minoria à comunidade curda, afirmando a necessidade de centralização do Estado, contra a descentralização e a multinacionalidade: ÖKTER. *La Cour Turque Définit le Nationalisme, Principe de la Republique*, p. 1159 et seq.

# Capítulo II
# JURISDIÇÃO CONSTITUCIONAL E FEDERAÇÃO

Comumente, o Estado federal é identificado como uma engenharia político-constitucional que resume os esforços de um certo número de entidades políticas, destinados a criar instrumentos ou mecanismos para adoção de políticas comuns e tomadas de decisões que afetem, como um todo, a nova comunidade formada pelo pacto federal.[1] Sob um ângulo mais formal, o federalismo é visto como um método de divisão de poderes governamentais, por meio do qual a um governo central e aos governos regionais seja assegurada uma esfera coordenada e independente de competência e atuação.[2] Fixa-se, assim, um elemento distintivo entre as formas de Estado. Nas formas unitárias, os governos regionais se acham subordinados ao governo central, enquanto nas confederações, dá-se o inverso: é o governo central que está subordinado aos governos regionais. Já nas federações, há coordenação e não subordinação.[3] Alguns autores falam, contudo, da existência de relação de "supra e subordenação" das entidades parcelares em relação à União ou à

---

[1] ORBAN. *La Dynamique de la Centralisation dans l'État Fédéral*, p. 48.
[2] WHEARE. *Federal Government*, p. 11.
[3] WATTS. *New Federations and the Commonwealth*, p. 93 et seq.

entidade central. Assim, o poder de autoconstituição estadual está delimitado e condicionado pela Constituição Federal; o direito federal tem relativa primazia sobre o direito estadual; as contendas entre os Estados ou entre eles e a União são submetidas a um Tribunal Federal, que decide de forma soberana e definitiva; e, enfim, é irrecusável a existência de uma espécie de "vigilância federal" sobre os Estados-membros de forma a obrigá-los a cumprir a Constituição e as leis federais.[4]

A jurisprudência Constitucional tem exercido um significativo papel na definição dos esquemas constitucionais de organização territorial dos poderes, com especial destaque para a Federação.[5] Certamente que a leitura direta dos textos constitucionais de muitos países não será suficiente para que se possa captar o funcionamento das estruturas federativas, nem fazer a opção por enquadrá-los em algum critério classificatório que se adote. Embora delongado, esse tópico ficaria incompleto se não (I) discutíssemos a legitimidade de os tribunais da jurisdição constitucional definirem o perfil da federação e sem que sistematizássemos os posicionamentos de alguns Tribunais em relação (II) ao poder constituinte decorrente; (III) à repartição de competências e, destacadamente no Brasil, (IV) à autonomia estadual e (V) à autonomia municipal.

## SEÇÃO I
## LEGITIMIDADE DE O JUDICIÁRIO INTERFERIR NA DEFINIÇÃO DO PERFIL DO FEDERALISMO

Que seja uma tendência geral, tanto nos países que adotam a forma federativa, quanto naqueles que descentralizaram seu Estado, ainda que tenha permanecido unitário, de atribuir-se a um Tribunal a solução dos possíveis conflitos que possam surgir entre as diversas entidades estatais, não cabe qualquer discussão. Que a Constituição, via de regra, em riqueza maior de detalhes, como no

---

[4] GARCÍA-PELAYO. *Derecho Constitucional Comparado*, p. 237 et seq.

[5] FROMONT. *La Justice Constitutionnelle dans le Monde*, p. 110 et seq.

caso brasileiro, ou de forma sucinta e até ambígua, como no sistema norte-americano, reconheça no Judiciário seu principal guardião, também não parece haver dúvida. O que não goza de tamanho consenso é o alcance dessa atividade judicial.

Há dois argumentos que se somam para exigir uma certa restrição dos juízes: um, de natureza liberal; outro de cunho democrático. Para o primeiro, o federalismo não poderia estar sob a batuta de um poder sem característica essencialmente política. É que, antes de jurídico, o federalismo seria de apelo político e, antes que um requinte teórico, seria uma prática cotidiana entre os diversos atores envolvidos: governos estaduais, distrital, municipais e federal; Câmara de Vereadores, Distrital, Assembléias Legislativas e Congresso Nacional; agentes políticos, enfim, que se valeriam dos instrumentos do sistema político para interferir no suposto equilíbrio entre eles. Nesses domínios seriam completamente inadequados os métodos e parâmetros judiciais. Os esforços da Suprema Corte norte-americana, nesse sentido, são bastante sintomáticos. Diversos foram os critérios que passaram a desenvolver para fundamentar suas posições contra ou a favor do Governo Federal, todos orientados, deliberadamente ou não, para identificação de uma base racional da atuação do Congresso ou do Estado. Mas esses esforços, do ponto de vista do espectador alheio ao processo, revelaram-se vãos pois não conseguiram enquadrar, no "realm of reason", a discricionariedade judicial na avaliação de outra discricionariedade: a do Congresso. Isso não passou despercebido ao Juiz *Souter*, no voto dissidente que proferiu no caso *United States* v. *Lopez*, avaliando a mudança de postura da Corte a partir do *New Deal*: "sob [a cláusula do] comércio, como sob a do devido processo, a adoção de uma revisão [fundada num critério] de base racional (*rational basis review*) expressava o reconhecimento de que a Corte não tinha base sustentável para analisar regulamentações de matérias econômicas, nem para seus julgamentos da política judicial (*judicial policy judgment*)".[6] Sob o ângulo da teoria da argumentação jurídica, menos formalista, tais esforços são louváveis, pois apresentam – ou tentam apresentar – os elementos que formaram a convicção dos juízes, mas terminam, por outro lado, por revelar, em função de seus casuísmos e das inconsistências discursivas, o papel de mero instrumento de justificação posterior de decisões tomadas sob outros fundamentos, nem

---

[6] ESTADOS UNIDOS. Suprema Corte. 514 U.S. 549 (1995).

sempre reveláveis. Esse pouco, contudo, já será bastante, se considerarmos a pura afirmação da vontade judicial que poderia haver se não existissem os cuidados com a demonstração de suas razões. A simples obrigação de justificar já redunda em um certa margem de contenção e cria a necessidade de uma aparente coerência, contribuindo para realização aproximada da pretensão de racionalidade. Mas isso não é suficiente para ver-se autorizada a ampla intervenção judicial nesses domínios, inspirando, ao contrário, a sua auto-restrição.

Costuma-se dizer que o princípio do federalismo já não desperta na vida política o mesmo interesse que antes, devido, em parte, a um certo descaso dos cidadãos em relação a ele. Tanto o Poder Legislativo quanto o Poder Judicial são acionados em grande medida pelo combustível da opinião pública, de modo que não descuidarão de valores e princípios que despertem o interesse da coletividade em geral; mas não terão a mesma preocupação e cuidado se o tema não estimular um aceno público mais entusiasmado. A esse entendimento se liga um outro, todavia, dele muito próximo, que pressupõe uma cidadania ativa para a existência plena dos princípios constitucionais: "se os cidadãos de um sistema deixam de estar ligados a seus princípios, esses inevitavelmente terão murchados ou ao menos terão mudada a sua forma, vale dizer, sofrerão algum processo de modificação".[7] Há mais: a saída de cena do Judiciário em matéria de federalismo poderia estimular uma revitalização legislativa do tema.[8] São duvidosas essas afirmações. O federalismo certamente não habita o cotidiano dos cidadãos. Exceto para os aficionados ou políticos, se é que existe alguma distinção aí, não é o tema predileto nas conversas das pessoas nas ruas, nas feiras ou nos bares; tampouco ocupa imprescindíveis mensagens de amor. Mas com o princípio republicano ou com o princípio da divisão dos poderes, será diferente? Os temas constitucionais, via de regra, parecem distantes da rotina das pessoas. Bem ou mal, essa é uma realidade incontestável. Sua importância aparece em momentos de crise ou em períodos graves de transição. No mais, é deixado à conformação que os especialistas lhes queiram ou possam dar. Mas não se trata aqui de especialista no sentido de profundo conhecedor da causa, senão de "especialista político", que reúne a força de sua

---

[7] WOLFE. *La Transformación de la Interpretación Constitucional*, p. 245.

[8] CHOPER. *Judicial Review in the National Political Process*, p. 236; PRELOT; ROGOFF. *Le Fédéralisme devant la Cour Suprême des États-Unis*, p. 770.

representação com a influência que possa receber dos especialistas técnicos, teóricos e práticos. São juízes, sim, mas, sobretudo, os parlamentares é que atraem essa tarefa, como "representantes" que além de serem especializados na função político-constitucional de densificação em normas do significado daqueles princípios, ainda gozam do respaldo das urnas; são eles que detêm o poder, conferido, é verdade, sob reservas, de fazer a maquinaria constitucional funcionar. E é exatamente essa reserva que permite a atuação do Judiciário nos excessos ou nas omissões, nos desvarios da política. No entanto, como as peculiaridades do processo de revisão judicial tornam mais complicada a correção de seus próprios excessos, a prudência recomenda autocontenção, intervenção excepcional e subsidiária.

Acentua-se um outro papel ou tarefa em que devem estar envolvidos tribunais, legislativo e executivo: o devido estímulo a que a cidadania se envolva na solução dos problemas dessa natureza; que participe dos processos decisórios, como forma mais precisa do exercício do autogoverno. Essa é uma preocupação que é menos liberal que republicana e que perpassa a divisão ou conflito entre atividade judicial e atividade política. A representatividade das urnas, indiscutivelmente, supera a competência – constitucional – do Judiciário, mas se torna débil e formal se for encapsulada apenas ali, nas episódicas manifestações de apoio reveladas pelo sufrágio. Torna-se imperiosa uma complementação que se faz por meio de audiências e debates públicos, estimuladas principalmente pelo legislativo, mas a que devem se somar os outros poderes. Essas atribuições pedagógicas se mostram imperiosas e possíveis no estágio democrático do Estado de Direito.

# SEÇÃO II
# O PODER CONSTITUINTE DECORRENTE REDEFINIDO PELA JURISPRUDÊNCIA CONSTITUCIONAL

Nos Estados federais como o brasileiro, os Estados-membros detêm uma parcela de poder constituinte para elaboração de sua própria Constituição. Certo que também aqui a expressão "poder constituinte" é imprópria, pois não passa de um poder constituído pela própria Constituição Federal. Em nosso caso, esse poder vem expresso no artigo 25: "Os Estados organizam-se e regem-se pelas Constituições e leis que adotarem, observados os princípios desta Constituição." E é completado pelo artigo 11 do ADCT: "Cada Assembléia Legislativa, com poderes constituintes, elaborará a Constituição do Estado, no prazo de um ano, contado da promulgação da Constituição Federal, obedecidos os princípios desta."[9]

Esse poder apresenta tríplice dimensão: (a) é derivado: a Constituição Federal atribui aos Estados a competência de auto-organização constitucional; (b) é limitado: princípios e normas centrais da federação impõem ou vedam certos conteúdos; e (c) é sucessivo: deve ser exercido dentro de prazo determinado após a promulgação da Constituição Federal (art. 11 do ADCT).[10]

A observância aos princípios constitucionais federais levanta-se como um limite intransponível pelo constituinte estadual. Nos Estados Unidos, são raras as disposições da Constituição Federal que preestabelecem o conteúdo dos textos constitucionais dos Estados, até por uma razão muito simples: muitos Estados já existiam e com eles, a sua Constituição. Lembremos, contudo, do artigo IV, § 4.º, que garante a forma republicana de governo.[11] Também é certo que o Estado não poderia arvorar-se de competência deferida à União, do dever de respeito recíproco, ou violar direitos individuais. Recentemente, também não se lhes reconheceu o poder para criar novos casos de inelegibilidade para os candidatos a Deputado e Senador.[12] Em geral, no entanto, dispõem de um amplo poder de organização,

---

[9] As conclusões valem para o Distrito Federal: "A Lei Orgânica [do Distrito Federal] equivale, em força, autoridade e eficácia jurídicas, a um verdadeiro estatuto constitucional, essencialmente equiparável às Constituições promulgadas pelos Estados-membros": ADInMC n. 98-DF. Rel. Min. Celso de Mello. *RTJ* v. 156, t. 3, p. 777-782.

[10] HORTA. *Direito Constitucional*, p. 65 et seq.

[11] ESTADOS UNIDOS. Suprema Corte. *Baker* v. *Carr*, 369 U.S. 186 (1962).

[12] ESTADOS UNIDOS. Suprema Corte. *U.S. Term limits Inc.* v. *Thornton*, 514 U.S. 779, 832-833 (1995): o Congresso detém "the power to override state regulations" by establishing uniform rules for federal elections, binding on the States". Na verdade, esse entendimento já era antigo: "[T]he regulations made by Congress are paramount to those made by the State legislature; and if they conflict therewith, the latter, so far as the conflict extends, ceases to be operative." *Ex parte Siebold*, 100 U.S. 371, 384 (1880).

tanto que já se afirmou que o Congresso não pode estabelecer os pré-requisitos ou qualificações dos agentes públicos estaduais.[13]

Na Alemanha, por exemplo, são poucas as disposições da Lei Fundamental que se impõem às Constituições dos *Länder*.[14] Reconhecem-lhes um amplo espaço de organização de suas instituições fundamentais, a que a Corte Constitucional Federal tem chamado de *Hausgut*. Ainda que de escassa existência, aquelas disposições são necessárias para assegurar uma certa homogeneidade federal (princípio da homogeneidade constitucional federal ou *Verfassungshomogenität von Bund und Ländern*) e são consideradas presentes nas Constituições estaduais, ainda que elas não tenham delas tratado.[15] Estão entre elas, por exemplo, os princípios da igualdade (arts. 3.1 a 3), da democracia, reconhecendo-se o exercício dos poderes do Estado pelo povo mediante eleições e votações e por meio dos órgãos legislativo, executivo e judiciário (art. 20.2), da vinculação de todos os poderes públicos à lei e ao Direito (art. 20.3), da integração das normas gerais do Direito Internacional ao Direito federal, com aplicação imediata, e sua primazia sobre as leis (art. 25),[16] o da divisão de poderes e a cláusula do Estado de Direito.[17] De toda sorte, está presente em algumas Constituições estaduais um certo número de originalidades: democracia semi-direta, direitos fundamentais, direitos de oposição e tarefas estatais.

Na Suíça, a autonomia constitucional é também bastante desenvolvida, abrindo múltiplas possibilidades de configurações: alguns Cantões consagram direitos sociais, enquanto outros, não; um papel mais atuante do Estado convive com previsões mais liberalizantes. Em matéria de direitos individuais, no entanto, o espaço de autonomia é bem reduzido, em vista da aplicabilidade direta dos direitos federais. Na Áustria, as limitações estão mais presentes, deixando pouca liberdade para definição das instituições federadas (parlamentarismo, estruturas administrativas, sistema eleitoral e respeito ao monopólio jurisdicional do *Bund*), ainda que haja zona considerável

---

[13] ESTADOS UNIDOS. Suprema Corte. *Gregory* v. *Aschcroft*, 501 U.S. 452 (1991).

[14] VOGEL. *El Régimen Federal de la Ley Fundamental*, p. 626.

[15] ALEMANHA. Corte Constitucional Federal. *BVerfGE* 1, 208 (232); 2, 307 (319); 2, 380 (403); 27, 44 (55); 66, 107 (114).

[16] Cf. dentre outros: ALEMANHA. Corte Constitucional Federal. *BVerfGE* 83, 60 (71).

[17] VOGEL. *El Régimen Federal de la Ley Federal*, p. 628.

de manobra no estabelecimento de garantias institucionais e tarefas do Estado. A Constituição Federal da Bélgica pouco deixa ao constituinte federado, transferindo para o legislador federal infraconstitucional a definição das matérias e possibilidades de conformação institucional das comunidades, excluindo da autoconstituição as comunidades de língua alemã e de Bruxelas. Assim também, na Rússia, a instituição dos órgãos dirigentes das entidades federativas deve atender aos fundamentos da ordem constitucional da Federação e aos princípios gerais de organização, fixados por lei federal, tendo sido reconhecido, pela Corte Constitucional, ao Presidente da República o poder de ditar "decretos provisórios", disciplinando a organização e forma de investidura do Executivo regional, bem como das relações entre Executivo e Legislativo, diante da inércia do Parlamento.[18]

E, no Brasil, quais serão os princípios definidores das competências constitucionais dos Estados? Analisemos o (I) esforço doutrinário na definição dos limites do poder constituinte decorrente e (II) sua aplicação pelo Supremo Tribunal Federal.

## § 1. A DOUTRINA BRASILEIRA DO PODER CONSTITUINTE DECORRENTE

De acordo com a doutrina mais aceita, existem duas ordens de princípios constitucionais que limitam a atividade do constituinte estadual: os princípios constitucionais federais sensíveis (I) e os princípios estabelecidos (II).[19]

### I. Os princípios constitucionais sensíveis

São aqueles que desrespeitados ensejam intervenção federal: a forma republicana; o sistema representativo; o regime democrático; os direitos da pessoa humana; a autonomia municipal; a prestação de contas da administração pública, direta e indireta; e a aplicação do mínimo exigido da receita resultante de impostos estaduais, com-

---

[18] RÚSSIA. Corte Constitucional. Decisão n. 1969/1994. *SzRF*, 1996; cf. GAZIER. *Justice Constitutionnelle et Fédéralisme en Russie*, p. 1378 et seq.

[19] Cf. SILVA. *Curso de Direito Constitucional Positivo*, p. 520; *Machado Horta* classifica topicamente essas limitações, segundo o Texto constitucional de 1988: "princípios desta Constituição", "princípios constitucionais", "normas de competência deferidas aos Estados" e "normas de preordenação": *Direito Constitucional*, p. 343. Ainda sobre o sentido e alcance desse "poder constituinte": FERREIRA. *As Constituições dos Estados no Regime Federativo*, p. 18 et seq.; DALLARI. *Poder Constituinte Estadual*, p. 201 et seq.

preendida a proveniente de transferências, na manutenção e desenvolvimento do ensino (art. 34, VII, *a* a *e*).

Essas limitações se impõem ao constituinte decorrente de forma inexorável em um plano mais amplo, não permitindo, por exemplo, que o Chefe do Executivo tenha investidura hereditária, ou que seja adotado o sistema de plebiscito para todos os assuntos, que seja escolhido o sistema de partido único, que seja instituído um Estado de polícia, que se negue a existência autônoma dos Municípios, que seja dispensada a prestação de contas ou simplesmente desconsiderada a previsão do artigo 212 da Constituição Federal. Violações, assim, tão flagrantes são menos visíveis atualmente, embora formas diretas e indiretas de atentado ainda existam.

Um segundo plano mais restrito de incidência dessas limitações se dá em relação à própria eleição por aquele constituinte dos princípios que ensejarão a intervenção estadual nos Municípios. Embora a Constituição Federal tenha deixado para a Constituição Estadual a indicação de princípios cuja inobservância dará ensejo a representação interventiva perante o Tribunal de Justiça (art. 35, IV), há de se concluir que esses princípios sensíveis deverão estar presentes naquela lista, exceto, por não ser apropriada, a autonomia municipal, sob pena de os Estados estarem descumprindo eles próprios tais princípios, sujeitando-se à intervenção federal (art. 34, VII). O Ministro *Sepúlveda Pertence* defendera de forma apaixonada essa tese.

> "Se, a teor do art. 35, V, só à Constituição do Estado-membro cabe especificar os princípios a que cominar a sanção da intervenção estadual nos Municípios, é patente que essa especificação não é ociosa (...). Com isso, não digo que os Estados sejam de todo livres para eleger os princípios sensíveis a impor ao respeito dos seus Municípios. Não: essa eleição (...) está limitada pela observância devida aos princípios da Constituição Federal – particularmente, os sensíveis (art. 34, VII), limitação tão essencial que a ofensa deles dá margem, de sua vez, à intervenção federal nos Estados."[20]

O paradoxo desse paradoxo está no fato de que se o constituinte estadual impuser um rol de princípios sensíveis além do que a Constituição Federal não permite, também estará dando margem a ter

---

[20] BRASIL. Supremo Tribunal Federal. Pleno. Rcl. n. 383-SP. Rel. Min. Moreira Alves. *RTJ* v. 147, t. 2, p. 404-507, 486.

que suportar uma intervenção federal por desrespeito ao princípio sensível federal: o da autonomia dos Municípios (art. 34, VII, *c*). Desse argumento circular pouco resta a dizer contra a ociosidade daquele dispositivo constitucional, embora o Ministro *Sepúlveda Pertence*, mesmo reconhecendo a face dupla do paradoxo, deixe a resposta suspensa no ar.

## II. Os princípios constitucionais estabelecidos[21]

Os princípios estabelecidos dividem-se, consoante à doutrina, em: (a) limitações expressas e (b) limitações implícitas:[22]

*a) Limitações expressas* – Falamos em limitações expressas quando textualmente a Constituição Federal impõe ou predetermina o conteúdo de normas organizatórias estaduais de natureza *mandatória*, estabelecendo princípios de organização do Estado (*v. g.*, art. 28, §§ 1.º e 2.º), e *vedatória*, proibindo certas práticas ou procedimentos (*v. g.*, vedações federativas gerais – arts. 19 e 35; vedações do poder de tributar – arts. 150, I, II, III, IV, V, VI; 155, § 2.º, *g*; 152; vedações financeiras – art. 167);

*b) Limitações implícitas* – derivam dos princípios e normas constitucionais, sobretudo aqueles acima indicados como sensíveis e expressamente estabelecidos, a partir de um argumento *a contrario senso* – na definição de competências da União (arts. 21; 22; 24, § 2.º) e dos Municípios (art. 30), extraem-se vedações a interferências estaduais; ou *a simili* – da enumeração dos Poderes Executivo, Legislativo e Judiciário estaduais, deduz-se a adoção obrigatória do princípio da divisão de poderes pelos Estados; a obrigatoriedade de um Poder Legislativo unicameral e de um Executivo unipessoal e do sistema presidencialista de governo. No fundo, as limitações implícitas dizem respeito à obrigatoriedade de simetria ou homogeneidade entre as instituições e processos federais e estaduais, em face de normas constitucionais federais que disciplinam expressamente apenas as instituições e processos federais, deixando dúvidas sobre a necessidade

---

[21] HORTA. *A Autonomia do Estado-membro no Direito Constitucional Brasileiro*, p. 225; SILVA. *Curso de Direito Constitucional Positivo*, p. 521 et seq.

[22] Ibidem.

de sua reprodução no nível estadual. Assim, as normas que regem as relações interorgânicas federais podem, ou não, receber disciplina diversa?

Nem sempre, contudo, é fácil distinguir as limitações expressas das implícitas. Quando a Constituição define os direitos e vantagens dos servidores públicos o faz de forma exaustiva (limitação expressa) ou abre espaço para sua ampliação pelo constituinte estadual? Se a opção for pela natureza indicativa do elenco, haverá impedimento, mesmo assim, para alargamento do estatuto funcional, em face da atribuição da iniciativa legislativa reservada ao Chefe do Executivo (limitação implícita)? Da mesma forma, a enunciação de poderes do Executivo federal autoriza, ou não, sua extensão ao Executivo estadual: se autorizar, essa extensão será plena ou limitada (limitação expressa ou implícita)?

*Silva* ainda destaca uma classe especial de limitações implícitas, a que chama de "limitações decorrentes do sistema constitucional adotado".[23]

Essas limitações são extraídas das linhas gerais do próprio sistema, das grandes opções constituintes que lhe definem a fisionomia política e social, antes que de uma disposição de norma específica. Podemos distinguir aquelas que decorrem, por exemplo, *do princípio federativo* – não pode o constituinte decorrente oferecer tratamento diferenciado a outras unidades federativas; e, por integrar a Federação, deve ter como fundamentos de atuação a soberania, a cidadania, a dignidade da pessoa humana, os valores sociais do trabalho e da livre iniciativa e o pluralismo político (art. 1.º, I a V) e por objetivos fundamentais a construção de uma sociedade livre, justa e solidária, a garantia do desenvolvimento nacional, a erradicação da pobreza e da marginalização e redução das desigualdades sociais e regionais, além da promoção do bem de todos, sem preconceitos de origem, raça, sexo, cor, idade e quaisquer outras formas de discriminação (art. 3.º, I a IV); *do princípio do Estado democrático de Direito* – destacam-se os exemplos seguintes: (a) obediência ao princípio da legalidade; (b) respeito e garantia aos direitos fundamentais: as Constituições estaduais podem ampliar a garantia de alguns direitos individuais em relação às suas autoridades, *v. g.*, reforço dos princípios da legalidade e da moralidade administrativa. Em matéria de direitos sociais, direitos políticos e de nacionali-

---

[23] Ibidem, p. 524.

dade as dificuldades esbarram na competência privativa da União para legislar sobre Direito do Trabalho, eleitoral, nacionalidade, cidadania, naturalização, organização do sistema nacional de emprego e condições para o exercício de profissões, seguridade social e diretrizes e bases da educação nacional (art. 22, I, XIII, XVI, XXIII e XXIV), entre outras; (c) além de outros desdobramentos como a reprodução das linhas básicas do modelo federal do processo legislativo, em particular, as que dizem respeito às hipóteses de iniciativa reservada;[24] *dos princípios da ordem econômica e social* – as disposições de normas e princípios, como a valorização do trabalho humano e da livre iniciativa, a perseguição do fim de assegurar a todos existência digna, conforme os ditames da justiça social (arts. 170 e 193); e *da própria jurisprudência do Supremo Tribunal Federal* – em função do papel do Supremo Tribunal Federal no sistema jurídico e federativo, a interpretação que atribui aos institutos e às cláusulas constitucionais também se apresenta como pauta a ser necessariamente seguida pelos Estados. Isso ficou patente por ocasião do julgamento da Petição n. 1.654-MG, em que o Presidente do Tribunal deferiu contracautela para suspender medida cautelar concedida em ação direta de inconstitucionalidade ajuizada no Tribuna de Justiça de Minas Gerais, usando como fundamento a contrariedade ao entendimento consolidado da impossibilidade de controle concentrado de ato de efeito concreto. "Como se sabe, no controle abstrato de normas, em cujo âmbito instauram-se *relações processuais objetivas*, visa-se a uma só finalidade: a tutela da ordem constitucional, *sem* vinculações quaisquer a situações jurídicas de caráter individual ou concreto". Por certo, cláusulas contratuais não se tipificariam como atos de conteúdo normativo, havendo de ser suspensa, assim, a cautelar do tribunal mineiro.[25]

Aprofundemos um pouco mais o tema com o exame concreto das decisões do Supremo Tribunal na definição do Poder Constituinte decorrente.

---

[24] BRASIL. Supremo Tribunal Federal. Pleno. ADInMC n. 766-RS. Rel. Min. Celso de Mello. *RTJ* v. 157, t. 2, p. 460; mérito: *DJ* 1 de 11/12/1998; ADInMC n. 774-RS. Min. Celso de Mello. *DJ* 1 de 5/8/1994, p. 19.299; ADIn n. 822-RS. Rel. Min. Octávio Gallotti. *DJ* 1 de 6/6/1997, p. 24.866.

[25] BRASIL. Supremo Tribunal Federal. Pleno. Pet. n. 1.654-MG. Rel. Min. Celso de Mello. *DJ* 1 de 18/2/1999.

## § 2. A JURISPRUDÊNCIA DO SUPREMO TRIBUNAL FEDERAL SOBRE O PODER CONSTITUINTE DECORRENTE

O panorama que apresentaremos em seguida tem caráter puramente indicativo da jurisprudência do Supremo Tribunal Federal sobre o Poder Constituinte decorrente, destacadamente em torno: (I) do Poder Executivo estadual; (II) do Poder Legislativo estadual; (III) do Poder Judiciário estadual; (IV) da representação de inconstitucionalidade de leis e atos normativos estaduais e municipais em face da Constituição estadual; (V) do Ministério Público dos Estados; (VI) da Advocacia Pública estadual; (VII) da Defensoria Pública estadual; (VIII) da segurança pública; (IX) das regras e princípios da Administração Pública; (X) das regras e princípios sobre servidores militares; (XI) do Regime orçamentário-financeiro; (XII) da definição da competência do próprio Estado de interpretação estrita e obediente a procedimentos ou formas estipuladas; (XIII) dos órgãos municipais.

### I. O Poder Executivo estadual

Por ser a substituição eventual do Governador função jurídico-institucional típica do mandato de Vice-Governador, além daquela de suceder àquele no caso de vacância, não pode o constituinte estadual estabelecer, em *numerus clausus*, as hipóteses de impedimento ensejadoras da substituição, havendo de se entender como "impedimento" qualquer obstáculo, de fato ou de direito, que iniba o exercício das atribuições deferidas ao cargo de Chefe do Executivo.[26]

Em afronta ao modelo federal, não pode ainda o constituinte estadual: criar subsídio mensal e vitalício a título de representação para Governador de Estado e Prefeito Municipal, após cassada a investidura no respectivo cargo;[27] prever eleição avulsa para Vice-Governador, realizada pela Assembléia Legislativa a qualquer tempo, quando vago o cargo[28] ou a possibilidade de o Poder Legislativo local, seja a Assembléia, seja a Câmara de Vereadores, convocar o

---

[26] BRASIL. Supremo Tribunal Federal. Pleno. ADInMC n. 819-RR. Rel. Min. Celso de Mello. *RTJ* v. 147, t. 3, p. 819; ADInMC n. 887-AP. Rel. Min. Sydney Sanches. *RTJ* v. 149, t. 2, p. 429.

[27] BRASIL. Supremo Tribunal Federal. Pleno. ADInMC n. 1.461-AP. Rel. Min. Maurício Corrêa. *DJ* 1 de 22/8/1997, p. 38.759.

[28] BRASIL. Supremo Tribunal Federal. Pleno. ADInMC n. 999-AL. Rel. Min. Francisco Rezek. *RTJ* v. 153, t. 3, p. 790-796.

Governador do Estado ou o Prefeito Municipal respectivamente, definindo como crime de responsabilidade a ausência injustificada;[29] tampouco é dado a ele reconhecer à Assembléia Legislativa o poder de determinar a exoneração de Secretário de Estado[30] ou de aprovar por maioria qualificada moção de desaprovação a atos por ele praticados.[31]

A Constituição Federal exige autorização do Congresso Nacional para o Presidente e o Vice-Presidente da República se ausentarem do País por período de tempo superior a quinze dias (arts. 49, III, e 83), não podendo a Assembléia Constituinte estadual ampliar os poderes do Legislativo, por exemplo, com a exigência de autorização da Assembléia para que o Governador e Vice-Governador possam ausentar-se do País "por qualquer tempo" e não apenas para viagens superiores a quinze dias.[32] No mesmo passo, não lhe cabe outorgar ao Governador a prerrogativa extraordinária da imunidade à prisão em flagrante, à prisão preventiva e à prisão temporária, por violação do poder normativo da União Federal, por efeito de expressa reserva constitucional de competência definida na Carta da República[33] e por tais prerrogativas, constantes do artigo 86, §§

---

[29] BRASIL. Supremo Tribunal Federal. Pleno. ADIn n. 587-PA. Rel. Min. Celso de Mello. *DJ* 1 de 13/2/1995, p. 2.165; ADIn n. 111-BA. Rel. Min. Carlos Madeira. *DJ* 1 de 24/11/1989, p. 17.494. Nem pode prever o seu comparecimento à Assembléia Legislativa semestralmente, a fim de fazer o relatório de atividades e responder a indagações: ADInMC n. 282-MT. Rel. Min. Sydney Sanches. *RTJ* v. 161, t. 2, p. 384-402.

[30] BRASIL. Supremo Tribunal Federal. Pleno. ADInMC n. 214-PB. Rel. Min. Sydney Sanches. *DJ* 1 de 18/5/1990, p. 4.343; ADInMC n. 462-BA. Rel. Min. Moreira Alves. *RTJ* v. 140, t. 1, p. 11.

[31] BRASIL. Supremo Tribunal Federal. Pleno. ADInMC n. 676-RJ. Rel. Min. Carlos Velloso. *RTJ* v. 140, t. 3, p. 791.

[32] Sendo legítima a exigência de licença legislativa para ausências do território da unidade federativa por prazo maior do que quinze dias: ADInMC n. 1.172-DF. Rel. Min. Sepúlveda Pertence. *DJ* 1 de 24/3/1995, p. 6.804; ADInMC n 678-RJ. Rel. Min. Marco Aurélio. *RTJ* v. 147, t. 1, p. 56; ADInMC n. 703-AC. Rel. Min. Sepúlveda Pertence. *RTJ* v. 142, t. 2, p. 398; ADInMC n. 738-GO. Rel. Min. Paulo Brossard. *DJ* 1 de 13/4/1993, p. 6.918; ADInMC n. 743-RO. Rel. Min. Sepúlveda Pertence. *RTJ* v. 142, t. 3, p. 726; ADInMC n. 825-AP. Rel. Min. Ilmar Galvão. *DJ* 1 de 2/4/1993, p. 5.616.

[33] "É preciso ter presente que a autonomia do Estado-membro ou do Distrito Federal, apesar de sua dimensão constitucional, não lhes confere o poder de exercerem atribuição normativa que, em virtude de explícita cláusula de reserva, foi incluída pela Carta da República na esfera de competência legislativa da União Federal. (...) Normas de direito processual, que veiculem regras pertinentes à prisão cautelar, inserem-se no âmbito *exclusivo* da competência institucional da União. (...). A disciplina do *status libertatis*

3.º e 4.º, da Carta Federal, serem compatíveis apenas com a condição institucional de Chefe de Estado, que detém o Presidente da República.[34]

Sem embargo, não há vício, senão simetria com o desenho federal, na extensão ao Governador da condição de procedibilidade, prevista para o Presidente da República e consistente na autorização prévia do Legislativo para instauração de processo por infração penal comum, de natureza pública ou privada, inclusive as de caráter eleitoral ou contravencionais, e de responsabilidade.[35]

Não deve o constituinte estadual pretender regular matéria de competência exclusiva do Chefe do Poder Executivo,[36] a exemplo da direção superior da Administração Estadual (art. 84, II, c/c art. 25, *caput*), com a criação, estruturação e definição das atribuições dos Ministérios e de outros órgãos da administração pública; a instituição de diversos órgãos, fundos e entidades públicas, como centrais de abastecimento para armazenagem, conservação e comercialização de produtos agrícolas, empresa de administração portuária, conselho de transporte, delegacias especializadas de atendimento a mulher ou estabelecimento ambulatório, mesmo considerando que a efetividade desse tipo de norma dependerá sempre de lei ou providência de iniciativa do próprio Governador;[37] a criação e extinção

---

das pessoas constitui matéria sujeita ao domínio normativo da Lei Fundamental da República e, observadas as prescrições por esta fixadas, inclui-se *também* na esfera de abrangência do ordenamento positivo comum emanado da União. As *exceções* que derrogam essa magna prerrogativa individual, porque afetam diretamente a liberdade de locomoção física dos indivíduoos, *só podem derivar*, em conseqüência, de cláusula inscrita na própria Constituição da República ou em legislação editada pela União Federal." Voto do Min. Celso de Mello na ADIN n. 978-PB. Relator p/ o acórdão Min. Celso de Mello. Vencido o Min. Ilmar Galvão. *RTJ* v. 162, t. 2, p. 462-482, 478-479.

[34] BRASIL. Supremo Tribunal Federal. Pleno. ADIn n. 978-PB. Relator p/ o acórdão Min. Celso de Mello. Vencido o Min. Ilmar Galvão. *RTJ* v. 162, t. 2, p. 462-482.

[35] BRASIL. Supremo Tribunal Federal. 2.ª Turma. HC n. 80.511-MG. Rel. Min. Celso de Mello. *ISTF* 238.

[36] BRASIL. Supremo Tribunal Federal. Pleno. ADIn n. 245-RJ. Rel. Min. Moreira Alves. *RTJ* v. 143, t. 2, p. 391-425, 395. ADInMC n. 282/MT. Rel. Min. Sydney Sanches. *RTJ* v. 161, t. 2, p. 384-402: a tese da maioria merece a crítica do Ministro Sepúlveda Pertence que propugna uma liberdade maior ao constituinte decorrente para regular temas que, pela Constituição Federal, teriam de ser objeto de privativa iniciativa do Chefe do Executivo. ADInMC n. 282-MT. Rel. Min. Sydney Sanches. *RTJ* v. 161, t. 2, p. 384-402.

[37] BRASIL. Supremo Tribunal Federal. Pleno. ADInMC n. 827-AP. Rel. Min. Paulo Brossard. *RTJ* v. 148, t. 3, p. 693; ADInMC n. 1.275-SP. Rel. Min. Marco Aurélio. *RTJ* v. 162, t. 3, p. 868; ADInMC n. 1.391-SP. Rel. Min. Celso de Mello. *DJ* 28/11/1997, p. 62.216.

de cargos públicos,[38] ainda que estabelecendo apenas a obrigação do envio pelo Executivo, dentro de certo prazo, de projeto de lei dispondo sobre cargos determinados.[39] Identicamente, não se pode dispor que os outros dois Poderes ou instituições, que gozem de autonomia financeira e orçamentária, apresentem sua proposta de orçamento ao Legislativo, pois lhe é autorizada apenas a elaboração, na fase pré-legislativa, de sua proposta orçamentária, dentro dos limites da Lei de Diretrizes, cabendo exclusivamente ao Executivo instaurar o processo de formação da lei.[40] Nem pode definir o regime jurídico dos servidores públicos, seus direitos e vantagens, para além do enunciado geral prefigurado do Texto da República,[41] editando regras sobre formas de provimento,[42] situação funcional,[43] critérios de adaptação;[44] de aposentadoria,[45] de pensiona-

---

[38] BRASIL. Supremo Tribunal Federal. Pleno. ADInMC n. 1.594-RN. Rel. Min. Nélson Jobim. *RTJ* v. 162, t. 2, p. 507-508.

[39] BRASIL. Supremo Tribunal Federal. Pleno. ADInMC n. 282/MT. Rel. Min. Sydney Sanches. *RTJ* v. 161, t. 2, p. 384-402.

[40] BRASIL. Supremo Tribunal Federal. Pleno. ADInMC n. 514-PI. Rel. Min. Celso de Mello. *RTJ* v. 152, t. 2, p. 676-692. É interessante perceber que quando a Constituição atribui a determinados órgãos o poder de criar seus próprios cargos, está deferindo-lhes também o poder de fixar os vencimentos de seus integrantes: ADInMC n. 595-ES. Rel. Min. Carlos Velloso. *RTJ* v. 138, t. 1, p. 84.

[41] BRASIL. Supremo Tribunal Federal. Pleno. ADInMC n. 464-GO. Rel. Min. Francisco Rezek. *RTJ* v. 141, t. 1, p. 14.

[42] BRASIL. Supremo Tribunal Federal. Pleno. ADInMC n. 980-DF. Rel. Min. Celso de Mello. *RTJ* v. 156, t. 3, p. 777; ADInMC n. 1.963-PR. Rel. Min. Maurício Corrêa. *ISTF* 142.

[43] BRASIL. Supremo Tribunal Federal. Pleno. ADInMC n. 1.381-AL. Rel. Min. Celso de Mello; de autonomia: ADInMC n. 217-PB. Rel. Min. Sydney Sanches. *DJ* 1 de 2/4/1990, p. 2.506; ADInMC n. 291-MT. Rel. Min. Moreira Alves. *RTJ* v. 133, t. 1, p. 66; ADInMC n. 568-AM. Rel. Min. Celso de Mello. *RTJ* v. 138, t. 1, p. 64; ADInMC n. 637-MA. Rel. Min. Celso de Mello. *RTJ* v. 151, t. 3, p. 762-768; de equiparação: ADInMC n. 1.434-SP. Rel. Min. Celso de Mello. *DJ* 22/11/1996, p. 45.684; de inamovibilidade: ADInMC n. 656-RS. Rel. Min. Marco Aurélio. *DJ* 1 de 18/9/1992, p. 15.408; ADInMC n. 1.246-PR. Rel. Min. Moreia Alves. *DJ* 1 de 6/10/1995, p. 33.127.

[44] BRASIL. Supremo Tribunal Federal. Pleno. ADInMC n. 1.731-ES. Rel. Min. Ilmar Galvão. *DJ* 1 de 12/12/1998, p. 1.

[45] BRASIL. Supremo Tribunal Federal. Pleno. ADInMC n. 522-PR. Rel. Min. Marco Aurélio. *DJ* 1 de 1/8/1991, p. 9.735; atribuindo aposentadoria voluntária dos procuradores do Estado aos 30 anos de serviço com proventos integrais: ADInMC n. 572-PB. Rel. Min. Francisco Rezek. *RTJ* v. 141, t. 2, p. 404; extensão de regra da aposentadoria voluntária do magistério àqueles que tivessem exercido funções de administração, orientação, su-

mento[46] ou imiscuindo-se em sua programação financeira, através da definição de política remuneratória,[47] de vantagens pecuniárias,[48]

---

pervisão, planejamento e inspeção escolar: ADInMC n. 122-SC. Rel. Min. Paulo Brossard. *DJ* 1 de 17/11/1989, p. 17.185; ADIn n. 152-MG. Rel. Min. Ilmar Galvão. *RTJ* v. 141, t. 2, p. 355; ADInMC n. 739-AM. Rel. Min. Marco Aurélio. *DJ* 1 de 14/8/1992, p. 12.224; assegurando aos membros da Defensoria Pública as mesmas condições previstas para aposentadoria dos membros do Ministério Público e da Procuradoria do Estado: ADInMC n. 749-CE. Rel. Min. Marco Aurélio. *DJ* 1 de 11/9/1992, p. 14.713; permitindo a contagem de tempo de serviço para efeito de aposentadoria, de modo a levar-se em conta, proporcionalmente, o período em que o servidor prestou serviços sob o regime de aposentadoria especial: ADInMC n. 755-SP. Rel. Min. Maurício Corrêa. *RDA* v. 191, p. 133; mérito: ADInMC n. 1.380-AL. Rel. Min. Francisco Rezek. *DJ* 1 de 20/2/1998, p. 1; ADInMC n. 1.421-DF. Rel. Min. Francisco Rezek. *RTJ* v. 161, t. 3, p. 835; ADInMC n. 1.160-AM. Rel. Min. Sepúlveda Pertence. *DJ* 1 de 19/5/1995, p. 13.992; ADInMC n. 1.200-ES. Rel. Min. Néri da Silveira. *DJ* 1 de 12//5/1995, p. 12.988; ADInMC n. 1.223-AM. Rel. Min. Sydney Sanches. *RTJ* v. 159, t. 2, p. 429; ADInMC n. 1.730-RN. Rel. Min. Moreira Alves. *DJ* 1 de 18/9/1998, p. 2; concedendo direito de aposentadoria a titulares de cargo em comissão em igualdade de condições com os demais servidores: ADInMC n. 582-SP. Rel. Min. Néri da Silveira. *RTJ* v. 138, p. 76; contagem do tempo de serviço prestado à iniciativa privada para efeitos de disponibilidade e aposentadoria, silenciando quanto a esta última, sobre a compensação financeira dos sistemas de previdência social envolvidos; e quanto aquele, fugindo do modelo federal previsto no § 2.º do artigo 202 da Constituição: ADInMC n. 680-GO. Rel. Min. Marco Aurélio. *RTJ* v. 141, t. 2, p. 416.

[46] BRASIL. Supremo Tribunal Federal. Pleno. ADIn 240-RJ. Rel. Min. Octavio Gallotti. *DJ* 13/10/2000, p. 8.

[47] BRASIL. Supremo Tribunal Federal. Pleno. ADInMC n. 1.381-AL. Rel. Min. Celso de Mello. *ISTF* 16.

[48] Incorporação das vantagens pecuniárias do cargo em comissão: ADInMC n. 843-MS. Rel. Min. Ilmar Galvão. *DJ* 1 de 28/4/1993, p. 7.378; de garantia do pagamento do valor de um vencimento integral aos ocupantes de cargos em comissão, quando exonerados, sem que fossem titulares de outro cargo ou função pública: BRASIL. Supremo Tribunal Federal. Pleno. ADInMC n. 182-RS. Rel. Min. Sydney Sanches. *DJ* 1 de 14/12/1990, p. 15.108; ADInMC n. 199-PE. Rel. Min. Paulo Brossard. *DJ* 1 de 30/3/1990, p. 2.339; aqui também se suspendeu a eficácia de normas que asseguravam conversão em dinheiro de parte das férias e licença-prêmio; concessão de vale-transporte: ADInMC n. 1.809-SC. Rel. Min. Carlos Velloso. *ISTF* 107. Também: ADInMC n. 844-MS. Rel. Min. Marco Aurélio. *DJ* 1 de 2/4/1993, p. 5.617; ADInMC n. 856-RS. Rel. Min. Celso de Mello. *DJ* 1 de 22/4/1993, p. 6.829; ADInMC n. 858-RJ. Rel. Min. Marco Aurélio. *DJ* 1 de 8/6/1993, p. 12.110; ADInMC n. 872-RS. Rel. Min. Sepúlveda Pertence. *RTJ* v. 151, t. 2, p. 425-428; ADInMC n. 919-PR. Rel. Min. Ilmar Galvão. *RTJ* v. 150, t. 3, p. 732; ADInMC n. 1.201-RO. Rel. Min. Moreira Alves. *DJ* de 9/6/1995, p. 17.227; ADInMC n. 1.448-RS. Rel. Min. Maurício Corrêa. *DJ* 1 de 2/8/1996, p. 25.778; instituição de auxílio-alimentação: ADInMC n. 1.701-SC. Rel. Min. Carlos Velloso. *DJ* 1 de 12/12/1997, p. 65.564; criando adicional de produtividade de servidores do fisco, com valores, forma e condições de percepção ficados pelo Governador através de Decreto: ADInMC n. 1644-PI. Rel. Min. Sepúlveda Pertence. *DJ* 1 de

inclusive com a fixação do salário mínimo como piso de vencimentos para o servidor público,[49] embora não haja mácula alguma na estipulação de que a percepção do vencimento básico do funcionalismo não seja inferior ao salário mínimo.[50] Por igual, não deve o constituinte estadual pretender regular matéria pertinente às multas, pois termina por obstaculizar o processo legislativo, retirando a necessária participação do Executivo.[51]

De outro lado, é legítima a disposição do constituinte estadual que veda a admissão, em cargos comissionados, de parentes de autoridades ou titulares de funções de alto escalão;[52] que dá poderes à Assembléia Legislativa para convocar o Procurador-Geral de Justiça, Defensor Público,[53] Secretário de Estado, dirigentes de órgãos da administração direta e indireta, e o Presidente de tribunais de contas, exceto, no último caso, para esclarecimento sobre atos de julgamento de competência do tribunal.[54] Assim também, a necessidade da autorização prévia da Assembléia Legislativa para a instauração de processo por crime comum contra o Governador segue o modelo federal, finca raízes no princípio da independência dos Poderes e no dogma da autonomia do Estado-membro perante a União.[55]

---

31/10/1997, p. 55.541; ainda: ADIn n. 1.396-SC. Rel. Min. Marco Aurélio. *DJ* 1 de 7/8/1998, p. 19; ADInMC n. 766-RS. Rel. Min. Sepúlveda Pertenceo. *RTJ* v. 157, p. 460; mérito: *DJ* 1 de 11/12/1998, p. 1; ADInMC n. 749-CE. Rel. Min. Marco Aurélio. *DJ* 1 de 11/9/1992, p. 14.713.

[49] BRASIL. Supremo Tribunal Federal. Pleno. ADInMC n. 290-SC. Rel. Min. Celso de Mello. *RTJ* v. 138, t. 2, p. 396; ADInMC n. 668-AL. Rel. Min. Celso de Mello. *RTJ* v. 141, t. 1, p. 77; ADInMC n. 1.064-MS. Rel. Min. Ilmar Galvão. *RTJ* v. 156, t. 3, p. 788; e mérito: *DJ* 1 de 26/9/1997, p. 47.475.

[50] BRASIL. Supremo Tribunal Federal. Pleno. ADInMC n. 751-GO. Rel. Min. Octavio Gallotti. *RTJ* v. 142, t. 1, p. 86.

[51] BRASIL. Supremo Tribunal Federal. Pleno. ADInMC n. 551-RJ. Rel. Min. Ilmar Galvão. *RTJ* v. 138, t. 1, p. 55.

[52] BRASIL. Supremo Tribunal Federal. Pleno. ADInMC n. 1.521-RS. Rel. Min. Marco Aurélio. *DJ* 1 de 17/3/2000, p. 2.

[53] BRASIL. Supremo Tribunal Federal. Pleno. ADInMC n. 558/RJ. Rel. Min. Sepúlveda Pertence. *DJ* 1 de 26/3/1993, p. 5.001.

[54] BRASIL. Supremo Tribunal Federal. Pleno. ADInMC n. 1.170-AM. Rel. Min. Néri da Silveira. *DJ* 1 de 28/11/1997, p. 62.216.

[55] BRASIL. Supremo Tribunal Federal. RECr n. 159.230/PB. Rel. Min. Sepúlveda Pertence. *DJ* 1 de 10/6/1994, p. 14.792; Recr. n. 153 968-BA. Rel. Min. Ilmar Galvão. *RTJ* v. 151, t. 3, p. 978-984.

## II. O Poder Legislativo estadual

A independência do Legislativo deve ser respeitada pelo constituinte decorrente, que não pode, assim, inverter a prevalência da Casa Parlamentar para iniciar o processo legislativo; nem se pode estabelecer *quorum* diferente daquele previsto no modelo federal para reforma à Constituição;[56] tanto quanto desconsiderar a limitação à apresentação de projeto de lei sobre matéria constante de projeto rejeitado ou julgado prejudicado[57]. Por não haver expressa previsão do texto federal, não há como garantir a servidor, eleito Deputado estadual, o direito à disponibilidade, com todas as vantagens do mais elevado cargo ou função que tenha ocupado, após o término de seu mandato.[58]

Não podem os Estados dispor diferentemente sobre o número[59] ou os requisitos[60] para nomeação de membros dos Tribunais

---

[56] BRASIL. Supremo Tribunal Federal. Pleno. ADIn n. 486-ES. Rel. Min. Celso de Mello. *DJ* 1 de 15/4/1997, p. 13.047.

[57] BRASIL. Supremo Tribunal Federal. Pleno. ADIn n. 1.546-SP. Rel. Min. Nelson Jobim. *ISTF* 134: ressalvava da limitação os projetos de iniciativa exclusiva.

[58] BRASIL. Supremo Tribunal Federal. Pleno. ADInMC n. 1.255-RO. Rel. Min. Ilmar Galvão. *DJ* 1 de 2/6/1995, p. 16.229.

[59] BRASIL. Supremo Tribunal Federal. Pleno. ADInMC n. 279-CE. Rel. Min. Aldir Passarinho. *RTJ* v. 132, t. 2, p. 611. Contra: ADInMC n. 346-RO. Rel. Min. Aldir Passarinho. *DJ* 1 de 5/10/1990, p. 10.714.

[60] Em regra, proporção diferente entre Executivo e Legislativo para nomeação de conselheiro e não deixar um de livre escolha para o Governador: ADInMC n. 169-AM. Rel. Min. Sydney Sanches. *DJ* 1 de 16/3/1990; ADInMC n. 419-ES. Rel. Min. Célio Borja. *RTJ* v. 139, t. 2, p. 457; ADIn n. 793-RO. Rel. Min. Carlos Velloso. *RTJ* v. 163, t. 1, p. 52-59; ADInMC n. 892-RS. Rel. Min. Celso de Mello. *DJ* 1 de 7/1/1997, p. 57.230; ADInMC n. 2.013-PI. Rel. Min. Maurício Corrêa. A respeito de uma reserva de nomeação de conselheiros para o Tribunal de Contas, dentro da proporcionalidade estabelecida pela Constituição Federal, a jurisprudência do Tribunal tem oscilado: negando a possibilidade ou se mostrando indiferente à ordem de escolha, desde que se cumpra a proporção atribuída a cada poder: ADInMC n. 374-SP. Rel. Min. Celso de Mello. *RTJ* v. 144, t. 1, p. 63; ADInMC n. 892-RS. Rel. Min. Celso de Mello. *DJ* 1 de 7/1/1997, p. 57.230. Cf. ainda, ADInMC n. 1.043-MS. Rel. Min. Moreira Alves. *DJ* 1 de 20/5/1994, p. 12.265; ADInMC n. 1.068-ES. Rel. Min. Ilmar Galvão. *RTJ* v. 155, t. 1, p. 99; ADInMC n. 1.054-GO. Rel. Francisco Rezek. *DJ* 1 de 23/9/1994, p. 25.326; ADInMC n. 1.389-AP. Rel. Min. Maurício Corrêa. *RTJ* v. 161, t. 2, p. 453-457; ADIn n. 1.566-SC. Rel. Min. Moreira Alves. *DJ* 1 de 23/4/1999, p. 2; ADInMC n. 2.013-PI. Rel. Min. Maurício Corrêa. *ISTF* 153. Admitindo que uma emenda constitucional garanta a nomeação das quatro próximas vagas ao Legislativo: ADInMC n. 1.957-AP. Rel. Min. Néri da Silveira. *DJ* 1 de 11/6/1999, p. 8.

de Contas estaduais ou municipais[61] ou criar, contra previsão constitucional expressa, Tribunal de Contas dos Municípios,[62] muito embora se tenha afirmado que a proibição de criação desses Tribunais, prevista no artigo 41, § 4.º, restrinja-se apenas ao Município, podendo o Estado tanto extingui-los quanto instituí-los.[63] Da mesma forma, não podem estender aos auditores do Tribunal de Contas as mesmas regras de nomeação,[64] vantagens e vencimentos deferidos aos conselheiros do Tribunal;[65] nem prever o funcionamento junto ao Tribunal de órgão do Ministério Público comum[66] ou ainda transferir à Assembléia Legislativa o poder de julgar as contas do Tribunal de Contas do Estado, do Tribunal de Justiça, do Ministério Público e do próprio Legislativo, que, pela Constituição Federal, estaria afeto à competência da Corte de Contas;[67] ou dispensar às contas anuais prestadas pela Mesa da Assembléia Legislativa o mesmo regime jurídico peculiar às contas do Chefe do Executivo, atribuindo ao pronunciamento do Tribunal de Contas, nessa hipótese, a função meramente opinativa;[68] muito menos estender esse regime às contas prestadas pelos Prefeitos e Mesa das Câmaras Municipais.[69] Não podem, por igual, prever um sistema de aprovações fictas de contas estaduais e municipais por transcurso de prazo, mas não simples-

---

[61] BRASIL. Supremo Tribunal Federal. Pleno. ADInMC n. 460-AP. Rel. Min. Sepúlveda Pertence. *RTJ* v. 151, t. 3, p. 719.

[62] BRASIL. Supremo Tribunal Federal. Pleno. ADInMC n. 445-TO. Rel. Min. Néri da Silveira. *DJ* 1 de 7/6/1991, p. 7.709.

[63] BRASIL. Supremo Tribunal Federal. Pleno. ADInMC n. 867-MA. Rel. Min. Marco Aurélio. *DJ* 1 de 3/3/1995, p. 4.103.

[64] BRASIL. Supremo Tribunal Federal. Pleno. ADIn n. 373-PI. Rel. Min. Ilmar Galvão. *RTJ* v. 154, t. 1, p. 10-13.

[65] BRASIL. Supremo Tribunal Federal. Pleno. ADInMC n. 507-AM. Rel. Min. Celso de Mello. *RTJ* v. 143, t. 1, p. 49.

[66] BRASIL. Supremo Tribunal Federal. Pleno. ADInMC n. 1.545-SE. Rel. Min. Octavio Gallotti. *DJ* 1 de 24/10/1997, p. 54.156.

[67] BRASIL. Supremo Tribunal Federal. Pleno. ADInMC n. 1.140-RR. Rel. Min. Sydney Sanches. *DJ* 1 de 20/10/1995, p. 335.256; ADInMC n. 1.779-PE. Rel. Min. Ilmar Galvão. *DJ* 1 de 22/5/1998, p. 2.

[68] BRASIL. Supremo Tribunal Federal. Pleno. ADInMC n. 849-MT. Rel. Min. Celso de Mello. *DJ* 1 de 8/4/1994, p. 7.225.

[69] BRASIL. Supremo Tribunal Federal. Pleno. ADInMC n. 1.779-PE. Rel. Min. Ilmar Galvão. *DJ* 1 de 22/5/1998, p. 2.

mente por substituir o termo "julgar" por "apreciar", adotado pela Carta Federal;[70] nem lhe cabe exigir parecer do Tribunal, para apreciação da Assembléia Legislativa ou Câmara Municipal, sobre empréstimos ou operações de créditos a serem realizados pelo Estado ou Município, fiscalizando sua aplicação.[71]

Mas não se identificou vício de inconstitucionalidade em relação à lei estadual que, sem iniciativa do Tribunal de Contas, instituía a ordem a ser observada no preenchimento das vagas que se sucedessem no corpo de conselheiros da Corte, primeiro por não ser a Corte de Contas um tribunal judiciário, sem haver, assim, a reserva do poder exclusivo de dar início ao processo legislativo sobre sua organização, depois porque a Constituição Federal mandava aplicar o modelo federal do Tribunal de Contas da União, "no que coube[sse]", à organização, composição e fiscalização dos TCEs;[72] nem se reconheceu violação ao modelo federal, na exigência de envio, ao Legislativo, de informações e cópias autenticadas de documentos de despesas realizadas pelos tribunais de contas dos estados e municípios, por não se acharem ambos os tribunais indenes ao controle externo da Assembléia e ainda por se revestir a medida de corolário do princípio da publicidade, indispensável no processamento de tais despesas.[73]

### III. O Poder Judiciário estadual

A independência do Judiciário não pode ser ameaçada, por exemplo, com a previsão de algum sistema de controle externo do

---

[70] BRASIL. Supremo Tribunal Federal. Pleno. ADInMC n. 215-PB. Rel. Min. Celso de Mello. DJ 1 de 3/8/1990, p. 7.234.

[71] BRASIL. Supremo Tribunal Federal. Pleno. ADInMC n. 461-BA. Rel. Min. Carlos Velloso. RTJ v. 147, t. 2, p. 507.

[72] BRASIL. Supremo Tribunal Federal. Pleno. ADInMC n. 585-AM. Rel. Min. Ilmar Galvão. RTJ v. 153, t. 2, p. 479-483; ADInMC n. 897-PA. Rel. Min. Ilmar Galvão. RTJ v. 151, t. 2, p. 441-443; ADIn n. 219-PB. Rel. Min. Sepúlveda Pertence. DJ 1 de 23/9/11994; ADInMC n. 1.190-PR. Rel. Min. Sydney Sanches. DJ 1 de 23/2/1996, p. 3.622; ADInMC n. 1.566-SC. Rel. Min. Moreira Alves. DJ 1 de 1/8/1997, p. 33.465; ADInMC n. 1.474-AP. Rel. Min. Néri da Silveira. DJ 1 de 19/8/1996, p. 30.300.

[73] BRASIL. Supremo Tribunal Federal. Pleno. ADInMC n. 375-AM. Rel. Min. Octavio Gallotti. RTJ v. 136, t. 1, p. 12.

Poder Judiciário não previsto pela Carta Federal[74] ou com a previsão de critérios de avaliação e controle das atividades do serviço público da Justiça estadual.[75] Não pode o constituinte decorrente fixar como valor do teto do Judiciário o percebido como remuneração por Secretário ou Governador de Estado;[76] ou estabelecer relação entre a maior remuneração dos servidores do Judiciário e os vencimentos mínimos estipulados para o nível inicial do quadro geral do Poder Executivo.[77]

Aqui também as reservas de iniciativa do processo legislativo devem ser respeitadas. Usurpa-se competência própria dos Tribunais de Justiça, por exemplo, com o aumento do número de desembargadores ou com a criação, pela Constituição estadual, de novos Tribunais de Alçada,[78] com a criação de novas varas[79] e comarcas[80] ou com a estatuição de que os juízes do Tribunal Militar sejam nomeados pelo Governo estadual, depois de aprovada a escolha pela Assembléia Legislativa[81] ou com a dependência de aprovação da Assembléia Legislativa para nomeação de Desembargador pelo Chefe do Executivo estadual, bem como com a definição do

---

[74] BRASIL. Supremo Tribunal Federal. Pleno. ADInMC n. 197-SE. Rel. Min. Octavio Gallotti. *DJ* 1 de 25/5/1990, p. 4.603; ADInMC n. 251-CE. Rel. Min. Néri da Silveira. *RTJ* v. 149, t. 1, p. 3; ADIn n. 98-MT. Rel. Min. Sepúlveda Pertence. *DJ* 1 de 31/10/1997, p. 55.539; ADIn n. 135-PB. Rel. Min. Octavio Gallotti. *DJ* 1 de 15/8/1997, p. 37.034; ADInMC 137-PA. Rel. Min. Moreira Alves *DJ* 1 de 21/3/1997, p. 8.504; ADIn n. 98-MT. Rel. Min Sepúlveda Pertence. *DJ* 1 de 31/10/1997, p. 55.539.

[75] BRASIL. Supremo Tribunal Federal. Pleno. ADInMC n. 1.905-RS. Rel. Min. Sepúlveda Pertence. *ISTF* 132.

[76] BRASIL. Supremo Tribunal Federal. Pleno. ADInMC n. 893-PR. Rel. Min. Carlos Velloso. *RTJ* v. 151, t. 2, p. 435-441.

[77] No primeiro caso: ADInMC n. 893-PR. Rel. Min. Carlos Velloso. *RTJ* v. 151, t. 2, p. 435-441; no segundo: ADInMC n. 1.674-DF. Rel. Min. Sydney Sanches. *DJ* 1 de 28/11/1997, p. 62.217.

[78] BRASIL. Supremo Tribunal Federal. Pleno. ADInMC n. 161-PR. Rel. Min. Celso de Mello. *DJ* 1 de 23/2/1990, p. 1.235; ou do seu número de juízes: ADInMC n. 251-CE. Aldir Passarinho. *RTJ* v. 149, t. 1, p. 3-15; ADInMC n. 366-MA. Rel. Min. Octavio Gallotti. *RTJ* v. 133, t. 2, p. 570.

[79] BRASIL. Supremo Tribunal Federal. Pleno. ADInMC n. 1.069-DF. Rel. Min. Francisco Rezek. *DJ* 1 de 23/9/1994, p. 25.326.

[80] BRASIL. Supremo Tribunal Federal. Pleno. ADInMC n. 1.050-SC. Rel. Min. Celso de Mello. *DJ* 1 de 27/9/1994, p. 25.725.

[81] BRASIL. Supremo Tribunal Federal. Pleno. ADInMC n. 725-RS. Rel. Min. Moreira Alves. *RTJ* v. 149, t. 2, p. 396.

critério que usará o Tribunal – se antigüidade ou merecimento – para indicar o nome do juiz,[82] ressalvando, por exemplo, a posição de antigüidade dos juízes na entrância, para promoção ao Tribunal de Justiça, diante do comando constitucional de que a antigüidade e o merecimento sejam apurados apenas no Tribunal de Alçada, onde houver,[83] embora se tenha admitido que se possa condicionar o preenchimento de um novo cargo de desembargador à instalação de varas já criadas e a um certo movimento de processos no Tribunal.[84] Não se mostra possível a transformação do Tribunal de Alçada em órgão do Tribunal de Justiça, aumentando o número deste Tribunal e promovendo os membros dos extintos Tribunais de Alçada ao cargo de Desembargador.[85] Inclua-se ainda, para além do descompasso com o modelo federal do quinto constitucional (art. 94, CRFB), a invasão de competência do Tribunal de Justiça com a previsão de que os juízes civis do Tribunal Militar serão escolhidos dentre os membros do Ministério Público e dentre os juízes-auditores.[86]

Em vista do disposto no artigo 125, § 1.º, da Constituição Federal, não há qualquer vício na ampliação das hipóteses de competência originária dos Tribunais de Justiça para julgamento de *habeas*

---

[82] BRASIL. Supremo Tribunal Federal. Pleno. ADInMC n. 251-CE. Rel. Min. Aldir Passarinho. *RTJ* v. 149, t. 1, p. 3-15; ADInMC n. 274-PE. Rel. Min. Octavio Gallotti. *RTJ* 139, p. 418-419; Contra antes: ADInMC n. 202-BA. Rel. Octavio Gallotti. *DJ* 1 de 2/4/1993, p. 5.612; essas disposições foram, no mérito, reputadas inconstitucionais: *DJ* 1 de 7/3/1997, p. 5.398. De acordo com a orientação firmada por maioria de votos a partir do julgamento da ADIn n. 314-PE, o processo de provimento, por acesso, dos cargos de desembargador se inicia e se completa no âmbito do próprio Tribunal de Justiça, não admitindo a participação de qualquer dos outros poderes do Estado. Cf. ADIn n. 189-RJ. Rel. Min. Celso de Mello. *RTJ* v. 138, t. 2, p. 371-395; AOr n. 70-SC. Rel. p/ acórdão Min. Sepúlveda Pertence. *RTJ* v. 147, t. 2, p. 345-371; ADIn n. 202-BA. Rel. Min. Octavio Gallott. *DJ* 1 de 7/3/1997, p. 5.398.

[83] BRASIL. Supremo Tribunal Federal. Pleno. ADIn n. 654-PR. Rel. Min. Carlos Velloso. *RTJ* v. 152, t. 3, p. 768-779.

[84] BRASIL. Supremo Tribunal Federal. Pleno. ADInMC n. 506-AC. Rel. Min. Marco Aurélio. *RTJ* v. 140, t. 1, p. 24-25.

[85] BRASIL. Supremo Tribunal Federal. Pleno. ADInMC n. 2.011-SP. Rel. Min. Ilmar Galvão, considerando-se ainda violação ao critério de antigüidade e merecimento, alternativamente, para acesso aos tribunais de segundo grau.

[86] BRASIL. Supremo Tribunal Federal. Pleno. ADInMC n. 725-RS. Rel. Min. Moreira Alves. *RTJ* v. 149, t. 2, p. 396-404.

*corpus* previsto no artigo 650 do CPP, incluindo julgamento de *habeas corpus* contra ato de Promotor de Justiça.[87]

Há, todavia, invasão da competência do Supremo Tribunal Federal em disposições constitucionais do Estado que restrinjam ou ampliem o estatuto da magistratura definido na Constituição Federal;[88] que vedem férias coletivas ao Judiciário local[89] ou que definam critérios de promoção e remoção da magistratura;[90] de aposentadoria,[91] que regule concurso público para preenchimento de cargos da magistratura;[92] ou que disciplinem a forma de eleição dos órgãos diretivos dos tribunais.[93]

## IV. A representação de inconstitucionalidade de leis e atos normativos estaduais e municipais em face da Constituição Estadual

Incorre em inconstitucionalidade norma de Constituição Estadual que atribua ao Tribunal de Justiça competência para processar e julgar originariamente a representação de inconstitucionalidade de lei ou ato normativo municipal contestados em face da Constituição Federal.[94] Todavia, em razão do amplo campo de discricio-

---

[87] BRASIL. Supremo Tribunal Federal. RE n. 141.209-SP. *RTJ* v. 140, t. 2, p. 683; RE n. 141.211-SP. *RTJ* v. 144, t. 2, p. 340. 2.ª Turma. RE n. 187.133-SP. Rel. Min. Maurício Corrêa. *ISTF* 30.

[88] BRASIL. Supremo Tribunal Federal. Pleno. ADIn n. 98-MT. Rel. Min Sepúlveda Pertence. *DJ* 1 de 31/10/1997, p. 55.539. Todavia, admitiu-se a possibilidade de o legislador ordinário reduzir a diferença percentual entre as categorias da carreira (art. 93, V, da Constituição Federal): ADInMC n. 764-PI. Rel. Celso de Mello. *RTJ* v. 153, t. 3, p. 756-760.

[89] BRASIL. Supremo Tribunal Federal. Pleno. ADInMC n. 202-BA. Rel. Min. Octavio Gallotti. *DJ* 1 de 2/4/1993, p. 5.612.

[90] BRASIL. Supremo Tribunal Federal. Pleno. ADInMC n. 468-PR. Rel. Min. Carlos Velloso. *RTJ* v. 147, p. 889.

[91] BRASIL. Supremo Tribunal Federal. Pleno. ADIn n. 98-MT. Rel. Min. Sepúlveda Pertence. *DJ* 1 de 31.10.1997, p. 55.539.

[92] BRASIL. Supremo Tribunal Federal. Pleno. ADInMC n. 1.080-PR. Rel. Min. Celso de Mello. *DJ* 1 de 1/8/1994, p. 18.462.

[93] BRASIL. Supremo Tribunal Federal. Pleno. ADInMC n. 2.012-SP. Rel. Min. Marco Aurélio. *ISTF* 156.

[94] BRASIL. Supremo Tribunal Federal. Pleno. ADInMC n. 347-SP. Rel. Min. Moreira Alves. *RTJ* v. 135, t. 1, p. 12; ADInMC n. 409-RS. Rel. Min. Celso de Mello. *RTJ* v. 134, t. 3, p. 1.066; ADInMC n. 508-MG. Rel. Min. Octavio Gallotti. *RTJ* v. 136, t. 3, p. 1.062.

nariedade deixado pelo constituinte originário na definição, pelo poder decorrente, da realização desse controle em face da Carta Política estadual, admite-se que não se tome rigorosamente como modelo o rol de legitimados para iniciar o processo de fiscalização abstrata, de modo a conferir-lhe a comissões permanentes e a qualquer Deputado.[95]

## V. O Ministério Público dos Estados

Compreende-se, no parâmetro federal vinculante, a forma de escolha e de destituição do Procurador-Geral de Justiça (art. 128, §§ 3.º e 4.º), não se podendo prever regra de sucessão do Procurador-Geral diferente da eleição[96] ou condicionar a nomeação à aprovação pela Assembléia Legislativa.[97] A competência do PGJ para propor lei complementar sobre a organização, as atribuições e o estatuto do respectivo Ministério Público, respeitados os princípios institucionais da unidade, indivisibilidade e independência funcional (art. 127, § 1.º), as garantias orgânicas (art. 127, §§ 2.º e 3.º) e de seus membros (art. 128, § 5.º, I, *a* a *c*), vedações (art. 128, § 5.º, II, *a* a *e*) e funções institucionais (art. 129) também se situam naquele parâmetro. Assim, a absoluta paridade remuneratória entre os membros do Ministério Público em atividade e aqueles em situação de inatividade, além de vulnerar o poder de iniciativa reservado ao Chefe do *Parquet* local, estabelece uma disciplina não prevista no modelo federal.[98]

Em mesmo sentido, a vedação, pelo constituinte decorrente, de o PGJ concorrer às vagas relativas ao Ministério Público na composição dos tribunais estaduais invade a reserva da lei complementar do artigo 128, § 5.º, além de criar restrições não previstas no artigo 94, todos da Constituição Federal.[99] A mesma invasão é rea-

---

[95] BRASIL. Supremo Tribunal Federal. Pleno. ADInMC n. 558-RJ. Rel. Min. Sepúlveda Pertence. *DJ* 1 de 26/3/1993, p. 5.001.

[96] BRASIL. Supremo Tribunal Federal. Pleno. ADInMC n. 1.783-BA. Rel. Min. Sepúlveda Pertence. *DJ* 1 de 25/2/1998, p. 33.

[97] BRASIL. Supremo Tribunal Federal. ADInMC n. 1.228-AP; ADInMC n. 1.506-SE; ADInMC n. 2.319-PR. Rel. Min. Moreira Alves. *ISTF* 235.

[98] BRASIL. Supremo Tribunal Federal. ADInMC n. 575-PI. Rel. Min. Celso de Mello. *RTJ* v. 153, t. 2, p. 457-466; mérito: *RTJ* v. 169, t. 3, p. 834-842.

[99] BRASIL. Supremo Tribunal Federal. ADInMC n. 2.319-PR. Rel. Min. Moreira Alves. *ISTF* 235.

lizada por dispositivo constitucional que prevê hipóteses de exoneração do Procurador-Geral.[100]

## VI. Advocacia Pública estadual

Integram o núcleo de reprodução obrigatória a organização em carreira, forma de ingresso, funções, estabilidade (art. 132 e seu parágrafo único) e forma de remuneração (art. 135). Reconheceu-se, assim, atento ao modelo federal, consubstanciado no artigo 132 da Constituição da República, que atribui aos membros da Procuradoria do Estado, investidos no cargo após aprovação em concurso público, as funções de assessoria jurídica à Administração, a previsão de criação de cargos em comissão destinados a cumprir exatamente essa função;[101] bem como na distinção entre Procuradoria do Estado e Procuradoria da Fazenda, atribuindo-se a esta a execução fiscal.[102] Do mesmo modo, a sujeição ao estatuto de autonomia funcional, administrativa e financeira do órgão, além da imposição de requisitos de nomeação do Procurador-Geral pelo Governador rompiam com o paradigma federal.[103]

O elenco de direitos e garantias, todavia, é exaustivo, não podendo ser deferido pelo poder decorrente, por exemplo, a inamovibilidade e vitaliciedade dos membros,[104] embora se admita foro privilegiado.[105]

---

[100] BRASIL. Supremo Tribunal Federal. ADInMC n. 2.436-PE. Rel. Min. Moreira Alves. *ISTF* 230.

[101] BRASIL. Supremo Tribunal Federal. Pleno. ADInMC n. 881-ES. Rel. Min. Celso de Mello. *DJ* 1 de 25/4/1997, p. 15.197. Cuida-se, no caso, de lei ordinária. Mas, aqui como em outros exemplos listados no texto, a vinculação é semelhante.

[102] BRASIL. Supremo Tribunal Federal. Pleno. ADInMC n. 1.679-GO. Rel. Min. Néri da Silveira. *ISTF* 86.

[103] BRASIL. Supremo Tribunal Federal. Pleno. ADInMC n. 217-PB. Rel. Min. Sydney Sanches. *DJ* 1 de 2/4/1990, p. 2.506; ADInMC n. 291-MT. Rel. Min. Moreira Alves. *RTJ* v. 133, t. 1, p. 66; ADInMC n. 568-AM. Rel. Min. Celso de Mello. *RTJ* v. 138, t. 1, p. 64; ADInMC n. 637-MA. Rel. Min. Celso de Mello. *RTJ* v. 151, t. 3, p. 762-768; equiparando procurador do Estado e procurador de autarquias: ADInMC n. 1.434-SP. Rel. Min. Celso de Mello. *DJ* 22/11/1996, p. 45.684.

[104] BRASIL. Supremo Tribunal Federal. Pleno. ADInMC n. 145-CE. Rel. Min. Celso de Mello. *DJ* 1 de 14/12/1990, p. 15.108; ADInMC n. 217-PB. Rel. Min. Sydney Sanches. *DJ* 1 de 2/4/1990, p. 2.506; ADInMC n. 656-RS. Rel. Min. Marco Aurélio. *DJ* 1 de 18/9/1992, p. 15.408; ADInMC n. 1.246-PR. Rel. Min. Moreia Alves. *DJ* 1 de 6/10/1995, p. 33.127.

[105] BRASIL. Supremo Tribunal Federal. Pleno. ADInMC n. 541-PB. Rel. Min. Marco Aurélio. *RTJ* v. 140, t. 1, p. 26-29.

## VII. A Defensoria Pública estadual

Integram, por igual, aquele núcleo obrigatório a função e organização, garantia e vedação, forma de remuneração da Defensoria Pública (art. 134 e seu parágrafo único; art. 135); que não pode ser alargado, estabelecendo, *v. g.*, autonomia e outorga de certas prerrogativas inerentes às Magistraturas.[106] Não se vislumbra, no entanto, o atentado ao modelo federal, por exemplo, em normas que deferem à Defensoria Pública atribuição para a orientação, a postulação e a defesa em juízo dos direitos e interesses coletivos dos necessitados ou em patrocinar ação civil pública em favor de associações destinadas à proteção de interesses difusos e coletivos ou de consumidor lesado, exclusivamente nesses dois últimos casos, se forem desprovidos de meios para o custeio do processo.[107]

## VIII. A segurança pública

Não há paralelo na Carta da República, por exemplo, à concessão à Polícia Civil de autonomia funcional e financeira, além de regras especiais de aposentadoria.[108]

## IX. Regras e princípios da Administração Pública

Tais normas e princípios estão presentes nos artigos 37 a 41 da Constituição Federal,[109] tais como: a) necessidade de prévia aprovação em concurso público para investidura, havendo-se por inconstitucional dispositivo que permite a transferência definitiva a órgão ou Poder em que se encontra o servidor, lotado originariamente em outro cargo, órgão ou Poder, pelo simples fato de ali estar cedido ou prestando serviço temporário na época da promulgação

---

[106] BRASIL. Supremo Tribunal Federal. Pleno. ADInMC n. 575-PI. Rel. Min. Celso de Mello. *RTJ* v. 153, t. 2, p. 457-466: violação do art. 61, § 1.º. II, *d*; embora aqui não tivesse reconhecido o *periculum in mora* exatamente pela necessidade dessa integração normativa. Mérito *RTJ* v. 169, t. 3, p. 834-842.

[107] BRASIL. Supremo Tribunal Federal. Pleno. ADInMC n. 558/RJ. Rel. Min. Sepúlveda Pertence. *DJ* 1 de 26/3/1993, p. 5.001.

[108] BRASIL. Supremo Tribunal Federal. Pleno. ADInMC n. 882-MT. Rel. Min. Paulo Brossard. *RTJ* v. 149, t. 2, p. 425.

[109] BRASIL. Supremo Tribunal Federal. Pleno. ADIn n. 248-RJ. Rel. Min. Celso de Mello. *RTJ* v. 152, t. 2, p. 341-352.

da Constituição Estadual;[110] ou que possibilita o aproveitamento de titular de outra investidura, seu reenquadramento, acesso e reinvestidura automática ou facultativa,[111] a readmissão de servidor cujo afastamento tenha evitado a aquisição da estabilidade prevista no artigo 19 do ADCT;[112] b) normas que regulamentam a aposentadoria;[113] c) extensão aos servidores públicos estaduais de direitos reservados aos trabalhadores privados que a Constituição Federal não quis, expressamente, incluir entre aqueles listados pelo art. 39, § 2.º;[114] d) vinculação entre vencimentos ou soldos, tirante os casos expressos na Constituição Federal, de servidores públicos federais, estaduais e municipais, entre si;[115] e) prorrogação de delegações de serviço público, por tradição e sem mais;[116] f) conceituação de remuneração extraordinária de servidores do Legislativo de modo diverso do que ocorre com os dos demais Poderes, em afronta ao princípio da isonomia (art. 39, § 1.º, originário);[117] i) previsão de disponibilidade para o servidor, eleito Deputado estadual, ao concluir o mandato.[118] Admite-se, contudo, a possibilidade de vir a agravar as restrições impostas ao próprio Estado, em vista de sua finalidade constitucional; g) não pode o constituinte estadual fugir do modelo federal de benefício da pensão por morte (art. 40, § 5.º, originário e atual § 2.º), por

---

[110] BRASIL. Supremo Tribunal Federal. Pleno. ADIn n. 89-MG. Rel. Min. Sydeney Sanches. *DJ* 1 de 20/8/1993, p. 16.316.

[111] BRASIL. Supremo Tribunal Federal. Pleno. ADIn n. 94-RO. Rel. Min. Octávio Gallotti. *DJ* 1 de 27/10/1989, p. 16.390; ADIn n. 308-DF. Rel. Min. Octavio Gallotti. *RTJ* v. 152, t. 2, p. 361-366.

[112] BRASIL. Supremo Tribunal Federal. Pleno. ADInMC n. 100-MG. Rel. Min. Sepúlveda Pertence. *DJ* 1 de 23/10/1989, p. 16.145.

[113] BRASIL. Supremo Tribunal Federal. Pleno. ADIn n. 101-MG. Rel. Min. Célio Borja. *DJ* 1 de 7/5/1993, p. 8.324.

[114] BRASIL. Supremo Tribunal Federal. Pleno. ADIn n. 112-BA. Rel. Min. Néri da Silveira. *DJ* 1 de 9/2/1996, p. 2.102.

[115] BRASIL. Supremo Tribunal Federal. Pleno. ADInMC n. 117-PR. Rel. Min. Francisco Rezek. *DJ* 1 de 7/5/1993, p. 8.325; ADInMC n. 145-CE. Rel. Min. Celso de Mello. *DJ* 1 de 14/12/1990, p. 15.108; ADIn n. 115-PR. Rel. Min. Octavio Gallotti. *DJ* 1 de 1/7/1993, p. 13.141; ADIn n. 465-DF. Rel. p/ acórdão Min. Ilmar Galvão. *RTJ* v. 158, t. 1, p. 16-29.

[116] BRASIL. Supremo Tribunal Federal. Pleno. ADInMC n. 118-PR. Rel. Min. Aldir Passarinho. *DJ* 1 de 13/12/1993, p. 26.337.

[117] BRASIL. Supremo Tribunal Federal. Pleno. ADInMC n. 548-DF. Rel. Min. Néri da Silveira. *DJ* 1 de 20/11/1992, p. 21.610.

[118] BRASIL. Supremo Tribunal Federal. Pleno. ADInMC n. 1.255-RO. Rel. Min. Ilmar Galvão. *DJ* 1 de 2/6/1995, p. 16.229.

exemplo, ao dispor que corresponderá à totalidade de vencimentos ou proventos do servidor falecido, independentemente do número de dependentes e até o limite de setenta por cento do teto remuneratório atribuído aos servidores,[119] ao condicionar ao número de dependentes a percepção pelo pensionista do valor integral dos vencimentos ou proventos do servidor público falecido, em face do art. 40, § 2.º, CRFB;[120] ao facultar ao servidor público que não tiver cônjuge, companheiro ou dependente, legar a pensão por morte a beneficiários de sua indicação, respeitadas as condições e a faixa etária previstas em lei para a concessão do benefício a dependentes, representando para o Estado ônus incompatível com a finalidade básica do sistema de seguridade social definido pela Constituição, que é a de amparar financeiramente as pessoas cujo nível de vida será presumivelmente afetado com a morte do segurado.

## X. Regras e princípios sobre servidores militares

O fato de a Constituição Federal não atribuir expressamente aos servidores públicos militares garantia de remuneração não inferior ao salário mínimo – ao contrário do que ocorre em relação aos civis (art. 39, § 3.º) – não impede que o Estado-membro o faça.[121] As vedações ao constituinte decorrente nesse campo vão surgir muito mais de forma implícita: a exigência, pelo constituinte decorrente, de concurso público para investidura na carreira da polícia militar invade a competência da União para dispor sobre normas gerais de organização, efetivos, material bélico, garantias, convocação e mobilização das polícias militares e corpos de bombeiros militares (art. 22, XXI),[122] tanto quanto a norma que permite a

---

[119] BRASIL. Supremo Tribunal Federal. Pleno. ADInMC n. 702-CE. Rel. Min. Néri da Silveira. *DJ* 1 de 7/5/1993, p. 8.327; Limitando o valor a 70% da remuneração que servia de base à contribuição previdenciária: ADInMC n. 1.543-MS. Rel. Min. Marco Aurélio. *DJ* 1 de 9/5/1997, p. 18.127; Remetendo à lei previdência o estabelecimento de limite e determinando o rateio do valor da pensão entre depedentes, extinguindo-se a cota individual com a perda da qualidade de pensionista: ADInMC n. x-RS. Rel. Min. Marco Aurélio. *DJ* 1 de 12/11/1997, p. 58.229.

[120] BRASIL. Supremo Tribunal Federal. Pleno. ADInMC n. 1.137-RS. Rel. Min. Ilmar Galvão. *RTJ* v. 158, t. 2, p. 479.

[121] BRASIL. Supremo Tribunal. 2.ª Turma. RE (AgRg) n. 197.083-RS. Rel. Min. Maurício Corrêa. *ISTF* 30.

[122] BRASIL. Supremo Tribunal Federal. Pleno. ADInMC n. 317-SC. Rel. Min. Célio Borja. *RTJ* v. 133, t. 2, p. 546.

acumulação de proventos de reserva remunerada de policial militar com os vencimentos de cargo público civil permanente, alheio ao magistério[123] ou que estabelece escala de serviço da corporação.[124] Dispositivo que define remuneração especial de trabalho que exceda 40 horas semanais e trabalho noturno aos servidores da polícia civil e aos servidores militares do Estado[125] ou que concede uma série de vantagens aos servidores públicos militares com o estabelecimento de regras para promoção e transferência para a reserva usurpam competência do Chefe do Executivo.[126]

## XI. Regime orçamentário-financeiro

Não pode o constituinte estadual vincular, a título de dotação orçamentária, parte da receita arrecadada pelo Estado, em percentuais fixos, a determinados ou aos três Poderes,[127] nem determinar percentual mínimo do orçamento para gastos com programas de assistência integral a crianças e adolescentes,[128] ou que vincule fração da receita de impostos para produção de alimentos básicos,[129] embora não tenha reconhecido essa violação na obrigatoriedade de aplicação na área de educação de percentual de imposto superior ao mínimo definido na Constituição Federal, ainda que o possa fazer em relação ao

---

[123] BRASIL. Supremo Tribunal Federal. Pleno. ADInMC n. 1.541-MS. Rel. Min. Octavio Gallotti. *DJ* 1 de 25/4/1997, p. 15.198. Todavia não se vislumbra o mesmo vício de a norma guardar simetria com o padrão federal: ADInMC n. 1.542-MS. Rel. Min. Franscico Rezek. *DJ* 1 de 19/12/1997, p. 41.

[124] BRASIL. Supremo Tribunal Federal. Pleno. ADInMC n. 1.359-DF. Rel. Min. Marco Aurélio. *DJ* 1 de 26/4/1996, p. 13.112.

[125] BRASIL. Supremo Tribunal Federal. Pleno. ADInMC n. 766-RS. Rel. Min. Sepúlveda Pertenceo. *RTJ* v. 157, t. 2, p. 460; mérito: *DJ* 1 de 11/12/1998, p. 1.

[126] BRASIL. Supremo Tribunal Federal. Pleno. ADInMC n. 749-CE. Rel. Min. Marco Aurélio. *DJ* 1 de 11/9/1992, p. 14.713.

[127] BRASIL. Supremo Tribunal Federal. Pleno. ADInMC n. 463-BA. Rel. Min. Marco Aurélio. *RTJ* v. 137, t. 2, p. 559; ADInMC n. 468-PR. Rel. Min. Carlos Velloso. *RTJ* v. 147, t. 3, p. 889; ADInMC n. 659-GO. Rel. Min. Carlos Velloso. *RTJ* v. 142, t. 3, p. 715.

[128] BRASIL. Supremo Tribunal Federal. Pleno. ADInMC n. 1.689-PE. Rel. Min. Sydney Sanches. *DJ* 1 de 28/11/1997, p. 62.217.

[129] BRASIL. Supremo Tribunal Federal. Pleno. ADInMC n. 1.374-MA. Rel. Min. Carlos Velloso. *DJ* 1 de 1/3/1996, p. 5.009.

próprio Estado-membro.[130] Admitiu-se a previsão pelo constituinte estadual da criação de um fundo de apoio à ciência e à pesquisa tecnológica, sendo-lhe destinada uma parcela da receita anual, nunca inferior a um certo percentual da arrecadação tributária do Estado.[131] Assim também, não se vislumbrou indicação de preceito expresso na Constituição Federal que obrigasse a observância dessa regra, não se deferindo a suspensão liminar da eficácia de norma estadual que impunha ao Estado a destinação anual de pelo menos 2,5 % de sua receita orçamentária no fomento de projetos de desenvolvimento científico e tecnológico, bem como de no mínimo 2 % da receita de imposto estadual para programas de financiamento do setor produtivo e de infra-estrutura de certos Municípios.[132]

A norma estadual, inclusive de natureza constitucional, não pode instituir forma de execução contra a Fazenda Estadual que extrapole o modelo constitucional (art. 100, *caput*, e parágrafos), por exemplo, ao criar a obrigatoriedade ao Estado do depósito em caderneta de poupança dos valores determinados em condenação judicial;[133] nada impedindo que preveja para os créditos alimentares o pagamento de uma só vez, devidamente atualizados, até a data de efetivo pagamento[134] ou que submeta essas obrigações ao sistema de precatórios.[135] Comete violação ao desenho federal norma que institui uma preferência absoluta em favor do pagamento de determinadas condenações judiciais, por exemplo, determinando que toda importância recebida, pelo Estado, da União, a título de indenização ou pagamento do débito fique retida à disposição do Judiciário,

---

[130] BRASIL. Supremo Tribunal Federal. Pleno. ADInMC n. 282-MT. Rel. Sydney Sanches. *RTJ* v. 161, t. 2, p. 384-402. Contra: ADInMC n. 780-RJ. Rel. Min. Carlos Velloso. *RTJ* v. 152, t. 1, p. 65-71.

[131] BRASIL. Supremo Tribunal Federal. Pleno. ADInMC n. 336-SE. Rel. Francisco Rezek. *RTJ* v. 137, t. 1, p. 46; ADInMC n. 550-MT. Rel. Min. Ilmar Galvão. *RTJ* v. 140, t. 3, p. 761; ADInMC n. 1.750-DF. Rel. Min. Nelson Jobim. *DJ* 1 de 2/2/1995, p. 22.

[132] BRASIL. Supremo Tribunal Federal. Pleno. ADInMC n. 422-ES. Rel. Min. Célio Borja. *RTJ* v. 135, t. 3, p. 929.

[133] BRASIL. Supremo Tribunal Federal. Pleno. ADInMC n. 439-RO. Rel. Min. Carlos Velloso. *RTJ* v. 136, t. 2, p. 501.

[134] BRASIL. Supremo Tribunal Federal. Pleno. ADInMC n. 446-SP. Rel. Min. Paulo Brossard. *DJ* 1 de 1/7/1994, p. 17.480.

[135] BRASIL. Supremo Tribunal Federal. Pleno. ADInMC n. 571-DF. Rel. Min. Marco Aurélio. *RTJ* v. 144, t. 3, p. 732; ADInMC n. 672-DF. Rel. Min. Marco Aurélio. *DJ* 1 de 18/9/1992, p. 15.408.

para pagamento, a terceiros, de condenações judiciais decorrentes da mesma origem da indenização ou pagamento,[136] que garanta a satisfação total do débito apenas quando dentro de certa faixa quantitativa[137] ou que conceda ao Poder Executivo certo grau de discricionariedade, não autorizado pelo constituinte no artigo 33 do ADCT, que destina com exclusividade ao pagamento de precatórios pendentes de liquidação na data da promulgação da Constituição, com exclusão do limite global de endividamento do Estado, os recursos obtidos com a emissão de títulos públicos.[138]

## XII. Definição da competência do próprio Estado de interpretação estrita e obediente a procedimentos ou formas estipuladas

A competência tributária dos Estados se restringe aos tributos previstos na Constituição Federal (arts. 145, I a III, 149, parágrafo único, e 155); assim como todas as competências deferidas aos Estados devem seguir estritamente aos comandos constitucionais. Foi considerada inconstitucional, portanto, norma de Constituição Estadual que previa para criação de regiões metropolitanas e aglomerações urbanas, consulta prévia, mediante plebiscito, às populações diretamente interessadas[139] ou aprovação das câmaras municipais envolvidas,[140] porque essas exigências não constavam do texto constitucional federal (art. 25, § 3.º). Assim também, não pode o constituinte estadual prever fonte de direito diversa da prevista na Constituição Federal, para disciplinar matéria atinente à organização e competências estaduais. Por essa razão, suspendeu-se norma estadual que exigia lei complementar para disciplinar o estatuto da polícia civil, tendo em vista que a Constituição Federal exige apenas lei

---

[136] BRASIL. Supremo Tribunal Federal. Pleno. ADInMC n. 584-PR. Rel. Min. Celso de Mello. *RTJ* v. 141, t. 1, p. 60.

[137] BRASIL. Supremo Tribunal Federal. Pleno. ADInMC n. 1.098-SP. Rel. Min. Maurício Corrêa. *RTJ* v. 161, t. 3, p. 796.

[138] BRASIL. Supremo Tribunal Federal. Pleno. ADInMC n. 1.598-PE. Rel. Min. Maurício Corrêa. *DJ* 1 de 20/6/1997, p. 28.469.

[139] BRASIL. Supremo Tribunal Federal. Pleno. ADInMC n. 796-ES. Rel. Min. Néri da Silveira. *RTJ* v. 145, t. 3, p. 778.

[140] BRASIL. Supremo Tribunal Federal. Pleno. ADInMC n. 1.841-RJ. Rel. Min. Marco Aurélio. *DJ* 1 de 28/8/1998, p. 2.

ordinária para a organização dos órgãos responsáveis pela segurança pública (art. 144, § 7.º).[141]

## XIII. Órgãos municipais

O constituinte estadual não pode fugir do padrão federal que pré-ordena o conteúdo das normas de organização dos Municípios: a) do Poder Executivo: não se reconhece a ilegitimidade constitucional de norma inscrita na Carta Política Estadual que disponha que, nos crimes de responsabilidade, o prefeito municipal seja processado e julgado pela Câmara Municipal;[142] b) Poder Legislativo: não pode o constituinte decorrente estender a vereador imunidades processuais e penais asseguradas aos membros do Congresso Nacional e aos Deputados Estaduais, em face da competência privativa da União para legislar sobre Direito Penal e Direito Processual;[143] a Constituição Federal condiciona o exercício simultâneo do mandato de Vereador e das funções de agente público à compatibilidade de horários, que, não ocorrendo, impõe o seu afastamento do cargo, emprego ou função, sendo-lhe facultado optar pela remuneração. Desse modo, não pode a Carta Estadual restringir o exercício funcional ao domicílio eleitoral, tampouco estender ao suplente de vereador tais limitações, por não ser titular do mandato eletivo.[144]

O tema ainda será abordado adiante, quando tratarmos de repartição de competências federativas.

### § 3. Projeção das limitações ao poder constituinte decorrente

A força das limitações ao poder constituinte decorrente pode-se projetar em diferentes sentidos: exigindo veiculação pelo texto constitucional dos Estados, facultando essa veiculação ou, simplesmen-

---

[141] BRASIL. Supremo Tribunal Federal. Pleno. ADInMC n. 2.314-RJ. Rel. Min. Moreira Alves. *ISTF* 225.

[142] BRASIL. Supremo Tribunal Federal. Pleno. ADIn n. 687-PA. Rel. Min. Celso de Mello. *DJ* 1 de 13/2/1995, p. 2.165.

[143] BRASIL. Supremo Tribunal Federal. Pleno. ADInMC n. 371-SE. Rel. Maurício Corrêa. *RTJ* v. 143, t. 3, p. 716; ADInMC n. 685-PA. Rel. Min. Francisco Rezek. *RTJ* v. 142, t. 1, p. 79.

[144] BRASIL. Supremo Tribunal Federal. Pleno. ADIn n. 199-PE. Rel. Min. Maurício Corrêa. *DJ* 1 de 7/8/1998, p. 19.

te, proibindo-a. A doutrina costuma distinguir, a esse propósito, as normas de reprodução das normas de imitação.[145] As primeiras exigem o transporte obrigatório e em idêntico teor da Constituição Federal para as Constituições estaduais. Essa obrigatoriedade pode ser expressa e implícita ou decorrente, por exemplo, a organização dos Poderes e do Ministério Público, o sistema presidencialista e o regime democrático. As chamadas normas de imitação fazem o transporte de normas constitucionais federais de natureza não compulsória. Seguem-se ainda as "normas autônomas" que são o produto do espaço residual deixado ao constituinte estadual inovadoramente. O Supremo Tribunal tem reconhecido dentro desse espaço, por exemplo, a disciplina sobre a eleição de Mesa Diretora das Casas Legislativas (art. 57, § 4.º).[146] Ao lado dessas, existem as "normas de reprodução proibida". São limitações mais graves, pois impedem o próprio transporte da norma constitucional federal para as Constituições estaduais. De acordo com o Supremo Tribunal, seria o caso da imunidade do Chefe de Estado à persecução penal, prevista no artigo 86, § 4.º:

> "[Essa imunidade] deriva de cláusula constitucional exorbitante do direito comum e, por traduzir conseqüência derrogatória do postulado republicano, só pode ser outorgada pela própria Constituição Federal."[147]

Uma questão importante dentro dessa classificação se impõe, por exemplo, quando o poder reformador central altera uma norma de reprodução compulsória. Qual será o efeito dessa mudança sobre o texto estadual? O Ministro *Sepúlveda Pertence* não teve dúvida: a revogação ou modificação, pelo constituinte central, afetaria por si só, imediatamente, a validade e a vigência do preceito

---

[145] HORTA. *A Autonomia...*, p. 192 et seq.; *Direito Constitucional*, p. 71.

[146] BRASIL. Supremo Tribunal Federal. Pleno. ADInMC n. 792-RJ. Rel. Min. Moreira Alves. *DJ* de 9/6/1997; ADInMC n. 793-RO. Rel. Min. Carlos Velloso. *RTJ* v. 153, t. 1, p. 153, p. 105-108; ADInMC n. 1.528-AP. Rel. Min. Octavio Gallotti. *DJ* 1 de 5/12/1996, p. 48.372.

[147] BRASIL. Supremo Tribunal Federal. Pleno. ADIn n. 978-PB. Rel. Min. Celso de Mello. *RTJ* v. 162, t. 2, p. 462-482. O Ministro Ilmar Galvão discordou da tese: tratar-se-ia de providência assentada no princípio da simetria, tendo por objetivo assegurar a independência e harmonia dos Poderes, além da autonomia das unidades federadas (p. 474).

local de reprodução.[148] Nem sempre, no entanto, as coisas se darão dessa forma. O Ministro *Moreira Alves*, acertamente, registrara que se uma emenda constitucional revogar um princípio contido na Constituição Federal, "nem por isso apenas, e automaticamente, o texto constitucional estadual que o reproduziu deixa de vigorar, permanecendo, as mais das vezes, como princípio constitucional estadual".[149] A nova norma pode não mais exigir reprodução compulsória, reclassificando a norma reproduzida para simples "norma estadual" ou "norma autônoma", ficando ilesa a sua validade.

# SEÇÃO III
# A REPARTIÇÃO DE COMPETÊNCIAS FEDERATIVAS SEGUNDO A JURISPRUDÊNCIA CONSTITUCIONAL

A repartição de competência entre as unidades federativas é a chave para o êxito ou derrocada de uma determinada federação.[150] O Direito Constitucional comparado nos revela uma série de possibilidades de configuração dessa repartição funcional, seguindo as técnicas (1) de atribuição exclusiva de competências: a) matérias cuja legislação e execução pertencem com exclusividade à União; b) matérias cuja legislação e execução pertencem exclusivamente aos Estados-membros; c) matérias cuja legislação é deferida à União e a execução aos Estados-membros; d) matérias cuja legislação pertence aos Estados-membros e a execução à União; e (2) de concorrência, segundo as seguintes alternativas: a) os Estados-membros só podem legislar

---

[148] BRASIL. Supremo Tribunal Federal. Pleno. Rcl. n. 383-SP. Rel. Min. Moreira Alves. *RTJ* v. 147, t. 2, p. 404-507, 484-485.

[149] BRASIL. Supremo Tribunal Federal. Pleno. Rcl. n. 383-SP. Rel. Min. Moreira Alves. *RTJ* v. 147, t. 2, p. 404-507, 485.

[150] LOEWENSTEIN. *Teoría de la Constitución*, p. 356; NEUMAN. *European and Comparative Government*, p. 650; AUBERT. *Traité de Droit Constitutionnel Suisse*, I, p. 229; BARACHO. *Teoria Geral do Federalismo*, p. 24; SILVA. *Curso de Direito Constitucional Positivo*, p. 417; HORTA. *A Autonomia do Estado-membro no Direito Constitucional Brasileiro*, p. 49; *Direito Constitucional*, p. 319, 352, 468.

diante da inércia da União; b) as matérias são deixadas em princípio para os Estados-membros, abrindo-se a possibilidade de a União legislar quando for necessária uma regulamentação unitária e c) matérias cuja legislação básica pertence à União, deixando-se aos Estados-membros a competência suplementar.[151] Do ponto de vista formal e desde a experiência inaugural dos Estados Unidos, os sistemas constitucionais passaram a adotar a técnica dos poderes enumerados para uma entidade, deixando às demais todo o remanescente. Daí se diferenciarem aquelas competências, ditas "enumeradas", "enunciadas", "expressas", "elencadas", destas, chamadas de "reservadas", "residuais", "remanescentes".[152] O mais usual é atribuir competências de forma enumerada à União, deixando para os Estados-membros as competências residuais, como o fazem a Alemanha, a Argentina, a Austrália,[153] o Brasil, os Estados Unidos, o México e a Suíça. O inverso se dá na África do Sul (art. 85),[154] no Canadá (art. 91),[155] na Índia (art. 246-1)[156] e na Nigéria.[157, 158] Esse esquema de repartição ainda atende a uma atribuição de exclusividade (*exclusive power, ausschliessliche Gesetzgebungskompetenz*) ou de compartilhamento ou concorrência (*concurrent*

---

[151] GARCÍA-PELAYO. *Derecho Constitucional Comparado*, p. 234-235.

[152] Há uma distinção sutil entre residual e remanescente apresentada por José Afonso da Silva: remanescete é o que sobraria a uma entidade após a enumeração da competência de outra, o que for reservado constitucionalmente de forma negativa (art. 25, § 1.º) e residual seria o "eventual resíduo que reste após enumerar a competência de todas as entidades" (art. 154, I); *Curso de Direito Constitucional Positivo*, p. 420.

[153] GALLIGAN. *Australian Federalism*, p. 15 et seq.

[154] JOHNSTON; SHEZI; BRADSHAW. *Constitution-Making in the New South Africa*, p. 105.

[155] BURGESS. *Canadian Federalism*: Past, Present, and Future, p. 15 et seq.

[156] AIYAR. *Essays on Indian Federalism*, p. 19 et seq.

[157] ELAIGWU. *Federalism*: The Nigerian Experience, p. 10 et seq.

[158] Tem-se falado de uma terceira técnica de enumeração exaustiva de competências das entidades federativas, citando-se a Índia como exemplo. SILVA. *Curso de Direito Constitucional Positivo*, p. 418. É preciso relativizar toda tentativa de listagem total das competências. Primeiro, porque seria uma tarefa hercúlea do constituinte; depois, porque isso se opera para evitar confusões entre as atribuições de cada entidade federativa, deixando sempre uma "válvula de escape" para competências residuais. É assim porque o Anexo VII (art. 246-1) da Constituição indiana termina seu extenso rol de competências da União, incluindo "any other matter not enumerated in List II [competência estadual enumerada] or List III [competência comum ou concorrente] including any tax not mentioned in either of those Lists".

*power, konkurriende Kompetenz*), conforme se racionalizou todo o esquema a partir da Constituição austríaca de 1920.[159]

Os tribunais da jurisdição constitucional, atuando como "árbitro da federação" e como guardião constitucional, inclusive sobre leis e constituições dos Estados, terminam desempenhando um papel decisivo no esquema dessa repartição de competências e, ao fim, sobre o perfil da Federação.

A Suprema Corte dos Estados Unidos serve, indiscutivelmente, de referência, no âmbito da jurisprudência constitucional, para se examinar como, de forma concreta, o Judiciário passou a exercer influência significativa na real configuração do Estado Federal. Assim também, a Corte Constitucional Federal alemã e a Corte de Justiça da Comunidade Européia têm fornecido importantes contribuições à análise comparada, impondo situar nesse quadrante o trabalho jurisprudencial do Supremo Tribunal Federal. O presente estudo começará com a teoria dos poderes implícitos (1) e, a seguir, ocupar-se-á da delimitação de algumas competências específicas (2).[160]

## § 1. Teoria dos poderes federais implícitos

O desenvolvimento da doutrina dos "poderes resultantes ou implícitos" (*resulting or implied powers*), pela Suprema Corte norte-americana, na interpretação que deu ao artigo I, seção 8.ª, da Cons-

---

[159] VERDÚ. *Curso de Derecho Político*, II, 275 et seq.; BARACHO. *Teoria Geral do Federalismo*, p. 15 et seq.; HORTA. *Direito Constitucional*, p. 303 et seq.; SHAFRUDDING; IFTIKHAR. *Between Centre and State*: Federalism in Perspective, p. 5 et seq.

[160] O tema poderia ser reproduzido em relação a outras formas de Estado, revelando o papel transformador dos tribunais da jurisdição constitucional, como na França (ROUSSEAU. *Droit du Contentieux Constitutionnel*, p. 205 et seq.; TURPIN. *Contentieux Constitutionnel*, p. 385 et seq.; KNAUB. *Le Conseil Constitutionnel et la Régulation des Rapports entre les Organes de l'État*, p. 1149 et seq.) e na Itália (ZAGREBELSKY. *La Giustizia Costituzionale*, p. 337 et seq.); e, no âmbito do federalismo, também no pertinente a outros sistemas constitucionais; cfr. em relação ao Canadá: GELY. *La Cour Suprême du Canada*: Arbitre Confirmé de l'Évolution du Fédéralism, p. 1645 et seq.; SWINTON. *The Supreme Court and Canadian Federalism*, p. 15 et seq.; sobre a Rússia: GAZIER. *Justice Constitutionnelle et Fédéralisme en Russie*, p. 1359 et seq.; na Suíça: SCMITT. *Federalism*: The Swiss Experience, p. 20 et seq.; na Índia: CHANDRASEKHAR. *Indian Federalism and Autonomy*, p. 50. Uma perspectiva comparada pode ser conferida em TUSHNET. *Comparative Constitutional Federalism*: Europe and America, p. 16 et seq. Sobre a influência da "justiça constitucional" na repartição de competência e poderes territoriais: FROMONT. *La Justice Constitutionnelle dans le Monde*, p. 110 et seq.

tituição daquele País, contribuiu decisivamente para que a União, dotada de poderes reduzidos pela dicção literal daquele artigo, fortalecesse os seus poderes em detrimento das competências reservadas aos Estados-membros. Lê-se naquele dispositivo que o Congresso detém competência "para fazer todas as leis que sejam necessárias e próprias à execução das faculdades [legislativas] precedentes, e todas as outras que a presente Constituição investiu o governo dos Estados Unidos, ou qualquer departamento ou funcionário seu". Assim, já em 1819, em *MacCulloch v. Maryland*,[161] a Corte, sob a voz de *Marshall*, decidiu que, mesmo não havendo menção expressa à possibilidade de o Governo Federal criar um banco, o Congresso poderia criar o Banco dos Estados Unidos, como resultado ou derivação implícita da competência para cunhar moeda e determinar o valor da moeda nacional e estrangeira, que lhe assegurava o artigo I, § 8.º, 5, pois essa medida se mostrava "necessária" e "apropriada" para a realização das competências enumeradas:

> "Sendo o fim legítimo, estando dentro do escopo da Constituição, todos os meios que sejam apropriados, que se adaptem claramente ao objeto, que não estejam proibidos, mas que estejam de acordo com a letra e o espírito da Constituição são constitucionais."[162]

O *Chief Justice* repetia as palavras de *Madison*:

> "Nenhum axioma é mais claramente reconhecido pelo Direito, ou pela razão, do que aquele que diz que sempre que o fim for requisitado, os meios são autorizados; sempre que um poder geral para fazer algo for atribuído, todo poder particular necessário para o seu exercício estará incluído."[163]

Nesse passo, várias competências foram reconhecidas ao Congresso, por "serem resultantes de" ou "implícitas" aos poderes na-

---

[161] ESTADOS UNIDOS. Suprema Corte. 17 U.S. (4 Wheat.) 316 (1819).

[162] ESTADOS UNIDOS. Suprema Corte. 17 U.S. (4 Wheat.) 316, 421 (1819).

[163] MADISON. *The Federalist Papers n. 44*, p. 285. A posição de Marshall se fazia também em favor do então Secretário do Tesouro, Hamilton, no seu debate com *Thomas Jefferson*, Secretário de Estado. "Necessary means [may not be] those means without which the grant of power would be nugatory": JEFFERSON. *Opinion on the Constitutionality of the Bank*, p. 205; GUNTHER. *Constitutional Law*, p. 101.

cionais em seu conjunto e à "natureza da sociedade política". Assim, seria o poder para autorizar a construção de um monumento nacional.[164] Outras tantas, como a condução dos negócios externos, foram consideradas "inerentemente inseparáveis da concepção de nacionalidade".[165]

A doutrina, dentro e fora dos Estados Unidos, passou, desde então, a catalogar uma série de princípios ou métodos de revelação de competências federais implícitas, destacadamente o princípio da pressuposição ou da conexão material e o método das conseqüências (*Verfahren des Konsequenz*), segundo seus diversos desdobramentos: a interpretação extensiva e a aplicação analógica, a aplicação do argumento *a maiori ad minus* e o princípio teleológico e da adequação. A atribuição de uma competência, em regra, pressupõe outra competência implícita. Se se confere, por exemplo, ao Chefe do Executivo a competência para a nomeação e destituição de funcionários públicos pressupõe-se o seu poder sobre o estabelecimento e manutenção de um corpo burocrático.[166] A analogia e a interpretação extensiva também auxiliam no trabalho de descoberta de tais competências, segundo um juízo de semelhança da *ratio* que inspirou o deferimento expresso de outra competência.[167] Assim também, se a Federação detém poderes para concluir tratados internacionais, há de lhe ser reconhecido, como um poder menor, o estabelecimento das relações internacionais e a condução dos negócios exteriores.[168] O exame da finalidade ou escopo da competência serve para demonstrar uma grande variedade de poderes tácitos, sobretudo pelo caminho que vai do fim ao meio de realizá-lo. Se a Constituição confere uma competência expressa à União, pode-se dela extrair as competências que se revelem necessárias para atingir os fins perseguidos pela norma constitucional, foi esse o método de *Marshall* na decisão em *McCulloch* v. *Maryland*. Esses

---

[164] TRIBE. *American Constitucional Law*, p. 305; Cf. DOERNBERG; WINGATE. *Federal Courts, Federalism, and Separation of Powers*: Cases and Materials, p. 10 et seq. FISHER. *American Constitutional Law*: Constitutional Structures, Separated Powers and Federalism, p. 160 et seq.

[165] ESTADOS UNIDOS. Suprema Corte. *United States* v. *Curtiss-Wright Export Co.*, 299 U.S. 304 (1936).

[166] TRIEPEL. *Die Kompetenz des Bundesstaats und die geschriebene Verfassung*, p. 286 et seq.

[167] Ibidem, p. 288.

[168] VERDÚ. *Curso de Derecho Politico*, II, p. 370.

métodos se aplicam de forma cruzada entre as competências legislativas e materiais. Assim, das competências legislativas federais expressas se extraem competências materiais tácitas e de competências administrativas enumeradas, deduzem-se atribuições legislativas implícitas.[169]

A Corte Constitucional Federal alemã seguiu as linhas da jurisprudência norte-americana e a elaboração doutrinária, reconhecendo a existência de competências implícitas da Federação, derivadas da conexão material com outra competência (*Kraft Sachzusammenhangs*) e decorrentes da natureza das coisas (*Kraft Natur der Sache*). A repartição de competência legislativa na Alemanha se faz de maneira exclusiva para a Federação (art. 73) e concorrente (art. 74). Nesse âmbito, a Federação legisla somente se houver necessidade de homogeneidade da disciplina em todo o Estado, de "produção de condições de vida equivalentes no território federal ou a conservação da unidade jurídica ou econômica" (art. 72.1), adotando "prescrições-quadro" (art. 75).[170] A conexão material é identificada quando não se puder regular uma certa matéria expressamente deferida à Federação sem deixar de disciplinar outra matéria, todavia, que não lhe tenha sido textualmente conferida.[171] Por meio desse fundamento, deduz-se da competência federal de representar a sua própria imagem nacional no exterior a faculdade de construir ou fazer essa imagem, valendo-se, por exemplo, de transmissões de uma cadeia de rádio;[172] em caráter excepcional tem-se reconhecido competência administrativa federal não enumerada na hipótese de a finalidade da lei ser frustrada se for executada por um *Land*.[173] Um desdobramento dessa doutrina, geralmente chamado de "competência anexa" (*Annex-Kompetenzen*), é também usado na hipótese de uma determinada função estar tão intimamente ligada a uma competência conferida à União que se torne desarrazoado separá-las.[174] Assim, a atribuição de compe-

---

[169] VERDÚ. *Curso de Derecho Politico*, II, p. 371. Também é esse o entendimento da Suprema Corte norte-americana: *In re Garnett*, 141 U.S. 1, 12 (1891).

[170] HESSE. *Elementos de Direito Constitucional da República Federal da Alemanha*, p. 194.

[171] ALEMANHA. Corte Constitucional Federal. *BVerfGE* 3, 407 (421); 26, 246 (257).

[172] VOGEL. *El Régimen Federal de la Ley Fundamental*, p. 644.

[173] ALEMANHA. Corte Constitucional Federal. *BVerfGE* 11, 6 (17); 22, 180 (217).

[174] ALEMANHA. Corte Constitucional Federal. *BVerfGE* 8, 143 (149); 143 (149).

tência em matéria de ferrovias federais alcança a função de polícia ferroviária. Por fim, há ainda as competências implícitas extraídas da natureza das coisas: certos assuntos, por sua própria natureza, acham-se inseridos no âmbito de competências da União;[175] é o caso do planejamento do território para todo o Estado.[176]

Semelhantemente, também aqui o Supremo Tribunal Federal, no silêncio da Constituição de 1891, decidiu que a expulsão de estrangeiro era de competência da União, por se tratar de uma competência inerente ou implícita às suas competências. A tendência centralista que se seguiu no Brasil, desde 1934, não foi apenas por inspiração do legislador constituinte. O próprio Supremo Tribunal Federal teve parcela considerável de influência e isso reconheceu expressamente o Ministro *Paulo Brossard*:

> "A nossa jurisprudência, em matéria constitucional, tem sido extremamente severa em relação a qualquer inovação, a qualquer coisa que não seja cópia do que está escrito na Constituição Federal (...) [A] impressão digital do Marquês de Pombal, ainda hoje, marca a administração do Brasil."[177]

Essa impressão apareceu, por exemplo, na decisão do Supremo, contrária à possibilidade de as Constituições estaduais assegurarem eleições para os cargos de direção das escolas públicas, a pretexto de dar aplicação à diretriz de gestão democrática prevista no artigo 206, VI. Convicto de que a Federação exigia uma certa uniformidade de procedimento, o Ministro *Moreira Alves* anotou: o artigo 206 alude à Lei Federal e não a uma Constituição de Estado, "senão vamos ter gestões democráticas diferenciadas quando, na realidade, o que há aqui é um princípio geral aplicável a todo o ensino nacional".[178] No voto vencido, no entanto, o Ministro *Marco Aurélio* assinalou a necessidade de:

---

[175] ALEMANHA. Corte Constitucional Federal. *BVerfGE* 11, 89 (98); 26, 246 (257).

[176] ALEMANHA. Corte Constitucional Federal. *BVerfGE* 3, 407 (421).

[177] BRASIL. Supremo Tribunal Federal. Pleno. Rcl. n. 383-SP. Rel. Min. Moreira Alves. *RTJ* v. 147, t. 2, p. 404-507, 497, 498. Perspectiva, todavia, histórica do federalismo brasileiro, como bem percebera ORLANDO SOARES. *A Vocação do Estado Unitário no Brasil*, p. 115 et seq.

[178] BRASIL. Supremo Tribunal Federal. Pleno. ADIn n. 123-SC. Rel. Min. Carlos Velloso. *RTJ* v. 163, t. 2, p. 439-449, 448-449.

"(...) conferir-se algum sentido à Federação, caminhando-se para a flexibilidade, de modo a reconhecer aos Estados federados certa independência normativa(...). A Constituição de Minas Gerais homenageia o princípio federativo e, mais do que isso, a regra inserta no artigo 206, inciso VI, da Carta Federal."[179]

Os grandes obstáculos que se impõem a essa doutrina estão, em primeiro lugar, na reserva de competência que se faz em favor dos Estados. Nos Estados Unidos, a posição firmada pela Suprema Corte, em 1819, foi duramente criticada por enfraquecer os poderes dos Estados. O próprio *Madison* que inspirara *Marshall* reagira à doutrina exposta em *McCulloch*:

"(...) aqueles que se lembrarem, e ainda mais, aqueles que acompanharam o que se passou nas convenções estaduais, em que se ratificou a Constituição, relativamente à extensão dos poderes conferidos ao Congresso, não podem facilmente ser persuadidos de que a afirmação de uma tal [interpretação] não tivesse impedido a sua ratificação."[180]

Acusava-se ainda o *Chief Justice* de ter distorcido o texto da Constituição por motivação política; de ter contrariado a concepção, exposta em *Marbury*, da Constituição como um instrumento de limitação de poderes,[181] ao ver em sua letra nada mais do que princípios, como se fosse uma espécie de "cheque em branco assinado" para as futuras gerações.[182] Essas críticas terminaram por repercutir na própria jurisprudência do Tribunal quase cem anos depois:

"(...) ao interpretar a Constituição, não se pode nunca esquecer que a Nação é composta de Estados aos quais são confiados os poderes

---

[179] BRASIL. Supremo Tribunal Federal. Pleno. ADIn n. 123-SC. Rel. Min. Carlos Velloso. *RTJ* v. 163, t. 2, p. 439-449, 447.

[180] Citado em FARRAND. *The Records of the Federal Convention of 1787*, III, p. 435.

[181] YOO. *McCulloch v. Maryland*, p. 244-245. O *Chief Justice* teria rebatido essas críticas usando um pseudônimo. Cf. GRABER. *Unnecessary and Unintelligible*, p. 45 et seq.

[182] YOO. *McCulloch v. Maryland*, p. 245. Escrevera *Marshall*: "where the law is not prohibited, and is really calculated to effect any of the objects entrusted to the government, to undertake here to inquire into the degree of its necessity, would be to pass the line which circumscribes the judicial department, and to tread on legislative ground": *McCulloch v. Maryland*, 17 U.S. (4 Wheat.) 316, 423 (1819).

do governo local. E a eles e ao povo os poderes não expressamente delegados ao Governo Nacional são reservados."[183]

Uma segunda ordem de dificuldade pode ser localizada no entendimento de que ao Judiciário não cabe examinar os reais motivos que levam o legislador a adotar uma determinada lei, como defende aquela Suprema Corte e o nosso Supremo Tribunal Federal. Esse ponto, contudo, será examinado em outro ponto de nosso trabalho.

### § 2. Questões específicas relativas à repartição de competências

Impende examinar mais detidamente a interpretação que a Suprema Corte dos Estados (I), a Corte de Justiça da Comunidade Européia (II), a Corte Constitucional Federal alemã (III) e o Supremo Tribunal Federal (IV) dão à divisão de competência entre as unidades federativas.

### I. Repartição de competência entre União e Estados de acordo com a Suprema Corte dos Estados Unidos

A delimitação das competências entre Estados e União, no caso de comércio interestadual, é atribuição exclusiva do Congresso, de modo que a atuação do Estado só se mostrará legítima se ocupar apenas área que lhe for deixada pelo Legislativo federal. Fala-se, assim, em uma "preferência" da competência federal, identificada pela Suprema Corte em três diferentes categorias: a "preferência expressa", quando a atuação do Estado é expressamente afastada de certas áreas; a "preferência implícita", quando esse afastamento decorre de lei federal, embora não venha nela expressamente declarada; e a "preferência em caso de conflito" (*conflict preemption*), na hipótese de o Congresso não ter excluído a competência dos Estados, mas vir uma lei estadual a contradizer diretamente uma lei federal, seja em seu sentido literal, seja em sua teleologia.[184] Essa prevalência da lei federal também se aplica às

---

[183] ESTADOS UNIDOS. Suprema Corte. *Hammer* v. *Dagenhart*, 247 U.S. 251, 275 (1918).

[184] ESTADOS UNIDOS. Suprema Corte. *Nash* v. *Florida Industrial Commission*, 389 U.S. 235 (1967); *City of Burbank* v. *Lockheed Air Terminal Inc.*, 411 U.S. 624 (1973); *Jones* v. *Rath Packing Co.*, 430 U.S. 519 (1977); *Ray* v. *Atlantic Richfield Co*, 435 U.S. 151 (1978); *Hisquierdo* v. *Hisquierdo*, 439 U.S. 572 (1979); *Commonwealth Edison Co.* v. *Montana*, 435 U.S. 609 (1981); *Xerox Corp.* v. *County of Harris*, 459 U.S. 145 (1982); *Pacific Gas &*

normas editadas por agências federais, em face de delegação feita pelo Congresso[185] e se impõe mesmo no caso de a lei federal ser promulgada supervenientemente.[186] A existência de uma lei federal lacunosa ou que torne difícil a identificação do objetivo do legislador federal pode autorizar o entendimento de que o Congresso deixou aos Estados uma certa margem de competência suplementar.[187] Essa competência suplementar — ou mesmo a competência originária, *ex vi* Emenda X — pode também ser reconhecida em uma série de outras situações, em função da matéria que esteja sendo disciplinada e segundo a aplicação de critérios que a Corte vem desenvolvendo no decorrer do tempo. É preciso dizer que esses critérios foram elaborados na interpretação da cláusula de comércio, assim expressa: "O Congresso terá o poder de regular o comércio com as nações estrangeiras e entre os diversos Estados e com as tribos indígenas" (art. I, § 8.º, 3).

Podem ser identificadas três fases da jurisprudência da Corte em relação à demarcação de competência entre Estados e União, usando aquela cláusula como referência. Uma fase anterior ao ano de 1937, em que ativamente a Corte se detinha a examinar essa repartição de competência, embora não se pudesse anotar mais do que uma tendência favorável à ampliação da competência da União, em meio a decisões em sentido contrário que serviam de amparo a convenientes escapadas por parte da Corte; uma segunda fase, após aquele ano e até o início nos anos 90, em que, praticamente, ela renunciou a conferir proteção às competências constitucionais dos Estados, tendo sua formulação mais explícita em 1985 no caso *García* v. *San Antonio Metropolitan Transit Authority*,[188] e uma tercei-

---

*Electric Co.* v. *State Energy Resources Conservation & Development Comm'n*, 461 U.S. 190 (1983); *Southland Corp.* v. *Keating*, 465 U.S. 1 (1984); TRIBE. *American Constitutional Law*, p. 481, n. 14.

[185] ESTADOS UNIDOS. Suprema Corte. *McDermott* v. *Wisconsin*, 228 U.S. 115 (1913); *Farmers Union* v. *WDAY, Inc.*, 360 U.S. 525 (1959); *San Diego Building Trades Council* v. *Garmon*, 359 U.S. 236 (1959); *Teamsters Local 20* v. *Morton*, 377 U.S. 252 (1964); *Maryland* v. *Louisiana*, 451 U.S. 725 (1981); *Hills-borough County, Fla* v. *Automated Med. Labs*, 471 U.S. 707 (1985); *Golden State Transit Corp* v. *Los Angeles*, 106 S. Ct. 1395 (1986); *Wisconsin Dept. of Industry* v. *Gould Inc.*, 475 U.S. 282 (1986).

[186] ESTADOS UNIDOS. Suprema Corte. *Erie Railroad* v. *New York*, 233 U.S. 671 (1914); *Barnett Bank of Marion County* v. *Nelson, Florida Ins. Comm'r*, 517 U.S. 25 (1996).

[187] ESTADOS UNIDOS. Suprema Corte. *Pacific Gas & Electric Co.* v. *State Energy Resources Conservation & Development Comm'r*, 461 U.S. 190 (1983).

[188] ESTADOS UNIDOS. Suprema Corte. 469 U.S. 528 (1985).

ra fase, ainda que de contornos não muito precisos, iniciada nos anos 90, tendencialmente favorável à competência dos Estados. Na exposição que se segue, cuidaremos principalmente do enfoque metodológico da Corte, na elaboração dos múltiplos e recorrentes critérios de delimitação de competência, sem tanta atenção a essa perspectiva histórica – e política.

O *Chief Justice Marshall* foi quem primeiro tentou demarcar os campos de competência entre a União e os Estados, nesse domínio, tentando distinguir a regulamentação do comércio, de competência federal, do exercício do poder de polícia, próprio dos Estados.[189] Discutia-se se uma lei do Estado de Nova Iorque que concedia a dois exploradores o monopólio da navegação comercial, nas águas do Estado, poderia impedir que uma empresa fizesse o transporte de passageiros entre Nova Iorque e Nova Jersey. A Suprema Corte terminou por considerar inconstitucional referida lei por atentar contra a cláusula de comércio, já que não disciplinava o poder de polícia estadual, mas antes se expressava como atividade regulamentadora do comércio interestadual. Três conclusões se podem retirar dessa decisão: a) o conceito de comércio não se limitava apenas à compra, venda e troca de mercadorias, englobando também a sua "circulação e navegação"; b) o "comércio interestadual" abrangia as trocas e negócios entre os Estados, tanto quanto as operações realizadas no interior de um Estado apenas, mas que pudessem afetar outros Estados; e c) por poder regulamentar se devia entender a competência para prescrever as normas que deveriam reger o comércio, deferida de forma ampla pelo artigo I, § 8.º, 3, só encontrando limites no próprio texto da Constituição. Dessas três conclusões extraídas da decisão, segue-se uma outra, que só a análise retrospectiva poderia permitir: esse entendimento abria as portas para a prevalência do poder legislativo federal sobre o poder estadual. Do ponto de vista metodológico, todavia, as dificuldades na articulação do critério apresentado por *Marshall*, levou à elaboração de outra pauta de definição: os Estados detinham competência para regulamentar assuntos que dissessem respeito precipuamente ao interesse local, sem que pudessem interferir numa necessária regulamentação uniforme editada pela União.[190] Assim, mesmo que não houvesse conflito com alguma legislação federal: não seria de se admitir que

---

[189] ESTADOS UNIDOS. Suprema Corte. *Gibbons* v. *Ogden*, 22 U.S. (9 Wheat.) 1, 209 (1824).

[190] ESTADOS UNIDOS. Suprema Corte. *Cooley* v. *Board of Wardens of the Port of Philadelphia*, 53 U.S. (12 How.) 299 (1851).

um Estado criasse tarifas pelo uso de ferrovias estaduais no transporte de mercadorias oriundas de outros Estados ou que a outros Estados se destinassem, pois isso poderia ser prejudicial ao comércio em geral se outros Estados resolvessem adotar o mesmo caminho.[191] Esse critério, embora tenha sido substituído por outros, teve ocasionais aparições posteriormente. Em pelo menos cinco casos decididos nos anos 60, 70 e 80, a Corte reconheceu que a regulamentação de atividade interna ao Estado seria primordialmente uma questão local. Assim, em *Head* v. *New Mexico Board of Examiners in Optometry*,[192] sustentando que, a despeito de uma ampla regulamentação federal, o Estado do Novo México poderia criar barreiras à divulgação, através de estação de rádio situada dentro Estado, de todo tipo de publicidade; em *Linn* v. *United Plant Guard Workers Local 114*,[193] admitindo a jurisdição da Corte Estadual para conhecer de ações de difamação, decorrentes de excessos praticados durante uma campanha sindical, em nome de "um interesse estadual prevalecente" na proteção da honra e da dignidade de seus residentes; em *Farmer* v. *United Brotherhood of Carpenter and Joiners,*[194] afirmando que a Lei Nacional sobre as Relações de Trabalho não precluía o ajuizamento de uma ação, perante uma corte estadual, por "provocação intencional de distúrbios emocionais"; em *Arkansas Electric Cooperative Corp.,*[195] reconhecendo a competência estadual para limitar a tarifa cobrada, por uma cooperativa rural de eletricidade, de seus cooperados, mesmo havendo duas agências federais com poderes de fixação das tarifas de energia elétrica, por não localizar nas respectivas regulamentações qualquer exclusão expressa daquela competência local; e em *Louisiana Public Service Comm'n* v. *FCC*,[196] afastando-se a alegação de que a norma estadual sobre métodos de depreciação de equipamentos de telefonia aplicáveis dentro do Estado frustrava os objetivos do Congresso ao delegar à Comissão Federal de Comunicação poderes para regulamentá-los em relação aos equipamentos usados nas comunicações interestaduais.

---

[191] ESTADOS UNIDOS. Suprema Corte. *Wabash, St. Louis & Pacific Ry. Co.* v. *Illinois*, 118 U.S. 557 (1886).

[192] ESTADOS UNIDOS. Suprema Corte. 374 U.S. 424 (1963).

[193] ESTADOS UNIDOS. Suprema Corte. 383 U.S. 53 (1966).

[194] ESTADOS UNIDOS. Suprema Corte. 430 U.S. 290 (1977).

[195] ESTADOS UNIDOS. Suprema Corte. 461 U.S. 375 (1983).

[196] ESTADOS UNIDOS. Suprema Corte. 106 S. Ct. 1890 (1986).

Um terceiro critério veio a ser desenvolvido e aplicado antes de 1938, centrando seu enfoque sobre a análise do impacto provocado pela legislação estadual sobre o comércio interestadual; na hipótese de esse impacto ser indireto apenas, legítima seria a atuação do Estado. Reconheceu-se a legitimidade, assim, de lei local que exigia licença estadual para os maquinistas que atuassem dentro do Estado;[197] de limitação municipal da velocidade dos trens que trafegassem na respectiva área urbana;[198] na imposição de um número mínimo de co-maquinistas (*brakemen*) nos trens de carga com mais de vinte e cinco vagões;[199] na exigência de uma potência mínima para os faróis das locomotivas.[200] Mas, se longe de ser "remoto" ou "incidental", a regulamentação interferisse diretamente sobre o comércio interestadual, a inconstitucionalidade seria manifesta; como, por exemplo, na obrigatoriedade de os trens reduzirem sua velocidade antes de qualquer cruzamento.[201]

Dada a insuficiência dos critérios anteriores, a Corte passou a aplicar um "teste de prevalência do interesse em jogo", reconhecendo o poder regulatório do Estado sempre que estivessem duas condições presentes: a) a pertinência da regulamentação com um fim estadual legítimo; e b) a prevalência justificada do interesse estadual protegido sobre os efeitos negativos da regulamentação.[202] A análise do impacto da norma estadual já não se fazia no sentido de identificar seus reflexos diretos ou indiretos sobre o comércio, nem se detinha a verificar se o interesse seria meramente local, senão combinava os dois critérios, pois se houvesse uma repercussão negativa sobre outro Estado, faleceria a competência estadual,[203] ainda

---

[197] ESTADOS UNIDOS. Suprema Corte. *Smith* v. *Alabama*, 124 U.S. 465 (1888).

[198] ESTADOS UNIDOS. Suprema Corte. *Accord, Erb* v. *Morasch*, 177 U.S. 584 (1900).

[199] ESTADOS UNIDOS. Suprema Corte. *Chicago, R.I. & Pac. Ry. Co* v. *Arkansas*, 219 U.S. 453 (1911).

[200] ESTADOS UNIDOS. Suprema Corte. *Atchison T. & S.F. Ry. Co.* v. *Railroad Comm.*, 283 U.S. 380 (1931). Falando que a "fabricação" não integra o comércio, vamos encontrar *Leisy* v. *Hardin*, 135 U.S. 100 (1890).

[201] ESTADOS UNIDOS. Suprema Corte. *Seabord Air Line Ry.* v. *Blackwell*, 244 U.S. 310 (1917).

[202] ESTADOS UNIDOS. Suprema Corte. *Southern Pacific Co.* v. *Arizona*, 325 U.S. 761, 770-771 (1945).

[203] ESTADOS UNIDOS. Suprema Corte. *Brown-Forman Distillers* v. *New York Liquor Authority*, 106 S. Ct. 2080 (1986).

que fosse claramente fundada em um interesse local legítimo.[204] Exceção feita se os interesses afetados tivessem sido adequadamente levados em conta, tanto por não serem os únicos atingidos, quanto por haver um relevante interesse público ou comum envolvido.[205] Esse teste não é menos problemático todavia. O exame de sua aplicação revela que a "adequada representação dos interesses" depende em grande parte da matéria regulamentada e dos objetivos da regulamentação. A própria Corte já teve oportunidade de afirmar que a função da "cláusula de comércio" seria a de assegurar a solidariedade nacional e não a eficiência econômica.[206]

Sob uma visão retrospectiva, a reunir os critérios anteriores, tem-se afirmado que o Estado não pode restringir o acesso a sua infra-estrutura viária, em nome de uma regular competição econômica,[207] embora possa fazê-lo em relação à segurança pública.[208] Não pode também adotar métodos protecionistas em defesa dos agentes econômicos locais, por exemplo, afetando os preços dos produtos que serão vendidos em outros Estados,[209] a menos que seja mínima a percentagem desses produtos endereçados àqueles Estados,[210] impondo que uma operação industrial ou comercial seja realizada em seu território, se ela puder ser realizada, com mais eficiência, fora;[211] ou regulando negócios que envolvam mais de um Estado;[212] muito embora tenha vacilado em relação ao trata-

---

[204] ESTADOS UNIDOS. Suprema Corte. *Pike* v. *Bruce Church, Inc.*, 397 U.S. 137, 145 (1970).

[205] ESTADOS UNIDOS. Suprema Corte. *South Carolina State Highway Dept.* v. *Barnwell Bros.*, 303 U.S. 177 (1938).

[206] ESTADOS UNIDOS. Suprema Corte. *Baldwing* v. *G.A.F. Seeling, Inc.*, 294 U.S. 511, 523 (1935): "The Constitution was framed under the dominion of a political philosophy less parochial in range. It was framed upon the theory that the peoples of the several states must sink or swim together, and that in the long run prosperity and salvation are in union and not division." *Baldwin* v. *G. A. F. Seelig, Inc.*, 294 U.S. 511, 523 (1935) (Voto do *Justice* Cardozo).

[207] ESTADOS UNIDOS. Suprema Corte. *Buck* v. *Kuykendall*, 267 U.S. 307 (1925).

[208] ESTADOS UNIDOS. Suprema Corte. *Smith* v. *Alabama*, 124 U.S. 465 (1888).

[209] ESTADOS UNIDOS. Suprema Corte. *Baldwing* v. *G.A.F. Seelig, Inc.*, 294 U.S. 511 (1935).

[210] ESTADOS UNIDOS. Suprema Corte. *Milk Control Board* v. *Eisenberg Farm Products*, 306 U.S. 346 (1939); *Lemke* v. *Farmers Grain Co.*, 258 U.S. 50 (1922).

[211] ESTADOS UNIDOS. Suprema Corte. *Pike* v. *Bruce Church, Inc.*, 397 U.S. 137 (1970); *Foster-Fountain Packing Co.* v. *Haydel*, 278 U.S. 1 (1928).

[212] ESTADOS UNIDOS. Suprema Corte. *Hall* v. *De Cuir*, 95 U.S. 485 (1878).

mento que pode dispensar um Estado a empresas sediadas fora de seu território.[213] No entanto, se o intento da regulamentação for a proteção dos direitos civis, da saúde ou do meio ambiente, percebe-se sempre – e pelo menos – um olhar simpático por parte da maioria dos juízes. Isso ficou patente, por exemplo, em relação à possibilidade de o Estado regular o comércio interestadual sobre certas matérias licenciadas pela União; via de regra, a Corte recusava admiti-la;[214] porém, se o objetivo fosse o controle da poluição, a competência estadual era afirmada.[215]

Embora a elaboração da doutrina da "preferência da lei federal" se tenha feito na interpretação da "cláusula de comércio", a Corte a tem aplicado a outros assuntos. Sob a cláusula da propriedade, por exemplo, não se tem reconhecido a competência estadual para dispor sobre o domínio de minas situadas em florestas nacionais.[216] Em *Pennsyllvania* v. *Nelson*,[217] a Suprema Corte declarou que um Estado não podia proscrever atos de revolta contra os Estados Unidos, porque o Congresso, ao promulgar o "Smith Act", havia aprovado uma regulamentação suficientemente ampla, não deixando margem à atuação suplementar dos Estados e por ser a matéria afeta mais propriamente à esfera federal e não à estadual.[218] Assim também, um Estado não podia conceder privilégio a devedores insolventes, condenados em ação indenizatória por acidentes automobilísticos, por invasão da competência federal exercida por meio da Lei de Falências (*Bankruptcy Act*),[219] embora não se tenha reconhecido essa

---

[213] ESTADOS UNIDOS. Suprema Corte. *Bank of Augusta* v. *Earle*, 38 U.S. (13 Pet.) 519 (1839); *Southern Ry. Co.* v. *Greene*, 216 U.S. 400 (1910).

[214] ESTADOS UNIDOS. Suprema Corte. *Gibbons* v. *Ogden*, 22 U.S. (9 Wheat.) 1 (1824); *Illinois Natural Gas Co.* v. *Central Illinois Public Service Comm.*, 314 U.S. 498 (1942); *First Iowa Hydro-Electric Coop.* v. *Federal Power Commission*, 328 U.S. 152 (1946); *Castle* v. *Hayes Freight Lines, Inc.* 348 U.S. 61 (1954); *Ray* v. *Atlantic Richtfield Co.*, 435 U.S. 151 (1978).

[215] ESTADOS UNIDOS. Suprema Corte. *Huron Portland Cement Co.* v. *City of Detroit*, 362 U.S. 440 (1960); *Pacific Gas & Electric Co.* v. *State Energy Resources Conservation & Development Comm'n*, 461 U.S. 190 (1983). Cf. *Mintz* v. *Baldwin*, 289 U.S. 346 (1933); *Maine* v. *Taylor*, 106 S. Ct. 2440 (1986).

[216] ESTADOS UNIDOS. Suprema Corte. *California Cosatal Comm'n* v. *Granite Rock, Co.* 107 S. Ct. 1419 (1987).

[217] ESTADOS UNIDOS. Suprema Corte. 350 U.S. 497 (1956).

[218] Contra, no entanto, *Uphaus* v. *Wyman*, 360 U.S. 72 (1959).

[219] ESTADOS UNIDOS. Suprema Corte. *Perez* v. *Campbell*, 402 U.S. 637 (1971).

invasão em norma estadual que determinava a suspensão da carteira de motoristas que negligentemente se envolvessem em acidentes de carro e não dispusessem de condições financeiras para pagar pelos prejuízos causados, considerando-se que a finalidade da norma era antes evitar que motoristas irresponsáveis dirigissem pelas ruas e estradas, expondo a riscos a incolumidade física das pessoas, do que a salvaguarda do pagamento das condenações judiciais.[220] Também se entendeu que se um determinado produto ou artigo não estivesse protegido por um *copyright* ou patente federal, uma lei estadual não poderia proibir que fosse reproduzido por outros.[221] A bem da verdade, a distinção nem precisava ser feita. É que, como veremos em mais detalhes, a União passou a reconhecer na cláusula de comércio uma atribuição geral de competência, permitindo-lhe dispor, praticamente, sobre todos os assuntos: de higiene dos alimentos à prostituição; de educação a Direito Penal.

Um segundo ângulo do problema pode ser visto a partir do Estado. Até que ponto será legítima a interferência da União nos assuntos estaduais? De acordo com a Suprema Corte, a autonomia estadual deve ser respeitada por se tratar de um aspecto fundamental da organização do sistema federal: "a Constituição, em todas as suas disposições, vislumbra uma União indestrutível, composta de indestrutíveis Estados";[222] de modo que o "Congresso não pode exercer poderes de forma a prejudicar a integridade dos Estados ou a sua capacidade de atuação efetiva no sistema federal".[223] Esse enunciado, contudo, goza de extrema imprecisão. Quando poderemos identificar uma atividade legislativa "prejudicial à integridade de um Estado"? Aqui também são diversas as situações que ensejam uma resposta afirmativa por parte da Corte:

*a)* sempre que o Congresso exercer sua competência, adotando meios desproporcionais aos fins a que se destina aquela competência: como nos excessos no exercício de seu poder de

---

[220] ESTADOS UNIDOS. Suprema Corte. *Reitz* v. *Mealey*, 314 U.S. 33 (1941).

[221] ESTADOS UNIDOS. Suprema Corte. *Sears, Roebuck & Co.* v. *Stiffel Co*, 376 U.S. 225 (1964); *Compco Corp.* v. *Day-Brite Lighting Co*, 376 U.S. 234 (1964). Cf., contudo, *Goldstein* v. *California*, 412 U.S. 546 (1973).

[222] ESTADOS UNIDOS. Suprema Corte. *Texas* v. *White*, 74 U.S. (7 Wall) 700, 725 (1869).

[223] ESTADOS UNIDOS. Suprema Corte. *Fry* v. *United States*, 421 U.S. 542, 547 (1975).

tributar[224] e de regular o comércio. Voltamos aqui à cláusula do comércio e, de novo, estaremos diante do terreno nebuloso dos critérios judiciais anteriormente examinados. Lembremos de alguns deles: a começar pelo interesse local e estaremos diante de um caso bem interessante, *Hammer* v. *Dagenhart*,[225] porque ele vai ocorrer em meio a uma série de decisões que dispunham no sentido de uma interpretação ampla da cláusula. O Congresso havia proibido o transporte interestadual de artigos produzidos por trabalho infantil; a questão, portanto, era de saber se a sua atuação fora ou não excessiva, violara ou não competência estadual:

> "Se o Congresso pode regular desta forma os assuntos confiados às autoridades locais, proibindo o movimento de mercadorias no comércio interestadual, será o fim da liberdade de comércio e do poder dos Estados sobre os assuntos locais, destruindo praticamente nosso sistema de governo."[226]

A distinção entre "impacto indireto" e "direto", apareceu em *United States* v. *E.C. Knight*,[227] em que se discutia a competência de a União aplicar a Lei Sherman para impedir que uma refinaria viesse a adquirir outra, concentrando o mercado nacional de refino de açúcar em quase 98%. O Tribunal rechaçou essa tentativa, alegando que se tratava de um monopólio na fabricação de açúcar e não no seu comércio, de forma que esse monopólio só "indiretamente" poderia afetar o comércio interestadual. O princípio do efeito direto-indireto se debatia contra a tendência de alargamento do conceito de comércio que se vinha desenhando na Corte. Já em 1871, em *The Daniel Ball*,[228] a Corte considerou constitucional a aplicação de uma norma federal a uma pequena embarcação que operava apenas dentro de um Estado, alegando que as mercadorias transportadas eram provenientes de outros Esta-

---

[224] ESTADOS UNIDOS. Suprema Corte. *Child Labor Tax Case*, 259 U.S. 20 (1922).

[225] ESTADOS UNIDOS. Suprema Corte. *Hammer* v. *Dagenhart*, 247 U.S. 251 (1918).

[226] ESTADOS UNIDOS. Suprema Corte. *Hammer* v. *Dagenhart*, 247 U.S. 251, 276 (1918).

[227] ESTADOS UNIDOS. Suprema Corte. 156 U.S. 1 (1895).

[228] ESTADOS UNIDOS. Suprema Corte. 77 U.S. 557 (1871).

dos ou a eles seriam destinadas. Em *Swift* v. *United States*,[229] atacou-se um monopólio no mercado de carnes, falando-se de uma concepção prática, e não puramente técnico-legal, de comércio, de forma a congregar todos os elos que integravam a corrente do comércio entre os Estados, sendo que a "compra de gado faz[ia] parte desse comércio".[230] Em um outro caso, afirmou-se que "[os currais] não são um lugar de descanso ou destino definitivo [do gado] (...), mas sim um canal pelo qual flui a corrente [do comércio]".[231] Aquele princípio seria revitalizado, contudo, nos anos 30, para barrar algumas leis do *New Deal*. A Lei de Recuperação Nacional de 1933 que, com o fim de resolver a grave crise econômica daqueles anos por meio de amplos acordos entre os diversos setores sociais e econômicos, apresentados por associações comerciais e homologados pelo Presidente da República, regulava os salários, jornada de trabalho, preços e práticas comerciais, fora considerada inconstitucional. Além de atentar contra o princípio da separação de poderes, por conceder excessiva delegação de competência ao Executivo, ela não passava no teste do impacto direto-indireto: o poder federal não podia ir tão longe a ponto de acabar com as fronteiras existentes entre o comércio interestadual e intra-estadual.[232] Em *Carter* v. *Carter Coal*,[233] anulou-se a Lei sobre Conservação de Carvão Betuminoso de 1935, afastando o argumento de que o transporte interestadual do carbono transformava sua produção em um elo da cadeia do comércio, apelando-se para seus efeitos meramente indiretos:

"A palavra 'direto' dá a entender que a atividade ou circunstância que se invoca ou se censura opera na proximidade – não de forma imediata, remota ou colateral – para que produza o efeito. Implica a falta de um agente ou circunstância eficaz que intervenha. E o alcance do efeito não guarda relação lógica com sua natureza. A dis-

---

[229] ESTADOS UNIDOS. Suprema Corte. 196 U.S. 375 (1904).

[230] ESTADOS UNIDOS. Suprema Corte. 196 U.S. 375, 398, 399 (1904).

[231] ESTADOS UNIDOS. Suprema Corte. *Stafford* v. *Wallace*, 258 U.S. 495, 516 (1922).

[232] ESTADOS UNIDOS. Suprema Corte. *Schecter Poultry Corp.* v. *United States*, 295 U.S. 495 (1935).

[233] ESTADOS UNIDOS. Suprema Corte. 298 U.S. 238 (1936).

tinção entre o efeito direto e o indireto não depende da magnitude da causa ou do efeito, mas exclusivamente da forma em que o efeito foi provocado."[234]

A vitória do *New Deal* não tardou, contudo. Em 1937, em *NLRB* v. *Jones and Laughlin Steel Corp.*,[235] esse critério, como aquele relativo à prevalência do interesse local-nacional, vai ser posto de lado em favor da teoria do "vínculo estreito e substancial", rascunhado pela Corte vinte e três anos antes, em *Houston, E. y W. Texas Railroad Co.* v. *United States*, também conhecido como caso *Sheverpor.*[236] Discutiu-se ali se poderia uma agência federal regular as tarifas ferroviárias intra-estatais? O interesse local responderia que não. Não, seria a resposta do princípio da prova ou efeito direto-indireto. Mas a Corte estava para desenvolver um outro critério: "[O Congresso pode regular] todos os assuntos que tenham uma relação estreita e substancial com o tráfico interestadual, em que o controle seja essencial ou conveniente para a segurança desse tráfico". Excessos, por conseguinte, seriam verificados se o Poder federal não atentasse para a necessidade desse "vínculo substancial". O caminho estava aberto para a Corte, sob a pressão de *Franklin Roosevelt*, abandonar, tempos depois, a análise feita em *Swift* e *Stanford*. A mesma orientação aplicada a uma grande indústria de aço, como era *Jones and Laughlin*, fora, em seguida, usada em relação a uma fábrica de reboques com cerca de quatrocentos empregados,[237] a um fabricante de roupas com quinhentos empregados[238] e até a uma pequena venda que dava emprego a sessenta mulheres em Nova Jersey.[239] A doutrina do "vínculo estreito e substancial" foi, paradoxalmente, exposta de

---

[234] ESTADOS UNIDOS. Suprema Corte. *Carter* v. *Carter Coal*, 298 U.S. 238 (1936).

[235] ESTADOS UNIDOS. Suprema Corte. 301 U.S. 1 (1937).

[236] ESTADOS UNIDOS. Suprema Corte. 234 U.S. 342 (1914).

[237] ESTADOS UNIDOS. Suprema Corte. *NLRB* v. *Fruehauf Trailer So*, 301 U.S. 111 (1942).

[238] ESTADOS UNIDOS. Suprema Corte. *NLRB* v. *Friedman-Harry Marks Clothin Co.*, 301 U.S. 58 (1937).

[239] ESTADOS UNIDOS. Suprema Corte. *NLRB* v. *Fainblatt*, 306 U.S. 601 (1939); tb. *Santa Cruz* v. *NLRB*, 303 U.S. 453 (1938): fábrica de conservas que endereçava apenas parte de seus produtos para fora do Estado.

forma detalhada em *Wickard* v. *Filburn*.[240] Um granjeiro estava respondendo a processo penal por ter plantado 11,9 acres a mais de trigo para uso somente em sua própria granja. Seria correto isso? A Corte entendeu que sim. O Congresso teria poder de regular não apenas os atos que isoladamente produzissem efeitos econômicos sobre o comércio interestadual, mas também aqueles atos que razoavelmente pudessem provocar "efeitos econômicos agregados" de alcance nacional. Dessa forma, seria legítima a atuação do Congresso destinada a controlar a produção agrícola de trigo para consumo doméstico, levando-se em conta que o efeito cumulativo desse consumo poderia alterar as relações de oferta e procura do mercado interestadual do produto. Se antes, a Corte já se valia da cláusula de comércio para dar guarida à intervenção federal em assuntos não diretamente relacionados com a atividade comercial, por exemplo, a ordem pública, a sustentar a constitucionalidade da vedação do transporte interestadual de bilhetes de loteria;[241] a moral pública, a vedar o transporte de prostitutas;[242] a segurança pública, a impedir o transporte de vítimas de rapto;[243] ou a saúde pública, a proibir o transporte de alimentos impuros ou estragados;[244] com a doutrina exposta em *Wickar* passou-se, mais claramente, a justificar leis federais de prote-

---

[240] ESTADOS UNIDOS. Suprema Corte. 317 U.S. 111 (1942). Algumas vezes, a Corte usa a palavra "substantial" e, às vezes, não. Compare, *e. g.*, *Wickard* v. *Filburn*, 317 U.S. 111, 125 (1942) ("substantial economic effect"); *Hodel* v. *Virginia Surface Mining and Reclamation Assn., Inc.*, 452 U.S. 264, 276 (1981) ("affects interstate commerce"); ainda *Maryland* v. *Wirtz*, 392 U.S. 183, 196, n. 27 (1968) (o efeito cumulativo não deve ser "trivial"); *NLRB* v. *Jones & Laughlin Steel Corp.*, 301 U.S. 1, 37 (1937) (falando em "close and substantial relation" entre a atividade e o comércio, e não de "substantial effect"); *Gibbons* v. *Ogden*, 9 Wheat. 1, 194 (1824) (as palavras da cláusula do comércio não "comprehend (...) commerce, which is completely internal (...) and which does not (...) affect other States").

[241] ESTADOS UNIDOS. Suprema Corte. *Lottery Case*, 188 U.S. 321 (1903).

[242] ESTADOS UNIDOS. Suprema Corte. *Hoke* v. *United States*, 227 U.S. 308 (1913).

[243] ESTADOS UNIDOS. Suprema Corte. *Brooks* v. *United States*, 267 U.S. 432 (1925).

[244] ESTADOS UNIDOS. Suprema Corte. *Hipolite Egg Co.* v. *United States*, 220 U.S. 45 (1911). Embora não tivesse admitido a proibição do transporte de produtos de trabalho infantil: *Hammer* v. *Dagenhart*, 247 U.S. 251 (1918).

ção aos direitos civis[245] e dos trabalhadores[246] e à criação de figuras penais,[247] suplantando outros critérios que demandassem a favor de uma competência puramente local. Assim, *v. g.*, em *Katzenbach* v. *McClung*,[248] a Corte afirmou que um artigo do *Civil Rights Act of 1964*, que proibia a discriminação racial em hotéis e restaurantes públicos se aplicava a um estabelecimento, mesmo que sua clientela fosse formada apenas por moradores locais;[249]

b) sempre que interferir com um elemento essencial da autonomia dos Estados ou na sua estrutura política; como a fixação da capital do Estado,[250] a previsão de quebra ou "falência" de subdivisões políticas estaduais, por atentar contra o controle estadual sobre assuntos fiscais;[251] a estrutura das instituições básicas do Estado e os processos de gestão e regulação de sua economia,[252] a conversão de entidades de depósitos e créditos estaduais em instituições federais viola a competência estadual para regular as corporações que criarem;[253] a aprovação de lei punindo casas de prostituição que empregue mulheres estrangeiras viola o poder de polícia dos Estados;[254] identicamente, a criação de tributo que imponha um ônus significativo sobre as atividades gover-

---

[245] ESTADOS UNIDOS. Suprema Corte. *Katzenbahc* v. *McClung*, 379 U.S. 294 (1964).

[246] Exclusão, do comércio interestadual, de produtos manufaturados, produzidos por empresas que não pagassem as seus empregados salários e horas extras na forma prevista pelo *Fair Labor Standards Act of 1938*: *United States* v. *Darby*, 312 U.S. 100 (1941), revogando a doutrina exposta em *Hammer* v. *Dagenhar*, 247 U.S. 251 (1918).

[247] ESTADOS UNIDOS. Suprema Corte. *Perez* v. *United States*, 402 U.S. 146 (1971).

[248] ESTADOS UNIDOS. Suprema Corte. 379 U.S. 294 (1964).

[249] Cfr. também *Heart fo Atlanta Motel* v. *United States*, 379 U.S. 241 (1964).

[250] ESTADOS UNIDOS. Suprema Corte. *Coyle* v. *Smith*, 221 U.S. 559 (1911).

[251] ESTADOS UNIDOS. Suprema Corte. *Ashton* v. *Cameron County Water Improvement Dist.*, 298 U.S. 513 (1936).

[252] ESTADOS UNIDOS. Suprema Corte. *Federal Energy Regulatory Commission* v. *Mississipi*, 456 U.S. 742 (1982).

[253] ESTADOS UNIDOS. Suprema Corte. *Hopkins Federal Savings & Loan Association* v. *Cleary*, 296 U.S. 315 (1935).

[254] ESTADOS UNIDOS. Suprema Corte. *Keller* v. *United States*, 213 U.S. 138 (1909).

namentais e que sejam indispensáveis à sua manutenção[255] e a "federalização" de áreas tradicionais do direito estadual, seja enquanto "direito comum" (*common law*), seja como "direito legislado" (*statutory law*), envolvendo inclusive o direito dos contratos e da responsabilidade civil (*tort law*).[256] Por esse mesmo motivo, uma corte federal não poderia ordenar mudanças estruturais num departamento de polícia como forma de solucionar o desrespeito freqüente aos direitos constitucionais.[257] Esse critério foi apresentado analiticamente em *National League of Cities* v. *Usery*,[258] que pode ser visto como uma decisão que selou a primeira vitória do "novo federalismo" tão em voga entre os republicanos depois de *Richard Nixon*. De acordo com a doutrina exposta ali e explicitada em casos subseqüentes, haveria uma violação da autonomia estadual, sobretudo no exercício da competên-

---

[255] ESTADOS UNIDOS. Suprema Corte. *Helvering* v. *Gerhardt*, 304 U.S. 405 (1938). Não: taxa sobre registro de aeronaves, incidentes também sobre helicóptero de propriedade do Estado: *Massachusetts* v. *United States*, 435 U.S. 444 (1978).

[256] ESTADOS UNIDOS. Suprema Corte. *Gulf Oil Corp.* v. *Gilbert*, 330 U.S. 501 (1947), *Griffin* v. *Breckenridge*, 403 U.S. 88, 102, 104 (1971) (dicta); *Perez* v. *United States*, 402 U.S. 146, 158 (1971) (Voto dissidente do *Justice* Stewart); *New Orleans Public Service, Inc.* v. *Council of City of New Orleans*, 491 U.S. 350, 359 (1989); *Quackenbush, Cal. Ins. Comm'n* v. *Allstate Ins. Co.*, 517 U.S. 706 (1996). É interessante registrar aqui a questão da competência da jurisdição federal nos Estados Unidos. Embora seja afirmada a obrigação de as cortes federais exercerem jurisdição que lhe for conferida pelo Congresso: *Willcox* v. *Consolidated Gas Co.*, 212 U.S. 19, 40 (1909); *England* v. *Louisiana Bd. of Medical Examiners*, 375 U.S. 411, 415 (1964); tem-se reconhecido a possibilidade excepcional de as cortes declinarem o exercício de sua competência, por considerações da "própria adjudicação constitucional", "relativamente às relações entre Estado e União" ou "por prudência judicial": *Colorado River*, 424 U. S 817. Assim, por exemplo, quando interferir sobre processo criminal pendente na justiça estadual *Younger* v. *Harris*, 401 U.S. 37 (1971); ou com certos tipos de procedimentos civis *Huffman* v. *Pursue, Ltd.*, 420 U.S. 592 (1975); *Juidice* v. *Vail*, 430 U.S. 327 (1977); casos que sejam repetições de processos em curso nos Estados: *Colorado River Water Conservation Dist.* v. *United States*, 424 U.S. 800 (1976); *Pennsylvania* v. *Williams*, 294 U.S. 176 (1935); casos em que a resolução de uma questão constitucional federal puder ser evitada se as cortes estaduais interpretarem leis estaduais ambíguas: *Railroad Comm'n of Tex.* v. *Pullman Co.*, 312 U.S. 496 (1941); casos em que surjam questões "intimamente envolvidas com as prerrogativas e autonomias dos Estados *Louisiana Power & Light Co.* v. *Thibodaux*, 360 U.S. 25, 28, 31 (1959); casos cuja resolução por uma corte federal possa desnecessariamente interferir com o sistema estadual de cobrança de tributos: *Great Lakes Dredge & Dock Co.* v. *Huffman*, 319 U.S. 293 (1943).

[257] ESTADOS UNIDOS. Suprema Corte. *Rizzo* v. *Goode*, 423 U.S. 362 (1976).

[258] ESTADOS UNIDOS. Suprema Corte. 426 U.S. 183 (1976).

cia legislativa sobre comércio, se a norma (i) tratasse os "Estados como Estados"; (ii) dispusesse sobre assuntos que estivessem diretamente ligados a atributos da autonomia dos Estados; e (iii) impusesse obstáculo à competência dos Estados para atuar "em tradicionais áreas de funções governamentais".[259] Uma válvula de escape, inicialmente, permitia uma exceção a esse teste, deixando um amplo campo de discricionariedade, "há situações em que a natureza do interesse federal em jogo é tamanha que justifica a submissão do Estado";[260]

c) a regra que proíbe a discriminação dos Estados, de forma a suportarem tributos que sobre eles apenas se imponham;[261] e, próxima a ela,

d) a regra da igualdade dos Estados.[262]

O resultado da aplicação desses critérios nem sempre é lógico ou previsível. Assim, por exemplo, em relação à fixação de salário mínimo e do pagamento de hora extra para os empregados estaduais e municipais, a Corte tem-se posicionado de forma contraditória. Em 1968, reputou-a possível;[263] em 1976, julgou-a violadora da autonomia estadual,[264] definindo os elementos que integrariam o teste da garantia de autonomia estadual; mas em 1986, tornou a entender legítima aquela fixação, afastando a utilidade prática de se identificar se uma determinada função governamental era ou não tradicional.[265] E foi ainda mais longe nessa decisão:

"a autonomia estadual é mais propriamente protegida pelas salvaguardas procedimentais inerentes à estrutura do sistema federal [colégio

---

[259] ESTADOS UNIDOS. Suprema Corte. *Hodel* v. *Virginia Surface Mining & Reclamation Assn., Inc.*, 452 U.S. 264, 287-288 (1981).

[260] ESTADOS UNIDOS. Suprema Corte. *Hodel* v. *Virginia Surface Mining & Reclamation Assn., Inc.*, 452 U.S. 264, 288 (1981).

[261] ESTADOS UNIDOS. Suprema Corte. *New York* v. *United States*, 326 U.S. 572 (1946).

[262] ESTADOS UNIDOS. Suprema Corte. *Coyle* v. *Smith*, 221 U.S. 559 (1911); e de forma mitigada: *South Carolina* v. *Katzenbach*, 383 U.S. 301 (1966).

[263] ESTADOS UNIDOS. Suprema Corte. *Maryland* v. *Wirtz*, 392 U.S. 183 (1968).

[264] ESTADOS UNIDOS. Suprema Corte. *National League of Cities* v. *Usery*, 426 U.S. 833 (1976).

[265] ESTADOS UNIDOS. Suprema Corte. *Garcia* v. *Sant Antonio Metropolitan Transit Authority*, 469 U.S. 528, 546-547 (1985).

eleitoral nas eleições presidenciais e a eleição de Senadores pelos Estados] do que pela criação judicial de limites ao poder federal."[266]

Os ventos neoliberais dos anos 80 serviram para a Corte expressar de forma indubitável a doutrina de contenção judicial que vinha desde o *New Deal*. Mas essa tendência seria revertida pouco tempo depois. Em 1991, ela negou que pudesse uma lei federal, vedando discriminação em razão da idade, ser aplicada aos altos funcionários dos Estados, salvo vontade contrária expressa pela lei de forma clara e precisa.[267] No ano seguinte, anulou parcialmente outra lei federal sobre matéria ambiental, argumentando que ela impunha a obrigação aos Estados de adotar uma dada regulamentação sobre o assunto.[268] A reafirmação do novo posicionamento da Corte se deu com *United States* v. *Lopez*.[269] Discutia-se a validade de uma lei federal, fazendo uso da cláusula de comércio, incriminar o fato de um indivíduo portar arma em uma área escolar. Por cinco a quatro, a Corte entendeu que a cláusula não conferia tamanho poder à União. De forma expressa, afirmou-se que a intervenção do Judiciário se fazia legítima sempre que houvesse abuso manifesto ou flagrante erro de apreciação por parte do Congresso, aferível segundo um critério razoável de avaliação judicial caso a caso, calcado na doutrina do "vínculo substancial", desenvolvida em *Wickard* v. *Filburn*, de forma a identificar se a aplicação da cláusula do comércio à atividade disciplinada, mesmo que não comercial ou interestadual, poderia ou não afetar substancialmente o comércio entre os Estados. A existência desse vínculo legitimaria a atuação federal. Do contrário, seria invasão da competência dos Estados. Essa tendência se firmou também em *Seminole Tribes of Florida* v. *Florida et al.*[270] A decisão desse caso reverteu a jurisprudência anterior da Corte que admitia o afastamento da imunidade estadual à jurisdição federal sempre por aplicação da cláusula do comércio.[271] Repetindo o posicionamento adotado em *Lopez*, a opinião majori-

---

[266] ESTADOS UNIDOS. Suprema Corte. *Garcia* v. *Sant Antonio Metropolitan Transit Authority*, 469 U.S. 528, 551 (1985).

[267] ESTADOS UNIDOS. Suprema Corte. *Gregory* v. *Ashcroft*, 501 U.S. 452 (1991).

[268] ESTADOS UNIDOS. Suprema Corte. *New York* v. *United States*, 505 U.S. 144 (1992).

[269] ESTADOS UNIDOS. Suprema Corte. 514 U.S. 549 (1995).

[270] ESTADOS UNIDOS. Suprema Corte. 1996 W.L. 134309 (1996).

[271] ESTADOS UNIDOS. Suprema Corte. *Pennsylvania* v. *Union Gas Corporation*, 491 U.S. 1109 (1989).

tária, redigida pelo *Chief Justice Rehnquist* alertara que a Corte não se podia envolver em um processo de desmantelamento sistemático das competências federais, mas, por outro lado, não se podia furtar da missão de corrigir os abusos cometidos pelo Congresso. E esse abuso estava presente no *Indian Gaming Regulatory Act of 1988*, que impunha a obrigação de os Estados negociarem "de boa-fé" com as tribos indígenas, sujeitando-os à jurisdição federal em caso de descumprimento dessa obrigação.

No estágio em que se desenrola essa terceira fase de jurisprudência da Suprema Corte em matéria de federalismo, levando em conta as reviravoltas mais recentes e o que sobrou do passado, devemos fixar as seguintes linhas conclusivas: a) o Congresso continua a ter um papel significativo na aplicação da cláusula do comércio, havendo prevalência da lei federal sobre a lei estadual nesse assunto. Na afirmação dessa prevalência deve-se verificar, contudo, (1) se a lei federal revela uma clara intenção de revogar lei estadual ou de dispor em sentido contrário; e (2) se o conflito é evidente (*actual conflict*).[272] Assim é que uma lei federal de 1916, a qual permitia a venda de seguros em pequenas cidades, por bancos nacionais, prevalecia sobre uma lei estadual, que impedia esta venda;[273] a *Driver's Privacy Protection Act of 1994 – DPPA*, restringindo o poder dos Departamentos estaduais de trânsito de revelar, sem consentimento, informações sobre os motoristas, constantes de seus registros cadastrais, suplantava legislação estadual permissiva.[274] E a lei federal que exigia alteração no sistema eleitoral dos Estados de forma a facilitar e simplificar o registro de eleitores, também se impunha às normas estaduais.[275] Não param por aí as limitações da competência federal: (3) pode regular a atividade estadual, mas não se admite que diretamente interfira na forma como os Estados regulamentam as relações, direitos e deveres de seus cidadãos;[276] (4) nem pode criar a obrigação de ser adotada uma determinada lei ou regulamento[277] ou (5) impor aos servidores estaduais

---

[272] ESTADOS UNIDOS. Suprema Corte. *Rice* v. *Norman Williams Co*, 458 U.S. 654 (1982); *Dellmuth* v. *Muth*, 491 U.S. 223 (1989).

[273] ESTADOS UNIDOS. Suprema Corte. *Barnett Bank of Marion County* v. *Nelson, Florida Ins. Comm'r*, 517 U.S. 25 (1996).

[274] ESTADOS UNIDOS. Suprema Corte. *Reno* v. *Condon*, (98 U.S. 1464 (1999): "informações pessoais" seriam "artigos de comércio".

[275] ESTADOS UNIDOS. Suprema Corte. *Young* v. *Fordice*, 520 U.S. 273 (1997).

[276] ESTADOS UNIDOS. Suprema Corte. *South Carolina* v. *Baker*, 485 U.S. 505 (1988).

[277] ESTADOS UNIDOS. Suprema Corte. *New York* v. *United States*, 505 U.S. 144 (1992).

o dever de aplicar as disposições de legislação federal;[278] não pode, enfim, (6) revogar manifestação de autonomia dos Estados, submetendo-os, por exemplo, à jurisdição federal;[279] a menos que se fundamente na cláusula do devido processo legal (Emenda XIV, seções 1.ª e 5.ª),[280] exigindo-se, contudo, que a legislação adotada seja "apropriada" e proporcional aos fins almejados. Aplicando esse teste, a Corte, por exemplo, julgou "desproporcional" uma lei federal que sujeitava os Estados à jurisdição federal por todo tipo possível de ato atentatório às patentes, sem preocupar-se em saber se os Estados tinham ou não remédios para compensar desrespeitos àquele direito ou se demonstravam uma intenção clara de desconsiderar os efeitos econômicos de sua proteção.[281] Permanece, contudo, a implicação negativa ou inativa (*dormant*) da cláusula do comércio a proibir tributação estadual, que afete o comércio interestadual,[282] sobretudo ao criar algum tipo de discriminação entre empresas ou operações, em razão do local de sua sede ou realização.[283]

É preciso notar ainda que essa tendência favorável à competência estadual não lhes reconhece, contudo, poderes para criar novas

---

[278] ESTADOS UNIDOS. Suprema Corte. *Printz* v. *United States*, 521 U.S. 898 (1997): os juízes Stevens, Souter, Ginsburg e Breyer dissentiram, argumentando que esse poder tinha o Congresso tanto em momento de emergência (alistamento para guerra, vacinação em massa em face da iminência de uma epidemia, combate ao terrorismo internacional), quanto de normalidade (coleta de impostos ou atribuição de competência federal à jurisdição estadual), como uma "resposta nacional", mais que apenas "federal".

[279] ESTADOS UNIDOS. Suprema Corte. *Seminole Tribes of Florida* v. *Florida et al.* 517 US 44 (1996).

[280] ESTADOS UNIDOS. Suprema Corte. *Fitzpatrick* v. *Bitzer*, 427 U.S. 445 (1976).

[281] ESTADOS UNIDOS. Suprema Corte. *College Savings Bank* v. *Florida Prepaid, Postsecondary Ed. Expense Bd* 52 (1999): analisando os debates parlamentares em torno do projeto de lei, a maioria concluiu que tinha havido a consideração de que a atitude dos Estados ou era inocente ou negligente, não violando uma ou outra o devido processo legal; tb. *City of Boerne* v. *Flores*, 521 U.S. (1997).

[282] ESTADOS UNIDOS. Suprema Corte. *Quill Corp.* v. *North Dakota*, 504 U.S. 298 (1992).

[283] ESTADOS UNIDOS. Suprema Corte. *Amerada Hess Corp* v. *Director, Div. Of Taxation, NJ Dept. of Teasury*, 490 U.S. 66 (1989); *Lugan* v. *Defender's* v. *of Wildlife*, 504 U.S. 555 (1992); *Associated Industries of Missouri* v. *Janette M. Lohman*, n. 93-397 (1994); *West Lynn Creamery, Inc.* v. *Healy*, 512 U.S. 186 (1994); *Fulton Corp.* v. *Faulkner*, 516 U.S. 325 (1996); *South Central Bell Telephone Co.* v. *Alabama*, n. 97-204 (1999). Destaquem-se *General Motors Corp.* v. *Tracy Tax Comm'r of Ohio*, 519 U.S. 278 (1997): benefício fiscal para empresas de distribuição de gás, reputada de interesse público e *Camps Newfound/Owatona, Inc.* v. *Town of Harrioson*, 520 U.S. 564 (1997): isenção fiscal excluída de instituições de caridade que operassem principalmente em favor de não residentes.

figuras de inelegibilidade para o acesso à Casa dos Representantes ou ao Senado, ainda que em nome do aperfeiçoamento do processo democrático. Essa tentativa foi feita pelo constituinte revisor da Lei Magna do Estado do Arkansas que limitava o número de reeleições admitidas para Senadores e Deputados, afastando-se a alegação de que essa competência não era atribuída expressamente à União, de forma que, em face da X Emenda, e do disposto no artigo I, seção 4.ª, da Constituição que atribuía às Assembléias estaduais o poder de regular a época, o lugar e o modo de eleição dos Senadores e Deputados, seria legítima a atitude dos parlamentares estaduais do Arkansas. Entre vários argumentos, a maioria dos juízes dissera que as inelegibilidades inscritas na Constituição Federal, como forma de garantia do sufrágio democrático e da independência do Legislativo, não admitiam ampliação pelos Estados, tendo-se, ademais, por certo que a representação no Congresso, ainda que fosse resultado de eleições estaduais, fazia-se em nome de todo o povo norte-americano e não em nome dos moradores de um determinado Estado. Essa intelecção teria amparo inclusive no artigo I, seção 4.ª, da Constituição Federal, pois se era exato que ela, em princípio, dava poderes às legislaturas estaduais para disciplinarem as eleições parlamentares, não se podia esquecer de registrar a ressalva que ali se fazia: "Mas o Congresso poderá, em todo tempo, por uma lei, editar ou modificar aquela disciplina, salvo quanto aos lugares onde se deva fazer a eleição de Senadores."[284]

Por fim, deve-se assinalar que essa tendência é, de toda sorte, frágil, pois a sua afirmação se tem dado por um placar apertado, de cinco a quatro, podendo ser alterado, quando menos, por simples mudança de posição de um juiz que compõe a maioria.[285]

## II. Repartição de competência entre Comunidade e Estados de acordo com a Corte Européia de Justiça. A hierarquização das fontes de direito pela Corte Européia de Justiça: a supremacia do direito comunitário

Embora se possa afirmar, já com relativo consenso, que a Comunidade Européia seja um "governo constitucional", ainda se resis-

---

[284] ESTADOS UNIDOS. Suprema Corte. *U.S. Term limits Inc.* v. *Thornton*, 63 L.W. 4413 (1995).

[285] Compõem a minoria, em regra, os Juízes Breyer, Ginsburg, Souter e Stevens. Na maioria, que mais tende para a corrente minoritária é o Juiz Kennedy.

te a apresentá-la como uma federação.[286] Não importa a força dos argumentos contrários, retratados, ainda que fragmentariamente, em diversos pontos desse trabalho, senão identificar na jurisprudência da Corte Européia de Justiça o reconhecimento de superioridade das normas comunitárias sobre as disposições legais dos Estados-membros, segundo a doutrina da supremacia do direito comunitário (a), reforçada pela doutrina do efeito direto (b) e indireto (c):

a) *Doutrina da supremacia do direito comunitário*: no caso *Costa*, decidido em 1964, a Corte declarou que haveria de prevalecer a disposição comunitária sobre uma norma nacional sempre que se desse um conflito entre elas.[287] A entrada em vigor, portanto, de uma norma comunitária anularia automaticamente toda disposição contrária, oriunda das jurisdições nacionais;[288]

b) *Doutrina do efeito direto*: segundo essa doutrina, certas disposições do direito comunitário, constantes dos tratados[289] e do direito derivado (diretivas e regulamentos)[290] se aplicariam diretamente às jurisdições nacionais, dispensando a aprovação de normas internas específicas. Franqueou-se, assim, aos juízes nacionais o acesso direto às normas comunitárias;

c) *Doutrina do efeito indireto*: no caso *Von Colson*, a Corte declarou que os juízes nacionais deveriam sempre dar ao direito nacional uma interpretação que fosse conforme com o direito comunitário.[291] A evolução dessa doutrina veio a reconhecer esse poder-dever judicial mesmo na hipótese de o Estado respectivo não ter aprovado normas de internação

---

[286] WEILER. *The Community System*: The Dual Character of Supranationalism, p. 268 et seq.; ESTEBAN. *La Noción de Constitución Europea en la Jurisprudencia del Tribunal de Justicia de las Comunidades Europeas*, p. 241 et seq.

[287] EUROPA. Corte de Justiça. *Case* n. 6/64. *European Court Reports*, 1964, p. 585.

[288] EUROPA. Corte de Justiça. *Case* n. 106/77 (*Affaire Simmenthal*). *European Court Reports*, 1978, p. 629.

[289] EUROPA. Corte de Justiça. *Case* n. 26/62 (*Affaire Van Gend en Loos*). *European Court Reports*, 1963, p. 1.

[290] EUROPA. Corte de Justiça. *Case* n. 41/74 (*Affaire Van Duyn*). *European Court Reports*, 1974, p. 1.337.

[291] EUROPA. Corte de Justiça. *Case* n. 14/83. *European Court Reports*, 1984, p. 1.891.

dos dispositivos comunitários;[292] também se afirmou a responsabilidade do Estado por danos causados em decorrência de uma aplicação equivocada daqueles dispositivos.[293]

Essas doutrinas, desenvolvidas como "atos de autonomia muito audaciosos", têm servido para promover uma verdadeira integração dos sistemas jurídicos nacionais e supranacional, criando um mecanismo descentralizado de aplicação do direito comunitário.[294] Por certo que a hierarquização das normas, associada ao poder conferido aos juízes nacionais de aplicação do direito comunitário, desenha um esquema de distribuição de poder novo, que supera a conformação de uma união internacional de Estados, acelerando sua transformação em um "Estado de feição federal".[295]

Embora o tema pudesse despertar uma incursão mais aprofundada sobre o alcance atual do "princípio da subsidiariedade", que inspirou sempre a construção do "Estado europeu", como forma de distribuição de poderes, reconhecendo-se aos órgãos comunitários apenas aquelas competências que atendessem a uma questão de conveniência, de interesse comum ou de necessidade de uniformização de procedimentos e regras, bem como dos princípios da especialidade e da proporcionalidade, optamos por registrar o papel da Corte de Justiça apenas no tocante à definição dos princípios da livre circulação de mercadorias (1), de capitais (2) e de pessoas (3), da garantia da livre concorrência (4) e de um meio ambiente saudável (5), bem como da proteção social (6).

## 1. O princípio da livre circulação de mercadorias

O tratado CEE impôs aos Estados-membros a obrigação de acabar, até 31 de dezembro de 1969, com as restrições quantitativas à importação e com todas as medidas que tivessem "efeitos equivalentes". O artigo 33 confere à Comissão o poder de adotar normas destinadas a detalhar e aplicar as disposições do artigo 30, abrindo, todavia, exceções à obrigação prescrita por este artigo, jus-

---

[292] EUROPA. Corte de Justiça. *Case* n. C-106/1989. *European Court Reports*, 1990, p. 4.135.

[293] EUROPA. Corte de Justiça. *Case* n. C-6 &9/1990. *European Court Reports*, 1991, I, p. 5.357.

[294] SWEET; CAPORASO. *La Cour de Justice et l'Intégration Européene*, p. 210, 212.

[295] LENAERTS. *Constitutionalism and the Many Faces of Federalism*, p. 205.

tificadas por razões de moralidade pública, ordem pública, segurança pública, de saúde e de herança cultural. Essa série de obrigações tem sido indicada como um elemento de integração negativa, considerando-se que os Estados-membros abririam mão da sua autoridade para regular uma série de transações econômicas no interior de suas próprias fronteiras, dando espaço para o aparecimento de normas européias uniformes e harmonizadas.[296] Releva notar que a Corte de Justiça passou a desempenhar uma função crucial na interpretação desses dispositivos e na promoção, por conseqüência, da integração européia.

O *leading case* se deu em 1974, pelo fato de ter importado da França o uísque Johnie Walker, *M. Dassonvilen* passou a responder a processo por violação de normas costumeiras que impediam aquela prática, bem como por desrespeito aos direitos de exclusividade da venda daquele produto no País, pertencentes a outro importador. A questão acabou indo para a Corte de Justiça, que deu razão a *Dassonvillen*. No arrazoado da Corte, a expressão "medidas de efeito equivalente", constante do artigo 30, deveria receber uma interpretação ampliada. Seria, assim, "toda regulamentação comercial dos Estados-membros susceptíveis de entravar, direta ou indiretamente, atual ou potencialmente, o comércio comunitário".[297] Isso não importava, no entanto, a bancarrota de toda legislação nacional sobre o comércio. A exceção prevista no artigo 36 haveria de servir à adoção, pelos Estados-membros, de uma proteção mínima a seus produtos que escapasse do princípio então estabelecido. Mas haveriam de provar, "dentro do limite do razoável", a necessidade de tal proteção. É importante anotar que o princípio de "entrave ao comércio", apresentado pela Corte, terminou por substituir o "critério de discriminação", previsto pela Comissão numa diretiva datada de 1970, que se limitava a impedir a aplicação de um tratamento normativo diferente às mercadorias nacionais relativamente àquelas importadas.

Uma segunda decisão importante foi prolatada no caso *Cassis de Dijon*, afirmando-se que a Alemanha não poderia impedir a venda de um licor francês pela simples razão de que o produto não estava de acordo com os padrões alemães.[298] A Comissão acolheu

---

[296] SWEET; CAPORASO. *La Cour de Justice et l'Intégration Européene*, p. 224.

[297] EUROPA. Corte de Justiça. *Case* n. 8/74. *European Court Reports*, 1974, p. 837.

[298] EUROPA. Corte de Justiça. *Case* n. 120/78. *European Court Reports*, 1979, p. 649.

incontinenti essa doutrina, aprovando um comunicado em que formulava o princípio geral de reconhecimento mútuo dos padrões nacionais. Ficava assim patente o domínio da agenda do processo de integração e de repartição de competências, a partir das decisões tomadas pela Corte de Justiça, com influência decisiva sobre a administração e legislação européias. Não será açodado, portanto, afirmar que essas decisões tiveram um peso decisivo na adoção do Ato Único Europeu em 1986.[299]

## 2. O princípio da livre circulação de capitais

Os Estados-membros não podem impedir exportação para outro Estado-membro de moedas, notas e cheques, tampouco condicioná-la a autorização prévia – Caso *Bordessa* (1995).[300]

## 3. O princípio da livre circulação de pessoas

Um Estado-membro não pode dar tratamento privilegiado a trabalhador nacional em relação àqueles advindos de outro Estado-membro, havendo de assegurar a ambos, assim como às suas famílias, os mesmos incentivos e políticas sociais e educacionais; também não pode haver limitação do número de trabalhadores, inclusive jogadores, nacionais de outro Estado – Caso *Bosman* (1995).[301]

## 4. Garantia da livre concorrência

A Corte tem reforçado o sistema comunitário de proteção da concorrência, como ficou assentado no caso *Nouvelles Frontières*, decidido em 1986, estendendo-se as normas da concorrência constantes dos Tratados aos transportes aéreos.

## 5. Garantia de um meio ambiente saudável

Os Estados-membros podem criar certas limitações à importação de produtos de outro Estado da União Européia, sob fundamen-

---

[299] ALTER; MEUNIER. *Judicial Politics in the European Community*: European Integration and the Pathbreaking Cassis de Dijon Decision, p. 535 et seq.; SWEET; CAPORASO. *La Cour de Justice et l'Intégration Européene*, p. 224.

[300] EUROPA. Corte de Justiça, http://curia.eu.int/pt/pres/cjieu.htm.

[301] Ibidem.

to de proteção ao meio ambiente. Assim, a Corte já admitiu a legalidade da obrigação imposta pela Dinamarca aos distribuidores de cerveja e refrigerantes de instituir um sistema de consignação e retirada de circulação das embalagens usadas, mesmo reconhecendo que essa medida prejudicava as trocas de mercadorias entre os Estados.

## 6. O princípio da proteção social

O Tratado defere às instituições comunitárias competência para adoção de uma política social, sem especificar, no geral, as obrigações a que se achariam vinculados os Estados-membros. As especificações são pontuais: o direito ao estabelecimento (arts. 52-58), à livre circulação de trabalhadores (arts. 48-51) e aos fundos sociais europeus (arts. 123-128). Especialmente para os Estados, parece indiscutível que é o artigo 119 que mais define aquelas obrigações, ao assegurar a igualdade de remuneração entre trabalhadores femininos e masculinos pelo mesmo trabalho (art. 119). Esse direito veio a ser objeto de três Diretivas, uma de 1975, outra de 1976 e ainda a "Diretiva relativa à realização progressiva do princípio da igualdade de tratamento entre homens e mulheres em matéria de seguridade social" de 1978. É preciso dizer, no entanto, que a aprovação dessas diretivas demanda uma maioria qualificada, nem sempre fácil de ser atingida, senão a partir de um quase sempre complicado "mínimo denominador comum", restando à Corte de Justiça um papel supletivo da inércia política, ora aceitando uma regulamentação ou prática nacional por sua conformidade com o direito comunitário, ora rejeitando-a, por incompatibilidade.[302] Seja como for, tem sido marcante a jurisprudência da Corte nesse campo, tanto quanto na afirmação do livre acesso à formação profissional, independente da nacionalidade dentro da Comunidade – Caso *Gravier* (1985). Sem adentrar nas particularidades dos casos, envolve assinalar aqui, uma vez mais, o papel da Corte na definição das competências entre os órgãos comunitários e os Estados-membros e na realização da integração positiva, vale dizer, na construção de um regime jurídico comunitário que venha a substituir os múltiplos regimes

---

[302] EUROPA. Corte de Justiça. *Case* n. 61/81. *European Court Reports*, 1982, p. 2.601: direito britânico negava o direito a uma remuneração igual entre homens e mulheres.

nacionais.[303] Assim é que o governo britânico houve de recorrer por diversas vezes ao Parlamento com vistas a alterar sua legislação social para adaptá-la à jurisprudência da Corte.[304] E são diversos os exemplos em que a Corte suplantou o Conselho de Ministros como lugar de decisões legislativas, fazendo uso, como fundamento de seus arestos, de dispositivos constantes de diretivas que haviam sido ali bloqueadas[305] ou levando à aprovação de outras tantas normas derivadas.[306]

### III. Repartição de competência entre Estado federal e Länder *segundo o Tribunal Constitucional Federal alemão*

Na Alemanha, o artigo 30 da Lei Fundamental estabelece o exercício das competências estatais e a realização das tarefas estatais como assunto dos *Länder*, salvo os casos em que a Lei Fundamental dispuser ou autorizar de modo diverso. Por idêntico, o artigo 70.1 também reserva aos *Länder* o direito de legislar sobre toda matéria não atribuída ao Estado federal (*Bund*). A interpretação desses artigos, contudo, permitiu, como vimos, o reconhecimento de competências federais explícitas, enumeradas pelo texto constitucional, e implícitas, sem título expresso ou específico, deduzidas do sistema da Lei Fundamental. Nada impede a possibilidade de acordos entre as unidades federativas sobre essa distribuição, desde que não interfiram na ordem disposta de forma imperativa pela Lei Fundamental,[307] nem importem renúncia das próprias competências.[308] Por outro lado, a atribuição geral de competência aos *Länder* não passa de uma presunção *iuris tantum*, deslocada pelas

---

[303] KENNEY. *Pregnancy and Disability:* Comparing the United States and the European Community, p. 8 et seq.

[304] EUROPA. Corte de Justiça. *Case* n. 61/81. *European Court Reports*, 1982, p. 2.601. ELLIS. *European Community Sex Euqlity Law*, p. 99 et seq.

[305] EUROPA. Corte de Justiça. *Case* n. 61/81. *European Court Reports*, 1982, p. 2.601; *Case* n. 179/88. *European Court Reports*, 1991, I, p. 3.979.

[306] Aprovação pelo Conselho de uma diretiva relativa à gravidez e maternidade a partir da decisão tomada no Caso n. 177/88. (*Affaire Dekker*) *European Court Reports*, 1991. I, p. 3.941.

[307] ALEMANHA. Corte Constitucional Federal. *BVerfGE* 32, 145 (156).

[308] ALEMANHA. Corte Constitucional Federal. *BVerfGE* 4, 115 (139).

competências expressas e implícitas do *Bund*, cabendo, ainda, a este, a *Kompetenz-Kompetenz*, vale dizer, o poder sempre de revisão constitucional.

A competência legislativa é atribuída de forma exclusiva ao *Bund* (*ausschliebliche Bundesgesetzgebung*) pelo artigo 73, vindo no artigo 74 o rol das competências concorrentes (*Konkurrierende Bundesgesetzgebund*). Nesse campo, a intervenção federal exige a presença de alguma das circunstâncias previstas na cláusula de necessidade do artigo 72.2 (*Bedürfnisklausel*): impossibilidade de regulação eficaz mediante lei dos diferentes *Länder*; a possibilidade de a lei de um *Land* prejudicar os interesses de outros *Länder* ou da generalidade e a exigência da manutenção da unidade jurídica ou econômica e, em particular, a preservação da uniformidade nas condições de vida para além dos limites territoriais de um *Land*. De acordo com o Tribunal Constitucional Federal, a apreciação da presença ou não dessas circunstâncias se situa no campo de discricionariedade do legislador federal, imune ao controle judicial,[309] a menos que seja flagrante o seu abuso.[310] A promulgação de uma lei pelo Legislativo federal, no regular exercício de sua competência, derroga a legislação vigente dos *Länder* "na mesma extensão e intensidade" da regulamentação federal, inviabilizando qualquer investida futura naquele campo.[311]

Em relação a uma série de matérias (arts. 75 e 98.3), a Lei Fundamental exige que a legislação federal, editada por força da cláusula de necessidade, contenha-se a definir os princípios, as bases ou linhas diretrizes da disciplina. São as chamadas "normas quadros" (*Rahmenvorschriften*). Se existe um campo nebuloso na definição dessas normas, algo parece indiscutível: o *Bund* não pode esgotar a disciplina da matéria, nem a pode detalhar, sem deixar algum espaço para a atuação suplementar dos *Länder*.[312] Em outros assuntos (arts. 109.3 e 140), a Lei Fundamental exige a produção de "lei federal de princípios" (*Grundsatzgesetezgebung*), em muito semelhante às "normas quadros", exceto por prescindir dos

---

[309] ALEMANHA. Corte Constitucional Federal. *BVerfGE* 2, 213 (224); 13, 230 (233); 26, 328 (382).

[310] ALEMANHA. Corte Constitucional Federal. *BVerfGE* 4, 115 (127); no geral: BLAIR. *Federalism and Judicial Review in West Germany*, p. 1 et seq.

[311] ALEMANHA. Corte Constitucional Federal. *BVerfGE* 1, 283 (296).

[312] ALEMANHA. Corte Constitucional Federal. *BVerfGE* 4, 115 (127).

requisitos da cláusula de necessidade e estar dirigida aos órgãos do próprio *Bund* e dos *Länder*.

Outro elemento peculiar no sistema constitucional alemão é a chamada cláusula de prevalência da legislação federal. O artigo 31 da Lei Fundamental dispõe que o direito federal tem prioridade sobre o direito estadual (*Bundesrecht bricht Landesrecht*). Esse dispositivo se apresenta como "regra para solução de antinomias", mas não se aplica à hipótese de a lei regional possuir conteúdo normativo idêntico à lei federal.[313] Tal prioridade é expressa textualmente por *brechen* e não por *vorgehen* e seria melhor traduzida como "invalidação", pois é esse o efeito que produz: a promulgação de uma lei federal derroga o direito regional preexistente que discipline de maneira diferente o mesmo objeto.[314] O alcance de seus efeitos se projeta para o futuro, pois se impõe como uma barreira à futuras intervenções do legislador estadual. Tem-se de atentar também que *Bundesrecht* reúne não apenas as leis, mas igualmente os regulamentos e prevalece, para alguns, inclusive sobre as Constituições dos *Länder*; deslocando o princípio *lex superior derogat inferior*,[315] embora se tenha feito exceção às normas constitucionais estaduais que serviam de parâmetro de constitucionalidade para as leis de seus respectivos Estados.[316] Todavia, o âmbito de sua aplicação exige um exercício regular de competência, não podendo ser vista como uma cláusula de absoluta prevalência da lei federal.[317]

## IV. *Repartição de competências federativas segundo a jurisprudência do Supremo Tribunal Federal*

Nem sempre é tranqüila e previsível a solução de complementaridade ou, para alguns, de conflito entre as normas constitucionais de atribuição de competência privativa à União para legislar sobre certos temas e aquelas que definem o consórcio material e legislativo previsto nos artigos 23 e 24, respectivamente, da Cons-

---

[313] ALEMANHA. Corte Constitucional Federal. *BVerfGE* 36, 342 (363).

[314] VOGEL. *El Régimen Federal de la Ley Fundamental*, p. 632.

[315] *Vogel* (ibidem, p. 633), escudado em uma decisão do Tribunal Federal do Trabalho.

[316] ALEMANHA. Corte Constitucional Federal. *BVerfGE* 34, 342.

[317] ALEMANHA. Corte Constitucional Federal. *BVerfGE* 36, 342 (363).

tituição Federal, ou, ainda, em relação à competência reservada ao Estado. Toda a lista de soluções dadas pelo Tribunal a tais impasses, registradas algumas precedentemente, apresenta-se sempre após um exercício argumentativo realizado sobre duas alternativas: tem competência o Estado para a matéria legislada, logo, sua atuação foi constitucional, ou é de competência da União o assunto, sendo ilegítima constitucionalmente o tratamento legal dispensado pelo Estado; assim, indicativamente, em nome da "proteção e defesa da saúde" (art. 24, XIV), pode o Estado obrigar a que o transporte de trabalhadores urbanos e rurais seja feito necessariamente por ônibus, sem que com isso invada a competência da União para legislar sobre transporte e segurança do Trabalho (art. 22, XI e I)? Ou pode impor, sem que patrocine a mesma invasão, a obrigação de que se instale cinto de segurança em veículos de transporte coletivo de passageiros? Também, com objetivo de realizar a proteção e integração social das pessoas portadoras de deficência, através da facilitação de seu acesso e permanência no interior dos veículos, pode exigir que se façam adaptações nos coletivos intermunicipais? A resposta às primeiras perguntas, como vimos, foram negativas; em relação à segunda, reputou-se constitucional a lei estadual. O tema revela tamanha dificuldade que o Plenário não veio a referendar a suspensão da norma deferida pelo Presidente da Casa, este entendendo que havia, pelo menos em juízo preliminar, usurpação de competência federal, citando expressamente os dois precedentes; aquele recorrendo ao domínio da legislação concorrente, definido pelo artigo 24, inciso XIV, na criação de "mecanismos compensatórios destinados a ensejar a superação das desvantagens decorrentes [da deficiência física]", e à possibilidade de o Estado-membro, tanto quanto o Distrito Federal, vir a exercer competência legislativa plena, desde que inexistente lei federal sobre normas gerais e para o atendimento de suas peculiaridades (art. 24, § 3.º).[318]

Examinemos as competências concorrentes e comuns sobre algumas matérias específicas no confronto com as competências privativas da União, tanto de ordem material, quanto legislativa (1), e, em seguida, a delimitação de normas gerais (2), da compe-

---

[318] BRASIL. Supremo Tribunal Federal. Pleno. ADInMC n. 903-MG. Rel. Min. Celso de Mello. *DJ* 1 de 2/8/1993, p. 14.125 e *DJ* 1 de 24/10/1997, p. 54.155.

tência suplementar (3), no âmbito da competência concorrente, aferindo uma competência remanescente entre os poderes legislativos federais enumerados (4):

## 1. O confronto de competências comuns e concorrentes com a competência legislativa privativa da União

Faremos um apanhado da jurisprudência do Supremo Tribunal, considerando as competências sobre (A) produção e consumo (art. 24, V) e consumidor (art. 24, VIII); (B) floresta, caça, pesca, fauna, conservação da natureza, defesa do solo e dos recursos naturais, proteção do meio ambiente e controle da poluição (art. 24, VI) e responsabilidade por dano ao meio ambiente (art. 24, VIII); (C) proteção e defesa da saúde (art. 24, XII); (D) direito tributário, econômico e financeiro (art. 24, I); (E) competência material comum sobre política de educação para a segurança do trânsito (art. 23, XII), e (F) procedimento em matéria processual (art. 24, XI).

A. *Produção e consumo (art. 24, V) e consumidor (art. 24, VIII)*

Lei estadual que determina a pesagem de botijões entregues ou recebidos para substituição à vista do consumidor, com pagamento imediato de eventual diferença a menor afronta a competência privativa da União para legislar sobre energia e metrologia (art. 22, IV e VI);[319] assim também já se considerou atentatória à competência privativa da União para legislar sobre comércio interestadual (art. 22, VIII) e, de forma geral, sobre produção e consumo (art. 24, V), a lei estadual que impunha a obrigatoriedade de informações gerais, nas embalagens de produtos alimentícios, a respeito da composição do produto, aditivos, quantidade de calorias, de proteínas, açúcar e gordura, indicação da ausência de conservantes, corantes e aromatizantes, assim como da forma de esterilização uti-

---

[319] BRASIL. Supremo Tribunal Federal. Pleno. ADInMC n. 855-PR. Rel. Min. Sepúlveda Pertence. *RTJ* v. 152, t. 2, p. 455-462; além do reconhecimento da plausibilidade da tese de atentado aos arts. 24 (competência concorrente), 25, § 2.º (competência dos Estados para explorar diretamente, ou mediante concessão, os serviços locais de gás canalizado), e 238 (a lei ordenará a venda e revenda de combustíveis de petróleo, álcool carburante e outros combustíveis derivados de matérias-primas renováveis).

lizada no acondicionamento ou embalagem.[320] Mas, por falta de plausibilidade jurídica da alegação de ofensa à competência privativa da União para legislar sobre comércio de combustíveis (art. 22, I, IV, XII), o Tribunal indeferiu pedido de liminar em ação direta de inconstitucionalidade ajuizada contra lei estadual, que assegurava ao consumidor o direito de obter informações sobre natureza, procedência e qualidade dos produtos combustíveis comercializados nos postos revendedores situados no mencionado Estado.[321]

A invasão da competência da União para legislar sobre Direito Comercial (art. 22, I), de outro lado, é verificada quando o legislador estadual obriga as organizações de supermercados e congêneres a manter pelo menos um funcionário, por cada máquina registradora, cuja atribuição seja o acondicionamento de compras ali efetuadas, sob pena de terem que suportar pesadas multas.[322]

B. *Floresta, caça, pesca, fauna, conservação da natureza, defesa do solo e dos recursos naturais, proteção do meio ambiente e controle da poluição (art. 24, VI) e responsabilidade por dano ao meio ambiente (art. 24, VIII)*

Não viola a competência nuclear da União norma estadual que subordina a construção, no respectivo território, de instalações industriais para produção de energia nuclear a autorização legislativa ou de plebiscito,[323] embora haja excessos na vedação, no território do Estado, do transporte e depósito ou qualquer outra forma de disposição de resíduos que tenham sua origem na utilização de energia nuclear e de resíduos tóxicos ou radioativos, quando provenientes de outros estados ou países,[324] ou naquelas que dispõem sobre bar-

---

[320] BRASIL. Supremo Tribunal Federal. Pleno. ADInMC n. 750-RJ. Rel. Min. Octavio Gallotti. *RTJ* v. 142, t. 1, p. 83-85.

[321] BRASIL. Supremo Tribunal Federal. Pleno. ADInMC n. 1.980-PR. Rel. Min. Sydney Sanches. *ISTF* 179.

[322] BRASIL. Supremo Tribunal Federal. Pleno. ADInMC n. 669-RJ. Rel. Min. Octavio Gallotti. *RTJ* v. 141, t. 1, p. 80-82.

[323] BRASIL. Supremo Tribunal Federal. Pleno. ADInMC n. 329-SC. Rel. Min. Sepúlveda Pertence. *RTJ* v. 132, t. 3, p. 1.079- 1.081.

[324] BRASIL. Supremo Tribunal Federal. Pleno. ADInMC n. 330-RS. Rel. Min. Carlos Velloso. *RTJ* v. 146, t. 2, p. 404-407.

cos estrangeiros e nacionais, quanto à capacidade de carga e ao percentual mínimo de desembarque em pescado aproveitável ao consumo humano da "fauna acompanhante", por viagem, embora se tenha admitido outras medidas destinadas à diminuição da pesca predatória e ao maior aproveitamento da "fauna acompanhante" e ao controle de seu desperdício.[325] Também se negou a possibilidade de a Constituição do Mato Grosso vedar a saída do Estado de madeiras em toras, por usurpar a competência da União para legislar sobre comércio interestadual e transporte (art. 22, VIII e XI).[326]

C.  *Proteção e defesa da saúde (art. 24, XII)*

Viola a competência federal para legislar sobre direito comercial e civil a lei que obriga as empresas de prestação de serviços médico-hospitalares estabelecidas no Estado a atender e a prestar assistência aos seus usuários sem quaisquer restrições a enfermidades mencionadas no Código Internacional de Doenças, editado pela Organização Mundial de Saúde, não se aplicando a competência concorrente para legislar sobre saúde.[327] Assim também ao se criar uma política estadual de qualidade do ambiente ocupacional e proteção à saúde[328] ou ao se dispor sobre medidas de polícia administrativa destinadas a coibir a discriminação da mulher nas relações de trabalho ou ao se instituir uma política estadual de qualidade ambiental ocupacional e de proteção da saúde do trabalhador, invade-se a competência da União para legislar sobre Direito do Trabalho e, sobretudo, para organizar, manter e executar a inspeção do trabalho (art. 21, XXIV).[329]

---

[325] BRASIL. Supremo Tribunal Federal. Pleno. ADInMC n. 861-AP. Rel. Min. Néri da Silveira. *RTJ* v. 151, t. 1, p. 63-68.

[326] BRASIL. Supremo Tribunal Federal. Pleno. ADInMC n. 280-MT. Rel. Min. Célio Borja. *RTJ* v. 132, t. 3, p. 1.062-1.065.

[327] BRASIL. Supremo Tribunal Federal. Pleno. ADInMC n. 1.595-SP. Rel. Min. Nélson Jobim. *ISTF* 69; ADInMC n. 1.646-PE. Rel. Min. Néri da Silveira. *ISTF* 78.

[328] BRASIL. Supremo Tribunal Federal. Pleno. ADInMC n. 1.893-RJ. Rel. Min. Marco Aurélio. *DJ* 1 de 23/4/1999, p. 2.

[329] BRASIL. Supremo Tribunal Federal. Pleno. ADInMC n. 953-DF. Rel. Min. Sepúlveda Pertence. *RTJ* v. 153, t. 3, p. 769-773. Afastou-se o alcance das normas de prevenção das doenças e critérios de defesa da saúde dos trabalhadores em relação às atividades potencialmente desencadeadoras de lesões por esforços repetitivos – LER das relações de emprego celetistas: ADInMC n. 1.862-RJ. Rel. Min. Néri da Silveira. *ISTF* 142.

## D. Direito Tributário, econômico e financeiro (art. 24, I)

Os Estados podem adotar índices locais para a correção monetária de seus tributos, uma vez que tal matéria não se insere na competência privativa da União (art. 22, VI), e sim a competência concorrente do artigo 24, I, da Constituição.[330]

## E. Competência material comum sobre política de educação para a segurança do trânsito (art. 23, XII)

Viola a competência privativa da União para legislar sobre trânsito e transporte (art. 22, XI) a norma estadual que obriga a instalação de cinto de segurança em veículos de transporte coletivo de passageiros,[331] que autoriza maiores de dezesseis e menores de dezoito anos de idade a dirigir veículos de passeio, mesmo apenas dentro dos limites territoriais do Estado,[332] que proíbe a instalação de barreiras eletrônicas para o controle e fiscalização do trânsito em vias públicas estaduais,[333] que torna obrigatória a notificação pessoal e imediata dos condutores de veículos em casos de infrações de trânsito decorrentes da utilização de telefone celular com o veículo em movimento, prevendo ainda a invalidação da autuação pela autoridade, de ofício ou a pedido, na hipótese de a notificação não ser observada;[334] que cancela todas as multas aplicadas pelos órgãos responsáveis nas rodovias no âmbito territorial do Estado,[335] que dis-

---

[330] BRASIL. Supremo Tribunal Federal. 2.ª Turma. RE n. 143.871-SP. Rel. Min. Marco Aurélio. *ISTF* 3.

[331] BRASIL. Supremo Tribunal Federal. Pleno. ADInMC n. 874-BA. Rel. Min. Néri da Silveira. *DJ* 1 de 20/8/1993, p. 16.318.

[332] BRASIL. Supremo Tribunal Federal. Pleno. ADInMC n. 474-RJ. Rel. Min. Octavio Gallotti. *RTJ* v. 136, t. 1, p. 39; mérito: *DJ* 1 de 3/5/1996, p. 13.897; ADInMC n. 476-BA. Rel. Min. Celso de Mello. *RTJ* v. 136, t. 1, p. 41; ADInMC n. 532-MA. Rel. Min. Octavio Gallotti. *RTJ* v. 137, t. 2, p. 575; mérito: *RTJ* v. 168, p. 376-380; ADInMC n. 556-RN. Rel. Min. Octavio Gallotti. *RTJ* v. 140, t. 1, p. 29; ADInMC n. 747-TO. Rel. Min. Moreira Alves. *DJ* 1 de 28/8/1992, p. 13.451; ADInMC n. 1.032-RJ. Rel. Min. Francisco Rezek. *RTJ* v. 153, t. 3, p. 801-803; mérito: *DJ* 1 de 20/6/1997, p. 28.467.

[333] BRASIL. Supremo Tribunal Federal. Pleno. ADInMC n. 2 064-MS. Rel. Min. Maurício Corrêa. *ISTF* 169.

[334] BRASIL. Supremo Tribunal Federal. Pleno. ADInMC n. 2 101-MS. Rel. Min. Maurício Corrêa. *ISTF* 179.

[335] BRASIL. Supremo Tribunal Federal. Pleno. ADInMC n. 2 137-RJ. Rel. Min. Sepúlveda Pertence. *ISTF* 182.

pensa alunos do 2.º grau de ensino, aprovado na disciplina "formação para o trânsito", constante do currículo secundarista da rede pública distrital de ensino, do exame teórico para obtenção da carteira nacional de habilitação,[336] que dispõe sobre inspeção técnica em veículos, autorizando a sua concessão, conquanto tenha mantido dispositivo que admitia a concessão e permissão das atividades pertinentes à execução do serviço do Detran, de vistoria e inspeção em veículos, desde que não abrangido o exercício do poder de política.[337] Não viola essa competência, ainda, norma que veda a retenção ou apreensão do veículo pelo não recolhimento do IPVA devido no prazo regulamentar, na hipótese de o veículo ser licenciado no Estado, impedindo, todavia, a renovação da licença, sob o entendimento de que o dispositivo impugnado cuidaria de matéria tributária e não de norma de trânsito.[338]

### F. Procedimento em matéria processual (art. 24, XI)

É tormentosa a distinção entre processo, afeto à competência privativa da União (art. 22, I), e procedimento, compartilhado pela legislação da União, dos Estados e do Distrito Federal (art. 24, XI). A jurisprudência do STF coincide com a sua delimitação. Assim, considerou-se inconstitucional por dispor sobre processo e não sobre procedimento, a Lei Orgânica do Ministério Público estadual que previa como atribuição do Procurador-Geral de Justiça o ajuizamento de ação civil pública, reputando tratar-se de matéria relativa a processo e não a procedimento ou, inversamente, por se inserirem como procedimento pontos dessa mesma lei que disciplinavam a competência de vários órgãos do Ministério Público local para regulamentar, promover e arquivar inquéritos civis.[339] Esta-

---

[336] BRASIL. Supremo Tribunal Federal. Pleno. ADInMC n. 1.991-DF. Rel. Min. Maurício Corrêa. *RTJ* v. 170, t. 1, p. 133-136.

[337] BRASIL. Supremo Tribunal Federal. Pleno. ADInMC n. 1.666-RS. Rel. Min. Carlos Velloso. *ISTF* 153; ADInMC n. 1.704-MT. Rel. Min. Marco Aurélio. *DJ* 1 de 6/2/1998, p. 3; ADInMC n. 1.592-DF. Rel. Min. Moreira Alves. *DJ* 1 de 17/4/1998, p. 2; ADInMC n. 1.972-RS. Rel. Min. Ilmar Galvão. *ISTF* 153.

[338] BRASIL. Supremo Tribunal Federal. Pleno. ADInMC n. 1.654-AP. Rel. Min. Néri da Silveira. *ISTF* 81.

[339] BRASIL. Supremo Tribunal Federal. Pleno. ADInMC n. 1.916-MS. Rel. Min. Nelson Jobim. *DJ* de 24/2/1999; ADInMC n. 1.285-SP. Rel. Min. Moreira Alves. *DJ* 1 de 1/11/1995, p. 37.131: "O inquérito civil é procedimento pré-processual que se insere na esfera do

vam viciadas, pelo mesmo motivo, a vedação de oficiar, simultaneamente, mais de um órgão do Ministério Público no mesmo processo ou procedimento envolvendo interesses dos incapazes e dos ausentes;[340] a resolução do Conselho Superior da Magistratura dispondo sobre a destruição física de autos de processos arquivados há mais cinco anos;[341] e a previsão de tramitação de inquéritos policiais diretamente entre autoridade policial e Ministério Público.[342] Mas em relação a artigo do regimento de tribunal que deixava a critério do desembargador-relator, quando da remessa dos autos de mandados de segurança e de *habeas corpus* à Procuradoria-Geral de Justiça, a extração de cópias autenticadas dos autos, que permaneceriam no gabinete, para serem utilizadas para o julgamento do feito, nas hipóteses em que, findo o prazo legal para a emissão de parecer pelo Ministério Público, não tivessem sido devolvidos e a dispositivo daquele mesmo regimento, dispondo que independentemente das informações pela autoridade impetrada, findo o prazo legal, os autos seriam remetidos à Procuradoria-Geral de Justiça, para parecer, não se reconheceu plausibilidade jurídica da tese de ofensa à competência privativa da União para legislar sobre Direito Processual (arts. 22, I, c/c 48, *caput*), sob a alegativa de que não haviam sido estabelecidas regras novas de processo, mas apenas de procedimento com o intuito de acelerar os julgamentos relativos a ações de *habeas corpus* e mandados de segurança. Entendeu-se, ainda, à primeira vista, que a norma regimental, além de atender aos princípios da economia e da celeridade processual, não afastara a regra legal de intimação do Ministério Público para pronunciar-se, considerando que a manifestação do *Parquet*, nesses casos, não era imprescindível, mas sim a sua intimação.[343]

---

direito processual civil como procedimento, à semelhança do que sucede com relação ao inquérito policial em face do direito processual penal. Daí, a competência concorrente prevista no artigo 24, XI, da Constituição Federal."

[340] BRASIL. Supremo Tribunal Federal. Pleno. ADInMC n. 932-SP. Rel. Min. Marco Aurélio. *RTJ* v. 151, t. 2, p. 447.

[341] BRASIL. Supremo Tribunal Federal. Pleno. ADInMC n. 1.919-SP. Rel. Min. Octavio Gallotti. *ISTF* 134.

[342] BRASIL. Supremo Tribunal Federal. Pleno. ADInMC n. 1.615-UF. Rel. Min. Néri da Silveira. *DJ* 1 de 23/6/1997, p. 28.951.

[343] BRASIL. Supremo Tribunal Federal. Pleno. ADInMC n. 1.936-PE. Rel. Min. Néri da Silveira. *DJ* 1 de 28/5/1999, p. 4.

## 2. Competência concorrente e delimitação de normas gerais

A formulação de um conceito de normas gerais, como salientamos, não é tarefa das mais fáceis. A doutrina se tem debatido com esse tema e os resultados não são muito úteis. Podemos reunir sucintamente a construção jurídica do conceito de normas gerais a partir das qualidades que uma norma deve apresentar para ser considerada como tal: sua natureza principiológica ou diretiva (normas-diretrizes),[344] a "fundamentalidade" ou "essencialidade" do objeto de sua disciplina para o sistema jurídico-constitucional,[345] seu amplo alcance subjetivo, de modo a contemplar todos os entes públicos (norma de caráter nacional),[346] e também objetivo, a disciplinar todas as situações ou institutos jurídicos de mesma espécie (norma uniforme)[347] e, enfim, sua eficácia indireta para os cidadãos ou imediatamente vinculante apenas ao legislador estadual (norma de norma).[348]

Segundo o Ministro *Carlos Velloso*, fundado em *Alice Borges*,[349] tais normas seriam identificadas como normas nacionais, de caráter mais genérico e abstrato do que apresentam as normas jurídicas em geral e, notadamente, aquelas normas locais. Todavia esse índice mais elevado de generalidade só pode ser avaliado caso a caso, de acordo com as suas peculiaridades e a uma certa dose de discricionariedade judicial, exigindo, da mesma forma, uma apresentação casuísta de um conceito que se vai perfilhando de maneira negativa. Assim, por exemplo, a União recebeu competência privativa para legislar sobre normas gerais de licitação em todas as modalidades para as administrações públicas diretas, autárquicas e fundacionais da própria, dos Estados, do Distrito Federal e dos Municípios (art. 22,

---

[344] FALCÃO. *Constituição Anotada*, p. 59; MOREIRA NETO. Competência Concorrente Limitada: O Problema da Conceituação das Normas Gerais, p. 159.

[345] ATALIBA. Normas Gerais de Direito Financeiro e Tributário e Autonomia dos Estados e Municípios, p. 52.

[346] CARVALHO PINTO. *Normas Gerais de Direito Financeiro*, p. 41; ATALIBA. Normas Gerais de Direito Financeiro e Tributário e Autonomia dos Estados e Municípios, p. 51; FALCÃO. *Constituição Anotada*, p. 59.

[347] Ibidem; MOREIRA NETO. Competência Concorrente Limitada: O Problema da Conceituação das Normas Gerais, p. 159; CARVALHO PINTO. *Normas Gerais de Direito Financeiro*, p. 41.

[348] PACHECO. *Tratado das Constituições Brasileiras*, II, p. 255; MOREIRA NETO. Competência Concorrente Limitada: O Problema da Conceituação das Normas Gerais, p. 161.

[349] BORGES. *Normas Gerais nas Licitações e Contratos Administrativos*, p. 81.

XXVII). Pois bem, no exercício dessa competência, ela terminou cometendo excessos. Os dispositivos da Lei n. 8.666/1993 que proibiam a doação de imóvel e a permuta de bem móvel, que não fossem para outro órgão da Administração Pública, bem como a imposição obrigatória de condição resolutiva às doações de imóveis – permitida a inalienabilidade, pelos donatários, dos bens doados – que, por entrarem em detalhamento na disciplina do assunto, fugiam do conceito de norma geral. A permissão de doação de móveis exclusivamente para fins e uso de interesse social, por outro lado, não patrocinava o mesmo excesso.[350]

Em matéria de educação, a divisão de competências parecia bem enfatizada. O artigo 22, XXIV atribui competência privativa à União para legislar sobre diretrizes e bases da educação nacional; já o artigo 24, IX estabelece o consórcio legislativo sobre educação, cultura, ensino e desporto (art. 24, IX), reservando também à União o privilégio das normas gerais. A União não se imiscui na competência legislativa estadual, ao dispor sobre o Fundo de Manutenção e Desenvolvimento de Ensino Fundamental e de Valorização do Magistério na forma prevista pelo artigo 60, § 7.º, do ADCT; ainda que imponha aos Estados, ao Distrito Federal e aos Municípios o dever de definir novo plano de carreira e remuneração do magistério, assegurando a remuneração condigna dos professores no ensino fundamental público, em efetivo exercício no magistério; o estímulo ao trabalho em sala de aula; e a melhoria da qualidade do ensino. O Tribunal, entendeu que o referido dispositivo previa normas de caráter geral, não excedendo, portanto, a competência da União Federal para legislar sobre diretrizes e bases da educação nacional, não comportando, todavia, a estipulação de prazo para que as unidades da Federação cumprissem o programa estabelecido.[351] Também se declarou que o artigo da Lei de Diretrizes e Bases da Educação Nacional que conferia à Câmara de Ensino Superior a atribuição de deliberar sobre autorização, credenciamento e recredenciamento periódico de instituições de educação superior, inclusive de universidades, com base em relatórios e avaliações apresentados pelo Ministério da Educação

---

[350] BRASIL. Supremo Tribunal Federal. Pleno. ADInMC n. 927-RS. Rel. Min. Carlos Velloso. *RTJ* v. 157, t. 1, p. 51-60; Cf. com a decisão da Corte Constitucional alemã que reputou legítima a possibilidade de a União esgotar a regulamentação de aspectos pontuais de certa matéria objeto de competência concorrente: *BVerfGE* 43, 291 (343).

[351] BRASIL. Supremo Tribunal Federal. Pleno. ADInMC 1.627-UF. Rel. Min. Octavio Gallotti. *RTJ* v. 170, t. 2, p. 432-436.

e do Desporto não ofendia a competência concorrente dos Estados para legislar sobre educação, cultura, ensino e desporto (art. 24, IX), vez que a fiscalização do ensino superior seria matéria concernente às diretrizes e bases da educação nacional – de competência legislativa reservada à União Federal, considerando-se, ademais, que os Estados deveriam atuar "prioritariamente no ensino fundamental e médio" (art. 211, § 3.º).[352]

Uma alternativa à afirmação do que sejam normas gerais é a sua delimitação negativa, a partir da definição da competência suplementar dos Estados, do Distrito Federal e dos Municípios.

## 3. Competência concorrente e competência suplementar

Vimos que a competência concorrente conduzia à competência suplementar dos Estados, do Distrito Federal e dos Municípios. Abrimos um parêntesis distintivo entre o que chamamos de competência de complementação (A) e competência de colmatação (B). Vejamos qual tem sido o entendimento do Supremo Tribunal a esse respeito.

### A. Competência de complementação

A competência da União para legislar sobre normas gerais não exclui a competência suplementar das demais unidades federativas. Assim, considerou-se que normas de acesso ao magistério estavam compreendidas na competência comum da União, dos Estados, do Distrito Federal e dos Municípios – artigo 23, V, da Constituição Federal –,[353] tanto quanto na competência concorrente dos artigos 22, XXIV, e 24, IX, de forma que se a legislação federal (Lei n. 5.692/1971, com a redação decorrente da Lei n. 7.044/1982) previsse certa escolaridade não inibiria a atuação de Estado federado ou de Município na disciplina da matéria, impondo-se apenas o respeito ao piso estabelecido na primeira,[354] embora, no pleno, tenha-se afirmado que a lei paulista dispondo que o ensino de Educação Artísti-

---

[352] BRASIL. Supremo Tribunal Federal. Pleno. ADInMC n. 1.397-UF. Rel. Min. Carlos Velloso. *DJ* 1 de 27/6/1997, p. 30.224.

[353] BRASIL. Supremo Tribunal Federal. 2.ª Turma. RE n. 179.285-RJ. Rel. Min. Marco Aurélio. *RTJ* v. 170, t. 2, p. 260.

[354] BRASIL. Supremo Tribunal Federal. 2.ª Turma. RE n. 179.285-RJ. Rel. Min. Marco Aurélio. *RTJ* v. 170, t. 2, p. 260.

ca, nas aulas de primeiro grau, devesse ser ministrado por professor com formação específica, afrontava as diretrizes gerais e básicas do ensino fundamental, que não exigia tal especialidade (Lei Federal n. 5.692/1971).[355] Marcou-se, no mesmo passo, a competência comum (art. 23, V e XII) e concorrente (art. 21, IX) contra a competência privativa da União para legislar sobre diretrizes e bases da educação na criação de disciplina intitulada "formação para o trânsito" no currículo secundarista da rede pública de ensino do Distrito Federal.[356]

Por outro lado, julgou-se que a exigência, pelo constituinte decorrente, de concurso público para investidura na carreira da polícia militar invadia a competência da União para dispor sobre normas gerais de organização, efetivos, material bélico, garantias, convocação e mobilização das polícias militares e dos corpos de bombeiros militares (art. 22, XXI),[357] tanto quanto a que estabelecia a acumulação de proventos de reserva remunerada de policial militar com os vencimentos de cargo público civil permanente, alheio ao magistério,[358] a que previa escala de serviço da corporação[359] e a que proibia a comercialização de armas de fogo, munições e afins em todo o território do Estado.[360] É certo que a competência de normas gerais, nesse caso, é deferida de forma privativa à União e não de maneira concorrente. Todavia, a razoabilidade e a necessidade prática nos autorizam a incluir mesmo nessas hipóteses, como naquelas das diretrizes e bases da educação e licitação, o poder suplementar dos Estados.

---

[355] BRASIL. Supremo Tribunal Federal. Pleno. ADInMC n. 1.399-8. Rel. Min. Maurício Corrêa. *DJ* 1 de 20/6/1997, p. 28.468.

[356] BRASIL. Supremo Tribunal Federal. Pleno. ADInMC n. 1.991-DF. Rel. Min. Maurício Corrêa. *RTJ* v. 170, t. 1, p. 133-136.

[357] BRASIL. Supremo Tribunal Federal. Pleno. ADInMC n. 317-SC. Rel. Min. Célio Borja. *RTJ* v. 133, t. 2, p. 546-549.

[358] BRASIL. Supremo Tribunal Federal. Pleno. ADInMC n. 1.541-MS. Rel. Min. Octavio Gallotti. *DJ* 1 de 25/4/1997, p. 15.198. Todavia não se vislumbra o mesmo vício de a norma guardar simetria com o padrão federal: ADInMC n. 1.542-MS. Rel. Min. Franscico Rezek. *DJ* 1 de 19/12/1997, p. 41.

[359] BRASIL. Supremo Tribunal Federal. Pleno. ADInMC n. 1.359-DF. Rel. Min. Marco Aurélio. *DJ* 1 de 26/4/1996, p. 13.112.

[360] BRASIL. Supremo Tribunal Federal. Pleno. ADInMC n. 2 035-RJ. Rel. Min. Octávio Gallotti. *ISTF* 161.

Assim também, a consideração pelo constituinte decorrente das despesas empenhadas, liquidadas e pagas no exercício financeiro, como integrantes da receita aplicada na manutenção e desenvolvimento do ensino, adentra ao campo de normas gerais de direito financeiro.[361]

Por óbvio que a disciplina estadual deve ser compatível com a disciplina de normas gerais. Assim, a existência de lei federal que, genericamente, permita certas atividades econômicas, impede que o Estado-membro venha a dispor em sentido contrário. [362] E a consideração, pelo legislador distrital, de condomínio rural como parcelamento urbano, instituindo espécie não prevista em lei federal, desfazendo condomínio existente e criando novas figuras de responsabilidade civil do empreendedor, mesmo a pretexto de adoção de política habitacional (art. 23, IX) e de exercício da competência para legislar sobre direito urbanístico (art. 24, I), desrespeita a legislação federal sobre a matéria, resultado de sua competência privativa (art. 22, I), além de prejudicar os direitos conferidos aos condôminos por essa mesma legislação, notadamente pelos artigos 524 e 623 do Código Civil.[363]

### B. Competência de colmatação. O conceito de peculiaridades locais

A inexistência de lei federal sobre normas gerais autoriza o exercício pelas demais entidades federativas de competência legislativa plena, para atender a suas peculiaridades. Atente-se, inicialmente, para a finalidade exigida ao exercício dessa competência de colmatação: o atendimento das "peculiaridades locais". Para o Ministro *Marco Aurélio*, não se poderia reconhecer legítima essa atuação supletiva se o fato ou hipótese regulados ultrapassassem os limites da unidade federativa regulamentadora. Assim, como a ingestão de bebidas

---

[361] BRASIL. Supremo Tribunal Federal. Pleno. ADInMC n. 424-RO. Rel. Min. Néri da Silveira. *ISTF* 195.

[362] BRASIL. Supremo Tribunal Federal. Pleno. ADInMC 2.396-MS. Rel. Ministra Ellen Gracie. *ISTF* 243: tratava-se de lei estadual que vedava a fabricação, o ingresso, a comercialização e a estocagem de amianto ou de produtos à base de amianto, destinados à construção civil, no território estadual.

[363] BRASIL. Supremo Tribunal Federal. Pleno. ADInMC n. 209-DF. Rel. Min. Octavio Gallotti. *RTJ* v. 154, t. 3, p. 368-381.

alcoólicas por motoristas não se dava apenas quando se trafegasse nas rodovias de um único Estado, este não poderia expedir lei proibindo a instalação de estabelecimentos comerciais que vendessem bebidas alcoólicas às margens de suas rodovias.[364]

Parece indubitável a marcação de um interesse próprio da unidade federativa para legitimar a sua atividade legislativa primária, diante da inércia federal. Assim, tem-se reputado válido o exercício dessa competência, mesmo em face da competência federal para legislar sobre transporte (art. 22, XI), na imposição de se fazerem adaptações nos coletivos intermunicipais visando a facilitar o acesso e a permanência de portadores de deficiência física, vez que inserida no domínio da legislação concorrente sobre a "proteção e integração social das pessoas portadoras de deficiência" (art. 24, XIV) e exercida na ausência de lei federal sobre normas gerais, "para atender a suas peculiaridades";[365] e na lei que dispunha sobre cessão de passagens a policiais militares no sistema de transporte coletivo intermunicipal de passageiros;[366] ou, em face da competência privativa da União para legislar sobre registros públicos (art. 22, XXV), na concessão de isenção do pagamento de emolumentos relativos ao registro de atos constitutivos, inclusive de alteração de ata ou de documento válido contra terceiros, às entidades beneficentes de assistência social em regular funcionamento no Estado, declaradas de utilidade pública, tendo em vista que a lei federal sobre normas gerais para fixação de emolumentos relativos aos atos praticados pelos serviços notariais e de registro (art. 236, § 2.º) não havia sido editada e considerando, ainda, que o Estado-membro estaria, na espécie, exercendo sua competência concorrente para legislar sobre custas dos serviços forenses prevista no artigo 24, IV, da Constituição Federal;[367] pela mesma razão, pode prever que o Presidente do Tribunal de Justiça firme convênio com os Municípios, com a finalidade de

---

[364] BRASIL. Supremo Tribunal Federal. Pleno. RE n. 148.260-SP. Rel. p/ acórdão Min. Carlos Velloso. *DJ* 1 de 14/11/1996, p. 44.490.

[365] BRASIL. Supremo Tribunal Federal. Pleno. ADInMC n. 903-MG. Rel. Min. Celso de Mello. *DJ* 1 de 24/10/1997, p. 54.155.

[366] BRASIL. Supremo Tribunal Federal. Pleno. ADInMC n. 1.052-RS. Rel. Min. Francisco Rezek. *DJ* 1 de 23/9/1994, p. 25.313. Afastou-se também, nesse caso, violação ao princípio da propriedade privada (art. 170, II).

[367] BRASIL. Supremo Tribunal Federal. Pleno. ADInMC 1.624-MG. Rel. Min. Marco Aurélio. *ISTF* 77.

manutenção dos serviços notariais em localidades cujos cartórios aufiram renda insuficiente.[368] Assim também, não há violação à referida norma pela fixação de emolumentos relativos aos atos praticados pelos serviços notariais e de registro, em disposição normativa que fixa o valor limite para os emolumentos referentes a protesto de título, na hipótese de ser o devedor microempresa ou empresa de pequeno porte, reputando-se sua natureza específica de competência privativa dos Estados (art. 24, § 1.º).[369] Enfim, se lhe reconheceu poder para dispor sobre a criação, o provimento e a instalação das serventias extrajudiciais na ausência da lei nacional reclamada pelo artigo 236 da Constituição.[370]

Relativamente à competência federal para expedir normas gerais sobre educação (art. 24, IX) e sobre diretrizes e bases da educação nacional (art. 22, XXIV), também se tem admitido a legitimidade da atuação legislativa de colmatação para facultar a matrícula escolar antecipada em classe de 1.ª série do 1.º grau de crianças que viessem a completar 6 anos de idade até o final do ano letivo da matrícula, em conta que a Lei Federal de Diretrizes e Bases da Educação, de número 9.346/1990, especialmente seu artigo 19, § 1.º, ainda permanecia carente de regulamentação por parte do Conselho Federal de Educação, possibilitando a integração regulamentadora por parte do Estado.[371] Considerou-se, assim também, que, ao exigir lei complementar de normas gerais sobre o "adequado tratamento tributário ao ato cooperativo praticado pelas sociedades cooperativas", o artigo 146, III, c, da Constituição Federal não concedera imunidade tributária às cooperativas, de modo que, enquanto não fosse promulgada a tal lei complementar federal, o Estado-membro poderia disciplinar o tratamento tributário que entendesse adequa-

---

[368] BRASIL. Supremo Tribunal Federal. Pleno. ADInMC n. 1.450-SP. Rel. Min. Moreira Alves. *DJ* 1 de 7/2/1997, p. 1.337. Afastou-se também o argumento de violação à natureza privada da prestação desses serviços.

[369] BRASIL. Supremo Tribunal Federal. Pleno. ADInMC n. 1.790-DF. Rel. Min. Sepúlveda Pertence. *ISTF* 108.

[370] BRASIL. Supremo Tribunal Federal. Pleno. ADInMC n. 865-MA. Rel. Min. Celso de Mello. *RTJ* v. 157, t. 2, p. 465-472.

[371] BRASIL. Supremo Tribunal Federal. Pleno. ADInMC n. 682-PR. Rel. Min. Paulo Brossard. *RTJ* v. 140, t. 3, p. 794-797.

do às cooperativas – tendo em vista a competência concorrente ditada pelo art. 24, I e § 3.º, da Constituição Federal.[372]

Mostra-se constitucional, ainda, a disciplina do Imposto sobre Propriedade de Veículos Automotores mediante norma local. Deixando a União de editar normas gerais, exerce a unidade da federação a competência legislativa plena – § 3.º do artigo 24, do corpo permanente da Carta de 1988 –, sendo que, com a entrada em vigor do sistema tributário nacional, abriu-se à União, aos Estados, ao Distrito Federal e aos Municípios, por meio da edição de leis necessárias à respectiva aplicação – § 3.º do artigo 34 do Ato das Disposições Constitucionais Transitórias da Carta de 1988.[373] No entanto, a lei estadual que estabelecia as hipóteses de competência dos juizados especiais cíveis e criminais no âmbito do Judiciário local, antes do advento da legislação federal pertinente, violava a competência da União.[374]

## 4. Competência remanescente e poderes legislativos federais enumerados

Sem terem por base um dispositivo constitucional específico, definidor de competência própria ou concorrente, ou por se fundarem na regra da competência reservada, inúmeros artigos de lei estadual tiveram que desafiar o teste de prevalência com a com-

---

[372] BRASIL. Supremo Tribunal Federal. 1.ª Turma. RE n. 141.800-SP. Rel. Min. Moreira Alves. *DJ* 1 de 3/10/1997, p. 49.239.

[373] BRASIL. Supremo Tribunal Federal. 2.ª Turma. Ag (AgRg) n. 167.777-SP. Rel. Min. Marco Aurélio. *DJ* 1 de 9/5/1997, p. 18.134; 1.ª Turma. RE n. 236 931-SP. Rel. Min. Ilmar Galvão. *ISTF* 157.

[374] Os critérios de identificação das "causas cíveis de menor complexidade" e dos "crimes de menor potencial ofensivo", a serem confiados aos Juizados Especiais, constitui matéria de Direito Processual, da competência legislativa privativa da União. Há distinção conceitual entre os juizados especiais e os juizados de pequenas causas (cf. ADInMC n. 1.127. Rel. Min. Paulo Brossard), aos primeiros não se aplica o art. 24, X, da Constituição, que outorga competência concorrente ao Estado-membro para legislar sobre o processo perante os últimos". Assim, lei estadual que, antes da Lei federal n. 9.099, outorga competência a juizados especiais, comete inconstitucionalidade; ADInMC n. 1.807-MT. Rel. Min. Sepúlveda Pertence. *DJ* 1 de 5/6/1998, p. 2; Pleno. HC n. 71.713-PB. Rel. Min. Sepúlveda Pertence; HC n. 72.930-MS. Rel. Min. Ilmar Galvão. *DJ* 1 de 15/2/1996, p. 7.203; HC n. 75.308-MT. Rel. Min. Sydney Sanches. *ISTF* 115.

petência privativa da União para legislar sobre diversos assuntos.[375] A listagem que se segue é meramente indicativa, mas traceja as bordas dos poderes que, ao final, sobram aos Estados, em face da competência legislativa federal sobre:

A.  *Direito comercial, sistema monetário e política de crédito (art. 22, I, VI e VII)*

Não se admite disposição constitucional de Estado-membro que dispensa mini e pequenos empresários do pagamento de correção monetária prevista em negócios financeiros, por violar a competência privativa da União para legislar sobre direito comercial e política de crédito, o princípio protetor do ato jurídico perfeito, por afetarem sociedades de economia mista sujeitas a regime jurídico próprio e por exorbitarem da competência da Assembléia Constituinte Estadual;[376] mas não afronta a competência privativa da União para legislar sobre sistema monetário e política de crédito (art. 22, VI e VII), norma constitucional potiguar que prevê a correção monetária dos vencimentos dos servidores públicos estaduais pagos em atraso, considerando-se que a referida norma não cria o instituto da correção monetária, decorrendo esta, por sua vez, de princípios gerais presentes na Constituição, de observância obrigatória.[377] Não pode é o Estado adotar índice de correção superior ao apurado pela União.[378]

---

[375] Confira os critérios utilizados pela Corte Constitucional federal alemã na dilucidação das competências remanescentes dos *Länder*: em favor da União, aplicam-se os métodos da "conexão material" e da "natureza das coisas", já examinados no texto; passando-se, a seguir, para o critério histórico e natural de regulamentação de certa matéria – *BVerfGE* 7, 29 (40) – que melhor se apresenta como o princípio da continuidade competencial (*Kompetentielle Kontinuität*) – *BVerfGE* 11, 105 (111), o alcance da norma, inclusive seu efeito de uniformização ou de atendimento a peculiaridades locais – *BVerfGE* 36, 203 (209); até chegar-se ao *in dubio pro Land* – *BVerfGE* 42, 20 (28); 61, 149 (174).

[376] BRASIL. Supremo Tribunal Federal. Pleno. ADInMC n. 166-PE. Rel. Min. Ilmar Galvão. *DJ* 1 de 16/3/1990, p. 1.868.

[377] BRASIL. Supremo Tribunal Federal. Pleno. ADInMC n. 144-RN. Rel. Min. Octavio Gallotti. *RTJ* v. 148, t. 1, p. 8; ADIn 176-MT. Rel. Min. Marco Aurélio. *RTJ* v. 143, t. 1, p. 17; 1.ª Turma. RE n. 135.313-SP. Rel. Min. Octavio Gallotti. *RTJ* v. 156, p. 214; RREE n. 219.146-RN, n. 220.230-RN, n. 220.260-RN, n. 220.271-RN. Rel. Min. Sepúlveda Pertence. *ISTF* 102.

[378] BRASIL. Supremo Tribunal Federal. Pleno. RE n. 183 907-SP. Rel. Min. Ilmar Galvão. *ISTF* 183.

B. *Direito Comercial e Direito Civil (art. 22, I)*

Não há violação da competência privativa da União para legislar sobre Direito Comercial e Civil em lei estadual que condiciona o acesso direto à rodovia estadual, por parte dos estabelecimentos comerciais, à proibição de se vender ou servir bebida alcoólica, por não dispor sobre matéria de Direito Comercial, cuja competência legislativa é privativa da União (art. 8.º, XVII, *b*, CF/1967; e art. 22, I, CRFB/1988), mas sim, sobre matéria de Direito Administrativo – disciplina da autorização de acesso direto à rodovia estadual.[379] Não se evidencia a relevância jurídica de impugnação, por atentadora da competência privativa da União para legislar sobre Direito Comercial e também sobre Direito do Trabalho, de lei estadual dispondo sobre medidas de segurança nos estacionamentos de veículos automotores, com a obrigação de manterem-se empregados próprios nas entradas e nas saídas desses estacionamentos;[380] embora se tenha reconhecido invasão da competência da União para legislar sobre Direito Civil em lei estadual que vedava a cobrança de taxa de estacionamento por parte das pessoas físicas ou jurídicas que não tinham como empreendimento único e exclusivo o estacionamento comercial de veículos em suas dependências.[381] Enfim, a disciplina estadual sobre a anuidade escolar, seu valor e condições, também o Estado invade aquela competência legislativa da União.[382]

---

[379] BRASIL. Supremo Tribunal Federal. Pleno. RE n. 148.260-SP. Rel.p/ acórdão Min. Carlos Velloso. *DJ* 1 de 14/11/1996, p. 44.490; 1.ª Turma. RE 183.882-SP. Rel. Min. Ilmar Galvão. *ISTF* 144. Aliás, o texto está repleto de exemplos de competência estadual em matéria administrativa. Lembremos de um outro exemplo: não há, à primeira vista, ofensa à competência privativa da União para legislar sobre registros públicos (CF, art. 22, XXV), em norma estadual que dispõe sobre acumulações de serviços notariais, em razão de sua natureza administrativa: a organização de um serviço público. ADInMC n. 2.350-GO. Rel. Min. Maurício Corrêa. *ISTF* 219.

[380] BRASIL. Supremo Tribunal Federal. Pleno. ADInMC n. 451-RJ. Rel. Min. Moreira Alves. *RTJ* v. 139, t. 3, p. 745.

[381] BRASIL. Supremo Tribunal Federal. Pleno. ADInMC 1.623-RJ. Rel. Min. Moreira Alves. *DJ* 1 de 5/12/1997, p. 63.903; ADInMC n. 1.918-ES. Rel. Min. Maurício Corrêa. *ISTF* 133; mérito: *ISTF* 238.

[382] BRASIL. Supremo Tribunal Federal. ADInMC n. 1.007-RE. Rel. Min. Francisco Rezek. *RTJ* v. 153, t. 3, p. 796-798; ADInMC n. 1.042-DF. Rel. Min. Sydney Sanches. *RTJ* v. 154, t. 2, p. 462-476.

## C. Direito do Trabalho (art. 22, I)

Viola a competência federal para legislar sobre Direito do Trabalho dispositivo da Constituição Estadual que proíbe a dispensa, sem justa causa, de empregados das empresas públicas e de economia mista estaduais;[383] ou lei estadual que define índice de reajuste salarial de servidores regidos pela CLT e pagamento de verbas rescisórias para os que forem despedidos ou remanejados sob outro regime jurídico,[384] bem como a disciplina da remuneração de suas férias;[385] mas não há essa mesma invasão na extensão, feita pelo legislador ordinário estadual, aos empregados das empresas públicas e sociedades de economia mista, do teto remuneratório dos servidores públicos.[386]

Não há invasão dessa competência federal e daquela de organização do sistema nacional de emprego e condições para o exercício profissional (art. 22, I e XVI) na aprovação de lei estadual que crie requisitos para ingresso em determinados cargos públicos. Reconhece-se em matéria administrativa, relativa aos servidores públicos estaduais, a competência legislativa estadual, desde que sejam respeitados os princípios constitucionais federais relativos ao serviço público.[387]

## D. Direito Penal e Processual

Não são legítimos constitucionalmente dispositivos de normas dos Estados que estendam a vereador imunidades processuais e penais asseguradas aos membros do Congresso Nacional e aos Deputa-

---

[383] BRASIL. Supremo Tribunal Federal. Pleno. ADInMC n. 1.302-RN. Rel. Min. Marco Aurélio. *DJ* 1 de 20/10/1995, p. 35.256; ADInMC n. 144-RN. Rel. Min. Octavio Gallotti. *DJ* 1 de 26/3/1993, p. 5.001; ADInMC n. 289-CE. Rel. Min. Sepúlveda Pertence. *DJ* 1 de 3/8/1990, p. 7.234.

[384] BRASIL. Supremo Tribunal Federal. Pleno. ADInMC n. 277-MS. Rel. Min. Octavio Gallotti. *RTJ* v. 139, t. 2, p. 419-421; ADInMC n. 287-RO. Rel. Min. Célio Borja. *RTJ* v. 146, t. 2, p. 400-404.

[385] BRASIL. Supremo Tribunal Federal. Pleno. ADInMC n. 1.515-DF. Rel. Min. Sydney Sanches. *DJ* 1 de 11/4/1997, p. 12.179.

[386] BRASIL. Supremo Tribunal Federal. Pleno. ADInMC n. 905-PR. Rel. Min. Carlos Velloso. *DJ* 1 de 22/4/1994, p. 8.941.

[387] BRASIL. Supremo Tribunal Federal. Pleno. ADIn n. 1.326-SC. Rel. Min. Carlos Velloso. *RTJ* v. 168, t. 2, p. 414-419.

dos Estaduais, em face da competência privativa da União para legislar sobre Direito Penal e Direito Processual;[388] no mesmo vício incorreram diversos outros diplomas estaduais que atribuíram ao Governador as prerrogativas do Presidente da República de não ser preso antes da sentença condenatória e de não ser responsabilizado por atos estranhos ao exercício de suas funções,[389] de deteminar-lhe a suspensão das funções nos crimes de responsabilidade, após instauração do processo pela Assembléia Legislativa,[390] embora não se lhe reconheça,

---

[388] BRASIL. Supremo Tribunal Federal. Pleno. ADInMC n. 371-SE. Rel. Maurício Corrêa. *RTJ* v. 143, t. 3, p. 716-719; ADInMC n. 685-PA. Rel. Min. Célio Borja. *RTJ* v. 142, t. 1, p. 79-80.

[389] Recorreu-se ao princípio republicano que impõe a regra geral da responsabilidade a impedir a extensão de prerrogativa inerente ao Presidente da República enquanto Chefe de Estado: ADInMC n. 978-PB. Rel. Min Ilmar Galvão. *RTJ* v. 151, t. 1, p. 80; ADInMC n. 1.008-PI. Rel. Min. Ilmar Galvão. *DJ* 1 de 24/11/1995, p. 40.378; ADInMC n. 1.009-PA. Rel. Min. Ilmar Galvão. *RTJ* v. 160, t. 1, p. 122-125; mérito: Rel. p/ acórdão Min. Celso de Mello. *RTJ* v. 165, t. 2, p. 483-500; ADInMC n. 1.010-MT. Rel. Min. Ilmar Galvão. *RTJ* v. 158, t. 3, p. 761-764; mérito: Rel. p/ acórdão Min. Celso de Mello. *RTJ* v. 165, t. 3, p. 795-812; ADInMC n. 1.011-MA. Rel. Min. Ilmar Galvão. *RTJ* v. 155, t. 2, p. 424-430; ADInMC n. 1.012-GO. Rel. Min. Ilmar Galvão. *DJ* 1 de 9/9/1994, p. 234.494; ADInMC n. 1.013-ES. Rel. Min. Ilmar Galvão. *RTJ* v. 157, t. 1, p. 60-66; ADInMC n. 1.014-BA. Rel. Min. Ilmar Galvão. *DJ* 1 de 9/9/1994, p. 23.440; ADInMC n. 1.015-AM. Rel. Min. Ilmar Galvão. *DJ* 1 de 9/9/1994, p. 23.440; ADInMC n. 1.016-AL. Rel. Min. Ilmar Galvão. *RTJ* v. 160, t. 3, p. 793-796; ADInMC n. 1.017-AC. Rel. Min. Ilmar Galvão. *RTJ* v. 158, t. 2, p. 428-434; ADInMC n. 1.018-MG. Rel. Min. Ilmar Galvão. *DJ* 1 de 9/9/1994, p. 23.440; ADInMC n. 1.019-RR. Rel. Min. Ilmar Galvão. *DJ* 1 de 24/11/1995, p. 40.382; ADInMC n. 1.020-DF. Rel. Min. Ilmar Galvão. *DJ* 1 de 9/9/1994, p. 23.440; ADInMC n. 1.021-SP. Rel. Min. Ilmar Galvão. *DJ* 1 de 9/9/1994, p. 23.440; ADInMC n. 1.022-RJ. Rel. Min. Néri da Silveira. *DJ* 1 de 9/9/1994, p. 23.440; ADInMC n. 1.023-RO. Rel. Min. Ilmar Galvão. *DJ* 1 de 9/9/1994, p. 23.441; ADInMC n. 1.024-SC. Rel. Min. Ilmar Galvão. *DJ* 1 de 24/11/1995, p. 30.384; ADInMC n. 1.025-TO. Rel. Min. Ilmar Galvão. *RTJ* v. 156, t. 3, p. 782-788; ADInMC n. 1.026-SE. Rel. Min. Ilmar Galvão. *DJ* 1 de 9/9/1994, p. 23.441; ADInMC n. 1.027-RS. Rel. Min. Ilmar Galvão. *DJ* 1 de 9/9/1994, p. 23.441; ADInMC n. 1.028-PE. Rel. Min. Ilmar Galvão. *RTJ* v. 160, t. 2, p. 437-440.

[390] BRASIL. Supremo Tribunal Federal. Pleno. ADInMC n. 1.628-SC. Rel. Min. Nelson Jobim. *DJ* 1 de 26/9/1997, p. 47.475; ADInMC n. 1.890-MA. Rel. Min. Carlos Velloso. *ISTF* 135; embora se tenha deixado intacta norma que previa a mesma suspensão no caso de infrações penais comuns, após o recebimento da denúncia ou queixa crime pelo STJ: Constituição estadual não pode dispor sobre crime de responsabilidade, que é matéria prevista em lei federal. ADInMC n. 1.879-RO. Rel. Min. Moreira Alves. *ISTF* 146. Sobre os municípios, o Tribunal, com base no princípio da simetria (CF, art. 86, § 1.º), entendeu constitucionais o dispositivo da Lei Orgânica que conferia à Câmara Municipal competência para julgar o prefeito nas práticas de infrações político-administrativas definidas no DL 201/67; e a norma que prevê o afastamento, por até 90 dias, do prefeito quando recebida denúncia por crime político-administrativo pela Câmara Municipal. Mas reputou inconstitu-

na extensão feita ao Governador de Estado, das prerrogativas, previstas no artigo 86, para o Presidente da República, no sentido de, uma vez admitida a acusação, por dois terços da Câmara dos Deputados, será ele submetido a julgamento perante o Supremo Tribunal Federal, nas infrações penais comuns, ou perante o Senado Federal, nos crimes de responsabilidade,[391] ainda que se tenha negado o poder de a Assembléia Legislativa julgar o Governador por crime de responsabilidade ou de prever crime de responsabilidade.[392] Igualmente possível é a extensão da norma constitucional federal que fixa, em decorrência da perda do cargo por *impeachment*, o prazo de oito anos de inabilitação para o exercício de função pública.[393]

Tem sido reconhecida a possibilidade de a Constituição de Estado-membro instituir foro especial por prerrogativa de função, argumentando-se, por um lado, que a competência originária por prerrogativa de função, *ratione personae* ou *ratione muneris*, conferida pela Constituição da República ou por lei federal, na órbita da jurisdição dos Estados, impõe-se como mínimo a ser observado pelo ordenamento local, incumbindo a este, no entanto, "respeitado o raio mínimo imposto pela ordem central, fixar-lhe a área total"; e, por outro, tem-se sublinhado o poder de autogoverno e auto-organização estadual:

> "A matéria de que se cuida, relativa à competência material por prerrogativa de função, não é da área estrita do direito processual, dada a correlação do problema com a organização dos poderes locais, conforme já se entendia sob a ordem constitucional decaída (*v. g.*, J. Frederico Marques), e ficou reforçado pelo artigo 125 da vigente Constituição da República."[394]

---

cional a norma que previa o afastamento do prefeito quando recebida a denúncia por crime comum pelo Tribunal de Justiça por ofensa à competência privativa da União para legislar sobre direito processual. Pleno. RE n. 192.527-PR. Rel. Min. Marco Aurélio. *ISTF* 226.

[391] BRASIL. Supremo Tribunal Federal. Pleno. ADInMC n. 1.634-SC. Rel. Min. Néri da Silveira. *DJ* 1 de 8/9/2000, p. 3.

[392] BRASIL. Supremo Tribunal Federal. Pleno. ADInMC n. 1.628-SC. Rel. Min. Nelson Jobim. *DJ* 1 de 29/6/1997, p. 47.475.

[393] BRASIL. Supremo Tribunal Federal. Pleno. ADInMC n. 1.628-SC. Rel. Min. Nelson Jobim. *DJ* 1 de 29/6/1997, p. 47.475; ADIn n. 834-MT. Rel. Min. Sepúlveda Pertence. *DJ* 1 de 9/4/1999, p. 2; ADInMC n. 1.901-MG. Rel. Min. Ilmar Galvão. *DJ* 1 de 1/9/2000, p. 105.

[394] BRASIL. Supremo Tribunal Federal. 1.ª Turma. RE n. 141.209-SP. Rel. Min. Sepúlveda Pertence. *RTJ* v. 140, t. 2, p. 683-686.

Assim, pode estabelecer ao Procurador do Estado prerrogativa de foro, de forma a somente ser processado e julgado pelo Tribunal de Justiça nos crimes comuns ou de responsabilidade;[395] como pode ampliar as hipóteses de competência originária dos Tribunais de Justiça para julgamento de *habeas corpus* previstas no artigo 650 do CPP, considerando-lhe, por exemplo, foro originário para julgamento daquele *writ* contra ato de Promotor de Justiça.[396] Essa ampliação deve guardar um certo paralelismo com o modelo federal, pois não se reputou legítima a previsão de ser o Tribunal de Justiça o foro competente para processar e julgar policiais civis.[397] Tal franquia ao constituinte decorrente também não permite excluir a competência constitucional do Tribunal do Júri para o julgamento de crimes dolosos contra a vida (art. 5.º, XXXVIII, *d*), a não ser em relação aos agentes políticos correspondentes àqueles que a Constituição Federal outorga tal privilégio.[398]

Usurpava, ainda, a competência legislativa da União lei distrital que dispunha sobre parcelamentos urbanos, de fato, realizados em área rural do Distrito Federal, impondo cadastramento e regularização, sob pena de responsabilidade civil e penal que definia; dispositivo de Constituição Estadual que previa crime de responsabilidade aos prefeitos que desatendessem à obrigação de enviar às respectivas Câmaras e ao Conselho de Contas a aplicação dos recursos;[399] e a resolução da Secretaria de Segurança Pública do Estado do Rio de Janeiro, que previa o enquadramento incontinenti na Lei de Segurança Nacional dos que introduzissem no Estado armamento ou material militar privativo das forças armadas.[400]

---

[395] BRASIL. Supremo Tribunal Federal. Pleno. ADInMC n. 541-PB. Rel. Min. Marco Aurélio. *RTJ* v. 140, t. 1, p. 26-29.

[396] BRASIL. Supremo Tribunal Federal. 1.ª Turma. RE n. 141.209-SP. Rel. Min. Sepúlveda Pertence. *RTJ* v. 140, t. 2, p. 683-686; 2.ª Turma. RE n. 141.211-SP. Rel. Min. Néri da Silveira. *RTJ* v. 144, t. 2, p. 340-343; RE n. 187.133-SP. Rel. Min. Maurício Corrêa. *ISTF* 130.

[397] BRASIL. Supremo Tribunal Federal. Pleno. ADInMC n. 882-MT. Rel. Min. Paulo Brossard. *RTJ* v. 149, t. 2, p. 425-429; previa-se também forma especial de intimação e depoimento.

[398] BRASIL. Supremo Tribunal Federal. Pleno. HC n. 78.168-PB. Rel. Min. Néri da Silveira. *ISTF* 132.

[399] BRASIL. Supremo Tribunal Federal. Pleno. ADInMC n. 209-DF. Rel. Min. Octavio Gallotti. *DJ* 1 de 9/12/1994, p. 34.080; ADInMC n. 307-CE. Rel. Min. Célio Borja. *RTJ* v. 133, t. 2, p. 542-545; sobre Direito Civil também no primeiro caso.

[400] BRASIL. Supremo Tribunal Federal. Pleno. ADInMC n. 1.489-RJ. Rel. Min. Octavio Gallotti. *DJ* 1 de 17/4/1997, p. 13.397.

Todavia, não se vislumbrou mesmo vício em norma distrital que distribuía atribuições entre categorias da polícia civil (peritos criminais e papiloscopistas)[401] ou em dispositivo de Constituição Estadual, prevendo que os atos de improbidade importassem em representação pela suspensão dos direitos políticos, em perda da função pública, em indisponibilidade de bens e ressarcimento ao Erário, sem prejuízo da ação penal cabível, repetindo apenas dispositivo da Carta da República.[402]

E. *Comércio exterior e interestadual*

A Constituição mato-grossense que proibia a saída do Estado de madeiras em toras por usurpar a competência da União para legislar sobre comércio interestadual e transporte (art. 22, VIII e XI).[403] De idêntica forma, a Portaria Circular da Secretaria Estadual da Fazenda que estabelecia preço mínimo, para efeito de base de cálculo do ICMS, considerando o destino e a procedência dos bens, violava a mesma competência privativa da União (art. 22, VIII) e criava, em atentado ao artigo 152, diferente tratamento para as operações intermunicipais e interestaduais.[404]

F. *Trânsito e transporte*

A invasão dessa competência foi reconhecida em lei estadual que autorizara maiores de dezesseis e menores de dezoito anos de idade a dirigir veículos de passeio, mesmo apenas dentro dos limites territoriais do Estado;[405] no cancelamento de todas as multas aplica-

---

[401] BRASIL. Supremo Tribunal Federal. Pleno. ADInMC n. 1.477-DF. Rel. Min. Octavio Gallotti. *RTJ* v. 163, t. 1, p. 78-81.

[402] BRASIL. Supremo Tribunal Federal. Pleno. ADInMC n. 463-BA. Rel. Min. Marco Aurélio. *RTJ* v. 137, t. 2, p. 559-562.

[403] BRASIL. Supremo Tribunal Federal. Pleno. ADInMC n. 280-MT. Rel. Min. Célio Borja. *RTJ* v. 132, t. 3, p. 1.062-1 065.

[404] BRASIL. Supremo Tribunal Federal. Pleno. ADInMC n. 349-MT. Rel. Min. Marco Aurélio. *RTJ* v. 139, t. 2, p. 442-444.

[405] BRASIL. Supremo Tribunal Federal. Pleno. ADInMC n. 474-RJ. Rel. Min. Spúlveda Pertence. *RTJ* v. 136, t. 1, p. 39-41; mérito: ADInMC n. 476-BA. Rel. Min. Celso de Mello. *RTJ* v. 136, t. 1, p. 41; ADInMC n. 532-MA. Rel. Min. Octavio Gallotti. *RTJ* v. 137, t. 2, p. 575-577; mérito: *RTJ* v. 168, t. 2, p. 376-380; ADInMC n. 556-RN. Rel. Min. Octavio Gallotti. *RTJ* v. 140, t. 1, p. 29-31; ADInMC n. 747-TO. Rel. Min. Moreira Alves. *DJ* 1 de 28/8/1992, p. 13.451; ADInMC n. 1.032-RJ. Rel. Min. Francisco Rezek. *RTJ* v. 153, t. 3, p. 801-803.

das pelos órgãos responsáveis nas rodovias no âmbito territorial do Estado.[406] A Constituição Estadual que obrigava que o transporte de trabalhadores urbanos e rurais fosse feito por ônibus conflitava com o artigo 22, I e XI, que atribui competência exclusiva à União para legislar sobre transporte e segurança do trabalho.[407] Embora não se reconhecesse essa invasão em dispositivo de lei estadual, que assegurava o livre acesso de policiais civis a ônibus urbanos, sob o entendimento de que, a despeito de não restringir o referido acesso a policiais em serviço, a norma não objetivara, à primeira vista, conceder gratuidade de transporte, mas sim assegurar condições necessárias ao pleno exercício do poder de polícia;[408] do mesmo modo, a norma que facultava aos Municípios do Estado o fornecimento de transporte intermunicipal gratuito a estudantes e a trabalhadores, mediante licença expedida pelo órgão estadual competente, não violava a competência da União para legislar sobre trânsito e transporte (art. 22, XI) e sobre o regime de concessão ou de permissão de serviço público (art. 175), nem sua competência material para explorar, diretamente ou mediante autorização, concessão ou permissão, os serviços de transporte rodoviário interestadual e internacional de passageiros (art. 21, XII, *e*).[409] Já se declarou, por outro lado, a ofensa a esta última competência da União no reconhecimento a operadora de fato de serviço de ônibus interestadual o direito de continuar a atividade de transporte de passageiros até que o percurso por ela operado fosse submetido à licitação.[410]

---

[406] BRASIL. Supremo Tribunal Federal. Pleno. ADInMC n. 2.137-RJ. Rel. Min. Sepúlveda Pertence. *ISTF* 182.

[407] BRASIL. Supremo Tribunal Federal. Pleno. ADInMC n. 403-SP. Rel. Min. Sydney Sanches. *DJ* 1 de 9/5/1997, p. 18.126.

[408] BRASIL. Supremo Tribunal Federal. Pleno. ADInMC n. 1.323-PI. Rel. Min. Néri da Silveira. *DJ* 1 de 13/12/1996, p. 50.158.

[409] "[Trata-se] tão-somente de dispositivos integrantes do Regulamento do Serviço de Transporte Coletivo Rodoviário Intermunicipal de Passageiros, do Estado do Piauí, cujo Governo o editou no exercício de competência que não lhe pode ser recusada, já que, circunscrita ao âmbito intermunicipal, não se inclui na competência da União, prevista nos dispositivos enumerados, nem na dos Municípios, restrita ao transporte local (art. 30, I, da Carta Magna)" ADInMC n. 1.191-PI. Rel. Min. Ilmar Galvão. *RTJ* v. 164, t. 2, p. 491-493, 492.

[410] BRASIL. Supremo Tribunal Federal. Pleno. 1.ª Turma. RE n. 214 382-CE. Rel. Min. Octavio Gallotti. *ISTF* 182.

## G. Populações indígenas

Não pode, mesmo com intuito de proteção, norma estadual regulamentar uma política de proteção ao índio (art. 22, XIV).[411]

## H. Desapropriação

Fere a competência privativa da União Federal, para legislar sobre desapropriação (art. 22, II), dispositivo da Lei Orgânica do Distrito Federal que faz depender as desapropriações de prévia aprovação da Câmara Legislativa.[412]

Pode a lei federal prever uma hierarquia entre as entidades federais, permitindo que a União desaproprie bens estaduais, distritais e municipais, impedindo ou condicionando a desapropriação na ordem inversa? O Decreto-lei n. 3.365/1941 prevê; teria sido recepcionado nesse ponto? O Supremo respondeu que sim:

> "A lei estabeleceu uma gradação de poder entre os sujeitos ativos da desapropriação, de modo a prevalecer o ato da pessoa de mais alta categoria, segundo o interesse de que cuida: o interesse nacional, representado pela União, prevalece sobre o regional, interpretado pelo Estado, e este sobre o local, ligado ao Município, não havendo reversão ascendente; os Estados e o Distrito Federal não podem desapropriar bens da União, nem os Municípios, bens dos Estados ou da União."[413]

Incluem-se nesses bens as respectivas instrumentalidades estatais, empresas públicas e sociedades de economia mista, tanto quanto as concessionárias de serviço público. Pelo mesmo princípio, em relação a bens particulares, a desapropriação pelo Estado prevalece sobre a do Município, e da União sobre a de todos.

---

[411] BRASIL. Supremo Tribunal Federal. Pleno. ADInMC n. 1.499-PA. Rel. Min. Néri da Silveira. *DJ* 1 de 13/9/1996, p. 33.230.

[412] BRASIL. Supremo Tribunal Federal. Pleno. ADInMC n. 969-DF. Rel. Min. Moreira Alves. *RTJ* v. 154, t. 1, p. 43-44.

[413] BRASIL. Supremo Tribunal Federal. Pleno. RE n. 178 816-RJ. Rel. Min. Paulo Brossard. *RTJ* v. 153, t. 2, p. 337-353.

## I. Limitação decorrente da Federação

Não pode um Estado dispor, isoladamente, sobre o regime dos servidores de empresa de que participem outras duas unidades da Federação.[414]

## § 3. A AUTONOMIA DOS ESTADOS-MEMBROS SEGUNDO O SUPREMO TRIBUNAL FEDERAL

A autonomia do Estado-membro não se limita apenas à reserva de competência legislativa, mas à afirmação de sua auto-administração e autogoverno. Num primeiro plano se encontra a autoconstituição, da qual já tratamos linhas atrás. Resta investigarmos o que além dessa atividade constituinte e da repartição de competências o Supremo reputa autogoverno e auto-administração.

No repertório jurisprudencial, vamos encontrar a afirmação de atentado à autonomia estadual, sobretudo em relação ao seu planejamento orçamentário, o reajustamento automático de vencimentos de seus servidores, segundo índices de desvalorização da moeda, definidos em leis federais[415] ou atrelado à política de reajustamento do Governo Federal,[416] inclusive através da fixação de vencimentos com base no salário mínimo profissional.[417] Também já se reconheceu essa infringência com o uso, para os mesmos fins, de índices cal-

---

[414] BRASIL. Supremo Tribunal Federal. Pleno. ADIn n. 175-PR. Rel. Min. Octavio Gallotti. *DJ* 1 de 8/10/1993, p. 21.011.

[415] BRASIL. Supremo Tribunal Federal. Pleno. ADInMC n. 285-RO. Rel. Min. Sepúlveda Pertence. *RTJ* v. 132, t. 2, p. 615-619; ADInMC n. 290-SC. Rel. Min. Celso de Mello. *RTJ* v. 138, t. 2, p. 396-401; ADInMC n. 303-RS. Rel. Min. Aldir Passarinho. *DJ* 1 de 25/6/1990, p. 6.001; ADInMC n. 437-SC. Rel. Min. Celso de Mello. *DJ* 1 de 17/8/1994, p. 20.538; AO n. 258-SC. Rel. Min. Ilmar Galvão; AO n. 286-SC. Rel. Min. Maurício Corrêa. *DJ* de 7/11/1997; AO n. 300-SC. Rel. Min. Maurício Corrêa. *DJ* de 7/11/1997; 1.ª Turma. AO n. 263-SC. Rel. Min. Octavio Gallotti. *DJ* de 20/6/1997; 2.ª Turma. AO n. 327-SC. Rel. Min. Marco Aurélio. *DJ* de 14/8/1998.

[416] BRASIL. Supremo Tribunal Federal. ADInMC n. 376-RO. Rel. Min. Aldir Passarinho. *RTJ* v. 134, t. 3, p. 1.039-1.045; ADInMC n. 691-TO. Rel. Min. Sepúlveda Pertence. *RTJ* v. 140, t. 3, p. 797-804.

[417] BRASIL. Supremo Tribunal Federal. Pleno. ADInMC n. 840-AM. Rel. Min. Paulo Brossard. *RTJ* v. 146, t. 2, p. 487-490; ADInMC n. 1.064-MS. Rel. Min. Ilmar Galvão. *RTJ* v. 156, t. 3, p. 788-791; e mérito: *DJ* 1 de 26/8/1997, p. 47.475; ADIn n. 1.425-PE. Rel. Min. Marco Aurélio. *DJ* 1 de 26/3/1999, p. 1.

culados pelo Dieese,[418] com certa ênfase aqui à desviculação do índice à política de pessoal do Executivo estadual.[419] Viola, por igual, a vinculação de proventos de servidor estadual a subsídio que, a qualquer tempo, venha a ser fixado para prefeito municipal.[420] Todavia, reconheceu-se a possibilidade de as câmaras municipais, no exercício de suas funções legislativas e fiscalizadoras, solicitarem informações ou documentos aos órgãos estaduais da administração direta e indireta, situados nos Municípios, no prazo de dez dias úteis.[421] De se ter presente também que a lei local não pode alterar os limites territoriais do Estado ou do Distrito Federal, sem atentar para os requisitos impostos pelo artigo 18, §§ 3.º e 4.º.[422] Já se considerou também que a adoção de ações políticas e administrativas pelos Estados-membros, como condição prévia ao acesso a determinados créditos, ofende o princípio da autonomia estadual. Assim, os incisos X e XI do artigo 13, da Resolução n. 69/1995, do Senado Federal, como a redação dada pela Resolução n. 117/1997, que, dispondo sobre as operações de crédito interno e externo realizadas pelos Estados, pelo Distrito Federal, pelos Municípios e de suas respectivas autarquias, inclusive concessão de garantias, seus limites e condições de autorização, exigiam daqueles entes, para efeito de instruir o pedido de autorização de novas contratações dos Estados com instituições financeiras (art. 52, VII), atestado do emprego de, no mínimo, 50% da receita havida com a privatização de entidades da administração indireta, na amortização ou liquidação da dívidas públicas mobiliária e fundada, precatórios judiciários e na constituição de fundos para o pagamento de benefícios previdenciários a servidores públicos, não podiam prevalecer.[423] Mesmo no exercício da competência

---

[418] BRASIL. Supremo Tribunal Federal. Pleno. ADInMC n. 377-RO. Rel. Min. Célio Borja. *RTJ* v. 133, t. 2, p. 578-580.

[419] BRASIL. Supremo Tribunal Federal. Pleno. ADInMC n. 481-MT. Rel. Min. Marco Aurélio. *RTJ* v. 137, t. 3, p. 1.064- 1.067.

[420] BRASIL. Supremo Tribunal Federal. 1.ª Turma. RE n. 214.747-SC. Rel. Min. Sydney Sanches. *DJ* 1 de 17/3/2000, p. 29.

[421] BRASIL. Supremo Tribunal Federal. Pleno. ADInMC n. 1.001-RS. Rel. Min. Marco Aurélio. *DJ* 1 de 7/2/1997, p. 1.337.

[422] BRASIL. Supremo Tribunal Federal. Pleno. ADInMC n. 1.509-DF. Rel. Min. Sydney Sanches. *DJ* 1 de 11/4/1997, p. 12.179.

[423] BRASIL. Supremo Tribunal Federal. Pleno. ADInMC n. 1.728-PB. Rel. Min. Octavio Gallotti. *ISTF* 96.

concorrente, não pode a União Federal impor aos Estados e ao Distrito Federal prazo para edição de legislação suplementar.[424]

Não violam a autonomia dos Estados-membros, por outro lado, normas dispondo que as instituições federais e as instituições públicas e privadas sem fins lucrativos, apoiadas financeiramente pelo Poder Público, que ministrem educação profissional, deverão, obrigatoriamente, oferecer cursos profissionais de nível básico em sua programação, abertos a alunos das redes públicas e privadas de educação básica, assim como a trabalhadores com qualquer nível de escolaridade; assim também, que as instituições federais de educação tecnológica ficam autorizadas a manter ensino médio, com matrícula independente da educação profissional, oferecendo o máximo de 50% do total das vagas oferecidas para os cursos regulares de 1997. Nem medida provisória que condiciona a expansão da oferta de ensino técnico, mediante a criação de novas unidades de ensino por parte da União, a parcerias com Estados, Municípios, Distrito Federal, setor produtivo ou organizações não-governamentais, a quem caberia a manutenção dos novos estabelecimentos, por não impor unilateralmente às unidades da Federação o dever de firmar tais convênios.[425]

### § 4. A AUTONOMIA DOS MUNICÍPIOS SEGUNDO O SUPREMO TRIBUNAL FEDERAL

O município desempenha um papel importante na organização do Estado contemporâneo, tanto daqueles que se estruturam de forma federada quanto nos domínios do Estado unitário. Na França, por exemplo as comunas (*communes*) não adotam o sistema parlamentarista e têm o seu Chefe do Executivo, chamado de *maire*, seus adjuntos e o Conselho Municipal eleito pelos habitantes para um mandato de seis anos. O *maire* possui atribuições relacionadas ao interesse local (descentralização) e ao interesse nacional (desconcentração). Na Inglaterra, prosperou o municipalismo a partir do governo dos juízes de paz, tendo sido decisivo para a derrocada do feudalismo. Em suas diferentes formas (condados, distritos, paróquias), o *local government* exerce competências próprias, desconhecendo a competência dual que marca as comunas francesas. Na

---

[424] BRASIL. Supremo Tribunal Federal. Pleno. ADInMC n. 1.627-UF. Rel. Min. Octavio Gallotti. *RTJ* v. 170, t. 2, p. 432-436.

[425] BRASIL. Supremo Tribunal Federal. Pleno. ADInMC n. 1.629-UF. Rel. Min. Moreira Alves. *DJ* 1 de 18/9/1997, p. 45.174.

Suécia, como, em geral, nos demais países nórdicos, a administração está, em grande parte, a cargo das comunas (*län ekommuner*), tanto em relação a assuntos propriamente locais, quanto em assuntos nacionais que lhes são delegados. Todavia, é nos Estados federais que as comunidades locais ocupam um lugar de mais destaque. Nos Estados Unidos, os condados (*counties*) apresentam uma organização política variada. No Sul e parte dos Estados do Oeste, organizam-se em torno de um órgão legislativo (*county board*), composto por até dez conselheiros eleitos pelo povo; já os condados da Nova Inglaterra se subdividem em *towns*, que detêm expressiva força política, com o Conselho eleito pelos habitantes. Em Michigan, Nova Iorque e Wisconsin, o condado tem o seu Conselho, igualmente eleito, sendo integrado por supervisores (*supervisors*) sem prejuízo do governo próprio das *towships*. Via de regra, não dispõem de Poder Executivo, embora condados como Geórgia e Nova Iorque o apresentem.[426]

No sistema brasileiro, os Municípios têm uma longa tradição, que remonta à época colonial. Àquele tempo, possuíam certa autonomia, inclusive lhes era reconhecido competência tributária. No Império, previa-se a eletividade das Câmaras, por voto direto, com nove vereadores nas cidades e sete nas vilas, exercendo o mais votado a chefia do Executivo (art. 168). Não detinham, contudo, competência tributária e suas deliberações podiam ser invalidadas pela Assembléia da Província. A Constituição de 1891 limitou-se a determinar que os Estados-membros deveriam garantir a autonomia dos Municípios, em tudo quanto respeitasse ao seu peculiar interesse (art. 68). A organização política, inclusive o caráter eletivo de seus órgãos, fora deixada para o constituinte estadual. A Constituição de 1934 foi menos econômica nas disposições ao lhes assegurar "autonomia em tudo quanto respeito ao seu peculiar interesse", estabelecendo as linhas da organização municipal, prescrevendo a eletividade dos Prefeitos e das Câmaras Municipais, exceto no caso dos Municípios que fossem a Capital do Estado e nas instâncias hidrominerais, em que o Prefeito seria nomeado pelo respectivo Governador; além de fixar a competência para decretar impostos e taxas, para arrecadação e aplicação das suas rendas e para organização dos serviços de sua esfera de competência (art. 13, I a III, §§ 1.º, 2.º, I a V). A Carta de 1937 surrupiou muitas dessas conquistas, de-

---

[426] BARACHO. *Descentralização do Poder*: Federação e Município, p. 151 et seq.

terminando a livre nomeação dos Prefeitos pelo Governador do Estado (art. 27), conquanto lhes tenha assegurado autonomia, usando as mesmas expressões de 1934, a eletividade dos vereadores, a competência tributária e de organização dos serviços públicos de caráter local (arts. 26, *a* e *c*, e 28, I a IV). A Constituição de 1946 retomou o caráter eletivo para Prefeito, exceto para certos casos (arts. 28, I e II, §§ 1.º e 2.º; 29, I a V; e 30). A Constituição de 1967 seguia, quase igual, o mesmo figurino (art. 16, I e II, *a* e *b*, §§ 1.º, 2.º e 3.º). Mas com a Lei Magna de 1988, o estatuto da municipalidade ganhou contornos muito mais alargados do que em outra qualquer versão anterior, a ponto de apagar qualquer discussão que se fazia sobre a natureza de unidade federativa que lhe era negada por parte da doutrina.[427] Essa "euforia municipalista", associada às facilidades de independência e criação de novos municípios gerou uma inflação de unidades comunais nos primeiros anos após a promulgação da Constituição, muitas das quais sem um mínimo de viabilidade econômica para sua sustentação, exigindo uma intervenção do legislador de reforma para criar um grau maior de dificuldade às novas tentativas de criação ou desmembramento, sobretudo pelo condicionamento a um estudo de viabilidade municipal (art. 18, § 4.º, com a redação da EC n. 15/1996).[428]

Para fins de competência legislativa, o constituinte de 1988 usou em lugar da já tradicional expressão "peculiar interesse" a expressão "interesse local". Mas que se deverá entender por isso? Diria respeito "às necessidades imediatas do Município";[429] seriam aquelas em que predominasse o interesse municipal sobre os interesses do Estado e da União:[430] a sinalização das ruas, a definição dos locais de estacio-

---

[427] FERREIRA. *Curso de Direito Constitucional*, p. 306; FERREIRA FILHO. *Curso de Direito Constitucional*, p. 59. A falta de representatividade na vontade legal da Federação (no Senado) é um argumento de ordem meramente formal: BASTOS. *Curso de Direito Constitucional*, p. 258. Para *José Afonso da Silva*, os Municípios continuariam a ser divisões dos Estados e não entidade federativa: não possuem território próprio, não compartilhado com o Estado-membro que integram; a intervenção que se pode operar nos Municípios não é federal, mas estadual; a criação, a incorporação, a fusão e o desmembramento de Municípios são feitos por lei estadual; a Constituição emprega as expressões "unidades federadas" ou "unidade da Federação" apenas aos Estados e Distrito Federal. Enfim, não existe uma federação de Municípios e "não é porque uma entidade territorial tenha autonomia político-constitucional que necessariamente integre o conceito de entidade federativa". *Curso de Direito Constitucional Positivo*, p. 414, 415, 545.

[428] BARACHO. *Descentralização do Poder*: Federação e Município, p. 151 et seq.

[429] FERREIRA. *Curso de Direito Constitucional*, p. 309.

[430] TEMER. *Elementos de Direito Constitucional*, p. 106.

namento, de carga e descarga, de mão e contramão, o "mobiliário urbano", em geral, que prefixa locais próprios para afixação de cartazes, painéis, letreiros. Algumas matérias já foram antecipadas pelo constituinte como integrantes desse interesse local: a instituição e arrecadação de tributos de competência municipal, a aplicação de suas rendas, incluindo-se aí a organização das suas finanças, a elaboração de seu plano plurianual, de diretrizes orçamentárias e a lei orçamentária anual, sem prejuízo da obrigatoriedade de prestar contas e publicar balancetes nos prazos fixados em lei; a organização e prestação, diretamente ou sob regime de concessão ou permissão, os serviços públicos de interesse local, incluído o de transporte coletivo, que tem caráter essencial; a promoção do adequado ordenamento territorial, mediante planejamento e controle do uso, do parcelamento e da ocupação do solo urbano; a criação, organização e supressão de Distritos, observada a legislação estadual; a aprovação de seu plano diretor, obrigatório para Municípios com mais de vinte mil habitantes (art. 182, § 1.º); a instituição e manutenção de guardas municipais destinadas à proteção das instalações e dos serviços da municipalidade (art. 169, § 5.º).

Essas competências, no entanto, têm um grande pendor suplementar, pois dizem respeito a assuntos que são deferidos à normatividade geral ou de diretriz da União. A disciplina tributária municipal não poderá fugir das normas gerais expedidas pela União (arts. 24, I, § 1.º e 143, III, *a* a *c*); o regramento sobre transporte coletivo deve seguir as linhas definidas também pela União (art. 21, XX); a lei de uso do solo e o próprio plano diretor se devem conter nas balizas dos planos nacionais e regionais de ordenação do território (art. 21, IX) e das diretrizes federais para o desenvolvimento urbano, inclusive habitação e saneamento básico (art. 21, XX). Por outro lado, certos assuntos, embora se refiram ao interesse local, exigem uma atuação concertada com as demais entidades, por se tratarem de competências comuns: a prestação de programas de educação pré-escolar e de ensino fundamental, e dos serviços de atendimento à saúde da população, ambas com a cooperação técnica e financeira da União e do Estado; assim também a promoção da proteção do patrimônio histórico-cultural local, observada a legislação e a ação fiscalizadora federal e estadual. Todas essas matérias estão vinculadas à sua competência administrativa, que, por seu turno, pode demandar a prestação normativa que regulamente a sua execução; para o que nos interessa aqui, fixou-se a competência para legislar sobre assuntos de interesse local e para suplementar a legislação federal e a estadual no que couber. Não será surpresa a existência de aparentes conflitos entre a competência legislativa do Município e a das demais unidades federativas, especialmente da União.

O Município de São Paulo havia aprovado uma lei que impunha multas a veículos estacionados sobre calçadas, meios-fios, passeios, canteiros e áreas ajardinadas; alegou-se que essa disposição usurpava a competência legislativa federal para dispor sobre trânsito e transporte. A Segunda Turma não aceitou o argumento, considerando que na área de sua jurisdição, na organização do serviço local de trânsito, o Município tinha competência quanto ao trânsito, inclusive para impor e arrecadar multas decorrentes das infrações previstas, no legítimo exercício de seu poder de polícia.[431] Considerou-se também competente o Município para fixar o horário de funcionamento de estabelecimento comercial, à vista do disposto no artigo 30, I.[432] A menos que infrinja leis estaduais ou federais válidas (Súmula n. 419) ou que se trate de estabelecimentos bancários, hipótese em que a matéria, por não se incluir no peculiar interesse municipal, não fica sob o poder normativo da municipalidade, antes estando na competência da União.[433] Cabe, enfim, ao Município e não ao Estado definir o regime de fornecimento de água potável aos moradores das municipalidades, *v. g.*, criando sua obrigatoriedade de sua distribuição por caminhões-pipa, na hipótese de interrupção no fornecimento normal, dado o marcante interesse local do assunto.[434]

O princípio da autonomia municipal estará resumido a uma reserva de competência material, legislativa e tributária? Certamen-

---

[431] BRASIL. Supremo Tribunal Federal. 2.ª Turma. RE (AgRg) n. 191.363-SP. Rel. Min. Carlos Velloso. *RTJ* v. 169, t. 3, p. 1.054-1.057.

[432] BRASIL. Supremo Tribunal Federal. 1.ª Turma. RE n. 203.358-SP. Rel. Min. Maurício Corrêa. *DJ* 1 de 29/8/1997, p. 6.966; RE n. 218.749-SP. Rel. Min. *DJ* 1 de 27/3/1998; RE n. 175.901-SP. Rel. Min. Moreira Alves. *RTJ* v. 167, t. 3, p. 1.017-1.018; 2.ª Turma. RE n. 174.645-SP. *DJ* 1 de 27/2/1998, p. 18.

[433] BRASIL. Supremo Tribunal Federal. Pleno. RE n. 89.942-SP. Rel. Min. Cunha Peixoto. *RTJ* v. 89, t. 1, p. 335; RE n. 91.505-MS. Rel. Min. Moreira Alves. *RTJ* v. 96, t. 2, p. 373; 1.ª Turma. RE n. 130.202-SP. Rel. Min. Sepúlveda Pertence. *RTJ* v. 164, t. 3, p. 726-727; 2.ª Turma. RE n. 130.684. Rel. Min. Carlos Velloso. *RTJ* v. 146, t. 3, p. 897.

[434] BRASIL. Supremo Tribunal Federal. Pleno. ADInMC n. 2.340-SC. Rel. Min. Marco Aurélio. *ISTF* 221.

te são autoridades próprias que resolvem, em seu âmbito, os problemas da municipalidade, bem como o poder de organização administrativa: de seus serviços e estrutura burocrática; financeira: de decretação de seus tributos e aplicação de suas rendas; e política: constituição, organização, eletividade e funcionamento dos poderes municipais; mas aí se deve inscrever a competência de "autoconstituir-se"? A Constituição fala que o município reger-se-á por lei orgânica, votada em dois turnos, com interstício mínimo de dez dias, e aprovada por dois terços dos membros da Câmara Municipal, que a promulgará, atendidos os princípios estabelecidos na Constituição Federal e na Constituição do respectivo Estado (art. 29). Será essa lei orgânica o equivalente funcional à Constituição Estadual? Para alguns essa equivalência é inexata.[435] Outros entendem que a lei orgânica é uma espécie de Constituição Municipal.[436]

A Constituição de 1891 continha uma fórmula sintética ao tratamento dispensado aos Municípios: "Os Estados organizar-se-ão de forma que fique assegurada a autonomia dos Municípios em tudo quanto respeito ao seu peculiar interesse." O "Projeto" publicado pelo Decreto n. 510/1890 estabelecia preordenamentos à eletividade da administração local, mas fora considerado demasiadamente centralizador nesse ponto[437] e terminou dando lugar àquele enunciado impreciso que seria usado pelos constituintes estaduais para esvaziar por completo o sentido autonômico que se pretendia, originariamente, atribuir às comunidades locais. Com uma certa constância, autorizou-se aos poderes estaduais a anulação ou suspensão dos atos municipais que fossem reputados contrários à Constituição e às leis, desencadeando sérias críticas de doutrinadores de escólio. Para *Rui*, aquelas incursões estaduais significavam um "confisco geral da municipalidade".[438] O Supremo Tribunal Federal, todavia, não se mostrou sensível a esse pensamento.

---

[435] FERREIRA. *Curso de Direito Constitucional*, p. 307.

[436] SILVA. *Curso de Direito Constitucional Positivo*, p. 547; TEMER. *Elementos de Direito Constitucional*, p. 105.

[437] Dissera *Barbalho*: "Que federação é esta em que a Constituição Federal é que há de determinar o círculo em que há de girar as funções municipais?" *Anais da Câmara dos Deputados*, 1891, 2, p. 148.

[438] BARBOSA. *A Imprensa*, v. 25, t. 3, p. 190; cf; CAVALCANTI. *Regime Federativo e a República Brasileira*, p. 179.

A Constituição do Amazonas era uma daquelas que conferiam ao Governador do Estado a competência para suspender, não estando o Congresso estadual reunido, e, a este, para declarar sem efeito os atos e resoluções das autoridades municipais que infringissem a Constituição e às leis federais e estaduais. Aparentemente o dispositivo violava o artigo 68 da Constituição Federal, pois a autonomia municipal havia sido desrespeitada. Não fora o entendimento do Tribunal:

> "a autonomia, que nesse artigo é assegurada ao Município, é restrita aos negócios do seu peculiar interesse e não pode ser invocada pelas autoridades municipais para se superporem às Constituições e leis federais e do Estado e as violarem".[439]

Outra moeda corrente entre as Constituições do Estado era a que atribuía ao Chefe do Poder Executivo estadual a nomeação do Prefeito Municipal. Haveria aí, pelo menos, violação àquela autonomia? Não, pois "em diversos acórdãos, tem o Supremo Tribunal Federal decidido que a nomeação de Prefeitos Municipais não ofende a autonomia dos Municípios, assegurada pelo art. 68 da Constituição Federal".[440]

A jurisprudência mais recente reconhece violação da autonomia municipal: na estatuição, pela Constituição Estadual, da obrigação de o Município aplicar percentual dos impostos na educação em índice superior ao mínimo definido na Constituição Federal, ainda que o possa fazer em relação ao próprio Estado-membro,[441] de percentual mínimo do orçamento para custeio de programa de assistência integral à criança e adolescente,[442] à saúde[443] ou que vincule fração da receita de impostos para produção de alimentos básicos;[444] no disciplinamento

---

[439] BRASIL. Supremo Tribunal Federal. RE n. 775-AM. Rel. Min. Guimarães Natal. *Revista Forense*, v. 18, 1912, p. 396.

[440] BRASIL. Supremo Tribunal Federal. HC n. 5.539-RJ. Rel. Min. Viveiro de Castro. *Revista Forense*, v. 34, 1920, p. 367.

[441] BRASIL. Supremo Tribunal Federal. Pleno. ADInMC n. 282-MT. Rel. Sydney Sanches. *RTJ* v. 161, t. 2, p. 384-402.

[442] BRASIL. Supremo Tribunal Federal. Pleno. ADInMC n. 1.689-PE. Rel. Min. Sydney Sanches. *DJ* 1 de 28/11/1997, p. 62.217.

[443] BRASIL. Supremo Tribunal Federal. Pleno. ADInMC n. 1.848-RO. Rel. Min. Ilmar Galvão. *DJ* 1 de 30/4/1999, p. 1.

[444] BRASIL. Supremo Tribunal Federal. Pleno. ADInMC n. 1.374-MA. Rel. Min. Carlos Velloso. *DJ* 1 de 1/3/1996, p. 5.009.

pelo constituinte decorrente das relações entre Executivo e Legislativo municipais, por exemplo, submetendo à autorização prévia das Câmaras de convênios intermunicipais ou de cooperação com a União e o Estado;[445] na fixação do número de vereadores, proporcionalmente à população do Município;[446] ampliando o grau de limitação da autonomia dos municípios imposta pelo constituinte federal, com a obrigatoriedade de os Municípios, com mais de cinco mil habitantes, terem seu plano diretor;[447] na criação de conselhos municipais de desenvolvimento;[448] no disciplinamento de matérias concernentes aos interesses locais dos Municípios, por exemplo, impondo-lhe incentivos às micro e às pequenas empresas;[449] na imposição de encargos às administrações municipais no sentido de fazer o transporte da zona rural para a sede do Município ou para o Distrito mais próximo de alunos carentes matriculados a partir da 5.ª série do 1.º grau;[450] na inserção compulsória do Município, com direitos e deveres, dentro de um programa estadual de iluminação pública.[451] Ou em dispositivo de lei complementar estadual que "interpreta" "populações diretamente interessadas", originariamente constante do artigo 18, § 4.º, da Constituição Federal, como sendo apenas aquela da área municipal a ser emancipada;[452] em norma do constituinte decorrente que prevê a realização de plebiscitos em vários Municípios do Estado, para deliberação sobre a disposição da população local em transformar Distritos em novos Mu-

---

[445] BRASIL. Supremo Tribunal Federal. Pleno. ADInMC n. 770-MG. Rel. Min. Sepúlveda Pertence. *RTJ* v. 144, t. 1, p. 155.

[446] BRASIL. Supremo Tribunal Federal. Pleno. ADInMC n. 1.038-TO. Rel. Min. Carlos Velloso. *RTJ* v. 158, t. 2, p. 438.

[447] BRASIL. Supremo Tribunal Federal. Pleno. ADInMC n. 826-AP. Rel. Min. Sydney Sanches. *DJ* 1 de 7/5/1993, p. 8.327; mérito: *RTJ* v. 168, t. 2, p. 396-403.

[448] BRASIL. Supremo Tribunal Federal. Pleno. ADInMC n. 2.217-RS. Rel. Min. Marco Aurélio. *ISTF* 196.

[449] BRASIL. Supremo Tribunal Federal. Pleno. ADInMC n. 851-RJ. Rel. Min. Marco Aurélio. *RTJ* v. 152, t. 3, p. 788.

[450] BRASIL. Supremo Tribunal Federal. Pleno. ADInMC n. 307-CE. Rel. Min. Célio Borja. *RTJ* v. 133, t. 2, p. 542.

[451] BRASIL. Supremo Tribunal Federal. Pleno. ADInMC n. 1.144-RS. Rel. Min. Francisco Rezek. *DJ* 1 de 10/3/1993, p. 4.878.

[452] BRASIL. Supremo Tribunal Federal. Pleno. ADInMC n. 478-SP. Rel. Min. Carlos Velloso. *RTJ* v. 136, t. 2, p. 521-525.

nicípios, independentemente da prévia verificação dos requisitos previstos em lei complementar,[453] com desvio do parâmetro da Constituição Federal que impõe a consulta popular prévia para a criação do Município e não apenas para a sua instalação,[454] devendo-se realizar antes mesmo da promulgação da lei estadual instituidora das municipalidades[455] ou de norma que cria desde logo novos Municípios, ou que redefine o espaço físico de um Município já existente,[456] que revoga, sem consulta plebiscitária prévia, lei criadora de Municípios;[457] retirando da esfera das atribuições da Assembléia Legislativa, aquela criação por lei ordinária, seguindo requisitos da lei complementar respectiva, diminuindo ainda a competência do Governador do Estado, por subtrair-lhe a possibilidade de veto e olvidando a consulta popular obrigatória.[458] Ou mesmo lei estadual que cria Município, em que pese o resultado negativo da consulta plebiscitária divulgado pelo TRE, por usurpação da competência judiciária;[459] em lei complementar que afasta a proibição de se criarem municípios em ano eleitoral,[460] embora se tenha afirmado, em outra oportunidade, a inexistência des-

---

[453] BRASIL. Supremo Tribunal Federal. Pleno. ADInMC n. 222-RJ. Rel. Min. Aldir Passarinho. *DJ* 1 de 27/4/1990, p. 3.423; ADInMC n. 262-RO. *DJ* 1 de 25/5/1990, p. 4.604. Indeferiu-se a suspensão de dispositivos de lei que assegurava, pelo prazo de 5 anos, a delimitação de distrito, existente à data da promulgação da Constituição Federal, não se vislumbrando violação à autonomia municipal: ADInMC n. 390-SP. Rel. Min. Carlos Velloso. *RTJ* v. 146, t. 3, p. 738.

[454] BRASIL. Supremo Tribunal Federal. Pleno. ADInMC n. 269-AC. Rel. Min. Francisco Rezek. *DJ* 1 de 22/6/1990, p. 5.869. Inclusive para alteração dos limites municipais: ADInMC n. 1.034-TO. Rel. Min. Marco Aurélio. *DJ* 1 de 15/4/1994, p. 8.047; mérito: *DJ* 1 de 25/2/2000, p. 49; ADIn. 1.262-TO. Rel. Min. Sydney Sanches. *DJ* 1 de 12/12/1997, p. 65.564; ADInMC n. 1.825-RJ. Rel. Min. Nelson Jobim. *DJ* 1 de 25/2/2000, p. 49.

[455] BRASIL. Supremo Tribunal Federal. Pleno. ADInMC n. 652-MA. Rel. Min. Celso de Mello. *RTJ* v. 145, t. 3, p. 763.

[456] BRASIL. Supremo Tribunal Federal. Pleno. ADInMC n. 188-CE. Rel. Min. Moreira Alves. *DJ* 1 de 16/3/1990, p. 1.868; ADInMC n. 475-AL. Rel. Min. Moreira Alves. *RTJ* v. 139, t. 3, p. 749.

[457] BRASIL. Supremo Tribunal Federal. Pleno. ADInMC n. 1.881-AL. Rel. Min. Marco Aurélio. *DJ* 1 de 11/2/2000, p. 20.

[458] BRASIL. Supremo Tribunal Federal. Pleno. ADInMC n. 458-MA. Rel. Octavio Gallotti. *DJ* 1 de 26/4/1991, p. 5.095; mérito: *DJ* 1 de 11/9/1998, p. 2; ADInMC n. 479-DF. Rel. Min. Sepúlveda Pertence. *RTJ* v. 136, t. 2, p. 526-528; ADInMC n. 160-TO. Rel. Min. Octavio Gallotti. *DJ* 1 de 30/4/1993, p. 7.563; mérito: *DJ* 1 de 20/11/1998, p. 2.

[459] BRASIL. Supremo Tribunal Federal. Pleno. ADInMC n. 733-MG. Rel. Min. Sepúlveda Pertence. *DJ* 1 de 16/5/1995, p. 18.213; mérito: *RTJ* v. 158, t. 1, p. 34.

[460] BRASIL. Supremo Tribunal Federal. Pleno. ADInMC n. 704-PR. Rel. Min. Ilmar Galvão. *RTJ* v. 151, t. 3, p. 733; ADInMC n. 718-MA. Rel. Min. Celso de Mello. *RTJ* v. 145, t. 1, p. 132.

sa vedação, por não haver incidência do artigo 16 da Constituição Federal, que impõe a *vacatio* de um ano para as leis que alterem o processo eleitoral, exatamente por ser a lei criadora de Municípios algo diverso daquele processo.[461] Norma estadual que estabelece limites a serem observados pelos Municípios na organização dos respectivos quadros de pessoal, também afronta a autonomia municipal.[462]

Admite-se, todavia, não violentadora daquela autonomia, a imposição, pelo constituinte decorrente, de envio pelo Município ao TCE de seu orçamento e alterações em datas específicas, por ampliar-se desse modo o poder de fiscalização do órgão encarregado de auxiliar o controle externo do Poder Público[463] ou o condicionamento estadual de repasse de tributos ao pagamento de seus créditos.[464]

A autonomia municipal não pode ser comprometida pelo próprio Município, por exemplo, lei municipal que vincule reajuste automático de remuneração dos servidores do Município à variação de índice federal, tendo-se em conta que a elevação das despesas de pessoal, dele decorrente, fugiria à decisão dos poderes locais.[465]

---

[461] BRASIL. Supremo Tribunal Federal. Pleno. ADInMC n. 733-MG. Rel. Min. Sepúlveda Pertence. *DJ* 1 de 16/6/1995, p. 18.213.

[462] BRASIL. Supremo Tribunal Federal. Pleno. RE (QO) n. 143.587-RJ. Rel. Min. Marco Aurélio. *RTJ* v. 152, p. 233-236.

[463] BRASIL. Supremo Tribunal Federal. Pleno. ADInMC n. 282-MT. Rel. Sydney Sanches. *RTJ* v. 161, t. 2, p. 384-402; ADInMC n. 307-CE. Rel. Min. Célio Borja. *RTJ* v. 133, t. 2, p. 542.

[464] BRASIL. Supremo Tribunal Federal. Pleno. ADInMC n. 851-RJ. Rel. Min. Marco Aurélio. *RTJ* v. 152, t. 3, p. 788.

[465] BRASIL. Supremo Tribunal Federal. Pleno. RE n. 145.018-Rel. Min. Moreira Alves; 1.ª Turma. RE n. 179.554-RJ. Rel. Min. Sepúlveda Pertence. *RTJ* v. 161, t. 3, p. 727-729.

# Capítulo III
# JURISDIÇÃO CONSTITUCIONAL E DIREITOS FUNDAMENTAIS

Para efeito de nosso estudo, haverá uma precisão conceitual aproximada dos chamados direitos fundamentais (I), seguida de um desdobramento temático, em torno da complexidade dos chamados direitos sociais (II), do trabalho construtivo da jurisdição constitucional na descoberta ou afirmação de direitos fundamentais não escritos (III) e na definição de uma teoria de limitação desses direitos (IV), para findarmos num breve resumo da atividade do Supremo Tribunal Federal na efetivação e concretização de alguns deles (V).

## SEÇÃO I
## APROXIMAÇÕES CONCEITUAIS EM TORNO DOS DIREITOS FUNDAMENTAIS

Sob terminologia variada e variado alcance, os atuais textos constitucionais reservam diversos dispositivos à consagração dos direitos fundamentais. Os trabalhos doutrinários também reproduzem essa diversidade. Basta ver, por exemplo, o emprego dessa expressão predominantemente na Alemanha, na Suécia e no Brasil; substituída por "direitos de liberdade" na Dinamarca, "direitos invioláveis", na Itália, "direitos do homem", na Noruega e Finlândia; ou reduzida apenas a "direitos", na Bélgica, Luxemburgo e Irlanda.

Sem embargo de sua heterogeneidade, esses direitos podem ser examinados sob muitas formas: de acordo com sua evolução histórica, passando por um exame empírico-comparativo de sua presença nos textos constitucionais vigentes, por uma descrição crítico-analítica do déficit de realização, pela sua fundamentação filosófica, política e jurídica, até chegar ao estudo mais puramente analítico de sua estrutura e variações, de seus limites e funções. Não nos dispomos aqui a enfrentar uma "teoria dos direitos fundamentais", apenas a lançar os elementos que mais diretamente nos interessam no exame que se segue sobre a atuação da jurisprudência constitucional como agente de estruturação e efetivação desses direitos.

Essas limitações nos levam apenas a ensaiar algumas características funcionais dos direitos fundamentais, reunidas no esquema seguinte:

a) os direitos fundamentais desempenham um papel central de legitimidade da ordem constitucional, não apenas pelo seu catálogo formal, mas sobretudo por sua realização prática.[1] Embora sejam, assim, o centro de gravidade da estrutura orgânica e funcional do sistema, não podem ser considerados como um "conjunto fechado" de valores, senão como um centro ligado, funcional e normativamente, com as outras partes do Direito Constitucional;[2]

b) operam ora como limite da ação estatal, como um contrapoder ou elemento de limitação do poder,[3] ora como demandante de uma política estatal de intervenção e de "procura existencial", direcionada a atualizá-los e a protegê-los mediante procedimentos adequados, bem como por meio da criação e manutenção de condições materiais de realiza-

---

[1] ISENSEE. *Grundrechte und Demokratie*, p. 9 et seq.; GRABITZ. *Freiheit und Verfassungsrechte*, p. 137 et seq.; HÄBERLE. *La Libertad Fundamental en el Estado Constitucional*, p. 70; HESSE. *Elementos de Direito Constitucional da República Federal Alemã*, p. 232-233; PECES-BARBA. *Curso de Derechos Fundamentales*, p. 19.

[2] MÜLLER. *Discours de la Méthode Juridique*, p. 90; HÄBERLE. *La Libertad Fundamental en el Estado Constitucional*, p. 58.

[3] SALADIN. *Grundrechte im Wandel*, p. 30.

ção;[4] importando também uma direção exegética tendente a ampliá-los, na hipótese de preceitos de entendimento duvidoso, segundo a máxima *in dubio pro libertate*;[5]

c) embora não se possa fixar uma teoria ou uma concepção vinculante de direito fundamental no seio de uma sociedade pluralista e, portanto, não se podendo recusar a debater ou tomar em conta nem perspectivas comunitaristas, que relegam os direitos fundamentais a meros reflexos da vontade geral,[6] nem a negações pré-modernas, tradicionalistas[7] ou iusnaturalistas ontológicos,[8] tampouco outras formas de reducionismos (sociológicos,[9] positivistas[10] e iusnatura-

---

[4] HESSE. *Significado de los Derechos Fundamentales*, p. 92, 94; TRIBE. *American Constitutional Law*, p. 778 et seq.; MODUGNO. *I "Nuovi Diritti" nella Giurisprudenza Costituzionale*, p. 69 et seq.; HÄBERLE. *La Libertad Fundamental en el Estado Constitucional*, p. 260, 269 et seq.; HABERMAS. *Morale, Diritto, Politica*, p. 22 et seq., 90. Sob uma visão que recusa prefigurar qualquer conteúdo desses direitos, apenas afirmando uma prevalência dos direitos de participação e deixando os demais direitos à obtenção procedimental discursiva: *Die Einbeziehung des Anderen*, p. 48; muito embora afirme que o ethos juridificado de um Estado nacional não pode entrar em choque com os direitos civis, pois a legislatura política está orientada pelos princípios constitucionais e pela idéia de atualizar os direitos básicos (p. 265) e, de novo, venha a falar, para toda perplexidade, que os sistemas legais estão eticamente conformados porque refletem a vontade e a forma de vida de uma comunidade legal concreta (p. 265). NINO. *Los Fundamentos del Control Judicial de Constitucionalidad*, p. 127; GUERRA FILHO. *A Dimensão Processual dos Direitos Fundamentais e da Constituição*, p. 16 et seq.

[5] CAVALCANTI. *Do Contrôle da Constitucionalidade*, p. 47; LEITE SAMPAIO. *Direito à Intimidade e à Vida Privada*, p. 382; PEREZ LUÑO. *Derechos Humanos, Estado de Derecho y Constitución*, p. 315-316.

[6] ROUSSEAU. *Oeuvres Complètes de Rousseau*, III, p. 441.

[7] Dentre elas a de BURKE. *Reflexiones sobre la Revolución Francesa*, p. 70 et seq.; DE MAISTRE. *Les Soirées de Saint Petesbourg*, I, p. 287.

[8] VILLEY. *Philosophie du Droit*, I, p. 165; II, p. 118 et seq.

[9] Por todos, LUHMANN. *Grundrechte als Institution*: Ein Breitag zur politishen Soziologie, p. 53 et seq.

[10] Seguindo *Peces-Barba* (*Curso de Derechos Fundamentales*, I, p. 47-50), podemos dividi-los em pragmáticos (BOBBIO. *A Era dos Direitos*, p. 25), não cognotivistas (influenciados por *Hobbes, Hume, Weber*, afirmam que juízos de valor ou normativos não se submetem à consideração de verdade/falsidade: estão aí "os emotivistas" como AYER. *Language, Truth, and Logic*, p. 107; STEVENSON. *Ethics and Language*, p. 162 et seq.; e, mais especificamente no âmbito jurídico, ROSS. *Sobre el Derecho y la Justicia*, p. 27; bem assim os adeptos do "pragmatismo lingüístico", sob influência de *Wittgenstein*.

listas[11]), parece correto tomá-los em sua base antropocêntrica,[12] ainda que não necessariamente individualista ou, se se quer, não no sentido do "individualismo possessivo;"[13]

d) apresentam um conteúdo aberto à ampliação e projetado para o futuro. Não há uma tutela ou garantia *numerus clausus* de direitos fundamentais, porque não há um *numerus clausus* dos perigos;[14]

e) não admitem retrocessos, revelando-se como um marco de evolução intangível. Sobre o "legislador de configuração" essa diretiva cria um obstáculo às mudanças de conformação que devem reproduzir, no mínimo, a efetividade ou fruição anterior – efeito *cliquet* (*Favoreu*);[15]

f) projetam-se não apenas nas relações entre os cidadãos e os poderes públicos, mas também na própria relação entre particulares, com o cuidado, todavia, de serem considerados como pauta de interpretação ou de interferência indireta, para não tornar toda questão jurídica em questão de direito fundamental, sobrecarregando a própria Constituição e reduzindo o espaço da autonomia e do Direito Privado;[16]

---

*Philosophical Investigation* como AUSTIN. *Philosophical Papers*, p. 233 et seq.; e HARE. *The Language of Moral*, p. 127 et seq.; e normativistas como KELSEN. *¿Qué es Justicia?*, p. 63) e teóricos (direito só é um direito positivo, que reúnem também, sob outro ângulo, *Kelsen* e *Ross*).

[11] Sob esse rótulo *Peces-Barba* reúne o que chama de "jusnaturalismo impróprio", de origem anglo-saxã, citando expressamente DWORKIN. *Curso de Derechos Fundamentales*, I, p. 42 et seq.

[12] HÄBERLE. *La Libertad Fundamental en el Estado Constitucional*, p. 256; PECES-BARBA. *Curso de Derechos Fundamentales*, I, p. 20.

[13] MACPHESON. *The Political Theory of Possessive Individualism*, 1962; *Ascensão e Queda da Justiça Econômica e Outros Ensaios*, p. 68.

[14] HÄBERLE. *La Libertad Fundamental en el Estado Constitucional*, p. 269.

[15] Essa é a orientação da doutrina francesa, escolada em decisões do Conselho Constitucional: GICQUEL. *Droit Constitutionnel et Institutions Politiques*, p. 104; seguida pelo Tribunal Constitucional português, segundo GOMES CANOTILHO. *Direito Constitucional*, p. 553-554.

[16] O tema tem amplo desenvolvimento no Direito Constitucional alemão: RÜFNER. *Drittwirkung der Grundrechte*, p. 215 et seq.; HÄBERLE. *Efectividad de los Derechos Fundamentales en el Estado Constitucional*, p. 261, 277; HESSE. *Elementos de Direito Constitucional da República Federal Alemã*, p. 281 et seq. Para *Mathieu*, a "constitucionalização do Direito" decorre do desenvolvimento de "um novo sistema jurídico baseado nos direitos fundamentais. (...) [A] quase totalidade das questões que refletem assim uma realidade social, vão se impor, ao menos em parte, em termos de direitos

g) são titularizados não apenas por pessoas físicas, mas também por pessoas jurídicas e entes despersonalizados, "sempre e quando a sua natureza permita a aplicação dos direitos fundamentais".[17] Excluem-se, contudo e pelas observações feitas precedentemente, as pessoas jurídicas de Direito Público, às quais se reservam "competências", "interesses legítimos" ou "direitos constitucionais" que não podem ser subsumidos sob o rótulo de direitos fundamentais;

h) são fatores decisivos de integração social ou "pontos de partida para se tomar e ter parte nos processos políticos, econômicos e culturais" de uma comunidade.[18]

Encontramos na literatura diversos critérios utilizados para classificar os direitos fundamentais: segundo a sua estrutura, segundo a sua função, segundo a sua geração, segundo a sua eficácia, segundo o seu valor. Para efeito de nosso estudo, apenas divisaremos os direitos de defesa dos direitos de prestação, reunindo elementos de todos os critérios anteriormente citados.

Os direitos de defesa ou de liberdade foram os primeiros que surgiram. Centrados numa idéia de Estado liberal, neutro, "guarda-noturno" (*Gramsci*), limitado a garantir a segurança exterior do grupo ou a ordem interior do Estado, criavam situações jurídicas oponíveis a esse Estado, merecendo o nome de "liberdades-resistência" ou "liberdades-barreira".[19] Sob as feições utilitaristas, paternalistas ou parasitárias, contentavam-se apenas com a sua conformação jurídica, formal, atrelada ao princípio da igualdade perante a lei, suficiente para abrir o caminho da autodeterminação individual ou do livre desenvolvimento de sua personalidade, daí também o nome de "liberdades-possibilidades" ou "liberdades-virtualidades".[20] Configuram tanto competências negativas para o Estado, proibindo-o de invadir a esfera individual juridicamente garantida (dimensão jurídico-objetiva dos direitos fundamentais),

---

fundamentais": *Reflexões sobre o Papel dos Direitos Fundamentais na Ordem Jurídica Constitucional*, p. 23.

[17] HESSE. *Significado de los Derechos Fundamentales*, p. 106.

[18] HÄBERLE. *La Libertad Fundamental en el Estado Constitucional*, p. 256.

[19] GICQUEL. *Droit Constitutionnel et Institutions Politiques*, p. 92.

[20] Ibidem. A rigor, direito diz respeito aos *status activus* e *positivus*, que não envolve uma alternativa de comportamento, enquanto as liberdades se referem a *status negativus*, à alternativa de não-atuação (aspecto negativo da liberdade), mas ambos estão sob o rótulo de "direito de defesa": ALEXY. *Teoría de los Derechos Fundamentales*, p. 186 et seq.; 210 et seq.; 247 et seq.

quanto posições e situações jurídicas subjetivas (dimensão jurídico-subjetiva dos direitos fundamentais), que se expressam no poder fazer ou realizar o conteúdo das posições e situações (liberdade positiva), e no exigir omissões ou interferências dos poderes públicos (liberdade negativa).[21] Situam-se nesse rol, dentre outros, a liberdade de religião, a liberdade pessoal, de associação, de reunião, de imprensa e o direito de propriedade. Por terem sido os primeiros que apareceram, são ainda chamados de "direitos" ou "liberdades" de primeira geração ou de "base liberal".[22]

Ao lado dos clássicos direitos de defesa, vocacionados à salvaguarda da esfera de liberdade do indivíduo contra as intervenções do Estado, desenvolveram-se os direitos a ações positivas do Estado ou direito a prestações estatais. Todavia, aqui reside um campo de profunda indefinição. Antes de enveredarmos por suas trilhas perigosas, devemos divisar uma classificação desses direitos, em regra, apresentada pela Dogmática Constitucional, dividindo-os em três grandes grupos: a) os direitos a proteção do Estado contra a intervenção de terceiros, seja adotando e aplicando normas de direito penal ou de direito processual, seja por meio de ações administrativas de prevenção ou repressão. Há quem veja nesses direitos, e aí se inclui a Corte Constitucional Federal alemã, tão-somente reflexos do dever de proteção jurídico-objetivo[23] ou um desdobramento necessário dos próprios direitos de defesa;[24] b) os direitos a organização e procedimento (*status activus processualis* ou "devido processo iusfundamental"),[25] considerados como instrumentos de institucionalização de uma série de mecanismos jurídicos que assegurem um quadro institucional de exercício dos direitos fundamentais – tarefa estatal de organização jurídica – ou, mais precisamente, que garantam a sua realização prática, tanto no sentido da existência ou do estabelecimento de "normas secundárias" apropriadas a esse fim, quanto na exigência de uma interpretação igualmente adequada das normas procedimentais, positivando, em conseqüência, certas regras técnicas ou estruturais do sistema, por

---

[21] HESSE. *Elementos de Direito Constitucional da República Federal Alemã*, p. 235-236; CANOTILHO. *Direito Constitucional*, p. 552.

[22] PECES-BARBA. *Curso de Derechos Fundamentales*, I, p. 156.

[23] ALEMANHA. Corte Constitucional Federal. *BVerfGE* 49, 89 (140); 53, 30 (57); 56, 54 (73).

[24] SCHWABE. *Probleme der Grundrechtsdogmatik*, p. 213.

[25] HÄBERLE. *Grundrechte im Leistungsstaat*, p. 81.

um lado, e especializando ou refinando o aparato de proteção jurídica, por outro. Cuida-se tanto de normas que disciplinam institutos jurídicos ou competências ou procedimentos, definindo atribuições estatais de realização de programas e tarefas aptas à realização dos direitos sociais ou de criação jurídica de sede privada – família, casamento, contrato, sucessão, associação (garantias de instituições), quanto de normas que organizem as estruturas de instituições de natureza pública ou quase pública, ligadas a direitos fundamentais – saúde pública, comunicação social e partido político, por exemplo; ou que definam os processos e procedimentos legislativos, judiciais e administrativos, que assegurem, para além da ativação e do seguimento de um rito preestabelecido, uma participação efetiva dos cidadãos (política – sufrágio, iniciativa popular, referendo e plebiscito – arts. 14, I e II, 29, XI, e 61, § 2.º, CRFB; corporativa – arts. 10 e 11, CRFB; e comunitária – arts. 31, § 3.º, 194, VII e 198, III, CRFB) e a tomada de decisões "justas" ou adequadas a um padrão mínimo de justiça material – "realização ótima dos direitos fundamentais"[26] ou atendimento a requisitos discursivos ou racionalmente fundados; ou ainda de normas que estabeleçam um quadro institucional que permita a participação individual na formação da vontade estatal[27] ou de círculos sociais que se achem ligados ao Estado, senão organicamente, pelo menos em vista de suas finalidades e objetivos; e c) os direitos a prestações em sentido estrito (direitos sociais fundamentais), como o direito ao trabalho, à assistência social, à moradia e à educação, embora aqui se distinga entre os direitos originários e direitos derivados de prestação, que examinaremos em outro ponto do trabalho.[28] Os internacionalistas dividem esses direitos em três espécies, conforme, dominantemente, o seu aparecimento: direitos de segunda geração ou direitos de participação política (direito de inspiração democrática ou *status activus*);[29] direitos de terceira geração, firmados como direitos sociais, econômicos e culturais (direitos de base social); e direitos de quarta geração, identificados como direi-

---

[26] HÄBERLE. *La Libertad Fundamental en el Estado Constitucional*, p. 259.

[27] ALEXY. *Teoría de los Derechos Fundamentales*, p. 481 et seq.

[28] O conceito formulado no texto é mais amplo do que o desenvolvido por HÄBERLE. *La Libertad Fundamental en el Estado Constitucional*, p. 289 et seq. Adotamos, em seus traços gerais, a divisão de ALEXY. *Teoría de los Derechos Fundamentales*, p. 430.

[29] JELLINEK. *System der subjektiven öffentlichen rechte*, p. 136-137.

tos de fraternidade ou solidariedade: direito à informação, à autodeterminação dos povos, ao desenvolvimento e ao meio ambiente equilibrado; e, entremeado com o valor de segurança jurídica, o direito à paz.[30]

O Supremo Tribunal Federal, sob a voz do Ministro *Celso de Mello*, tem admitido, em lugar da divisão geracional apresentada, uma classificação tripartida dos direitos fundamentais: direitos de primeira geração (direitos civis e políticos), os direitos de segunda geração (direitos econômicos, sociais e culturais) e os direitos de terceira geração. Os primeiros se identificariam com as "liberdades clássicas, negativas ou formais"; os de segunda geração acentuariam mais o princípio da igualdade, apresentado-se como "liberdades positivas, reais ou concretas" e, finalmente, os direitos de terceira geração materializariam "poderes de titularidade coletiva atribuídos genericamente a todas as formações sociais, tendo como princípio consagrador o da solidariedade entre os contemporâneos e entre gerações". Assim o direito "à integridade do meio ambiente" ou "ao meio ambiente ecologicamente equilibrado"

> "(...) assiste, de modo subjetivamente indeterminado, a todo o gênero humano (...), qualificando-se como encargo que se impõe – sempre em benefício das presentes e das futuras gerações – tanto ao Poder Público quanto à coletividade em si mesma considerada".[31]

Importa considerarmos, a essa altura, a complexidade dos chamados direitos sociais, tanto em sua estrutura dogmática, quanto no seu impacto sobre a divisão de tarefas entre o legislador e o juiz no Estado democrático de direito.

---

[30] PECES-BARBA. *Curso de Derechos Fundamentales*, I, p. 156-157.

[31] BRASIL. Supremo Tribunal Federal. Pleno. MS n. 22.164-SP. Rel. Min. Celso de Mello. *RTJ* v. 164, t. 1, p. 158-174, 168-169. Nessa decisão ficou assentado que o simples fato de uma propriedade se situar no Patanal Mato-grossense, considerado constitucionalmente patrimônio nacional e submetido à utilização, na forma da lei, dentro de condições que assegurem a preservação do meio ambiente, inclusive quanto ao uso dos recursos naturais (art. 225, § 4.º), não seria obstáculo à sua desapropriação para fins de reforma agrária, "especialmente porque um dos instrumentos de realização da função social da propriedade rural (...) consiste, precisamente, na submissão do domínio à necessidade de o seu titular utilizar adequadamente os recuros naturais disponíveis e de fazer preservar o equilíbrio do meio ambiente" (p. 169-170).

# SEÇÃO II
# OS DIREITOS SOCIAIS ENTRE O JUIZ E O LEGISLADOR

Na conceituação dogmática dos direitos sociais, descobre-se que uma nítida prevalência de aspectos objetivos sobre os subjetivos é recorrente entre os autores alemães, em parte, explicada pelo tratamento que a Lei Fundamental dispensa a esses direitos, encartando-os, topologicamente, fora dos direitos fundamentais. Para *Hesse*, por exemplo, tais direitos não passariam de obrigações positivas impostas ao Estado para adoção de medidas destinadas à sua realização, não possuindo, em princípio, "o caráter de direitos subjetivos individuais".[32] Identicamente, para *Häberle*, seriam "mandados constitucionais de 'uso de direito fundamental' aos quais não corresponde nenhum direito subjetivo".[33] *Alexy*, por outro lado, busca uma solução mais próxima da subjetivação desses direitos, falando de um modelo de ponderação:

> "(...) o indivíduo tem direito a um direito definitivo à prestação quando o princípio da liberdade fática [possibilidade concreta de eleger entre o que for permitido] tiver um peso maior que os princípios formais e materiais opostos tomados em seu conjunto."[34]

Haveria sempre um direito *prima facie* que deveria sobreviver a uma argumentação racional que levasse em conta os efeitos do conteúdo prático do direito, requisitado pela "liberdade fática", sobre o princípio da divisão de poderes e da democracia, aí incluída a competência orçamentária do parlamento, bem como sobre os princípios materiais opostos, especialmente "aqueles que apontam para a liberdade jurídica de outros".[35]

Sob influência das elaborações da doutrina germânica, *Mazzioti* vê nos direitos sociais aquela "parte que cabe a cada um na outorga

---

[32] HESSE. *Significado de los Derechos Fundamentales*, p. 98.

[33] HÄBERLE. *Grundrechte im Leistungsstaat*, p. 108.

[34] ALEXY. *Teoría de los Derechos Fundamentales*, p. 486, 499.

[35] Ibidem, p. 495 et seq.

dos recursos sociais em sociedade," subjetivada como um "direito geral de cada cidadão participar dos benefícios da vida associada, que se desdobra em específicos direitos a determinadas prestações, diretas ou indiretas, por parte dos poderes públicos".[36]

Os defensores das teses *objetivistas* evitam falar da existência de direitos sociais fundamentais ou direitos fundamentais sociais, aduzindo, normalmente, um argumento técnico-jurídico: aqueles supostos direitos não podem ser demandados em juízo, ou, se o forem, seu resultado efetivo é mais do que discutível.[37] Mesmo em países que não adotam o modelo alemão e austríaco, de sua exclusão textual do rol dos direitos fundamentais, essa impossibilidade deriva não só das fórmulas jurídicas indeterminadas de seu reconhecimento (normas programáticas, normas organizatórias, normas de garantias institucionais),[38] como também de seu conteúdo impreciso, mas sobretudo de uma razão de ordem democrática, pois admitir a sua plena judicialidade importa colocar o controle da agenda política e do próprio orçamento estatal nas mãos do Judiciário e não do Parlamento.[39] O elogiável intento de constitucionalizar "soluções teóricas" para problemas práticos da desigualdade de condições de acesso a uma vida mais digna pode, além do mais, gerar o efeito reverso, pois termina frustrando expectativas das pessoas. O equívoco maior estaria na base desse intento, ao confundir as dimensões do Direito, apto a dar resposta às questões da liberdade jurídica, com as da Política, a quem cabe a criação de condições materiais que assegurem a igualdade e a liberdade reais (*J. Müller, Badura*).[40] Mas muitos dos direitos sociais podem ser objeto de postulação judicial (direitos sociais incondicionados ou originários) e o fato de alguns (direitos condicionados ou derivados)[41]

---

[36] MAZZIOTI. *Diritti Sociali*, p. 804.

[37] STARCK. *Die Grundrechte des Grundgesetzes*, p. 241.

[38] CANOTILHO. *Direito Constitucional*, p. 556-557.

[39] BALDASSARRE. *Diritti Sociali*, p. 3.

[40] Cf. CANOTILHO. *Direito Constitucional*, p. 555; também: KLEIN. *Die Grundrechte im demokratischen Staat*, p. 48 et seq.

[41] Não confundir aqui com a distinção alemã entre "direitos a prestação originários" e "direitos a prestação derivados"; embora haja relação entre as duas distinções, os direitos derivados decorrem da atuação estatal, no texto se está concentrando na dependência da atuação estatal, enquanto a *derivative Teilhaberechte*, conexiona-se com o princípio de igualdade, de modo que, de uma dada atuação, surge um direito de igual prestação: HESSE. *Significado de los Derechos Fundamentales*, p. 96; CANOTILHO. *Direito Constitucional*, p. 552 et seq.

dependerem em grande medida de um quadro de institucionalização, por meio da definição de um procedimento adequado de realização, não pode diminuir seu valor ou significado de direito fundamental, pois mesmo os direitos de liberdade dependem, na realidade, de um quadro institucional que lhes garanta realização: que seria da liberdade pessoal se lhe faltasse um poder judiciário independente do poder político; ou da liberdade de pensamento sem uma disciplina dos meios necessários à sua manifestação?[42] Além do mais, qualquer que seja a norma de direitos sociais, incondicionados ou condicionados, ela se irradia sobre o sistema constitucional, exigindo uma interpretação com ela conforme e gerando um efeito paralisante sobre ações atentatórias a seu comando.

Deve-se notar, ainda, que a lei se apresenta, em relação a esses direitos, como *condition sine qua non* e não como *conditio per quam*. Quer isso dizer que a atuação legislativa se faz necessária para determinar o modo e os limites do direito, não a sua existência (*quomodo* e *quando*, não *an* e *quid*). Por isso são, em grande parte, mas não a totalidade, direitos sob a reserva do possível e do razoável, submetida, no entanto, ao controle judicial: "a subtração ao legislador da discricionariedade sobre *an* e sobre *quid* da garantia mesma conduz, sem mais, à fiscalização judicial (*sindacabilità*) dessa discricionariedade sobre *como* e sobre *quando*".[43] Aquela reserva, segundo a elaboração jurisprudencial, sobretudo na Alemanha e depois na Itália, é identificada como um vínculo para o legislador de graduar a atuação dos direitos sociais, balanceando-os com os outros valores constitucionais primários e com a exigência de equilíbrio estatal, servindo como parâmetro para avaliar a inércia ou a prestação retardada do legislador, bem assim para controlar o uso do poder legislativo discricionário na previsão da "consistência e do desenvolvimento dos dados sociais", pressupostos por uma determinada lei[44] e de forma a evitar a compressão "do conteúdo mínimo necessário a não render ilusória a satisfação dos interesses protegidos".[45]

---

[42] MODUGNO. *I "Nuovi Diritti" nella Giurisprudenza Costituzionale*, p. 70; BALDASSARRE. *Diritti Sociali*, p. 30.

[43] MODUGNO. *I "Nuovi Diritti" nella Giurisprudenza Costituzionale*, p. 71.

[44] Ibidem, p. 72.

[45] MORTATI. *Appunti per uno Studio sui Rimedi Girurisdizionali contro Comportamenti Omissivi del Legislatore*, p. 191.

Deve, ainda, ser lembrada a possibilidade de situações de inconstitucionalidade das normas legais que atentem contra a cláusula de não retrocesso ou de efeito *cliquet*, diminuindo a efetivação anteriormente configurada. No sistema brasileiro, ademais, gera inconstitucionalidade por omissão, parcial ou total, conforme esteja o legislador renitente a realizá-lo incompleta ou inteiramente.[46]

Um argumento de natureza pragmática também é sempre lembrado, segundo o qual a constitucionalização de tais direitos ou a sua consideração como direitos fundamentais pode importar um sério problema diante de situações de crise econômica, pois termina por converter um desajuste do sistema econômico numa crise de natureza jurídico-constitucional.[47] Mas não seria exatamente em situações de crise que um mínimo de direitos sociais deveriam ser garantidos?

É recorrente, por fim, uma tese de pendor liberal, tanto em sua versão progressista, como em *Popper*[48] e *Berlin*,[49] quanto em sua face conservadora, difundida amplamente por *Forsthoff*,[50] *Nozick*[51] e *Hayek*,[52] que identifica a impossibilidade de se conciliarem os direitos sociais com os direitos de liberdade,[53] no desdobramento da síntese impossível entre os conceitos de Estado de direito e Estado social: "a tarefa de reunir em um ordenamento jurídico unitário as limitações administrativas (*Eingriffsverwaltung*) e o atendimento das necessidades essenciais dos cidadãos (*Daseinsvorsorge*) é insolúvel".[54] Agrava-se esse descompasso pela incompatibilidade

---

[46] BARROSO. *O Direito Constitucional e a Efetividade de suas Normas*, p. 110.

[47] ISENSEE. *Verfassung ohne soziale Grundrechte*, p. 381.

[48] POPPER. *Búsqueda sin Término*: Una Autobiografia Intelectual, p. 49.

[49] BERLIN. *Dos Conceptos de Libertad*, p. 218.

[50] FORSTHOFF. *Abbiamo Troppo o Troppo Poco Stato?*, p. 84.

[51] NOZICK. *Anarchy, State, and Utopia*, p. 167 et seq., 332.

[52] HAYEK. *The Constitution of Liberty*, p. 234 et seq.

[53] HÄBERLE; MARTENS. *Grundrechte im Leistungsstaat*, p. 33.

[54] FORSTHOFF. *Concetto e Natura dello Stato Sociale di Diritto*, p. 39. Lembremos do casal *Friedman*, que questionava: se a natureza não era eqüitativa, em face das diferenças de talentos individuais, como se justificaria eticamente a interferência do Estado para corrigir o que a natureza quis desigual? Em síntese, a igualdade material seria totalmente contrária à liberdade: *Libertad de Elegir*, p. 194-195.

de estrutura e de fim das classes de direitos que cada Estado visa realizar. Os direitos sociais, por serem "direitos relativos" de participação ou de distribuição, sujeitos às transações políticas destinadas à sua efetivação, não poderiam ser garantidos por um enunciado constitucional, a menos que se concordasse com a degradação do conceito de norma constitucional do Estado de direito a uma "norma em branco";[55] enquanto os direitos de liberdade, como limitação da ação do Estado, vêm reconhecidos como "direitos absolutos", não demandando "ativação" ou "intermediação legislativa", e, portanto, colocando-se numa esfera imune às transações de valores. E essa transação seria inevitável se se reconhecesse valor constitucional aos direitos sociais. O reconhecimento do direito ao trabalho, por exemplo, importaria na diminuição do direito de propriedade dos meios de produção; assim também, a generalização dos direitos assistenciais terminaria repercutindo no patrimônio privado, por demandar acréscimos de impostos e taxas. Para *Rawls*, sob a defesa da justiça processual imperfeita, o primeiro princípio de justiça, da igualdade ao mais amplo sistema total de liberdades básicas teria não só precedência sobre o segundo princípio de justiça, da estruturação das desigualdades econômicas e sociais no sentido do maior benefício aos menos favorecidos, atrelado a que os cargos e as funções sejam acessíveis a todos, sob condições de justa igualdade de oportunidades, mas também uma estatura diferenciada, pois apenas aquele sistema de liberdades básicas comporia o próprio temário constituinte, quer dizer, teria significado de "direito constitucional", enquanto os programas sociais e econômicos realizadores do segundo princípio seriam deixados para a "etapa legislativa" como resultado de acordos políticos.[56]

Uma visão mais alargada permite perceber, contudo, que a inexistência de condições materiais mínimas conduz à impossibilidade de efetivação das liberdades clássicas, sendo mais certo falar de uma "complementaridade tensa" do que em contradição necessária. O Estado social é uma evolução do Estado de direito liberal, que congrega elementos do *statu quo* com instrumentos de transformação social, implicando "a afirmação de estratégias de desenvolvimento social e político [nas] ações dos públicos pode-

---

[55] FORSTHOFF. *Concetto e Natura dello Stato Sociale di Diritto*, p. 68 et seq.
[56] RAWLS. *Teoría de la Justicia*, p. 230-232.

res".[57] Essa idéia de evolução, de "complementaridade tensa", se mostra evidente se enxergarmos que o Estado social, notadamente em seu paradigma societário, não só aperfeiçoa a estrutura de garantia e a tutela dos direitos, como intenta realizar "as condições para tornar efetiva a participação política e a fruição da liberdade" (*Carlassare*).[58] Aparecem, assim, os direitos sociais como uma síntese entre liberdade e igualdade ou como forma imprescindível de afirmação de uma "liberdade igual"[59] e de garantia da realização efetiva do princípio democrático.[60]

O papel desempenhado pela jurisdição constitucional nessa matéria é de extrema importância e mereceria um destaque mais longo, não fosse o propósito meramente indicativo – e emblemático – de nosso estudo. Recorreremos, portanto, à experiência dos alemães (I), dos norte-americanos (II) e do Supremo Tribunal Federal (IV), sem prejuízo de considerações em tópico seguinte da construção jurisprudencial em outros sistemas. Mas também apresentaremos a elaboração jurisprudencial do Tribunal de Justiça da Comunidade Européia (III), especialmente em seu papel de promoção da igualdade entre homens e mulheres no mercado de trabalho, para indicar como um órgão comunitário, no rascunho de uma jurisdição constitucional, pode também realizar uma tarefa significativa na afirmação dos direitos sociais.[61]

---

[57] HABERMAS. *Morale, Diritto, Política*, p. 90. É curioso, contudo, que o mesmo *Habermas* que mantinha algum vínculo entre direitos sociais e liberdades em *Faktizität und Geltung*, de 1992 – basta analisar o Capítulo 9 (p. 459 et seq. de *Fatti e Norme*) –, tenha se aproximado de *Forsthoff* e *Rawls* numa obra que recebeu o título de *A Inclusão do Outro* (*Die Einbeziehung des Anderen*), de 1997, recusando a conexão, ao deixar para "acordos políticos" e disposições infraconstitucionais o conteúdo dos direitos sociais (p. 28, 34, 91 et seq.).

[58] No sentido utilizado por *Bonavides* de um "Estado social da sociedade" no lugar do "Estado social do Estado". *Teoria Constitucional da Democracia Participativa*, p. 45, 151 et seq. Ou da recuperação da esfera social no âmbito da esfera pública, ainda que renegando o "conceito" de Estado social: HABERMAS. *Fatti e Norme*, p. 374 et seq., 393 et seq., 422 et seq.

[59] BALDASSARRE. *Diritti Sociali*, p. 6.

[60] LUCIANI. *Sui Diritti Sociali*, p. 111.

[61] Na Seção seguinte, apresentaremos a posição da Corte Constitucional italiana sobre a matéria.

## § 1. Tribunal Constitucional Federal Alemão

A Lei Fundamental de Bonn não trata expressamente dos direitos a prestações estatais ou especialmente dos direitos sociais. A sua afirmação doutrinária e jurisprudencial se tem dado à custa de uma vasta argumentação que procura reunir diversos princípios espalhados por todo o seu texto, com o recurso constante à cláusula do Estado social (arts. 20.1 e 28.1). Posicionando-se em relação ao conflito ou à complementaridade desses direitos, a Corte Constitucional Federal não deixou dúvidas: "o direito de liberdade não teria valor algum sem os pressupostos fáticos para poder fazer uso dele".[62] Todavia esses pressupostos passariam a depender de uma série de circunstâncias que escapariam de um enquadramento jurídico total, pois dependeriam, em larga medida, da disponibilidade de recursos e da própria definição prioritária de sua alocação, deferida aos órgãos mais representativos democraticamente. Os direitos sociais, como, em geral, os direitos a prestações, transportariam uma cláusula restritiva da "reserva do possível no sentido daquilo que o indivíduo pode razoavelmente exigir da sociedade,"[63] e dependeriam significativamente do "legislador diretamente legitimado pelo povo [para sua realização],"[64] mas isso não lhes retiraria a juridicidade, nem lhes impingiria a mácula de simples apelo programático. A validade normativa de um direito, inclusive de um direito social, não pode depender do menor ou maior grau de suas possibilidades de realização ou da necessidade de um procedimento para seu exercício.[65] Não é exagero, portanto, falar de um direito subjetivo ao acesso a um curso universitário, ainda que o exercício desse direito esteja condicionado à aprovação num curso de seleção;[66] ou se afirmar a existência de um direito à moradia, sem se importar com o acréscimo que se promova aos gastos públicos em sua decorrência.[67] A inércia do legislador em definir os meios de realização dos direitos sociais não inibe que lhe seja declarada a inconstitucio-

---

[62] ALEMANHA. Corte Constitucional Federal. *BVerfGE* 33, 303 (331).

[63] ALEMANHA. Corte Constitucional Federal. *BVerfGE* 43, 291 (314); 33, 303 (333).

[64] ALEMANHA. Corte Constitucional Federal. *BVerfGE* 56, 54 (818).

[65] ALEMANHA. Corte Constitucional Federal. *BVerfGE* 43, 291 (315).

[66] ALEMANHA. Corte Constitucional Federal. *BVerfGE* 33, 303 (333).

[67] ALEMANHA. Corte Constitucional Federal. *BVerfGE* 27, 220 (228).

nalidade,[68] que lhe seja fixado um prazo para fazê-lo[69] ou até que, persistente a omissão, seja formulado o conteúdo desse direito.[70]

É interessante analisar alguns argumentos desenvolvidos pela Corte na adoção desses posicionamentos. O princípio da intangibilidade da dignidade humana (art. 1.1) e o direito à vida (art. 2.1) assegurariam um direito subjetivo à assistência social por parte do Estado? A Corte entendeu que não. O dever constitucional de o legislador "realizar o Estado social" também não geraria direitos subjetivos, a menos que ele "se omit[isse] arbitrariamente, vale dizer, sem razão objetiva, no cumprimento desse dever".[71] Num caso seguinte, a Corte passou a extrair da cláusula do Estado social o dever de assistência social:

> "[A] assistência social aos necessitados de ajuda é um dos deveres óbvios do Estado social. Necessariamente, isso inclui a assistência social aos concidadãos que, em razão de doenças físicas ou mentais, estejam impossibilitados de desenvolver-se pessoal e socialmente, não podendo assumir por si mesmos a sua própria subsistência. A comunidade estatal tem que assegurar-lhes as condições mínimas para uma existência humana digna."[72]

Um segundo tipo de direito a prestações pode ser identificado, ao menos implicitamente, naquela primeira decisão: o direito a prestações normativas. Mas apareceu de forma mais clara numa decisão em que discutia uma lei sobre a escola superior integrada da Baixa Saxônia, em face o artigo 5.3 da Lei Fundamental, que assegura a liberdade de arte, ciência, investigação e de cátedra.

> "Ao titular individual do direito fundamental do artigo 5.º, parágrafo 3.º GG, em virtude da decisão valorativa, surge um direito àquelas medidas estatais, também de tipo organizativo, que são indispensáveis para a proteção de seu espaço de liberdade assegurado iusfundamentalmente, porque são as que lhe possibilitam uma livre

---

[68] ALEMANHA. Corte Constitucional Federal. *BVerfGE* 39, 316 (333).

[69] ALEMANHA. Corte Constitucional Federal. *BVerfGE* 33, 1 (13).

[70] ALEMANHA. Corte Constitucional Federal. *BVerfGE* 3, 225 (237); 43, 154 (169).

[71] ALEMANHA. Corte Constitucional Federal. *BVerfGE* 1, 97 (104).

[72] ALEMANHA. Corte Constitucional Federal. *BVerfGE* 40, 121 (133).

atividade científica. Se assim não fosse, estaria eliminado em grande medida o efeito protetor da norma básica de decisão valorativa. Essa capacidade do titular individual do direito fundamental no sentido de poder impor ao poder público a norma básica de decisão valorativa, pertence ao conteúdo do direito fundamental individual cuja efetividade se torna assim reforçada."[73]

## § 2. Suprema corte dos estados unidos

Os direitos sociais, em regra, têm sido considerados, pela Suprema Corte norte-americana, como interesses legítimos, todavia, não de natureza fundamental. Não se pode aqui, como em outros domínios, identificar uma doutrina coerente, pois são diversas as exceções a favor e contra a consideração da situação econômica como uma elemento de definição de uma classe social que mereça uma atenção toda especial no exame do impacto de medidas governamentais sobre ela. Em linha de generalização, podemos observar que o Estado não se vê obrigado, ao menos na prática, a adotar alguma medida destinada a reduzir as desigualdades sociais ou a elevar o padrão de assistência já deferida embora possa ser flagrado, ao agir, desrespeitando a cláusula do devido processo e da igual proteção. Analisemos alguns casos para melhor esclarecer essas observações. Comecemos pelo enquadramento constitucional dos "direitos ao bem-estar social".

Em *Lindsey* v. *Normet*,[74] afirmou-se que a pretensão de quem não tinha um teto à obtenção de uma moradia não constituía um interesse fundamental. Assim também se deu em relação à saúde.[75] E a mesma sorte teve o suposto direito à educação.[76] O fato de não ser um interesse coberto pela "fundamentalidade" não inibe, contudo, de proteção. Assim, em *Plyler* v. *Doe*,[77] a Corte não concordou com uma lei do Texas que impedia o acesso às escolas públicas

---

[73] ALEMANHA. Corte Constitucional Federal. *BVerfGE* 35, 79 (116).

[74] ESTADOS UNIDOS. Suprema Corte. 405 U.S. 56, 74 (1972).

[75] ESTADOS UNIDOS. Suprema Corte. *NAACP* v. *Button*, 377 U.S. 415 (1963); *Botherhood of Railroad Trainmen* v. *Virginia*, 377 U.S. 1 (1964); *United Mine Workers* v. *Illinois*, 389 U.S. 217 (1967); *United Transportation Union* v. *State Bar fo Michigan*, 401 U.S. 576 (1971).

[76] ESTADOS UNIDOS. Suprema Corte. *San Antonio Independent School Dist.* v. *Rodriguez*, 411 U.S. 1 (1973).

[77] ESTADOS UNIDOS. Suprema Corte. 457 U.S. 202, 230 (1982).

dos filhos de imigrantes ilegais, sob alegação de que aquela medida poderia criar uma classe de excluídos, econômica e politicamente.

A opinião da Corte, em *Golberg* v. *Kelly*,[78] retrata uma preocupação com a classe mais pobre da sociedade, reconhecendo a necessidade de um dever geral de atuação estatal destinada à distribuição mais igualitária das riquezas:

> "O bem-estar (*Welfare*), por atender às demandas básicas de subsistência, pode importar a criação para os pobres, como para os ricos, das mesmas oportunidades (...) de participação integral na vida da comunidade. (...) A assistência pública, então, não é mera caridade, [e sim] a promoção do bem-estar geral, e garantia das bênçãos da liberdade para nós e para nossa posteridade."[79]

O efeito prático dessa manifestação de princípios não chegaria às raias de determinar um específico programa de ação governamental ou a sua ampliação, apenas impedia-se, ali, que um benefício que vinha sendo concedido não fosse abruptamente interrompido.[80] Pela mesma inspiração, não poderia fazer exclusão de dependentes com mais de dezoito anos para fins de dedução de imposto[81] ou negar benefícios a famílias que possuíssem filhos ilegítimos.[82] Também se declarou que o Estado não podia condicionar o exercício de um direito fundamental, como o direito de casar, ao cumprimento de certa obrigação pecuniária, mesmo que dizendo respeito à alimentação de filho, como medida para evitar futuro dispêndio público. Uma lei de Wisconsin exigia, para permitir um novo casamento, que um pai cumprisse com a sua obrigação alimentar e que houvesse manifestação judicial declarando que a criança não seria sustentada pelo poder público. A Corte considerou que esse condicionamento se abateria mais sobre as pessoas pobres, privando-as de um direito fundamental.[83]

---

[78] ESTADOS UNIDOS. Suprema Corte. 397 U.S. 354 (1970).

[79] ESTADOS UNIDOS. Suprema Corte. 397 U.S. 354, 264 (1970).

[80] Cf., contudo, *Mathews* v. *Eldridge*, 424 U.S. 319 (1976).

[81] ESTADOS UNIDOS. Suprema Corte. *United States Department of Agriculture* v. *Murry*, 413 U.S. 508 (1973).

[82] ESTADOS UNIDOS. Suprema Corte. *New Jersey Welfare Rights Organization* v. *Cahill*, 411 U.S. 619 (1973).

[83] ESTADOS UNIDOS. Suprema Corte. *Zablocki* v. *Redhail*, 434 U.S. 374 (1978).

O Estado não pode condicionar a distribuição de benefícios sociais aos seus residentes tomando como base o tempo de residência. Embora não estivesse envolvido nenhum interesse fundamental, a discriminação estatal poderia levar à criação e à permanência de classes sociais inferiorizadas.[84] Pelo mesmo motivo, uma lei de um condado não podia exigir residência mínima de uma ano para um indigente receber cuidados médicos às custas do respectivo condado.[85]

A Corte, em síntese, tem usado o princípio de que a regulação estatal no campo social e econômico está coberta por certa margem de discricionariedade política, não cabendo a sua intervenção corretiva, a menos que se revele atentatória a algum direito fundamental, sobretudo à cláusula do devido processo e da igual proteção, justificando, assim, a não intervenção ou a aplicação de um controle judicial bem flexível, que dá margem à elaboração de uma coerente teoria judicial de balanceamento ou "concordância prática" de interesses. Na realidade, a Corte, desde *Burger*, passou até a tolerar certas medidas discriminatórias contra os pobres, em face de sua relutância a interferir nos programas sociais dos Estados. Em *Dandridge* v. *Wiliams*, por exemplo, declarou-se constitucional uma lei que fixava um teto para concessão de benefícios num programa de assistência a famílias com crianças, independentemente de atender, naquelas mais numerosas, às reais necessidades. A Corte se fundara no fato de que as leis de distribuição de benefícios sociais não afetariam as liberdades garantidas pelo *Bill of Rights* e que seria praticamente impossível distinguir as situações individuais de toda classe dos beneficiários.[86] Em *James* v. *Valtierra*,[87] *San Antonio Ind. School District* v. *Rodriguez*[88] e *Harris* v. *McRae*,[89] não considerou a condição econômica como critério de classificação que, como a raça, se sujeitasse a um "escrutínio mais rigoroso." Também se afirmou a constitucionalidade de uma norma

---

[84] ESTADOS UNIDOS. Suprema Corte. *Zobel* v. *Williams*, 457 U.S. 55 (1982).

[85] ESTADOS UNIDOS. Suprema Corte. *Memorial Hospital* v. *Maricopa County*, 415 U.S. 250 (1974).

[86] ESTADOS UNIDOS. Suprema Corte. *Dandrdge* v. *Williams*, 397 U.S. 471, 484, 487 (1970); também *Jefferson* v. *Hackney*, 406 U.S. 535 (1972).

[87] ESTADOS UNIDOS. Suprema Corte. *James* v. *Valtierra*, 402 U.S. 137 (1971).

[88] ESTADOS UNIDOS. Suprema Corte. *San Antonio Independent School District* v. *Rodriguez*, 411 U.S. 1 (1973).

[89] ESTADOS UNIDOS. Suprema Corte. *Harris* v. *McRae*, 448 U.S. 297 (1980).

que condicionava a obtenção de um novo emprego ao preenchimento de um certificado a cada duas semanas durante o período de assistência estatal.[90] Da mesma forma, não se considerou desigual ou discriminatória em relação à classe mais pobre a exigência de prévia demonstração da seriedade da candidatura, se o postulante alegar miserabilidade como forma de isenção da taxa cobrada para o seu registro.[91]

Em relação à prestação jurisdicional gratuita, a jurisprudência, nos tempos de *Warren*, mais favorável aos demandantes pobres, passou a ser mais restritiva desde *Burger*.[92] Em *Griffin* v. *Illinois*,[93] considerou obrigação do Estado permitir a um réu criminal, sem condições financeiras para pagar os emolumentos e custas, o exercício do direito de apelar da sentença condenatória, pagando, inclusive, os honorários de seu advogado,[94] a menos que fosse para recurso à Suprema Corte.[95] Assim também, não poderia um Estado exigir pagamento das custas para ação de divórcio de um indigente[96] ou para realização de um exame de sangue de pessoas pobres que respondiam a uma ação de paternidade.[97] Esse mesmo direito não precisa ser reconhecido a um insolvente.[98]

## § 3. A CORTE DE JUSTIÇA DA COMUNIDADE EUROPÉIA

Desde os acórdãos *Stauder*, de 1969, e *Internationale Handelsgesellschalft*, de 1970, que a Corte de Justiça da Comunidade Européia tem dedicado especial atenção à salvaguarda dos direitos fundamentais, considerados como "princípios gerais do direito" que demandam uma realização efetiva pelo Direito Comunitário em geral, e pela Corte em particular. Certo é que muitas manifestações

---

[90] ESTADOS UNIDOS. Suprema Corte. *New York State Department of Social Services* v. *Dublino*, 413 U.S. 405 (1973).

[91] ESTADOS UNIDOS. Suprema Corte. *Lubin* v. *Panish*, 371 U.S. 414 (1963).

[92] LOCKHART; KAMISAR; CHOPER; SHIFFRIN. *Constitutional Rights and Liberties*, p. 1162 et seq.

[93] ESTADOS UNIDOS. Suprema Corte. *Griffin* v. *Illinois*, 351 U.S. 12 (1956).

[94] ESTADOS UNIDOS. Suprema Corte. *Douglas* v. *California*, 372 U.S. 353 (1963).

[95] ESTADOS UNIDOS. Suprema Corte. *Ross* v. *Moffitt*, 417 U.S. 600 (1974).

[96] ESTADOS UNIDOS. Suprema Corte. *Boddie* v. *Connecticut*, 401 U.S. 371 (1971).

[97] ESTADOS UNIDOS. Suprema Corte. *Little* v. *Streater*, 452 U.S. 1 (1981).

[98] ESTADOS UNIDOS. Suprema Corte. *United States* v. *Kras*, 409 U.S. 434 (1973).

concretas desses direitos resultavam protegidas, ainda que reflexamente, a partir da concretização de princípios comunitários, como o da livre circulação de pessoas, do acesso à igual formação profissional (Caso *Gravier*) ou da livre prestação de serviço. A origem ou motivação desse sistema de proteção em parte explica a razão de a Corte se ter ocupado primeira e mais detidamente com a definição do quadro de salvaguarda de alguns dos direitos sociais.

É preciso observar que a proteção social é um princípio do Direito Comunitário, embora o Tratado se limite a reconhecê-lo sem especificar as obrigações a que se acham adstritos os Estados-membros. São assegurados, contudo, os direitos ao estabelecimento (arts. 52-58), à livre circulação de trabalhadores (arts. 48-51), aos fundos sociais europeus (arts. 123-128) e, para o que mais nos interessa, à igualdade de remuneração entre trabalhadores femininos e masculinos pelo mesmo trabalho (art. 119). Esse último direito veio a ser objeto de três Diretivas: a "Diretiva relativa à aplicação do princípio da igualdade de remunerações entre os trabalhadores masculinos e os trabalhadores femininos", de 1975; a "Diretiva relativa à realização do princípio da igualdade de tratamento entre homens e mulheres no que concerne ao acesso ao emprego, à formação e à promoção profissional, e às condições de trabalho", de 1976; e a "Diretiva relativa à realização progressiva do princípio da igualdade de tratamento entre homens e mulheres em matéria de seguridade social" de 1978. Ocorre que essas diretivas, por serem resultado de amplas negociações, em face da exigência de um *quórum* de aprovação qualificado, apresentam uma redação que permite quase sempre dupla interpretação. E é aí que entra o papel decisivo da Corte Européia de Justiça na efetivação de seus comandos e na promoção de uma "política social européia". Isso ficou patente no caso *Defrenne II*, decidido em 1976, ao se afirmar que a Comunidade Européia não seria apenas uma união econômica, mas também uma união direcionada ao progresso social e à melhoria constante das condições de vida e de trabalho dos cidadãos.[99] Em diversas outras oportunidades veio a intervir, anotando as violações, pelos Estados-membros, dos princípios sociais assegurados, impondo, em contrapartida, alterações nos regimes jurídicos respectivos.

O impacto da jurisprudência da Corte sobre o sistema jurídico britânico, por exemplo, salta aos olhos. Em diversas ocasiões, o go-

---

[99] EUROPA. Corte de Justiça. *Case* n. 43/75. *European Court Reports*, 1976, p. 455.

verno do Reino Unido teve, muito a contragosto, que recorrer ao Parlamento com vistas a modificar suas leis, de modo a adaptá-las àquela jurisprudência.[100] Assim, a legislação britânica reconhecia às mulheres o direito a uma remuneração igual por um trabalho "ao qual se atribui um valor igual", conforme exigia o artigo 1.1 da Diretiva de 1975, de forma restritiva: somente após uma investigação prévia sobre as fontes e os efeitos da classificação profissional e sobre o lugar de trabalho, que revelasse claramente que as mulheres eram sistematicamente mantidas em serviços de menor remuneração. Para os britânicos, cabia aos Estados-membros a "atribuição do valor igual". Mas a Corte não entendeu bem assim. Primeiramente, ela "constitucionalizou" as disposições da Diretiva ao interpretá-las como "direito originário", fundado no próprio Tratado, ainda que este não fosse expresso a respeito, pois se limitava a garantir a igualdade de tratamento apenas em relação a "um mesmo trabalho" e não a um "trabalho a que se atribui um valor igual". Em seguida, os juízes declararam que todo trabalhador teria o direito a demandar uma avaliação do valor de seu trabalho com vistas a determinar se haveria ou não discriminação remuneratória. O direito britânico, contudo, havia falhado em sua regulamentação, ao inverter a ordem e exigir um complicado processo para o reconhecimento da paridade de valor dos trabalhos.[101]

Outro exemplo de uma interpretação inovadora pode ser encontrado no caso *Marshall I*, de 1986. A Diretiva relativa à igualdade de tratamento assegurava o princípio da não discriminação sexual relativamente ao acesso ao emprego, à formação e à promoção profissionais, e às condições de trabalho. Seu artigo 1.2, contudo, excluía de seu âmbito de aplicação os sistemas de pensões e de aposentadorias. A senhora *Marshall* havia sido forçada a se aposentar aos 60 anos e alegava, em face da perda de uma série de vantagens, discriminação em relação aos trabalhadores do sexo masculino, cuja idade de aposentadoria era fixada em 65 anos. A Corte acolheu a pretensão da senhora *Marshall*, afirmando que a exceção do artigo I.2 deveria ser interpretada estritamente e identificando no diferente

---

[100] KENNEY. *Pregnancy and Disability:* Comparing the United States and the European Community, p. 8 et seq.; SWEET; CAPORASO. *La Cour de Justice et l'Intégration Européene*, p. 232-233.

[101] EUROPA. Corte de Justiça. *Case* n. 61/81. *European Court Reports*, 1982, p. 2.601.

tratamento dispensado pelos britânicos entre homens e mulheres um atentado ao princípio da igualdade dos sexos.[102]

No caso *Barber*, a Corte continuou a substituir, na prática, o Conselho de Ministro como legislador comunitário. Usando como fundamento para interpretação do Tratado uma diretiva rejeitada pelo Conselho, especialmente pelo empenho contrário da França e Grã-Bretanha, a Corte de Justiça afirmou que certos tipos de vantagens no pagamento de pensões integravam a remuneração e que, por conseguinte, a concessão dessas vantagens deveria atender ao princípio da não discriminação previsto pelo artigo 119, sendo violadora desse princípio a norma britânica de aposentação mais cedo das mulheres, com a consectária glosa de parte dessas vantagens.[103] Também se reportara a uma diretiva relativa à gravidez e maternidade que havia sido rejeitada pelo Reino Unido, para afirmar como discriminatória a recusa a uma candidata holandesa a um cargo em um centro de educação pelo fato de ela estar grávida de três meses (Caso *Dekker*).[104]

A preocupação da Corte não é apenas com a afirmação formal do princípio da igualdade entre homens e mulheres, mas antes com a sua realização efetiva. Tanto assim que, nos casos *Kalanke*, decidido em 1995, e *Marshall*, de 1997, afirmou que uma norma nacional que favorecia as mulheres em relação aos candidatos do sexo masculino estava em conformidade com o Direito Comunitário ao prever uma análise particular de cada caso.[105]

### § 4. SUPREMO TRIBUNAL FEDERAL

A casuística do Supremo Tribunal Federal revela uma série de decisões em torno dos chamados direitos sociais, apresentada, de forma puramente ilustrativa, nos tópicos seguintes, na diversidade dos direitos trabalhistas (I), previdenciários (II), assistenciais (III), educacionais (IV) e culturais (V). Também serão relatados alguns pronunciamentos em torno do direito ao meio ambiente equilibrado

---

[102] EUROPA. Corte de Justiça. *Case* n. 142/84. *European Court Reports*, 1986, p. 723.

[103] EUROPA. Corte de Justiça. *Case* n. 262/88. *European Court Reports*, 1990, p. 1.889.

[104] EUROPA. Corte de Justiça. *Case* n. 177/88. *European Court Reports*, 1991, I, p. 3.941; mandando que os tribunais britânicos aplicassem a legislação nacional de acordo com a doutrina exposta neste caso: *Case* n. 32/93 (*Affaire Webb*). *Common Market Law Reports*, 2, 1994, p. 729.

[105] EUROPA. Corte de Justiça. http://curia.eu.int/pt/pres/cjieu.htm.

(VI), que, embora não enquadrado especificamente sob a denominação de "direitos sociais", merece nota especial.

## I. Direitos trabalhistas

No vasto repertório do artigo 7.º da Constituição encontramos referência de muitas das decisões do Tribunal, apontando-se no destaque indicativo uma visão geral dos "direitos sociais individuais" e "coletivos".

O repouso semanal remunerado preferencialmente aos domingos (art. 7.º, XV) mereceu por duas seguidas decisões o esforço hermenêutico do Tribunal. Na primeira, deferiu-se medida liminar para suspender a vigência do artigo 6.º da Medida Provisória n. 1 539-35/1997, que autorizara o trabalho aos domingos no comércio varejista em geral, respeitadas as normas de proteção do trabalho e observado o artigo 30, I da Constituição Federal. Argumentou-se que a locução "preferencialmente aos domingos", que acompanhava a garantia do repouso semanal remunerado, constante artigo 7.º, XV, da Constituição, dava margem à flexibilização do repouso dominical, permitindo o funcionamento aos domingos de determinadas atividades. Todavia, eventual inversão do parâmetro constitucional, por estabelecer exceção a direito do trabalhador, haveria de estar vinculada a um padrão razoável de objetividade (por exemplo, tipo de atividade, interesse público, exigência técnica de continuidade) e não a interesse unilateral de cada empresa.[106] Com a reedição da Medida, mudou-se a redação desse artigo, incluindo-se um parágrafo. A norma, então, passou a dispor no sentido de que ficava autorizado o trabalho aos domingos no comércio varejista em geral, observado o artigo 30, inciso I, da Constituição, conquanto que o repouso semanal remunerado coincidisse, pelo menos uma vez no período máximo de quatro semanas, com o domingo, respeitadas as demais normas de proteção ao trabalho e outras previstas em acordo ou convenção coletiva. Agora, para a maioria dos Ministros, a garantia prevista no artigo 7.º, XV havia sido atendida.[107]

---

[106] BRASIL. Supremo Tribunal Federal. Pleno. ADInMC n. 1.675-UF. Rel. Min. Sepúlveda Pertence. *ISTF* 85.

[107] BRASIL. Supremo Tribunal Federal. Pleno. ADInMC n. 1.687-UF. Rel. Min. Sepúlveda Pertence. *ISTF* 94.

A licença maternidade, para o Tribunal, integra o núcleo intangível dos direitos individuais que desafiam o poder de emenda (cláusula pétrea). O artigo 14 da EC n. 20/1998 que impôs limitação máxima para valor de benefício do regime geral da previdência social em R$ 1.200,00 foi afastado para efeito de pagamento da licença maternidade. Esse afastamento tinha o reforço do princípio da igualdade entre homens e mulheres (art. 5.º, I e 7.º, XXX), de modo a impedir a criação de uma discriminação por motivo de sexo. Todavia, o estabelecimento do requisito de carência de dez meses para o exercício desse direito à segurada contribuinte individual e para a segurada especial não viola a Constituição.[108]

A liberdade sindical tem sido reiteradamente declarada relativa. Não há, por exemplo, incompatibilidade entre o artigo 522, da CLT que fixa o mínimo de três e o máximo de sete membros da diretoria do sindicato e prevê um conselho fiscal composto de três membros, e o princípio da liberdade sindical, especialmente o artigo 8.º, I da Constituição que veda ao poder público a interferência e a intervenção na organização sindical, pois, estando essa liberdade disciplinada em normas infraconstitucionais, ao legislador é facultada a fixação do número máximo de dirigentes sindicais à vista da estabilidade provisória no emprego a eles garantida no artigo 8.º, VIII, da Lei Magna.[109] Também não se identificou cerceamento da liberdade sindical em dispositivo da LC n. 75/1993 que autoriza o Ministério Público do Trabalho a propor as ações cabíveis para declaração de nulidade de cláusula de contrato, acordo coletivo ou convenção coletiva que viole as liberdades individuais ou coletivas ou os direitos individuais indisponíveis dos trabalhadores, dada a natureza de fiscal da lei reconhecida àquela Instituição.[110] Reputou-se, ainda, justificada a limitação à autonomia e à liberdade sindical patrocinada pela Lei n. 9.317/1996, que isentou da contribuição sindical patronal as empresas inscritas no SIMPLES: *"Contra a relevância da proteção constitucional e contra a autonomia e a liberda-*

---

[108] BRASIL. Supremo Tribunal Federal. Pleno. ADInMC n. 2 110-DF e n. 2 111-DF. Rel. Min. Sydney Sanches. *IST* 181.

[109] BRASIL. Supremo Tribunal Federal. 1.ª Turma. RE n. 193.345-SC. Rel. Min. Carlos Velloso. *RTJ* v. 170, t. 1, p. 318.

[110] BRASIL. Supremo Tribunal Federal. Pleno. ADInMC n. 1.852-DF. Rel. Min. Marco Aurélio. *RTJ* v. 168, t. 1, p. 150.

de sindical de empregados e empregadores (artigo 8.º, I) *opõe-se* a tutela concedida às *empresas de pequeno porte* (artigo 170, IX)".[111]

É certo que o legislador constituinte outorgou aos trabalhadores e empregadores interessados a capacidade para definir a base territorial das respectivas entidades sindicais que não poderá ser inferior à área de um Município, afastando a competência do Ministério do Trabalho para delimitá-la na forma prevista no artigo 517, § 1.º da Consolidação das Leis do Trabalho;[112] todavia o registro sindical se revela ato de fiscalização estatal, e não interferência ou intervenção estatal, orientada para a observância da norma constitucional contida no artigo 8.º, II, da Constituição, especialmente no que diz respeito à vedação da sobreposição, na mesma base territorial, de organização sindical do mesmo grau.[113] Mesmo nesse caso, haverá sempre a possibilidade da via judicial; e foi por meio desse recurso que o Supremo Tribunal veio a afirmar não atentatória ao princípio da unicidade sindical (art. 8.º, II) a criação de sindicato por desmembramento da base territorial de sindicato preexistente, satisfazendo a base mínimo de um município;[114] e, para o caso de haver mais de um sindicato na mesma base territorial, a sobreposição haveria de se resolver a favor do que primeiro efetuou seu registro.[115]

Não se reconheceu atentado ao direito trabalhista às convenções e aos acordos coletivos na extensão, feita pelo legislador estadual, do teto remuneratório dos servidores públicos aos empregados das em-

---

[111] BRASIL. Supremo Tribunal Federal. Pleno. ADInMC n. 2.006-DF. Rel. Min. Maurício Corrêa. *ISTF* 163.

[112] BRASIL. Supremo Tribunal Federal. 2.ª Turma. RE (AgRg) n. 207.910-SP. Rel. Min. Maurício Corrêa. *DJ* 1 de 26/6/1998, p. 7.

[113] BRASIL. Supremo Tribunal Federal. 2.ª Turma. RE n. 157.940-DF. Rel. Min. Maurício Corrêa. *DJ* 1 de 27/3/1998, p. 17.

[114] BRASIL. Supremo Tribunal Federal. 1.ª Turma. RE n. 217.780-SP. Rel. Min. Ilmar Galvão. *ISTF* 153.

[115] BRASIL. Supremo Tribunal Federal. Pleno MI n. 144-SP. Rel. Min. Rel. Min. Sepúlveda Pertence. *RTJ* v. 147, t. 3, p. 868; 1.ª Turma. RE n. 209.993-SP. Rel. Min. Ilmar Galvão; 2.ª Turma. RE n. 146.822-DF. Rel. Min. Paulo Brossard. *RTJ* v. 153, t. 1, p. 273; RE n. 157.940-DF. Rel. Min. Maurício Corrêa. *DJ* 1 de 27/3/98, p. 17. Assim em relação ao sindicato e empregados de empresas de prestação de serviço, colocação e administração de mão-de-obra, de trabalho temporário, leitura de medidores e de entrega de avisos do Estado de São Paulo e ao sindicato de trabalhadores temporários e em serviços terceirizados do Estado de São Paulo: 2.ª turma. RE n. 202.858-SP. Rel. Min. Marco Aurélio. *DJ* 1 de 3/8/1998.

presas estatais;[116] nem à norma constitucional que autoriza a assembléia geral fixar a contribuição confederativa com o desconto em folha (art. 8.º, IV), em Decreto estadual que dispunha sobre a averbação de consignações voluntárias em folha de pagamento, conferindo à Secretaria de Administração atribuição para aceitar e excluir entidade do rol de consignatários, através de convênios, podendo haver exclusão de ofício, observada a conveniência de serviço.[117] Mas reconheceu-se atentado a essa liberdade com o cancelamento do desconto em folha, sem autorização expressa do servidor.[118]

Embora a liberdade de associação em geral e a sindical em particular pressuponha a livre adesão de seus membros, considerou-se recepcionada pela Constituição a contribuição sindical compulsória prevista no artigo 578, da CLT, exigível de todos os integrantes de categoria econômica ou profissional, independentemente de filiação ao sindicato.[119]

Nessa linha, não se reconhece ofensa ao artigo 8.º, III, da Constituição – que assegura ao sindicato a defesa dos direitos e interesses coletivos ou individuais da categoria –, artigo de Medida Provisória que condicione a acordo firmado individualmente pelo servidor a extensão de percentual de reajuste salarial, deferido inicialmente para apenas uma parcela do funcionalismo,[120] havendo artigo de lei que prevê a instituição de uma comissão destinada à negociação da participação nos lucros ou resultados da empresa, composta pelas partes e inteirada por um representante indicado pelo sindicato da respectiva categoria, dentre os empregados da empresa.[121]

O exercício do direito de representação judicial de filiados (art. 5.º, XXI) tem despertado interpretações divergentes. Já se decidiu

---

[116] BRASIL. Supremo Tribunal Federal. Pleno. ADInMC n. 905-PR. Rel. Min. Carlos Velloso. *DJ* 1 de 22/4/94, p. 8.941.

[117] BRASIL. Supremo Tribunal Federal. Pleno. ADInMC n. 921-MS. Rel. Min. Moreira Alves. *RTJ* v. 151, t. 1, p. 73-74.

[118] BRASIL. Supremo Tribunal Federal. Pleno. ADInMC n. 962-PI. Rel. Min. Ilmar Galvão. *RTJ* v. 151, t. 1, p. 77-80.

[119] BRASIL. Supremo Tribunal Federal. Pleno. MI n. 144-SP. Rel. Min. Sepúlveda Pertence. *RTJ* v. 147, t. 3, p. 868.

[120] BRASIL. Supremo Tribunal Federal. Pleno. ADInMC n. 1.882-DF. Rel. Min. Néri da Silveira. *DJ* 1 de 1/9/2000, p. 104.

[121] BRASIL. Supremo Tribunal Federal. Pleno. ADInMC n. 1.861-DF. Rel. Min. Ilmar Galvão. *ISTF* 123.

que tal representação demandaria autorização expressa, não bastando a previsão genérica constante do estatuto da entidade ou decisão tomada por maioria na assembléia geral, se a ata não mencionasse quais associados divergiram.[122] Dispensaria, contudo, instrumento de mandato subscrito pelos associados.[123] Em decisão mais recente, a Primeira Turma delineou os requisitos dessa representação: basta uma autorização expressa individual ou coletiva, inclusive, quanto a esta, por meio de assembléia geral, sem necessidade, portanto, de instrumento de procuração outorgada individual ou coletivamente, pouco importando que se trate de interesse ou direito ligados a seus fins associativos.[124]

Outra é a situação do mandado de segurança coletivo. A legitimidade das organizações sindicais, das entidades de classe ou associações, nesse caso, é extraordinária, havendo substituição processual, dispensando a autorização expressa dos associados. O objeto do *writ* deverá ser um direito dos associados, mesmo que não guarde vínculo com os fins próprios da entidade, embora se exija que o direito esteja na titularidade dos associados e que exista em razão das atividades exercidas por eles, não se impondo, contudo, que tal direito seja peculiar, próprio, da classe.[125]

O artigo 8.º, VIII da Constituição, que veda a dispensa do empregado sindicalizado a partir do registro da candidatura a cargo de direção ou representação sindical e, se eleito, ainda que suplente, até um ano após o final do mandato, salvo se cometer falta grave nos termos da lei, impede a resilição de seu contrato de trabalho, não a sua colocação em disponibilidade remunerada, nos termos do art. 41, § 3.º.[126] Da exigência do registro para o aperfeiçoamento da constituição do sindicato, não cabe inferir que só a partir dele estejam os seus dirigentes ao abrigo da estabilidade sindical: é, no

---

[122] BRASIL. Supremo Tribunal Federal. Pleno. AO n. 152-RS. Rel. Min. Carlos Velloso. *DJ* 1 de 3/3/2000, p. 19.

[123] BRASIL. Supremo Tribunal Federal. 2.ª Turma. RE n. 192.305-SP. Rel. Min. Marco Aurélio. *DJ* 1 de 21/5/1999, p. 19.

[124] BRASIL. Supremo Tribunal Federal. 1.ª Turma. RE n. 223.151-DF. Rel. Min. Moreira Alves. *DJ* 1 de 6/8/1999.

[125] BRASIL. Supremo Tribunal Federal. Pleno RE n. 181.438-SP. Rel. Min. Carlos Velloso. *RTJ* v. 162, t. 3, p. 1.108-1.113: cobrança do PIS.

[126] BRASIL. Supremo Tribunal Federal. Pleno. MS n. 21.143-DF. Rel. Min. Marco Aurélio. *DJ* 1 de 25/9/1995, p. 12.

entender do Tribunal, uma "interpretação pedestre, que esvazia de eficácia aquela garantia constitucional, no momento talvez em que ela se apresenta mais necessária, a da fundação da entidade de classe."[127] Essa estabilidade, no entanto, não beneficia servidor público ocupante de cargo em comissão, prevalecendo, nessa hipótese, a livre nomeação e o exoneração desses cargos (art. 37, II).[128] Também se nega legitimidade a entidades associativas para promover, em sede penal, interpelação judicial em defesa da honra de seus filiados, considerando-se que o bem jurídico penalmente tutelado tem caráter personalíssimo a vedar representação.[129]

## II. Direitos previdenciários

Houve suspensão de norma proibitiva de acumulação de aposentadoria por idade, do regime geral da previdência, com a de qualquer outro regime, por se entenderem violados o artigo 194, parágrafo único, I (universalidade de cobertura e atendimento), 201, *caput* e § 1.º (livre participação a qualquer dos benefícios da previdência, mediante contribuição) e 202, I (direito à aposentadoria por idade), por não poder haver restrição à contagem recíproca de tempo de serviço para fins previdenciários, entre atividade privada e pública (art. 201, § 9.º).[130] Suspendeu-se, assim também, norma que permitia, na aposentadoria espontânea de empregados das empresas públicas e sociedades de economia mista, sua readmissão desde que atendidos os requisitos constantes do artigo 37, XVI, da Constituição, e condicionada à prestação de concurso público, uma vez que pressupunha a extinção do vínculo empregatício como conseqüência da aposentadoria espontânea.[131] Aliás, a Medida Provisó-

---

[127] BRASIL. Supremo Tribunal Federal. Pleno. RE n. 205.107-MG. Rel. Min. Sepúlveda Pertence. *RTJ* v. 168, t. 2, p. 659-664.

[128] BRASIL. Supremo Tribunal Federal. SS n. 1.173-ES. Rel. Min. Sepúlveda Pertence. *DJ* 1 de 26/2/1997. 1.ª Turma. RE n. 183.884. Rel. Min. Sepúlveda Pertence. *DJ* 1 de 13/8/1999; 2.ª Turma. RE n. 248.282-SC. Rel. Min. Marco Aurélio. *ISTF* 217.

[129] BRASIL. Supremo Tribunal Federal. Pleno. Pet (AgRg) n. 1.249-DF. Rel. Min. Celso de Mello. *RTJ* v. 170, t. 1, p. 60-70; Pet (AgRg) n. 1.673-DF. Rel. Min. Moreira Alves. *RTJ* v. 172, t. 1, p. 29-32.

[130] BRASIL. Supremo Tribunal Federal. Pleno. ADInMC n. 680-GO. Rel. Min. *RTJ* v. 141, t. 2, p. 416; mérito. *RTJ* v. 164, t. 1, p. 38; ADInMC n. 1.798-BA. Rel. Min. Nelson Jobim. *RTJ* v. 171, t. 1, p. 107.

[131] BRASIL. Supremo Tribunal Federal. Pleno. ADInMC n. 1.770-DF. Rel. Min. Moreira Alves. *RTJ* v. 168, t. 1, p. 128-136.

ria que alterara norma da CLT considerando a aposentadoria proporcional como extinção do vínculo laboral violava simultaneamente a garantia do trabalhador contra despedida arbitrária (art. 7.º, I), já que instituía uma modalidade dessa despedida, diferentes que eram a relação mantida entre o aposentado e a instituição previdenciária e aquela entre o empregado e empregador, e o direito assegurado à época pelo artigo 202, § 1.º, da aposentadoria proporcional.[132] A introdução de fator previdenciário se contém como critério para o cálculo do benefício da aposentadoria, deferido ao legislador ordinário pela EC n. 20/1998 (art. 201, § 7), não se acatando o argumento de que introduzia um limite mínimo de idade, que fora rejeitado pelo Congresso quando da apreciação da proposta daquela Emenda.[133]

Na interpretação do artigo 40, § 5.º, da Constituição, firmou-se no Supremo Tribunal o entendimento de conciliar com a parte inicial do preceito que assegura à pensão a totalidade dos vencimentos ou proventos do servidor falecido. A melhor interpretação de sua parte final é a que vincula o "limite estabelecido em lei", que ali se prevê, não ao valor da pensão, mas ao da remuneração do morto, que lhe servirá de paradigma integral.[134]

Entretanto, não se vislumbrou a conveniência da suspensão de norma federal dispondo que o segurado que sofresse acidente de trabalho tivesse garantia, pelo prazo mínimo de doze meses, à manutenção do seu contrato de trabalho na empresa, após a cessação do auxílio-doença acidentário, independentemente da percepção de auxílio-acidente.[135] E indeferiu-se liminar suspensiva de dispositivos que excluíam o décimo terceiro salário do salário-de-contribuição para o cálculo de benefício previdenciário ou que exigiam certo prazo de carência para concessão de prestações pecuniárias do regime geral de previdência social.[136] Idêntica sorte teve o dis-

---

[132] BRASIL. Supremo Tribunal Federal. Pleno. ADInMC n. 1.721-DF. Rel. Min. Ilmar Galvão. *ISTF* 97.

[133] BRASIL. Supremo Tribunal Federal. Pleno. ADInMC n. 2.110-DF e 2.111-DF. Rel. Min. Sydney Sanches. *ISTF* 181.

[134] BRASIL. Supremo Tribunal Federal. Pleno. MI n. 211-DF. Rel. p/ acórdão Min. Marco Aurélio. *RTJ* v. 157, t. 2, p. 411.

[135] BRASIL. Supremo Tribunal Federal. Pleno. ADInMC n. 639-DF. Rel. Min. Moreira Alves. *RTJ* v. 141, t. 2, p. 409.

[136] BRASIL. Supremo Tribunal Federal. Pleno. ADInMC n. 1.049-DF. Rel. Min. Carlos Velloso. *DJ* 1 de 25/8/1995, p. 26.021.

positivo que condicionava o recebimento do salário-família à comprovação de atestado de vacinação obrigatória e de freqüência à escola do filho ou equiparado.[137]

É curioso o entendimento dado pelo Tribunal em relação à inclusão de maridos como dependentes para fins de benefícios perante o instituto de previdência estadual. Mesmo havendo previsão legal da inclusão da esposa, o princípio da igualdade entre homens e mulheres (art. 5.º, I, CRFB) não seria suficiente para suplantar a discriminação feita pelo legislador, exigindo que ele próprio a desfizesse.[138]

## III. Direitos assistenciais

O legislador pode estabelecer hipóteses objetivas para efeito de concessão do benefício de um salário mínimo mensal à pessoa portadora de deficiência e aos idosos que comprovem não possuir meios de prover à própria manutenção ou de tê-la provida por sua família (art. 203, V). Assim não será ilegítimo prever o limite máximo de um quarto do salário mínimo de renda mensal *per capita* da família para que esta seja considerada incapaz de prover a manutenção do idoso e do deficiente físico.[139]

Há princípios funcionais, no entanto, que se sobrepõem ao dever assistencial. Assim, lei que isente, temporariamente, os trabalhadores desempregados do pagamento de fornecimento de luz e de água interfere na relação contratual entre o poder concedente, federal e municipal, e os concessionários (art. 175, parágrafo único, I e III), alterando, ademais, as condições previstas na licitação (art. 37, XXI).[140]

## IV. Direito à saúde

A Constituição assegura em seu artigo 196 que a saúde é direito de todos e dever do Estado, garantido mediante políticas sociais e

---

[137] BRASIL. Supremo Tribunal Federal. Pleno. ADInMC n. 2 110-DF e n. 2 .111-DF. Rel. Min. Sydney Sanches. *ISTF* 181.

[138] BRASIL. Supremo Tribunal Federal. Pleno. RE n. 204.123-RS e n. 207.260-RS. Rel. Min. Carlos Velloso. *ISTF* 230.

[139] BRASIL. Supremo Tribunal Federal. Pleno. ADInMC n. 1.232-DF. Rel. p/ acórdão Min. Nelson Jobim. *DJ* 1 de 26/5/1995, p. 15.154.

[140] BRASIL. Supremo Tribunal Federal. Pleno. ADInMC n. 2.299-RS. Rel. Min. Moreira Alves. *ISTF* 222.

econômicas que visem à redução do risco de doença e de outros agravos e ao acesso universal e igualitário às ações e serviços para sua promoção, proteção e recuperação. O dispositivo está a vincular mero programa ou tarefa do Estado? Embora a Primeira Turma do Tribunal não se tenha comprometido inteiramente com a resposta negativa, recusou, em *obiter dictum*, esse argumento, apresentado pelo Rio Grande do Sul, no recurso que interpôs contra a decisão do Tribunal de Justiça local que, com base em lei estadual, reconhecera a obrigação de aquele Estado fornecer, de forma gratuita, medicamentos para portadora de vírus HIV que, comprovadamente, não podia arcar com tais despesas sem privar-se dos recursos indispensáveis ao próprio sustento e de sua família.[141] Por idêntico motivo manteve ainda acórdão que permitia a internação hospitalar na modalidade "diferença de classe" em razão das condições pessoais do doente, que necessitava de quarto privativo, arcando com a diferença de custo dos serviços, sem embargo da vedação que impunha Resolução do Instituto de Seguridade:

> "O direito à saúde, como está assegurado na Carta, não deve sofrer embaraços impostos por autoridades administrativas, no sentido de reduzi-lo ou dificultar o acesso a ele. O acórdão recorrido (...) atentou para o objetivo maior do próprio estado, ou seja, o da assistência à saúde."[142]

## V. *Direito à educação*

De acordo com o Tribunal, normas dispondo que as instituições federais e as instituições públicas e privadas sem fins lucrativos (apoiadas financeiramente pelo Poder Público, que ministrem educação profissional, deverão, obrigatoriamente, oferecer cursos profissionais de nível básico em sua programação, abertos a alunos das redes públicas e privadas de educação básica, assim como a trabalhadores com qualquer nível de escolaridade) e determinando que as instituições federais de educação tecnológica ficam autorizadas a manter ensino médio, com matrícula independente da educação profissional, oferecendo o máximo de 50% do total das vagas ofe-

---

[141] BRASIL. Supremo Tribunal Federal. 1.ª Turma. RE n. 242.859-RS. Rel. Min. Ilmar Galvão. *ISTF* 155.

[142] BRASIL. Supremo Tribunal Federal. 1.ª Turma. RE n. 226.835-6. Rel. Min. Ilmar Galvão. *ISTF* 180.

recidas para os cursos regulares de 1997, não ofendem o direito social à educação (art. 6.º), nem o dispositivo constitucional que impõe como dever do Estado que a educação será efetivada mediante a garantia de progressiva extensão da obrigatoriedade e gratuidade ao ensino médio (art. 202, I).[143]

## VI. Direitos culturais

A obrigação de o Estado garantir a todos o pleno exercício de direitos culturais, incentivando a valorização e a difusão das manifestações, não prescinde da observância da norma do inciso VII do artigo 225 da Constituição Federal, no que veda prática que acabe por submeter os animais à crueldade. Procedimento discrepante da norma constitucional denominado "farra do boi".[144]

Em matéria de proteção ao patrimônio histórico, artístico e cultural, a Primeira Turma tem reconhecido um largo poder de configuração legislativa de seu conteúdo:

> "Não ofende [o art. 216, par. 1.º da Constituição Federal] a afirmação (...) no sentido de que há um conceito amplo e um conceito restrito de *patrimônio histórico* e artístico, cabendo a legislação infraconstitucional adotar um desses dois conceitos para determinar que sua proteção se fará por tombamento ou por desapropriação, sendo que, tendo a legislação vigente sobre tombamento adotado a conceituação mais restrita, ficou, pois, a proteção dos bens, que integram o conceito mais amplo, no âmbito da desapropriação."[145]

## VII. Direito ao meio ambiente equilibrado: a proteção do meio ambiente

O direito a um meio ambiente equilibrado, segundo a jurisprudência do Supremo Tribunal Federal, é um direito de terceira geração de titularidade indeterminada, tendo na proteção da flora e na conseqüente vedação de práticas que coloquem em risco a sua fun-

---

[143] BRASIL. Supremo Tribunal Federal. Pleno. ADInMC n. 1.670-UF. Rel. Min. Octavio Gallotti. *DJ* 1 de 13/3/1998, p. 1.

[144] BRASIL. Supremo Tribunal Federal. 2.ª Turma. RE n. 153.531-SC. Rel. p/ acórdão Min. Marco Aurélio. *DJ* 1 de 13/3/1998, p. 13.

[145] BRASIL. Supremo Tribunal Federal. 1.ª Turma. RE n. 182.782-RJ. Rel. Min. Moreira Alves. *DJ* 1 de 9/2/1995, p. 2.092.

ção ecológica, seus instrumentos de realização efetiva, desafiando inclusive outros direitos e interesses. Nesse sentido, a Segunda Turma, como assinalamos precedentemente, entendeu que a chamada "farra do boi", por "submeter os animais a crueldade", ofende o inciso VII do § 1.º do art. 225 da Constituição, não prevalecendo a tese do Ministro *Maurício Corrêa* no sentido de que o Estado deve garantir a todos o pleno exercício dos direitos culturais, bem como proteger as manifestações das culturas populares, *ex vi* do artigo 215 *caput* e § 1.º da Constituição, coibindo eventuais excessos.[146]

Sob mesma inspiração, o Tribunal indeferiu o pedido de medida liminar contra dispositivos do Código Florestal, Lei n. 4.771/1965, com a redação dada pela Lei n. 7.803/1989, que estabeleciam restrições quanto à exploração de florestas de domínio privado, determinando uma área de reserva legal de, no mínimo, 20% de cada propriedade rural, com a devida averbação na inscrição de matrícula do imóvel. Faltava, na hipótese, relevância bastante à tese de ofensa ao direito de propriedade e aos princípios da liberdade de ofício, da função social da propriedade, do direito adquirido, do devido processo legal, da proporcionalidade, da livre iniciativa, da função social da propriedade rural. De acordo com os Ministros, o artigo 225, da Constituição, impõe ao poder público o dever de defender o meio ambiente ecologicamente equilibrado e preservá-lo para as presentes e futuras gerações, incumbindo-lhe, para tanto, definir espaços territoriais a serem especialmente protegidos e, também, proteger a fauna e a flora, vedadas as práticas que coloquem em risco sua função ecológica (art. 225, § 1.º, III e VII).[147] Também se posicionou favoravelmente ao meio ambiente, na ação direta que questionava a proibição do incremento da conversão de áreas florestais em áreas agrícolas na Região Norte e na parte norte da Região Centro-Oeste. Argumentou-se, naquela ocasião, que

> "(...) embora não desprezíveis as alegações da inicial, concernentes a possível violação do direito de propriedade, sem prévia e justa indenização, é de se objetar, por outro lado, que a Constituição deu tra-

---

[146] BRASIL. Supremo Tribunal Federal. 2.ª Turma. RE n. 153.531-SC. Rel. p/ acórdão. Min. Marco Aurélio. *DJ* 1 de 13/3/1998, p. 13.

[147] BRASIL. Supremo Tribunal Federal. Pleno. ADInMC n. 1.952-DF. Rel. Min. Moreira Alves. *RTJ* v. 173, t. 3, p. 772.

tamento especial à Floresta Amazônica, ao integrá-la no patrimônio nacional, aduzindo que sua utilização se fará, na forma da lei, dentro de condições que assegurem a preservação do meio ambiente, inclusive quanto ao uso dos recursos naturais."[148]

No entanto, a Primeira Turma se pronunciou no sentido de que o dever constitucional de o Estado proteger a flora e adotar as necessárias medidas que visem coibir práticas danosas ao equilíbrio ambiental, não o exonera da obrigação de indenizar os proprietários cujos imóveis venham a ser afetados, seja por atos de desapropriação, por apossamento administrativo, seja por imposição de restrições ditadas pela lei e por atos administrativos, em sua potencialidade econômica, inclusive as matas que recobrem a área.[149]

Na linha mais restritiva, o Tribunal não considerou, de plano, inconstitucional dispositivo de MP que instituía o plano emergencial de racionamento da energia elétrica, no ponto em que reduzia prazos para licenciamento ambiental dos empreendimentos relacionados à energia, argumentando que não se dispensava o procedimento, apenas exigia maior celeridade de seu trâmite.[150]

## VIII. *Proteção da criança e do adolescente*

O processo de "especialização subjetiva" dos direitos fundamentais levou à consideração do "homem concreto", em suas diferentes fases da vida: criança, adolescente, idoso. A Constituição de 1988 dedicou um Capítulo à família, criança, adolescente e idoso (art. 226 a 230). Dispõe especificamente o artigo 227:

> "É dever da família, da sociedade e do Estado assegurar à criança e ao adolescente, com absoluta prioridade, o direito à vida, à saúde, à alimentação, à educação, ao lazer, à profissionalização, à cultura, à dignidade, ao respeito, à liberdade e à convivência familiar e comu-

---

[148] BRASIL. Supremo Tribunal Federal. Pleno. ADInMC n. 1.516-UF. Rel. Min. Sydney Sanches. *RTJ* v. 170, t. 3, p. 814.

[149] BRASIL. Supremo Tribunal Federal. Pleno. RE n. 97.749-SP. Rel. Min. Moreira Alves. *RTJ* v. 108, t. 1, p. 309-333, 314; 1.ª Turma. RE n. 134.297-SP. Rel. Min. Celso de Mello. *RTJ* v. 158, t. 1, p. 205-217: criação de reservas florestais.

[150] BRASIL. Supremo Tribunal Federal. Pleno. ADInMC n. 2.473-DF. Rel. Min. Néri da Silveira. *ISTF* 234.

nitária, além de colocá-los a salvo de toda forma de negligência, discriminação, exploração, violência, crueldade e opressão."

Nos parágrafos desse artigo, o constituinte estabeleceu uma série de tarefas e programas para o Estado promover a proteção e assistência integral à criança e adolescente.

O Tribunal considerou, todavia, que o dever constitucional de proteção da criança e do adolescente não autoriza ao legislador prever ordem judicial de apreensão da publicação ou a suspensão da programação da emissora de rádio ou televisão, que haja desrespeitado a proibição de divulgar, sem autorização devida, nome, ato ou documento de procedimento policial, administrativo ou judicial, relativo à criança ou adolescente a que se atribua ato infracional.[151] Tampouco admitiu que superasse o direito à intangibilidade do corpo humano, da dignidade da pessoa e da intimidade a ponto de obrigar o suposto pai, réu em uma ação de investigação de paternidade, a se submeter compulsoriamente a um teste de DNA.[152]

Entendeu-se, ainda, que o artigo 111 do Estatuto da Criança e do Adolescente, Lei n. 8.069/1990, desenvolvendo o regime de proteção constitucional, assegura o direito de o adolescente ser ouvido pessoalmente pela autoridade competente, obrigando, portanto, a oitiva do adolescente pelo juiz antes de ser tomada decisão sobre a regressão da medida de liberdade assistida para a internação, a ele anteriormente imposta.[153]

Um derradeiro registro se deve fazer no tocante à proteção penal da menor de quatorze anos. O nosso CP presume a violência (art. 224, *a*) e, portanto, o crime de estupro (art. 213) na relação sexual com vítima com idade abaixo dos quatorze anos. A jurisprudência do Tribunal consolidou-se no sentido de haver, na hipótese, presunção absoluta.[154] Recentemente, no entanto, a 2.ª Turma, na voz do Ministro *Marco Aurélio*, tomou direção oposta:

---

[151] BRASIL. Supremo Tribunal Federal. Pleno. ADIn. n. 869-DF. Rel. Min. Ilmar Galvão. *ISTF* 156.

[152] BRASIL. Supremo Tribunal Federal. Pleno. HC n. 71.373-RS. Rel. p/ acórdão Min. Marco Aurélio. *RTJ* v. 165, t. 3, p. 902-916.

[153] BRASIL. Supremo Tribunal Federal. 1.ª Turma. RHC n. 81.035-SP. Rel. Min. Moreira Alves. *ISTF* 238.

[154] BRASIL. Supremo Tribunal Federal. 1.ª Turma. HC n. 74.286-SC. Rel. Min. Sydney Sanches. *DJ* 1 de 4/4/1997, p. 10.521; 2.ª Turma. HC n. 72.575-PE. Rel. Min. Néri da Silveira. *DJ* 1 de 3/3/2000, p. 60.

"O estupro pressupõe o constrangimento de mulher à conjunção carnal, mediante violência ou grave ameaça – artigo 213 do Código Penal. A *presunção* desta última, por ser a vítima menor de *14 anos*, é relativa. Confessada ou demonstrada a aquiescência da mulher e exsurgindo da prova dos autos a aparência, física e mental, de tratar-se de pessoa com idade superior aos *14 anos*, impõe-se a conclusão sobre a ausência de configuração do tipo penal. Alcance dos artigos 213 e 224, alínea *a*, do Código Penal."[155]

# SEÇÃO III
# A DESCOBERTA DOS DIREITOS NÃO ESCRITOS

De acordo com *René Capitant*, as novas regras podem surgir no direito positivo como um produto de um longo trabalho de elaboração que faz nascer os costumes, freqüentemente de maneira imperceptível, sem grandes notas distintivas, às vezes de maneira contrária às concepções admitidas, marcando uma brusca ruptura no processo de evolução social e anunciando usos novos. Se essas regras não são obra de um legislador, se é a nação ela mesma que lhes reconhece a autoridade diretamente e que, pela sua adesão, ao encontro ou na ausência do legislador estabelecido, integra-as ao direito positivo, será, então, necessário lhes reconhecer a qualidade de direito não escrito, não redutível, portanto, à qualidade de simples costume.[156] Os juízes constitucionais servem, contudo, de intermediário nesse processo, ao interceptarem muitos desses direitos novos que emergem da consciência social e os introduzirem na ordem constitucional,[157] falando-se, então, de uma lista aberta de direitos fundamentais.

---

[155] BRASIL. Supremo Tribunal Federal. 2.ª Turma. HC n. 73.662-MG. Rel. Min. Marco Aurélio. *DJ* 1 de 20/9/1996, p. 34.535.

[156] CAPITANT. *Le Droit Constitutionnel non Écrit*, p. 2.

[157] PANTHOREAU. *La Reconnaissance des Droits non-Écrits par les Cours Constitutionnelles*, p. 88.

## § 1. A LISTA ABERTA DE DIREITOS FUNDAMENTAIS

A Constituição da República Federal do Brasil dispõe, em seu artigo 5.º, § 2.º, que os direitos e garantias expressos na Constituição não excluem outros decorrentes do regime e dos princípios por ela adotados, ou dos tratados internacionais em que a República Federativa do Brasil seja parte. A Constituição italiana traz uma disposição análoga (art. 2.º). Lá como aqui podem ser divisadas duas diferentes formas de interpretação desses dispositivos. Não seriam mais do que mera recapitulação da farta lista de direitos consagrados expressamente, autorizando combinações inovadoras;[158] ou consistiriam em normas abertas, de forma a assegurar a proteção dos direitos não inscritos que surgiriam à medida da necessidade e de acordo com a consciência coletiva,[159] do direito natural, do sentido de Constituição material ou de atos internacionais.[160] Seja como for, mesmo por combinação de direitos existentes, por certo que a jurisprudência constitucional haveria de desempenhar um papel fundamental nessa "descoberta" jurídica, fazendo uso de instrumentos de interpretação próprios, especialmente do método histórico-evolutivo e de sua posição ímpar na estrutura institucional dos dois países.[161]

Mas o trabalho construtivo das Cortes não se faz apenas em cima de um rol extenso de direitos, dispostos em torno de uma válvula de abertura, como a brasileira e a italiana, podendo partir de um sumário elenco de direitos ou princípios, semanticamente imprecisos. No tópico anterior, já antecipamos, em grande escala, esse assunto, destacando o papel da Corte Constitucional Federal alemã, da Corte de Justiça da CE, da Suprema Corte dos Estados Unidos e do Supremo Tribunal Federal na missão de afirmar e promover os direitos sociais. Agora, o estudo se debruçará sobre os trabalhos desenvolvidos pela Corte Constitucional Italiana (1), pelo Conselho Constitucional francês (2) e, sob a ênfase de revelação de outros direitos, pela Corte Constitucional Federal alemã (3), pela Suprema Corte dos Estados Unidos (4) e pelo Supremo Tribunal Federal (5), com a indicação do papel de outros tribunais (6).

---

[158] PACE. *Problematica delle Libertà Costituzionali*, I, p. 3; GROSSI. *Introduzione ad uno Studio sui Diritti Inviolabili nella Costituzione Italiana*, p. 5 et seq.

[159] PIZZORUSSO. *Lecciones de Derecho Constitucional*.

[160] BARBERA. *Commento all' Art 2*, p. 80 et seq.

[161] ZAGREBELSKY. *Manuale di Diritto Costituzionale*. I. Il Sistema delle Fonti del Diritto, p. 82 et seq.

## I. Corte Constitucional italiana

A atualização dos direitos fundamentais tem sido uma tarefa das mais intensas da Corte Constitucional italiana, tomando como base o artigo 2.º da Constituição ou a ele se referindo de forma adicional em sua fundamentação. Diversos direitos, que não tinham reconhecimento expresso no texto constitucional, passaram a ser afirmados inovadoramente pela Corte; outros, previstos apenas em linhas gerais ou em suas tradicionais formas, ganharam dimensões e desdobramentos novos. Lembremos aqui dos direitos da pessoa ou da personalidade, reconhecidos em suas múltiplas manifestação: a) os direitos à identidade pessoal: direito ao nome, ao "signo distintivo da identidade pessoal;"[162] e os conexos b) o direito à imagem, ligado à *riservatezza*, à intimidade;[163] e c) o direito à identidade sexual, na concepção do sexo como dado complexo da personalidade e na afirmação da possibilidade de um transexual satisfazer "a exigência fundamental [de] fazer coincidir o soma e a psique".[164] Da liberdade pessoal e da personalidade extrai-se a) o direito a *privacy*;[165] b) à liberdade sexual;[166] c) o direito à honra e à reputação;[167] e d) o direito do concebido à vida.[168]

Aquela Corte Constitucional valeu-se do dispositivo também para afirmar uma terceira classe dos direitos fundamentais, denominados de direitos de solidariedade, mas sem fazer referência direta ao seu poder criativo, senão como agente de atualização do catálogo constitucional dos direitos fundamentais ao tempo. Por outro lado, um rápido exame de sua jurisprudência vai nos pôr em contato com uma certa

---

[162] ITÁLIA. Corte Constitucional. Sentença n. 13/1994. *Giurisprudenza Costituzionale*, 1994, p. 95.

[163] ITÁLIA. Corte Constitucional. Sentença n. 38/1973.

[164] ITÁLIA. Corte Constitucional. Sentença n. 161/1985. *Giurisprudenza Costituzionale*, 1985, p. 1.173.

[165] ITÁLIA. Corte Constitucional. Sentença n. 139/1990. *Giurisprudenza Costituzionale*, 1990, p. 760.

[166] ITÁLIA. Corte Constitucional. Sentença n. 561/1987. *Giurisprudenza Costituzionale*, 1987, p. 3.534.

[167] ITÁLIA. Corte Constitucional. Sentença n. 150/1988.

[168] ITÁLIA. Corte Constitucional. Sentença n. 27/1975. *Giurisprudenza Costituzionale*, 1975, p. 117.

oscilação, que ora pende para marcar uma conexão entre o artigo 2.º e as demais disposições constitucionais,[169] ora caminha mais rapidamente em direção da postura positivista, para a afirmação de um liame direto e imediato entre o artigo e o resto da Constituição. Por causa desse liame, ela já negou a existência do princípio da autonomia contratual,[170] o princípio geral da reparação dos erros judiciários,[171] o direito à mendicidade,[172] o direito de recusar a se defender e ser defendido,[173] o direito de o ofendido obter punição do ofensor,[174] o direito a uma justa imposição fiscal[175] e o direito à sucessão.[176] Mas a linearidade foi interrompida várias vezes. Assim se deu, por exemplo, com o reconhecimento da liberdade de contrair matrimônio.[177]

A interpretação dinâmica da lista dos direitos fundamentais fez reconhecer, por outro lado, uma série de direitos sociais como direitos invioláveis. A discussão sobre a legitimidade dessa atuação jurisprudencial tem pendido para a afirmação da faculdade de deduzir das disposições constitucionais, consideradas isolada ou combinadamente, os valores que as inspiram e reconstruí-las, de forma a extrair normas específicas e direitos autônomos, com ou sem a *interpositio legislatoris*.[178] Podemos, sob esse ângulo, identificar

---

[169] ITÁLIA. Corte Constitucional. Sentença n. 98/1979. *Giurisprudenza Costituzionale*, 1979, p. 719: os "outros direitos fundamentais" seriam necessariamente conseqüência daqueles previstos pela constituição; Sentença n. 125/1979. *Giurisprudenza Costituzionale*, 1979, p. 852; 188/1980. *Giurisprudenza Costituzionale*, 1980, p. 1.612.

[170] ITÁLIA. Corte Constitucional. Sentença n. 56/1975. *Giurisprudenza Costituzionale*, 1975, p. 704.

[171] ITÁLIA. Corte Constitucional. Sentença n. 1/1969.

[172] ITÁLIA. Corte Constitucional. Sentença n. 102/1975. *Giurisprudenza Costituzionale*, 1975, p. 1.182.

[173] ITÁLIA. Corte Constitucional. Sentença n. 188/1980. *Giurisprudenza Costituzionale*, 1980, p. 1.612.

[174] ITÁLIA. Corte Constitucional. Sentença n. 300/1984. *Giurisprudenza Costituzionale*, 1984, p. 71.

[175] ITÁLIA. Corte Constitucional. Sentença n. 283/1987.

[176] ITÁLIA. Corte Constitucional. Sentença n. 310/1989.

[177] ITÁLIA. Corte Constitucional. Sentença n. 27/1969. *Giurisprudenza Costituzionale*, 1969, p. 371.

[178] MODUGNO. *I "Nuovi Diritti" nella Giurisprudenza Costituzionale*, p. 65.

um direito à moradia a partir de um dever superior de solidariedade social inderrogável:[179]

> "O direito à habitação integra os requisitos essenciais caracterizantes da sociabilidade a que se deve conformar o Estado democrático ordenado pela constituição, [com vistas] a criar as condições mínimas de um Estado social, [e] garantir ao maior número possível de cidadãos um fundamental direito social."[180]

A afirmação desse direito decorreria do seu reconhecimento como direito humano fundamental pelo artigo 25 da Declaração Universal dos Direitos do Homem e pelo artigo 11 do Pacto Internacional dos Direitos Econômicos, Sociais e Culturais de 1966 e da combinação de vários dispositivos constitucionais: artigos 2.º, 4.º, 13, 14, 16, 29, 30, 31, 32, 35 a 38, 42 e 47).[181] Quanto à sua tutela judicial, diz-se que, como os outros direitos sociais, o direito à habitação tenderia

> "a ser realizado nas proporções dos recursos da coletividade, [que] só o legislador, analisando a efetiva disponibilidade e os interesses com esse gradualmente 'satisfatíveis', pode racionalmente prover a [relação entre] meios e fins, e construir pontuais *fattispecie* justificáveis, expressivas de tal direito fundamental."[182]

Também se tem afirmado um "direito à salubridade do ambiente" como direito primário e absoluto, direito inviolável, desdobrado como um interesse da coletividade, sobrelevando a natureza objetiva de uma "obrigação estatal de tutela" (art. 9) e como direito subjetivo do homem em relação com o ambiente, direito social, enfim, derivado daquela obrigação estatal e de outros direitos ou interesses sociais – saúde, condições materias de subsistência diversa da retribuição. Cuida-se, no entanto, de um direito subjetivo imperfeito, pois de eficácia condicionada, como interesse difuso da coletividade,

---

[179] ITÁLIA. Corte Constitucional. Sentença n. 419/1991. *Giurisprudenza Costituzionale*, 1991, p. 3.565; n. 19/1994. *Giurisprudenza Costituzionale*, 1994, p. 136.

[180] ITÁLIA. Corte Constitucional. Sentença n. 217/1988.

[181] ITÁLIA. Corte Constitucional. Sentença n. 404/1988.

[182] Ibidem.

não impedindo, todavia, que o indivíduo venha a ingressar com uma ação de ressarcimento do dano ambiental:[183]

> "O ambiente é protegido como elemento determinante da qualidade de vida. A sua proteção não persegue abstrata finalidade naturalística ou estética, mas exprime a exigência de um *habitat* natural no qual o homem vive e age e que é necessário à coletividade e, por isso, aos cidadãos, segundo valores largamente sentidos (...) como *valor primario e assoluto*."[184]

O direito à saúde também foi considerado inviolável, sob duas formas distintas: como um direito individual, assentado no artigo 32 da Constituição;[185] e, em sua dimensão social, como defesa da integridade psicofísica da pessoa humana (arts. 13 e 32 da Constituição italiana), em face da conduta dos outros, sendo, portanto, diretamente tutelável;[186] e como direito a tratamento sanitário, sujeitando-se, sob essa forma, a determinações dos instrumentos do tempo e modo de atuação à tutela por parte do legislador ordinário.[187] Esse segundo aspecto nos interessa bem de perto, sobretudo porque reúne sob o mesmo teto os conceitos de direito inviolável e direito condicionado:

> "Sendo baseado em uma norma constitucional de caráter programático, impositivo de um determinado fim a ser atingido, é garantido a cada pessoa como *um direito constitucional condicionado à atuação que o legislador lhe dá* através do balanceamento dos interesses tutelados daquele direito com os outros interesses constitucionais protegidos, tendo em conta os limites objetivos que o próprio legislador encon-

---

[183] ITÁLIA. Corte Constitucional. Sentença n. 184/1986. *Giurisprudenza Costituzionale*, 1986, p. 1.430.

[184] ITÁLIA. Corte Constitucional. Sentença n. 641/1987. *Giurisprudenza Costituzionale*, 1987, p. 3.787.

[185] ITÁLIA. Corte Constitucional. Sentença n. 142/1982.

[186] ITÁLIA. Corte Constitucional. Sentença n. 88/1979. *Giurisprudenza Costituzionale*, 1979, p. 656; n. 184/1986. *Giurisprudenza Costituzionale*, 1986, p. 1.430; n. 559/1987. *Giurisprudenza Costituzionale*, 1987, p. 350.

[187] ITÁLIA. Corte Constitucional. Sentença n. 212/1983; n. 226/1983. *Giurisprudenza Costituzionale*, 1983, p. 1.993.

tra no seu trabalho de atuação em relação aos recursos organizatórios e financeiros de que dispõe no momento."[188]

Esse condicionamento à atuação legislativa não degrada a tutela primária assegurada pela Constituição à proteção puramente legislativa, comportando um juízo de razoabilidade por parte da Corte, quanto ao balanceamento que progressivamente o legislador vem fazendo na disponibilização dos recursos para sua efetivação relativamente a outros interesses ou bens que gozam do mesmo valor constitucional, não podendo o valor constitucional do equilíbrio financeiro configurar um "limite absoluto" à sua cognição.[189] A Corte não pode interferir sempre, mas há de interferir se o direito vier sendo desprestigiado pela discricionariedade legislativa.[190] O controle da constitucionalidade da lei de concretização dos direitos sociais se faz segundo os seguintes princípios: a) da graduação na atuação legislativa (Sentença n. 173/1986 e n. 205/1995); b) da constitucionalidade provisória de uma determinada disciplina dependente de desenvolvimento ou de reforma (Sentença n. 826/1988); e c) da atuação parcial inconstitucional (Sentença n. 215/1987, declarando a inconstitucionalidade de uma lei que visava facilitar a freqüência dos portadores de deficiência física às escolas secundárias e superiores, sem se preocupar antes em assegurá-la concreta e efetivamente).[191] A esses princípios se soma a imediata eficácia em face de terceiros que alarga o âmbito de proteção normativa, fazendo-a incidir também em relação aos cidadãos particulares e não apenas em relação ao Estado.[192]

A doutrina italiana, contudo, tem criticado o apelo meramente retórico desses princípios, sobretudo do "princípio da graduação", qualificado como "justificação estereotipada" por não realizar um verdadeiro balanceamento, vale dizer, por não examinar em con-

---

[188] ITÁLIA. Corte Constitucional. Sentença n. 455/1990. *Giurisprudenza Costituzionale*, 1990, p. 2.732; também Sentença n. 304/1994. *Giurisprudenza Costituzionale*, 1994, p. 2.606; Sentença n. 218/1994. *Giurisprudenza Costituzionale*, 1994, p. 1.812.

[189] ITÁLIA. Corte Constitucional. Sentença n. 455/1990. *Giurisprudenza Costituzionale*, 1990, p. 2.732.

[190] PINELLI. *Diritti Costituzionali Condizionati, Argomento delle Risorse Disponibili, Princípio di Equilibrio Finanziario*, p. 552.

[191] MODUGNO. *I "Nuovi Diritti" nella Giurisprudenza Costituzionale*, p. 73.

[192] ITÁLIA. Corte Constitucional. Sentença n. 559/1987; BALDASSARRE. *Diritti Sociali*, p. 32.

creto a opção legislativa feita, atribuindo-lhe uma presunção de legitimidade que, na prática, beira o absoluto.[193]

## II. Conselho Constitucional francês

O Conselho Constitucional francês, a fim de dispor de um catálogo de direitos fundamentais, vem multiplicando as "normas de referência", pela insuficiência dos chamados "princípios fundamentais reconhecidos pelas leis da República". O significado dessa expressão é vago, em grande parte, por ter sido um produto compromissório das correntes liberais e socialistas dentro da Assembléia Constituinte de 1946, tendo sido reproduzida em 1958. Até 1970, quase que unanimemente não lhe era reconhecido valor constitucional. Só a partir da decisão do Conselho de 16 de julho de 1971 é que se firmou o seu *status* e valor. Mesmo assim, permanece a dúvida sobre o sentido exato dos princípios fundamentais.

Essa incerteza deixa uma válvula aberta para criação jurisprudencial ulterior, todavia dentro de certos limites, pois a sua identificação deve ser feita entre "as leis da República". Mas de qual República, pois a França conheceu cinco? *Teitgen* nega a possibilidade de serem leis posteriores à Constituição de 1946, baseado no fato de os autores do Preâmbulo, em que aparece aquela inscrição, não poderem fazer referência a leis que ainda não existiam, nem poderem dar competência constitucional ao legislador ordinário posterior.[194] E ainda quais leis republicanas? O próprio Conselho não assume uma posição muito clara a esse respeito embora recuse, de forma geral, consagrar os direitos não escritos que não sejam as liberdades clássicas[195] e, assimi-

---

[193] PINELLI. *Diritti Costituzionali Condizionati, Argomento delle Risorse Disponibili, Principio di Equilibrio Finanziario*, p. 554 et seq.; BIN. *Diritti e Argomenti*: Il Bilanciamento degli Interessi nella Giurisprudenza Costituzionale, p. 111; COLAPIETRO. *La Giurisprudenza Costituzionale nella Crisi dello Stato Sociale*, p. 373 et seq.

[194] TEITGEN. *Commentaire du Prémabule*, p. 98.

[195] Inclua-se aí também o princípio da proteção judiciária da propriedade: Decisão n. 89-256. *DC* de 25/7/1989. *Recueil des Décision du Conseil Constitutionnel*, p. 53; a independência e competência exclusiva da jurisdição administrativa: Decisão n. 80-119. *DC* de 22/7/1980; Decisão n. 89-261. *DC* de 28/71989. *Recueil des Décision du Conseil Constitutionnel*, p. 81; não, o princípio da separação das autoridades administrativas e judiciárias: Decisão n. 89-256. *DC* de 25/7/1989. *Recueil des Décision du Conseil Constitutionnel*, p. 53; da independência dos professores universitários: Decisão n. 83-165. *DC* de 20/1/1984; o princípio do direito de defesa: Decisão n. 76-70. *DC* de 2/12/1976.

lando *Genevois* e *Teitgen*, pareça sinalizar com exigência de uma presença constante desses princípios nas leis republicanas anteriores a 1946.[196] É bem indicativo o fato de sempre procurar um fundamento que não seja o reconhecimento dos outros direitos fundamentais, para quase sempre resultar na mesma conseqüência favorável a tais direitos. Fez assim em relação ao direito à habitação, ao afirmar que as ações destinadas a promover a moradia das pessoas menos favorecidas respondiam "a uma exigência de interesse nacional",[197] repetiu o mesmo ao declarar não conforme à Constituição uma disposição legislativa que atentava contra o meio ambiente, sem sequer discutir a existência de um direito ao meio ambiente equilibrado ou algo parecido.[198]

Já não seria fácil se o Conselho tivesse ficado apenas com esses princípios. Contudo, foi além. Nos anos de 70, ele passou a falar também em "princípios de valor constitucional"; e, o que é pior, sistematicamente, não fazendo referência às origens desses princípios, nem cuidando de oferecer-lhes fundamentação ou conceito, limitando-se a enumerar um a um; assim, dentre outros, o princípio de ir e vir,[199] princípio da continuidade da vida nacional,[200] o princípio da separação dos poderes,[201] o princípio da continuidade do serviço público[202] e o princípio da proteção à saúde e segurança das pessoas e bens.[203] Outra vez, sobra para a doutrina tentar um conceito, mas aqui também não há consenso. Para uns, seriam todos aqueles princípios contidos no texto da Constituição, no Preâmbulo

---

[196] FRANÇA. Conselho Constitucional. Decisão n. 89-256. *DC* de 25/7/1989. *Recueil des Décision du Conseil Constitutionnel*, p. 53.

[197] FRANÇA. Conselho Constitucional. Decisão n. 90-274. *DC* de 29/5/1990. *Recueil des Décision du Conseil Constitutionnel*, p. 61.

[198] FRANÇA. Conselho Constitucional. Decisão n. 90-277. *DC* de 25/07/1990. *Recueil des Décision du Conseil Constitutionnel*, p. 70.

[199] FRANÇA. Conselho Constitucional. Decisão n. 79-107. *DC* de 12/7/1979. *Recueil des Décision du Conseil Constitutionnel*, p. 31; Decisão n. 86-211. *DC* 26/10/1986. *Recueil des Décision du Conseil Constitutionnel*, p. 120.

[200] FRANÇA. Conselho Constitucional. Decisão n. 79-111. *DC* de 30/9/1979.

[201] FRANÇA. Conselho Constitucional. Decisão n. 79. *DC* de 23/5/1979, sobretudo para afirmar a independência das autoridades judiciárias.

[202] FRANÇA. Conselho Constitucional. Decisão n. 79. *DC* de 25/7/1979.

[203] FRANÇA. Conselho Constitucional. Decisão n. 80-177. *DC* de 20/7/1980. *Recueil...*, p. 42. Esse princípio autorizou a restrição do exercício do direito de greve. Um valor constitucional não escrito restringindo.

de 1958 e os princípios gerais do direito;[204] enquanto outros preferem ver o caráter meramente funcional desses princípios, denotado pela alta hierarquia que recebem e por seu uso estratégico dentro da argumentação do Conselho.[205]

No entanto, o Conselho tenta ao menos utilizar e pesquisar sempre uma ligação textual para consagrar um princípio que não vem expressamente reconhecido pela Constituição.[206] Por outro lado, passou, por meio dessa ferramenta, a reconhecer diversos outros direitos fundamentais que não tinham consideração expressa no texto constitucional. Tanto em sentido original, como o princípio da igualdade;[207] quanto por derivações dos princípios mais gerais: o princípio dos direitos de defesa implica "notadamente em matéria penal, a existência de um processo justo e eqüitativo, garantidor do equilíbrio dos direitos das partes,"[208] aplicando-se mesmo na fase de investigação preliminar.[209] Com desdobramento da proteção da liberdade individual, o Conselho reconheceu o direito à inviolabilidade do domicílio,[210] a liberdade pessoal,[211] o direito ao respeito à vida

---

[204] COSTA. *Principes Fondamentaux, Principes Généraux, Principes de Valeur Constitutionnelle*, p. 138.

[205] Não poderiam ser confundidos, por exemplo, com os princípios gerais do direito: PONTHOREAU. *La Reconnaissance des Droits non-Écrits par les Cours Constitutionnelles*, p. 129. O Conselho negou que uma alegada tradição republicana de não alcance de anistia às relações privadas tivesse valor de princípio fundamental: Decisão n. 88-144. *DC* de 20/7/1988. Também se extrai dessa decisão que não pode existir um princípio fundamental se houver exceção a esse princípio, como salientara um ex-Secretário Geral do Conselho, B. Genevois: a legislação deve ser homogênea, sem acidentes de percurso (*Paillet*); idem em relação ao princípio da irretroatividade em matéria contratual, pois anteriormente à entrada em vigor do Preâmbulo da Constituição de 1946, diversas leis dispunham retroativamente.

[206] PONTHOREAU. *La Reconnaissance des Droits non-Écrits par les Cours Constitutionnelles*, p. 116.

[207] BRAIBANT. *Le Principe d'Égalité dans la Jurisprudence du Conseil Constitutionnel et du Conseil d'État*, p. 97 et seq.

[208] FRANÇA. Conselho Constitucional. Decisão n. 86-260. *DC* de 28/7/1989. *Recueil des Décision du Conseil Constitutionnel*, p. 71.

[209] FRANÇA. Conselho Constitucional. Decisão n. 90-281. *DC* de 27/9/1990. *Recueil des Décision du Conseil Constitutionnel*, p. 91.

[210] FRANÇA. Conselho Constitucional. Decisão n. 83-164. *DC* de 29/12/1983. *Recueil des Décision du Conseil Constitutionnel*, p. 67.

[211] FRANÇA. Conselho Constitucional. Decisão n. 89-257. *DC* de 25/7/1989. *Recueil des Décision du Conseil Constitutionnel*, p. 59.

privada,[212] o direito a dispor do próprio corpo.[213] De uma maneira geral, também são considerados corolários de efetividade dos direitos constitucionais reconhecidos os chamados "objetivos de valor constitucional", como o pluralismo político, social e cultural, a salvaguarda da ordem pública e o respeito à liberdade dos outros.

O resultado disso tudo, até agora, aponta para o reconhecimento de vários princípios não escritos: vários princípios fundamentais (relativos à liberdade de associação, de defesa, de liberdade individual, de ensino e consciência, de independência dos professores universitários, de independência da jurisdição administrativa, de independência e de reserva de competência da jurisdição administrativa, da autoridade judiciária como guardiã da propriedade privada imobiliária); oito princípios de valor constitucional (do respeito a todo ser humano desde o início da vida, de ir e vir, de inaplicabilidade das normas legais mais rigorosas às situações protegidas por uma liberdade pública, da proteção da saúde pública, da separação dos poderes, da continuidade dos serviços públicos, da continuidade da vida nacional, da proteção da saúde e segurança das pessoas e bens) e quinze direitos invioláveis do homem (liberdade de contrair matrimônio, direitos da personalidade – desdobrado em direito à dignidade, à honra, à intimidade, à respeitabilidade, ao respeito da vida privada, e à reputação – direito do embrião a nascer, direito à retificação, direito à *fausses nouvelles*, direito à indenização por atentado à integridade física da pessoa, direito à identidade sexual, direito dos deficientes a freqüentar escola superior, direito à liberdade sexual, direito ao reconhecimento de pleno direito da família, direito à moradia).

### III. Corte Constitucional Federal alemã

A Corte Constitucional Federal alemã tem desenvolvido um método interpretativo, para alguns identificado com a interpretação "científico-espiritual", que a dispensa de apresentar a norma constitucional expressa e literalmente referida em seus enunciados e deduções. Essa técnica lhe tem possibilitado, em motivações sucin-

---

[212] FRANÇA. Conselho Constitucional. Decisão n. 82-148. *DC* de 14/12/1982. *Recueil des Décision du Conseil Constitutionnel*, p. 73; Decisão n. 92-316. *DC* de 20/1/1993. *JO* de 22/1/1993, p. 1.118.

[213] ROUSSEAU. *Droit du Contentieux Constitutionnel*, p. 312.

tas, o reconhecimento de direitos não escritos,[214] tanto de natureza social, precedentemente apresentado, quanto de natureza individual, a exemplo do direito à vida,[215] à liberdade sexual,[216] à intimidade em seus múltiplos aspectos: do anonimato das estatísticas – autodeterminação informacional,[217] de limitação de acesso a informações relativas a um processo de divórcio,[218] do segredo médico[219] e dos assistentes sociais,[220] ou como fronteiras ao poder de produção de prova, assim em relação à apresentação de cartas de um magistrado endereçadas à sua mulher[221] ou de anotações íntimas;[222] do direito à imagem,[223] a não ser punido sem culpa – *nullum crimen sine culpa*[224] – e à liberdade geral de ação.[225]

## IV. Suprema Corte dos Estados Unidos

A Suprema Corte norte-americana é a que elaborou mais surpreendente catálogo de direitos fundamentais não escritos. Parcela da doutrina daquele País nega qualquer fundamento constitucional a esses novos direitos ou à atividade criativa da Corte (*Bork*); outro segmento vê nessa atividade uma atualização necessária do rol de direitos a uma nova era e imposta pela própria Constituição. Do ponto de vista da letra constitucional, essa segunda corrente tem o apoio sobretudo da Emenda IX, ao prever que a enumeração de certos direitos não poderia ser usada para negar ou desprezar outros direitos pertencentes ao povo. A emenda XIV, assegurando as cláusulas do devido processo legal e da igual proteção, também

---

[214] CERRI. *I Modi Argomentative del Giudizio di Ragionevolezza*: Cenni di Diritto Comparato, p. 150.

[215] ALEMANHA. Corte Constitucional Federal. *BVerfGE* 39, 1.

[216] ALEMANHA. Corte Constitucional Federal. *BVerfGE* 6, 32 (41; 49, 286).

[217] ALEMANHA. Corte Constitucional Federal. *BVerfGE* 27, 1 (6).

[218] ALEMANHA. Corte Constitucional Federal. *BVerfGE* 27, 344 (350).

[219] ALEMANHA. Corte Constitucional Federal. *BVerfGE* 32, 377 (379).

[220] ALEMANHA. Corte Constitucional Federal. *BVerfGE* 33, 376.

[221] ALEMANHA. Corte Constitucional Federal. *BVerfGE* 35, 35 (39).

[222] ALEMANHA. Corte Constitucional Federal. *BVerfGE* 80, 367 (373).

[223] ALEMANHA. Corte Constitucional Federal. *BVerfGE* 34, 245.

[224] ALEMANHA. Corte Constitucional Federal. *BVerfGE* 50, 205 (214).

[225] ALEMANHA. Corte Constitucional Federal. *BVerfGE* 6, 32 (36); 74, 129 (151); 80, 137.

tem servido para elaborações doutrinárias e jurisprudenciais a favor do segundo ponto de vista.

Em um voto vencido, no início dos anos 60, o juiz *Harlan* resumiu a idéia de que o rol de direitos exposto pelas oito primeiras emendas não deveria ser lido como comandos isolados, mas como um substrato contínuo de impedimentos à atuação arbitrária do Estado, que se projetava no sentido que se haveria de extrair da liberdade garantida pela XIV Emenda:

> "O escopo da liberdade garantida pela Cláusula do Devido Processo não pode ser encontrado, ou limitado, nos termos precisos das específicas garantias previstas em outras partes da Constituição. Esta 'liberdade' não é uma série de pontos isolados expressos em termos de [direito] de propriedade, da liberdade de expressão, de imprensa e religião; do direito de deter e portar armas; da liberdade contra buscas e apreensões desarrazoadas, dentre outras. [Mas antes] é uma continuidade racional (*rational continuum*) que, falando em geral, inclui uma liberdade contra todas as imposições arbitrárias substanciais e restrições despropositadas."[226]

Para o Juiz *Frankfurter*, as liberdades indispensáveis à constituição de uma sociedade aberta seriam identificadas pela

> "pesquisa desinteressada, desenvolvida no espírito das ciências, sobre a ordem equilibrada dos fatos estabelecidos com exatidão e justiça, na consideração destacada das soluções dos conflitos (...), não [por meio de] julgamento *ad hoc* e episódico, mas na devida e cuidada reconciliação das necessidades de continuidade e de mudanças em uma sociedade progressista."[227]

Desse "contínuo racional" haveriam de surgir outras liberdades, não textualmente declaradas, outros direitos não escritos, como o de ensinar a uma criança uma língua estrangeira,[228] de enviar o filho a um escola particular,[229] de procriação,[230] de viajar,[231] ou de

---

[226] ESTADOS UNIDOS. Suprema Corte. *Poe* v. *Ullman*, 367 U.S. 497, 543 (1961).
[227] ESTADOS UNIDOS. Suprema Corte. *Rochin* v. *California*, 342 U.S. 165, 172 (1952).
[228] ESTADOS UNIDOS. Suprema Corte. *Meyer* v. *Nebraska*, 262 U.S. 390 (1923).
[229] ESTADOS UNIDOS. Suprema Corte. *Pierce* v. *Society of Sisters*, 268 U.S. 510 (1925).
[230] ESTADOS UNIDOS. Suprema Corte. *Skinner* v. *Oklahoma*, 316 U.S. 535 (1942).
[231] ESTADOS UNIDOS. Suprema Corte. *Aptheker* v. *Secretary os State*, 378 U.S. 500 (1964).

ter seu corpo respeitado.[232] Vamos nos ocupar especialmente da afirmação de um direito saído da sombra.

## 1. *Right to privacy*: um direito saído da sombra

Na Constituição norte-americana, seja em seu texto original, seja em suas emendas, não se encontra referência expressa a um certo *right to privacy*. No entanto, a Suprema Corte tem a ele se referido no exame de múltiplos aspectos da liberdade humana, ora buscando apoio na *Tort Law*, seguindo a tipificação de *Prosser* de invasão do retiro, da solitude ou em assuntos privados; de revelação de fatos íntimos embaraçosos; de exposição de uma pessoa aos olhos do público sob uma falsa luz e de apropriação desautorizada de algum traço da personalidade alheia sem autorização;[233] ora se apoiando na Emenda I para contrabalançar a liberdade de expressão[234] ou para reforçar a liberdade de associação;[235] na Emenda IV, a partir das diversas formas de manifestação da *search and seizure privacy*: contra buscas e apreensões desarrazoadas em relação às comunicações telefônicas (*privacy of communication*),[236] e a aspectos corporais, sobretudo de coleta de sangue ou urina para exames (*bodily integrity privacy*).[237] Mas será sob a XIV Emenda que aparecerão as espécies mais inesperadas de *privacy*, envolvendo a autodeterminação em matéria de procriação, inclusive alcançando o direito ao aborto, e para organizar a própria morte.

---

[232] ESTADOS UNIDOS. Suprema Corte. *Rochin* v. *California*, 342 U.S. 165 (1952).

[233] PROSSER. *Privacy*, p. 383 et seq. Cf. *Cox Broadcasting* v. *Cohn*, 420 U.S. 469 (1975); *Florida Star* v. *Daily Mail Publishing*, 491 U.S. 524 (1989); *Oklahoma Publishing Co.* v. *District Court*, 430 U.S. 308 (1977); *Canttrell* v. *Forest City Publishing Co.*, 419 U.S. 254 (1975), dentre outros. Para um exame mais detido: LEITE SAMPAIO. *Direito à Intimidade e à Vida Privada*, p. 167-168.

[234] ESTADOS UNIDOS. Suprema Corte. *Breard* v. *Alexandria*, 341 U.S. 622 (1951); *Carey* v. *Brown*, 447 U.S. 455 (1980); *Kovacs* v. *Cooper*, 336 U.S. 77 (1949), dentre outros.

[235] ESTADOS UNIDOS. Suprema Corte. *NAACP* v. *Alabama*, 357 U.S. 449 (1958); *Brown* v. *Socialist Workers'74 Campaign Comm.*, 459 U.S. 87 (1982).

[236] ESTADOS UNIDOS. Suprema Corte. *Katz* v. *United States*, 389 U.S. 370 (1967); *United States* v. *Karo*, 468 U.S. 705 (1984); *United States* v. *Knott*, 460 U.S. 276 (1983).

[237] ESTADOS UNIDOS. Suprema Corte. *Skinner* v. *Railway Labor Executives' Association*, 489 U.S. 602 (1989).

Em *Griswold* v. *Connecticut*,[238] discutia-se se um casal podia ser mandado para a cadeia por adotar um método contraceptivo. O Juiz *Douglas*, identificando uma zona de privacidade criada pela penumbra formada pelas emanações de diversas garantias constitucionais fundamentais, respondeu, em nome da Corte, que não:

> "[E]specíficas garantias do *Bill of Rights* têm penumbras formadas pela emanação dessas garantias que lhes dão vida e substância. (...). Essas várias garantias criam zonas de privacidade. O direito de associação, contido na penumbra da Primeira Emenda é uma delas, como vimos. A Terceira Emenda, com sua proibição contra o aquartelamento de soldados em tempo de paz em uma casa, sem o consentimento do proprietário, é outra faceta dessa privacidade. A Quarta Emenda explicitamente afirma o 'direito das pessoas a ser protegidas em suas pessoas, casas, papéis e efeitos, contra buscas e apreensões desarrazoadas'. A Quinta Emenda com sua cláusula contra a auto-incriminação permite que o cidadão crie uma zona de privacidade que os governantes não podem forçá-lo a renunciar em seu prejuízo. A Nona Emenda prevê 'A enumeração na Constituição de certos direitos não pode ser usada para negar ou desprezar outros pertencentes ao povo'. A Quarte e Quinta Emendas foram descritas em *Boyd* v. *United States* (...) como uma proteção contra todas as invasões 'da santidade da casa de um homem e da privacidade da vida'. Nós nos referimos em *Mapp* v. *Ohio* (...) à Quarta Emenda como criando um 'direito a privacidade, não menos importante do que outro direito cuidadosa e particularmente reservado ao povo."[239]

Poucos anos depois, esse direito, reconhecido ao casal, foi afirmado em favor da mulher solteira[240] ou menor.[241] O caminho estava aberto para a declaração do direito ao aborto: a liberdade garantida pela XIV Emenda era "ampla o bastante para incluir a decisão de uma mulher de terminar ou não sua gravidez,"[242] com

---

[238] ESTADOS UNIDOS. Suprema Corte. 381 U.S. 479 (1965).

[239] ESTADOS UNIDOS. Suprema Corte. 381 U.S. 479, 484-485 (1965).

[240] ESTADOS UNIDOS. Suprema Corte. *Eisenstadt* v. *Baird*, 405 U.S. 438 (1972).

[241] ESTADOS UNIDOS. Suprema Corte. *Carey* v. *Population Services International*, 431 U.S. 678 (1977).

[242] ESTADOS UNIDOS. Suprema Corte. *Roe* v. *Wade*, 410 U.S. 113, 153.

uma amplitude crescente que só teria seus limites durante os anos de *Rehnquist*.[243]

## V. Supremo Tribunal Federal

A nossa Constituição detalhou como poucas a lista de direitos fundamentais, deixando ao intérprete menos o trabalho de buscar direitos não escritos, e mais a tarefa de identificar, dentre os direitos enunciados, aqueles dotados de fundamentalidade e de imediata fruição, e outros, menos direito e mais tarefa ou programa estatal. Todavia, o artigo 5.º, § 2.º, como dissemos, deixa em aberto a possibilidade de serem declarados outros direitos e garantias decorrentes do regime e dos princípios por ela adotados, ou dos tratados internacionais em que o Brasil seja parte. Essa última forma de reconhecimento de direitos fundamentais é que tem sido mais discutida pelo Supremo Tribunal e, em regra, refutada.

Os tratados, por não terem estatura constitucional,[244] não podem transgredir ou acrescentar cláusulas ou restrições de direitos fundamentais, nem interditar a possibilidade de o Estado brasileiro exercer, no plano interno, a competência institucional, outorgada expressamente pela própria Constituição, como acentuou o Ministro *Celso de Mello*:

> "Impõe-se acentuar (...) que não há como emprestar à cláusula inscrita no art. 5.º, § 2.º, da Carta Política um sentido exegético que condicione, ou que iniba, ou, até mesmo, que virtualmente impossibilite o Congresso Nacional de exercer, em plenitude, as típicas funções institucionais que lhe foram deferidas pelo documento constitucional."[245]

Assim também, na voz do Ministro *Moreira Alves*:

---

[243] ESTADOS UNIDOS. Suprema Corte. *Webster* v. *Reproductive Health Services*, 109 S. Ct. 3040 (1989); *Hodgson* v. *Minessota*, 58 U.S.L.W. 4957 (1990); *Ohio* v. *Akron Center for Reproductive Health*, 58 U.S.L.W. 4979 (1990).

[244] BRASIL. Supremo Tribunal Federal. Pleno. ADIn n. 1.480-DF. Rel. Min. Celso de Mello. *ISTF* 82; RHC n. 79.785-RJ. Rel. Min. Sepúlveda Pertence. *ISTF* 187; Ext. n. 662-PU. Rel. Min. Celso de Mello. *DJ* 1 de 30/5/1997, p. 23.176; CR (AgRg) n. 8.279-AT. Rel. Min. Celso de Mello. *DJ* 1 de 10/8/2000, p. 6.

[245] BRASIL. Supremo Tribunal Federal. Pleno. ADIn n. 1.480-DF. Rel. Min. Celso de Mello. *ISTF* 135. Não é o pensamento, todavia, de ALBURQUERQUE MELO. *O § 2.º do Art. 5.º da Constituição Federal*, p. 25.

"[O] § 2.º do artigo 5.º da Constituição não se aplica aos *tratados internacionais* sobre direitos e garantias fundamentais que ingressaram em nosso ordenamento jurídico após a promulgação da Constituição de 1988, e isso porque ainda não se admite tratado internacional com força de emenda constitucional."[246]

Há de se registrar, contudo, na exegese dos direitos fundamentais, a consideração de certos sigilos legais, fiscais[247] e bancários[248] sobretudo, como desdobramento *direto* de direitos expressos, intimidade e inviolabilidade de dados, elevando-os ao *status* de direitos constitucionais.[249] Especificamente, nesse ponto, o STF parece transportar para o discurso institucionalizado o quadro fático de exlusão social, pois preenche o sentido de intimidade quase que exclusivamente com as pretensões de setores mais bem situados social e economicamente.

## VI. *O trabalho construtivo de outros tribunais*

O Tribunal Federal Suíço, segundo *Rossinelli*, também tem reconhecido, sobretudo a partir de 1959, a existência de direitos não escritos, utilizando a técnica de "prolongamento de um direito," como condição de seu exercício ou ainda como "elemento indispensável à ordem democrática."[250] Surgiram assim o direito a um juiz ou à Justiça, a liberdade pessoal, a liberdade de expressão, a liberdade lingüística e de reunião. A Corte Suprema da Noruega, do mesmo modo, vem declarando a existência, ao lado das normas constitucionais escritas e dos textos internacionais, "princípios gerais de caráter constitucional", dentre os quais, o direito à vida.[251]

---

[246] BRASIL. Supremo Tribunal Federal. 1.ª Turma. RE n. 274.183-GO. Rel. Min. Moreira Alves. *DJ* 24/11/2000; cf. exame apurado do tema em PIOVESAN. *Direitos Humanos e o Direito Constitucional Internacional*, p. 73 et seq.

[247] BRASIL. Suprema Corte. 2.ª Turma. RHC n. 74.807-MT. Rel. Min. Maurício Corrêa. *RTJ* v. 163, t. 3, p. 1.010-1.015.

[248] BRASIL. Suprema Corte. Inq (AgRg) n. 897-SP. Rel. Min. Francisco Rezek. *RTJ* v. 157, t. 1, p. 44-50, 49.

[249] Embora o texto esteja limitado à jurisprudência da Corte após a Constituição de 1988, não se pode deixar de anotar o seu importante papel na definição da "teoria brasileira do *habeas corpus*" na I República, já discutida em outro ponto deste trabalho.

[250] ROSSINELLI. *Les Libertés non Ècrits*: Contribution à l'Étude du Pouvoir Créateur du Juge Constitutionnel, p. 269.

[251] GREWE; FABRI. *Droit Constitutionnels Européens*, p. 157.

# SEÇÃO IV
# A ELABORAÇÃO DE UMA TEORIA DOS LIMITES DOS DIREITOS FUNDAMENTAIS

Devemos fazer uma aproximação de concepções em torno de uma teoria dos direitos fundamentais (1), para passarmos a estudar a construção jurisprudencial (2).

## § 1. Aproximação conceitual

Não se pode falar em direitos fundamentais ilimitados ou absolutos, pelo menos, de direitos fundamentais definitivos.[252] Mas essa afirmação deve cercar-se de uma atenção especial, pois, a depender do alcance que lhe possa dar, corre-se o perigo de ser negligenciado um sistema de efetividade desses direitos, por apelos a simples razões de Estado ou a um interesse público prevalecente. A vida em sociedade e a própria institucionalização dos direitos já importam certa contenção, mas é preciso que se procure elaborar uma teoria das limitações, constitucionalmente fundada, que sirva de justificativa racional a essa contenção. Num esforço doutrinário, identifica-se, com *Jorge Miranda*, a tentativa de distinguir restrição, de limite, de regulamentação, de concretização e suspensão. A restrição diria respeito ao direito em si, afetando-o em geral ou quanto à certa categoria de pessoas ou situações, com a subtração de algumas faculdades que *a priori* estariam nele compreendidas. Haveria, para tanto, razões específicas, tendo em vista certos e determinados objetivos constitucionais, e teria caráter permanente. Já os limites incidiriam sobre o exercício do direito, sobre sua manifestação concreta, não sobre o direito em si, fundando-se em razões de caráter geral válidas para quaisquer direitos, a exemplo de apelos morais e do bem-estar social. A regulamentação consistiria no preenchimento ou desenvolvimento legislativo do conteúdo do direito, classificando-o, precisando-lhe o sentido, sempre para ampliá-lo, nunca para diminuí-lo. A concretização seria dirigida à exeqüibilidade da norma constitucional

---

[252] LEITE SAMPAIO. *Direito à Intimidade e à Vida Privada*, p. 379 et seq.

definidora de direito, não exeqüíveis por si mesmas. Por último, a suspensão afetaria transitoriamente o direito, paralisando ou impedindo seu exercício, total ou parcialmente.[253] Para *Friedrich Klein*, a distinção haveria de ser feita entre restrições de garantias e restrições de reservas, segundo se intentasse impor limitações ou determinar, especificar o conteúdo do direito fundamental.[254] Este é um esforço enorme de precisão conceitual do Direito Constitucional alemão: quando estaremos diante de "limitação" ou "restrição" a direito e quando a atividade do legislador se resumirá à "simples configuração" desse direito? Nessa trilha, é preciso investigar antes as formas de limitação ou restrição de direitos.

Numa primeira visão, distinguimos duas diferentes formas: restrições diretamente constitucionais, através de prescrições constitucionais expressas, e restrições indiretamente constitucionais; essas podem tanto ocorrer por meio de leis autorizadas expressamente pela Constituição (restrições legais) quanto por exigência de interpretação, para solução de casos concretos (restrições interpretativas).[255] No primeiro caso, há quem fale de "limites imanentes" ao alcance concreto da disposição de direito fundamental, que podem muito bem se refletir nos trabalhos exegéticos.[256] Estruturalmente, essas restrições podem ser vistas como elementos negativos ou condicionamentos presentes no pressuposto fático da norma ou como cláusula de restrição que exclui certo aspecto ou componente daquele pressuposto.[257] Um exemplo sempre indicado é aquele do artigo 5.º, XVI, da Constituição brasileira: "todos podem reunir-se *pacificamente, sem armas, em locais abertos ao público*..." As expressões sublinhadas podem ser vistas como restrições constitucionais expressas à liberdade de associação. O mesmo se diga para o "caráter paramilitar" que limita expressamente a liberdade de associação (art. 5.º, XVII). Ou em relação a "flagrante delito ou desastre, ou para prestar socorro", que permitem o ingresso na casa, mesmo sem o consentimento do morador (art. 5.º, XI).

---

[253] MIRANDA. *Manual de Direito Constitucional*, IV, p. 297-299.

[254] KLEIN. *Das Bonner Grundgesestz*, I, p. B XV 2, 3.

[255] LERCHE. *Übermass und Verfassungsrecht*, p. 106 et seq.

[256] HESSE. *Elementos de Direito Constitucional da República Federal Alemã*, p. 251.

[257] ALEXY. *Teoría de los Derechos Fundamentales*, p. 278.

As restrições indiretamente constitucionais são aquelas que a Constituição remete ao legislador infraconstitucional, podendo essa remissão ser feita sem reservas: "é livre a locomoção no território nacional em tempo de paz, podendo qualquer pessoa, nos termos da lei, nele entrar, permanecer ou dele sair com seus bens" (art. 5.º, XV); ou com reservas: "é inviolável (...) o sigilo das comunicações telefônicas, salvo (...) por ordem judicial, nas hipóteses e na forma que a lei estabelecer para fins de investigação criminal ou instrução processual penal" (art. 5.º, XII); ou "a lei só poderá restringir a publicidade dos atos processuais quando a defesa da intimidade ou o interesse social o exigirem" (art. 5.º, LX). Em outros casos, essa remissão autorizatória é implícita: se o texto constitucional deixa a critério do legislador a definição do conteúdo do direito, "a lei assegurará aos autores de inventos industriais privilégio temporário para sua utilização, bem como proteção às criações industriais, à propriedade das marcas, aos nomes de empresas e a outros signos distintivos..." (art. 5.º, XXIX); ou se lhe atribui poderes para estabelecer requisitos de exercício: "é livre o exercício de qualquer trabalho, ofício ou profissão, atendidas as qualificações profissionais que a lei estabelecer" (art. 5.º, XIII). Para boa parte da doutrina, a atividade do legislador nesses dois casos é de natureza meramente aclaratória, de definição,[258] de simples "configuração"[259] ou "organização".[260] Segundo *Hesse*, "o legislador organizador permanece completamente vinculado à normalização jurídico-fundamental".[261]

Tem-se de atentar, no entanto, que o exercício de densificação legislativa ou a regulamentação do direito fundamental, mesmo a sua "configuração", traz sempre uma opção seletiva ou um recorte das alternativas de regulamentações que se apresentavam antes ao legislador, importando numa diminuição relativa do âmbito de incidência da norma e, por via de conseqüência, do direito. *Hesse* tem consciência disso, pois afirma que as "*reservas de regulação* confundem as passagens entre organização e limitação".[262] Na verdade, a regulação

---

[258] LERCHE. *Übermass und Verfassungsrecht*, p. 106 et seq.

[259] ALEXY. *Teoría de los Derechos Fundamentales*, p. 324.

[260] HESSE. *Elementos de Direito Constitucional da República Federal Alemã*, p. 247.

[261] Ibidem, p. 249.

[262] Ibidem.

pode tanto ser de organização quanto de limitação.[263] Essa mesma situação se aplica a certas limitações diretamente constitucionais que demandam uma precisão de sentido, tornando virtual a fronteira entre estas e aquelas apenas indiretamente constitucionais, pois será o legislador que terminará fixando os seus contornos. Imaginemos que o legislador processual penal estivesse entre duas alternativas: ou acolher apenas dois tipos de flagrante: o próprio – quando alcança quem está cometendo ou acabou de cometer o crime – e o impróprio – quando inclui a perseguição de alguém em situação que faça presumir ser o autor da infração; ou acrescentar uma terceira figura, do flagrante presumido, para atingir quem foi encontrado, logo depois da infração, com instrumentos, armas, objetos ou papéis que façam presumir ser ele o autor da infração. Se fizer a opção por incluir os dois primeiros, certamente a liberdade ambulatória terá resultado mais ampliada do que se englobasse também o flagrante presumido. Daí parece acertado quando *Häberle* fala que todos os direitos fundamentais são suscetíveis e requerem não só uma restrição legal mas também uma configuração legal.[264] Por outro lado, o legislador não recebe um cheque em branco do constituinte, havendo de atuar, como anotaremos em seguida, de acordo com o princípio da proporcionalidade que exige uma carga de razoabilidade não apenas para a sua intervenção, mas também para o resultado dela.[265]

Uma terceira situação pode surgir sem que se localize textualmente na Constituição uma limitação direta ou indireta, mas que se torne imperiosa a intervenção legislativa ou judicial para solucionar situações de conflito entre direitos fundamentais ou da atuação apenas legislativa, se o conflito se dá entre direitos fundamentais e certos bens ou interesses constitucionais. Alguns autores, nesses casos,

---

[263] *Hesse* parece menos convicto da distinção quando afirma que "na medida em que o legislador normaliza os limites, traçados pela Constituição, da liberdade jurídico-fundamental em leis ordinárias, ele mesmo não limita essas liberdades; ele comprova só declaratoriamente limites já traçados": *Elementos de Direito Constitucional da República Federal Alemã*, p. 252.

[264] HÄBERLE. *La Libertad Fundamental en el Estado Constitucional*, p. 92 et seq., 112; também em *Die Wesensgehaltgarantie des Artikel 19 Abs. 2 Grundgesetz*, p. 181.

[265] No caso brasileiro, a Constituição permite a disposição, por meio de negociação coletiva, dos direitos à irredutibilidade de salário (art. 7.º, VII), à compensação de horário de trabalho (art. 7.º, XIII), à jornada de seis horas para trabalho realizado em turnos ininterruptos de revezamento (art. 7.º, XIV), retirando a sua fundamentalidade.

falam em "restrição tácita diretamente constitucional".[266] Qualquer que seja o nome que se dê, a dinâmica do sistema constitucional termina por exigir que se faça, com as precauções acima indicadas, a operação interventiva. É preciso anotar aqui que, para além da garantia de posições materiais, afinadas com o conteúdo do direito, as disposições iusfundamentais estão cercadas também de garantias formais[267] ou modais[268] que demandam o atendimento dos requisitos de competência, a existência de um comando ou norma claros e precisos e do cumprimento de passos procedimentais específicos. Essas condições se reúnem mais apropriadamente em torno do legislador, mas podem ser também reconhecidas ao juiz em situações excepcionais em que esteja diante de um conflito de direitos fundamentais que não tenha sido regulado, ainda, pelo legislador. A negativa de prestação jurisdicional, nessas situações, poderá significar o triunfo de um dos direitos e essa poderá não ser a solução mais justa (adequada).[269] O papel do Executivo, no quadro de divisão de poderes do Estado democrático de Direito, por outro lado, não lhe dá qualquer poder de intervenção originária nessa esfera.

As alternativas dogmáticas que se apresentam como critérios metodológicos para solução dos conflitos entre direitos fundamentais ou destes com os interesses gerais são diversas, não podendo ser enumeradas aqui, nem em toda sua diversidade, nem em sua profundidade, cabendo indicar apenas as suas linhas gerais, segundo as correntes de pensamento mais presentes nos trabalhos constitucionais. Podemos identificar soluções:

   a) *apriorísticas*, com (i) *a adoção do conceito de limites imanentes ou essenciais* e da concepção de "tatbestand" reduzido, excluindo-se do "âmbito normativo" tanto modalidades de exercícios "inespecíficos" ou abusivos dos direitos,[270] quanto certos conteúdos, seja pela pressuposição de uma "cláusula geral

---

[266] ALEXY. *Teoría de los Derechos Fundamentales*, p. 281.

[267] Ibidem.

[268] SCHWABE. *Probleme der Grundrechtsdomatik*, p. 23.

[269] Contra HESSE. *Significado de los Derechos Fundamentales*, p. 110; *Elementos de Direito Constitucional da República Federativa Alemã*, p. 253; ainda que reconheça que o Tribunal Constitucional será a instância que avaliará a correção da atividade restritiva do legislador (p. 257-258).

[270] MÜLLER. *Die Positivät der Grundrechte*: Fragen einer praktishen Grundrechtsdogmatik, p. 41 et seq.; 73, 101.

da comunidade" (*Gemeinschaftsklausel*),²⁷¹ ou de uma "cláusula do bem comum" (*Gemeinwohlklausel*),²⁷² que vedam ameaça, perturbação ou atentado à existência coletiva, seja pela sua simples pertinência à ordem jurídico-constitucional, o que exige necessária e prévia compatibilidade com os princípios gerais e valores igualmente constitucionais, como a cláusula do Estado social (*Sozialstaatsklausel*), os outros direitos fundamentais e exigências morais e éticas; ²⁷³ ou (ii) com a exigência de justificação da restrição do direito, em que resulta, no fundo, a teoria relativa de núcleo essencial;²⁷⁴ e

*b) casuísticas e posteriores*, mediante (i) uma interpretação sistemática e unitária da Constituição;²⁷⁵ ou (ii) com o emprego de um juízo de ponderação e de adequação dos bens/ valores constitucionais, conduzindo a uma "concordância prática" (*praktische Konkordanz*) com outro direito ou bens jurídicos colidentes.²⁷⁶

Seja qual for o caminho a trilhar, devem ser seguidas algumas orientações que forneçam bases objetivas e racionais de decisão, a exemplo:²⁷⁷

---

[271] Dentre outros: IPSEN. Apud HÄBERLE. *La Libertad Fundamental en el Estado Constitucional*, p. 110.

[272] HUBER. *Der Streit um das Wirtschaftsverfassungsrecht*, p. 136.

[273] HÄBERLE. *La Libertad Fundamental en el Estado Constitucional*, p. 91 et seq.; STEIN. *Derecho Político*, p. 350-251; VIEIRA DE ANDRADE. *Os Direitos Fundamentais na Constituição Portuguesa de 1976*, p. 215-218; CANOTILHO. *Direito Constitucional*, p. 618-622. Cf. crítica de OTTO Y PARDO. *La Regulacion del Ejercicio de los Derechos y Libertades*, p. 112; ALEXY. *Teoría de los Derechos Fundamentales*, p. 300 et seq.

[274] Para um exame detido da teoria do núcleo essencial: ALEXY. *Teoría de los Derechos Fundamentales*, p. 286-291; OTTO Y PARDO, op. cit., p. 125-139; STEIN, op. cit., p. 247-249; HÄBERLE. *El Legislador de los Derechos Fundamentales*, p. 110, 117, especialmente 119-124; com base constitucional: *v. g.*, art. 19.2 da Lei Fundamental de Bonn; em forma não textual na jurisprudência constitucional dos tribunais federais suíço, austríaco e europeu de Luxemburgo. HÄBERLE. *Wesensgehaltsgarantie es Art. 19.2 GG*, p. 34 et seq.; 51 et seq., 210 et seq. Criticando o instituto: CERVATI. *El Legislador de Derechos Fundamentales*, p. 56-58, 72.

[275] OTTO Y PARDO. *La Regulacion del Ejercicio de los Derechos y Libertades*, p. 112.

[276] HESSE. *Elementos de Direito Constitucional da República Federal Alemã*, p. 255 et seq.; ALEXY. *Teoría de los Derechos Fundamentales*, p. 87-111; PEREZ LUÑO. *Derechos Humanos, Estado de Derecho y Constitucion*, p. 302; MÜLLER. *Discours de la Méthode Juridique*, p. 285 et seq.

[277] LEITE SAMPAIO. *Direito à Intimidade e à Vida Privada*, p. 382.

- do princípio da unidade da Constituição, que impõe uma harmonia a mais eficaz possível; vale dizer, da melhor maneira, com mais utilidade e menos sacrifício – proporcionalidade e necessidade;
- do princípio do idêntico valor constitucional, em abstrato, de seus preceitos, a menos que a própria Constituição estabeleça uma hierarquia;
- da consideração apenas de valores e bens veiculados pelo texto constitucional, não elevando a tal aqueles que, embora socialmente relevantes, apenas tenham reconhecimento infraconstitucional;[278]
- do entendimento de que as normas dos direitos fundamentais são sempre, *a priori*, definidoras de direitos sem reservas;
- da idéia de que os direitos fundamentais não servem para eximir o cumprimento de um dever ou obrigação nascida ou em decorrência de normas constitucionalmente inseridas no sistema jurídico; admitindo-se limitações especiais às pessoas que se encontrem em uma "relação especial de sujeição" – servidores públicos e soldados, *v. g.* – desde que fundadas na própria Constituição ou em uma lei conforme com a Constituição, identificada sobretudo pela necessidade, adequação e proporcionalidade das limitações impostas;[279] e
- *in dubio pro libertate*.[280]

Essas idéias associadas permitem um juízo de ponderação e harmonização de direitos colidentes – pelo legislador ou pelo juiz – num caso concreto e determinado (permitir o aborto em casos de gravidez decorrente de estupro, por exemplo), podendo conduzir a prevalência de um deles.[281]

---

[278] OTTO Y PARDO. *La Regulacion del Ejercicio de los Derechos y Libertades*, p. 112.

[279] HESSE. *Elementos de Direito Constitucional da República Federal Alemã*, p. 261 et seq.; CANOTILHO. *Direito Constitucional*, p. 634 et seq.

[280] PÉREZ LUÑO. *Derechos Humanos...*, p. 315-316.

[281] CANOTILHO. *Direito Constitucional*, p. 660. Cumpre trazer à colação um extrato da sentença do Tribunal Constitucional Espanhol n. 11/1981, em que afirma a certa altura: "la Constitución es un marco de coincidências suficientemente amplio como para que dentro de él quepan opciones polititcas de diferente signo (...) correponde al legislador ordinário, que es el representante en cada momento histórico de la soberania popular, confeccionar una regulación de las condiciones de ejercicio del derecho que serán más restrictivas o abiertas de acuerdo con las directrices políticas que le impulsen". Cf.

A partir das linhas teóricas gerais, haveremos de passar pelo exame da casuística constitucional sobre a resolução desses conflitos (2).

## § 2. A TEORIA DOS LIMITES DOS DIREITOS FUNDAMENTAIS NA JURISPRUDÊNCIA CONSTITUCIONAL

A casuística constitucional passa, em primeiro lugar, pela assunção da existência, ou não, de uma hierarquia de normas ou direitos (I), para, em seguida, deter-se em outras técnicas ou critérios adotados (II).

### I.   Em torno de uma hierarquia de direitos fundamentais

A existência de direitos fundamentais concorrentes entre si ou com princípios ou bens coletivos decorre do pluralismo da sociedade, tornando-se imprescindível a existência de um sistema de arbitragem dos conflitos. Pode-se imaginar que essa arbitragem seja operada em graus: no plano abstrato, competiria ao legislador fixar-lhes os contornos, para, concretamente, serem resolvidos pelo juiz, segundo as circunstâncias do caso e as baliza da lei. Esse esquema, contudo, não pode ser visto de forma linear, pois nem o legislador pode atuar discricionariamente em relação ao conteúdo de muitas normas constitucionais, sobretudo daquelas definidoras de direitos fundamentais, estabelecendo um padrão a ser seguido de forma invariável, nem ao juiz é dado aplicar sua própria teoria hierárquica de valores fundamentais, senão fazer valer os comandos constitucionais diretamente ou mediatizados pelo legislador, se houver esse espaço e o exercício da competência normativa de densificação não se mostrar abusivo. Pode acontecer de o próprio texto constitucional já prefixar uma certa hierarquia. Mas isso não é muito comum. Na quase totalidade dos casos, o intérprete vai estar diante de um impasse, que, para apresentar pretensões de validade ou de racionalidade, deverá ser solucionado segundo regras preestabelecidas. Na França, onde o chamado bloco de constitucionalidade reúne elementos

---

OTTO Y PARDO. *La Regulacion del Ejercicio de los Derechos y Libertades*, p. 160. Mantida a reserva ao decisionismo vicinal a essa opinião, não se pode deixar de considerá-la quando analisamos a posição do legislador frente a uma definição abstrata de direito, como marcam as normas constitucionais – por um certo grau de imprecisão semântica ou sintática – as múltiplas faculdades derivadas e imprevisíveis, em que termina por optar por uma configuração do direito em que subjaz certo teor político (Ibidem, p. 160-161) e, diríamos, ideológico. Respeitando, claro, o modelo dogmático construído a partir da definição abstrata.

liberais da Declaração dos Direitos do Homem e do Cidadão de 1789 e o Preâmbulo, de cunho social, da Constituição de 1946, há quem defenda uma hierarquia formal entre os princípios reconhecidos. *François Gicguel* vê nos direitos proclamados pela Declaração de 1789 o centro de todo o sistema francês, por assegurarem direitos absolutos relacionados ao homem como ser humano, em qualquer tempo e lugar, enquanto situa os princípios políticos, econômicos e sociais, enunciados pelo Preâmbulo de 1946, em um plano secundário, de direitos relativos, ligados a uma sociedade e a um momento particular de sua existência.[282] *Burdeau* distinguia, entre as normas de valor constitucional, direitos fundamentais, princípios constitucionais e disposições-programa, retomando a idéia de uma supraconstitucionalidade natural e objetiva que haveria de informar a tarefa judicial de interpretação e conciliação.[283] De acordo com *Arné*, a supraconstitucionalidade significa a superioridade de certas regras ou princípios, qualificados de "normas", sobre o conteúdo da Constituição, "normas que podem figurar expressamente no texto constitucional ou existir implicitamente".[284] Seriam assim, para *Turpin* e *Terneyre*, no plano externo, as normas das convenções internacionais que se impunham não só às leis mas também à Constituição, cujas disposições contrárias deveriam ser revisadas antes da sua incorporação ao direito interno, de acordo com a decisão do Conselho Constitucional francês relativamente ao Tratado de Maastricht.[285] No plano interno, falam de um "núcleo duro" de normas relativas aos direitos e liberdades intangíveis, insuscetíveis de derrogação mesmo em tempo de crise, assim como de um "bloco de constitucionalidade" referido a certos valores (separação de poderes, pluralismo, forma republicana de governo, igualdade, objetivos relativos à ordem pública, à proteção da saúde, à continuidade do serviço público, ao respeito à dignidade humana, dentre outros),

---

[282] GICGUEL. *Objeto y Alcance de la Protección de los Derechos Fundamentales*: El Consejo Constitucional Francês, p. 293 et seq.; 298.

[283] BURDEAU. *Traité de Science Politique*, IV, p. 131.

[284] ARNÉ. *Existe-t-il des Normes Supraconstitutionnelles*, p. 459 et seq. É interessante acompanhar o debate na França com *Favoreu* (*Souveraineté et Supra-Constitutionnalité*, p. 71 et seq.), *Drago* (*La Supra-Constitutionnalité*: Présentations et Problématique Générales, p. 313 et seq.); *Troper* (*La Notion de Principes Supra-Constitutionnels*, p. 337 et seq.) e *Vedel* (Souveraineté et Supra-Constitutionnalité, p. 79 et seq.).

[285] FRANÇA. Conselho Constitucional. *DC* de 9/4/1992.

imunes inclusive ao poder constituinte derivado.[286] Esse é um pensamento que, independentemente das particularidades do sistema constitucional francês, tem adeptos em outros lugares, sob inspiração muito mais da ideologia do seu defensor do que da literalidade dos textos ou da coerência do discurso.

Mesmo admitida a inexistência de escalonamento formal das normas, ainda aparecerem pelo menos duas grandes linhas de pensamento sobre a ocorrência de hierarquia material: uma que defende um escalonamento de valores e direitos (*Corassanti*), outra que lança ao caso concreto, com suas peculiaridades, a definição do direito ou bem que haverá de prevalecer. A primeira corrente pode ser matizada entre os hierárquicos ontológicos, metodológicos e os práticos. Ontologicamente se defende a prevalência sempre das liberdades clássicas ou de alguns direitos reputados essenciais, como o direito à vida e à liberdade, segundo uma concepção de homem ou da natureza.[287] Exatamente por isso, a perspectiva poderá estar deslocada para o homem situado ou para programas ou tarefas coletivas que persigam uma configuração sociopolítica determinada. Bem se vê que a distinção entre estes e os adeptos da hierarquia formal é, permitido o trocadilho, de forma. Nega-se uma diferença de valor constitucional, para logo em seguida ser feita uma distinção, de acordo com um pano de fundo ideológico, entre direitos mais ou menos essenciais. Os metodológicos, por sua vez, escondem-se atrás da necessidade técnica de se estabelecer, segundo regras, uma hierarquia de conteúdo entre as normas. Não há expresso apelo a uma ordem suprapositiva ou a uma dada concepção de mundo ou de homem, em geral, mas uma laboriosa e, às vezes, impenetrável pesquisa do direito constitucional positivo, segundo uma dicção precisa e própria, que lhes autoriza definir qual direito vem antes, qual interesse vem depois, às vezes qual virá. Os práticos não devotam crenças em doutrinas políticas ou filosóficas, nem se dedicam puramente a desenvolver ferramentais técnicos de sondagem do material jurídico-positivo, cuidando antes de retirar das

---

[286] TURPIN. *Contentieux Constitutionnel*, p. 145; TERNEYRE. *Les Adaptations aus Circonstances du Principe de Constitutionalité*: Contribution du CC à un Droit Constitutionnel de la Necessité, p. 1489.

[287] Cfr. WASHSMANN. *Les Droits de l'Homme*, p. 51: existência de direitos intangíveis e direitos relativos; ROUSSILLON. *Le Conseil Constitutionnel*, p. 63: direitos mais preciosos que outros.

glosas à jurisprudência suas conclusões. O resultado de sua pesquisa indicará, concretamente, que direitos ou bens têm recebido especial proteção judicial. "A hierarquia das normas", escreveu *Michel Tropper,*

> "não pode ser suposta. Ela deve ser constatada após o exame dos valores relativos às diferentes normas emitidas pelos órgãos da ordem jurídica. Se nós admitirmos que a interpretação é a fase essencial da emissão dessas normas, faz-se necessário então concluir que o estudo da interpretação comanda aquele da hierarquia das normas e não o contrário (...). Se houver gradação, é somente entre as normas constitucionais postas pela interpretação do juiz no exercício de seu poder de controle".[288]

O problema aqui será menos de preconceitos ou de requintes instrumentais; o que de comum une todos os defensores de uma tal hierarquia é a falta de consenso quanto aos resultados. Apenas para citar a França, três renomados autores apresentam três diferentes conclusões sobre a hierarquia adotada pelo Conselho Constitucional. Para *Louis Favoreu* a ordem seria: liberdade de opinião e consciência, liberdade de associação e liberdade de ensino;[289] *Bruno Genevois*, por seu turno, apresenta outra hierarquia: liberdade individual, liberdade de opinião e consciência e a liberdade de imprensa;[290] enquanto que, para *Dominique Turpin*, na base se situaria o núcleo dos "direitos naturais e imprescritíveis do homem", a liberdade, a propriedade, a segurança e a resistência à opressão, cuja conservação seria "o objetivo de toda associação política", ficando o catálogo de princípios necessários ao nosso tempo do Preâmbulo de 1946 como definidor de "normas contingentes de caráter complementar".[291]

Como registra *Dominique Rousseau*, para fundamentar uma hierarquia sob a arbitragem constitucional, impende constatar que os sacrifícios são sempre demandados dos mesmos direitos ou, quando menos, que serão sempre os mesmos direitos que suporta-

---

[288] Posição de *Michel Troper* apontada por TURPIN. *Contentieux Constitutionnel*, p. 144.

[289] FAVOREU. *Les Libertés Protegées par le Conseil Constitutionnel*, p. 33.

[290] GENEVOIS. *La Marque des Idées et des Principes de 1879 dans la Jurisprudence du Copnseil d'Etat et du Conseil Constitutionnel*, p. 181, citado por ROUSSEAU. *Droit du Contentieux Constitutionnel*, p. 113.

[291] TURPIN. *Contentieux Constitutionnel*, p. 146-147.

rão os maiores sacrifícios. A lógica perversa e evidente dessa asserção faz defender uma visão móvel, que não passa por entre os direitos mais ou menos sacrificados, mas pelo interior de cada direito, de acordo com as circunstâncias do caso.[292] A estruturação dos princípios e valores, segundo uma hierarquia preestabelecida, revela-se, assim, incompatível com o caráter pluralista da sociedade, bastando considerar que, em caso de conflito, o princípio mais elevado privaria de valor todos os princípios inferiores e geraria uma ameaçadora "tirania de valor", socialmente destrutiva.[293] Apenas o balanceamento que parte de uma igualdade abstrata de interesses ou valores ou princípios possibilita o desenvolvimento de uma "lógica flexível", de probabilidade, de possibilidade e de razoabilidade, que, se tem também seus perigos, não prefixa o resultado, independentemente das circunstâncias concretas, nem leva à exclusão ou inclusão necessária de qualquer deles (*Modugno*).[294]

A Corte Constitucional italiana recusa-se a elaborar uma hierarquia rígida e *a priori* dos valores constitucionais, o que importa admitir a relatividade dos direitos e não o seu caráter absoluto.[295] A Corte Constitucional Federal alemã também não aceita a afirmação de uma escala de valores abstrata,[296] embora tenha admitido que o legislador possa vir a ser mais favorável aos direitos individuais do que poderia ser a bens coletivos.[297] A jurisprudência do Conselho Constitucional francês também não autoriza a conclusão de que há

---

[292] ROUSSEAU. *Droit du Contentieux Constitutionnel*, p. 117.

[293] ZAGREBESLKY. *Il diritto Mite*, p. 170 et seq.

[294] COLAPIETRO. *La Giurisprudenza Costituzionale nella Crisi dello Stato Sociale*, p. 382.

[295] Idem.

[296] ALEMANHA. Corte Constitucional Federal. *BVerfGE* 51, 324 (345). Contra, identificando um valor-vértice do sistema constitucional à dignidade humana, seguida dos direitos constitucionais reconhecidos, por estarem subtraídos da revisão constitucional (arts. 19.2 e 79.3): CERRI. *I Modi Argomentative del Giudizio di Ragionevolezza*: Cenni di Diritto Comparato, p. 151; ou como uma hierarquia de quatro categorias: categoria de direitos intangíveis por revisão constitucional: dignidade humana e os princípios da forma de Estado; segunda categoria – direitos sem limites mencionados expressamente: liberdade de arte (art. 5.3) e de consciência (art. 4.1); terceira categoria – direitos com limites definidos expressamente – artigos 5, 10 e 11; quarta categoria – direitos garantidos pela disciplina legal: propriedade (art. 14), o direito de liberdade profissional (art. 12), o direito ao desenvolvimento da personalidade (art. 2.1). SCHEFOL. *Aspetti di Ragionevolezza nella Giurisprudenza Costituzionale Tedesca*, p. 126.

[297] ALEMANHA. Corte Constitucional Federal. *BVerfGE* 13, 97 (113).

sempre de prevalecer um direito ou princípio constitucional sobre os outros ou sobre um bem coletivo.[298]

É curioso notar, contudo, que já se tenha afirmado, no Supremo Tribunal Federal, uma certa hierarquia que teria sido estabelecida constitucionalmente entre os direitos fundamentais: "o próprio *caput* do artigo 5.º da Constituição Federal, na tutela dos direitos do cidadão, valoriza em sua escala, em primeiro lugar a vida, para depois garantir a propriedade".[299] Essa manifestação do Ministro *Maurício Corrêa* não pode ser generalizada a toda a Corte, nem representa a sua voz majoritária. Uma escala de valores não é de pronto ali identificada, muito menos partindo da simples posição topográfica dos princípios e normas enunciados. A conclusão que se extrai, antes de adentrarmos aos casos, é exatamente oposta: o Supremo, no coro da jurisprudência das Cortes Constitucionais, não reconhece uma hierarquia de direitos, previamente concebida. A mesma precisão não se extrai, todavia, da relação entre direitos e interesse público, coletivo ou social, havendo uma nítida prevalência da concepção liberal da Constituição, como bem retrata a voz do Ministro *Ilmar Galvão:* "[O] respeito devido a direitos e garantias da pessoa humana [é] valor que sobreleva, em muito, ao que é representado pelo interesse que tem a sociedade numa eficaz repressão aos delitos."[300] Se no plano ideológico e político a afirmação não merece crítica, o mesmo não se pode dizer em relação à sua correção metodológica, pois assume a preferência, *a priori*, de um extrato da Constituição sobre outro, infirmando a doutrina, aceita igualmente pelo Tribunal, de que a hierarquia entre as normas constitucionais originárias, possibilitadora da declaração de inconstitucio-

---

[298] O Conselho tendeu a ver uma hierarquia entre os direitos de 1789 e os de 1946, referindo-se a estes como "direitos contingentes" de caráter "complementar" (Decisão de 16/1/1982), todavia, na Decisão n. 90-283 (*DC* de 8/1/1991. *Recueil des Décision du Conseil Constitutionnel*, p. 11) fez prevalecer um "princípio particularmente necessário ao nosso tempo" de 1946: o direito à saúde. ROUSSEAU. *Droit du Contentieux Constitutionnel*, p. 111; PONTHOREAU. *La Reconnaissance des Droits non-Écrits par les Cours Constitutionnelles*, p. 145.

[299] BRASIL. Supremo Tribunal Federal. Pleno. RE n. 148.260-SP. Rel. p/ acórdão Min. Carlos Velloso. *DJ* 1 de 14/11/1996, p. 44.490. Extrato do voto do Ministro Maurício Corrêa. Na doutrina brasileira, *Nélson de Souza Sampaio* defendia uma hierarquia entre normas constitucionais: *Hierarquia entre Normas Constitucionais*, p. 5 et seq.

[300] BRASIL. Supremo Tribunal Federal. Pleno. AP n. 307-DF. Rel. Min. Ilmar Galvão. *RTJ* v. 162, t. 1, p. 3-54, 41.

nalidade de umas em face de outras, não se compatibiliza com o sistema de Constituição rígida, por violar a sua unidade.[301]

## II. Outras técnicas ou critérios utilizados na solução de conflitos ou colisões

Nosso exame se deterá sobre as elaborações do Conselho Constitucional francês (1), da Corte Constitucional Federal alemã (2), da Corte Constitucional italiana (3), da Suprema Corte dos Estados Unidos (4) e do Supremo Tribunal Federal (5).

### 1. Conselho Constitucional francês

O Conselho Constitucional leva em conta diversos elementos, de natureza e importância variadas, na solução dos conflitos dos direitos fundamentais entre si ou com os interesses gerais ou objetivos: a qualidade e o conteúdo dos argumentos apresentados pelos que atacam e pelos que defendem a constitucionalidade da lei, os motivos mais ou menos políticos da demanda, a própria jurisprudência do Conselho que lhe impõe uma certa coerência, circunstâncias políticas gerais e particulares do assunto, os trabalhos doutrinários e a experiência de outros países, a antecipação das reações das partes à sua arbitragem, a complexidade ou a especificidade do objeto tratado pela lei, a evolução da sociedade, a sua organização, de suas técnicas e costumes, dentre outros.[302]

Todavia, há uma grande dificuldade em elaborar os princípios gerais de conciliação, em face da variabilidade dos critérios adotados, segundo o caso concreto e de acordo com os princípios a serem conciliados. A Constituição francesa atribui ao legislador o papel de fixar as normas relativas às garantias fundamentais necessárias ao exercício das liberdades públicas (art. 34), podendo, nesse desiderato, "operar a conciliação necessária entre o respeito das liberdades e a salvaguarda da ordem pública sem a qual o exercício das liberdades não seria assegurado".[303] Surge então a figura dos "objetivos de valor constitu-

---

[301] BRASIL. Supremo Tribunal Federal. Pleno. ADIn n. 815-DF. Rel. Min. Moreira Alves. *RTJ* v. 163, t. 3, p. 872-881.

[302] ROUSSEAU. *Droit du Contentieux Constitutionnel*, p. 118.

[303] FRANÇA. Conselho Constitucional. Decisão n. 85-187. *DC* de 25/1/1985. *Recueil...*, p. 44.

cional", que pode ser apresentada como um "interesse geral", a "ordem pública", o "caráter pluralista das correntes de expressão socioculturais" e mesmo o "respeito às liberdades dos outros".[304]

Não basta a identificação dos interesses objetivos contrapostos aos direitos fundamentais, mas antes avaliar: a) a precisão dos poderes de intervenção na esfera dos direitos definidos pela lei; b) a intensidade dessa intervenção; e c) a proporcionalidade entre os objetivos perseguidos e as limitações necessárias aos direitos constitucionais;[305] dispositivos de uma lei relativos à vistoria em veículo mereciam censura em face da "extensão dos poderes, cuja a natureza não [foi], aliás, definida".[306] Assim também já se afirmou que a liberdade individual deve ser conciliada com a necessidade de tributos, desde que a lei não os preveja de maneira bastante geral e imprecisa.[307] Por outro lado, a exclusão de bens profissionais do âmbito de incidência do imposto sobre grandes fortunas não era contrária ao princípio de legalidade em face dos encargos públicos, por ter o legislador se baseado em "critérios objetivos e racionais"; o princípio das nacionalizações não deve aportar ao direito de propriedade e à liberdade de empreendimento restrições "arbitrárias ou abusivas";[308] a exigência de um visto de saída não impõe à liberdade de ir e vir dos estrangeiros, sob certas reservas de interpretação, *une gêne excessive*, por ter o legislador de assegurar a conciliação que deve ser operada entre aquela liberdade e a proteção da segurança nacional, necessários, um e outro, à salvaguarda dos direitos de valor constitucional.[309] Esse juízo de arbitragem o leva a apreciar a decisão discricionária do Parlamento, a ponto de poder sancionar um "erro manifesto de apreciação", incorrido pelo legislador, da necessidade de se importar uma restrição a uma situação ou posição decorrente de uma liberdade.[310]

---

[304] FRANÇA. Conselho Constitucional. Decisão de 27/7/1982.

[305] TURPIN. *Contentieux Constitutionnel*, p. 143.

[306] FRANÇA. Conselho Constitucional. Decisão n. 76-75. *DC* de 12/1/1977. *Recueil des Décision du Conseil Constitutionnel*, p. 33.

[307] FRANÇA. Conselho Constitucional. *DC* de 29/12/1983.

[308] FRANÇA. Conselho Constitucional. *DC* de 16/1/1982.

[309] FRANÇA. Conselho Constitucional. *DC* de 14/10/1993.

[310] FRANÇA. Conselho Constitucional. *DC* de 10-11/10/1984; Decisão n. 93-325. *DC* de 13/10/1993. TURPIN. *Contentieux Constitutionnel*, p. 143.

# JURISDIÇÃO CONSTITUCIONAL E DIREITOS FUNDAMENTAIS 737

Nesse sentido, tem havido reconhecimento da possibilidade de restrição ou limitação dos direitos, com o fim de proteger um interesse geral[311] ou a ordem pública,[312] de valor constitucional em relação: (a) ao direito à propriedade: a limitação do direito dos acionistas para designar dirigentes de suas sociedades;[313] para ceder suas ações;[314] limitações da publicidade e da propaganda de cigarros e de bebidas alcoólicas;[315] (b) à liberdade individual e à liberdade de ir e vir: possibilidade de verificação da identidade pessoal, sob pena de condução coercitiva à polícia dos que se recusarem;[316] de busca e apreensão domiciliar por agentes do fisco;[317] de expulsão de estrangeiros;[318] a exigência de um visto no passaporte dos estrangeiros, em nome da proteção de segurança nacional;[319] (c) à liberdade de ensino: possibilidade de intervenção do Estado na nomeação dos professores em nome da ajuda financeira dada;[320] devido respeito às opiniões e crença (liberdade de consciência) dos professores;[321] (d) à liberdade de comunicação do pensamento e opinião: embora se exclua o regime de autorização prévia para a imprensa escrita, ela é exigida para o audiovisual,

---

[311] FRANÇA. Conselho Constitucional. Decisão n. 89-254. *DC* de 4/7/1989. *Recueil des Décision du Conseil Constitutionnel*, p. 41.

[312] FRANÇA. Conselho Constitucional. Decisão n. 85-187. *DC* de 25/1/1985. *Recueil des Décision du Conseil Constitutionnel*, p. 36.

[313] FRANÇA. Conselho Constitucional. Decisão n. 83-162. *DC* de 20/7/1983. *Recueil des Décision du Conseil Constitutionnel*, p. 49.

[314] FRANÇA. Conselho Constitucional. Decisão n. 89-254. *DC* de 4/7/1989. *Recueil des Décision du Conseil Constitutionnel*, p. 41.

[315] FRANÇA. Conselho Constitucional. Decisão n. 90-283. *DC* de 8/1/1991. *Recueil des Décision du Conseil Constitutionnel*, p. 11.

[316] FRANÇA. Conselho Constitucional. Decisão n. 81-127. *DC* de 19-20/1/1981. *Recueil des Décision du Conseil Constitutionnel*, p. 15.

[317] FRANÇA. Conselho Constitucional. Decisão n. 83-166. *DC* 29/12/1983. *Recueil des Décision du Conseil Constitutionnel*, p. 67.

[318] FRANÇA. Conselho Constitucional. Decisão n. 86-216. *DC* de 3/9/1986. *Recueil des Décision du Conseil Constitutionnel*, p. 135.

[319] FRANÇA. Conselho Constitucional. Decisão de 13/10/1993.

[320] FRANÇA. Conselho Constitucional. Decisão n. 84-185. *DC* de 18/1/1985. *Recueil des Décision du Conseil Constitutionnel*, p. 36.

[321] FRANÇA. Conselho Constitucional. Decisão n. 77-87. *DC* 23/11/1977. *Recueil des Décision du Conseil Constitutionnel*, p. 42.

em conta as dificuldades de ordens técnicas desse meio de comunicação.[322] Também consta do repertório de decisões daquele Conselho a "ponderação" ou "arbitragem" entre o princípio da continuidade dos serviços públicos e do direito de greve,[323] entre este e a proteção da saúde e da segurança dos bens;[324] (e) à liberdade de associação: exclui-se todo controle prévio por parte do poder público para constituição de uma associação, exceto para as associações estrangeiras;[325] havendo entre a liberdade pessoal do trabalhador e a liberdade sindical;[326] (f) ao direito de greve: são muitas as restrições, se se tratar de empregados de estabelecimentos que trabalham com materiais nucleares;[327] são poucas, quando aplicadas a empresas de rádio e televisão;[328] nenhuma "se não levar em conta a natureza dos diversos serviços, nem a incidência do prejuízo que possa reverter para a coletividade a cessação do serviço".[329]

Esse exercício prático da jurisprudência constitucional parece convencer *Rousseau* da impossibilidade de se falar em qualquer hierarquia abstrata:

> "(...) a cada vez, o Conselho 'lima' um ao outro os dois princípios, modula o alcance dos direitos e liberdades, e impõe os sacrifícios a sua modalidade de exercício".[330]

---

[322] FRANÇA. Conselho Constitucional. Decisão n. 86-217. *DC* 18/9/1986. *Recueil des Décision du Conseil Constitutionnel*, p. 141.

[323] FRANÇA. Conselho Constitucional. Decisão n. 79-105. *DC* 25/7/1979. *Recueil des Décision du Conseil Constitutionnel*, p. 33.

[324] FRANÇA. Conselho Constitucional. Decisão n. 80-122. *DC* 25/7/1980. *Recueil des Décision du Conseil Constitutionnel*, p. 42.

[325] FRANÇA. Conselho Constitucional. Decisão n. 71-44. *DC* de 16/7/1971. *Recueil des Décision du Conseil Constitutionnel*, p. 29.

[326] FRANÇA. Conselho Constitucional. Decisão n. 89-257. *DC* 25/7/1989. *Recueil des Décision du Conseil Constitutionnel*, p. 59.

[327] FRANÇA. Conselho Constitucional. Decisão n. 80-117. *DC* 22/7/1980. *Recueil des Décision du Conseil Constitutionnel*, p. 42.

[328] FRANÇA. Conselho Constitucional. Decisão n. 79-105. *DC* 25/7/1979. *Recueil des Décision du Conseil Constitutionnel*, p. 33.

[329] FRANÇA. Conselho Constitucional. Decisão n. 87-230. *DC* 28/7/1987. *Recueil des Décision du Conseil Constitutionnel*, p. 48.

[330] ROUSSEAU. *Droit du Contentieux Constitutionnel*, p. 116.

## 2. Corte Constitucional Federal alemã

A Corte Constitucional Federal alemã tem oferecido grandes contribuições para elaboração de uma teoria dos limites dos direitos fundamentais que preveja regras de solução dos conflitos. Começa por admitir a existência de restrições diretamente constitucionais, ao lado de outras indiretamente constitucionais, reconhecendo a ocorrência de cláusula tácita entre as primeiras:

> "Tendo em conta a unidade da Constituição e a totalidade da ordem de valores protegida por ela (...), os direitos fundamentais de terceiros que entram em colisão e outros valores jurídicos de valor constitucional podem excepcionalmente limitar, em casos particulares, também direitos fundamentais irrestringíveis."[331]

Sobre quais interesses, bens ou direitos possam colidir com os direitos fundamentais, a doutrina da Corte não é menos ampla: apenas direitos e "valores objetivos" de porte constitucional podem desafiar um direito fundamental, sendo que a vedação de os direitos atentarem contra a ordem constitucional inclui não apenas violação a qualquer norma constitucional, mas também a "toda norma que formal e materialmente seja conforme com a Constituição".[332] Parece indubitável, por outro lado, que apenas o legislador tenha competência para interferir primariamente na definição dos conflitos, segundo pautas objetivas de regulação, ou disciplina, ou restrição, com fundamento constitucional, não havendo de ser reconhecido ao Executivo poder para disciplinar imediatamente algum dispositivo iusfundamental.[333] Essa intervenção legislativa se deve operar segundo certos critérios que incluem a garantia do conteúdo essencial do direito afetado, conforme determina o artigo 19.2 da Lei Fundamental.[334] Aqui se abrem duas frentes, uma dominante nas aparições da jurisprudência da Corte, chamada de teoria absoluta do núcleo essencial (*Kern*),[335] que o define como um "limite extre-

---

[331] ALEMANHA. Corte Constitucional Federal. *BVerfGE* 28, 243 (261).

[332] ALEMANHA. Corte Constitucional Federal. *BVerfGE* 59, 275 (278).

[333] ALEMANHA. Corte Constitucional Federal. *BVerfGE* 53, 1 (15).

[334] ALEMANHA. Corte Constitucional Federal. *BVerfGE* 2, 266 (285); 6, 32 (41); 7, 377 (411); 32, 373 (379); 34, 238 (245); 45, 187 (242).

[335] ALEMANHA. Corte Constitucional Federal. *BVerfGE* 34, 238 (245).

mo"³³⁶ ou os "últimos âmbitos intangíveis"³³⁷ à ação do legislador; outra que o confunde com o princípio da proporcionalidade, de forma que, após aplicado tal princípio, restará sempre o respeito ao núcleo essencial, mesmo que do direito, em concreto, nada sobre (teoria relativa).³³⁸

Quanto à colisão de direitos, a Corte se tem pautado segundo o modelo de ponderação melhor analisado com a apresentação de um caso concreto. Discutia-se se o Estado poderia forçar um acusado a participar de uma audiência, mesmo diante do risco de sofrer um enfarto. O problema foi posto nos seguintes termos:

> "[há] uma relação de tensão entre o dever do Estado de garantir uma aplicação adequada do direito penal e o interesse do acusado na salvaguarda dos direitos constitucionalmente garantidos, a cuja proteção o Estado está igualmente obrigado pela Lei Fundamental."³³⁹

Como não havia uma prioridade absoluta e *a priori* de qualquer dos interesses, a solução só se poderia dar "por meio de uma ponderação dos interesses opostos", considerando as particularidades do caso concreto:

> "Se essa ponderação der como resultado que os interesses do acusado que se opõem à intervenção tiverem no caso concreto um peso manifestamente maior que o daquele interesse a cuja preservação está dirigida a medida estatal, então a intervenção viola o princípio de proporcionalidade e, com ele, o direito fundamental do acusado que deriva do artigo 2.°, parágrafo 2.°, frase 1ª LF [direito à vida e à integridade física]."³⁴⁰

O princípio da proporcionalidade aparece como um aferidor da violação do direito e está interligado ao próprio conceito de direito fundamental: "[o princípio da proporcionalidade decorre], no fundo, da própria essência dos direitos fundamentais";³⁴¹ e ao postu-

---

[336] ALEMANHA. Corte Constitucional Federal. *BVerfGE* 31, 58 (69).
[337] ALEMANHA. Corte Constitucional Federal. *BVerfGE* 32, 373 (379).
[338] ALEMANHA. Corte Constitucional Federal. *BVerfGE* 22, 180.
[339] ALEMANHA. Corte Constitucional Federal. *BVerfGE* 51, 324 (345).
[340] ALEMANHA. Corte Constitucional Federal. *BVerfGE* 51, 324 (346).
[341] ALEMANHA. Corte Constitucional Federal. *BVerfGE* 19, 342 (348).

lado do Estado de direito.[342] Esse princípio vem, contudo, desdobrado em três máximas:

(a) *a da adequação (Tauglichkeit)*, como idoneidade, abstrata, do ato à persecução do fim desejado ou escolhido:

> "a adequação do meio, no sentido da possibilidade de favorecer a consecução do fim perseguido, não significa (...) que em cada caso particular o resultado deva ser efetivamente alcançado ou alcançável. Basta a possibilidade abstrata de consecução";[343]

(b) *a da necessidade (Notwendigkeit)* ou do meio mais benigno, que se expressa na exigência de o "fim não poder ser atingido de outra maneira que afete menos o indivíduo";[344] de melhor relação custo-benefício,[345] sendo reconhecida a liberdade de escolha do legislador em caso de existirem vários meios de igual ou similar efetividade;[346] e

(c) *a da proporcionalidade em sentido estrito (Güterabwägung)*, que exige a ponderação dos valores ou interesses envolvidos, segundo a lei de ponderação ou balanceamento (*Abwägungsgesetz*), em conta as outras duas máximas, para resultar na solução do conflito dentro do que for "razoavelmente exigível".[347] É assim que aparece em muitos julgados, como, por exemplo:

> "a ponderação necessária tem, por uma parte, que ter em conta a intensidade da intervenção no âmbito da personalidade através de uma emissão radiofônica (...); por outra, há que avaliar o interesse concreto a cuja satisfação serve a emissão e para a qual é adequada."[348]

A preocupação com o grau de justificação que deve acompanhar o processo de solução de conflitos por meio de ponderação parece evidente, ainda que em tom retórico, no seguinte extrato:

---

[342] ALEMANHA. Corte Constitucional Federal. *BVerfGE* 23, 127 (133); 38, 348 (368).

[343] ALEMANHA. Corte Constitucional Federal. *BVerfGE* 67, 157.

[344] ALEMANHA. Corte Constitucional Federal. *BVerfGE* 38, 281 (302); 17, 306.

[345] ALEMANHA. Corte Constitucional Federal. *BVerfGE* 32, 98.

[346] ALEMANHA. Corte Constitucional Federal. *BVerfGE* 25, 1 (18).

[347] ALEMANHA. Corte Constitucional Federal. *BVerfGE* 30, 292 (316).

[348] ALEMANHA. Corte Constitucional Federal. *BVerfGE* 35, 202 (226).

"quanto mais a intervenção legal afete expressões elementares da liberdade de ação humana, tanto mais cuidadosamente têm que ser ponderadas as razões apresentadas para sua fundamentação frente ao direito fundamental da liberdade do cidadão."[349]

A proporcionalidade revela-se assim um instrumento fundamental de ponderação e, ao fim, à "concordância prática" e "interativa" ou um "efetivo balanço" (*Güter- und Interessenabwägung*) dos interesses em confronto.[350]

## 3. Corte Constitucional italiana

Também a Corte Constitucional italiana tem desenvolvido técnicas orientadas para a solução de conflitos dos "valores constitucionais", podendo ser indicadas as limitações do caso ao direito ou ao complexo de direitos em referência de mesmo valor constitucional;[351] a disparidade ou a diferenciação de tratamento deve ser razoável e justificada;[352] o fim e a função do direito devem ser assegurados;[353] o "conteúdo substancial" do direito não deve ser anulado.

Em relação à garantia de acesso ao Judiciário, por exemplo, a Corte tem reconhecido a possibilidade de condicionamento ao prévio exaurimento da via administrativa,[354] a menos que esse condicionamento importe uma "compressão penetrante" no direito de ação, impedindo ou tornando extremamente difícil o seu exercício.[355] Já declarou, assim, a ilegitimidade constitucional de uma norma que não previa o aguardo da decisão de recurso interposto ao Tribunal de Contas, ainda que na ausência de recurso administrativo prévio, para conces-

---

[349] ALEMANHA. Corte Constitucional Federal. *BVerfGE* 20, 150 (159). V. crítica de GOERLICH. *Wertordnung und Grundgesetz*, p. 64 et seq.; MÜLLER. *Discours de la Méthode Juridique*, p. 89.

[350] ALEMANHA. Corte Constitucional Federal. *BVerfGE* 7, 198 (208); 41, 29 (51); 41, 65 (78).

[351] ITÁLIA. Corte Constitucional. Sentença n. 455/1990. *Giurisprudenza Costituzionale*, 1990, p. 2.732.

[352] ITÁLIA. Corte Constitucional. Sentença n. 103/1989.

[353] ITÁLIA. Corte Constitucional. Sentença n. 543/1989.

[354] ITÁLIA. Corte Constitucional. Sentença n. 87/1962; 46/1974. *Giurisprudenza Costituzionale*, 1974, p. 170.

[355] ITÁLIA. Corte Constitucional. Sentença n. 93/1979. *Giurisprudenza Costituzionale*, 1973, p. 618.

são de uma prestação previdenciária. Alegou-se que o exíguo tempo para recorrer na via administrativa e a conseqüente decadência da sua inobservância se punham em contraste com a imprescritibilidade do direito à renda vitalícia. O conteúdo substancial do direito restara, enfim, atingido "pela relativa disciplina processual".[356]

A reconstrução da decisão legislativa à luz dos valores constitucionais, por meio sobretudo do princípio da razoabilidade, leva a Corte a considerar a pluralidade dos valores envolvidos em uma certa situação concreta, considerando a eficácia da relação meio-fim escolhida pelo legislador. Nessa sua tarefa reconstrutiva, ela faz a vez de um filtro de plausibilidade ou não-arbitrariedade relativamente ao resultado prefixado na norma (*Baldassarre*). A inviolabilidade dos direitos fundamentais desempenha um papel significativo nesse quadro, pois é e deve ser vista em sua posição privilegiada como ponto de referência na operação de balanceamento dos interesses em jogo, exigindo, no mínimo, que lhe seja respeitado o núcleo essencial. Também se tem reconhecido que tais direitos constituem os princípios supremos do ordenamento, não apenas em sentido negativo, como limitação da limitação, mas identicamente em sentido afirmativo, por exigirem uma interpretação dinâmica e evolutiva.[357]

## 4. Suprema Corte norte-americana

A Suprema Corte dos Estados Unidos tem usado de diversos testes para aferir o interesse prevalecente em caso de conflito de direitos fundamentais, entre si ou em relação aos interesses da coletividade. Em seu conjunto, esses testes procuram fornecer uma base racional ou razoável às conclusões da Corte, sendo, por isso mesmo, geralmente, denominados de *rational relationship test*.[358] Parte-se da idéia de que o legislador não detém plena disponibilidade do conteúdo dos direitos: "o Congresso não realiza um direito constitucional alterando o que o direito é. Seu poder é para dar efetividade (*to enforce*), não para a prática de uma violação constitucional."[359] A questão, na maior parte das vezes, é colocada em termos de expectativa de comportamento, dando um color subjeti-

---

[356] ITÁLIA. Corte Constitucional. Sentença n. 530/1989.

[357] MODUGNO. *I "Nuovi Diritti" nella Giurisprudenza Costituzionale*, p. 103.

[358] TRIBE. *American Constitutional Law*, p. 1.772.

[359] ESTADOS UNIDOS. Suprema Corte. *City of Boerne* v. *Flores*, 521.

vo todo especial ao julgamento (A); outras vezes, é examinada em função do princípio da igualdade ou da cláusula de igual proteção (B); e, enfim, levando em conta o tipo de interesse ou direito contrapostos à intervenção do Estado, estabelecendo-se, em princípio, a preferência de certos interesses ou direitos sobre a atividade estatal (C). Esses três critérios podem vir associados, mas, para fins didáticos, examinaremos cada um isoladamente.

## A. Expectativas de comportamento

Podemos flagrar diversas aplicações concretas, por exemplo, em relação ao direito à informação e à liberdade de imprensa assegurada pela Primeira Emenda (a) ou à realização de buscas e apreensões (b), contrapostos ao direito à intimidade.

a. *Reasonable expectation* nas fronteiras entre a intimidade e a liberdade de expressão[360]

Os conflitos entre a liberdade de imprensa e o direito à intimidade têm sido resolvidos sob as bases de um teste de expectativa razoável de "privacidade" de alguém que, por algum motivo ou forma, tiver o nome, a foto e os demais aspectos de sua vida privada divulgados pela imprensa, em face do comportamento do jornalista e do interesse público à informação divulgada. O *standard* desse confronto apareceu em *New York Times* v. *Sullivan*. *Sullivan* era um funcionário público, que se vira acusado de fatos que manchavam a sua imagem e que haviam sido divulgados em uma reportagem do New York Times. No curso de um processo judicial, essas acusações se mostraram infundadas, motivando *Sullivan* a demandar então a reparação dos danos sofridos. Mas a Suprema Corte terminou por não acatar o pleito:

> "[A compensação pelos danos só seria cabível] se a publicação houvesse sido feita com "malícia real", vale dizer, com o conhecimento de que as informações veiculadas eram falsas, ou que se demonstrasse a negligência ou o descaso do jornalista a respeito da veracidade da matéria publicada."[361]

---

[360] Para melhor exame, cf. LEITE SAMPAIO. *Direito à Intimidade e à Vida Privada*, p. 98 et seq., 235.

[361] ESTADOS UNIDOS. Suprema Corte. *New York Times Co* v. *Sullivan*, 376 U.S. 254 (1964).

Estava, portanto, estabelecido o "teste da malícia" da conduta do jornalista, que daria ou não suporte a uma "razoável expectativa de privacidade" da pessoa envolvida na publicação. É curioso notar a preocupação dos juízes com a liberdade de imprensa em um caso seguinte, *Time Inc. v. Hill*,[362] em que se alargaram as bases desse teste: "[a] malícia se refere a uma má vontade pessoal ou menosprezo temerário ou irresponsável, por parte do editor, dos direitos das pessoas noticiadas; revelados mais por um ânimo concentrado na sua atitude em relação à intimidade alheia do que propriamente na verdade ou falsidade do assunto publicado." Já não era tanto a falsidade do fato que importava, mas a atitude – intencional, séria ou irresponsável – do jornalista, que ganharia o reforço de um interesse público na divulgação da notícia:

> "Parece para mim irrelevante falar de *right to privacy* neste contexto. Aqui uma pessoa anônima foi catapultada pelo noticiário em razão de fatos sobre os quais não tinha nenhum controle. Todavia seus atos e ela própria passaram ao domínio público tão plenamente quanto as matérias reportadas em *New York Times Co. v. Sullivan*, 376 U.S. 254. A 'privacidade' de uma pessoa cessa normalmente quando sua vida deixa o mundo privado."[363]

A gravidade dessa posição da Corte é que ela não distingue entre uma figura pública e uma pessoa comum.[364]

b. *Reasonable expectation* nas buscas e apreensões

A Quarta Emenda garante que "o direito do povo à segurança pessoal, à inviolabilidade de suas casas, papéis e efeitos, contra buscas e apreensões desarrazoadas, não será violado e nenhum mandado será expedido, a não ser diante de uma causa provável, amparado por juramento, e particularmente descrevendo o lugar em que se dará a busca, e as pessoas ou coisas que serão apreendidas". Sob essa Emenda, desenvolveu-se o teste de razoabilidade da expectativa de "privacidade" das pessoas que tivessem a si próprias ou a seus

---

[362] ESTADOS UNIDOS. Suprema Corte. 385 U.S. 374 (1967); *Curtis Pub. Co. v. Butts*, 388 U.S. 130 (1967); *Pickering v. Bd. of Educ.*, 391 U.S. 563 (1968).

[363] ESTADOS UNIDOS. Suprema Corte. *Time, Inc. v. Hill*, 385 U.S. 374, 401 (1967).

[364] BOSTWICK. *Taxonomy of Privacy Repose, Sanctuary, and Intimate Decision*, p. 1463.

bens, sujeitos a buscas por agentes do Estado, ganhando uma formulação mais acabada em *Katz v. United States*,[365] ao exigir: a) que houvesse uma atual e subjetiva expectativa de *privacidade* e b) que essa expectativa fosse reconhecida pela sociedade como razoável. Esse reconhecimento decorreria de uma série de circunstâncias, por exemplo, do consentimento, expresso ou tácito, da pessoa; do local em que se desse a busca e da ocorrência, ou não, de um interesse público que se contrapusesse à expectativa de privacidade. A presença de uma "causa provável" ou de uma "justa causa" para expedição de mandados ou para ratificação de medidas adotadas diante de situações prementes ou emergenciais seria aferida segundo um juízo de razoabilidade, fundado nos indícios ou elementos de prova existentes e na superação da expectativa sustentada pelo investigado, formulada em termos de "probabilidades".[366]

Na verdade, o teste de expectativa termina deixando na discricionariedade judicial o conteúdo do direito garantido pela Emenda IV, colocando a Corte em uma cilada. As pessoas passam a criar expectativas de privacidade em torno de situações em que a própria Corte venha reconhecendo como geradoras de expectativas razoáveis. Todavia, o teste indica que a Corte deve reconhecer como razoáveis aquelas expectativas que tiverem o reconhecimento das pessoas.[367] A circularidade desse raciocínio é agravada por contradições na aplicação do teste, o que torna imprevisível qualquer resultado. Podemos, contudo, registrar como posições favoráveis ao direito de privacidade os casos: do uso de dispositivo eletrônico de escuta;[368] de buscas administrativas a casas e escritórios,[369] em outros lugares fechados[370] ou em pacotes cerrados, contendo filmes

---

[365] ESTADOS UNIDOS. Suprema Corte. 389 U.S. 347 (1967).

[366] ESTADOS UNIDOS. Suprema Corte. *Brinegar* v. *United States*, 338 U.S. 160, 175 (1929); *Draper* v. *United States*, 358 U.S. 307, 313 (1959).

[367] BOSTWICK. *Taxonomy of Privacy Repose, Sanctuary, and Intimate Decision*, p. 1462.

[368] ESTADOS UNIDOS. Suprema Corte. *Berger* v. *New York*, 388 U.S. 41 (1967); *United States* v. *U.S. Distr.Court*, 407 U.S. 297 (1972).

[369] ESTADOS UNIDOS. Suprema Corte. *Camara* v. *Municipal Court*, 387 U.S. 523 (1967); *G.M.Leasing Corp.* v. *United States*, 429 U.S. 338 (1977); *Mancusi* v. *de Forte*, 392 U.S. 364 (1968).

[370] ESTADOS UNIDOS. Suprema Corte. *United States* v. *Chadwick*, 433 U.S. 1 (1977); *Arkansas* v. *Sanders*, 442 U.S. 753 (1979).

eróticos;[371] de buscas realizadas por patrulhas volantes nas fronteiras,[372] em postos de fiscalização nas estradas à procura de estrangeiros ilegais[373] e em "batidas" policiais com o objetivo de inspecionar licenças dos motoristas e certificados de registro dos automóveis.[374] Em sentido negativo a uma "razoável expectativa de privacidade", identificamos: cadastros bancários,[375] registro do número do telefone que discou, através de aparelhos como PIN, ANI ou Caller ID,[376] gravações de conversas por informantes da polícia[377] e diversos outros casos envolvendo inspeções em veículos e objetos neles guardados ou transportados.[378]

B. *Teste de racionalidade da intervenção sob a cláusula da igual proteção: os desafios do interesse público irrenunciável*

De um sentido formal da igualdade, expresso na fórmula de "igual situação, iguais restrições,"[379] a Suprema Corte passou a exigir a aplicação de um "teste de racionalidade" para uma certa classificação ou diferença de tratamento imposta pelo Estado, que se contém no exame da sua adequação aos fins perseguidos: "As cortes devem determinar (...) se as classificações estabelecidas em uma lei são razoáveis à luz de seus propósitos."[380] E mais: esses propósitos devem dizer respeito a fins públicos ou de interesse geral. Este requisito, contudo, não se tem mostrado tão decisivo, por se considerar que a definição de "fins públicos" ou "interesse geral" cabe especialmente ao legislador.

---

[371] ESTADOS UNIDOS. Suprema Corte. *Walter* v. *United States*, 447 U.S. 649 (1980).

[372] ESTADOS UNIDOS. Suprema Corte. *United States* v. *Brignoni-Ponce*, 422 U.S. 873 (1975).

[373] ESTADOS UNIDOS. Suprema Corte. *United States* v. *Ortiz*, 422 U.S. 891 (1975).

[374] ESTADOS UNIDOS. Suprema Corte. *Delaware* v. *Prouse*, 440 U.S. 648 (1979).

[375] ESTADOS UNIDOS. Suprema Corte. *United States* v. *Miller*, 425 U.S. 435 (1976).

[376] ESTADOS UNIDOS. Suprema Corte. *Smith* v. *Maryland*, 442 U.S. 735 (1975).

[377] ESTADOS UNIDOS. Suprema Corte. *United States* v. *White*, 401 U.S. 735 (1971).

[378] ESTADOS UNIDOS. Suprema Corte. *Chambres* v. *Maroney*, 399 U.S. 42 (1970); *South Dakota* v. *Opperman*, 428 U.S. 364 (1976); *Rakas* v. *Illinois*, 439 U.S. 128 (1978); *New York* v. *Belton*, 453 U.S. 454 (1981); *United States* v. *Ross*, 456 U.S. 798 (1982); *California* v. *Carney*, 471 U.S. 386 (1985).

[379] ESTADOS UNIDOS. Suprema Corte. *Powell* v. *Penssylvania*, 127 U.S. 678, 687 (1888).

[380] ESTADOS UNIDOS. Suprema Corte. *McLaughlin* v. *Florida*, 379 U.S. 184, 191 (1964).

No âmbito da legislação econômica, algumas decisões foram mais ousadas a esse respeito. Em *Zobel* v. *Williams*,[381] por exemplo, afirmou-se a irracionalidade de uma lei que distribuía rendimentos para os residentes do Alasca, baseada apenas no ano em que seus residentes ali se estabeleceram; recompensar cidadãos simplesmente por suas contribuições passadas não se qualificaria como um "fim estatal legítimo".[382] É preciso ficar atento, no entanto, ao ativismo que a Corte passou a desenvolver em matéria de integração racial a partir dos anos 50, com *Brown* v. *Board Education*,[383] e do desenvolvimento da ação afirmativa, sobretudo em *Regents of the University of California* v. *Bakke*,[384] em que foi ela, ao fim, quem estabeleceu as linhas políticas de reformas sociais, definindo o conteúdo do "interesse estatal" ou "público".

Em certas situações, o teste de racionalidade adota uma forma mais rigorosa, sobrecarregando a necessidade do interesse ou fim estatal envolvido, sob a forma de um "escrutínio judicial estrito".

a.  Escrutínio judicial estrito

Em *United States* v. *Carolene Products Co.*,[385] decidido em 1938, a Corte lançou as bases do que seria depois chamado de doutrina do "escrutínio estrito":

> "[Toda] legislação que restrinja (...) processos políticos deve ser submetida a um escrutínio judicial mais preciso sob a proibição geral da Décima-Quarta Emenda do que a maioria dos outros tipos de legislação (...). Similar considerações [devem] ser feitas no exame do controle de leis direcionadas a religiões particulares. (...) [P]reconceitos contra discretas e insulares minorias podem ser uma condição especial, que tenda seriamente a reduzir a operação desses processos políticos, ordinariamente destinados a proteger as minorias, e que podem reclamar uma correspondente perquirição judicial mais cuidadosa."

---

[381] ESTADOS UNIDOS. Suprema Corte. 457 U.S. 55 (1982).

[382] Identicamente em relação a veteranos do Vietnã: *Hooper* v. *Bernalillo County Assessor*, 472 U.S. 612 (1985).

[383] ESTADOS UNIDOS. Suprema Corte. 347 U.S. 483 (1954).

[384] ESTADOS UNIDOS. Suprema Corte. 438 U.S. 265 (1978).

[385] ESTADOS UNIDOS. Suprema Corte. 304 U.S. 144, 152-153 n. 4 (1938).

A política de integração racial, adotada pela Corte, passou a fazer uso desse escrutínio.[386] Essa doutrina também haveria de se aplicar nos casos de tratamentos administrativos e legislativos que distribuíssem benefícios ou encargos de uma forma inconsistente com os direitos fundamentais. Toda limitação aos direitos civis haveria de passar por um "teste de racionalidade", sob a forma do "escrutínio estrito". A imposição de uma pena mais severa, por exemplo, exigiria razoavelmente mais atenção no exame de seus fundamentos do que um caso de pena mais branda. Uma lei, assim, não poderia determinar a esterilização obrigatória para certos tipos de criminosos reincidentes.[387] Desigualdades patrocinadas aos direitos de liberdade e de propriedade deveriam ser amparadas por uma sólida justificação de um "interesse público prevalecente" (*compelling-state-interest test*), sob pena de serem inválidas. O direito de ir e vir ou de viajar entre os Estados não poderia, por isso, ser impedido ou embaraçado por um requisito legal de residência mínima de um ano para o gozo dos benefícios sociais.[388] Implicitamente se estava também reconhecendo um certo direito fundamental às necessidades da vida, que seria, tempos depois, negado. Pelo mesmo motivo, fora julgada inconstitucional uma lei que exigia residência mínima de um ano para um indigente receber cuidados médicos às custas do respectivo condado.[389] Recordava-se a doutrina da severidade da pena de *Skinner* para diferenciar esses casos de outros que usavam o mesmo critério de distinção: o tempo de residência. A privação do direito de viajar ou de receber assistência médica era muito mais grave do que, por exemplo, disposições normativas que condicionavam a um ano de residência a seleção para um curso universitário reduzido[390] ou para petição de divórcio.[391]

Um segundo nível de aplicação desse teste se dará usando o conceito de direitos preferidos ou preferenciais, examinados no tópico que se segue.

---

[386] ESTADOS UNIDOS. Suprema Corte. *Hunter* v. *Erickson*, 393 U.S. 385 (1969); *Washington* v. *Seattle School District n. 1*, 458 U.S. 457 (1982).

[387] ESTADOS UNIDOS. Suprema Corte. *Skinner* v. *Oklahoma*, 315 U.S. 535 (1942).

[388] ESTADOS UNIDOS. Suprema Corte. *Shapiro* v. *Thompson*, 394 U.S. 618 (1969).

[389] ESTADOS UNIDOS. Suprema Corte. *Memorial Hospital* v. *Maricopa County*, 415 U.S. 250 (1974).

[390] ESTADOS UNIDOS. Suprema Corte. *Starn* v. *Malkerson*, 401 U.S. 985 (1971). Contra: *Vlandis* v. *Kline*, 412 U.S. 441 (1973).

[391] ESTADOS UNIDOS. Suprema Corte. *Sosna* v. *Iowa*, 419 U.S. 393 (1975).

C. *O modelo dos direitos preferenciais* (preferred rights)

Certos direitos ou liberdades são reputados fundamentais (*fundamental rights*), preferidos ou preferenciais (*preferred rights*), de modo que as intervenções estatais ou as discriminações operadas em sua esfera normativa devem ser vistas, de plano, como suspeitas, só prevalecendo se ficar patente a sua imperiosa necessidade. Esses direitos comporiam a "matriz e a condição indispensável" dos outros direitos[392] e mesmo de "uma sociedade aberta"[393] e incluiriam os direitos de participação política; a liberdade de expressão e associação; a liberdade religiosa; o direito à privacidade e à personalidade; e o direito ao igual acesso ao Judiciário. Examinemos sucintamente alguns desses:

(a) *Direito ao voto*: segundo a Suprema Corte, "o direito a exercer o voto de forma livre e sem travas protege outros direitos básicos civis e políticos; qualquer suposta infração do direito dos cidadãos a votar deve ser cuidadosa e meticulosamente examinada"[394] e deve estar justificada por um discrímen bem fundado e necessário para atingir um "interesse estatal irrenunciável".[395]

(b) *Liberdade de expressão*: essa liberdade está assegurada pela Primeira Emenda e tem recebido especial proteção da Corte. Existem duas correntes em torno da possibilidade de sua limitação: uma, "absolutista", que descarta qualquer limitação da liberdade; outra, "relativista", que defende o equilíbrio dos interesses de forma que os valores da livre expressão e as justiticações das interferências estatais sejam isoladas e sopesadas em cada caso. Domina, na jurisprudência da Corte, metodologicamente, a segunda corrente, embora a prática revele uma predominância da liberdade de expressão sobre outros interesses colidentes, sobretudo com a interferência estatal. Uma forma de classificação dessas interferências pode ser vista

---

[392] ESTADOS UNIDOS. Suprema Corte. *Palko* v. *Connecticut*, 302 U.S. 319, 327 (1937).

[393] ESTADOS UNIDOS. Suprema Corte. *Rochin* v. *California*, 342 U.S. 165, 172 (1952) – opinião do Juiz Frankfurter.

[394] ESTADOS UNIDOS. Suprema Corte. *Reynolds* v. *Sims*, 377, 533, 562 (1964).

[395] ESTADOS UNIDOS. Suprema Corte. *Kramer* v. *Union Free School District*, 377 U.S. 395 U.S. 621 (1969).

no seguinte esquema:[396] (1) ação direcionada a causar um impacto comunicativo, criando controles ou penalidades, normalmente reputados inconstitucionais, seja em face da mensagem ou ponto de vista expressado, por exemplo, com a punição de publicações contrárias ao governo[397] ou com a dispensa de empregados públicos encontrados com literatura subversiva,[398] seja por causa dos efeitos produzidos pelo conhecimento da informação ou idéias expostas. Assim, a proibição da divulgação aos consumidores dos preços de remédios[399] ou de um discurso político de um candidato no último dia da campanha;[400] (2) ação não direcionada a causar impacto comunicativo embora interferindo no fluxo de informações ou idéias. Essas limitações indiretas não são, via de regra, contrariadas pela Corte e ocorrem ou pela limitação de uma atividade por meio da qual a informação ou a idéia seriam transmitidas, *v. g.*, proibindo autofalantes em área residencial,[401] ou pela promulgação de normas que desestimulariam a comunicação de informações, por exemplo, estabelecendo teto de contribuições de campanha.[402] As técnicas de soluções dos conflitos da liberdade de expressão com outros direitos ou com o interesse público variam. Em relação ao *right to privacy*, formularam-se vários testes de expectativas de comportamento e da malícia, como vimos; as tangências com o interesse público ficam bem nítidas, por exemplo, com a distinção entre manifestação obscena e expressão artística.

(c) *Direito ao igual acesso ao Judiciário*. O Estado possui poderes para estabelecer competências e procedimentos destinados à solução de conflitos de interesses, mas não de

---

[396] Seguindo-se, no geral, TRIBE. *American Constitucional Law*, p. 789 et seq.; e FARBER; ESKRIDGE JR; FRICKEY. *Constitutional Law*, p. 441 et seq.

[397] ESTADOS UNIDOS. Suprema Corte. *New York Times* v. *Sullivan*, 376 U.S. 254 (1964).

[398] ESTADOS UNIDOS. Suprema Corte. *Keyishian* v. *Board of Regents*, 385 U.S. 589 (1967).

[399] ESTADOS UNIDOS. Suprema Corte. *Virginia State Board of Pharmacy* v. *Virginia Citizens Consumer Council, Inc.*, 425 U.S. 748 (1976).

[400] ESTADOS UNIDOS. Suprema Corte. *Mills* v. *Alabama*, 384 U.S. 214 (1966).

[401] ESTADOS UNIDOS. Suprema Corte. *Kovacs* v. *Cooper*, 336 U.S. 77 (1949).

[402] ESTADOS UNIDOS. Suprema Corte. *Buckley* v. *Valeo*, 424 U.S. 1 (1976).

forma ilimitada. A Constituição, por exemplo, não exige o duplo grau de jurisdição,[403] mas se o Estado o criar, não pode discriminar réus condenados em conta de sua pobreza.[404] Uma lei, nesse mesmo sentido, não pode condicionar uma ação de divórcio ao pagamento das custas processuais,[405] sem que isso importe, contudo, uma franquia a toda e qualquer ação, por exemplo, de declaração de insolvência.[406]

(d) *O respeito às escolhas pessoais íntimas* (*intimate decision privacy*) também haveria de situar-se nesse quadro de especial proteção. No caso *Skinner*, a tentativa de esterilização por parte do Estado atentava contra "um dos direitos civis básicos do homem": o direito à reprodução. Ficou ali estabelecido que as escolhas pessoais sobre assuntos de natureza íntima não poderiam ser postas nas mãos e no controle do governo, pois, ao fim, estar-se-ia correndo o risco de patrocinar a opressão e a subjugação da minoria pela maioria.[407] Enfrentara o mesmo problema uma lei da Virgínia que considerava ilegal o casamento de um branco fora da raça caucasiana: a liberdade de casamento seria "um dos direitos vitais mais essenciais para a busca metódica da felicidade".[408] À vida familiar também se reserva uma autonomia que não permite interferência desarrazoada do Estado, por exemplo, em determinar que língua os filhos devam aprender a falar[409] ou qual escola freqüentar;[410] interferir na escolha de ter[411] ou não[412] um bebê. Todavia, o

---

[403] ESTADOS UNIDOS. Suprema Corte. *Mckane* v. *Durston*, 153 U.S. 684 (1894).

[404] ESTADOS UNIDOS. Suprema Corte. *Griffin* v. *Illinois*, 351 U.S. 12 (1956).

[405] ESTADOS UNIDOS. Suprema Corte. *Boddie* v. *Connecticut*, 401 U.S. 371 (1971).

[406] ESTADOS UNIDOS. Suprema Corte. *United States* v. *Kras*, 409 U.S. 434 (1973); *Ortwein* v. *Schwab*, 410 U.S. 656 (1983).

[407] ESTADOS UNIDOS. Suprema Corte. *Skinner* v. *Oklahoma*, 316 U.S. 535, 541-542 (1942).

[408] ESTADOS UNIDOS. Suprema Corte. *Loving* v. *Virginia*, 388 U.S. 1, 12 (1967).

[409] ESTADOS UNIDOS. Suprema Corte. *Meyer* v. *Nebraska*, 262 U.S. 390 (1923).

[410] ESTADOS UNIDOS. Suprema Corte. *Pierce* v. *Society of sisters*, 268 U.S. 510 (1942).

[411] ESTADOS UNIDOS. Suprema Corte. *Cleveland Bd. Of Education* v. *LaFleur*, 414 U.S. 632 (1974).

[412] ESTADOS UNIDOS. Suprema Corte. *Griswold* v. *Connecticut*, 381 U.S. 479 (1965); *Roe* v. *Wade*, 410 U.S. 113 (1973).

interesse estatal impõe-se, por exemplo, para proibir poligamia,[413] sodomia, sexo oral ou anal.[414] A saúde da mulher e a vida do feto também justificam o interesse do Estado em adotar regulamentações razoáveis para realização de abortos após o terceiro trimestre,[415] embora o Estado possa recusar-se a pagar os gastos com o aborto,[416] mesmo havendo indicação médica de que a medida é necessária para preservar a vida da mãe.[417] Se o Estado não tem interesse justificado para impedir a interrupção da gravidez, pode, contudo, "fazer [um julgamento de valor] favorável ao nascimento em relação ao aborto (...) e alocar recursos públicos para realizar tal julgamento".[418]

Mesmo que certos interesses não constituam o objeto de proteção sob a forma de direitos fundamentais, podem e devem merecer especial atenção por parte dos poderes públicos. Embora em *San Antonio Independent School Dist.* v. *Rodriguez*[419] tenha-se negado que a educação fosse um "direito fundamental" garantido aos indivíduos pela Constituição, em *Plyler* v. *Doe*,[420] a Corte não concordou com uma lei do Texas que impedia o acesso às escolas públicas dos filhos de imigrantes ilegais. Nenhum interesse racional do Estado poderia justificar a "criação e perpetuação de uma subclasse de iletrados em nossas fronteiras".

Em linha de síntese, podemos apresentar três níveis no exercício de balanceamento de direitos e interesses constitucionais: (a) o nível do *deferential review*, aplicado aos casos de regulamentação econômica e social e ao princípio da igualdade, quando não se acha envolvida alguma distinção suspeita ou quase suspeita. A Corte,

---

[413] ESTADOS UNIDOS. Suprema Corte. *Reynolds* v. *United States*, 98 U.S. 145 (1878); *Cleveland* v. *United States*, 329 U.S. 14 (1946).

[414] ESTADOS UNIDOS. Suprema Corte. *Bowers* v. *Hardwick*, 106 S.Ct. 2841 (1986).

[415] ESTADOS UNIDOS. Suprema Corte. *Roe* v. *Wade*, 410 U.S. 113, 163 (1973).

[416] ESTADOS UNIDOS. Suprema Corte. *Maher* v. *Roe*, 432 U.S. 464 (1977); *Beal* v. *Doe*, 432 U.S. 438 (1977).

[417] ESTADOS UNIDOS. Suprema Corte. *Harris* v. *McRae*, 448 U.S. 297 (1980); *Williams* v. *Zbaraz*, 448 U.S. 358 (1980).

[418] ESTADOS UNIDOS. Suprema Corte. *Maher* v. *Roe*, 432 U.S. 464, 474 (1977).

[419] ESTADOS UNIDOS. Suprema Corte. 411 U.S, 1 (1973).

[420] ESTADOS UNIDOS. Suprema Corte. 457 U.S. 202, 230 (1982).

nesse nível, limita-se a controlar a legitimidade do fim perseguido pela lei e a congruência do meio escolhido em relação ao fim legitimado. Essa congruência deve atender à proibição de distinções demasiadamente generalizantes, super ou subdimensionadas em relação ao seu objetivo (*over-inclusive* ou *under-inclusive classifications*);[421] à lealdade (*fair, bona fide*) na distinção promovida em relação aos objetivos declarados;[422] à necessidade e adequação (*substantial relation*) dos meios em relação aos fins,[423] não podendo ser, todavia, mais "antieconômicos" ou invasivos do que outro meio disponível e adequado ao mesmo fim;[424] e, finalmente, tendo a distinção de se basear em um dado da realidade efetivamente identificável (*identity*) e correspondente à experiência. As dificuldades em distinguir um ato de configuração ou concretização de um direito fundamental de outro, violador desse mesmo direito nem sempre são pequenas, mas a distinção não pode ser negligenciada: "deve haver congruência e proporcionalidade entre o mal a ser prevenido ou remediado e os meios adotados àquele fim."[425] Prevalece, em regra, a presunção de razoabilidade das medidas legislativas, a menos que se mostrem patentemente abusivas ou inidôneas. O nível do *strict scrutiny* (b), na presença de "posições preferenciais" ou "preferidas" (*preferred positions*), de certos direitos fundamentais e do princípio da igualdade perante certas distinções ou classificações suspeitas, tais como aquelas fundadas em raça ou etnia, resolvido pela aplicação de quatro diferentes testes: (1) do interesse público prevalecente (*compelling public interest test*), como a defesa nacional;[426] (2) da vedação de excesso da medida restritiva, interditando superdimensionamentos (*overbreadth*);[427] (3) de sua exatidão semântica, de modo a afastar cláusulas vagas (*vagueness test*); e (4)

---

[421] ESTADOS UNIDOS. Suprema Corte. *Laughin* v. *Florida*, 379 U.S. 184 (1964); *Schlesinger* v. *Ballard*, 419 U.S. 498 (1975); *Craig* v. *Boren*, 429 U.S. 190 (1976); *Michael* v. *Superior Court of California*, 450 U.S. 464 (1981).

[422] BAER, Judith. *Equality under Constitution*: Ithaca and London, 1983, p. 206 et seq.

[423] ESTADOS UNIDOS. Suprema Corte. *Michael* v. *Superior Court of California*, 450 U.S. 464 (1981).

[424] BAER. *Equality under Constitution*, p. 27.

[425] ESTADOS UNIDOS. Suprema Corte. *City of Boerne* v. *Flores*, 521 U.S., 519; *Parratt* v. *Taylor*, 451 U.S. 527 (1981); *Hudson* v. *Palmer*, 468 U.S. 57 (1984).

[426] ESTADOS UNIDOS. Suprema Corte. *Korematsu* v. *United States*, 323 U.S. 214 (1944).

[427] ESTADOS UNIDOS. Suprema Corte. *Kunz* v. *United States*, 340 U.S. 290 (1957).

da demonstração de ser o único meio praticável e adequado (*substantiality*) para tutelar o interesse público e o menos prejudicial à autonomia privada (*least restrictive means test*);[428] em casos tais, há inversão do ônus da prova, cabendo ao Estado a prova de atendimento a todas essas exigências; e (c) o nível intermediário, para distinções "quase suspeitas" – sexo, por exemplo –, a exigir a presença de importante interesse público para justificar a medida e uma relação estreita (*closely related*) entre o meio empregado e o fim perseguido.

Uma última nota deve ser feita, distinguindo entre interferência passiva e ativa do Estado na esfera dos direitos. A atuação constritiva, no ângulo da interferência ativa, é sempre vista com maus olhos. Se os direitos fundamentais são expressão primeiramente de uma autonomia em face do Estado, toda ação destinada a invadir esse espaço de autonomia deve, *prima facie*, ser considerada suspeita. Sem embargo, o Estado não tem obrigação de promover, senão pela segurança geral, o conteúdo dessa autonomia. Os casos de aborto são um bom exemplo disso. Em *Babbit* v. *Planned Parenthood Federation*,[429] ficou assentado que, embora fosse o aborto uma decisão própria, e livre, da mulher, o governo não teria a obrigação de pagar os custos de sua realização. A interferência passiva também se dá por meio do estímulo da conduta contrária a um certo aspecto do direito fundamental, por exemplo, reconhecendo ao Estado competência para subsidiar os custos da continuidade de uma gravidez, enquanto o mesmo benefício não era oferecido para o aborto.[430] Esse subsídio ou estímulo se pode fazer acompanhar de uma disciplina que importe alguma restrição ao exercício do direito estimulado ou de outros correlacionados com ele.[431]

## 5. Supremo Tribunal Federal

Na linha da doutrina seguida pelas Cortes Constitucionais européias e pela Suprema Corte norte-americana, o Supremo Tribunal tem rascunhado uma teoria da limitação dos direitos fundamen-

---

[428] ESTADOS UNIDOS. Suprema Corte. *Shelton* v. *Boren*, 429 U.S. 190 (1976); *Rostker* v. *Golberg*, 453 U.S. 57 (1981).

[429] ESTADOS UNIDOS. Suprema Corte. 107 S.Ct. 391 (1986).

[430] ESTADOS UNIDOS. Suprema Corte. *Harris* v. *McRae*, 448 U.S. 297 (1980).

[431] ESTADOS UNIDOS. Suprema Corte. *Bucley* v. *Valeo*, 424 U.S. 1 (1976); *Regan* v. *Taxation With Representation – TWR*, 461 U.S. 540 (1983).

tais, que passa, em primeiro lugar, pela necessidade de um fundamento constitucional para o valor, bem ou interesse colidente, aferido por uma autoridade que a Constituição tenha expressamente reconhecido de assim proceder. O Ministro *Carlos Velloso*, ao analisar a possibilidade de o Ministério Público diretamente quebrar o sigilo bancário de um investigado, começou com a afirmação de que sigilo bancário seria espécie de direito à privacidade que a Constituição consagrara no artigo 5.º, inciso X, contando, portanto, com um "status constitucional". Todavia, não se tratava de direito absoluto, como, de resto, nenhum direito seria absoluto, havendo de ceder: a) diante do interesse público, do interesse social ou do interesse da justiça; b) reconhecido por decisão de Juiz, "autoridade que tem o dever de ser imparcial, por isso mesmo procederá com cautela, com prudência e com moderação"; salvante c) autorização expressa da Constituição a outra autoridade.[432]

O pensamento expresso pelo Ministro bate-se com uma questão metodológica ainda não resolvida no âmbito do Tribunal. Disposições definidoras de direitos fundamentais que não expressem a possibilidade da atuação – de concretização ou, principalmente, de limitação – do legislador ou do juiz criam ou não "direitos" ou "posições jurídicas" absolutas? A depender de *Carlos Velloso*, no registro acima, e de várias decisões já tomada pelo Supremo, não. Mas, em outros instantes, o Tribunal parece responder que sim. O apego à literalidade das disposições constitucionais é a causa maior. No "caso Collor", essa ambigüidade se fez presente no voto do Ministro *Ilmar Galvão*, pois ele, com todas as letras, afirmou que o registro de dados teria caráter absoluto, considerando-se que o constituinte não havia deixado "espaço reservado ao trabalho normativo do legislador ordinário, como fez com as comunicações telefônicas".[433] Chegamos a um beco sem saída. Como se deve conciliar, por exemplo, a liberdade de expressão e o direito à intimidade, se ambos se expressam em cláusulas sem reservas?

A premissa metodológica mais acertada parece, pragmaticamente, ficar com o Ministro *Velloso*. Contudo, a linha doutrinária adotada, não em relação a esse ponto, mas quanto aos demais desdo-

---

[432] BRASIL. Supremo Tribunal Federal. 2.ª turma. RE n. 215.301-CE. Rel. Min. Carlos Velloso. *ISTF* 145.

[433] BRASIL. Supremo Tribunal Federal. Pleno. AP n. 307-DF. Rel. Min. Ilmar. Galvão. *RTJ* v. 162, t. 1, p. 3-54, 41.

bramentos indicados no voto, além de ensejar aplicações nem sempre previsíveis, mostra-se insuficiente, pois não é apenas a qualidade da *auctoritas*, nem a simples presença de um interesse público, ainda que constitucionalmente qualificado, que autoriza uma limitação.

Deve-se, a mais, exigir das normas restritivas de direitos obediência ao princípio da proporcionalidade e razoabilidade, aferidor de um "justo equilíbrio" dos interesses e valores envolvidos, através da apuração de um convincente índice de necessidade da medida restritiva, de sua adequação às finalidades propostas e da sua inexcedível proporção de contenção do direito em jogo. O Ministro *Rodrigues Alckmin*, talvez apresentando uma das primeiras elaborações desse princípio, exigia do legislador ordinário, no exercício de seu poder de polícia das profissões, a devida atenção ao "critério da razoabilidade", reconhecendo ao Judiciário o poder-dever de "apreciar se as restrições [seriam] adequadas e justificadas pelo interesse público, para julgá-las legítimas ou não".[434] Mais recentemente, o Tribunal voltou a usar essa doutrina, agora contra uma lei do Estado do Paraná que obrigava a pesagem de botijões entregues ou recebidos para substituição à vista do consumidor, com pagamento imediato de eventual diferença a menor. Em seu voto, seguido pelo maioria, o relator, Ministro *Sepúlveda Pertence*, ateve-se à falta de adequação da exigência aos próprios objetivos que visava alcançar, vez que se revelava extremamente complicada a sua realização, pelo manuseio difícil das balanças, além de, o que era mais importante, poder voltar-se contra o próprio consumidor, quem pretendia proteger, por importar um grau elevado de desgaste e desregulagem que poderiam prejudicar as medições; mais não fosse, era excessiva, em vista de sua onerosidade, agravando o custo do serviço e o preço do produto, e desnecessária, em conta da periódica fiscalização realizada pela Metrologia Legal do Inmetro. Logo, era plausível a tese de sua inconstitucionalidade e merecedora de suspensão cautelar da eficácia da norma.[435]

O requisito da "justa medida" ou da proporcionalidade estrita aparece nos votos ou ementas dos julgados com certa freqüência. O Ministro *Celso de Mello*, por exemplo, valendo-se das lições de

---

[434] BRASIL. Supremo Tribunal Federal. Pleno. Rp. n. 930. Rel. p/ acórdão Min. Rodrigues Alckmin. *DJ* 1 de 2/9/1977, p. 5.969.

[435] BRASIL. Supremo Tribunal Federal. Pleno. ADInMC n. 855-PR. Rel. Min. Sepúlveda Pertence. *RTJ* v. 152, t. 2, p. 455-462; ADInMC n. 1.158-AM. Rel. Min. Celso de Mello. *RTJ* v. 160, t. 1, p. 141-145.

*José Carlos Vieira de Andrade*[436] e *Gomes Canotilho*,[437] reconheceu que a quebra do sigilo bancário não afrontava o direito à intimidade (art. 5.º, X), nem a inviolabilidade dos dados (art. 5.º, XII). Em sua argumentação, delineou as pautas que deviam presidir um conflito entre um direito individual – no caso, à preservação do sigilo – e um bem jurídico coletivo, como o interesse público à investigação penal, à persecução criminal e à repressão aos delitos em geral: "adoção de critério que, *fundado em juízo de ponderação e valoração,* faça prevalecer, *em face das circunstâncias concretas*", e sobretudo da inexistência de meio menos gravoso para consecução dos fins objetivados pelo bem coletivo, o direito ou interesse prevalecente.[438] Esse mesmo requisito foi decisivo na conclusão do Tribunal de que a proibição imposta pelo Governador do Distrito Federal de realização de manifestações públicas com a utilização de carros, aparelhos e objetos sonoros na Praça dos Três Poderes em Brasília não era razoável, por inviabilizar o exercício da liberdade de reunião, ao impedir a comunicação entre manifestantes.[439] Um segundo aspecto desse critério deveria nos remeter, metodologicamente, à exigência de interpretação estrita das cláusulas de exceção às normas fundamentais. No entanto, não foi esse o entendimento exposto pela Primeira Turma do Tribunal:

> "Assim é que, além de vedar, no art. 37, XIV, a concessão de vantagens funcionais "em cascata", [a Constituição] determinou a imediata supressão de excessos da espécie, sem consideração a "direito adquirido", expressão que há de ser entendida como compreendendo, não apenas o direito adquirido propriamente dito, mas também o decorrente do ato jurídico perfeito e da coisa julgada."[440]

O juiz detém a primazia no exercício do reconhecimento da legitimidade da limitação de um direito fundamental, tanto daquela patrocinada pelo legislador, quanto da que, na prática, uma autori-

---

[436] ANDRADE. *Os Direitos Fundamentais na Constituição Portuguesa de 1976*, p. 220-224.

[437] CANOTILHO. *Direito Constitucional*, p. 660-661.

[438] BRASIL. Supremo Tribunal Federal. Pleno. Inq (AgRg) n. 897-SP. Rel. Min. Francisco Rezek. *RTJ* v. 157, t. 1, p. 44-50, 49.

[439] BRASIL. Supremo Tribunal Federal. Pleno. ADInMC n. 1.969-DF. Rel. Min. Marco Aurélio. *ISTF* 143.

[440] BRASIL. Supremo Tribunal Federal. 1.ª Turma. RE n. 140.894-SP. Rel. Min. Ilmar Galvão. *DJ* 1 de 9/8/1996, p. 27.102; RE n. 171.235-MA. Rel. Min. Ilmar Galvão. *DJ* 1 23/8/1996, p. 27.102.

dade pública, que tenha habilitação legal para adotar medidas restritivas, constitucionalmente fundadas, haja realizado. À exceção dos casos de reserva constitucional de jurisdição, como aquela do artigo 5.º, XI e XII, não se pode falar, portanto, em monopólio judicial para a prática de restrições concretas, mas o Judiciário será sempre a instância de fiscalização dos abusos, dos excessos ou dos desvios de competência e finalidade perpetrados, aplicando-se os mesmos critérios ou pautas valorativas que se impõem ao legislador. A mesma ordem de imposição é feita à tarefa judicial de aplicação do material legal na solução dos conflitos que lhe surgem ordinariamente, não estando presente uma intervenção estatal direta. Essa última nota esteve em pauta, no Supremo Tribunal, em um complicado caso, que, fora suas repercussões no espectro do interesse público, colocou, de um lado, a identidade e, de outro, a intimidade e a intangibilidade do corpo.

O Tribunal haveria de enfrentar as seguintes indagações: pode o réu em uma ação de investigação de paternidade se recusar à realização do exame de DNA? Em caso de recusa, poderá o juiz determinar-lhe a condução coercitiva? As duas perguntas dividiram os ministros, embora, por maioria, se tenha respondido afirmativamente à primeira e negativamente à segunda. Em voto vencido, o Ministro *Francisco Rezek*, acompanhado pelos Ministros *Ilmar Galvão* e *Sepúlveda Pertence*, defendeu a possibilidade da condução do investigado à colheita hemática, para a pesquisa do DNA, sob o argumento de ser o "direito elementar que tem a pessoa de conhecer sua origem genética", ou seja, "à sua real (e não presumida) identidade", prevalecente sobre a "reduzidíssima invasão à sua integridade física".[441] Em seu voto, o Ministro justificou o posicionamento:

> "Por vezes, a incolumidade corporal deve ceder espaço a um interesse preponderante, como no caso da vacinação, em nome da saúde pública (...) [O] princípio da intangibilidade do corpo humano, que protege um interesse privado, deve dar lugar ao direito à identidade, que salvaguarda, em última análise, um interesse também público."[442]

---

[441] BRASIL. Supremo Tribunal Federal. Pleno. HC n. 71.373-RS. Rel. p/acórdão Min. Marco Aurélio. *RTJ* v. 165, t. 3, p. 902-916, 906-909.

[442] BRASIL. Supremo Tribunal Federal. Pleno. HC n. 71.373-RS. Rel. p/acórdão Min. Marco Aurélio. *RTJ* v. 165, t. 3, p. 902-916, 908. Também fora expressão do Ministro Ilmar Galvão: "Trata-se de interesse que ultrapassa os limites estritos da patrimonialidade, possuindo

Também fora expressão do Ministro *Ilmar Galvão*:

"Trata-se de interesse que ultrapassa os limites estritos da patrimonialidade, possuindo nítida conotação de ordem pública, aspecto suficiente para suplantar em favor do pretenso filho, o egoístico direito à recusa, fundado na incolumidade física, no caso, afetada em proporção ridícula."[443]

Contra a alegação de que não havia previsão legal expressa que obrigasse ao suposto pai se submeter ao exame, cogitou-se do artigo 227 da Constituição, que define como dever da família, da sociedade e do Estado assegurar à criança e ao adolescente, com absoluta prioridade, o direito à vida, à saúde, à alimentação, à educação, ao lazer, à profissionalização, à cultura, à dignidade, ao respeito, à liberdade e à convivência familiar e comunitária, além de colocá-los a salvo de toda forma de negligência, discriminação, exploração, violência, crueldade e opressão. No plano legal, lembrou o artigo 27 da Lei n. 8.069/1990 – Estatuto da Criança e do Adolescente, que declara o reconhecimento do estado de filiação como direito personalíssimo indisponível e imprescritível, podendo ser exercitado contra os pais ou seus herdeiros, sem qualquer restrição, observado o segredo de Justiça. Também o artigo 332 do CPC seria genérico o bastante para autorizar o magistrado a determinar a realização do exame hematológico, sobretudo à luz do artigo 130 do mesmo Código, que admite todos os meios moralmente legítimos, ainda que não especificados ali. A confissão ficta, que poderia ser extraída da recusa, não resolveria o problema, não seria bastante e suficiente aos casos de interesses morais, "como o direito que a Constituição assegura à criança e ao adolescente. (...) [N]ão há no mundo interesse moral maior do que este: o do filho conhecer ou saber quem é o seu pai biológico".[444] A interpretação oposta, no seu sentir, importaria desrespeito ao comando constitucional,

---

nítida conotação de ordem pública, aspecto suficiente para suplantar em favor do pretenso filho, o egoístico direito à recusa, fundado na incolumidade física, no caso, afetada em proporção ridícula."

[443] BRASIL. Supremo Tribunal Federal. Pleno. HC n. 71.373-RS. Rel. p/acórdão Min. Marco Aurélio. *RTJ* v. 165, t. 3, p. 902-916, 910.

[444] BRASIL. Supremo Tribunal Federal. Pleno. HC n. 71.373-RS. Rel. p/acórdão Min. Marco Aurélio. *RTJ* v. 165, t. 3, p. 902-916, 912 (Carlos Velloso).

pois, admitindo o argumento da Procuradoria-Geral da República, não haveria forma mais grave de negligência para com uma pessoa do que deixar de assumir a responsabilidade de tê-la fecundado no ventre materno.[445]

No entanto, o Ministro *Marco Aurélio*, em voto que atraiu a maioria, não viu base legal para o procedimento forçado. As leis processuais apenas autorizariam a presunção de veracidade dos fatos, e não a condução coercitiva (arts. 343, § 2.º, e 359 do CPC). E mesmo que houvesse, seria inconstitucional. "Onde ficam a intangibilidade do corpo humano, a dignidade da pessoa, uma vez agasalhada a esdrúxula forma de proporcionar a uma das partes, em demanda civil, a feitura de uma certa prova?" Parecia ao Ministro que os direitos prestigiados pelos votos vencidos não tinham força ou estatura para sobrepor-se ao direito ao corpo do suposto pai. Não disse com todas as letras, limitou-se a situar a pretensão no campo puramente individual, sem repercussão geral, pública:

> "A hipótese não é daquelas em que o interesse público sobrepõe-se ao individual, como nas vacinações obrigatórias em épocas de epidemias, ou mesmo o da busca da preservação da vida humana, naqueles conhecidos casos em que convicções religiosas arraigadas acabam por conduzir à perda da racionalidade."[446]

Os votos que se seguiram responderam mais diretamente à questão. O direito ao reconhecimento da paternidade seria disponível, conquanto personalíssimo.[447] Essa desqualificação do direito o tornava frágil diante do direito fundamental à intimidade, no qual se compreende a inviolabilidade do corpo.[448] "Estamos, pois, diante de dois valores: um disponível; outro, que a Constituição res-

---

[445] BRASIL. Supremo Tribunal Federal. Pleno. HC n. 71.373-RS. Rel. p/acórdão Min. Marco Aurélio. *RTJ* v. 165, t. 3, p. 902-916, 909.

[446] BRASIL. Supremo Tribunal Federal. Pleno. HC n. 71.373-RS. Rel. p/acórdão Min. Marco Aurélio. *RTJ* v. 165, t. 3, p. 902-916, 911.

[447] BRASIL. Supremo Tribunal Federal. Pleno. HC n. 71.373-RS. Rel. p/acórdão Min. Marco Aurélio. *RTJ* v. 165, t. 3, p. 902-916, 913 (Sydney Sanches), 915 (Octavio Gallotti).

[448] BRASIL. Supremo Tribunal Federal. Pleno. HC n. 71.373-RS. Rel. p/acórdão Min. Marco Aurélio. *RTJ* v. 165, t. 3, p. 902-916, 914 (Néri da Silveira).

guarda, e que é o da inviolabilidade da intimidade. Em favor daquele não se pode violar este", arrematou o Ministro *Moreira Alves*.[449]

A "teoria" dos limites de direitos fundamentais, elaborada pelo Tribunal, pode ser bem vista em relação ao princípio da igualdade.

A diferença de tratamento legislativo deve ter um claro fundamento constitucional: não ofende o princípio da isonomia a Lei n. 951/1976, do Estado de São Paulo, que confere benefício previdenciário aos Deputados Estaduais após oito anos de contribuição, tendo em vista que o § 2.º, do artigo 40, da Constituição prevê a possibilidade. A mais, deve existir uma correlação lógica entre o fator de discrímen e a discriminação legal, entre meios e fins, que afaste o arbítrio: proibir a importação de veículos usados, mesmo que admitida a importação de veículos novos, não viola o princípio isonômico, por constituir efetivo instrumento de política econômica destinado à proteção do comércio e da indústria do Brasil.[450] Na realidade, esses dois fundamentos devem sempre estar presentes: não atenta contra a isonomia partidária norma que dispõe no sentido de que cada partido só possa registrar candidatos para a Câmara de Deputados, Câmara Legislativa, Assembléias Legislativas e Câmaras Municipais até 150% do número de lugares a preencher, sendo que, nas unidades da Federação nas quais o número a preencher para a Câmara de Deputados não exceder a 20, cada partido poderá registrar candidatos a Deputados Federal e Estadual ou Distrital até o dobro das respectivas vagas, com um acréscimo de até 50% no caso de coligação, em conta dos princípios da razoabilidade e da proporcionalidade, e por atender, ademais, ao diposto no artigo 45, § 1.º, da Constituição, que manda a lei complementar fixar o núme-

---

[449] BRASIL. Supremo Tribunal Federal. Pleno. HC n. 71.373-RS. Rel. p/acórdão Min. Marco Aurélio. *RTJ* v. 165, t. 3, p. 902-916, 915. A posição foi reiterada no HC n. 76.060-SC. Rel. Min. Sepúlveda Pertence. Voto do Min. Relator *ISTF* 140. O Ministro Sepúlveda Pertence, conquanto mantivesse a linha de princípio adotada, com apoio no Direito Comparado inglês, norte-americano e alemão, sobretudo, ressalvou o caso de o exame de DNA ser apenas uma prova de reforço, diante de evidências existentes nos autos, inclusive de laudos de exames feitos no pai biológico, na mãe e na criança: "(...) não parece resistir, que mais não seja, ao confronto do princípio da razoabilidade ou da proporcionalidade – de fundamental importância para o deslinde constitucional da colisão de direitos fundamentais – é que se pretenda constranger fisicamente o pai presumido ao fornecimento de uma prova de reforço contra a presunção de que é titular."

[450] BRASIL. Supremo Tribunal Federal. Pleno. RE n. 202.313-CE. Rel. Min. Carlos Velloso. *RTJ* v. 162, t. 1, p. 388-399.

ro total de Deputados, bem como a representação por Estado e pelo Distrito Federal, proporcionalmente à população.[451]

Se faltarem aqueles fundamentos, a violação é perpetrada: preceito dispondo que a transferência do domicílio eleitoral de Prefeito, Vice-Prefeito e Vereador para outro Município só pode ser deferida no curso de seu mandato se houver a renúncia até um ano antes de pleito que deva realizar-se para eleger os seus sucessores ofende aparentemente o princípio da igualdade (art. 5.º, I), por ter instituído para os ocupantes dos mencionados cargos, sem justificação razoável, disciplina diversa da regra geral do *caput*, que prevê o recebimento de pedidos de inscrição e de transferência até 150 dias antes da data da eleição.[452]

Não bastam o fundamento constitucional e a correlação lógica, se carecer de proporcionalidade estrita. Fere o postulado da isonomia norma que veda ao servidor público servir sob a direção imediata de cônjuge ou parente até segundo grau civil, por se revelar inibitória do próprio provimento, mediante concurso público, de cargos efetivos ou vitalícios.[453]

# SEÇÃO V
# O SUPREMO TRIBUNAL FEDERAL E O MANDADO DE INJUNÇÃO

O Mandado de Injunção é ação outorgada ao titular de direito, garantia, liberdades constitucionais ou prerrogativas inerentes à nacionalidade, à soberania e à cidadania, cujo exercício se tenha tornado inviável por falta de norma regulamentadora (art. 5.º, LXXI).[454] Im-

---

[451] BRASIL. Supremo Tribunal Federal. Pleno. ADInMC n. 1.813-DF. Rel. Min. Marco Aurélio *RTJ* v. 167, t. 1, p. 92-95.

[452] BRASIL. Supremo Tribunal Federal. Pleno. ADInMC n. 1.382-DF. Rel. Min. Octavio Gallotti. *RTJ* v. 159, t. 2, p. 435.

[453] Ainda que não merecesse suspensão cautelar por inocorrência do perigo em mora: ADInMC n. 524-ES. Rel. Min. Celso de Mello. *RTJ* v. 137, t. 3, p. 1.087.

[454] BRASIL. Supremo Tribunal Federal. Pleno. MI n. 356-RJ. Rel. Min. Carlos Velloso. *RTJ* v. 157, t. 2, p. 431-433.

periosa, assim, a ordem de legislar, correlata a um direito público subjetivo à legislação, presente, por exemplo, em relação ao exercício do direito de greve do servidor público civil que depende da edição de lei específica que lhe defina termos e limites (art. 37, VII)[455] ou no pertinente à representação na Câmara de Deputados, proporcionalmente às populações do Estado, como exige o artigo 45, § 1.º.[456] A mora deve estar objetivamente configurada pelo excessivo e irrazoável retardamento na efetivação da prestação legislativa que esteja a comprometer e a nulificar a situação subjetiva de vantagem criada pelo texto constitucional em favor de seus beneficiários,[457] não a elidindo a simples tramitação de projetos de lei sobre o assunto.[458] Não é cabível no caso de a norma conferir apenas mera faculdade ao legislador, por exemplo, de estabelecer, por meio de lei complementar, outras hipóteses de aposentadoria especial, em função do exercício de atividades consideradas penosas, insalubres ou perigosas.[459] Também não serve para alteração de lei existente, supostamente incompatível com a Constituição, *v. g.*, por ferir o princípio da igualdade,[460] nem se presta à impugnação de ato do Poder Executivo, como o que aprovou o Plano de Defesa das Áreas Indígenas Yanomami.[461]

---

[455] BRASIL. Supremo Tribunal Federal. Pleno. MI n. 20-DF. Rel. Min. Celso de Mello. *RTJ* v. 166, t. 3, p. 751-785.

[456] BRASIL. Supremo Tribunal Federal. Pleno. MI n. 219-DF. Rel. Min. Octavio Gallotti. *RTJ* v. 156, p. 375-406.

[457] BRASIL. Supremo Tribunal Federal. MI n. 20-DF. Rel. Min. Celso de Mello. *RTJ* v. 166, t. 3, p. 751-785.

[458] BRASIL. Supremo Tribunal Federal. Pleno. MI n. 323-DF. Rel. Min. Moreira Alves. *RTJ* v. 155, p. 17-22.

[459] BRASIL. Supremo Tribunal Federal. Pleno (QO) n. 425-DF. Rel. Min. Sydney Sanches. *RTJ* v. 157, t. 3, p. 764-774.

[460] BRASIL. Supremo Tribunal Federal. Pleno. MI n. 80-DF. Rel. p/acórdão Min. Celso de Mello. *RTJ* v. 136, t. 2, p. 439-444; MI (AgRg) n. 81-DF. Rel. Min. Celso de Mello. *DJ* 1 de 11/5/90; MI (AgRg) n. 79-DF. Rel. Min. Octavio Gallotti. *RTJ* v. 155, t. 1, p. 3-10. Ou para suprir lacunas infraconstitucionais: "Eventuais lacunas normativas *ou* imperfeições de conteúdo material, *constantes* de textos meramente legais *ou* de normas inscritas em tratados internacionais, *não* se revelam colmatáveis, *nem* suscetíveis de correção, por via injuncional, *eis que* o mandado de injunção *somente* tem pertinência, *quando* destinado a suprir omissões estatais na regulamentação de cláusulas *exclusivamente* fundadas *na própria Constituição da República*." MI (decisão monocrática) n. 642-DF. Rel. Min. Celso de Mello. *ISTF* 240.

[461] BRASIL. Supremo Tribunal Federal. Pleno. MI n. 204-RR. Rel. Min. Sydney Sanches. *RTJ* v. 136, t. 2, p. 451-452.

Para haver legitimidade ativa é necessário que o impetrante alegue pertencer à categoria de pessoas a que uma norma constitucional outorgue direito ou liberdade constitucionais, ou prerrogativas inerentes à nacionalidade, à soberania ou à cidadania, cujo exercício esteja sendo inviabilizado por falta de regulamentação. É preciso notar que, em certos casos, essa titularidade é difusa, não se podendo falar propriamente em categorias de pessoas, mas de todo o povo ou da coletividade. Assim já se reconheceu que a representação parlamentar proporcional à população do Estado seria um direito ou prerrogativa político-jurídica "inerente à cidadania", ao *status activae civitatis*, que se estenderia a todo o povo e até mais especialmente àqueles que representam, na Câmara dos Deputados, a população do Estado que se tenha por prejudicado pela inexistência de norma que garanta aquela proporcionalidade.[462] O Supremo Tribunal Federal tem admitido o mandado de injunção coletivo, por extensão do mandado de segurança coletivo.[463]

Seja individual, seja coletivo, há de dirigir-se contra Poder, órgão, entidade ou autoridade que tenha o deve de regulamentar a norma constitucional em questão,[464] não se admitindo a formação de qualquer espécie de litisconsórcio que tenha por fim integrar particulares no pólo passivo da relação processual.[465]

Quais seriam os efeitos da injunção? Os Ministros do Supremo Tribunal não foram unânimes a esse respeito. *Marco Aurélio* e

---

[462] BRASIL. Supremo Tribunal Federal. Pleno. MI n. 219-DF. Rel. Min. Octavio Gallotti. *RTJ* v. 156, p. 375-406. Anteriormente essa legitimidade havia sido negada a suplentes que buscavam, por meio de injunção, a ampliação das vagas do Estado, viabilizando-lhes a assunção dos cargos; MI n. 233. Para o Ministro Moreira Alves, a Constituição distinguia de um lado direitos subjetivos (direitos e liberdades) e, de outro, prerrogativas que não seriam direitos subjetivos, mas resultantes de certas posições jurídicas, relativas à soberania popular (porquanto a soberania nacional tinha como titular a União) – plebiscito, referendo e iniciativa popular; à nacionalidade e à cidadania – votar e ser votado, que não seriam inviabilizadas pelo maior o menor número de mandatos a ser preenchidos (383). Cada Estado-membro é que teria direito subjetivo a ter determinado número de deputados (386).

[463] BRASIL. Supremo Tribunal Federal. Pleno. MI n. 363-RJ. Rel. Min. Celso de Mello. *RTJ* v. 140, t. 3, p. 1.036; MI. n. 361-RJ. Rel. Min. Néri da Silveira. *RTJ* v. 158, t. 2, p. 375-387; MI n. 73-DF. Rel. Min. Moreira Alves. *RTJ* v. 160, t. 3, p. 743-746.

[464] BRASIL. Supremo Tribunal Federal. Pleno. MI (QO) n. 352-RS. Rel. Min. Néri da Silveira. *RTJ* v. 165, t. 2, p. 429-437.

[465] BRASIL. Supremo Tribunal Federal. Pleno. MI (AgRg) n. 324-SP. Rel. Min. Maurício Corrêa. *RTJ* v. 155, t. 3, p. 696-699.

*Carlos Velloso* defendiam a possibilidade de ser criada uma norma para regular o caso concreto.[466] *Néri da Silveira* posicionava-se a favor de ser concedido prazo para que o Congresso purgasse a mora, findo o qual caberia, via reclamação, que o Judiciário desse solução ao caso concreto, exceto na hipótese da edição de lei que, pela complexidade da matéria, fosse absolutamente inviável no âmbito do Judiciário a obtenção da solução.[467] Venceu a corrente que defendia a natureza meramente mandamental da decisão, impossibilitando extrair a constituição de direito dos seus efeitos; vale dizer que o Tribunal daria ciência tão-somente ao Poder, ao órgão, à entidade ou à autoridade inadimplente para que adotasse as providências necessárias exigidas pela Constituição, à semelhança da ação direta de inconstitucionalidade por omissão, com a determinação, se fosse o caso, de suspensão de processos judiciais ou administrativos.[468]

Em face do princípio da divisão dos poderes e do impasse que se criaria na hipótese de descumprimento por parte do Congresso, não havendo solução constitucionalmente prevista, o Tribunal tem-se recusado a assinalar prazo para o adimplemento da mora.[469] Em certos casos, contudo, esse assinalamento tem sido feito, declarando-se que, ao término do prazo determinado, poderiam os interessados postular nas instâncias próprias e com fundamento no direito comum, a satisfação dos seus direitos. Assim se fez em relação à indenização garantida pelo artigo 8.º, § 3.º, do ADCT, em favor dos

---

[466] Por integração analógica ou de forma inovadora, por exemplo, a taxa de juros reais prevista pelo § 3.º, artigo 192 da Constituição, seria de 12 % ao ano, fora a variação de índice inflacionário. Pleno. MI (AgRg) n. 360-PE. Rel. Min. Francisco Rezek. *RTJ* v. 160, t. 2, p. 393-402, 399-401; MI n. 430-DF. Rel. p/ acórdão Maurício Corrêa. RTJ v. 156, t. 3, p. 761-765, 764, 765; MI n. 20-DF. Rel. Min. Celso de Mello. *RTJ* v. 166, t. 3, p. 751-785, 766, 769; fazendo uso da disciplina prevista em projeto de lei sobre a matéria: MI n. 447-DF. Rel. Min. Moreira Alves. *RTJ* v. 158, t. 2, p. 387-396. Em síntese, defendia a distinção entre o mandado de injunção e a ação direta de inconstitucionalidade por omissão – o caráter susbstantivo do MI, protetor de interesses individuais, em contrapartida da ação direta destinada à proteção da ordem jurídica.

[467] BRASIL. Supremo Tribunal Federal. Pleno. MI n. 20-DF. Rel. Min. Celso de Mello. *RTJ* v. 166, t. 3, p. 751-785, 773.

[468] BRASIL. Supremo Tribunal Federal. Pleno. MI (QO) n. 107-DF. Rel. Min. Moreira Alves. *RTJ* v. 133, t. 1, p. 11.

[469] BRASIL. Supremo Tribunal Federal. Pleno. MI n. 361-RJ. Rel. Min. Néri da Silveira. *RTJ* v. 158, t. 2, p. 375-387.

que foram impedidos de exercer, na vida civil, atividade profissional específica, em decorrência de determinadas portarias reservadas:[470]

> "Se o sujeito passivo do direito constitucional obstado é entidade estatal à qual igualmente se dava imputar a mora legislativa que obsta ao seu exercício, é dado ao Judiciário, ao deferir a injunção, somar, aos seus efeitos mandamentais típicos, o provimento necessário a acautelar o interessado contra a eventualidade de não se ultimar o processo legislativo, no prazo razoável que fixar, de modo a facultar-lhe, quanto possível, a satisfação provisória do seu direito."[471]

No caso de ajuizamento do mandado após expiração do prazo concedido em outro *writ* de hipótese idêntica, dispensa-se nova ciência ao Congresso, assegurando-se, de imediato, a possibilidade de recurso ao direito comum ou ordinário para satisfação do direito.[472] Mas essa jurisprudência não é firme, pois em relação à taxa de juros reais, por exemplo, não se tem fixado prazo para o suprimento da omissão; conseqüentemente, repetidos mandados resultam sempre na simples comunicação ao Legislativo da mora em que se encontra.[473]

---

[470] BRASIL. Supremo Tribunal Federal. Pleno. MI n. 283-DF. Rel. Min. Sepúlveda Pertence. *RTJ* v. 135, t. 3, p. 882; MI n. 284-DF. Rel. p/ acórdão Celso de Mello. *RTJ* v. 139, t. 3, p. 712.

[471] BRASIL. Supremo Tribunal Federal. Pleno. MI n. 283-DF. Rel. Min. Sepúlveda Pertence. *RTJ* v. 135, t. 3, p. 882.

[472] BRASIL. Supremo Tribunal Federal. Pleno. MI n. 284-DF. Rel. p/ acórdão Min. Celso de Mello. *RTJ* v. 139, t. 3, p. 712; MI n. 355-DF. Rel. Min. Celso de Mello. *RTJ* v. 157, t. 1, p. 30-33; MI n. 384-RJ. Rel. p/ acórdão Min. Celso de Mello. *RTJ* v. 153, t. 1, p. 21-32; MI n. 447-DF. Rel. Min. Moreira Alves. *RTJ* v. 158, t. 2, p. 387-396.

[473] BRASIL. Supremo Tribunal Federal. Pleno. MI n. 501-0. Rel. Min. Moreira Alves. *DJ* 1 de 17/5/1996, p. 16.319; MI n. 488-SP. Rel. Min. Sydney Sanches. *RTJ* v. 170, t. 2, p. 388-391.

# QUINTA PARTE

# DEFININDO AS JUSTIFICATIVAS

# Capítulo I
# A ARGUMENTAÇÃO JURÍDICA

Decisões fundadas em argumentos desenvolvidos sob certos princípios lógico-jurídicos, que levam em conta todos os interesses envolvidos, os elementos formais e aspectos de índole extrajurídica, moral sobretudo, são tendencialmente mais aceitas que outras proferidas apenas sob a força da autoridade ou com base exclusivamente em dados legais positivos. Mil páginas de fundamentação que indiquem somente o sentimento ou as convicções particulares do julgador, eruditas que sejam, não gozam da mesma aceitação. A questão pode tornar-se mais problemática se nos concentrarmos na definição do público dessa aceitação: será o cidadão das ruas, um acadêmico, o governo ou o *staff* judicial? Certamente que uma decisão coerente em seus termos jurídicos e linha de argumentação, seguinte a um tradicional modelo de subsunção silogística e a julgados precedentes, tende a ser mais aceita por um outro juiz do que por um professor. A vinculação dessa decisão a uma "moral positiva", por exemplo, tende a agradar mais a um cidadão das ruas do que ao governo. Como se pode, no entanto, identificar uma certa posição judicial com essa moral? Que caminho se deve seguir para não descambarmos numa investida platônica de reconhecimento a um juiz, com poderes hercúleos ou de um oráculo, da primazia da revelação – ou constituição – dessa moral?

Tais indagações nos colocam diante da necessidade do estabelecimento de um mínimo de regras que devem pautar o processo decisório judicial. Regras que, como todas, devem ser consensuadas, levando-se em conta a variedade de opiniões e correntes. Regras que respondam às indagações formuladas, fornecendo as bases de um julgamento que, mesmo deixando inconclusa a questão da aceitação, possa ser submetido ao teste da aceitabilidade. Essa nota última denuncia, contudo, que tais regras não passam de tentativas de racionalização do discurso judicial, que são *razões* para decisões, mas que não asseguram, de plano, o sucesso da empreitada. Uma decisão judicial, que siga as suas prescrições, será sempre tendencialmente "boa", sob o plano axiológico, "acertada", sob o olhar científico, ou "válida", juridicamente, mas poderá não ser a "ideal" ou aquela "mais justa", por não ter considerado uma informação importante, todavia, não disponível ao processo. Se já é difícil um acordo em torno de uma "teoria de justiça", sob o ponto de vista prático, as questões para serem solucionadas com "justiça" se tornam mil vezes mais complicadas, pela dupla "dogmatização" do Direito. O direito material ou as normas jurídicas primárias prefixam uma dada solução de disciplina, abstrata, descartando, nessa hora, outras possibilidades, de acordo com um procedimento legislativo que finda numa regra de maioria. Em um processo judicial, normas secundárias, surgidas na quase totalidade sob o mesmo rito das substantivas, são usadas na aplicação concreta daquela disciplina abstrata, impedindo ou restringindo certas condutas. Há momentos certos para requerimento e produção de provas e para alegações das partes e do juiz até como forma de possibilitar a continuidade do processo. No entanto, essas restrições, aliadas a outras como o aforismo "o que não está nos autos, não está no mundo", tornam o juiz um míope, só enxergando o caso por meio, pelo menos, de duas lentes, uma fornecida pelo direito material e outra, pelo direito processual, para ficarmos só nas duas. Por isso, uma teoria que vise fornecer as regras da racionalidade do discurso aplicado na decisão judicial deve contentar-se, ou não frustrar-se, em ser aproximativa dessa racionalidade.[1]

Somente uma teoria normativa ou discursiva da sociedade poderia conduzir a uma teoria racional ilimitada da argumentação jurídica.[2]

---

[1] HABERMAS. *Fatti e Norme*: Contributi a una Teoria Discorsiva del Diritto e della Democrazia, p. 280.

[2] ALEXY. *Teoría de la Argumentación Jurídica*, p. 274-275. Podemos, todavia, assumir uma postura cética em relação ao enunciado do texto, seja renunciando à noção de razão prática (HUME. *Traité de la Nature Humaine*, p. 573), seja, sem adentrar nesse problema sério da filosofia ocidental, reforçando apenas o apelo decisionista da interpretação, em KELSEN. *Teoria Pura do Direito*, p. 369, e LLEWELLYN. *The Common Law Tradition*, p. 521.

Mas esse é um intento audacioso para quem apresenta apenas o rascunho de uma teoria da argumentação que se prende a um ordenamento jurídico positivo e a uma empreitada mais empírica do que analítica ou normativa da justificação das decisões judiciais em sede de jurisdição constitucional.

Essas limitações não devem inibir a formulação de uma tal teoria para tentar conter o voluntarismo das decisões embora, para muitos, essa afirmação seja um contra-senso. Para nós, no entanto, interessa o exame da questão sob um outro ângulo: o da consecução – ou da tentativa – de legitimitação da jurisdição constitucional a partir da argumentação empregada. Essa legitimação se opera por meio do emprego de diversas técnicas, que podem ser analisadas sob a perspectiva de um padrão fornecido por uma dessas teorias de argumentação.[3]

# SEÇÃO I
# REGRAS DA ARGUMENTAÇÃO JURÍDICA

Quem quer que resolva apresentar um repertório de regras de argumentação e adotá-las como ferramenta de trabalho haverá de partir de alguma concepção de Direito. Ainda que termine por deixar, sem justificação, essa premissa, em linha geral, as regras que se seguem compõem uma teoria do discurso, fundada no sentido de Estado democrático de direito, que, se disser alguma coisa, e parece que diz muito, pois há mais divergências que consenso em torno do seu alcance, diz que a igualdade deve ser realizada como garan-

---

Sem embargo, *Guastini* diferencia três posições relacionadas à interpretação: a cognoscitiva, a voluntarista e a combinada (*Dalle Fonti alle Norme*, p. 108). Por certo o *Kelsen* de *Teoria Pura do Direito* se filia, nessa classificação, à terceira corrente no que tange ao cientista do Direito, pois para os órgãos aplicadores do Direito existe a marca do ato de vontade.

[3] Bem farta a bibliografia sobre o assunto, além de outros citados na seqüência: AANIO; MacCORMICK. *Legal Reasoning*, 1992; VEITCH. *Moral Conflict and Legal Reasoning*, 1999; ALEXANDER. *Legal Rules and Legal Reasoning*, 2000; CAMARGO. *Hermenêutica e Argumentação*, 1999 e STRECK. *Hermenêutica Jurídica e(m) Crise*, 2000.

tia da liberdade ou que os cidadãos devem respirar uma atmosfera jurídica que lhes garanta relativa segurança em meio a um mínimo de "justiça".[4]

Uma argumentação para ser racional, sob tal concepção, deve apresentar-se como realização ou proposta de realização de certos pressupostos ou pretensões de validade (1), evidenciadas por justificações internas (2) e externas (3).

## § 1. Pressupostos ou pretensões de validade da argumentação jurídica

O discurso jurídico apresenta-se como um caso especial da argumentação prática geral, servindo-se de muitas das regras pertencentes a este campo de argumentação, referidas aqui resumida e indicativamente:

1) *como possibilidade de uma comunicação lingüística*: uso da mesma linguagem para se referir à mesma coisa (princípio da similitude de significados), sem contradição (princípio da coerência), segundo fielmente o que se pensa ou crê (princípio da sinceridade);[5]

2) *igualitária e sem coerção*: o discurso é aberto a todos (princípio da abertura subjetiva), proibida a invocação de uma posição privilegiada ou da autoridade do interlocutor, podendo ser problematizada qualquer questão, introduzidas novas asserções e expressadas opiniões, desejos e necessidades (princípio da abertura material), prevalecendo apenas "a força do melhor argumento" em lugar de qualquer coerção ou tentativa de persuasão autoritária (princípio da não coerção);[6]

3) *devidamente fundamentada*: deve, em geral, fundamentar-se o que é afirmado, introduzido, negado ou pedido no discurso (princípio da fundamentação), sobretudo

---

[4] DREIER. *Rechtsbegriff und Rechtsidee*, p. 30 et seq.

[5] AARNIO. *Lo Racional como Razonable*, p. 254-255; ALEXY. *Teoría de la Argumentación*, p. 185.

[6] HABERMAS. *Fatti Enorme*: Contributi a una Teoria Discorsiva del Diritto e della Democrazia, p. 276; AARNIO. *Lo Racional como Razonable*, p. 255; ALEXY. *Teoría de la Argumentación*, p. 189. A idéia, no plano de uma hermenêutica geral, está presente em APEL. *Transformação da Filosofia*, II, p. 244 et seq.

se está a renunciar ao que foi adotado anteriormente (princípio da inércia);[7]

4) *segundo o princípio da generalidade ou universalidade*: pela transcendência do caso concreto ("neutralidade" ou "principled sentence");[8] as regras ou solução de regras devem ser aplicadas a seres ou situações de mesma categoria (Princípio de justiça)[9] ou em situações correspondentes (princípio da reciprocidade).[10] Importa dizer que as conseqüências das regras devem ser aceitas por todos (*Habermas*) e a todos potencialmente aplicáveis,[11]

5) *e da sua condição de socialização justificada*: as regras morais que servem de base às concepções devem passar pela prova de sua gênese histórica que indique sua compatibilidade com o nível de moralidade existente.[12]

Muitas dessas regras se aplicam inteiramente aos discursos de decisão judicial, outras necessitam adaptação, pelas próprias circunstâncias do processo, pela dupla contingência da realidade: a limitação do tempo e a limitação do conhecimento.[13] Todavia, o decisor deve tentar pôr-se na situação de "fala ideal",[14] como se estivesse diante de uma "audiência universal",[15] cuidando de tomar decisões que apresentem justificação interna e externa.[16]

---

[7] PERELMAN; OBRECHTS-TYTECA. *Tratado da Argumentação*: A Nova Retórica, p. 118 et seq.

[8] WESCHSLER. *Toward Neutral Principles of Constitutional Law*, p. 84 et seq.

[9] PERELMAN; OBRECHTS-TYTECA. *Tratado da Argumentação*: A Nova Retórica, p. 248.

[10] Ibidem, p. 250.

[11] HARE. *Freedom and Reason*, p. 11; ALEXY. *Teoría de la Argumentación Jurídica*, p. 198-199.

[12] LORENZEN; SCHWEMMER. *Konstruktive Logik, Ethik und Wissenschaftstheorie*, p. 210 et seq. Não passam por um tal teste aquelas normas que originariamente não puderem ser justificadas racionalmente ou que hajam perdido sua justificação: adaptação para os fins desse trabalho da doutrina de ALEXY. *Teoría de la Argumentación Jurídica*, p. 184 et seq.

[13] A paráfrase de *Parsons* (*Toward a General Theory of Action*, p. 15), se não é de toda exata, ao menos revela o drama da vida real.

[14] HABERMAS. *Vorbereitende Bermerkungen zu einer Theorie der kommunikativen Kompetenz*, p. 136.

[15] PERELMAN; OBRECHTS-TYTECA. *Tratado da Argumentação*: A Nova Retórica, p. 34 et seq., 185.

[16] *Günther* fala em "justificação imparcial" e "aplicação imparcial" de uma norma, referindo a primeira ao pressuposto de universalidade dos interesses (todos os interesses sejam tomados em consideração) e a segunda, ao pressuposto de universalidade do contexto

## § 2. JUSTIFICAÇÃO INTERNA

Todo discurso de fundamentação das decisões se deve mostrar claro em seu texto, coerente em sua estrutura e pertinente à ordem jurídica.[17] Uma visão puramente formal da coerência interna envolve um processo de dedução das conseqüências a partir das premissas escolhidas, segundo regras de inferência e de certos valores:

> "A norma $N_i$ tem o significado $S_i$ na linguagem $L_i$ [segundo] certas premissas $MP_1... MP_n$, se existirem normas de inferências $DI_1... DI_n$ e se a interpretação estiver baseada nos valores $V_1... V_n$ e as regras $DI_1... DI_n^{18}$ forem usadas de maneira adequada."

O primeiro ponto dessa justificação, portanto, vai exigir uma identificação do material legal-positivo aplicável à espécie, inspirada, externamente, pelo princípio da justiça ou igualdade formal, que exige igual tratamento aos que estejam na mesma situação ou, por outra, todos que pertençam à mesma categoria devem merecer a mesma consideração e respeito segundo uma regra universal de igualdade, orientando a escolha da norma aplicável com a densidade semântica e o alcance sintático e pragmático de aplicações judiciais anteriores.[19] Impõem-se, assim, a coerência e a segurança de que uma decisão sobre um certo assunto tenha conteúdo igual a outra sobre o mesmo assunto. Se não forem iguais os assuntos, mas equivalentes, equivalentes devem ser os resultados. Juízos de similitude ou equivalência não são puramente lógicos, mas não podem chegar ao ponto de igualar coisas flagrantemente desiguais ou desigualar situações abertamente iguais. No intervalo dos extremos, deve resultar a análise fundamentada das prevalências entre as características comuns e divergentes.[20]

---

(todas as particularidades ou características do caso são tomadas em conta). GÜNTHER. *Uma Concepção Normativa de Coerência para uma Teoria Discursiva da Argumentação Jurídica*, p. 87 et seq.; cf. *The Sense of Appropriateness*: Application Discourses in Morality and Law, p. 50 et seq.

[17] GÜNTHER. *Uma Concepção Normativa de Coerência para uma Teoria Discursiva da Argumentação Jurídica*, p. 92.

[18] WRÓBLESKI. *Legal Syllogism and Rationality of Judicial Decision*, p. 39 et seq. Apud AARNIO. *Lo Racional como Razonable*, p. 167.

[19] Cf. MORRIS. *Foundations of the Theory of Signs*, p. 6 et seq. CARNAP. *Introduction to Semantics*, p. 8 et seq.

[20] LARENZ. *Metodologia da Ciência do Direito*, p. 541 et seq. Da leitura do texto se percebem as dificuldades de separação entre a justificação interna e externa: coerência, inércia, justiça e igualdade estão misturadas nos trabalhos exegéticos.

A análise subsuntiva, sob a forma de mero silogismo, tem seus limites, sobretudo se for adotado o modelo de uma premissa maior que incorpore apenas a norma jurídica e se desenvolva de forma linear: (F ⇔ N) → Q → C. A operação, antes, envolve "idas e vindas", como num círculo hermenêutico, até se chegar a uma conclusão. O ponto de partida é importantíssimo, mas poderá ser substituído por outras premissas que se mostrem mais decisivas para obtenção do resultado. Em regra, exige-se dessa justificação apenas que o resultado se siga logicamente das premissas. Na tradição anglo-americana, ela é considerada suficiente nos chamados *clear cases*,[21] enquanto no Direito de influência euro-continental, sua aceitação é mais própria no âmbito da jurisdição ordinária. Todavia, a redução dos trabalhos de motivação a puras fórmulas silogísticas é problemática, tanto porque, no modelo anglo-americano, nem sempre é fácil divisar os *clear cases* dos *hard cases*,[22] quanto, em um e outro caso, importa dificuldades estruturais, algumas já esboçadas, e mais ainda por, na prática, sempre se mostrar possível sua construção *ex post*.

Essas dificuldades se avolumam em sede da jurisdição constitucional, em que o juiz é chamado a decidir matérias às quais se mostra de pouca valia o método formal-dedutivo, seja pelo alto índice de incerteza da motivação, derivada da generalidade ou indeterminação do texto, conduzindo a saltos lógicos entre as premissas e as conclusões; seja pelo caráter todo particular de um suposto "silogismo constitucional", que lança na premissa maior a norma de parâmetro e, na premissa menor, a norma objeto de controle; seja, enfim, pela tarefa de "persuasão" e "integração social", antes que de exatidão lógica, imposta àquele juiz.[23] Faz-se necessário, portanto, aduzir critérios de "validade das premissas e das regras de inferência".[24]

## § 3. JUSTIFICAÇÃO EXTERNA

Objetiva-se, com a justificação externa, a fundamentação das premissas usadas na justificação interna,[25] a partir da consideração

---

[21] MacCORMICK. *Legal Reasoning and Legal Theory*, p. 197.

[22] Ibidem.

[23] SAITTA. *Logica e Retorica nella Motivazione delle Decisioni della Corte Costituzionale*, p. 132.

[24] WRÓBLEWSKI. *La Motivation de la Decision Judiciaire*, p. 120; HAGE. *Reasoning with Rules*, p. 2 et seq.

[25] ALEXY. *Teoría de la Argumentación Jurídica*, p. 222.

dos princípios de interpretação (I) e integração (III), de enunciados empíricos (II), dogmáticos (IV), jurisprudenciais (V) e de argumentos práticos gerais (VI), além de pautas de elaboração pragmática (VII).[26]

## I. *Princípios de interpretação*

Os critérios adotados judicialmente para interpretação normativa têm importância capital no processo de decisão judicial. Em meio a uma ampla polêmica sobre a "natureza jurídica" desses princípios, se seriam mera exortação, enunciado teórico vinculante, elemento referencial subsidiário, "esquema de argumentação,"[27] "argumento de interpretação"[28], "regra do uso da linguagem"[29] ou "regra de calibração" ou "regra estrutural,"[30] parece acertado imaginar que a aplicação dos "métodos" semânticos, histórico-genéticos, lógico-sistemáticos e teleológicos se faz, como um bloco, de forma simultânea ou inter-relacionada, antes de hierarquizada.[31] A pesquisa de elementos genéticos, como os discursos parlamentares, serve para complementação da "letra" da lei, tanto quanto a visão de conjunto permite vislumbrar "espaços teleológicos" em aberto, de acordo com o programa normativo, e fornece o alcance semântico do texto. Os debates da teoria geral da hermenêutica jurídica também se travam em sede constitucional, falando-se em teorias objetivas, atentas ao produto legislativo, independente da intenção de seus autores, e de teorias subjetivas, que impõem obediência aos fins ou intenções

---

[26] O texto briga com a noção de princípios ou métodos da argumentação. Na seqüência, o intento é de "descrever" o processo argumentativo empregado nas decisões, ainda que elementos normativos aflorem nos comentários.

[27] PERELMAN; OBRECHTS-TYTECA. *Tratado da Argumentação*: A nova retórica, p. 211.

[28] KLUG. *Logica Juridica*, p. 207.

[29] HART. *O Conceito de Direito*, p. 139.

[30] FERRAZ JR. *Introdução ao Estudo do Direito*, p. 190, 286.

[31] ZIPPELIUS. *Juristische Methokenlehre*, p. 55; MÜLLER. *Discours de la Méthode Juridique*, p. 235-236, 276; BETTI. *Interpretazione della Legge e degli Atti Giuridici*: Teoria Generale e Dogmatica, p. 174 et seq.; LARENZ. *Metodologia da Ciência do Direito*, p. 484 et seq.; ENGISH. *Introdução ao Pensamento Jurídico*, p. 147-148. Llewllyn procurou demonstrar que as "máximas" de interpretação não passavam de máscaras do decisionismo judicial, pois toda máxima tinha uma contramáxima: *The Common Law Tradition*, p. 521 et seq.

do constituinte, embora haja uma multiplicidade de enfoques, pois se pode falar de um constituinte histórico, de um constituinte racional ou de um constituinte atual ou presentificado. Na Dogmática estadunidense, essas duas ordens de teorias recebem o nome, respectivamente, de não-interpretativistas e intepretativistas.

De acordo com a linha interpretativista, o devido respeito ao princípio da democracia representativa, para muitos estudiosos e juízes norte-americanos, exige uma fidelidade ao texto constitucional nas tarefas hermenêuticas, sobretudo no âmbito do controle de constitucionalidade. Um dos grandes defensores desse modelo foi o *Justice Black*.[32] É preciso antes notar que o interpretativismo envolve graus e daí se poderem distinguir tendências ou correntes mais ou menos nítidas. Podemos começar falando de um "originalismo" como padrão de referência dessas tendências ou correntes todas, para enfatizar o culto à vontade ou propósitos dos constituintes, havendo um "originalismo estrito" e outro "moderado"; o primeiro é textual ou literal, preso fielmente ao pensamento daqueles constituintes, sem preocupação com o contexto social e até lingüístico das disposições constitucionais ou, no máximo, procurando determinar a "vontade atual" ou "os propósitos subjetivos presentificados".[33] Embora um tal método, que reduz a exegese constitucional a uma operação puramente mecânica, tenha sido confundido por muitos críticos com a forma mais pura do interpretativismo, alguns de seus cultores insistem em distinguir uma segunda linha mais fértil e adequada às tarefas hermenêuticas. Um "originalista moderado" atenta para a qualidade aberta da semântica do texto, inserindo-o em seu contexto social e lingüístico e, de certa forma, objetivando os seus pro-

---

[32] Cf. seus votos dissidentes em *Adamson* v. *California*, 332 U.S. 46, 68 (1947) e *Griswold* v. *Connecticut* 381 U.S. 479, 507 (1965).

[33] BORK. *The Tempting of America*: The Political Seduction of the Law, p. 1 et seq., "The intended funcion of the federal courts is to apply the law as it comes to them from the hands of others (...). They must not make or aplly policy not fairly to be bound in the Constitution" (p. 5); PERRY. *The Constitution in the Courts*: Law of Politics?, p. 3 et seq. "According to the originalist apporach to the interpretation of a constitucional provision, the object of the Supreme Court's interpretive inquiry should be the directive (or directives) represented by the provision as orginally understood: the directive the people at he time the provision was constitutionalized, or their representatives, understood the provision to communicate, the directive they meant to issue" (p. 39). Cf., conceitualmente, ELY. *Democracy and Distrust*, p. 1 et seq.

pósitos, a ponto de se falar de algo como a *mens legis*.[34] *Thomas Grey*, enquadrado nessa segunda corrente, defende uma pesquisa dos fins ou propósitos das normas constitucionais: "inferências normativas", escreve, "podem ser extraídas de silêncios e omissões, de estruturas e relações, tanto quanto de comandos explícitos;"[35] nem deixa de estar presente a doutrina do *Chief Justice Marshall* de uma Constituição feita para enfrentar o tempo e "para ser adaptada às várias crises dos negócios humanos".[36] Não pode fugir, no entanto, de uma referência ainda que implícita, mas sempre demonstrada, segundo uma "análise lingüística convencional", à Constituição. A cláusula do devido processo legal, por exemplo, não poderia ser vista como barreira para a ação executiva arbitrária, mas apenas, como sustentara *Black*, para exigir que leis que levassem à privação da liberdade ou da propriedade fossem devidamente aprovadas.[37] Segundo *Grey*, esse modelo importa a exclusão do "devido processo substantivo", a aplicação do *Bill of Rights* para os Estados, assim como a liberdade de expressão, de religião e a exigência de justa indenização por desapropriação e as previsões procedimentais das IV, V, VI e VIII Emendas. Seria duvidoso imaginar que a cláusula de igual proteção impusesse alguma obrigação ao desenvolvimento de uma política estadual de integração racial ou à criação de facilidades ou da chamada "ação afirmativa". Haveriam de ser descartados, pela mesma forma, todos os "interesses fundamentais" que desafiam um "escrutínio estrito" sob a cláusula da igual proteção e questões relativas à distribuição eleitoral ou capacidade de desenvolvimento do *Bill of Rights* mesmo que para fazer frente às mudanças dos valores sociais, derrubando, assim, boa parte da jurisprudência criada em torno das I e IV Emendas. A doutrina de que a VI Emenda garante a nomeação de defensores dativos aos indigentes também cairia por terra; enfim, desabaria qua-

---

[34] BREST. *The Misconceived Quest for the Original Understanding*, p. 204 et seq., 231; PERRY. *The Constitution in the Courts*: Law of Politics?, p. 35, 54 et seq. Esse autor se filia ao que ele chama de "originalismo sem minimalismo", pelo menos no sentido de ser possível uma interpretação contextualizada.

[35] GREY. *Do We Have an Unwritten Constitution?*, p. 705.

[36] ESTADOS UNIDOS. Suprema Corte. *McCulloch v. Maryland*, 17 U.S. (Wheat.) 415, 427 (1819).

[37] ESTADOS UNIDOS. Suprema Corte. *In re wiship*, 397 U.S. 358, 377-385 (1970) – opinião dissidente.

se toda construção jurisprudencial da Corte em torno da Declaração de Direitos norte-americana.[38]

A corrente não-interpretativista reconhece o poder de a Corte descobrir os valores substantivos presentes na Constituição, não sob o peso da "mão dos mortos", mas sob inspiração dos ideais políticos e morais contemporâneos. Uma Constituição vivente ou viva (*living Constitution*). Não seria, assim, de estranhar-se a revelação de valores ou ideais não escritos.[39] Sua expressão nem sempre é tão clara quanto possam indicar os ecos do *legal realism*, sobretudo se buscarmos na fundamentação de decisões da Suprema Corte em temas como "aborto", "privacidade" ou "eutanásia" alguma formulação de seus princípios, manifestando-se quase sempre sobre as bases de princípios gerais como o "devido processo legal" ou a cláusula de "igual proteção", como se de modelo interpretativista se tratasse. Para muitos, contudo, não haveria como proceder de maneira diferente, pois uma possível busca originalista seria impossível, dadas as múltiplas intenções que se projetam dos debates constituintes, sem se poder precisar qual ou quais teriam prevalência, sobretudo se considerarmos que foram expressas há algum tempo. Mesmo que essa tarefa fosse possível, não se haveriam de petrificar as intenções, manifestadas em um contexto social bem distinto e indiscutivelmente com uma complexidade bem menor.[40] Ainda mais se considerarmos as fórmulas abertas (*open-ended*) ou "cláusulas délficas", pela sua indeterminação, obscuridade e até mistério, a alimentar a identificação judicial, feito "oráculo de Delfos", de suas possíveis significações.[41] Seria um contra-senso, pois, ao exigirem do juiz uma ampla pesquisa das intenções dos constituintes, acabam deixando nas suas mãos um largo espaço de discricionariedade; e, enfim, seria um erro, pois resultaria em leis e governantes ruins. O domínio do passado sobre o presente selaria a ruína do próprio sistema jurídico, social e político.[42]

No Supremo Tribunal Federal, nota-se uma prevalecente tendência objetivista ou subjetivamente neutra, que, ao descartar as

---

[38] GREY. *Do We Have an Unwritten Constitution?*, p. 707.

[39] Ibidem, p. 706.

[40] ELY. *Democracy and Distrust*, p. 11 et seq.

[41] MILLER. *The Supreme Court*: Myth and Reality, p. 3.

[42] KAY. *Adherence to the Original Intentions in Constituitional Adjudication*: Three Objections and Responses, p. 74 et seq.

interferências dos valores particulares do intérprete, procura atentar mais para o produto do que para a vontade do constituinte. Valorizam-se, por isso, os princípios sistemáticos e teleológicos sobre o semântico, embora discussões sobre o alcance do significado textual possam vir a ser muito mais decisivas ao final. Sob certas circunstâncias, todavia, o pressuposto de a *mens legislatoris*, identificada pela investigação histórica, valer menos que a *mens legis* termina por não prevalecer:

> "[sempre que] a realidade subjacente ao projeto [for] a mesma subjacente à lei", vale dizer, se ficar claro "que a norma reflete a vontade do parlamento para o fim de resolver certa situação, situação que (...) a partir da promulgação do texto legal, continuaria sem solução (...) impõe-se a adoção da solução preconizada pelo legislador".[43]

A hermenêutica, como sabemos desde *Heidegger*,[44] *Gadamer*[45] e *Esser*,[46] reconhece a impossibilidade de o intérprete não se deixar levar por preconceitos ou pré-compreensões, ainda que conscientemente procure deles se desfazer. Essa tentativa não passa de *Vorverständnis*, pois, no fim das contas, a experiência teria mais importância intuitiva do que racional. A teoria hermenêutica pode conduzir, por certo, ao arbítrio ou ao voluntarismo, contra os quais se tenta formular ou exigir um carga argumentativa séria, conseqüente e racional ou razoável, mas não deixa de apresentar tópicos que, por estarem entrelaçados com o mundo das vivências culturais ou com as formas de vida compartilhadas, não podem ser descartados, até para reforçar os empenhos metodológicos de controle. Uma decisão do Supremo Tribunal sobre a validade da contribuição social sobre folha de salário, que alcançava administradores e autônomos, pelo menos em sua exposição de princípios, revelou matizes desse tema. Acolhendo-se o voto do Ministro *Marco Aurélio*, reconheceu-se a carga construtiva de todo exercício exegético

---

[43] BRASIL. Supremo Tribunal Federal. Pleno. ADInMC n. 410-SC. Rel. Min. Celso de Mello. *RTJ* v. 153, t. 2, p. 437-450, 446 (Voto do Ministro Carlos Velloso).

[44] HEIDEGGER. *Ser e Tempo*, p. 208 et seq.

[45] GADAMER. *Verdade e Método*, p. 39 et seq., 400 et seq., 559. Para uma análise crítica da "hermenêutica transcendental" de *Heidegger* e *Gadamer*: APEL. *Transformação da Filosofia*, I, p. 26 et seq.; 270 et seq.

[46] ESSER. *Vorverständnis und Methodenwahl in der Rechtsfindung*, p. 7 et seq.

que tinha como ponto de partida e baliza indispensável a ordem jurídico-constitucional e como limite de atuação a impossibilidade de "inserir na regra de direito o próprio juízo – por mais sensato que [fosse]".[47] Exortava-se, a um só tempo, o material legal-positivo existente como matéria-prima do trabalho do intérprete e a sua autocontenção responsável, de modo a não deixar que as opiniões pessoais ou a solução que entendesse mais acertada para os casos regulados viessem a substituir a opção do legislador adotada dentro da margem discricionária de valoração estabelecida pelo Texto Constitucional. "O intérprete não é o legislador" e, por mais descontente que estivesse com a decisão legislativa, veiculada na norma, haveria de adotá-la, se nenhum dispositivo da Constituição fosse violado. Deixou-se de notar que a identificação de uma violação de preceito constitucional é resultado sempre de uma interpretação que pode ser significativamente determinada pelo seu descontentamento.

É interessante registrar, ainda naquela decisão, a importância que desempenha a dimensão semântica das expressões, capaz de deslocar para segundo plano uma interpretação sistemática ou teleológica. "O conteúdo político de uma Constituição não é conducente ao desprezo do sentido vernacular das palavras, muito menos ao do técnico, considerados institutos consagrados pelo Direito."[48] Seria, no entanto, leviana a generalização de que seria a literalidade ou a gramática o centro das atenções interpretativas do Tribunal, como pode dar a entender aquela decisão. A finalidade constitucional deve ser sempre colocada num plano privilegiado. Mas que finalidade? O Ministro *Carlos Velloso*, com apoio na doutrina de *José Alfredo de Oliveira Baracho*,[49] ao anotar a necessidade de serem desenvolvidas regras especiais de orientação para a boa interpretação constitucional, destacando aqueles princípios que se referem ao conteúdo teleológico da Constituição, divisou uma conseqüência ou finalidade constitucional inolvidável: a de instrumento de governo destinado à proteção e à garantia da liberdade e dignidade do homem.[50] Os

---

[47] BRASIL. Supremo Tribunal Federal. Pleno. RE n. 166.772-RS. Rel. Min. Marco Aurélio. *RTJ* v. 156, t. 2, p. 666-692, 669-678.

[48] BRASIL. Supremo Tribunal Federal. Pleno. RE n. 166.772-RS. Rel. Min. Marco Aurélio. *RTJ* v. 156, t. 2, p. 666-692.

[49] BARACHO. *Hermenêutica Constitucional*, p. 113.

[50] BRASIL. Supremo Tribunal Federal. Pleno. RE (Ediv) n. 111.787-GO. Rel. Min. Moreira Alves. *RTJ* v. 158, t. 2, p. 576-603, 582-583.

vetores liberais dessa compreensão poderiam dar lugar a uma rica discussão sobre a sua propriedade e correção ou sobre seu resultado prático e para fins da argumentação. Fiquemos apenas com o princípio lançado do irrecusável apelo aos fins da Constituição como pauta de hermenêutica e a consideração de dois casos colhidos na jurisprudência do Tribunal.

No RE n. 157.959,[51] discutia-se a possibilidade de ser estendida a inelegibilidade absoluta que se previa originariamente no artigo 14, § 5.º, da Constituição, para o caso de Prefeito, ao cargo de Vice-Prefeito, de modo a impedir que o Chefe do Executivo municipal viesse a se desincompatibilizar e, assim, concorrer, no pleito seguinte, ao cargo de Vice-Prefeito. Contra a tese estava o princípio de que não se pode interpretar extensivamente norma restritiva de direito. Por maioria, contudo, o Tribunal sobrepôs uma interpretação teleológica, destinada a "revelar e definir o exato sentido da norma, de molde a impedir que, por via indireta, viesse ele a frustrar-se". Essa frustração se operaria pela interpretação restritiva:

> "(...) o vice-prefeito substitui ou sucede o prefeito. Para isso o vice. Faria ele, justamente, substituindo ou sucedendo, o que a Constituição proíbe, ou seja, que o prefeito volte ao cargo no período subseqüente."[52]

Uma suposta interpretação sistemática pode resultar, por exemplo, numa redução do âmbito da norma por aplicação de uma cláusula, reconhecida como de exceção ou especialidade, ainda que coubesse uma interpretação teleológica com resultados diversos. A corrente minoritária, formada pelos Ministros *Marco Aurélio*, *Carlos Velloso* e *Sepúlveda Pertence*, interpretava o artigo 235, III, das Disposições Constitucionais Gerais da Lei Magna do Brasil, prescrevendo que nos dez primeiros anos da criação de Estado, o Tribunal de Contas teria três membros, nomeados, pelo Governador eleito, dentre brasileiros de comprovada idoneidade e notório saber, em conjunto com o artigo 73, § 1.º, III, da Constituição que exige, para nomeação dos Ministros do Tribunal de Contas da União

---

[51] BRASIL. Supremo Tribunal Federal. Pleno. RE n. 157.959-RJ. Rel. Min. Ilmar Galvão. *RTJ* v. 153, t. 1, p. 298-308.

[52] BRASIL. Supremo Tribunal Federal. Pleno. RE n. 157.959-RJ. Rel. Min. Ilmar Galvão. *RTJ* v. 153, t. 1, p. 298-308, 304 (Carlos Velloso).

notórios conhecimentos jurídicos, contábeis, econômicos ou financeiros de administração pública, não reconhecendo ao Governador poder para nomear conselheiros para Corte de Contas sem qualquer formação técnico-profissional para o exercício das funções. Defendia-se a necessidade de um mínimo de pertinência entre as qualidades intelectuais dos nomeados e o ofício a desempenhar. Mas terminou por prevalecer o entendimento de que o disposto no artigo 235, III, era regra especial, representando, assim, uma redução dos requisitos da artigo 73 da Constituição.[53]

Em matéria constitucional, discute-se a suficiência ou não desses métodos "tradicionais" de hermenêutica jurídica, havendo quem defenda a redução das técnicas àquelas fórmulas apresentadas por *Savigny* e a uma preocupação com a letra da norma e o seu significado original, no sentido do originalismo antes estudado; enquanto outros, de forma dominante, sob uma compreensão mais larga que parte da "Constituição" como lei fundamental ou como contrato da sociedade, conforme a perspectiva, têm procurado acrescentar outros critérios, reclamados pela peculiaridade da hermenêutica constitucional, como os chamados "princípios" da unidade constitucional, da maior integração social, da maior eficácia ou otimização constitucional (de sua força normativa), da razoabilidade, da ponderação, concordância prática ou balanceamento dos interesses em conflito e da interpretação conforme a Constituição. Muitos desses critérios foram analisados no decorrer do nosso trabalho. Cuidemos aqui apenas dos princípios (1) da unidade constitucional; (2) da ponderação dos interesses em conflito; (3) da razoabilidade e (4) da interpretação conforme à Constituição. Deve-se ficar atento para o fato de que esses métodos estão inter-relacionados, tendo em comum a inexistência de uma base literal específica no texto da Constituição.

## 1. Princípio da unidade da Constituição

A compreensão sistemática, harmônica e lógica do texto constitucional conduz à sua unidade:

---

[53] BRASIL. Supremo Tribunal Federal. Pleno. AO n. 476-RO. Rel. p/ acórdão Min. Nelson Jobim. *RTJ* v. 171, t. 1, p. 10; *Moreira Alves* fez um balanço de dez anos de interpretação da Constituição de 1988 pelo STF: *Interpretação da Constituição pelo Supremo Tribunal Federal* (10 anos), p. 239 et seq.

"Uma disposição constitucional particular não pode ser considerada isoladamente e nem pode ser interpretada em si, (...). Ela se encontra dentro de um conjunto de sentido com as outras disposições constitucionais, exprimindo uma unidade interior. Do conteúdo complexo da Constituição, nós retiramos os princípios determinados e as decisões constitucionais aos quais as disposições constitucionais são subordinadas."[54]

Esse princípio, que, a *priori*, pode conduzir à complementação sistemática de dispositivos constitucionais distintos, de forma a produzir uma só norma constitucional – assim, por exemplo, da garantia do direito de propriedade (art. 5.º, XXII) e do princípio da função social da propriedade (art. 5.º, XXIII) pode-se extrair a norma de proteção do direito da propriedade que atenda a sua função social –, tem servido para reduzir diversas disposições a uma apenas, não no sentido da complementação indicado, mas de redução dos significados possíveis a um único, infirmando outra máxima corrente nos trabalhos hermenêuticos, de que a lei não possui palavras inúteis:

"O art. 37 da CF/88 que, no inc. I, garante o acesso aos cargos públicos, é o mesmo que, nos incs. XVI e XVII, veda a acumulação remunerada destes, a evidenciar que a garantia é restrita a um só cargo, e não a mais de um."[55]

Essa exegese pode mostrar-se mais problemática em certos casos, como o da progressividade do imposto de propriedade predial e territorial urbana.

A doutrina brasileira não havia chegado a um acordo sobre a possibilidade de progressividade fiscal do IPTU, levando em conta o teor dos artigos 145, § 1.º, 156, § 1.º, I, e 182, § 4.º, II, da Constituição. Para os defensores daquela possibilidade, o grande argumento estava centrado na interpretação no primeiro desses artigos: "sempre que possível, os impostos terão caráter pessoal e serão graduados segundo a capacidade econômica do contribuinte". A reserva da possibilidade estava dirigida ao caráter pessoal e não à capacidade con-

---

[54] ALEMANHA. Corte Constitucional Federal. *BVerfGE* 1, 14 (32); também: 7, 198 (205); 33, 23.

[55] BRASIL. Supremo Tribunal Federal. 1.ª Turma. RE (EDcl) n. 141.734-SP. Rel. Min. Ilmar Galvão.

tributiva, que seria princípio informador da espécie impostos.⁵⁶ Nessa linha, podia-se falar em uma progressividade fiscal, fundada na capacidade contributiva (arts. 156, I, e 145, § 1.º), numa progressividade extrafiscal para cumprimento da função social da propriedade (art. 156, § 1.º, I) e noutra, igualmente extrafiscal, "progressividade no tempo", destinada a ser uma sanção ao proprietário do solo urbano não edificado, subutilizado ou não utilizado (art. 182, § 4.º, II).⁵⁷ Embora tenha sido esse, em certa medida, o posicionamento do Ministro *Carlos Velloso*, sobretudo na diferenciação entre a progressividade do artigo 156, § 1.º, e aquela do artigo 182, § 4.º, II, os outros Ministros não se convenceram da tese.

## 2. Princípio da ponderação, concordância prática ou balanceamento dos interesses em conflito

Da unidade constitucional se pode extrair a exigência de conciliação de interesses constitucionalmente protegidos, que se mostrem em conflito. No âmbito das colisões de normas de direitos fundamentais já tivemos oportunidade de esboçar os traços gerais de uma metodologia que tenta dar conta, justificadamente, desse trabalho. Vamos agora voltar ao tema, indicando alguns exemplos da solução desses conflitos, em relação a aspectos ou princípios dos direitos fundamentais e a outros princípios ou normas, organizatórios sobretudo, limitando nossa explanação ao âmbito da jurisprudência do Supremo Tribunal Federal.

A começar com a seguinte indagação: a Lei de crimes hediondos, fixando que a pena seja cumprida necessariamente em regime fechado, viola a garantia constitucional relativa à individuação da pena? A maioria dos Ministros respondeu negativamente à pergunta. Os votos vencidos aduziram os seguintes argumentos:

a) a Constituição Federal garante a individuação da pena, sem excepcionar de sua incidência qualquer prática delituosa (art. 5.º, XLVI);

---

[56] ATALIBA. *IPTU*: Progressividade, p. 233 et seq.; LACOMBE. *Igualdade e Capacidade Contributiva*, p. 157; XAVIER. *Inconstitucionalidade dos Tributos Fixos por Ofensa ao Princípio da Capacidade Contributiva*, p. 119; MACHADO. *O Princípio da Capacidade Contributiva*, p. 124 et seq.

[57] CARRAZZA. *IPTU e Progressividade*: Igualdade e Capacidade Contributiva, p. 111-112.

b) o artigo 5.º, XLIII, ao elencar as restrições a serem impostas àqueles que venham a ter as suas condutas subsumidas aos dispositivos da Lei n. 8.072/1990, não contempla a vedação à progressividade do regime de cumprimento da pena, desautorizando o legislador federal a fazê-lo;

c) a determinação do regime fechado, ao lado da previsão de liberdade condicional, revela uma incoerência da política criminal: descabe a progressão de regime, no entanto, é-lhe assegurado o direito de ver examinada a possibilidade de voltar, de súbito, à convivência social, tão logo transcorrido cumprimento superior a dois terços da pena;

d) também se revela descabida a vedação, se considerado que o regime de cumprimento da pena tem a função de racionalizar a própria pena, evitando a idéia do "mal pelo mal causado", "sabidamente contrária aos objetivos do próprio contrato social" e à própria dignidade do condenado;[58]

e) não existe individualização *in abstracto*, mas tão-somente no caso concreto, levando em conta o agente e as circunstâncias do caso concreto e não a natureza do delito em tese; e

f) há um esvaziamento da garantia de individuação da pena com sua redução apenas ao momento da aplicação judicial da pena.

> "De nada vale individualizar a pena no momento da aplicação, se a execução, em razão da natureza do crime, fará que penas idênticas, segundo os critérios da individualização, signifiquem coisas absolutamente diversas quanto à sua efetiva execução."[59]

Um conceito de individuação da pena diferente do apresentado ou pressuposto pelos dissidentes motivou alguns votos da maioria. O Ministro *Celso de Mello*, por exemplo, insistiu numa tipologia que falava da individualização legal, realizada pelo legislador por meio da

---

[58] BRASIL. Supremo Tribunal Federal. Pleno. HC n. 69.657-SP. Rel. Min. Francisco Rezek. *RTJ* v. 147, t. 2, p. 598-610, 600-603 (voto do Ministro Marco Aurélio).

[59] BRASIL. Supremo Tribunal Federal. Pleno. HC n. 69.657-SP. Rel. Min. Francisco Rezek. *RTJ* v. 147, t. 2, p. 598-610. 608 (voto do Ministro Sepúlveda Pertence).

abstrata cominação das sanções em função da maior ou menor gravidade objetiva do ilícito; da individualização judicial, efetuada pelo juiz, na aplicação concreta da pena e a individualização administrativa, operada na fase de execução da pena, com um tratamento específico para cada condenado nos estabelecimentos prisionais. No entanto, não considerou a progressividade no núcleo do princípio da individuação da pena, nem como postulado constitucional: "A sua eventual inobservância, pelo legislador ordinário, não ofende o princípio da individualização da pena."[60] Já o Ministro *Octavio Gallotti* pareceu distinguir mais claramente a individualização, garantida pelo artigo 5.º, XLVI, da progressividade, afeta à execução da pena, regulada pelo artigo 5.º, XLVIII, que impunha a observância de três condições para sua concretização, sendo uma delas exatamente a natureza do delito, "aquela que correspondeu, penso eu, o dispositivo de lei cuja constitucionalidade se discute."[61]

A mitigação do rigor da pena que poderia despertar o argumento de violação à dignidade do preso, que via, na proibição legal, esfumaçar-se a esperança de vir a ter progressivamente seu retorno ao seio social, era dada, mal ou bem, pela possibilidade da condicional. Se havia críticas a fazer à política criminal adotada pelo legislador, e, por certo havia, ao impedir o retorno gradual do presidiário em troca da possibilidade de abruptamente ser lançado à vida da comunidade, por si só, não gerava inconstitucionalidade, não tocava ou afrontava manifestamente o texto constitucional. O equívoco legislativo não desafiava correção judicial:

> "Não somos uma casa legislativa. Não temos a autoridade que tem o legislador para estabelecer a melhor disciplina. Nosso foro é corretivo, e só podemos extirpar do trabalho do legislador ordinário – bem ou mal avisado, primoroso ou desastrado – aquilo que não pode coexistir com a Constituição (...): a *inconstitucionalidade não se presume*."[62]

---

[60] BRASIL. Supremo Tribunal Federal. Pleno. HC n. 69.657-SP. Rel. Min. Francisco Rezek. *RTJ* v. 147, t. 2, p. 598-610, 607-608, 608.

[61] BRASIL. Supremo Tribunal Federal. Pleno. HC n. 69.657-SP. Rel. Min. Francisco Rezek. *RTJ* v. 147, t. 2, p. 598-610, 609.

[62] BRASIL. Supremo Tribunal Federal. Pleno. HC n. 69.657-SP. Rel. Min. Francisco Rezek. *RTJ* v. 147, t. 2, p. 598-610, 605 (voto do Ministro Francisco Rezek).

O Ministro *Paulo Brossard* também fora enfático nesse ponto: "A lei fez bem, a lei fez mal? O Tribunal não julga a lei em seu merecimento..."[63]

Não faltaram argumentos, contudo, para defender a política legislativa adotada:

> "(...) o conteúdo da regra mencionada ajusta-se à filosofia de maior severidade consagrada, em tema de delitos hediondos, pelo constituinte brasileiro (CF, art. 5.º, XLIII). (...) A opção feita pelo legislador ordinário (...) fundamenta-se em critérios cuja razoabilidade e legitimidade são inquestionáveis."[64]

Ora, mesmo se se enquadrasse a questão na sede da individuação da pena (art. 5.º, XLVI), a dicção constitucional impunha considerar como destinatário da garantia o próprio legislador, a quem cabia, em função da natureza do delito e de todos os elementos circunstanciais, não apenas cominar as penas, mas também definir os correspondentes regimes de sua execução.[65] E se previu a possibilidade da liberdade condicional, mas não quis estabelecer a progressividade, demonstrou a maior severidade no tratamento dos crimes hediondos, "e o fez de objetivamente na lei".[66]

Em um segundo caso, declarou-se que o constituinte ou legislador estadual podiam criar a proibição de acesso a cargos em comissão por parentes de autoridades e titulares de funções do alto escalão do Estado. A norma assim criada concretizava princípios basilares da administração pública, como o da impessoalidade, da moralidade, da legalidade, da isonomia e "do concurso público obrigatório, em sua acepção maior", que superavam qualquer argumento favorável à prevalência do princípio da divisão de poderes, dada a iniciativa reservada do Chefe do Executivo para encaminhar projeto de lei sobre a organização administrativa e a direção superior da administração

---

[63] BRASIL. Supremo Tribunal Federal. Pleno. HC n. 69.657-SP. Rel. Min. Francisco Rezek. *RTJ* v. 147, t. 2, p. 598-610, 609.

[64] BRASIL. Supremo Tribunal Federal. Pleno. HC n. 69.657-SP. Rel. Min. Francisco Rezek. *RTJ* v. 147, t. 2, p. 598-610, 608, (voto do Ministro Celso de Mello).

[65] BRASIL. Supremo Tribunal Federal. Pleno. HC n. 69.657-SP. Rel. Min. Francisco Rezek. *RTJ* v. 147, t. 2, p. 598-610, 607 (voto do Ministro Celso de Mello).

[66] BRASIL. Supremo Tribunal Federal. Pleno. HC n. 69.657-SP. Rel. Min. Francisco Rezek. *RTJ* v. 147, t. 2, p. 598-610, 610 (voto do Ministro Néri da Silvleira).

pública que lhe cabia. O Ministro *Marco Aurélio* esboçou uma justificação plausível ao balanceamento de interesses e direitos, vazados nos princípios contrapostos:

> "A vedação de contratação de parentes para cargos comissionados (...) a fim de prestarem serviços justamente onde o integrante familiar despontou e assumiu cargo de grande prestígio, mostra-se como procedimento inibidor da prática de atos da maior repercussão."

A realidade brasileira certamente chamava o Ministro às contas, para se seguir argumento mais de índole jurídica.

> "Não vejo como se possa, ante a razoabilidade constitucional, dizer do conflito da regra com a Carta de 1988. O que previsto no Diploma Máximo quanto à livre nomeação e exoneração há de ser tomado de forma racional, de modo razoável, presente a boa fé."[67]

É preciso ficar atento à peculiaridade desse caso, pois a jurisprudência do Tribunal dava inteira preferência ou superioridade ao princípio organizatório da livre nomeação e exoneração de cargos em comissão (art. 37, II) sobre qualquer outro. Assim, em relação à estabilidade sindical (art. 8.º, VIII), a ponto de se excluir do rol de beneficiados da garantia o servidor público ocupante de cargo em comissão.[68] Assim, no tocante ao princípio da gestão democrática do ensino público (art. 206, VI, CRFB).

Declarou-se, nesse caso, que uma norma da Constituição amazonense, prevendo eleições para os cargos de direção dos estabelecimentos públicos de ensino e assegurando a participação pelo voto da comunidade escolar, era inconstitucional. O arrolamento, entre as diretrizes estabelecidas no artigo 206 da Constituição, da gestão democrática de ensino público (VI) não bastava para servir de exceção, segundo entendimento, não só ao princípio da livre escolha dos cargos em comissão (art. 37, II) como à regra fundamental do regime presidencialista (art. 84, II e XXV), que outorgava ao Chefe do Po-

---

[67] BRASIL. Supremo Tribunal Federal. Pleno. ADInMC n. 1.521-RS. Rel. Min. Marco Aurélio. *RTJ* v. 173, t. 2, p. 424.

[68] BRASIL. Supremo Tribunal Federal. Pleno. SS n. 1.173-ES. *DJ* 1 de 26/2/97. 1.ª Turma. RE n. 183.884-SP. Rel. Min. Sepúlveda Pertence. *DJ* 1 de 13/8/1999, p. 16; 2.ª Turma. RE n. 248.282-SC. Rel. Min. Marco Aurélio. *ISTF* 217.

der Executivo a direção superior da administração e o provimento de cargos públicos Assim também, dispositivo da Constituição catarinense que garantia o sistema eletivo, mediante voto direto e secreto, nos termos da lei, não passava no teste de constitucionalidade.

No primeiro caso, o Ministro *Octavio Gallotti* salientou:

> "A qualidade de gestão (definida como democrática) não se confunde com a modalidade da investidura, se mesclada de inspiração corporativa, como preconiza a Constituição amazonense, ou puramente orientada, ao revés, pelos critérios de democracia representativa, isto é, pela ação de um Governador, eleito por sufrágio universal. Mesmo porque a ideologia corporativista, histórica e conceitualmente, nem sempre se tem podido conciliar, senão criado áreas de fricção com o ideal da democracia."[69]

O Ministro *Carlos Velloso*, no segundo caso, alertou para o fato de que a gestão democrática do ensino público poderia ser realizada por muitas vias,

> "sendo desarrazoado o pensamento de que só se realizaria mediante a instituição de eleições para o provimento dos cargos de direção nas escolas públicas. Pessoalmente, penso que o sistema de eleição de diretores de escolas públicas não é o melhor e de democrático só tem a aparência (...). A eleição, por parte de toda a comunidade – professores, alunos, pais de alunos, servidores – muita vez tem presente menos o conhecimento científico e mais a capacidade de agradar e de fazer promessas vazias."[70]

O Ministro *Moreira Alves* ainda trouxe outro argumento: o artigo 206 alude à Lei Federal e não a uma Constituição de Estado, "senão vamos ter gestões democráticas diferenciadas quando, na realidade, o que há aqui é um princípio geral aplicável a todo o ensino nacional."[71] O contraponto foi feito pelo Ministro *Marco*

---

[69] BRASIL. Supremo Tribunal Federal. Pleno. ADIn n. 490-AM. Rel. Min. Octaviao Gallotti. *RTJ* v. 163, t. 1, p. 15-22, 19.

[70] BRASIL. Supremo Tribunal Federal. Pleno. ADIn n. 123-SC. Rel. Min. Carlos Velloso. *RTJ* v. 163, t. 2, p. 439-449, 444.

[71] BRASIL. Supremo Tribunal Federal. Pleno. ADIn n. 123-SC. Rel. Min. Carlos Velloso. *RTJ* v. 163, t. 2, p. 439-449, 448-449.

*Aurélio*, que via nos referidos dispositivos, além da aplicação da independência normativa dos Estados federados, uma forma de se

> "tirar do Texto Constitucional Maior a máxima eficácia e efetividade possíveis. (...) A forma de escolha dos diretores e vice-diretores das escolas públicas além de consubstanciar temperamento à atuação discricionária do Chefe do Poder Executivo, atendendo aos anseios da sociedade no que voltados para o critério de mérito, mostra-se em harmonia com o princípio segundo o qual o ensino será ministrado com base na gestão democrática."[72]

Quando examinamos a delimitação das competências federativas pelo Supremo Tribunal, fizemos um resumo das prevalecentes, sem adentrarmos nos discursos de justificação. Aqui mencionaremos apenas um desses discursos, ainda que resumidamente. No caso, cuidava-se de uma lei estadual que condicionava o acesso direto à rodovia estadual por parte dos estabelecimentos comerciais à proibição de se vender ou servir bebida alcoólica, inclusive para aqueles estabelecimentos já instalados à margem da rodovia. A maioria dos Ministros reputou-a constitucional, com os seguintes argumentos: a lei não dispunha sobre matéria de direito comercial, cuja competência legislativa era privativa da União (art. 8.º, XVII, *b*, CF/1967; e art. 22, I, CRFB/1988), mas sim, sobre matéria de direito administrativo – por disciplinar a autorização para dispor de acesso direto à rodovia estadual.[73] Impunha, antes, uma limitação para o acesso direto à rodovia, de modo que, descumprida essa limitação, teria cassada a autorização administrativa de acesso direto à rodovia. "Ora, a autorização é de natureza precária, que pode ser revogada. Quem pode revogar, registra a Procuradoria-Geral da República, pode 'limitar a abrangência da autorização concedida.'" Não existia, portanto proibição de comerciar, vender ou servir bebida alcoólica. Todavia, se o fizesse, poderia perder a autorização de acesso direto à rodovia estadual.[74]

---

[72] BRASIL. Supremo Tribunal Federal. Pleno. ADIn n. 123-SC. Rel. Min. Carlos Velloso. *RTJ* v. 163, t. 2, p. 439-449, 447.

[73] BRASIL. Supremo Tribunal Federal. Pleno. RE n. 148.260-SP. Rel. p/ acórdão Min. Carlos Velloso. *DJ* 1 de 14/11/1996, p. 44.490; 1.ª Turma. RE 183.882-SP. Rel. Min. Ilmar Galvão. *ISTF* 144.

[74] BRASIL. Supremo Tribunal Federal. Pleno. RE n. 148.260-SP. Rel. p/ acórdão Min. Carlos Velloso. *DJ* 1 de 14/11/1996, p. 44.490: extrato do voto do Ministro Carlos Velloso.

"A restrição por lei estadual do acesso à rodovia estadual, e tão-só a esse acesso, visando à inibição da venda de bebidas alcoólicas, de efeitos potencialmente perigosos à segurança do trânsito, insere-se, a meu ver, no âmbito legítimo do poder de polícia do Estado sobre as vias terrestre de seu domínio e sob sua administração."[75]

O Ministro *Marco Aurélio* não esteve de acordo com esse atendimento, vislumbrando usurpação de competência federal:

"A competência para legislar sobre trânsito e transporte é da União – artigo 22, inciso XI, da Constituição Federal. (...) Nem se diga que a regência da matéria fez-se ao abrigo da competência para legislar prevista no inciso XII do artigo 23 da Lei Básica Federal, ou no próprio Código Nacional de Trânsito – artigo 2.º. A uma, porque não se pode cogitar, no caso, de peculiaridades locais. A ingestão de bebidas alcoólicas por motoristas não se dá apenas quando se trafega nas rodovias do Estado de São Paulo. A duas, tendo em vista que a competência comum fixada constitucionalmente o é para 'estabelecer e implantar a política de educação para a segurança do trânsito' e, no caso, a medida legislativa adotada ultrapassou, em muito, a orientação e a fiscalização inerentes ao ato de educar."[76]

A maioria também afirmou que a lei paulista não violava competência do Município para legislar sobre interesse local ou para expedir alvará de funcionamento desse tipo de atividade: "ter acesso direto a uma rodovia estadual não compõe o conteúdo essencial do direito à exploração de certo tipo de estabelecimento comercial, licenciada pelo Município."[77] Para o Ministro *Marco Aurélio*, contudo, havia clara invasão de competência municipal:

"(...) o Estado, a pretexto de disciplinar simples autorização de acesso a rodovia situada no respectivo âmbito, acabou por legislar sobre assunto de interesse local (...). Sob a óptica estritamente administrativa,

---

[75] BRASIL. Supremo Tribunal Federal. Pleno. RE n. 148.260-SP. Rel. p/ acórdão Min. Carlos Velloso. *DJ* 1 de 14/11/1996, p. 44.490: extrato do voto do Ministro Sepúlveda Pertence.

[76] BRASIL. Supremo Tribunal Federal. Pleno. RE n. 148.260-SP. Rel. p/ acórdão Min. Carlos Velloso. *DJ* 1 de 14/11/1996, p. 44.490: extrato do voto vencido do Ministro Marco Aurélio.

[77] BRASIL. Supremo Tribunal Federal. Pleno. RE n. 148.260-SP. Rel. p/ acórdão Min. Carlos Velloso. *DJ* 1 de 14/11/1996, p. 44.490: extrato do voto do Ministro Sepúlveda Pertence.

chega-se ao problema concernente à localização, à licença para comercializar em um determinado lugar esta ou aquela mercadoria, e, com isto, à conclusão de que ao Município está reservada a competência para legislar a respeito."[78]

Também para a maioria, a condição imposta não atentava contra direito adquirido:

"(...) mera licença concedida pela Prefeitura Municipal de um determinado município [não] se alça ao patamar de direito adquirido com relação ao princípio constitucional que assegura a propriedade privada, em detrimento de uma disposição legal maior e abrangente, da competência legislativa do Estado, que proíbe o fornecimento de bebidas alcoólicas, na beira de estrada, aos seus freqüentadores."[79]

Enfim, achava-se, supostamente, justificada por uma certa hierarquia estabelecida constitucionalmente entre os direitos fundamentais:

"Aliás o próprio *caput* do artigo 5.º da Constituição Federal, na tutela dos direitos do cidadão, valoriza em sua escala, em primeiro lugar a vida, para depois garantir a propriedade."[80]

Citemos um último caso. A Constituição de 1988 foi se inspirar na Carta Constitucional de 1937 para assegurar ao Presidente da República a irresponsabilidade por atos estranhos ao exercício de suas funções, na vigência do mandato (art. 86, § 4.º). Muitos constituintes estaduais reproduziram essa norma, estendendo a prerrogativa ao Governador do Estado, suscitando o ajuizamento de diversas ações diretas de inconstitucionalidade.

---

[78] BRASIL. Supremo Tribunal Federal. Pleno. RE n. 148.260-SP. Rel. p/ acórdão Min. Carlos Velloso. *DJ* 1 de 14/11/1996, p. 44.490: extrato do voto vencido do Ministro Marco Aurélio.

[79] BRASIL. Supremo Tribunal Federal. Pleno. RE n. 148.260-SP. Rel. p/ acórdão Min. Carlos Velloso. *DJ* 1 de 14/11/1996, p. 44.490: extrato do voto do Ministro Maurício Corrêa.

[80] BRASIL. Supremo Tribunal Federal. Pleno. RE n. 148.260-SP. Rel. p/ acórdão Min. Carlos Velloso. *DJ* 1 de 14/11/1996, p. 44.490: extrato do voto do Ministro Maurício Corrêa (em face de não ter sido ainda publicado, cf. na http://www.stf.gov.br). Lembremos a defesa de uma hierarquia de normas por SAMPAIO. *Hierarquia entre Normas Constitucionais*, p. 5 et seq.

O Ministro *Ilmar Galvão* fora o relator da ação direta n. 978, mas terminou vencido. Sua argumentação, no entanto, revela pontos controvertidos da tese vitoriosa. Para o Ministro, o artigo 86, § 4.º, veiculava imunidade de natureza formal e temporária, que não diferia da imunidade formal-processual dos membros do Congresso. Visavam ambas a proteger a dignidade do cargo e a assegurar o postulado da independência dos Poderes: "ora, a garantia da independência dos Poderes não constitui atributo restrito à União, revelando-se, ao revés, um princípio de obrigatória observância pelos Estados."[81] A prerrogativa, assim, além de não ser esdrúxula ou excepcional, era de reprodução obrigatória. O fato de a Constituição não ter outorgado, de modo expresso ao Governador, a prerrogativa conferida ao Presidente, como fizera para os Deputados Estaduais relativamente aos Federais, não podia ser interpretado como uma desautorização ao constituinte decorrente. "Se aceito como válido, não se poderia, por igual, aceitar o referido condicionamento de processo criminal contra o Governador, por crime comum, ao prévio pronunciamento da Assembléia Legislativa." A Constituição Federal não fora expressa a respeito da necessidade de licença da Assembléia para instauração de processo contra o Chefe do Executivo estadual, mas nem por isso o Supremo Tribunal deixou de reconhecer-lhe a prerrogativa. Aliás, sob as Constituições anteriores, o Tribunal não vacilara em reconhecer aos Deputados Estaduais as imunidades dos Deputados Federais embora fossem elas silentes a esse respeito, valendo-se sempre e justificadamente do princípio da simetria. "Orientação essa que faz esfumar-se a tese de que, tratando-se de disposição de interpretação restrita, não pode ser estendida aos Estados sem texto expresso."[82]

A tese vencedora viu no dispositivo "cláusula exorbitante do direito comum", instituidora de "privilégio deformador do postulado republicano e dos princípios da responsabilidade e da igualdade a ele inerentes".[83] Por tanta excepcionalidade, só poderia receber interpretação estrita como norma veiculadora de prerrogativa inerente ao Presidente da República como Chefe de Estado.

---

[81] BRASIL. Supremo Tribunal Federal. Pleno. ADIn n. 978-PB. Rel. p/ acórdão Min. Celso de Mello. *RTJ* v. 162, t. 2, p. 462-482, 473.

[82] BRASIL. Supremo Tribunal Federal. Pleno. ADIn n. 978-PB. Rel. p/ acórdão Min. Celso de Mello. *RTJ* v. 162, t. 2, p. 462-482, 474.

[83] BRASIL. Supremo Tribunal Federal. Pleno. ADIn n. 978-PB. Rel. p/ acórdão Min. Celso de Mello. *RTJ* v. 162, t. 2, p. 462-482, 478.

Certamente a técnica de balanceamento de interesses pode-se mostrar muito mais retórica do que lógica, abrindo espaço para conclusões apressadas de mascaramento dos reais motivos da decisão e de subjetivismo ou da sua negação como meio de interpretação.[84] Que as conclusões a que chegou o Tribunal nos casos citados sejam discutíveis não resta dúvida. Não podemos, contudo, admitir que tenham sido produto psicológico de decisionismo judicial, absolutamente irracionais. A simples apresentação dos motivos e da sua ligação às conclusões revela obediência à regra da motivação. Não se pode, pela mesma forma, reduzir a estrutura dedutiva ao silogismo formal que parte da norma positiva exclusivamente e à idéia de um sistema normativo puro. Na base de um sistema axiomático pode estar qualquer conjunto de enunciados, não se exigindo sequer compatibilidade entre eles, tão-somente que sejam finitos. Dessa base axiomática, segundo regras de inferência de natureza sintática, devem-se extrair conseqüências. Mas não qualquer conseqüência. A noção de "conseqüência dedutiva" deve satisfazer aos seguintes requisitos:

a) o conjunto das conseqüências de um conjunto de enunciados contém apenas enunciados (*sentence*);

b) todo enunciado que pertença a um conjunto dado deve ser considerado como conseqüência desse conjunto – todo enunciado é conseqüência de si mesmo; axiomas são também teoremas; e

c) as conseqüências das conseqüências são também conseqüências: se $p$ é conseqüência de $q$ e $q$ é conseqüência de $r$, então $p$ é conseqüência de $r$ (*Tarski*).[85] Ao lado dos sistemas axiomáticos estão os não axiomáticos, embora ambos possam ser dedutivos. Um sistema é dedutivo se se mostra como um conjunto de enunciados que contém todas as suas conseqüências. Ou se pudermos deduzi-las das premissas.

Quando imaginamos que de um enunciado ou de um conjunto de enunciado extrairemos uma e apenas uma conseqüência (Se $p$, $r$), estaremos pressupondo a axiomatização plena do sistema. É possível que um sistema dedutivo seja axiomatizado de distintas bases. Mas, para sê-lo, cada uma dessas bases terá forçosamente

---

[84] POGGI. *Il Sistema Giurisdizionale tra "Attuazione" e "Adeguamento" della Costituzione*, p. 288-289.

[85] ALCHOURRON; BULYGIN. *Introducción a la Metodologia de las Ciencias Jurídicas y Sociales*, p. 86-87.

as mesmas conseqüências; disso resulta que as bases são equivalentes e os sistemas, produzidos a partir dessas bases, idênticos.

Mas as coisas não têm que funcionar exatamente assim. Os argumentos jurídicos são, ao mesmo tempo, lógicos e empíricos; esse hibridismo não importa negação de sua estrutura dedutiva, apenas de sua axiomatização formal. Isso não importa reduzir a Dogmática Jurídica apenas à sua dimensão empírica. A diferença entre as ciências formais e empíricas, aliás, está nos critérios de seleção de seus enunciados primitivos, não na dedução dos enunciados derivados.[86] Torna-se importante, portanto, a estrutura das deduções, podendo haver discordância tanto da base assumida, quanto das regras de inferência empregadas, restando, do ponto de vista pragmático, a regra da maioria e, do ponto de vista científico, a crítica. Não se pode é negar, contudo, que a fundamentação de uma sentença não seja derivação de um sistema normativo, quando parte de uma norma existente nesse sistema para extrair dela uma série de conseqüências.[87] Certo, a admissibilidade absoluta dessa afirmação conduziria ao caos, pois o resultado da interpretação haveria de ser produto do cruzamento das posições dos juízes ou ministros do tribunal com todas as possibilidades de combinações das disposições constitucionais. Do ponto de vista interno, seria o caso. No plano da justificação externa, não. Apenas deve prosperar aquele que estiver em conformidade, não com um critério material de justiça *a priori*,[88] mas com os princípios discursivos aqui mencionados. Equívocos existirão. No entanto, o caminho menos temerário a seguir não pode ser outro. Do ponto de vista da teoria constitucional, parece antes acertado identificar naquela técnica uma forma de "realização" constitucional, em atenção à demanda de integração social, de promoção dos valores pluralistas, do que achatar a Constituição em uma dimensão negativa de poder dizer tudo, menos "o que expressamente proíbe" ou como "capacidade de vetar o próprio contrário".[89]

Não são pequenos os riscos da estratégia de uma justificação *a posteriori*, nem desprezíveis as críticas à sua natureza antidemocrática, tendência de hierarquização e de "estereotipação" do pro-

---

[86] ALCHOURRON; BULYGIN. *Introducción a la Metodologia de las Ciencias Jurídicas y Sociales*, p. 212.

[87] Ibidem, p. 91-92.

[88] ZAGREBELSKY. *La Giustizia Costituzionale*, p. 154 et seq.

[89] DOGLIANI. *Interpretazioni della Costituzione*, p. 81.

cesso e dos próprios argumentos.[90] Lembraria aqui, com o objetivo de apontar os desafios críticos da técnica do *balancing*, os princípios que a Corte Constitucional italiana aplica no controle da constitucionalidade da lei de concretização dos direitos sociais:

a) da graduação na atuação legislativa (Sentença n. 173/1986 e n. 205/1995);

b) da constitucionalidade provisória de uma determinada disciplina dependente de desenvolvimento ou de reforma (Sentença n. 826/1988); e

c) da atuação parcial inconstitucional (Sentença n. 215/1987), tendo declarado a inconstitucionalidade de uma lei que visava facilitar a freqüência dos portadores de deficiência física às escolas secundárias e superiores, sem se preocupar antes em assegurá-la concreta e efetivamente.[91]

Esses princípios, além de materializarem o postulado da democracia, estariam a aplicar o princípio da "justa poupança" da teoria de justiça de *Rawls* ao contemplar os interesses das gerações futuras no cálculo da justiça distributiva.[92] A doutrina italiana, contudo, tem-se referido à técnica adotada pela Corte, sobretudo em relação ao princípio da graduação, como uma "justificação estereotipada", que não examina em concreto a opção legislativa feita, atribuindo-lhe uma presunção de legitimidade quase absoluta.[93] Essa diferença de nível, de prevalência do meio – eficiência econômica – sobre o fim – satisfação dos direitos da pessoa – já no ponto de partida da argumentação afasta a própria técnica de balanceamento, que pressupõe a consideração paritária dos interesses em confronto.[94]

A dificuldade fática, todavia, lança-se sobre a coerência técnica, pois o balanceamento deve ser operado entre valores, enquanto

---

[90] CERVATI. In: *Tema di Interpretazione della Costituzione, Nuove Tecniche Argomentative e "Bilanciamento" tra Valori Costituzionali*, p. 73-74.

[91] MODUGNO. *I "Nuovi Diritti" nella Giurisprudenza Costituzionale*, p. 73.

[92] BIN. *Diritti e Argomenti*: Il Bilanciamento degli Interessi nella Giurisprudenza Costituzionale, p. 153.

[93] PINELLI. *Diritti Costituzionali Condizionati, Argomento delle Risorse Disponibili, Princípio di Equilibrio Finanziario*, p. 554 et seq.; BIN. *Diritti e Argomenti*: Il Bilanciamento degli Interessi nella Giurisprudenza Costituzionale, p. 111; COLAPIETRO. *La Giurisprudenza Costituzionale nella Crisi dello Stato Sociale*, p. 373 et seq.

[94] LUCIANI. *Sui Diritti Sociali*, p. 126-127.

a escassez de recursos, no contraponto da realização dos direitos sociais, constitui um limite externo ao próprio balanceamento (*Silvestri*).[95] Esse argumento se avizinha da tese de que se deve ter em conta sempre, na definição de políticas públicas, um limite que impede a assunção de débitos por uma geração que importe o comprometimento e o sacrifício das gerações futuras.[96] Mas, esse argumento serve tanto às Cortes, quanto ao legislador.

Se já é difícil sustentar um poder judicial para realizar uma operação de balanceamento de "valores" constitucionais, partindo-se de pontos precisos do texto constitucional, que dirá se a nenhum ponto em particular se referir o Tribunal para deduzir as suas conseqüências. Estamos falando do princípio da razoabilidade.

## 3. Princípio da razoabilidade

O princípio da razoabilidade se apresenta como um critério não escrito de aferição da correção constitucional do legislador, segundo uma multiplicidade de pautas que nos dão conta da impossibilidade de reunirmos todos os seus aspectos sob um único conceito, a menos que nos contentássemos com a fórmula singela e abstrata de uma máxima que impõe a toda conduta humana o uso de boas razões.[97] Todavia, para efeito de nosso estudo, tal compreensão seria insuficiente, exigindo um desdobramento mais prático de seu alcance.

*Carlo Lavagna* tenta, a esse fim, enumerar uma série de elementos conceituais, como:

    a)   o princípio da correspondência, sobre o qual o recurso aos contextos humanos para construir a norma de controle deve ser efetuado nos limites em que tal recurso é imposto, seja pela lei controlada, seja pelas prescrições constitucionais de parâmetro;

    b)   o juízo de finalidade, a estabelecer a redução do fim da lei ao fim constitucional prevalecente;

---

[95] Cf. COLAPIETRO. *La Giurisprudenza Costituzionale nella Crisi dello Stato Sociale*, p. 375.

[96] HÄBERLE. *La Libertà Fondamentali nello Stato Costituzionale*, p. 209.

[97] ZAGREBELSKY. *Su tre Aspetti della Ragionevolleza*, p. 179-180.

c) o juízo de pertinência, que consiste na verificação da "razoável" instrumentalidade que tem de existir entre os meios normativos assumidos e os fins a atingir;

d) o juízo de congruência, sobre a idoneidade – técnica ou valorativa – dos meios escolhidos pelo legislador para realizar os fins constitucionais;

e) a coerência em torno da letra e da *ratio* da lei – vício da dimensão sintática da disposição;

f) a evidência, que se mostra como uma espécie de "controle externo" da adequação do conteúdo da lei às noções e conhecimentos comuns, pacíficos e universais; e

g) a obrigação de motivar, indispensável para identificação do atendimento aos requisitos anteriores.[98]

*Cerri* fala de três ordens de argumentos:

a) argumentos de razão científica, destinados à realização de um controle do correto nexo de "implicação analítica" entre o fim perseguido e a disposição adotada, da necessidade, idoneidade e suficiência do meio empregado para conseguir o fim, segundo a "regra da experiência", bem assim a correspondência à realidade das disposições normativas;

b) argumentos de natureza lógico-sistemática, que exigem coerência entre as várias partes do ordenamento ou de uma lei, entre *rationes* de diversas normas, não simples apelo à lógica geral; e

c) argumentos extraídos diretamente da consciência social.[99]

*Zagrebelsky* refere-se a um controle do vício de arbitrariedade decorrente da lei que atente contra a coerência, contra a racionalidade ou contra a justiça concretamente considerada, seja por aportar distinções arbitrárias ou sem fundamento objetivo; seja por se mostrar contra a natureza do direito ou à "natureza da coisa regulada", ao direito como um sistema unitário (racionalidade interna), em face, por exemplo, da incongruência dos meios em relação aos fins ou da falta de justificativa para uma exceção em relação à regra;

---

[98] LAVAGNA. *Ragionevolezza e Legittimità Costituzionale*, p. 1.580.

[99] CERRI. *I Modi Argomentativi del Giudizo di Ragionevolezza delle Leggi*: Cenni di Diritto Comparato, p. 131 et seq.

seja pela violação do imperativo de justiça que se extrai da concepção principiológica da Constituição (razoabilidade intrínseca), valendo assim como um vínculo negativo ao legislador.[100]

*Mortati* se refere a um sentido extraído da lógica, do senso comum, da experiência, das noções técnicas e da consciência social.[101] Mas é possível fazer uma distinção entre um princípio geral de razoabilidade, relacionado ao princípio da igualdade, e outras hipóteses de manifestação ou desdobramento desse princípio, segundo os critérios da adequação, pertinência, congruência, proporcionalidade, coerência interna e razoabilidade intrínseca (*Anzon*).[102]

Uma das formas de ver o princípio da razoabilidade é identificá-lo com uma espécie de "válvula de segurança" de que se vale o juiz constitucional para legitimar o não acolhimento de questões de *per se* fundadas, mas cujo acolhimento produziria conseqüências graves ao sistema. Seria, portanto, um instrumento de controle dos efeitos da decisão, submetido, pela sua escassa definição e extrema labilidade, à discricionariedade daquele juiz.[103] Também surgem críticas contra a tentativa de transformá-lo num critério geral de exame da legalidade e da adequação da escolha política feita pelo legislador, como uma espécie de instrumento de unificação da pluralidade dos valores que não obtiveram uma estável composição pelo legislador, afirmando a sua impossibilidade para dar conta de uma tamanha empreitada, pois a pretendida unidade só poderia ser feita *ex post*, como resultado do trabalho jurisprudencial (*Mezzanotte*).[104] Assim também quem nega uma racionalidade interna ao ordenamento jurídico também denuncia uma suposta "razão externa e fetichista", a serviço de um "poder" irracional sob as vestes de direito (racional), que não passaria de um arbítrio denominado de "razoabilidade".[105]

---

[100] ZAGREBELSKY. *La Giustizia Costituzionale*, p. 129 et seq.; *Su tre Aspetti della Ragionevolezza*, p. 179 et seq.

[101] MORTATI. *Istituzioni di Diritto Pubblico*, p. 725.

[102] ANZON. *Modi e Tecniche del Controllo di Ragionevolezza*.

[103] PISANESCHI. *La Non Omogeneità di Situazioni como Presupposto del Giudizio di Eguaglianza ed il Valore di una Norma Transitoria*, p. 1014.

[104] BARILE. *Il Principio di Ragionevolezza nella Giurisprudenza della Corte Costituzionale*, p. 40-41.

[105] BALDASSARRE. *Intervento su "la Corte Costituzionale e Principio d'Eguaglianza"*, p. 121 et seq.

## A. Corte Constitucional Federal alemã

Não se pode confundir o princípio da proporcionalidade em sentido amplo (*Übermabverbot*), aplicado pelo *Bundesverfassungsgericht*, com a "razoabilidade" da Corte Constitucional italiana ou da Suprema Corte dos Estados Unidos, por duas razões pelo menos: uma de ordem semântica: pela existência da palavra *Wilkür*, identificada como arbítrio e, assim, melhor traduzindo o sentido da não arbitrariedade; e de *Verhältnissmäbigkeit*, vertida em vários significados, ora como base de um teste de "racionalidade", ora como fundamento do teste de "arbitrariedade", ora ainda como "proporcionalidade" mesma; outra de natureza metodológica: a razoabilidade se alia em regra ao princípio da igualdade ou, como nos Estados Unidos, ao devido processo legal, enquanto a proporcionalidade se destina à aferição de meios e fim. Mas essa técnica, desenvolvida sobretudo na proteção dos direitos de liberdade, tem sido usada funcionalmente, pela Corte alemã, para cobrir a exigência argumentativa ocupada, em grande escala, pela razoabilidade.[106]

As suas máximas de adequação, necessidade e proporcionalidade estrita – ou "tolerabilidade" (*zumutbar*) – foram adaptadas assim para atender a uma demanda da "proporcionalidade no Estado de Direito" que não se contém apenas e diretamente na esfera dos direitos fundamentais.[107]

Nesse domínio mais amplo, o espaço de discricionariedade do legislador tem sido alargado de forma especial com a conseqüente atenuação das exigências daquelas máximas. A Corte, por exemplo, tem reconhecido ao legislador a possibilidade de erro de avaliação, quanto aos seus prognósticos, sobretudo em questão econômica.[108] A relação de adequação e necessidade entre meios e fins não pode conduzir a um juízo sobre a medida mais eficiente ou mais idônea,[109] mas apenas a demonstrar a possibilidade de uma intervenção evidentemente menos incisiva (*Evidenzkontrolle*).[110] Também se tem desenvolvido a técnica de *Systemgerechtigkeit* e a de *Konsequenzgedanke* que impõem um vínculo ao legislador, na

---

[106] SCHEFOLD. *Aspetti di Ragionevolezza nella Giurisprudenza Costituzionale Tedesca*, p. 123.

[107] ALEMANHA. Corte Constitucional Federal. *BVerfGE* 43, 242.

[108] ALEMANHA. Corte Constitucional Federal. *BVerfGE* 81, 70.

[109] ALEMANHA. Corte Constitucional Federal. *BVerfGE* 75, 102.

[110] ALEMANHA. Corte Constitucional Federal. *BVerfGE* 36, 1 (17); 81, 70.

realização de suas escolhas, de prévio exame das conseqüências normativas da referida escolha, de modo a resultar coerente com a lógica do sistema. A sua liberdade de escolha fica assim limitada à lógica do sistema como um todo, sendo inconstitucionais escolhas que terminem por afrontá-la ou violá-la.[111] Feitas essas observações, podemos identificar o emprego da técnica nos diversos campos do Direito:

a) no Direito Tributário: entremeando-se com a igualdade, tem-se exigido, na definição da hipótese de incidência da tributação, uma relação proporcional entre os benefícios da tipificação e os efeitos das discriminações que vem a patrocinar:

> "A regra extraída do artigo 2.1 da Lei Fundamental, segundo a qual a prestação tributária pode ser requerida apenas no âmbito de um regime jurídico conforme a Constituição implica a vedação de excessos de medida deduzida do princípio do Estado de Direito, em face da qual ao contribuinte não deve ser imposta uma taxa patrimonial desproporcional;"[112]

b) no Direito Administrativo: aqui aparece mais forte a exigência de respeito aos direitos fundamentais também pela administração pública, reduzindo o seu espaço de discricionariedade. Assim, "no exercício de um poder autorizado deve ser respeitado o princípio da proporcionalidade entre fim e meio."[113] Ou

> "se o legislador subordina o exercício dos direitos inerentes à liberdade geral de ação à outorga de uma autorização administrativa, impõe-se que o meio empregado corresponda aos princípios que inspiram a atividade administrativa em um Estado de Direito, especialmente ao princípio da proporcionalidade. (...). Tipo e medida de controle estatal devem ser adequados à situação para a qual foram previstos;"[114]

c) no Direito Penal e Processual Penal: o princípio da proporcionalidade restringe o princípio da culpa (*Schuldprinzip*), exi-

---

[111] ALEMANHA. Corte Constitucional Federal. *BVerfGE* 9, 291.

[112] ALEMANHA. Corte Constitucional Federal. *BVerfGE* 48, 102.

[113] ALEMANHA. Corte Constitucional Federal. *BVerfGE* 8, 274.

[114] ALEMANHA. Corte Constitucional Federal. *BVerfGE* 20, 150.

gindo uma correspondência entre culpa e grau de ofensa do crime, assim como da medida da pena aplicada ou aplicável:

> "Dos princípios gerais da Lei Fundamental e especialmente do princípio do Estado de Direito deriva no Direito Penal a regra de que a pena cominada deve apresentar uma relação justa com a gravidade do crime e com a culpa do réu; não deve ser de tudo desproporcional em relação ao tipo e à medida da conduta sancionável, nem tampouco cruel."[115]

Um tal princípio demanda um "devido processo penal", inclusive ou principalmente no tocante àquelas medidas coercitivas como a prisão preventiva:

> "O princípio da proporcionalidade no processo penal reclama sobretudo que a medida seja indispensável, que haja uma relação adequada com a gravidade do crime e que seja justificada pela intensidade [dos indícios contra] o suspeito. (...) [A] Constituição pode impor uma determinada gestão do processo em que os aspectos de oportunidade de *per se* respeitáveis para o andamento do processo devam ceder à tutela dos direitos fundamentais. Nesse sentido, o *Bundesverfassungsgericht* está autorizado também a controlar a gestão concreta do processo;"[116]

d) no Direito Eleitoral: com o reconhecimento da necessidade de estabilidade do governo para justificar a cláusula de barreira eleitoral;[117]

e) no Direito Civil: destaca-se o recurso ao princípio em matéria de autonomia privada e na doutrina da eficácia horizontal dos direitos fundamentais (*Drittwirkung*), com reflexo dos institutos civilísticos:

> "O *Bundesverfassungsgericht* tem reiteramente afirmado que o princípio da proporcionalidade tem estatura constitucional e que deve ser respeitado em caso de intervenções do poder público na esfera de liberdade do cidadão. Aqui não se trata todavia de uma

---

[115] ALEMANHA. Corte Constitucional Federal. *BVerfGE* 6, 389.

[116] ALEMANHA. Corte Constitucional Federal. *BVerfGE* 17, 108.

[117] ALEMANHA. Corte Constitucional Federal. *BVerfGE* 1, 208 (248).

intervenção desse gênero. Os tribunais devem simplesmente decidir a pretensão civil de uma relação de Direito Civil em um caso concreto. Para decidir o fundamento e importância de uma pretensão civil, por exemplo, o ressarcimento de um dano, a regra que a Constituição determina a observação nas relações entre os cidadãos e o Estado não pode ser aplicada, nem por via da analogia. A tarefa do Direito Privado consiste em primeiro lugar na resolução dos conflitos de interesses entre os sujeitos jurídicos considerados iguais no modo mais igual possível."[118]

Também se apresenta, embora não tão freqüentemente, como critério usado na repartição de competência federativa, cujo resultado tem indicado uma tendência à intolerância com o tratamento legislativo distinto dispensado pelos diversos *Länder* ou da iniciativa em assuntos não reservados, como a introdução do direito de voto comunal dos estrangeiros, antes de Maastricht, por alguns deles.[119]

### B. Corte Constitucional austríaca

A influência de *Hans Kelsen* no Direito constitucional austríaco é marcante desde o próprio texto da Constituição, que se revela em algumas poucas normas estruturais, a ponto de ser classificada como "Constituição-instrumento de governo" ou "Constituição procedimental-organizatória",[120] até a metodologia dominante da Dogmática do Direito, presa à literalidade das normas e pouco afeita a incursões teleológicas. O mesmo se podia dizer em relação à forma de trabalho da Corte Constitucional austríaca, caracterizada pela utilização de parâmetros muito rígidos de fiscalização da legitimidade constitucional das leis, tendo desenvolvido a "teoria da cristalização", que, ao fim – ou desde o princípio – reconhecia a validade das leis, em um quase reverencial respeito à superioridade do Parlamento. Não é que essa teoria tenha virado relíquia de arqueologia jurisprudencial, pois até hoje é usada pela Corte, por exemplo, para delimitar a repartição de competência entre Estado federal e *Länder*. Todavia, por influência alemã, aquele respeito ao legislador se foi esvaziando no decorrer do tempo.

---

[118] ALEMANHA. Corte Constitucional Federal. *BVerfGE* 30, 173.

[119] ALEMANHA. Corte Constitucional Federal. *BVerfGE* 83, 37.

[120] CERRI. *I Modi Argomentative del Giudizio di Ragionevolezza*: Cenni di Diritto Comparato, p. 149.

Um exemplo marcante dessa mudança de postura pode ser encontrado no controle que passou a fazer sobre a adequação da lei à *Sachlichkeit*, à exigência de que a conseqüência jurídica prevista para uma determinada situação deva concretamente resultar apropriada ao fim perseguido. Essa técnica tem especial relevo para o princípio da igualdade, demandando a subsistência de um fundamento objetivo para diferenças de tratamento legislativo em duplo aspecto: em sua correspondência com a realidade (*Sachlich*) e na proporcionalidade da situação de vantagem dele decorrente.[121] Já se declarou, nesse sentido, que uma diferenciação de tratamento da disciplina jurídica sobre consumo de cigarro entre homem e mulher não apresentava fundamento objetivo algum que a justificasse,[122] assim também ao dispor diferentemente sobre prostituição masculina relativamente à feminina[123] ou ao criar distinção desarrazoada entre a mulher casada e a mulher solteira.[124]

Esse padrão de controle também tem sido empregado em relação a leis retroativas, como forma de tutela da confiança (*Vertrauen*), especialmente pela inexistência de uma situação de fato que justifique um agravamento da posição de vantagem de uma pessoa, beneficiada por um regime legal anterior. Essa situação de fato justificante pode ser encontrada, por exemplo, numa necessidade premente de redução de gastos públicos ou em algum outro interesse público específico; mas ainda há de atender à exigência da "justa medida", ou seja, da sua adequação e não onerosidade excessiva, havendo de ser a medida de intervenção escolhida amplamente difundida e socialmente diferenciada.[125] Estão, assim, delineados os requisitos da necessidade da tutela do interesse público, da adequação ou idoneidade do meio e de sua proporcionalidade, considerando-se, por fim, especial justificação de um grau máximo de tolerabilidade

---

[121] HOLOUBEK. *Die Sachlichkeitsprüfung des allgemeinen Gleichheitsgrundsatzes, dargestellt na der jüngeren Judikatur Verfassungsgerichtshofes insbesondere zum Wirtschaftsrecht*, p. 72 et seq. Apud CERVATI. In: *Tema di Interpretazione della Costituzione, Nuove Tecniche Argomentative e "Bilaciamento" tra Valori Vostituzionale*, p. 76.

[122] ÁUSTRIA. Corte Constitucional. Sammlung 1.526.

[123] ÁUSTRIA. Corte Constitucional. *VerfSlg* 8.445.

[124] ÁUSTRIA. Corte Constitucional. *VerfSlg* 9.545.

[125] HOLOUBEK. *Die Sachlichkeitsprüfung...*, p. 76. Apud CERVATI. In: *Tema di Interpretazione della Costituzione, Nuove Tecniche Argomentative e "Bilaciamento" tra Valori Costituzionale*, p. 76.

(*Erträglichkeit*) nos casos extremos de limitação de direito fundamental particularmente gravosa (*Härtefälle*).[126]

Parcela significativa do pensamento jurídico da Áustria, todavia, alerta que o método desenvolvido pela Corte, a partir dos anos oitenta, põe em risco a Constituição rígida e o Estado democrático de direito. Não há como cindir uma conexão da norma à realidade sem que se envolva um componente axiológico decisivo, rompendo-se assim com o rigor de um método tradicional e objetivamente jurídico para dar lugar a considerações metajurídicas, fundadas nas "concepções de valores do órgão de decisão", relativizando a supremacia da norma constitucional e o próprio princípio de representação democrática. Ainda mais se, após uma análise isenta, concluir-se que as orientações adotadas pela Corte são de tremenda discricionariedade e combatida imprevisibilidade.[127]

## C.  Conselho Constitucional francês

O Conselho Constitucional francês não emprega a expressão razoabilidade (*raisonnable*), embora apresente técnicas de controle de constitucionalidade que se subsumem ao conceito ou aos múltiplos aspectos que a expressão assume no Direito Comparado. Em parte pelo menos, essa ausência se explica pela tradição daquele País de que "le Parlement ne peut pas se tromper", o Parlamento não pode errar, e, de certo, a utilização da expressão assanharia reações hostis do Parlamento. E da doutrina.[128]

Uma primeira técnica está na exigência de que as discriminações criadas pelo legislador se façam sob critérios "objetivos e racionais",[129] vale dizer, discriminações motivadas de maneira geral e

---

[126] SCHAMBEK. *Zur Theorie und Interpretation der Grundrechte in Österreich in Grund und Menschenrechte in Österreich*, p. 89 et seq.

[127] WALTER; MAYER. *Grundriss des Österreichischen Bundesverfassungsrechts*, p. 442 et seq.

[128] FAVOREU. *Conseil Constitutionnel et Ragionevolezza*: D'un Raprochement Improbable à une Communicabilité Possible, p. 222.

[129] FRANÇA. Conselho Francês. Decisão n. 83-164. *DC* de 29/12/1983. *Recueil de Jurisprudence Constitutionnelle* I-166; 89-270. *DC* de 29/12/1989. *Recueil de Jurisprudence Constitutionnelle* I-396; 91-298. *DC* de 24/7/1991. *Recueil de Jurisprudence Constitutionnelle* I-465.

não de maneira pessoal ou subjetiva.[130] Requer-se, para esse propósito, que um "interesse geral" motive ou justifique uma diferença de tratamento legislativo; depois, que essa diferença se funde em situações concretas e aferíveis; enfim, que tenha relação com o objeto ou finalidade da lei, de modo a estabelecer uma "razoabilidade intrínseca".[131] Pode também ser requisitada a coerência interna da lei em relação a um *tertium comparationis*, que pode muito bem ser a legislação como um todo.[132]

A partir do início dos anos 80, o Conselho passou a empregar a técnica de erro manifesto de apreciação, valendo-se da experiência do Conselho de Estado francês. De acordo com essa técnica, sempre que o legislador ultrapassar o limite do tolerável estará sendo arbitrário e excessivo. Sua aparição de maneira expressa se deu em 1982: "considerando que a apreciação realizada pelo legislador sobre a necessidade das nacionalizações decididas pela lei objeto de exame pelo Conselho Constitucional não haveria, na ausência de erro manifesto, de ser recusada;"[133] e passou a ser aplicada para verificar a apreciação do legislador sobre a gravidade e a necessidade das penas previstas para os fatos tipificados como crime[134] e sobre a estipulação do valor dos bens profissionais a partir do qual ficariam excluídos do imposto sobre grandes fortunas.[135]

Não é infrequente o recurso a um teste do tratamento eqüitativo ou *équitable*. A distribuição ou a delimitação de circunscrições eleitorais devem ser sempre imparciais[136] e devem respeitar o equilí-

---

[130] FAVOREU. *Conseil Constitutionnel et Ragionevolezza*: D'un Raprochement Improbable à une Communicabilité Possible, p. 224.

[131] ESCARRAS. *Conseil Constitutionnel et Ragionevolezza*: D'un Raprochement Improbable à une Communicabilitè Possible, p. 217.

[132] FRANÇA. Conselho Francês. Decisão n. 91-297. *DC* de 29/7/1991. *Recueil de Jurisprudence Constitutionnelle*, p. 15.

[133] FRANÇA. Conselho Francês. Decisão n. 81-132. *DC* de 16/1/1982. *Recueil de Jurisprudence Constitutionnelle*, p. 18.

[134] FRANÇA. Conselho Francês. Decisão n. 84-176. *DC* de 25/7/1984. *Recueil de Jurisprudence Constitutionnelle*, p. 55.

[135] FRANÇA. Conselho Francês. Decisão n. 83-164. *DC* de 29/12/1983. *Recueil de Jurisprudence Constitutionnelle*, p. 67.

[136] FRANÇA. Conselho Francês. Decisão n. 85-196. *DC* de 8/8/1985. *Recueil de Jurisprudence Constitutionnelle*, p. 63; Decisão n. 87-227. *DC* de 7/7/1987, p. 41.

brio demográfico,[137] além de, em princípio, procurar atender ao equilíbrio político, aos domínios tradicionais dos partidos políticos, para não se mostrarem arbitrárias, *inéquitables*. Todavia, em outro caso, o Conselho foi mais contido:

> "A Constituição não confere ao Conselho Constitucional um poder geral de apreciação e de decisão idêntico àquele do Parlamento, não lhe competindo, então, analisar se as circunscrições resultaram de delimitação a mais eqüitativa possível."[138]

Outras vezes, não se tem mostrado, assim, tão formal e cerimonioso: o número de conselheiros fixado pelo legislador para as quatro regiões da Nova Caledônia repousava sobre um erro manifesto de apreciação da importância demográfica real delas;[139] o tratamento dispensado a certas categorias de sociedades de crédito agrícola atentava contra o princípio da igualdade por superar manifestamente o que seria necessário.[140]

Como a declaração de erro manifesto traz em si um certo grau de hostilidade em relação ao legislador, o Conselho passou a fazer uso do princípio da proporcionalidade, ligado, na maioria dos casos, à igualdade e às limitações dos direitos fundamentais, exigindo um equilíbrio nas opções legislativas e uma relação entre meios e fins, de forma a impedir que sejam aprovadas leis de "desproporção manifesta", de "conseqüências desproporcionais de maneira excessiva", "desnecessárias"; assim, por exemplo, quando a lei atenta de forma excessiva, a pretexto de salvaguarda da ordem pública, contra os direitos fundamentais de certos estrangeiros[141] ou, com vistas a prevenir a corrupção, quando outorga a um órgão administrativo o poder de obter das empresas de comunicação todo documento, registros bancários,

---

[137] FRANÇA. Conselho Francês. Decisão n. 86-208. *DC* de 1/7/1986. *Recueil de Jurisprudence Constitutionnelle* I-262.

[138] FRANÇA. Conselho Francês. Decisão n. 86-218. *DC* de 18/11/1986. *Recueil de Jurisprudence Constitutionnelle* I-296.

[139] FRANÇA. Conselho Francês. Decisão n. 85-196 *DC* de 8/8/1985. *Recueil de Jurisprudence Constitutionnelle*, p. 63.

[140] FRANÇA. Conselho Francês. Decisão n. 88-232. *DC* de 7/1/1988. *Recueil de Jurisprudence Constitutionnelle*, p. 17.

[141] FRANÇA. Conselho Francês. Decisão n. 93-325. *DC* de 13/8/1993. *Recueil de Jurisprudence Constitutionnelle* I-539.

arquivos ou correspondências privadas, por se mostrar, em tais casos, "excessivamente atentatório ao direito de propriedade".[142]

Há ainda o recurso à "justiça" da disciplina legislativa. Uma lei havia previsto que, se um jornalista divulgasse a situação fiscal de certas pessoas, haveria de suportar uma sanção fiscal proporcional ao montante da fortuna que havia divulgado. O Conselho considerou-a manifestamente desproporcional. Para *Favoreu*, a questão não era de ser ou não racional, de ser ou não razoável, mas era de justiça que se tratava.[143] Assim também se fala de injustiça em relação a leis que visam atender a uma situação individual, como conceder anistia, sob fórmula aparentemente geral, para beneficiar uma pessoa apenas.[144]

Todas essas técnicas se lançam a pesquisar a legitimidade dos fins e a necessidade, adequação e equilíbrio dos meios escolhidos para consecução daqueles fins. A doutrina francesa se divide entre aqueles que não as vêem como uma forma de violação do princípio democrático representativo, por estabelecer apenas um diálogo público entre o Parlamento e o Conselho, reforçado pela atitude de autocontenção dos conselheiros, não passando, quando muito, de um controle mínimo da atividade legislativa (*Favoreu*); e outra fração que as enxerga como "uma operação intelectual que é, em sua natureza, idêntica àquela realizada (...) pelo Parlamento", que afere a conveniência dos meios, controlando a oportunidade das escolhas feitas pelo legislador (*Habib*).[145]

D. *Corte Constitucional italiana*

Originariamente, a Corte italiana tendia a reconhecer a absoluta discricionariedade do legislador. Na Sentença n. 56 de 1958, passou a afirmar a necessidade de valoração das razões da lei que patrocinava

---

[142] FRANÇA. Conselho Francês. Decisão n. 92-316. *DC* de 20/1/1993. *Recueil de Jurisprudence Constitutionnelle*, p. 14.

[143] FAVOREU. *Conseil Constitutionnel et Ragionevolezza*: D'un Raprochement Improbable à une Communicabilité Possible, p. 226.

[144] FRANÇA. Conselho Francês. Decisão n. 887-244. *DC* de 20/7/1988. *Recueil de Jurisprudence Constitutionnelle* I-324 89-258. *DC* de 8/7/1989. *Recueil de Jurisprudence Constitutionnelle* I-361.

[145] ROSSEAU. *Droit Contentieux du Constitutionnel*, p. 134 et seq.

uma discriminação fundada no sexo. Na Sentença n. 15/1960 foi bem taxativa: "o princípio da igualdade é violado (...) quando a lei, sem um razoável motivo, dispensa um tratamento diverso aos cidadãos que estão em situação igual". Desde então, passou a se referir a um "critério de racionalidade", à "lógica e justificação racional", à "não arbitrariedade", como formas de constatação de "macroscópica irrazoabilidade" ou de "insuficiente ponderação da matéria por parte do legislador" e de declaração de ilegitimidade constitucional. O ferimento da lógica ou da razoabilidade pode ser identificado com a falta de coerência normativa ou de pertinência entre meio e fim. Essa "impertinência", definida como uma relação não equilibrada entre os objetivos perseguidos pelo legislador e os meios utilizados concretamente,[146] difere da máxima da adequação (*Tauglichkeit*) alemã por não se circunscrever apenas à solução de conflitos relativos aos direitos fundamentais, servindo, em princípio, como um instrumento técnico de verificação da constitucionalidade de qualquer norma impugnada.[147]

A "incongruência" ou "imperícia", por seu turno, decorre da relação estabelecida entre o fim perseguido pelo legislador (*ratio legis*) e os meios utilizados, mas no sentido de que a valoração realizada mostrou-se insubsistente em face de um conhecimento técnico específico ou de uma finalidade ou valor superior.[148]

A doutrina tem identificado na construção jurisprudencial da Corte italiana, ao lado de um princípio geral de razoabilidade, uma série de manifestações particulares em diversas áreas de atuação legislativa.[149]

Assim, em:

a) matéria penal: não admite a equiparação quando a norma geral é menos favorável ao imputado ou quando cria uma disparidade irracional e arbitrária de tratamento sancionatório;[150] ou quando ocorre uma desmedida na definição

---

[146] ITÁLIA. Corte Constitucional. Sentença n. 207/1988. *Giurisprudenza Costituzionale*, 1988, p. 774.

[147] REGASTO. *L'intepretazione Costituzionale*: Il Confronto tra "Valori" e "Principi" in alcuni Ordinamenti Costituzionali, p. 151.

[148] MOSCARATI. *Ratio Legis e Valutazioni di Ragionevolezza della Legge*, p. 115.

[149] CRISAFULLI. *Lezioni di diritto costituzionale*, p. 372.

[150] ITÁLIA. Corte Constitucional. Sentença n. 167/1982.

da pena em relação ao conteúdo lesivo do ilícito penal;[151] todavia sustentou a legitimidade de uma prorrogação ampla do prazo de prisão preventiva, considerando "a essencial temporalidade da emergência e da particular razoabilidade da medida adotada em relação à dificuldade objetiva" que existiria para a investigação de crimes conexos pela finalidade de terrorismo e eversão;[152]

b) matéria tributária: emprego de um critério de valor para fins de compensação, de forma abstrata, divorciado da realidade e incoerente em face da diversidade de situações previstas;[153]

c) em relação à forma de Estado: freqüentemente se dá a utilização do princípio nas relações entre Estado e Regiões. O exercício do controle de razoabilidade é desenvolvido a partir do disposto no artigo 97 da Constituição, relativo ao bom andamento da administração pública, integrando a norma constitucional violada, pela insuficiência semântica para servir de parâmetro no juízo de constitucionalidade;[154] e

d) de teoria geral do Direito, com "a imprevista declaração de guerra ao legislador" (*Gentili*), abominando toda espécie de lei interpretativa retroativa, atentatória à certeza do direito e ao princípio da razoabilidade.[155]

Tem-se discutido muito sobre o acerto de a razoabilidade se referir à "incoerência intrínseca" da lei e em relação aos princípios e finalidades gerais do sistema legislativo como um todo. Essa discussão se dá sobretudo em relação ao "anacronismo legislativo" e à "irrazoabilidade superveniente", contraposta, mas também vinculada, à "heterogoneidade dos fins", quando a finalidade originária vem a ser substituída por outra finalidade, sob a qual passa a se mostrar "razoável" a classificação efetuada pela lei velha.[156] A Corte

---

[151] ITÁLIA. Corte Constitucional. Sentença n. 143/1982.

[152] ITÁLIA. Corte Constitucional. Sentença n. 625/1979.

[153] ITÁLIA. Corte Constitucional. Sentença n. 216/1990. *Giurisprudenza Costituzionale*, 1990, p. 1.210. MORBIDELLI. *L'indennizzo Diversificato*: Un Critério di Ragionevolezza, p. 2445.

[154] MOSCARINI. *Ratio Legis e Valutazioni di Ragionevolezza della Legge*, p. 109.

[155] ITÁLIA. Corte Constitucional. Sentença n. 155/1990. *Giurisprudenza Costituzionale*, 1990, p. 952; 380/1990. *Giurisprudenza Costituzionale*, 1990, p. 2.299.

[156] BARILE. *Il Principio di Ragionevolezza nella Giurisprudenza della Corte Costituzionale*, p. 37.

fez uso desse significado do princípio para refutar, por exemplo, a presunção absoluta de duração de enfermidade psíquica.[157] Em meio a posições amplamente favoráveis a essa assunção[158] e a outras que a admitem sob certas condições, destacadamente quando for apenas um controle acessório e útil na escolha dos valores constitucionais que a Corte evoca, como o pluralismo, o respeito às minorias, a garantia do dissenso, a articulação e difusão do poder, a superação dos resíduos socialmente discriminatórios, dentre outros (*Zagrebelsky*), existem aqueles que denunciam a violação ao princípio democrático e a substituição do Parlamento pela Corte no uso de um tal instrumento técnico.[159]

### E. Tribunal Constitucional português

Também em Portugal se tem aplicado o princípio da proporcionalidade na fiscalização de constitucionalidade. De acordo com o Tribunal Constitucional daquele País, na linha clara da elaboração jurisprudencial alemã, esse princípio

> "compreende três vertentes: uma idéia de adequação (da restrição ao objetivo de salvaguardar certo valor constitucional), uma idéia de necessidade ou exigibilidade (da restrição para lograr dito objetivo) e uma idéia de proporcionalidade em sentido estrito (o custo da restrição deve ser proporcional ao benefício de proteção que com ela se alcança)."[160]

A aplicação da proporcionalidade levou à consideração de inconstitucionalidade de uma norma que estabelecia a não embargabilidade total das pensões da seguridade social, mesmo que seu valor fosse manifestamente superior àquele considerado o mínimo necessário para garantir uma existência digna; e da norma que previa a suspensão indefinida de funções no curso de um procedimento disciplinar. Também desse princípio se deduziu o princípio de necessidade das penas, que conduz necessariamente à inconstitu-

---

[157] ITÁLIA. Corte Constitucional. Sentença n. 139/1982; n. 204/1982. *Giurisprudenza Costituzionale*, 1982, p. 2146.

[158] CRISAFULLI. *Lezioni di Diritto Costituzionale*, p. 372.

[159] BARILE. *Il Principio di Ragionevolezza nella Giurisprudenza della Corte Costituzionale*, p. 42.

[160] ALMEIDA. *Portugal*, p. 224-225.

cionalidade da sanção desproporcional, como no delito de deserção, o abandono de navio mercante por tripulantes pescadores; ou a aceitar a descriminalização de certas causas de aborto, sob o fundamento de que "as medidas penais apenas são constitucionalmente admissíveis quando forem necessárias, adequadas e proporcionais à proteção de um determinado direito ou interesse constitucionalmente protegido" e se essa proteção "não puder ser garantida de outra forma".[161]

## F. Suprema Corte norte-americana

A Suprema Corte dos Estados Unidos, como já tivemos ocasião de anotar por mais de uma vez neste trabalho, desenvolveu uma série de testes fundados na racionalidade (*rationality*) ou na razoabilidade (*reasonableness*) para solucionar certos conflitos de interesse surgidos pela intervenção do Estado na esfera de autonomia privada e nos seus múltiplos desdobramentos, garantidos pelo *Bill of Rights*, sobretudo nos domínios das cláusulas do devido processo e de igual proteção, tendo também aplicação no dimensionamento de competências em razão da *intestate commerce clause*. Pressupõe-se, nesses testes, um certo grau de racionalidade do legislador nas suas intervenções, tomando-se como parâmetro um "homem razoável".[162]

Na área econômica, em que teve sua formulação primeira, era clara a tendência contrária ao reconhecimento da razoabilidade de intervenção do Estado, resultando sempre – ou quase sempre – na declaração de inconstitucionalidade da lei até a reviravolta de 1937, a partir do que, a presunção mudou radicalmente de lado. No campo dos direitos fundamentais, todavia, passaram a ser identificados três níveis de aplicação desses testes, como vimos:

a) o nível do *deferential review*, aplicado ainda aos casos de regulação econômica e social, em que se limita a controlar a legitimidade do fim perseguido pela lei e a congruência do meio escolhido em relação ao fim legítimo indicado, não podendo ser, todavia, mais "anti-econômi-

---

[161] ALMEIDA. *Portugal*, p. 225.

[162] ESTADOS UNIDOS. Suprema Corte. *Lochner* v. *People of State of New York*, 198 U.S. 45 (1905) (opinião dissidente de Holmes).

co" ou invasivo do que outro meio disponível e adequado ao mesmo fim;[163]

b) o nível do *strict scrutiny*, na presença de "posições preferenciais" ou "preferidas" (*preferred positions*), identificado por quatro testes parciais: com o teste do interesse público prevalecente (*compelling public interest test*); da vedação de excesso da medida restritiva, abominando superdimensionamentos (*overbreadth*); de sua exatidão semântica, de modo a afastar cláusulas vagas (*vagueness test*) e da demonstração de ser o único meio praticável e adequado (*substantiality*) para tutelar o interesse público e o menos prejudicial à autonomia privada (*least restrictive means test*); e

c) o nível intermediário, para distinções "quase suspeitas" – sexo, por exemplo – a exigir a presença de importante interesse público para justificar a medida e uma relação estreita (*closely related*) entre o meio empregado e o fim perseguido.

Não vamos retomar a discussão já feita em outro ponto do trabalho, apenas indicar alguns outros exemplos de aplicação do princípio pela Suprema Corte, em relação:

a) *à capacidade de tributar*: a validade de um tributo depende de um teste de razoabilidade que indique, além do exercício de uma legítima competência tributária, sua adequação à finalidade fiscal, sem se cogitar, contudo, dos reais motivos que levaram à sua criação. Em 1919, por exemplo, reputou-se constitucional a Lei sobre Drogas e Narcóticos que impunha, além do pagamento de uma taxa especial, o cadastramento federal aos vendedores de certas substâncias especificadas na lei, bem como o controle das vendas em um registro específico que deveria ficar à disposição da fiscalização por dois anos:

"(...) se a legislação aprovada apresenta uma relação razoável com o exercício da competência tributária conferida pela Constituição, não pode ser invalidada em face dos supostos motivos que induziram a sua instituição."[164]

---

[163] BAER. *Equality under Constitution*, p. 27.

[164] ESTADOS UNIDOS. Suprema Corte. *United States* v. *Doremus*, 249 U.S. 86 (1919); *United States* v. *Kahriger*, 345 U.S. 22 (1953).

A imposição de um determinado tributo pode importar um acréscimo dos custos da atividade econômica ou profissional de um indivíduo ou de uma corporação, sem que isso necessariamente gere inconstitucionalidade. Em *vezie Bank v. Fenno*,[165] a Suprema Corte manteve uma taxa sobre notas bancárias emitidas por bancos estaduais, mesmo considerando que os efeitos dessa taxa fossem tirar essas notas de circulação, em face da competência do Congresso para regular o meio circulante, o que tanto se podia fazer por meio de política monetária, quanto fiscal;[166]

b) *à cláusula de igual proteção*: a adoção de políticas legislativas, de medidas administrativas ou de decisões judiciais que importem tratamentos diferenciados se deve pautar em critérios objetivos e revelar um nexo de adequação entre a discriminação perpetrada e os fins perseguidos, não havendo de resultar num impacto sensível apenas sobre um determinado grupo ou raça. Em linha de síntese, é essa a orientação da Suprema Corte na aplicação no princípio da igualdade. Essa doutrina inspira o exame de cada situação com suas particularidades embora, por vezes, seja superada pela impossibilidade de o Judiciário examinar os reais motivos que levaram à adoção de uma certa política ou medida.[167] Em vários outros instantes, a análise da Corte é muito menos formal, cuidando de examinar os efeitos concretos do ato ou a forma como vem sendo aplicada para descortinar alguma discriminação reprovável. Em *Yick Wo* v. *Hopkins*,[168] a Suprema Corte julgou inconstitucional uma lei municipal que condicionava a construção de lavanderias de madeira à concessão de licença. Muito embora fosse a lei "justa em sua superfície e imparcial em sua aparência,"[169] sua aplicação estava proporcionando uma "odiosa discriminação". As licenças, concedidas com absoluta discricionariedade, haviam sido ne-

---

[165] ESTADOS UNIDOS. Suprema Corte. 75 U.S. (8 Wall.) 533 (1869).

[166] Cf. ainda ESTADOS UNIDOS. Suprema Corte. *Mueller* v. *Allen*, 463 U.S. 388 (1983): manutenção de uma lei que permitia a dedução, no cálculo do tributo, de despesas com instrução, livros e transportes realizadas pelos pais de crianças de uma escola paroquial.

[167] Cf. Espaço Jurisdicional Vazio.

[168] ESTADOS UNIDOS. Suprema Corte. 117 U.S. 356 (1886).

[169] ESTADOS UNIDOS. Suprema Corte. *Yick Wo* v. *Hopkins*, 118 U.S. 356, 373 (1886).

gadas a todos os duzentos chineses que tinham entrado com um pedido, ficando patente que a única razão disso seria "a hostilidade a uma raça e nacionalidade (...), injustificada aos olhos da lei".[170] Essa mesma orientação foi usada em *Hernandez* v. *Texas*,[171] para cassar a condenação criminal de mexicano-americano que alegara que

"pessoas descendentes de mexicano eram sistematicamente excluídas do serviço como comissionárias do júri, do grande e pequeno júri, embora fossem tais pessoas plenamente qualificadas para a função e residentes no condado."[172]

A Corte entendeu que a aplicação da lei discriminava aquela classe separada, de mexicanos-americanos, sem se basear em um "critério racial neutro e razoável".[173] O princípio da igualdade não proíbe apenas a existência de leis discriminatórias, mas, afirmativamente, exige do Estado uma atuação que evite a discriminação e promova a integração das raças.[174] Dessa forma, uma lei, adotada por iniciativa popular, prevendo que o conselho da cidade não poderia aprovar nenhuma resolução que importasse discriminação racial, religiosa ou em face de parentesco sem aprovação da maioria dos eleitores era inconstitucional: "embora a lei em sua aparência trate negros e brancos, judeus e gentis de idêntica maneira, a realidade é que o seu impacto se dá sobre a minoria;"[175] pois, seria a maioria quem havia de deliberar sobre as discriminações: ora, "a maioria não precisa de proteção contra discriminação".[176]

---

[170] ESTADOS UNIDOS. Suprema Corte. *Yick Wo* v. *Hopkins*, 118 U.S. 356, 374 (1886). Não podemos esquecer que, no calor da II Guerra Mundial, a Corte reputou constitucional a prisão e dessapossamento dos bens de todos os descendentes japoneses que viviam na Costa Oeste: "the judgment of the military authorities and of Congress that there were disloyal members ot that population, whose number and streghth could not be precisely and quickly ascertaines": *Korematsu* v. *United States,* 323 U.S. 214 (1944); *Hirabayashi* v. *United States*, 320 U.S. 81 (1943).

[171] ESTADOS UNIDOS. Suprema Corte. 347 U.S. 475 (1954).

[172] ESTADOS UNIDOS. Suprema Corte. *Hernandez* v. *Texas*, 347 U.S. 475, 476-477 (1954).

[173] ESTADOS UNIDOS. Suprema Corte. *Hernandez* v. *Texas*, 347 U.S. 475, 478 (1954).

[174] ESTADOS UNIDOS. Suprema Corte. *Eitman* v. *Mulkey*, 387 U.S. 369 (1967).

[175] ESTADOS UNIDOS. Suprema Corte. *Hunter* v. *Erickson*, 393 U.S. 385, 391 (1969).

[176] ESTADOS UNIDOS. Suprema Corte. *Hunter* v. *Erickson*, 393 U.S. 385, 391 (1969). Também: *Washington* v. *Seattle School District n. 1*, 458 U.S. 457 (1982); contra, com atenuantes: *Crawford* v. *board of Education of Los Angeles*, 458 U.S. 527 (1982).

Em *Selective Public Service* v. *Interest Reseach Group*,[177] discutia-se a legitimidade de uma lei que negava ajuda financeira a estudantes universitários que não haviam cumprido com as exigências de cadastramento impostas pela lei, à luz do argumento de que, ao final, importava uma injustificada discriminação contra os pobres. A Corte não viu violação ao princípio da igualdade:

> "(...) mesmo que a lei tenha discriminado os pobres que não se registraram (...), ela deve ser mantida (...), porque está racionalmente relacionada com os objetivos legítimos do Governo de encorajar o cadastro e [com ele] a justa alocação dos escassos recursos federais."[178]

Também não lhe parecia importar um impacto especial sobre os estudantes pobres, pois a obrigação de cadastramento havia sido imposta tanto aos ricos, quanto aos pobres, e "quando a lei prevê diferentes conseqüências aos que cometeram precisamente a mesma ofensa, a discriminação é odiosa".[179]

O interesse público envolvido, mesmo aquele reputado *compelled*, não precisa vir expresso na Constituição, o que pode implicar, para muitos, uma relativização do princípio da rigidez constitucional, pois seus quadros de direitos e princípios se mostram abertos à interferência concretizante do legislador.[180]

### G. Supremo Tribunal Federal

O princípio da razoabilidade tem sido usado pelo Supremo Tribunal Federal como pauta contra a arbitrariedade administrativa e do legislador, ora sob a forma de um simples mandado objetivo de justificação das distinções que promovem no âmbito de situações fáticas aparentemente semelhantes ou equivalentes ou para exceções a direitos fundamentais; ora como requisito de coerência da medida em relação ao sistema constitucional; ora como princípio geral da proporcionalidade ou como alguma de suas máximas; ora ainda como apelo à realidade ou à natureza das coisas, segundo

---

[177] ESTADOS UNIDOS. Suprema Corte. 468 U.S. 841 (1984).
[178] ESTADOS UNIDOS. Suprema Corte. 468 U.S. 841, 859 (1984).
[179] ESTADOS UNIDOS. Suprema Corte. 468 U.S. 841, 880 (1984).
[180] CERRI. *Corso di Ciustizia Costituzionale*, p. 146-147, citando também o caso da Suprema Corte do Canadá.

"a presunção do que normalmente acontece."[181] A pretexto de síntese e sem pretensão de esgotar o assunto, podemos enumerar as seguintes aplicações:

a) *Razoabilidade como mandado de justificação das distinções*: a razoabilidade está mais direta e primeiramente ligada ao direito de igualdade e à proibição de discriminação, de forma a exigir uma justificativa objetiva para tratamentos diferenciados por parte do legislador ou da administração. Em muitos casos, o Tribunal substitui uma argumentação mais clara em torno do critério objetivo justificante, fazendo apelo apenas à razoabilidade, de forma sucinta ou para preencher o espaço entre o relatório e o dispositivo, como se o conceito de razoabilidade fosse evidente o bastante para dispensar maiores considerações. Sob uma tal perspectiva, já declarou, por exemplo, que não fere a isonomia partidária norma que dispõe no sentido de que cada partido só possa registrar candidatos para a Câmara de Deputados, Câmara Legislativa, Assembléias Legislativas e Câmaras Municipais, até cento e cinqüenta por cento do número de lugares a preencher, sendo que nas unidades da Federação nas quais o número a preencher para a Câmara de Deputados não exceder a vinte, cada partido poderá registrar candidatos a Deputados Federal e Estadual ou Distrital até o dobro das respectivas vagas, com um acréscimo de até cinqüenta por cento no caso de coligação, em conta dos princípios da razoabilidade e da proporcionalidade, e por atender, ademais, ao disposto no artigo 45, § 1.º, da Constituição, que manda a lei complementar fixar o número total de Deputados, bem como a representação por Estado e pelo Distrito Federal, proporcionalmente à população.[182] Assim também, afastou ofensa à isonomia tributária na exclusão feita pelo Fisco para opção pelo Sistema Integrado de Pagamento de Impostos e Contribuições – SIMPLES de certas categorias de pessoas e atividades profissionais. Ponderou o relator, Ministro *Maurício Corrêa*, que a lei tributária podia discrimi-

---

[181] BRASIL. Supremo Tribunal Federal. 2.ª Turma. RE n. 192.553-SP. Rel. Min. Marco Aurélio. *DJ* 1 de 16/4/1999, p. 24.

[182] BRASIL. Supremo Tribunal Federal. Pleno. ADInMC n. 1.813-DF. Rel. Min. Marco Aurélio. *RTJ* v. 167, t. 2, p. 92-95.

nar por motivo extrafiscal ramos de atividade econômica, desde que a distinção fosse razoável.[183] Em outras oportunidades, contudo, ele dá a pista do que está a tratar como razoável, permitindo avanços dogmáticos sobre um tal conceito.

b) *Razoabilidade como proporcionalidade em sentido geral*: o princípio da razoabilidade se inscreve como parâmetro para aferição do regular exercício do poder normativo do Estado, por meio de um exercício teleológico de revelação da necessidade, adequação e proporcionalidade da disciplina normativa. Pela adequação se visa revelar um nexo objetivo entre o texto ou o meio que institui e a sua finalidade. Aqui também se insere um desvio da pauta ético-jurídica quando inexistir fundamento lógico (razoabilidade como coerência interna e externa, como congruência ou vedação de excessos) e moral para obtenção das conseqüências pretendidas (razoabilidade como justiça).

- *Razoabilidade como coerência interna da lei*: uma lei não pode ser suicida em sua formulação, havendo de ser clara e internamente coerente. Sob um tal fundamento, já se considerou que o preceito condicionando a transferência do domicílio eleitoral de Prefeito, Vice-Prefeito e Vereador para outro Município, no curso de seu mandato, à renúncia até um ano antes de pleito a realizar-se para eleger os seus sucessores, ofendia aparentemente o princípio da igualdade (art. 5.º, I), por ter instituído para os ocupantes dos mencionados cargos, sem justificação razoável, disciplina diversa da regra geral do *caput*, que previa o recebimento de pedidos de inscrição e transferência até 150 dias antes da data da eleição.[184]

- *Razoabilidade como congruência ou adequação entre meios e fins*: impõe-se que os meios escolhidos pelo legislador sejam idôneos para realização dos fins propostos. Como acentuara o Ministro *Carlos Velloso*, "a doutrina construída

---

[183] BRASIL. Supremo Tribunal Federal. Pleno. ADInMC n. 1.643-UF. Rel. Min. Maurício Corrêa. *DJ* 1 de 19/12/1997, p. 41; RE n. 153.771-MG. Rel. Min. Moreira Alves. *DJ* 1 de 5/9/97, p. 41.892.

[184] BRASIL. Supremo Tribunal Federal. Pleno. ADInMC n. 1.382-DF. Rel. Min. Octavio Gallotti. *DJ* de 22/3/1996, p. 8.206.

pela Corte Suprema americana, no sentido de que o *due process of law* garante a razoabilidade das leis, foi absorvida pelo constitucionalismo brasileiro". Qual seria, no entanto, o conteúdo dessa cláusula para o Ministro *Velloso*? Ele o expôs:

"Holmes, na Suprema Corte, lecionou que as leis, tendo em vista o caráter substantivo do devido processo legal, devem ser razoáveis, devem guardar nexo substancial entre a lei e o objetivo que ela quer atingir."[185]

Por esse motivo, lei distrital, ao instituir pensão especial em benefício de cônjuge, companheira e dependentes de pessoas assassinadas, vítimas de crimes hediondos, com efeitos retroativos a 21 de abril de 1960, adotara critérios desvinculados das conseqüências do crime e da responsabilidade do Estado, e, portanto, carentes de razoabilidade, chocando-se, em conseqüência, com a regra substantiva do devido processo legal (art. 5.º, LIV) e da igualdade (art. 5.º, I; 37, § 6.º);[186] também carece de razoabilidade a concessão de pensão de um salário mínimo para crianças geradas a partir de estupro, por não levar em consideração o estado de necessidade dos beneficiários, mas tão-somente a forma como eles foram gerados.[187]

Pode o legislador, observando a relação de pertinência objetiva e eficaz entre meios e fins, estabelecer requisitos para a investidura em cargo, emprego ou função pública. Assim, por exemplo, não se vê ofensa ao artigo 37, I, nem à isonomia, no fato de o legislador estadual ter exigido para o provimento dos cargos de Auditor, Escrivão, Fiscal de Mercadorias em Trânsito e de Tributos, a diplomação em Direito, Administração, Economia ou Ciências Contábeis;[188] ou a conclusão sobre a circunstância de a pontuação dos títulos apenas

---

[185] BRASIL. Supremo Tribunal Federal. Pleno. ADInMC n. 1.250-DF. Rel. Min. Moreira Alves. *RTJ* v. 163, t. 3, p. 936-942, 941.

[186] BRASIL. Supremo Tribunal Federal. Pleno. ADInMC n. 1.358-DF. Rel. Min. Sydney Sanches. *DJ* 1 de 26/4/1996.

[187] BRASIL. Supremo Tribunal Federal. Pleno. ADInMC n. 2.019-MT. Rel. Min. Ilmar Galvão. *ISTF* 155.

[188] BRASIL. Supremo Tribunal Federal. Pleno. ADIn n. 1.326-SC. Rel. Min. Carlos Velloso. *RTJ* v. 168, t. 2, p. 414-419.

servir à classificação do candidato, jamais definindo aprovação ou reprovação.[189] Desarrazoada, contudo, a fixação do limite de idade estabelecido para a inscrição em concursos para provimento de cargos de professor, no Estado do Rio Grande do Sul, e de auditor do tesouro nacional, na Bahia. Considerou-se, no primeiro caso, que o limite de idade não seria justificável pela natureza das atribuições do cargo de professor; e, no segundo, que, se a carreira de auditor fiscal do tesouro nacional, pela natureza das atribuições dos cargos que a compõem, não pudesse ser integrada, desde seus níveis iniciais, por pessoas com idade superior a 35 anos, não teriam sido dispensados da observância desse requisito, estabelecido genericamente pelo edital, os candidatos ocupantes de cargo ou emprego na Administração direta e autarquias federais;[190] por idêntico, era desarrazoada a limitação, em 40 anos, em relação aos não servidores públicos, para a inscrição no concurso para ingresso na carreira do Ministério Público do Estado de Minas Gerais, por não decorrer da natureza das funções do cargo, já que, para os que fossem funcionários públicos, o limite máximo era de 50 anos;[191] ou o critério previsto em edital de concurso público que emprestava ao tempo de serviço público pontuação superior àquela referente a títulos de pós-graduação.[192] O Constituinte ou legislador estadual podem criar a proibição de acesso a cargos em comissão por parentes de autoridades e titulares de funções do alto escalão do Estado. A norma assim criada concretiza princípios basilares da administração pública, como o da impessoalidade, da moralidade, da legalidade, da isonomia e "do concurso público obrigatório, em sua acepção maior", que superam o princípio da divisão de poderes e o princípio isonômico, em conta da igualdade real de acesso a cargos públicos, desbancada quase sempre pelas relações de família e amizade:

---

[189] BRASIL. Supremo Tribunal Federal. 2.ª Turma. Ag (AgRg) n. 194.188-RS. Rel. Min. Marco Aurélio. *RTJ* v. 167, t. 1, p. 305.

[190] BRASIL. Supremo Tribunal Federal. Pleno. RMS n. 21.033-DF. Rel. Min. Carlos Velloso. *RTJ* v. 135, t. 3, p. 958; RMS n. 21.046-RJ. Rel. Min. Sepúlveda Pertence. *RTJ* v. 135, t. 2, p. 528; 1.ª Turma. RREE n. 176.369-RS e n. 185.300-BA. Rel. Min. Moreira Alves. *ISTF* 49.

[191] BRASIL. Supremo Tribunal Federal. 1.ª Turma. RE n. 197.847-MG. Rel. Min. Moreira Alves. *ISTF* 111.

[192] BRASIL. Supremo Tribunal Federal. 2.ª Turma. RE (AgRg) n. 205.535-RS. Rel. Min. Marco Aurélio. *DJ* 1 de 14/8/1998, p. 11.

"Não vejo como se possa, ante a razoabilidade constitucional, dizer do conflito da regra com a Carta de 1988. O que previsto no Diploma Máximo quanto à livre nomeação e exoneração há de ser tomado de forma racional, de modo razoável, presente a boa-fé."

Escrevera o Ministro *Marco Aurélio*.[193]

- *Razoabilidade como proibição de excesso*: as intervenções legislativas não podem gerar conseqüências desproporcionais àquelas exigidas para realização dos fins propostos, nem resultarem demasiadamente onerosas sob uma equação de custo-benefício mais ampla. Assim, a exclusão do valor-limite das mensalidades escolares dos valores adicionados às mensalidades de 1995, que estivessem sob questionamentos administrativos ou judiciais, não era razoável e ofendia ao devido processo legal substantivo, pois importava que a impugnação feita por um ou alguns estudantes pudesse inviabilizar a inclusão da parcela controvertida no valor das mensalidades de todos os alunos de uma determinada instituição de ensino;[194] também era destituído de razoabilidade o artigo 24 do Estatuto da Advocacia, Lei n. 8.906/94, que declarava nula qualquer disposição ou cláusula que retirasse do advogado o direito ao recebimento dos honorários de sucumbência, ofendendo o princípio do devido processo legal.[195] Essa máxima é ainda mais incisiva em relação às restrições a direitos fundamentais: a proibição imposta pelo Governador do Distrito Federal de realização de manifestações públicas com a utilização de carros, aparelhos e objetos sonoros na Praça dos Três Poderes em Brasília não era razoável, pois impedia a comunicação entre manifestantes, inviabilizando, assim, o exercício da liberdade de reunião;[196] lei que excluía limite máximo

---

[193] BRASIL. Supremo Tribunal Federal. Pleno. ADInMC n. 1.521-RS. Rel. Min. Marco Aurélio. *RTJ* v. 173, t. 2, p. 424.

[194] BRASIL. Supremo Tribunal Federal. Pleno. ADInMC n. 1.370-DF. Rel. Min. Ilmar Galvão. *DJ* 1 de 30/8/1996, p. 30.603.

[195] BRASIL. Supremo Tribunal Federal. Pleno. ADInMC n. 1.194-DF. Rel. Min. Maurício Corrêa. *DJ* 1 de 29/3/1996, p. 9.344.

[196] BRASIL. Supremo Tribunal Federal. Pleno. ADInMC n. 1.969-DF. Rel. Min. Marco Aurélio. *ISTF* 143.

de taxa judiciária no Estado ou que o fixava sem atender ao princípio da razoabilidade, por tornar excessivamente oneroso e até inviabilizar o acesso ao Judiciário, era inconstitucional;[197] por esse motivo também, foi suspensa a eficácia de norma que autorizava o trabalho aos domingos no comércio varejista em geral, respeitadas as normas de proteção do trabalho e observado o artigo 30, I da Constituição Federal, sob o fundamento de violação ao artigo 7, XV, da Constituição, que assegura o direito do trabalhador ao "repouso semanal remunerado, preferencialmente aos domingos". O advérbio "preferencialmente" daria margem a que se flexibilizasse o repouso dominical permitindo o funcionamento aos domingos de determinadas atividades. A eventual inversão do parâmetro constitucional estabelecia exceção que haveria de estar vinculada a um padrão razoável de objetividade, a exemplo do tipo de atividade, interesse público, exigência técnica de continuidade ou a prévio estabelecimento em acordo ou convenção coletiva, e não a interesse unilateral de cada empresa.[198] No entanto, ato normativo que regulava forma de controle do Banco Central do Brasil sobre as entidades do sistema financeiro, especialmente sobre as auditorias independentes, não violava o "princípio constitucional da proporcionalidade", pois não vedava "o exercício de profissão nem impedia o desenvolvimento de atividade econômica".[199]

Dos princípios da razoabilidade e da proporcionalidade, tem-se extraído, no âmbito penal, o princípio da insignificância jurídica (ou da bagatela) do ato tido como criminoso. Seguindo esse argumento, já se considerou sem justa causa ação penal proposta contra ex-prefeita que fora denunciada pela prática de crime de responsabilidade (Decreto-lei n. 201/67, art. 1.º, XIII) por ter contratado, de forma isolada e por curto período, uma pessoa para a atividade de "gari", sem a devida observância da exigência do concurso para provimen-

---

[197] BRASIL. Supremo Tribunal Federal. Pleno. ADInMC n. 1.671-GO. Rel. Min. Nelson Jobim. *ISTF* 120.

[198] BRASIL. Supremo Tribunal Federal. Pleno. ADInMC n. 1.675-UF. Rel. Min. Sepúlveda Pertence. *ISTF* 85.

[199] BRASIL. Supremo Tribunal Federal. Pleno. ADInMC n. 2.317-AL. Rel. Min. Moreira Alves. *ISTF* 221.

tos de cargo público.[200] Excesso que beira à negligência pela precariedade do meio formal de criação ou alteração de institutos jurídicos; assim, carecia de razoabilidade a previsão, por meio de medida provisória com prazo de vigência de 30 dias, de novos casos de ação rescisória, como fizera o Executivo, através da MP n. 1.703/98, reeditada na MP n. 1.798-03/99, ao inserir o inciso X no art. 485 do CPC, prevendo o cabimento dessa ação contra sentença em ação de indenização por desapropriação, quando o valor indenizatório fosse manifestamente superior ao do mercado.[201]

- *Razoabilidade como correspondência com os fatos, com a realidade ou natureza das coisas*: menos explícita, todavia, não menos presente, é a razoabilidade identificada na correspondência que deve existir entre a disciplina legal ou a sua justificativa e o âmbito material de incidência, os fatos e as situações por ela pressupostos ou a sua configuração na realidade, sem que se possa falar em distorção dos fatos ou da natureza das coisas. Esse é o traço que liga a razoabilidade ao senso comum e à empiria, como algo que "normalmente acontece". Sob essa inspiração, decidiu-se que a circunstância de a Constituição, ao vedar a dispensa do empregado sindicalizado a partir do registro da candidatura a cargo de direção ou representação sindical e, se eleito, ainda que suplente, até um anos após o final do mandato, não aludir à ciência do empregador, não implica ausência de recepção das normas contidas na CLT que exigem tal ciência, considerada indispensável a que se venha contestar rescisão de contrato de trabalho.[202] O princípio da igualdade das partes, como imanência do *procedural due process of law*, exige uma compreensão atrelada às posições reais subjetivas, de forma que, sendo uma das partes o Estado, admitem-se alguns favores legais, reputados não arbitrários, por visarem a compensar dificuldades da defesa em juízo das entidades públicas. Assim, por

---

[200] BRASIL. Supremo Tribunal Federal. 2.ª Turma. HC 77.003-PE. Rel. Min. Marco Aurélio. *DJ* 1 de 11/9/1998, p. 5.

[201] BRASIL. Supremo Tribunal Federal. Pleno. ADInMC n. 1.910-DF. Rel. Min. Sepúlveda Pertence. *ISTF* 106.

[202] BRASIL. Supremo Tribunal Federal. 2.ª Turma. RE n. 224.667-MG. Rel. Min. Marco Aurélio. *DJ* 1 de 4/6/1999, p. 20.

exemplo, o estabelecimento do prazo em quádruplo para contestar e em dobro para recorrer para a Fazenda Pública ou o Ministério Público.[203] Mas, se tais favores desafiarem a medida da razoabilidade ou da proporcionalidade, passam a ser caracterizados como "privilégios inconstitucionais", tais como no

"(...) favorecimento unilateral aparentemente não explicável por diferenças reais entre as partes e que, somadas a outras vantagens processuais da Fazenda Pública, agravam a conseqüência perversa de retardar sem limites a satisfação do direito do particular já reconhecido em juízo."[204]

Tratava-se da disparidade entre o prazo de cinco anos de que dispunha o Estado para o ajuizamento de ação rescisória em face do prazo decadencial de dois anos previsto para o particular (CPC, art. 495). Aproxima-se de seu sentido corrente o entendimento de que:

"(...) o princípio da razoabilidade constitucional é conducente a ter-se como válida a regência da proibição via Portaria, não sendo de se exigir lei, em sentido formal e material, especificadora, de forma exaustiva, de bens passíveis, ou não, de importação."[205]

- *Razoabilidade como justiça*: é o caso, por exemplo, da concessão de vantagem pecuniária cuja razão de ser se mostre absolutamente destituída de causa, como a outorga de adicional de férias a inativo.[206] Há ainda que registrar uma outra espécie de razoabilidade ainda mais controvertida:
c) *Razoabilidade como coerência da medida com o sistema constitucional, sobretudo com requisitos ou condições de sua existência ou de seu exercício*: a norma deve ser coerente

---

[203] BRASIL. Supremo Tribunal Federal. Pleno. RE (EDv-EDcl) n. 194.925-MG. Rel. Min. Ilmar Galvão. *ISTF* 143.

[204] BRASIL. Supremo Tribunal Federal. Pleno. ADInMC n. 1.753-DF. Rel. Min. Sepúlveda Pertence. *DJ* 1 de 12/6/1998, p. 51.

[205] BRASIL. Supremo Tribunal Federal. 2.ª Turma. RE n. 205.148. Rel. Min. Marco Aurélio. *DJ* de 19/8/1997.

[206] BRASIL. Supremo Tribunal Federal. Pleno. ADInMC n. 1.158-AM. Rel. Min. Celso de Mello. *RTJ* v. 160, t. 1, p. 141-145.

com o sistema constitucional, já se tendo afirmado que, à vista do princípio da razoabilidade, seria insuficiente ao deferimento de cautelar, por violação da liberdade de criação de partido, norma que condicionava ao registro de seus estatutos no TSE até um ano antes das eleições e à constituição de diretório na circunscrição, a participação no pleito eleitoral, considerando-se que, para um cidadão ser candidato a qualquer cargo eletivo, teria que estar filiado a um partido há pelo menos um ano das eleições (art. 18, da Lei n. 9.096/95).[207]

O apelo à razoabilidade como dissemos pode ser a fórmula de abreviar o discurso de aplicação da norma, assumindo qualquer dos significados descritos anteriormente. Em todos eles, o STF exige-a da atividade do legislador. Em outros momentos, no entanto, a razoabilidade é critério da decisão em si mesma, confundindo-se com a sua "conveniência" ou "necessidade" por imposição prática, pragmática ou jurídica. Flagra-se esse sentido, por exemplo, quando afirma a "razoabilidade da suspensão cautelar de norma que alterou a ordem dos julgamentos, que é deferida até o julgamento da ação direta". [208]

## 4. Princípio da interpretação conforme a Constituição

De acordo com o princípio da interpretação conforme, uma lei, suspeita de inconstitucional, não deve ser anulada, se puder ser interpretada de acordo com as exigências da Constituição. A técnica tem uma aceitação muito generalizada no âmbito das jurisdições constitucionais, pois tenta, na teoria, respeitar a presunção democrática de legitimidade constitucional da lei e, na prática, evitar conflitos com os demais poderes, especialmente com o Legislativo. Embora se possa distinguir essa técnica das diversas modalidades de pronunciamentos interpretativos dos tribunais da jurisdição constitucional, o esquema que se segue tratará conjuntamente de algumas delas na ênfase puramente indicativa de alguns sistemas.[209]

---

[207] BRASIL. Supremo Tribunal Federal. Pleno. ADInMC n. 1.817-DF. Rel. Min. Sepúlveda Pertence. *ISTF* 107.

[208] BRASIL. Supremo Tribunal Federal. Pleno ADInMC n. 1.105-DF. Rel. Min. Paulo Brossard. *DJ* 1 de 27/4/2001, p. 57.

[209] A técnica é empregada na Colômbia: COLÔMBIA. Corte Constitucional. Sentença C-496 de 1994. *M.P. Alejandro Martínez Caballero*; cf. MUÑOZ. *Colombia*, p. 80. Retomamos aqui, em parte, o tema das sentenças intermediárias tratadas na I Parte deste trabalho.

## A. Corte Constitucional Federal alemã

A doutrina e a jurisprudência alemãs, com vistas à defesa da supremacia constitucional, por um lado, e da presunção de legitimidade constitucional da lei por outro, desenvolveram a doutrina da interpretação conforme com a Constituição, tanto como técnica de salvaguarda da constitucionalidade das leis, como método de interpretação constitucional, vedando, nesse caso, que o entendimento e alcance das normas constitucionais fossem definidos a partir das leis.[210]

As normas constitucionais servem, assim, não apenas como normas de controle, mas também como "normas de fundo" que "determinam" o conteúdo equívoco ou impreciso da legislação ordinária.[211] Mas nem sempre é possível um tal aproveitamento legal. Alguns limites de natureza funcional lhe são impostos, não tanto por uma questão metodológica, mas em razão do direito positivo que privilegia a divisão de poderes.[212] Assim, por exemplo, não há como salvar o dispositivo de norma se a interpretação ajustada violar "a letra e o sentido" da lei[213] ou o "fim perseguido pelo legislador":[214]

> "(...) de acordo com a jurisprudência da Corte Constitucional federal não pode, no decurso da interpretação, uma lei inequívoca, segundo o teor literal e o sentido, ser investida de um sentido contrário, nem o conteúdo normativo ser determinado de novo de maneira fundamental, nem a meta legislativa defraudada num ponto de vista essencial."[215]

Esses limites nem sempre são fáceis de delimitar, se imaginarmos que, às vezes, o legislador pode ter intentado um efeito mais amplo do que o permitido constitucionalmente, exigindo, via de conseqüência, uma interpretação restritiva "conforme a Constituição".[216] Para alguns autores, já não seria o caso de interpretação, mas de

---

[210] ALEMANHA. Corte Constitucional Federal. *BVerfGE* 2, 266 (181); 11, 168 (190); 8, 28 (34); 9, 167 (174); 9, 194 (200); 12, 281 (296); 59, 336 (350); 70, 35 (63); 76, 211 (216).

[211] ALEMANHA. Corte Constitucional Federal. *BVerfGE* 11, 168 (190).

[212] MÜLLER. *Discours de la Méthode Juridique*, p. 122-123.

[213] ALEMANHA. Corte Constitucional Federal. *BVerfGE* 2, 380 (398); 18, 97 (11).

[214] ALEMANHA. Corte Constitucional Federal. *BVerfGE* 8, 28 (34).

[215] ALEMANHA. Corte Constitucional Federal. *BVerfGE* 54, 299.

[216] ALEMANHA. Corte Constitucional Federal. *BVerfGE* 33, 52 (70).

redução teleológica e, portanto, de "um desenvolvimento do Direito conforme à Constituição"[217] entre a letra da lei e a intenção do legislador. Pode-se identificar a transgressão desses limites se houver a opção por uma variante de interpretação que importe uma correção do texto da norma elaborada pelo legislador ou se a norma controlada resultar interpretada de uma forma contrária ao que determinam os cânones interpretativos.

Na realidade, a interpretação conforme a Constituição deve ser enxergada como um critério de decisão, dentre as diversas variantes recolhidas pelos métodos tradicionais de interpretação, como aquela que mais realiza a Constituição ou que mais dela se avizinha (*Verfassungsnächste*).

### B. Corte Constitucional austríaca

A Corte Constitucional da Áustria tem desenvolvido uma série de sentenças "intermediárias" entre a constitucionalidade e a inconstitucionalidade das leis, destacando-se a técnica da interpretação conforme a Constituição e proximamente a ela as sentenças aditivas.

Para os austríacos, a interpretação conforme não passa de um desdobramento da interpretação sistemático-teleológica que visa garantir a unidade da Constituição.[218] A Corte vem empregando a técnica tanto para excluir as interpretações inconstitucionais, quanto para declarar aquelas constitucionalmente fundadas. Também tem editado decisões que extraem diretamente das normas da Constituição o complemento necessário para uma lei ordinária. Assim, por exemplo, diante da ausência de uma proibição legal da candidatura do partido nacional-socialista a mandatos eletivos, a Corte derivou tal proibição da aplicabilidade imediata a todas as autoridades estatais em seus respectivos âmbitos de atuação do artigo 3.º da *Verbotsgesetz*, de valor constitucional, que vedava qualquer pessoa, de qualquer modo, a atuar em favor daquele partido ou de seus objetivos.[219]

Tem-se criticado ambas as formas de interpretação. Assim em relação à interpretação conforme,

---

[217] LARENZ. *Metodologia da Ciência do Direito*, p. 481.

[218] SCHÄFFER. *La Relación entre el Tribunal Constitucional y el Legislador*, p. 36.

[219] ÁUSTRIA. Corte Constitucional.s. 10.705; 9.909. SCHÄFFER. *La Relación entre el Tribunal Constitucional y el Legislador*, p. 36.

"seria aconselhável que [o TCA] se limitasse a interpretações não conformes à Constituição. Em nenhum caso lhe corresponde impor sua própria interpretação e, com ela, eventualmente, um significado contrário à clara vontade do legislador".[220]

Quanto à sentença aditiva, afirma-se que a pretensa metodologia hermenêutica da Corte converte uma simples lei ordinária em lei constitucional, fazendo as vezes de um legislador positivo em declarada violação ao princípio da divisão de poderes.[221]

## C. Conselho Constitucional francês

Também na França se desenvolveu uma técnica de interpretação conforme, denominada de "declaração de conformidade sob reservas", por meio da qual a constitucionalidade da lei é submetida ao respeito de interpretações neutralizantes ou construtivas, editadas pelo Conselho.[222] Já em 1959, ele optou por interpretar de uma certa maneira, particularmente conforme a Constituição, ao invés de declarar inválidas diversas disposições do regulamento da Assembléia Nacional.[223] Voltou a utilizar-se dessa técnica para controlar processo de deslegalização[224] e no âmbito da fiscalização de constitucionalidade de leis.[225] Via de regra, vale-se dela em período de profundas mudanças ou em caso de desacordo entre seus membros.[226] Assim, por exemplo, diversos dispositivos da lei de "Segurança e Liberdade" foram submetidos a "estritas reservas de interpretação".[227] É interessante observar que, nesta última decisão, o Conselho utilizou três processos diferentes: impôs a sua interpretação a certos

---

[220] SCHÄFFER. *La Relación entre el Tribunal Constitucional y el Legislador*, p. 36.

[221] Ibidem, p. 36-37.

[222] ROUSSEAU. *Droit du Contentieux Constitutionnel*, p. 138.

[223] FRANÇA. Conselho Constitucional. Decisão n. 59-2. *DC* de 17, 18 e 24/6/1959. FAVOREU; PHILIP. *Les Grandes Décicions du Conseil Constitutionnel*, p. 39-40.

[224] FRANÇA. Conselho Constitucional. Decisão n. 62-18L. FAVOREU; PHILIP. *Les Grandes Décicions du Conseil Constitutionnel*, p. 167-168.

[225] FRANÇA. Conselho Constitucional. Decisão n. 68-35. *DC* de 30/1/1968. *Recueil des Décision du Conseil Constitutionnel*, p. 19.

[226] TURPIN. *Contentieux Constitutionnel*, p. 342.

[227] FRANÇA. Conselho Constitucional. Decisão n. 81-127. *DC* de 19-20/1/1981. FAVOREU; PHILIP. *Les Grandes Décicions du Conseil Constitutionnel*, p. 444-448.

artigos da lei, *v. g.*, dando um alcance restritivo ao artigo que punia quem se recusasse à identificação nas operações policiais de verificações, excluindo da figura penal quem não se identificasse justificadamente; ao tempo em que completou a lei, com disposições adicionais, assim acrescentando a obrigação, ao magistrado que autorizasse a prorrogação por 24 horas da detenção, de examinar o dossiê da pessoa detida; e, por fim, formulou de forma precisa injunções dirigidas às autoridades encarregadas de aplicar e de respeitar a lei, por exemplo, a propósito de aplicação da "prisão direta", recomendando ao juiz o estrito respeito ao princípio da presunção de inocência e à decretação do relaxamento em caso de recurso não pertinente do Procurador da República.

Desde que neutralizem o veneno ("[elles] vident de leur venin") das disposições potencialmente perigosas de uma lei[228] ou que "construam" um quadro legal mais completo, com alterações ou complementos, essas reservas de interpretação podem ser dirigidas, como injunções ou diretivas, às jurisdições,[229] à administração[230] ou ao legislador, neste caso, sobretudo com vistas a evitar uma segunda anulação (técnica do controle do duplo gatilho – *double détente*).[231] Essa técnica confere um poder quase-normativo ao Conselho, embora seja, de todo, imprevisível saber quando fará uso dela ou quando não o fará.[232]

### D. Corte Constitucional italiana

A Corte Constitucional italiana apresenta uma amplo repertório de decisões que ficam entre a pura e simples declaração de inconstitucionalidade e a confirmação da legitimidade constitucional da norma impugnada, mudando o significado da disposição, sem lhe alterar a

---

[228] FRANÇA. Conselho Constitucional. Decisão n. 68-50. *DC* de 30/1/1968. *Recueil des Décision du Conseil Constitutionnel*, p. 23.

[229] FRANÇA. Conselho Constitucional. Decisão n. 81-127. *DC* de 19-20/1/1981. FAVOREU; PHILIP. *Les Grandes Décicions du Conseil Constitutionnel*, p. 444-448.

[230] FRANÇA. Conselho Constitucional. Decisão n. 81-127. *DC* de 19-20/1/1981. FAVOREU; PHILIP. *Les Grandes Décicions du Conseil Constitutionnel*, p. 444-448.

[231] FRANÇA. Conselho Constitucional. Decisão n. 59-2. *DC* de 17, 18 e 24/1/1959. FAVOREU; PHILIP. *Les Grandes Décicions du Conseil Constitutionnel*, p. 39-40; n. 86-208 e 86-218. *DC* de 1-2/7/1986 e 18/11/1986. FAVOREU; PHILIP. *Les Grandes Décicions du Conseil Constitutionnel*, p. 694-700.

[232] TURPIN. *Contentieux Constitutionnel*, p. 344, nota 1.

forma. Pode proferir, nesse sentido, uma decisão de rejeição, dita "corretiva", quando não aceita a interpretação da norma constitucional dada pelo juiz *a quo*. Uma decisão de rejeição pode levar, por outro lado, a uma "interpretação adequadora", mas agora é o dispositivo da lei ordinária que é interpretado de maneira diversa em face dos princípios constitucionais, dizendo-se então "decisão interpretativa de rejeição", se a interpretação adequadora assumir uma relevância formal para o dispositivo, por exemplo, declarando infundada a questão "no sentido da motivação". Essas decisões, corretivas ou adequadoras, estão resumidas às hipóteses em que não se identifica uma interpretação unívoca, na jurisprudência, da norma impugnada, seja por contrastes hermenêuticos insuperáveis, seja porque não se formou uma interpretação consolidada em torno de uma lei, via de regra, recentemente aprovada; ou quando o juiz *a quo* se distanciou da interpretação dominante.[233]

Certas decisões vão além de simples interpretação conforme, pois conduzem a uma verdadeira transformação do significado da lei.[234] Pode, assim, haver uma "decisão interpretativa de acolhimento", por meio da qual a Corte censura o juiz ordinário que tenha desatendido as indicações da decisão interpretativa de rejeição precedente. Numa tal decisão, pode tanto excluir as interpretações ou sentidos inconstitucionais, quanto impor determinada reconstrução interpretativa como a única constitucionalmente conforme (sentença manipulativa). Uma outra técnica consiste em acrescentar norma textualmente não extraída da disposição, por meio de declaração da inconstitucionalidade "para a parte não prevista" ou extirpando determinados conteúdos (sentença aditiva). Assim, por exemplo, a disposição que previa a presença do Ministério Público ao interrogatório do acusado, sem prever também a presença do defensor, em face da paridade de armas, exigia uma intelecção que fizesse incluir o defensor;[235] da mesma forma, dispositivo que fazia depender a procedibilidade de certos crimes contra menores à representação do pai, na parte em que não previa a representação da mãe.[236] A admissibilidade das decisões aditivas, para não ferir a legítima opção do legislador, depende, contudo, de a solução ou fórmula de

---

[233] CERRI. *Corso de Giustizia Costituzionale*, p. 116-117.

[234] ZAGREBELSKY. *La Giustizia Costituzionale*, p. 296 et seq.

[235] ITÁLIA. Corte Constitucional. Sentença n. 190/1970.

[236] ITÁLIA. Corte Constitucional. Sentença n. 9/1964.

acréscimo resultar da própria lógica do sistema legislativo ou constitucional e assim "a rime obbligate".[237]

Pode, ainda, julgar inconstitucional a disciplina legislativa, indicando, não a norma imediatamente aplicável, mas as linhas gerais para uma nova intervenção do legislador, sem prejuízo de que possa o juiz, de pronto, mas dentro de certos limites, aplicá-las na solução dos casos concretos (sentença aditiva de princípio ou com dispositivo geral, sentença mecanismo, sentença-delegação).[238] Procura-se estimular a colaboração entre a Corte, o Parlamento e os juízes, de forma a que seja respeitada a discricionariedade do legislador para prever um "mecanismo idôneo" de proteção dos direitos, sem que seja negado ao juiz ordinário resolver os casos que lhe vêm à mesa, segundo a diretiva determinada pela Corte. Declarou-se, nesse passo, a inconstitucionalidade da falta de previsão de um mecanismo de adequação do valor nominal dos tributos pagos pelas amas de casa, deixando-se ao legislador a determinação desse mecanismo.[239] Pelo mesmo motivo, declarou-se a inconstitucionalidade da disciplina relativa à falta de adequação do subsídio dos trabalhadores agrícolas com direito a um tratamento especial em caso de desemprego:

> "(...) a congruência de uma prestação assistencial, determinada em função das necessidades cotidianas elementares, como o subsídio de desemprego, não pode ser valorada tendo em conta necessidades passadas de maior consistência, mas sim de um modo que permita ao trabalhador a viver."[240]

Afirmou-se, também, a inconstitucionalidade de norma sobre o exercício de greve nos serviços públicos essenciais na parte em que não previa, no caso de abstenção coletiva da atividade judicial dos advogados e procuradores legais, a obrigação de aviso prévio e de um razoável limite temporal de abstenção, ou de outros instrumentos idô-

---

[237] CRISAFULLI. *Lezioni di Diritto Costituzionale*, II, p. 408

[238] ITÁLIA. Corte Constitucional. Sentença n. 243/1993. *Giurisprudenza Costituzionale*, 1993, p. 1.756.

[239] ITÁLIA. Corte Constitucional. Sentença n. 78/1993. *Giurisprudenza Costituzionale*, 1993, p. 712.

[240] ITÁLIA. Corte Constitucional. Sentença n. 288/1994. *Giurisprudenza Costituzionale*, 1994, p. 2.519.

neos para assegurar as prestações essenciais, bem como o procedimento e as conseqüências para as situações não contempladas.[241]

Esse pronunciamento pode ficar ainda mais parecido com o mecanismo de delegação legislativa ao Executivo, ao serem estabelecidos prazos para a atuação do legislador, segundo os princípios constantes da motivação, sob pena de adoção judicial das "decisões apropriadas para a situação". Tais prazos podem ser mais ou menos elásticos – "por ocasião da próxima lei orçamentária ou, de todo modo, na primeira ocasião útil para estabelecer e formular opções globais da política orçamentária."[242] A eficácia dessas decisões, contudo, é freqüentemente posta em cheque. Fala-se de um "duplo efeito paralisante", pois, de um lado, a disciplina declarada inconstitucional não é mais aplicável em virtude do efeito *erga omnes* da decisão e, por outro, o juiz não está em condições de dar um desfecho ao processo antes da intervenção do legislador em muitos casos, por exemplo, quando depende de um acréscimo de despesa. Há ainda a possibilidade de simplesmente o comando não ser atendido ou de o ser apenas formalmente. Para evitar a "descontinuidade das sentenças constitucionais", decidiu-se criar, na Corte, um Departamento para o acompanhamento das sentenças, com o objetivo de indicar à Secretaria da Presidência do Conselho de Ministros e da Presidência das Câmaras, assim como aos secretários das Comissões Parlamentares de Assuntos Constitucionais e Orçamento, as decisões que contiverem auspícios, apelos, admoestações dirigidas ao legislador com vistas a modificar determinadas disciplinas normativas.[243]

Pode-se substituir a norma textual por outra norma com a declaração de inconstitucionalidade de disposições da parte que estatui um regra em lugar de outra (sentença substitutiva). Aqui se dá uma dupla operação: a anulação do conteúdo da disposição impugnada e a adoção, para essa mesma disposição, de um conteúdo diferente, segundo os princípios constitucionais. Sua aplicação depende também da possibilidade de a solução substitutiva ser imposta pela lógica intrínseca do sistema. Uma norma que dá poderes ao Ministro de interferir na esfera de liberdade pessoal, sem mandado judi-

---

[241] ITÁLIA. Corte Constitucional. Sentença n. 171/1996. *Giurisprudenza Costituzionale*, 1996, p. 1.552.

[242] ITÁLIA. Corte Constitucional. Sentença n. 243/1993. *Giurisprudenza Costituzionale*, 1993, p. 1.756.

[243] ROMBOLI. *Itália*, p. 127.

cial, exige uma substituição por outra disciplina que atenda à reserva geral de jurisdição prevista em matéria de liberdade pessoal pelo artigo 13 da Constituição.[244]

Muito se tem criticado essas intervenções da Corte, pois de todas resulta um produto normativo inovador, usurpando competências legislativas que, para além da previsão constitucional, encontram, na Itália, expressa vedação infraconstitucional (art. 28 da Lei n. 87/1953). Também se critica a imprevisibilidade na identificação de hipóteses em que uma tal intervenção se faça necessária como forma de salvar a disposição ou o exercício da competência legislativa ou que, por usurpadora, não pode ser desencadeada. Para além disso, aponta-se, como já assinalamos, a possibilidade de "perda de confiança" da própria Corte, por não ser concretizada a decisão tomada.

### E. Tribunal Constitucional espanhol

O Tribunal Constitucional espanhol, por influência das Cortes Constitucionais da Alemanha e da Itália, passou a proferir as chamadas "sentenças interpretativas" e "sentenças manipulativas", usando – e superando – a técnica da interpretação conforme.[245] As primeiras são definidas como

> "aquelas que rechaçam uma demanda de inconstitucionalidade ou, o que é o mesmo, declaram a constitucionalidade de um preceito impugnado de modo que se interprete no sentido que o Tribunal Constitucional considera como adequado à Constituição, ou não se interprete no sentido (ou sentidos) que considera inadequados."[246]

Portanto, pode tanto declarar a única interpretação conforme a Constituição, quanto declarar inconstitucionais interpretações em tais e quais sentidos. O alcance literal se impõe ao Tribunal nessa operação: não pode "tratar de reconstruir uma norma que não esteja devidamente explícita em um texto, para concluir que esta seja a

---

[244] ITÁLIA. Corte Constitucional. Sentença n. 204/1974.

[245] DOMÍNGUEZ; MONTORO; GERRERO; PAGÉS. *Jurisdicción y Procesos Constitucionales*, p. 75 et seq.

[246] ESPANHA. Tribunal Constitucional. STC n. 5/1981. FJ n. 6.

norma constitucional"[247] e nem pode "ignorar ou desfigurar o sentido de enunciados legais meridianos".[248] Os princípios da segurança jurídica em geral, da legalidade estrita e da retroatividade *in bonus* em Direito Penal e Direito Administrativo sancionador também levam a suprimir o recurso a decisões interpretativas em favor da estrita declaração de inconstitucionalidade e nulidade.[249]

As sentenças manipulativas ou redutoras podem ser "aditivas", quando declaram a inconstitucionalidade do preceito por não ter o legislador tomado em consideração algo que, constitucionalmente, deveria prever, levando à sua inconstitucionalidade parcial;[250] ou "construtivas", quando estabelecem mandados orientados para o legislador sobre certas garantias que deveriam introduzir na disposição impugnada para torná-la constitucional. Em relação ao projeto de lei orgânica que despenalizava o aborto, por exemplo, afirmou-se a inconstitucionalidade.

> "(...) não em razão das hipóteses em que declara não punível o aborto, mas por descumprir em sua regulação exigências constitucionais derivadas do artigo 15 da Constituição, que resulta por ela vulnerado, nos termos e com o alcance que se expressam no fundamento jurídico 12."[251]

Também, na Espanha, essas técnicas levam a críticas que denunciam seu subjetivismo e a violação do sistema de divisão de poderes, pois não atuaria o Tribunal como "legislador negativo", mas criando normas originárias, usurpando o "âmbito de liberdade de configuração política que só ao legislador corresponde".[252]

## F. *Tribunal Constitucional português*

O Tribunal Constitucional português tem pronunciado sentenças interpretativas, tanto sob a forma de sentenças de não inconsti-

---

[247] ESPANHA. Tribunal Constitucional. STC n. 11/1981. FJ n. 4.
[248] ESPANHA. Tribunal Constitucional. STC n. 22/1985. FJ n. 5.
[249] ESPANHA. Tribunal Constitucional. STC n. 154/1989; STC n. 111/1993.
[250] ESPANHA. Tribunal Constitucional. STC n. 116/1987.
[251] ESPANHA. Tribunal Constitucional. STC n. 53/1985.
[252] DOMÍNGUEZ; MONTORO; GERRERO; PAGÉS. *Jurisdicción y Procesos Constitucionales*, p. 78; LLORENTE. *La Jurisdicción Constitucional en España*, p. 13.

tucionalidade, que não julgam ou declaram a inconstitucionalidade da disposição quando adotada uma determinada interpretação; quanto de sentenças de inconstitucionalidade, julgando ou declarando que a disposição é inconstitucional sob uma certa interpretação. Deve-se determinar, no âmbito do controle concreto de constitucionalidade, primeiramente quais são as interpretações que invalidam a disposição e quais são aquelas que garantem sua subsistência válida, havendo de especificar de forma expressa ou implícita que interpretações são constitucionais e que outras, ao contrário, não o são.

No controle abstrato, segundo *Nunes de Almeida*, tem-se a particularidade de o TC não se enfrentar com qualquer interpretação da disposição efetuada anteriormente por outro tribunal, tornando difícil, às vezes, saber exatamente quando se está diante de uma sentença interpretativa, pois o Tribunal sempre procede a uma interpretação prévia da disposição com o fim de precisar-lhe o sentido, antes de julgar a sua conformidade com a Constituição.[253] Faltaria um pronunciamento de exclusão de certos sentidos da norma impugnada ou de afirmação do único sentido conciliável?

O Tribunal não admite a possibilidade de prolatar sentenças manipulativas ou de delegação, como fazem as Cortes italianas e alemãs:

> "Se, por determinadas razões, a declaração de inconstitucionalidade implicar a necessidade de edição de medidas normativas alternativas, dita função incumbirá naturalmente ao legislador (e não ao Tribunal)."[254]

Todavia, ainda que sob o rótulo de inconstitucionalidade parcial, são identificados pronunciamentos "integrativos" ou "aditivos", considerando-se que o efeito de tais pronunciamentos consiste na edição de uma norma que amplia a aplicação da disciplina constante da normas a casos não previstos.

É exemplo a declaração de inconstitucionalidade:[255] de disposição do Estatuto da Advocacia que determinava a incompatibilidade entre o exercício da advocacia e a atividade como funcionário ou agente de qualquer serviço público, com exceção dos docentes

---

[253] ALMEIDA. *Portugal*, p. 234.

[254] PORTUGAL. Tribunal Constitucional. Sentença n. 154/1996. ALMEIDA. *Portugal*, p. 238.

[255] Cf. ALMEIDA. *Portugal*, p. 239-241.

das disciplinas de Direito, ao considerar a incompatibilidade do exercício da advocacia com a docência de disciplinas que não fossem de Direito, violando a igualdade, ampliando, assim, a exceção prevista originariamente;[256] de dispositivo na parte em que considerava excluído o direito dos agentes militarizados da Polícia de Segurança Pública a apresentar queixas perante o Provedor de Justiça por ações ou omissões dos poderes públicos responsáveis por dita força de segurança, quando tais queixas não tivessem por objeto a violação de seus direitos, liberdades e garantias ou qualquer prejuízo que os afetasse, alargando o âmbito desse direito;[257] das normas de procedimento penal que permitiam que o acusado fosse condenado por uma infração distinta da que ele havia sido inicialmente denunciado ou as que permitiam que o tribunal de Segunda Instância qualificasse de forma distinta os fatos considerados provados e dessa forma pudesse castigar por um delito mais grave do que o mencionado na acusação, mas somente na parte em que tais normas não previam a entrega prévia do traslado ao imputado, privando-o da oportunidade de defender-se, acrescentando, assim, um novo passo ao procedimento penal;[258] de uma disposição que não previa o apoio judicial, em forma de representação letrada aos estrangeiros e apátridas que pretendessem impugnar contenciosamente o ato administrativo que lhes denegasse asilo, ampliando, por conseqüência, o âmbito da defesa letrada prevista na lei.[259]

## G. Supremo Tribunal Federal

O Supremo Tribunal Federal acolheu a dupla função técnica da doutrina da interpretação conforme à Constituição, aplicando-a tanto em sentenças de mérito, quanto em simples pronunciamentos cautelares.[260] O exame da casuística feita em outro ponto deste trabalho nos indica que o emprego dessa técnica pode importar su-

---

[256] PORTUGAL. Tribunal Constitucional. Sentença n. 143/1995.

[257] PORTUGAL. Tribunal Constitucional. Sentença n. 103/1987.

[258] PORTUGAL. Tribunal Constitucional. Sentença n. 173/1992.

[259] PORTUGAL. Tribunal Constitucional. Sentença n. 962/1996.

[260] Basta que o leitor se reporte ao ponto em que tratamos da interpretação conforme a Constituição como técnica de (in)constitucionalidade parcial ou no estudo feito na Parte I, Seção II, § 1, 11 a 13. Sobre o método de hermenêutica constitucional, confiram-se os votos dos Ministros Celso de Mello, Moreira Alves e Octavio Gallotti no MS n. 21.689-DF. Rel. Min. Carlos Velloso. *RTJ* v. 167, t. 3, p. 792-917, 857, 881 e 888.

pressões de sentidos ou adições de ressalvas, não sendo infreqüentes acréscimos de palavras ou orações "corretivas" de enunciados para a salvação constitucional do texto original do legislador.

A rigor, o desenvolvimento do conteúdo das normas constitucionais é feito pelo legislador e, por mais que o constituinte tenha lançado os marcos de definição conceitual, em quase todos os casos, haverá uma margem considerável de manobra legislativa. No exercício de conformidade constitucional das leis, o Judiciário vai laborar sobre uma prévia interpretação desenvolvida pelo legislador, firmando uma interpretação da interpretação. O que deseja o princípio é que se previna da adoção da interpretação legislativa como uma autêntica interpretação da Constituição, deixando de considerar os possíveis excessos ou faltas cometidos pelo legislador. Os olhos do juiz deverão ser lançados antes sobre o próprio texto constitucional e dali para a solução legislativa, enquanto sua mente busca desvendar o equilíbrio da afirmação da supremacia constitucional com o legítimo trabalho de densificação das normas pelo legislador, de modo que não avalize a inconstitucionalidade legislativa ou perpetre ele próprio a ilegitimidade de sobrepor, a uma intepretação conforme, a sua própria, por ser um Hércules ou um intérprete privilegiado.

## 5. Máximas pragmáticas de apreciação da constitucionalidade

Um resumo ainda que apressado da jurisprudência constitucional pode nos pôr diante de máximas pragmáticas de apreciação da constitucionalidade que podem ser enumeradas da seguinte forma: (1) A Corte não examinará a constitucionalidade de uma lei em um processo amigável, se não requisitada, nem (2) antecipará uma questão constitucional, sem que haja necessidade de decidi-la; (3) a Corte não formulará uma regra constitucional em termos mais amplos do que o exigido pelos fatos a que se aplica; (4) nem presumirá a inconstitucionalidade; (5) a evolução da conjuntura deve ser considerada na apreciação da constitucionalidade; (6) não se deve decidir contra a letra da Constituição, presumindo-se que a letra exprima o pensamento da Constituição; (7) as palavras devem ser entendidas em seu sentido usual, quando não tenham sentido técnico próprio; (8) deve-se tanto quanto possível evitar a analogia; (9) deve-se evitar a declaração de inconstitucionalidade de uma lei aplicada por longo tempo, sem contestações.[261]

---

[261] CAVALCANTI. *Do Contrôle da Constitucionalidade*, p. 69 et seq.

Nessa sede, também é discutida a possibilidade de serem usados argumentos externos, mistos de sociologia (empiria) e teleologia, relacionados às conseqüências da decisão (interpretação finalista) que determinam, diante das alternativas apresentadas, a escolha daquela que tem a "melhor conseqüência", a partir de "elementos factuais de concretização", que nos remete à consideração seguinte.

## II. Enunciados empíricos

Uma argumentação compreensiva deve levar em conta os fatos, os dados e as informações da ciências naturais e sociais, e da realidade circundante. O recurso à história das idéias, à evolução política, jurídica e constitucional pode servir para identificação de um continuidade ou descontinuidade normativa, por exemplo. Mesmo no âmbito da jurisdição de constitucionalidade, enunciados dessa espécie desempenham papel importante. A constitucionalidade de uma lei sobre previdência que defina, por exemplo, idade mínima de aposentadoria pode ser infirmada se se demonstra que a expectativa de vida da população, usada como critério pelo legislador, estava equivocada. Não se pode também desconsiderar aqui afirmações fundadas em experiências legislativas passadas ou no resultado alcançado por outro modelo legal-constitucional sobre o mesmo tema.

Na interpretação finalista ou conseqüencial, esse quadro fica bem mais nítido, pois se considera o impacto de uma determinada solução sobre a realidade, que pode passar pela reação da sociedade em seu conjunto ou, ainda, por um segmento específico, pelos outros Poderes; ou dos seus efeitos econômicos e financeiros, sobretudo para a economia do País ou para os cofres públicos, segundo, contudo, a idéia de integração social. Vale dizer que uma dada lógica econômica não pode ser considerada por si mesma, mas como um elemento adicional de argumentação, sob a premissa de que as decisões do tribunal são instrumentos para consecução de certos fins não redutíveis às leis da economia. O tema nos pode lançar, antecipadamente, para a necessidade ou não da aceitação da decisão, renunciado aqui por inoportuno.[262]

Um elemento fático recorrente nas motivações das decisões da jurisdição constitucional é o apelo à "natureza das coisas". A Corte

---

[262] Para um exame crítico: CARVALHO NETTO. *Requisitos Pragmáticos da Interpretação Jurídica sob o Paradigma do Estado Democrático de Direito*, p. 473 et seq.

Constitucional Federal alemã, por exemplo, tem-se valido desse expediente retórico para concretização do princípio da proibição do arbítrio ou da exigência de fundamento razoável a diferença ou identidade de tratamentos dispensados pelo legislador;[263] não como simples "empirismo fático", mas como considerações relativas à estrutura imanente dos setores da vida social, apresentados como fechados em si mesmos, ou daqueles sistemas ordenados, como as ordens profissionais, o direito de assistência social, o direito fiscal, disciplinar e eleitoral;[264] e como critério da coerência sistemática de uma regulamentação legislativa global,[265] levando em conta os dados da realidade que compõem o contexto dos casos a serem decididos.[266] A Corte Constitucional austríaca também se tem valido de uma *Natür der Sache*, no âmbito do controle de constitucionalidade de norma que esteja sendo questionada por se mostrar violadora do princípio da igualdade, exigindo para tratamentos díspares que haja uma justificação "na medida da realidade das coisas".[267]

A consideração dos efeitos práticos, reais e normativos da decisão não tem sido defendida, no âmbito da interpretação judicial, como uma forma mais efetiva à prestação jurisdicional, mas tem desempenhado, na prática, grande importância no processo decisório judicial, mesmo que, às vezes, de forma inconsciente, como assinalou o *Justice Holmes*:

> "Os verdadeiros fundamentos da decisão são considerações da vantagem social e política, e é vão supor que as soluções podem ser alcançadas apenas pela lógica e pelos princípios gerais de direito, que ninguém discute."[268]

---

[263] ALEMANHA. Corte Constitucional Federal. *BVerfGE* 1, 14 (52); 12, 341 (348)

[264] ALEMANHA. Corte Constitucional Federal. *BVerfGE* 9, 349 et seq.; 11, 293;

[265] ALEMANHA. Corte Constitucional Federal. *BVerfGE* 1, 141; 6, 77; 9, 349

[266] MÜLLER. *Discours de la Méthode Juridique*, p. 61

[267] CERRI. *I Modi Argomentative del Giudizio di Ragionevolezza*: Cenni di Diritto Comparato, p. 160.

[268] ESTADOS UNIDOS. *Vegelahn v. Guntner*, 167 Mass. 92, 104 (1896); *Olmstead v. United States*, 277 U.S. 438, 469 (1928). O exame conseqüencial é resultado, psicologicamente, de uma série de fatores dados, construídos e a construir: "a vida da lei não tem sido lógica: tem sido experiência. As necessidades sentidas da época, a moral predominante e as teorias políticas, as intenções da política pública, de forma declarada ou inconsciente, inclusive os preconceitos que os juízes compartilham com seus colegas, têm tido

Isso é tão mais verdade quanto estejamos em meio a um processo peculiar como o constitucional. Para *Otto Bachoff*, há uma grande diferença entre as atividades de um juiz constitucional e de um juiz ordinário exatamente por isso. Enquanto o juiz ordinário cuida de conflito entre a fidelidade da lei à justiça no caso concreto, o juiz constitucional freqüentemente está diante de uma norma que satisfaz a justiça individual, mas que traz como conseqüências prejuízos para os valores gerais:

> "Estas sentenças podem ocasionar catástrofes não só para o caso concreto, mas para um invisível número de casos; quando essas sentenças são 'politicamente inexatas ou falsas' (no sentido de que desbaratam as tarefas políticas legítimas da direção do Estado), a lesão pode alcançar a comunidade política como um todo."[269]

Daí ser mais que devido ao juiz constitucional considerar as conseqüências de seus pronunciamentos. Não a ponto de adotar em seu discurso jurídico considerações puramente políticas como *salus populi suprema lex*. O princípio do interesse do povo ou do bem comum deve ser máxima de interpretação, nunca expediente de justificação de sentenças *contra* o Direito positivo.[270]

> "Ali onde a aplicação estrita de um preceito legal – e especialmente um preceito de forma – ameace conduzir a um resultado danoso para o bem coletivo, deve provar-se, em primeiro lugar, o caminho de uma interpretação sistemática, para ver se se encontram dentro do ordenamento outras normas de hierarquia ou valor predominante cuja aplicação exclua esse resultado danoso. (...). Não pode e nem deve tratar de chegar a uma construção jurídica mais ou menos consistente partindo de um resultado preconcebido. [Mas] pode e deve julgar – com a previsão dos efeitos de sua decisão – se ali

---

muito mais a ver que o silogismo ao determinar as normas que devem reger os homens (...). Para se saber o que [ela] é, devemos saber o que tem sido e o que tem de ser." Cf. LERNER. *Mind and Faith of Justice Holmes*, p. 113. Ainda sobre a lógica do direito e das decisões judicias, *Holmes* é igualmente cético e irônico: "podemos dar forma lógica a qualquer conclusão": *Collected Legal Papers*, p. 181.

[269] BACHOFF. *Der Verfassungsrichter zwischen Recht und Politik*, p. 41 et seq.; GARCÍA DE ENTERRÍA. *La Constitución como Norma y el Tribunal Constitucional*, p. 180.

[270] BACHOFF. *Der Verfassungsrichter zwischen Recht und Politik*, p. 189.

onde o *summum ius* parece conduzir a *summa iniura* não se trata na verdade apenas de uma investigação do *jus* cuja indagação adequada e completa deve conduzir a uma correção dos resultados 'injustos', 'danosos para o bem comum', 'falsos politicamente' (...). Essas conseqüências só podem ser tomadas em conta no marco das possibilidades abertas pelo ordenamento (...). Um Tribunal Constitucional não pode recusar a validade de uma lei só pelas *conseqüências políticas* implicadas nela (...). Em caso de conflito entre o Direito e a política, o juiz está só vinculado ao Direito."[271]

Uma análise das considerações dos efeitos das decisões pode ser feita na relevância que termina sendo dada ao impacto financeiro das decisões (1), com destaque para os fundamentos aduzidos para o reconhecimento do *periculum in mora*, pelo Supremo Tribunal Federal, nas decisões cautelares proferidas nas ações diretas de inconstitucionalidade (2).

## 1. Efeitos econômicos e financeiros das decisões do juiz constitucional

Nosso estudo se deterá sobre as experiências austríaca (A), alemã (B), italiana (C), portuguesa (D) e comunitária (E).

### A. Corte Constitucional austríaca

A Corte austríaca, via de regra, não se tem deixado influenciar pelo impacto financeiro de suas decisões. Essa posição, adotada já sob a Segunda República, fica bem visível em um julgamento recente. As autoridades fazendárias da Áustria passaram a exigir, de acordo com uma nova lei aprovada, o pagamento antecipado do imposto das sociedades para 1996 e para os anos seguintes, aumentando em mais de três vezes o valor que haveria de ser desembolsado pelas empresas, o que gerou nada menos do que 11.122 ações de *Bescheidbeschwerde* para a Corte Constitucional. Apreciando quatro desses casos, a Corte declarou a inconstitucionalidade da medida, por acarretar uma sobrecarga tributária injustificada para determinados grupos. Com a interpretação extensiva do caso que deu origem à sentença (*Anabfall*) e a repristinação expressa das leis anteriores, a decisão acarretou um es-

---

[271] BACHOFF. *Der Verfassungsrichter zwischen Recht und Politik*, p. 290-291, 292, 302-303.

trago nas receitas públicas, previstas para o ano de 1996, em torno de 400 milhões de xelins.[272] Em face da insensibilidade da Corte às contas públicas e das freqüentes intervenções na programação financeira do Governo, seus julgamentos passaram a ser denominados de "sentenças orçamentárias".[273]

B.  Corte Constitucional Federal alemã

Em diversas passagens, a Corte alemã se tem defrontado com o problema do impacto financeiro de suas decisões sobre as contas públicas. Assim, por exemplo, em relação ao cálculo de imposto sobre o patrimônio,[274] sobre sucessão[275] e sobre o financiamento da exploração do carvão.[276] Contrariamente à Corte austríaca, essas conseqüências têm sido consideradas pelos juízes. Uma lei sobre imposto de renda apresentava indícios sérios de inconstitucionalidade; os efeitos do seu reconhecimento, no entanto, haveriam de ser levado em conta para não provocarem uma crise orçamentária:

> "O princípio do equilíbrio orçamentário anual entre gastos e ingressos seria colocado em perigo através do gravame dos orçamentos atuais com direitos de devolução de impostos anteriores que somam valores extraordinários. A planificação econômica estatal estaria em perigo; além do mais, a capacidade de atuação econômica do Estado se veria ameaçada, a não ser que os impostos fossem aumentados consideravelmente. (...). O cálculo inconstitucional do mínimo existencial a efeitos tributários não deve por ele ser reparado com caráter retroativo por motivos constitucionais. Basta que o legislador aprove a nova regulamentação para o futuro e que já a tenha em conta em sua planificação financeira."[277]

O variado repertório de decisões de inconstitucionalidade tem servido assim para contemplar a devida consideração dos efeitos da-

---

[272] ÁUSTRIA. Corte Constitucional. G 388-391/96. SCHÄFFER. *La Relación entre el Tribunal Constitucional y el Legislador*, p. 43-44.

[273] Ibidem.

[274] ALEMANHA. Corte Constitucional Federal. *BVerfGE* 93, 165.

[275] ALEMANHA. Corte Constitucional Federal. *BVerfGE* 93, 121.

[276] ALEMANHA. Corte Constitucional Federal. *BVerfGE* 91, 86.

[277] ALEMANHA. Corte Constitucional Federal. *BVerfGE* 87, 153 (179).

nosos de uma simples declaração de nulidade das normas impugnadas, retroativamente, recorrendo-se, como no caso, a apelos ao legislador para correção para o futuro da situação de inconstitucionalidade.

C. Corte Constitucional italiana

O artigo 81.4 da Constituição italiana tem sido indicado, por alguns, como um elemento de consideração indispensável sempre que uma decisão da Corte Constitucional trouxer repercussões às finanças públicas. De acordo com o artigo, qualquer lei que comporte novos ou maiores gastos deve indicar os meios para fazer-lhes frente. Embora, segundo a própria Corte, o dispositivo pareça direcionado ao legislador e não ao juiz constitucional, não raro seu comando inspira as decisões, como uma espécie de "motivo oculto" (*Mortati*).

Esse cuidado em não expressar sua preocupação com os efeitos das sentenças tem recebido a crítica de parcela da doutrina que anota, em face disso, uma certa ambigüidade e até incoerências entre a parte dispositiva e os fundamentos da decisão.[278] A análise, por exemplo, da enunciação de princípios em torno – e a favor – dos direitos sociais e a conclusão quase sempre favorável à liberdade de configuração do legislador, como vimos, denuncia esse descompasso.

Deve-se registrar, contudo, um caso recente em que o peso da influência do *decisum* sobre as contas públicas ficou evidente:

"...levou-se em conta a existência do limite dos recursos disponíveis e que em sede de manobra financeira de final de ano corresponde ao Governo ou ao Parlamento introduzir modificações dos gastos, onde sejam necessárias para guardar o equilíbrio do orçamento do Estado e a persecução dos objetivos da programação financeira. Corresponde ao legislador, no equilibrado exercício de sua discricionariedade, e tendo em conta, inclusive, as exigências fundamentais da política econômica, contrapesar todos os fatores juridicamente relevantes, [dentre os quais] o funcionamento das finanças públicas."[279]

Essa preocupação tem ocupado tanto espaço que se criou um departamento para a documentação e a quantificação financeira, dentro

---

[278] ROMBOLI. *Italia*, p. 117.

[279] ITÁLIA. Corte Constitucional. Sentença n. 99/1995. *Giurisprudenza Costituzionale*, 1995, p. 816.

da estrutura da Corte, destinado a conhecer antecipadamente as implicações econômicas de uma eventual decisão de inconstitucionalidade.[280]

## D. Tribunal Constitucional português

A consideração, pelo Tribunal Constitucional português, dos efeitos financeiros de suas decisões, embora geralmente não apareça de forma expressa na sua fundamentação, é visível na limitação do alcance da inconstitucionalidade que impõe quando está sendo impugnada uma norma financeira ou tributária.

Nesse sentido, a declaração de inconstitucionalidade de dispositivos do orçamento geral sofre restrições, com vistas a evitar que operações, ingressos ou gastos efetuados sob os seus comandos resultem sem base legal.[281] Do mesmo modo, as normas sobre taxas ou tarifas públicas também desencadeiam uma declaração de inconstitucionalidade não retroativa, de forma a impedir a restituição dos valores pagos, com repercussões negativas sobre o equilíbrio das contas públicas.[282]

## E. Corte de Justiça da Comunidade Européia

O impacto financeiro das decisões também não é desconsiderado pelos juízes da Corte de Justiça européia. Um exemplo claro disso pode ser encontrado no caso *Barber*. Nesse *affaire*, a Corte, embora tenha reconhecido como violadora do princípio da não discriminação entre trabalhadores do sexo masculino e feminino, assegurado pelo artigo 119 do Tratado, norma britânica que previa a aposentadoria mais cedo das mulheres, com a conseqüente perda de algumas vantagens, relativamente aos homens, terminou por declarar que os Estados-membros e as outras partes interessadas podiam razoavelmente considerar que o artigo 119, com o alcance dado pelo entendimento exposto, não se aplicaria às pensões e aposentadorias concedidas anteriormente à decisão. Encontrava razão para isso

---

[280] ROMBOLI. *Italia*, p. 117.

[281] PORTUGAL. Tribunal Constitucional. Sentenças n. 39/1986 e n. 267/1988. ALMEIDA. *Portugal*, p. 254.

[282] PORTUGAL. Tribunal Constitucional. Sentenças n. 24/1983; n. 92/1985; n. 209/1987 e n. 76/1988. ALMEIDA. *Portugal*, p. 254.

nas "graves conseqüências financeiras" que adviriam aos orçamentos nacionais se aquela interpretação fosse retroativa.[283]

## 2. Definição do *periculum in mora* e da conveniência nas decisões sobre medidas cautelares em ação direta de inconstitucionalidade no Supremo Tribunal Federal

Em matéria de ação de inconstitucionalidade, o Supremo Tribunal Federal não tem ficado preso à conceituação meramente processual do *periculum in mora*, mas o tem examinado segundo um conteúdo mais amplo, de índole política, que busca descortinar a própria conveniência do deferimento da medida cautelar, podendo chegar a suplantar a relevância da tese de inconstitucionalidade. Nesse exame, os efeitos da decisão cautelar exercem um papel decisivo. É por essa razão que a irreversibilidade dos efeitos da norma impugnada termina ocupando o centro do conceito de perigo, levando-se em conta que a demora na prestação jurisdicional definitiva resultará na própria ineficácia, total ou relativa, da decisão, diante da realização prática das conseqüências indesejadas nesse ínterim, daí por que exigirá, no combinado com a plausibilidade da tese jurídica da inconstitucionalidade, a sua suspensão cautelar. A fórmula pode ganhar ou não as cores de um juízo puramente monetário. Assim, norma que proíba ao servidor público prestar serviços sob a direção imediata de cônjuge ou parente até segundo grau, conquanto fira o princípio isonômico, "não opera, por si só, efeitos irreversíveis", a justificar a sua suspensão cautelar.[284] Mas a indevida revogação de ato normativo primário, que disciplinava o exercício da Medicina, Odontologia, Veterinária e as profissões de farmacêutico, parteira e enfermeira, por outra norma de hierarquia inferior importava motivo bastante de preocupação da sociedade e do governo, pois deixava sem fiscalização tais atividades, trazendo sérios riscos para a vida e saúde de todos.[285] Assim também se reconheceu o *periculum in mora* presente na perspectiva de que os membros dos conselhos estaduais e municipais de saúde viessem a responder pro-

---

[283] EUROPA. Corte de Justiça. *Case* n. 262/88. *European Court Reports*, 1990, p. 1.889; cf. BENGOETXEA. *The Legal Reasoning of the European Court of Justice*: Towards a European Jurisprudence, p. 5 et seq.

[284] BRASIL. Supremo Tribunal Federal. Pleno. ADInMC n. 524-ES. Rel. Min. Celso de Mello. *RTJ* v. 137, t. 3, p. 1.087.

[285] BRASIL. Supremo Tribunal Federal. Pleno. ADInMC n. 533-DF. Rel. Min. Carlos Velloso. *RTJ* v. 139, t. 2, p. 473.

cesso por crime de responsabilidade, definido em lei estadual, com violação da competência privativa da União para legislar sobre Direito Penal.[286] Identicamente, a subtração, ainda que parcial, do conteúdo do exercício de um mandato político ao seu respectivo titular marcava aquele requisito.[287] Que dirá então a suspensão de normas que delegavam ao Governador a competência de alterar o "quantum" do orçamento, por meio da adoção de índices inflacionários, reputando-se mais perigosa a situação gerada do que a permanência da inconstitucionalidade da delegação![288]

No outro passo, a perspectiva de um prejuízo de expressiva monta e alcance oferece particular convencimento para um juízo liminar favorável à suspensão de uma determinada norma posta sob séria suspeita de sua validade constitucional. Dessa forma, ainda que se vislumbrasse o elogioso intento de dispositivo constitucional do Estado que obrigava o transporte de trabalhadores urbanos e rurais por ônibus, num claro objetivo de evitar as tragédias que vitimaram os chamados bóias-frias no interior de São Paulo, a relevância do fundamento de invasão de competência federal para legislar sobre transporte e segurança do trabalho ganhou significativa força com o reconhecimento do risco de prejuízo à agricultura, com o não-escoamento tempestivo das safras, em detrimento de toda a população brasileira, enquanto se desenrolasse o processo de fiscalização abstrata da norma, a ponto de ensejar a sua suspensão liminarmente.[289] O maior comprometimento das contas públicas em decorrência do cumprimento da norma impugnada merece também especial apreço na formação do convencimento dos Ministros[290] ou o pesado ônus que tenha que suportar o cidadão, em decorrência de previsão de elevadas multas na hipótese de descumprimento

---

[286] BRASIL. Supremo Tribunal Federal. Pleno. ADInMC n. 1.225-PE. Rel. Min. Francisco Rezek. *DJ* 1 de 4/8/1995, p. 22.440.

[287] BRASIL. Supremo Tribunal Federal. Pleno. ADInMC n. 644-AP. Rel. Min. Sepúlveda Pertence. *RTJ* v. 139, t. 1, p. 78.

[288] BRASIL. Supremo Tribunal Federal. Pleno. ADInMC n. 1.287-MT. Rel. Min. Sydney Sanches. *DJ* 1 de 15/9/1995, p. 29.508.

[289] BRASIL. Supremo Tribunal Federal. Pleno. ADInMC n. 403-SP. Rel. Min. Sydney Sanches. *DJ* 1 de 9/5/1997, p. 18.126.

[290] BRASIL. Supremo Tribunal Federal. Pleno. ADInMC n. 541-PB. Rel. Min. Marco Aurélio. *RTJ* v. 140, t. 1, p. 26.

de determinada obrigação colocada sob forte suspeita de ilegitimidade constitucional.[291]

Tem-se entendido, por outro lado, que não basta o argumento de que a coletividade ou fração dela sofra grave dano, se a concessão da cautelar igualmente provocar lesão ao Estado, por exemplo, com o não-recebimento de tributo reputado inconstitucional, havendo para este dificuldades em recebê-lo posteriormente, se for afastada em juízo de mérito a inconstitucionalidade, tanto quanto terão os contribuintes em obter a repetição do indébito na hipótese contrária.[292] Na verdade, a equação "possibilidade de restituição de tributo indevido" e a "irreparabilidade do prejuízo ao Erário", decorrentes do deferimento ou não de medida cautelar suspensiva de norma que instituiu tributo ilegítimo não é de fácil solução. Que ingrediente diferencial existirá, nesse específico sentido, entre a taxa de conservação rodoviária e aqueloutra destinada ao fundo de reaparelhamento do Judiciário? A difícil ou impossível restituição, se acaso viesse a ser julgada procedente a ação ajuizada contra a primeira, autorizava a concessão;[293] no entanto, mesmo pesando contra a segunda relevantes fundamentos de inconstitucionalidade, os irreparáveis prejuízos, que seriam provocados pela paralisação dos projetos de reforma e edificação de prédios de fóruns e de informatização de procedimentos judiciais, em curso, suplantavam as dificuldades de os contribuintes, mediante ação própria, pedir a restituição do pagamento indevido, na hipótese de procedência da ação direta, de forma a desaconselhar o deferimento da cautelar suspensiva.[294] Algo semelhante se verificou no questionamento de norma estadual que instituía a cobrança de pedágio em rodovia estadual: se dano existia no pagamento do pedágio, o mesmo acontecia na frustração de seu recebimento; todavia, na primeira hipótese, não seria ele de todo irreparável, como ocorreria na segunda.[295]

---

[291] BRASIL. Supremo Tribunal Federal. Pleno. ADInMC n. 669-RJ. Rel. Min. Octavio Gallotti. *RTJ* v. 141, t. 1, p. 80.

[292] BRASIL. Supremo Tribunal Federal. Pleno. ADIn n. 33-DF. Rel. Min. Aldir Passarinho. *DJ* 1 de 27/10/1989, p. 16.390.

[293] Assim também em relação a definição de fato gerador e base de cálculo de tributo por Decreto estadual: ADInMC n. 567-MG. Rel. Min. Ilmar Galvão. *RTJ* v. 138, t. 1, p. 60.

[294] BRASIL. Supremo Tribunal Federal. Pleno. ADInMC n. 447-DF. Rel. Min. Octavio Gallotti. *RTJ* v. 145, t. 3, p. 744: Taxa de Conservação Rodoviária; ADInMC n. 459-SC. Rel. Min. Carlos Velloso. *RTJ* v. 146, t. 3, p. 747.

[295] BRASIL. Supremo Tribunal Federal. Pleno. ADInMC n. 800-RS. Rel. Min. Ilmar Galvão. *RTJ* v. 145, t. 1, p. 150.

Uma regra se pode vislumbrar: em matéria tributária, havendo plausibilidade na tese de ocorrência de *periculum in mora* tanto para o Fisco, quanto para o contribuinte, tem-se ficado com aquele e não com este, por prevalecer o entendimento de que a Fazenda teria dificuldades maiores para se ressarcir dos danos decorrentes da suspensão de norma que, afinal, venha a ser julgada constitucional.[296]

Mas já se considerou a inexistência da irreparabilidade do prejuízo advindo de disposição que estabelecia a prevalência das normas relativas à contagem do tempo de serviço em vigor na data da admissão ou durante a atividade do servidor, a que fosse mais benéfica;[297] igualmente não ocorria o pressuposto da irreparabilidade do prejuízo aos argüentes, dentre eles a Associação Nacional de Transportes Urbanos, que intentavam declaração de inconstitucionalidade de disposição de Constituição estadual que isentava de tarifas em transportes coletivos deficientes, idosos, policiais em serviço e estudantes da rede oficial, ainda que reconhecida a relevância jurídica da usurpação de competência estadual, pois a irreparabilidade do dano, no caso, seria desses usuários.[298] No entanto, disposição da Constituição do Estado de Pernambuco que dispensava os mini e pequenos empresários do pagamento de correção monetária em negócios financeiros se mostrava gravosa ao patrimônio das entidades que estivessem obrigadas a cumpri-las e de difícil e incerta reparação.[299] Idêntica sorte, e pela mesma razão, tiveram as disposições constitucionais dos Estados, que, sem aguardarem a promulgação da Lei Complementar que prevê o artigo 155, XII, *g*, da Constituição Federal, ou sem atentarem para a necessidade de convênio, por força da LC n. 24/1975, recepcionada pelo artigo 34, § 8.º, da Constituição, trataram de especificar os casos de isenção do ICMS.[300]

---

[296] BRASIL. Supremo Tribunal Federal. Pleno. ADInMC n. 1.005-DF. Rel. Min. Moreira Alves. *RTJ* v. 166, t. 1, p. 102-119.

[297] BRASIL. Supremo Tribunal Federal. Pleno. ADInMC n. 101-MG. Rel. Célio Borja. *DJ* 1 de 17/11/1989, p. 17.184.

[298] BRASIL. Supremo Tribunal Federal. Pleno. ADInMC n. 107-AM. Rel. Min. Francisco Rezek. *DJ* 1 de 17/10/1989, p. 17.185.

[299] BRASIL. Supremo Tribunal Federal. Pleno. ADInMC n. 166-PE. Rel. Min. Ilmar Galvão. *DJ* 1 de 16/3/1990, p. 1.868.

[300] BRASIL. Supremo Tribunal Federal. Pleno. ADInMC n. 260-SC. Rel. Min. Sydney Sanches. *RTJ* v. 132, t. 3, p. 1.043; ainda que denominada de "não-incidência": ADInMC n. 286-RO. Rel. Min. Paulo Brossard. *RTJ* v. 139, t. 2, p. 422; ADInMC n. 1.467-DF. Rel. Min. Sydney Sanches. *RTJ* v. 163, t. 1, p. 69-78; ADInMC n. 930-MA. Rel. Min. Celso de Mello. *DJ* 1 de 31/10/1997, p. 55.540. Não há inconstitucionalidade, todavia, na fixação de percentuais rela-

A incerta reparação de danos financeiros estava na base da argumentação da cautelar deferida em relação à elevação de subsídios de Deputados federais, em desacordo com os ditames da Constituição,[301] à vultosa soma de recursos que seria carreada para o Fundo Garantidor de Créditos – FGC, instituído por resolução do Conselho Monetário Nacional, em exercício indevido de poder supletivo do legislador complementar federal e com aparente violação de outra disposição constitucional expressa (art. 192, VI),[302] bem como ao pagamento de pessoal que teve reconhecidas suas relações jurídicas com o Estado, por prestar serviços administrativos e de manutenção e conservação à época da promulgação do Texto Constitucional do Estado ou que, de outra forma, obtivera a declaração do vínculo fora das exceções previstas na Constituição Federal.[303]

O fato de não serem ressarcíveis as despesas elevadas com a instalação de Municípios que tinha sob suspeita a sua constitucionalidade, associava-se às modificações radicais na vida das populações interessadas, "cuja reversão implica[ria] em onerosa imposição de sacrifícios sociais e individuais", com toda sorte de problemas políticos, administrativos e financeiros que adviriam ao final de uma ação direta julgada procedente. Resultava necessária, assim, a suspensão cautelar da norma que previa a instalação.[304] Identicamente, a potencialidade danosa e a irreparabilidade dos prejuízos que poderiam ser causados ao Estado-membro por leis que desatendiam às diretrizes constitucionais orçamentárias, especialmente as que proibiam o legislador, ao fixar a despesa pública, autorizar gastos superiores aos créditos orçamentários ou adicionais, ou omitir-lhes a corres-

---

tivos a critérios de creditamento aos Municípios do produto da arrecadação do ICMS dentro dos limites fixados pelo artigo 58, IV, parágrafo único, I e II: ADIn n. 95-1-RO. Rel. Min. Ilmar Galvão. *DJ* 1 de 16/2/1996, p. 2.997; ADInMC n. 902-SP. Rel. Min. Marco Aurélio. *RTJ* v. 151, t. 2, p. 444-447.

[301] BRASIL. Supremo Tribunal Federal. Pleno. ADInMC n. 891-ES. Rel. Min. Sepúlveda Pertence. *DJ* 1 de 13/8/1993, p. 15.676.

[302] BRASIL. Supremo Tribunal Federal. Pleno. ADInMC n. 1.398-DF. Rel. Min. Francisco Rezek. *RTJ* v. 161, t. 1, p. 92-106.

[303] BRASIL. Supremo Tribunal Federal. Pleno. ADInMC n. 181-RS. Rel. Min. Celso de Mello. *DJ* 1 de 20/4/1990, p. 3.048; ADInMC n. 184-MT. Rel. Min. Marco Aurélio. *DJ* 1 de 23/3/1990, p. 2.085.

[304] BRASIL. Supremo Tribunal Federal. Pleno. ADInMC n. 222-RJ. Rel. Min. Aldir Passarinho. *DJ* 1 de 6/9/1991, p. 12.035; ADInMC n. 262-RO. Rel. Min. Celso de Mello. *RTJ* v. 131, t. 3, p. 1.033; ADInMC n. 269-AC. Rel. Min. Francisco Rezek. *DJ* 1 de 22/6/1990, p. 5.869.

pondente fonte de custeio, com a necessária indicação dos recursos existentes, eram motivo bastante da suspensão de eficácia.[305]

Por outro lado, a pouca extensão ou valor do dano serve para descaracterizar o perigo na mora. Assim, legislação estadual que mandava contar em dobro o tempo de serviço como Secretário de Estado para o cálculo do período legal necessário à incorporação do valor da remuneração do cargo em comissão aos vencimentos do cargo efetivo ou aos proventos de inatividade não se revestia da premência autorizadora da liminar, por beneficiar um número muito limitado de servidores, não se cogitando aqui da irreparabilidade, todavia.[306] A mesma lógica foi usada, inicialmente, em relação à questão de se saber se haveria ou não o transplante obrigatório para os Estados das normas constitucionais do processo legislativo federal sobre emendas em projetos de iniciativa exclusiva do Poder Executivo;[307] e também para não suspender a isenção fiscal que beneficiava o restrito universo de portadores de deficiência física: nem havia prejuízo irreparável, tampouco vulto ou impossibilidade de futura recuperação.[308]

A aritmética do dano nem sempre se traduz, em sede cautelar, no simples resultado financeiro alcançado pela decisão, havendo de se considerarem suas repercussões sobre o juízo final de mérito, não só em relação à sua exeqüibilidade, mas à própria situação fática desde então gerada, a comprometer uma declaração de legitimidade ou de inconstitucionalidade isenta das pressões decorrentes daquela situação. "Mais danosa [do que a suspensão de vigência de dispositivos reputados inconstitucionais em plano liminar]", seria, ao ver do Ministro *Carlos Velloso*, "a aplicação continuada de normas inconstitucionais, por longo tempo, que levaria a realização do julgamento à sombra dos interesses criados e dos fatos consumados..."[309] Daí o motivo por que

---

[305] BRASIL. Supremo Tribunal Federal. Pleno. ADInMC n. 352-SC. Rel. Min. Sepúlveda Pertence. *RTJ* v. 133, t. 3, p. 1.044.

[306] BRASIL. Supremo Tribunal Federal. Pleno. ADInMC n. 126-RO. Rel. Min. Octavio Gallotti. *RTJ* v. 138, t. 2, p. 357.

[307] BRASIL. Supremo Tribunal Federal. Pleno. ADInMC n. 388-RO. Rel. Min. Sepúlveda Pertence. *RTJ* v. 138, t. 3, p. 728.

[308] BRASIL. Supremo Tribunal Federal. Pleno. ADInMC n. 429-CE. Rel. Min. Célio Borja. *RTJ* v. 144, t. 2, p. 412.

[309] BRASIL. Supremo Tribunal Federal. Pleno. ADIn n. 1.030 (Edcl)-SC. Rel. Min. Carlos Velloso. *RTJ* v. 161, t. 2, p. 438-442, 441.

propugnavam a favor da declaração cautelar de dispositivo de lei, que excluía da vedação de acumulação remunerada a consideração dos proventos de inatividade, as "incômodas frustrações para os servidores que [houvessem] tomado decisões irreversíveis, na expectativa da sua eficácia".[310]

Nessa mesma linha, embora se reconhecessem juridicamente relevantes os fundamentos da ação direta de inconstitucionalidade de dispositivos da Constituição do Estado da Paraíba, que fixavam o *quorum* de maioria absoluta – e não de 2/3 – dos membros da Assembléia Legislativa, para autorizar a instauração de processo contra Governador, Vice-Governador e Secretário de Estado, e, também, para admitir acusação contra o Governador, não se deferiu sua suspensão cautelar, em razão de que, à sua falta, não haveria, durante o curso da ação, indicação de *quorum* algum e também porque se retiraria da Assembléia a competência que lhe seria privativa, considerando-se ainda a circunstância de o Governador, Vice e Secretários se socorrerem do Judiciário, pelas vias próprias, na hipótese de virem a ser afetados por deliberações da Assembléia nesse sentido.[311] Assim também, a exigência feita pelo constituinte estadual de concurso público para a investidura na carreira militar importaria dispensa de número considerável de policiais já contratados sem a referida formalidade, o que poderia comprometer a segurança estadual.[312] Norma que transferia a vinculação de Junta de Conciliação e Julgamento de um TRT para outro, desacompanhada de regras definidoras da situação do Juiz Presidente, dos vogais classistas e dos servidores lotados no referido órgão desafiava, por igual, o perigo na demora, tendente ao resguardo dos direitos dos magistrados e servidores e a evitar paralisação dos trabalhos do colegiado em pauta.[313] No mesmo passo, norma que estendia aos "especialistas em educação" as regras de aposentadoria dos professores demandava suspensão por atentar contra os próprios objetivos que visava atingir: a aposentado-

---

[310] BRASIL. Supremo Tribunal Federal. Pleno. ADInMC n. 1.328-AL. Rel. Min. Octavio Gallotti. *RTJ* v. 160, t. 3, p. 818-820, 819.

[311] BRASIL. Supremo Tribunal Federal. Pleno. ADInMC n. 218-PB. Rel. Min. Sydney Sanches. *DJ* 1 de 22/6/1990, p. 5.868.

[312] BRASIL. Supremo Tribunal Federal. Pleno. ADInMC n. 317-SC. Rel. Min. Célio Borja. *RTJ* v. 133, t. 2, p. 546.

[313] BRASIL. Supremo Tribunal Federal. Pleno. ADInMC n. 771-DF. Rel. Min. Ilmar Galvão. *RTJ* v.143, t. 3, p. 834.

ria antecipada criaria problemas para os servidores, se viesse a ser considerada inconstitucional, pois teriam de voltar à atividade, após meses de interrupção, com maior demora na obtenção final da aposentadoria.[314]

Infirma, por outro lado, a tese do perigo na demora da prestação jurisdicional definitiva a natureza alimentar dos benefícios tratados pela norma impugnada e que seriam, conseqüentemente ao deferimento da cautelar, suspensos; mas esse não é um argumento de *per se* bastante para convencer os Ministros da impropriedade da medida, devendo estar acompanhado de sérias dúvidas sobre a plausibilidade da tese de inconstitucionalidade ou de uma "questão de alta indagação".[315]

O balanço de interesses ou situações em confronto deve ser operado tanto no quadro vigente de normatividade, quanto naquele que resultará da exclusão de determinado dispositivo questionado, de forma a se vislumbrarem a utilidade, a adequação e a justiça da decisão. Isso fica mais patente quando está em jogo o respeito ao princípio da isonomia, diante de uma reputada inconstitucionalidade por ação e, aí, só o exame do caso concreto poderá oferecer a solução mais próxima de um equilíbrio desses interesses conflitantes. Às vezes, no entanto, tudo se resume a uma contabilidade de custos e benefícios: no caso de uma lei que "dissimule" reajuste geral da expressão monetária da remuneração do servidor público, com exclusões discriminatórias, mediante reavaliações arbitrárias,

> "o provimento cautelar apenas prejudicaria o reajuste necessário dos vencimentos da parcela mais numerosa do funcionalismo civil e militar, sem nenhum benefício para os excluídos do seu alcance."[316]

Inspiração análoga serviu para indeferir medida liminar em ação direta que questionava a constitucionalidade do conceito de "família incapaz de prover a manutenção da pessoa portadora de deficiência ou idosa" dado pelo § 3.º do artigo 20 da Lei n. 8.742/1993 para

---

[314] BRASIL. Supremo Tribunal Federal. Pleno. ADInMC n. 420-ES. Rel. Min. Néri da Silveira. *RTJ* v. 136, t. 1, p. 15.

[315] BRASIL. Supremo Tribunal Federal. Pleno. ADInMC n. 734-MT. Rel. Min. Octavio Gallotti. *RTJ* v. 142, t. 1, p. 80.

[316] BRASIL. Supremo Tribunal Federal. Pleno. ADInMC n. 526-DF. Rel. Min. Sepúlveda Pertence. *RTJ* v. 145, t. 1, p. 101.

regulamentar o artigo 203, V, da Constituição Federal, como sendo aquela que apresentasse, como limite máximo de renda mensal *per capita*, um quarto do salário mínimo. Ainda que pudesse ser reconhecida certa plausibilidade na tese de inconstitucionalidade argüida,

> "a concessão da liminar, suspendendo a disposição legal impugnada, faria com que a norma constitucional voltasse a ter eficácia contida, a qual, por isto, ficaria novamente dependente de regulamentação legal para ser aplicada, privando a Administração de conceder novos benefícios até o julgamento final da ação."[317]

A conveniência de deferimento cautelar se revela presente também para evitar eventual prevalência de interpretação contrária ao trabalhador.[318] A análise prática do resultado do juízo de inconstitucionalidade deve levar em consideração o quadro normativo que então se apresentará após o exercício de exclusão ou manutenção da norma na teia jurídica. Dessa forma,

> "impõe-se indeferir a suspensão cautelar de ato normativo quando puder resultar, na concessão desse provimento jurisdicional, a restauração imediata de eficácia de normas legais veiculadores de graves conseqüências de ordem financeira, igualmente inquinadas de vício de inconstitucionalidade."[319]

As conseqüências mais gravosas, advindas da concessão de cautelar, passaram a ser apontadas como de "falta de interesse processual objetivo", como ocorrera na ação direta em que se impugnava dispositivo de lei estadual fixador de 5% como percentual máximo do valor da causa ou condenação para cálculo de custas: a norma revogada seria mais gravosa, pois previa esse limite em 20%;[320] assim também em relação à medida provisória que fixava o novo salá-

---

[317] BRASIL. Supremo Tribunal Federal. Pleno. ADInMC n. 1.232-DF. Rel. Min. Maurício Corrêa. *RTJ* v. 154, t. 3, p. 818-820.

[318] BRASIL. Supremo Tribunal Federal. Pleno. ADInMC n. 414-DF. Rel. Min. Sepúlveda Pertence. *RTJ* v. 146, t. 1, p. 33.

[319] BRASIL. Supremo Tribunal Federal. Pleno. ADInMC n. 509-MT. Rel. Min. Celso de Mello. *RTJ* v. 144, t. 2, p. 426.

[320] BRASIL. Supremo Tribunal Federal. Pleno. ADInMC n. 1.926-PE. Rel. Min. Sepúlveda Pertence. *ISTF* 146.

rio mínimo, que, embora inferior ao exigido pelos parâmetros constitucionais, ficava acima do valor estipulado pela legislação anterior.[321]

Essa consideração há de levar em conta o alcance dos efeitos da medida cautelar sobre a realidade. Para que se possa melhor compreender esse juízo, imagine-se que uma lei estadual viesse a reestruturar a Universidade local, transformando-a de fundação em autarquia, supostamente violando a garantia da autonomia universitária, assegurada pelo artigo 207 da Constituição Federal, já em fase de implantação e das adaptações necessárias. Haveria conveniência para sua suspensão? O Supremo entendeu que não e ateve-se, para justificar sua posição, à eficácia *ex nunc* da medida cautelar:

> "(...) já estando sendo implantada a transformação em causa, inclusive com a decisão do Decreto estadual n. 4.709, de 21/10/91, com que se nomearam os novos membros para compor a comissão diretora da Universidade, em razão da exoneração da Magnífica Reitora pelo Decreto 4.444, de 18/09/91, a concessão da cautelar não restabeleceria o 'status quo ante' e criaria insuperáveis dificuldades para o funcionamento da Universidade."[322]

Sem ingressar num juízo de relevância jurídica da tese de inconstitucionalidade argüida, o Tribunal considerou inútil a concessão da medida cautelar de lei ordinária de idêntico teor normativo de preceito constitucional local, objeto de outra ação direta, em que não teve a vigência suspensa.[323]

A incoveniência pode não ser do resultado prático-jurídico da decisão, mas da própria decisão. Isso, em regra, traduz-se em postergação de exame de certas teses levantadas pelo autor da argüição para o juízo de mérito, seja pelo alcance político ou institucional da concessão da cautelar, seja por não ter a maioria dos Ministros um ponto de vista firmado sobre as teses levantadas, nem mesmo em plano de plausibilidade, ou ainda pelas duas razões combinadas.[324]

---

[321] BRASIL. Supremo Tribunal Federal. Pleno. ADInMC n. 1.996-DF. Rel. Min. Ilmar Galvão.

[322] BRASIL. Supremo Tribunal Federal. Pleno. ADInMC n. 660-TO. Rel. Min. Moreira Alves. *RTJ* v. 141, t. 3, p. 768.

[323] BRASIL. Supremo Tribunal Federal. Pleno. ADInMC n. 762-RJ. Rel. Min. Sepúlveda Pertence. *RTJ* v. 144, t. 2, p. 453.

[324] BRASIL. Supremo Tribunal Federal. Pleno. ADInMC n. 497-RJ. Rel. Min. Octavio Gallotti. *RTJ* v. 136, t. 2, p. 533.

Assim, na linha da jurisprudência da Corte, seria de se esperar que suspendesse norma que previa a formação do quadro inicial da Defensoria Pública mediante aproveitamento dos Procuradores do Estado que optassem pela nova função. Entendeu-se que, no caso, o procedimento objetivava viabilizar a atuação imediata de Órgão indispensável à Administração da Justiça.[325] Também em relação a norma que conferia ao titular de mandato eletivo, estadual ou municipal, direito de aposentadoria proporcional ao tempo de exercício, porque, "cuidando-se de questão de alta indagação, não [seria] de concedê-la de modo a determinar a suspensão imediata da percepção de prestações de eventual caráter alimentar e que já [durariam] anos", embora tivesse reconhecido a inconstitucionalidade desses mesmos dispositivo e direito na extensão feita aos exercentes de função temporária.[326] A mesma justificativa fora usada para não se interromper o programa de privatização do governo.

Em relação à lei federal sobre o regime jurídico da exploração dos portos, o Tribunal não se sensibilizou com a tese de violação das normas constitucionais que definiam os portos como serviço público ou da ofensa à proteção ao trabalho avulso, além de outras várias normas da Constituição, recorrendo a "razões de conveniência" para não suspender a eficácia dos artigos dessa lei impugnados, admitindo "a possibilidade de decisão definitiva da ação, em tempo breve".[327]

### III. Princípios de integração

Embora existam dúvidas sobre a distinção entre a "interpretação" e a "integração", aqui desconsideradas, os métodos utilizados

---

[325] BRASIL. Supremo Tribunal Federal. Pleno. ADInMC n. 494-MT. Rel. Min. Marco Aurélio. *RTJ* v. 139, t. 3, p. 755.

[326] BRASIL. Supremo Tribunal Federal. Pleno. ADInMC n. 512-PB. Rel. Min. Marco Aurélio. *RTJ* v. 140, t. 2, p. 430. No entanto, julgando a aparente inconstitucionalidade de Resolução da Câmara Legislativa do Distrito Federal, que instituía remuneração para sessões extraordinária, votada e estabelecida dentro da mesma legislatura, o que era vedado, entendeu-se pela existência do *periculum in mora*, pois "já [estaria] sendo paga aos interessados. Se não [fosse] concedida a cautelar, ela [continuaria] sendo paga, com evidentes prejuízos aos cofres públicos, se a ação [fosse] julgada procedente": ADInMC n. 548-DF. Rel. Min. Néri da Silveira. *DJ* 1 de 20/11/1992, p. 21.610; ainda: ADInMC n. 734-MT. Rel. Min. Octavio Gallotti. *RTJ* v. 142, t. 1, p. 80.

[327] A lei datava de 25/2/1993, a ação fora ajuizada em 26/8/1993 e a apreciação da cautelar deu-se em 13/10/1993, publicada em 20/6/1997 (*DJ* 1, p. 28.467), não havendo até então o esperado julgamento breve do mérito da ação; debalde agora em função da privatização dos portos.

na colmatação de "espaços jurídicos carentes de regulamentação" se mostram importantes nas tarefas de concretização de um texto que traz já de seu ponto de partida uma "estrutura lacunosa". O processo de revelação de novas normas constitucionais para dar conta das demandas de atualização constitucional às realidades cambiantes exige uma argumentação bem fundada que permita distinguir entre um trabalho de concretização e outro de usurpação do poder constituinte. Na prática, essa distinção resulta virtual, pois um certo direito não escrito parece sair antes das convicções particulares dos juízes do que de um labor cientificamente centrado e orientado democraticamente. O recurso a argumentos jurídicos, *como a pari ou a simili, ad absurdo, ab auctoritate, a contrario sensu, ad hominem, ad rem, a fortiori, a maiori ad minus, a minori ad maius, a priori* e *a posteriori*, muitos dos quais não atrelados especificamente ao conceito puro de integração, mas ao complexo interdependente interpretação-integração,[328] são constantes no corpo das motivações. Assim, já se considerou que a falta de lei anterior ou posterior necessária à aplicabilidade de regra constitucional – sobretudo quando criadora de direito ou garantia fundamental –, pode ser suprida por analogia:

> "(...) donde, a validade da utilização, para viabilizar a aplicação do art. 5.º, XXVI [garantia da pequena propriedade rural, assim definida em lei trabalhada pela família, contra penhora por pagamento de débitos decorrentes de sua atividade produtiva], do conceito de 'propriedade familiar' do Estatuto da Terra".[329]

Esse mesmo dispositivo constitucional suscitou uma polêmica no Tribunal. Tratava-se de norma de exceção a exigir interpretação estrita ou daria suporte à criação legal de uma nova figura de "bem de família" com força para desconstituir penhoras havidas no curso de execuções em andamento? O Ministro *Marco Aurélio* defendia a primeira posição:

> "Atente-se para o fato de a Carta da República contemplar exceção e, como tal, a norma respectiva é merecedora de interpretação estrita. Refiro-me ao inciso XXVI do rol das garantias constitucionais, no

---

[328] LARENZ. *Metodologia da Ciência do Direito*, p. 519 et seq.

[329] BRASIL. Supremo Tribunal Federal. Pleno. RE n. 136.753-RS. Rel. Min. Sepúlveda Pertence. *ISTF* 59.

que mitiga a intangibilidade prevista no inciso XXXVI.(...). A regra, evidentemente, não é processual, mas material, porquanto parte do empréstimo a tal bem, à pequena propriedade rural, da cláusula de inalienabilidade. Descabe introduzir, relativamente ao teor do inciso XXXVI do artigo 5.º da Carta, no que visa a preservar as situações jurídicas devidamente constituídas, outra exceção. O que se nota é que, com a Lei n. 8.009, de 1990, a pretexto de se dar novo tratamento definidor a bem de família, acabou-se por inobservar a vedação de irretroatividade, chegando-se mesmo ao ponto de contemplar, em preceito dos mais extravagantes, a cláusula pertinente ao cancelamento das execuções, como se inviáveis estas ou com inegável esquecimento ao princípio de que a lei não poderá excluir da apreciação do Poder Judiciário lesão ou ameaça a direito. O inciso XXVI do rol das garantias constitucionais revela que a Carta da República limita a retroatividade da lei."[330]

A maioria não acompanhou essa fundamentação:

"A penhora, que se insere num conjunto de atos que constituem o processo de execução, é, por isso mesmo, ato executório que não incorpora ao patrimônio do credor o bem dela objeto. Quer dizer, a ocorrência do ato processual da penhora não modifica a propriedade do devedor. Essa propriedade só é alterada pela arrematação ou adjudicação. (...) Às execuções pendentes aplica-se, portanto, a Lei 8.009, de 1990, sem que tal aplicação implique ofensa a direito adquirido. Em caso assim tem-se, conforme se viu, mera expectativa de direito."[331]

E, fora do campo dos direitos fundamentais, também se declarou que a aplicação analógica do artigo 37, XVI, *a*, que veda a acumulação remunerada de cargos públicos, exceto quando houver compatibilidade de horários de dois cargos de professor, levava à conclusão de que não era proibida a acumulação remunerada de um cargo de professor com um emprego de professor.[332] Todavia, as normas constitucionais de eficácia limitada ou de lei dependente,

---

[330] BRASIL. Supremo Tribunal Federal. Pleno. RE n. 168.700-DF. Rel. Min. Carlos Velloso. *ISTF* 38. Extrato do voto vencido do Ministro Marco Aurélio.

[331] BRASIL. Supremo Tribunal Federal. Pleno. RE n. 168.700-DF. Rel. Min. Carlos Velloso. *ISTF* 38.

[332] BRASIL. Supremo Tribunal Federal. 2.ª Turma. RE n. 169.807-SP. Rel. Min. Carlos Velloso. *DJ* 1 de 8/11/1996, p. 43.213.

ainda que de direitos fundamentais, são, no geral, insuscetíveis de produção plena de seus efeitos, valendo a pena, nesse ponto, reconduzir-nos à teoria do Tribunal acerca do mandado de injunção, tratada em outro ponto desse trabalho. Por isso, o artigo 102, § 1.º, que previu a argüição de descumprimento de preceito fundamental, submetendo a sua disciplina ao legislador, não podia valer-se de instrumentos de integração para produzir efeitos:

> "(...) não incide, no caso, o disposto no art. 4.º da Lei de Introdução ao Código Civil, segundo o qual 'quando a lei for omissa, o Juiz decidirá o caso de acordo com a analogia, os costumes e os princípios gerais de direito'."

É que não se tratava de lei existente e omissa, mas, sim, de lei inexistente. Igualmente não se aplicava à hipótese a segunda parte do artigo 126 do Código de Processo Civil, ao determinar ao Juiz que, não havendo normas legais, recorra à analogia, aos costumes e aos princípios gerais de direito, para resolver lide "inter partes". Tal norma não se sobrepõe à constitucional, que, para a argüição de descumprimento de preceito fundamental dela decorrente, perante o STF, exige Lei formal, não autorizando, à sua falta, a aplicação da analogia, dos costumes e dos princípios gerais de direito.[333]

O emprego do juízo de semelhança não é fácil nem quando o texto constitucional parece expressamente autorizá-lo. A Constituição Federal, ao instituir a isonomia entre as carreiras jurídicas, terminou criando uma grande dor de cabeça para o Supremo Tribunal Federal. Essa isonomia vinha prevista pelo artigo 135, que, em sua redação original, dispunha: "Às carreiras disciplinadas neste título, aplicam-se o princípio do art. 37, XII, e o art. 39 § 1.º." Os delegados tiveram sua inserção nesse rol por meio do artigo 241. O título a que se referia o artigo 135 haveria de incluir a magistratura, o ministério público, a advocacia pública, a defensoria pública e, por extensão, os delegados. Uma exegese literal e simples estava apenas a declarar que a lei asseguraria a essas carreiras isonomia de vencimentos para cargos de atribuições iguais ou assemelhadas (39, § 1.º). Então, a Constituição havia igualado ou assemelhado as carreiras jurídicas, de pronto ou exigindo a mediação legislativa, ou, antes, teria lançado um comando de

---

[333] BRASIL. Supremo Tribunal Federal. Pleno. Pet (AgRg) n. 1.140-TO. Rel. Min. Sydney Sanches. *DJ* 1 de 31/5/1996, p. 18.803.

ponderação ou de juízo de comparação entre elas, com vistas a garantir a isonomia remuneratória?

Havia uma resposta unânime: a norma constitucional exigia distinção, que começou com a exclusão da magistratura da lista das carreiras, para o Ministro *Marco Aurélio*, sob o pressuposto de ser um Poder à diferença das demais carreiras.[334] A divisão se formou com a exclusão ou não do Ministério Público. O critério de assemelhação estava por trás das duas correntes. A pertinência às "funções essenciais à justiça", a exigência de igual formação jurídica, o ingresso por concurso público com o requisito de conhecimento jurídico, a "comunhão de funções" ou dos conteúdos ocupacionais,[335] a qualidade comum de não serem Poderes de Estado[336] eram os critérios que indicavam à minoria, composta por cinco Ministros, *Francisco Rezek, Marco Aurélio, Carlos Velloso, Celso de Mello* e *Néri da Silveira*, a paridade entre todas as carreiras jurídicas, à exceção da magistratura. As garantias institucionais e, sobretudo, a isenção davam suporte à fratura dessas carreiras, postas de um lado, ministério público e magistratura; do outro, defensores, advogados públicos e delegados. "Assim como não aplico a analogia entre a magistratura e as demais carreiras jurídicas, também não a aplico entre o Ministério Público e as de defensor público, de advogado do Estado e de delegado de polícia", escrevera o Ministro *Moreira Alves*, "o promotor não é apenas o acusador na ação penal, mas tem ele a função precípua de fiscal da lei, a diferenciá-lo, assim, do defensor e do advogado do Estado."[337] A diferença de tratamento (distintas garantias) mostrava que as funções eram diferentes. Havia, então, mais semelhanças que

---

[334] BRASIL. Supremo Tribunal Federal. Pleno. ADIn (EInfr) n. 171-MG. Rel. Min. Moreira Alves. *RTJ* v. 160, t. 1, p. 31-61, 53.

[335] "A natureza e conteúdo dos cargos indicam sua condição de assemelhados, trabalhando, todos os titulares desses cargos, um ao lado do outro: um, na defesa; outro, na acusação, ou em posições que correspondem, conforme nosso sistema, a uma situação paritária, de acusação e de defesa, ou de patrocínio das causas que compõem o conteúdo funcional de cada uma das carreiras em exame": ADIn (EInfr) n. 171-MG. Rel. Min. Moreira Alves. *RTJ* v. 160, t. 1, p. 31-61, 60 (voto do Ministro Néri da Silveira).

[336] "[A] isonomia estará totalmente afastada se concluirmos que o Ministério Público deve permanecer em patamar igual ou semelhante ao da magistratura, alcançando, na prática, *status* de Poder": ADIn (EInfr) n. 171-MG. Rel. Min. Moreira Alves. *RTJ* v. 160, t. 1, p. 31-61, 49 (Ministro Marco Aurélio).

[337] BRASIL. Supremo Tribunal Federal. Pleno. ADIn (EInfr) n. 171-MG. Rel. Min. Moreira Alves. *RTJ* v. 160, t. 1, p. 31-61, 48.

diferenças entre juízes e ministério público. Semelhança, mas não igualdade. "O exercício da jurisdição pela magistratura torna essa carreira absolutamente diversa das demais", declarara também o Ministro *Moreira Alves*.[338] A exclusão do ministério público do campo normativo do artigo 135, pelo Ministro *Sepúlveda Pertence*, fundava-se, assumidamente, numa "redução sistemática de sua aparente extensão literal: operação ortodoxa no campo da hermenêutica, particularmente, da hermenêutica constitucional". Uma razão de ordem prática se escondia por trás da seu método exegético: "cuidava-se de dar sentido útil ao artigo 135, sem esvaziar outros preceitos da mesma hierarquia constitucional."[339] O próprio *Sepúlveda* reconhecia que suas conclusões não eram imunes à crítica, e também *Moreira Alves* encontrava dificuldades de afirmar uma justificativa coerente e lógica, mas contra-argumentava:

> "(...) nessa análise não se pode ser rigorosamente lógico, pois, em verdade, a Constituição não segue a lógica, uma vez que manda aplicar a isonomia – para cuja aplicação tem de haver igualdade – a carreiras que, no máximo, podem ter maior ou menor semelhança, certo como é que não são iguais."[340]

A Emenda Constitucional n. 19/98 veio dar razão à corrente majoritária e a aceitar as críticas técnicas do Tribunal. Acabou com a discutida isonomia prevista pelos artigos 135, 241 e 39, § 1.º.

Um exemplo de aplicação do argumento *ad absurdo*, para reforçar uma interpretação sistemática e teleológica, pode ser visto na exclusão das empresas de mineração, das prestadoras de serviços de telecomunicações, das distribuidoras de derivados de petróleo e de eletricidade da imunidade prevista pelo artigo 155, § 3.º, da Constituição, para tributos incidentes sobre "operações relativas a energia elétrica, serviços de telecomunicações, derivados de petróleo, combustíveis e minerais do País", à exceção do ICMS, do imposto sobre importação e exportação. Alegava-se a inconstitucionalidade de aquelas empresas serem atingidas pela COFINS:

---

[338] BRASIL. Supremo Tribunal Federal. Pleno. ADIn (EInfr) n. 171-MG. Rel. Min. Moreira Alves. *RTJ* v. 160, t. 1, p. 31-61, 49.

[339] BRASIL. Supremo Tribunal Federal. Pleno. ADIn (EInfr) n. 171-MG. Rel. Min. Moreira Alves. *RTJ* v. 160, t. 1, p. 31-61, 55.

[340] BRASIL. Supremo Tribunal Federal. Pleno. ADIn (EInfr) n. 171-MG. Rel. Min. Moreira Alves. *RTJ* v. 160, t. 1, p. 31-61, 49.

"(...) a interpretação puramente literal e isolada do § 3.º do art. 155 da Constituição levaria ao absurdo (...) de ficarem excepcionadas do princípio inscrito no art. 195, *caput*, da mesma Carta – 'a seguridade social será financiada por toda a sociedade, de forma direta e indireta, nos termos da lei (...)' – empresas de grande porte, as empresas de mineração, as distribuidoras de derivados de petróleo, as distribuidoras de eletricidade e as que executam serviços de telecomunicações – o que não se coaduna com o sistema da Constituição, e ofensiva, tal modo de interpretar isoladamente o § 3.º do art. 155, a princípios constitucionais outros, como o da igualdade (CF, art. 5.º e art. 150, II) e da capacidade contributiva. Não custa reiterar a afirmativa de que a Constituição, quando quis excepcionar o princípio inscrito no art. 195, fê-lo de forma expressa, no § 7.º do mesmo art. 195."[341]

## IV. Enunciados dogmáticos ou elaborados pela Dogmática Jurídico-Constitucional

Nos repertórios da jurisprudência constitucional é fácil identificar o constante emprego de teorias ou propostas de interpretação, elaboradas pelos doutrinadores, assim como a recepção de entendimentos sedimentados ou institucionalizadamente dominantes: "o conteúdo político de uma Constituição não é conducente ao desprezo do sentido vernacular das palavras, muito menos ao técnico, considerados os institutos consagrados pelo Direito." A gravidade dessa afirmação despertaria o princípio informativo da inércia, valorizando a coerência do trabalho científico inclusive sobre a concepção da Constituição como documento político, pois "toda ciência pressupõe a adoção de escorreita linguagem, possuindo os institutos, as expressões e os vocábulos que a revelam conceito estabelecido com a passagem do tempo, por força dos estudos acadêmicos...".[342]

Caberia uma discussão sobre o alcance, a propriedade ou a função desses enunciados, a partir sobretudo das tarefas dogmáticas de sistematização e desenvolvimento de *standard* de interpretação e de reconstrução dos trabalhos jurisprudenciais, a balizar ou constituir uma espécie de "câmara de compensação" entre os trabalhos do juiz

---

[341] BRASIL. Supremo Tribunal Federal. Pleno. RE n. 230.337-RN. Rel. Min. Carlos Velloso. *ISTF* 155.

[342] BRASIL. Supremo Tribunal Federal. Pleno. RE n. 166.772-RS. Rel. Min. Marco Aurélio. *RTJ* v. 156, t. 2, p. 666-692, 669-678.

constitucional e a sua comunidade de interlocutores sociais,[343] por um lado; e como limitadora do juízo de constitucionalidade, por meio da precisão conceitual e metodológica, por outro.[344] Todavia, para nosso intento, é de se registrar que o recurso a uma "outra fonte jurídica" aporta, ao menos, presunções de correção argumentativa.

## V.  Enunciados jurisprudenciais

Fontes jurisprudenciais também são de importância significativa nos processos de justificação judicial. Seja sob o sistema de *stares decisis*, de súmula vinculante ou de simples referência supletiva a precedentes, o princípio da inércia se lança como uma espécie de concretização do princípio da universalidade, sob as seguintes fórmulas conexas: "quando se puder citar um precedente a favor ou contra uma decisão, deve-se fazê-lo" e "quem quer apartar-se de um precedente, deve apresentar uma argumentação suficiente para tanto".[345] Essa técnica, que se materializa na autocitação, pode assumir três formas: reenvio, de modo integral, ao precedente, de maneira a aplicar a *ratio decidendi* ao novo caso; ou sua evocação de forma resumida *per relationem*; ou, enfim, a referência a *obiter dicta* apenas.[346] Se é certo que pode haver o uso estratégico de qualquer dessas formas, com a menção descontextualizada do precedente e fazendo emprego de um "discurso de autoridade" em lugar da aplicação correta do princípio da inércia, a remissão a princípios que foram lançados no corpo de uma argumentação anterior, sem tanta relevância para a conclusão apresentada e sem revelar uma pertinência temática significativa entre os casos, suscita mais agudamente a questão da "crise da motivação" provocada pela dissonância entre as razões expostas e as verdadeiras razões da decisão, mas pode colocar, menos hipocritamente, apenas o problema da "motivação insuficiente." Uma motivação insuficiente, *per relationem* ou pelo reenvio a *obiter dictum*, não atenderá à obrigação constitucional de fundamentação de toda decisão judicial (art. 93,

---

[343] SAITTA. *Logica e Retorica nella Motivazione delle Decisioni della Corte Costituzionale*, p. 129.

[344] STARCK. *Kommentar zu art. 2 Abs 1 GG*, p. 164 et seq.

[345] O princípio da inércia é defendido por PERELMAN; OLBRECHTS-TYTECA. *Tratado da Argumentação*, p. 119 et seq. Na formulação do texto: ALEXY. *Teoría de la Argumentación Jurídica*, p. 265.

[346] SAITTA. *Logica e Retorica nella Motivazione delle Decisioni della Corte Costituzionale*, p. 161 et seq.

IX, CRFB), nem responderá à demanda que encarrega o Estado democrático de direito ao juiz constitucional de realização da adesão informada ou do consenso social em torno das questões levantadas. Discute-se com freqüência o ponto, de qualidade ou de quantidade, a partir do qual uma decisão será considerada "suficientemente motivada". Um critério pode ser aventado com o suposto de que será sempre motivada aquela decisão constitucional que gere seus efeitos endoprocessuais, de demonstração lógico-formal, mas que realize também a sua função extraprocessual, de integração da sociedade. Será um critério de princípio, cuja aplicação demandará um exame de cada caso, reconhecidamente, complexo.[347] Lembremos aqui a decisão do Supremo Tribunal Federal sobre a constitucionalidade da contribuição social do empregador sobre folha de salário, que se fizera incidir sobre administradores e autônomos. Tudo dependia do significado das expressões "empregador" e "salário".

O Instituto Nacional do Seguro Social, defendendo a legitimidade da contribuição, procurara o apoio em uma interpretação sistemática do inciso I e do *caput* do artigo 195 da Constituição, sobretudo na parte em que dispunha sobre o financiamento da seguridade social por toda a sociedade "nos termos da lei", para defender um conceito mais elástico daquelas expressões. Em vão. "[A] Carta (...) é um corpo político, mas o é ante os parâmetros que encerra e estes não são imunes ao real sentido dos vocábulos, especialmente os de contornos jurídicos". Tudo porque o próprio Tribunal já havia, anteriormente e contra o voto do agora relator, Ministro *Marco Aurélio*, entendido a palavra "empregador" como aquele que mantém, com prestadores de serviços, relação jurídica regida pela Consolidação das Leis do Trabalho.[348] "A flexibilidade de conceitos (...) conforme os interesses em jogo, implica insegurança incompatível com o objetivo da própria Carta." Logo, de administradores e autônomos, que não percebiam salário, e da empresa tomadora de serviços, não sendo empregadora, descabia a cobrança da Contribuição.[349]

---

[347] SAITTA. *Logica e Retorica nella Motivazione delle Decisioni della Corte Costituzionale*, p. 171 et seq.

[348] Tratava-se da ADInMC n. 492-DF. Rel. Min. Carlos Velloso, que declarou a competência da Justiça Federal para julgar as lides entre União e servidores públicos, regidos pela Lei n. 8.112/90. Sendo a relação estatutária e não celetista, não havia que se falar em "empregador".

[349] BRASIL. Supremo Tribunal Federal. Pleno. RE n. 166.772-RS. Rel. Min. Marco Aurélio. *RTJ* v. 156, t. 2, p. 666-692.

Certamente a Constituição recepciona o repertório jurídico de conceitos e institutos já sedimentados pela Dogmática Jurídica, tanto quanto das leis anteriores, desde que não lhe sejam incompatíveis. Esse juízo de compatibilidade é que nem sempre é fácil. A Constituição oferece poucas diretrizes, por exemplo, para a compreensão de "renda" indicada como elemento tributável pela União (art. 153, III). Além de poucas, essas diretrizes são quase sempre negativas: "renda não é patrimônio". Se há uma definição legal de renda e não se vislumbra incompatibilidade, essa definição e, com ela, uma farta construção dogmática, passa a integrar o núcleo semântico de renda. O problema se impõe metodologicamente: não se pode interpretar a Constituição a partir das leis; e organicamente: o legislador pós-constituinte fica refém do legislador passado. O princípio da inércia, na argumentação constitucional, deve ser usado com redobrado cuidado, de modo a não se tornar um instrumento contraconstituinte. Em casos tais, a exigência de argumentação é até invertida: cabe fundamentar claramente por que uma dada interpretação ou conceito permanece inalterado sob uma nova ordem constitucional.

Todavia, é recorrente nos posicionamentos do Supremo Tribunal Federal o olhar retrospectivo e o apego às soluções passadas. O caso da alteração de alíquota de imposto sobre renda por meio de medida provisória é bem exemplificativo. No apagar das luzes do ano, pode ser editada medida provisória aumentando alíquota de imposto sobre renda? A pergunta pode ser desdobrada da seguinte forma: pode medida provisória aumentar alíquota de tributo? E pode medida provisória em 30 de dezembro elevar a alíquota do IR, sem ferir o princípio da anterioridade? Às duas perguntas, o Supremo Tribunal tem respondido afirmativamente. Mas é curioso notar que, em parte, a justificativa se faz com base em doutrina anterior à Constituição de 1988, sem levar em conta, ao menos expressamente, as mudanças graves que importa a substituição de uma ordem jurídica por outra. O Ministro *Moreira Alves* que, de certa forma, conduziu o pensamento majoritário do Tribunal para as duas respostas afirmativas, justificava:

> "A Constituição anterior era muito mais restrita, porque, em matéria de decreto-lei, estabelecia limitações também com relação à matéria, e, nesse ponto, aludia a normas tributárias, com base em que esta Corte sempre entendeu que nelas estavam incluídas as que criavam impostos. (...) É dizer-se que para criação ou para aumento de tributos é preciso lei para que os representantes do povo possam manifestar-se é afirmação muito relativa, pois, sob o império da

Constituição anterior, sempre se admitiu que o decreto lei tinha eficácia maior do que, no atual, a medida provisória, que, rejeitada ou não reeditada, se desconstitui retroativamente."[350]

A consideração de que o princípio da anterioridade não é, materialmente, respeitado nem pelo legislador formal foi usada como argumento para afastar a fraude do Executivo na edição da MP às vésperas do ano novo: "mesmo quando se legisla a respeito é comum que essas leis sejam editadas nos últimos dias do ano para entrarem em vigor em 1.º de janeiro do ano seguinte, razão por que se acentua, por vezes, que é ilusória a proteção dada pelo princípio da anterioridade."[351] De uma interpretação formal, extrai-se outra, igualmente formal.

A tendência de os Ministros buscarem fundamento de suas decisões em posicionamentos adotados sob a vigência de Constituições anteriores, se por um lado traduz uma exigência de segurança jurídica, por qualquer ângulo que se enxergue a questão – permanência da mesma *ratio*, coerência do discurso, generalização das expectativas de comportamento, a obediência ao princípio perelmaniano da inércia – traz, por outro, sérios problemas para a teoria constitucional que pressupõe mudanças de perspectivas do intérprete, da filosofia e da própria teoria do direito subjacentes à hermenêutica constitucional adotada, em atenção ao deslocamento da legitimidade e da mudança que uma nova Constituição promove. Lembremos, contudo, no âmbito da própria jurisprudência do Supremo Tribunal Federal a tese sustentada pelo Ministro *Carlos Velloso*, admitida expressamente por *Octavio Gallotti*, *Ilmar Galvão* e *Sydney Sanches* e não combatida pelos demais Ministros, no sentido de que uma emenda constitucional, ao operar a transformação do sistema de governo, fazia reviver legislação revogada explicitamente pelo regramento constitucional que instaurara o sistema anterior, ainda que não houvesse norma expressa a esse respeito.[352] Essa compreensão é irrepreensível se a situarmos

---

[350] BRASIL. Supremo Tribunal Federal. Pleno. ADInMC n. 1.005-DF. Rel. Min. Moreira Alves. *RTJ* v. 166, t. 1, p. 102-119, 115.

[351] Ibidem.

[352] BRASIL. Supremo Tribunal Federal. Pleno. MS n. 21.564-DF. Rel. p/ acórdão. Min. Carlos Velloso. *RTJ* v. 169, t. 1, p. 80-181, 92 (Octavio Gallotti), 102 (Ilmar Galvão), 108 (Carlos Velloso) e 179 (Sydney Sanches). Advogando a tese de não ter havido revogação: Ministros Octavio Gallotti, em princípio (92), Celso de Mello (117), Paulo Brossard (142),

no campo constitucional embora possa sofrer crítica por parte da Dogmática Jurídica, acostumada com os processos ordinários de sucessão de leis no tempo. Poderíamos enxergar naquela mudança de sistema de governo uma revolução silenciosa e constitucional, concebendo a Constituição ou como procedimento adequado para transformações pacíficas de auto-identidades comunitárias ou sociais e de experimentos políticos controlados; ou como um documento formal, que não pré-condiciona qualquer realidade sociopolítica conformada, suspendendo, quando muito, um punhado de normas das intempéries revisionistas. Um segundo ponto de vista poderia ver ali uma verdadeira operação de constituinte originário, por mais que os discursos e as formas advogassem o contrário. Dentro da terminologia schmittiana, estaríamos mais próximos de uma "supressão da Constituição" do que de processos de revisão ou reforma.[353] Não é hora de tomarmos partido, senão de assinalarmos que qualquer que seja ele estaremos descobrindo o estofo da tese sustentada pelo Tribunal. E de contraditar outros instantes em que fugiu de uma tal teoria constitucional.

Que a Constituição de 1988 tenha privilegiado, anos-luz adiante da Carta de 1967/69, os espaços democráticos, formais e informais, parece ponto indiscutível. Certamente que a expressão "democracia", sob o texto da Constituição pretérita, não pode ter o mesmo alcance e significado, agora, sob a égide de 5 de outubro de 1988. No entanto, o exame do sentido da diretriz de "gestão democrática do ensino público" imposta pelo artigo 206, I, da atual Constituição, suscitado por uma ação direta de inconstitucionalidade, recordou um precedente que veiculava o mesmo dilema posto pela ação: privilegiar eleições para corpos diretivos de escolas públicas, em detrimento do poder conferido ao Executivo para prover cargos públicos em comissão; ou o contrário. Em setembro de 1988, certamente os ares de exceção já não se achavam mais tão pesados, mas talvez o acanhamento denunciador da Carta Política de então em usar expressões como "Estado democrático" ou "gestão democrática" tenha contribuído para que o Ministro *Carlos Madeira* desse preferência ao poder-dever de nomeação do Chefe do Executi-

---

Néri da Silveira (160-161), ressaltando o caráter exemplificativo do rol de crimes de responsabilidade previsto no Texto Constitucional, e o Ministro Sydney Sanches, por entender que a permanência do regime republicano dava esteio à subsistência do dispositivo (178-179). Não abordaram o tema Sepúlveda Pertence e Moreira Alves.

[353] SCHMITT. *Teoría de la Constitución*, p. 115.

vo.[354] Vamos viajar por mais 10 anos e estaremos vendo o Tribunal buscar naquele precedente um dos argumentos para adotar a mesma solução:[355] *Ubi eadem ratio, ibi idem jus*. Talvez. Mas o Ministro *Sepúlveda Pertence* se deu conta do viés, falando de "interpretação retrospectiva da Constituição, consistente em amoldar-se a Constituição nova aos assentamentos da ordem constitucional pretérita, de modo a que, não obstante a mudança, tudo continue exatamente como era".[356]

Essa maneira discutível de interpretar a Constituição foi também flagrada pelo Ministro *Moreira Alves*:

> "Põe-se ênfase nas semelhanças, corre-se um véu sobre as diferenças e conclui-se que, à luz daquelas, e a despeito destas, afinal de contas mudou pouco se é que na verdade mudou. É um tipo de interpretação (...) em que o olhar do intérprete dirige-se antes ao passado que ao presente, e a imagem que ela capta é menos a representação da realidade do que uma sombra fantasmagórica."[357]

A tradição constitucional, indiscutivelmente, tem um peso considerável em qualquer tentativa de interpretação do texto da Constituição. Mas deve ser vista apenas como um ponto de partida, como uma referência e não como a peça mais importante a ser levada em conta nos discursos hermenêuticos. É certo que *Chaïm Perelman* defende o princípio argumentativo da inércia como uma forma de "estabilidade de nossa vida intelectual e social". E esse princípio dispensa a fundamentação para uma idéia que já tenha sido aceita anteriormente, que se torna exigida, contudo, apenas para a hipótese de vir a ser abandonada no futuro. Desse modo, um precedente jurisprudencial não pode ser abandonado, sem um motivo ou justificação suficiente.[358] Apenas quando houver dúvida ou quando uma

---

[354] BRASIL. Supremo Tribunal Federal. Pleno. Rp. n. 1.473-SC. Rel. Min. Carlos Madeira. *RTJ* v. 130, t. 3, p. 1.006.

[355] BRASIL. Supremo Tribunal Federal. Pleno. ADIn n. 123-SC. Rel. Min. Carlos Velloso. *RTJ* v. 163, t. 2, p. 439-449, 442.

[356] BRASIL. Supremo Tribunal Federal. Pleno. ADIn n. 123-SC. Rel. Min. Carlos Velloso. *RTJ* v. 163, t. 2, p. 439-449, 449.

[357] Citado por BARROSO. *O Direito Constitucional e a Efetividade de suas Normas*, p. 344.

[358] PERELMAN; OLBRECHTS-TYTECA. *Tratado da Argumentação*, p. 119 et seq. PERELMAN. *Ética e Direito*, p. 505.

idéia ainda não tiver sido aceita, caberá a exigência de argumentação. O princípio deve ser aceito com reservas. Não restam dúvidas de que a sua função vai, ao fim, resultar no primado da justiça formal, de tratar os iguais da mesma maneira e, assim, termina por cumprir também o princípio da universalidade, tão decantada por *Hare* como condição necessária de racionalidade de todo discurso prático.[359] No entanto, seu formalismo não permite divisar quando ou sob que condições estaremos diante de pessoas ou situações iguais e como devem ser tratadas se são, em essência, iguais.[360] Mas essa é uma questão que não será abordada aqui. Deixemos intocado o princípio e, por ele mesmo, extraiamos as deficiências da prática denunciada por *Sepúlveda Pertence* e *Moreira Alves*. As mudanças jurídico-políticas operadas pela nova Constituição, mesmo até nos casos de repetições literais de dispositivos do texto constitucional anterior, hão de ser consideradas em sua totalidade como, por si, suficientes para reflexão e alterações da práxis existente. O olhar para o passado não pode significar o desterro das possibilidades futuras, nem o afogamento dos alicerces da Dogmática Constitucional.

Uma outra questão importante, mesmo no âmbito da jurisdição constitucional que não segue o modelo do *stare decisis*, é a de saber quando o princípio da inércia se mostra incompatível com a tarefa do juiz constitucional de atuação e atualização dos valores constitucionais ou do *pacto constitutionem*. Se pode haver intensa polêmica quanto ao ponto ou situação concreta de viragem, no plano formal, a superação ou a não aplicação de um precedente opera-se por meio das técnicas do *distinguish*, que se resume a distinguir a situação nova daquela regulada pelo precedente, e do *overruling*, que, mais exatamente, importa o abandono da regra do precedente. Um exemplo do emprego dessa última técnica pode ser visto no recente cancelamento, pelo Supremo Tribunal Federal, da Súmula n. 394 que dava interpretação ampliada ao instituto da prerrogativa de foro, de modo a alcançar os crimes cometidos durante o exercício funcional, ainda que o inquérito ou a ação penal fossem iniciados após o término daquele exercício. A Súmula havia sido elaborada a partir da interpretação de diversos artigos da Constituição Federal de 1946 (especialmente arts. 59, I, 62, 88, 92, 100, 101, I, *a, b* e *c*, 104, II, 108, 119, VII, 124, IX e XII) e, ainda, das Leis n. 1.079/1950 e

---

[359] HARE. *Freedom and Reason*, p. 10 et seq.

[360] ALEXY. *Teoría de la Argumentación Jurídica*, p. 171, n. 587.

3.258/1959. Na realidade, nenhum desses dispositivos tratavam da competência originária do STF para o processo e julgamento de parlamentares ou ex-parlamentares, não gozando estes, à época, de prerrogativa de foro para os crimes comuns, o que só viria a ocorrer com a EC n. 1/1969 e com o texto de 1988. A razão para essa interpretação alargada era dada pela natureza do instituto:

> "(...) a jurisdição especial, como prerrogativa de certas funções públicas, é (...) instituída não no interesse pessoal do ocupante do cargo, mas no interesse público do seu bom exercício, isto é, do seu exercício com o alto grau de independência que resulta da certeza de que seus atos venham a ser julgados com plenas garantias e completa imparcialidade. Presume o legislador que os tribunais de maior categoria tenham mais isenção para julgar os ocupantes de determinadas funções públicas, por sua capacidade de resistir, seja à eventual influência do próprio acusado, seja às influências que atuarem contra ele. A presumida independência do tribunal de superior hierarquia é, pois, uma garantia bilateral, garantia contra e a favor do acusado."

Escrevera o Ministro *Victor Nunes Leal*, para, em seguida, defender a extensão da prerrogativa mesmo após a cessação do mandato:

> "Essa correção, sinceridade e independência moral com que a lei quer que sejam exercidos os cargos públicos ficaria comprometida, se o titular pudesse recear que, cessada a função, seria julgado, não pelo Tribunal que a lei considerou o mais isento, a ponto de o investir de jurisdição especial para julgá-lo no exercício do cargo, e sim, por outros que, presumidamente, poderiam não ter o mesmo grau de isenção. Cessada a função, pode muitas vezes desaparecer a influência que, antes, o titular do cargo estaria em condições de exercer sobre o Tribunal que o houvesse de julgar; entretanto, em tais condições, ou surge, ou permanece, ou se alarga a possibilidade, para outrem, de tentar exercer influência sobre quem vai julgar o ex-funcionário ou ex-titular de posição política, reduzido então, freqüentemente, à condição de adversário da situação dominante."[361]

Esses fundamentos resistiriam ao tempo, até sua derrubada, em 25 de agosto de 1999, numa questão de ordem. O relator do

---

[361] BRASIL. Supremo Tribunal Federal. Pleno. Rcl. n. 473. Rel. Min. Victor Nunes Leal. *RTJ* v. 22, p. 50-61.

caso, Ministro *Sydney Sanches*, parecia sensibilizado com aqueles fundamentos: "Não se pode negar a relevância dessa argumentação, que, por tantos anos, foi aceita nesta Corte." Logo veríamos, contudo, que adotaria um posicionamento distinto:

> "(...) mas também não se pode, por outro lado, deixar de admitir que a prerrogativa de foro visa a garantir o exercício do cargo ou do mandato, e não a proteger quem o exerce. Menos ainda quem deixa de exercê-lo. Aliás, a prerrogativa de foro perante a Corte Suprema, como expressa na Constituição brasileira, mesmo para os que se encontram no exercício do cargo ou mandato, não é encontradiça no Direito Constitucional Comparado. Menos, ainda, para ex-exercentes de cargos ou mandatos. Ademais, as prerrogativas de foro, pelo privilégio, que, de certa forma, conferem, não devem ser interpretadas ampliativamente, numa Constituição que pretende tratar igualmente os cidadãos comuns, como são, também, os ex-exercentes de tais cargos ou mandatos."

Esses argumentos foram acompanhados de considerações empíricas e do que chamamos de interpretação conseqüencial:

> "Quando a Súmula foi aprovada, eram raros os casos de exercício de prerrogativa de foro perante esta Corte. Mas os tempos são outros. Já não são tão raras as hipóteses de Inquéritos, Queixas ou Denúncias contra ex-Parlamentares, ex-Ministros de Estado e até ex-Presidente da República. E a Corte (...) já está praticamente se inviabilizando com o exercício das competências que realmente tem, expressas na Constituição, enquanto se aguardam as decantadas reformas constitucionais do Poder Judiciário, que, ou encontram fortíssimas resistências dos segmentos interessados, ou não contam com o interesse maior dos responsáveis por elas. E não se pode prever até quando perdurarão essas resistências ou esse desinteresse."

Lança, então, uma indagação que seria mortal para a Súmula: "deve o Supremo Tribunal Federal continuar dando interpretação ampliativa a suas competências, quando nem pela interpretação estrita, tem conseguido exercitá-las a tempo e a hora?" Por unanimidade, o Tribunal respondeu negativamente.[362]

---

[362] BRASIL. Supremo Tribunal Federal. Pleno. Inq (QO) n. 687-DF. Rel. Min. Sydney Sanches. *ISTF* 159.

Nas decisões colegiadas ainda se soma um elemento de vital importância para o processo de justificação das decisões e para a sua possibilidade de correspondência aos pressupostos de validade do discurso. Trata-se da técnica de apresentação dos votos ou opiniões dissidentes ou vencidos. Uma forma conservadora, presa à idéia de um juiz autômato, "fora do mundo", sacralizado ou, quando menos, mais seguro, confiável e imparcial pelo seu silêncio ou suposta unanimidade de entendimentos, associa-se às vozes que identificam na divisão dos tribunais uma forma de desagregação da sociedade (por estimular a divergência – às vezes partidária –, e não o consenso) e de deslegitimação jurisdicional (por derrubar, às vezes por um único voto, deliberações dos representantes, não permitindo a publicidade, nas decisões colegiadas, do voto dissidente).[363] Essa tem sido a tradição judiciária francesa que chega até ao Conselho Constitucional. O artigo 3.º da ordenança orgânica de 1958 exige o segredo das deliberações do Conselho, o que, embora ainda tenha seus defensores,[364] sofre críticas doutrinárias intensas.[365] Postula-se com a divulgação das opiniões dissidentes a realização mais efetiva do princípio democrático, da livre expressão e da transparência, aliada a uma possibilidade maior de evolução da jurisprudência e da doutrina,[366] contribuindo, em grande escala, para a adaptação da Constituição às mudanças e exigências novas da sociedade. A retomada de pontos vencidos em decisões ulteriores, provocando uma superação de um certo entendimento dominante, é bem freqüente na prática da jurisdição constitucional. Não se pode também deixar de notar que a publicidade da opinião dissidente obriga aos que compõem a maioria uma fundamentação mais rica e o enfrentamento de todos os pontos que levaram à formação de uma corrente vencida. Por meio dessa fundamentação impede-se a tendência desagregadora da dissidência, e, bem ao contrário, promove-se o maior amadurecimento dos temas e a formação de um consenso mais informado.[367]

---

[363] ELIA. *La Corte nel Quadro dei Poteri Costituzionali*, p. 253.

[364] VEDEL. *Préface*, p. 9.

[365] ROUSSEAU. *Droit du Contentieux Constitutionnel*, p. 35-36; PONTHOREAU. *La Reconnaissance des Droits non-Écrits par les Cours Constitutionnelles Italienne et Française*, p. 167 et seq.

[366] PETTITI. *Préface*, p. XI.

[367] Cf., no geral, a múltipla bibliografia e os temas em PANIZZA. *L'Introduzione dell'Opinione Dissenziente nel Sistema di Giustizia Costituzionale*, p. 69 et seq.

Por rigor técnico, é preciso relembrar a distinção antes feita entre as formas de *votum separatum*, a *dissenting opinion*, em que se formula a posição vencida e a *concurring opinion*, em que a divergência ou a diferença em relação ao voto condutor se limita a alguns elementos da motivação. Na formulação dos votos ou opinião, impõe-se um dever de correção e lealdade nas referências feitas à opinião ou aos votos dos outros juízes. Particularmente para a corrente vencida, no exercício democrático e dinâmico de sua função, esse dever se aplica com toda evidência:

> "A técnica dos dissidentes freqüentemente é de exagerar a posição da Corte para além do significado [dos votos que compuseram] a maioria (...). Assim, o pobre advogado com um caso similar não sabe se a opinião majoritária é aquela que parece dizer ou se é o que a minoria disse que era."[368]

No entanto, aos juízes da tese vencedora é exigido igual empenho, tendo-se em conta o imperioso respeito às opiniões minoritárias que o princípio democrático exige.

Diante do exposto e com vistas a identificar a realização das premissas argumentativas de coerência e da inércia, abordaremos a relação entre (1) despacho monocrático sobre medida cautelar em ação direta de inconstitucionalidade, deferida *ad referendum* do Plenário, e a apreciação colegiada ulterior e (2) entre os fundamentos da liminar e do mérito dessas mesmas ações, de acordo com a jurisprudência do Supremo Tribunal.

## 1. Relação entre despacho monocrático sobre medida cautelar e decisão plenária de *referendum* desses despachos nas ações diretas de inconstitucionalidade

Em regra, o colegiado referenda decisão monocrática do Relator ou Presidente sobre a concessão ou o indeferimento da medida cautelar. Mas nem sempre isso ocorre. Na ADIn n. 512-PB, o Presidente do Tribunal havia concedido a cautelar para suspender norma da Constituição da Paraíba que reconhecia direito ao titular de mandato eletivo ou função temporária, estadual ou municipal, de aposentar-se proporcionalmente ao tempo de exercício, por vislumbrar violação ao

---

[368] JACKSON. *The Supreme Court in the American System of Government*, p. 18-19.

artigo 202, § 1.º, da Constituição Federal, que facultava aposentação proporcional, após trinta anos de trabalho, ao homem, e, após vinte e cinco, à mulher.[369] Tempos depois, o Tribunal terminou por referendar em parte apenas essa decisão, no ponto em que a suspensão atingia as expressões "ou função temporária", ao argumento de que "cuidando-se de questão de alta indagação, não [seria] de concedê-la de modo a determinar a suspensão imediata da percepção de prestações de eventual caráter alimentar e que já [durariam] anos".[370]

De forma ainda mais contundente, na ADIn n. 545-CE, em que deferira a medida cautelar para suspender a vigência de um Decreto do Executivo cearense que criava a obrigatoriedade da realização de um censo dos servidores da Secretaria de Educação, sob pena de suspensão de seu pagamento e consideração de "falta grave" aos que a ele não se submetessem, o Plenário, cerca de quatro meses depois, não referendou a decisão, por considerar tal Decreto ato de natureza concreta, não conhecendo, conseqüentemente, da ação.[371] Outra negativa de referendo deu-se em relação ao decreto suspensivo de norma estadual que fixava a data para o pagamento do pessoal do serviço público, entendendo-se que não existia o risco, suposto pelo Presidente, de grave repercussão sobre a ordem financeira e administrativa na manutenção do ato impugnado.[372] Uma outra ainda: o Presidente suspendeu lei estadual que obrigava a realização de adaptações nos coletivos intermunicipais visando facilitar o acesso e a permanência de portadores de deficiências, por vislumbrar atentado à competência federal para legislar sobre transporte. O Pleno, todavia, situou a matéria no campo da legislação concorrente, especialmente sobre "proteção e integração social das pessoas portadoras de deficiência" (art. 24, XIV).[373] O Tribunal também negou

---

[369] BRASIL. Supremo Tribunal Federal. Pleno. ADInMC n. 512-PB. Rel. Min. Marco Aurélio. *DJ* 1 de 1/8/1991, p. 9.734.

[370] BRASIL. Supremo Tribunal Federal. Pleno. ADInMC n. 512-PB. Rel. Min. Marco Aurélio. *RTJ* v. 140, t. 2, p. 430. Também: ADInMC n. 550-MT. Rel. Min. Ilmar. Galvão. *DJ* 1 de 1/8/1991, p. 9.739 e *RTJ* v. 169, t. 1, p. 65.

[371] BRASIL. Supremo Tribunal Federal. Pleno. ADInMC n. 545-CE. Rel. Min. Paulo Brossard. *DJ* 1 de 1/8/1991 e *RTJ* v. 152, t. 3, p. 742-753.

[372] BRASIL. Supremo Tribunal Federal. Pleno. ADInMC n. 544-SC. Rel. Min. Marco Aurélio. *DJ* 1 de 1/8/1991 e *RTJ* v. 141, t. 1, p. 58.

[373] BRASIL. Supremo Tribunal Federal. Pleno. ADInMC n. 903-MG. Rel. Min. Celso de Mello. *DJ* 1 de 2/8/1993, p. 14.125 e de 24/10/1997, p. 54.155.

referendo à decisão proferida pelo Ministro *Marco Aurélio* que, no exercício da Presidência, indeferira pedido de medida liminar contra o artigo 62 da Constituição do Estado de São Paulo, na redação dada pela EC n. 7/1999, do mesmo Estado, que atribuía aos Desembargadores, Juízes dos Tribunais de Alçada e Juízes vitalícios a escolha dos compontentes dos órgãos diretivos do Tribunal de Justiça, dentre os integrantes do órgão especial. O Tribunal deferiu a liminar para suspender a eficácia do referido artigo, por aparente ofensa ao artigo 96, I, *a*, da Constituição Federal, que confere aos tribunais competência privativa para eleger os seus órgãos diretivos.[374]

## 2. Relação entre o fundamento da liminar e do mérito nas ações diretas de inconstitucionalidade

É de se esperar que a decisão de mérito, no geral, termine por consolidar os pronunciamentos cautelares. E, em regra, é o que ocorre. Mas o exame de pura plausibilidade não pode por certo ter o alcance de uma decisão final, mais refletida. Por isso, são encontradas situações divergentes.

Pode suceder de o resultado prático ser o mesmo embora sob fundamentos jurídicos distintos. A Constituição do Estado de Minas Gerais dava o direito de opção aos servidores de autarquias estaduais, transformadas em empresas públicas, pelo regime único do servidor público, e pelo órgão ou entidade com que seriam estabelecidos seu vínculo e sua lotação: a liminar fora concedida com base no art. 173, § 1.º;[375] enquanto, no mérito, ressaltou-se a manifesta inconstitucionalidade formal do dispositivo, por versar matéria cuja disciplina legal não se compreendia na competência do constituinte derivado, sendo, ao revés, de iniciativa legislativa privativa do Chefe do Executivo.[376]

Em outros momentos, além dos fundamentos, o resultado das duas decisões se mostram diferentes. Foi o caso da ADIn n. 507-AM.

---

[374] BRASIL. Supremo Tribunal Federal. Pleno. ADInMC n. 2.012-SP. Rel. Min. Marco Aurélio. *ISTF* 156.

[375] BRASIL. Supremo Tribunal Federal. Pleno. ADInMC n. 348-MG. Rel. Min. Francisco Rezek. *RTJ* v. 133, t. 3, p. 1.039.

[376] BRASIL. Supremo Tribunal Federal. Pleno. ADIn n. 348 (EDcl)-MG. Rel. Min. Francisco Rezek. *DJ* 1 de 29/9/1995, p. 31.904.

Em juízo de plausibilidade, suspendeu-se norma da Constituição estadual que estendia ao auditor do Tribunal de Contas, quando em substituição a conselheiro, as mesmas garantias, prerrogativas, impedimentos, vencimentos e vantagens do titular, e, quando no exercício das demais atribuições do cargo, as de juiz da capital, apenas em seu primeiro aspecto, vale dizer, na concessão dos mesmos vencimentos e vantagens deferidos aos conselheiros, em conta que a Constituição Federal só previa essa equiparação quanto a garantias e impedimentos.[377] No exame de mérito, os juízes concluíram pela declaração de inconstitucionalidade sem redução de texto da extensão aos auditores, quando não estivessem em substituição aos conselheiros, de vencimentos e vantagens de juiz da capital.

Identicamente na ADIn n. 761-RS, que impugnava lei estadual, estabelecedora de vinculação de aumentos e equiparação entre os vencimentos dos delegados de polícia e dos oficiais de polícia militar e os procuradores do Estado, especialmente seu parágrafo único do artigo 1.º que dispunha: "A partir de 1 de outubro de 1992, os vencimentos básicos, de que trata o "caput" deste artigo [de delegados de polícia, oficiais de polícia militar] serão reajustados nas mesmas datas e nos mesmos índices dos vencimentos dos procuradores do Estado, acrescidos de percentuais, que possibilitem a implementação total da isonomia, no prazo de dezoito meses", houve suspensão cautelar desse dispositivo por relevância dos fundamentos da inicial e conveniência da medida. Tempos depois, no julgamento final, o Tribunal veio a declarar que as carreiras jurídicas referidas pelo artigo 135 da Constituição seriam as de procurador de Estado e defensor público, equiparadas por força do artigo 241 também da Carta Política à de delegado de polícia, não havendo, por conseguinte, qualquer eiva do dispositivo legal no ponto em que assegurava a equiparação de vencimentos ou aumentos entre este e aqueles. Outra era a situação dos oficiais da polícia militar que, por não terem sido contemplados por uma norma constitucional semelhante à do artigo 241 e não terem atividades sequer assemelhadas com a das carreiras jurídicas de procurador do Estado, não poderiam gozar de tal vinculação. Ocorre que a norma, como vimos, era uma só, o que provocou a sua declaração de inconstitucionalidade parcial, de modo a excluir inter-

---

[377] BRASIL. Supremo Tribunal Federal. Pleno. ADInMC n. 507-AM. Rel. Min. Celso de Mello. *RTJ* v. 143, t. 1, p. 49.

pretação do dispositivo que considerasse abrangidos, na regra de reajustes e de equiparação, os oficiais da polícia militar.[378]

Essa mesma solução foi alvitrada para dispositivo da Constituição goiana que previa o cômputo do tempo de serviço prestado à iniciativa privada para efeitos de aposentadoria, silenciando quanto à compensação financeira dos sistemas previdenciários envolvidos. A suspensão liminar foi concedida, mas, mais de quatro anos depois, declarou-se, no mérito, a inconstitucionalidade, sem redução do texto, de toda interpretação que excluísse a incidência da parte final do artigo 202, § 2.º, da Constituição Federal, vale dizer, a compensação financeira dos sistemas previdenciários.[379]

Às vezes, não tem interpretação conforme que dê jeito, restando apenas o julgamento da improcedência da ação, com a cassação conseqüente da liminar concedida. Assim, por exemplo, norma das disposições constitucionais transitórias que assegurava, aos ocupantes dos cargos de auditor adjunto dos Tribunais de Contas do Estado e dos Municípios, o acesso ao cargo de auditor, na forma da legislação anteriormente vigente, parecia ferir o princípio do concurso público, de modo a ensejar sua suspensão cautelar. No entanto, contra os votos dos Ministros *Octávio Gallotti*, *Carlos Velloso*, *Sydney Sanches*, *Néri da Silveira* e *Moreira Alves*, no julgamento de fundo, o Tribunal considerou-a constitucional, sem vislumbrar o vício que aparentara em juízo liminar.[380] Repare-se também no que sucedeu na ADIn n. 600-MG, em que se questionava a constitucionalidade de artigo da Lei Complementar federal n. 65/1991 que garantia a manutenção de crédito alusivo ao ICMS, mesmo não incidente sobre matéria-prima, material secundário, de embalagem, fornecimento de energia elétrica e serviços prestados na fabricação e embalagem de produtos industrializados, semi-elaborados, destinados ao exterior. A cautelar fora concedida, vislumbrando a ocorrência de vedada isenção heterônoma (art. 151, III, CRFB), mas, no juízo de fundo, por maioria dos votos, o Tribunal julgou improcedente a ação e declarou constitucional o dispositivo

---

[378] BRASIL. Supremo Tribunal Federal. Pleno. ADInMC n. 761-RS. Rel. Min. Néri da Silveira. *DJ* 1 de 19/2/1993, p. 2.032 e mérito: *DJ* 1 de 1/7/1994, p. 17.495.

[379] BRASIL. Supremo Tribunal Federal. Pleno. ADInMC n. 680-GO. Rel. Min. Marco Aurélio. *RTJ* v. 141, t. 2, p. 416 e mérito: *DJ* 1 de 10/5/1996, p. 15.131.

[380] BRASIL. Supremo Tribunal Federal. Pleno. ADInMC n. 507-AM. Rel. Min. Celso de Mello. *RTJ* v. 143, t. 1, p. 49.

legal.[381] A mesma coisa se deu na ADIn n. 677 em que se discutia a constitucionalidade de uma lei distrital que instituía gratificação para o Chefe e Subchefe do Gabinete Militar do Governador, bem como de regras de sua incorporação em seus vencimentos e proventos. Na apreciação da cautelar, unanimemente, os ministros reconheceram o desrespeito à competência privativa da União para organizar e manter a Polícia Militar e o Corpo de Bombeiros do Distrito Federal (arts. 21, XIV, e 32, § 4.º, CRFB), suspendendo a normativa. Pouco mais de um ano depois, por maioria de votos, o Tribunal julgou improcedente a ação e, em conseqüência, cassou a liminar, entendendo sobressair-se, no caso, a competência deferida ao Distrito Federal pelo artigo 32, § 1.º, da Constituição para organizar seus serviços, aí compreendidos os referentes ao Gabinete do Governador, cabendo-lhe estabelecer gratificações, em lei distrital, pelo exercício de funções de confiança ou de cargo em comissão, ainda mais se as despesas provenientes da execução dessa lei corressem à conta do próprio Distrito como havia previsto a guerreada lei.[382] A divergência também esteve presente na ação direta n. 1.103, em que se combatia a Lei n. 8.870/1994, definidora da contribuição devida à seguridade social por pessoa jurídica, dedicada à produção rural, usando como base de cálculo o valor estimado da produção agrícola, considerado o seu preço de mercado. Afastou-se a plausibilidade da argüição de atentado à Constituição, notadamente sobre a não evidência da cumulatividade questionada. No mérito, declarou-se-lhe a inconstitucionalidade por ter criado base de cálculo não prevista na Lei Magna, sem ter a natureza de lei complementar exigida para a hipótese.[383]

Assim também, o indeferimento da liminar não implica necessariamente um prejulgamento de mérito. Embora consolidada a jurisprudência do Tribunal quanto à obrigatoriedade de concurso público para acesso a cargo ou função pública, excetuados aqueles em comissão ou de confiança, os Ministros, por unanimidade, indeferi-

---

[381] BRASIL. Supremo Tribunal Federal. Pleno. ADIn n. 600-MG. Rel. Min. Marco Aurélio. *DJ* 1 de 19/6/1992 e *RTJ* v. 160, t. 2, p. 413.

[382] BRASIL. Supremo Tribunal Federal. Pleno. ADInMC n. 677-DF. Rel. Min. Néri da Silveira. *DJ* 1 de 10/4/1992, p. 4.796 e mérito: *DJ* 1 de 21/5/1993, p. 9.766.

[383] BRASIL. Supremo Tribunal Federal. Pleno. ADInMC n. 1.103-DF. Rel. Min. Néri da Silveira. *DJ* 1 de 28/4/1995, p. 11.133; mérito: *DJ* 1 de 25/4/1997, p. 15.197. Cf. também diversas ações ajuizadas contra o antigo adicional de imposto de renda, previsto pelo artigo 155, II, CRFB: as liminares foram indeferidas, havendo procedência da ação, no julgamento de mérito: por todas: ADInMC n. 615-GO. Rel. Min. Octavio Gallotti. *DJ* 1 de 26/5/1989, e mérito: *DJ* 1 de 5/11/1993, p. 23.286).

ram o pedido de liminar que impugnava o enquadramento, na referência inicial de classe inicial da categoria funcional de agente tributário estadual, de servidores públicos civis da administração direta, indireta e fundacional já aprovados em concurso público, com prazo de validade vencido, para o preenchimento de tal cargo, desde que comprovassem, no prazo de trinta dias, contados da promulgação da Carta estadual, o cumprimento do disposto no artigo 19 do ADCT. No mérito, entendeu-se que a proibição de aproveitamento em cargo inicial de uma carreira de servidores públicos providos em cargos que não a integravam, não era elidida nem pela estabilidade excepcional do citado artigo 19, nem pela circunstância de os destinatários terem sido aprovados em concurso para o cargo com prazo de validade vencido.[384] Um outro exemplo está no indeferimento da cautelar de suspensão de vigência de dispositivo da Constituição do Piauí, por ausência do *periculum in mora*, que reconhecia como título, para concurso público, o tempo de serviço prestado por funcionários que haviam sido contratados até seis meses antes da promulgação da Carta estadual. No mérito, o Tribunal julgou procedente a ação, declarando a inconstitucionalidade desse dispositivo.[385]

## VI. Emprego de "argumentos práticos gerais"

Encontrando-se o decisor numa situação de insolubilidade da questão, após esgotados todos os métodos e princípios anteriores, poderá fazer uso de argumentos práticos gerais. Essa proposição pode revelar conotações jusnaturalistas[386] e parece nos conduzir à redução positivista – ou à falência de seu pressuposto de completude sistêmica – que lança ao juiz a responsabilidade ou o poder discricionário de aplicar um suposto conceito de moralidade em situações de absoluta falta de meios de decisão.[387] Não é assim, todavia, porque esse discurso prático geral também pressupõe, como vimos, uma série de regras que a um só tempo conduzem a uma decisão e servem de controle de racionalidade dessa decisão. Na verdade, as

---

[384] BRASIL. Supremo Tribunal Federal. Pleno. ADInMC n. 430-MS. Rel. Min. Sepúlveda Pertence. *RTJ* v. 135, t. 3, p. 932. Mérito: *RTJ* v. 159, t. 3, p. 735.

[385] BRASIL. Supremo Tribunal Federal. Pleno. ADIn n. 495-PI. Rel. Min. Néri da Silveira. *DJ* 1 de 21/2/1992, p. 1.692 e de 26/4/1996, p. 13.078.

[386] HABERMAS. *Fatti e Norme*: Contributi a una Teoria Discorsiva del Diritto e della Democrazia, p. 279.

[387] DWORKIN. *Taking Rights Sereiously*, p. 17.

pretensões do discurso prático geral são também pretensões do discurso jurídico, resultando daí que as inter-relações dos dois discursos são dinâmicas e constantes, sendo aplicáveis ou pressupostos os argumentos práticos gerais na fundamentação:

i) dos enunciados a serem utilizados na justificação interna – recurso ao princípio da universalidade; na fundamentação das premissas normativas exigidas para a saturação das distintas formas de argumentação;

ii) da escolha entre uma ou outra forma de argumentação, segundo a exigência de prevalência do princípio da universalidade sobre o da inércia;

iii) de enunciados empíricos – emprego de presunção racional;

iv) de princípios ou métodos interpretativos ou integrativos – o argumento teleológico e suas formas desdobradas ou a redução ao absurdo podem ser vistos como uma variante do argumento conseqüencialista geral;[388] o argumento *a simili* é desdobramento do princípio da universalidade;

v) de enunciados dogmáticos – com o uso dos princípios da coerência, universalidade e inércia;

vi) do emprego das fontes jurisprudenciais – sob o pálio da universalidade e da inércia.[389]

Como a argumentação prática geral não leva necessariamente a um resultado definitivo, podem ainda remanescer espaços para expressões voluntaristas, todavia, sensivelmente afetadas pela necessidade de controle.[390]

## VII. Pautas de elaboração pragmáticas

Não basta que o decisor tenha mostrado o domínio técnico da construção de um decisão, fazendo uso de enunciados justificadores. Impõem-se-lhe outras exigências relacionadas à sua posição na sociedade. Como toda decisão judicial é orientada para uma "comunidade *universal* de ouvintes", antes do que para as partes, sua redação deve ser elaborada em linguagem simples, clara e precisa, acessível ao público. Os juízes constitucionais são os "professores

---

[388] ALEXY. *Teoría de la Argumentación Jurídica*, p. 276.

[389] PERELMAN; OBRECHTS-TYTECA. *Tratado da Argumentação*: A Nova Retórica, p. 121 et seq.

[390] LARENZ. *Metodologia da Ciência do Direito*, p. 418-419.

no seminário da vida nacional", cabendo-lhes a criação de um canal de comunicação com todos, inclusive com o cidadão comum da rua, sem interferências ou distorções.[391] Uma decisão incompreensível é antes autoritária que manifestação autorizada de *auctoritas*:

> "Porque o juiz escreve uma opinião se não para justificar sua decisão e suas asserções? E por que alguém leria a opinião se não fizesse diferença ser ou não persuadido por ela? A autoridade de um texto legal não é, nesse sentido, automática. Sua autoridade deve ser conquistada também."[392]

Por certo que a linguagem jurídica é uma "prática social", sendo, assim, marcada pelo seu contexto e pelo *background* organizacional; não se pode, no entanto, admitir um sistema de comunicação fundado na hierarquia e autoridade e, portanto, monológico e absolutamente impenetrável.[393] Não é apenas por uma questão de "estilo da narrativa", mas pelo alcance social e político da decisão de um juiz constitucional.

Em atenção à premissa inclusiva de igual respeito e consideração (*Dworkin*), todas as informações apresentadas pelas "partes" no processo devem ser analisadas sob o mesmo prisma e com o mesmo valor *a priori*. Não é incomum, todavia, o julgador fazer sua a fundamentação de uma das partes quando ela é suficientemente clara e precisa para demonstrar a correção da sua tese em face da parte contrária.[394]

Decorre da pretensão de veracidade também a exposição dos sinceros motivos da decisão, sem ambigüidades. O escamoteamento da verdade ou o uso instrumental da argumentação, inclusive como

---

[391] ROSTOW. *The Democratic Character of Judicial Review*, p. 208; GOLDSTEIN. *The Intelligible Constitution*, p. 112. *Rui Barbosa*, criticando, em artigo escrito no *Jornal do Brasil*, a falta de reprodução autêntica dos debates travados no STF no julgamento do caso do Vapor Júpiter, em 1893, lamentava que os jornais não suprissem essas lacunas da publicidade oficial, "não voltassem ainda a sua atenção para êste ramo da educação pública, procurando ministrar à nação ao menos nas questões mais altas, como esta, naquelas que, por sua generalidade, tocam a comunidade inteira, a substância nutriente e reparadora da palavra judiciária". BOECHAT. *A História do Supremo Tribunal Federal*, I, p. 31.

[392] VINING. *The Authoritative and the Authoritarian*, p. 30.

[393] GOODRICH. *Legal Discourse*, p. 3 et seq., 212.

[394] BRASIL. Supremo Tribunal Federal. 1.ª Turma. Ag. (AgRg) n. 181.138-2. Rel. Min. Moreira Alves. *ISTF* 62.

meio para formação de maioria, resultam numa perda de moralidade do sistema e do seu índice de democracia.[395] Por razão semelhante, na formação da maioria ou da minoria não se podem fazer apropriações do discurso alheio, alterando-lhe o significado para fundamentar, a favor ou contra, a própria posição,[396] impedindo que o confronto ou a *open ventilation* dos pontos de vistas conflitantes sobre o significado da Constituição venha a ser um meio de envolver a nação no debate e de modelar o próprio debate da melhor forma possível (*Tribe*).

O percurso dessas trilhas deve levar a uma decisão aceitável, ainda que careça da concordância fática. Discutir os processos psicológicos e sociais que levam a essa concordância não é tão fácil quanto pareça indicar à primeira vista, mas é uma tarefa desafiante e interdisciplinar. Falar que um processo racional de tomada de decisão só importará aceitação se trouxer, como resultado, o atendimento a uma ordem de valores prevalecentes na sociedade, pode dar a entender coisas bem diferentes: que seja o juiz constitucional o Hércules dworkiano em condições de se colocar como filtro ou o elemento de revelação desses valores; de pressupor uma ordem de valores objetiva; ou simplesmente de impor à decisão certos condicionantes que devem ser perseguidos na realização de uma das atividades mais importantes nos processos de formação da autoidentidade comunitária, a exigir exercícios nem sempre fáceis de contenção e humildade. É nesse último sentido que colocamos o assunto. A imposição de um diálogo com um auditório universal, de sujeitos racionais, projeta-se como ideal a ser seguido mesmo que na ação esteja presente um partido político majoritário ou uma associação nacional de classe, um governador de Estado ou o Procurador-Geral da República. Mas aqui surge um problema adicional, pois esse auditório, pela força de integração do texto constitucional, está resumido a uma sociedade concreta no tempo e espaço, cujos valores se podem mostrar particulares ou específicos, criando uma contradição no centro da teoria até aqui exposta. Esses valores decorreriam de uma vivência cultural comum, projetada a partir de uma imagem do mundo, que não pode ser discutida, por ser "um quadro de referência herdado que (...) faz distinguir o verdadeiro do falso",[397] que aparece em ações empreendidas.

---

[395] VINING. *The Authoritative and the Authoritarian*, p. 43.

[396] JACKSON. *The Supreme Court in the American System of Government*, p. 18-19.

[397] WITTGENSTEIN. *Da Certeza*, p. 41.

Não são argumentos de valor que estão no final do processo de argumentação, mas ações e essas ações denunciam a pertinência a uma determinada forma de vida:

> "(...) a fundamentação, a justificação da evidência tem um fim – mas o fim não é o facto de certas proposições se nos apresentarem como sendo verdadeiras, isto é, não se trata de uma espécie de *ver* da nossa parte; é o nosso *actuar* que está no fundo do jogo de linguagem."[398]

Na raiz de uma convicção bem fundamentada encontra-se uma convicção não fundamentada.[399] Mas dessas formas de vida comum surgem valores intersubjetivos que podem ser revelados por um procedimento racional de discussão, obediente a certas regras do *ideale Sprechsituation*. O sentido da racionalidade é atingido procedimentalmente já que não podemos, de outra forma, conseguir o acordo sobre um valor único, tratando-se, portanto, de uma justificação deontológica procedimental. O parâmetro dogmático da Constituição e a tarefa contingente do juiz constitucional reduzem, na prática, o alcance de um discurso de pretensão à universalidade. Poderíamos imaginar um determinado texto constitucional que patrocinasse a desagregação social ou a figura do *apartheid*. Deveria um suposto juiz constitucional reafirmar esse valor como modo legítimo de atividade institucional e de expressão auto-identitária? Reconhecendo que, na realidade, esse juiz estaria imerso no caldo cultural daquela forma de vida, não podemos responder afirmativamente a essa questão. O papel desse juiz, como seria de esperar dos outros atores políticos, em torno da Constituição, deve ser sempre no sentido de um acréscimo de moralidade no seio de uma sociedade concreta, de aperfeiçoamento de seus valores compartilhados, e não apenas de reiteração do *statu quo*. Há de se reconhecer, ante a imprecisão do direito natural, uma experiência de vida do ser humano que indica a direção dessa moralidade. A exigência de respeito a certos direitos, sob o rótulo que for, "básicos", "fundamentais" ou "humanos", parece estar presente com uma força universalizante, mesmo sob o olhar crítico do relativismo axiológico a nos indagar se essa não seria uma visão apenas ocidental ou de vivência histórica burguesa. É nessa perspectiva que lembramos a prova da gênese

---

[398] WITTGENSTEIN. *Da certeza*, p. 67.

[399] Ibidem, p. 77; SUNSTEIN. *Legal Reasoning and Political Conflict*, p. 7.

histórico-crítica da regra moral, de que fala *Alexy*, no desenvolvimento da doutrina de *Lorenzen* e *Schwemmer*: "uma regra moral não passa por semelhante prova se foi estabelecida só sobre a base de condições de socialização não justificadas,"[400] se deixa de considerar a perspectiva inclusiva do outro.

Certamente que, por meio de uma interpretação atualizadora do juiz constitucional, podemos ter alterações substantivas no processo de realização dessas condições, sobretudo de declaração e concretização de direitos fundamentais, mesmo não escritos. A influência desse juiz sobre os destinatários de suas decisões, por outro lado, não se deve pretender impositiva, mas antes decorrer de um diálogo, sob pressupostos comunicativos, direcionado à consecução de uma compreensão axiológica entre os seus interlocutores imediatos – a comunidade de "cidadãos" – com vistas a reforçar, atualizando, o acordo em torno da Constituição.[401] A menos que estejamos dispostos a admitir que o nosso ponto de partida foi equivocado e que o princípio democrático e da igualdade foram escolhas arbitrárias que devem ser substituídas por outras ou que a diferenciação do sistema e a chamada "colonização do mundo da vida" nada mais são do que um processo de evolução (progresso) ou ainda que o acaso rege todo devir.

Todavia, imaginamos, talvez por lirismo, por teologia ou ignorância, que devemos "acreditar" em "contextos de emancipação". Como lembra *Apel*, há de se tomar um partido, o que envolve, do ponto de vista individual, "um engajamento arriscado que não pode ser abrangido nem pelo saber filosófico, nem pelo saber científico", mas "cada um precisa tomar para si uma decisão 'moral' de fé não fundamentável, ou apenas não completamente fundamentável", de modo que se possa "validar no próprio auto-entendimento reflexivo a crítica possível da comunidade ideal de comunicação".[402] Há de se crer, portanto, na correção do ponto de partida e, segundo os argumentos expostos e a experiência, "saber" que deve ser assim, ainda que, em carne e osso, não seja.

---

[400] ALEXY. *Teoría de la Argumentación Jurídica*, p. 200.

[401] SAITTA. *Logica e Retorica nella Motivazione delle Decisioni della Corte Costituzionale*, p. 124.

[402] APEL. *Transformação da Filosofia*, II, p. 491.

# CONCLUSÃO

**I.** Se pode soar exagero na afirmação de que o juiz constitucional reinventou a Constituição, ninguém ousará discordar que ele tem sido o co-autor constituinte, mesmo que não diga, mesmo que não reconheça – e não pode dizer ou reconhecer –, por aquilo que faz. Se existem sistemas sem jurisdição constitucional em que há o respeito aos direitos fundamentais e a organização do poder funciona sem percalços, não seria leviano falar que a habilidade da engenharia política está menos entronada na fleuma jurídica do que na dimensão política ou, no máximo, em um direito impreciso de costumes sedimentados, numa Constituição material que traça as linhas gerais, sem o sentido de norma, sem a precisão das condutas, ao sabor da pura sabedoria das maiorias ocasionais. Nos povos em que essa "sabedoria" não é tão confiável, desenvolveu-se outra "sabedoria", a da norma do Direito. Todavia uma norma especial, pois que mais elevada, mais geral, mais abstrata. Se o cimento social não se bastava nos próprios costumes, era preciso importar do comércio da vida um instrumento formal de vinculação: o contrato escrito. Não para ser um contrato qualquer, mas para ganhar as formas da materialização de um "suposto contrato social". Seu conteúdo, por isso mesmo, tenderia a ser mais exortativo, principiológico, um documento político com intenções jurídicas, de positividade quase certa e aplicação imediata duvidosa. O aparecimento da jurisdição constitucional moldaria essa simples intencionalidade, convertendo o pacto político num repertório de normas, dotadas, como todos enunciados deônticos, de um elemento descritivo e de outro sancionatório.[1]

---

[1] Em certo sentido também FAVOREU. *Crise du Juge et Contentieux Constitutionnel en Droit Français*, p. 63.

II. Sob uma visão sistêmica, parece surpreendentemente simples que o direito tenha construído uma fortaleza contra e sobre a política, procurando domar sob as suas formas e linguagem os embates dos dois mundos.[2] A começar pelo invento da Constituição como um meta-direito e, ao mesmo tempo, como "zona de contato", "válvula" ou "janela" do próprio direito não apenas com a política, mas também com outros sistemas, como a moral e a economia ou, na versão luhmanniana, como "estrutura autológica", que se inclui no âmbito da regulamentação, servindo, todavia, de "acoplamento estrutural" ou "ponto de referibilidade" interna e externa aos sistemas.[3] Depois pela reinvenção da própria Constituição por meio da jurisdição constitucional, como um corpo de juízes que decifram e reprimem os excessos do sistema político no código jurídico, sob o peso de sanções jurídicas. A decisão política, convertida em módulo de lei, é, sob a visão interna ao sistema jurídico, fagocitada pelo procedimento e controlada, digerida ou expelida por uma sentença judicial.[4] Mas essa leitura é incompleta, pois as motivações da

---

[2] Essa observação pode não estar inteiramente de acordo com o paradigma da autopoiesis, pois mais do que "mónadas recriprocamente indiferentes" (*Münch*), que se limitam à observação recíproca, mais do que "sistemas interferentes" que realizam trocas comunicativas, com perda de motivação ou informação, com mais ou menos sucesso, podemos falar de uma "colonização" de um sistema por outro e de especialização de estruturas intrasistêmicas que permitam o bloqueio da própria colonização e "otimizam" as relações de hegemonia, via de regra, sobre "oppotunity structure", por meio tanto de simples "interferências de eventos", quanto de "interferências de estrutura". Uma leitura inversa à primeira observação do texto – e viável do ponto de vista pragmático – poderia indicar que o uso de código jurídico para os processos políticos decorre já da colonização do sistema jurídico pelo político, retomando a tradicional teoria de instrumentalização do direito. Em uma e outra versões, a mera articulação tende à perda de identidade de um dos sistemas ("articulação hipercíclica temperada"). Todavia, o grau de complexidade e a lógica da colonização impedem a formação de um sistema autopoiético de grau mais elevado. MOSSAKOWSKI; NETTMANN. *Is There a Linear Hierarchy on Biological Systems?*, p. 39 et seq. Contra essa gradualização da autonomia sistêmica, por não existir sistema auto e heteropoiético ao mesmo tempo: MATURANA E VARELA. *Autopoiesis and Cognition*: The Realization of the Living, p. 32 et seq. No mesmo sentido, embora admitindo a "abertura cognitiva", não normativa: LUHMANN. *Autopoieisis als soziologischer Begriff*, p. 318. Contra a lógica da colonização, falando de "perturbações aleatórias": ATLAN. *L'Emergence du Noveau et du Sens*, p. 122. Sobre as distintas interferências: LUHMANN. *Closure and Openness*: On Reality in the World of Law, p. 342; sobre as "opportunity structures": SELZINCK. *Law, Society, and Industrial Justice*, p. 243 et seq.

[3] LUHMANN. *La Costituzione come Acquisizione Evolutiva*, p. 91, 109.

[4] Para manter a metáfora autopoiética de MATURANA E VARELA. *Autopoiesis and Cognition*. The Realization of the Living, p. 17

sentença – invisíveis ou não – terminam sofrendo influências políticas importantes.

A jurisdição constitucional, como elemento sistêmico autoreproduzido, reforça a dupla dimensão constitucional, de norma e de região de interações, lançando os seus sensores aos vários mundos, sobretudo da política, da moral e da economia, para captar as inquietações e demandas que serão, no seu retorno às formas jurídicas, traduzidas nas páginas dos processos e contenciosos constitucionais. A argumentação jurídica dá, assim, margem ao ingresso ou à reprodução dos reclamos do exterior, muito embora tenha de arcar com os pressupostos de uma orientação discursiva que transcende a meros excertos de autoridade.[5] Resulta, enfim, na institucionalização da ordem constitucional no percurso histórico, com o apelo a elementos da tradição do povo, em síntese com os componentes das necessidades atuais e com as pontes que se remetem ao futuro.

A revanche especialmente da política ou da economia ocorre no limite de irrupções das crises, muitas vezes sem se basear no divórcio insistente entre as demandas feitas (*inputs* na alopoieisis, "choques exógenos" ou perturbações na autopoiesis)[6] ao sistema jurídico e as respostas obtidas (*outputs* ou *external shocks* para o entorno), com a interrupção da normalidade jurídica e, via de conseqüência, da instância jurisdicional. Mais comum, todavia, que o descolamento entre os sistemas seja a causa da turbulência, operando-se então a substituição das normas constitucionais disfuncionais por outras que permitam ao direito o atendimento das encomendas externas (*jump* jurídico).[7] A menos que se admita a exceção ou a possibilidade de mudança temporária de um padrão de legalidade a um padrão de efetividade como uma espécie de regra jurídica pressuposta, os episódios revolucionários devem ser encarados, pela positividade jurídica, como expressão da força. No entanto, a necessidade de tornar invisível o império dessa força ou os processos de inclusão/exclusão leva a reforçar ou estimular um sistema jurídico, ainda atônito ou inerte.

---

[5] A insistência do texto é de negar a inteira autopoiesis, assimilando o Teorema de Gödel para a matemática e de Ashby para a cibernética no intertexto de KERCHOVE; OST. *El Sistema Jurídico entre Orden y Desorden*, p. 139.

[6] MATURANA E VARELA. *Autopoiesis and Cognition*: The Realization of the Living, p. 80.

[7] KERCHOVE; OST. *El Sistema Jurídico entre Orden y Desorden*, p. 140.

O ponto culminante dessa engenharia toda, no ciclo de normalidade, está no poder reconhecido à jurisdição constitucional para vincular, vinculando-se, num primeiro momento, para depois se desvincular. Ela traz um paradoxo insolúvel, pois requisita para uma instituição muito menos política do que o parlamento e também muito menos representativa, essa fração marcante de soberania, que é própria da política, com uma pequena modulação, pois ela recria o direito e não o cria simplesmente. Uma instituição que faz malabarismos para evitar confrontos no limite tantas vezes escorregadio do texto constitucional, definindo suas fronteiras, modelando a matéria constitucional semi-elaborada e justificando seu trabalho. Sob esse ângulo, não se pode deixar de reconhecer que a jurisdição constitucional termina por definir os princípios matriciais a partir do texto constitucional, que "retroalimentam" a própria Constituição, criando uma "reflexibilidade constitucional".[8]

**III.** Uma segunda leitura desse cenário, como desenvolvida no presente trabalho, ressaltará muito mais a feição integradora da Constituição e o papel da jurisdição constitucional na promoção dos valores comunitários, vertidos nas linhas das disposições de normas, que, a um só tempo, impõem normatividade ao texto e fomentam o apelo simbólico à comunhão de esforços na construção de consensos informados que reforçam a Constituição, reforçando todo o resto. A ênfase é dada a uma deontologia do consenso que não se resume à simples positividade. Um teoria normativa da argumentação, nesse mesmo sentido, lança seus traços exigentes sobre os trabalhos hermenêuticos dos órgãos da jurisdição constitucional, impondo as trilhas mais certeiras ao consenso e à construção cotidiana da identidade comunitária, sem se bastar com puros exercícios de descrição ou explicação sistêmica. Mesmo aqui não se precluirá a conclusão de que a Constituição termina sendo "reinventada" ou reelaborada pelo engenho da jurisdição constitucional.

Seja pela engenhosidade humana, seja por uma especialização funcional do próprio do sistema, retomamos o ponto, aquela jurisdição desempenha um papel central na dinâmica dos sistemas constitucionais, conferindo-lhes contorno, precisão, normatividade

---

[8] BLANQUER. *L'Ordre Constitutionnel d'un Régime Miste*: Le Sens Donné à la Constitution par le Conseil Constitutionnel, p. 1.537.

e força. Não será em vão que seu calço político logo seja questionado, por se mostrar a sobrevivência da tendência elitista sobre os ideais democráticos.

Mas a própria jurisdição, feito um reprodutor autopoiético, tentou criar o antídoto a essas críticas, definindo, além dos pontos de partida, os seus próprios limites, por meio de doutrinas, todavia, nem sempre coerentes ou previsíveis. Em linha de princípio, haveria o campo do Direito e o campo da política, entremeados, é bem verdade, mas distintos. *Maurice Finkelstein* parece ter resumido com precisão essa idéia: "uma questão que envolva uma guerra civil não é o campo próprio para a disputa entre advogados".[9] Não é uma questão própria para o Direito. Não é uma questão para, pretensiosamente, ter seu mérito avaliado ou prefixado por normas. "We may believe that the job is better done without rules", escrevera *L. Jaffe*.[10] *Alexander Bickel* concorda com ambos e defende uma esfera de discricionariedade livre de regulamentações.[11] Caberia ao Judiciário, aos juízes constitucionais em particular, fazer um juízo prudencial da necessidade ou não de sua intervenção, uma segunda discricionariedade, agora, judicial, uma "passive virtue" de declinar a sua competência no momento certo, na matéria exata, no compasso preciso da dinâmica vida social, econômica e política.

> "A Corte algumas vezes ousa se encarregar [de resolver os problemas] por ela mesma, estabelecendo o princípio que deve prevalecer, normalmente quando o assunto lhe é velho conhecido, como na administração do direito penal, ou quando seu próprio senso político (que pode ser traiçoeiro) lhe indica a necessidade ou quando se ancora em algum corpo estável de conhecimento."[12]

Mas ela também deve saber a hora de recuar, de atentar para a experiência, para o seu já vasto repertório de dessabores e ousadia, para o seu senso político. Essa é a ciência da oportunidade e da conveniência, exercida em nome da separação dos poderes, mas como salvaguarda da própria existência institucional, de seu valor e prestígio. Ora, se a Corte está plenamente consciente de que sua decisão

---

[9] FILDELSTEIN. *Further Notes on Judicial Self-Limitation*, p. 243.

[10] JAFFE. *Standing to Secure Judicial Review*: Public Actions, p. 1303.

[11] BICKEL. *The Least Dangerous Branch*, p. 186.

[12] Ibidem, p. 187.

será descumprida, não ousará o desafio, deixando a matéria a cargo do órgão político exclusivamente: "quando a necessidade requer a concentração da decisão nos departamentos políticos, a Corte encontrará uma útil saída na doutrina das questões políticas."[13] Tudo, sem deixar de ter em conta a sua importância na estrutura de poder e sem jamais abandonar o seu papel de "mestre da cidadania".[14] Um recuo, ainda que possa parecer aos olhos apressados de quem vive no calor dos fatos um exercício de covardia ou mesquinhez, ou um avanço, mesmo que possa despertar a fúria da tradição ou fazer desabar sobre si a culpa pela mazelas sociais, políticas e econômicas, acumuladas por tantos anos, são movimentos que devem ser cautelosamente estudados e executados por quem se vê no centro de um redemoinho que não cessa, que não pode cessar. Pois que outra coisa fazem as cortes constitucionais ou supremas se não a "mediação, a pacificação e moderação social", a veia que tenta conduzir o estabanado redemoinho da vida comunitária a um só destino: a Constituição. Não a Constituição-texto, nem a Constituição-compromisso, nem instrumento ou fórum, mas a que se entremeia entre a escrita e a realidade, com um mínimo de rigidez e um tanto de flexibilidade, a Constituição que é possível produzir a cada dia.

Se formos debulhar as contradições do discurso constitucional das doutrinas que as Cortes vão desenvolvendo, não teremos muita dificuldade, e o curso deste trabalho parece ter evidenciado isso em muitos pontos. Basta ver a teoria da *political question* ou dos atos *interna corporis* e seremos quase forçados a lembrar as palavras do *Chief Justice Burger*, reafirmando *Marshall* em *Marbury* v. *Madison*: "it is emphatically the province and duty of the judicial department to say what the law is" – e ficará evidente que a definição de um espaço não jurisdicionável, porque afeto constitucionalmente à palavra final de um outro ramo de Poder, revela uma incoerência visível, embora se possa superar essa dificuldade anotando que mesmo essa conclusão já será produto da interpretação. Certo, de uma interpretação que tempera o titânico ou hercúleo papel da jurisdição constitucional, entre a última palavra sobre a Constituição e a primeira sobre a realidade.

**IV.** Não vamos repetir o longo curso do trabalho no apontamento de conclusões pontuais sobre as formas de Estado ou de Governo ou sobre o regime político desenhado entre inúmeras deci-

---

[13] POST. *The Suprema Court and Political Questions*, p. 130.

[14] HURST. *The Growth of American Law*: The Law Makers, p. 39-56.

sões, despachos, acórdãos. Parece evidente que a divisão de poderes não tem hoje a mesma cara que tinha para os *framers* norte-americanos, para os constituintes alemães, italianos, espanhóis, portugueses, argentinos ou mexicanos. Não é açodamento afirmar que o Conselho Constitucional francês transformou na prática um esquema bipartido de poder num outro tripartido, com a valorização da "independência da autoridade judiciária"; nem que o federalismo estadunidense, por atuação da Suprema Corte, nem de longe é o mesmo de 1787. A atuação dos órgãos da jurisdição constitucional, por outro lado, termina por colocá-los fora e acima dos três poderes ou das instâncias territoriais, seja nas Federações, seja no Estado regional ou autonômico, seja mesmo nos Estados unitários puros. Talvez o "direito constitucional pactício" tivesse dado conta dessa tarefa de remodelagem, mas é sempre temerário pensar que o passado reconstruído fosse gerar o mesmo ou melhor presente. Ninguém duvida, além do mais, que a política dos direitos fundamentais teve, em grande, grandíssima escala, um impulso dos tribunais da jurisdição constitucional no sentido da sua realização ou, como dizem os germânicos, de sua otimização.

Desse arsenal todo de intervenção reconstrutiva, podemos, então, falar dos múltiplos papéis dos tribunais da Constituição: de regulador da atividade pública, definindo e aperfeiçoando as repartições de competência entre os órgãos estatais; de promotor dos direitos fundamentais, protegendo os chamados direitos individuais, ao tempo em que atualiza e promove o repertório dos demais direitos; de agente de pacificação mediadora dos conflitos políticos e sociais, evitando as rupturas sísmicas descontroladas; de instrumento de "premonição", ao se antecipar às soluções legislativas, por meio de uma jurisprudência criativa que estimula o trabalho do legislador, inclusive constituinte; e, por fim, de "peça de correção" não apenas da lei, mas da própria Constituição, realizando as "reformas constitucionais silenciosas".[15]

Não vamos tomar partido sobre a legitimidade de o juiz constitucional reelaborar, reinventando, a obra constituinte, senão afirmar que, empiricamente, reelabora ou reinventa, valendo-se de complexos argumentativos às vezes simples, às vezes intencionalmente intrincados. E nos contentar com o comodismo da simples observação: as cortes são instrumentos sistêmicos especializados para reunir as dispersões

---

[15] DELPÉRÉE. *Crise du Juge et Contentieux Constitutionnel en Droit Belge*, p. 50 et seq.

do texto constitucional sobre o horizonte possível das forças políticas, convertendo em código jurídico e idealmente dialógico os embates do mundo da política, por meio da fina membrana porosa entre os dois mundos, a que chamamos de Constituição.

V. Em que pese o "déficit evolutivo" dos sistemas sociais em países periféricos ou semiperiféricos como o Brasil,[16] somos obrigados a concluir que o nosso Supremo Tribunal Federal, no geral, compartilha das virtudes e dos defeitos da engenharia constitucional da Europa continental ou dos Estados Unidos, fazendo-se importante lembrar as notas de *Seabra Fagundes* em resposta aos que, como *João Mangabeira*, vêem em nosso Tribunal da Constituição um resumo de equívocos ou timidez:

> "A deficiente divulgação da presença do Supremo Tribunal, na vida institucional de nosso país, tem levado a uma visão mais acentuada de suas omissões (não tão poucas, de certo), do que dos pontos excepcionalmente nobres da suas manifestações na salvaguarda das instituições republicanas em seus princípios, em sua mecânica, nos direitos subjetivos que asseguram."[17]

A teoria brasileira do *habeas corpus*, a proteção da democracia, em áreas que mesmo a poderosa Suprema Corte norte-americana se recusa a adentrar, como no caso das duplicatas de assembléias e governos, são exemplos marcantes do papel significativo de nossa Corte. Alguém lembrará que a jurisprudência do Tribunal, de hoje, pode deixar a desejar na promoção de uma efetiva concretização dos direitos fundamentais, daqueles menos *high tech* e mais cidadãos. Ou alegará que as oportunidades de um federalismo menos centralizado abertas pela Constituição de 1988 foram temporariamente desperdiçadas. Se essas observações não forem consideradas um outro exagero, resta o consolo de que os pecados existem para serem perdoados e redimidos. E se esse consolo foi considerado teológico demais, fiquemos a meio caminho, com *Rui Barbosa*, em sua repetida citação de que "em todas as organizações políticas ou judiciais há sempre uma autoridade extrema para errar em último lugar. A alguém, nas coisas deste mundo, se há de admitir o direito de errar por último".[18]

---

[16] LUHMANN. *La Costituzione come Acquisizione Evolutiva*, p. 120 et seq.; SANTOS. *A Crítica da Razão Indolente*, I, p. 173.

[17] FAGUNDES. *As Funções Políticas do Supremo Tribunal Federal*, p. 31.

[18] BARBOSA. *Obras Completas de Rui Barbosa*. Discursos Parlamentares, v. XLI, t. III, p. 259.

# BIBLIOGRAFIA

AARNIO, Aulis. *Lo Racional como Razonable*. Um Tratado sobre la Justificación Jurídica. Trad. Ernesto Garzón Valdés. Madrid: Centro de Estudios Constitucionales, 1991.

———; MacCORMICK, D. Neil. *Legal Reasoning*. New York: New York University Press, 1992.

ABBOT, William Wright. *The Young George Washington and His Papers*. Charlottesville: University of Virginia, 1999.

ACCIOLI, Wilson. *Instituições do Direito Constitucional*. 2. ed. Rio de Janeiro: Forense, 1981.

ACKERMAN, Bruce. The Storrs Lectures: Discovering the Constitution. *Yale Law Review*, v. 93, p. 1013-1072, 1984.

———. La Démocratie Dualiste. In: TROPER, Michel; JAUME, Lucien (Dir.). *1789 et l'Invention de la Constitution*. Bruxelles: Bruylant e Paris: LGDJ, 1994.

———. *We the People*. 1. Foundation. 5th Printing. Cambridge-London: Harvard University Press, 1998.

———. *We the People*. 2. Transformations. Cambridge-London: Harvard University Press, 1998.

———; ROSENKRANTZ, Carlos. F. Tres Concepciones de la Democracia Constitucional. In: CENTRO DE ESTUDIOS INSTITUCIONALES DE BUENOS AIRES. *Fundamentos y Alcances del Control Judicial de Constitucionalidad*. Madrid: Centro de Estudios Constitucionales, 1991.

ADDISON, Derek. *Judicial factors*. Edinburgh: W. Green, 1995.

AGRÒ, Antonio. L'Eguaglianza in Transizione. In: *Il Principio di Ragionevolezza nella Giurisprudenza della Corte Costituzionale*. Riferimenti Comparatistici. Atti del Seminario Svoltosi in Roma Palazzo della Consulta nei Giorni 13 e 14 Ottobre 1992. Milano: Giuffrè, 1994.

AIYAR, Sadashiv Prabhakar. *Essays on Indian Federalism*. Bombay, New York: Allied Publishers, 1965.

AJA, Eliseo; BEILFUSS, Markus González. Conclusiones Generales. In: AJA, Eliseo (Ed.). *Las Tensiones entre el Tribunal Constitucional y el Legislador en la Europa Actual.* Barcelona: Ariel, 1998.

―――――. Prólogo. In: AJA, Eliseo (Ed.). *Las Tensiones entre el Tribunal Constitucional y el Legislador en la Europa Actual.* Barcelona: Ariel, 1998.

ALBERT, Jean-Carlo. *Traité de Droit Constitutional Suisse.* Geneve: Editions Ides e Calendes, 1982. 3t.

ALBERTI, Juan B. *Sistema Económico y Rentístico de la Confederación Argentina, según su Constitución de 1853.* Buenos Aires: Escuela de Educación Económica y Filosófica de la Libertad, 1979.

ALCALÁ-ZAMORA Y CASTILLO, Niceto. *Estudios de teoría general e historia del processo (1945-1972).* México: Universidad Nacional Autónoma de México. Instituto de Investigaciones Jurídicas, 1974, t. I.

ALCHOURRÓN, Carlos E.; BULYGIN, Eugenio. Fundamentos Pragmáticos para una Lógica de Normas. In: ALCHOURRON, Carlos E.; BULYGIN, Eugenio. *Analisis Logico y Derecho.* Madrid: Centro de Estudios Constitucionales, 1991.

―――――. Los Argumentos Jurídicos "a Fortiori" y a "Pari". In: ALCHOURRON, Carlos E.; BULYGIN, Eugenio. *Analisis Logico y Derecho.* Madrid: Centro de Estudios Constitucionales, 1991.

―――――. *Introducción a la Metodologia de las Ciencias Jurídicas y Sociales.* 2.ª reimpressión. Buenos Aires: Editorial Astrea, 1993.

ALEMANHA. Bundesverfassungsgericht. *Verfassungsrechtsprechung zum Steuerrecht; die Entscheidungen des Bundesverfassungsgerichts der Bundesrepublik Deutschland.* [Frankfurt am Main] Athenäum Verlag, 1971.

―――――. Bundesverfassungsgericht. *Registerband zu den Entscheidungen des Bundesverfassungsgerichts* Band 81-. Hrsg. von den Mitgliedern des Bundesverfassungsgerichts. Tübingen, J.C.B. Mohr, 1995.

ALEXANDER, Larry. *Legal Rules and Legal Reasoning.* Aldershot, Hampshire, Burlington: Ashgate/Dartmouth, 2000.

ALEXY, Robert. *Teoría de los Derechos Fundamentales.* Trad. Ernesto Garzón Valdés. Madrid: Centro de Estudios Constitucionales, 1993.

―――――. Discourse Theory and Human Rights. *Ratio Juris*, n. 3, p. 209-235, september 1996.

―――――. Jürgen Habermas's Theory of Legal Discourse. *Cardozo Law Review*, n. 4-5, p. 1027-1034, march 1996.

―――――. *Teoría de la Argumentación Jurídica.* Teoría del Discurso Racional como Teoría de la Fundamentación Jurídica. Trad. Manuel Atienza e Isabel Espejo. Madrid: Centro de Estudios Constitucionales, 1997.

ALMEIDA, Luís Nunes de. Portugal. In: AJA, Eliseo (Ed.). *Las Tensiones entre el Tribunal Constitucional y el Legislador en la Europa Actual*. Barcelona: Ariel, 1998.

ALTER, K.; MEUNIER, S. Judicial Politics in the European Community: European Integration and the Pathbreaking Cassis de Dijon Decision. *Comparative Political Studies*, n. 26, p. 535-561, 1994.

ALTHUSSER, Louis. *Montesquieu, la Politique et l'Histoire*. Paris: PUF, 1964.

ALVES, José Carlos Moreira. O Controle de Constitucionalidade no Brasil. *Revista da Procuradoria Geral da República*, n. 9, p. 127-140, jul./dez. 1996.

————. Interpretação da Constituição pelo Supremo Tribunal Federal (10 anos). In: CONGRESSO BRASILEIRO DE DIREITO CONSTITUCIONAL. 10 anos de Constituição uma Análise. São Paulo: C. Bastos, 1998.

AMAR, Akhil Reed. A Constituional Accident Waiting to Happen. In: ESKRIDGE JR., William N.; LEVINSON, Sanford (Ed.). *Constitutional Stupidities, Constitutional Tragedies*. New York-London: New York University Press, 1998.

AMATO, Giuseppe. *Il Sindacato di Costituzionalità sulle Competenze Legislative dello Stato e della Regione*. Milano: Giuffrè, 1964.

AMIRANTE, Domenico. *Giudice Costituzionale e Funzione Legislativa*: L'Esperienza Francese. Padova: Cedam, 1991.

AMORTH, Antonio. Essenza e Funzioni della Costituente. In: *Costituzione e Costituente*. Atti della XIX Settimana Sociale dei Cattolicti d'Italia. Roma: Edizione Icas, 1946.

ANDERSON, Ann Stuart. A 1787 Perspective on Separation of Powers. In: GOLDWIN, Robert A.; KANFMAN, Art (Ed.). *Separation Powers – Does It Still Work?*, 1986.

ANDRADE, José Carlos Vieira de. *Os Direitos Fundamentais na Constituição Portuguesa de 1976*. Coimbra: Almedina, 1987.

ANDRIOLI, Virgilio. *Studi Sulla Giustizia Costituzionale*. Milano: Giuffrè, 1992.

ANNUAIRE INTERNATIONAL DE JUSTICE CONSTITUTIONNELLE. Paris: Presses Universitaires Aix-Marseilles, Económica, v. 1-14, 1985-1998.

ANTONELLI, Sergio. *Le Immunitá del Presidente della Republica Italiana*. Milano: Giuffrè, 1971.

ANTUNES, Miguel Lobo. Fiscalização Abstracta da Constitucionalidade. Questões Processuais. In: *Estudos sobre a Jurisprudência Constitucional*. Lisboa: Aequitas, 1993.

ANUARIO IBEROAMERICANO DE JUSTICIA CONSTITUCIONAL 1997. Madrid: Centro de Estudios Constitucionales, 1997.

ANZON, Adele. La Motivazione dei Giudizi di Ragionevolezza e la Dissenting Opinion. In: *Il Principio di Ragionevolezza nella Giurisprudenza della Corte Costituzionale*. Riferimenti Comparatistici. Atti del Seminario Svoltosi in Roma Palazzo della Consulta nei Giorni 13 e 14 Ottobre 1992. Milano: Giuffrè, 1994.

APEL, Günter-Richard. *Das Bundesverfassungsgericht und Berlin*: ein Beitrag zur Zuständigkeit des Bundesverfassungsgericht. Köln: Heymann, 1984.

APEL, Karl-Otto. *From a Transcendental-Semiotic Point of View*. Manchester-New York: Manchester University Press, 1998.

─────. *Towards a Transformation of Philosophy*. Translated Glyn Adey and David Fisby. Milwaukee: Marquette University Press, 1998.

─────. *Transformação da Filosofia*. I. Filosofia Analítica, Semiótica, Hermenêutica. Trad. Paulo Astor Soethe. São Paulo: Edições Loyola, 2000.

─────. *Transformação da Filosofia*. II. O A Priori da Comunidade de Comunicação. Trad. Paulo Astor Soethe. São Paulo: Edições Loyola, 2000.

AQUINATIS, S. Thomas. *Summa Theologiae*. Cura Fratrum eiusdem Ordinis. Madrid: La BAC, 1961-1994. 5t.

ARDANT, Philippe. *Institutions Politiques e Droit Constitutionnel*. 8ᵉ. éd. Paris: LGDJ, 1996.

ARENDT, Hannah. *On Revolution*. New York: The Viking Press, 1970.

─────. *La Crise de la Culture*. Paris: Gallimard, 1972.

ARISTÓTELES. *Tratado da Política*. [s.t.]. [s.l.]: Publicações Europa-América, 1977.

─────. Ética a Nicômaco. Trad. Leonel Vallandro e Gerd Bornheim. In: *Aristóteles* – v. II. São Paulo: Nova Cultural, 1987. (Os Pensadores)

─────. *Constitution d'Athenes*. Paris: Les Belles Lettres, 2000.

ARNÉ, S. *Cours de Droit Constitutionnel*. 5ᵉ. éd. Paris, 1990, v. IV.

─────. Existe-t-il des Normes Supraconstitutionnelles? Contribution à l'Étude des Droits Fondamentaux et de la Constitutionalité. *Revue du Droit Public et de la Science Politique*, p. 459-512, 1993.

ARNOLD, Rainer. *La Politica e la Corte Costituzionale in Germania*. Milano: Giuffrè, 1999.

ASTIÉ, Pierre. La Constitution du 4 octobre 1958 et le Système Politique de la Ve. République. In: MOREAU, Jacques. *Droit public*. Théorie Générale de l'État et Droit Constitutionnel. Droit Administratif. 3ᵉ. éd. Paris: Económica, 1995, t. I.

ATALIBA, Geraldo. Normas Gerais de Direito Financeiro e Tributário e Autonomia dos Estados e Municípios. *Revista de Direito Público*, v. 10, p. 45-80, out./dez. 1969.

―――. Liberdade e Poder Regulamentar. *Revista de Informação Legislativa*, n. 66, p. 45-74, abr./jun. 1980.

―――. Competência do Congresso para Editar Normas Gerais. *Revista de Informação Legislativa*, n. 72, p. 45-48, out./dez. 1981.

―――. Competência Legislativa Supletiva Estadual. *Revista de Informação Legislativa*, n. 73, p. 81-94, jan./mar. 1982.

―――. Liberdades Públicas. *Revista de Informação Legislativa*, n. 93, p. 99-104, jan./mar. 1987.

―――. Fonte de Legitimidade da Constituinte. *Revista de Informação Legislativa*, n. 98, p. 99-102, abr./jun. 1988.

―――. IPTU: Progressividade. *Revista de Direito Público*, n. 93, v. 23, p. 233-238, jul./set. 1990.

―――. Revisão Constitucional. *Revista de Informação Legislativa*, n. 110, p. 87-90, abr./jun. 1991.

ATLAN, H. L'Emergence du Noveau et du Sens. In: DUMOUCHEL, P.; DUPUY, J.-P. (Dir.). *L'Auto-Organisation*. De la Physique au Politique. Paris: Seuil, 1983.

AUBERT, Jean François. *Traité de Droit Constitutionnel Suisse*. Suisse: Ide et Calendes, 1967, v. 1.

AUSTIN, John L. *Philosophical Papers*. 2nd ed. Oxford: Clarendon Press, 1970.

ÁUSTRIA. Verfassungsgerichtshof. *Erkenntnisse und Beschlüsse des Verfassungsgerichtshofes*. Wien: Druck und Verlag der Österreichischen Staatsdruckerei, 1969.

―――. Verfassungsgerichtshof. *Die Judikatur des Verfassungsgerichtshofes 1865-1969*. Wien: Österreichischer Staatsdruckerei, 1971.

―――. Verfassungsgerichtshof *Die Judikatur des Verfassungsgerichtshofes 1970-1974*. bearbeitet von Erwin Melichar und Eleonore Östermann, hrsg. vom Verfassungsgerichtshof. Wien: Österr. Staatsdruckerei, 1975.

―――. Verfassungsgerichtshof. *Die Judikatur des Die Rechtsprechung des Verfassungsgerichtshofes in Steuersachen 1972-1986*, von Dietrich Roessler, Sabine Bernegger, Robert Prohaska. Wien: A. Orac, 1987.

―――. Verfassungsgerichtshof. *Die Judikatur des Verfassungsgerichtshofes 1987-1989* Herausgegeben vom Verfassungsgerichtshof; bearbeitet von Anneliese Elhenicky und Peter Fenzl. Wien: Verlag Österreich, Österreichische Staatsdruckerei, 1996.

―――. *Die Judikatur des Verfassungsgerichtshofes*; Hrsg. Kirsche-Egger. Wien, 1971.

―――. *Die Judikatur des Verfassungsgerichtshofes*; Hrsg. Melichar-österman. Wien, 1975.

―――. *Die Judikatur des Verfassungsgerichtshofes*; Hrsg. Kirsche-Kaltenberger. Wien, 1966.

AUVRET, Patrick. La Responsabilité du Chef de l'État sous la Ve. République. *Revue du Droit Public et de la Science Politique*, p. 77-117, jan./fev. 1988.

AVELAR, Miguel González. *La Suprema Corte y la Política*. México: Unam, 1979.

AVRIL, Pierre; GICQUEL, Jean. *Droit Parlementaire*. Paris: Montchrestien, 1988.

―――――. La Séparation des Pouvoirs Aujourd'hui. In: TROPER, Michel; JAUME, Lucien (Dir.). *1789 et l'Invention de la Constitution*. Bruxelles: Bruylant e Paris: LGDJ, 1994.

―――――. *Le Conseil Constitutionnel*. 3ᵉ. éd. Paris: Montcherestien, 1995.

―――――. *Les Conventions de la Constitution*: Normes non Écrites du Droit Publique. Paris: PUF, 2000.

AYER, Alfred J. *Language, Truth, and Logic*. 2$^{nd}$ ed. New York: Dover, 1964.

AZEVEDO, Eurico de Andrade. Agências Reguladoras. *Revista de Direito Administrativo*, v. 213, p. 141-148, jul./set. 1998.

―――――. Legislação Brasileira sobre Garantias para as Concessões. *Revista de Direito Administrativo*, v. 214, p. 159-165, out./dez. 1998.

AZEVEDO, Luiz H. Cascelli de. *O Controle Legislativo de Constitucionalidade*. Porto Alegre: Fabris, 2001.

AZZARITI, Gaetano. *Problemi Attuali di Diritto Costituzionale*. Milano: Giuffrè, 1951.

―――――. La Corte Costituzionale. In: *Costituzionalisti e le Riforme (I)*. Una Discussione sul Progetto della Comissione Bicamerale per le Riforme Costituzionali. Milano: Giuffrè, 1998.

BACHOF, Otto. Der Verfassungsgerichter zwischen Recht und Politik. In: HÄBERLE. *Verfassungsgerichtsbarkeit*. Darmstadt: Wissenschaftliche Buchgesellschaft, 1976.

―――――. *Normas Constitucionais Inconstitucionais?* Trad. Cardoso da Costa. Coimbra: Atlântida, 1977.

BACON, Francis. *Novum Organum*: Verdadeiras Indicações acerca da Interpretação da Natureza. Trad. José Aluysio Reis de Andrade. São Paulo: Nova cultural, 1988.

BADIA, Juan Fernando. *El Estado Unitario, el Federal y el Estado Autonómico*. Madrid: Tecnos, 1986.

BADURA, Peter. Verfassung und Verfassungsgesetz. In: EHMKE, von Horst. *Festschrift für Ulrich Scheuner zum 70*. Geburtstag. Berlin: Duncker und Humblot, 1973.

―――――. *Staatsrecht*: systematische Erläuterung des Grundgesetzes für die Bundesrepublik Deutschland. 2., neubearb. Aufl. München: Beck, 1996.

―――――. [Hrsg]. Verfassungsgerichtsbarkeit und Gesetzgebung. Symposion aus Anlaβ des 70: Geburtstags von Peter Lerche. München: Beck, 1998.

―――――. [Hrsg]. In: Symposion aus Anlaβ des 70. Geburtstags von Peter Lerche. *Verfassungsgerichtsbarkeit und Gesetzgebung*. München: Beck, 1998.

BAER, Judith. *Equality under the Constitution*: Reclaiming the Fourteenth Amendment. Ithaca Cornell University Press, 1983.

BALBIN, Carlos F. El Control de los Actos Politicos. In: CENTRO DE ESTUDIOS INSTITUCIONALES DE BUENOS AIRES. *Fundamentos y Alcances del Control Judicial de Constitucionalidad*. Madrid: Centro de Estudios Constitucionales, 1991.

BALDASSARRE, Antonio. Dibattito; Intervento su La Corte Costituzionale e Principio d'Eguaglianza. In: OCCHIOCUPO, Nicola (a cura di). *La Corte Costituzionale tra Norma Giuridica e Realtà Sociale*. Bilancio di Vent'Anni di Attività. Padova: Cedam, 1984.

―――. Diritti sociali. *Enciclopedia Giuridica*. Roma: Istituto della Enciclopedia italiana, 1989, v. XI.

BANDEIRA DE MELLO, Celso Antônio. *Discricionariedade e Controle Jurisdicional*. 2. ed. São Paulo: Malheiros, 1993.

―――. *Curso de Direito Administrativo*. 6. ed. rev., atual. e amp. São Paulo: Malheiros, 1995.

BANDEIRA DE MELLO, Oswaldo Aranha. *Princípios Gerais de Direito Administrativo*. 2. ed. Rio de Janeiro: Forense, 1979, v. I.

BARACHO JUNIOR, Jose Alfredo de Oliveira. Efeitos do Pronunciamento Judicial de Inconstitucionalidade no Tempo. In: *Teoria Geral do Processo civil. Cadernos da Pós-Graduação*. Belo Horizonte: Faculdade de Direito da Universidade Federal de Minas Gerais, 1995.

BARACHO, José Alfredo de Oliveira. Hermenêutica Constitucional. *Revista de Informação Legislativa*, n. 53, p. 113-144, jan./mar. 1977.

―――. Teoria da Constituição. *Revista de Informação Legislativa*, n. 58, p. 27-76, abr./jun. 1978.

―――. Aspectos da Teoria Geral do Processo Constitucional: Teoria da Separação dos Poderes e Funções do Estado. *Revista de Informação Legislativa*, n. 76, p. 97-152, out./dez. 1982.

―――. *Teoria Geral do Federalismo*. Belo Horizonte: Fumarc/UFMG, 1982.

―――. Teoria Geral do Poder Constituinte. *Revista de Informação Legislativa*, n. 874, p. 33-68, abr./jun. 1982.

―――. Teoria Geral do Veto. *Revista de Informação Legislativa*, n. 83, p. 84-141, jul./set. 1983.

―――. *Processo Constitucional*. Rio de Janeiro: Forense, 1984.

―――. Teoria Geral dos Atos Parlamentares. *Revista de Informação Legislativa*, n. 81, p. 259-322, jan./mar. 1984.

―――. Descentralização do Poder: Federação e Município. *Revista de Informação Legislativa*, n. 85, p. 151-184, jan./mar. 1985.

_____. Legitimidade do Poder. *Revista de Informação Legislativa*, n. 86, p. 13-28, abr./jun. 1985.

_____. A Assembléia Constituinte e o seu Temário. *Revista de Informação Legislativa*, n. 92, p. 63-146, out./dez. 1986.

_____. Teoria Geral do Constitucionalismo. *Revista de Informação Legislativa*, n. 91, p. 5-62, jul./set. 1986.

_____. *O Princípio de Subsidiariedade*: Conceito e evolução. Rio de Janeiro: Forense, 1996.

_____. Teoria dos Procedimentos de Exercício da Cidadania perante a Administração Pública. *Revista Brasileira de Estudos Políticos*, separata do n. 85, p. 7-69, 1997.

_____. A Prática Jurídica no Domínio da Proteção Internacional dos Direitos do Homem (A Convenção Européia dos Direitos do Homem). *Revista de Informação Legislativa*, n. 137, p. 91-117, jan./mar. 1998.

_____. As Tendências do Constitucionalismo Brasileiro Contemporâneo. As Mudanças Ocorridas na Constituição de 1988. *Separata de Conferências na Faculdade de Direito de Coimbra 1999/2000*. Studia Iuridica, v. 48, Colloquia-6, p. 275-322, 2000.

BARBALHO, João U.C. *Constituição Federal Brasileira*. Edição fac-similar dos Comentários à Constituição Federal de 1891. Rio de Janeiro: Companhia Litho-typographia, 1902 e Brasília: Senado Federal, 1992.

BARBER, Sotirios A. *The Constitution of Judicial Power*. Baltimore: Johns Hopkins University Press, 1993.

BARBERA, Augusto. [Commento all'] Art 2. In: BRANCA, G. (a cura di). *Commentario alla costituzione*. Principi Fondamentali. Bologna-Roma: Zanichelli, 1975.

BARBOSA, Rui. *Commentarios à Constituição Federal Brasileira*. Coligidos e ordenados por Homero Pires. São Paulo: Saraiva, 1933. 4v.

_____. A Imprensa. In: *Obras Completas de Rui Barbosa*. Rio de Janeiro: Ministério da Educação e Saúde, 1947, v. XXV, t. III.

_____. Os Atos Inconstitucionais do Congresso e do Executivo. In: *Obras Completas de Rui Barbosa*. Rio de Janeiro: Ministério da Educação e Saúde, 1947, v. XX, t. V.

_____. Discursos Parlamentares. In: *Obras Completas de Rui Barbosa*. Reimpressão. Rio de Janeiro: Ministério da Educação e Cultura, 1974, v. XLI, t. III.

BARILE, Paolo. *La Costituzione come Norme Giuridica*. Profilo Sistematico. Firenze, 1951.

_____. *Istituzioni di Diritto Pubblico*. Padova: Cedam, 1972.

_____. Il Principio di Ragionevolezza nella Giurisprudenza della Corte Costituzionale. In: *Il Principio di Ragionevolezza nella Giurisprudenza della Corte Costituzionale*. Riferimenti Comparatistici. Atti del Seminario Svoltosi in Roma Palazzo della Consulta nei Giorni 13 e 14 Ottobre 1992. Milano: Giuffrè, 1994.

BARRON, Jerome A. *Constitutional Law.* St. Paul: West Group, 1999.

BARROS, Suzana de Toledo. *O Princípio da Proporcionalidade e o Controle de Constitucionalidade das Leis Restritivas de Direitos Fundamentais.* Brasília: Brasília Jurídica, 1996.

BARROSO, Luís Roberto. *O Direito Constitucional e a Efetividade de suas Normas.* Limites e Possibilidades da Constituição Brasileira. Rio Janeiro: Renovar, 1990.

———. *Interpretação e Aplicação da Constituição.* 3. ed. rev. e atual. São Paulo: Saraiva, 1999.

BARTHÉLEMY, J. *Précis de Droit Constitutionnel.* 2e. éd. Paris: Dalloz, 1933.

———; DUEZ. *Traité de Droit Constitutionnel.* 2e. éd. Paris: Dalloz, 1933.

BARTOLE, Sergio. Controllo di Razionalità e Determinazione Previa di Criteri e Protocolli di Giudizio. In: *Il Principio di Ragionevolezza nella Giurisprudenza della Corte Costituzionale.* Riferimenti Comparatistici. Atti del Seminario Svoltosi in Roma Palazzo della Consulta nei Giorni 13 e 14 Ottobre 1992. Milano: Giuffrè, 1994.

BASTID, Paul. L'Idée de Légitimité. In: *Annales de Philosophie Politique – L´Idée de Legitimité.* Paris: PUF, 1967.

———. *L'Idée de Constitution.* Paris: Económica, 1985.

BASTOS, Celso Ribeiro. *Curso de Direito Constitucional.* São Paulo: Saraiva, 1982.

———; MARTINS, Ives Gandra. *Comentários à Constituição do Brasil* (Promulgada em 5 de outubro de 1988). São Paulo: Saraiva, 1997, v. 4, t. II.

BASTOS, Celso Ribeiro. *Curso de Direito Constitucional.* 11. ed. São Paulo: Saraiva, 1989.

BASTOS, Filinto Justiniano Ferreira. *Manual de Direito Público e de Direito Constitucional Brasileiro de conformidade com o Programa da Faculdade de Direito da Bahia.* Salvador: J. Ribeiro, 1914.

BATAGLINI, Mário. *Contributi alla Storia del Controllo di Costituzionalità delle Legge.* Milano: Giuffrè, 1957.

———. Contributo allo Studio Comparato del Controllo di Costituzionalità i Paesi che non Hanno Controllo. *Rivista Trimestrale di Diritto Pubblico,* v. XII, p. 663-770, 1962.

BATISTA, Vanessa Oliveira. *União Européia:* Livre Circulação de Pessoas e Direito de Asilo. Belo Horizonte: Del Rey, 1998.

BAUDRILLARD, Jean. *Pour une Critique de l'Économie Politique du Signe.* Paris: Gallimard, 1972.

BAUM, Lawrence. *A Suprema Corte Americana:* Uma Análise da mais Notória e Respeitada Instituição Judiciária do Mundo Contemporâneo. Trad. Élcio Cerqueira. Rio de Janeiro: Forense Universitária, 1987.

BÄUMLIN, Richard. *Staat, Recht und Geschichte*. Zürich: EVZ-Verlag, 1961.

BEATTY, David. *Constitutional Law in Theory and Practice*.Toronto; Buffalo: University of Toronto Press, 1995.

BECKER, Theodore. *Comparative Judicial Politics*. Chicago: Rand McNally, 1970.

BÉGUIN, J.-C. *Le Contrôle de la Constitutionnalité des Lois en République Fédérale d'Allemagne*. Paris: Económica, 1982.

BELAID, Sadok. Les Constitutions dans le Tiers-Monde. In: TROPER, Michel; JAUME, Lucien (Dir.). *1789 et l'Invention de la Constitution*. Bruxelles: Bruylant e Paris: LGDJ, 1994.

BELL, Daniel. *The Cultural Contradictions of Capitalism*. New York: Basic Books, 1976.

BELTRÁN DE FELIPE, Miguel. *Originalismo e Interpretación*. Dworkin v. Bork: Una Polémica Constitucional. Madrid: Civitas, 1989.

BENDA, Ernst. La Jurisprudência Constitucional de los Derechos Fundamentales. Fuerça Normativa e Interpretación de los Derechos Fundamentales. Efectividad de los Derechos Fundamentales. – En Particular en Relación com el Ejercicio del Poder Legislativo. In: PINA, Antonio Lopez. *La Garantia de los Derechos Fundamentales*. Alemania, España, Francia e Italia. Madrid: Civitas, 1991.

————. Dignidad Humana y Derechos de la Personalidad. In: BENDA, MAIHOFER, VOGEL, HESSE, HEYDE. *Manual de Derecho Constitucional*. Trad. Antonio López Pina. Madrid: Marcial Pons, 1996.

————. El Estado Social de Derecho. In: BENDA, MAIHOFER, VOGEL, HESSE, HEYDE. *Manual de Derecho Constitucional*. Trad. Antonio López Pina. Madrid: Marcial Pons, 1996.

BENGOETXEA, Joxerramon. *The Legal Reasoning of the European Court of Justice*: towards a European Jurisprudence. Oxford: Clarendon Press e New York: Oxford University Press, 1993.

BEREIJO, Álvaro Rodríguez. La Justicia Constitucional en los Sistemas Políticos Contemporáneos. In: *Anuario Iberoamericano de Justicia Constitucional 1997*. Madrid: Centro de Estudios Constitucionales, 1997.

BERGER, Raoul. *Congress v. The Supreme Court*. Cambridge: Harvard University Press, 1969.

————. *Impeachment*: The Constitutional Problems. Cambridge: Harvard University Press, 1973.

————. *Government by Judiciary*. The Transformation of the Fourteenth Amendment. 2nd ed. Indianápolis: Liberty Fund, 1997.

BERLIN, Isaiah. *Dos Conceptos de Libertad*. Trad. E. L. Suárez. México: Fondo de Cultura Económica, 1977.

BERMAN, Donald H.; HAFNER, Carole D. The Potential of Artificial Intelligence to Help Solve the Crisis in Our Legal System; Legal Aspects of Computing Special Section. http://www.gslis.utexas.edu/~suefaw/Berman.txt

BERNALES, Gastón Gómez. Chile. In: *Anuario Iberoamericano de Justicia Constitucional 1997*. Madrid: Centro de Estudios Constitucionales, 1997.

BERTI, Giorgio. *Manuale de Interpretazione Costituzionale*. Terza edizione. Padova: Cedam, 1994.

BERTOLINI, Anarella; FERNÀNDEZ, Hubert (Eds). *La Jurisdicción Constitucional y su Influencia en el Estado de Derecho*. San José, Costa Rica: Editorial Universidad Estatal a Distancia, 1996.

BETTI, Emilio. *Interpretazione della Legge e degli Atti Giuridici*. Teoria Generale e Dogmatica. Milano: Giuffrè, 1949.

————. *Teoria Generale della Interpretazione*. Milano: Giuffrè, 1990, t. II.

BIANCHI, Alberto B. *Jurisdicción y Procedimientos en la Corte Suprema de los Estados Unidos*: Análisis de los Mecanismos Porcesales que Hoy Emplea la Corte Argentina. Buenos Aires: Depalma, 1993.

BICKEL, Alexander M. *The Least Dangerous Branch*. The Supreme Court at the Bar of Politics. 2nd ed. New Haven-London: Yale University Press, 1986.

————. Establishment and General Justification of Judicial Review. In: GARVEY, John H.; ALEINIKOFF, T. Alexander. *Modern Constitutional Theory*. A reader. Saint Paul, 1991, p. 12-17.

BIEHLER, Gerhard. *Sozialliberale Reformgesetzgebung und Bundesverfassungsgericht*: der Einfluss des Bundesverfassungsgerichts auf die Reformpolitik – zugleich eine reformgesetzliche und – programmatische Bestandasufnahme. Baden-Baden: Nomos Verlag-Ges, 1990.

BIN, Roberto. *Diritti e Argomenti*. Il Bilanciamento degli Interessi nell Giurisprudenza Costituzionale. Milano: Giuffrè, 1992.

BINENBOJM, Gustavo. *A Nova Jurisdição Constitucional Brasileira*. Legitimidade Democrática e Instrumento de Realização. Rio de Janeiro, S. Paulo: Renovar, 2001.

BLACK JR., Charles. The Building Work of Judicial Review. In: GARVEY, John H.; ALEINIKOFF, T. Alexander. *Modern Constitutional Theory*. A reader. Saint Paul, 1991, p. 6-12.

BLACK, Hugo Lafayette. *Crença na Constituição*. Trad. Luís Carlos F. de Paula Xavier. Rio de Janeiro: Forense, 1970.

BLACKSTONE, Sir William. *Commentaries on the Laws of England*. Boston: Beacon Press, 1962. 4v.

BLAIR, Philip M. *Federalism and Judicial Review in West Germany*. Oxford: Clarendon Press e New York: Oxford University Press, 1981.

BLANQUER, Jean-Michel. L'Ordre Constitutionnel d'un Régime Mixte, le Sens Donné à la Constitution par le Conseil Constitutionnel. In: *Les 40 Ans de la ve. République*. Numéro Spécial de la Revue du Droit Public et de la Science Politique. Paris: LGDJ, 1998.

BLECKMANN, A. *Staatsorganisatiosrecht*. Köln: Carl Heymans, Verlag KG, 1993.

BOBBIO, Norberto. *O Futuro da Democracia*: Uma defesa das Regras do Jogo. 3. ed. São Paulo: Paz e Terra, 1987.

————. *Teoria Generale del Diritto*. Torino: G. Giappichelli Editore, 1993.

BÖCKENFÖRDE, Ernst-Wolfgang. *Staat, Nation, Europa*: Studien zur Staatslehre, Verfassungstheorie und Rechtsphilosophie. Frakfurt am Main: Suhrkamp, 1999.

BOGNETTI, Giovanni. *Costituzione Economica e Corte Costituzionale*. Milano: Giuffrè, 1983.

————. Il Principio di Ragionevolezza e la Giurisprudenza della Corte Suprema degli Stati Uniti. In: *Il Principio di Ragionevolezza nella Giurisprudenza della Corte Costituzionale*. Riferimenti Comparatistici. Atti del Seminario Svoltosi in Roma Palazzo della Consulta nei Giorni 13 e 14 Ottobre 1992. Milano: Giuffrè, 1994.

————. *La divisione dei poteri*. Saggio di diritto comparato. Milano: Giuffrè, 1994.

BOLINGBROKE, Henry. *The Craftsman Extraordinary*: Containing an Answer to the Defence of the Enquiry into the Reasons of the Conduct of Great-Britain, in a Letter to the Craftsman, by John Trot, yeoman. London: Richard Francklin, 1729.

BOM, Pierre. Francia. In: AJA, Eliseo (Ed.). *Las Tensiones entre el Tribunal Constitucional y el Legislador en la Europa Actual*. Barcelona: Ariel, 1998.

BONAVIDES, Paulo. O Planejamento e os Organismos Regionais como Preparação a um Federalismo das Regiões. In: *Reflexões*: Política e Direito. 2. ed. Rio de Janeiro: Forense, 1978.

————. *Curso de Direito Constitucional*. 4. ed. refundida. São Paulo: Malheiros, 1993.

————. *Teoria Constitucional da Democracia Participativa*: Por um Direito Constitucional de Luta e Resistência, por uma Nova Hermenêutica, por uma Repolitização da Legislação. São Paulo: Malheiros, 2000.

————. A Salvaguarda da Democracia Constitucional. In: MAUÉS, Antonio G. Moreira (Org.). *Constituição e Democracia*. São Paulo: Max Limonad, 2001.

BORGES, Alice Gonzalez. Normas Gerais nas Licitações e Contratos Administrativos. Contribuição para a elaboração de uma lei nacional. *Revista de Direito Público*, n. 96, v. 24, p. 81-93, out./dez. 1990

BORK, Robert H. Neutral Principles and some First Amendment Problems. *Indiana Law Journal*, v. 47, p. 1-11, 1971.

————. *The Tempting of America*: The Political Seduction of the Law. New York: Free Press, 1990.

BOULOUIS, Jean. *Droit Institutionnel de l'Union Européene*. 5$^e$. éd. Paris: Montchrestien, 1995.

BOUTMY, Émile. *Études de Droit Constitutionnel*. France – Anglaterre – Étas Unis. Sept. Éd. Paris: Librairie Armand Colin, 1923.

BOUZAT, Gabriel. El Control Constitucional. Un Estudio Comparativo. In: CENTRO DE ESTUDIOS INSTITUCIONALES DE BUENOS AIRES. *Fundamentos y Alcances del Control Judicial de Constitucionalidad*. Madrid: Centro de Estudios Constitucionales, 1991.

BRACTON, Henry de. *Select Passages from the Works of Bracton and Azo*. ed. by Frederic William Maitland. London: B. Quaritch, 1895.

BRAIBANT, G. Le Principe d'Égalité dans la Jurisprudence du Conseil Constitutionnel et du Conseil d'État. In: *La Déclaration des Droits de l'Homme et du Citoyen et la Jurisprudence...*

BRASIL. *Anais da Câmara dos Deputados*. Rio de Janeiro: Imprensa Oficial, 1891, v. 1 e 2.

———. Supremo Tribunal Federal. Jurisprudência. Rio de Janeiro: Imprensa Nacional, 1892.

———. Supremo Tribunal Federal. *Revista Trimestral de Jurisprudência* – RTJ. Brasília: STF, 1957-2000.

———. Supremo Tribunal Federal. Informativo STF (resumos não-oficiais de decisões proferidas pelo Tribunal). Brasília: Assessoria de Imprensa do STF.

BRIGHAM, John. *Constitutional Language*: Na Interpretation of Juficial Decision. Westport: Greenwood Press, 1978.

———. *The Constitution of Interests*: Beyond the Politics of Rights. New York: New York University Press, 1997.

BRINDEIRO, Geraldo. O Controle de Constitucionalidade e o Direito Constitucional Moderno. *Revista da Procuradoria Geral da República*, n. 5, p. 52-56, 1993.

BRITO, Edvaldo. *Limites da Revisão Constitucional*. Porto Alegre: Fabris, 1993.

BRITO, Luiz Navarro de. *O Veto Legislativo*: Estudo Comparado. Rio de Janeiro: Ministério da Justiça e Negócios Interiores e Serviço de Documentação, 1966.

BRITTO, Carlos Ayres. Distinção entre "Controle Social do Poder" e "Participação Popular". *Revista Trimestral de Direito Público*, n. 2, p. 82-88, 1993.

———. Poder Constituinte *versus* Poder Reformador. In: MAUÉS, Antonio G. Moreira (Org.). *Constituição e Democracia*. São Paulo: Max Limonad, 2001.

BROSSARD, Paulo. O Senado e as Leis Inconstitucionais. *Revista de Informação Legislativa*, n. 50, p. 53-64, abr./jun. 1976.

BROWN, Rebecca L. Constitutional Tragedies: the Dark Side of Judgement. In: ESKRIDGE JR., William N.; LEVINSON, Sanford (Ed.). *Constitutional Stupidities, Constitutional Tragedies*. New York-London: New York University Press, 1998.

BROX, Hans. Zur Zulässigkeit der erneuten Überprüfung einer Norm durch das Bundesverfassungsgericht. In: LEIBHOLZ, G. *Festschrift für W. Geiger*. Tübingen: Mohr, 1974.

BRÜNNECK, Wilatraut Rupp-von. Admonitory Function of Constitucional Courts. *American Journal of Comparative Law*, v. 20, p. 387-403, 1972.

BITTENCOURT, Lúcio. *O Controle Jurisdicional da Constitucionalidade das Leis*. Rio de Janeiro: Forense, 1949.

BUGLIOSI, Vincent. *No Island of Sanity*: Paula Jones v. Bill Clinton: The Supreme Court on Trial. New York: Ballantine, 1998.

BÜLOW, E. La Legislación. In: BENDA, MAIHOFER, VOGEL, HESSE, HEYDE. *Manual de Derecho Constitucional*. Trad. Antonio López Pina. Madrid: Marcial Pons, 1996.

BULYGIN, Eugenio. Dogmática Jurídica y sistematización del Derecho. In: ALCHOURRON, Carlos E.; BULYGIN, Eugenio. *Analisis Logico y Derecho*. Madrid: Centro de Estudios Constitucionales, 1991.

―――. Normas, Proposiciones Normativas y Enunciados Jurídicos. In: ALCHOURRON, Carlos E.; BULYGIN, Eugenio. *Analisis Logico y Derecho*. Madrid: Centro de Estudios Constitucionales, 1991.

―――. Tiempo y Validez. In: ALCHOURRON, Carlos E.; BULYGIN, Eugenio. *Analisis Logico y Derecho*. Madrid: Centro de Estudios Constitucionales, 1991.

BURDEAU, G.; HAMON F.; TROPER, M. *Droit Constitutionnel*. 34ᵉ. éd. Paris: LGDJ, 1995.

BURDEAU, Georges. *Traité de Science Politique*. Paris: LGDJ, 1950, t. IV, 1957, t. 7.

BURGESS, Michael. *Canadian Federalism*: Past, Present, and Future. Leicester, New York: Leicester University Press, 1990.

BURKE, Edmund. *Selected Writing and Speeches*. Edited by P. J. Stanlis. New York: Doubleday & Co, 1963.

―――. Reflexiones sobre la Revolución Francesa. In: *Textos Políticos de Edmund Burke*. 1.ª reimpresión. México: Fondo de Cultura Económica, 1984.

BUSCEMA, Angelo. *Giurisprudenza della Corte Costituzionale*. Milano: Giuffrè, 1998.

BUZAID, Alfredo. *Da Ação Direta de Declaração de Inconstitucionalidade no Direito Brasileiro*. São Paulo: Saraiva, 1958.

CADART, Jacques. *Institutions Politiques et Droit Constitutionnel*. Paris: Económica, 1990-1991. 2t.

CADOUX, Charles. *Droit Constitutionnel e Institutions Politiques n. 1*: Theorie Generales des Intitutions Politiques. Paris: Cujas, 1995.

CALABRESI, Steven G. An Agenda for Constitutional Reform. In: ESKRIDGE JR., William N.; LEVINSON, Sanford (Ed.). *Constitutional Stupidities, Constitutional Tragedies*. New York-London: New York University Press, 1998.

CALAMANDREI, Piero. *Istituzioni di Diritto Processuale Civile*. Padova: Cedam, 1943, v. I.

―――. Corte Costituzionale e Autorità Giudiziaria. *Rivista di Diritto Processuale*, v. XI, p. 18-19, 1956.

CALVO, Alberto Pérez. Las Transformaciones Estructurales del Estad-Nación en la Europa comunitaria. *Revista de Estudios Políticos*, n. 99 (nuevaepoca), p. 9-22, enero/marzo 1998.

CAMARGO, Margarida Maria Lacombe. *Hermenêutica e Argumentação*: Uma Contribuição ao Estudo do Direito. Rio de Janeiro: Renovar, 1999.

CAMBY, Jean-Pierre. *Le Conseil Constitutionnel, Juge Electoral*. Paris: Dalloz-Sirey, 1996.

CAMPO, Javier Jiménez. El Control de Constitucionalidad de la Ley en el Derecho Español. In: LLORENTE, Francisco R.; CAMPO, Javier Jimémez. *Estudios sobre Jurisdicción Constitucional*. Madrid: McGraw-Hill, 1998.

———. España. In: AJA, Eliseo (Ed.). *Las Tensiones entre el Tribunal Constitucional y el Legislador en la Europa Actual*. Barcelona: Ariel, 1998.

———. La Declaración de Inconstitucionalidad de la Ley. In: LLORENTE, Francisco R.; CAMPO, Javier Jimémez. *Estudios sobre Jurisdicción Constitucional*. Madrid: McGraw-Hill, 1998.

———. *Sobre la Cuestión de Inconstitucionalidad*. In: LLORENTE, Francisco R.; CAMPO, Javier Jimémez. *Estudios sobre Jurisdicción Constitucional*. Madrid: McGraw-Hill, 1998.

CAMPOS, Francisco. *Pareceres*. Rio de Janeiro: José Olympio, 1937. 1.ª Série.

———. *Direito Constitucional*. Rio de Janeiro: Forense, 1942.

———. *Direito Constitucional*. Rio de Janeiro e São Paulo: Freitas Bastos, 1956. 2v.

CAMPOS, Germán Bidart. *Tratado Elemental de Derecho Constitucional Argentino*. La Reforma Constitucional de 1994. Buenos Aires: Ediar, 1994, t. VI.

CANAS, Vitalino. *Os Processos de Fiscalização da Constitucionalidade e da Legalidade pelo Tribunal Constitucional*: Natureza e Princípios Estruturantes. Coimbra: Coimbra Editora, 1986.

CANO MATA, Antonio. *Cuestiones de Inconstitucionalidad*. Madrid: Civitas, 1986.

CANOTILHO, José Joaquim Gomes. *Direito Constitucional*. 5. ed. totalmente refundida e aumentada. Coimbra: Almedina, 1992.

———. *Constituição Dirigente e Vinculação do Legislador*. Contributo para a Compreensão das Normas Constitucionais Programáticas. Reimpressão. Coimbra: Coimbra Editora, 1994.

———. *Direito Constitucional e Teoria da Constituição*. Coimbra: Almedina, 1998.

———; MOREIRA, Vital. *Constituição da República Portuguesa Anotada*. 3. ed. rev. Coimbra: Coimbra Editora, 1993.

CANS, Chantal. La Délégation. Un Encouragement au Désordre. *Revue du Droit Public et de la Science Politique*, n. 6, p. 1.419-1.447, nov./dec. 1999.

CAPITANT, René. Le Droit Constitutionnel non Écrit. *Recueil d'Études sur les Sources du Droit en l'Honneur de F. Gény*. Lienchstenstein-Paris: Vaduz-Duchemin, 1977, t. III.

CAPOTOSTI, Pietro R. Reviviscenza di Norme Abrogate e Dichiarazione di Illegittimità Constitucionale. *Giurisprudenza Costituzionale*, p. 1.403-1.415, 1974.

CAPPELLETTI, Mauro. *La Giurisdizione Costituzionale della Libertà*. Milano: Giuffrè, 1971.

————. Gli Organi di Controllo della Legitimità Costituzionale delle Leggi. In: *Studi in Memoria di Carlo Esposito*. Padova: Cedam, 1972, t. I.

————. Giustizia Costituzionale Sopranazionale. *Rivista di Diritto Processuale*, v. 33, p. 1-32, 1978.

————. Necesidad y Legitimidad de la Justicia Constitucional. In: FAVOREU, Louis (Dir.). *Tribunales Constitucionales Europeus y Derechos Fundamentales*. Trad. Luis Aguiar de Luque e Maria Gracia Rubio de Casas. Madrid: Centro de Estudios Constitucionales, 1984.

————. *The Judicial Process in Comparative Perspective*. Oxford; New York: Clarendon Press, 1989.

————. *O Controle Judicial de Constitucionalidade das Leis no Direito Comparado*. 2. ed. Trad. Aroldo Plínio Gonçalves. Porto Alegre: Fabris, 1992.

CARBONNIER, Jean. *Flexible Droit*. Testes pour une Sociologie du Droit sans Rigueur. Paris: LGDJ, 1971.

CARDOZO, Benjamin N. *The Nature of the Judicial Process*. New Haven: Yale University Press, 1921.

CARÍAS, Allan R. Brewer. *La Defensa de la Constitución*. Caracas: Editorial Jurídica Venezolana, 1982.

CARIOLA, Agatino. *Referendum Abrogativo e Giudizio Costituzionale*. Contributo allo Studio di Potere Sovrano nell'Ordinamento Pluralista. Milano: Giuffrè, 1994.

CARLASSARE, Lorenza. *Regolamenti dell'Executivo e Principio di Legalità*. Padova: Cedam, 1966.

CARNAP, Rudolf. *Introduction to Semantics*. Cambridge: Harvard University Press, 1948.

CARPIZO, Jorge. *Estudios Costitucionales*. 6. ed. México: Porrúa e Universidad Nacional Autónoma de México, 1998.

CARRAZA, Elizabeth Nazar. *IPTU e Progressividade*: Igualdade e Capacidade Contributiva. Curitiba: Juruá, 1992.

CARRÉ DE MALBERG, R. *Teoría General de Estado*. Trad. José Lión Depetre. México: Fondo de Cultura Económica, 1948.

CARRIÓ, Alejandro. *La Corte Suprema y su Independencia*. Un Análisis a través de la Historia. Buenos Aires: Abeledo-Perrot, 1997.

CARRIÒ, Genaro R. Una Defensa Condicionada de la Judicial Review. In: CENTRO DE ESTUDIOS INSTITUCIONALES DE BUENOS AIRES. *Fundamentos y Alcances del Control Judicial de Constitucionalidad*. Madrid: Centro de Estudios Constitucionales, 1991.

CARVALHO NETTO, Menelick de. A Hermenêutica Constitucional sob o Paradigma do Estado Democrático de Direito. *Notícia do Direito Brasileiro*. Nova Série, n. 6, p. 233-250, jul./dez. 1981.

―――――. *A Sanção no Procedimento Legislativo*. Belo Horizonte: Del Rey, 1992.

―――――. Requisitos Pragmáticos da Interpretação Jurídica sob o Paradigma do Estado Democrático de Direito. *Revista de Direito Comparado*, n. 3, p. 473-486, maio 1999.

CASASANTA, Mário. *O Poder de Veto*. Belo Horizonte: Imprensa Oficial do Estado de Minas Gerais, [s.d.]

CASSIRER, Ernst. *La Philosophie des Lumières*. Paris: Fayard, 1966.

CASTORIADIS, C. *Les Carrefours du Labyrinthe*. Paris: Seuil, 1975.

CASTRO, Araújo. *A Constituição de 1937*. Rio de Janeiro: Freitas Bastos, 1941.

CASTRO, Carlos Roberto de Siqueira. *O Devido Processo Legal e a Razoabilidade das Leis na Nova Constituição do Brasil*. 2. ed. Rio de Janeiro: Forense, 1989.

CATELANI, Elisabetta. *La Determinazione della "Questione di Legittimità Costituzionale" nel Giudizio Incidentale*. Milano: Giuffrè, 1993.

CAVALCANTI, Amaro. *Regime Federativo e a República Brasileira*. Rio de Janeiro: Imprensa Nacional, 1900.

CAVALCANTI, Themístocles Brandão. *A Constituição Federal Comentada*. 3. ed. revista. Rio de Janeiro: José Konfino, 1956, v. II.

―――――. *De Controle da Constitucionalidade*. Rio de Janeiro: Forense, 1966.

―――――. *Princípios Gerais de Direito Público*. 3. ed. Rio de Janeiro: Borsoi, 1966.

CELLI JÚNIOR, Umberto. A Nova Organização dos Serviços na Lei Geral de Telecomunicações. *Revista de Direito Administrativo*, v. 211, jan./mar. 1998.

CELOTTO, Alfonso. Spunti Riconstruttivi sulla Morfologia del Vizio da Reiterazione di Decreti-Legge. *Giurisprudenza Costituzionale*, n. 194, p. 1.562-1.571, 1998.

―――――. Corte Costituzionale e Legislatore. Riflessioni sugli Interventi Normativi Volti a Limitare l'Efficacia nel Tempo di Dicisioni di Inconstitucionalità. In: *Trasformazioni della Funzione Legislativa*. Milano: Giuffrè, 1999.

CERRI, Augusto. Inammissilità "Assoluta" e Infondatezza. *Giurisprudenza Costituzionale*, fasc. 8, p. 1.219-1.229, 1983.

―――――. I Modi Argomentativi del Sindacato di Ragionevolezza delle Leggi: Cenni di Diritto Comparato. In: *Il Principio di Ragionevolezza nella Giurisprudenza della Corte*

*Costituzionale*. Riferimenti Comparatistici. Atti del Seminario Svoltosi in Roma Palazzo della Consulta nei Giorni 13 e 14 Ottobre 1992. Milano: Giuffrè, 1994.

———. *Corso de Giustizia Costituzionale*. 2. ed. Milano: Giuffrè, 1997.

CERVATI, Angelo Antonio. *Tipi di Sentenze e Tipi di Motivazioni nel Giudizio Incidentale de Costituzionalità delle Leggi*. Strumenti e Tecniche di Giudizio della Corte Costituzionale. Milano: Giuffrè, 1988.

———. El Legislador de los Derechos Fundamentales. In: PINA, Antonio Lopez. *La Garantia de los Derechos Fundamentales*. Alemania, España, Francia e Italia. Madrid: Civitas, 1991.

———. In Tema di Interpretazione della Costituzione, Nuove Tecniche Argomentative e "Bilanciamento" tra Valori Costituzionale (a proposito di alcune Rifflessioni della Dottrina Austriaca e Tedesca. In: *Il Principio di Ragionevolezza nella Giurisprudenza della Corte Costituzionale*. Riferimenti Comparatistici. Atti del Seminario Svoltosi in Roma Palazzo della Consulta nei Giorni 13 e 14 Ottobre 1992. Milano: Giuffrè, 1994.

CHANDRASEKHAR, S. (Ed.). *Indian Federalism and Autonomy*. Delhi: B. R. Pub. Corp., 1988.

CHANTEBOUT, Bernard. *Droit Constitutionnel et Science Politique*. 16ᵉ. éd. Paris: Armand Colin, 1999.

CHELI, Enzo. *Introduzione*. In: BARILE, P.; CHELI, E.; GRASSI (a cura di). *Corte Costituzionale e Sviluppo della Forma de Governo in Italia*. Bologna: Il Mulino, 1982.

CHEMERINSKY, Erwin. *Federal Jurisdiction*. Boston: Little Brown & Co, 1989.

CHENOT, Bernard. *Le Domaine de la Loi et du Règlement*. Paris: PUAM, 1978.

CHEVALLIER, J. La Séparation des Pouvoirs. In: ASSOCIATION FRANÇAISE DES CONSTITUTIONNALISTES. *La Continuité Constitutionnelle en France de 1789 à 1989*. Paris: Económica, 1990.

CHIAVARIO, Mario (a cura di). *Codice della Giustizia Costituzionale*. Milano: Giuffrè, 1985.

CHIOVENDA, Giuseppe. *Instituciones de Derecho Procesal Civil*. Trad. E. Gomez Orbaneja. Madrid: Revista de Derecho Privado, 1954. 3v.

———. *Instituições de Direito Processual Civil*. Trad. J. Guimarães Menegale. São Paulo: Saraiva, 1969, v. II.

CHOPPER, Jesse. *Judicial Review in the National Political Process:* a Functional Reconsideration of the Role of the Supreme Court. Chicago: University of Chicago Press, 1980.

CHURCH, W. Lawrence. History and the Constitutional Role of Courts. *Wisconsin Law Review*, p. 1071-1106, 1990.

CIC, Milan e OGURCÁK, Stefan. La Justice Constitutionnelle en République en République Slovaque. In: VERDUSSEN, Marc (Dir.). *La Justice Constitutionnelle en Europe Centrale*. Bruxelles: Bruylant e Paris: LGDJ, 1997.

CICCONETI, Stefano Maria. *La Revisione della Costituzione*. Padova: Cedam, 1972.

CÍCERO, Marco Tulio. La República. In: CICERÓN. *La República y las Leys*. Edición de Juan M.ª Núñez González. Madrid: Ediciones Akal, 1989.

―――――. Las Leys. In: CICERÓN. *La República y las Leys*. Edición de Juan M.ª Núñez González. Madrid: Ediciones Akal, 1989.

CLÈVE, Clèmerson Merlin. *A Fiscalização Abstrata de Constitucionalidade no Direito Brasileiro*. São Paulo: RT, 1995.

―――――. *Atividade Legislativa do Poder Executivo*. 2. ed. rev. e atual. São Paulo: RT, 2001.

―――――. Controle de Constitucionalidade e Democracia. In: MAUÉS, Antonio G. Moreira (Org.). *Constituição e Democracia*. São Paulo: Max Limonad, 2001.

CLOR, Harry M. *Public Morality and Liberal Society*. Notre Dame: University of Notre Dame Press, 1996.

COELHO, Inocêncio Mártires. Konrado Hesse: Uma Nova Crença na Constituição. *Revista de Informação Legislativa*, n. 110, p. 51-68, abr./jun. 1991.

COHEN-JONATHAN, G. *Considérations sur l'Autorité des Arrêts de la Cour Européenne des Droits de l'Homme*. In: LIBER AMICORUM MARC-ANDRÉ EISSEN. Bruxelles: Bruylant, 1995.

COKE, Edward. *First Part of the Institutes of the Laws of England*. London: L. Hansard & Sons for E. Brooke, 1809.

―――――. *The Second Part of the Institutes of the Laws of England*: Containing the Exposition of many Ancient and other Statutes. London: [s.e], 1809.

COLAPIETRO, Carlo. *La Giurisprudenza Costituzionale nella Crisi dello Stato Sociale*. Padova: Cedam, 1996.

COLAUTTI, Carlos E. *Derecho Constitucional*. 2. ed. actualizada y aumentada. Buenos Aires: Editorial Universidad, 1998.

COLLIARD, Claude-Albert. *Libertés Publiques*. Paris: Dalloz, 1959.

COMANDUCCI, Paolo. Ordre ou Norme? Quelques Idées de Constitution au XVIIIᵉ Siècle. In: TROPER, Michel; JAUME, Lucien (Dir.). *1789 et l'Invention de la Constitution*. Bruxelles: Bruylant e Paris: LGDJ, 1994.

COMMANGER, Henry Steele. *Majority Rule and Minority Rights*. London, New York: Oxford University Press, 1943.

COMPARATO, Fabio Konder. Requiem para uma Constituição. *Revista Trimestral de Direito Público*, n. 20, p. 5-11, 1997.

——— . Ensaio sobre o Juízo de Constitucionalidade de Políticas Públicas. *Revista de Informação Legislativa*, n. 138, p. 39-48, abr./jun. 1998.

CONSTANT, Benjamin. *Collection Complete des Ouvrages*. Paris: A París Chez P. Plancher, 1818-1820.

——— . *Cours de Politique Constitutionnelle*. Bruxelles: Typ. Belge, 1851, v. II.

COOLEY, Thomas M. *Principles of Constitutional Law*. 2d$^{nd}$ ed. Boston: Little, Brown, 1891.

——— . *Princípios Gerais de Direito Constitucional dos Estados Unidos da América do Norte*. 2. ed. Trad. Alcides Cruz. São Paulo: RT, 1982.

——— . *A Treatise on the Constitutional Limitations Which Rest Upon the Legislative Power of the States of the American Union*. Union: Lawbook Exchange, 1999.

COPPENS, Philippe. *Normes et Fonction de Juger*. Bruxelles: Bruylant, 1998.

CORAO, Carlos M. Ayala. Venezuela. In: *Anuario Iberoamericano de Justicia Constitucional 1997*. Madrid: Centro de Estudios Constitucionales, 1997.

CORASSANTI, A. Considerazioni Conclusive. In: *Il Principio di Ragionevolezza nella Giurisprudenza della Corte Costituzionale*. Riferimenti Comparatistici. Atti del Seminario Svoltosi in Roma Palazzo della Consulta nei Giorni 13 e 14 Ottobre 1992. Milano: Giuffrè, 1994.

——— . Introduzione ai Lavori del Seminario. In: *Il Principio di Ragionevolezza nella Giurisprudenza della Corte Costituzionale*. Riferimenti Comparatistici. Atti del Seminario Svoltosi in Roma Palazzo della Consulta nei Giorni 13 e 14 Ottobre 1992. Milano: Giuffrè, 1994.

CORWIN, Edward S. *The President*. Office and Powers. New York: New York Univsersity Press, 1957.

——— . *The "Higher Law" Background of American Constitutional Law*. Ithaca: Cornell University Press, 1961.

——— . *The Doctrine of Judicial Review, its Legal and Historical Basis and Others Essays*. Goucester: Peter Smith, 1963.

——— . *The Foundations of American Constitutional and Political Thought, The Powers of Congress, and the President's Power of Removal*. Ithaca: Cornell University Press, 1981.

COSSÍO, José Ramón. México. In: *Anuario Iberoamericano de Justicia Constitucional 1997*. Madrid: Centro de Estudios Constitucionales, 1997.

COSTA, Edgard. *Os Grandes Julgamentos do Supremo Tribunal Federal*. Rio de Janeiro: Civilização Brasileira, 1964, v. 1 a 3, 1967, v. 5.

COSTA, J. Manuel M Cardoso da. *A Jurisdição Constitucional em Portugal*. 2. ed. rev. e atual. Coimbra, 1992.

COSTA, J.-P. Principes Fondamentaux, Principes Généraux, Principes de Valeur Constitutionnelle. In: Actes du Colloque. *Conseil Constitutionnel et Conseil d'État*. Paris: LGDJ-Montchrestine, 1988.

COUTURE, J. Eduardo. *Fundamentos del Derecho Procesal Civil*. Buenos Aires: DePalma, 1977.

COX, Archibald. *The Warren Court*. Constitutional Decision as an Instrument of Reform. Cambridge: Harvard University Press, 1971.

CRISAFULLI, Vezio. *Lezioni di Diritto Costituzionale*. Padova: Cedam, 1984. 2v.

CROISAT, M. *Le Fédéralisme dans les Démocraties Contemporaines*. 2ª. éd. Paris: Montchrestien, 1995.

———; QUERMONNE, Jean-L. *l'Europe et le Fédéralisme*. Paris: Montcherestien, 1996.

CUOCOLO, Fausto. *Principi di Diritto Costituzionale*. Milano: Giuffrè, 1996.

CUPANI, Alberto. A Crítica de Karl-Otto Apel ao Modelo Analítico do Conhecimento. In: CARVALHO, Maria Cecília M. de (Org.). *A Filosofia Analítica no Brasil*. Campinas: Papirus, 1995.

D'ATENA, Antonio. In Tema di Principi e Valori Costituzionali. *Giurisprudenza Costituzionale*, p. 3.065-3.083, 1997.

D'ENTREVES, Alessandro Passerin. *La Noción del Estado*. Madrid: Euramércia, 1970.

DAHL, Robert A. *A Preface to Democratic Theory*. Chicago: The University of Chicago Press, 1956.

DAHL, Robert A. Decision-Making in a Democracy: the Suprem Court as a National Policy-Maker. *Journal of Public Law*, v. 6, p. 279-294, 1957.

DALLARI, Adílson Abreu. Poder Constituinte Estadual. *Revista de Informação Legislativa*, n. 102, p. 201-206, abr./jun. 1989.

DALLARI, Dalmo de Abreu. *Elementos de Teoria Geral do Estado*. São Paulo: Saraiva, 1972.

DANIELS, N. *Justice and Justification*. Reflective Equilibrium in Theory and Practice. Cambridge: Cambridge University Press, 1997.

DANTAS, Ivo. *Constituição Federal Anotada*. Brasília: Brasília Jurídica, 1999.

———. *Direito Constitucional Comparado*: Introdução, Teoria e Metodologia. Rio de Janeiro: Renovar, 2000.

DAU-LIN, Hsü. *Die Verfassungswandlung*. Berlin und Leipzig: Walter de Gruyter Co., 1932.

DE LA CUEVA, Mario. *Teoría de la Constitución*. México: Porrúa, 1982.

DE MAISTRE, Joseph. *Les Soirées de Saint Petersbourg*. Paris: Guy Tradaniel e Ed. de la Misnie, 1980. 2t.

———. *Considérations sur la France*. Bruxelles: Editions Complexe, 1988.

DEAN, Mitchell. *The Constitution of Poverty*: Toward a Genealogy of Liberal Governance London. New York: Routledge, 1991.

DEHOUSSE, R. *La Cour de Justice des Communautés Européennes*. Paris: Montcherestien, 1994.

DELMAS-MARTY, M. *Le Flou du Droit*. Du Code Pénal aus Droits de l'Homme. Paris: PUF, 1986.

DELPÉRÉE, Francis; RASSON-ROLAND, Anne. *Recueil d'Études sur la Cour d'Arbitrage – 1980-1990*. Bruxelles: Émile Bruylant, 1990.

———. Crise du Juge et Contentieux Constitutionnel en Droit Belge. In: LENOBLE, J. (Ed.). *La Crise du Juge*. Bruxelles: Bruylant e Paris: LGDJ, 1996.

DEMURO, Gianmario. *Le Delegificazione*: Modelli e Casi. Torino: G. Giappichelli, 1995.

DENNINGER, E. *Democracia Militante e Defensa de la Constitución*. In: BENDA, MAIHOFER, VOGEL, HESSE, Heyde. *Manual de Derecho Constitucional*. Trad. Antonio López Pina. Madrid: Marcial Pons, 1996.

DEVLIN, Lord. Judges and Lawmakers. *Modern Law Review*, v. 39, p. 1-10, 1976.

DI RUFFIA, Paolo Biscaretti. *Diritto Costituzionale*. Instituzioni di Diritto Pubblico. X edizione. Napoli: Jovenem 1974.

DI TORITTO, Beniamino Caravita. Le Quattro Fasi del Giudizio di Eguaglianza-Ragionevolezza. In: *Il Principio di Ragionevolezza nella Giurisprudenza della Corte Costituzionale*. Riferimenti Comparatistici. Atti del Seminario Svoltosi in Roma Palazzo della Consulta nei Giorni 13 e 14 Ottobre 1992. Milano: Giuffrè, 1994.

DICEY, Albert V. *Introduction to the Study of the Law of the Constitution*. 9th ed. London: Macmillan, 1941.

DINIZ, Maria Helena. *Norma Constitucional e seus Efeitos*. 2. ed. atual. São Paulo: Saraiva, 1992.

DOERNBERG, Donald L.; WINGATE, C. Keith. *Federal Courts, Federalism, and Separation of Powers*: Cases and Materials. St. Paul: West Group, 2000.

DOGLIANI, Mario. *Interpretazioni della Costituzione*. Milano: F. Angeli, 1982.

DOLZER, Rudolf. *Die Staatstheoretische und Staatsrechtliche Stellung des Bundesverfassungsgerichts*. Berlin: Duncker & Humblot, 1972.

———. *Verfassungskonkretisierung durch das Bundesverfassungsgericht und durch politische Verfassungsorgane*. Heidelberg: C.F. Muller, 1982.

DOMINGOS, Inês; PIMENTEL, Margarida Menéres. Recurso de Constitucionalidade (Espécies e Respectivos Pressupostos). In: *Estudos sobre a Jurisprudência Constitucional*. Lisboa: Aequitas, 1993.

DONATI, Filipo. *Diritto Comunitario e Sindacato di Costituzionalità*. Milano: Giuffrè, 1995.

DÓRIA, Sampaio. *Comentários à Constituição de 1946*. São Paulo: Saraiva, 1946, v. III.

DOUBOIS, Louis. El papel del Tribunal de Justicia de las Comunidades Europeas. Objeto y Ámbito de la Protección. In: FAVOREU, Louis (Dir.). *Tribunales Constitucionales Europeus y Derechos Fundamentales*. Trad. Luis Aguiar de Luque e Maria Gracia Rubio de Casas. Madrid: Centro de Estudios Constitucionales, 1984, p. 563-597.

DRAGO, G. La Supra-Constitutionnalité. Présentations et Problématique Générales. *Revue Internationale de Droit Comparé*, v. 15, p. 313-321, 1993.

DREIER, Ralf. *Was ist und wozu Allgemeine Rechtstheorie?* Tübingen: Mohr, 1975.

―――. *Recht, Moral, Ideologie*: Studien zur Rechtstheorie. Frankfurt am Main: Suhrkamp, 1981.

―――. *Rechtsbegriff und Rechtsidee*. Kants Rechtsbegriff und seine Bedeutung für die gegenwärtige Diskussion. Frankfurt am Main: Metzner, 1986.

DUCHACEK, Ivo D. *Mapas del Poder*: Política Constitucional Comparada. Trad. Maria Jose Triviño. Madrid: Instituto de Estudios Politicos, 1976.

DUGUIT, Léon. *Traité de Droit Constitutionnel*. Bordeaux: Ancienne Librarie Fontemoing, 1923, t. III, 1924, t. IV.

DUSO, Giuseppe. Constitution et Représentation: Le Problème de lÚnité Politique. In: TROPER, Michel; JAUME, Lucien (Dir.). *1789 et l'Invention de la Constitution*. Bruxelles: Bruylant e Paris: LGDJ, 1994.

DWORKIN, Ronald. *Law's Empire*. London: Fontana Press, 1991.

―――. *Taking Rights Seriously*. Eighth impression. London: Duckworth, 1996.

―――. *Freedom's Law*: The Moral Reading of the American Constitution. New York: Oxford University Press, 1996.

―――. *Sovereign Virtue*: The Theory and Practice of Equality. Harvard University Press, 2000.

EHMKE, Horts. *Grrezen der Verfassungsänderung*. Berlin: Duncker & Humbolt, 1953.

EISENMANN, Charles. *La Justice Constitutionnelle et la Haute Cour Constitutionnelle d'Austriche*. Paris: Económica, 1986.

EISGRUBER, Christopher L. e SAGER, Lawrence G. *Good Constitutions and Bad Choices*. In: ESKRIDGE JR., William N.; LEVINSON, Sanford (Ed.). *Constitutional Stupidities, Constitutional Tragedies*. New York-London: New York University Press, 1998.

EKEH, Peter P.; OSAGUAE, Eghosa E. (Ed). *Federal Character and Federalism in Nigeria*. Ibadan: Heinemann Educational Books (Nigeria) Ltd., 1989.

EKMEKDJIAN, Miguel Á. *Tratado de Derecho Constitucional*. Buenos Aires: Depalma, 1993-1997. 4v.

ELAIGWU, J. Isawa. *Federalism: The Nigerian Experience*. Pretoria: HSRC Publishers, 1996.

ELAZAR, Daniel. *American Federalism*: A View from the States. New York: Harper & Ross, 1984.

ELÍA, Leopoldo. La Corte nel Quadro dei Poteri Costituzionali. In: BARILE, P.; CHELLI, E.; GRASSI, S. (a cura di). *Corte Costituzionale e Slivuppo della Forma del Governo in Italia*. Bologna: Il Mulino, 1982.

―――――. Comunicación oral. In: FAVOREU, Louis (Dir.). *Tribunales Constitucionales Europeus y Derechos Fundamentales*. Trad. Luis Aguiar de Luque e Maria Gracia Rubio de Casas. Madrid: Centro de Estudios Constitucionales, 1984, p. 467-474.

―――――. Relazione di Sintesi. In: OCCHIOCUPO, N. *La Corte Costituzionale tra Norma Giuridica e Realtà*. Bilancio di Vent'Anni di Attività. Padova: Cedam, 1984.

ELLIS, E. *European Community Sex Equality Law*. Oxford: Oxford University Press, 1991.

ELY, John Hart. Legislative and Administrative Motivation in Constitutional Law. *Yale Law Journal*, n. 79, p. 1205-1216, 1970.

―――――. *Democracy and Distrust*. A Theory of Judicial Review. Cambridge: Harvard University Press, 1980.

ENGISH, Karl. *Introdução ao Pensamento Jurídico*. 6. ed. Trad. J. Baptista Machado. Lisboa: Fundação Calouste Gulbenkian, 1988.

ENTERRÍA, Eduardo Garcia de. *Legislación Delegada, Potestad Regulamentaria y Control Judicial*. Madrid: Tecnos, 1970.

―――――. *La Constitución como Norma y el Tribunal Constitucional*. 3. ed. reimpresión. Madrid: Civitas, 1994.

EPSTEIN, Richard. *Takings*: Private Property and the Power of Eminent Domain. Cambridge: Harvard University Press, 1985.

ERMACORA, Felix. El Tribunal Constitucional Austríaco. In: FAVOREU, Louis (Dir.). *Tribunales Constitucionales Europeus y Derechos Fundamentales*. Trad. Luis Aguiar de Luque e Maria Gracia Rubio de Casas. Madrid: Centro de Estudios Constitucionales, 1984.

ESCARRAS, Jean Claude. Conseil Constitutionnel et Ragionevolezza: d'Un Rapprochement Improbable à Une Communicabilitè Possible. Parte 1.ª In: *Il Principio di Ragionevolezza nella Giurisprudenza della Corte Costituzionale*. Riferimenti Comparatistici. Atti del Seminario Svoltosi in Roma Palazzo della Consulta nei Giorni 13 e 14 Ottobre 1992. Milano: Giuffrè, 1994.

ESKRIDGE JR., William N.; LEVINSON, Sanford. How Stupid Can a Coasen Constitution Be? In: ESKRIDGE JR., William N.; LEVINSON, Sanford (Ed.). *Constitutional Stupidities, Constitutional Tragedies*. New York-London: New York University Press, 1998.

ESMEIN, A. *Éléments de Droit Constitutionnel Français et Comparé*. 8ᵉ. éd. Revue H. Nézard. Paris: Recueil Sirey, 1927, t. I, 1928, t. II.

ESPANHA. *Sentencias del Tribunal constitucional*: Sistematizadas y Comentadas. Madrid: Revista de Derecho Privado, 1982-1998.

———. Tribunal Constitucional. Secretaria Geral. Jurisprudencia Constitucional. Madrid, Tribunal Constitucional, Boletin oficial del Estado, 1980-1998.

ESPÍNOLA, Eduardo. *Constituição dos Estados Unidos do Brasil* (18.9.46). Rio de Janeiro: Freitas Bastos, 1952. 2v.

ESPINOZA, Baruch de. *Tratado Político*. Trad. Manuel de Castro. São Paulo: Nova Cultural, 1989.

ESSER, Joseph. *Vorverständnis und Methodenwahl in der Rechtsfindung*. Rationalitätsgarantien der richterlichen Entscheidungspraxis. Frankfurt am Main: Athenäum Verlag, 1970.

ESTADOS UNIDOS. House of Representatives. Committee on the Judiciary. *Impeachment*: Selected Material. 93d Congress. 1ˢᵗ Session. October, 1973.

———. United States Reports. Washington, D.C.: U.S. Printing, 1875-1998; Publicações particulares: Dallas (1-4 U.S.) 1789-1800; Cranch (5-13 U.S) 1801-1815; Wheaton (14-12 U.S.) 1816-1842; Peters (26-41 U.S.) 11828-1842; Howard (42-65 U.S.) 1843-1860; Black (66-67 U.S.) 1861-1862; Wallace (68-90 U.S.) 1863-1874. National Reporter System. Supreme Court Reporter. St. Paul: West Publishing Co., 1882-2000.

ESTEBAN, M. Fernandez. La Noción de Constitución Europea en la Jurisprudencia del Tribunal de Justicia de las Comunidades Europeas. *Revista Española de Derecho Constitucional*, n. 40, 1994, p. 241-289.

EUROPA. Corte de Justiça das Comunidades Européias. "European Court Report". European Communities-Union: EUR-OE/OOPER/OPOCE, 1996.

FAGUNDES, Miguel Seabra. *As Funções Políticas do Supremo Tribunal Federal*. Arquivo do Ministério da Justiça, v. 38, n. 157, p. 29-39, jan./mar. 1981.

———. *O Controle dos Atos Administrativos pelo Poder Judiciário*. 6. ed. rev. e atual. São Paulo: Saraiva, 1984.

FALCÃO, Alcindo Pinto. *Constituição Anotada*. Rio de Janeiro: José Konfino, 1955, v. I.

FARBER, Daniel A.; ESKRIDGE JR., William N.; FRICKEY, Philip P. *Constitutional Law*. Themes for the Constitution's Third Century. St. Paul: West Publishing, 1993.

———. Our (Almost) Perfect Constitution. In: ESKRIDGE, JR. William N.; LEVINSON, Sanford (Ed.). *Constitutional Stupidities, Constitutional Tragedies*. New York-London: New York University Press, 1998.

FARIA, José Eduardo. Globalização, Soberania e Direito. In: MAUÉS, Antonio G. Moreira (Org.). *Constituição e Democracia*. São Paulo: Max Limonad, 2001.

FARIAS, Domenico. *Idealità e Indeterminatezza dei Principi Costituzionali*. Milano: Giuffrè, 1981.

FARRAND, Max (Ed.). *The Records of the Federal Convention of 1787*. New Haven: Yale University Press, 1937, v. 1, 2 e 3.

FAVOREU, Louis. Le Conseil Constitutionnel, Régulateur de l'Activité Normative des Pouvoir Publics. *Revue de Droit Public et de la Science Politique en France et à l'Étranger*, 1967, p. 115-120.

————. *La Politique Saisie par le Droit*. Paris: Economica, 1988.

————. *Le Conseil Constitutionnel et les Partis Politiques*. Paris: Economica-PUAM, 1988.

————. Les Libertés Protegées par le Conseil Constitutionnel. In: ROUSSEAU, D.; SUDRE, F. (Dir). *Conseil Constitutionnel. Cour Européene des Droits de l'Homme*. S.T.H., 1990.

————. El Legislador de los Derechos Fundamentales. In: PINA, Antonio Lopez. *La Garantia de los Derechos Fundamentales*. Alemania, España, Francia e Italia. Madrid: Civitas, 1991.

————. Souveraineté et Supra-Constitutionnalité. *Pouvoirs*, n. 67, p. 71-77, 1993.

————. Supra-Constitutionnalité et Jurisprudence da la Jurisdiction Constitutionnelle en Droit Privé et en Droit Public Français. *Revue Internationale de Droit Comparé*, v. 15, p. 461-471, 1993.

————. Conseil Constitutionnel et Ragionevolezza: d'Un Rapprochement Improbable à Une Communicabilitè Possible. Parte 2.ª In: *Il Principio di Ragionevolezza nella Giurisprudenza della Corte Costituzionale*. Riferimenti Comparatistici. Atti del Seminario Svoltosi in Roma Palazzo della Consulta nei Giorni 13 e 14 Ottobre 1992. Milano: Giuffrè, 1994.

————. *Los Tribunales Constitucionales*. Trad. Vicente Villacampa. Barcelona: Ariel, 1994.

————. Crise du Juge et Contentieux Constituionnel en Droit Français. In: LENOBLE, J. (Ed.). *La Crise du Juge*. Bruxelles: Bruylant e Paris: LGDJ, 1996.

————. Informe General Introductorio. In: FAVOREU, Louis (Dir.). *Tribunales Constitucionales Europeus y Derechos Fundamentales*. Trad. Luis Aguiar de Luque e Maria Gracia Rubio de Casas. Madrid: Centro de Estudios Constitucionales, 1984, p. 15-52 Constitution et son juge. Paris: Económica, 1997.

————; RUBIO LLORENTE, Francisco. *El Bloque de la Constitucionalidad*. Madrid: Civitas, 1991.

————; PHILIP, Loïc. *Les Grandes Décisions du Conseil Constitutionnel*. 8ª. éd. Paris: Dalloz, 1996.

————; PHILIP, Loïc. *Les Grandes Décicions du Conseil Constitutionnel*. 10ᵉ. éd. Paris: Dalloz, 1999.

FAYT, Carlos S. *Supremacía Constitucional e Independencia de los Jueces*. Buenos Aires: Depalma, 1994.

FERRARA, Giovanni. Giurisprudenza Costituzionale e Democrazia: Quali Valori, Quale Teoria? In: *Scritti su la Giustizia Costituzionale in Onore di Vezio Crisafulli*. Padova: Cedam, 1985, v. I.

————. La Corte Costituzionale. In: *Costituzionalisti e le Riforme (I)*. Una Discussione sul Progetto della Comissione Bicamerale per le Riforme Costituzionali. Milano: Giuffrè, 1998.

FERRARI, Regina Maria M. Nery. O Estado Federal. Estruturas e Características. *Cadernos de Direito Constitucional e Ciência Política*, n. 2, p. 88-102, jan./mar. 1993.

FERRAZ JR., Tércio Sampaio. Litígio Constitucional entre Estados-Membros e a Competência do STF. *Revista de Direito Administrativo*, n. 194, p. 6-11, out./dez. 1993.

————. *Introdução ao Estudo do Direito*: Técnica, Decisão, Dominação. 2. ed. São Paulo: Atlas, 1994.

————. O Judiciário frente a Divisão dos Poderes: Um Princípio em Decadência? *Revista Trimestral de Direito Público*, n. 9, p. 40-48, 1995.

FERRAZ, Anna Cândida da Cunha. *Processos Informais de Mudança da Constituição*. Rio de Janeiro: Max Limonad, 1986.

————. *Conflito entre Poderes*: O Poder Congressual de Sustar Atos Normativos do Poder Executivo. São Paulo: RT, 1994.

————. Notas sobre o Controle Preventivo de Constitucionalidade. *Revista de Informação Legislativa*, n. 142, p. 279-296, abr./jun. 1999.

FERREIRA FILHO, Manoel Gonçalves. *Direito Constitucional Comparado*: o Poder Constituinte. São Paulo: Bushatsky, 1974, v I.

————. *Comentários à Constituição Brasileria de 1988*. São Paulo: Saraiva, 1993, v. II.

————. Brasil. In: *Anuario Iberoamericano de Justicia Constitucional 1997*. Madrid: Centro de Estudios Constitucionales, 1997.

FERREIRA SOBRINHO, Wilson. Por um Tribunal Constitucional. *Revista de Informação Legislativa*, n. 128, v. 32, p. 149-156, out./dez. 1995.

FERREIRA, Pinto. As Constituições dos Estados no Regime Federativo. *Revista de Informação Legislativa*, n. 2, p. 18-58, abr./jun. 1964.

————. *Comentários à Constituição Brasileira*. São Paulo: Saraiva, 1992, v. III.

————. *Curso de Direito Constitucional*. 6. ed. ampl. e atual. São Paulo: Saraiva, 1993.

FERREIRA, Wolgran Junqueira. *Limites à Revisão Constitucional de 1993*. São Paulo: Edipro, 1992.

FERRY, Luc. *Le Droit*: la Nouvelle Querelle des Anciens et des Modernes. Paris: PUF, 1996.

FICHTE, Johann Gottlieb. *Introdução à Teoria do Estado*. Trad. Rubens Rodrigues Torres Filho. São Paulo: Nova Cultural, 1988.

FIGUEIRÊDO, Sara Ramos de. *Processo Legislativo*. 3. ed. Brasília: Senado Federal. Subsecretaria de Edições Técnicas, 1982.

FILIAPIAK, François. La Reconnaissance de Governements de Facto. Étude de la Pratique Française sous la Ve. République. *Revue du Droit Public et de la Science Politique*, n. 5, p. 1325-1358, sept./oct. 1999.

FISHER, Louis. *Constitutional Dialogues*: Interpretation as Political Process. Princeton: Princeton University Press, 1988.

———. *American Constitutional Law*: Constitutional Structures, Separated Powers and Federalism. Durham: Carolina Academic Press, 1999.

FISS, Owen M. Groups and the Equal Protection Clause. *Philosophy and Public Affairs*, n. 2, v. 5, p. 107-177, 1976.

———. The Supreme Court. 1978 Term. *Harvard Law Review*, n.1, p. 1-56, november 1979.

———. *A Community of Equals*: The Constitutional Protection of New Americans. Boston: Beacon Press, 1999.

FIX-ZAMUDIO, Héctor. *El Juicio de Amparo*. México: Porrúa, 1964.

———. *Veinticinco Años de Evolución de la Justicia Constitucional (1940/1965)*. México: UNAM, 1968.

———. La Suprema Corte de Justicia como Tribunal Constitucional. In: *Las Reformas Constitucionales de la Renovación* Nacional. México: Porrúa, 1987.

———. *El Juicio de Amparo Mexicano y el Recurso Constitucional Federal Alemán* (Breves reflexiones comparativas). "Foro Internacional", n. 132, p. 461-487, 1992.

———; CARPIZO, Jorge. La Necesidad y la Legitimidad de la Revisión Judicial en América Latina. Desarollo reciente. *Boletín Mexicano de Derecho Comparado*, n. 52, p. 32-40, enero/abril 1985.

FLAUSS, Jean-François; SALVIA, Michel de (Édit.). *La Convetion Européenne des Droits de l'Homme*: Développements Récents et Nouveaux Défis. Actes de la journée d'études du 30 novembre 1996 organisée à l'Institut des Hautes Études Européennes de Strasbourg à la Mémoire de Marc-André Eissen. Bruxelles: Bruylant, 1997.

FLAUSS, Jean-Michel. La Cour Européene des Droits de l'Homme Est-Elle une Cour Constitutionnelle? In: FLAUSS, Jean-François; SALVIA, Michel de (Édit.). *La Convention Européenne des Droits de l'Homme*: Développements Récents et Nouveaux Défis. Bruxelles: Bruylant, 1997.

FOIS, Sergio. Qragionevolezza e "Valori": Interrogazioni Progressive verso le Concezioni sulla Forma di Stato e sul Diritto. In: *Il Principio di Ragionevolezza nella Giurisprudenza della Corte Costituzionale*. Riferimenti Comparatistici. Atti del Seminario Svoltosi in Roma Palazzo della Consulta nei Giorni 13 e 14 Ottobre 1992. Milano: Giuffrè, 1994.

FONSECA, Aníbal Freire da. *O Poder Executivo na República Brasileira*. Brasília: Câmara dos Deputados/Universidade de Brasília, 1989, v. 7. (Biblioteca do Pensamento Político Republicano).

FORSTHOFF, Ernst. *Staat und Burger in der Modernen Industriegesellschaft*. Göttingen: Schwartz, 1965.

―――. Zur heutigen Situation einer Verfassugslehre. In: BARION, H.; BÖCKENFÖRDE, E.-W.; FORSTHOFF, E.; WEBER, W. (Comp.). *Epirrhosis Festgabe für Carl Schmitt*. Berlin: Duncker & Humblot, 1968.

―――. *Der Verfassungsschutz der Zeitungspresse*. Frankfurt am Main: Metzner, 1969.

―――. *Der Staat der Industriegessellschaft*: dargestellt am Beispiel der Bundesrepublik Deutschland. München: Beck, 1971.

―――. Abbiamo Troppo o Troppo poco Stato? In: AMIRANTE, C. (a cura di). *Stato di Diritto in Transformazione*. Milano: Giuffrè, 1973.

―――. Concetto e Natura dello Stato Sociale di Diritto. In: AMIRANTE, C. (a cura di). *Stato di Diritto in Transformazione*. Milano: Giuffrè, 1973.

―――. Il Vincolo alla Legge ed al Diritto (Art. 20, comma 3, GG). In: AMIRANTE, C. (a cura di). *Stato di Diritto in Transformazione*. Milano: Giuffrè, 1973.

FRANÇA. Conselho Constitucional. *Recueil des Décisions du Conseil Constitutionnel*. Paris: Dalloz, 1963-1998.

―――. Conselho de Estado. *Recueil des Décisions du Conseil d'État*. Paris: Dalloz, 1981-1998.

FRANCK, Claude. *Les Fonctions Jurisdictionnelle du Conseil Constitutionnel et du Conseil d'État dans l'Ordre Constitutionnel*. Paris: LGDJ, 1974.

FREIRE, Felisberto. *As Constituições dos Estados e a Constituição Federal*. Rio de Janeiro: Imprensa Nacional, 1898.

FRIEDMAN, L. M. *The Legal System*. A Social Science Perspective. New York: R. Sage Foundation, 1977.

FRIEDMAN, Milton; FRIEDMAN, Rose. *Libertad de Elegir*. Trad. C. Rocha. Barcelona: Grijalbo, 1980.

FRIEDRICH, Carl J. *Giustizia e Trascendenza*. Le Dimensioni Religiose del Costituzionalismo. A cura di Giuseppe Buttà. Trad. Fabrizio Buttà. Roma: Gangemi Editore, 1998.

FRIERSON, William L. Amending the Constitution of the United Sates: a Reply to Mr. Marbury. *Harvard Law Review*, t. XXXIII, p. 659-666.

FRIESENHAHN, Erns. *La Giurisizione Costituzionale nella Repubblica Federale Tedesca*. A cura di Angelo Antonio Cervate. Milano: Giuffrè, 1973.

FROMONT, Michel. La Séparation des Pouvoirs selon la Jurisprudence du Conseil Constitutionnel. In: *Mélanges Burdeau*. München: Carl Heymann Verlag KG, 1984, v. 2.

————. *La Garantia de los Derechos Fundamentales*. Alemania, España, Francia e Italia. Madrid: Civitas, 1991.

————. El Legislador de los Derechos Fundamentales. In: PINA, Antonio Lopez. *La Garantia de los Derechos Fundamentales*. Madrid: Civitas, 1991.

————. *La Justice Constitutionnelle dans le Monde*. Paris: Dalloz, 1996.

FROSINI, Tommaso Edoardo. *Sovranità Popolare d Costituzionalismo*. Milano: Giuffrè, 1997.

FROSINI, Vittorio. *Teoría de la Interpretación Jurídica*. Trad. Jaime Restrepo. Bogotá: Editorial Temis, 1991.

————. *La Letra y el Espíritu de la Ley*. Trad. Carlos Alarcón Cabrera e Fernando Llano Alonso. Barcelona: Madrid, 1995.

GADAMER, Hans-Georg. *Verdade e Método*. Traços Fundamentais de uma Hermenêutica Filosófica. Trad. Flávio Paulo Meurer. 3. ed. Petrópolis: Vozes, 1999.

GALLICCHIO, Eduardo G. Esteva. La Jusiticia Constitucional en Uruguay. In: *Anuario Iberoamericano de Justicia Constitucional*. Madrid: Centro de Estudios Constitucionales, 1997.

GALLIGAN, Brian (Ed). *Australian Federalism*. Melbourne, Australia: Longman Cheshire, 1989.

GALUPPO, Marcelo Campos. Os Princípios Jurídicos no Estado Democrático de Direito: Ensaio sobre o Modo de sua Aplicação. *Revista de Informação Legislativa*, n. 134, p. 191-209, jul./set. 1999.

GARCÍA-PELAYO, Manuel. *Derecho Constitucional Comparado*. Madrid: Alianza Editorial, 1991.

GARDINO, Adriana Carli. *Giudici e Corte Costituzionale nel Sindacato Sulle Leggi*. Gli "elementi diffusi" del nostro Sistema di Giustizia Costituzionale. Milano: Giuffrè, 1988.

GARGARELLA, Roberto. La Revisión Judicial y la Dificil Relacion Democracia-Derechos. In: CENTRO DE ESTUDIOS INSTITUCIONALES DE BUENOS AIRES. *Fundamentos y Alcances del Control Judicial de Constitucionalidad*. Madrid: Centro de Estudios Constitucionales, 1991.

————. *La Justicia frente al Gobierno*. Sobre el Carácter Contramayoritaria del Poder Judicial. Barcelona: Ariel, 1996.

GARLICKI, Leszek Lech. La Justice Constitutionnelle en Pologne. In: VERDUSSEN, Marc (Dir.). *La Justice Constitutionnelle en Europe Centrale*. Bruxelles: Bruylant e Paris: LGDJ, 1997.

GARRET, G. *International Cooperation and Institutional Choice*: The EC's Internal Market. International Organization, v. 46, p. 533-560.

GASPARINI, Diógenes. *Poder Regulamentar*. 2. ed. São Paulo: RT, 1982.

GAUDEMET, J. *Les Institutions de l'Antiquité*. Paris: Sirey, 1967.

GAUDEMET, Y. La Constitution et la Fonction Législative du Conseil d'État. In: *Mélanges Foyer*. Paris: PUF, 1997.

GAWRON, Thomas; ROGOWSKI, Ralf. *Zur Implementation von Gerichtsurteilen: Hypothesen zu den Wirkungsbedingungen von Entscheidungen des Bundesverfassungsgerichts*. Firenze: European University Institute, 1983.

GAZIER, Anne. Justice Constitutionnelle et Fédéralism en Russie. *Revue du Droit Public et de la Science Politique*, n. 5, p. 1359-1391, sept./oct. 1999.

GELHORM, Ernest; LEVIN, Ronald. *Administrative Law and Process*. 4th ed. St. Paul: West Publishing, 1997.

GELY, Marie-Laure. La Cour Suprême du Canada, Arbitre Confirmé de l'Évolution du Fédéralism la Décicion du 20 Août 1998 relative au Droit de Sécession Unilatérale du Québec. *Revue du Droit Public et de la Science Politique*, n. 6, p. 1645-1667, nov./dec. 1999.

GENEVOIS, Bruno. *La Jurisprudence du Conseil Constitutionnel*. Principes Directeurs. Paris: STH, 1988.

―――――. Le Limites d'Ordre Juridique à L'Intervention du Poouvoir Constituant. *Revue Française de Droit Administratif*, p. 909-921, 1998.

GENGEMBRE, Gérard. La Contre-Révolution et le Refus de la Constituion. In: TROPER, Michel; JAUME, Lucien (Dir.). *1789 et l'Invention de la Constitution*. Bruxelles: Bruylant e Paris: LGDJ, 1994.

GENTOT, Michel. *Les Autorités Administratives Indépendantes*. Paris: Montchrestien, 1991.

GERBER, Carl Friedrich Wilhelm von. *Ueber öffentliche Rechte*. Tübingen: H. Laupp, 1852.

―――――. *Grundzüge der deutschen Staatsrechts*. Leipzig: B. Tauchnitz, 1880.

―――――. *Diritto Pubblico*. A cura di Pier Luigi Lucchini. Milano: Giuffrè, 1971.

GERHARDT, Miachael J. *The Federal Impeachment Process*: A Constitutional and Historical Analysis. Princeton: Princeton University Press, 1996.

GEYWITZ, Carlos Andrade. *Elementos de Derecho Constitucional Chileno*. 2. ed. Santiago: Editorial Jurídica de Chile, 1971.

GIAMPIERETTI, Marco. Tre Tecniche di Giudizio in una Decisione di Ragionevolezza. *Giurisprudenza Costituzionale*, p. 168-176, 1998.

GICQUEL, Jean. *Droit Constitutionnel et Institutions Politiques*. 14e. éd. Paris: Montchrestien, 1995.

GIDDENS, Anthony. *The Consequences of Modernity*. Stanford: Stanford University Press, 1990.

GIESEY, Ralph E. *The Juristic Basis of Dynastic Right to the French Throne*. Philadelphia: American Philosophical Society, 1961.

GIOVANNELLI, Adriano. Alcune Considerazioni sul Modello della Verfassungsgerichtsbarkeit Kelseniana, nel Contexto del Dibattito sulla Funzione 'Política' della Corte Costituzionale. In: *Scritti su la Giustizia Costituzionale in Onore di Vezio Crisafulli*. Padova: Cedam, 1985, v. I.

GLICK, Henry Robert. *Supreme Courts in State Politics*. An Investigation of the Judicial Role. New York: Basic Books, 1971.

GNEIST, Rudolf. *Legge e Bilancio*. A cura di Clemente Forte. Milano: Giuffrè, 1997.

GOERLICH, Helmut. *Wertordnung und Grundgesetz*. Kritik e. Argumentationsfigur der Bundesverfassungsgerichts. Baden-Baden: Nomos-Verlagsgesellschaft, 1973.

GOGUEL, François. El Consejo Constitucional Francês. In: FAVOREU, Louis (Dir.). *Tribunales Constitucionales Europeus y Derechos Fundamentales*. Trad. Luis Aguiar de Luque e Maria Gracia Rubio de Casas. Madrid: Centro de Estudios Constitucionales, 1984.

GOLDSTEIN, Joseph. *The Intelligible Constitution*. The Supreme Court's Obligation to Maintain the Constitution as Something We the People Can Understand. New York: Oxford University Press, 1992.

GÓMEZ, Gerardo Federico José P. *Derecho Constitucional Comparado*: *América Latina*. Monterrey, Nuevo León, México: Facultad Libre de Derecho, 1992.

GONÇALVES, Lopes. *A Constituição do Brasil*. Rio de Janeiro: F. F. Editora, 1935.

GOODRICH, P. *Legal Discourse*. London: Macmillan, 1987.

GORDON, Richard. *Judicial Review*: *Law and Procedure*. 2nd ed. London: Sweet & Maxwell, 1995.

GORDON, Thomas F. *The Pleadings Games*. An Artificial Intelligence Model of Procedural Justice. Dordrecht: Kluwer Academic Publishers, 1995.

GOUGH, W. *Fundamental Law in English Constitutional History*. Oxford: Clarendon Press, 1955.

GOZAÍNI, Osvaldo A. *La Justicia Constitucional*. Buenos Aires: Depalma, 1994.

GRABER, Mark. Unnecessary and Unintelligible. In: ESKRIDGE JR., William N.; LEVINSON, Sanford (Ed.). *Constitutional Stupidities, Constitutional Tragedies*. New York-London: New York University Press, 1998.

GRABITZ, Eberhard. *Freiheit und Verfassungsrechte*. kritik Unters. zur Dogmatik und Theorie des Freiheitsrechte. Tübingen: Mohr, 1976.

GRASSI, Stefano. *Il Diudizio Costituzionale sui Conflitti di Attribuzione tra Stato e Regioni e tra Regioni*. Milano: Giuffrè, 1985.

———. La Corte Costituzionale come Oggetto e come Giudice delle Riforme Istituzionali. In: *La Riforma Costituzionale*. Milano: Giuffrè, 1999.

GRAU, Eros Roberto. *O Direito Posto e o Direito Pressuposto*. São Paulo: Malheiros, 1996.

GREEN, Samuel Abbott. *James Otis's Argument Against the Writs of Assistance, 1761*. Remarks Made before the Massachusetts Historical Society, December 11, 1890. Cambridge: J. Wilson & son, 1890.

GREENAWALT, Kent. *Law and Objectivity*. New York: Oxford University Press, 1995.

GREWE, Constance; FABRI, Héléne Ruiz. *Droits Constitutionnels Européens*. Paris: PUF, 1995.

GREY, Thomas C. Do We Have an Unwritten Constitution? *Stanford Law Review*, v. 27, p. 703-718, 1975.

GRIFFI, Filippo Patroni. Tipi di Autorità Indipendenti. In: *I Garanti delle Regole – Le Autorità Indipendenti*. Bologna: Il Mulino, 1996.

GRIFFIN, Stephen M. The Nominee Is... Article V. In: ESKRIDGE JR., William N.; LEVINSON, Sanford (Ed.). *Constitutional Stupidities, Constitutional Tragedies*. New York-London: New York University Press, 1998.

GRIMM, Dieter. Los Partidos Políticos. In: BENDA, MAIHOFER, VOGEL, HESSE, HEYDE. *Manual de Derecho Constitucional*. Trad. Antonio López Pina. Madrid: Marcial Pons, 1996.

———. Souveraineté et Checks and Balances. In: TROPER, Michel; JAUME, Lucien (Dir.). *1789 et l'Invention de la Constitution*. Bruxelles: Bruylant e Paris: LGDJ, 1994.

———; KIRCHHOF, Paul (Hrgs). *Entscheidungen des Bundesverfassungsgerichts*: Studienauswahl. Tübingen: Mohr, 1997. 2v.

GROSSI, P. *Introduzione ad uno Studio sui Diritti Inviolabili nella Costituzione Italiana*. Padova: Cedam, 1972.

GROTIUS, Hugo. *Prolegomeni al Diritto della Guerra e della Pace*. Bologna: N. Zanichelli, 1949.

GUASTINI, Riccardo. *Dalle Fonti alle Norme*. 2. ed. Torino: G. Giappichelli Editore, 1992.

———. Sur la Validité de la Constitution du Point de Vue du Positivisme Juridique. In: TROPER, Michel; JAUME, Lucien (Dir.). *1789 et l'Invention de la Constitution*. Bruxelles: Bruylant e Paris: LGDJ, 1994.

———. *Il Giudice e la Legge*. Lezioni di Diritto Costituzionale. Torino: G. Giappichelli Editore, 1995.

GUERRA FILHO, William S. A Dimensão Processual dos Direitos Fundamentais e da Constituição. *Revista de Informação Legislativa*, n. 137, p. 13-21, jan./mar. 1998.

GUERRA, Luis López. España. In: *Anuario Iberoamericano de Justicia Constitucional 1997*. Madrid: Centro de Estudios Constitucionales, 1997.

─────; ESPIN, Eduardo; MORILLHO, Joaquin Garcia; TREMPS, Pablo Perez; SATRUSTEGUI, Miguel. *Derecho Constitucional*. 3. ed. Valencia: Tirant lo Blanch, 1997. 2t.

GUIMARÃES, Mário. *O Juiz e a Função Jurisdicional*. Rio de Janeiro: Forense, 1958.

GUIZOT, François Pierre Guillaume. *Du Gouvernement de la France*. Paris: Ladvocat, 1821.

─────. *Histoire Générale de la Civilisation en Europe*. Stuttgart: E. Schweizerbart, 1844.

GUNTHER, Gerald. *Cases and Materials on Constitutional Law*. Mineola: Foundation Press, 1975.

─────. *Constitutional Law*. Westbury: Foundation Press, 1997.

GÜNTER, Klaus. *The Sense of Appropriateness*: Application Discourses in Morality and Law. Trad. John Farrell. Albany: State University of New York Press, 1993.

─────. Uma Concepção Normativa de Coerência para uma Teoria Discursiva da Argumentação Jurídica. Trad. Leonel Cesarino Pessõa. *Cadernos de Filosofia Alemã*, n. 6, p. 85-102, ago. 2000.

GWIN, William B. *The Meaning of the Separation of Powers*. An Analysis of the Doctrine from its Origin to the Adoption of the United States Constitution. New Orleans: Tulane University, 1965.

HAAS, E. International Integration: The European and the Universal Process. *International Organization*, n. 15, p. 366-392, 1961.

HÄBERLE, Peter. *Verfassungs als öffentlicher Process*. Materialen zu einer Verfassungstheorie der offenen Gesellschaft. Berlin: Duncker und Humblot, 1978.

─────. Die offene Gesellschaft der Verfassungsintepreten. In: HÄBERLE, P. *Die Verfassung des Pluralismus*. Frakfurt am Main: Suhrkamp, 1980.

─────. *Die Wesensgehaltgarantie des Artikel 19 Abs. 2 Grundgesetz*: zugleich ein Beitrag zum institutionellen Verständnis der Grundrechte und zur Lehre vom Gesetzesvorbehalt. 3. Stark erw. Aufl. Heidelberg: C.F. Müller, 1983.

─────. El Legislador de los Derechos Fundamentales. In: PINA, Antonio Lopez. *La Garantia de los Derechos Fundamentales*. Alemania, España, Francia e Italia. Madrid: Civitas, 1991.

─────. La Jurisprudência Constitucional de los Derechos Fundamentales. Furça Normativa e Interpretación de los Derechos Fundamentales. Efectividad de los Derechos Fundamentales. – En Particular en Relación com el Ejercicio del Poder Legislativo. In: PINA, Antonio Lopez. *La Garantia de los Derechos Fundamentales*. Alemania, España, Francia e Italia. Madrid: Civitas, 1991.

———. *Le libertá Fondamentali nello Stato Costituzionale*. A cura di P. Ridola. Roma: Carocci, 1993.

———. *Hermenêutica Constitucional*. A Sociedade Aberta dos Intérpretes da Constituição: Contribuição para a Interpretação Pluralista e "Procedimental" da Constituição. Trad. Gilmar Ferreira Mendes. Porto Alegre: Fabris, 1997.

———. *La Libertad Fundamental en el Estado Constitucional*. Trad italiana Jürgen Saligman e César Landa; Trad. espanhola Carlos Ramos. San Miguel: Pontificia Universidad Catolica del Peru, 1997.

———. *Verfassungslehre als Kulturwissenschaft*. 2 Aufl. Berlin: Duncker & Humblot, 1998.

HABERMAS, Jürgen. Vorbereitende Bermerkungen zu einer Theorie der kommunikativen Kompetenz. In: HABERMAS, J.; LUHMANN, N. *Theorie der Gesellschaft oder Sozialtechnologie*: was leistet die Systemforschung? Frankfurt am Main: Suhrkamp, 1971.

———. *Técnica e Ciência como Ideologia*. Trad. Artur Morão. Lisboa: Edições 70, 1987.

———. *Morale, Diritto, Política*. Torino: G. Giappichelli Editore, 1992.

———. *Passado como Futuro*. Trad. Flávio Beno Siebenechler. Rio de Janeiro: Tempo Brasileiro, 1993.

———. *Fatti e Norme*. Contributi a una Teoria Discorsiva del Diritto e della Democrazia. A cura di Leonardo Ceppa. Milano: Guerini e Associati, 1996.

———. *Die Einbeziehung des Anderen*. Studien zur politischen Theorie. Frankfut am Main: Suhrkamp, 1997.

———. *L'Inclusione dell'Altro*. Studi di Teoria Politica. A cura di L. Ceppa. Milano: G. Feltrinelli Editore, 1998.

HABIB, L. La Notion d'Erreur Manifeste d'Appréciation dans la Jurisprudence du Conseil Constitucionnel. *RDP*, p. 695, 1986.

HAGE, Jaap. *Reasoning with Rules*. An Essay on Legal Reasoning and its Underlying Logic. Dordrecht: Kluwer Academica Publischers, 1996.

HAINES, Charles G. *The Revival of Natural Law Concepts*. Cambridge: Harvard University Press, 1930.

HALL, Stuart; GAY, Paul du (Org.). *Questions of Cultural Identity*. London: Sage, 1996.

HALLER, Herbert. Die Prüfung von Gesetzen: ein Beitrag zur verfassungsgerichtlichen Normenkontrolle. Wien-New York: Springer-Verlag, 1979.

HALTERN, Ulrich R. *Verfassungsgerichtsbarkeit*, Demokratie und Mißtrauen. das Bundesverfassungsgericht in einer Verfassungstheorie zwischen Populismus und Progressivismus. Berlin: Duncker & Humblot, 1998.

HAMILTON, Alexander. *Works of Alexander Hamilton*. New York: C. S. Francis & Company, 1851.

———; MADISON, James; JAY, John. *The Federalist Papers*. New York: Peguin Books, 1961.

HAND, Learned. The Bill of Rights. In: GARVEY, John H.; ALEINIKOFF, T. Alexander. *Modern Constitutional Theory*. A reader. Saint Paul, 1991.

HARB, Benjamín. Bolívia. In: *Anuario Iberoamericano de Justicia Constitucional 1997*. Madrid: Centro de Estudios Constitucionales, 1997.

HARE, Richard M. *Freedom and Reason*. Oxford: Clarendon Press, 1965.

———. *The Language of Morals*. Oxford: Clarendon Press, 1970.

HARRINGTON, James. *The Commonwealth of Oceana*. London: D. Pakeman, 1656.

———. *The Political Writing of James Harrington. Representative Selections*. C. Blitzer. New York: The Liberal Arts Press, 1955.

HART, Herbert L. A. *O Conceito de Direito*. Trad. A. Ribeiro Mendes. 2. ed. Lisboa: Fundação Calouste Gulbenkian, 1994.

HART JR., H. M.; WESCHLER, H. *The Federal Courts and the Federal System*. Brooklyn: Foundationh Press, 1953.

HASE, Friedhelm; LADEUR, Karl-Heinz. *Verfassungsgerichtsbarkeit und politisches System*. Studien zum Rechtsstaatsproblem in Deutschland. Frankfurt am Main: Campus, 1980.

HATSELL, John. *Precedents of Proceedings in the House of Commons*. London: Luke Hansard, 1818. 4v.

HAURIOU, Maurice. *Princípios de Derecho Público y Constitucional*. 2. ed. Trad. Carlos Ruiz del Dastillo. Madrid: Reus, 1927.

HAYEK, Friedrich von. *The Constitution of Liberty*. Chicago: Chicago University Press, 1960.

HECK, Luís Afonso. *O Tribunal Constitucional Federal e o Desenvolvimento dos Princípios Constitucionais*: Contributo para uma Compreensão da Jurisdição Constitucional Federal Alemã. Porto Alegre: Fabris, 1995.

HEIDEGGER, Martin. *Ser e Tempo*. Trad. Márcia de Sá Cavalcante. 5. ed. Petrópolis: Vozes, 1995.

HELLER, Hermann. *Teoría del Estado*. Trad. Luis Tobio. México: Fondo de Cultura Económica, 1987.

HENNIS, Wilhelm. *Verfassung und Verfassungswirklichkeit*: ein deutsches Problem. Tübingen: Mohr, 1968.

HESSE, Konrad. Funkionelle Grenzen der Verfassungsgerichtsbarkeit. In: *Recht als Prozeß und Gefüge*. Festschrift für Hans Huber zum 80. Geburtstag. Bern: Stämpfli, 1981.

—————. Constitución y Derecho Constitucional. In: BENDA, MAIHOFER, VOGEL, HESSE, HEYDE. *Manual de Derecho Constitucional*. Trad. Antonio López Pina. Madrid: Marcial Pons, 1996.

—————. Significado de los Derechos Fundamentales. In: BENDA, MAIHOFER, VOGEL, HESSE, HEYDE. *Manual de Derecho Constitucional*. Trad. Antonio López Pina. Madrid: Marcial Pons, 1996.

—————. *Elementos de Direito Constitucional da República Federal da Alemanha*. Trad. Luís Afonso Heck. Porto Alegre: Fabris, 1998.

HEUSTON, R. F. V. Personal rights under the Irish Constitution. *The Irish Jurist*, v. 11, p. 205-220, 1967.

HEYDE, Wolfgang. Das Bundesverfassungsgerichtsgesetz in der Bewährung. In: GREWE, Wilhem G.; RUPP, Hans; SCHNEIDER, Hans (Hrsg). *Europäische Gerichtsbarkeit und nationale Gerichtsbarkeit*. Festschrift zum 70. Baden-Baden: Nomos, 1981.

—————. La Jurisdicción. In: BENDA, MAIHOFER, VOGEL, HESSE, HEYDE. *Manual de Derecho Constitucional*. Trad. Antonio López Pina. Madrid: Marcial Pons, 1996.

HOFFMANN-RIEM, Wolfgang. Libertad de Comunicación y de Medios. In: BENDA, MAIHOFER, VOGEL, HESSE, HEYDE. *Manual de Derecho Constitucional*. Trad. Antonio López Pina. Madrid: Marcial Pons, 1996.

HOGS, P. *Constitutional Law in Canada*. 3rd. Ottawa/Quebec: Carswell, 1997.

HOLDSWORTH, Sir William Searle. *A History of English Law*. London: Metheun, 1903-1966. 17v.

—————. *A History of English Law*. London: Methuen & Co., 1903, v. 17.

HOLLAND, Claudia. *Die Bibliotheken der obersten Gerichtshöfe der Bundesrepublik Deutschland einschliesslich des Bundesverfassungsgerichts*. München: Bibliothek des Deutschen Patentamts,1991.

HOLMES, Oliver Wendell. *Collected Legal Papers*. New York: Harcourt, Brace and Howe, 1920.

HORTA, Raul Machado. *A Autonomia do Estado-membro no Direito Constitucional Brasileiro*. Belo Horizonte: Estabelecimentos Gráficos Santa Maria, 1964.

—————. Organização Constitucional do Federalismo. *Revista de Informação Legislativa*, n. 87, p. 5-22, jul./set. 1985.

—————. Reflexões sobre a Constituinte. *Revista de Informação Legislativa*, n. 89, p. 5-32, jan./mar. 1986.

—————. O Processo Legislativo nas Constituições Federais Brasileiras. *Revista de Informação Legislativa*, n. 101, p. 5-28, jan./mar. 1989.

—————. *Direito Constitucional*. 2. ed. rev., atual. e ampl. Belo Horizonte: Del Rey, 1999.

HORKHEIMER, Max. *Critique of Instrumental Reason*. New York: Continuum, 1974.

HORWITZ, Morton J. *The Warren Court and the Pursuit of Justice: a Critical Issue*. New York: Hill and Wang, 1998.

HOWARD, A. E. Dick. La Conception Mécaniste de la Constitution. In: TROPER, Michel; JAUME, Lucien (Dir.). *1789 et l'Invention de la Constitution*. Bruxelles: Bruylant e Paris: LGDJ, 1994.

HOYOS, Arturo. El Control Judicial y el Bloque de Constitucionalidad en Panamá. *Boletín Mexicano de Derecho Comparado*, n. 75, p. 785-805, sept./diciembre 1992.

HUALDE, Alejandro Pérez. *Decretos de Necesidad y Urgencia*. Buenos Aires: Depalma, 1995.

HUBER, Ernst R. Der Streit um das Wirtschaftsverfassungsrecht. In: *Die öffentliche Verwaltung*. Stuttgart: W. Kohlhammer, 1956.

HUME, David. *Traité de la Nature Humaine*. Paris: Aubier, 1968. 2v.

HURST, J. W. *The Growth of American Law-The Law Makers*. Boston: Little Brown, 1950.

HUSSERL, Edmund. *Investigações Lógicas*. Sexta Investigação (Elementos de uma Elucidação Fenomenológica do Conhecimento). Trad. Zeljo Loparié e Andréa Maria Altino de Campos Loparié. São Paulo: Nova Cultural, 1988.

HUSSERL, Gerhat. *Recht und Zeit fünf rechtsphilosophische Essays*. Frankfurt am Main: V. Klostermann, 1955.

IRELLI, Vicenzo C. *Corso di Diritto Amministrativo*. Torino: G. Giappichelli, 1997.

ISENSEE, Josef. Verfassung ohne soziale Grundrechte. *Der Staat*, n. 19, p. 367-384, 1980.

――――. *Grundrechte und Demokratie*: Die Polare Legitimation im Grundgesetzlichen Gemeinwesen. Rede zur Eröffnung des akademischen Jahres 1980/1981 am 20. Oktober 1980. Bonn: Bouvier, 1981.

ITÁLIA. *Giurisprudenza Costituzionale*. Milano: Giuffrè, 1956-1999.

JACKSON, Robert H. *The Supreme Court in the American System of Government*. Cambridge: Harvard University Press, 1955.

JACOBSEN, Gertrude Ann; LIPMAN, Miriam H. *Political Science*. Revised edition. New York: Barnes & Noble, 1954.

JAFFE, L. L. Standing to Secure Judicial Review: Public Actions. 74 *Harvard Law Review* 1265 (1961).

JARDIM, Torquato. Mas qual Constituição? *Revista de Informação Legislativa*, n. 96, p. 41-52, out./dez. 1987.

JAUME, Lucien. Constitution, Intérêts et Vertu Civique. In: TROPER, Michel; JAUME, Lucien (Dir.). *1789 et l'Invention de la Constitution*. Bruxelles: Bruylant e Paris: LGDJ, 1994.

JEANNEAU, Benoît. *Droit Constitutionnel et Institutions Politiques*. 7e. éd. Paris: LGDJ, 1987.

JEFFERSON, Thomas. *Papers of Thomas Jefferson*. Ed. Julian Boyd. Princeton, 1950, v. I.

———. Opinion on the Constitutionality of the Bank. In: PETERSON, Merril D. (Ed.). *The Portable Thomas Jefferson*. New York: Virking Press, 1975.

JELLINEK, Georg. *System der Subjectiven Öffentlichen Rechte*. Freiburg i. B.: Mohr, 1892.

———. *Die Erklärung der Menschen- und Bürgerrechte*. Ein Beitrag zur modernen Verfassungsgeschichte. Leipzig: Duncker & Humblot, 1895.

———. *Allgemeine Staatslehre*. Berlin: O. Häring, 1900.

———. *Verfassungsänderung und Verfassungswandlung*. Berlin: O. Häring, 1906.

———. *La Dottine Generale del Diritto e dello Stato*. Trad. Modestino Petrozziello. Milano: Giuffrè, 1949.

JOHNSTON, Alexander; SHEZI, Sipho; BRADSHAW, Gavin (Ed.). *Constitution-Making in the New South Africa*. New York: Leicester University Press, 1993.

JONAS, Hans. *The Imperative of Responsibility*. In: Search of an Ethics for the Technological Age. Chicago: University of Chicago Press, 1984.

JUNQUEIRA, Aristides; CINTRA JR., Dirceu Aguiar Dias; FABRÍCIO, Adroaldo Furtado. As relações entre Legislativo, Executivo e Judiciário no Constitucionalismo Contemporâneo. In: *A Constituição Democrática Brasileira e o Poder Judiciário*. São Paulo: Fundação Konrad-Adenauer-Stiftung, Centro de Estudos, 1999.

KALINOWSKI, Georges. *Introducción a la Lógica Jurídica*. Elementos de Semiótica Jurídica, Lógica de las Normas y Lógica Jurídica. Trad. Juan A. Casaubon. Buenos Aires: Eudeba, 1973.

KANT, Immanuel. *Kritik der reinen Vernunf*. Riga: J. F. Hartknoch, 1781.

———. *Kritik der praktischen Vernunft*. Riga: J. F. Hartknoch, 1788.

———. *OEuvres Philosophiques*. Édition Publiée sous la Direction de Ferdinand Alquié. Paris: Gallimard, 1980-1986.

———. *The Philosophy of Kant*: Immanuel Kant's Moral and Political Writings, by Carl J. Friedrich. New York: Modern Library, 1993.

KARAGIOZOVA-FINKOVA, Mariana T. La Justice Constitutionnelle en Bulgarie. In: VERDUSSEN, Marc (Dir.). *La Justice Constitutionnelle en Europe Centrale*. Bruxelles: Bruylant e Paris: LGDJ, 1997.

KASSIMATIS, G.; MAURIAS, K. *Commentary on Constitution*. Athénes: Sakkoulas, 1997.

KATZ, Ellis. Federalismo e a Suprema Corte. *Revista da Faculdade de Direito das Faculdades Metropolitanas Unidas de São Paulo*, n. 19, v. 12, p. 64-85, 1998.

KEELER, J. Confrontations Juridico-Politiques, le Conseil Constitutionnel face au Gouvernement Socialiste Comparé à la Cour Suprême face au New Deal. *Pouvoirs*, n. 35, p. 133 et seq.

KELSEN, Hans. Judicial Review of Legislation. *Journal of Politics*, v. 41, p. 183-200, 1942.

――――. *La Giustizia Costituzionale*. A cura di C. Geraci. Milano: Giuffrè, 1981.

――――. *¿ Qué es Justicia?* Trad. Albert Calsamiglia. Barcelona: Ariel, 1982.

――――. *Teoria Geral do Direito e do Estado*. Trad. Luís Carlos Borges. São Paulo-Brasília: Martins Fontes e Editora Universidade de Brasília, 1990.

――――. *Teoria Pura do Direito*. Trad. João Baptista Machado. 3. ed. Brasileira. São Paulo: Martins Fontes, 1991.

――――. *¿ Quién Deve Ser el Defensor de la Constitución?* Trad. Roberto J. Brie. Madrid: Tecnos, 1995.

KENNEY, S. Pregnancy and Disability: Comparing the United States nad the European Community. *The Disability Law Reporter Service*, n. 3, p. 8-17, 1994.

KERCHOVE, Michel Van de; OST, François. *El Sistema Jurídico entre Orden y Desorden*. Trad. Isabel Hoyo Sierra. Madrid: Servicio Publicaciones Facultad Derecho Universidad Complutense, 1997.

KIRCHHOF, Paul. La Jurisprudência Constitucional de los Derechos Fundamentales. Fuerça Normativa e Interpretación de los Derechos Fundamentales. Efectividad de los Derechos Fundamentales. – En Particular en Relación com el Ejercicio del Poder Legislativo. In: PINA, Antonio Lopez. *La Garantia de los Derechos Fundamentales*. Alemania, España, Francia e Italia. Madrid: Civitas, 1991.

KLEIN, Claude. Porquoi Écrit-on une Constitution? In: TROPER, Michel; JAUME, Lucien (Dir.). *1789 et l'Invention de la Constitution*. Bruxelles: Bruylant e Paris: LGDJ, 1994.

KLEIN, Friedrich; MANDGOLDT, Hans von; STARCK, Christian. *Das Bonner Grundgesetz*. München: Beck, 1985.

KLEIN, Hans H. *Die Grundrechte im Demokratischen Staat*. 2. Auf. Stuttgart: Kohlhammer, 1974.

KLÍMA, Karel. La Justice Constitutionnelle en République Tchèque. In: VERDUSSEN, Marc (Dir.). *La Justice Constitutionnelle en Europe Centrale*. Bruxelles: Bruylant e Paris: LGDJ, 1997.

KLUG, Ulrich. *Logica Jurídica*. Trad. Juan David García Bacca. Caracas:Universidad Central, 1961.

KNAUB, G. Le Conseil Constitutionnel et la Régulation des Rapports entre les Organes de l'État. *Revue de Droit Public et de la Science Politique*, p. 1149-1168, 1983.

KOMMERS, Donald P. *The Constitutional Jurisprudence of the Federal Republic of Germany*. Durham: Duke University Press, 1989.

KORINEK, Karl; MÜLLER, Jörg Paul; SCHLAICH, Klaus. *Die Verfassungsgerichtsbarkeit im Gefüge der Staatsfunktionen.* Berlin: De Gruyter, 1981.

KRIELE, Martín. *Introducción a la Teoría del Estado.* Fundamentos Históricos de la Legitimidad del Estado Constitucional Democrático. Trad. Eugenio Bulygin. Buenos Aires: Depalma, 1980.

KRÜGER, Hans Christian. L'Élection des Juges à la Cour Européenne des Droits de l'Homme dans le Cadre du Protocole n. 11. In: FLAUSS, Jean-François; SALVIA, Michel de (Édit.). *La Convention Européenne des Droits de l'Homme*: Développements Récents et Nouveaux Défis. Bruxelles: Bruylant, 1997.

KUHN, Thomas. The Structure of Scientific Revolutions. In: *Foundations of the Unity of Science.* Chicago: The University of Chicago Press, 1970, v. II.

KUNZ, Josef L. Die Staatenverbindungen. In: STIER-SOMLO, Fritz (Ed.). *Handbuch des Völkerrecht.* Stuttgart: W. Kohlhammer, 1929, v. II, parte IV.

KUTLER, Stanley I. Raoul Berger's Fourteenthe Amendment: A History or Ahisstorical. *Hastings Constitutional Law Quarterly*, n. 6, 1979, p. 511-523.

LABAND, Paul. *Ueber den verfasser und die handschriften-genealogie des Schwabenspiegels.* Berlin: Gedruckt bei A. W. Schade, 1861.

————. *Das Staatsrecht des Deutschen Reiches.* Tübingen: Verlag der H. Laupp'schen Buchhandlung, 1876-1882.

————. *Le Droit Public de l'Empire Allemand.* Paris: Giard E. Brière, 1900, t. I.

————. *Deutsches Reichsstaatsrecht.* Aalen: Scientia Verlag, 1969.

LACERDA, Paulo de. *Princípios do Direito Constitucional Brasileiro.* Rio de Janeiro: Livraria Azevedo, 1929, v. II.

LACERDA, Paulo Maria de. *Princípios de Direito Constitucional Brasileiro.* Rio de Janeiro: E. de Almeida, 193?. 2v.

LACOMBE, Américo. Igualdade e Capacidade Contributiva. *Revista de Direito Tributário*, p. 157, 1991.

LACOMBE, Charles de. *Royer-Collard.* Paris: C. Douniol, 1863.

LAGUARDIA, Mario García. Guatemala. In: *Anuario Iberoamericano de Justicia Constitucional 1997.* Madrid: Centro de Estudios Constitucionales, 1997.

LAKATOS, Imre. Falsification and the Methodology of Scientific Research Programmes. In: LAKATOS, I.; MUSGRAVE, A. (Ed.). *Criticism and the Growth of Knowledge.* Cambridge: Cambridge University Press, 1970.

LAMBERT, Eduard. *Le Gouvernement des Juges et la Lutte contre la Législation Sociale aux États-Unis*: l'Expérience Américaine du Contrôle Judiciaire de la Constitutionnalità des Lois. Paris: M. Giard & Cie, 1921.

LAMBERT, Elisabeth. *Les Effets des Arrêts de la Cour Européenne des Droits de l'Homme*. Contribution à une Approche Pluraliste du Droit Européen des Droits de l'Hombre. Bruxelles: Bruylant, 1999.

LANGE. Rechtskraft, Bindungswirkung und Gestzeskraft der Entscheidung des Bundesverfassungsgericht. *JuS*, p. 1, 1978.

LARENZ, Karl. *Metodologia da Ciência do Direito*. Trad. José Lamego. 3. ed. Lisboa: Fundação Calouste Gulbenkian, 1997.

LARICCA, Sergio. La Corte Costituzionale. In: *Costituzionalisti e le Riforme (I)*. Una Discussione sul Progetto della Comissione Bicamerale per le Riforme Costituzionali. Milano: Giuffrè, 1998.

LARUE, L. H. Neither Force nor Will. In: ESKRIDGE JR., William N.; LEVINSON, Sanford (Ed.). *Constitutional Stupidities, Constitutional Tragedies*. New York-London: New York University Press, 1998.

LASSALE, Ferdinand. *A Essência da Constituição*. Trad. Walter Stönner. 2. ed. Rio de Janeiro: Liber Juris, 1988.

LAUBÉ, Vitor Rolf. O Regulamento no Sistema Jurídico Brasileiro. *Revista de Informação Legislativa*, n. 119, p. 160-166, jul./set. 1993.

LAVAGNA, Carlo. Ragionevolezza e Legittimità Costituzionale. In: *Studi in Memoria di Carlo Esposito*. Padova: Cedam, 1973, t. III.

LAVIÉ, Humberto Quiroga. *Derecho Constitucional*. Buenos Aires: Cooperadora de Derecho y Ciencias Sociales, 1978.

———. *Derecho Constitucional*. 3. ed. actualizada. Buenos Aires: Depalma, 1993.

LE FUR, Louis. *État Fédéral et Confédération d'États*. Paris: Marchal et Billards, 1896.

LEAL, Aurelino. *Teoria e Prática da Constituição Brasileira*. Rio de Janeiro: F. Briguiet e Cia. Editores, 1925.

LEAL, Victor Nunes. Leis Complementares da Constituição. *Revista de Direito Administrativo*, v. 7, p. 379-394, jan./mar. 1947.

———. *Problemas de Direito Público*. Rio de Janeiro: Forense, 1960.

———. Supremo Tribunal a Questão do Número de Juízes. *Revista dos Tribunais*, n. 359 p. 7-21, set. 1965.

———. A Súmula do Supremo Tribunal e o Restatement of the Law dos Norte-Americanos. *Revista do Tribunal de Justiça do Distrito Federal*, v 1, p. 7-11, 1966.

LECLREC, Stéphane; AKANDJI-KOMBE, Jean François; REDOR, Marie-Joëlle. *L'Union Européenne et les Droits Fondamentaux*. Bruxelles: Bruylant, 1999.

LEIBHOLZ, Gerhard. Die Verfassungsdurbrechung. *Archiv des öffentlichen Rechts*. Tübingen, v. 22, p. 17-21.

LEITE SAMPAIO, José Adércio. *Der Hüter der Verfassung*. Belo Horizonte: UFMG (Monog.), 1998.

———. *Direito à Intimidade e à Vida Privada*: Uma visão Jurídica da Sexualidade, da Família, da Comunicação e Informações Pessoais, da Vida e da Morte. Belo Horizonte: Del Rey, 1998.

———. As Sentenças Intermediárias de Constitucionalidade e o Mito do Legislador Negativo. In: LEITE SAMPAIO, José Adércio; SOUZA CRUZ, Álvaro Ricardo de (Orgs.). *Hermenêutica e Jurisdição Constitucional*. Belo Horizonte: Del Rey, 2001.

———. Discurso de Legitimidade da Jurisdição Constitucional e as Mudanças Legais do Regime de Constitucionalidade no Brasil. In: SARMENTO, Daniel (Org.). *O Controle de Constitucionalidade e a Lei n. 9.868/99*. Rio de Janeiro: Lumen Juris, 2001.

LENAERTS, K. Constitutionalism and the Many Faces of Federalism. *American Journal Comparative Law*, v. 38, p. 205-264, 1990.

LERCHE, Peter. *Übermass und Verfassungsrecht*: Zur Bindung des Gesetzgeber na die Grundsätze der Verhältnismässigkeit und der Erforderlichkeit. Köln: C. Heymann, ADURA 1961.

LERNER, Max. *Mind and Faith of Justice Holmes*. New York: Modern Library, 1954.

LESSA, Mário. O Impeachment no Direito Brasileiro. *Revista do Supremo Tribunal Federal*, v. 83, p. 197-335, mar. 1925.

LESSA, Pedro. *Do Poder Judiciário*. Rio de Janeiro: Livraria Francisco Alves, 1915.

LEVINSON, Sanford. The Audicence for Constitutional Meta-Theory (or, Why, and to Whom, Do I Write the Things I Do?). *U. Colorado Law Review*, n. 63, p. 389, 1992.

LEVY, Leonard Williams. *Judicial Review and the Supreme Court*; Selected Essays. New York: Harper & Row, 1967.

LIMBACH, Jutta. *Das Bundesverfassungsgericht als politischer Machtfaktor*,... http://www.humboldt.forum-recht.de/

LIPPMAN, Ernesto. *Os Direitos Fundamentais na Constituição de 1988*. Com Anotações e Jurisprudência dos Tribunais. São Paulo: LTr, 1999.

LLEWELLY, K. *The Common Law Tradition*: Deciding Appeals, 1966.

LLORENTE, Francisco Rubio; CAMPO, Javier Jiménez. *Estudios sobre Jurisdicción Constitucional*. Madrid: McGraw-Hill, 1998.

———. El Recurso de Amparo. In: LLORENTE, Francisco R. CAMPO, Javier Jimémez. *Estudios sobre Jurisdicción Constitucional*. Madrid:McGraw-Hill, 1998.

———. La Jurisdicción Constitucional en España. In: LLORENTE, Francisco R.; CAMPO, Javier Jimémez. *Estudios sobre Jurisdicción Constitucional*. Madrid: McGraw-Hill, 1998.

---------. Tendencias Actuales de la Jurisdicción Constitucional en Europa. In: LLORENTE, Francisco R.; CAMPO, Javier Jimémez. *Estudios sobre Jurisdicción Constitucional*. Madrid: McGraw-Hill, 1998.

LOCKE, John. *Two Treatises of Government*. Edited by Mark Goldie. Vermont: Everyman, Charles E. Tuttle, 1999.

LOCKHARDT, William B., KAMISAR, Yale, CHOPPER, Jesse H.; SHIFFRIN, Steven H. *Constitutional Rights and Liberties*. Cases-Comments-Questions. Seventh Ed. St. Paul: West Publishing, 1991.

LOEWENSTEIN, Karl. *Teoría de la Constitución*. Trad. Alfredo Gallego Anabitarte. Barcelona: Editorial Ariel, 1976.

LOPES, José Reinaldo de Lima. Mudança social e Mudança Legal: os Limites do Congresso Constituinte de 87. *Revista de Informação Legislativa*, n. 94, p. 45-58, abr./jun. 1987.

LOSCHAK, D. Le CC Protecteur des Libertès? *Pouvoirs*, n. 13, p. 35, 1980.

LOVELAND, Ian. *Constituional Law*. A Critical Introduction. Londo, Dublin & Edinburgh: Butterworths, 1996.

LOWI, Theodore J. Constitutional Merry-Go-Round. The First Time Tragedy, the Second Time Farce. In: ESKRIDGE JR., William N.; LEVINSON, Sanford (Ed.). *Constitutional Stupidities, Constitutional Tragedies*. New York-London: New York University Press, 1998.

LUATTI, Lorenzo. *Profili Costituzionali del Voto Particolare*. L'Esperienza del Tribunale Costituzionale Spagnolo. Milano: Giuffrè, 1995.

LUCHAIRE, François. Le Conseil Constitutionnel Est-Il une Jurisdiction? *Revue de Droit Public et de la Science Politique*, p. 27-52, 1979.

---------. El Consejo Constitucional Francês. In: FAVOREU, Louis (Dir.). *Tribunales Constitucionales Europeus y Derechos Fundamentales*. Trad. Luis Aguiar de Luque e Maria Gracia Rubio de Casas. Madrid: Centro de Estudios Constitucionales, 1984.

---------. *Protection Constituttionnelle des Droits et des Libertès*. Paris: Económica, 1987.

---------. Le Contrôle Préalable de Constitutionnalité en France. *Revue Internationale de Droit Comparé*, v. 12, p. 11-24, 1990.

---------. *Le Conseil Constitutionnelle*. 2ª. éd. Refondue. T. 1. Organisation et Attributions. Paris: Económica, 1997.

---------. *Le Conseil Constitutionnelle*. T. 2. Jurisprudence. Paris: Económica, 1998.

---------. *Le Conseil Constitutionnelle*. T. 3. Jurisprudence (2eme et 3eme partie: L'État). Paris: Económica, 1999.

LUCIANI, Massimo. *Le Decisioni Processuali e la Logica del Giudizio Costituzionale Incidentale*. Padova: Cedam, 1994, v. II.

---------. Lo Spazio della Ragionevolezza nel Giudizio Costituzionale. In: *Il Principio di Ragionevolezza nella Giurisprudenza della Corte Costituzionale*. Riferimenti Comparatistici. Atti del Seminario Svoltosi in Roma Palazzo della Consulta nei Giorni 13 e 14 Ottobre 1992. Milano: Giuffrè, 1994.

————. Sui Diritti Sociali. In: *Scritti in Onore di M. Mazzioti di Celso*. Padova: Cedam, 1995, v. II.

LUHMANN, Niklas. *Grundrechte als Institution*. Ein Breitag zur politishen Soziologie. 2. Aufl. Berlin: Duncker und Humblot, 1974.

————. *Sociologia do Direito*. Trad. Gustavo Bayer. Rio de Janeiro: Tempo Brasileiro, 1985, t. II.

————. Autopoieisis als soziologischer Begriff. In: HAFERKAMP, H.; SCHMID, M. (Ed.). *Sinn, Kommunikation und soziale Differenzierung*: Breitäge zu Lumanns Theorie sozialer Systeme. Frankfurt: Suhrkamp, 1987.

————. Closure and Openness: On Reality in the World of Law. In: TEUBNER, G. (Ed.) *Autopoietic Law*: A New Approach to Law and Society. Berlin: de Gruyter, 1987.

————. La Costituzione come Acquisizione Evolutiva. In: ZAGREBELSKY, Gustavo; PORTINARO, Pier Paulo; LUTHER, Görg (Org.). *Il Futuro della Costituzione*. Torino: Einaudi, 1996.

————; DE GIORGI, Rafael. *Teoria della Società*. 7. ed. Milano: FrancoAngeli, 1995.

LUNA, Eduardo F. Formación y Sanción de las Leys. In: GUILHOU, Dardo Pérez et al. *Atribuciones del Presidente Argentino*. Buenos Aires: Depalma, 1986.

LUÑO, Antonio-Enrique Pérez. *Derechos Humanos, Estado de Derecho y Constitución*. Madrid: Tecnos, 1984.

LUQUE, Luís Aguiar. La Justicia Constitucional en Iberoamérica. In: *Anuario Iberoamericano de Justicia Constitucional 1997*. Madrid: Centro de Estudios Constitucionales, 1997.

LYONS, David. *Moral Aspects in Legal Theory*: Essays on Law, Justice and Political Responsability. New York: Cambridge University Press, 1997.

LYOTARD, Jean-François. *La Condition Post-Moderne*. Paris: Ed. de Minuit, 1979.

MACCORMICK, Neil. *Legal Reasoning and Legal Theory*. Oxford: Clarendon Press, 1978.

MACHADO, Hugo Brito. O Princípio da Capacidade Contributiva. *Caderno de Pesquisas Tributárias*, v. 14, p. 124, 1989.

MACINTYRE, Alasdair C. *After Virtue*: A Study in Moral Theory. Notre Dame: University of Notre Dame Press, 1981.

————. *Whose Justice? Which Rationality?* Notre Dame: University of Notre Dame Press, 1988.

MACKAAY, E. *Economics of Information and Law*. Amsterdam: Kluwer & Nijhoff Publ., 1982.

MACPHERSON, C. B. *The Political Theory of Possessive Individualism*. Oxford: Clarendon Press, 1962.

——————. *The Life and Times of Liberal Democracy*. Oxford: Oxford University Press, 1977.

——————. *Ascensão e Queda da Justiça Econômica e Outros Ensaios*: O Papel do Estado, das Classes e da Propriedade na Democracia do Século XX. Trad. Luiz Alberto Monjardim. Rio de Janeiro: Paz e Terra, 1991.

MAGALHÃES, José Luiz Quadros de. As Garantias dos Direitos Fundamentais. *Revista de Informação Legislativa*, n. 122, p. 41-46, mai./jul. 1994.

——————. *Um Novo Município*: Federação de Municípios ou Miniaturização dos Estados Membros. *Revista da Ordem dos Advogados do Brasil*, n. 26, p. 31-50, jan./jun. 1996.

——————. *Direito Constitucional*. Belo Horizonte: Melhoramentos, 2000, t. I.

MAGALHÃES, Roberto Marcellos de. *A Constituição Federal de 1967 Comentada*. Rio de Janeiro: A coelho Bco F°, 1967, v. 1.

MAIHOFER, Werner. Principios de una Democracia en Libertad. In: BENDA, MAIHOFER, VOGEL, HESSE, HEYDE. *Manual de Derecho Constitucional*. Trad. Antonio López Pina. Madrid: Marcial Pons, 1996.

MANCINI, F. The Making of a Constitution for Europe. In: KEOHANE, R.; HOFFMANN, S. (Eds.). *The European Community*. Boulder: Westview, 1991.

MANGABEIRA, João. *Em torno da Constituição*. São Paulo: Nacional, 1934.

MANIN, Philippe. *Les Communautes Européennes*. L'Union Européene. 2ᵉ. éd. Paris: Pedone, 1995.

MANNHEIM, Karl. *Ideology and Utopia*: An Introduction to the Sociology of Knowledge. Trad. Louis Wirth e Edward Shils. San Diego: Harcourt Brace Jovanovich, 1985.

MARANHÃO, Jarbas. Constituinte e Constituição. *Revista de Informação Legislativa*, n. 99, p. 57-68, jul./set. 1988.

MARBURY, William L. The Limitation upon the Amending Power. *Harvard Law Review*, t. XXXIII, p. 223-235.

MARCONDES, Danilo. Ceticismo e Filosofia Analítica: Por um Novo Rumo. In: CARVALHO, Maria Cecília M. de (Org.). *A Filosofia Analítica no Brasil*. Campinas: Papirus, 1995.

MARINHO, Josaphat. O Art. 64 da Constituição e o Papel do Senado. *Revista de Informação Legislativa*, n. 94, p. 5-12, abr./jun. 1964.

——————. A Função de Controle do Congresso Nacional. *Revista de Informação Legislativa*, n. 53, p. 17-38, jan./mar. 1977.

——————. A Constituição de 1934. *Revista de Informação Legislativa*, n. 94, p. 17-28, abr./jun. 1987.

MARQUES NETO, Floriano Azevedo. A Nova Regulação Estatal e as Agências Independentes. In: SUNDFELD, Carlos Ari. *Direito Administrativo Econômico*. São Paulo: Malheiros, 2000.

MARQUES, António Rocha. O Tribunal Constitucional e os outros Tribunais: a Execução das Decisões do Tribunal Constitucional. In: *Estudos sobre a Jurisprudência Constitucional*. Lisboa: Aequitas, 1993.

MARQUES, José Frederico. *Da Competência em Matéria Penal*. São Paulo: Saraiva, 1953.

————. *A Reforma do Poder Judiciário*. São Paulo: Saraiva, 1979, v. I.

MARSHALL, Geoffrey. *Constitutional Conventions*. The Rules and Forms of Political Accountability. Oxford: Carendon Press, 1986.

MARTENS, Wolfgang von. Grundrechte im Leistungsstaat. *Veröffentlichungen der Vereinigung der deutschen Staatsrechtslehrer*, n. 30, p. 7-38, 1972.

————; HÄBERLE, Peter, BACHOF, Otto; BROHM, Winfried. Grundrechte im Leistungsstaat. Die Dogmatik des Verwaltungsrechts von den Gegenwartsaufgaben der Verwaltung. Berichte und Diskussionen auf der Tagung der Vereinigung der Deutschen Staatsrechtslehrer in Regensburg vom 29.9 bis 2.10.1971. In: *Veröffentlichungen der Vereinigung der deutschen Staatsrechtslehrer*. Berlin: Walter de Gruyter & Co, 1972.

MARTINES, Temistocle. *Diritto Costituzionale*. 9. ed. Milano: Giuffrè, 1998.

MASAGÃO, Mário. *Curso de Direito Administrativo*. 6. ed. São Paulo: RT, 1977.

MATHIEU, Bertrand. Reflexões sobre o Papel dos Direitos Fundamentais na Ordem Jurídica Constitucional. In: BARROS, Sérgio Resende de; ZILVETI, Fernando Aurélio. *Direito Constitucional*. Estudos em Homenagem a Manoel Gonçalves Ferreira Filho. São Paulo: Dialética, 1999.

MATURANA, Humberto R.; VARELA, Francisco J. *Autopoiesis and Cognition*. The Realization of the Living. Dodrecht-Boston-London: D. Reidel, 1980.

MAUNZ, Theodor. *Deutsches Staatsrecht*. 16. Aufl. München: C.H. Beck, 1968.

MAUS, Didier. La Notion de Constitution sous la Ve. République. In: TROPER, Michel; JAUME, Lucien (Dir.). *1789 et l'Invention de la Constitution*. Bruxelles: Bruylant e Paris: LGDJ, 1994.

MAXIMILIANO, Carlos. *Comentários à Constituição Brasileira*. 5. ed. atual. Rio de Janeiro/São Paulo: Freitas Bastos, 1954, v. II.

MAXIMILIANO. *Comentários à Constituição Brasileira*. 3. ed. Rio de Janeiro: Globo, 1929.

MAYER, Rafael. Do Supremo Tribunal de Justiça ao Supremo Tribunal Federal. *Arquivos do Ministério da Justiça*, n. 173, p. 3-23.

MAZZIOTTI DI CELSO, Manilo. Diritti Sociali. *Enciclopedia di Diritto*. Milano: Giuffrè, 1964, v. XII.

_____. *I Confliti di Attribuzione fra Poteri delle Stato*. Milano: Giuffrè, 1972. 2v.

MCCLOSKEY, Robert G. *The American Supreme Court*. 2nd ed. Chicago-London: The University of Chicago Press, 1994.

MCDONALD, F. *The American Presidency, An Intellectual History*. Kansas: University Press of Kansas, 1994.

MCELDOWNEY, John. *Public Law*. 2nd ed. London: Sweet & Maxwell, 1997.

MCLAUGHLIN, Andrew. C. *A Constitutional History of the United States*. New York: Appleton – Century – Crofts, 1935.

MCLLWAIN, Charltes Howard. *Constitucionalismo Antiguo y Moderno*. Trad. Juan José Solozábal Echavarría. Madrid: Centro de Estudios Constitucionales, 1991.

MEIRELLES, Hely Lopes. *Direito Administrativo Brasileiro*. 23. ed. atual. por Eurico de Andrade Azevedo, Délcio Balestero Aleixo e José Emmanuel Burle Filho. São Paulo: Malheiros, 1998.

MELLO, Augusto Cordeiro de. *O Processo no Supremo Tribunal Federal*. Rio de Janeiro: Freitas Bastos, 1964. 2v.

MELLO, Oswaldo Aranha Bandeira de. *Teoria das Constituições Rígidas*. 2. ed. São Paulo: Bushatsky, 1980.

MELO FRANCO, Afonso Arinos de. *Curso de Direito Constitucional Brasileiro*. Rio de Janeiro: Forense, 1960, v. 2.

MELO, Celso de Albuquerque. O § 2.º do Art. 5.º da Constituição Federal. In: TORRES, Ricardo Lobo. *Teoria dos Direitos Fundamentais*. Rio de Janeiro: Renovar, 1999.

MELO, José Luiz de Anhaia. *Da Separação dos Poderes à Guarda da Constituição*. São Paulo: RT, 1968.

_____. *O Estado Federal e suas Novas Perspectivas*. São Paulo: Max Limonad, 1969.

MENDES, Conrado Hübner. Reforma do Estado e Agências Reguladoras: Estabelecendo os Parâmetros de Discussão. In: SUNDFELD, Carlos Ari. *Direito Administrativo Econômico*. São Paulo: Malheiros, 2000.

MENDES, Gilmar Ferreira. *Controle de Constitucionalidade*: Aspectos Jurídicos e Políticos. São Paulo: Saraiva, 1990.

_____. A Ação Declaratória de Constitucionalidade: A Inovação da Emenda Constitucional n. 3, 1993. In: MARTINS, Ives Gandra da Silva; MENDES, Gilmar Ferreira. *Ação Declaratória de Constitucionalidade*. São Paulo: Saraiva, 1995.

_____. *Jurisdição Constitucional*: O Controle Abstrato de Normas no Brasil e na Alemanha. São Paulo: Saraiva, 1998.

_____. Eficácia *Erga Omnes* das Decisões Proferidas em Sede de Controle Abstrato no âmbito Estadual. *Interesse Público*, n. 4, p. 49-53, out./dez. 1999.

———. Arguição de Descumprimento de Preceito Fundamental. *Consulex – Revista Jurídica*, n. 42, p. 24-27, jun. 2000.

———. O Poder Executivo e o Poder Legislativo no Controle de Constitucionalidade. *Cadernos de Direito Tributário e Finanças Públicas*, n. 20, p. 12-46.

———; COELHO, Inocêncio Mártires; BRANCO, Paulo Gustavo Gonet. *Hermenêutica Constitucional e Direitos Fundamentais*. Brasília: Brasília Jurídica, IDP, 2000.

MENDONÇA, Daniel; MENDONÇA, Juan Carlos. Paraguay. In: *Anuario Iberoamericano de Justicia Constitucional 1997*. Madrid: Centro de Estudios Constitucionales, 1997.

MESSINEO, Antonio. Fonte del Potere Constituente. In: *Costituzione e Costituente. Atti della XIX Settimana Sociale dei Cattolicti d'Italia*. Roma: Edizione Icas, 1946.

———. *Il Potere Costituente*. Roma: La Civilità Cattolica, 1946.

MEUNIER, J. *Le Pouvoir du Conseil Constitutionnel*. Essai d'Analyse Stratégique. Paris: LGDJ, 1994.

MICHELMAN, Frank I. The Supreme Court 1985. Foreword. Traces of Self-Government. *Harvard Law Review*, n. 4, p. 4-77, 1986.

———. Law's Republic. *The Yale Law Journal*, n. 18, p. 1493-1597, july 1988.

———. The Supreme Court 1985 Term Foreword. *Havard Law Review*, C, p. 4-77, 1986.

———. Law's Republic. *The Yale Law Journal*, v. 97, p. 1526-1541, 1988.

———. Family Quarel. *Cardozo Law Review*, n. 4-5, p. 1163-1177, march 1996.

———. *"Policy" in Legal Reasoning and Argument*. http://www.lexis.com/xchange/Content/Bridge/Policy.

MILL, John Stuart. *On Liberty*. Three Essays. New York: Oxford University Press, 1975.

MILLER, Arthur S. *The Supreme Court*. Myth and Reality. Westport: Greenwood Press, 1978.

MILLER, Geoffrey P. Pragmatics and the Maxims of Interpretation. *Wisconsin Law Review*, n. 5, p. 1179-1225, 1990.

MIRANDA, Jorge. *Manual de Direito Constitucional*. Coimbra: Coimbra Editora, 1990, t. I, 1991, t. II e III, 1993, t. IV.

———. Portugal. In: *Anuario Iberoamericano de Justicia Constitucional 1997*. Madrid: Centro de Estudios Constitucionales, 1997.

MITCHELL, Dean. *The Constitution of Poverty*: toward a Genealogy of Liberal Governance. London, New York: Routledge, 1991.

MODUGNO, Franco. *L'Invalidità della Legge*. Milano: Giuffrè, 1970. 2v.

———. La Giurisdizione Costituzionale. In: *La Costituzione Italiana*. Il Disegno Originario e la Realtá Attuale. Milano: Giuffrè, 1980.

———. *Appunti per una Teoria Generale del Diritto*. La Teoria del Diritto Oggettivo. Com un Contributo su "I Problemi della Coerenza e della Completezza dell'Ordinamento" di Amedeo Franco. Ristampa integrata. Torino: G. Giappichelli, 1993.

———. *I "Nuovi Diritti" nella Giurisprudenza Costituzionale*. Torino: G. Giappichelli, 1995.

MOLA, Edgardo Molina. La Jurisdicción Constitucional en Panamá. In: *La Justicia Constitucional una Promesa de la Democracia*. Costa Rica: ILANUD, 1992, t. II.

MONTENEGRO, Rigoberto González. Panamá. In: *Anuario Iberoamericano de Justicia Constitucional 1997*. Madrid: Centro de Estudios Constitucionales, 1997.

MONTESQUIEU. *De L'Ésprit des Lois*. Défense de l'Esprit des Lois. Paris: Ernest Fammarion, 1926, t. I.

MOORE, Wayne D. *Constitutional Rights and Powers of the People*. Princeton: Princeton University Press, 1996.

MORAES, Alexandre. *Jurisdição Constitucional e Tribunais Constitucionais*. Garantia Suprema da Constituição. São Paulo: Atlas, 2000.

MORANGE, Jacques. *Libertés Públiques*. 1ª. édition. Paris: PUF (Presses Universitaires de France), 1985.

MORAVCZIK, A. Liberal Intergovermentalist and Integration: A Rejoinder. *Journal of Common Market Studies*, n. 33, p. 611-628, 1995.

MORBIDELLI, G. L'Indennizzo Diversificato: un Critério di Ragionevolezza. *Giurisprucenza Costituzionale*, 1990. I, p. 2.445.

MOREIRA, Vital. Constituição e Democracia na Experiência Portuguesa. In: MAUÉS, Antonio G. Moreira (Org.). *Constituição e Democracia*. São Paulo: Max Limonad, 2001.

MOREIRA NETO, Diogo de Figueiredo. Competência Concorrente Limitada. O Problema da Conceituação das Normas Gerais. *Revista de Informação Legislativa*, n. 100, p. 127-162, out./dez. 1988.

———. Natureza Jurídica. Competência Normativa. Limites de Atuação. *Revista de Direito Administrativo*, v. 215, p. 71-83, jan./mar. 1999.

MORIN, Jacques-Yvan. *Libertés et Droits Fondamentaux. Dans les Constitutions des États Ayant le Français em Partage*. Bruxelles: Bruylant/A.U.F, 1999.

———. *Libertés et Droits Fondamentaux dans les Constitutions des États Ayant le Français en Partage*. Bruxelles: Bruylant, 1999.

MORRIS, Charles W. *Foundations of the Theory of Signs*. Chicago: Chicago University Press, 1966.

MORTATI, Costantino. *Istituzioni di Diritto Pubblico*. 5. ed. Padova: Cedam, 1960.

———. Appunti per uno Studio sui Rimedi Girurisdizionali contro Comportamenti Omissivi del Legislatore. *Foro Italiano*, V, 1970.

MOSCARINI, Anna. *Ratio Legis e Valutazioni di Ragionevolezza della Legge*. Torino: G. Giappichelli, 1996.

MOSSAKOWSKI, D.; NETTMANN, H. K. Is There a Linear Hierarchy on Biological Systems?. In: ROTH, G.; SCHWEGLER, H. (Ed.). *Self-Organizing Systems*: An Interdisciplinary Approach. Frankfurt: Campus, 1981.

MOUSKHELI, M. *La Théorie Juridique de l'État Fédéral*. Paris: Pedone, 1931.

MÜLLER, Friedrich. *Die Positivät der Grundrechte*. Fragen einer praktischen Grundrechtsdogmatik. Berlin: Duncker e Humblot, 1969.

――――. *Discours de la Méthode Juridique*. Trad. Olivier Jouanjan. Paris: PUF, 1993.

――――. *Demokratie in der Defensive*: funktionelle Abnutzung, soziale Exklusion, Globalisierung. Berlin: Duncker & Humblot, 2001.

MUÑOZ, Eduardo Cifuentes. Colombia. In: *Anuario Iberoamericano de Justicia Constitucional 1997*. Madrid: Centro de Estudios Constitucionales, 1997.

MUÑOZ, Guillermo. Os Entes Reguladores como Instrumento de Controle dos Serviços Públicos no Direito Comparado. In: SUNDFELD, Carlos Ari. *Direito Administrativo Econômico*. São Paulo: Malheiros, 2000.

MUNRO, William Bennett. *The Government of the United States*: National, State, and Local. New York: Macmillan, 1946.

MURGIA, Costantino. *La Giustizia Politica in Italia e in Francia*. Milano: Giuffrè, 1990.

NAGEL, Robert F. The Last Centrifugal Force. In: ESKRIDGE JR., William N.; LEVINSON, Sanford (Ed.). *Constitutional Stupidities, Constitutional Tragedies*. New York-London: New York University Press, 1998.

NASCIMENTO E SILVA, Luiz Gopnzaga. Efeito Ab-rogativo das Constituições. *Revista Forense*, v. 159, p. 63-65.

NAWIASKY, Hans. Staatenbund und Bundesstaat. In: *Wörterbuch des Völkenrrechts*, t. II, p. 574-578.

NEF, Hans. Die Fortbildung der schweizerischen Bundesverfassung in der Jahren 1929 bis 1953. *Jahrbuch des öffentlichen Rechts der Gegenwart*. Tübingen: Mohr, 1955, v. 4.

――――. Die Fortbildung der schweizerischen Bundesverfassung in der Jahren 1929 bis 1953. *Jahrbuch des öffentlichen Rechts der Gegenwart*. Tübingen: Mohr, 1955, v. 4, p. 355.

NEUMAN, Robert G. *European and Comparative Government*. 2nd. ed. New York: MacGraw Hill, 1955.

NEUMANN JR., Richard K. *Legal Reasoning and Legal Writing*: Structure, Strategy, and Style. Boston: Little, Brown, 1994.

NEVES, Marcelo. *Teoria da Inconstitucionalidade das Leis*. São Paulo: Saraiva, 1988.

―――. *A Constitutição Simbólica*. São Paulo: Editora Acadêmica, 1994.

NINO, Carlos S. *Introducción al Análisis del Derecho*. Buenos Aires: Astrea, 1987.

―――. Fundamentos del Control de Constitucionalidad. In: CENTRO DE ESTUDIOS INSTITUCIONALES DE BUENOS AIRES. *Fundamentos y Alcances del Control Judicial de Constitucionalidad*. Madrid: Centro de Estudios Constitucionales, 1991.

―――. Can There Be Law-Abiding Judges? In: TROPER, Michel; JAUME, Lucien (Dir.). *1789 et l'Invention de la Constitution*. Bruxelles: Bruylant e Paris: LGDJ, 1994.

NOZICK, Robert. *Anarchy, State, and Utopia*. Oxford: Blackwell, 1974.

―――. *The Normative Theory of Individual Choice*. New York: Garland, 1990.

NUNES, José Castro. *Teoria e Prática do Poder Judiciário*. Rio de Janeiro: Forense, 1943.

―――. *Do Mandado de Segurança*. 2. ed. atual. Rio de Janeiro: Forense, 1949.

―――. *Do Estado Federado e sua Organização Municipal*. 2. ed. Brasília: Câmara dos Deputados, 1982.

OCCHIOCUPO, Nicola (a cura di). *La Corte Costituzionale tra Noma Giuridica e Realtà Sociale*. Bilancio di vent'anni di attività. Padova: Cedam, 1984.

OEHLINGER, Theo. El Tribunal Constitucional Austríaco. In: FAVOREU, Louis (Dir.). *Tribunales Constitucionales Europeus y Derechos Fundamentales*. Trad. Luis Aguiar de Luque e Maria Gracia Rubio de Casas. Madrid: Centro de Estudios Constitucionales, 1984.

OFFE, Claus. A Ingovernabilidade: Sobre o Renascimento das Teorias Conservadoras da Crise. In: *Problemas Estruturais do Estado Capitalista*. Rio de Janeiro: Tempo Brasileiro, 1984.

―――. *Contradictions of the Welfare State*. London: Hutchinson, 1984.

―――. Dominação de Classe e Sistema Político. Sobre a Seletividade das Instituições Políticas. In: *Problemas Estruturais do Estado Capitalista*. Rio de Janeiro: Tempo Brasileiro, 1984.

―――. *Varieties of Transition*: The East European and East German Experience. Cambridge: MIT Press, 1997.

ÖKTER, Emre. La Cour Turque Définit le Nationalisme, Principe de la Republique. *Revue du Droit Public et de la Science Politique*, n. 4, p. 1159-1200, juillet-août, 1999.

OLIVA, Alberto. Crítica e Revolução – Ciência e Sociedade: Convencionalismo Popperiano *versus* Descritivismo Kuhniano. In: CARVALHO, Maria Cecília M. de (Org.). *A filosofia Analítica no Brasil*. Campinas: Papirus, 1995.

OLIVECRONA, Karl. *Law as Fact*. 2$^{nd}$ ed. London: Stevens & Sons, 1971.

OLIVEIRA, Carlos Alberto Alvaro de. Jurisdição e Administração. Notas de Direito Brasileiro e Comparado. *Revista de Informação Legislativa*, n. 119, p. 217-232, jul./set. 1993.

OLIVEIRA, Jardel Noronha; MARTINS, Odiléa. *Os Grandes Julgamentos do Supremo Tribunal Federal*: Os IPMs e o "Habeas-Corpus" no STF. São Paulo: Sugestões Literárias, 1967, v. 1.

OLIVEIRA, Manfredo Araújo de. *Reviravolta Lingüístico-Pragmática na Filosofia Contemporânea*. São Paulo: Edições Loyola, 1996.

OLIVEIRA, Marcelo Andrade Cattoni de. *Devido Processo Legislativo*: Uma Justificação Democrática do Controle Jurisdicional de Constitucionalidade das Leis e do Processo Legislativo. Belo Horizonte: Mandamentos, 2000.

ONIDA, Valerio. L'Attuazione della Costituzione tra Magistratura e Corte Costituzionale. *Scritti in onore di C. Mortati*. Milano: Giuffrè, 1977, v. IV.

––––––. Ragionevolezza e "Bisogno di Diferenza". In: *Il Principio di Ragionevolezza nella Giurisprudenza della Corte Costituzionale*. Riferimenti Comparatistici. Atti del Seminario Svoltosi in Roma Palazzo della Consulta nei Giorni 13 e 14 Ottobre 1992. Milano: Giuffrè, 1994.

––––––. La Corte e i Diritti: Tutela dei Diritti Fondamentali e Acesso alla Giustizia Costituzionale. In: *Studi in Onore di Leopoldo Elia*. Milano: Giuffrè, 1999.

OOCHIOCUPO, Nicola. La Corte Costituzionale como Giudice di "Opportunità" delle Leggi. In: OCCHIOCUPO, Nicola (a cura di). *La Corte Costituzionale tra Norma Giuridica e Realtà Sociale*. Bilancio di Vent'Anni di Attività. Padova: Cedam, 1984.

ORBAN, Edmond. *La Dynamique de la Centralisation dans l'État Fédéral*. Montreal: Québec, 1984.

ORFIELD, Lester B. *The Amending of the Federal Constitution*. Ann Arbor: The University of Michican press, 1942.

ORLANDO, V. E. *Principii di Diritto Costituzionale*. Firenze: G. Berberá, 1890.

ORTINO, Sergio. *Diritto Costituzionale Comparato*. Bologna: Il Mulino, 1994.

OTTO, Ignacio de. *Derecho Constitucional*. Sistema de Fuentes. 2. ed. 6.ª reimpres. Barcelona: Ariel, 1998.

OTTO Y PARDO, Ignacio de. La Regulación del Ejercicio de los Derechos y Libertades. La Garantia de su Contenido Esencial em el Artículo 53.1 de la Constitución. In: MARTÍN-RETROTILLO, Lorenzo; OTTO Y PARDO, Ignacio de. *Derechos Fundamentales y Constitución*. Madrid: Civitas, 1992.

PACE, Alessandro. *Problematica delle Libertà Costituzionali*. Padova: Cedam, 1983, t. I.

––––––. I Ridotti Limiti della Potestà Normativa del Governo nella Legge n. 400 del 1988. *Giurisprudenza Costituzionale*, p. 1.492, 1988.

––––––. El Legislador de los Derechos Fundamentales. In: PINA, Antonio Lopez. *La Garantia de los Derechos Fundamentales*. Alemania, España, Francia e Italia. Madrid: Civitas, 1991.

———. Superiorità della Costituzione ed Efficacia Immediata della Sentenza d'Incostituzionalità. *Giurisprudenza Costituzionale*, n. 47, p. 444-447, 1997.

PACHECO, Claúdio. *Tratado das Constituições Brasileiras*. Rio de Janeiro, São Paulo: Freitas Bastos, 1958, v. I e II.

———. *Tratado das Constituições Brasileiras*. Rio de Janeiro: Forense, 1965, v. V.

PACTET, Pierre. *Institutions Politiques Droit Constitutionnel*. 15ᵉ. éd. Paris: Armand Colin, 1996.

PAINE, Thomas. *Rights of Man*: Being an Answer to Mr. Burke's Attack on The French Revolution. London-Derry, Printed at the desire of a society of gentlemen, 1791.

PALADIN, Livio. Esiste un 'Principio di Ragionevolezza' nella Giurisprudenza Costituzionale. In: *Il Principio di Ragionevolezza nella Giurisprudenza della Corte Costituzionale*. Riferimenti Comparatistici. Atti del Seminario Svoltosi in Roma Palazzo della Consulta nei Giorni 13 e 14 Ottobre 1992. Milano: Giuffrè, 1994.

———. *Diritto Costituzionale*. Terza edizione. Padova: Cedam, 1998.

PANIZZA, Saulle. *L'Introduzione dell'Opinione Doissenziente nel Sistema di Giustizia Costituzionale*. Torino: G. Giappichelli, 1998.

PANUNZIO, Sergio P. *I Regolamenti della Corte Costituzionale*. Padova: Cedam, 1970.

PARSONS, T. et al. *Toward a General Theory of Action*. Cambridge: Harvard University Press, 1954.

PASQUINO, Pasquale. Gardien de la Constitution ou Justice Constitutionnelle? Carl Schmitt et Hans Kelsen. In: TROPER, Michel; JAUME, Lucien (Dir.). *1789 et l'Invention de la Constitution*. Bruxelles: Bruylant e Paris: LGDJ, 1994.

PAULSON, Stanley. Kelsen et la Constitutionnalité. In: TROPER, Michel; JAUME, Lucien (Dir.). *1789 et l'Invention de la Constitution*. Bruxelles: Bruylant e Paris: LGDJ, 1994.

PECES-BARBA, Gregorio. *Curso de Derechos Fundamentales*. I. Teoría General. Madrd: Eudema, 1991.

PEGORARO, Lucio. *La Corte e il Parlamento*. Sentenze-Indirizzo e Attivitá Legislativa. Padova: Cedam, 1987.

PEINE, Franz-Joseph. *Systemgerechtigkeit*. Die Selbstbindung des Gesetzgebers als Masstab der Normenkontrolle. Baden-Baden: Nomos Verlagsgesellschaft, 1985.

PEIRCE, Charles S. *Philosophical Writings*. New York: Dover, 1955.

PELLEGRINO, Carlos Roberto. Compromisso Constituinte. *Revista de Informação Legislativa*, n. 96, p. 31-40, out./dez. 1987.

PERELMAN, Chaïm. Justice and Reasoning. In: HUGHES, G (Ed.). *Law, Reason, and Justice*. Essays in Legal Philosophy. New York-London: New York University Press, 1969.

———. *Ética e direito*. Trad. Maria Ermantina Galvão G. Pereira. São Paulo: Martins Fontes, 1996.

———. *La Logica Juridica e la Nueva Netorica*. Trad. L. Díez-Picazo. Madrid: Civitas. 1988.

———; OBRECHTS-TYTECA, Lucie. *Tratado da Argumentação*: A Nova Retórica. Trad. Maria Ermantina Galvão. São Paulo: Martins Fontes, 1999.

PERRY, Michael J. Noninterpretive Review in Human Rights Cases: A Functional Justification. In: GARVEY, John H.; ALEINIKOFF, T. Alexander. *Modern Constitutional Theory*. A reader. Saint Paul, 1991.

———. *The Constitution in the Courts*. Law or Politics? New York: Oxford University Press, 1994.

PESANTES, Hermán Salgado. Ecuador. In: *Anuario Iberoamericano de Justicia Constitucional 1997*. Madrid: Centro de Estudios Constitucionales, 1997.

PESTALOZZA, Christian. *Verfassungsprozessrecht*. Die Verfassugsgerichtsbarkeit des Bundes und der Länder. 2. Aufl. München: C.H. Beck, 1982.

PETTITI, L. Préface. In: BERGER, V. *Jurisprudence de la Cour Européenne des Droits de l'Homme*. Paris: Sirey.

PETTITTI, Louis-Edmond; DECAUX, Emmanuel; IMBERT, Pierre-Henri (Dir.). *La Convention Européene des Droits de l'Homme*. Commentaire Article par Articles. Paris: Económica, 1995.

PEYROU-PISTOULEY, Sylvie. *La Cour Constitutionnelle et le Controle de la Constitutionalité des Lois en Autriche*. Paris: Económica, 1993.

PFERSMANN, O. La Révision Constitutionnelle en Autriche et en Allemagne Fédérale. Théorie, Pratique, Limites. In: ASSOCIATION FRANÇAISE DES CONTITUIONNALISTES. *La Révision de la Constitution*. Journées d'Études des 20 mars et 16 décembre 1992. Paris: Económica, 1993.

PHILIPPE, X. *Le Contrôle de la Proportionnalité dans les Jurisprudences Constitutionnelle et Administrative Française*. Paris: Económica, 1996.

PIMENTA BUENO, José Antonio. *Direito Público Brasileiro e Análise da Constituição do Império*. Rio de Janeiro: Ministério da Justiça e Negócios Interiores, 1958.

PINARDI, Roberto. *La Corte, I Giudici ed Il Legislatore*. Il Problema degli Effetti Temporali delle Sentenze d'"nconstituzionalità. Milano: Giuffrè, 1993.

PINELLI, Cesare. Diritti Costituzionali Condizionati, Argomento delle Risorse Disponibili, Princípio di Equilibrio Finanziario. In: RUGGERI, A. (a cura di). *La Motivazione delle Decisioni della Corte Costituzionale*. Torino: G. Giapichelli Editore, 1994.

———. La Corte Costituzionale. In: *Costituzionalisti e le Riforme (I)*. Una Discussione sul Progetto della Comissione Bicamerale per le Riforme Costituzionali. Milano: Giuffrè, 1998.

PINTO, Bilac. *Estudos de Direito Público*. Rio de Janeiro: Forense, 1953.

PINTO, Carlos Alberto Carvalho. *Normas Gerais de Direito Financeiro*. São Paulo: Ed. Prefeitura Municipal de São Paulo, 1949.

PINTO, Luzia Marques da Silva Cabral. *Os Limites do Poder Constituinte e a Legitimidade Material da Constituição*. Coimbra: Coimbra Editora, 1994.

PINTORE, Anna. *La Teoria Analitica dei Concetti Giuridici*. Napoli: Jovene, 1990.

PIOVESAN, Flávia. *Direitos Humanos e o Direito Constitucional Internacional*. 4. ed. revista, ampliada e atualizada. São Paulo: Max Limonad, 2000.

PIPERNO, Clelia. La Corte Costituzionale e il Limite di Political Question. Milano: Giuffrè, 1991.

PISANESCHI, A. La non Omogeneità di Situazioni como Presuposto del Giudizio di Eguaglianza ed il Valore di una Norma Transitoria. *Giurisprudenza Costitucionale*, I, p. 1.014, 1990.

PIZZETTI; ZAGREBELSKY, Gustavo. *"Non Manifesta Infondatezza" e "Rilefanza" nell'Instaurazione Incidentale del Giudizio sulle Leggi*. Milano: Giuffrè, 1972.

PIZZORUSSO, Alessandro. El Tribunal Constitucional Italiano. In: FAVOREU, Louis (Dir.). *Tribunales Constitucionales Europeus y Derechos Fundamentales*. Trad. Luis Aguiar de Luque e Maria Gracia Rubio de Casas. Madrid: Centro de Estudios Constitucionales, 1984.

―――. *Lecciones de Derecho Constitucional*. Trad. Javier Jimenez Campo. Madrid: Centro de Estudios Constitucionales, 1984. 2v.

―――. La Giurisdizione Costituzionale secondo Mortati. In: *Il Pensiero Giurido di Costantino Mortati*. Milano: Giuffrè, 1990.

PLATÃO. *The Republic*. Trad. A. D. Lindsay. New York: Knopf, 1992.

POGGI, Annamaria. *Il Sistema Giurisdizionale tra "Attuazione" e "Adeguamento" della Costituzione*. Napoli: Jovene, 1995.

POLETTI, Ronaldo. *Controle da Constitucionalidade das Leis*. 2. ed. rev. e ampl. de acordo com a Constituição de 05 de outubro de 1988. Rio de Janeiro: Forense, 2000.

POLÍBIO. *Historia*. Livro VI. Trad. Hans Drexler. Zurich, 1961.

POLITI, Fabrizio. Effetti di una Sentenza Additiva "di Principio" (Comportante Maggiori Spese) e Giudizio di Ragionevolezza: Le Esigenze del Bilancio e la sempre Maggiore Imprevedibilità dell'esito del Giudizio di Costituzionalità. *Giurisprudenza Costituzionale*, n. 138, p. 2.184-2.203, 1996.

PONTES DE MIRANDA. *Comentários à Constituição da República dos Estados Unidos do Brasil*. Rio de Janeiro: Guanabara, 1938, v. 1.

―――. *Comentários à Constituição de 1946*. 3. ed. rev. e aum. Rio de Janeiro: Borsoi, 1960. 5v.

———. *Comentários à Constituição de 1967*; com a Emenda n. 1 de 1969. 2. ed. rev. São Paulo: RT, 1970-1974. 6v.

POPESCU, C. L. L'Application des Normes de Droit International relatives aux Droits de l'Homme en Droit Roumain. *Revue Européenne de Droit Public*, v. 6, p. 351-368, 1996.

POPPER, Karl R. *Social Change and History*. London: Oxford University Press, 1970.

———. *The Open Society and its Enemies*. Princeton: Princeton University Press, 1971.

———. *Búsqueda sin Término*. Una Autobiografia Intelectual. Trad. C. Garcia Trevijano. Madrid: Tecnos, 1977.

———. *O Realismo e o Objetivo da Ciência*. Trad. Nuno da Fonseca. Lisboa: Edições Dom Quixote, 1987.

PORTELLI, Hugues. *Droit Constitutionnel*. 3$^e$. éd. Paris: Dalloz, 1999.

PORTUGAL. *Acórdãos do Tribunal Constitucional*. Lisboa: Imprensa Nacional Casa da Moeda. 1986-1989.

POSNER, Richard A. *Economic Analysis of Law*. Boston: Little Brown, 1977.

———; EHRLICH, Isaac. Economic Analysis of Legal Rulemaking. *The Journal of Legal Studies*, v. III, p. 257-285, january 1974.

POST JR., Charles Gordon. *The Supreme Court and Political Questions*. Baltimore: The John Hopkins Press, 1936.

PRATA, Ana. *A Tutela Constitucional da Autonomia Privada*. Coimbra: Coimbra Editora, 1982.

PRELOT, Pierre-Henri; ROGOFF, Martin. Le Fédéralisme devant la Cour Suprême des États-Unis. *Revue du Droit Public et de la Science Poltique en France et a l'Étranger*, v. 3, mai/juin. 1996, p. 759-791.

PRINCIPIO DI RAGIONEVOLEZZA NELLA GIURISPRUDENZA DELLA CORTE COSTITUZIONALE. Riferimenti Comparatistici. Atti del Selminario. Roma, 13-14 Ottobre 1992. Milano: Giuffré, 1994.

PROSSER, William. Privacy. *California Law Review*, n. 48, p. 383-423, 1960.

PUERTO, Miguel Montoro. *Jurisdicción Constitucional y Processos Constitucionales*. Madrid: Colex, 1991. 2t.

PUFENDORF, Samuel. *De Jure Naturae et Gentium Libri octo*. Londini Scanorum: Sumtibus Adami Junghans iprimebat Vitus Haberegger, 1672.

———. *Regulatory State*. Cambridge: Harvard University Press, 1990.

———. *De Jure Naturae et Gentium Libri Octo*. Buffalo: William S. Hein, 1995.

PUGIOTTO, Andrea. *Sindacato di Costituzionalità e "Diritto Vivente"*. Genesi, Uso, Implicazioni. Milano: Giuffrè, 1994.

QUINTANA, Segundo V. Linares. *Tratado de la Ciencia del Derecho Constitucional*. Buenos Aires: Alfa, 1956, t. II e V.

———. *Derecho Constitucional e Instituciones Políticas*. Buenos Aires: Abeledo-Perrot, 1970, t. I.

RAMIREZ, Tena. *Derecho Constitucional Mexicano*. 14. ed. revisada y aumentada. México: Porrúa, 1977.

RANCIÈRE, Jacques. *O Desentendimento*: Política e Filosofia. Trad. Ângela Leite Lopes. São Paulo: Editora 34, 1996.

RAWLS, John. *Justice et Démocratie*: La Structure de Base comme Objet. Paris: Editions du Seuil, 1993.

———. *Teoría de la Justicia*. Trad. María Dolorez González. México: Fondo de Cultura Económica, 1993.

———. *Libéralisme Politique*. Paris: Presses Universitaires de France, 1995.

———. Reply to Habermas. *The Journal of Philosophy*, n. 3, p. 132-180, march 1995.

RAZ, Joseph. *The Concept of a Legal System*. Oxford: Clarendon Press, 1970.

REDENTI, Enrico. *Legittimità delle Leggi e Corte Costituzionale*. Milano: Giuffrè, 1957.

REGAN, JR. Milton C. Community and Justice in Constitutional Theory. *Wisconsin Law Review*, n. 5, p. 1073-1133, 1985.

REGASTO, Saverio Francesco. *L'Intepretazione Costituzionale*. Il Confronto tra "Valori" e "Principi" in alcuni Ordinamenti Costituzionali. Napoli: Maggiori Editore, 1997.

REHNQUIST, William H. *Grand Inquests*: The Historic Impeachments of Justice Samuel Chase and President Andrew Johnsons. New York: Morrow, 1992.

REIS, Antonio Marques dos. *Constituição Federal Brasileira de 1934*. Rio de Janeiro: A. Coelho Branca Filho, 1934.

REYES, Manuel Aragon; ECHAVARRÍA, Juan J. Solozábal (Org.). *Derecho Constitucional*. Constitución, Tribunal Constitucional, Derechos Fundamentales, Partidos Políticos, Régimen Electoral y Organización General del Estado. 2. ed. Madrid: McGrawHill, 1998.

REZEK, Francisco. Competência Originária do STF. *Revista de Direito Público*, n. 93, v. 23, p. 176-182, jan./mar. 1990.

RIALS, S. Supra-Constitutionnalité et Systematicité du Droit. *Archives de Philosophie du Droit*, 1986, t. 31.

RICOEUR, Paul. *Interpretação e Ideologias*. Trad. Hílton Japiassu. Rio de Janeiro: Francisco Alves, 1977.

———. *Soi-Même comme un Autre*. Paris: Seuil, 1990.

RIDEAU, Joel. El papel del Tribunal de Justicia de las Comunidades Europeas. Técnicas de Protección. In: FAVOREU, Louis (Dir.). *Tribunales Constitucionales Europeus y Derechos Fundamentales*. Trad. Luis Aguiar de Luque e Maria Gracia Rubio de Casas. Madrid: Centro de Estudios Constitucionales, 1984.

RIDER, Helmut. *Die sociale Ordnung des Grundgesetzes*. Leitfaden zu den Grundrechten einer demokratischen Verfassung. Opladen: Westdeutscher Verlag, 1975.

———. Die neueren Entwicklungen des "Rechtsstaats". In: SCHÖNEBURG, Karl-Heinsz (Hrsg.). *Wahrheit und Wahrhaftigkeit in der Rechtsphilosophie*. Berlin: Akad.-Verl, 1987.

RIGANO, Francesco. *Costituzione e Potere Giudiciario*. Ricerca sulla Formazione delle Norme Costituzionali. Padova: Cedam 1982.

RIGAUX, Marie-Françoise. *La Théorie des Limites Materielles à l'Exercice de la Fonction Constituante*. Bruxelles: Bruylant, 1985.

RIVERO, Jean. *Le Conseil Constitutionnel et les Libertès*. Marseille: Presses Universitaires Aix-Marseille, 1987.

ROBLES, Francisco R. *El Proceso de Inconstitucionalidad en el Ordenamiento Jurídico Panameño*. Panama: Universidad de Panamá, 1991.

ROCHA, Carmen Lúcia Antunes. *O Princípio Constitucional da Igualdade*. Belo Horizonte: Lê, 1990.

———. *Constituição e Constitucionalidade*. Belo Horizonte: Lê, 1991.

———. *República e Federação no Brasil*. Traços Constitucionais da Organização Política Brasileira. Belo Horizonte: Del Rey, 1997.

RODRIGUES, José Honório. *Conciliação e Reforma no Brasil*: Um Desafio Histórico-Político. Rio de Janeiro: Civilização Brasileira, 1965.

RODRIGUES, Lêda Boechat. *História do Supremo Tribunal Federal*. Defesa das Liberdades Civis (1891-1898). Rio de Janeiro: Editora Civilização Brasileira, 1965, v. I.

ROMBOLI, Roberto. Ragionevolezza, Motivazione delle Decisioni ed Ampliamento del Contradditorio nei Giudizi Costituzionali. In: *Il Principio di Ragionevolezza nella Giurisprudenza della Corte Costituzionale*. Riferimenti Comparatistici. Atti del Seminario Svoltosi in Roma Palazzo della Consulta nei Giorni 13 e 14 Ottobre 1992. Milano: Giuffrè, 1994.

———. *Il Giudizio Costituzionale Incidentale come Processo delle Parti*. Milano: Giuffrè, 1985.

———. Itália. In: AJA, Eliseo (Ed.). *Las Tensiones entre el Tribunal Constitucional y el Legislador en la Europa Actual*. Barcelona: Ariel, 1998.

ROSA, Mauro Andrade. O Veto nos Estados Presidencialistas. Algumas Reflexões sobre o Veto no Brasil e nos Estados Unidos. *Revista de Informação Legislativa*, n. 89, p. 139-168, jan./mar. 1986.

ROSAS, Roberto. Inconstitucionalidade. Representação. Resolução do Senado. *Revista de Informação Legislativa*, n. 19, p. 35-38, jul./set. 1968.

———. Abuso de Poder das Comissões Parlamentares de Inquérito. *Revista de Informação Legislativa*, n. 21, p. 47-52, jan./mar. 1969.

———. Aspectos do Controle da Constitucionalidade das Leis. *Revista de Informação Legislativa*, n. 23, p. 25-30, jul./set. 1969.

———. A Suprema Corte e a Idéia de Progresso. *Revista de Informação Legislativa*, n. 30, p. 63-72, abr./jun. 1971.

———. Suprema Corte Americana: Acompanhamento da Realidade Política e Econômica. *Arquivo do Ministério da Justiça* n. 187, p. 91-100, jan./jun. 1996.

———. *Direito Processual Constitucional*. Princípios Constitucionais do Processo Civil. 2. ed. rev. ampl. e atual. de acordo com a Constituição Federal de 1988. São Paulo: RT, 1997.

ROSS, Alf. *Critica del Diritto e Analisi del Linguaggio*. Bologna: Il Mulino, 1962.

———. *El Concepto de Validez y Otros Ensayos*. Buenos Aires: Centro Editor de América Latina, 1968.

———. *Sobre el Derecho e la Justicia*. 2. ed. Buenos Aires: Eudeba, 1997.

ROSSANO, Claudio. "Ragionevolezza" e Fattispecie di Eguaglianza. In: *Il Principio di Ragionevolezza nella Giurisprudenza della Corte Costituzionale*. Riferimenti Comparatistici. Atti del Seminario Svoltosi in Roma Palazzo della Consulta nei Giorni 13 e 14 Ottobre 1992. Milano: Giuffrè, 1994.

ROSSINELLI, M. *Les Libertés non Ècrits*. Contribution à l'Étude du Pouvoir Créateur du Juge Constitutionnel. Lausanne: Payot, 1987.

ROTUNDA, Ronald D. *Modern Constitutional Law*: Cases and Notes. St. Paul: West Pub. Co., 1981.

ROUILLER, Claude. Le Controle de la Constitutionnalite des Lois par le Tribunal Federal Suisse. *Pouvoirs*, n. 54, p. 145-158, sep./nov. 1990.

ROURE, Agenor de. *A Constituinte Republicana*. Rio de Janeiro: Imprensa Nacional, 1918, v. 1 e 2.

ROUSSEAU, Dominique. *Droit du Contentieux Constitutionnel*. 2ᵉ. éd. Paris: Montchrestine, 1992.

———. *La Justice Constitutionnelle en Europe*. Paris: Montcherestien, 1992.

———. *Droit du contentieux constitutionnel*. 4ᵉᵐᵉ ed. Paris: Montchrestien, 1995.

———. Les Transformation du Droit Constitutionnel sous la Ve. République. In: *Les 40 Ans de la ve. République*. Numéro Spécial de la *Revue de Droit Public et de la Science Politique*, Paris, LGDJ, 1998.

ROUSSEAU, Jean Jacques. *Considération sur le Gouvernment de Pologne et sur as Réformation Projetée en Avril 1772*. Paris: Classiques Garnier, 1954.

―――. Do Contrato Social ou Princípios do Direito Político. In: *Obras de J. J. Rousseau*. Trad. Lourdes Santos Machado. Rio de Janeiro, Porto Alegre e São Paulo: Globo, 1962.

―――. *Oeuvres Complètes de Rousseau*. Paris: Gallimard, 1966, t. III.

ROUSSILLON, Henry. *Le Conseil Constitutionnel*. 3ᵉ. éd. Paris: Dalloz, 1996.

ROVIRA, Enoch Alberti. *Federalismo y Cooperacion en la Republica Federal Alemana*. Madrid: Centro de Estudios Constitucionales, 1986.

ROYO, Javier Pérez. *Curso de Derecho Constitucional*. 5. ed. Madrid: Marcial Pons, 1998.

RÜFNER, Wolfgang. Drittwirkung der Grundrechte. In: SELMER, Peter [Hrsg.]. *Gedächtnisschrift für Wolfgang Martens*. Berlin: de Gruyter, 1987.

RUPP, Hans G. El Tribunal Constitucional Alemán. In: FAVOREU, Louis (Dir.). *Tribunales Constitucionales Europeus y Derechos Fundamentales*. Trad. Luis Aguiar de Luque e Maria Gracia Rubio de Casas. Madrid: Centro de Estudios Constitucionales, 1984.

RUSSOMANO, Rosah. *Lições de Direito Constitucional*. 2. ed. Rio de Janeiro: José Konfino, 1970.

SACCIA, Gino. La Corte Costituzionale. In: *Costituzionalisti e le Riforme (I)*. Una Discussione sul Progetto della Comissione Bicamerale per le Riforme Costituzionali. Milano: Giuffrè, 1998.

SAITTA, Antonio. *Logica e Retorica nella Motivazione delle Decisioni della Corte Costituzionale*. Milano: Giuffrè, 1996.

SALADIN, Peter V. *Grundrechte im Wandel*: die Rechtsprechung des Schweizerischen Bundesgerichts zu den Grundrechten in einer sich nodernden Umwelt. Bern: Stämpfli, 1975.

SAMPAIO, Nelson de Souza. *O Poder de Reforma Constitucional*. Salvador: Livraria Progresso, 1954.

―――. Hierarquia entre Normas Constitucionais. *Revista de Informação Legislativa*, n. 85, p. 5-20, jan./mar. 1985.

SANCHES, Sydney. O Supremo Tribunal Federal na nova Constituição. *Revista de Informação Legislativa*, n. 101, v. 26, p. 33-42, jan./mar. 1989.

SANDEL, Michael J. *Liberalism and the Limits of Justice*. Cambridge: Cambridge University Press, 1982.

―――. *Democracy's Discontent*: America in Search of a Public Philosophy. Cambridge: Belknap Press of Harvard University Press, 1996.

SANDULLI, Aldo M. *Il Giudizio Sulle Leggi*. La Cognizione della Corte Costituzionale e i suoi Limiti. Milano: Giuffrè, 1967.

SANTOS, Boaventura de Souza. *A Crítica da Razão Indolente*. Contra o Desperdício da Experiência. Para um Novo Senso Comum. A Ciência, o Direito e a Política na Transição Paradigmática. São Paulo: Cortez, 2000, v. I.

SARASATE, Paulo. *A Constituição do Brasil ao alcance de todos*. (História, Doutrina, Direito Comparado e Prática da Constituição Federal de 1967.) Rio de Janeiro-São Paulo: Freitas Bastos, 1968.

SARMENTO, Daniel. *A Ponderação de Interesses na Constituição*. Rio de Janeiro: Lumen Juris, 2000.

SCALIA, Antonin. *A Matter of Interpretation*: Federal Courts and the Law: an Essay. Princeton: Princeton University Press, 1997.

SCHAER, Frederick. The Constitutional of Fear. In: ESKRIDGE JR., William N.; LEVINSON, Sanford (Ed.). *Constitutional Stupidities, Constitutional Tragedies*. New York-London: New York University Press, 1998.

SCHÄFFER, Heinz. Austria. In: AJA, Eliseo (Ed.). *Las Tensiones entre el Tribunal Constitucional y el Legislador en la Europa Actual*. Barcelona: Ariel, 1998.

SCHAMBEK. *Zur Theorie und Interpretation der Grundrechte in Österreich in Grund und Menschenrechte in Österreich*. Kehl, Strassbourg, Arlington, 1991.

SCHEFOLD, Dian. Aspetti di Ragionevolezza nella Giurisprudenza Costituzionale Tedesca. In: *Il Principio di Ragionevolezza nella Giurisprudenza della Corte Costituzionale*. Riferimenti Comparatistici. Atti del Seminario Svoltosi in Roma Palazzo della Consulta nei Giorni 13 e 14 Ottobre 1992. Milano: Giuffrè, 1994.

SCHELER, Max. *Le Formalisme en Étique et l'Étique Matériale des Valeurs*. Paris: Gallimard, 1955.

SCHLAICH, Klaus. El Tribunal Constitucional Federal Alemán. In: FAVOREU, Louis (Dir.). *Tribunales Constitucionales Europeus y Derechos Fundamentales*. Trad. Luis Aguiar de Luque e Maria Gracia Rubio de Casas. Madrid: Centro de Estudios Constitucionales, 1984, p. 133-232.

―――. *Das Bundesverfassungsgericht*. Stellung, Verfahren, Entscheidungen. 3., neubearbeitete Aufl. München: C. H. Beck, 1994.

SCHMITT, Carl. *Die Hüter der Verfassung*. Tübingen: Mohr, 1931.

―――. *Legalidad y Legitimidad*. Trad. José Diaz Garcia. Madrid: Aguilar, 1971.

―――. *Il Custode della Costituzione*. A cura di A. Caracciolo. Milano: Giuffrè, 1981.

―――. *La Defensa de la Constitución*. Estudios acerca de las Diversas Especies y Posibilidades de Salvaguardia de la Constitución. Trad. Manuel Sanchez Sarto. Madrid: Tecnos, 1983.

———. *El Concepto de lo Político*. Trad. Rafael Agapito. Madrid: Alianza Editorial, 1987.

———. *Teoría de la Constitución*. 1.ª reimpresión. Trad. Francisco Ayala. Madrid: Alianza Editorial, 1992.

SCHMITT, Nicolas. *Federalism*: The Swiss experience. Pretoria: HRSC Publishers, 1996.

SCHNEIDER, Juan P. El Régimen Parlamentario. In: BENDA, MAIHOFER, VOGEL, HESSE, HEYDE. *Manual de Derecho Constitucional*. Trad. Antonio López Pina. Madrid: Marcial Pons, 1996.

SCHUMPETER, Joseph A. *Capitalism, Socialism and Democracy*. 3. ed. New York: Harper Torchbooks, 1976.

———. The Meaning of Rationality in the Social Sciences. In: SWEDBERG, R. (Ed). *The Economics and Sociology of Capitalism*. Princeton: Princeton University Press, 1991.

SCHUTTER, Olivier de. *Foction de Juger et Droits Fondamentaux*. Transformation du Contrôle Jurisdictionnel dans les Ordres Juridiques Américain et Européens. Bruxelles: Bruylant, 1999.

SCHWABE, Jürgen. *Probleme der Grundrechtsdogmatik*. Darmstadt: J. Schwabe [Selbstverl.], 1977.

SCHWARTZ, Bernard. *American Constitutional Law*. Cambridge: University Press, 1955.

———. *Direito Constitucional Americano*. Trad. Carlos Nayfeld. Rio de Janeiro: Forense, 1966.

SEARLE, J. Minds, Brains and Programs. *The Behavioral and Brain Sciences*, n. 3, p. 417-424, 1980.

SEIFERT, Karl-Heinz; HÜMIG, Dieter. *Das Deutsche Bundesrecht Taschenkommentar*. 2. Auflage. Baden-Baden: Nomos Verlagsgesellschaft, 1985.

SELZINCK, Philip. *Law, Society, and Industrial Justice*. New York: Russell Sage, 1969.

SERRA, María M. *Procesos y Recursos Constitucionales*. Buenos Aires: Depalma, 1992.

———. *Control Judicial de la Constitucionalidad de las Leyes*. Buenos Aires: Depalma, 1994.

SEYDEL, Max von. Der Bundesstaatsbegriff. Eine staatsrechtliche Unter suchung. In: *Staatsrechliche und politische Abhandlungen*. Freiburg de B.-Leipzig: Akademische Verlagsbuchhandlung von J.C.B. Mohr (P. Siebeck), 1893.

SHAFRUDDING & IFTIKHAR, A. M. Z. Fadzli (Ed). *Between Centre and State*: Federalism in Perspective. Kuala Lumpur: Institute of Strategic and International Studies Malaysia, 1988.

SHAPIRO, Ian. Three Ways to Be a Democrat. *Political Theory*, n. 1, v. 22, p. 124-151, 1994.

SHAPIRO, M. *Freedom of speech*: the Supreme Court and Judicial Review. Enflewood Cliffs: Prentice Hall, 1966.

SHARP, Granville. *A Declaration of the People's Natural Right to a Share in the Legislature*: Which is the Fundamental Principle of the British Constitution of State. Re-printed. Boston: Edes and Gill, 1774.

SICHES, Luis Recansés. *El Poder Constituyente*. Su Teoría Aplicada al Momento Español. Madrid: J. Morata, 1931.

––––––. *Vida Humana. Sociedade y Derecho*. México: Fondo de Cultura Económica, 1945.

SICLAIR, Massimo. *Le "Norme Interposte" nel Giudizio di Costituzionalità*. Padova: Cedam, 1992.

––––––. La Corte Costituzionale. In: *Costituzionalisti e le Riforme (I)*. Una Discussione sul Progetto della Comissione Bicamerale per le Riforme Costituzionali. Milano: Giuffrè, 1998.

SIÉYÈS, Emmanuel Joseph. *Préliminaire da la Constitution*. Reconnoissance et Exposition Raisonnée des Droits de l'Homme & du Citoyen. Versailles-Lyon: Pierres/de la Roche, 1789.

––––––. *Escritos y Discursos de la Revolución*. Madrid: Centro de Estudios Constitucionales, 1990.

––––––. Che Cos'È il Terzo Stato? In: SIEYÈS, Joseph Emmanuel. *Opere e Testimonianze Politiche*. A cura di Giovanna Troisini Spagnoli. Milano: Giuffrè, 1993, v. I, t. I.

SILVA MARTINS, Ives Gandra da; MENDES, Gilmar Ferreira (Coord.). *Ação Declaratória de Constitucionalidade*. São Paulo: Saraiva, 1995.

SILVA, Celso de Albuquerque. *Interpretação Constitucional Operativa*. Rio de Janeiro: Lumen Juris, 2001.

SILVA, José Afonso da. *Princípios do Processo de Formação das Leis no Direito Constitucional*. São Paulo: RT, 1964.

––––––. *Mandado de Injunção e* Habeas Data. São Paulo: RT, 1989.

––––––. *Curso de Direito Constitucional Positivo*. 9. ed. rev. São Paulo: Malheiros, 1992.

SILVA, Paulo Napoleão Nogueira. *Evolução do Controle de Constitucionalidade Brasileiro e a Competência do Senado Federal*. São Paulo: RT, 1992.

SIMON, Helmut. La Jurisdicción Constitucional. In: BENDA, MAIHOFER, VOGEL, HESSE, HEYDE. *Manual de Derecho Constitucional*. Trad. Antonio López Pina. Madrid: Marcial Pons, 1996.

SIMSON, Werner von; SCHWARZE, Jorge. Integración Europea y Ley Fundamental. Mastrique y Sus Consecuencias para el Derecho Constitucional Alemán. In: BENDA, MAIHOFER, VOGEL, HESSE, HEYDE. *Manual de Derecho Constitucional*. Trad. Antonio López Pina. Madrid: Marcial Pons, 1996.

SINGER, André. *O Contra-Império Ataca*: Sistema Imperial Adapta-se ao Modelo Político dos EUA, Hegemônico a partir de 1991. *Folha de S. Paulo*. p. 11, 24/9/2000, Mais!.

SLAIBI FILHO, Nagib. *Ação Declaratória de Constitucionalidade*. Rio de Janeiro: Forense, 1990.

SMEND, Rudolf. *Constitución y Derecho Constitucional*. Trad. José Maria Beneyto Pérez. Madrid: Centro de Estudios Constitucionales, 1985.

SMILEY, Donald. *The Federal Condition in Canada*. Toronto: McGraw-Hill Ryerson, 1987.

SOARES, Mário Lúcio. *Direitos Fundamentais e Direito Comunitário*: por uma Metódica de Direitos Fundamentais Aplicada. Belo Horizonte: Del Rey, 2000.

SOARES, Orlando. A Vocação do Estado Unitário no Brasil. *Revista de Informação Legislativa*, n. 98, p. 115-126, abr./jun. 1988.

SORLI, Juan-Sebastián Piniella. *Sistema de Fuentes y Bloque de Constitucionalidad*. Encrucijada de Competencias. Barcelona: Bosch, 1994.

SORRENTINO, Frederico. Considerazioni su Riserva di Legge, Principio di Eguagliaanza e Autonomia Regionale nella Giurisprudenza Costituzionale. In: OCCHIOCUPO, Nicola (a cura di). *La Corte Costituzionale tra Norma Giuridica e Realtà Sociale*. Bilancio di Vent'Anni di Attività. Padova: Cedam, 1984.

―――. *Lezioni sulla Giustizia Costituzionale*. Ristampa 1995 riveduta e aggiornata. Torino: G. Giappichelli Editore, 1995.

―――; CICCONETTI, Stefano Maria. La Reiterazione nei Decreti-Legge di Fonte alla Corte Costituzionale. *Giurisprudenza Costituzionale*, n. 198, p. 3.157-3.161, 1996.

SOUSA, Marcelo Rebelo de. *O Valor Jurídico do Acto Inconstitucional*. I. Lisboa: [s.e], 1988.

SOUZA, Carlos Aureliano Motta de. *O Papel Constitucional do STF*. Uma Nova Aproximação sobre o Efeito Vinculante. Brasília: Brasília Jurídica, 2000.

SOUZA, Washington Peluso Albindo de. *Primeiras Linhas de Direito Econômico*. 3. ed. rev. e atual. São Paulo: LTr, 1994.

SOUZA NETO, Cláudio Pereira de. *Jurisdição Constitucional, Democracia e Racionalidade Prática*. Rio de Janeiro, S. Paulo: Renovar, 2002.

STAMMATI, Sergio. La Corte Costituzionale. In: *Costituzionalisti e le Riforme (I)*. Una Discussione sul Progetto della Comissione Bicamerale per le Riforme Costituzionali. Milano: Giuffrè, 1998.

STARCK, Christian. Die Grundrechte des Grundgesetzes. *Revista Jus*, p. 237-246, 1981.

―――. Kommentar zu art. 2 Abs 1 GG. In: MANGOLDT, Hans, KLEIN, Friedrich; STARCK, Christian. *Das Bonner Grundgesetz*. München: Beck, 1985.

―――. *La Constitution*: Cadre et Mesure du Droit. Marseille: Presses Universitaires Aix-Marseille, 1994.

STEIN, Ekkehardt. *Derecho Politico*. Trad. Federnado Sainz Moreno. Madrid: Aguilar, 1973.

STERN, Klaus. *Das Staatsrecht der Bundesrepublik Deutschland*. Band II. Staatsorgane, Staatsfunktionen. München: Beck, 1980.

―――――. *Derecho del Estado de la República Federal Alemana*. Trad. Royo-Villalón. Madrid: Centro de Estudios Constitucionales, 1987.

STERN, Robert; GRESSMAN, Eugene; SHAPIRO, Stephen. *Supreme Court Practice*. 6th. Ed. Washington, D.C.: Bureau of National Affairs, 1986.

STEVENSON, Charles L. *Ethics and Language*. New Haven: Yale University Press, 1944.

STORY, Joseph. *Commentaries on the Constitution of the United States*. Reprinted. Durham Carolina Academic Press, 1987.

STRECK, Lênio Luiz. *Súmulas no Direito Brasileiro*. Eficácia, Poder e Função: a Ilegitimidade Constitucional do Efeito Vinculante. 2. ed. rev. e ampl. Porto Alegre: Livraria do Advogado, 1998.

―――――. *Hermenêutica Jurídica e(m) Crise*: Uma Exploração Hermenêutica da Construção do Direito. 2. ed. rev. ampl. Porto Alegre: Livraria do Advogado, 2000.

SUÍÇA. Entscheidungen des Schweizerischen Bundesgerichts aus dem Jahre...: Amtliche Sammlung. 1. T., a) Verfassungsrecht. Bd. 105, H. 1 (1979)-Bd. 121, H. 1 (1995).

SUNDFELD, Carlos Ari. Introdução às Agências Reguladoras. In: SUNDFELD, Carlos Ari. *Direito Administrativo Econômico*. São Paulo: Malheiros, 2000.

SUNSTEIN, Cass R. *After The Rights Revolution*: Reconceiving the Regulatory State. Cambridge: Harvard University Press, 1990

―――――. *The Partial Constitution*. Cambridge: Harvard University Press, 1993.

―――――. *Legal Reasoning and Political Conflict*. New York: Oxford University Press, 1996.

―――――. *Free markets and Social Justice*. New York; Oxford: Oxford University Press, 1997.

―――――; EPSTEIN, Richard A. *Bush, Gore, and the Supreme Court*. Chicago: University of Chicago Press, 2001.

SWEET, A. Stone; BRUNELL, T. Constructing a Supranational Constitution. *American Political Science Review*, v. 92, p. 63-81, 1998.

―――――; SANDHOLTZ, W. European Integration and Supranational Governance. *Journal of European Public Policy*, n. 4, p. 297-317, 1997.

―――――; CAPORASO, James A. La Cour de Justice et l'Intégration Européenne. *Revue Française de Science Politique*, n. 2, p. 195-244, avril 1998.

SWINTON, Katherine. *The Supreme Court and Canadian Federalism*: The Laskin-Dickson Years. Toronto: Carswell, 1990.

TÁCITO, Caio. A Reforma do Estado e a Modernidade Administrativa. *Revista de Direito Administrativo*, v. 215, p. 1-7, jan./mar. 1999.

TAVARES, André Ramos. *Tribunal e Jurisdição Constitucional*. São Paulo: C. Bastos, 1998.

————; ROTHENBURG, Walter C. (Orgs.). *Argüição de Descumprimento de Preceito Fundamental*: Análises à Luz da Lei n. 9.882/99. São Paulo: Atlas, 2001.

TAYLOR, Charles. *Human Agency and Language*. New York: Cambridge University Press, 1985.

————. *Sources of the Self*: The Making of the Modern Identity. Cambridge: Harvard University Press, 1989.

————. *Philosophical Arguments*. Cambridge: Harvard University Press, 1995.

TEITGEN, P.-H. Commentaire du Préambule. In: LUCHAIRE, F e CONAC, G. (Dir.). *La Constitution de la République Française*. 2ᵉ. éd. Paris: Económica, 1987.

TEIXEIRA, João de Fernandes. Cognitivismo e Teorias da Consciência. In: CARVALHO, Maria Cecília M. de (Org.). *A Filosofia Analítica no Brasil*. Campinas: Papirus, 1995.

TELES, Miguel Galvão. Inconstitucionalidade Pretérita. In: MIRANDA, Jorge. *Nos dez anos de Constituição*. Lisboa: 1987.

TEMER, Michel. *Elementos de Direito Constitucional*. 14. ed. rev. e atual. São Paulo: Malheiros, 1998.

TERÁN, Sergio Cuarezma; CASTILLO, María Asunción Moreno. Nicaragua. In: *Anuario Iberoamericano de Justicia Constitucional 1997*. Madrid: Centro de Estudios Constitucionales, 1997.

TERNEYRE, Phillip. Les Adaptations aus Circonstances du Principe de Constitutionalité. Contribution du CC à un Droit Constitutionnel de la Necessité. *RDP*, p. 1489, 1987.

TEUBNER, Gunther. *O Direito como Sistema Autopoiético*. Trad. José Engrácia Antunes. Lisboa: Fundação Calouste Gulbenkian, 1989.

THE DIGEST. *Annotated British, Commonwealth and European Cases*. London: Butterworth, 1990. 48v.

TINETTI, José Albino. El Salvador. In: *Anuario Iberoamericano de Justicia Constitucional 1997*. Madrid: Centro de Estudios Constitucionales, 1997.

TOCQUEVILLE, Alexis de. *De la Démocratie en Amérique*. Bruxelles: L. Hauman et Cie., 1835.

————. *Histoire Philosophique du Regne de Louis XV*. Paris: Amyot, 1847.

————. *A Democracia na América*. Trad. Neil Ribeiro da Silva. Belo Horizonte: Itatiaia e São Paulo: Universidade de São Paulo, 1987.

TOSI, Rosanna. Spunti per Una Riflessione sui Criteri di Ragionevolezza nella Giurisprudenza Costituzionale. In: *Il Principio di Ragionevolezza nella Giurisprudenza della Corte Costituzionale*. Riferimenti Comparatistici. Atti del Seminario Svoltosi in Roma Palazzo della Consulta nei Giorni 13 e 14 Ottobre 1992. Milano: Giuffrè, 1994.

TOULMIN, Stephen E. *Foresight and Understanding*: An Equity into the Aims of Science. New York: Harper and Row, 1961.

———. *Human Understanding*. Oxford: Claredon Press, 1972.

TOURAINE, Alain. *Crítica da Modernidade*. Trad. Elia Ferreira Edel. 4. ed. Petrópolis: Vozes, 1997.

TREMEAU, Jerome. *La Reserve de Loi*: Competence Legislative et Constitution. Marseille: Presses Universitaires Aix-Marseille, 1997.

TREMPS, Pablo Pérez. *Tribunal Constitucional y Poder Judicial*. Madrid: Centro de Estudios Constitucionales, 1985.

TREVIJANO, Pedro José González. *La Costrumbre en Derecho Constitucional*. Madrid: Publicaciones del Congreso de los Diputados, 1989.

TRIBE, Laurence H. *Constitutional Choices*. Cambridge: Harvard University Press, 1985.

———. *American Constitutional Law*. second edition. Mineola; New York: The Foudation Press, Inc., 1988.

———. How to Violate the Constitution without Really Trying I Lessons form the Repeal of Prohibition to the Balanced Budget Amendment. In: ESKRIDGE JR., William N.; LEVINSON, Sanford (Ed.). *Constitutional Stupidities, Constitutional Tragedies*. New York-London: New York University Press, 1998.

TRIBUNAL REGIONAL FEDERAL DA 1.ª REGIÃO. *A Constituição na Visão dos Tribunais*. Interpretação e Julgados Artigo por Artigo. São Paulo: Saraiva, 1997. 3v.

TRIEPEL, Heirich. *Die Kompetenz des Bundesstaats und die geschriebene Verfassung*. Tübingen: Verlag von J.C.B. Mohr (Paul Siebeck), 1908.

TRIGUEIRO, Oswaldo. *Direito Constitucional Estadual*. Rio de Janeiro: Forense, 1980.

———. O Supremo Tribunal Federal no Império e na República. *Arquivos do Ministério da Justiça*, n. 157, v. 38, p. 40-57, jan./mar. 1981.

TRÓCSÁNYI, László. La Justice Constitutionnelle en Hongrie. In: VERDUSSEN, Marc (Dir.). *La Justice Constitutionnelle en Europe Centrale*. Bruxelles: Bruylant e Paris: LGDJ, 1997.

TROPER, Michel. Le Problème de l'Interprétation et la Théorie de la Supralégalité Constitutionnelle. In: *Recueil d'Études en Hommage à Charles Eisenmann*. Paris: Cujas, p. 133-151, 1975.

———. *La Séparation des Pouvoirs et l'Histoire Constitutionelle Française*. 2ᵉ. éd. Paris, 1980.

———. La Notion de Principes Supra-Constitutionnels. *Revue Internationale de Droit Comparé*, v. 15, p. 337-358, 1993.

———. La Souveraineté Nationale Appartient au Peuple. L'Article 3 de la Constitution de 1958. In: TROPER, Michel e JAUME, Lucien (Dir.). *1789 et l'Invention de la Constitution*. Bruxelles: Bruylant e Paris: LGDJ, 1994.

TUCKER, John Randolph. The Constitution of the United States: a Critical Discussion of its Genesis, Development, and Interpretation. Littleton: F.B. Rothman, 1981 [1899].

TURPIN, Dominique. *Contentieux Constitutionnel*. 2ª. éd. Paris: PUF, 1994.

TUSHNET, Mark. *Comparative Constitutional Federalism*: Europe and America. New York: Greenwood Press, 1990.

UNGER, Roberto M. *The Critical Legal Studies Movement*. Cambridge: Harvard University Press, 1986.

UYTTENDAELE, Marc. *Institutions Fondamentales de la Belgique*. Bruxelles: Émile Bruylant, 1997.

VALE, Osvaldo Tribueiro do. *O Supremo Tribunal Federal e a Instabilidade Político-Institucional*. Rio de Janeiro: Civilização Brasileira, 1976.

VALENSISE, Marina. *François Guizot et la Culture Politique de son Temps*: Colloque de la Fondation Guizot-Val Richer. Paris: Gallimard – Le Seuil, 1991.

VALLE, Rubén Hernandez. *La Tutela de los Derechos Fundamentales*. San José: Editorial Juricentro, 1990.

———. *Derecho Procesal Constitucional*. San José: Editorial Juricentro, 1995.

———. Costa Rica. In: *Anuario Iberoamericano de Justicia Constitucional 1997*. Madrid: Centro de Estudios Constitucionales, 1997.

VAN DEN DOEL, H. *Democracy and Welfare Economics*. Cambridge: Cambridge University Press, 1979.

VANOSSI, Jorge Reinaldo A. *Teoría Constitucional*. Buenos Aires: Depalma, 1976. 2v.

VASCONCELOS, Roberto Ferreira de. *Direito Constitucional dos E.U. do Brasil Interpretado pelo Supremo Tribunal Federal e Completado com as Leis Constitucionais e Legislação Supletiva*. Rio de Janeiro: Editora Nacional de Direito, 1944.

VASILESCU, Florin Bucur. La Justice Constitutionnelle en Roumanie. In: VERDUSSEN, Marc (Dir.). *La Justice Constitutionnelle en Europe Centrale*. Bruxelles: Bruylant e Paris: LGDJ, 1997.

VATTEL, Emer de. *Le Droit des Gens ou Principes de la Loi Naturelle Appliquèes a la Conduite et aux Affaires des Nations et des Souverains*. Buffalo: William S. Hein, 1995.

VEDEL, Georges. Le Conseil Constitutionnel, Gardien du Droit Positif ou Défenseur de la Transcedance des Droits de l'Homme. *Pouvoir*, n. 45, p. 149, 1988.

———. Souveraineté et Supra-Constitutionnalité. *Pouvoirs*, n. 67, p. 79-97, 1993.

―――. Préface. In: ROUSSEAU. *Droit du Contentieux Constitutionnel*. 4ª. éd. Paris: Montschrestien, 1995.

VEITCH, Scott. *Moral Conflict and Legal Reasoning*. Oxford; Portland: Hart Pub., 1999.

VELLOSO, Carlos Mário da Silva. Do Poder Judiciário: Como Torná-lo mais Ágil e Dinâmico. Efeito Vinculante e Outros Temas. *Cadernos de Direito Constitucional e Ciência Política*, n. 25, v. 6, p. 7-22, out./dez. 1998.

VENTURA, Tommaso. *Le Sanzioni Costituzionali*. Milano: Giuffrè, 1981.

VERDÚ, Pablo Lucas. *Curso de Derecho Político*. Madrid: Tecnos, 1984-1986. 4v.

VERDUGO M., Mario; NOGUEIRA A., Humberto; PFEFFER U. Emílio. *Derecho Constitucional*. Santiago: Editorial Jurídica, 1994, t. I.

VERDUSSEN, Marc. La Justice Constitutionnelle en Europe Centrale. Essai de Synthèse. In: VERDUSSEN, Marc (Dir.). *La Justice Constitutionnelle en Europe Centrale*. Bruxelles: Bruylant e Paris: LGDJ, 1997.

VERONESE, Osmar. *Constituição*: Reformar para que(m)? Porto Alegre: Livraria do Advogado, 1999.

VÍA, Alberto Dalla. Argentina. In: *Anuario Iberoamericano de Justicia Constitucional 1997*. Madrid: Centro de Estudios Constitucionales, 1997.

VIAMONTE, Carlos S. *Curso de Derecho Constitucional*. Buenos Aires: Kapelusz, 1945.

―――. *Manual de Derecho Constitucional*. Buenos Aires: Kapelusz, 1956.

VIANA, A. Pereira. *Relações entre os Poderes do Estado*. Rio de Janeiro: Borsoi, 1959.

VIEHWEG, Theodor. *Topica y Filosofia del Derecho*. Trad. Ernesto Garzón Valdés e Rafaels Gutiérrez Girardot. Barcelona: Gedisa, 1991.

VILANOVA, Lourival. A Dimensão Política do Supremo Tribunal Federal. *Arquivo do Ministério da Justiça*, v. 38, n. 157, p. 58-76, jan./mar. 1981.

VILE, M. J.C. *Constitutionalism and Separation of Powers*. Oxford: Clarendon Press, 1967.

VILLALÓN, Pedro Crua. El Legislador de los Derechos Fundamentales. In: PINA, Antonio Lopez. *La Garantia de los Derechos Fundamentales*. Alemania, España, Francia e Italia. Madrid: Civitas, 1991.

VILLEY, Michel. *Philosophie du Droit*. Paris: Dalloz, 1975, t. I; 1984, t. II.

VINING, Joseph. *The Authoritative and the Authoritarian*. Chicago: University of Chicago Press, 1986.

VIRALLY, Michel. *La Pensée Juridique*. Paris: LGDJ, 1960.

VIRGA, Pietro. *La Regione*. Milano: Giuffrè, 1949.

―――. *Diritto Costituzionale*. Palermo: Palumbo, 1952.

VOGEL, J. J. El Régimen Federal de la Ley Fundamental. In: BENDA, MAIHOFER, VOGEL, HESSE, HEYDE. *Manual de Derecho Constitucional*. Trad. Antonio López Pina. Madrid: Marcial Pons, 1996.

VOGEL, Klaus. Rechtskraft und Gesetzeskraft der Entscheidungen des Bundesverfassugsgerichts. In: STARCK, Christian (Org.). *Bundesverfassungsgericht und Grundgesetz*. 1. Aunfl. Tübingen: Mohr, 1976, v. 1.

VOLPE, Giuseppe. Razionalità, Ragionevolezza e Giustizia nel Giudizio sull'Eguaglianza delle Leggi. In: *Il Principio di Ragionevolezza nella Giurisprudenza della Corte Costituzionale*. Riferimenti Comparatistici. Atti del Seminario Svoltosi in Roma Palazzo della Consulta nei Giorni 13 e 14 Ottobre 1992. Milano: Giuffrè, 1994.

VON HOLST, Hermann. *The Constitutional Law of the United States of America*. Trad. Alfred Bishop Mason. Chicago: Callaghan, 1887.

WACHSMANN, Patrick. Déclaration ou Constitution des Droits? In: TROPER, Michel; JAUME, Lucien (Dir.). *1789 et l'Invention de la Constitution*. Bruxelles: Bruylant e Paris: LGDJ, 1994.

WAGNER, W. J. *The Federal States and their Judiciary*. Gravenhage: Monton & Co., 1959.

WALD, Arnold; MORAES, Luíza Rangel. Agências Reguladoras. *Revista de Informação Legislativa*, n. 141, p. 143-171, jan./ mar. 1999.

WALDRON, Jeremy. Book Review. *Journal of Philosophy*, n. 90, p. 149-153, 1993.

WALINE, Marcel. Préface. In: FAVOREU, Louis; PHILIPP, Loïc. *Grandes Décicions du Conseil Constitutionnel*. Paris: Sirey, 1996.

WALT, Stephen M. The Progressive Power of Realism. *American Political Science Review*, v. 91, n. 4, p. 931-935, december 1997.

WALTER, Robert; MAYER, Heinz. *Grundriss des österreichischen Bundesverfassungsrechts*. Wien: Manzsche Verlags- und Universitätsbuchhandlung, 1988.

WALZER, Michel. *The Revolution of the Saints*: A Study in the Origin of Radical Politics. Cambridge: Harvard University Press, 1982.

WARAT, Luís Alberto. *Semiótica y Derecho*. Buenos Aires: Eikón, 1972.

————. *Mitos e Teorias na Interpretação da Lei*. Porto Alegre: Síntese, 1979.

WARREN, Charles. *Congress as Santa Claus*: Or National Donations and the General Welfare Clause of the Constitution. New York: Arno Press, 1978.

WASHINGTON, George. *The Writings of George Washington From the Original Manuscript Sources*. Westport: Greenwood Press [1970].

WASHSMANN, P. *Les Droits de l'Homme*. Paris: Dalloz, 1992.

WATTS, R. L. *New Federations and the Commonwealth*. Oxford: Claredon Press, 1966.

WEAVER, Samuel P. *Constitutional Law and its Administration*. Chicago: Callaghan and Company, 1946.

WEBER, Albrecht. Alemania. In: AJA, Eliseo (Ed.). *Las Tensiones entre el Tribunal Constitucional y el Legislador en la Europa Actual*. Barcelona: Ariel, 1998.

WECHSLER, Herbert. Toward Neutral Principles of Constitutional Law. *Harvard Law Review*, v. 73, p. 1-35, 1959.

WEEKS, Jeffrey. *Invented Moralities. Sexual Values in the Age of Uncertainty*. Cambridge: Polity Press, 1995.

WEILER, J. The Community System: The Dual Character of Supranationalism. *Yearbook of European Law*, n. 1, 1981, p. 268-306.

WEISBERG, R. *Pothics and other Strategies of Law and Literature*. New York: Columbia University Press, 1992.

WELZEL. *Introduccion a la Filosofia del Derecho*. Derecho Natural y Justicia Material. Trad. Felipe González Vicén. 2. ed. Madrid: Aguilar, 1971.

WHEARE, K. C. *Federal Government*. London: Oxford University Press, 1953.

―――. *Las Constituciones Modernas*. 2. ed. [s.t.] Barcelona: Editorial Labor, 1975.

WHITTINGTON, Keith E. *Constitutional Construction*: Divided Powers and Constitutional Meaning. Cambridge: Harvard University Press, 1999.

WILLOUGHBY, Westel Woodbury. *The Constitutional Law of the United States*. New York: Baker, Voorhis and Company, 1929, t. I.

WINTRICH, Josef. Aufgaben, Wesen und Grenzen der Verfassungsgerichtsbarkeit im Vom Bonner Grundgesetz zur gesamtdeutschen Verfassung. In: *Festschrift zum 75 Geburstaag vom Hans Nawiasky*. München: Isar Verlag, 1956.

WITTGENSTEIN, Ludwig. *Da Certeza*. Edição bilíngüe. Trad. Maria Elisa Costa. Lisboa: Edições 70, 1990.

―――. *Tractatus Logico-Philosophicus*. Trad. L. H. Lopes dos Santos. São Paulo: Edusp, 1993.

WITTKE, Carl Frederick. *The History of English Parliamentary Privilege*. New York: Da Capo Press, 1970.

WOLF, Christopher. *La Transformación de la Interpretación Constitucional*. Trad. María Gracia Rubio e Sonsoles Valcárel. Madrid: Civitas, 1991.

WOLFF, Christian. *Institutiones Juris Naturae et Gentium*. Leide: Chez E. Luzac, 1772.

WRÓBLEWSKI, J. La Motivation de la Decision Judiciaire. In: PERELMAN, C. e FORIERS, P. (Éd.). *La Motivation des Décisions de Justice*. Bruxelles: Bruylant, 1978.

XAVIER, Alberto. Inconstitucionalidade dos Tributos Fixos por Ofensa ao Princípio da Capacidade Contributiva. *Revista de Direito Tributário*, v. 1991, p. 119.

XIFRA-HERAS, Jorge. La Constitución como Norma y Como Ley. *Revista de Informação Legislativa*, n. 80, p. 53-102, out./dez. 1983.

XYNOPOULOS, G. *Le Contrôle de la Proportionnalité dans le Contentieux de la Constitutionnalité e de la Legalité*. Paris: LGDJ, 1996.

YOO, John. McCulloch v. Maryland. In: ESKRIDGE JR., William N.; LEVINSON, Sanford (Ed.). *Constitutional Stupidities, Constitutional Tragedies*. New York-London: New York University Press, 1998.

YUPANQUI, Samuel Abad. Perú. In: *Anuario Iberoamericano de Justicia Constitucional 1997*. Madrid: Centro de Estudios Constitucionales, 1997.

ZAGREBELSKY, Gustavo. El Tribunal Constitucional Italiano. In: FAVOREU, Louis (Dir.). *Tribunales Constitucionales Europeus y Derechos Fundamentales*. Trad. Luis Aguiar de Luque e Maria Gracia Rubio de Casas. Madrid: Centro de Estudios Constitucionales, 1984, p. 413-465.

―――. Adeguamenti e Cambiamenti della Costituzione. In: *Scritti su le Fonti Normative e Altri Temi di Vario Diritto in Onore di Vezio Crisafulli*. Padova: Cedam, 1985, v. II.

―――. La Dottrina del Diritto Vivente. *Giurisprudenza Costituzionale*, p. 1.148-1.166, maggio/juglio 1986.

―――. *Manuale di Diritto Costituzionale*. I. Il Sistema delle Fonti del Diritto. Torino: UTET, 1987.

―――. *La Giustizia Costituzionale*. 2. ed. Bologna: Il Mulino, 1988.

―――. *Il diritto Mite*. Legge, Diritti, Giustizia. Torino: Einaudi, 1993.

―――. Su Tre Aspetti della Ragionevolezza. In: *Il Principio di Ragionevolezza nella Giurisprudenza della Corte Costituzionale*. Riferimenti Comparatistici. Atti del Seminario Svoltosi in Roma Palazzo della Consulta nei Giorni 13 e 14 Ottobre 1992. Milano: Giuffrè, 1994.

ZANFARINO, Antonio. *La Libertà dei Moderni nel Costituzionalismo di Benjamin Constant*. Milano: Giuffrè, 1961.

ZANON, Nicolò. Premesse ad uno Studio sui "Principi Supremi" di Organizzazione come Limiti alla Revisione Costituzionale. *Giurisprudenza Costituzionale*, n. 194, p. 1.891-1.946.

ZIPPELIUS, Reinhold. *Juristische Methokenlehre*: eine Einführung. 4. Aufl. München: Beck, 1985.

―――. *Staat und Kirche*: eine Geschichte von der Antike bis zur Gegenwart. München: Beck, 1997.

ZLINSKY, J.; SIK, M. La Justice Constitutionnelle et la Démocratie Référendaire en Hongrie. In: *Justice Constitutionnelle et Démocratie Référendaire*. Strasbourg: Conseil de l'Europe, commission pour la démocratie para le droit, 1996.

ZOLLER, Elisabeth. *Droit Constitutionnel*. 2ᵉ. éd. Paris: Presses Universitaires de France, 1999.

ZORN, Philipp K. Ludwig. *Die Deutsche Reichsverfassung*. Leipzig: Quelle & Meyer, 1919.

## CONSULTA ELETRÔNICA DE JURISPRUDÊNCIA

ALEMANHA. Bundesverfassungsgericht: http://www.verfassungsgericht.de

ARGENTINA. Corte Suprema de Justiça. http://www.pjn.gov.ar/corte/corte.htm

ÁUSTRIA. Sammlung. Erkenntnisse und Beschlüsse des Verfassungsgerichtshofes. Wien, http://www.vfgh.gv.at/

BRASIL Supremo Tribunal Federal. http://www.stf.gov.br/

CANADÁ. Suprema Corte. http://www.scc-csc.gc.ca/

ESPANHA. Tribunal Constitucional. http://www.civeng.carleton.ca/SiSpain/politics/court/menu.html

ESTADOS UNIDOS. Suprema Corte. http://supct.law.cornell.edu/supct/ (não oficial).

EUROPA. Corte de Justiça das Comunidades Européias. http://europa.eu.int/cj/en/index.htm

EUROPA. Corte Européia de Direitos Humanos. http://www.dhcour.coe.fr ALEMANHA. Corte Constitucional federal. http://www.verfassungsgericht.de

FRANÇA. Conselho Constitucional. http://www.conseil-constitutionnel.fr

ITÁLIA. Corte Constitucional. http://www.cortecostituzionale.it/

MÉXICO. Suprema Corte. http://info1.juridicas.unam.mx/sistemas.htm#CONST

SUÍÇA. Corte Federal. http://www.eurospider.ch/BUGE

# ÍNDICE REMISSIVO

*Act of State Doctrine* – 262
Administração Pública
  competência para criação de órgãos administrativos – 490
  criação de cargos, funções e empregos – 491
  poder constituinte decorrente – 589
  processo legislativo – 490
  regime jurídico dos servidores públicos – 491
  regras de estruturação – 490
*Affirmative Action* – 617, 818
  *Brown* v. *Board Education* – 748
  (ver Princípio da Igualdade)
Agências Reguladoras
  na Espanha – 472
  na Finlândia – 471
  na França – 471
  na Grã-Bretanha – 471
  na Itália – 472
  no Brasil – 469, 473
  nos Estados Unidos – 470
  (ver Poder Normativo, Delegação Legislativa)
Argumentação Jurídica – 771
  analogia – 859, 860
  argumento *ad absurdo* – 863
  argumento *ex post* – 798

argumento *per relationem* – 865
auditório universal – 775
cláusulas abertas – 781
como ideal regulativo – 773
correntes interpretativistas – 779
correntes não-interpretativistas – 781
dimensões da linguagem – 776, 783
emprego de argumentos práticos gerais – 881
enunciados dogmáticos – 864
enunciados jurisprudenciais – 865
enunciados empíricos – 841
fundamento – 774
gênese histórico-crítica ou princípio de socialização justificada – 775, 886
interpretação conseqüencial – 841, 873
interpretação retrospectiva – 870
interpretação sistemática – 784
interpretação sistemática e teleológica – 783
jurisdição constitucional – 777
justificação externa – 777
justificação interna – 775
limitação de conhecimento – 775
limitação temporal – 775
máximas pragmáticas – 840
mudanças constitucionais – 868

natureza das coisas – 841
originalistas – 779
pautas pragmáticas – 882
pressupostos de validade – 774
princípio da abertura material – 774
princípio da abertura subjetiva – 774
princípio da coerência – 774
princípio da fundamentação – 774
princípio da inércia – 775
princípio da inércia – ressalvas – 870
princípio da interpretação conforme à Constituição – 828
princípio da não coerção ou do melhor argumento – 774
princípio da ponderação ou da concordância prática – 787
princípio da razoabilidade – 800
princípio da reciprocidade – 775
princípio da similitude de significados – 774
princípio da sinceridade – 774
princípio da unidade da Constituição – 785
princípio da universalidade – 775
princípio de justiça – 775
princípios de integração – 858
princípios de interpretação – 778
regras da argumentação – 773
relação entre despacho monocrático sobre de medida cautelar e decisão plenária de *referendum* desses despachos nas ações diretas de inconstitucionalidade – 875
relação entre fundamento da liminar e do mérito nas ações diretas de inconstitucionalidade – 877
silogismo – 777
situação ideal de fala – 775, 885
técnica do *distinguishing* – 871
técnica do *overruling* – 871

teoria normativa da sociedade – 772
teoria hermenêutica – 782
teorias hermenêuticas objetivistas – 778
teorias hermenêuticas subjetivistas – 778
voto concorrente – 875
voto dissidente – 874
*votum separatum* – 875
Ativismo Judicial – 72
 e argumentação – 91
 e arrogância judicial – 100
 e *court-packing plan* – 65, 71
 e cultura democrática – 81
 e elitismo – 86
 e Estado de Direito – 90, 308
 e ética construtivista – 97
 e federação – 564
 e imparcialidade do juiz – 84
 e *New Deal* – 565, 614
 e o Hércules dworkiano – 85
 e psicanálise legislativa – 271
 hiato entre ideal e realidade – 65
 oráculo de Delfos – 781
 orientação antitruste – 78
Atos Institucionais – 361
Atos *Interna Corporis* – 292, 294, 301, 309, 397
Atos Internacionais
 fiscalização de constitucionalidade – 137, 185, 196, 205
 hierarquia das fontes – 54, 186, 483
 incorporação à ordem jurídica – 482
Autopoiésis
 e Constituição – 11, 63, 888, 889
 e jurisdição constitucional – 889
Bloco de Constitucionalidade – 181, 183
*Bonham's Case* – 27
Câmara dos Deputados
 e *impeachment* – 533
 (ver *impeachment*)
Caso Café Filho – 359

Caso Collor – 313, 538, 756
Caso da Menor Experiente – 704
Caso das Disputas Partidárias – 285
Caso das Duplicatas de Governo e Assembléia – 323
Caso do DNA – 759
Caso dos Distritos Eleitorais – 282
Caso dos Processos contra Governadores da Oposição – 366
Caso João Cabral – 554
Caso João Goulart – 555
Caso Lucena – 315
Caso Maria Prestes – 555
Caso Partido Comunista – 556
Caso Sérgio Cidade – 365
Caso *Watergate* – 274
Casos de Requisições Congressuais – 274
Casos de Segurança Nacional – 265
Comissão Parlamentar de Inquérito
  controle jurisdicional no Brasil – 527
  controle jurisdicional nos Estados Unidos – 522
  e direitos fundamentais – 527, 529
  e princípio da divisão dos poderes – 528
  e reserva de jurisdição – 528
  limites no Brasil – 528
  limites nos Estados Unidos – 523
  na França – 521
  na Grã-Bretanha – 521
  no Brasil – 527
  origem – 519
  poderes investigatórios – 521
  poderes nos Estados Unidos – 526
Condução de Assuntos Externos – 261
Conflitos Territoriais – 326
Constituição
  como *civitatis status* – 10
  como *constitutio populi* – 10
  como estrutura autológica – 888
  como *forma formarum* – 10
  como fundamental law – 28
  como *institutio* – 10
  como instrumento de governo – 11, 806
  como *instrumentum pacis* – 11, 410
  como meta-direito – 888
  como pacto intergeracional – 412
  como *politeia* – 10
  como *salus publica ex constitutione* – 11
  como supreme law of land – 28
  conceito moderno – 28
  concepção decisionista – 10
  concepção formalista – 11
  concepção formal-procedimentalista – 15
  concepção fundamentalista – 15
  concepção fundamentalista coletivista – 15
  concepção fundamentalista conservadora – 15
  concepção fundamentalista liberal – 15
  concepção garantista – 15
  concepção institucionalista – 10
  concepção instrumental-dirigente – 16
  concepção liberal – 11
  concepção liberal-conservadora – 15
  concepção material, *dauernde Grundordnung* – 14
  concepção procedimental sociológica – 11
  concepção procedimental-organizatória – 806
  concepção realista – 10
  concepção sistêmico-institucionalista – 11
  concepção sociológica-material – 10
  concepção utilitarista – 10
  dimensão jurídico-formal – 19
  dimensão político-substancial – 20
  e autopoiésis – 11, 63, 888, 889
  e força simbólica – 18, 91, 350, 371

e *living constitution* – 781
evocação mítica – 18, 19
heteroconstituições – 346
origem contratualista – 12
republicanismo aristotélico – 10
superconstituições – 408
Controle de Comunitariedade – 55, 130, 171, 191, 202, 242
   efeitos da decisão – 233
Controle de Constitucionalidade
   alcance objetivo dos efeitos da decisão – 225
   alcance subjetivo dos efeitos da decisão – 226
   Conselho Constitucional francês - *contrôle à double détente* – 204
   controle abstrato – 136
   controle abstrato preventivo
      legitimidade – 137
   controle abstrato sucessivo
      legitimidade – 140
   controle concreto – 131
   controle concreto direto – 135
   controle concreto incidental – 131
   controle preventivo – 136
   controle sucessivo – 140
   decisões negativas de inconstitucionalidade – 242
   efeito repristinatório – 224
   efeito vinculante – 229, 232
   efeitos da inconstitucionalidade – 203
   efeitos gerais da decisão – 229
   efeitos temporais da decisão – 233
   inconstitucionalidade com ablação diferida ou datada – 220
   inconstitucionalidade por conexão ou arrastão – 202
   inconstitucionalidade sem efeito ablativo – 218
   interpretação conforme à Constituição – 208
   objeto de controle – 191
   princípio da congruência – 202
   parâmetro de controle – 181
   recursos de interpretação constitucional – 145
   sentenças de aviso – 222
   sentenças aditivas de princípio – 215
   sentenças aditivas ou construtivas – 214
   sentenças apelativas ou declaração de todavia constitucionalidade – 221
   sentenças normativas – 208
   sentenças substitutivas – 217
   sentenças transitivas ou transacionais – 218
   vinculação do legislador – 205, 231
   vinculação do tribunal da jurisdição constitucional – 229, 230
Controle de Convencionalidade – 56, 130, 186, 191, 202, 233
   efeitos da decisão – 233
Controle de Legalidade – 130, 189
Costumes Constitucionais – 190
Declaração de Direitos do Homem e do Cidadão – 13, 29, 34, 183
Declaração de Independência dos Estados Unidos – 12
Delegação Legislativa – 434
   controle jurisdicional – 445
   controle político – 444
   e agências reguladoras – 439, 470
   e art. 25 do ADCT – 442, 445
   no Brasil – 441
      limites – 443
   nos Estados Unidos – 435
      finalidade da delegação – 436
      limites – 437
   tipos – 442

Democracia
    concepção dualista – 65
    e constitucionalismo – 73, 85
    e direitos processuais democráticos – 76
    e estatuto das minorias políticas – 550
    e garantia dos processos de formação da vontade popular – 554
    e garantias da oposição – 366
    e gestão do ensino – 603, 792
    relacionamento entre maioria e minoria – 76, 557
    (ver Estado Democrático de Direito)
Devido Processo Legal – 71
    como limite ao poder de reforma constitucional – 409
    e ação estatal – 334
    e classes sociais – 184
    e comissão parlamentar de inquérito – 527
    e *impeachment* – 530
    e não-interpretativistas – 780
    e razoabilidade – 803, 822, 824
    *substantive due process of law* – 497, 822
Devido Processo Legislativo – 398, 488
    e teoria do desvio de poder – 497
    exigências do bicameralismo – 508
    iniciativa de projetos de lei – 489
    *la navette* – 509
    limitações procedimentais – 507
    limite circunstancial – 507
    mandado de segurança – 398
    poder de emenda parlamentar – 505
    sanção – 509
    veto – 513
Direito à Educação – 683, 685, 700
Direito à Honra – 707, 715
Direito à Identidade – 707, 759
Direito à Intimidade – 707, 715, 716, 718, 744, 752
Direito à Moradia – 683, 685, 709, 715
Direito à Saúde – 685, 699, 709, 710, 713, 715, 730, 848

Direito ao Aborto – 719, 753
Direito ao Respeito à Vida Privada – 714
Direito ao Voto – 750
Direito do Concebido à Vida – 707, 715, 753
Direito dos Portadores de Deficiência – 715
Direitos Assistenciais – 684, 699
Direitos Culturais – 701
    e patrimônio histórico e cultural – 701
Direitos da Mulher – 753
Direitos Fundamentais
    características funcionais – 670
    como cartas de trunfo – 15, 81
    como direitos a prestações estatais – 674
    como direitos de defesa – 673
    como técnica de abertura ao tempo – 81
    compreensão religiosa – 80
    conflito e limitação – 726
        *compelling public interest test* – 749, 754, 815
        *deferential review* – 753, 815
        escrutínio judicial estrito – 748, 754, 816
        expectativa de comportamento – 744
        *least restrictive means test* – 816
        na Corte Constitucional italiana – 742
        no Conselho Constitucional francês – 735
        no Supremo Tribunal Federal – 755
        no Tribunal Constitucional Federal alemão – 739
        *preferred rights* – 750, 816
        *rational relationship test* – 743
        *vagueness test* – 754, 816
    conflito e limitação
        *least restrictive means test* – 755
        na Suprema Corte dos Estados Unidos – 743
    dimensão jurídico-objetiva – 673
    dimensão jurídico-subjetiva – 674
    direitos de I geração – 674

direitos de II geração – 675
direitos de III geração – 676
e art. 5.º, § 2º, CRFB – 706
e comissão parlamentar de inquérito – 527, 529
e concordância prática – 727
e configuração – 708, 724
e direitos sociais – 628, 675, 677
e diretos processuais fundamentais – 164
e efeito *cliquet* – 672
e hierarquia de direitos – 729
e meio ambiente – 627, 676, 701, 709
e procura existencial – 670
e proporcionalidade – 728, 736, 740, 754, 757
e restrição tácita – 726
e *status activus processualis* – 674
e União Européia – 170
e unidade da Constituição – 728, 739
eficácia horizontal (*Drittwirkung der Grundrechte*) – 672, 805
jurisdição constitucional das liberdades – 162
limites – 722
limites imanentes – 723, 726
privação de direitos políticos – 153
realização ótima – 675
teoria do núcleo essencial – 727, 739
terminologia – 669
Direitos Fundamentais Não Escritos – 705
e o art. 5.º, § 2.º, CRFB – 720
e Tribunal Constitucional Federal alemão – 715
na Corte Constitucional italiana – 707
na Suprema Corte dos Estados Unidos – 716
no Conselho Constitucional francês – 712
no Supremo Tribunal Federal – 719
Direitos Previdenciários – 697

Direitos Sociais
concepções – 677
derivados – 678
direito à educação – 645
dos portadores de deficiência – 644
e acesso à universidade – 683
e assistência ao idoso – 699, 851
e Corte Européia de Justiça – 688
e defesa coletiva de direitos – 695
e direito à educação – 685, 700
e direito à moradia – 683, 685, 709, 715
e direito à saúde – 685, 699
e direito de representação judicial – 695
e direitos ao bem-estar – 685
e direitos assistenciais – 684, 699
e direitos culturais – 701
e direitos previdenciários – 697
e direitos trabalhistas – 692
e estabilidade no emprego – 696
e igualdade – 686
e integração racial – 749
e liberdade sindical – 693
e licença maternidade – 693
e meio ambiente – 701
e negociação coletiva – 694
e políticas públicas nos Estados Unidos – 687
e portadores de deficiência – 699, 715, 851
e prestação judicial gratuita – 688
e proteção à maternidade – 691
e proteção da criança e adolescente – 703
e repouso semanal remunerado – 692
e reserva do possível – 677, 679, 683, 711
e Suprema Corte dos Estados Unidos – 685
e Supremo Tribunal Federal – 691
e Tribunal Constitucional Federal alemão – 683

na União Européia – 628
originários – 678
proteção da criança e adolescente – 717
Dogmatização do Direito – 772
Doutrina da Metodologia Ótima da Legislação – 68
(ver Princípio da Razoabilidade)
Efeito Repristinatório – 224
Efeitos Econômicos das Decisões do Juiz Constitucional
   na Corte Constitucional austríaca – 844
   na Corte Constitucional italiana – 846
   na Corte Européia de Justiça – 847
   na definição do *periculum in mora* das ADINs – 848
   no Tribunal Constitucional Federal alemão – 845
   no Tribunal Constitucional português – 847
Espaços Vazios de Jurisdição – 247
   atos *interna corporis* – 291, 292, 294, 301, 309
   discricionariedade administrativa – 252, 269, 317
   *doctrine of no advisory opinions* – 256
   *doctrine of political questions* – 257
   *doctrine of ripennes* – 256
   *doctrine of standing* – 256
   e princípio da divisão dos poderes – 299, 319
   e respeitabilidade do tribunal – 339
   limites funcionais – 288
   limites interpretativos – 289
   questões políticas – 249, 290, 296, 319
Estado de Direito – 442, 569, 681
   conteúdo – 461
   e ativismo judicial – 90, 308
   e Estado Social – 680
   e jurisdição constitucional – 103
   e minorias – 550

e modulação de efeitos da inconstitucionalidade – 236
   e proporcionalidade – 741, 804, 805
   e vínculos entre direito e política – 60
   paradigma democrático – 567
   paradigma social – 64, 681
Estado de Sítio – 250, 251, 260, 320, 322, 359, 405
Estado Democrático de Direito – 709
   conteúdo – 183, 573
   e argumentação jurídica – 773
   e ativismo judicial – 808
   e consenso – 866
   e divisão dos poderes – 676, 726
   e legalidade parlamentar – 461
   papel do juiz constitucional – 287, 866
   (ver Democracia)
Estado Judicial – 308
Estado Social de Direito – 709, 727
   conteúdo – 183, 683
   críticas – 680
   e divisão dos poderes – 63
   e Estado liberal – 682
   e igualdade – 183
Federação
   e autonomia do estado-membro – 656
   e autonomia municipal – 658
   e estado federal – 563
   e poder constituinte decorrente – 567
   e repartição de competências federativas – 597, 605
   e teoria dos poderes federais implícitos – 599
   legitimidade do controle jurisdicional – 564
   *MacCulloch* v. *Maryland* – 600
   (ver Repartição de Competências Federativas)
Garantia de Acesso ao Judiciário – 751
Governo de Fato – 326

*Habeas Corpus* – 35, 42, 166, 171
   doutrina brasileira – 320
*Habeas Data* – 172
*Impeachment* – 154, 276
   controle jurisdicional – 530
   controle jurisdicional no Brasil – 313
   controle jurisdicional nos Estados Unidos – 276
   *judicium accusationis* – 535
   *judicium causae* – 535
   na França – 531
   no Brasil – 530
   nos Estados Unidos – 531
   *Powell* v. *McCormack* – 532
   prévio juízo de admissibilidade – 533
Inconstitucionalidade
   juízo de conformidade ou de compatibilidade – 401
   poder de resistência – 516
   sem redução de texto – 212
Interpretação Conforme à Constituição, (ver Princípio da Interpretação Conforme a Constituição)
Juízo de Ponderação – 68, 677, 727, 728, 738, 740, 741, 742, 758, 787
Jurisdição Constitucional
   antecedentes – 24
   classificação – 43
   conceito – 21
   controle de comunitariedade – 57
   controle de convencionalidade – 55
   de caráter externo – 54
   de caráter interno – 53
   difusão – 33
   e a posição privilegiada do juiz constitucional – 82
   e argumentação jurídica – 91, 771
   e autopoiésis – 889
   e *Common Law* – 42
   e democracia – 72, 76, 366
   e direitos fundamentais – 79
   e direitos fundamentais não escritos – 705
   e Estado de Direito – 103
   e federação – 563
   e legitimidade deontológica – 98
   e legitimidade dogmática – 100
   e legitimidade pragmática – 94
   e maioria parlamentar – 70
   e minorias políticas – 76
   e minorias políticas na França – 551
   e minorias políticas na Itália – 553
   e minorias políticas no Brasil – 553
   e poder constituinte decorrente – 567
   e *praxis* política – 64
   e proteção das minorias – 72
   e *Welfare State* – 62
   I Geração – *judicial review* – 29
   II Geração – o modelo de tribunal constitucional – 36
   III Geração – a tendência aproximadora dos modelos – 40
   legitimidade – 60
   modelo americano-austríaco – 49
   modelo centrado na lei – 50
   modelo centrado nos direitos – 51
   modelo de conselho constitucional – 49
   modelo de jurisdição abstrata – 51
   modelo de jurisdição abstrata de Suprema Corte – 52
   modelo de jurisdição abstrata de Tribunal Constitucional – 52
   modelo de jurisdição concreta – 51
   modelo de jurisdição concreta de Suprema Corte – 52
   modelo de jurisdição concreta de Tribunal Constitucional – 52
   modelo de Suprema Corte – 46

modelo de Tribunal Constitucional – 46
natureza jurídica – 58
sistema jurisdicional de controle da constitucionalidade – 44
sistema político de controle de constitucionalidade – 44
surgimento do controle político de constitucionalidade – 32
surgimento do *judicial review* – 29

Legalidade Parlamentar
e art. 5.º, II, CRFB/1988 – 460
e deslegalização – 471
e Estado democrático de Direito – 461
e lacuna jurídica – 461
e reserva geral de lei – 460
e reserva relativa de lei – 462

Lei
e ato administrativo – 487
e atos normativos internacionais – 482
e interpretação judicial – 484
e o devido processo legislativo – 488
e pluralismo das fontes de direito – 433
e regimento – 478
e regulamento – 458
e resolução do Senado Federal – 478
e sentença normativa – 486
em sentido formal – 433
em sentido material – 433
força formal – 433
força formal ativa – 433
força formal passiva – 433
leis-medida – 433
*soft laws* – 468

Liberdade de Associação – 154, 555, 718
Liberdade de Cátedra – 154, 365
Liberdade de Consciência – 266, 523
Liberdade de Expressão – 154, 365, 523, 718, 744, 750
Liberdade de Imprensa – 154, 523
Liberdade de Reunião – 154, 523, 555
Liberdade Familiar – 717
Liberdade Geral de Ação – 716
Liberdade Religiosa – 164, 523
Liberdade Sexual – 707, 715, 716
Liberdade Sindical – 693

Mandado de Injunção
cabimento – 763
efeitos – 765
legitimidade ativa – 765
legitimidade passiva – 765

Medidas Provisórias
controle jurisdicional dos seus pressupostos – 451
eficácia prorrogada – 454
eficácia residual (convalidação por inércia) – 454
limite circunstancial – 453
limites materiais – 456
reedição – 453
revogação – 454

Ministério Público – 638
autonomia orçamentária – 129, 501
e interrogatório – 214
e jurisdição constitucional das liberdades – 39, 115, 166, 173, 176
e poder constituinte decorrente – 587
e quinto constitucional – 333
estatuto – 587

Motivações das Decisões
Administrativas – 267
Legislativas – 267

Mudanças Constitucionais
ciclos constitucionais – 385
Constituição brasileira de 1824 – 387
Constituição de Cádiz de 1812 – 387

Constituição dos Estados Unidos – 386
Constituição francesa de 1791 – 386
Constituição francesa de 1795 – 386
Constituição suíça – 387
controle jurisdicional – 388
controle jurisdicional preventivo no Brasil – 395
controle jurisdicional sucessivo no Brasil – 401
controle político – 388
e opinião pública – 410
e revisão constitucional – 403
e revisionismo constitucional – 401, 411, 414
e supremacia constitucional – 387
heterônomas – 412
limites formais – 404
limites temporais – 403
mudanças informais – 413
teorema de Coase – 413
teoria liberal – 385
Município
   e autonomia municipal – 662
   e interesse local – 660
   na França – 658
   na Inglaterra – 658
   na Suécia – 658
   no Brasil – 659
   nos Estados Unidos – 659
*New Deal* – 65, 71
   e *court-packing plan* – 338
   (ver Ativismo Judicial)
Normas Constitucionais
   as cláusulas délficas – 781
   e hierarquia de normas – 405
   e normas constitucionais e inconstitucionais – 406
   hierarquia – 194
   normas interpostas – 187

Parametricidade Constitucional – 181
Poder Constituinte – 343
   *Agreement of the People* – 344
   e a EC n. 26/1985 – 367
   e atos institucionais – 361
   e recepção – 371
   e reforma em dois tempos – 350
   e Supremo Tribunal Federal – 355
   legitimidade pelo procedimento – 348
   legitimidade pelo resultado – 348
   limites – 349, 369
   na prática política – 350
   o paradoxo moderno – 348
   procedimento constituinte heterônomo ou externo – 346
   teoria clássica – 344
   teoria da soberania nacional – 345
   teoria divina – 343
Poder Constituinte Decorrente
   conceito, natureza e dimensão – 567
   doutrina brasileira – 570
   e administração pública – 490, 589
   e advocacia pública estadual – 588
   e competência estadual – 594
   e criação de órgãos administrativos – 490
   e defensoria pública estadual – 589
   e iniciativas de lei reservadas ao STF – 502
   e Ministério Público estadual – 587
   e município – 595
   e poder executivo estadual – 575
   e poder judiciário estadual – 583
   e poder legislativo estadual – 581
   e regime orçamentário-financeiro – 592
   e repasses do art. 168, CRFB – 501
   e representação de inconstitucionalidade – 586

e segurança pública – 589
e servidores militares – 591
e servidores públicos – 491
e vinculação de receitas – 500
jurisprudência do STF – 575
limites na Alemanha – 569
limites nos Estados Unidos – 568
limites na Bélgica – 570
limites na Rússia – 570
limites na Suíça – 569
limites no Brasil – 570
princípios constitucionais estabelecidos – 572
princípios constitucionais sensíveis – 570
projeção das limitações – 595
Poder Constituinte Derivado – 281
Poder de Declarar Guerra – 263
Poder Executivo
   e norma inconstitucional – 516
   (ver Presidente da República)
Poder Judiciário
   autonomia orçamentária – 501
   e princípio da isonomia – 497
   estatuto da magistratura – 503
   iniciativas de lei reservadas ao STF – 502
   reserva de jurisdição – 528
Poder Legislativo
   autonomia orçamentária – 501
   (ver Legalidade Parlamentar, Lei, Comissão Parlamentar de Inquérito, Democracia)
Poder Regulamentar
   art. 237, da CRFB – 465
   autônomo – 450
   concepções – 458
   Constituição brasileira de 1824 – 458
   Constituição francesa de 1791 – 458
   controle legislativo – 474

e agências reguladoras – 467
e agências reguladoras – justificação política e técnica – 468
e art. 5.º, II, CRFB – 460
e Constituição dos Estados Unidos – 458
e discricionariedade – 466, 467
e lacuna jurídica – 461
e princípio da divisão dos poderes – 458
e Supremo Tribunal Federal – 459
regulamento autônomo – 462, 471
regulamento delegado – 462
regulamento executivo – 459, 471
Política Fiscal – 265
*Political Questions*
   critérios definitórios positivos – 330
   critérios formal-pragmáticos – 334
   critérios negativos ou conseqüenciais – 335
   na Argentina – 249
   na Espanha – 290, 292
   na França – 300
   na Itália – 296
   no Brasil – 319
   nos Estados Unidos – 257
   (ver Espaços Vazios de Jurisdição)
Positivismo – 406, 433
Presidente da República
   chefe da administração pública – 490
   e a doutrina dos poderes implícitos – 547
   e *impeachment* – 530
   e iniciativa legislativa reservada – 489
   e programa de governo – 500
   e sanção – 509
   gestor dos recursos financeiros – 498
   limites silenciosos – 548
   medidas provisórias
      controle jurisdicional – 451
   o poder regulamentar – 458

orientador da política nacional – 498
poder de nomeação e destituição – 542
poder legislativo delegado – 434, 441
poder normativo autônomo – 446, 466
  controle jurisdicional – 448
poder regulamentar – 450
segundo a Suprema Corte dos Estados Unidos – 542
veto – 513

Princípio da Concordância Prática, (ver Juízo da Ponderação)

Princípio da Congruência – 202

Princípio da Divisão dos Poderes – 222, 231, 247, 252, 257, 259, 274, 279, 289
  a legalidade parlamentar – 432
  conciliação entre democracia e constitucionalismo – 73
  Constituição dos Estados Unidos – 428
  Constituição francesa de 1791 – 428
  Constituição mista – 425, 427
  Constituição suíça – 428
  e agências irreguladoras – 439
  e ato legislativo material – 440
  e comissão parlamentar de inquérito – 528
  e discursos de aplicação – 429
  e discursos de justificação – 429
  e discursos pragmáticos – 429
  e Estado Social – 63
  e mandado de injunção – 766
  e poder regulamentar – 458
  e *political questions* – 283
  e veto legislativo – 439
  modelo de *checks and balance* – 430
  modelo de divisão dos poderes – 431
  modelo de separação dos poderes – 430

Princípio da Inacumulabilidade – 433

Princípio da Indelegabilidade – 433, 441

reserva de administração – 487
reserva de jurisdição – 528
significado jurídico-operacional – 427
teoria clássica – 425
teoria de Montesquieu – críticas – 428

Princípio da Igualdade – 171, 183, 184, 185, 266, 283, 299, 327, 569, 628, 676, 681, 682, 685, 689, 691, 699, 714, 733, 747, 753, 763, 764, 774, 776, 802, 803, 807, 810, 817, 820, 822, 826, 839, 842, 863
  e aumento de vencimentos de servidores públicos – 497
  e discriminação da mulher – 215, 635, 690, 693, 812, 847
  e discriminação por idade – 620
  e discriminação racial – 269, 270, 284, 617, 817, 818
  e liberdade real – 678
  e proteção das minorias – 818

Princípio da Inacumulabilidade – 433

Princípio da Individualização das Penas – 787

Princípio da Interpretação Conforme à Constituição – 208, 212, 213, 222, 223, 290, 828
  e inconstitucionalidade parcial sem redução de texto – 212
  na Corte Constitucional austríaca – 830
  na Corte Constitucional italiana – 832
  no Conselho Constitucional francês – 831
  no Supremo Tribunal Federal – 839
  no Tribunal Constitucional espanhol – 836
  no Tribunal Constitucional Federal alemão – 829
  no Tribunal Constitucional português – 837

Princípio da Legalidade Parlamentar – 432
  aspectos míticos – 434
  (ver Lei)
Princípio da Natureza das Coisas – 459, 602, 603, 819, 826, 841
Princípio da Ponderação, (ver Juízo de Ponderação)
Princípio da Proporcionalidade – 728, 736, 740, 757
  requisito da adequação – 741, 807, 812
  requisito da justa medida – 741, 743, 754, 757, 763, 807
  requisito da necessidade – 741
Princípio da Razoabilidade – 67, 251, 269, 466, 757, 800
  e concurso público – 822
  e devido processo legal – 803, 822, 824
  e direito administrativo – 804
  e direito civil – 805
  e direito econômico – 815
  e direito eleitoral – 805
  e direito penal – 812, 814, 825
  e direito penal e processual penal – 804
  e direito processual – 826
  e direito tributário – 804, 813, 816
  e direitos fundamentais – 815
  e igualdade – 817, 822
  e justificação – 820
  e proporcionalidade – 803, 821
  e repartição de competências – 813
  e repartição de competências federativas – 806
  e seguridade social – 814
  e teoria do desvio do poder legislativo – 497
  e teoria geral do direito – 813
  na Corte Constitucional austríaca – 806
  na Corte Constitucional italiana – 811
  na Suprema Corte dos Estados Unidos – 815
  no Conselho Constitucional Francês – 808
  no Supremo Tribunal Federal – 819
  no Tribunal Constitucional Federal alemão – 803
  no Tribunal Constitucional português – 814
Princípio da Subsidiariedade – 135, 167, 625
  a subsidiariedade normativa – 469
Princípio da Supremacia da Constituição – 24, 136, 208, 218, 241, 387
Princípio da Unidade da Constituição – 728, 785
Princípio do Estado Democrático de Direito (ver Estado Democrático de Direito)
Princípio Republicano – 260, 398
Princípios Constitucionais Estabelecidos – 572
Princípios Constitucionais Sensíveis – 570
*Prospective Overulling* – 222
Proteção da Criança e do Adolescente – 760
*Prozess des Verfassungswidrigwerdens* – 241
Recepção Constitucional – 371
Regime Orçamentário-Financeiro
  competências – 498
  e créditos ilimitados – 501
  e poder constituinte decorrente – 592
  e repasses de dotações – 501
  finalidades – 498
Repartição de Competências Federativas
Alemanha
  prioridade do direito federal – 631
  comércio exterior e interestadual – 653
  competência concorrente e concorrência suplementar – 641
  competência concorrente e normas gerais – 639
  competência de colmatação – 643
  competência de complementação – 641

competência material comum sobre política de educação para a segurança do trânsito (art. 23, XII) – 636

competência remanescente e poderes legislativos enumerados – 646

desapropriação – 655

direito comercial e direito civil – 648

direito comercial, sistema monetário e política de crédito – 647

direito do trabalho – 649

direito penal e processual – 649

direito tributário, econômico e financeiro – 636

doutrina do vínculo substancial – 615

e preferência da lei federal – 611

e razoabilidade – 806

e Supremo Tribunal Federal – 631

floresta, caça, pesca, fauna, conservação da natureza, defesa do solo e dos recursos naturais, proteção do meio ambiente e controle da poluição (art. 24, VI) e responsabilidade por dano ao meio ambiente (art. 24, VIII) – 634

na Alemanha – 602, 629

nos Estados Unidos – 605

o conceito de peculiraridades locais – 643

populações indígenas – 655

procedimento em matéria processual – 637

produção e consumo (art. 24, V) e consumidor (art. 24, VIII) – 633

proteção e defesa da saúde – 635

teste da prevalência do interesse – 609

teste do impacto – 609

teste do interesse local – 607

trânsito e transporte – 653

(ver Federação)

Reserva de Administração – 487

Reserva de Jurisdição – 528

(ver Comissão Parlamentar de Inquérito)

Sanção a Leis

classificação – 512

conceito e natureza – 509

e promulgação – 510

e vício de iniciativa – 512

Senado Federal

e *impeachment* – 277, 474, 534

e reserva de lei – 478

suspensão de normas declaradas inconstitucionais – 227

Tribunal da Jurisdição Constitucional

ação de cumprimento – 173

ação de tutela colombiana – 162

ação popular – 173

*action en manquement* – 171, 202

*Bescheidbeschwerde* – 162

competências – 130

contencioso de partido político – 153

contencioso eleitoral – 158

contencioso de normas – 130

contencioso de órgãos territoriais e federativo – 150

contencioso penal – 153

contenciso de órgãos e poderes – 147

garantias do cargo de juiz constitucional – 125

garantias institucionais ou orgânicas – 128

*habeas corpus* – 171

*habeas data* – 172

incompatibilidades – 121

jurisdição constitucional das liberdades – 162

jurisdição constitucional das liberdades – princípio da subsidiariedade – 167

mandado de segurança – 162
mandato – 119
modelo kelseniano – 103
modo de designação – 106
número de juízes – 105
privação de direitos políticos – 153
processo contra mandatários públicos – 156, 157
processo contra o Presidente da República – 154, 157
processo contra parlamentares – 156
recurso de amparo – 162, 166
requisitos para nomeação de juízes – 114
*Verfassungsbeschwerde* – 162
*writ of certiorari* – 167
*writ of mandamus* – 167
*writ of prohibition* – 167

União Européia
doutrina do efeito direto – 624
doutrina do efeito indireto, 624
e a garantia de livre concorrência – 627
e a garantia de um meio ambiente saudável – 627
e o princípio da livre circulação de capitais – 627
e o princípio da livre circulação de mercadorias – 625
e o princípio da livre circulação de pessoas – 627
e o princípio da proteção social – 628
e papel da Corte de Justiça – 689
e papel da Corte de Justiça – 625
supremacia do direito comunitário – 623

Veto
absoluto – 203, 513
jurisdicional – 203, 513
legislativo – 439
limitado – 513
no constitucionalismo brasileiro – 515
parlamentar – 513
*pocket veto* – 513
popular – 513
presidencial – 45, 137, 203, 327, 333, 388, 513
relativo – 205
suspensivo – 513

Vinculação do Legislador – 231
Vinculação do Tribunal da Jurisdição Constitucional – 230

Welfare States
(ver Estado Social de Direito)

# TÁBUAS DE DECISÃO

**ALEMANHA**
**Corte Constitucional Federal**
*BVerfGE* 1, 14 – 191, 389, 786, 842
*BVerfGE* 1, 97 – 684
*BVerfGE* 1, 141 – 842
*BVerfGE* 1, 184 – 132, 200
*BVerfGE* 1, 208 – 569, 805
*BVerfGE* 1, 283 – 630
*BVerfGE* 1, 369 – 137
*BVerfGE* 2, 124 – 132, 197, 198, 373, 377
*BVerfGE* 2, 213 – 630
*BVerfGE* 2, 266 – 739, 829
*BVerfGE* 2, 307 – 569
*BVerfGE* 2, 380 – 187, 569, 829
*BVerfGE* 3, 225 – 684
*BVerfGE* 3, 407 – 603
*BVerfGE* 4, 27 – 164
*BVerfGE* 4, 115 – 629, 630
*BVerfGE* 4, 157 – 218, 288
*BVerfGE* 6, 32 – 716, 739
*BVerfGE* 6, 77 – 842
*BVerfGE* 6, 246 – 218, 238
*BVerfGE* 6, 389 – 805
*BVerfGE* 7, 198 – 742
*BVerfGE* 7, 282 – 221, 239
*BVerfGE* 7, 377 – 739
*BVerfGE* 8, 19 – 218
*BVerfGE* 8, 28 – 829

*BVerfGE* 8, 143 – 602
*BVerfGE* 8, 210 – 165
*BVerfGE* 8, 274 – 289, 804
*BVerfGE* 9, 63 – 218
*BVerfGE* 9, 167 – 829
*BVerfGE* 9, 194 – 829
*BVerfGE* 9, 291 – 804
*BVerfGE* 9, 349 – 842
*BVerfGE* 10, 20 – 192, 193
*BVerfGE* 10, 124 – 132
*BVerfGE* 11, 6 – 602
*BVerfGE* 11, 89 – 603
*BVerfGE* 11, 168 – 829
*BVerfGE* 12, 180 – 200
*BVerfGE* 12, 281 – 829
*BVerfGE* 12, 341 – 842
*BVerfGE* 13, 97 – 733
*BVerfGE* 13, 230 – 630
*BVerfGE* 16, 94 – 219, 238
*BVerfGE* 16, 130 – 218
*BVerfGE* 17, 108 – 805
*BVerfGE* 17, 306 – 741
*BVerfGE* 18, 97 – 829
*BVerfGE* 19, 52 – 165
*BVerfGE* 19, 342 – 740
*BVerfGE* 20, 56 – 193
*BVerfGE* 20, 150 – 289, 804, 742
*BVerfGE* 22, 180 – 602, 740

*BVerfGE* 22, 349 – 219
*BVerfGE* 22, 358 – 222
*BVerfGE* 22, 373 – 133
*BVerfGE* 23, 127 – 741
*BVerfGE* 23, 242 – 221
*BVerfGE* 25, 1 – 741
*BVerfGE* 25, 167 – 221, 239
*BVerfGE* 26, 246 – 603
*BVerfGE* 26, 328 – 630
*BVerfGE* 27, 1 – 716
*BVerfGE* 27, 44 – 569
*BVerfGE* 27, 220 – 219, 683
*BVerfGE* 27, 344 – 716
*BVerfGE* 28, 243 – 739
*BVerfGE* 30, 173 – 806
*BVerfGE* 30, 250 – 290
*BVerfGE* 30, 292 – 741
*BVerfGE* 31, 58 – 740
*BVerfGE* 32, 98 – 741
*BVerfGE* 32, 145 – 629
*BVerfGE* 32, 373 – 739, 740
*BVerfGE* 32, 377 – 716
*BVerfGE* 33, 1 – 221, 684
*BVerfGE* 33, 52 – 829
*BVerfGE* 33, 247 – 169
*BVerfGE* 33, 303 – 219, 683
*BVerfGE* 33, 376 – 716
*BVerfGE* 34, 238 – 739
*BVerfGE* 34, 245 – 716
*BVerfGE* 34, 342 – 631
*BVerfGE* 35, 35 – 716
*BVerfGE* 35, 79 – 685
*BVerfGE* 35, 202 – 741
*BVerfGE* 36, 1 – 196, 287, 803
*BVerfGE* 36, 342 – 631
*BVerfGE* 37, 217 – 219
*BVerfGE* 38, 121 – 193
*BVerfGE* 38, 281 – 741

*BVerfGE* 38, 348 – 741
*BVerfGE* 39, 316 – 684
*BVerfGE* 40, 121 – 684
*BVerfGE* 40, 141 – 288
*BVerfGE* 41, 29 – 742
*BVerfGE* 41, 65 – 742
*BVerfGE* 41, 251 – 221
*BVerfGE* 43, 154 – 684
*BVerfGE* 43, 242 – 803
*BVerfGE* 43, 291 – 288, 683
*BVerfGE* 44, 125 – 222
*BVerfGE* 45, 187 – 739
*BVerfGE* 47, 46 – 288
*BVerfGE* 47, 146 – 133
*BVerfGE* 48, 102 – 804
*BVerfGE* 49, 89 – 674
*BVerfGE* 50, 205 – 716
*BVerfGE* 50, 290 – 289
*BVerfGE* 51, 324 – 733, 740
*BVerfGE* 52, 187 – 230
*BVerfGE* 53, 1 – 739
*BVerfGE* 53, 30 – 674
*BVerfGE* 54, 277 – 209
*BVerfGE* 54, 299 – 829
*BVerfGE* 55, 100 – 219, 238
*BVerfGE* 56, 54 – 674, 683
*BVerfGE* 59, 36 – 290
*BVerfGE* 59, 275 – 739
*BVerfGE* 59, 336 – 829
*BVerfGE* 61, 319 – 219
*BVerfGE* 66, 107 – 569
*BVerfGE* 67, 157 – 741
*BVerfGE* 69, 1 – 209
*BVerfGE* 70, 35 – 829
*BVerfGE* 74, 129 – 716
*BVerfGE* 75, 102 – 803
*BVerfGE* 76, 211 – 829
*BVerfGE* 80, 137 – 716

BVerfGE 80, 367 – 716
BVerfGE 81, 70 – 803
BVerfGE 81, 363 – 201, 219
BVerfGE 83, 37 – 806
BVerfGE 83, 60 – 569
BVerfGE 87, 153 – 845
BVerfGE 89, 155 – 197, 290
BVerfGE 90, 133 – 218
BVerfGE 91, 86 – 845
BVerfGE 93, 121 – 845
BVerfGE 93, 165 – 845
BVerfGE 143, 149 – 602
BVerfGE 145, 154 – 218
BVerfGE 317, 217 – 219
NJW 1995, 381/383 – 218

## ARGENTINA
### Corte Suprema
Antonio Cortés c. Anrés Prado. Fallos 187: 79 – 250

Buombicci. L.L. 1994-A-341 – 253

Caso Cavic. Fallos, 277: 147 – 449

Caso Colella. Fallos, 268: 352 – 250

Caso Ferrario. Fallos 251: 246, 1958 – 251

Caso Moya. L.L. 1981-C – 251

Caso Petrus. L.L. 51-27 – 250

Caso Sofia. Fallos 243: 504 – 251

Caso Sojo. Fallos 32: 120 – 249

Caso UCR-CFI-Frejupo, Fallos 147: 286 – 252

Caso Varela. Fallos 23: 266 – 249

Caso Zamorano. L.L. 1978-A – 251

Corporación Vitícola, Industrial y Comercial, Cavic. L.L. 139-527 – 252

Cullen c. Llerena, Fallos 53:420 – 153, 250

Declaração de Utilidade Pública. Fallos 4: 311 – 250

Estado de Sítio, Fallos 223: 206 – 250

Ferrocarril Central Argentino (Caso Hué). Fallos 4: 311, 1867 – 251

Governo de Fato. Fallos 158: 290; 196: 5 – 251

Governo de Fato. Fallos 252: 8 – 251

Juan Lagraña y otros s/ infracción a la ley electoral de 1870. Fallos 9: 314 – 252

Municipalidad de Buenos Aires c. Elortondo. Fallos 33: 162, 1888 – 251

Orías c/ Universidad Nacional de Río Cuarto. L.L., 1994-C-237 – 252

Paz, Francisco c. Estado nacional. L.L. 1990-A, – 251

Pleitos Eleitorais. Fallos 284: 446 – 162

Poderes Militares, Fallos 211: 162 – 250

Rubén Malincky, Fallos 264:364 – 206

Siganevich, Pablo, s/ infracción a la ley 2313 de Santa Fe. Fallos 177: 390 – 250

Soria de Gerrero c. Bodega y Viñedo Pulenta Hnos. Fallos 23: 266 – 192, 389

Soria de Gerrero c. Bodega y Viñedo Pulenta Hunos. Fallos 256: 556 – 250

Vacância da Presidência da República, Fallos 252: 178 – 250

## ÁUSTRIA
### Corte Constitucional
G 388-391/96 – 845

VfSlg 2.455 – 192, 389, 390

VfSlg 5.353 – 168

VfSlg 5.676 – 192

VfSlg 6.277 – 196

VfSlg 8.017 – 201

VfSlg 8.871 – 221

VerfSlg 8.445 – 807

VfSlg 9.144 – 170

VerfSlg 9.545 – 807

*VfSlg* 10.705 – 215
*VfSlg* 10.739 – 199
*VfSlg* 11.669 – 192

**BRASIL**
**Supremo Tribunal Federal**
ADC n. 1-DF – 225
ADC n. 3-DF – 508
ADIn (Edcl) n. 1.030-SC – 853
ADIn (EInfr) n. 171-MG – 863
ADIn (QO) n. 319-DF – 210
ADIn (QO) n. 587-MG – 194
ADIn (QO) n. 652 – 240
ADIn (QO) n. 841-RJ – 480, 503, 504
ADIn n. 2-DF – 377, 378
ADIn n. 33-DF – 850
ADIn n. 89-MG – 590
ADIn n. 94-RO – 590
ADIn n. 95-1-RO – 852
ADIn n. 98-MT – 502, 584, 586
ADIn n. 101-MG – 590
ADIn n. 103-RO – 500
ADIn n. 111-BA – 576
ADIn n. 112-BA – 590
ADIn n. 115-PR – 590
ADIn n. 120-AM – 211
ADIn n. 122-SC – 492
ADIn n. 123-SC – 603, 604, 792, 793, 870
ADIn n. 135-PB – 584
ADIn n. 152-MG – 492, 579
ADIn n. 175-PR – 656
ADIn n. 176-MT – 496, 647
ADIn n. 189-RJ – 585
ADIn n. 199-PE – 595
ADIn n. 202-BA – 189, 585
ADIn n. 219-PB – 583
ADIn n. 227-RJ – 496
ADIn n. 233-RJ – 492
ADIn n. 234-RJ – 213, 223
ADIn n. 240-RJ – 493, 579

ADIn n. 245-RJ – 418, 491, 577
ADIn n. 248-RJ – 589
ADIn n. 252-PR – 189
ADIn n. 264-DF – 199
ADIn n. 308-DF – 590
ADIn n. 314-PE – 585
ADIn n. 348-MG – 877, 491
ADIn n. 365-DF – 199
ADIn n. 373-PI – 582
ADIn n. 422-ES – 501
ADIn n. 449-DF – 497
ADIn n. 465-DF – 590
ADIn n. 486-ES – 581
ADIn n. 490-AM – 792
ADIn n. 495-PI – 881
ADIn n. 513-DF – 194, 240, 199
ADIn n. 574-DF – 486, 506, 508
ADIn n. 585-AM – 502
ADIn n. 587-PA – 576
ADIn n. 590-DF – 199
ADIn n. 600-MG – 880
ADIn n. 643-SP – 194
ADIn n. 654-PR – 504, 585
ADIn n. 687-PA – 595
ADIn n. 813-SP – 504
ADIn n. 815-DF – 191, 370, 389, 406, 735
ADIn n. 822-RS – 574
ADIn n. 829-DF – 191, 389
ADIn n. 833-DF – 418, 419, 420
ADIn n. 834-MT – 651
ADIn n. 836-PE – 474
ADIn n. 869-DF – 704
ADIn n. 939-DF – 191, 389, 416
ADIN n. 978-PB – 577, 596, 796
ADIn n. 1.098-SP – 213
ADIn n. 1.187-DF – 486
ADIn n. 1.249-AM – 494

ADIn n. 1.254-RJ – 516
ADIn n. 1.262-TO – 666
ADIn n. 1.326-SC – 649, 822
ADIn n. 1.363-BA – 482
ADIn n. 1.396-SC – 495, 580
ADIn n. 1.417-DF – 453, 456
ADIn n. 1.425-PE – 656
ADIn n. 1.469-SC – 463
ADIn n. 1.480-DF – 144, 196, 483, 720
ADIn n. 1.546-SP – 581
ADIn n. 1.610-DF – 453
ADIn n. 1.614-MG – 453
ADIn n. 1.647-PA – 195, 451, 452, 453
ADIn n. 1.649-DF – 224
ADIn n. 1.660-SE – 453
ADIn n. 1.669-MS – 194
ADIn n. 1.963-PR – 512
ADInMC (Ag) n. 475-AL – 488
ADInMC n. 74-RN – 182, 368, 371, 375, 379
ADInMC n. 98-DF – 568
ADInMC n. 100-MG – 590
ADInMC n. 101-MG – 851
ADInMC n. 107-AM – 851
ADInMC n. 117-PR – 590
ADInMC n. 118-PR – 590
ADInMC n. 122-SC – 579
ADInMC n. 126-RO – 853
ADInMC n. 137-PA – 584
ADInMC n. 144-RN – 496, 647, 649
ADInMC n. 145-CE – 588, 590
ADInMC n. 160-TO – 666
ADInMC n. 161-PR – 584
ADInMC n. 162-DF – 456
ADInMC n. 166-PE – 647, 851
ADInMC n. 181-RS – 852
ADInMC n. 182-RS – 494, 579
ADInMC n. 184-MT – 852
ADInMC n. 188-CE – 666
ADInMC n. 189-RJ – 481, 504

ADInMC n. 197-SE – 494, 584
ADInMC n. 199-PE – 579
ADInMC n. 202-BA – 502, 585, 585
ADInMC n. 209-DF – 643, 652
ADInMC n. 214-PB – 576
ADInMC n. 215-PB – 583
ADInMC n. 217-PB – 491, 578, 588
ADInMC n. 218-PB – 854
ADInMC n. 221-DF – 455, 519
ADInMC n. 222-RJ – 666, 852
ADInMC n. 236-RJ – 491
ADInMC n. 247-RJ – 496
ADInMC n. 251-CE – 584, 585
ADInMC n. 260-SC – 851
ADInMC n. 262-RO – 666, 852
ADInMC n. 269-AC – 666, 852
ADInMC n. 270-MG – 495
ADInMC n. 274-PE – 585
ADInMC n. 276-AL – 496
ADInMC n. 277-MS – 649
ADInMC n. 278-MS – 496
ADInMC n. 279-CE – 581
ADInMC n. 280-MT – 635, 653
ADInMC n. 282-MT – 490, 496, 500, 476, 577, 578, 593, 664, 667
ADInMC n. 285-RO – 656
ADInMC n. 286-RO – 851
ADInMC n. 287-RO – 649
ADInMC n. 289-CE – 649
ADInMC n. 290-SC – 494, 580, 656
ADInMC n. 291-MT – 491, 578, 588
ADInMC n. 293-DF – 454
ADInMC n. 303-RS – 656
ADInMC n. 307-CE – 652, 665, 667
ADInMC n. 317-SC – 591, 642, 854
ADInMC n. 329-SC – 634
ADInMC n. 330-RS – 634
ADInMC n. 336-SE – 593
ADInMC n. 346-RO – 581
ADInMC n. 347-SP – 586

ADInMC n. 348-MG – 877
ADInMC n. 349-MT – 653
ADInMC n. 352-SC – 501, 853
ADInMC n. 360-DF – 199
ADInMC n. 366-MA – 584
ADInMC n. 371-SE – 595, 650
ADInMC n. 375-AM – 583
ADInMC n. 376-RO – 495, 496, 656
ADInMC n. 377-RO – 657
ADInMC n. 380-RO – 495
ADInMC n. 388-RO – 853
ADInMC n. 390-SP – 666
ADInMC n. 403-SP – 654, 849
ADInMC n. 409-RS – 586
ADInMC n. 410-SC – 481, 782
ADInMC n. 411-RO – 499
ADInMC n. 414-DF – 856
ADInMC n. 415-GO – 376, 377
ADInMC n. 418-DF – 199
ADInMC n. 420-ES – 855
ADInMC n. 422-ES – 593
ADInMC n. 424-RO – 643
ADInMC n. 429-CE – 853
ADInMC n. 430-MS – 881
ADInMC n. 432-DF – 199, 474
ADInMC n. 437-SC – 656
ADInMC n. 439-RO – 593
ADInMC n. 445-TO – 582
ADInMC n. 446-SP – 593
ADInMC n. 447-DF – 850
ADInMC n. 451-RJ – 648
ADInMC n. 458-MA – 666
ADInMC n. 459-SC – 850
ADInMC n. 460-AP – 582
ADInMC n. 461-BA – 583
ADInMC n. 462-BA – 576
ADInMC n. 463-BA – 499, 592, 653
ADInMC n. 464-GO – 492, 578
ADInMC n. 468-PR – 499, 502, 586, 592
ADInMC n. 474-RJ – 636, 653

ADInMC n. 475-AL – 666
ADInMC n. 476-BA – 636, 653
ADInMC n. 478-SP – 665
ADInMC n. 479-DF – 666
ADInMC n. 481-MT – 657
ADInMC n. 485-DF – 199
ADInMC n. 494-MT – 858
ADInMC n. 497-RJ – 857
ADInMC n. 506-AC – 585
ADInMC n. 507-AM – 582, 878, 879
ADInMC n. 508-MG – 586
ADInMC n. 509-MT – 856
ADInMC n. 512-PB – 858, 876
ADInMC n. 514-PI – 499, 578
ADInMC n. 522-PR – 492, 578
ADInMC n. 524-ES – 763, 848
ADInMC n. 526-DF – 452, 855
ADInMC n. 532-MA – 636, 653
ADInMC n. 533-DF – 848
ADInMC n. 536-DF – 199
ADInMC n. 541-PB – 493, 501, 588, 652, 849
ADInMC n. 544-SC – 496, 876
ADInMC n. 545-CE – 876
ADInMC n. 548-DF – 590
ADInMC n. 550-MT – 501, 593, 876
ADInMC n. 551-RJ – 580
ADInMC n. 556-RN – 636, 653
ADInMC n. 558-RJ – 211, 580, 587, 589
ADInMC n. 565-SP – 213
ADInMC n. 566-SP – 199
ADInMC n. 568-AM – 491, 578, 588
ADInMC n. 571-DF – 593
ADInMC n. 572-PB – 492, 578
ADInMC n. 575-PI – 491, 587, 589
ADInMC n. 582-SP – 493, 579
ADInMC n. 584-PR – 594
ADInMC n. 585-AM – 583
ADInMC n. 589-DF – 199

ADInMC n. 595-ES – 499, 578
ADInMC n. 637-MA – 491, 578, 588
ADInMC n. 639-DF – 698
ADInMC n. 644-AP – 849
ADInMC n. 652-MA – 482, 666
ADInMC n. 656-RS – 492, 578, 588
ADInMC n. 657-RS – 496
ADInMC n. 659-GO – 499, 592
ADInMC n. 660-TO – 857
ADInMC n. 665-DF – 492, 493
ADInMC n. 668-AL – 494, 580
ADInMC n. 669-RJ – 634, 650
ADInMC n. 672-DF – 593
ADInMC n. 673-DF – 199
ADInMC n. 676-RJ – 576
ADInMC n. 677-DF – 880
ADInMC n. 678-RJ – 576
ADInMC n. 680-GO – 493, 579, 697, 879
ADInMC n. 682-PR – 645
ADInMC n. 685-PA – 595, 650
ADInMC n. 688-DF – 478
ADInMC n. 691-TO – 656
ADInMC n. 702-CE – 591
ADInMC n. 703-AC – 576
ADInMC n. 704-PR – 666
ADInMC n. 708-DF – 199
ADInMC n. 711-AM – 495
ADInMC n. 717-AC – 182
ADInMC n. 718-MA – 666
ADInMC n. 725-RS – 584, 585
ADInMC n. 732-RJ – 501
ADInMC n. 733-MG – 666, 667
ADInMC n. 734-MT – 855, 858
ADInMC n. 738-GO – 576
ADInMC n. 739-AM – 492, 579
ADInMC n. 743-RO – 576
ADInMC n. 747-TO – 636, 653
ADInMC n. 748-RS – 476, 475, 477
ADInMC n. 749-CE – 492, 579, 580, 592

ADInMC n. 750-RJ – 634
ADInMC n. 751-GO – 494, 580
ADInMC n. 755-SP – 493, 579
ADInMC n. 757-MS – 495
ADInMC n. 761-RS – 879
ADInMC n. 762-RJ – 857
ADInMC n. 763-SP – 199
ADInMC n. 764-PI – 503, 586
ADInMC n. 766-RS – 491, 495, 574, 580, 592
ADInMC n. 770-MG – 665
ADInMC n. 771-DF – 854
ADInMC n. 774-RS – 574
ADInMC n. 780-RJ – 500, 501, 593
ADInMC n. 792-RJ – 596
ADInMC n. 793-RO – 596
ADInMC n. 796-ES – 594
ADInMC n. 800-RS – 850
ADInMC n. 801-RJ – 519
ADInMC n. 805-RS – 506
ADInMC n. 806-DF – 316
ADInMC n. 819-RR – 575
ADInMC n. 820-RS – 501
ADInMC n. 821-RS – 490
ADInMC n. 825-AP – 576
ADInMC n. 826-AP – 665
ADInMC n. 827-AP – 490, 577
ADInMC n. 840-AM – 493, 656
ADInMC n. 843-MS – 494, 579
ADInMC n. 844-MS – 495, 579
ADInMC n. 849-MT – 582
ADInMC n. 851-RJ – 665, 667
ADInMC n. 855-PR – 633, 757
ADInMC n. 856-RS – 495, 579
ADInMC n. 858-RJ – 495, 579
ADInMC n. 861-AP – 635
ADInMC n. 865-MA – 506, 507, 645

ADInMC n. 867-MA – 582
ADInMC n. 872-RS – 495, 579
ADInMC n. 874-BA – 636
ADInMC n. 881-ES – 588
ADInMC n. 882-MT – 589, 652
ADInMC n. 886-DF – 469
ADInMC n. 887-AP – 575
ADInMC n. 891-ES – 852
ADInMC n. 893-PR – 584
ADInMC n. 896-DF – 485
ADInMC n. 897-PA – 583
ADInMC n. 902-SP – 144, 852
ADInMC n. 903-MG – 632, 644, 876
ADInMC n. 905-PR – 649, 695
ADInMC n. 919-PR – 495, 579
ADInMC n. 921-MS – 695
ADInMC n. 926-PR – 191, 389
ADInMC n. 927-RS – 640
ADInMC n. 930-MA – 851
ADInMC n. 932-SP – 638
ADInMC n. 940-RJ – 199
ADInMC n. 953-DF – 635
ADInMC n. 962-PI – 695
ADInMC n. 969-DF – 655
ADInMC n. 973-AP – 493
ADInMC n. 978-PB – 650
ADInMC n. 980-DF – 492, 578
ADInMC n. 981-PR – 404, 405, 417, 420, 421
ADInMC n. 999-AL – 575
ADInMC n. 1.001-RS – 657
ADInMC n. 1.005-DF – 851, 868
ADInMC n. 1.007-RE – 648
ADInMC n. 1.008-PI – 650
ADInMC n. 1.009-PA – 650
ADInMC n. 1.010-MT – 650
ADInMC n. 1.011-MA – 650
ADInMC n. 1.012-GO – 650

ADInMC n. 1.013-ES – 650
ADInMC n. 1.014-BA – 650
ADInMC n. 1.015-AM – 650
ADInMC n. 1.016-AL – 650
ADInMC n. 1.017-AC – 650
ADInMC n. 1.018-MG – 650
ADInMC n. 1.019-RR – 650
ADInMC n. 1.020-DF – 650
ADInMC n. 1.021-SP – 650
ADInMC n. 1.022-RJ – 650
ADInMC n. 1.023-RO – 650
ADInMC n. 1.024-SC – 650
ADInMC n. 1.025-TO – 650
ADInMC n. 1.026-SE – 650
ADInMC n. 1.027-RS – 650
ADInMC n. 1.028-PE – 650
ADInMC n. 1.032-RJ – 636, 653
ADInMC n. 1.034-TO – 666
ADInMC n. 1.038-TO – 665
ADInMC n. 1.042-DF – 648, 698
ADInMC n. 1.050-SC – 584
ADInMC n. 1.052-RS – 644
ADInMC n. 1.057-BA – 489
ADInMC n. 1.063-DF – 497
ADInMC n. 1.064-MS – 494, 580, 656
ADInMC n. 1.069-DF – 584
ADInMC n. 1.070-MS – 512
ADInMC n. 1.080-PR – 502, 586
ADInMC n. 1.096-RS – 507, 553
ADInMC n. 1.098-SP – 211, 594
ADInMC n. 1.103-DF – 880
ADInMC n. 1.105-DF – 479, 828
ADInMC n. 1.114-DF – 145
ADInMC n. 1.127-RN – 494
ADInMC n. 1.137-RS – 591
ADInMC n. 1.140-RR – 582
ADInMC n. 1.144-RS – 665
ADInMC n. 1.152-RJ – 480, 504
ADInMC n. 1.158-AM – 757, 827

ADInMC n. 1.160-AM – 493, 579
ADInMC n. 1.168-AM – 480, 504
ADInMC n. 1.170-AM – 210, 580
ADInMC n. 1.172-DF – 576
ADInMC n. 1.182-DF – 491
ADInMC n. 1.190-PR – 583
ADInMC n. 1.191-PI – 654
ADInMC n. 1.194-DF – 210, 824
ADInMC n. 1.196-RO – 494
ADInMC n. 1.197-RO – 495
ADInMC n. 1.200-ES – 493, 579
ADInMC n. 1.201-RO – 495, 579
ADInMC n. 1.204-DF – 455
ADInMC n. 1.223-AM – 493, 579
ADInMC n. 1.225-PE – 849
ADInMC n. 1.228-AP – 587
ADInMC n. 1.232-DF – 699, 856
ADInMC n. 1.236-DF – 210
ADInMC n. 1.246-PR – 492, 578, 588
ADInMC n. 1.247-PA – 463
ADInMC n. 1.249-AM – 494
ADInMC n. 1.250-DF – 497, 822
ADInMC n. 1.253-DF – 199
ADInMC n. 1.254-RJ – 515
ADInMC n. 1.255-RO – 581, 690
ADInMC n. 1.275-SP – 490, 577
ADInMC n. 1.285-SP – 637
ADInMC n. 1.287-MT – 463, 849
ADInMC n. 1.302-RN – 649
ADInMC n. 1.303-SC – 481, 505
ADInMC n. 1.304-SC – 493
ADInMC n. 1.307-MS – 145
ADInMC n. 1.323-PI – 654
ADInMC n. 1.328-AL – 85
ADInMC n. 1.344-ES – 213
ADInMC n. 1.353-RN – 494
ADInMC n. 1.355-DF – 559
ADInMC n. 1.358-DF – 822
ADInMC n. 1.359-DF – 592, 642

ADInMC n. 1.370-DF – 824
ADInMC n. 1.371-DF – 211
ADInMC n. 1.374-MA – 500, 592, 664
ADInMC n. 1.376-DF – 457
ADInMC n. 1.377-DF – 211
ADInMC n. 1.380-AL – 493
ADInMC n. 1.381-AL – 492, 493, 578, 579
ADInMC n. 1.382-DF – 763, 821
ADInMC n. 1.385-PE – 480, 504
ADInMC n. 1.391-SP – 577
ADInMC n. 1.397-DF – 451, 452, 641
ADInMC n. 1.398-DF – 852
ADInMC n. 1.413-DF – 491
ADInMC n. 1.421-DF – 493, 579
ADInMC n. 1.422-RJ – 503
ADInMC n. 1.434-SP – 494, 578, 588
ADInMC n. 1.435-DF – 462
ADInMC n. 1.448-RJ – 495, 496, 579
ADInMC n. 1.450-SP – 645
ADInMC n. 1.461-AP – 575
ADInMC n. 1.467-DF – 851
ADInMC n. 1.474-AP – 583
ADInMC n. 1.475-DF – 493
ADInMC n. 1.477-DF – 653
ADInMC n. 1.478-SC – 493
ADInMC n. 1.480-DF – 482, 483
ADInMC n. 1.481-ES – 480, 502, 504
ADInMC n. 1.489-RJ – 652
ADInMC n. 1.499-PA – 655
ADInMC n. 1.502-DF – 485
ADInMC n. 1.503-RJ – 189, 480, 504
ADInMC n. 1.506-SE – 587
ADInMC n. 1.509-DF – 657
ADInMC n. 1.515-DF – 649
ADInMC n. 1.516-UF – 451, 457, 703
ADInMC n. 1.521-RS – 580, 791, 824
ADInMC n. 1.528-AP – 596
ADInMC n. 1.541-MS – 592, 642

ADInMC n. 1.542-MS – 592, 642
ADInMC n. 1.543-MS – 591
ADInMC n. 1.545-SE – 582
ADInMC n. 1.553-DF – 477
ADInMC n. 1.554-MA – 491
ADInMC n. 1.556-PE – 209
ADInMC n. 1.566-SC – 583
ADInMC n. 1.586-PA – 210
ADInMC n. 1.592-DF – 637
ADInMC n. 1.594-RN – 578
ADInMC n. 1.595-SP – 635
ADInMC n. 1.598-PE – 594
ADInMC n. 1.610-DF – 453
ADInMC n. 1.615-UF – 638
ADInMC n. 1.620-DF – 497
ADInMC n. 1.623-RJ – 648
ADInMC n. 1.624-MG – 644
ADInMC n. 1.627-UF – 640, 658
ADInMC n. 1.628-SC – 650, 651
ADInMC n. 1.629-UF – 658
ADInMC n. 1.634-SC – 651
ADInMC n. 1.638-UF – 194
ADInMC n. 1.642-MG – 211
ADInMC n. 1.643-UF – 821
ADInMC n. 1.644-PI – 463, 495, 579
ADInMC n. 1.646-PE – 635
ADInMC n. 1.654-AP – 637
ADInMC n. 1.666-RS – 210, 637
ADInMC n. 1.668-DF – 213, 464, 470
ADInMC n. 1.670-UF – 701
ADInMC n. 1.671-GO – 825
ADInMC n. 1.674-DF – 584
ADInMC n. 1.675-UF – 692, 825
ADInMC n. 1.679-GO – 455, 588
ADInMC n. 1.684-BA – 481, 505
ADInMC n. 1.687-UF – 692
ADInMC n. 1.689-PE – 500, 592, 664
ADInMC n. 1.695-PR – 493

ADInMC n. 1.701-SC – 495, 579
ADInMC n. 1.703-SC – 491
ADInMC n. 1.704-MT – 637
ADInMC n. 1.716-DF – 457
ADInMC n. 1.717-DF – 328, 453
ADInMC n. 1.719-UF – 210
ADInMC n. 1.721-DF – 698
ADInMC n. 1.728-PB – 657
ADInMC n. 1.730-RN – 493, 579
ADInMC n. 1.731-ES – 492, 578
ADInMC n. 1.747-SC – 485
ADInMC n. 1.750-DF – 500, 593
ADInMC n. 1.753-DF – 195, 452, 827
ADInMC n. 1.754-DF – 451
ADInMC n. 1.758-DF – 210
ADInMC n. 1.759-SC – 500
ADInMC n. 1.770-DF – 697
ADInMC n. 1.779-PE – 582
ADInMC n. 1.783-BA – 587
ADInMC n. 1.790-DF – 645
ADInMC n. 1.798-BA – 697
ADInMC n. 1.801-PE – 488
ADInMC n. 1.805-DF – 191, 389, 416
ADInMC n. 1.809-SC – 495, 579
ADInMC n. 1.813-DF – 559, 763, 820, 828
ADInMC n. 1.822-DF – 485
ADInMC n. 1.825-RJ – 666
ADInMC n. 1.837-CE – 504
ADInMC n. 1.841-RJ – 594
ADInMC n. 1.848-RO – 664
ADInMC n. 1.852-DF – 693
ADInMC n. 1.861-DF – 695
ADInMC n. 1.862-RJ – 635
ADInMC n. 1.881-AL – 666
ADInMC n. 1.882-DF – 695
ADInMC n. 1.890-MA – 650
ADInMC n. 1.893-RJ – 635

ADInMC n. 1.901-MG – 502, 651
ADInMC n. 1.905-RS – 584
ADInMC n. 1.910-DF – 195, 453, 826
ADInMC n. 1.914-RO – 502
ADInMC n. 1.916-MS – 637
ADInMC n. 1.918-ES – 648
ADInMC n. 1.919-SP – 638
ADInMC n. 1.926-PE – 856
ADInMC n. 1.935-RO – 498
ADInMC n. 1.936-PE – 638
ADInMC n. 1.945-MT – 463
ADInMC n. 1.946-DF – 210
ADInMC n. 1.952-DF – 702
ADInMC n. 1.955-RO – 495
ADInMC n. 1.957-AP – 581
ADInMC n. 1.963-PR – 492, 578
ADInMC n. 1.967-DF – 191
ADInMC n. 1.969-DF – 824
ADInMC n. 1.970-TO – 502
ADInMC n. 1.972-RS – 637
ADInMC n. 1.980-PR – 634
ADInMC n. 1.985-PE – 480, 504
ADInMC n. 1.991-DF – 637, 642
ADInMC n. 1.996-DF – 857
ADInMC n. 2.006-DF – 694
ADInMC n. 2.010-DF – 508
ADInMC n. 2.011-SP – 585
ADInMC n. 2.012-SP – 566, 877
ADInMC n. 2.019-MT – 822
ADInMC n. 2.031-DF – 509
ADInMC n. 2.035-RJ – 642
ADInMC n. 2.038-BA – 312
ADInMC n. 2.040-MS – 418
ADInMC n. 2.050-RO – 496
ADInMC n. 2.064-MS – 636
ADInMC n. 2.072-RS – 500
ADInMC n. 2.079-0 – 512
ADInMC n. 2.084-SP – 211
ADInMC n. 2.095-RS – 145

ADInMC n. 2.101-MS – 636
ADInMC n. 2.108-PE – 502
ADInMC n. 2.110-DF – 693, 698, 699
ADInMC n. 2.111-DF – 693, 698, 699
ADInMC n. 2.115-RS – 492
ADInMC n. 2.137-RJ – 636, 654
ADInMC n. 2.217-RS – 665
ADInMC n. 2.299-RS – 699
ADInMC n. 2.306-DF – 555
ADInMC n. 2.308-SC – 488
ADInMC n. 2.314-RJ – 595
ADInMC n. 2.317-AL – 825
ADInMC n. 2.319-PR – 587
ADInMC n. 2.325-DF – 213
ADInMC n. 2.340-SC – 662
ADInMC n. 2.350-GO – 648
ADInMC n. 2.364-AL – 488
ADInMC n. 2.392-ES – 502
ADInMC n. 2.396-MS – 643
ADInMC n. 2.436-PE – 588
ADInMC n. 2.468-DF – 464
ADInMC n. 2.473-DF – 703
ADPF (QO) n. 1-RJ – 327
Ag (AgRg) n. 159.081-SP – 484
Ag (AgRg) n. 159.725-RJ – 487
Ag (AgRg) n. 167.777-SP – 646
Ag (AgRg) n. 194.188-RS – 823
Ag. (AgRg) n. 181.138-2 – 883
Ag. (AgRg) n. 186.287-RS – 189
AgRg n. 327-DF – 310
AgRg n. 621-PE – 466
AO n. 1 – 326
AO n. 4 – 326
AO n. 70-SC – 55
AO n. 152-RS – 696
AO n. 155-RS – 503
AO n. 258-SC – 656

AO n. 263-SC – 656
AO n. 286-SC – 656
AO n. 300-SC – 656
AO n. 327-SC – 656
AO n. 476-RO – 785
Ap. Cível n. 112 – 318
Ap. Cível n. 175 – 318
Ap. n. 307-DF – 734, 756
Ap. n. 39.646-SP – 371
CJ n. 42 – 326
CR (AgRg) n. 8.279-AT – 483, 720
Ext. n. 662-PU – 483, 720
HC n. 300 – 321
HC n. 520 – 321
HC n. 523 – 318, 321
HC n. 524 – 318, 321
HC n. 525 – 321
HC n. 529 – 321
HC n. 1.063 – 321
HC n. 1.073 – 321, 323, 555
HC n. 2.794 – 323, 555
HC n. 2.797 – 555
HC n. 2.905 – 323
HC n. 2.950 – 323, 555
HC n. 3.137 – 324, 555
HC n. 3.145 – 324, 555
HC n. 3.148 – 324, 555
HC n. 3.451 – 325
HC n. 3.527 – 322
HC n. 3.539 – 322, 554
HC n. 3.584 – 325
HC n. 3.635 – 322, 554
HC n. 3.697 – 324
HC n. 4.104 – 325
HC n. 4.781 – 553
HC n. 5.539-RJ – 664
HC n. 6.008 – 325
HC n. 8.800 – 325
HC n. 11.942-DF – 557

HC n. 14.583 – 322, 554
HC n. 18.178 – 394
HC n. 26.178 – 323
HC n. 26.255-DF – 556
HC n. 29.763-DF – 556
HC n. 46.118-DF – 364
HC n. 58.926 – 327, 333
HC n. 61.738 – 327, 333
HC n. 69.657-SP – 788, 789, 790
HC n. 71 039-DF – 316, 528
HC n. 71.262 – 327, 333
HC n. 71.373-RS – 75, 704, 759, 760, 761, 762
HC n. 71.421-DF – 316, 528, 529
HC n. 71.713-PB – 646
HC n. 72.082-RJ – 327, 333
HC n. 72.575-PE – 704
HC n. 72.930-MS – 646
HC n. 73.232-GO – 479
HC n. 73.257-RJ – 484
HC n. 73.662-MG – 705
HC n. 73.917-MG – 479
HC n. 74.132-SP – 327, 333
HC n. 74.286-SC – 704
HC n. 75.308-MT – 646
HC n. 75.695-SP – 484
HC n. 77.003-PE – 826
HC n. 78.168-PB – 652
HC n. 78.946-RJ – 327
HC n. 79 441-DF – 530, 529, 313
HC n. 80.511-MG – 577
HC n. 80.539-PA – 528
Inq. (AgRg) n. 897-SP – 721, 758
Inq. (QO) n. 687-DF – 873
Inq. (QO) n. 687-SP – 537
Inq. (QO) n. 881-MT – 537
Inq. n. 2-DF – 555
Inq. n. 1.055-AM – 210

MI (AgRg) n. 79-DF – 764
MI (AgRg) n. 81-DF – 764
MI (AgRg) n. 324-SP – 765
MI (AgRg) n. 360-PE – 766
MI (QO) n. 107-DF – 766
MI (QO) n. 352-RS – 765
MI n. 20-DF – 764, 766
MI n. 73-DF – 765
MI n. 80-DF – 764
MI n. 144-SP – 694, 695
MI n. 204-RR – 764
MI n. 211-DF – 698
MI n. 219-DF – 764, 765
MI n. 283-DF – 767
MI n. 284-DF – 767
MI n. 323-DF – 764
MI n. 355-DF – 767
MI n. 356-RJ – 763
MI n. 361-RJ – 765, 766
MI n. 363-RJ – 765
MI n. 384-RJ – 767
MI n. 430-DF – 766
MI n. 447-DF – 766, 767
MI n. 488-SP – 767
MI n. 501-0 – 767
MS (AgRg-QO) n. 21.291-DF – 502
MS (AgRg) n. 21.754-DF – 311, 395, 396, 405
MS (QO) n. 21.564-DF – 531, 533, 536
MS n. 111-DF – 358, 555
MS n. 895-DF – 557
MS n. 900-DF – 557
MS n. 1.959-DF – 312, 557
MS n. 2.264-DF – 554
MS n. 3.557 – 323, 326, 360, 361
MS n. 7.243 – 516
MS n. 14.938-DF – 363
MS n. 15.886 – 516
MS n. 16.003-DF – 516

MS n. 16.512 – 228
MS n. 20.257-DF – 405
MS n. 20.194-DF – 364
MS n. 20.217-DF – 310
MS n. 20.247-DF – 311
MS n. 20.257-DF – 134, 313, 394, 395, 396, 398, 399, 400
MS n. 20.415-DF – 310
MS n. 20.464-DF – 310, 312
MS n. 20.471-DF – 396
MS n. 20.509-DF – 310, 312, 396
MS n. 20.692-DF – 368
MS n. 20.941-DF – 313, 531
MS n. 20.962-DF – 310, 313
MS n. 20.999-DF – 319
MS n. 21.041-RO – 328
MS n. 21.131-DF – 313
MS n. 21.136-DF – 310
MS n. 21.143-DF – 696
MS n. 21.168-DF – 327, 333
MS n. 21.360-DF – 310
MS n. 21.374-DF – 310
MS n. 21.443-DF – 310, 313, 532
MS n. 21.450-MT – 502
MS n. 21.564-DF – 313, 314, 315, 479, 531, 537, 868
MS n. 21.623-DF – 314, 531, 536
MS n. 21.648-DF – 395, 396, 399, 400, 401, 405
MS n. 21.654-DF – 534, 535
MS n. 21.689-DF – 314, 531, 532, 538, 540, 541
MS n. 22.164-SP – 676
MS n. 22.183-DF – 309, 396, 405, 559, 560, 561
MS n. 22.302-PR – 464
MS n. 22.314-MS – 480
MS n. 22.451-DF – 494, 497
MS n. 22.494-DF – 310, 396

MS n. 22.503-DF – 134, 311, 312, 313, 316, 395, 396, 397, 402, 405, 488, 558
MS n. 22.689-CE – 493, 497
MS n. 23.452-DF – 316, 530
MS n. 23.576-DF – 482
MS n. 23.446-DF – 316, 528
MS n. 23.448-DF – 529
MS n. 23.452-DF – 528
MS n. 23.452-RJ – 528
MS n. 23.454-DF – 316, 528, 529
MS n. 23.565-DF – 398
MS n. 23.576-DF – 529
MS n. 23.851-DF – 529
Pet. (AgRg) n. 1.140-TO – 462, 861
Pet. (AgRg) n. 1.249-DF – 697
Pet. (AgRg) n. 1.673-DF – 697
Pet. (QO) n. 1.414-MG – 479
Pet. n. 85-DF – 480
Pet. n. 1.543-SP – 463
Pet. n. 1.654-MG – 574
Rcl. n. 141 – 518
Rcl. n. 383-SP – 571, 597, 603
Rcl. n. 473 – 872
RE (AgRg) n. 191.363-SP – 662
RE (AgRg) n. 197.083-RS – 591
RE (AgRg) n. 205.535-RS – 823
RE (AgRg) n. 207.910-SP – 694
RE (EDcl) n. 141.734-SP – 786
RE (Ediv) n. 111.787-GO – 783
RE (EDv-EDcl) n. 194.925-MG – 827
RE (QO) n. 143.587-RJ – 667
RE n. 29 – 318
RE n. 775-AM – 664
RE n. 12.369-DF – 556
RE n. 55.718-SP – 516
RE n. 57.684-SP – 310
RE n. 62.468-GB – 363
RE n. 62.739-SP – 451
RE n. 63.378-GB – 363

RE n. 71.154-PR – 483
RE n. 72.999-RJ – 228
RE n. 75.430 – 363
RE n. 79.343-BA – 240
RE n. 80.004-SE – 483
RE n. 86.797-RJ – 310
RE n. 89.942-SP – 662
RE n. 90.578-SP – 363
RE n. 91.505-MS – 662
RE n. 97.749-SP – 703
RE n. 105.012 – 231
RE n. 113.314-MG – 310
RE n. 120.331-CE – 506
RE n. 130.202-SP – 662
RE n. 130.684 – 662
RE n. 134.297-SP – 703
RE n. 135.313-SP – 647
RE n. 136.753-RS – 859
RE n. 140.542-RJ – 506
RE n. 140.894-SP – 758
RE n. 141.209-SP – 586, 651, 652
RE n. 141.211-SP – 586, 652
RE n. 141.800-SP – 646
RE n. 143.871-SP – 636
RE n. 146.822-DF – 694
RE n. 148.260-SP – 644, 648, 734, 793, 794, 795
RE n. 153.531-SC – 701, 702
RE n. 153.771-MG – 821
RE n. 153.968-BA – 580
RE n. 157.940-DF – 694
RE n. 157.959-RJ – 784
RE n. 159.230-PB – 580
RE n. 160.850-MA – 485
RE n. 165.864-MS – 485
RE n. 166.772-RS – 783, 864, 866
RE n. 168.421-PR – 456
RE n. 168.700-DF – 859, 860
RE n. 169.807-SP – 860
RE n. 171.235-MA – 758

RE n. 172.720-RJ — 483
RE n. 174.645-SP — 662
RE n. 175.901-SP — 464, 662
RE n. 176.369-RS — 823
RE n. 178 816-RJ — 655
RE n. 179.285-RJ — 641
RE n. 179.554-RJ — 667
RE n. 181.438-SP — 696
RE n. 182.782-RJ — 701
RE n. 183 907-SP — 647
RE n. 183.882-SP — 648, 793
RE n. 183.884-SP — 697, 791
RE n. 186.088-DF — 316
RE n. 187.133-SP — 586, 652
RE n. 191.191-PR — 506
RE n. 191.905-SC — 378
RE n. 192.305-SP — 696
RE n. 192.527-PR — 651
RE n. 192.553-SP — 820
RE n. 193.345-SC — 693
RE n. 194.662-BA — 487
RE n. 197.847-MG — 823
RE n. 197.911-PE — 487
RE n. 202.313-CE — 466, 762
RE n. 203.358-SP — 662
RE n. 203.954-CE — 465, 466
RE n. 204.123-RS — 699
RE n. 205.107-MG — 697
RE n. 205.148-DF — 827, 466
RE n. 205.550-CE — 466
RE n. 207.260-RS — 699
RE n. 209.993-SP — 694
RE n. 214 382-CE — 654
RE n. 214.206-AL — 446
RE n. 214.747-SC — 657
RE n. 215.301-CE — 756
RE n. 217.194-PR — 512
RE n. 217.780-SP — 694
RE n. 218.749-SP — 662
RE n. 219.146-RN — 647

RE n. 220.230-RN — 647
RE n. 220.271-RN — 647
RE n. 223.151-DF — 696
RE n. 224.667-MG — 826
RE n. 226.835-6 — 700
RE n. 229.440-RN — 446
RE n. 230.337-RN — 864
RE n. 236 931-SP — 646
RE n. 242.859-RS — 700
RE n. 248.282-SC — 697, 791
RE n. 254.818-PR — 455
RE n. 274.183-GO — 721
RHC n. 74.807-MT — 721
RHC n. 79 785-RJ — 196, 483, 720
RHC n. 81.035-SP — 704
RMS n. 939-PA — 228
RMS n. 3.438-DF — 318
RMS n. 5.860 — 516
RMS n. 9.315-RJ — 505, 515
RMS n. 9.619-SP — 512
RMS n. 9.828 — 512
RMS n. 10.806 — 512
RMS n. 11.958-AM — 228
RMS n. 14.557-SP — 516
RMS n. 15.015-SP — 506
RMS n. 16.519 — 228
RMS n. 21.033-DF — 823
RMS n. 21.046-RJ — 823
RMS n. 22.307-DF — 201
Rp. n. 196 — 505
Rp. n. 332 — 516
Rp. n. 512 — 516
Rp. n. 890-GB — 512
Rp. n. 930 — 757
Rp n. 971-RJ — 208, 239
Rp. n. 980 — 517
Rp. n. 1.012-SP — 375
Rp. n. 1.016-SP — 375
Rp. n. 1.051-GO — 512
Rp. n. 1.061-SP — 491

Rp. n. 1.078-RS – 496
Rp. n. 1.107-SE – 491
Rp n. 1.061-SP – 418
Rp n. 1.107-SE. – 418
Rp n. 1.196-RS – 418
Rp n. 1.266-DF – 199
Rp. n. 1.278-SP – 512
Rp. n. 1.318-SP – 418, 491
Rp. n. 1.319-RJ – 474, 518
Rp. n. 1.473-SC – 870
SS n. 1.173-ES – 697, 791

## BULGÁRIA
### Corte Constitucional
Decisão n. 2/1993 – 196
Decisão n. 2/1994 – 201
Decisão n. 3/1994 – 184
Decisão n. 5/1993 – 184
Decisão n. 6/1994 – 184
Decisão n. 13/1995 – 209
Decisão n. 15/1995 – 201
Decisão n. 16/1995 – 196
Decisão n. 17/1995 – 201
Decisão n. 18/1993 – 184
Decisão n. 21/1996 – 209
Decisão n. 22/1995 – 231
Resolução n. 1/1996 – 49, 198

## COLÔMBIA
### Corte Constitucional
Sentença C-496 – 209

## ESPANHA
### Tribunal Constitucional
Acórdão n. 8/1980 – 168
Acórdão n. 69/1983 – 48
Acórdão n. 275/1987 – 230
Sentença n. 4/1981 – 132, 374
Sentença n. 5/1981 – 836
Sentença n. 11/1981 – 48, 186, 198, 836
Sentença n. 16/1996 – 220
Sentença n. 20/1988 – 243
Sentença n. 22/1985 – 837
Sentença n. 25/1981 – 170
Sentença n. 36/1991/6 – 220
Sentença n. 45/1989 – 207, 220, 230, 237
Sentença n. 51/1982 – 48
Sentença n. 53/1985 – 183, 837
Sentença n. 64/1991 – 164
Sentença n. 66/1985 – 187
Sentença n. 68/1996 – 220
Sentença n. 69/1996 – 220
Sentença n. 71/1989 – 168
Sentença n. 73/1997 – 214
Sentença n. 76/1983 – 187, 188
Sentença n. 96/1996 – 220
Sentença n. 116/1987 – 837
Sentença n. 118/1988 – 165
Sentença n. 139/1988 – 165
Sentença n. 154/1988 – 188
Sentença n. 154/1989 – 837
Sentença n. 265/1988 – 166

## ESTADOS UNIDOS
### Suprema Corte
*A L. A Schechter Poultry Corp.* v. *United States*, 295 U.S. 495 (1935) – 439

*Accord, Erb* v. *Morasch*, 177 U.S. 584 (1900) – 609

*Amerada Hess Corp* v. *Director, Div. Of Taxation, NJ Dept. of Teasury*, 490 U.S. 66 (1989) – 622

*American Power & Light Co* v. *SEC*, 329 U.S. 90 (1946) – 439

*Anderson* v. *Dunn*, 6 Wheat. 204 – 522

*Aptheker* v. *Secretary os State*, 378 U.S. 500 (1964) – 717

*Arizona* v. *Califorina*, 283 U.S. 423 (1931) – 269

*Arkansas* v. *Sanders*, 442 U.S. 753 (1979) –746

*Arkansas Writers Project, Inc.* v. *Ragland*, 481 U.S. 221 –266

*Ashton* v. *Cameron County Water Improvement Dist.*, 298 U.S. 513 (1936) –617

*Associated Industries of Missouri* v. *Janette M. Lohman*, n. 93-397 (1994) –622

*Atchison T. & S.F. Ry. Co.* v. *Railroad Comm.*, 283 U.S. 380 (1931) –609

*Attorney General ex rel. Kies* v. *Lowery*, 199 U.S. 233 (1905) –259, 261

*Baker* v. *Carr*, 369 U.S. 186 (1962) – 257, 284, 334, 568

*Baldwing* v. *G.A.F. Seelig, Inc.*, 294 U.S. 511 (1935) –610

*Banco Nacional de Cuba* v. *Sabbatino*, 376 U.S. 398 (1964) –262

*Bank of Augusta* v. *Earle*, 38 U.S. (13 Pet.) 519 (1839) –611

*Baranblatt* v. *United States*, 360 U.S. 109, (1959) –525, 526, 527

*Barnett Bank of Marion County* v. *Nelson, Florida Ins. Comm'r*, 517 U.S. 25 (1996) –606, 621

*Barry* v. *United States ex rel. Cunningham*, 279 U.S. 597 (1929) – 526

*Beal* v. *Doe*, 432 U.S. 438 (1977) –753

*Berger* v. *New York*, 388 U.S. 41 (1967) –746

*Boddie* v. *Connecticut*, 401 U.S. 371 (1971) –688, 752

*Boos et al.* v. *Barry, Mayor of the District of Columbia, et al.*, 485 U.S. 312 (1988) –271

*Botherhood of Railroad Trainmen* v. *Virginia*, 377 U.S. 1 (1964) –685

*Bowers* v. *Hardwick*, 106 S.Ct. 2841 (1986) –753

*Bowsher* v. *Synar*, 106 S. Ct. 3.181 (1986) –546, 547

*Braden* v. *United States*, 365 U.S. 431 (1961) –526

*Breard* v. *Alexandria*, 341 U.S. 622 (1951) –718

*Brinegar* v. *United States*, 338 U.S. 160 (1929) –746

*Brooks* v. *united State4s*, 267 U.S. 432 (1925) –616

*Brown* v. *Board of Education*, 347 U.S. 483 (1954) –271

*Brown* v. *Socialist Workers '74 Campaign Comm.*, 459 U.S. 87 (1982) –718

*Brown-Forman Distillers* v. *New York Liquor Authority*, 106 S. Ct. 2080 (1986) –609

*Buck* v. *Kuykendall*, 267 U.S. 307 (1925) –610

*Buckley* v. *Valeo*, 424 U.S. 1 (1976) – 542, 543, 544, 751, 755

*Califano* v. *Goldfard*, 430 U.S. 199 (1977) –271

*California Cosatal Comm'n* v. *Granite Rock, Co.* 107 S. Ct. 1419 (1987) –611

*California* v. *Carney*, 471 U.S. 386 (1985) –747

*Camara* v. *Municipal Court*, 387 U.S. 523 (1967) –746

*Carey* v. *Brown*, 447 U.S. 455 (1980) – 718

*Carey* v. *Population Services International*, 431 U.S. 678 (1977) – 719

*Carter* v. *Carter Coal Co*, 298 U.S. 238 (1936) –439, 615

*Castle* v. *Hayes Freight Lines, Inc.* 348 U.S. 61 (1954) –611

*Chambres* v. *Maroney*, 399 U.S. 42 (1970) –747

*Chandler* v. *Wise*, 307 U.S. 474 (1939) – 282

*Chicago & S. AirLines* v. *Water S.S.Corp*, 333 U.S. 103, 111 (1948) – 262

*Chicago, R.I. & Pac. Ry. Co* v. *Arkansas*, 219 U.S. 453 (1911) – 609

*Child Labor Tax Case*, 259 U.S. 20 (1922) – 613

*Chisholm* v. *Georgia*, 2 DALL 419 (1793) – 71

*Church of Lukumi Babalu Aye* v. *City of Hialeah*, 508 U.S. 520 (1993) – 269

*Cincinati Soap Co.* v. *United States*, 301 U.S. 308 (1937) – 267

*City of Boerne* v. *Flores*, 521 U.S. (1997) – 519, 622, 743, 754

*City of Burbank* v. *Lockheed Air Terminal Inc.*, 411 U.S. 624 (1973) – 605

*City of Memphis* v. *Greene*, 451 U.S. 100 (1981) – 270

*Cleveland Bd. Of Education* v. *LaFleur*, 414 U.S. 632 (1974) – 752

*Cleveland* v. *United States*, 329 U.S. 14 (1946) – 753

*Clinton* v. *Jones*, 520 U.S. 681 (1998) – 280

*Colegrove* v. *Green*, 328 U.S. 549 (1946) – 283

*College Savings Bank* v. *Florida Prepaid, Postsecondary Ed. Expense Bd* 52 (1999) – 622

*Colorado River Water Conservation Dist.* v. *United States*, 424 U.S. 800 (1976) – 618

*Commonwealth Edison Co.* v. *Montana*, 435 U.S. 609 (1981) – 605

*Compco Corp.* v. *Day-Brite Lighting Co*, 376 U.S. 234 (1964) – 612

*Cooley* v. *Board of Wardens of the Port of Philadelphia*, 53 U.S. (12 How.) 299 (1851) – 607

*Cornelius* v. *NAACP Legal Defense and Educational Fund*, 473 U.S. 788 (1985) – 272

*Cotton Mills, Inc.* v. *Administrator*, 312 U.S. 126 (1941) – 437

*Coyle* v. *Smith*, 221 U.S. 559 (1911) – 617, 619

*Craig* v. *Boren*, 429 U.S. 190 (1976) – 754

*Crawford* v. *Board of Education of Los Angeles*, 458 U.S. 527 (1982) – 818

*Currin* v. *Wallace*, 306 U.S. 1 (1939) – 440

*Curtis Pub. Co.* v. *Butts*, 388 U.S. 130 (1967) – 745

*Da Costa* v. *Laird*, 471 F.2d 1.146 (1973) – 264

*Dames & Moore* v. *Regan*, 453 U.S. 654 (1981) – 548

*Dandrdge* v. *Williams*, 397 U.S. 471 (1970) – 687

*Davis* v. *Bandemer*, 106 S.Ct. 2797 (1986) – 270

*Delaware* v. *Prouse*, 440 U.S. 648 (1979) – 747

*Dellmuth* v. *Muth*, 491 U.S. 223 (1989) – 621

*Democratic Party of United States* v. *Wisconsin*, 450 U.S. 107 (1981) – 286

*Dodge* v. *Woolsey*, 18 How. 59 U.S. 331 (1885) – 281, 389

*Douglas* v. *California*, 372 U.S. 353 (1963) – 688

*Draper* v. *United States*, 358 U.S. 307 (1959) – 746

*Dred Scott* v. *Sanfort*, 19 HOW 393 (1857) – 71

*Duncan* v. *Kahanamoku*, 327 U.S. 304 (1946) – 265

*Eisenstadt* v. *Baird*, 405 U.S. 438 (1972) – 719

*Eitman* v. *Mulkey*, 387 U.S. 369 (1967) – 818

*Emsak* v. *United States*, 349 U.S. 190 (1955) – 527

*Emspak* v. *United States*, 349 U.S. 190 (1955) – 523

*England* v. *Louisiana Bd. of Medical Examiners*, 375 U.S. 411 (1964) – 618

*Epperson* v. *Arkansas*, 393 U.S. 97 (1968) – 269

*Erie Railroad* v. *New York*, 233 U.S. 671 (1914) – 606

*Eubank* v. *Richmond*, 226 U.S. 137 (1912) – 439

*Ex parte Milligan*, 71 U.S. (Wall) 2 (1866) – 263

*Ex parte Quirin*, 317 U.S. 1 (1942) – 264

*Ex parte Siebold*, 100 U.S. 371 (1880) – 568

*Fair Labor Standards Act of 1938: United States* v. *Darby*, 312 U.S. 100 (1941) – 617

*Farmers Union* v. *WDAY, Inc.*, 360 U.S. 525 (1959) – 606

*FEA* v. *Algonquin SNG, INC*, 426 U.S. 548 (1976) – 437

*Federal Energy Regulatory Commission* v. *Mississipi*, 456 U.S. 742 (1982) – 617

*First Iowa Hydro-Electric Coop.* v. *Federal Power Commission*, 328 U.S. 152 (1946) – 611

*First National City Bank* v. *Banco Nacional de Cuba*, 406 U.S. 759 (1972) – 263

*Fitzpatrick* v. *Bitzer*, 427 U.S. 445 (1976) – 622

*Flast* v. *Cohen*, 392 U.S. 83 (1968) – 256, 266

*Flaxer* v. *United Sates*, 358 U.S. 147 (1958) – 527

*Flemming* v. *Nestor*, 363 U.S. 603 (1960) – 268

*Fletcher* v. *Peck*, 6 Cranch 87 (1910) – 267

*Forsyth* v. *Hammon*, 166 U.S. 506 (1897) – 259, 261

*Foster* v. *Neilson*, 27 U.S. 253 (1829) – 262

*Foster-Fountain Packing Co.* v. *Haydel*, 278 U.S. 1 (1928) – 610

*Fry* v. *United States*, 421 U.S. 542 (1975) – 612

*Fulton Corp.* v. *Faulkner*, 516 U.S. 325 (1996) – 622

*G.M. Leasing Corp.* v. *United States*, 429 U.S. 338 (1977) – 746

*Garcia* v. *Sant Antonio Metropolitan Transit Authority*, 469 U.S. 528, (1985) – 619, 620

*Gelston* v. *Hoyt*, 3 Wheat 246 – 262

*General Motors Corp.* v. *Tracy Tax Comm'r of Ohio*, 519 U.S. 278 (1997) – 622

*Georgia* v. *Stanton*, 6 Wall. 50 – 261

*Gibbons* v. *Ogden*, 22 U.S. (9 Wheat) 1, (1824) – 607, 611, 616

*Gojack* v *United States*, 384 U.S. 702 (1966) – 527

*Golden State Transit Corp* v. *Los Angeles*, 106 S. Ct. 1395 (1986) – 606

*Goldstein* v. *California*, 412 U.S. 546 (1973) – 612

*Goldwater* v. *Carter*, 444 U.S. 996 (1979) – 257, 262

*Gomillion* v. *Lightfoot*, 364 U.S. 339 (1960) – 269

*Gray* v. *Sanders*, 372 U.S. 368 (1964) – 284

*Great Lakes Dredge & Dock Co.* v. *Huffman*, 319 U.S. 293 (1943) – 618

*Greene* v. *McElroy*, 360 U.S. 474 (1959) – 438

*Gregory* v. *Aschcroft*, 501 U.S. 452 (1991) – 569, 620

*Griffin* v. *Breckenridge*, 403 U.S. 88 (1971) – 618

*Griffin* v. *Illinois*, 351 U.S. 12 (1956) – 688, 752

*Griswold* v. *Connecticut*, 381 U.S. 479 (1965) – 752

*Grosjean* v. *American Press Co.*, 297 U.S. 233 – 266

*Gulf Oil Corp.* v. *Gilbert*, 330 U.S. 501 (1947) – 618

*Haig* v. *Agee*, 453 U.S. 280 (1981) – 265, 548

*Hall* v. *De Cuir*, 95 U.S. 485 (1878) – 610

*Hammer* v. *Dagenhar*, 247 U.S. 251 (1918) – 605, 613, 616, 617

*Harris* v. *McRae*, 448 U.S. 297 (1980) – 687, 753, 755

*Hawke* v. *Smith*, 253 U.S. 221 (1920) – 281

*Heart fo Atlanta Motel* v. *United States*, 379 U.S. 241 (1964) – 617

*Helvering* v. *Davis*, 301 U.S. 619 (1937) – 267

*Helvering* v. *Gerhardt*, 304 U.S. 405 (1938) – 618

*Hernandez* v. *Texas*, 347 U.S. 475, (1954) – 818

*Hills-borough County, Fla* v. *Automated Med. Labs*, 471 U.S. 707 (1985) – 606

*Hipolite Egg Co.* v. *United States*, 220 U.S. 45 (1911) – 616

*Hisquierdo* v. *Hisquierdo*, 439 U.S. 572 (1979) – 605

*Hodel* v. *Virginia Surface Mining & Reclamation Assn., Inc.*, 452 U.S. 264 (1981) – 616, 619

*Hodgson* v. *Minessota*, 58 U.S.L.W. 4957 (1990) – 720

*Hoke* v. *United States*, 227 U.S. 308 (1913) – 616

*Hollingsworth* v. *Virginia*, 3 Dall., 3 U.S. 378 (1798) – 281

*Holtzman* v. *Schlesinger*, 414 U.S. 1.304 (1973) – 263

*Hooper* v. *Bernalillo County Assessor*, 472 U.S. 612 (1985) – 748

*Hopkins Federal Savings & Loan Association* v. *Cleary*, 296 U.S. 315 (1935) – 617

*Hudson* v. *Palmer*, 468 U.S. 57 (1984) – 754

*Huffman* v. *Pursue, Ltd.*, 420 U.S. 592 (1975) – 618

*Humphrey's Executor* v. *United States*, 295 U.S. 602 (1935) – 546

*Hunter* v. *Erickson*, 393 U.S. 385 (1969) – 749, 818

*Huron Portland Cement Co.* v. *City of Detroit*, 362 U.S. 440 (1960) – 611

*Hutcheson* v. *United States*, 369 U.S. 599 (1962) – 527

*Hylton* v. *United States*, 3 DALL 171 (1796) – 31

*I.N. S.* v. *Chadha*, 462 U.S. 919 (1983) – 440

*Illinois Natural Gas Co.* v. *Central Illinois Public Service Comm.*, 314 U.S. 498 (1942) – 611

*In re Chapman*, 166 U.S. 661 (1897) – 522, 526

*In re Hennen*, 38 U.S. (13 Pet.) 230, 259 (1839) – 545

*In re Wiship*, 397 U.S. 358 (1970) – 780

*International Soc. For Krishna Consciousness* v. *Lee*, 505 U.S. 672 (1992) – 273

*James* v. *Valtierra*, 402 U.S. 137 (1971) – 687

*Jefferson* v. *Hackney*, 406 U.S. 535 (1972) – 270, 687

*Jones* v. *Rath Packing Co.*, 430 U.S. 519 (1977) – 605

*Juidice* v. *Vail*, 430 U.S. 327 (1977) – 618

*Katz* v. *United States*, 389 U.S. 370 (1967) – 718

*Katzenbahc* v. *McClung*, 379 U.S. 294 (1964) – 617

*Keller* v. *United States*, 213 U.S. 138 (1909) – 617

*Kent* v. *Dulles*, 357 U.S. 116 (1958) – 438, 548

*Keyishian* v. *Board of Regents*, 385 U.S. 589 (1967) – 751

*Kilbourn* v. *Thompson*, 103 U.S. 168 (198) – 523

*Korematsu* v. *United States*, 323 U.S. 214 (1944) – 754

*Kovacs* v. *Cooper*, 336 U.S. 77 (1949) – 718, 751

*Kramer* v. *Union Free School District*, 377 U.S. 395 (1969)– 750

*Kunz* v. *United States*, 340 U.S. 290 (1957)– 754

*Larkin* v. *Grendel's Den, Inc*, 459 U.S. 116 (1982)– 439

*Laughin* v. *Florida*, 379 U.S. 184 (1964) – 754

*Leathers* v. *Medlock*, 499 U.S. 439 (1991) – 266, 271

*Lemke* v. *Farmers Grain Co.*, 258 U.S. 50 (1922)– 610

*Lemon* v. *Kurtzman*, 403 U.S. 602 (1971)– 269

*Lichter* v. *United States*, 334 U.S. 742 (1948)– 435, 437, 438

*Little* v. *Streater*, 452 U.S. 1 (1981)– 688

*Lochner* v. *People of State of New York*, 198 U.S. 45 (1905)– 162

*Lottery Case*, 188 U.S. 321 (1903)– 616

*Louisiana Power & Light Co.* v. *Thibodaux*, 360 U.S. 25 (1959) – 618

*Loving* v. *Virginia*, 388 U.S. 1 (1967) – 752

*Lubin* v. *Panish*, 371 U.S. 414 (1963)– 688

*Lucas* v. *44th General Assembly*, 377 U.S. 713 (1964)– 284

*Lugan* v. *Defender's* v. *of Wildlife*, 504 U.S. 555 (1992)– 622

*Luther* v. *Borden*, 7 How. 48 U.S. 1 (1849)– 261, 281, 389

*Mabee* v. *White Plains Publishing Co.*, 327 U.S. 178– 266

*Maher* v. *Roe*, 432 U.S. 464 (1977)– 753

*Maine* v. *Taylor*, 106 S. Ct. 2440 (1986) – 611

*Mancusi* v. *de Forte*, 392 U.S. 364 (1968) – 746

*Marbury* v. *Madison*, 5 U.S. (1 Cranch) 137 (1803)– 32, 60, 207

*Marchioro* v. *Chaney*, 442 U.S. 191 (1979)– 286

*Marshall* v. *Gordon*, 243 U.S. 521 (1917) – 522

*Maryland Committee for Fair Representation* v. *Tawes*, 377 U.S. 656 (1964)– 284

*Maryland* v. *Louisiana*, 451 U.S. 725 (1981)– 606

*Maryland* v. *Wirtz*, 392 U.S. 183 (1968) – 616, 619

*Massachusetts* v. *United States*, 435 U.S. 444 (1978)– 618

*Mathews* v. *Eldridge*, 424 U.S. 319 (1976) – 686

*Maxwell* v. *Bishop*, 385 U.S. 650 (1967) – 167

*McArthur* v. *Clifford*, 393 U.S. 1.002 (1968)– 263

*McCray* v. *United States*, 195 U.S. 27 (1904)– 267

*McCulloch* v. *Maryland*, 17 U.S. (1819)– 780

*McDermott* v. *Wisconsin*, 228 U.S. 115 (1913)– 606

*McGrain* v. *Daugherty* 273 U.S. 135 (1927)– 522, 526

*Mckane* v. *Durston*, 153 U.S. 684 (1894) – 752

*McLaughlin* v. *Florida*, 379 U.S. 184 (1964)– 747

*McPhaul* v. *United Sates*, 364 U.S. 372 (1960)– 526, 527

*Memorial Hospital* v. *Maricopa County*, 415 U.S. 250 (1974)– 687, 749

*Meyer* v. *Nebraska*, 262 U.S. 390 (1923) – 717, 752

*Michael* v. *Superior Court of California*, 450 U.S. 464 (1981)– 754

*Milk Control Board* v. *Eisenberg Farm Products*, 306 U.S. 346 (1939)– 610

*Mills* v. *Alabama*, 384 U.S. 214 (1966)– 751

*Minneapolis Star & Tribune Co.* v. *Minnesota Comm'r of Revenue*, 460 U.S. 575– 266

*Mintz* v. *Baldwin*, 289 U.S. 346 (1933) – 611

*Mobile* v. *Volden*, 446 U.S. 55 (1980) – 269

*Morrison* v. *Olson*, 487 U.S. 654 (1988) – 158, 258, 259, 336, 544, 545, 546

*Mueller* v. *Allen*, 463 U.S. 388 (1983) – 817

*Myers* v. *United States*, 272 U.S. 52 (1926) – 545

*NAACP* v. *Alabama*, 357 U.S. 449 (1958) – 718

*NAACP* v. *Button*, 377 U.S. 415 (1963) – 685

*Nash* v. *Florida Industrial Commission*, 389 U.S. 235 (1967) – 605

*National League of Cities* v. *Usery*, 426 U.S. 833 (1976) – 619

*New Jersey Welfare Rights Organization* v. *Cahill*, 411 U.S. 619 (1973) – 686

*New Orleans Public Service, Inc.* v. *Council of City of New Orleans*, 491 U.S. 350 (1989) – 618

*New York State Department of Social Services* v. *Dublino*, 413 U.S. 405 (1973) – 688

*New York Times Co* v. *Sullivan*, 376 U.S. 254 (1964) – 744, 751

*New York* v. *Belton*, 453 U.S. 454 (1981) – 747

*New York* v. *United States*, 326 U.S. 572 (1946) – 619

*New York* v. *United States*, 505 U.S. 144 (1992) – 620, 621

*Nixon* v. *United States*, 506 U.S. 224 (1993) – 258, 278, 279

*NLRB* v. *Fainblatt*, 306 U.S. 601 (1939) – 615

*NLRB* v. *Friedman-Harry Marks Clothin Co.*, 301 U.S. 58 (1937) – 615

*NLRB* v. *Fruehauf Trailer So*, 301 U.S. 111 (1942) – 615

*NLRB* v. *Jones & Laughlin Steel Corp.*, 301 U.S. 1 (1937) – 616

*Ohio* v. *Akron Center for Reproductive Health*, 58 U.S.L.W. 4.979 (1990) – 720

*Oklahoma Press Publishing Co.* v. *Walling*, 327 U.S. 186 – 266

*Olmstead* v. *United States*, 277 U.S. 438 (1928) – 842

*Oregon* v. *Mitchell*, 400 U.S. 112 (1970) – 71

*Ortwein* v. *Schwab*, 410 U.S. 656 (1983) – 752

*Pacific Gas & Electric Co.* v. *State Energy Resources Conservation & Development Comm'r*, 461 U.S. 190 (1983) – 606, 611

*Pacific States Tel. & Tel. Co.* v. *Oregon*, 223 U.S. 118 (1912) – 259, 261

*Palko* v. *Connecticut*, 302 U.S. 319 (1937) – 750

*Palmer* v. *Thompson*, 403 U.S. 217 (1971) – 270

*Panama Refining Co.* v. *Ryan*, 293 U.S. 388 (1935) – 437

*Parratt* v. *Taylor*, 451 U.S. 527 (1981) – 754

*Pennsylvania* v. *Union Gas Corporation*, 491 U.S. 1109 (1989) – 620

*Pennsylvania* v. *Williams*, 294 U.S. 176 (1935) – 618

*Perez* v. *Campbell*, 402 U.S. 637 (1971) – 611

*Perez* v. *United States*, 402 U.S. 146 (1971) – 617, 618

*Perry Education Association* v. *Perry Local Educators' Association*, 460 U.S. 37 (1983) – 272

*Pickering* v. *Bd. of Educ.*, 391 U.S. 563 (1968) – 745

*Pierce* v. *Society of Sisters*, 268 U.S. 510 (1925) – 717, 752

*Pike* v. *Bruce Church, Inc.*, 397 U.S. 137 (1970) – 610, 717

*Poe* v. *Ullman*, 367 U.S. 497 (1961) – 256, 717

*Pollock* v. *Farmer's Loan and Trust Co.*, 157 U.S. 429 (1895) – 71

*Powell* v. *McCormack*, 395 U.S. 486 (1969) – 279, 280

*Powell* v. *Penssylvania*, 127 U.S. 678 (1888) – 747

*Printz* v. *United States*, 521 U.S. 898 (1997) – 622

*Quackenbush, Cal. Ins. Comm'n* v. *Allstate Ins. Co.*, 517 U.S. 706 (1996) – 618

*Quill Corp.* v. *North Dakota*, 504 U.S. 298 (1992) – 622

*Quinn* v. *United States*, 349 U.S. 155 (1955) – 523, 527

*Railroad Comm'n of Tex.* v. *Pullman Co.*, 312 U.S. 496 (1941) – 618

*Rakas* v. *Illinois*, 439 U.S. 128 (1978) – 747

*Ray* v. *Atlantic Richfield Co*, 435 U.S. 151 (1978) – 605, 611

*Regan* v. *Taxation With Representation – TWR*, 461 U.S. 540 (1983) – 755

*Regan* v. *Taxation with Representation of Washington*, 461 U.S. 540 – 266

*Reitz* v. *Mealey*, 314 U.S. 33 (1941) – 612

*Reno* v. *Condon*, 98 U.S. 1.464 (1999) – 621

*Reynolds* v. *Sims*, 377 U.S. 533 (1964) – 284, 750

*Reynolds* v. *United States*, 98 U.S. 145 (1878) – 753

*Rice* v. *Norman Williams Co*, 458 U.S. 654 (1982) – 621

*Rizzo* v. *Goode*, 423 U.S. 362 (1976) – 618

*Rochin* v. *California*, 342 U.S. 165 (1952) – 717, 718, 750

*Roe* v. *Wade*, 410 U.S. 113 (1973) – 719, 752, 753

*Ross* v. *Moffitt*, 417 U.S. 600 (1974) – 688

*Rostker* v. *Golberg*, 453 U.S. 57 (1981) – 755

*San Antonio Independent School District* v. *Rodriguez*, 411 U.S. 1 (1973) – 685, 687

*San Diego Building Trades Council* v. *Garmon*, 359 U.S. 236 (1959) – 606

*Santa Cruz* v. *NLRB*, 303 U.S. 453 (1938) – 615

*Schecter Poultry Corp.* v. *United States*, 295 U.S. 495 (1935) – 614

*Schlesinger* v. *Ballard*, 419 U.S. 498 (1975) – 754

*Seabord Air Line Ry.* v. *Blackwell*, 244 U.S. 310 (1917) – 609

*Sears, Roebuck & Co.* v. *Stiffel Co*, 376 U.S. 225 (1964) – 612

*Selective Service System* v. *Minnesota Public Interest Reseachr Group*, 468 U.S. 841 (1984) – 270

*Seminole Tribes of Florida* v. *Florida et al.* 517 US 44 (1996) – 622

*Shapiro* v. *Thompson*, 394 U.S. 618 (1969) – 749

*Shelton* v. *Boren*, 429 U.S. 190 (1976) – 755

*Sinclair* v. *United States*, 279 U.S. 263 (1929) – 522

*Skinner* v. *Oklahoma*, 315 U.S. 535 (1942) – 717, 749, 752

*Skinner* v. *Railway Labor Executives' Association*, 489 U.S. 602 (1989) – 718

*Smith* v. *Alabama*, 124 U.S. 465 (1888) – 609, 610

*Smith* v. *Maryland*, 442 U.S. 735 (1975) – 747

*Sosna* v. *Iowa*, 419 U.S. 393 (1975) – 749

*South Carolina State Highway Dept.* v. *Barnwell Bros.*, 303 U.S. 177 (1938) – 610

*South Carolina* v. *Baker*, 485 U.S. 505 (1988) – 621

*South Carolina* v. *Katzenbach*, 383 U.S. 301 (1966) – 619

*South Central Bell Telephone Co.* v. *Alabama*, n. 97-204 (1999) – 622

*South Dakota* v. *Dole*, 107 S. Ct. 2793 (1987) – 267

*South Dakota* v. *Opperman*, 428 U.S. 364 (1976) – 747

*Southern Pacific Co.* v. *Arizona*, 325 U.S. 761 (1945) – 609

*Southern Ry. Co.* v. *Greene*, 216 U.S. 400 (1910) – 611

*Southland Corp.* v. *Keating*, 465 U.S. 1 (1984) – 606

*Springer* v. *Government of the Philippine Islands*, 277 U.S. 189 (1928) – 542

*Stafford* v. *Wallace*, 258 U.S. 495 (1922) – 614

*Starn* v. *Malkerson*, 401 U.S. 985 (1971) – 749

*Swaim* v. *United States*, 165 U.S. 553 (1897) – 264

*Teamsters Local 20* v. *Morton*, 377 U.S. 252 (1964) – 606

*Texas* v. *White*, 74 U.S. (7 Wall) 700 (1869) – 612

*The Hornet*, 2 Abb U.S. 35 – 262

*Time, Inc.* v. *Hill*, 385 U.S. 374 (1967) – 745

*Turner Broadcasting System, Inc.* v. *FCC* (1994) – 271

*U.S. Term limits Inc.* v. *Thornton*, 514 U.S. 779 (1995) – 568, 623

*United Mine Workers* v. *Illinois*, 389 U.S. 217 (1967) – 685

*United States Department of Agriculture* v. *Murry*, 413 U.S. 508 (1973) – 686

*United States Railroad Retirement Bd.* v. *Fritz*, 449 U.S. 166 (1980) – 268

*United States Senate* v. *Federal Trade Comm'n*, 463 U.S. 1.216 (1983) – 441

*United States* v. *Anderson*, 9 Wall 56 (1904) – 264

*United States* v. *Brignoni-Ponce*, 422 U.S. 873 (1975) – 747

*United States* v. *Burr*, 25 F. Cas. 30 (1807) – 274

*United States* v. *Butler*, 297 U.S. 1 (1936) – 266

*United States* v. *Chadwick*, 433 U.S. 1 (1977) – 746

*United States* v. *Constantine*, 296 U.S. 287 (1935) – 270

*United States* v. *Curtiss-Wright Export Co.*, 299 U.S. 304 (1936) – 264, 438, 601

*United States* v. *Darby*, 312 U.S. 100 (1941) – 268

*United States* v. *Doremus*, 249 U.S. 86 (1919) – 266, 816

*United States* v. *Ferreira*, 13 How. 40 (1852) – 542

*United States* v. *Gerlach Live Stock Co.*, 339 U.S. 725 (1950) – 266

*United States* v. *Germaine*, 99 U.S. 508 (1879) – 542

*United States* v. *Holliday*, 3 Wall 407 (1886) – 262

*United States* v. *Kahriger*, 345 U.S. 22 (1953) – 266, 816

*United States* v. *Karo*, 468 U.S. 705 (1984) – 718

*United States* v. *Knott*, 460 U.S. 276 (1983) – 718

*United States* v. *Kokinda*, 497 U.S. 720 (1990) – 272

*United States* v. *Kras*, 409 U.S. 434 (1973) – 688, 752

*United States* v. *Mazurie*, 419 U.S. 544 (1975) – 439

*United States* v. *Miller*, 425 U.S. 435 (1976) – 747

*United States* v. *Muñoz Flores*, 495 U.S. 385 (1990) – 257, 258, 259, 336

*United States* v. *Nixon*, 418 U.S. 683 (1974) – 274, 275

*United States* v. *O'Brien*, 391 U.S. 367 (1968) – 268

*United States* v. *Ortiz*, 422 U.S. 891 (1975)– 747

*United States* v. *Robel*, 389 U.S. 258 (1967)– 437

*United States* v. *Rock Royal Co-Operative*, 307 U.S. 533 (1939)– 436, 439, 440

*United States* v. *Ross*, 456 U.S. 798 (1982)– 747

*United States* v. *Rumely*, 345 U.S. 41 (1953)– 523

*United States* v. *U.S. Distr.Court*. 407 U.S. 297 (1972)– 746

*United States* v. *White*, 401 U.S. 735 (1971)– 747

*United Transportation Union* v. *State Bar fo Michigan*, 401 U.S. 576 (1971) – 685

*Uphaus* v. *Wyman*, 360 U.S. 72 (1959)– 611

*Vanhorne's Lessee* v. *Dorrance*, 2 DALL 304 (1795)– 31

*Vegelahn* v. *Guntner*, 167 Mass. 92, 104 (1896)– 842

*Velvel* v. *Nixon*, 396 U.S. 1.042 (1970)– 263

*Village of Arlington Heights* v. *Metropolitan Housing Development Corp.*, 429 U.S. 252 (1977)– 270

*Virginia State Board of Pharmacy* v. *Virginia Citizens Consumer Council, Inc.*, 425 U.S. 748 (1976)– 751

*Vlandis* v. *Kline*, 412 U.S. 441 (1973)– 749

*Wabash, St. Louis & Pacific Ry. Co.* v. *Illinois*, 118 U.S. 557 (1886)– 608

*Wallace* v. *Jaffree*, 472 U.S. 38 (1985)– 268, 270

*Walter* v. *United States*, 447 U.S. 649 (1980)– 747

*Ware Administrator* v. *Hylton*, 3 DALL 199 (1796) – 31

*Washington* v. *Seattle School District n. 1*, 458 U.S. 457 (1982)– 749, 818

*Watkins* v. *United Sates*, 354 U.S. 178 (1957)– 523, 527

*Webster* v. *Reproductive Health Services*, 109 S. Ct. 3040 (1989)– 720

*Wesberry* v. *Sanders*, 276 U.S. 1 (1964)– 284

*West Lynn Creamery, Inc.* v. *Healy*, 512 U.S. 186 (1994)– 622

*White* v. *Hart* 13 Wall. 80 U.S. 646 (1871) – 281, 389

*White* v. *Regester*, 412 U.S. 755 (1973)– 270

*Wickard* v. *Filburn*, 317 U.S. 111 (1942)– 616

*Wilkinson* v. *United States*, 365 U.S. 399 (1961)– 526

*Willcox* v. *Consolidated Gas Co.*, 212 U.S. 19 (1909)– 618

*Williams* v. *Zbaraz*, 448 U.S. 358 (1980) – 753

*Wisconsin Dept. of Industry* v. *Gould Inc.*, 475 U.S. 282 (1986). – 606

*Woods* v. *Cloyd W. Miller Co.*, 333 U.S. 138 (1948)– 264

*Xerox Corp.* v. *County of Harris*, 459 U.S. 145 (1982)– 605

*Yakus* v. *United States*, 321 U.S. 414 (1944)– 435

*Yick Wo* v. *Hopkins*, 118 U.S. 356 (1886)– 817, 818

*Young* v. *Fordice*, 520 U.S. 273 (1997)– 621

*Young* v. *United States ex rel. Vuitton et Fils S. A.*, 481 U.S. 787 (1987)– 544

*Younger* v. *Harris*, 401 U.S. 37 (1971)– 618

*Youngstown Sheet & Tube Co* v. *Sawyer*, 343 U.S. 579 (1952)– 259, 264, 548, 336

*Zablocki* v. *Redhail*, 434 U.S. 374 (1978) – 686

*Zobel* v. *Williams*, 457 U.S. 55 (1982)– 687

## EUROPA
### Corte de Justiça
Case n. 6/64 (Costa) – 624
Case n. 8/74 (Dasson vilen) – 626
Case n. 14/83 (Von Colson) – 624
Case n. 26/62 (Affaire Van Gend en Loos) – 624
Case n. 41/74 (Affaire Van Duyn) – 624
Case n. 43/75 (Defrenne II) – 689
Case n. 61/81 (Gravier) – 628, 629, 690
Case n. 106/77 (Affaire Simmenthal) – 624
Case n. 120/78 (Cassis de Dijon) – 626
Case n. 142/84 (Marsahll I) – 691
Case n. 177/88 (Dekker) – 691
Case n. 179/88 – 629
Case n. 262/88 (Barber) – 691, 848
Case n. C-106/1989 – 625
Case n. C-6 & 9/1990 – 625

## FRANÇA
### Conselho Constitucional
Decisão n. 58-2 – 302
Decisão n. 59-2 – 831, 832
Decisão n. 59-5 – 302
Decisão n. 60-8 – 188
Decisão n. 61-18 L – 205
Decisão n. 62-18 L – 831
Decisão n. 62-20 L – 450
Decisão n. 63-25 – 302
Decisão n. 65-34 L – 450
Decisão n. 66-1 – 303
Decisão n. 66-28 – 302
Decisão n. 67-31 – 450
Decisão n. 68-35 – 831
Decisão n. 68-50 – 209, 832
Decisão n. 69-37 – 301, 302
Decisão n. 71-42 – 302
Decisão n. 71-44 – 183, 738
Decisão n. 71-46 – 450
Decisão n. 72-48 – 302
Decisão n. 73-49 – 302
Decisão n. 73-80 – 450
Decisão n. 76-2 – 303
Decisão n. 76-3 – 33
Decisão n. 76-75 – 736
Decisão n. 77-87 – 737
Decisão n. 79 – 713
Decisão n. 79-105 – 738
Decisão n. 79-107 – 713
Decisão n. 79-111 – 713
Decisão n. 80-117 – 187, 738
Decisão n. 80-122 – 738
Decisão n. 80-177 – 713
Decisão n. 81-127 – 737, 831, 832
Decisão n. 81-132 – 204, 809
Decisão n. 82-137 – 204
Decisão n. 82-139 – 204
Decisão n. 82-148 – 715
Decisão n. 83-162 – 737
Decisão n. 83-164 – 714, 808, 809
Decisão n. 83-165 – 552
Decisão n. 83-166 – 737
Decisão n. 84-176 – 809
Decisão n. 84-185 – 737
Decisão n. 85-187 – 450, 735, 737
Decisão n. 85-196 – 204, 809, 810
Decisão n. 86-208 – 810
Decisão n. 86-211 – 713
Decisão n. 86-216 – 737
Decisão n. 86-217 – 472, 552, 738
Decisão n. 86-218 – 810
Decisão n. 86-260 – 714
Decisão n. 87-230 – 738
Decisão n. 88-232 – 810
Decisão n. 88-244 – 205
Decisão n. 88-245 – 303

Decisão n. 88-248 – 472
Decisão n. 89-254 – 737
Decisão n. 89-256 – 713
Decisão n. 89-257 – 714, 738
Decisão n. 89-258 – 206
Decisão n. 90-274 – 713
Decisão n. 90-277 – 713
Decisão n. 90-281 – 714
Decisão n. 90-283 – 737
Decisão n. 91-297 – 809
Decisão n. 92-313 – 196
Decisão n. 92-314 – 304
Decisão n. 92-316 – 715, 811
Decisão n. 93-312 – 391
Decisão n. 93-325 – 300, 736, 810
Decisão n. 94-338 – 303
Decisão n. 96-384 – 188
Decisão n. 99-278 – 304
Decisão n. 887-244 – 811

## HUNGRIA
**Corte Constitucional**
Decisão n. 17/1993 – 201
Decisão n. 22/1991 AB – 164
Decisão n. 22/1996 AB – 138
Decisão n. 29/1997 AB – 138
Decisão n. 34/1991 AB – 198
Decisão n. 37/1992 AB – 201

## INGLATERRA
**Casa dos Comuns**
  *Jay* v. *Topham*, 12 How. St. Tr. 822 (1688-1693) – 520
## ITÁLIA
**Corte Constitucional**
  Sentença n. 1/1956 – 373
  Sentença n. 1/1969 – 708
  Sentença n. 8/1987 – 297
  Sentença n. 9/1964 – 214, 833

Sentença n. 11/1998 – 300
Sentença n. 12/1972 – 392
Sentença n. 13/1994 – 707
Sentença n. 18/1982 – 394
Sentença n. 27/1969 – 708
Sentença n. 27/1975 – 707
Sentença n. 29/1995 – 195
Sentença n. 30/1971 – 392
Sentença n. 38/1973 – 707
Sentença n. 39/1986 – 299
Sentença n. 40/1958 – 49, 197, 198
Sentença n. 40/1996 – 201
Sentença n. 46/1974 – 742
Sentença n. 47/1996 – 201
Sentença n. 55/1996 – 201
Sentença n. 56/1975 – 708
Sentença n. 77/1963 – 231
Sentença n. 78/1993 – 834
Sentença n. 87/1962 – 742
Sentença n. 88/1979 – 710
Sentença n. 90/1997 – 449
Sentença n. 93/1979 – 742
Sentença n. 98/1979 – 708
Sentença n. 99/1995 – 846
Sentença n. 102/1975 – 708
Sentença n. 103/1989 – 742
Sentença n. 109/1993 – 216
Sentença n. 125/1979 – 708
Sentença n. 129/1981 – 296
Sentença n. 129/1996 – 296
Sentença n. 138/1993 – 217
Sentença n. 139/1982 – 814
Sentença n. 139/1984 – 237
Sentença n. 139/1990 – 707
Sentença n. 142/1982 – 710
Sentença n. 143/1982 – 813
Sentença n. 150/1988 – 707
Sentença n. 154/1985 – 196

Sentença n. 155/1990 – 813
Sentença n. 161/1985 – 707
Sentença n. 167/1982 – 813
Sentença n. 168/1963 – 394
Sentença n. 170/1984 – 187, 197
Sentença n. 171/1996 – 835
Sentença n. 183/1973 – 197
Sentença n. 184/1986 – 710
Sentença n. 188/1980 – 708
Sentença n. 190/1970 – 214, 833
Sentença n. 202/1985 – 182
Sentença n. 204/1974 – 217, 836
Sentença n. 204/1982 – 814
Sentença n. 205/1983 – 299
Sentença n. 207/1988 – 812
Sentença n. 212/1983 – 710
Sentença n. 215/1987 – 298
Sentença n. 216/1990 – 813
Sentença n. 217/1988 – 709
Sentença n. 218/1994 – 216, 711
Sentença n. 226/1983 – 710
Sentença n. 230/1985 – 299
Sentença n. 243/1993 – 834, 835
Sentença n. 247/1993 – 220
Sentença n. 266/1988 – 237
Sentença n. 277/1991 – 216
Sentença n. 283/1987 – 708
Sentença n. 288/1994 – 217, 237, 834
Sentença n. 289/1998 – 296
Sentença n. 298/1995 – 217
Sentença n. 300/1984 – 708
Sentença n. 304/1994 – 711
Sentença n. 310/1989 – 708
Sentença n. 350/1985 – 299
Sentença n. 360/1996 – 195, 449
Sentença n. 366/1991 – 394
Sentença n. 379/1996 – 196, 295, 296

Sentença n. 393/1987 – 299
Sentença n. 404/1988 – 709
Sentença n. 416/1992 – 237
Sentença n. 416/1996 – 201
Sentença n. 419/1991 – 709
Sentença n. 444/1995 – 196
Sentença n. 445/1995 – 196
Sentença n. 455/1990 – 711, 742
Sentença n. 501/1988 – 236, 237
Sentença n. 530/1989 – 743
Sentença n. 543/1989 – 742
Sentença n. 545/1990 – 231
Sentença n. 559/1987 – 710, 711
Sentença n. 561/1987 – 707
Sentença n. 625/1979 – 813
Sentença n. 641/1987 – 710
Sentença n. 1.146/1988 – 192, 389, 394

**PORTUGAL**
**Tribunal Constitucional**
Sentença n. 13/1995 – 209
Sentença n. 24/1983 – 847
Sentença n. 39/1986 – 847
Sentença n. 76/1988 – 847
Sentença n. 85/1985 – 243
Sentença n. 92/1985 – 847
Sentença n. 103/1987 – 215, 839
Sentença n. 143/1995 – 214, 839
Sentença n. 154/1996 – 838
Sentença n. 173/1992 – 215, 839
Sentença n. 181/1987 – 215
Sentença n. 209/1987 – 847
Sentença n. 267/1988 – 847
Sentença n. 349/1991 – 209
Sentença n. 468/1996 – 209
Sentença n. 810/1993 – 221
Sentença n. 962/1996 – 215, 839